Uni-Taschenbücher 802

W0051618

Eine Arbeitsgemeinschaft der Verlage

Wilhelm Fink Verlag München
Gustav Fischer Verlag Jena und Stuttgart
Francke Verlag Tübingen und Basel
Paul Haupt Verlag Bern · Stuttgart · Wien
Hüthig Verlagsgemeinschaft
Decker & Müller GmbH Heidelberg
Leske Verlag + Budrich GmbH Opladen
J. C. B. Mohr (Paul Siebeck) Tübingen
Quelle & Meyer Heidelberg · Wiesbaden
Ernst Reinhardt Verlag München und Basel
F. K. Schattauer Verlag Stuttgart · New York
Ferdinand Schöningh Verlag Paderborn · München · Wien · Zürich
Eugen Ulmer Verlag Stuttgart
Vandenhoeck & Ruprecht in Göttingen und Zürich

# Grundwissen der Ökonomik

Betriebswirtschaftslehre

Herausgegeben von

F. X. Bea, Tübingen
E. Dichtl, Mannheim
M. Schweitzer, Tübingen

# Wirtschaftsinformatik I

Einführung in die betriebliche Datenverarbeitung

Hans Robert Hansen

408 Abbildungen

6., neubearbeitete und stark erweiterte Auflage

Gustav Fischer Verlag · Stuttgart · Jena

Anschrift des Verfassers:

Professor Dr. Hans Robert Hansen
Wirtschaftsuniversität Wien
Abteilung für Wirtschaftsinformatik
Augasse 2–6
A-1090 Wien

1. Auflage 1978
2. Auflage 1980
3. Auflage 1981
4. Auflage 1983
5. Auflage 1986
5. Auflage, berichtigter Nachdruck 1987
6. Auflage 1992

Die Deutsche Bibliothek – CIP-Einheitsaufnahme

**Wirtschaftsinformatik.** – Stuttgart ; Jena : G. Fischer
(Grundwissen der Ökonomik : Betriebswirtschaftslehre)

1. Einführung in die betriebliche Datenverarbeitung /
Hans Robert Hansen.
[Hauptbd.]. – 6., neubearb. und stark erw. Aufl. – 1992
   (UTB für Wissenschaft : Uni-Taschenbücher ; 802)
   ISBN 3-8252-0802-8 (UTB)
   ISBN 3-437-40286-2 (Fischer)

NE: Hansen, Hans Robert; UTB für Wissenschaft / Uni-Taschenbücher

Satz: Typobauer Filmsatz GmbH, Ostfildern
Gesetzt in der 9 Punkt Sabon auf Monotype
Druck und Einband: Clausen & Bosse, Leck
Gedruckt auf TERRAPRESS O matt, 70 g/qm, hergestellt aus chlorfrei gebleich-
tem Zellstoff
Umschlagentwurf: Alfred Krugmann, Stuttgart
Printed in Germany                                        1 2 3 4 5 6 7

**UTB-Bestellnummer: ISBN 3-8252-0802-8**

# Vorwort der Herausgeber

Für die Studierenden im Anfänger- wie im Fortgeschrittenenstadium ist es erfahrungsgemäß eine große Hilfe, wenn ihnen der Stoff eines Teilgebietes eines Faches in einer knappen, systematisch aufbereiteten und leicht faßlichen Form dargeboten wird. Gleichzeitig müssen sie die Gewißheit haben, daß die wichtigsten Inhalte in einer Weise abgedeckt sind, die den jeweiligen Prüfungserfordernissen Rechnung trägt.

Diesem Ziel dienen die Uni-Taschenbücher (UTB), die wir in der Reihe «Grundwissen der Ökonomik: Betriebswirtschaftslehre» beim Gustav Fischer Verlag herausgeben. Die Themen der einzelnen Bände sind so gewählt, daß davon der Wissensbereich der modernen Betriebswirtschaftslehre erfaßt wird. Welche Werke bereits erschienen sind, geht aus einer Übersicht am Ende dieses Buches hervor.

Als Autoren konnten Hochschullehrer gewonnen werden, die dank der Verschiedenheit von Alter, Herkunft und Wissenschaftsauffassung die Gewähr dafür bieten, daß der Charakter der Reihe von keiner bestimmten Schulrichtung geprägt, sondern ein getreues Abbild der Wissenschaftsvielfalt in der Betriebswirtschaftslehre geboten wird.

Eine Besonderheit der Reihe besteht im übrigen darin, daß Bände, bei denen es sich vom Gegenstand her anbietet, durch Arbeitsbücher ergänzt werden. Diese Studienhilfen dienen vor allem der Vertiefung theoretischer Erörterungen, der Einübung von Wissen und der Anwendung des Erlernten auf praktische Fälle. Außerdem sind sie ein nützliches Instrument für eine wirksame Lernkontrolle. Mit diesem Konzept ist zugleich die Chance verbunden, die Tätigkeit von Dozenten didaktisch zu unterstützen und sie von Arbeiten zu befreien, deren Erledigung zwangsläufig zu Lasten vordringlicher Aufgaben ginge.

Abschließend sei noch darauf hingewiesen, daß Teil der Reihe eine «Allgemeine Betriebswirtschaftslehre» in drei Bänden ist, die, von einem Expertenteam verfaßt, die Klammer um die einzelnen Titel bildet. Die positive Aufnahme, die diese am Markt gefunden hat, führte bereits nach kurzer Zeit zu Neuauflagen, eine Gelegenheit, die von Autoren und Herausgebern zu beträchtlichen Erweiterungen und Verbesserungen genutzt wurde.

Mannheim und Tübingen, Herbst 1992      F.X. Bea  
E. Dichtl  
M. Schweitzer

# Vorwort des Verfassers zur 6. Auflage

Dieses Buch richtet sich an drei Zielgruppen:

1. Studenten der Wirtschaftswissenschaften und EDV-Laien in der Praxis erhalten das nötige Rüstzeug, um selbständig den «Computer am Arbeitsplatz» zur Lösung betrieblicher Aufgaben verwenden zu können. Das Kernwissen für solche Leser ist in einem «Stoff- bzw. Leseplan für Endbenutzer» (auf den Seiten 6 und 7) gekennzeichnet, der etwa ein Drittel des Gesamtinhalts umfaßt.

2. Studenten, die Informatik oder Wirtschaftsinformatik als Haupt- oder Nebenfach studieren, wird ein breit angelegtes, fundiertes Grundlagenwissen über die Komponenten und Funktionen rechnergestützter Informationssysteme als Basis für ein weiterführendes Spezialstudium vermittelt. Für diese Leser ist der Gesamtinhalt relevant.

3. Datenverarbeitungsfachkräfte in Wirtschaft und Verwaltung können das Buch zur Wissensauffrischung und als Nachschlagewerk benutzen. Für sie sind vor allem die Ausführungen über «Markt und Entwicklungstendenzen...» interessant, welche (fast) alle Hauptabschnitte abschließen. Darin werden die aktuelle Angebots- und Nachfragesituation auf den diversen EDV-Teilmärkten, typische bzw. besonders bemerkenswerte Produkte, Beurteilungskriterien und Zukunftstrends beschrieben.

Für die vorliegende 6. Auflage wurde das Buch vollständig überarbeitet und stark erweitert. Zahlreiche zusätzliche Abbildungen dienen überall im Lehrtext zur Veranschaulichung oder Zusammenfassung der schriftlichen Ausführungen; insgesamt machen diese etwa ein Viertel des Gesamtumfangs aus. Bei der erstmaligen Verwendung von Begriffen werden nunmehr durchgängig auch die englischen Bezeichnungen angegeben.

Das erste, eine Gesamtübersicht bietende *Grundlagenkapitel* wurde insgesamt aktualisiert. Beispiel-Rechner ist in diesem und in allen Folgekapiteln nun ein PC mit 80486-Prozessor. Als einführende Fallstudie, auf die in dem Buch ebenfalls immer wieder Bezug genommen wird, dient wie bisher ein Warenwirtschaftssystem mit Scanner-Kassen im Lebensmitteleinzelhandel.

Das *zweite Kapitel* wird mit einem weiteren Anwendungsbeispiel, einem rechnergestützten Bibliotheksverwaltungssystem, eingeleitet. Anhand dieses Beispiels werden zunächst *Daten und Datenstrukturen* erläutert, später dann auch die Dateiverarbeitung (Zugriffsmethoden), der Datenbankentwurf und die Datenbankverwaltung.

Zusätzliche Ausführungen zur *Hardware* befassen sich u. a. mit
– neuen Bauelementen und Speichern,
  wie zum Beispiel 64-Bit-Mikroprozessoren, Flash-Speicherkarten, optischen Speicherplatten in vielfältigen Varianten, Chipkarten mit Mikroprozessor, RAID-Magnetplatten,
– neuen Ein-/Ausgabetechniken,
  zum Beispiel bei flachen Bildschirmen, Druckern, Bildabtastern (Scanner), Sprach- und Handschrifteingabe,
– zukunftsträchtigen Maschinenkonfigurationen,
  wie zum Beispiel stiftgesteuerte Notebook-PC, Workstation-Cluster, massiv parallele Systeme, Client-Server-Architekturen.

Der umfassende, den Hardware-Teil abschließende Hauptabschnitt über den Markt und die Entwicklungstendenzen von Rechnerbauelementen, Zentraleinheiten und Ein-Ausgabegeräten wurde neu geschrieben. Darin wird ausführlich auf die wichtigsten CISC-Prozessoren (Intel 80X86 und Motorola 68000) und RISC-Prozessoren (SPARC von Sun, ALPHA von DEC, R4000 von MIPS, POWER von IBM, PA von Hewlett-Packard) eingegangen. Ein Exkurs befaßt sich mit der Leistungsvermögensanalyse von EDVA (Benchmarks). Für die verschiedenen Rechnergruppen – PCs, Workstations, Minirechner, Großrechner und Superrechner – wird die Marktsituation analysiert, es werden Anbieter, Leistungsdaten und Preise verbreiteter bzw. typischer Systeme gekennzeichnet und es werden Hinweise zur Hardwareauswahl gegeben. Auch auf Angebote für spezielle Marktsegmente, zum Beispiel fehlertolerante Systeme, wird eingegangen.

Zusätzliche Ausführungen zur *Software* beziehen sich u. a. auf
– objektorientierte Programmiersprachen,
– Standards für offene Systeme,
– Anwendungsarchitekturen,
– Endbenutzerwerkzeuge,
– Public-Domain-Software und Shareware,
– neuronale Netze.

Ein Schwerpunkt der Analyse des Softwaremarktes liegt auf der Standardsoftware. Zunächst wird ein Überblick über Angebot und Nachfrage gegeben und dann wird am Beispiel von SAP R/3 die Client-Server-Architektur moderner, integrierter Anwendungssysteme gekennzeichnet. Bei den Großrechnerbetriebssystemen wird exemplarisch auf

IBM VSE/ESA, MVS/ESA und VM-ESA eingegangen. Bei den Mini-rechnerbetriebssystemen steht die Problematik «proprietäres System, wie VMS oder OS/400, versus UNIX» im Mittelpunkt der Betrachtung. Bei den PC-Betriebssystemen ist der Kennzeichnung von MS-DOS plus Windows sowie von OS/2 bzw. der Kontroverse «Microsoft versus IBM» breiter Raum gewidmet. Ausführungen zu Normungsgremien, Konsortien und Benutzergruppen sowie zur Künstlichen Intelligenz (insbesondere Expertensysteme) runden diesen Abschnitt ab.

Völlig neu gefaßt wurden auch die Ausführungen zu «*Arbeitsmarkt und Entwicklungstendenzen von Datenverarbeitungsberufen*».

Im Kapitel «*Datenerfassung*» wurden u. a. die Ausführungen zur mobilen Datenerfassung sowie zu POS-Systemen in Handels- und Dienstleistungsbetrieben aktualisiert. Schwerpunkt bei der Darstellung der Entwicklungstendenzen der Datenerfassung ist das «Plastikgeld». Auf Kartenmanagementsysteme und Kartenterminals wird ebenso eingegangen wie auf innovative Anwendungen durch Chipkarten mit Mikroprozessor.

Das Kapitel «*Datenspeicherung*» wurde um einen Abschnitt über die Informationssystementwicklung auf der Basis von Datenbanksystemen ergänzt. Dabei werden grundlegende Begriffe wie Softwarelebenszyklus, Phasenschema, Prototyping, CASE, Data Dictionary, Repository u. ä. m. erläutert. Zur Erstellung des konzeptionellen Modells werden Entity-Relationship-Diagramme verwendet. Die Ausführungen zum 3-Schichten-Konzept und den Sprachen von Datenbanksystemen wurden neu gefaßt. Der Marktstandard SQL wird vertieft dargestellt. Ein zusätzlicher Abschnitt zum Thema Datensicherheit befaßt sich mit Computerviren.

Im Hauptabschnitt «Markt und Entwicklungstendenzen der Datenspeicherung» werden die derzeit angebotenen Datenbankverwaltungssysteme für Großrechner, Minirechner und Mikrorechner skizziert, SQL-Server beschrieben und die Anforderungen an Datenbanksysteme der nächsten Generation spezifiziert. In der Folge wird auf objektorientierte und auf deduktive Datenbankverwaltungssysteme näher eingegangen. Weitere Themen sind verteilte Datenbanken, Datenbankrechner und das Information-Warehouse-Konzept.

Das Kapitel «*Datenübertragung*» wurde ebenfalls grundlegend überarbeitet. Im öffentlichen Bereich wurde einerseits der Deregulierung und Liberalisierung des Telekommunikationssektors und andererseits dem schnellen Fortschritt bezüglich neuer Medien, Internetworking und Satellitenkommunikation Rechnung getragen. Dementsprechend wurden zusätzliche Abschnitte über Kopplungseinheiten und VSAT-Netze aufgenommen und sämtliche Angaben über von der Telekom angebotene Netze (inklusive ISDN) und Dienste aktualisiert. Bei den lokalen

Netzen befassen sich erweiterte Ausführungen mit der Kopplungsproblematik und den LAN-Standards Ethernet, Tokenring und FDDI. Der Abschnitt über Nebenstellenanlagen wurde auf den neuesten Stand gebracht. Die Darstellung herstellerspezifischer Kommunikationsarchitekturen wurde bezüglich SNA vertieft und um einen Vergleich mit ISO-OSI und TCP/IP erweitert.

Im Hauptabschnitt «Markt und Entwicklungstendenzen der Datenübertragung» werden zunächst die geänderten Rahmenbedingungen und die Akzeptanz der in Deutschland von der Telekom und anderen angebotenen Übermittlungsdienste diskutiert. Besonders eingehend werden dabei Mobilfunksysteme und das ISDN besprochen. Breitbandnetze auf Glasfaserbasis und die Satellitenkommunikation sind weitere Themenschwerpunkte. Bei der Darstellung lokaler Netze wird im Detail auf die Perspektiven von FDDI, auf Verkabelungssysteme und auf Netzwerkbetriebssysteme eingegangen. Ferner werden die Chancen drahtloser lokaler Netze mittels Funk- oder Infrarotübertragung beleuchtet. Eine Diskussion der wichtigsten proprietären Rechnernetzkonzepte (SNA/APPN von IBM, DNA von DEC, TRANSDATA von SNI) und deren Öffnung in Richtung OSI, sowie der «Zukunft» von TCP/IP, OSI und DCE von OSF schließen dieses umfangreiche Kapitel ab.

Das letzte *Kapitel über Büroinformationssysteme* wurde völlig neu geschrieben. Ausgangspunkt ist die Darstellung einer umfassenden, integrierten Softwarearchitektur nach dem Client-Server-Modell. Die Realisierung der Teilfunktionen – Oberfläche, Bürowerkzeuge und Dienste – auf unterschiedlicher Hardware wird in der Folge dargestellt. Als Softwarewerkzeuge zur Erfassung und Verarbeitung von Dokumenten werden Textverarbeitung, Tabellenkalkulation und Geschäftsgrafik, Präsentationsgrafik und Layout-Programme, Verbunddokumentenverarbeitung, Desktop Publishing und Multimedia-Systeme behandelt. Als Kommunikationsdienste werden Elektronische Post (vor allem die Norm X.400), Telex, Teletex, Telefax, Bildschirmtext und EDI dargestellt. Als Datenverwaltungsdienste werden Ablage- und Archivierungssysteme, Hypertext, interne und externe Datenbanken bzw. Informationsdienste erläutert. Weitere softwarebezogene Ausführungen kennzeichnen die Vorgangsbearbeitung und das «Workgroup Computing», die elektronische Bildverarbeitung und optische Archivsysteme sowie die zentrale Systemadministration (Verzeichnisdienste). Als in Frage kommende Hardware-Lösungen werden PCs und PC-Netze, Minirechner, verteilte Systeme mit Client-Server-Architektur und Großrechner diskutiert. Der dritte Hauptabschnitt dieses Kapitels ist der organisatorischen Seite von Büroinformationssystemen, insbesondere der Entwicklung und organisatorischen Implementierung, gewidmet. Eine umfassende Marktanalyse mit einer Kennzeichnung der Funktionen, Leistungsmerkmale und Preise der wichtigsten Produkte und der Zukunftstrends schließt auch dieses Kapitel ab.

Ich habe mich bemüht, daß trotz dieser vielfältigen Erweiterungen die Geschlossenheit, die gute Strukturierung und damit die Übersichtlichkeit des Lehrstoffs erhalten bleiben. Wichtig erschien in diesem Zusammenhang auch, daß die bisherigen, von vielen Seiten genannten Stärken des Buches,

– die leichte Verständlichkeit,
– die didaktisch gute Aufbereitung,
– die Praxisnähe und
– das günstige Preis-/Leistungsverhältnis

keinesfalls gefährdet werden durften.

Allen Hochschullehrern, Praktikern und Studenten, die mich auf Schwachpunkte der 5. Auflage hingewiesen haben, möchte ich an dieser Stelle herzlich danken. Vor allem danke ich den Mitarbeitern der Abteilung für Wirtschaftsinformatik der Wirtschaftsuniversität Wien (WU), die alle in mehr oder weniger umfangreicher Form Hilfestellung bei der Neuauflage gegeben haben: Durch wertvolle Hinweise und Anregungen, durch freundschaftliche, konstruktive Kritik oder durch sonstige Unterstützung, wie die Anfertigung von Bildern oder das Lesen von Korrekturen. Die meisten neuen Grafiken der 6. Auflage wurden von Stephan Köhl angefertigt. Inhaltliche Vorarbeiten, zum Teil bis hin zum ersten Textentwurf, haben folgende Assistenten und Lektoren geleistet (relevante Abschnittsnummern in Klammern): Wolfgang Amsüss (2.3.2.7), Brigitte Eichler (3.3, 4.1.3.5), Rony Flatscher (1.2, 2.3, 2.4.5), Michael Haberler (3.3), Georg Miksch (4.1.2.6), Susanne Kremser (2.4), Christoph Lell (3.2), Andreas Pinzenöhler (2.4.5), Sonja Sewera (4.), Alexander Vouk (2.2) und Arthur Winter (1.3.3, 3.2.2.6). Folgende Diplomanden haben mitgearbeitet: Andreas Dumser (3.3.1.7), Gerhard Fodrasz (1.2.3.3, 2.3.3) und Harald Rieger (3.3.3.5, 3.3.4). Frau Bettina Schmeikal (WU-Hauptbibliothek) danke ich für die Überarbeitung des Abschnitts «Externe Datenbanken». Den Herren Dieter Bohnemann (Telekom – Fernmeldetechnisches Zentralamt, Darmstadt), Werner Dostal (IAB – Bundesanstalt für Arbeit), Hans Joachim Joergens (DATEV), Günter Müller (Universität Freiburg), Ernst Piller (Bull, Wien) und Klaus Schäfer (Rosbach) danke ich für Basismaterial und die kritische Durchsicht von Manuskriptteilen. Weitreichende Unterstützung habe ich von allen namhaften Herstellern der Computerindustrie erhalten. Besonders hervorheben möchte ich diesbezüglich jedoch IBM Österreich (Wien): Peter Haas hat mich mit einer Fülle herstellerspezifischer Information zu allen Teilen dieses Buches versorgt, und mir darüber hinaus noch viele Tips gegeben. Dieselbe Rolle hat Franz Schulz von Siemens Nixdorf (Wien) übernommen: Auch ihm und seinem

Unternehmen bin ich zu großem Dank verpflichtet. Für das meist in Abendstunden und an Wochenenden erfolgte Schreiben des Gesamtmanuskripts danke ich meiner Frau, Dorothee Hansen. Ohne die skizzierte, weitreichende Hilfe aller Beteiligten wäre diese 6. Auflage kaum realisierbar gewesen.

Wien, im Juli 1992          Hans Robert Hansen

# Inhalt

# Einführung und Gebrauchsanleitung

Der vorliegende Kurs «Wirtschaftsinformatik» soll den Aufbau und die Arbeitsweise von Computern in den Grundzügen kennzeichnen und den Einsatz dieser Maschinen in der Wirtschaft umreißen.

Die ersten Computer wurden in der deutschen Wirtschaft Mitte der 50er Jahre eingeführt. 40 Jahre später beträgt der Gesamtwert von etwa einer viertel Million mittlerer und größerer Anlagen und rund drei Millionen Mikrorechnern über 100 Mrd. DM. Abgesehen von den Heimcomputern (für Spiel- und Hobbyzwecke) werden die meisten dieser Systeme für kommerzielle Zwecke genutzt. Etwa 2% der Beschäftigten sind derzeit in der Bundesrepublik Deutschland in Datenverarbeitungsberufen tätig. Aus einzelwirtschaftlicher wie aus gesamtwirtschaftlicher Sicht ist deshalb die gedankliche Durchdringung und kritische Analyse der mit dem Einsatz der elektronischen Datenverarbeitung (EDV) verbundenen Möglichkeiten und Probleme von erheblicher Bedeutung.

Nahezu jeder Absolvent[1] eines wirtschaftswissenschaftlichen Hochschulstudiums kommt in seinem späteren Beruf in der einen oder anderen Form mit der EDV in Kontakt – sei es als Endbenutzer des «Computers am Arbeitsplatz» zur Lösung fachlicher Aufgabenstellungen oder als Gestalter automatisierter Systeme (Informationssysteme). Betriebe, die Akademiker im kaufmännischen Bereich einstellen, nutzen durchweg die Vorteile der EDV und verlangen von ihren Mitarbeitern entsprechende Vorkenntnisse.

Der in dem Kurs vermittelte Stoff entspricht in dem vorliegenden Band «*Wirtschaftsinformatik I: Einführung in die betriebliche Datenverarbeitung*» im wesentlichen den Inhalten, die an den meisten Hochschulen im Rahmen der Einführungsveranstaltungen in die EDV angeboten werden. Didaktisch ist der Kurs so gestaltet, daß er Ihnen ein selbständiges Studium ohne begleitende Vorlesungen und Übungen ermöglicht. Er ist im Studienbetrieb der Wirtschaftsuniversität Wien

---

1 Natürlich sind in dem gesamten Buch immer weibliche und männliche Vertreter aller erwähnten Personengruppen angesprochen, wenn von Absolventen, Studenten, EDV-Benutzern usw. die Rede ist. Aus Gründen der Lesbarkeit verzichtet der Autor jedoch auf Kunstwörter wie Absolvent/inn/en oder StudentInnen.

sowie zahlreicher anderer Hochschulen seit mehreren Jahren eingesetzt und aufgrund der bei der begleitenden wissenschaftlichen Erprobung gewonnenen Erkenntnisse umgestaltet, ergänzt und verbessert worden.

In dem Band «*Wirtschaftsinformatik I*» sind vier Kapitel enthalten. Im ersten Kapitel erhalten Sie einen grundlegenden Überblick über das gesamte Stoffgebiet. Im zweiten Kapitel werden die Bestandteile von Informationssystemen, d.h. Daten, Datenträger, Hardware, Software und Menschen, analysiert. Das Folgekapitel vertieft diese Untersuchung durch die Kennzeichnung der Beziehungen zwischen diesen Komponenten und damit der Datenverarbeitungsfunktionen in Informationssystemen. Dabei unterscheiden wir die Datenerfassung, die Datenspeicherung und die Datenübertragung. Das vierte Kapitel befaßt sich mit Büroinformationssystemen.

Für das Verständnis der Lehrinhalte benötigen Sie *keine Vorkenntnisse*. An vielen Hochschulen wird der Kurs während der ersten Wochen des 1. Studienjahres des wirtschaftswissenschaftlichen Studiums absolviert.

Das diesen Band ergänzende «*Arbeitsbuch Wirtschaftsinformatik I*» (UTB 1281 – Gustav Fischer Verlag, 4. Auflage, Stuttgart, Jena 1992) enthält ein Glossar, in dem die wichtigsten Begriffe dieses Kurses in alphabetischer Reihenfolge erläutert werden. Ferner sind darin 270 Übungsaufgaben mit Musterlösungen aufgeführt, die zur Selbstkontrolle Ihrer Lernfortschritte dienen können. Durch Hinweise im vorliegenden Lehrtext werden Sie jeweils darauf aufmerksam gemacht, an welcher Stelle diese Aufgaben zu lösen sind. Sie finden in diesem Arbeitsbuch ferner sechs einstündige Klausurarbeiten mit je rund 30 Prüfungsfragen, bei denen Auswahlantworten vorgegeben sind. Mit Hilfe der angegebenen Bewertungsmaßstäbe und Lösungen, die den Klausuraufgaben folgen, können Sie diese selbst korrigieren und benoten.

Wenn Sie den Band «*Wirtschaftsinformatik I*» durchgearbeitet und auch die jeweiligen Aufgaben gelöst haben, dann können Sie z.B.

- erklären, wie Rechner funktionieren und welche Arten von Rechnern es gibt,
- beschreiben, was Informationssysteme sind und wozu sie gebraucht werden,
- über den gegenwärtigen Stand und Trends der Datenverarbeitung berichten,
- darlegen, welche Datenverarbeitungsberufe es gibt und abschätzen, was man in diesem Tätigkeitsfeld verdienen kann,
- kennzeichnen, worin die Eigenarten bei der Erfassung, Speicherung, Übertragung und Verknüpfung von Daten in automatisierten Systemen liegen,

– verstehen, welche ökonomischen und gesellschaftlichen Probleme mit der Datenverarbeitung verbunden sind.

Ihre Arbeit mit dem vorliegenden Kursmaterial wird erleichtert, wenn Sie folgende *Hinweise und Anregungen* beachten:

1. Am Ende dieses Bandes finden Sie eine *Aufstellung ausgewählter Literatur*. Zur Lektüre dieser Veröffentlichungen wird geraten, wenn beim Textstudium Unklarheiten auftauchen. Eine Anschaffung ist dann empfehlenswert, wenn Sie Ihr Wissen vertiefen oder ergänzen wollen.

2. Versuchen Sie *nicht auswendig* zu *lernen*, sondern zu verstehen! Dies gilt insbesondere für die Kapitel 2 und 3 dieses Bandes, in denen allgemeine Kenntnisse über die Einheiten und die Funktionen von Rechnern vermittelt werden. Sie sollen hier nur maschinelle Arbeitsweisen begreifen und nachvollziehen können, müssen aber diese niemals während des Studiums oder in Ihrem späteren Berufsleben selbst ausüben. Typenbezeichnungen, Leistungskenndaten und sonstige Zahlen dienen nur zur Verdeutlichung von Sachverhalten. Sie brauchen sich diese nicht zu merken.

3. Für jedes Kapitel des vorliegenden Kurses existieren besondere *Lehrziele*, die zu Beginn der Kapitel aufgeführt werden. Diese sollen Ihnen die Orientierung beim Durcharbeiten des Lehrtextes erleichtern und Ihnen eine Beurteilung erlauben, ob der angestrebte Lernprozeß stattgefunden hat oder nicht.

4. Eine weitere Orientierungshilfe sind die *Rasterbalken* am Seitenrand. Diese dienen zur Veranschaulichung vorher erläuterter Sachverhalte durch praktische Beispiele. Auch diese müssen Sie selbstverständlich nicht «lernen» (im Sinne von im Gedächtnis behalten).

5. Wie bereits erwähnt, sind in den Lehrtext Hinweise auf *Übungsaufgaben* eingestreut. Sie sollten diese im Arbeitsbuch enthaltenen Aufgaben zur Selbstkontrolle jeweils sofort bearbeiten, ehe Sie mit dem Textstudium fortfahren. Diese sind dem behandelten Stoff angepaßt und sollen Ihr ständiges Mitdenken sichern. Für den Fall, daß Ihre Lösung einer Aufgabe nicht mit der vorgegebenen Musterlösung im Arbeitsbuch übereinstimmt, ergeben sich folgende Möglichkeiten:

   – Ihre Lösung ist ähnlich der vorgegebenen und damit sinngemäß richtig. – Setzen Sie Ihr Textstudium fort bzw. beginnen Sie mit der Bearbeitung der nächsten Aufgabe.

   – Sie bemerken aufgrund der vorgegebenen Lösung Fehler bzw. Verständnismängel. – Lesen Sie den der Übungsaufgabe vorangegangenen Abschnitt nochmals sorgfältig durch und setzen Sie Ihr Textstudium danach fort bzw. gehen Sie zur Bearbeitung der nächsten Aufgabe über, wenn Sie die vorgegebene Lösung verstanden haben.

   – Sie können sich nicht erklären, warum die vorgegebene Lösung anders ist als die Ihrige. – Lesen Sie den entsprechenden Abschnitt (eventuell auch die vorhergehenden Abschnitte) des vorangegangenen Lehrtextes nochmals gründlich durch. Werden dadurch die Unklarheiten nicht beseitigt, so wenden Sie sich bitte an den Verfasser (Anschrift auf der Rückseite des inneren Titelblatts).

6. Sie fördern Ihr Problembewußtsein und erreichen eine größere Sicherheit beim Abschätzen Ihrer Lernleistung, wenn Sie Wiederholungen und die Lösung der Aufgaben zur Selbstkontrolle nicht allein, sondern in einer kleinen *Lerngruppe* von drei bis fünf Mitgliedern durchführen.

Der *Arbeitsaufwand* für die Durcharbeitung dieses Buches ist von Ihrem bereits vorhandenen Wissen und Ihrem individuellen Lerntempo abhängig. Studienanfängern kann der Gesamtstoff des vorliegenden Bandes «*Wirtschaftsinformatik 1*» ohne weiteres in einer vierstündigen einsemestrigen Vorlesung vermittelt werden. Im reinen Selbststudium sollten Sie ca. vier Wochen intensive Lernzeit ansetzen.

Für den Fall, daß nur zwei Vorlesungsstunden oder nur ca. zwei Wochen Selbststudienzeit zur Verfügung stehen, empfehlen wir Ihnen den auf den Seiten 6 und 7 gekennzeichneten **Stoff- bzw. Leseplan für EDV-Endbenutzer**[2]. Das unbedingt notwendige Kernwissen umfaßt 333 Seiten. Weitere 260 Seiten werden zur Lektüre für Endbenutzer besonders empfohlen.

Dieser Stoff- bzw. Leseplan ist so aufgebaut, daß Sie durch das Überspringen der nicht angegebenen Seiten keine Verständnisschwierigkeiten befürchten müssen. Sie erhalten durch die «Kernlektüre» ein fundiertes, aber relativ eng begrenztes, vorwiegend technisches Wissen darüber, wie ein Rechner funktioniert und wie Sie sich der EDV zur Lösung kommerzieller Aufgaben an Ihrem (späteren) Arbeitsplatz bedienen können. Dabei lernen Sie nur fertig eingekaufte oder durch Datenverar-

---

2 Zu den Benutzern von EDVA gehören sowohl Datenverarbeitungsfachkräfte, die rechnergestützte Informationssysteme entwickeln und betreiben, als auch Mitarbeiter in Fachabteilungen (Rechnungswesen, Einkauf, Fertigung, Vertrieb usw.), deren Aufgabenerfüllung durch die Informationssysteme ergänzt und unterstützt wird. Können letztere durch Bildschirmgeräte oder Rechner am Arbeitsplatz direkt – ohne Einschaltung von EDV-Personal – im Dialogbetrieb arbeiten, so werden sie als Endbenutzer bezeichnet. Der hier zur Erstausbildung vorgeschlagene eingeschränkte Stoffplan ist am Lehrprogramm der Wirtschaftsuniversität Wien orientiert und wird an verschiedenen Hochschulen mit anderen Schwerpunkten unterrichtet.

beitungsfachkräfte für Sie entwickelte Werkzeuge kennen, zu beurteilen und zu gebrauchen. Das «Drumherum» der Organisation und Entwicklung automatisierter Systeme, EDV-Auswirkungen auf den einzelnen, den Betrieb oder die Volkswirtschaft als Ganzes sowie EDV-Markttrends bleiben hingegen weitgehend ausgeklammert. Ebenso bleibt die Thematik der Datenerfassung und Datenübertragung größtenteils unberücksichtigt. Im Rahmen von Folgeveranstaltungen, aufgrund persönlicher oder betrieblicher Interessen können Sie diese überschlagenen Abschnitte später jederzeit nachholen. Nichtsdestoweniger empfehlen wir Ihnen auch im Minimalfall der zwei Vorlesungsstunden zur Abrundung Ihres Kernwissens die Durcharbeitung des Gesamtstoffs. Sie können es bei den ergänzenden, in der nachstehenden Übersicht nicht genannten Abschnitten ja zunächst bei einer oberflächlichen Lektüre belassen.

Viel Erfolg beim Lernen!

## Stoff- bzw. Leseplan für Endbenutzer

| Kapitel und Hauptabschnitte | Für Endbenutzer unbedingt notwendige Seiten | Für Endbenutzer zusätzlich empfehlenswerte Seiten |
|---|---|---|
| 1. Grundlegender Überblick | 9–12 | |
|   1.1 Begriff und Wesen der elektronischen Datenverarbeitung | 13–24 | |
|   1.2 Aufbau elektronischer Datenverarbeitungsanlagen | 25–66 | |
|   1.3 Elektronische Datenverarbeitung im ökonomischen und gesellschaftlichen Gesamtzusammenhang | 67–76 | 76–82 |
| 2. Komponenten von Informationssystemen | 95–96 | |
|   2.1 Daten | 97–115, 128–136 | 116–128 |
|   2.2 Datenträger und externe Speicher | 153–157, 179–189 | 171–178, 192–206 |
|   2.3 Baueinheiten von EDV-Anlagen | 221–242, 245–249, 254–271, 276–303 | 306–317, 322–344, 348–353 |
|   2.4 Software | 354–366, 369–421 | 421–434, 439–447, 452–454 |
|   2.5 Menschen | 471–477 | |
| 3. Datenverarbeitungsfunktionen in Informationssystemen | 485–486 | |
|   3.1 Datenerfassung | | 487–489, 512–516 |
|   3.2 Datenspeicherung | 533–541, 555–579 | 584–592 |
|   3.3 Datenübertragung | 611–645, 740–741 | |

## Stoff- bzw. Leseplan für Endbenutzer

| Kapitel und Hauptabschnitte | Für Endbenutzer unbedingt notwendige Seiten | Für Endbenutzer zusätzlich empfehlenswerte Seiten |
|---|---|---|
| 4. Büroinformationssysteme | | 785–787 |
| 4.1 Softwarekomponenten von Büroinformationssystemen | | 788–869 |
| 4.2 Hardwarekomponenten von Büroinformationssystemen | | 870–877 |
| 4.3 Organisatorische Komponenten von Büroinformationssystemen | | 878–882 |
| 4.4 Markt und Entwicklungstendenzen von Büroinformationssystemen | | 883–920 |

# 1. Grundlegender Überblick

Nach der Durcharbeitung dieses Kapitels sollten Sie
- die Grundbegriffe der Datenverarbeitung kennen und gebrauchen können,
- die Unterschiede zwischen Information und Daten sowie zwischen digitalen und analogen Daten aufzeigen können,
- die Parallelen zwischen der Informationsverarbeitung von Hand und der elektronischen Datenverarbeitung beschreiben können,
- die Funktionseinheiten eines Rechners nennen und in groben Zügen erklären können, wie diese arbeiten,
- ein Beispiel für eine umfassende Anwendung eines Rechners in einem Handelsbetrieb darstellen können,
- die Vorteile dieser Anwendung der elektronischen Datenverarbeitung aufzählen können,
- die Gründe für den zunehmenden Rechnereinsatz und die Zwecke der elektronischen Datenverarbeitung in der Wirtschaft erläutern können,
- angeben können, welche Arten von Rechnern es gibt, aus welchen Bauelementen sie bestehen und durch welche Merkmale sich diese voneinander unterscheiden,
- darlegen können, was ein Informationssystem ist und welche Arten von Informationssystemen in einem Betrieb vorliegen können,
- die Gestaltungsprobleme aufzählen können, die sich beim Aufbau betrieblicher Informationssysteme stellen,
- die wirtschaftliche Schlüsselstellung und die gesellschaftspolitische Bedeutung der elektronischen Datenverarbeitung begründen können,
- die Erkenntnisziele und -gegenstände der Wirtschaftsinformatik skizzieren können.

Abb. 1/1: Großrechner in einem Rechenzentrum

Überlegen Sie einmal, was Sie jetzt schon – zu Beginn dieses einführenden Kapitels – über die elektronische Datenverarbeitung wissen! Aus Presse, Hörfunk und Fernsehen kennen Sie schachspielende, Ehen vermittelnde, Raumschiffe steuernde, Wahlergebnisse vorhersagende Rechner. In Ihrem Alltag sind Sie längst an von Rechnern gedruckte Briefe, Steuerbescheide und Kontoauszüge gewöhnt. Sie ärgern sich über teilweise kaum noch verständliche, maschinell verschlüsselte Strom-, Wasser- oder Gasrechnungen, Sie finden überpünktliche, unpersönlich gehaltene Mahnungen höchst verdrießlich oder Sie mühen sich bei der Immatrikulation damit ab, auf die Bedürfnisse der elektronischen Verarbeitung zugeschnittene Belege auszufüllen.

Sicherlich haben Sie auch schon oft Rechner gesehen. Der Wunderapparat, der der Menschheit erst Leistungen wie die Kopplung von Raumfahrzeugen oder die Landung auf dem Mond ermöglichte, wirkt äußerlich recht unscheinbar. Der Großrechner im Maschinenraum eines Rechenzentrums, der vielen hundert Benutzern angeschlossener Bildschirme dient, besteht aus einer Ansammlung von nichtssagenden Kästen, die scheinbar beziehungslos zusammenstehen (vgl. Abb. 1/1). Der Mikrorechner, oft auch als «Personal-Computer» (abgekürzt: PC) für den persönlichen Gebrauch einzelner im Büro oder Haushalt verkauft, unterscheidet sich bis auf die zusätzliche Tastatur auf den ersten Blick kaum von einem Fernsehempfänger (vgl. Abb. 1/2). Öffnet man ein Gerät, so blickt man auf Einschubplatinen mit aufgesteckten Bausteinen, die so aussehen wie die Luftaufnahme einer amerikanischen Stadt

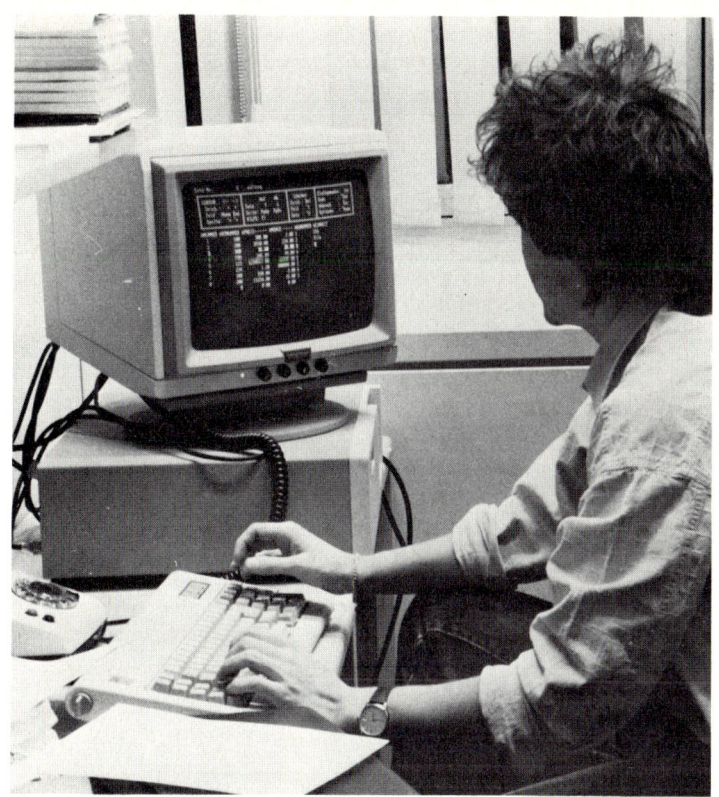

Abb. 1/2: Mikrorechner für den kommerziellen Einsatz (PC)

– künstlich, wohlgeordnet, einfach und zugleich kompliziert (vgl. Abb. 1/3). Die Konstruktion und Arbeitsweise erscheinen zunächst ebenso unerklärlich wie die Tatsache, daß für Großrechner Kaufpreise von vielen Millionen Mark verlangt und bezahlt werden, während Mikrorechner «für den Hausgebrauch» schon ab 150,– Mark zu haben sind.

Was ist das eigentlich genau, ein Rechner? Wie funktioniert er? Ist er sein Geld wert?

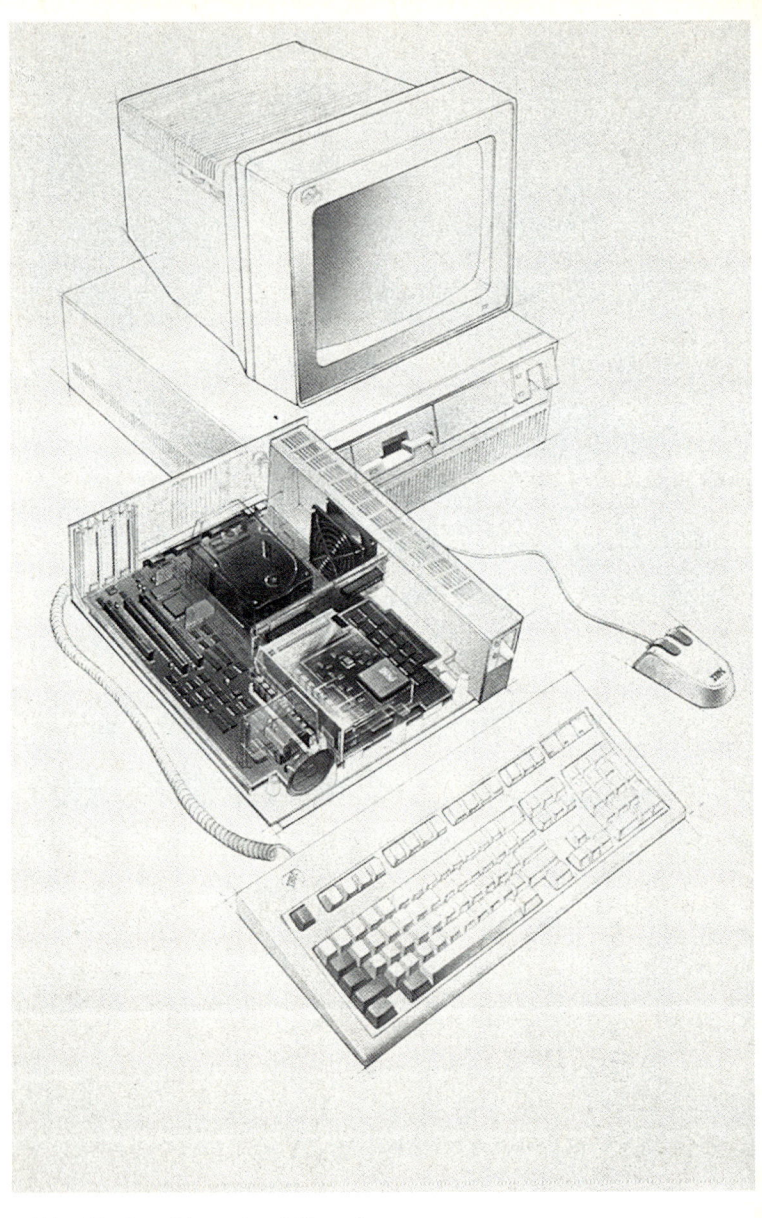

Abb. 1/3: «Innenleben» eines Mikrorechners

# 1.1 Begriff und Wesen der elektronischen Datenverarbeitung

In der DIN-Norm 44 300 wird ein **Datenverarbeitungssystem** definiert als eine Funktionseinheit zur Verarbeitung von Daten, nämlich zur Durchführung mathematischer, umformender, übertragender und speichernder Operationen.

Als *Synonyme* sind die Benennungen *Rechner, Rechensystem, Rechenanlage und Datenverarbeitungsanlage* sowie die englischen Bezeichnungen *Computer* und *Data Processing System* genannt. Der Gebrauch des Wortes *Computer* (engl.: to compute = rechnen) hat sich auch im deutschen Sprachraum durchgesetzt. Ähnliches gilt für zahlreiche weitere angloamerikanische Datenverarbeitungsbegriffe, die bei uns unübersetzt oder nur notdürftig eingedeutscht Verwendung finden (z.B. Compiler = Kompilierer).

Auf das Wort ‹elektronisch› (engl.: electronic) wird vom Deutschen Normenausschuß zur Begriffsbestimmung ganz verzichtet, da elektronische Bauelemente mittlerweile in allen möglichen Geräten (vom Radio bis zur PKW-Einspritzpumpe) die früher mechanischen Teile ersetzt haben. Die im heutigen Sprachgebrauch häufig benutzten Bezeichnungen *elektronische Datenverarbeitung (EDV), elektronische Datenverarbeitungsanlage (EDVA), Elektronenrechner* oder gar *Elektronengehirn* erklären sich aus der historischen Entwicklung. Als ab 1946 die vorher mit Relais bestückten Rechenanlagen durch Systeme abgelöst wurden, die mit Elektronenröhren arbeiteten, nannte man diese zur Unterscheidung von den mechanischen Geräten Elektronenrechner.

Einige Worte der o.g. DIN-Begriffsbestimmung bedürfen einer näheren Erklärung.

### 1.1.1 Digitale und analoge Daten

**Daten** (engl.: data) stellen **Information** (d.h. Angaben über Sachverhalte und Vorgänge; engl.: information) aufgrund bekannter oder unterstellter Abmachungen in einer maschinell verarbeitbaren Form dar. Ein Mittel, auf dem Daten aufbewahrt werden können, bezeichnet man als **Datenträger** (engl.: data medium).

Im EDV-Vokabular werden als Daten oft nur jene Angaben bezeichnet, die in einem für die maschinelle Interpretation besonders geeigneten, fest vereinbarten Aufbau aufgezeichnet sind. Solche Daten bezeichnet man präziser als *formatierte Daten*. Schriftliche Information, die nicht derartig strukturiert (d.h. unformatiert) ist, wird hingegen *Text* genannt. Darüber hinaus kann Information noch in sprachlicher und bildlicher Darstellung vorliegen.

In der kommerziellen Datenverarbeitung wurden früher überwiegend formatierte Daten mit EDVA verarbeitet; hiermit befassen sich im Schwerpunkt die Kapitel 1–3. Der seit Beginn der 80er Jahre stark zunehmenden automatisierten Dokumentenverarbeitung und elektronischen Textkommunikation ist das vierte Kapitel dieses Bandes gewidmet.

---

**Digitale Daten** (engl.: digital data) werden durch Zeichen repräsentiert. Ein **Zeichen** ist ein Element aus einer zur Darstellung von Information vereinbarten endlichen Menge von verschiedenen Elementen, dem sog. **Zeichenvorrat.**

---

*Beispiele* für Zeichen sind Buchstaben, Ziffern, Interpunktionszeichen, Steuerzeichen (etwa für Zeilenumbruch auf der Schreibmaschinentastatur), Farbpunkte von Bildern oder akustische Signale. Zeichen werden üblicherweise bei der maschinellen Verarbeitung durch elektrische Impulsfolgen, magnetisierte Positionen auf Datenträgern und dergleichen technisch verwirklicht.

---

**Analoge Daten** (engl.: analog data) werden hingegen nur durch kontinuierliche Funktionen repräsentiert. Die analoge Darstellung erfolgt durch eine physikalische Größe, die sich entsprechend den abzubildenden Sachverhalten oder Vorgängen stufenlos ändert.

---

*Beispiele* hierfür bieten Thermometer, bei denen durch die Höhe der Quecksilbersäule Temperaturwerte gekennzeichnet werden, oder Rechenschieber, bei denen die Zahlendarstellung durch Längen im logarithmischen Maßstab erfolgt. Von Uhren kennen Sie sowohl die analoge (mittels Zeiger) als auch die digitale (mittels Ziffern) Zeitanzeige.

Analoge Daten werden vorwiegend im technisch-naturwissenschaftlichen Bereich verwendet und bei der elektronischen Verarbeitung durch elektrische Spannungen dargestellt.

Elektronische *Analogrechner* (engl.: analog computer) werden normalerweise nicht für kommerzielle Zwecke eingesetzt. Die nachfolgenden Ausführungen beziehen sich ausschließlich auf *digitale Rechner* (engl.: digital computer), d.h. solche EDVA, die sich auf die Verarbeitung von Zeichen beschränken.

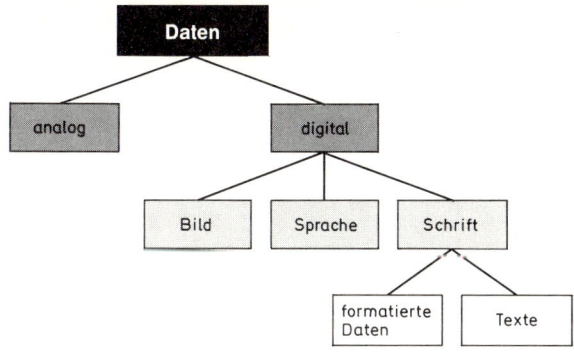

Abb. 1.1.1/1: Gliederung von Daten

Übungsaufgabe Nr. I-1 im Arbeitsbuch ←

## 1.1.2 Verarbeitung von Daten

> Grundsätzlich zählt zur **Datenverarbeitung** (engl.: data processing) jeder Vorgang, der sich auf die Erfassung, Speicherung, Übertragung oder Transformation von Daten bezieht. Hierzu gehören eine Vielzahl von Verrichtungen. Zum *Beispiel* können im Rahmen der *Datentransformation* Daten identifizierende, reproduzierende, vergleichende, sortierende, komprimierende, umformende und rechnende Tätigkeiten stattfinden.

Welche *Hilfsmittel* jeweils zweckmäßigerweise zur Verarbeitung von Information herangezogen werden, hängt von der Art der Aufgabe ab. Die Palette der Möglichkeiten reicht vom Kopfrechnen und der Zuhilfenahme von Papier und Bleistift über die Verwendung von mechanischen Hilfsmitteln und elektronischen Taschenrechnern bis hin zu den Großanlagen der EDV, die Millionen von Rechenvorgängen (Additionen, Subtraktionen usw.) in der Sekunde ausführen und Milliarden von Zeichen speichern können.

Die *Grundfunktionen* der Informationsverarbeitung sind – unabhängig von den im Einzelfall eingesetzten Hilfsmitteln und ihrem technisch-physikalischen Aufbau – prinzipiell stets die gleichen. Ein wesentliches Kennzeichen der elektronischen Verarbeitung ist jedoch die *Automatisierung*, d.h. daß die Anlagen entsprechend vorgegebenen Anweisungen Datenverarbeitungsaufgaben weitgehend selbsttätig und ohne weitere

Eingriffe von außen ausführen. In der Literatur wird dementsprechend auch vielfach die Bezeichnung *automatisierte Datenverarbeitung* bzw. das Kürzel *ADV* verwendet; in der Praxis hat diese Benennung jedoch kaum Eingang gefunden.

Eine zur Lösung einer Aufgabe vollständige Anweisung an eine Datenverarbeitungsanlage bezeichnet man als **Programm** (engl.: program); der Vorgang der Erstellung einer derartigen Anweisung heißt **Programmieren** (engl.: programming).

Die Arbeitsanweisungen an eine EDVA müssen in einer von der Maschine interpretierbaren Sprache formuliert werden. Eine derartige zum Abfassen von Programmen geschaffene Sprache bezeichnet man als **Programmiersprache** (engl.: programming language).

Ein wichtiges Merkmal der EDV ist die *Speicherprogrammierung.* Darunter versteht man die Möglichkeit, Programme in einer Funktionseinheit (Speicher) innerhalb einer Rechenanlage aufzubewahren. Der Rechner bekommt bei der Bearbeitung einer Aufgabe Arbeitsvorschriften in einer Folge von Befehlen mitgeteilt, die das Programm im Speicher liefert.

*Mittels der Programmsteuerung wird aus einem universell konzipierten Rechner eine Spezialanlage.* Durch die Austauschbarkeit der Programme im Speicher kann der Rechner jederzeit eine fast beliebige Anwendungsspezialisierung erfahren, d.h. er läßt sich z.B. in Minutenschnelle von einem Spezialautomaten für Buchhaltungszwecke in einen Spezialautomaten für die Abrechnung von Löhnen und Gehältern umwandeln. Viele EDVA bieten sogar die Möglichkeit, mehrere Programme nebeneinander zu speichern und zu verarbeiten *(Mehrprogrammbetrieb)*, wodurch sich ihre vielseitige Verwendbarkeit noch erhöht.

→ Übungsaufgabe Nr. I-2 im Arbeitsbuch

### 1.1.3 Vergleich manuelle – elektronische Informationsverarbeitung

Wir haben weiter oben festgestellt, daß die funktionalen Vorgänge der Informationsverarbeitung im Prinzip von den jeweils eingesetzten Hilfsmitteln unabhängig sind. Um dieses Prinzip deutlich zu machen, sei hier die sich wandelnde Situation im Lebensmitteleinzelhandel beschrieben. Einmal die leider schon fast der Vergangenheit angehörende Tante Emma, die noch mit Papier und Bleistift in ihrer «Kolonialwarenhandlung» mit Kunden und Lieferanten abrechnet, quasi die «manuelle Datenverarbeitung». Und einmal, wie der Rechner das in modernen Supermärkten erledigt.

### Beispiel: Verkaufsabrechnung und Warendisposition im Lebensmitteleinzelhandel

*Tante Emma* benutzt zur Abrechnung der in ihrem kleinen Selbstbedienungsladen verkauften Waren einen Rechnungsblock, auf dem sie die Preise der einzelnen Posten notiert und im Kopf aufaddiert. Als Beleg erhält der Kunde den Rechnungszettel. Weil Tante Emma in Stoßzeiten kaum noch mit dem Kassieren nachkommt, die Kunden über zu lange Wartezeiten murren, sich infolge der hohen Belastungen in den Abendstunden immer häufiger Rechenfehler einschleichen und die Kunden nicht nur reklamieren, sondern zum Teil auch schon ausbleiben, überlegt Tante Emma die Anschaffung einer Registrierkasse. Ein Registrierkassenvertreter hat sie deshalb schon mehrfach besucht. Er argumentiert, daß sich durch dieses Hilfsmittel der Abrechnungsvorgang wesentlich beschleunigen lasse und daß die Kunden dadurch eine sauber gedruckte Rechnung erhielten, die neben den Preisen auch die jeweiligen Warengruppennummern ausweise.

Zweimal wöchentlich geht Tante Emma abends von Regal zu Regal und notiert sich, welche Waren nachzubestellen sind. Diese Arbeit wird ihr durch einige Formulare sehr erleichtert, die ihr der Großhändler zur Verfügung stellt. Darauf sind alle von diesem lieferbaren Artikel aufgedruckt und Tante Emma muß nur noch eintragen, welche Mengen sie jeweils bestellen möchte. Noch am gleichen Abend bringt Tante Emma diese Bestellformulare zur Post, um sicherzustellen, daß der Verkaufsfahrer des Großhändlers bei seiner nächsten Tour die von ihr gewünschten Waren mitbringt. Eine Kopie des Ordersatzes verwendet Tante Emma, um zu kontrollieren, ob die gelieferten Waren vollständig sind und ob Lieferschein und Rechnung des Großhändlers ihrer Bestellung entsprechen. Wenn niemand im Laden ist, meist erst nach Ladenschluß, zeichnet Tante Emma die Preise der einzelnen Artikel aus. Soweit möglich hält sie sich dabei an die auf den Packungen aufgedruckten Preisempfehlungen der Hersteller; bei allen anderen Waren schlägt sie einheitlich 20 % auf die Großhandelspreise auf.

*Der moderne Lebensmittelsupermarkt* verfügt über 1000 m² Verkaufsfläche und erzielt einen Monatsumsatz von mehr als einer Mio. Mark für ein Filialunternehmen mit etwa 70 ähnlichen Verkaufsstätten. Die Verkaufsabrechnung ist ein tägliches Massenproblem, das reibungslos mit nur acht Registrierkassen gelöst wird. Dies geschieht auf folgende Weise:

Abb. 1.1.3/1: EAN – europaeinheitliche Artikelnummer für den Lebensmittelhandel

Abb. 1.1.3/2: Elektronische Datenkassen für den Lebensmittelhandel

Alle Packungen sind bereits von den Herstellern mit einer maschinenlesbaren, überall in Europa einheitlichen Artikelnummer bedruckt (vgl. Abb. 1.1.3/1). Die elektronischen Kassen des Supermarktes sind mit einer Leseeinrichtung versehen. Beim Kassiervorgang werden die Artikelnummern automatisch erfaßt, indem die Waren an der Leseeinrichtung vorbeigeführt und auf fotoelektrischem Wege gelesen werden (vgl. Abb. 1.1.3/2). Jede Kasse ist über eine Leitung mit dem in der Zentrale stehenden Rechner verbunden. Mittels eines im Speicher stehenden Fakturierungsprogramms werden dort anhand der übermittelten Artikelnummern die ebenfalls gespeicherten Bezeichnungen und Preise der Artikel abgerufen, übertragen und mittels des Druckwerks der Kasse auf das Rechnungsformular geschrieben. Parallel zu den Vorgängen, die zum Druck der einzelnen Artikelzeilen führen, wird eine zentrale Bestandsfortschreibung durchgeführt. Dabei wird vom Rechner fur jeden betroffenen Artikel die abgehende Menge vom gespeicherten Lagerbestand abgebucht. Sind alle von einem Kunden gekauften

Artikel abgerechnet, so werden die Einzelwerte aufsummiert und die Summenzeile wird gedruckt (vgl. Abb. 1.1.3/3).

```
SUPERMARKT MAIER & CO

              TAFELOEL         1,18
              WASCHMITTEL       6,48
              CAMEMBERT         0,98
              KAFFEE            8,95
              FR.WEINBRAND      7,98
              MILCH             0,69
     0,20P    TRAUBENSAFT       2,15
     1,000    SCHWEINEHALS     11,60
     0,750    KALBSSTEAK       12,75
         6    DOSENMILCH        3,30
              ERBSEN F1/1       1,10
              ERBSEN F1/1       1,10
              ERBSEN F1/1       1,05
              ZUCKER            1,26
              NUDELN            1,10
              MEHL              1,23
              SALZ             0,42

              SUMME            63,32

              GEGEBEN          70,00

              RUECKGELD         6,68

  23/08 10:31       11/04

         -VIELEN DANK-
```

Abb. 1.1.3/3: Kassenbon einer Datenkasse

Die bei der Fakturierung anfallenden Zwischen- und Endergebnisse sind die Grundlage für eine Vielzahl automatisch erzeugter Auswertungen und Berichte. So erhält der Geschäftsführer des Supermarktes täglich Verkaufsstatistiken, die den realisierten Bruttogewinn, den Umsatz und die Umschlagshäufigkeit der einzelnen Warengruppen und/oder Artikel ausweisen. Damit kann dieser seine Verkaufsforderungsmaßnahmen gezielt auf ‹kritische› bzw. besonders gewinnbringende Artikel ausrichten.

Auch das Bestellwesen ist weitgehend automatisiert. Wie bereits erwähnt, werden die Lagerbestände der einzelnen Artikel von der EDV laufend fortgeschrieben, indem bei der Fakturierung die verkauften Warenmengen vom Lagerbestand subtrahiert werden. Täglich werden die Warenabgänge für die einzelnen Verkaufsstätten aufgelistet und aufgrund dieser Listen werden im

Zentrallager die Nachlieferungen zusammengestellt. Der einzelne SB-Markt ist damit von der Warendisposition völlig entlastet.

Warenzugänge im Zentrallager werden nach der Wareneingangskontrolle umgehend für die EDV erfaßt, damit die gespeicherten Bestandsdaten berichtigt werden können. Die Liefermenge wird dabei zur Bestandsmenge im Speicher addiert, um den neuen Lagerbestand zu erhalten. Das Ergebnis der Multiplikation ‹Liefermenge × Einkaufspreis je Einheit› wird zum Lagerwert addiert und eventuelle Differenzen zwischen bestellter und gelieferter Menge werden ausgewiesen. Dazu ist es allerdings nötig, daß für jeden bestellten Artikel die Artikelnummer, die Auftragsnummer, das Auftragsdatum, bestellte Menge, Liefertermin, Lieferantennummer und Einkaufspreis gespeichert werden, wenn eine Bestellung erfolgt. Die EDVA kann dadurch auch Preisunterschiede registrieren und bei Lieferverzögerungen automatisch Hinweise ausdrucken und Mahnungen erstellen.

Aufgrund der bei der Lagerbestandsführung für den einzelnen Artikel gespeicherten Daten lassen sich jederzeit Lagerbestandslisten ausdrucken. Diese stellen für die Einkäufer in der Hauptverwaltung durch den Ausweis der Lagerbewegungen eine wertvolle Dispositionsunterlage dar. Artikel, bei denen der Lagerabgang eine Neubestellung erforderlich macht, werden durch besondere Bestellhinweise gekennzeichnet, und es werden maschinell errechnete Bestellvorschläge gedruckt, die empfehlen, welche Mengen bei welchen Lieferanten zu beschaffen sind. Hierzu müssen für jeden Artikel zusätzliche Daten wie z.B. die Lieferzeit, der voraussichtliche Absatz, der Mindestbestand usw. gespeichert werden.

Die gespeicherten Daten bilden die Ausgangsbasis für zahlreiche weitere Datenverarbeitungsanwendungen. So lassen sich z.B. warengruppenabhängige oder sogar artikelindividuelle Kalkulationszuschläge maschinell ermitteln, wodurch eine flexible Preispolitik ermöglicht wird. Die Ausnutzung der Lieferantenskonti wird durch eine laufende Kontrolle der Verbindlichkeiten und durch den Druck von Zahlungsanweisungen bei fälligen Rechnungen gesichert. Es lassen sich Preisschilder für die Regalauszeichnung der Artikel im Verkaufsraum mittels EDV erstellen; die Auszeichnung der einzelnen Artikel entfällt ja durch den Aufdruck der maschinenlesbaren Artikelnummer – und so weiter, und so weiter – die Aufzählung, für welche vielfältigen Zwecke sich die einmal erfaßten Daten mittels EDV auswerten lassen, ließe sich noch erheblich verlängern.

→ Übungsaufgabe Nr. I-3 im Arbeitsbuch

### Parallelen und Unterschiede

Trotz dieser beeindruckenden Schilderung, was die EDV alles zu leisten vermag, zeigt der Vergleich der Abläufe doch eines· Der Rechner tut grundsätzlich auch nichts anderes als Tante Emma. Beide haben dieselben Aufgaben und beide lösen diese nach bestimmten Regeln,

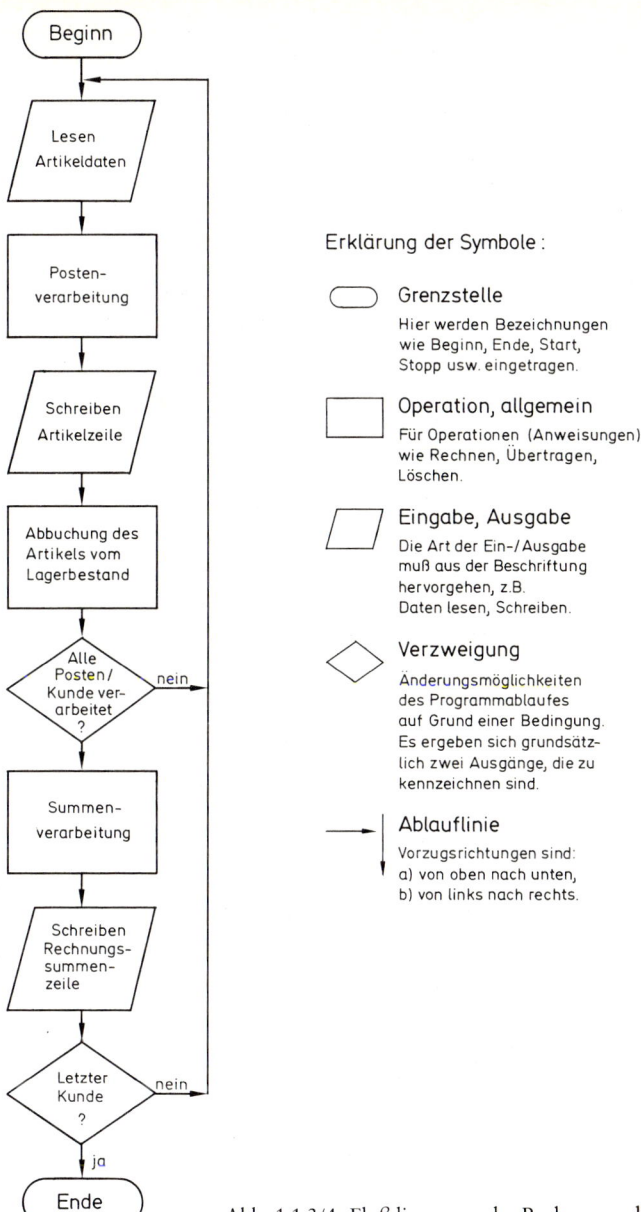

Erklärung der Symbole:

⊂⊃ Grenzstelle

Hier werden Bezeichnungen
wie Beginn, Ende, Start,
Stopp usw. eingetragen.

☐ Operation, allgemein

Für Operationen (Anweisungen)
wie Rechnen, Übertragen,
Löschen.

▱ Eingabe, Ausgabe

Die Art der Ein-/Ausgabe
muß aus der Beschriftung
hervorgehen, z.B.
Daten lesen, Schreiben.

◇ Verzweigung

Änderungsmöglichkeiten
des Programmablaufes
auf Grund einer Bedingung.
Es ergeben sich grundsätzlich zwei Ausgänge, die zu
kennzeichnen sind.

⟶ Ablauflinie

Vorzugsrichtungen sind:
a) von oben nach unten,
b) von links nach rechts.

Abb. 1.1.3/4: Flußdiagramm der Rechnungsschreibung

welche bei Tante Emma im Gedächtnis und bei der EDV in der Form von Programmen im Speicher aufgezeichnet sind. Dabei fallen jeweils dieselben Verarbeitungsvorgänge an. Sie sehen auch, daß das reine «Rechnen» im Rahmen der Informationsverarbeitung eigentlich gar keine so große Rolle spielt. Lese-, Schreib-, Vergleichs- und Übertragungsvorgänge sind genauso wichtig – ja, sie dominieren sogar im kommerziellen Bereich.

Wozu brauchen wir dann überhaupt Rechner? Die Abbildung 1.1.3/4, die den schematischen Ablauf der Rechnungsschreibung sowohl bei der manuellen als auch bei der automatisierten Informationsverarbeitung zeigt, gibt darauf eine erste Antwort. In diesem Schaubild wird die Folge der Operationen in Abhängigkeit von der jeweils vorhandenen Information mit Hilfe genormter Sinnbilder beschrieben. Hieraus wird *eine der wichtigsten Eigenschaften eines Computerprogramms* deutlich: *Die Möglichkeit, abhängig von Zwischenergebnissen Programmteile zu überspringen oder Schleifen zu bilden, d.h. an vorhergehende Programmstellen zurückzukehren.* In unserem Diagramm sind solche Verzweigungen nach der Abbuchung eines verkauften Artikels vom Lagerbestand sowie nach dem Schreiben der Rechnungssummenzeile vorgesehen. Die Verkaufsabrechnung wird dadurch so lange fortgesetzt, bis alle von einem Kunden gekauften Artikel fakturiert bzw. bis mit allen Kunden abgerechnet wurde. *Das Programm kann immer wieder bei Bedarf für dieselbe Aufgabe in den Speicher gebracht und benutzt werden.* Der Ablauf ist von der Menge der zu verarbeitenden Daten unabhängig. Weil die programmgesteuerte elektronische Verarbeitung ungeheuer schnell und sehr sicher ist, bietet sich der *Einsatz eines Rechners immer dann an, wenn große Datenmengen in kürzester Zeit verarbeitet werden müssen.*

→ Übungsaufgabe Nr. I-4 im Arbeitsbuch

Ein Unterschied zwischen der Informationsverarbeitung in Tante Emmas Laden und im Lebensmittelsupermarkt ergibt sich ferner dadurch, daß Tante Emma die Einzelaufgaben der Verkaufsabrechnung und Warendisposition separat und nacheinander erledigt, während bei der EDV diese Vorgänge zusammenhängend und größtenteils parallel ablaufen können. Dadurch, daß Rechner in der Lage sind, große Datenmengen zu speichern und unterschiedliche Aufgaben programmgesteuert auszuführen, ist es möglich, alle Maßnahmen, die ein Geschäftsvorfall erforderlich macht, in einem einzigen Komplex zu verarbeiten. In unserem Beispiel liegen etwa der Fakturierung, der Lagerabrechnung, der Verkaufsstatistik und dem Bestellwesen dieselben Ausgangsdaten zugrunde, die beim Kassiervorgang anfallen. Durch diese *integrierte Datenverarbeitung* erübrigen sich die wiederholten Datenerfassungsvorgänge und die Aufbewahrung von Zwischenergebnissen für Folgearbeiten, die bei einer getrennten Verrichtung einzelner Aufgaben jeweils unumgänglich sind.

Übungsaufgabe Nr. I-5 im Arbeitsbuch

### 1.1.4 Zwecke der elektronischen Datenverarbeitung

Die enorme Arbeitsgeschwindigkeit und Speicherkapazität von Rechnern ermöglichen die *Bearbeitung großer Datenmengen*, die ohne Einsatz der EDV überhaupt nicht oder nicht rasch genug zu bewältigen wären. Denken Sie z.B. an die Auftragserledigung in einem Großversandhaus, wo täglich über hunderttausend Kundenbestellungen nach dem immer gleichen Schema abzuwickeln sind und Millionen von Anschriften aufbewahrt werden müssen. Oder an die monatliche Abrechnung der Löhne und Gehälter für Tausende von Mitarbeitern in der Wirtschaft und in der öffentlichen Verwaltung, an die Milliarden jährlicher Kontenbewegungen in Banken oder an die sich immer wiederholenden Platzbuchungen in Reisebüros. In der Praxis lassen sich solche wiederkehrenden Massenarbeiten – die durch den laufenden Zuwachs anfallender Geschäftsvorfälle an Umfang immer mehr zunehmen – schon längst nicht mehr mit den früheren bürotechnischen Hilfsmitteln in befriedigender Weise erledigen. Mit ihrer Automatisierung durch den Einsatz der EDV sind in der Regel eine *Beseitigung monotoner Routinetätigkeiten für die Mitarbeiter, die Ausschaltung zahlreicher, auf der menschlichen Unzulänglichkeit beruhender Fehlerquellen und eine straffere Abwicklung der Arbeitsvorgänge* verbunden.

Ein weiteres Ziel der Automatisierung der Datenverarbeitung ist die *Beschaffung qualifizierter Unterlagen für unternehmerische Entscheidungen*. Da eine Analyse der anfallenden Daten durch die EDV wesentlich schneller und umfassender als mit konventionellen Methoden durchgeführt werden kann, ist es den Mitarbeitern möglich, ihre Entscheidungen schneller und besser auf die sich immer rascher wandelnde Bedingungslage auszurichten. So lassen sich z.B. Markttrends früher als bisher erkennen, Planabweichungen umgehend korrigieren oder Maßnahmen bei sich ändernden Kundengewohnheiten rechtzeitig einleiten.

Insbesondere, wenn *umfangreiche und komplizierte Berechnungen in einem möglichst kurzen Zeitraum* auszuführen sind, ist der Rechner ein sehr hilfreiches (und oft das einzig mögliche) Werkzeug. Derartige Anwendungen finden sich vor allem im technisch-naturwissenschaftlichen Bereich (wie etwa die Kurskorrekturen bei der Raumfahrt), aber auch in der Wirtschaft wird die EDV vielfach zur Lösung mathematisch formulierbarer Aufgabenstellungen eingesetzt. Denken Sie etwa an die Prognosen der Wirtschaftsforschungsinstitute, die die Entwicklung gesamtwirtschaftlicher Größen (Wirtschaftswachstum, Preisentwicklung, Arbeitslosenquote usw.) beinhalten. Sicherlich können Sie sich auch vorstellen, welcher enorme Rechenaufwand im einzelnen Unternehmen zu leisten ist, wenn laufend für u. U. Hunderte von Produkten Absatzvorhersagen durchgeführt werden, wenn die Wirtschaftlichkeit alternativer Investitionsvorhaben verglichen wird oder wenn die kostengünstigsten Transportmittel und -wege für die Warenverteilung im Markt gesucht werden. Zwar wären derartige Aufgaben prinzipiell auch manuell bzw. mit konventionellen Hilfsmitteln lösbar, nur würde eine solche Arbeit Monate statt Stunden oder Minuten dauern, und die Ergebnisse wären dann oft überholt und damit nicht mehr brauchbar.

Durch die Übertragung aller generell zu regelnden Routinearbeiten auf Rechner und durch die umfassendere Information kann sich die Unternehmensführung auf die Bearbeitung und Entscheidung von Ausnahmefällen konzentrieren. Bei diesem ‹Management by Exception› erfordern nur noch Abweichungen und Störungen nicht planmäßig verlaufender Vorgänge das Eingreifen der Führungskräfte, wodurch diese Zeit für die Planung und die Entwicklung neuer Ideen gewinnen.

Ein wichtiger Grund für die Automatisierung von Datenverarbeitungsaufgaben ist schließlich das *Rationalisierungsstreben*. Man erhofft sich gegenüber anderen möglichen Formen der Informationsverarbeitung vor allem durch die Einsparung von Personal *Kostenvorteile*. In welchem Umfang sich derartige Einsparungen tatsächlich realisieren lassen, ist allerdings oft schwer nachweisbar, in Theorie und Praxis umstritten und sicherlich von Fall zu Fall verschieden. Nur eine sorgfältige Analyse und Wirtschaftlichkeitsrechnung können hier Aufschluß bringen. Aus gesamtwirtschaftlicher Sicht und aus der Sicht der Betroffenen ist eine Vernichtung von Arbeitsplätzen natürlich höchst problematisch. Mit möglichen negativen Auswirkungen der EDV befaßt sich u.a. der Abschnitt 1.3.3.

→ Übungsaufgabe Nr. I-6 im Arbeitsbuch

## 1.2 Aufbau elektronischer Datenverarbeitungsanlagen

Im folgenden wird Ihnen der *grundlegende Aufbau von EDVA* erklärt. Zunächst erfahren Sie, aus welchen *Hauptfunktionseinheiten* ein Rechner besteht. Nach dieser relativ oberflächlichen Darstellung (die im Abschnitt 2.3 vertieft wird) werden die *Bauelemente (Chips)* von Rechnern behandelt. Weil hierauf später nicht mehr näher eingegangen wird, gehen diese Ausführungen etwas mehr in die Tiefe. Im Abschnitt 1.2.3 wird erläutert, wodurch die *Leistung eines Rechners* bestimmt wird und welche *Rechnergruppen* üblicherweise in der Praxis unterschieden werden.

### 1.2.1 Hauptfunktionseinheiten

Ein *Datenverarbeitungssystem* ist ein Gebilde zur Verarbeitung von Daten, das aus einer Anzahl von Funktionseinheiten besteht, die bezüglich ihrer Aufgaben gegeneinander abgegrenzt werden können und die untereinander gekoppelt sind. Prinzipiell muß ein Datenverarbeitungssystem über *Einheiten* verfügen,

1. durch die Daten von außen aufgenommen werden können *(Eingabeeinheit)*,
2. durch die diese Daten interpretiert, umgesetzt und aufbewahrt werden können *(Zentraleinheit und externe Speicher)* und

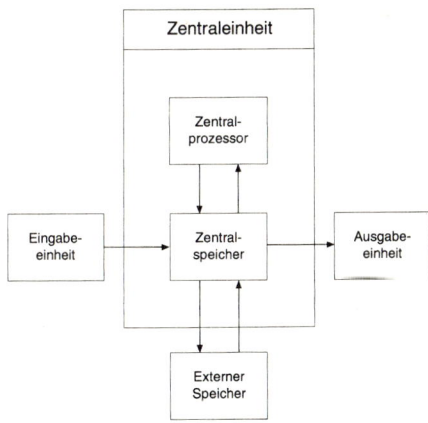

Abb. 1.2.1/1: Funktionaler Aufbau einer EDVA (Prinzipdarstellung)

3. durch die die verarbeiteten Daten wieder nach außen abgegeben werden können *(Ausgabeeinheit)*.

Der grundlegende Aufbau einer EDVA entspricht diesem Funktionsschema (vgl. Abb. 1.2.1/1). *Jeder der genannten Funktionseinheiten können in der Realität eine oder mehrere Baueinheiten entsprechen.* Zum Beispiel kommen – wie sich aus der Abb. 1.2.1/2 ergibt – als eine Eingabeeinheit u.a. folgende Geräte in Betracht: Tastaturen, Zeigeeinrichtungen für Bildschirme (z.B. Maus), Digitalisiertabletts, Kartenleser, Belegleser, Scanner (Bildabtaster), Meßgeräte (Sensoren), Spracheingabegeräte. Alle diese Geräte lassen sich einzeln oder zu mehreren in fast beliebiger Kombination für die Eingabe von Daten in eine EDVA verwenden. Wie diese und andere Eingabegeräte (z.B. die früher erwähnten elektronischen Kassen) funktionieren, wird in einem der Folgekapitel noch ausführlich erläutert.

Solche ausführlichen Funktionsbeschreibungen folgen später ebenfalls für die wichtigsten, in der Abb. 1.2.1/2 dargestellten Geräte, durch die Daten aus einer Rechenanlage ausgegeben werden können (Ausgabegeräte). Auch die externen Speicher und die Baugruppen der Zentraleinheit werden an dieser Stelle nur in Grundzügen skizziert.

---

Die **Zentraleinheit** (engl.: central processing unit, abgekürzt: CPU) ist eine Funktionseinheit innerhalb einer EDVA, die einen oder mehrere Prozessoren und Zentralspeicher umfaßt. Ein **Prozessor** besteht aus Leitwerk und Rechenwerk.

---

Diese *Komponenten sind durch Leitungen miteinander verbunden*, über die Daten sowie Adreß- und Kontrollangaben über die Daten mittels elektrischer oder optischer Signale übertragen werden. Dabei kann es sich um *spezielle Leitungen* zwischen und innerhalb der genannten Funktionseinheiten handeln, oder es können *Verbindungssysteme* vorhanden sein, *die von vielen Einheiten gemeinsam genutzt werden (sog. Busse).*

---

Ein **Bus** (engl.: bus) ist ein Verbindungssystem, das von allen angeschlossenen Einheiten (Teilnehmern) gemeinsam genutzt wird.

---

Eine Zentraleinheit kann außer den oben genannten noch weitere Bestandteile enthalten, z.B. gesonderte Funktionseinheiten zur Steuerung des Datenverkehrs von den Eingabe- und zu den Ausgabeeinheiten.

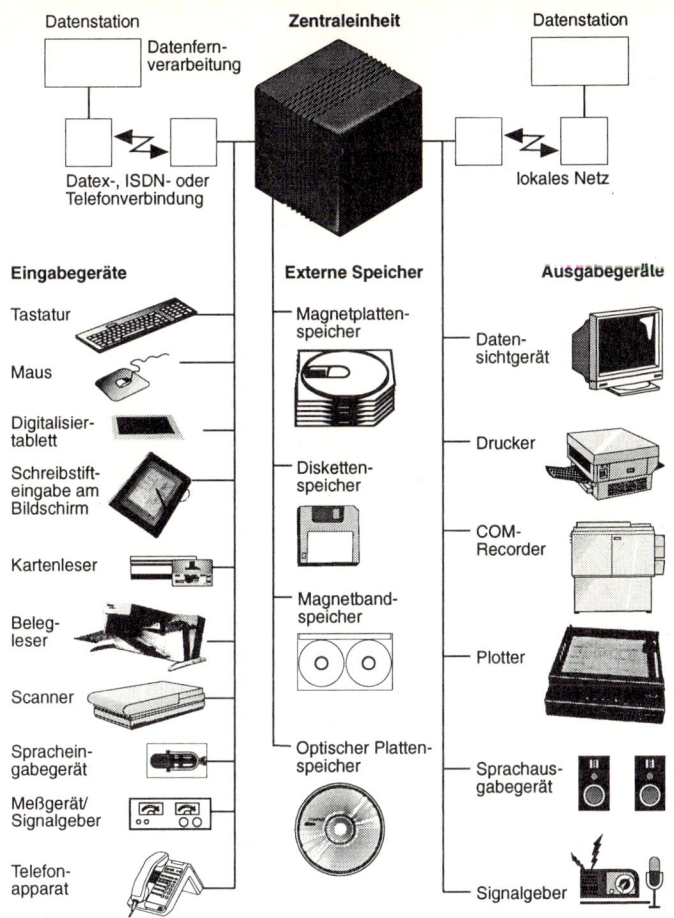

Abb. 1.2.1/2: Konstruktiver Aufbau einer EDVA (Prinzipdarstellung)

Ein **Leitwerk** (engl.: control unit), das auch häufig als **Steuerwerk** bezeichnet wird, sorgt für die Durchführung der einzelnen Befehle eines Programmes.

Es holt Befehle und Daten, entschlüsselt die Befehle in eine der Maschine verständliche Darstellungsform, gibt die für ihre Ausführung erforderlichen digitalen Signale ab, übernimmt Verarbeitungsergebnisse und leitet diese gegebenenfalls an andere Funktionseinheiten weiter.

Die vom Leitwerk abgegebenen Signale lösen die im Rechner fest vorgesehenen *Maschinenoperationen* aus, deren eigentliche Ausführung im Rechenwerk erfolgt. Je nach Bauart wird ein Rechner durch etwa 50 bis ca. 350 verschiedene *Maschinenbefehle* (engl.: instruction) gesteuert. Diese lassen sich einteilen in

1. *arithmetische Befehle*
   (z.B. Addieren, Subtrahieren, Multiplizieren usw.),
2. *logische Befehle*
   (z.B. Vergleichen, Verknüpfen usw.),
3. *Transportbefehle*
   (z.B. Übertragen, Verschieben usw.) sowie
4. *Ein- und Ausgabebefehle*
   (z.B. Lesen, Schreiben usw.).

Der *Ablauf einer Maschinenoperation* (engl.: computer operation) erfolgt in der Regel in einer Folge von Schritten, in denen die vom Leitwerk abgegebenen Signale in einem elektrischen Schaltnetz logisch miteinander verknüpft werden, um bestimmte Strompfade zu aktivieren. Den zeitlichen Ablauf steuert ein *Taktgeber* (engl.: clock); das ist ein Pulsgenerator zur Synchronisierung von Operationen.

---

Ein **Rechenwerk** (engl.: arithmetical logical unit, abgekürzt: ALU) ist eine Funktionseinheit, die Rechenoperationen ausführt.

---

Hierzu gehören neben den arithmetischen Operationen auch Verknüpfungen nach den Regeln der Booleschen Algebra, Vergleiche, Umformungs-, Verschiebe- und Rundungsoperationen u.ä.m.

Leitwerk und Rechenwerk sind als materielle Gebilde (Baueinheiten) kaum gegeneinander abgrenzbar. Deshalb werden sie zusammengefaßt als *Prozessor* bezeichnet.

---

Ein **Prozessor** (engl.: processor) ist eine Funktionseinheit, die Leitwerk, Rechenwerk und Verbindungskomponenten umfaßt.

---

Ein **Speicher** (engl.: storage; memory) ist eine Funktionseinheit innerhalb einer EDVA, die Daten aufnimmt, aufbewahrt und abgibt.

---

Ein in der Zentraleinheit enthaltener Speicher wird als *Zentralspei-*

cher bezeichnet; weitere gängige Benennungen sind: *Speicherwerk,
interner Speicher, Kernspeicher*. Die Bezeichnung *Kernspeicher* rührt
daher, daß Zentralspeicher früher zumeist aus Magnetkernen aufgebaut waren. Inzwischen werden jedoch ausschließlich Zentralspeicher
verwendet, die aus integrierten Halbleiterschaltungen (Chips) aufgebaut sind, so daß diese Bezeichnung veraltet ist und nicht mehr benutzt
werden sollte.

*Bei der Verarbeitung müssen sowohl das Programm als auch die
dafür notwendigen Daten im Zentralspeicher verfügbar sein.* Während
des Programmablaufes werden die Befehle und die Daten durch den
Prozessor schrittweise geholt, interpretiert und verarbeitet. Die Ergebnisse dieser Verarbeitung werden wiederum vom Zentralspeicher (vorübergehend) aufgenommen.

*Der Zentralspeicher arbeitet mit einem außerordentlich schnellen
Zugriff zu den Daten. Sein Fassungsvermögen ist jedoch aus technischen und Kostengründen begrenzt. Er dient während der Programmausführung zur Speicherung und wird i.a. nicht für eine dauerhafte
Aufbewahrung von Daten herangezogen.* Diese Funktion übernimmt
der *externe Speicher*.

---

Ein **Zentralspeicher** (engl.: central storage, memory) ist ein Speicher
innerhalb der Zentraleinheit. Typische Merkmale sind der unmittelbare Zugang durch den Prozessor, die vorübergehende Speicherung
und der schnelle Zugriff. Jeder Speicher, der nicht Zentralspeicher
ist, wird als **externer Speicher** (engl.: external storage) bezeichnet.

---

*Externe Speicher sind langsamer (Zugriffsgeschwindigkeit), aber
dafür billiger als Zentralspeicher, und sie verfügen über sehr große
Speicherkapazitäten.* Nicht unmittelbar benötigte Daten und Programme, die aus Platzgründen nicht ständig im Zentralspeicher stehen,
werden extern gespeichert und können bei Bedarf mit großer Geschwindigkeit in den internen Speicher übertragen werden. Externe Speichereinheiten dienen nicht nur zur Aufbewahrung großer Datenmengen
über längere Zeit hinweg, sondern sie werden gleichzeitig auch als
Eingabe- und Ausgabegeräte verwendet. Die wichtigsten externen Speichermedien (Datenträger) sind Disketten und Magnetplatten, deren Arbeitsweise im Abschnitt 2.2 erläutert wird.

---

Eine Funktionseinheit innerhalb einer EDVA, die nicht zur Zentraleinheit gehört, wird **periphere Einheit** (engl.: peripheral unit) genannt.

---

Dementsprechend werden externe Speicher auch als *periphere Speicher* (engl.: peripheral storage) bezeichnet.

→ Übungsaufgabe Nr. I-7 im Arbeitsbuch

Der Verkehr mit den peripheren Geräten zur Eingabe (engl.: input) und Ausgabe (engl.: output) von Programmen und Daten wird in EDVA oft durch eine selbständige Funktionseinheit gesteuert, die als *Ein-Ausgabe-Prozessor* bezeichnet wird.

Ein **Ein-Ausgabe-Prozessor** (engl.: input/output processor) ist eine Funktionseinheit innerhalb einer EDVA, die das Übertragen von Daten zwischen peripheren Einheiten und dem Zentralspeicher selbständig steuert und dabei die Daten gegebenenfalls modifiziert.

*Ein-Ausgabe-Prozessoren bewirken einen Ausgleich zwischen der extrem hohen internen Rechengeschwindigkeit der Zentraleinheit und den wesentlich langsameren Ein- bzw. Ausgabegeschwindigkeiten der (noch teilweise mechanisch arbeitenden) peripheren Geräte.* Nachdem sie vom Leitwerk des Zentralprozessors durch Signale zur Eingabe oder Ausgabe aufgefordert wurden, sorgen sie für die Inbetriebsetzung der entsprechenden Ein- oder Ausgabeeinheiten und die Abwicklung des Datenverkehrs. Währenddessen kann der Zentralprozessor mit seinem Programm fortfahren.

Der Anschluß von peripheren Einheiten erfolgt über sog. **Ein-Ausgabe-Kanäle** (synonyme Kurzbezeichnung: **Kanäle**; engl.: channel) des Ein-Ausgabe-Prozessors. Sämtliche Kanäle eines Ein-Ausgabe-Prozessors arbeiten parallel zueinander.

Wir haben bereits erwähnt, daß jeder der hier beschriebenen Funktionseinheiten in der Realität eine oder mehrere Baueinheiten entsprechen können. Zum Beispiel verfügen moderne, große EDVA zum Teil über mehrere Zentralprozessoren, die zu einer Einheit zusammengeschlossen sind. Die Prozessoren arbeiten entweder gleichberechtigt nebeneinander, oder einer übernimmt die Führung (deshalb auch «Master» genannt) und steuert die Arbeit der anderen (die auch als «Slaves» bezeichnet werden). Derartige EDVA nennt man *Mehrprozessorsysteme.*

In einem **Mehrprozessorsystem** (engl.: multi-processor system) arbeiten mehrere Zentralprozessoren zusammen. Es gibt solche Systeme, bei denen wenige (zwei bis 16) Prozessoren eng gekoppelt an einem Ort einen gemeinsamen Zentralspeicher benutzen, und Systeme, bei denen einige oder viele Prozessoren lose gekoppelt über jeweils eigene Speicher verfügen. Von massiv parallelen Rechnern spricht man, wenn eine große Zahl von Prozessoren (bis zu mehreren tausend) mit etwas Speicher in einem dichten Netz mit individuellen, sehr schnellen Verbindungen gekoppelt ist.

In der Praxis dominieren noch stark die Rechner, die nur mit einem Zentralprozessor ausgestattet sind. Auf solche EDVA beziehen sich auch in erster Linie die nachfolgenden Ausführungen. Zunehmend werden jedoch Rechner lokal und/oder über größere Entfernungen hinweg zu Rechnernetzen verbunden.

Unter einem **Rechnernetz** (engl.: computer network) verstehen wir ein räumlich verteiltes System von EDVA, die durch Datenübertragungswege miteinander verbunden sind. Solche Netze können sich über ein begrenztes räumliches Gebiet, z.B. ein Gebäude oder ein Werksgelände, erstrecken (= lokales Netz, abgekürzt: LAN). Sie können eine Stadt oder Region umfassen oder sie können sich auf den nationalen und internationalen Bereich bis hin zu weltweiten Verbindungen ausdehnen (durch die Kopplung diverser Netze mit u. U. Tausenden von Rechnern). Die Benutzer können Mitteilungen austauschen («elektronische Post») und Programme, Datenbestände sowie Gerätefunktionen räumlich entfernter Rechner verwenden.

Aus welchen Baueinheiten eine EDVA bei der Installation tatsächlich zusammengesetzt wird, hängt von den jeweiligen Einsatzbedingungen ab. Hierfür sind neben den geplanten Anwendungen vor allem Kostenüberlegungen maßgebend. Die Zusammenschaltung von mindestens einer Zentraleinheit mit den an diese angeschlossenen peripheren Geräten wird *Konfiguration* (engl.: configuration) genannt.

Als Sammelbegriff für die Geräte von EDVA hat sich bei uns das englische Wort **Hardware** durchgesetzt. Die Programme zur Steuerung von EDVA werden als **Software** bezeichnet.

Wichtige Bestandteile der Software werden von den Herstellern der maschinellen Baueinheiten von EDVA vorgefertigt und bei der Anschaffung mitgeliefert. *Standardprogramme*, die für einen größeren Kreis von Benutzern verwendbar sind, werden ferner von speziellen Software-Produzenten auf dem Markt angeboten. Ein großer Teil der Programme wird darüber hinaus von den EDV-Anwendern selbst erstellt, um die betriebsindividuelle Situation durch spezifische Problemlösungen optimal berücksichtigen zu können.

---

Die Wissenschaft, die sich mit dem Aufbau von EDVA und ihrer Programmierung befaßt, heißt **Informatik** (engl.: computer science; informatics).

---

→ Übungsaufgaben Nr. I-8 bis 11 im Arbeitsbuch

### 1.2.2 Bauelemente (**Chips**)

Werfen Sie nochmals einen Blick auf die «Innereien» eines Mikrorechners. Das Bild, das Sie schon kennen (vgl. Abb. 1/3), zeigt die Komponenten, die in der Folge erläutert werden.

Die auf die Grundplatine und die Einschubplatinen aufgesteckten kleinen viereckigen Gehäuse enthalten jeweils ein Siliziumplättchen, ein sog. *Chip*, von nur wenigen Millimetern Kantenlänge. Das Chip ist durch hauchdünne Golddrähte an die nach außen führenden Leitungen (die «Beinchen») angeschlossen. Durch die Rückwandverdrahtung der Platinen sind die Baugruppen miteinander verbunden.

---

Ein **Chip** (engl.: chip) ist ein Halbleiterplättchen (meist aus Silizium) von 10 bis 300 mm² Fläche und wenigen Zehntel mm Dicke, das Tausende bis Millionen von elektronischen Bauelementen (Widerstände, Dioden und Transistoren) für Logik- (Verknüpfungs-) und/oder Speicherfunktionen enthält.

---

Abb. 1.2.2/1: «Innereien» eines Mikrorechners

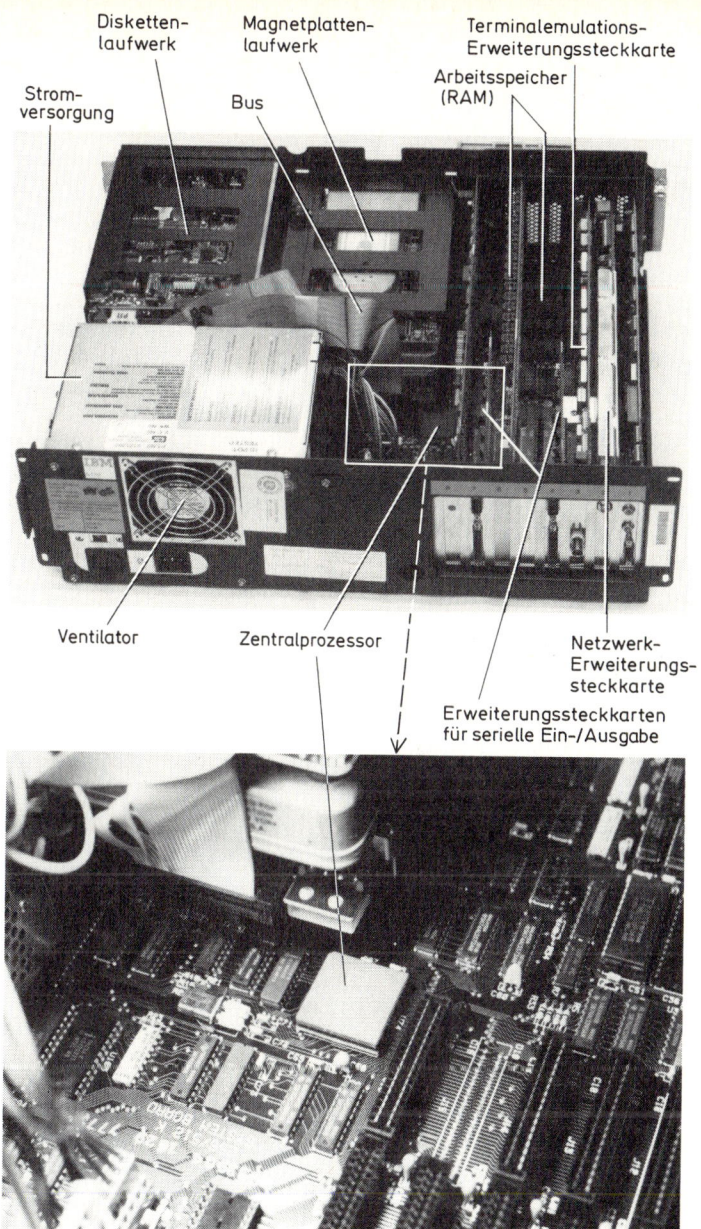

Disketten-
laufwerk

Magnetplatten-
laufwerk

Terminalemulations-
Erweiterungssteckkarte

Arbeitsspeicher
(RAM)

Strom-
versorgung

Bus

Ventilator

Zentralprozessor

Netzwerk-
Erweiterungs-
steckkarte

Erweiterungssteckkarten
für serielle Ein-/Ausgabe

Die *Herstellung der Chips* erfolgt in einem vielstufigen Prozeß: Zunächst wird das gereinigte Silizium (Quarzsand) auf Temperaturen von über 1 400° C erhitzt, um es zu verflüssigen. In das geschmolzene Silizium taucht man einen bleistiftgroßen Kristallisationskern aus Silizium. Beim Herausziehen bleibt daran eine Flüssigkeitsschicht haften, die sich erhärtet und einen Kristallstab bildet. Der Durchmesser (bis zu 20 cm) dieses ca. 2 Meter langen Stabes hängt von der Temperatur des Siliziums und der Geschwindigkeit ab, mit der der «Kern» herausgezogen wird. Nach dem Abkühlen wird dieser superreine monokristalline Siliziumstab in dünne Scheiben, die sog. *Wafer* (engl.: wafer), zersägt. Ein polierter Wafer ist nur noch einige Zehntel Millimeter dick und bietet Platz für mehrere hundert Chips (je nach Abmessungen des Wafers und der Chips bis zu mehr als 2000 Chips beim heutigen Technologiestand). Das Aufbringen der Chips auf der Oberfläche der Wafer geschieht in rund einem Dutzend weiterer Herstellungsstufen: Durch gezielte Oxidations-, Diffusions- und Implantationsschritte sowie durch Aufdampfen metallischer Verbindungen und mikroskopisch präzise Ätzverfahren werden Transistoren, Widerstände und Leitungsverbindungen mit Linienbreiten von bis zu weniger als einem Mikrometer

Abb. 1.2.2/2: Mikrofotografie eines Chips und Chip in Originalgröße (unten rechts)

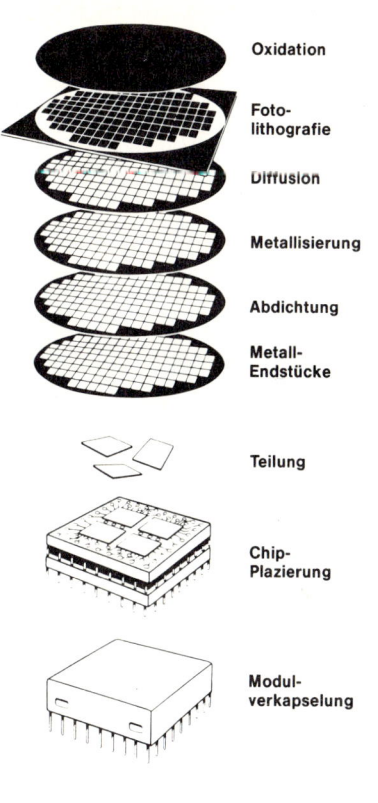

**Oxidation**

**Foto-
lithografie**

**Diffusion**

**Metallisierung**

**Abdichtung**

**Metall-
Endstücke**

**Teilung**

**Chip-
Plazierung**

**Modul-
verkapselung**

**Oxidation:** Der reine Silizium-Wafer erhält einen glasähnlichen Schutz-belag aus Siliziumoxid.

**Fotolithografie:** Ein fotolithografi-scher Prozeß bildet die erforder-liche Oberfläche für das Ätzen von Löchern in das Oxid mit Hilfe von Säure.

**Diffusion:** Die Wafer werden in einen Hochtemperaturofen gebracht, wo das Silizium durch die Öffnungen im Oxid mit Bor- und Phosphoratomen versetzt wird. Hierbei verändern sie dessen elek-trische Eigenschaften, um Transi-storen und andere Schaltungsele-mente zu bilden.

**Metallisierung:** Ein dünner Alumi-niumbelag wird auf die Waferober-fläche aufgedampft und anschlie-ßend mit Hilfe von Fotolithografie selektiv entfernt. Es ist möglich, ein Leitungsnetz von vielen Metern Länge auf einem Chip unter-zubringen, der 8 × 18 mm mißt.

**Abdichtung:** Der gesamte Wafer wird zur Sicherung des Schaltkrei-ses mit einer Schutzschicht aus Quarz und Polyamiden umgeben.

**Metall-Endstücke:** Durch den Glas-mantel werden winzige Löcher ge-ätzt, in denen dann eine Chrom/ Kupfer/Gold-Legierung mit Lötau-gen aufgedampft wird.

**Teilung:** Der Wafer wird mit einer Diamantsäge in mehrere Hundert einzelne Chips zerschnitten.

**Chip-Plazierung:** Jeder Chip wird durch Anlötung der entsprechen-den Anschlüsse an einem kerami-schen Substrat befestigt.

**Modulverkapselung:** Ein fertiges elektronisches Modul wird gebildet, indem jedes Substrat mit einer Alu-miniumschutzschicht ummantelt wird.

Abb. 1.2.2/3: Stufen bei der Herstellung von Rechnerbauelementen erzeugt. (Ein Mikrometer ist 1/1000 mm, das entspricht ungefähr einem Hundertstel der Dicke einer Seite dieses Buches.)

Für die Herstellung der integrierten Schaltungen (engl.: integrated circuits, abgekürzt: IC) gibt es zahlreiche hier nicht näher behandelte *Techniken* (z.B. NMOS, CMOS, ECL), deren Eignung vor allem auch durch den vorgesehenen Einsatz der Chips bestimmt ist.

*Die Transistoren auf den Chips dienen zum Aufbau von Schaltern, die durch elektrische Impulse aus- oder eingeschaltet werden.* Normalerweise hat ein *Transistor* drei Elektroden, die Basis, Emitter und

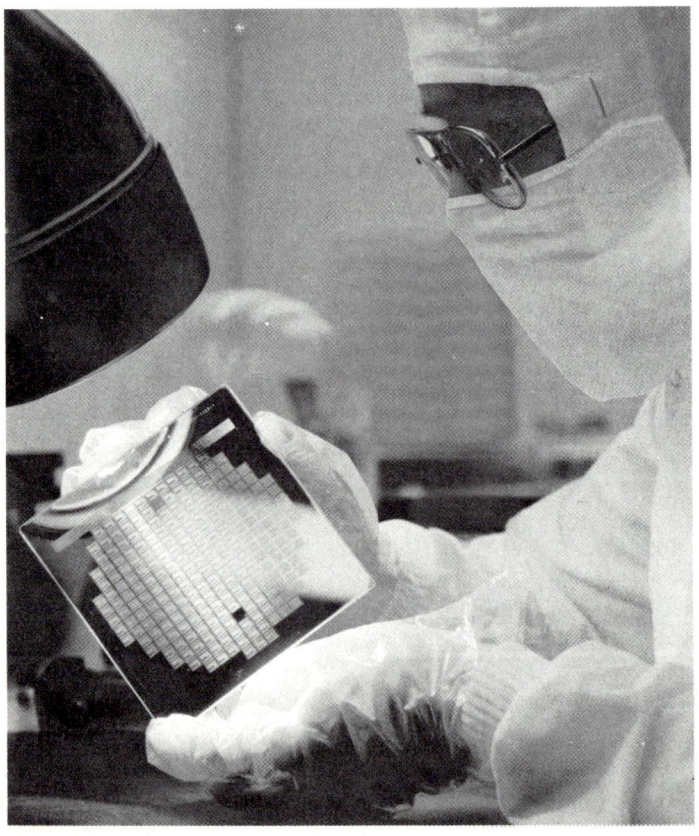

Abb. 1.2.2/4: Wafer, auf dem mit fotolithografischen Verfahren Hunderte von Chips aufgebracht worden sind

Kollektor genannt werden. Durch entsprechende Spannung an der Basis des Transistors ist es möglich, den Widerstand zwischen Emitter und Kollektor sehr groß oder verschwindend klein werden zu lassen, was den temporären Schalterstellungen offen oder geschlossen entspricht. Sog. *Flipflops*, die meistgebrauchten Speicherelemente für Chips, stabilisieren diesen Zustand durch die Kopplung von zwei Transistoren über Widerstände. Ihre wesentliche Aufgabe ist die Wandlung von elektrischen Impulsen in Dauersignale. Das heißt, ein Flipflop kann zwei stabile Zustände annehmen, die nur durch äußere Einflüsse (Setz- bzw. Rücksetzimpulse) änderbar sind. Der gespeicherte Wert ist am Ausgang des Flipflops abfragbar.

Dementsprechend kann ein Flipflop jeweils einen von zwei möglichen Werten speichern, die wir durch die Binärzeichen L (Schalter offen) und 0 (Schalter geschlossen) kennzeichnen.

---

Ein **Binärzeichen** oder **Bit** (Synonyme; engl.: binary digit; bit) ist jedes der Zeichen aus einem Zeichenvorrat von zwei Zeichen. Zur *Darstellung der Bits* können *beliebige Zeichen* benutzt werden; wir verwenden die Zeichen 0 (binäre Null) und L (binäre Eins).

---

*Sämtliche Daten und Programme werden bei der rechnerinternen Verarbeitung durch Folgen solcher Bits repräsentiert.* In der kommerziellen Datenverarbeitung ist es üblich, einzelne Buchstaben durch Gruppen von acht Bits, sog. *Bytes* (engl.: byte), darzustellen. In einem verbreiteten Rechnercode entspricht z.B. dem Buchstaben «m» die Bitfolge L00L0L00. Näheres hierüber erfahren Sie im Abschnitt 2.1.3.

Übungsaufgabe Nr. I-12 im Arbeitsbuch                                    ←

Die Abb. 1.2.2/5 zeigt einen mit dem Rasterelektronenmikroskop aufgenommenen Chipausschnitt. Aus derartigen Chips ist i.a. der größte Teil des Zentralspeichers aufgebaut.

Ganz grob kann man folgende *Verwendungszwecke von Halbleiterbausteinen* unterscheiden:

1. Standard- und kundenspezifische Chips;
2. Speicher- und Prozessorchips.

Abb. 1.2.2/5: Mit dem Rasterelektronenmikroskop aufgenommener Chipausschnitt

---

**Standardchips** (engl.: standard chip) werden für einen breiten Markt produziert und beinhalten integrierte Schaltungen für häufig vorkommende, von vielen Geräteherstellern bzw. -verwendern gleichermaßen benötigte Funktionen. **Kundenspezifische Chips** (engl.: custom chip) werden auf die speziellen Bedürfnisse einzelner Kunden(gruppen) bzw. Anwendungen ausgelegt.

---

Die *Entwicklung kundenspezifischer Chips* ist aufwendig und i.a. erst ab einer gewissen Stückzahl wirtschaftlich. Die Kunden für solche Chips können aus den verschiedensten Bereichen, von der Unterhaltungs- und Haushaltselektronik bis hin zur Nachrichtentechnik und dem Verkehrswesen, kommen. Etwa die Hälfte der Chipproduktion wird für Datenverarbeitungsgeräte verwendet.

Während bei individuell entworfenen *kundenspezifischen (engl.: full custom) Chips* die Schaltungen auf niedrigstem Niveau, auf Transistorebene, entworfen werden, greift man bei den sog. *teilkundenspezifischen (engl.: semi custom) Chips* auf vorgefertigte bzw. vorentwickelte Schaltungsteile zurück. Dadurch können Chips auch in kleinen Auflagen rasch und kostengünstig für spezielle Einsatzzwecke produziert werden.

Übungsaufgabe Nr. I-13 im Arbeitsbuch ←

Das bekannteste Verfahren für den Entwurf von teilkundenspezifischen Schaltungen ist die *Gate-Array-Technik*. Dabei werden Wafer verwendet, auf denen bereits unverbundene Transistorstrukturen (sog. *Gatter*) in regelmäßiger fester Anordnung in Form einer Matrix und eine feste Anzahl von Anschlüssen aufgebracht worden sind. Der Schaltungsentwickler individualisiert die *Gatter-Matrix* (engl.: gate array) zu einer anwendungsbezogenen Schaltung, indem durch Aufruf vorentworfener Logikzellen die Transistorstrukturen zu logischen Funktionen verschaltet und dann zu einer vollständigen Schaltung verbunden werden.

Das Aufbringen der für den konkreten Anwendungsfall passenden «Verdrahtung» geschieht mit Hilfe eines *CAD-Systems*.

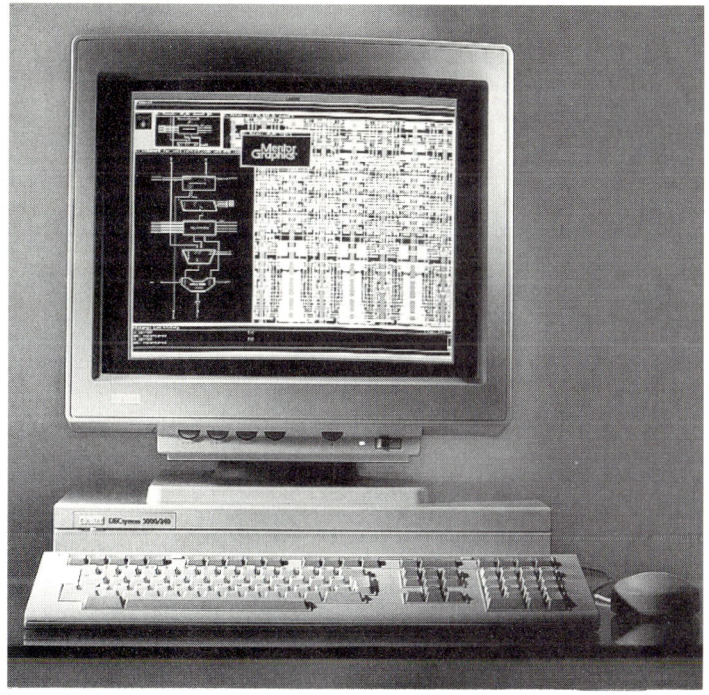

Abb. 1.2.2/6: CAD-System für den Entwurf integrierter Schaltungen

Das ist ein Datenverarbeitungssystem zur Unterstützung von Entwurfs- und Konstruktionsprozessen (CAD ist die Abkürzung für engl.: computer aided design). Schon seit langem wird für den Entwurf integrierter Schaltungen (auch der Standardbausteine) der Rechner als Werkzeug eingesetzt. Die mit CAD-Systemen mögliche Verkürzung der Entwicklungszeit, Erhöhung der Entwurfssicherheit und Anpassung an spezifische Bedingungslagen machen sich Unternehmen vieler Branchen zunutze (z.B. Fertigungsindustrie, Bauwirtschaft u.v.a.m.).

Ein *Gatter* (Synonym: Schaltglied; engl.: gate) ist eine im gegebenen Zusammenhang nicht weiter teilbare Funktionseinheit zur Verarbeitung (Speicherung und/oder Verknüpfung) von Bits. Aus solchen elementaren Funktionseinheiten, wie z.B. Zählern oder Addierwerken (Näheres folgt im Abschnitt 2.3.1), sind die Hauptfunktionseinheiten eines Rechners aufgebaut, die Sie im Abschnitt 1.2.1 kennengelernt haben.

Je nach Anzahl der Gatter ( = *Integrationsstufe*) auf einem Chip spricht man von
– *SSI* (engl.: small scale integration, 2 bis etwa 15 Gatter),
– *MSI* (engl.: medium scale integration, etwa 15 bis 100 Gatter),
– *LSI* (engl.: large scale integration, etwa 100 bis 500 Gatter),
– *VLSI* (engl.: very large scale integration, über 500 Gatter).

---

**Speicherchips** (engl.: storage chip; memory chip) kann man grob einteilen in Bausteine für
– **Schreib-/Lesespeicher**, sog. **RAM** (Abkürzung für engl.: random access memory),
– **Nur-Lesespeicher** bzw. **Fest(wert)speicher**, sog. **ROM** (Abkürzung für engl.: read only memory), bei denen man einige Varianten (FROM, PROM, EPROM, EEPROM) danach unterscheidet, ob der beliebig oft lesbare Inhalt irreversibel oder reversibel eingeschrieben wird und auf welche Weise dies geschieht.

---

Ein **Schreib-/Lesespeicher** oder **RAM** ist ein Speicher, bei dem jede einzelne Speicherstelle über ihre fest zugeordnete Adresse beliebig oft gelesen oder beschrieben (und damit auch gelöscht) werden kann. Er heißt deshalb auch Speicher mit wahlfreiem Zugriff. Die Zugriffszeit ist für alle Speicherstellen in etwa gleich lang.

---

*Schreib-/Lesespeicher, die aus Chips aufgebaut sind, verlieren i.d.R. bei Ausfall der Betriebsspannung die gespeicherte Information (flüch-*

*tige Speicher).* Bei jedem Einschaltvorgang muß der Inhalt neu geladen werden. Der größte Teil des Zentralspeichers einer EDVA, der sog. *Arbeitsspeicher* (engl.: working storage; main memory), in dem die aktuell bearbeiteten Daten und Programme stehen, besteht aus derartigen Chips.[1]

Durch die heutige VLSI-Technik werden zum *Beispiel* bereits Chips produziert, die auf 7,8 × 18,1 mm 16 Megabits (ein Megabit = ca. eine Mio. Bits, genau 1 048 576 oder $2^{20}$ Bits) speichern. Das entspricht einem Schreibmaschinentext von ca. zwei Millionen Anschlägen bzw. mehr als 1000 Seiten. Die Daten können mit einer Zugriffsgeschwindigkeit von 50 bis 80 Nanosekunden gelesen und geschrieben werden. (Eine Nanosekunde, abgekürzt ns, ist eine milliardstel Sekunde.) Als Labormuster wurden sogar schon 64-Megabit-Chips vorgestellt. Mit ihrer Markteinführung ist 1995/96 zu rechnen.

Die Ausstattung bzw. Aufrüstung von in der Wirtschaft verbreiteten Rechnern mit solchen 16-Megabit-Chips wurde 1992 begonnen. Die meisten derzeit in Rechnern zum Einsatz kommenden Speicherchips fassen allerdings nur ein bis vier Megabits, d.h. ein Sechzehntel bis ein Viertel der Speicherkapazität des 16-Megabit-Chips.

Zum *Beispiel* werden in dem in den Abb. 1/2 und 1/3 bzw. 1.2.2/1 gezeigten, für den derzeitigen Technologiestand auf dem Markt typischen Mikrorechner 1-Megabit-Chips für den Arbeitsspeicher verwendet. Dieser kann je nach Anwenderwunsch mit Kapazitäten von ein bis 16 Megabytes (abgekürzt: MB) geliefert werden.[2] Dementsprechend werden bei der Minimalausbaustufe acht RAM-Chips verwendet. Ein derartiger Chip ist in Abb. 1.2.2/2 in Originalgröße wiedergegeben.

---

1 Bitte beachten Sie, daß es auch nichtflüchtige Schreib-/Lesespeicher gibt, z.B. Disketten oder Magnetplatten. Bei diesen sind die Zugriffszeiten jedoch um mehrere Zehnerpotenzen höher.

2 Im EDV-Sprachgebrauch hat es sich eingebürgert, Kapazitätswerte durch Einheiten von 1000 Bytes (abgekürzt kB) oder $2^{10}$ = 1024 Bytes (abgekürzt KB) auszudrükken. Zum Beispiel entsprechen 256 KB einer Kapazität von 262 144 Bytes bzw. 262 kB. Kapazitätswerte im Bereich von Millionen bzw. Milliarden Speicherstellen werden durch MB bzw. GB gekennzeichnet.
MB = Abkürzung für Megabyte; 1 MB = ca. 1 Million Bytes
     (genau: 1024 KB = $2^{20}$ Bytes = 1 048 576 Bytes).
GB = Abkürzung für Gigabyte; 1 GB = ca. 1 Milliarde Bytes
     (genau: 1024 MB = $2^{30}$ Bytes = 1 073 741 824 Bytes).
TB = Abkürzung für Terabyte; 1 TB = ca. 1 Billion Bytes
     (genau: 1024 GB = $2^{40}$ Bytes = 1 099 511 627 776 Bytes).

> Ein **Festwertspeicher** (Synonym: **Festspeicher**) ist ein Speicher, der während des normalen Speicherbetriebs nur gelesen werden kann. Man unterscheidet *irreversible und reversible Festwertspeicher*.

Bei einem *irreversiblen Festwertspeicher*, dem sog. ROM, wird der Inhalt einmalig für immer fixiert und kann danach nur noch (beliebig oft) ausgelesen werden. Dies geschieht im Herstellerwerk nach den Kundenwünschen durch eine sog. *Maskenprogrammierung* (engl.: *factory ROM, FROM*) oder beim Anwender mit Hilfe spezieller Programmiergeräte (engl.: *programmable ROM, PROM*) durch «Einbrennen» der Schaltwege mit kurzen, kräftigen Stromstößen. Bei einem *reversiblen Festwertspeicher* kann der Inhalt beim Anwender gelöscht und einige Male neu programmiert werden (engl.: *erasable PROM, EPROM*). Der Löschvorgang erfolgt üblicherweise durch eine etwa halbstündige Bestrahlung mit ultraviolettem Licht. Für das Löschen und das erneute Programmieren eines EPROM ist meistens eine Demontage des Gerätes unumgänglich. Letzerer Nachteil entfällt, wenn nicht nur die Programmierung, sondern auch das Löschen durch elektrische Impulse erfolgen (*EEPROM oder E²PROM*).[3] Änderungen sind dann sogar über Telefonleitungen möglich. Die genannten *ROM-Halbleiterspeicher sind sämtlich nichtflüchtige Speicher*, d.h. ihr Inhalt bleibt auch bei Stromausfall bzw. -abschaltung erhalten.

Festwertspeicher dienen vorzugsweise zur Speicherung der Steuerinformation für elementare Maschinenoperationen, von häufig benutzten mathematischen Funktionen und von festen Daten, die sich über lange Zeiträume nicht ändern (z.B. Benutzungsanleitung bzw. Benutzerführung für ein Gerät). Die Kapazitäten von handelsüblichen Festwertspeicherchips liegen derzeit zwischen 64 und 256 Kilobits (meist byteweise organisiert).

Bei unserem *«Beispiel-Mikrorechner»* (Abb. 1/2, 1/3, 1.2.2/1ff.) ist ein ROM mit einer Gesamtkapazität von 152 KB eingebaut, der aus 128-Kilobit-Chips besteht.

→ Übungsaufgabe Nr. I-14 im Arbeitsbuch

Die Firma Intel führte 1988 einen neuen Typ von wiederbeschreibbaren Halbleitspeichern, den *Flash*-Speicher, mit einer Kapazität von damals 256 KB ein. Diese Speicher sind mit *«Schreib-Lese-ROMs»* ver-

---

3 Der Unterschied zu RAM-Chips besteht darin, daß bei diesen die gespeicherte Information beliebig oft (EEPROM-Chips nur einige Male), in einzelnen Speicherstellen (EEPROM-Chip nur insgesamt) und wesentlich schneller gelöscht werden kann.

gleichbar und können die gespeicherten Daten 100 Jahre lang ohne Stromzufuhr halten. Mittlerweile kann ein einzelner Flash-Speicher in Form einer austauschbaren kreditkartengroßen Steckkarte bis zu 40 MB Daten aufnehmen. Aufgrund ihres leichten Gewichts, des wesentlich geringeren Energieverbrauchs, des schnelleren Zugriffs und ihrer Robustheit dienen solche Speicherkarten zunehmend in tragbaren PCs als Ersatz für die schweren Magnetplatten zur Speicherung des Betriebssystems, von Programmen und von Austauschdaten. Die Zugriffszeit von Flash-Speichern beträgt 250 ns, sodaß sie im Vergleich zu einer Festplatte mit einer Zugriffszeit von 20 ms um einen Faktor von 80000 schneller sind! Die maximale Datenübertragungsrate von Flash-Speichern beträgt 8 MB/s und ist damit bis zu achtmal höher als bei herkömmlichen Magnetplatten. Die Steckkarte enthält Chips, die derzeit eine Kapazität von jeweils 8 KB haben. Jeder dieser Halbleiterspeicher stellt einen Sektor dar, der gelesen oder beschrieben werden kann. Für das Beschreiben wird zunächst der entsprechende Halbleiterspeicher (Sektor) vollständig gelöscht und anschließend in einem Durchgang beschrieben.

---

**Prozessorchips** (engl.: processor chip) realisieren logische Funktionen – von untergeordneten Einheiten (wie im Abschnitt 1.2.1 beschrieben) bis hin zu kompletten Prozessoren für Zentraleinheiten und zur Steuerung peripherer Geräte. Ein vollständiger Prozessor, der auf einem Chip untergebracht ist, heißt **Mikroprozessor**.

---

Bei den *peripheren Bausteinen* gibt es *eine kaum noch überschaubare Vielfalt*, auf die hier nicht näher eingegangen werden kann.

Durch eingebaute Prozessorchips (und Speicherchips) werden die Peripheriegeräte «*intelligent*». Das heißt im EDV-Jargon, daß sie über *Eigensteuerungsvermögen* verfügen und damit im Betrieb nicht auf die ständige Fremdsteuerung durch eine Zentraleinheit angewiesen sind. Bei Bedarf werden sie vom Prozessor der Zentraleinheit «angestoßen» und wickeln dann die gerätespezifischen Aufgaben weitgehend selbständig ab. Auf diese Weise übernehmen z.B. Magnetplattensteuereinheiten (engl.: disk controller) die Initiative und Ablaufsteuerung bei Plattenzugriffen, Zeichengeräte (Plotter, engl.: plotter) fertigen farbige Grafiken an usw. Die Zentraleinheit wird damit wesentlich entlastet, und die Parallelarbeit erhöht die Gesamtleistung der EDVA. Ferner ist durch die peripheren Prozessorchips eine nahezu unbegrenzte *Anwendungsspezialisierung* und zugleich eine weitreichende *Multifunktionalität der Geräte* möglich.

Mit letzterem ist zum *Beispiel* gemeint, daß ein *Drucker* (engl.: printer) in verschiedenen Schriftqualitäten (abhängig von der Geschwindigkeit), Formaten, Farben sowie Zeichensätzen drucken und zugleich Grafiken zeichnen kann (Näheres im Abschnitt 2.3.2.7), daß ein *Bildschirmgerät* (engl.: display terminal) gleichermaßen als Abfragestation für Datenbestände, als Textautomat, als Bürofernschreiber, als Bildschirmtextgerät und eventuell sogar noch als Telefon verwendet werden kann (Näheres im Kapitel 4) usw.

---

**Mikroprozessoren** (engl.: microprocessor) werden gewöhnlich anhand der Verarbeitungsbreite in **8-Bit-, 16-Bit-, 32-Bit- und 64-Bit-Prozessoren** eingeteilt.

---

*Ein 8-Bit-Prozessor hat einen acht Bits breiten Datenbus* (engl.: data bus), d.h. auf acht parallelen Datenleitungen können während einer (Takt-)Zeiteinheit acht Bits (= ein Byte) übertragen und verarbeitet werden. Ein *16-Bit-Prozessor* kann über den *16 Bits breiten Datenbus* die doppelte Informationsmenge (= zwei Bytes) transferieren. Und ein *32-Bit-Prozessor verarbeitet 32 Bits pro Takt*; d.h. der rechnerinterne Datentransfer erfolgt viermal so schnell wie bei einem 8-Bit-Prozessor. Auch die sonstigen Funktionseinheiten innerhalb des Prozessors, z.B. die Einheiten zur Zwischenspeicherung der transferierten Daten, sog. *Register* (engl.: register), sind auf diese Informationsbreite abgestimmt.

Heute verkaufte Rechner für den kommerziellen Einsatz sind fast durchweg mit 32-Bit-Zentralprozessoren ausgestattet. Die internen Datenübertragungswege von Workstations, das sind vernetzte Hochleistungsmikrorechner für den vorwiegend technisch-wissenschaftlichen Einsatz, sowie von Großrechnern sind jedoch häufig 64 Bits oder 128 Bits breit. Seit 1991/92 sind die ersten 64-Bit-Mikroprozessoren erhältlich; Rechner mit diesen Prozessorchips werden bereits angeboten.

Die *Verarbeitungsbreite* ist also ein wesentliches Kriterium für das *Leistungsvermögen eines Mikroprozessors*. Eine weitere Leistungsdeterminante ist die *Taktzeit* (= Zykluszeit; engl.: cycle time), d.h. die immer gleich lange, zyklisch aufeinanderfolgende Zeitspanne, die für die Abarbeitung der Befehle zur Verfügung steht. Die *Taktfrequenz* (engl.: clock pulse) wird in *Megahertz* (abgekürzt: MHz; 1 MHz = 1 Million Zyklen pro Sekunde) gemessen. Für einen Maschinenbefehl benötigt der Prozessor bei kommerziellen Rechnern je nach Ausführungsaufwand zwischen ein und über hundert Taktzyklen, wobei der Durchschnitt i.d.R. zwischen 1 und 10 liegt. Ein 32-Bit-Mikroprozessor mit einer Taktrate von 50 Megahertz könnte z.B. 40000000 Befehle pro Sekunde verarbeiten, wenn durchschnittlich 1,25 Zyklen für einen Befehl benötigt werden. Der *Befehlsvorrat* (Menge und Mächtigkeit an fest vorgesehenen Maschinenbefehlen) ist damit ebenfalls leistungsbestimmend.

Der in unserem «*Beispiel-Mikrorechner*» (Abb. 1/2, 1/3, 1.2.2/1 ff.) verwendete *32-Bit-Mikroprozessor* heißt *80486DX* (das ist eine Produktbezeichnung des US-Herstellers Intel). Er arbeitet mit einer Taktfrequenz von 50 MHz und beinhaltet u.a. einen mathematischen Coprozessor. Der Befehlsvorrat umfaßt 339 Befehle, die ein bis drei Bytes lang sein können. Dieser Mikroprozessor ist in der Abb. 2.3.3/4 dargestellt.

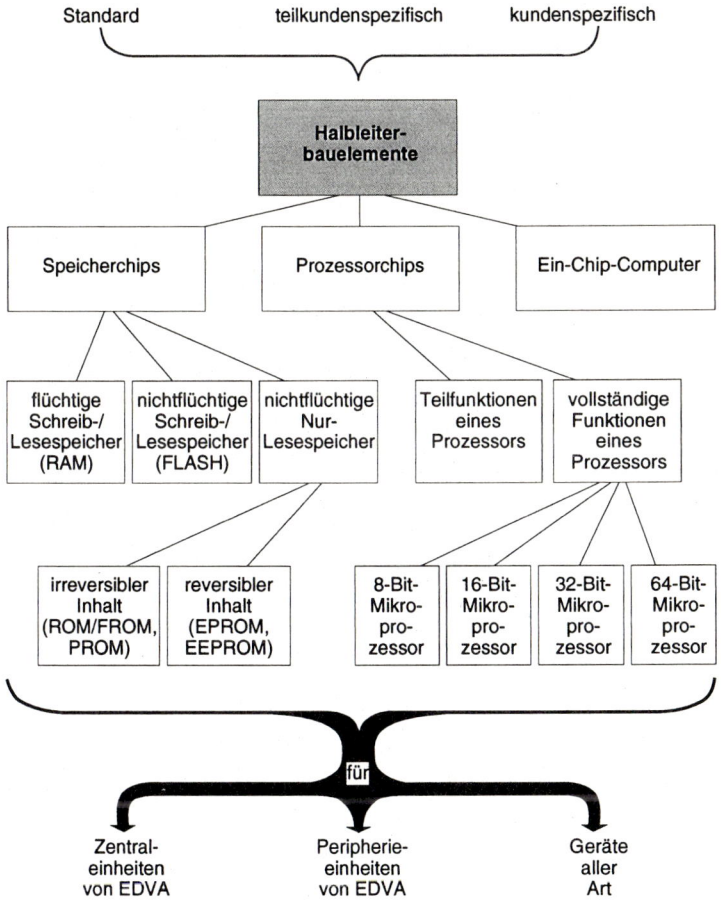

Abb. 1.2.2/7: Übersicht über Halbleiterbauelemente

Die Fortschritte der Mikroelektronik haben es möglich gemacht, zunehmend mehr Rechnerfunktionen – und zwar sowohl Speicher- als auch Prozessorfunktionen – zu miniaturisieren und auf einem einzigen Chip zusammenzufassen.

---

Bei einem **Ein-Chip-Computer** (MCU; Abkürzung für engl.: micro computer unit) ist eine vollständige Zentraleinheit auf einem einzigen Chip integriert.

---

*Solche «Miniaturcomputer»* kommen *in allen möglichen Geräten*, wie z.B. Kameras, Stereoanlagen, Waschmaschinen, Autos, zum Einsatz. Ihre Festwertspeicher, die Kapazitäten von mehreren KB erreichen, dienen zur Aufnahme der speziellen Gerätesteuerungsprogramme. Die Schreib-/Lesespeicher sind hingegen in ihrer Kapazität i.a. auf wenige hundert Bytes beschränkt. Als Prozessoren findet man primär 8-Bit-, aber auch 16-Bit-Versionen. Im Abschnitt 2.2.4.1 werden Sie *Datenträger (Plastikkarten)* kennenlernen, die durch implantierte MCUs als «Rechner in der Hosentasche» dienen.

Die Abb. 1.2.2/7 zeigt Ihnen die wichtigsten Arten von Halbleiterbauelementen nochmals in einer zusammenfassenden Übersicht.

→ Übungsaufgabe Nr. I-15 im Arbeitsbuch


## 1.2.3 Rechnergruppen


*Es ist möglich, Rechnerkategorien nach Preisspannen oder technischen Kenndaten abzugrenzen.* Bei der Lektüre unseres dahingehenden Versuchs sollten Sie allerdings daran denken, daß *solche Größen im Zeitablauf großen Änderungen unterliegen.* Schon die kleinsten kommerziell eingesetzten Rechner besitzen heute die Leistungsfähigkeit der Großrechner der 70er Jahre. Durch die Integration der Prozessorfunktionen auf einem Chip werden Minirechner «von heute auf morgen» zum Mikrorechner. Die Bezeichnung *«Supermini»* hält sich hartnäckig, die Leistungsfähigkeit solcher Anlagen reicht jedoch regelmäßig weit in den Großrechnerbereich hinein. Ob ein Hersteller einen Rechner als Tischrechner, Personal-Computer, Bürorechner oder Anlage der mittleren Datentechnik ankündigt, ist primär ein *Marketing-Problem*, d.h. davon abhängig, welche Zielgruppen angesprochen werden sollen, wie werbewirksam die Bezeichnung erscheint usw. Auf den Preis, die Technik oder die Frage, ob es sich dabei um einen Mikro- oder Minirechner handelt, können Sie daraus nicht oder nur sehr vage schließen.

Wir gehen von den folgenden **Rechnergruppen** aus:
1. Mikrorechner (engl.: micro computer),
2. Minirechner (engl.: mini computer),
3. Großrechner (engl.: mainframe computer),
4. Superrechner (engl.: super computer).

*Die Klassifizierung erfolgt primär nach der Leistung und der Zahl der Benutzer; hiervon sind i.a. die Bedienungserfordernisse, das Betriebssystem, der Preis und damit die Anzahl der Installationen abhängig.* Nach einer groben Erläuterung dieser Einteilung im Abschnitt 1.2.3.1 erhalten Sie im Abschnitt 1.2.3.2 einen Überblick über die Faktoren, welche im einzelnen die Leistung einer EDVA bestimmen. Anhand dieser Kriterien werden im Abschnitt 1.2.3.3 die von uns unterschiedenen Rechnergruppen im Detail gekennzeichnet und damit gegeneinander abgegrenzt.

### 1.2.3.1 Basisgliederung

Die *Anzahl der weltweiten Installationen* (engl.: installation) reicht von einigen hundert Superrechnern (Bestand) bis zu vielen Millionen Mikrorechnern, die jedes Jahr verkauft werden. Die deutschen Installationszahlen sind im Abschnitt 2.3.3 wiedergegeben.

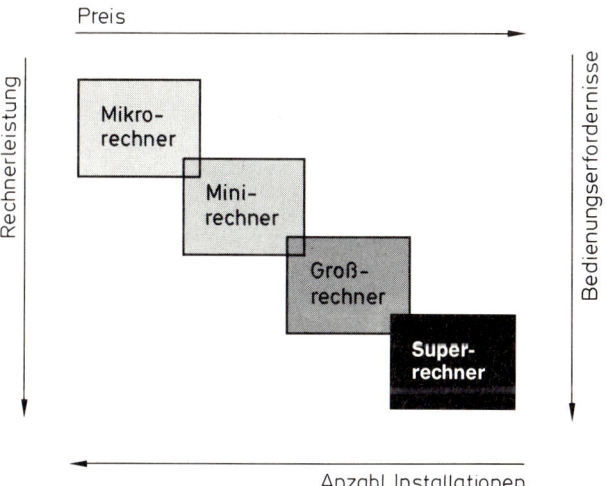

Abb. 1.2.3.1/1: Basisgliederung der Rechnergruppen

*Bedienungserfordernisse* ergeben sich in menschlicher und technischer Hinsicht. Mikrorechner benötigen zum Betrieb kein Hilfspersonal. Anders verhält es sich bereits bei einer Reihe von Minirechnern. Für Großrechner sind typischerweise Maschinenbediener (Operatoren; engl.: operator), Systemprogrammierer (engl.: system programmer) und andere EDV-Spezialisten (z.B. Telekommunikationsfachleute o.ä.) erforderlich. Extrem wird der Unterstützungsaufwand bei Superrechnern. Sie verlangen nicht nur besonders qualifizierte Fachkräfte für Installation und Betrieb, sondern regelmäßig auch einen sog. Vorrechner in der Leistungsklasse von Groß-EDVA, der Daten und Programme für den Superrechner aufbereitet. Kommen Mikrorechner ausschließlich ohne Klimatisierung (abgesehen von Lüftungseinrichtungen) aus, so verlangt die weit in den Kilowatt-Bereich reichende Anschlußleistung der größeren Kategorien nach teilweise ausgeklügelten Kühlverfahren, vor allem im Groß- und Superrechnerbereich.

Der *Preis* eines Rechners ist einerseits eine Folge seiner technischen Auslegung und somit seiner Gruppenzugehörigkeit, andererseits auch

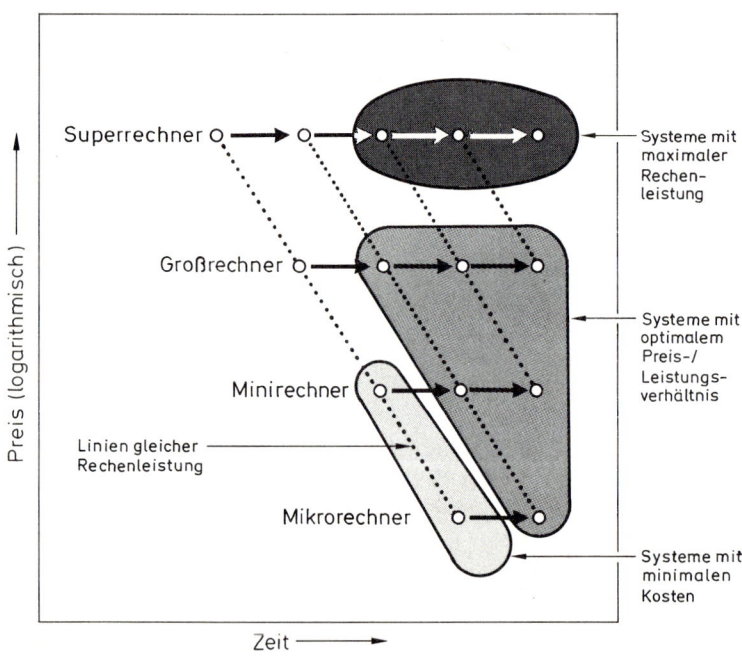

Abb. 1.2.3.1/2: Entwicklung der Preis-/Leistungsverhältnisse von Rechnergruppen

ein Spiegelbild der Marktakzeptanz der jeweiligen Rechnerkategorie. Der Rechnermarkt ist seit jeher von einem durch den technischen Fortschritt bestimmten Preisverfall gekennzeichnet. Die schwersten «Preiskämpfe» finden im Mikro- und Minirechnermarkt statt. Einen Überblick bietet die Abb. 1.2.3.1/2, die den Zusammenhang zwischen Rechnergruppe, Leistung, Preis und Zeitablauf verdeutlicht. Ein typischer kommerziell einsatzfähiger 32-Bit-Mikrorechner mit 100-MB-Magnetplatte kostet derzeit zwischen 5000,– und 10000,– DM. Minirechner kosten 10- bis 20mal so viel, vereinzelt auch bis 500000,– DM (Superminis). Großrechner haben Preise zwischen 500000,– DM und 30 Mio. DM, Superrechner kosten bis zu 50 Mio. DM.

Mit dem Anschaffungspreis mittelbar zusammenhängende Größen sind die *Wartungskosten* und die bereits erwähnte *elektrische Anschlußleistung* der Zentraleinheit. Mikrorechner haben eine typische Anschlußleistung von 250 Watt, Großrechner mehr als das zwanzigfache.

Abb. 1.2.3.1/3: Tragbarer Mikrorechner

Auch die *Tragbarkeit* (*Portabilität*; engl.: portability[4]) oder *Beweglichkeit* kann als Merkmal für die Kennzeichnung der Rechnergruppen herangezogen werden. Eine zunehmende Zahl von Mikrorechnern paßt bereits in eine Hand (sog. *Hand-Held-Rechner* bzw. *Palmtops*) oder in einen Aktenkoffer (sog. *Notebooks* im «DIN A4-Format», d.h. mit typischen Abmessungen von 22 × 28 × 5 cm, die ca. zwei bis drei Kilogramm wiegen). Die etwas größeren *Laptops* (mit typischen Abmessungen von 38 × 32 × 10 cm) wiegen ungefähr sechs bis acht Kilogramm und sind mit Griffen tragbar. Nicht nur die derzeit größten, sondern auch die schwersten Zentraleinheiten besitzen Großrechner, sie wiegen von einer halben Tonne bis einige Tonnen. Nur Superrechner tanzen aus der Reihe, sie werden zunehmend kompakter. Warum dies so ist, erfahren Sie später.

### 1.2.3.2 Einflußfaktoren auf die Rechnerleistung

Die *Verarbeitungsleistung* (engl.: performance) einer EDVA im engeren Sinn wird häufig in *Mips* gemessen. Dies ist die Abkürzung für «Millionen Instruktionen (Prozessorbefehle) pro Sekunde».[5]

In zunehmendem Maße findet auch die Bezeichnung *Flops* (engl.: floating point operations per second = Gleitkommaoperationen/Sekunde) Verwendung.[6] Diese Kennzahl ist für Leistungsmessungen bei Rechnern für technische Einsatzgebiete zutreffender.

Erwähnt werden sollte auch die noch kaum gebräuchliche, jedoch an Bedeutung gewinnende *Lips-Rate* (engl.: logical inferences per second; logische Schlußfolgerungen pro Sekunde), die im Zusammenhang mit den in Entwicklung befindlichen Rechnern der 5. Generation (auch hiervon später) eine Rolle spielt.

---

4 Das Wort «Portabilität» hat noch eine andere Bedeutung. Man bezeichnet damit auch den Grad der Anpassungsfähigkeit eines Programms an verschiedene EDVA (im Sinne von Übertragbarkeit).

5 Ein typischer «einfacher» Prozessorbefehl ist ein Ladebefehl von einem Prozessorregister in ein anderes ohne weiteren Rechenvorgang. Mächtige Befehle dienen z.B. Gleitkommaoperationen (z.B. Quadratwurzelberechnung oder Bewegen bzw. Vergleichen ganzer Datenblöcke).

6 Die Gleitkommadarstellung ist eine besonders kompakte Form der Zahlendarstellung, bei der jeder Wert durch *zwei* Zahlen repräsentiert wird. Die erste ist ein Koeffizient für eine gleichbleibende, positive, ganzzahlige Basis des durch die zweite Zahl dargestellten Exponenten (z.B. 0,0148 = 148 × $10^{-4}$).

> Die **Rechnerleistung im engeren Sinn** ist eine durch *Mips, Flops* o. ä. konkretisierte Maßzahl der «Geschwindigkeit» eines Rechners, welche durch die Hardware der Zentraleinheit bestimmt wird.

Kennzahlen wie Mips, Flops oder Lips bieten nur einen ersten groben Anhaltspunkt für die Leistungsfähigkeit eines Rechners. Danach EDVA vergleichen bzw. auswählen zu wollen wäre genauso problematisch, wie wenn Sie sich beim Kauf eines Autos allein von der PS-Zahl oder der Höchstgeschwindigkeit leiten ließen.

> Die **Rechnerleistung im weiteren Sinn** ist jene Leistung eines Rechners, die er im praktischen Einsatz tatsächlich erbringt. Sie wird durch alle Komponenten (d. h. durch die Zentraleinheit, die Peripherie, das Betriebssystem und die Anwendungsprogramme) beeinflußt. Maßgrößen für die Verarbeitungsgeschwindigkeit sind der *Durchsatz*, d. h. die pro Zeiteinheit abgearbeiteten Aufträge (engl.: job), und die *Antwortzeit* (engl.: response time), d. h. die Reaktionszeit der EDVA auf Eingaben des Benutzers im interaktiven Betrieb.

Die *Leistung des Prozessors* wird – das wissen Sie bereits aus dem Abschnitt 1.2.2 – in erster Linie von der *Verarbeitungsbreite* und der *Taktrate* bestimmt. Zwischen einem Mikroprozessor und einem aus vielen Chips aufgebauten Prozessor gibt es diesbezüglich keinen Unterschied. Zur Erinnerung: Mit *Verarbeitungsbreite* ist die gleichzeitig übertragbare Anzahl von Bits über die internen Datenübertragungswege gemeint (8, 16, 24, 32, 64). Die *Taktrate* ist eine üblicherweise in MHz angegebene Maßgröße für die Verarbeitungsgeschwindigkeit eines Prozessors. Der *Taktzyklus* ist der Kehrwert der Taktrate und wird dementsprechend vorwiegend in Nanosekunden (ns) angegeben. Prozessorbefehle benötigen je nach ihrer Mächtigkeit (Komplexität) eine bestimmte Anzahl von Taktzyklen. Ein Befehl, dessen Ausführung vier Taktzyklen erfordert, wird bei einer Taktrate von 40 MHz in einer zehnmillionstel Sekunde abgearbeitet. Weiters sind *die Anzahl und die Mächtigkeit der Prozessorbefehle und die Anzahl und Breite der Register* im Prozessor rechenleistungsbestimmend.

*Register* (engl.: register) sind prozessorinterne Zwischenspeicher, auf die Leit- und Rechenwerk unmittelbaren und extrem schnellen Zugriff besitzen. Die Mehrzahl der Prozessorbefehle arbeitet mit Registern. Register besitzen regelmäßig die Verarbeitungsbreite der internen Datenübertragungswege (Datenbus). Manche Prozessoren besitzen jedoch

Register, deren Breite ein Vielfaches (meist das Doppelte) der Datenwegbreite beträgt.

*Mehrere Prozessoren können die Rechnerleistung wesentlich erhöhen.* Sei es, daß *Hilfsprozessoren* den Hauptprozessor (Zentralprozessor) entlasten, oder daß mehrere prinzipiell gleichwertige Prozessoren *(Parallelprozessoren)* Teile von Aufgaben abarbeiten. Zu den Hilfsprozessoren zählen *Ein-Ausgabe-Prozessoren* (EA-Prozessoren), die den Hauptprozessor bei der Zentralspeicher- und Peripherieverwaltung unterstützen, *Grafikprozessoren*, die den Bildschirmaufbau beschleunigen helfen, sowie *Gleitkommaprozessoren* und *Vektorprozessoren* zur schnelleren Ausführung rechenintensiver Programme. Eine weitere Möglichkeit zur Vervielfachung der Rechnerleistung stellt die sog. *Fließbandverarbeitung* (engl.: pipelining) dar. Alle oben genannten, Ihnen noch nicht geläufigen Begriffe werden später in diesem Abschnitt erklärt.

Es ist für die effektive Rechnerleistung entscheidend, daß die Zugriffsgeschwindigkeit des Zentralspeichers (RAM, ROM usw.) möglichst mit der Prozessorgeschwindigkeit korrespondiert. Aus technischen und vor allem Kostengründen (je schneller die Chips, desto teurer) ist jedoch regelmäßig die Zugriffsgeschwindigkeit des Arbeitsspeichers wesentlich geringer als die Verarbeitungsgeschwindigkeit des Prozessors.

Um diesem Problem beizukommen, wurde die sog. *Pufferspeicherverwaltung* entwickelt. Pufferspeicher (engl.: cache) in der Zentraleinheit sind sehr schnelle, teure RAM-Speicher, die auf die Prozessorgeschwindigkeit abgestimmt sind. Das Verhältnis ihres Speichervolumens zur Kapazität des übrigen Zentralspeichers liegt aus Kostengründen regelmäßig unter 1%. Im Pufferspeicher werden die jeweils relevanten Bereiche des Arbeitsspeichers abgebildet, d.h. benötigte Speicherblöcke werden in den Pufferspeicher kopiert und später wieder in den Arbeitsspeicher zurückgeladen. Eine ausgeklügelte Steuerungslogik sorgt dafür, daß je nach Größe des Pufferspeichers im Mittel zwischen 90 und 98% aller Speicherzugriffe direkt über ihn abgewickelt werden können. Man sollte solche «Cache»-Speicher jedoch nicht mit sonstigen Pufferspeichern verwechseln, die lediglich dem zeitlichen Ausgleich zwischen Funktionseinheiten unterschiedlicher Geschwindigkeit dienen.

Selbstverständlich übt auch die *Kapazität des Arbeitsspeichers* maßgeblichen Einfluß auf die Leistung einer EDVA aus. Je mehr Programme (scheinbar) parallel ablaufen und je mehr Speichervolumen diese benötigen, desto bedeutsamer wird der Umfang des Arbeitsspeichers. Je größer dieser ist, um so weniger häufig sind zeitaufwendige Ein-/Ausgabevorgänge zum Transfer von Daten und Programmen (bzw. Programmteilen) nötig. Um so mehr Prozessorzeit steht dann auch für die Abarbeitung der Programme zur Verfügung.

Mit der sog. *virtuellen Speichertechnik* (engl.: paging) wird der direkt adressierbare Adreßraum über die reale Arbeitsspeicherkapazität hinaus auf schnelle externe Speicher (Magnetplatten) ausgeweitet. Ähnlich wie bei der Pufferspeicherverwaltung werden nur die aktuell benötigten Teile von Programmen und Datenbeständen im realen Arbeitsspeicher gehalten und bei Bedarf werden größere Blöcke (sog. Seiten; engl.: page) vom bzw. zum langsameren Hintergrundspeicher automatisch nachgeladen bzw. ausgelagert. Der virtuelle (= scheinbare) Speicher (engl.: virtual storage; virtual memory), dessen Speicherstellen bei der Programmausführung direkt angesprochen werden können, ist um ein Vielfaches größer als der reale. Für den Programmierer fallen damit bei der Programmerstellung wesentliche Beschränkungen weg; um den Seitenwechsel braucht er sich nicht zu kümmern.

Der *Grad der Hardware-Spezialisierung* ist ebenfalls leistungsbestimmend. Je spezifischer eine EDVA auf einen bestimmten Anwendungsbereich zugeschnitten ist, desto höher wird ihre Leistung auf diesem Gebiet sein. Mit zunehmender Spezialisierung sinkt regelmäßig die Rechnerleistung in anderen Bereichen.

Die Spezialisierung beginnt bei kunden- bzw. anwendungsspezifischen ROM-Halbleiterspeichern, die zwar nicht veränderbar, jedoch typischerweise schneller als Schreib-/Lesespeicher (RAM) im Zugriff sind und keiner Programmladezeiten bedürfen.

*Beispiele für Spezialrechner* sind Textautomaten, Datenbankrechner, Kommunikationsrechner in Netzwerken, CAD-Anlagen sowie Prozeßrechner, Hybridrechner und Vektorrechner. Auf die drei erstgenannten Spezialrechner kommen wir in den Kapiteln 3 und 4 zurück. Die drei zuletzt genannten Rechnerkategorien werden in dem nachfolgenden Exkurs beschrieben.

Übungsaufgabe Nr. I-16 im Arbeitsbuch &larr;

---

## Exkurs

---

### Vektorrechner

Ein *Vektor* ist eine Reihe von Daten mit fixer Länge. Typische *Beispiele für Datenvektoren* sind Zeilen oder Spalten von Tabellen mit Meßdaten. *Die Notwendigkeit zur Verarbeitung von großen Vektoren findet man vor allem im technisch-naturwissenschaftlichen Bereich.*

> Ein **Vektorrechner** (engl.: vector processor; array processor) ist ein Rechner, der über einen speziellen Satz von Befehlen verfügt, die mit Vektoren operieren.

Wenn die Anzahl der Vektorelemente zu einem degeneriert ist, erhält man einen *Skalar*. Demgemäß werden den Vektorrechnern oft die «normalen» als *Skalarrechner* gegenübergestellt. Skalarrechner können Vektoren nur elementweise bearbeiten, *Vektorrechner hingegen bearbeiten mehrere Elemente, manchmal ganze Vektoren mit Hilfe mehrerer Rechenwerke parallel.*

Eine wesentliche Voraussetzung für einen effizienten Vektorrechner ist die *Fließbandverarbeitung* (engl.: pipelining). Dies ist ein Prozeß, bei dem die Abarbeitungszyklen einzelner Befehle einander überlappen. Eine vereinfachte schematische Darstellung der Fließbandverarbeitung zeigt Abb. 1.2.3.2/1. Hierbei sind die einzelnen überlappenden Phasen in Laden/Decodieren, Ausführen und Verfügbarhalten bzw. Speichern der Ergebnisse gegliedert. Im gezeigten Fall gibt es lediglich drei Phasen, die jeweils einen Taktzyklus benötigen. In Wirklichkeit können es mehr Phasen sein, und diese können auch jeweils mehr Taktzyklen in Anspruch nehmen. Wenn in jedem Zyklus ein Befehl begonnen wird, steht ab dem dritten Zyklus auch jeweils ein Ergebnis vorangegangener Befehle zur Verfügung. Dies gilt jedoch nur unter der Maßgabe, daß ständig neue Befehle begonnen werden. Die Befehlsabarbeitung dauert somit in unserem Fall bei einer Taktrate von 80 ns 240 ns, jedoch liegen

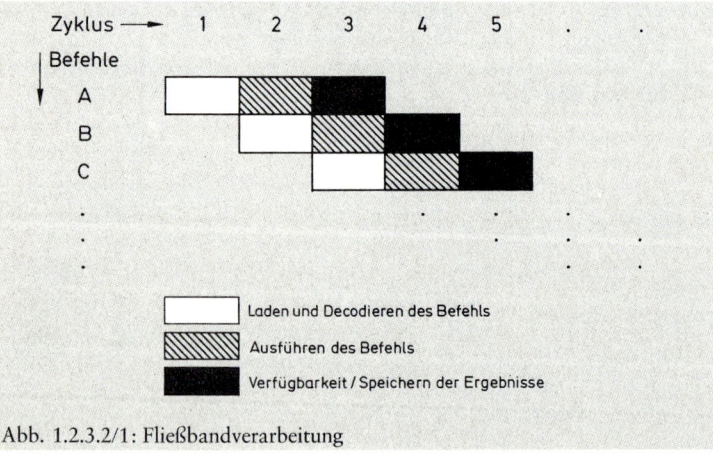

Abb. 1.2.3.2/1: Fließbandverarbeitung

jeweils nach 80 ns Befehlsergebnisse vor. Durch Einbindung mehrerer Prozessoren kann die Rechenleistung bei konstanter Taktrate unter vorgenannter Bedingung noch vervielfacht werden.

Je mehr Vektoren ein Programm bearbeitet und je größer diese sind, desto effizienter arbeitet ein Vektorrechner.

Diese spezialisierte Architektur hat jedoch auch *Nachteile*. Bei nichtrechenintensiven kommerziellen Anwendungen, bei einer höheren Quote an Bedingungen und Verzweigungen in einem Programm sind Skalarrechner effizienter.

Aus diesem Grund kombinieren moderne Superrechner die Vorteile beider Systeme, um die Rechnerleistung auch bei nicht spezialisierten Prozessen zu optimieren.

### Hybridrechner

Ein **Hybridrechner** (engl.: hybrid computer) ist ein Rechner, der sowohl über eine digitale als auch über eine analoge Recheneinheit verfügt, mit dem Ziel, die Vorteile beider Typen zu nutzen. Die beiden Einheiten sind über eine sog. *Kopplungselektronik* miteinander verbunden.

Die wichtigsten Bestandteile der *Kopplungselektronik* sind die A/D- und D/A-Wandler, die Signale von analog nach digital und umgekehrt konvertieren, ferner eine Einrichtung, welche die einzelnen Ausgabekanäle des Analogrechners periodisch abfragt (z.B. in Millisekunden- (ms), d.h. 1/1000-Sekunden-Intervallen) und die Signale in weiterer Folge dem Analog/Digital-Wandler zuführt.

*Typische Verwendungszwecke des Hybridrechners* sind Rand- und Eigenwertprobleme, Optimierungen und Simulationen komplexer dynamischer Systeme.

### Prozeßrechner

Ein **Prozeßrechner** (engl.: process computer) ist eine EDVA zur automatischen Überwachung, Steuerung und/oder Regelung von industriellen oder anderen physikalischen Prozessen. Die bevorzugte Betriebsart ist typischerweise Echtzeitbetrieb. Prozeßrechner verfügen meist über Analog-Digital/Digital-Analog-Umsetzer, um Meßdaten aufnehmen und Lenkungsprozesse einleiten zu können. Oft werden Hybridrechner als Prozeßrechner eingesetzt.

*Echtzeitbetrieb* (Realzeitbetrieb; engl.: real time processing) ist eine Betriebsart der Datenverarbeitung, bei der der Verarbeitungszeitpunkt von der Aufgabe selbst bestimmt wird. Im Gegensatz zur sog. *Stapelverarbeitung* (engl.: batch processing; Näheres hierzu später) erfolgt keine Sammlung von Bearbeitungsfällen, und es existiert keine Bindung an Bearbeitungstermine. Jeder Fall wird unmittelbar nach seinem Auftreten bearbeitet und zwar in einer von der Aufgabe bestimmten, verhältnismäßig kurzen Zeit (Antwortzeit).

Prozeßrechner werden zum Beispiel zur Überwachung chemischer Fertigungsprozesse, zur Auswertung medizinischer Meßdaten, zur Steuerung von Großanlagen (wie Walzstraßen, Hochöfen, Kraftwerke), zur Regelung des Straßenverkehrs (Schalten von Ampeln) oder zur Lenkung von Flugzeugen und Raumfahrzeugen (auch als «Bordrechner») eingesetzt.

---

Auch die *Peripheriegeräte* sind für den Rechnerdurchsatz bzw. die Antwortzeiten wichtig. Vor allem die Kapazität, Zugriffszeit, Datentransferrate und Fehlerrate von externen Speichern sind bedeutsam. Wesentlich wirkt sich auch die Peripherieintelligenz auf die Rechnerleistung aus, weil dadurch der (oder die) Prozessor(en) der Zentraleinheit von vielen Aufgaben entlastet werden kann (können).

Die Mächtigkeit des *Betriebssystems* (engl.: operating system) ist ebenfalls ein entscheidender Bestimmungsfaktor der Rechnerleistung. Das Betriebssystem ist eine Menge von anwendungsneutralen Programmen zur Steuerung und Verwaltung der Hardware. Zum Beispiel wird die Ihnen bereits bekannte Verwaltung des zentralen Pufferspeichers und des virtuellen Speichers vom Betriebssystem völlig selbständig organisiert. Regelmäßig verfügen Betriebssysteme auch über einen mehr oder weniger umfangreichen Befehlssatz, dessen man sich bedient, um Anwendungsprogramme zu erstellen, zu testen und ablaufen zu lassen.

Je umfangreicher, flexibler (d.h. an sich wandelnde Erfordernisse anpaßbar) und benutzerfreundlicher das Betriebssystem ist, je eleganter die Teilprogramme des Betriebssystems die Möglichkeiten der Hardware (Zentraleinheit, Peripherie) nutzen, desto höher wird das Leistungsvermögen des EDV-Systems sein.

Vor allem im kommerziellen Bereich ist die *Mehrplatzfähigkeit* ein signifikantes Merkmal der Leistungsfähigkeit einer EDVA. Es ist damit die Möglichkeit des Betreibens mehrerer Bildschirmarbeitsplätze bzw. sonstiger Benutzerstationen an einer Zentraleinheit gemeint, welche die betriebssystemunterstützte Regelung des gleichartigen Zugriffs mehrerer Benutzer auf dieselben Betriebsmittel (Prozessor[en], Arbeitsspeicher, Peripherie) und Datenbestände bedingt (Mehrprogrammbetrieb; engl.: multiprogramming).

Ein mächtiges Betriebssystem kann ein breites Spektrum und eine große Zahl von Peripheriegeräten betreiben, verfügt über mehrere mögliche Betriebsarten und besitzt einen umfangreichen Befehlsvorrat, der sowohl benutzerfreundlich als auch optimal an die Hardware angepaßt ist.

Sinngemäß gilt auch für alle *Anwendungsprogramme* das für das Betriebssystem Gesagte. Entscheidend sind ihre Güte (maschinen- und aufgabenbezogene Optimierung), weitgehende Fehlerfreiheit («Absturz-Sicherheit») und ihre Benutzerfreundlichkeit (Benutzerführung, Hilfefunktionen, Parametrisierbarkeit[7] u.a.m.).

Mittelbar haben auch die *Zuverlässigkeit* und damit zusammenhängend die *Instandhaltung* von Hardware und Software, die *fachgemäße Verwendung* und *zweckmäßige Konfiguration*, der *Ausbildungsstand* der Operatoren, Programmierer und sonstigen Benutzer (engl: user), *Umwelteinflüsse* (z.B. Stabilität der Stromversorgung und Klimatisierung) sowie *organisatorisch-infrastrukturelle* Gegebenheiten Einfluß auf die Rechnerleistung.

### 1.2.3.3 Typische Merkmale von Mikro-, Mini-, Groß- und Super- rechnern

#### Mikrorechner

Diese auch oft als *Personal-Computer* (von engl.: personal computer = «persönlicher» Computer) bzw. abgekürzt als PC bezeichneten Geräte sind vorwiegend – soweit in Wirtschaft und Verwaltung eingesetzt – am Arbeitsplatz der Benutzer in Fachabteilungen aufgestellt. Es gibt sie in zahllosen Varianten, millionenfach, wobei der typische Preis für kommerziell einsatzfähige Systeme zwischen 5000,– und 10000,– DM liegt. Ein Großteil der Geräte besitzt bereits 32-Bit-Mikroprozessoren. Ältere Modelle und im Hobbybereich weitverbreitete sog. «Home-Computer» verfügen noch oft über 8- oder 16-Bit-Prozessoren. Von Taschenrechnern sind sie aufgrund der Möglichkeit zur Verwendung höherer Programmiersprachen (z.B. BASIC, PASCAL) und ihren wesentlich größeren Arbeitsspeicher (einige MB) abgrenzbar. Mikrorechner sind selten mehrplatzfähig und fast nie hardwaremäßig spezialisiert (z.B. Vektorrechner, Hybridrechner). Sie verfügen oft über Hilfsprozessoren, die die Ein-Ausgabe, den grafischen Bildschirmaufbau oder die Gleitkommaarithmetik unterstützen. Die Mips-Leistung bewegt sich

---

7 Parameterisierte Programme lassen sich schnell und einfach durch Parameterangaben an spezifische Hardware- und (eingeschränkt) Aufgabenerfordernisse anpassen.

zwischen 0,2 und 50, der typische Wert liegt heute bei etwa 10 Mips. Im Gegensatz zu Minirechnern der oberen Leistungsklasse und Großrechnern besitzen Mikrorechner regelmäßig keine Parallelprozessorstrukturen mit mehreren voneinander unabhängigen Verbindungssystemen (d.h. mehrere Daten-, Adreß- oder Steuerbusse; Näheres hierzu im Abschnitt 2.3.1.3).

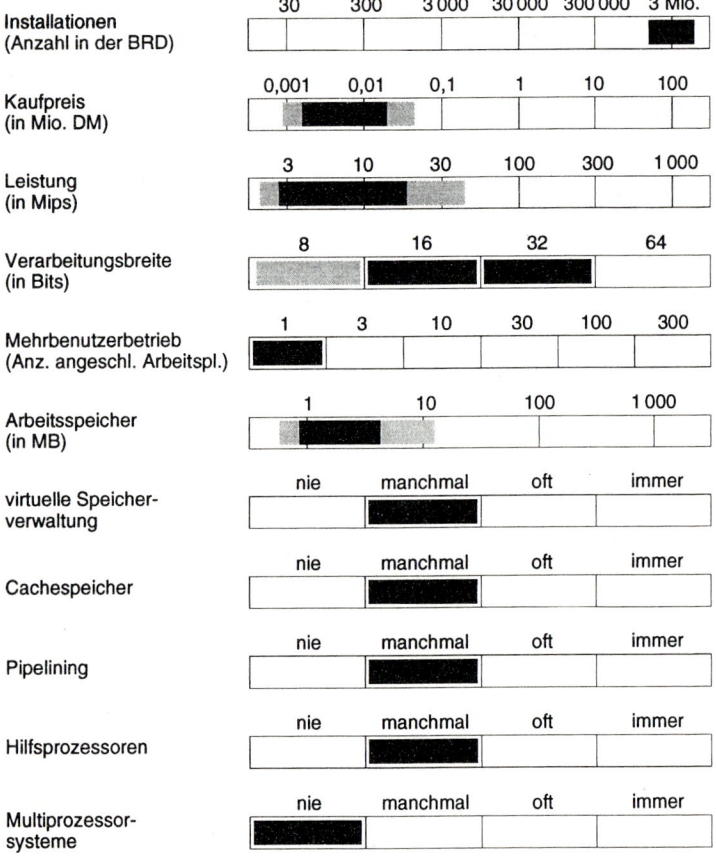

Abb. 1.2.3.3/1: Typische Merkmale von Personal-Computern

*Workstations* sind technisch-wissenschaftliche Arbeitsplatzrechner, die bezüglich ihrer Technologie und ihres Preis-/Leistungsverhältnisses eine Zwischenstellung zwischen Personal-Computern und Minirech-

nern einnehmen. Am unteren Ende des Angebotsspektrums sind
«Workstation-Familien» preislich und leistungsmäßig mit den vorwiegend für kommerzielle Zwecke eingesetzten 32-Bit-PCs vergleichbar.
Zum Teil verwenden sie auch dieselben Mikroprozessoren. Auf der
anderen Seite besitzen Workstations im oberen Bereich Leistungen von
Mini- und Großrechnern. Die nachfolgende Tabelle zeigt Ihnen einige
typische Abgrenzungsmerkmale zwischen kommerziellen Personal-
Computern und technisch-wissenschaftlichen Workstations, die Sie jedoch teilweise erst nach der Lektüre des Kapitels 2 verstehen können.

| | Personal-Computer | Workstation |
|---|---|---|
| Primäre Anwendungs-gebiete | kommerzielle Anwen-dungen | technisch-wissenschaft-liche Anwendungen |
| Vorherrschende Be-triebssysteme | MS-DOS, OS/2, Mac-OS | UNIX |
| Dezentrale Vernetzung | Stand-alone-Betrieb und Netzwerkanschluß | Betrieb in lokalen Netz-werken |
| Vorherrschende Rech-nerarchitektur (verbrei-tete Prozessoren) | CISC (Intel 80X86, Motorola M68000) | RISC (Hewlett-Packard PA, IBM POWER, SUN SPARC, MIPS R 3000/R 4000), sowie leistungsfähigste CISC-Prozessoren mit inte-griertem Arithmetikpro-zessor von Intel (80486 DX) und Motorola (68040) |
| Vertriebskanal | Computerfachhandel | Herstellerdirektvertrieb |

Abb. 1.2.3.3/2: Abgrenzung von Personal-Computern und Workstations nach vorherrschenden Merkmalen

Durch die enormen, auch weiterhin zu erwartenden Leistungssteigerungen der Mikroprozessortechnologie (Näheres im Abschnitt 2.3.3)
verschwimmen zunehmend die Grenzen zwischen Personal-Computern
und Workstations. Deshalb bleiben wir bei dem gemeinsamen Oberbe-
griff «Mikrorechner» (auch wenn das bezüglich mancher Workstations,
bei denen der Zentralprozessor aus einigen Prozessorchips aufgebaut
ist, eine nicht ganz exakte Zuordnung darstellt).

| Installationen (Anzahl in der BRD) | 30 | 300 | 3 000 | 30 000 | 300 000 | 3 Mio. |
|---|---|---|---|---|---|---|

| Kaufpreis (in Mio. DM) | 0,001 | 0,01 | 0,1 | 1 | 10 | 100 |
|---|---|---|---|---|---|---|

| Leistung (in Mips) | 3 | 10 | 30 | 100 | 300 | 1 000 |
|---|---|---|---|---|---|---|

| Verarbeitungsbreite (in Bits) | 8 | 16 | 32 | 64 |
|---|---|---|---|---|

| Mehrbenutzerbetrieb (Anz. angeschl. Arbeitspl.) | 1 | 3 | 10 | 30 | 100 | 300 |
|---|---|---|---|---|---|---|

| Arbeitsspeicher (in MB) | 1 | 10 | 100 | 1 000 |
|---|---|---|---|---|

| virtuelle Speicherverwaltung | nie | manchmal | oft | immer |
|---|---|---|---|---|

| Cachespeicher | nie | manchmal | oft | immer |
|---|---|---|---|---|

| Pipelining | nie | manchmal | oft | immer |
|---|---|---|---|---|

| Hilfsprozessoren | nie | manchmal | oft | immer |
|---|---|---|---|---|

| Multiprozessorsysteme | nie | manchmal | oft | immer |
|---|---|---|---|---|

Abb. 1.2.3.3/3: Typische Merkmale von Workstations

## Minirechner

*Minirechner* besitzen heute durchweg eine Verarbeitungsbreite (Datenbus) von 32 Bits. Ihre Mips-Rate liegt zwischen 1 und etwa 30, wobei der Wert aufgrund der teilweise sehr spezialisierten Hardwarearchitektur stark schwankt. Der typische Preis beträgt über 100 000,– DM, gängige Arbeitsspeicherausstattungen bewegen sich um 20 MB aufwärts. Minirechner werden sehr oft als Prozeß- oder/und als Hybridrechner verwendet, besitzen immer zentrale Pufferspeicher und Fließ-

Abb. 1.2.3.3/4: «Supermini»

bandstruktur. Sie erlauben auch regelmäßig den Anschluß mehrerer Arbeitsplätze. Weit verbreitet ist die Bezeichnung «Supermini» für Minirechner der oberen Leistungsklasse, deren Leistung die vieler Großrechner übersteigt. Preislich sind sie zwischen einer halben Mio. und einer Mio. DM plaziert. Der Arbeitsspeicherausbau kann bis zu über 100 MB reichen. Ihr typischer Anwendungsbereich ist neben der Prozeßsteuerung der kommerzielle Einsatz als *Bürocomputer* in kleinen und mittleren Betrieben.

### Großrechner

*Großrechner* haben Kaufpreise von ca. 500 000,– bis 30 Mio. DM, wobei die Prozessorleistung die der «Superminis» oft nicht übersteigt. Typisch sind Mips-Raten von über 30, die leistungsfähigsten Systeme erreichen jedoch 200 Mips und mehr. Die typische Verarbeitungsbreite ist 32 bzw. 64 Bits, die maximale Arbeitsspeicherausstattung bewegt sich zwischen 256 MB und 2 GB. Großrechner verfügen immer über zentrale Pufferspeicher, Fließbandverarbeitung, Hilfsprozessoren, benötigen Klimaanlagen sowie spezielles Bedienungspersonal und bieten die Möglichkeit, eine große Anzahl von Bildschirmarbeitsplätzen und sonstigen Peripheriegeräten zu betreiben. Mehrprogrammbetrieb ist also bei ihnen die Regel. Das Gewicht der Zentraleinheit beträgt zwischen einer halben Tonne und einer Tonne. Sie werden oft traditionsbedingt

61

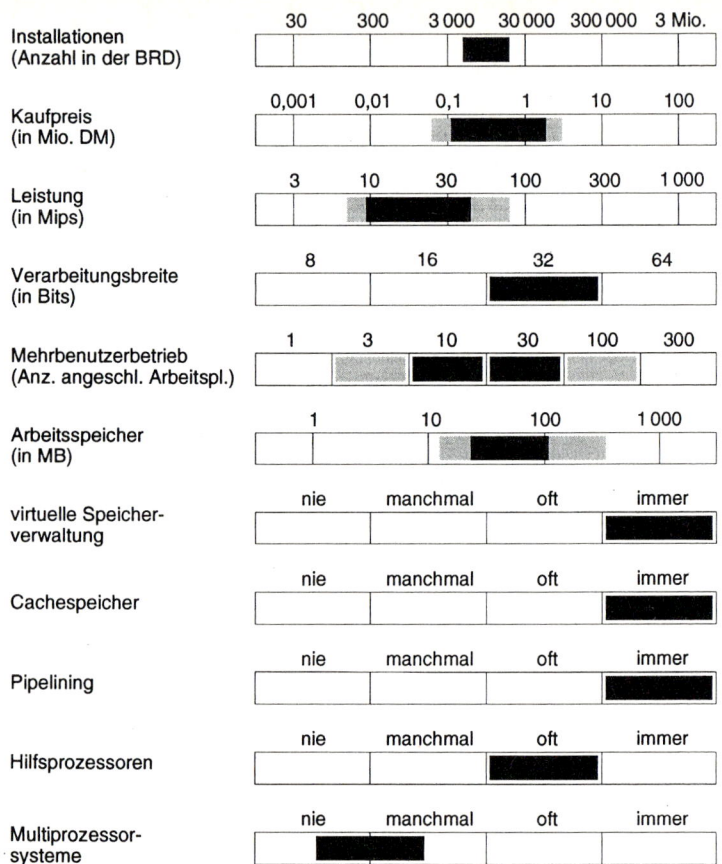

Abb. 1.2.3.3/5: Typische Merkmale von Minirechnern

auch als «*Universalrechner*» bezeichnet, obwohl diese Bezeichnung auch den meisten Mikro- und Minirechnern zustehen würde (aufgrund der universellen Verwendbarkeit).

| Installationen (Anzahl in der BRD) | 30 | 300 | **3 000** | 30 000 | 300 000 | 3 Mio. |
|---|---|---|---|---|---|---|
| Kaufpreis (in Mio. DM) | 0,001 | 0,01 | 0,1 | 1 | **10** | 100 |
| Leistung (in Mips) | 3 | 10 | **30** | **100** | 300 | 1 000 |
| Verarbeitungsbreite (in Bits) | 8 | 16 | **32** | **64** | | |
| Mehrbenutzerbetrieb (Anz. angeschl. Arbeitspl.) | 1 | 3 | 10 | **30** | **100** | **300** |
| Arbeitsspeicher (in MB) | 1 | 10 | **100** | **1 000** | | |
| virtuelle Speicherverwaltung | nie | manchmal | oft | **immer** | | |
| Cachespeicher | nie | manchmal | oft | **immer** | | |
| Pipelining | nie | manchmal | oft | **immer** | | |
| Hilfsprozessoren | nie | manchmal | oft | **immer** | | |
| Multiprozessorsysteme | nie | **manchmal** | oft | immer | | |

Abb. 1.2.3.3/6: Typische Merkmale von Großrechnern

### Superrechner

*Superrechner* sind auf technisch-wissenschaftliche Aufgabenstellungen ausgelegte Hochleistungsrechner mit einer Verarbeitungsleistung von etwa 100 MFlops bis zu mehreren GFlops. Dabei handelt es sich entweder um *Vektorrechner* oder um *Parallelrechner*.

Während es bis Ende der 70er Jahre auf dem Markt nur ein kleines Angebot von solchen Spezialrechnern für numerische Aufgaben gab, entdeckten in der Folge zahlreiche alteingeführte Computerhersteller

Abb. 1.2.3.3/7: Superrechner

und neugegründete (zum Teil schon wieder vom Markt verschwundene) Firmen, daß dieser Markt ein hohes Wachstum versprach und daß mit solchen Systemen auch ganz neue, wirtschaftlich bedeutsame Aufgaben bearbeitet werden konnten. Vor allem in den Bereichen Luftfahrttechnik, Automobilbau, Energiegewinnung und Energieeinsparung sowie in der Umwelt- und Atmosphärenforschung eröffneten sich neue Anwendungsgebiete, die wegen ihres enormen Rechenaufwands früher nicht bearbeitet werden konnten.

*Klassische Supercomputer* enthalten mehrere Hochleistungsprozessoren, die auf einem gemeinsamen Arbeitsspeicher arbeiten. Ihre hohe Rechenleistung wird vor allem durch Einsatz von vielen Pipelines speziell für die Verarbeitung von Vektoren und durch Verwendung von besonders schnellen (und entsprechend teuren) Bauteilen erreicht. Leistungsfähige Compiler unterstützen den Anwender bei den Aufgaben des Vektorisierens und zum Teil auch des Parallelisierens. Solche Multiprozessorsysteme mit bis zu 16 Prozessoren erreichen derzeit Leistungen bis 16 GFlops und haben Listenpreise von mehr als 50 Mio. DM. In den nächsten Jahren werden neue Vektorrechner mit Spitzenleistungen von über 100 GFlops erwartet.

In den 80er Jahren haben sich auf dem Markt neben solchen «klassischen» Höchstleistungsrechnern sog. *Minisupercomputer* etabliert.

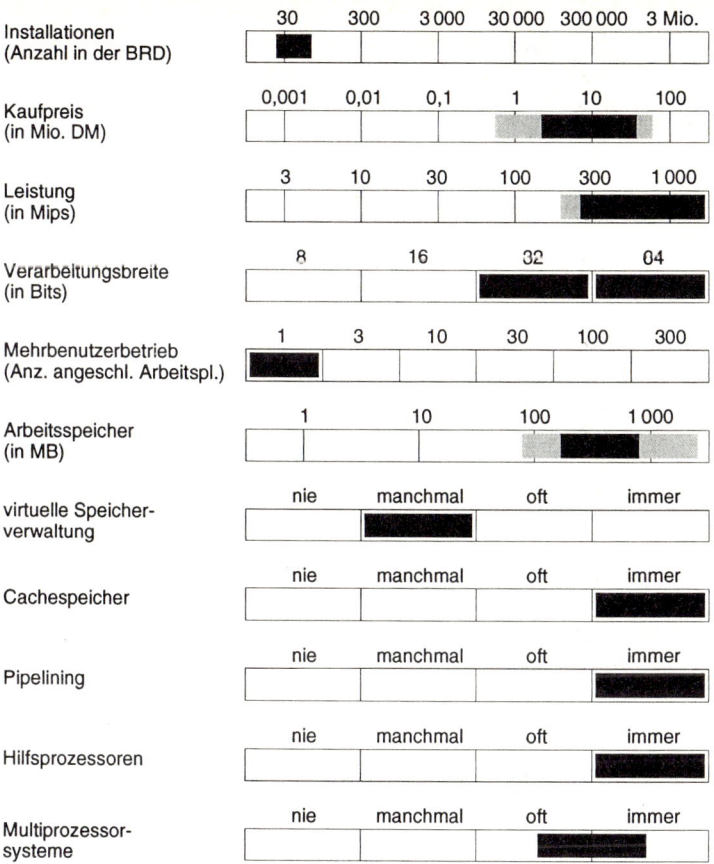

| Installationen (Anzahl in der BRD) | 30 | 300 | 3 000 | 30 000 | 300 000 | 3 Mio. |
|---|---|---|---|---|---|---|

| Kaufpreis (in Mio. DM) | 0,001 | 0,01 | 0,1 | 1 | 10 | 100 |
|---|---|---|---|---|---|---|

| Leistung (in Mips) | 3 | 10 | 30 | 100 | 300 | 1 000 |
|---|---|---|---|---|---|---|

| Verarbeitungsbreite (in Bits) | 8 | 16 | 32 | 64 |
|---|---|---|---|---|

| Mehrbenutzerbetrieb (Anz. angeschl. Arbeitspl.) | 1 | 3 | 10 | 30 | 100 | 300 |
|---|---|---|---|---|---|---|

| Arbeitsspeicher (in MB) | 1 | 10 | 100 | 1 000 |
|---|---|---|---|---|

| virtuelle Speicherverwaltung | nie | manchmal | oft | immer |
|---|---|---|---|---|

| Cachespeicher | nie | manchmal | oft | immer |
|---|---|---|---|---|

| Pipelining | nie | manchmal | oft | immer |
|---|---|---|---|---|

| Hilfsprozessoren | nie | manchmal | oft | immer |
|---|---|---|---|---|

| Multiprozessorsysteme | nie | manchmal | oft | immer |
|---|---|---|---|---|

Abb. 1.2.3.3/8: Typische Merkmale von Superrechnern

Sie unterscheiden sich in erster Linie durch ihren Preis (ab ca. 100 000,– DM) und ihre geringere Rechengeschwindigkeit (etwa 100 bis 800 MFlops).

Neben den Vektorsupercomputern werden auch große *Skalarrechensysteme optional mit Vektoreinheiten* angeboten.

Im Gegensatz zu den herkömmlichen Supercomputern mit mehreren Prozessoren und gemeinsamem, sehr aufwendigem Speicher hat bei einem *Parallelrechner* jeder Zentralprozessor seinen eigenen (lokalen) Speicher. Durch die Kopplung einer großen Anzahl von preisgünstigen

Rechnern mit relativ geringer Leistung (Standard-Mikroprozessoren und -Speicherchips) entstehen sog. massiv parallele Rechnersysteme, die um den Faktor 3 bis 10 wirtschaftlicher sind als die klassischen Vektorrechner. Das Preis-/Leistungsverhältnis heutiger Parallelrechner liegt bei etwa 0,5 bis 1 Mio. DM pro GFlops. Darüber hinaus haben solche Rechner den Vorteil, daß sie skalierbar sind, d.h. daß mit einer beliebig hohen Zahl von Prozessoren – zumindest theoretisch – jede gewünschte Leistung erreichbar ist. In der Realität setzen allerdings das Verbindungsnetz zwischen den Rechenknoten sowie die sog. Startup-Zeit, die für die Initiierung einer Datenübertragung zwischen den Prozessoren erforderlich ist, Grenzen, die bei höchstens 10 % der Nominalleistung liegen.

*Cluster gekoppelter Hochleistungsworkstations*, die mit für Parallelrechner typischen Verfahren betrieben werden, erbringen vergleichbare Leistungen zu einem noch günstigeren Preis. Sie werden damit für die Superrechner zu einer ernsthaften Konkurrenz.

Der sinnvolle Einsatz von Multiprozessoren im allgemeinen und von massiv parallelen Systemen im besonderen hängt stark von der Anwendung ab, die abgearbeitet werden soll. Dabei wird das Programm in mehrere unabhängige Teilaufgaben zerlegt, die gleichzeitig von den Prozessoren abgearbeitet werden und dann zu einer Gesamtlösung zusammengeführt werden. Das benötigt aber eine geschickte Strategie, um die einzeln zu bearbeitenden Teilaufgaben auf die einzelnen Prozessoren zu verteilen und den Verwaltungsaufwand dabei möglichst klein zu halten. Dabei ist auch die dem Problem «innewohnende Parallelität» zu beachten, das heißt, die maximale Anzahl gleichzeitig verarbeitbarer Teilaufgaben, in die sich das Problem zerlegen läßt.

Vor allem bei der Nutzung von Parallelrechnern ist das fehlende Angebot von Anwendungssoftware das Hauptproblem. Darüber hinaus fehlen Programmiertechniken und die mathematischen Verfahren, die der neuen Rechnerarchitektur angepaßt sind. Deshalb wird es wohl noch bis zum Ende dieses Jahrzehnts dauern, bis die Technik und Nutzung der Parallelrechner den Stand erreicht haben, der für die heutigen Vektorrechner bereits Standard ist.

→ Übungsaufgabe Nr. I-17 im Arbeitsbuch

## 1.3 Elektronische Datenverarbeitung im ökonomischen und gesellschaftlichen Gesamtzusammenhang

Die Brauchbarkeit eines Werkzeuges ergibt sich nicht aus sich selbst, sondern wird allein dadurch begründet, daß jemand aus der Anwendung Nutzen zieht. Diese Aussage trifft auch für die EDV in vollem Umfang zu. *Die Erklärung und ökonomische Rechtfertigung des Einsatzes der EDV ist jedoch aus zwei Gründen ungleich schwieriger als bei konventionellen Werkzeugen:*

1. Bei der EDV steht erstmals nicht die Übernahme körperlicher, sondern *geistiger Arbeit* im Vordergrund,
2. EDVA sind *Universalmaschinen*, die durch eine entsprechende Speicherprogrammierung nicht nur eine bestimmte, sondern unbestimmt viele Datenverarbeitungsaufgaben lösen können.

Während durch die Maschinisierung körperlicher Arbeit vorwiegend die Arbeitsplätze im Bereich der Produktion betroffen werden und sich die Wirkung einer Anlage i.d.R. auf einen begrenzten Aufgabenbereich erstreckt, hat der Einsatz der EDV sehr viel weitreichendere Konsequenzen. *Durch die Automatisierung intellektueller Tätigkeiten können sich Aufgaben und Abläufe in allen Stellen einer Wirtschaftseinheit verändern, wodurch sich tiefgreifende organisatorische Wandlungen ergeben können und Anpassungsreaktionen der Mitarbeiter erforderlich werden.*

*EDVA werden bezüglich ihrer Hardware- und Softwarekomponenten* entsprechend den jeweiligen Anwendungsbereichen und Benutzern *verschieden ausgelegt.* Auch die *Organisationsformen* des EDV-Einsatzes *unterscheiden sich von Fall zu Fall.* Dabei werden *integrierte Konzepte* für umfassende (teil-)automatisierte Systeme (Informationssysteme) zur Unterstützung der Aufgabenerfüllung in großen betrieblichen Funktionsbereichen zunehmend wichtiger.

Die *gesamtwirtschaftliche Bedeutung der Datenverarbeitung* manifestiert sich schon darin, daß jährlich in der Bundesrepublik Deutschland Hardware und Software im Wert von rund 50 Mrd. DM produziert wird (bei Zuwachsraten von knapp 20 % pro Jahr). Allein bei den Herstellern sind derzeit rund 200 000 Fachkräfte beschäftigt. EDVA tragen im einzelnen Betrieb wie in der Volkswirtschaft als Ganzes zur Produktivitätssteigerung bei, sichern die Wettbewerbsfähigkeit und damit auch Arbeitsplätze. Andererseits ist die *Skepsis gegenüber dem Computer*, der Arbeitsplätze vernichtet («Job-Killer»), menschliche Beziehungen und Qualifikationen entwertet und «gläserne Menschen» schafft, weit verbreitet.

*Wegen der Wechselbeziehungen zwischen Mensch und Computer
sowie den möglichen Auswirkungen auf den einzelnen, den Betrieb und
die Volkswirtschaft als Ganzes, ist es nötig, die EDV nicht isoliert,
sondern in ihrem ökonomischen und gesellschaftlichen Gesamtzusammenhang zu sehen.*

Das Verstehen der technischen und wirtschaftswissenschaftlichen
Grundlagen ist eine wichtige Voraussetzung für ein vorurteilsfreies Verhältnis gegenüber der EDV. Zur technischen Seite versucht dieser Band
seinen Beitrag zu leisten. Vielleicht sollten Sie deshalb den Abschnitt
1.3.3, wo es um die gesellschaftliche Problematik des EDV-Einsatzes
geht, nach der Absolvierung des Gesamtkurses nochmals wiederholen
bzw. die Lektüre bis dahin zurückstellen.

### 1.3.1 Aufbau betrieblicher Informationssysteme

Ein **Informationssystem** (abgekürzt: **IS**; engl.: information system)
besteht aus Menschen und Maschinen, die Information erzeugen
und/oder benutzen und die durch Kommunikationsbeziehungen
miteinander verbunden sind.

Wir halten es hier für zweckmäßig, von den *Systemelementen
Mensch und Maschine* auszugehen. Andere Definitionen legen je nach
Untersuchungszweck verschiedenartige Elemente zugrunde, zum Beispiel die Informationsverarbeitungsaufgaben. Die Strömungsgrößen
bleiben allerdings bei diesen Begriffsbestimmungen meist dieselben: Die
fließende Information, welche die Zusammenhänge zwischen den Systemelementen konstituiert. «*Information*» wird im Sinne der Um-
gangssprache als Kenntnis über Sachverhalte und Vorgänge verstanden.

Ein **betriebliches Informationssystem** dient zur Abbildung der Leistungsprozesse und Austauschbeziehungen im Betrieb und zwischen
dem Betrieb und seiner Umwelt.

Der Vollkommenheitsgrad dieser Abbildung von Güter- und Geld-
strömen ist von Betrieb zu Betrieb sehr unterschiedlich.

→  Übungsaufgabe Nr. I-18 im Arbeitsbuch

In unserem *Beispiel* im Abschnitt 1.1.3 hat Tante Emma das Informationssystem ihrer Kolonialwarenhandlung im wesentlichen im Kopf und
verwendet zur Dokumentation außer Papier und Bleistift nur Ordersätze,
Lieferscheine und Rechnungen des Großhändlers. Anders der Lebensmittelsupermarkt und seine Zentrale. Hier wird zur Erfassung, Speicherung,

Übertragung und Transformation von Information die EDV eingesetzt, wodurch sich im Warengeschäft und in der Verwaltung zahlreiche Routinetätigkeiten teilweise oder ganz automatisieren lassen und die Informationsbasis für die Geschäftsleitung wesentlich erweitert wird. Zusätzliche maschinelle Hilfsmittel der Informationsverarbeitung sind Telefone, Schreibmaschinen, Diktiergeräte, Kopierer usw. Trotz des hohen Automatisierungsgrades sind jedoch auch in dem beschriebenen Lebensmittelfilialunternehmen Menschen in starkem Maße in die Informationsverarbeitung einbezogen. Zum Beispiel muß der Warendisponent die maschinell erstellten Bestellvorgänge kritisch prüfen, die Kassiererin muß bei der Erfassung der Verkaufsdaten mitwirken und der Filialleiter hat zu entscheiden, was er bei Inventurunstimmigkeiten zu tun gedenkt. In weitere Kommunikationsbeziehungen sind informationsverarbeitende Maschinen nicht eingeschaltet und auch nicht einschaltbar. Denken Sie z.B. an den Fall, daß im Supermarkt ein Kunde einen Verkäufer um Beratung bittet oder der Filialleiter mit einem Mitarbeiter ein Beurteilungsgespräch führt.

Das Informationssystem der Kolonialwarenhandlung ist ein manuelles System, dessen Elemente ausschließlich durch Personen (Tante Emma, ihre Kunden und ihr Lieferant) repräsentiert werden *(Mensch-Mensch-System)*. In dem Informationssystem des Lebensmittelfilialunternehmens sind einzelne Abläufe völlig automatisiert, andere teilautomatisiert, da bei der Informationsverarbeitung Menschen und Maschinen zusammenwirken. Wieder andere Abläufe funktionieren rein manuell *(Mensch-Maschine-System)*. Ein total automatisiertes gesamtbetriebliches Informationssystem *(Maschine-Maschine-System)* ist nicht realisierbar, da nicht alle Informationsverarbeitungsprozesse eines Betriebes programmierbar und damit automatisierbar sind.

Wir beschäftigen uns in der Folge ausschließlich mit rechnergestützten betrieblichen Informationssystemen. Auch wenn wir nur die Benennung Informationssystem verwenden, meinen wir damit stets ein Mensch-Maschine-System, das in die Informationsverarbeitung EDVA einbezieht.

---

Ein **rechnergestütztes Informationssystem** (engl.: computer based information system) ist ein System, bei dem die Erfassung, Speicherung, Übertragung und/oder Transformation von Information durch den Einsatz der EDV teilweise automatisiert ist.

---

Da auch beim Einsatz eines Rechners in einem Betrieb weiterhin viele Informationsverarbeitungsaufgaben allein von Menschen erfüllt werden, umfaßt ein *rechnergestütztes Informationssystem nur Teile des gesamtbetrieblichen Informationssystems*.

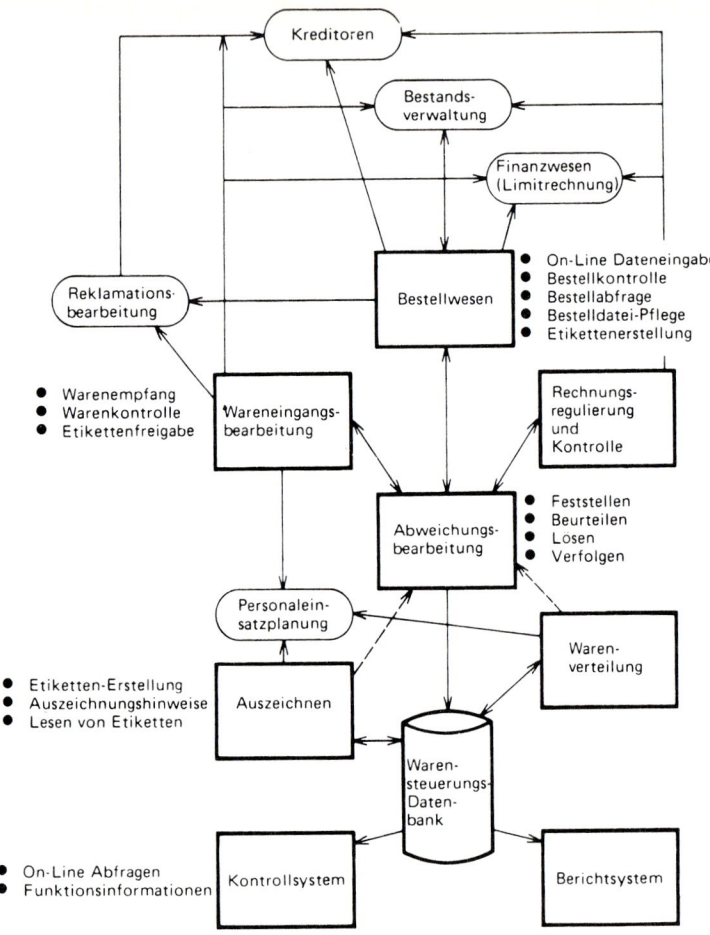

Abb. 1.3.1/1: Informationssysteme in einem Lebensmittelfilialbetrieb[8]

---

8 Die Abb. 1.3.1/1 und 2 wurden der von IBM herausgegebenen Broschüre «Kommunikations- und Servicesystem IBM 3650 für den Einzelhandel: Konzept eines Warensteuerungssystems» (IBM Form GE 12-1313-0) entnommen und geringfügig verändert. Ähnliche Konzepte liegen auch von zahlreichen anderen EDVA-Herstellern vor. Der hier erstmals verwendete Begriff ‹on-line› besagt, daß die Verrichtung der betreffenden Systemfunktion eine direkte Verbindung des peripheren Gerätes mit der Zentraleinheit voraussetzt. ‹Off-line› heißt, daß ein Gerät getrennt von der Zentraleinheit betrieben wird.

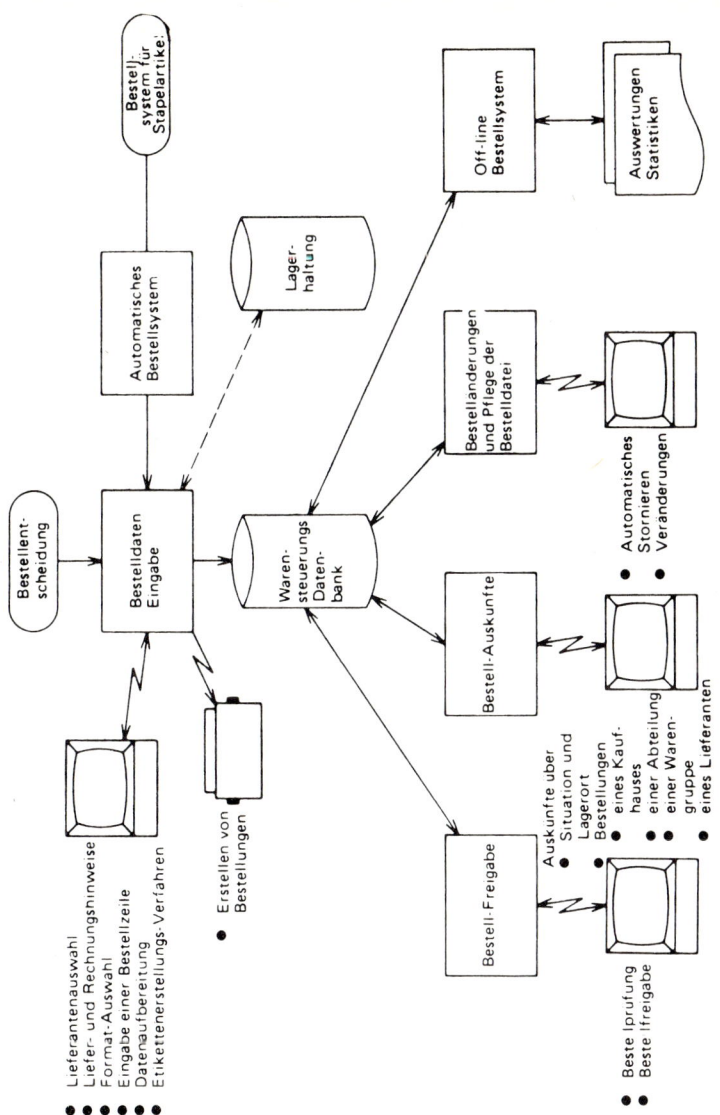

Abb. 1.3.1/2: Systemfunktionen des Bestellwesens in einem Lebensmittelfilialbetrieb

*Der allgemeine Zweck von Informationssystemen ist die Bereitstellung von Information für die Systembenutzer.* Die Inhalte, Form, Orte und Zeitpunkte der Informationsbereitstellung sind dementsprechend von den Aufgaben der Benutzer abhängig.

*In der Praxis existieren keine umfassenden monolithischen rechnergestützten Informationssysteme für gesamte Betriebe.* Solche Totalinformationssysteme aus einem Guß sind gar nicht möglich. Vielmehr gibt man *modularen Systemen*, die aus integrationsfähigen Teilsystemen bestehen, den Vorzug.

→ Übungsaufgabe Nr. I-19 im Arbeitsbuch

Als *Beispiel* haben Sie im Abschnitt 1.1.3 ein durch Standardsoftware unterstütztes, modular aufgebautes Informationssystem für den Warenwirtschaftsbereich in Lebensmittelfilialbetrieben kennengelernt. Die Abb. 1.3.1/1 zeigt dieses System in einer umfassenderen Systemumgebung (insbesondere in Beziehung zum Rechnungswesen) in der beschriebenen Unternehmung. Die Funktionen der Untersysteme werden exemplarisch anhand des Bestellwesens in der Abb. 1.3.1/2 veranschaulicht.

*Entsprechende mehr oder weniger umfassende Konzepte, deren Realisierung durch das Angebot von Standardprogrammen und teilweise auch von speziellen Geräten erleichtert wird, gibt es in vielen Varianten für alle betrieblichen Hauptfunktionsbereiche:*

– Forschung und Entwicklung,
– Vertrieb,
– Beschaffung und Lagerhaltung,
– Fertigung,
– Finanz- und Rechnungswesen,
– Personalwesen und
– Verwaltung.

Entwickelt wurden solche Sollkonzepte in allgemeiner Form von Wissenschaftlern, Rechnerherstellern und Softwarehäusern bzw. in spezieller Form von einzelnen fortschrittlichen EDV-Anwendern (für den eigenen Betrieb).[9] Wir bezeichnen sie als *integriert*, wenn

– die einzelnen Datenverarbeitungsaufgaben umfassend aufeinander abgestimmt sind,
– die Verbindungen zwischen den einzelnen Programmen weitestgehend automatisiert, d.h. frei von menschlichen Eingriffen gestaltet sind,

---

9 Vgl. hierzu z.B. die im Literaturverzeichnis genannten Titel von *Mertens, Mertens/ Griese* und *Scheer.*

– die Daten frühzeitig, möglichst bei ihrem erstmaligen Anfall im Betrieb, erfaßt und für alle Programme in einem großen gemeinsamen Datenbestand (Datenbank) gespeichert werden.

Schlagworte wie *«Büro der Zukunft»* (engl.: office of the future) oder *«Fabrik der Zukunft»* (engl.: factory of the future) *beinhalten diese Forderungen nach einer möglichst weitgehenden Integration und Rechnerunterstützung* von Verwaltungs- bzw. Fertigungstätigkeiten.

Im *«Büro der Zukunft»* wird eine integrierte Verarbeitung (vor allem auch die elektronische Übertragung) von formatierten Daten, Texten, Sprache und Bildern angestrebt. Multifunktionale Endgeräte mit einer einheitlichen Bedienung (sog. Benutzerschnittstelle oder -oberfläche) für alle Funktionen, die über interne und externe Netze miteinander kommunizieren und Dienste (z.B. Datenbanken) in Anspruch nehmen können, sollen dies ermöglichen.

In der *«Fabrik der Zukunft»* sollen primär betriebswirtschaftliche Datenverarbeitungsaufgaben (Produktionsplanungs- und -steuerungssysteme; abgekürzt: PPS) mit technischen Datenverarbeitungsaufgaben über gemeinsam benutzte Grunddatenbestände für Stücklisten, Arbeitspläne und Betriebsmittel integriert werden. Zu den technischen

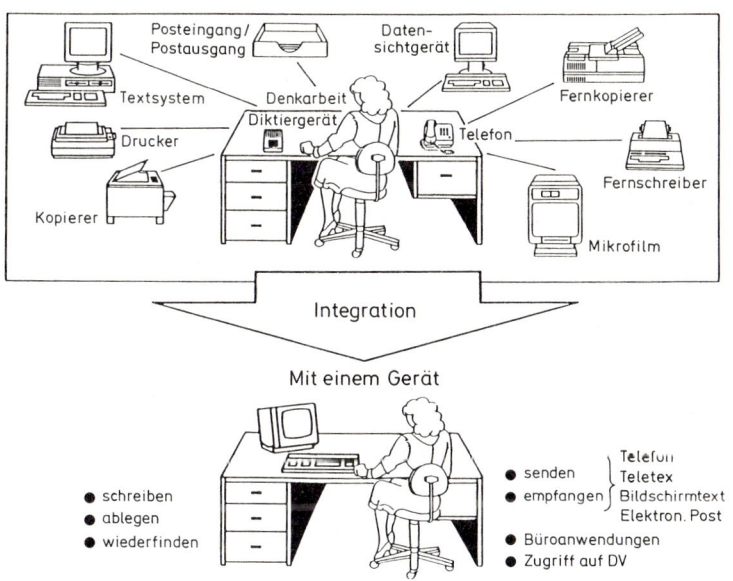

Abb. 1.3.1/3: Multifunktionales Endgerät für das «Büro der Zukunft» (Quelle: Siemens)

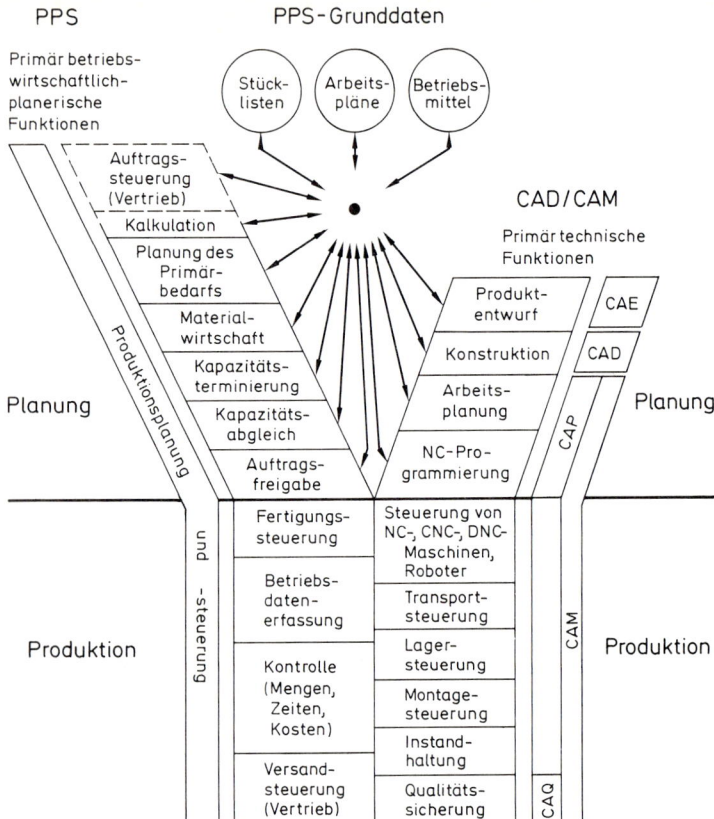

Abb. 1.3.1/4: Datenverarbeitung in der «Fabrik der Zukunft» (Quelle: A.-W. Scheer)

Teilsystemen gehören die rechnergestützte Konstruktion (CAD), Überwachung und Steuerung der Fertigung (engl.: computer aided manufacturing; abgekürzt: CAM), Arbeitsplanung (engl.: computer aided planning; abgekürzt: CAP), Produktentwurf (engl.: computer aided engineering; abgekürzt: CAE) und Qualitätssicherung (engl.: computer aided quality assurance; abgekürzt: CAQ).

So wie innerhalb dieser Hauptfunktionsbereiche ist eine *Integration der Datenverarbeitungsaufgaben* zwischen diesen *auf gesamtbetrieblicher Ebene* möglich und wirtschaftlich sinnvoll. Diese kann zu einer *zwischenbetrieblichen Integration* ausgebaut werden. Versuchen Sie sich selbst an den Beispielen «Tante Emma – Großhändler» bzw. «Lebensmittelsupermarkt – Zentrale – Lieferant» (aus Abschnitt 1.1.3) klarzumachen, welche Vorteile ein Datenaustausch zwischen Informationssystemen unterschiedlicher Betriebe für alle Beteiligten bringen kann.

Definitionsgemäß können wir auch sehr kleine abgegrenzte Untersysteme, wie z.B. die Rechnungsschreibung, als Informationssystem bezeichnen. Wir weisen jedoch darauf hin, daß diese Begriffsauffassung keineswegs Allgemeingut ist und daß *häufig nur besonders umfassende Datenverarbeitungsanwendungen Informationssystem genannt werden.*

*Ein gleichzeitiger, paralleler Neuaufbau aller Teilinformationssysteme eines Betriebes ist im allgemeinen wegen begrenzter Ressourcen nicht möglich.* Dies ist auch deshalb nicht sinnvoll, weil die laufenden Wandlungen der Bedingungslage und technologische Fortschritte zur Folge haben, daß *einzelne Teilsysteme unterschiedlich schnell veralten* und angepaßt bzw. neu konzipiert werden müssen.

*Die Gestaltung der Informationssysteme eines Betriebes ist deshalb in der Regel ein schrittweiser, niemals endender Prozeß der Entwicklung, des Betriebs und der Anpassung zahlreicher Teilsysteme.* Damit die Einzelsysteme nicht isoliert voneinander entstehen und agieren, ist es zweckmäßig, das Zusammenspiel im Rahmen einer langfristigen, strategischen Planung zu sichern.

> Die **langfristige, strategische Informationssystemplanung** (engl.: long-range strategic information systems planning) legt die Gesamtkonzeption und Realisierung des gesamtbetrieblichen Informationssystems für einen Planungshorizont von fünf bis zehn Jahren fest. Sie beschreibt die Aufteilung des Gesamtsystems in selbständige, überschaubare Teilsysteme und trägt durch die Definition der Schnittstellen und die Vorgabe von Entwicklungsprioritäten dazu bei, daß die Teilsysteme stufenweise entwickelt und integriert werden können.

Diese Rahmenplanung sollte *gegenüber der verfügbaren Hardware und Software möglichst neutral* sein, da sich durch den raschen technischen Fortschritt häufig sehr kurzfristig leistungsfähigere oder kostengünstigere Realisierungsmöglichkeiten ergeben.

Bei der Entwicklung einzelner Teilsysteme stellen sich folgende *Gestaltungsprobleme*:

1. *Wer* (Sender) soll *wen* (Empfänger) über *was* (Inhalt, Genauigkeit) informieren?
2. *Wann* (Termine) soll informiert werden?
3. *Wie* (Art, Form, Methode, Weg) soll informiert werden?

Ausgangspunkt für die Lösung dieser Grundsatzprobleme ist die Frage «*Wozu?*», also die Frage nach dem jeweiligen Auswertungszweck der Information.

> Die Wissenschaft, die sich mit der Gestaltung rechnergestützter Informationssysteme in der Wirtschaft befaßt, heißt **Wirtschaftsinformatik** (Synonym: **Betriebsinformatik**; engl.: business informatics).

→ Übungsaufgabe Nr. I-20 im Arbeitsbuch

### 1.3.2 Grundfragen der Wirtschaftsinformatik

Womit beschäftigt sich nun die Wirtschaftsinformatik im einzelnen? Lassen wir doch einmal ein Mitglied der IS-Entwicklungsgruppe unseres «Beispiel-Lebensmittelfilialbetriebs» berichten, welche *Probleme bei der Einführung des rechnergestützten Warenwirtschaftssystems* zu lösen waren.

*«Gründe dafür, daß uns die Geschäftsleitung mit dem Projekt beauftragt hat*, waren

– sich häufende Reklamationen von Kunden, weil oft vor Sonn- und Feiertagen Waren nicht mehr vorrätig waren und bei den Kassen lange Warteschlangen entstanden,
– der hohe, nicht erklärbare Warenschwund (Verderb, Kunden- oder Mitarbeiterdiebstahl?),
– der von den Filialen beklagte unzureichende Servicegrad (Lieferbereitschaft) des Zentrallagers – trotz tendenziell steigender Lagerbestände und der damit verbundenen immer höher werdenden Kapitalbindung,
– zeitliche Abstimmungsschwierigkeiten bei den Warenlieferungen von den Lieferanten und vom Zentrallager an die Filialen,
– Kostensteigerungen, insbesondere beim Verkaufspersonal, und ein wachsender Konkurrenzdruck,
– mangelhafte Information über realisierte Verkäufe und die Beiträge der einzelnen Artikel zum Unternehmenserfolg mit daraus folgenden Dispositionsfehlern im zentralen Einkauf und in den Filialen.

Ausgangspunkt und Grundlage unserer Arbeit war eine sorgfältige *Istaufnahme*. Das heißt, wir haben zunächst einmal analysiert, wie der Warenfluß bisher im einzelnen funktioniert hat:

– Wieviele und welche Kunden von den verschiedenen Filialen zu betreuen waren und wie hoch die Umsätze in den einzelnen Warengruppen waren,
– welche Lieferanten wie oft an das Zentrallager bzw. direkt an einzelne Filialen geliefert haben,

- wieviele Mitarbeiter mit welcher Qualifikation und Entlohnung in unseren Filialen und der Hauptverwaltung mit warenbezogenen Aufgaben befaßt waren,
- aus welchen Arbeitsgängen sich die Aufgabenerfüllung zusammensetzte,
- wodurch die Arbeitsgänge ausgelöst und wie sie im einzelnen abgewickelt wurden,
- wie die Zusammenarbeit zwischen den Filialen, dem Vertrieb, Lager und Einkauf in der Zentrale sowie unseren Lieferanten klappte,
- welche Waren- und Belegmengen in welcher zeitlichen Verteilung angefallen sind,
- welche Informationsquellen und Hilfsmittel für die einzelnen Arbeitsgänge genutzt wurden und an welche Empfänger Berichte gesandt wurden (Informationsfluß),
- wie Mitarbeiter und Betriebsmittel durch die einzelnen Arbeitsgänge zeitlich beansprucht wurden und
- mit welchen Kosten die Aufgabenerfüllung jeweils verbunden war.

Dadurch haben wir einen guten Überblick über das Istsystem, seine Stärken und Schwächen sowie die durch eine Neuentwicklung lösbaren Probleme und erzielbaren Nutzeffekte erhalten.

Darauf aufbauend haben wir in der Folge ein *Sollkonzept* erstellt. Durch die Befragung der Geschäftsleitung, der Leiter und einiger Mitarbeiter der Zentralabteilungen und Filialen, aber auch von ausgewählten Kunden und Lieferanten haben wir die Anforderungen bestimmt, denen ein optimales Warenwirtschaftssystem in unserem Hause entsprechen sollte. Diese zunächst noch relativ groben Systemspezifikationen haben wir im Laufe dieser Phase zunehmend detailliert. Dokumentierte Arbeitsergebnisse waren

- ein Grobkonzept (Übersichtsdarstellung), in dem die Teilsysteme des vorgesehenen Warenwirtschaftssystems und ihre Verknüpfungen gekennzeichnet wurden und in der Folge
- ein Detailkonzept, in dem für die Teilsysteme die Daten (Ein- und Ausgabe), die Verarbeitungsregeln und der Datenfluß sowie sonstige wichtige Umgebungsbedingungen beschrieben wurden.

Bei dieser *Zielanalyse* haben wir uns viel Arbeit dadurch erspart, daß wir die konzeptionellen Vorstellungen in der Literatur und die Herstellerschriften über die angebotenen Softwareprodukte für den Warenwirtschaftsbereich zu Rate gezogen haben.

Vor allem war auch die Diskussion der tatsächlich realisierten Kosten, Nutzen und Probleme von modernen Warenwirtschaftssystemen bei mehreren Pilotanwendern äußerst hilfreich. Da wurden doch einige Angaben der Hersteller von Standardsoftware und Datenkassen stark relativiert.

Die Kunden in den SB-Märkten beklagten sich, daß sie durch die alleinige Regalauszeichnung der Preise beim Gang durch den Verkaufsraum bald nicht mehr wüßten, für wieviel Geld sie Einkäufe getätigt hätten. Auch an der Kasse könnten sie die angezeigten Preise nicht mit den längst vergessenen Regalpreisen vergleichen. Inwiefern solche Klagen dazu führen können, daß Kunden ausbleiben, blieb aber leider völlig offen. Monate vor und nach der Umstellung kam es auch bei den Kassiererinnen verschiedentlich zu Schwierigkeiten. Die Abrechnungsvorgänge wurden zunächst verlängert anstatt beschleunigt – was mit der unzureichenden Einschulung erklärt wurde. Die Kassen eines Herstellers hatten eine extrem hohe Ausfallhäufigkeit. Überall hatte man aber die Anfangsprobleme nach einiger Zeit in den Griff bekommen.

Ein befreundeter Unternehmer faßte die Vorteile für die Beteiligten wie folgt zusammen:

– Der Kunde erhält aufgrund der Auswertungen das richtige Sortiment zur rechten Zeit zum richtigen Preis angeboten.
– Der Verkäufer erhält durch die zentrale Speicherung aktueller Preise mehr Sicherheit im schnellen Verkauf und lernt die Rendite der einzelnen Artikel kennen.
– Der Einkäufer und der Filialleiter erlangen größere Sicherheit in der Sortimentsauswahl, d.h. sie können «Renner» und «Penner» besser unterscheiden. Außerdem lernen sie den erforderlichen Bestellrhythmus genauer kennen und gewinnen größere Sicherheit bei der Kalkulation.
– Der Chef erhält eine verbesserte Kosten- und Ertragsrechnung.

So hatten wir von diesen Besichtigungen eigentlich einen recht positiven Gesamteindruck.

Bei den folgenden *Durchführbarkeitsstudien* ging es dann um die Fragen,
– ob, wann und wie die bei der Zielanalyse ermittelten Spezifikationen in unserem Warenwirtschaftssystem realisiert werden könnten,
– welche Ressourcen (Software, Hardware, Personal usw.) hierzu in welchen Stellen benötigt würden und
– ob das ganze Vorhaben ökonomisch zu rechtfertigen wäre bzw. welche Realisierungsvorschläge das beste Verhältnis zwischen Aufwand und Ertrag versprächen.

Nach detaillierten *Wirtschaftlichkeitsrechnungen* haben wir uns entschieden, für das geplante System nach Möglichkeit Standardsoftwareprodukte einzusetzen. Dabei bedurfte es viel Überredungskunst, um unsere Programmierergruppe zu überzeugen, daß die Zeit- und Kostenvorteile einer solchen Lösung höher zu bewerten sind als die optimale Anpassung an betriebliche Gegebenheiten durch eine Eigenprogrammierung.

Mit der *Auswahl des Pakets* bzw. der für uns bestgeeigneten (alternativ angebotenen) Module haben wir uns viel Mühe gegeben. Von vornherein hätten wir gerne «alles aus einer Hand» gehabt, d.h. die Software von unserem Rechnerlieferanten genommen. Bei der Durchsicht eines Softwarekatalogs und Gesprächen mit unserer Verbandsberatung sind wir aber auf einige interessante Alternativen gestoßen. Nachdem wir die von uns angeforderten Produktbeschreibungen gelesen hatten und auch einige Programmsysteme in Form sog. Anwendungssimulationen im «Sandkastenbetrieb» vorgeführt bekommen hatten, haben wir eine Nutzwertanalyse durchgeführt. Darin wurden die drei in die engste Wahl gezogenen Systeme in bezug auf unseren Anforderungskatalog mit über 200 gewichteten Einzelkriterien beurteilt. Als bestes Angebot hat sich dabei dann doch unser ursprünglicher Favorit herausgestellt. (Sie wissen ja, wie subjektiv und fragwürdig manchmal «Benotungen» sind – vielleicht haben unsere bisherigen guten Erfahrungen mit dem Hersteller sowie ein gewisses Sicherheitsbedürfnis bei der Kriteriengewichtung und der Angebotsbeurteilung eine nicht unbedeutende Rolle gespielt!) Eine mehrmonatige Probeinstallation dieses Systems bei uns im Hause und Tests in einer Filiale haben uns dann schließlich vollends überzeugt, zumal wir in den Vertragsverhandlungen noch einiges an kostenloser Unterstützung beim Hersteller herausholen konnten.

Bei der *Auswahl der Datenkassen* sind wir ähnlich vorgegangen. In diesem Fall haben wir jedoch einem anderen Hersteller den Vorzug gegeben. Seine im Markt bewährten Geräte waren um ca. 15% billiger als jene unseres Rechnerlieferanten. Auch diese Entscheidung war gar nicht so einfach, weil sich die angebotenen Kassen nicht nur in bezug auf den Preis, sondern auch in bezug auf den Funktionsumfang stark unterscheiden.

Umfangreiche technische und betriebswirtschaftliche Untersuchungen haben wir ferner wegen der *Verkabelung* der Kassen in den Filialen und der EDV-Geräte in unserer Hauptverwaltung angestellt. Auch der *Datenaustausch* hat uns einiges Kopfzerbrechen bereitet. Eine ständige On-line-Verbindung der Zentrale mit den Filialen erschien zunächst viel zu teuer. Wir haben uns dann aber doch aus Marketinggründen dazu entschlossen, zumal die Posttarife bei dem von uns verwendeten DATEX-P-Dienst bei unserem Datenübertragungsvolumen gerade noch einigermaßen tragbar erschienen.

Bei unseren Auswahlüberlegungen, aber auch bei unseren vorangehenden Tätigkeiten im Rahmen der Istaufnahme und Sollkonzeption hat uns die *Einbeziehung der späteren Systembenutzer* viele wichtige Anregungen gegeben und uns vor manchem Fehler bewahrt. Die enge Zusammenarbeit hat sich vor allem bei der leider unumgänglichen Anpassung bzw. Ergänzung einiger Softwaremodule bewährt. Auch bei der Umstellung unseres Artikelnumerierungssystems auf die EAN sowie bei der betriebsindividuellen Gestaltung der Bildschirmmasken und Berichte hat uns das gute Verhältnis zu unseren Kollegen hier in der Zentrale und draußen in den Filialen sehr geholfen. Durch ihre Mitwirkung kamen sonst vielfach zu beobachtende, in unserem Fall aber nicht gerechtfertigte Ängste vor Entlassungen, Versetzungen, Entwertung von Qualifikationen oder nicht zu bewältigenden Systemanforderungen erst gar nicht auf. Nach einer Intervention des Betriebsrats, der stärkere Kontrollen der Mitarbeiter befürchtete, haben wir die softwaremäßig vorgesehene Protokollierung der Kassierleistungen unterbunden.

Mit der *Benutzer- und Bedienerschulung* wurde schon Monate vor der Aufnahme des Echtbetriebs unseres Warenwirtschaftssystems begonnen. Zum Beispiel wurden die Kassiererinnen stundenweise in einem separaten

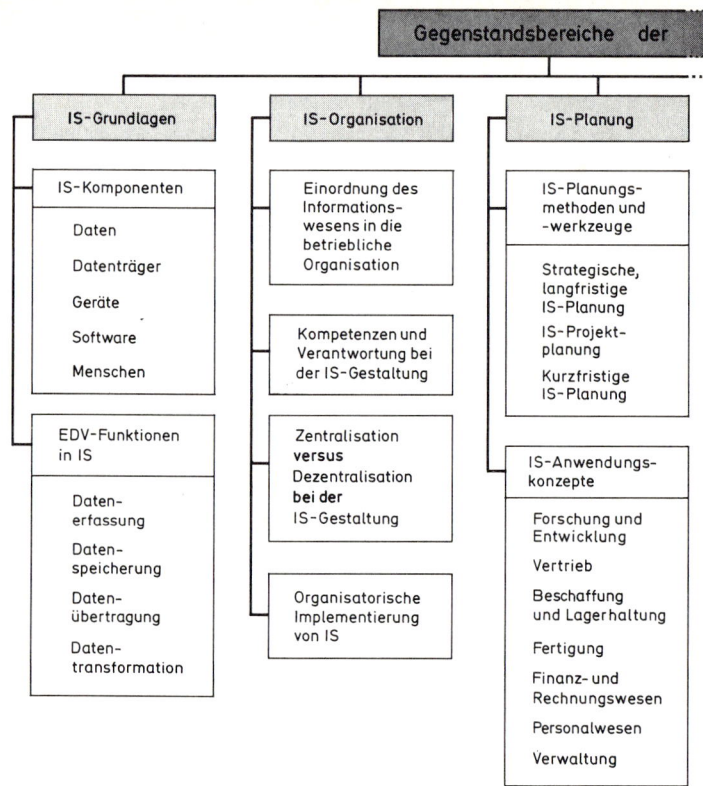

Abb. 1.3.2/1: Gegenstandsbereiche der Wirtschaftsinformatik

Raum im Gebrauch der neuen Kassen trainiert. Und die Filialleiter und Einkäufer wurden in einem betriebswirtschaftlichen «Schnellsiedekurs» über Deckungsbeiträge, optimale Bestellmengen und -termine sowie sonstige Kennzahlen unterrichtet, die vom neuen System zur Verfügung gestellt werden.

Die *Umstellung* auf das rechnergestützte Warenwirtschaftssystem begann schrittweise in den umsatzschwachen Sommermonaten. Zuerst wurden in einer Filiale zwei Datenkassen, dann weitere zwei Kassen usw. installiert, bis schließlich alle Kassiererinnen mit dem neuen System arbeiteten. In der

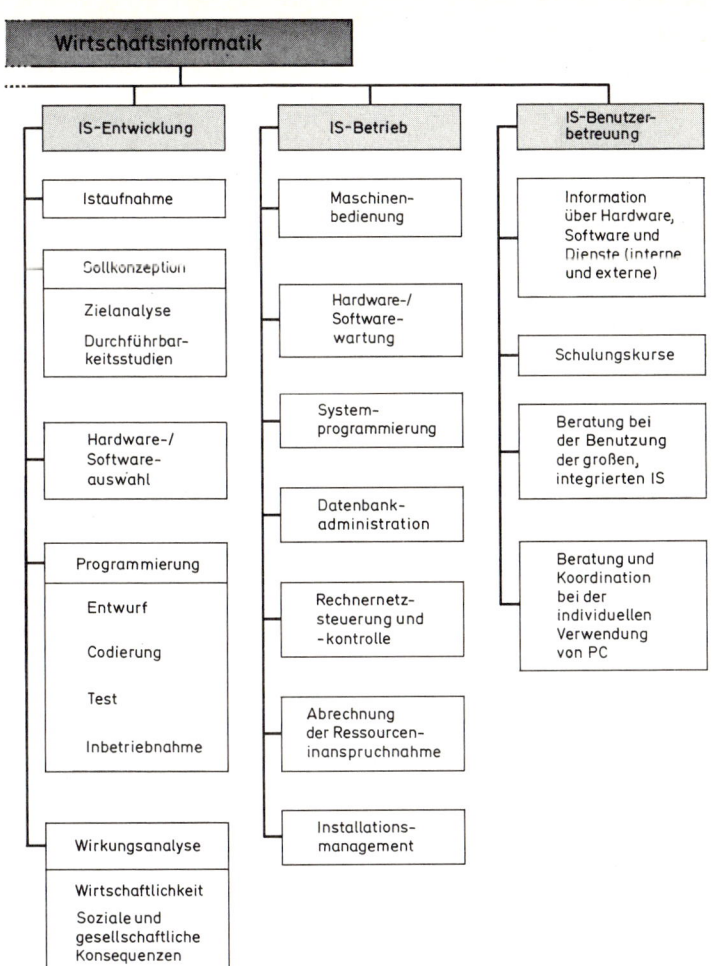

Folge wurden alle großen Filialen (mit mehr als 8 Mio. DM Jahresumsatz) nacheinander auf diese Weise umgestellt, was über drei Jahre in Anspruch genommen hat.»

Übungsaufgabe Nr. I-21 im Arbeitsbuch

Die vorstehende Schilderung hat Ihnen einige *typische Tätigkeiten eines Wirtschaftsinformatikers bei der Entwicklung von betrieblichen Informationssystemen* vor Augen geführt. Sie ist «geschönt», weil von den vielen fachlichen, technischen und personenbezogenen Problemen kaum die Rede war, die bei innovativen Systementwicklungen «dazugehören»: *«If anything can go wrong, it will»* (sog. Murphy-Gesetz).

Diese exemplarische Darstellung gibt das Tätigkeitsfeld auch nur zum Teil wieder. So fehlen etwa *organisatorische und planerische Aktivitäten mit übergreifendem Charakter*, die sich nicht auf die Entwicklung einzelner Informationssysteme beziehen. Auch die Aufgaben bei der *Eigenprogrammierung bzw. Programmanpassung* fertig bezogener Systeme wurden nicht näher behandelt. Schließlich blieben die Tätigkeiten im Rahmen des *Systembetriebs* sowie der *Benutzerberatung und -betreuung* unerwähnt. Gerade letztere werden immer wichtiger: Nicht nur um den Endbenutzern in den Fachabteilungen beim Gebrauch der großen integrierten Anwendungssysteme behilflich zu sein, sondern auch, um sie bei ihrer «individuellen» Verarbeitung lokaler Probleme mit einem Arbeitsplatzrechner zu unterstützen und zu koordinieren.

*Voraussetzung für alle diese Tätigkeiten ist ein solides Wissen* über Daten, Datenträger, Hardware, Software und Menschen als den Komponenten von Informationssystemen sowie über die Funktionen der Datenerfassung, Datenspeicherung und Datenübertragung im Rahmen derartiger Systeme.

Nur hiermit und den Besonderheiten von Büroinformationssystemen befaßt sich der vorliegende Band. *Dieses EDV-Grundwissen ist auch für die Endbenutzer in den Fachabteilungen wichtig und im allgemeinen ausreichend. Für Wirtschaftsinformatiker bzw. Informatiker aller Art ist es der «Einstieg» in ein weiterführendes Studium.*

Die Abb. 1.3.2/1 enthält eine *Gesamtübersicht über die wichtigsten Gegenstandsbereiche der Wirtschaftsinformatik.* Viele der genannten Tätigkeitsschwerpunkte überlappen sich bzw. befassen sich mit denselben Gegenständen aus unterschiedlicher Sicht. Die Klassifikation enthält keine Reihung der Gegenstände nach Wichtigkeit oder zeitlicher Abfolge.

→ Übungsaufgabe Nr. I-22 im Arbeitsbuch

### 1.3.3 Auswirkungen der elektronischen Datenverarbeitung auf die Gesellschaft

In den vorstehenden Abschnitten haben wir uns mit dem Aufbau und der Arbeitsweise von EDVA sowie ihren Möglichkeiten für die Gestaltung des betrieblichen Informationswesens auseinandergesetzt. Dabei haben wir unsere Problemsicht auf den einzelnen Betrieb bzw. das betriebliche Informationssystem zur Abbildung von Leistungsprozessen und Austauschbeziehungen begrenzt. *Eine umfassende Untersuchung der Konsequenzen informationstechnologischer Entwicklungen muß jedoch notwendigerweise auch ökonomische, politische und soziale Wechselwirkungen zwischen Betrieben und ihrer Umwelt, der Gesellschaft, einschließen.*

Eine vollständige oder abgeschlossene Betrachtung der Bedingungen und Auswirkungen des Einsatzes der EDV ist in dieser einführenden Darstellung nicht möglich. Zum einen würden ganzheitliche Ausführungen den zur Verfügung stehenden Raum überschreiten; zum anderen – und dies stellt das wesentlichere Argument dar – erfolgt die Erforschung der Wirkungen der EDV im Spannungsfeld gesellschaftlicher Interessen, so daß allgemein akzeptierte Aussagen nur selten getroffen werden können. Um Ihnen jedoch ein Problembewußtsein für die wirtschaftliche Schlüsselstellung und die gesellschaftspolitische Bedeutung der EDV zu vermitteln, werden nachfolgend die Themen- und Problemstellungen angesprochen, die gegenwärtig besonders wichtig erscheinen.

Neben den verschiedenen privaten und öffentlichen Betrieben, die Rechner bei der Beschaffung, der Produktion und dem Vertrieb von Gütern oder der Bereitstellung von Dienstleistungen nutzen, bedienen sich Gesetzgebung, Verwaltung und Rechtssprechung bei der Erledigung ihrer Aufgaben der EDV. Darüber hinaus werden Rechner in zahlreichen weiteren gesellschaftlichen Bereichen eingesetzt. Dazu gehören der Sport, das Verkehrswesen, das Gesundheitswesen, die Polizei, das Militär usw. In jüngster Zeit dringt die EDV zunehmend auch in private Haushalte vor, wo sie haushälterische Probleme zu bewältigen und Freizeit zu gestalten hilft.

Da die Anwendungsgebiete der EDV in den letzten Jahren sehr stark ausgeweitet worden sind, erstreckt sich die Diskussion über die Auswirkungen ebenfalls über ein weites Problemfeld. Es werden die Grenzen eines persönlich und gesellschaftlich verantwortbaren Rechnereinsatzes unter allgemeinen ethischen Gesichtspunkten ebenso diskutiert, wie die konkret meßbaren Belastungen, die bei der Arbeit an Bildschirmgeräten entstehen.

*Die Kontroverse über die EDV-Auswirkungen konzentriert sich vor allem auf*
– *die Wirtschaftspolitik,*
– *die Arbeits- und Lebenswelt und*
– *das Zusammenwirken der staatlichen Institutionen.*

In den folgenden Ausführungen wird davon ausgegangen, daß die marktwirtschaftliche Ordnung in eine parlamentarische Demokratie eingebunden ist. Die staatliche Autorität legt die wettbewerbspolitischen Spielregeln fest und interveniert auf den Güter- und Faktormärkten nur bei drohenden oder aktuellen Marktungleichgewichten; ansonsten handeln die einzelnen Wirtschaftssubjekte autonom. *Für den Wirkungszusammenhang von staatlicher Wirtschaftspolitik und EDV haben Wettbewerbs- und Strukturpolitik besondere Bedeutung.*

Der *Wettbewerb* hat nach weitgehend übereinstimmender Auffassung vor allem

1. eine marktgerechte Einkommensverteilung zu sichern,
2. die Vorstellungen der Käufer nach einem umfassenden Güter- und Dienstleistungsangebot durchzusetzen,
3. den Produktionsfaktoren zum produktivsten Einsatz zu verhelfen,
4. Produktion – qualitativ und quantitativ – an Nachfrage und neue Produktionstechniken anzupassen und
5. technische Innovationen sowohl in der Produktion als auch bei den Produkten zu ermöglichen.

Auf diese Weise soll der Wettbewerbsmechanismus einen ständig rationelleren Wirtschaftsprozeß in Gang halten. *Die EDV beeinflußt besonders die letzten drei Wettbewerbsfunktionen auf der Hersteller- und Anbieter-, aber auch auf der Anwenderseite.*

*Bei den großen Rechnerherstellern werden zunehmend vertikale Konzentrationen festgestellt*, da sie die gesamte Fertigung von den elektronischen Bauelementen bis zu den schlüsselfertigen Systemen integrieren. Diese Form der Unternehmenskonzentration wird durch die Marktstellung weltweit agierender Anbieter noch gefördert. Sie ist aber auch durch die hohen Kosten für Forschung und Entwicklung bei der EDV-Technologie bedingt. Ebenso fusionieren EDV-Hersteller auf horizontaler Ebene bzw. größere Anbieter kaufen kleinere auf, beteiligen sich an diesen oder schließen Kooperationsabkommen. *Konzentrationstendenzen über ein gewisses Maß hinaus wirken jedoch schädlich, da sie den Wettbewerbsprozeß außer Kraft setzen.*

In der *Softwareproduktion* zeigt sich ein anderes Bild. Da für die Entwicklung von Software weniger Kapital benötigt wird, sind die *Eintrittsschranken auf diesem Markt relativ niedrig.* So haben sich in den letzten Jahren eine *große Zahl junger Unternehmen* auf diesem Markt entfaltet. *Eine Vielzahl von Softwarehäusern bietet inzwischen eine bemerkenswerte Produktvielfalt an.* Die Heterogenität auf der Anbieterseite fördert zwar einerseits die *Wettbewerbsintensität* unter den Herstellern von Software, sie *behindert auf der anderen Seite aber auch die Markttransparenz für die Nachfrager und eine kostengünstige Standardisierung der Softwareprodukte.*

Vor allem *kleinere Nachfrager nach EDVA* und anderen EDV-Leistungen (Software und Orgware[10]) stehen oft in der *Abhängigkeit von*

*Herstellern*, da sie nicht über genügend Know-how verfügen. *Darüber hinaus konnten sie bisher kaum an kapitalintensiven großen Informationssystemen partizipieren.* Die Entwicklung von Datenbanksystemen, umfassender Prozeßsteuerung oder von Rechnernetzen ging an ihnen häufig ohne die Chance zur Einflußnahme vorüber. Beispiele hierfür lassen sich im Bankgewerbe, in der Versicherungsbranche, im Handel und im Reisegewerbe finden. *EDV-Großsysteme stärken die Marktstellung der an sich schon leistungsfähigen Betriebe und benachteiligen den kleineren Anwender, so daß auch die Endverbraucher von Gütern und Dienstleistungen – vor allem in strukturschwachen Gebieten – beeinträchtigt werden.* Inwieweit die erst in den 80er Jahren auf den Markt gekommenen, preisgünstigen Mikrorechner sowie billige Telekommunikationsdienste (wie etwa Bildschirmtext)[11] Abhilfe schaffen können, ist noch nicht auszumachen.

Übungsaufgabe Nr. I-23 im Arbeitsbuch  ←

Im Rahmen der *Strukturpolitik* sind vor allem die strukturellen Wandlungen auf dem *Arbeitsmarkt* und die staatliche *Technologiepolitik* von Bedeutung. Die EDV bedingt Änderungen bei der Beschaffung, Produktion und Verteilung von Waren und Dienstleistungen. Da Rechner gleiche Mengen von Daten in wesentlich kürzerer Zeit verarbeiten können als dies manuell möglich ist, stellt sich die Umstellung auf EDV häufig mehr als Rationalisierungs- und weniger als Erweiterungsinvestition dar. Zum einen werden dadurch *in vielen Bereichen Arbeitsplätze eingespart*, deren Verlust nicht immer vollständig durch neu geschaffene Arbeitsplätze in der elektronischen Industrie oder in anderen Wirtschaftseinheiten kompensiert wird. Zum anderen *verändert sich die internationale Arbeitsteilung* dahingehend, daß in hochindustrialisierten Ländern fast nur noch kapitalintensiv produziert wird, während in den Entwicklungsländern die arbeitsintensive Produktion stattfindet. Über den Verlust an Arbeitsplätzen in einzelnen Branchen und Sektoren der Volkswirtschaft läßt sich heute noch nichts Abschließendes sagen. Zahlen, die zur Beurteilung der Situation herangezogen werden, sind nicht ausreichend empirisch gesichert und stellen häufig nur eine selektive Momentaufnahme dar. *Aus diesem Grund kann eine präzise Einschätzung des Saldos auf dem Gesamtarbeitsmarkt nicht erfolgen.*

Für die wirtschaftliche Entwicklung Europas in den nächsten Jahrzehnten ist die *Informationstechnik Schlüsseltechnologie.* In der Bundesrepublik Deutschland ruht auf einem Halbleiterverbrauch im Wert

---

10 «Orgware» ist ein Sammelbegriff für die organisatorischen Konzepte, Methoden und Werkzeuge zur Gestaltung rechnergestützter Informationssysteme.
11 Näheres hierzu folgt im Abschnitt 4.2.5.

von 10 Mrd. DM eine Industrie von 525 Mrd. DM Umsatz (1990) (Elektronikindustrie, Automobilbau, Maschinenbau, Feinmechanik und Optik). Bereits heute sind über die Hälfte aller Arbeitsplätze direkt oder indirekt von ihr abhängig.

| | 1990 | 1991 | % 90 | % 91 |
|---|---|---|---|---|
| **Umsatz in Mio. DM** | **41136** | **48427** | **4,6** | **17,7** |
| Bürotechnik (a) | 1092 | 1342 | −5,6 | 22,9 |
| Informationstechnik | 17831 | 20307 | 4,1 | 13,9 |
| Kommunikationstechnik (b) | 22213 | 26778 | 5,6 | 20,6 |
| **Produktion in Mio. DM** | **35961** | **40777** | **5,6** | **13,4** |
| Bürotechnik (c) | 2132 | 2390 | 6,2 | 12,1 |
| Informationstechnik | 16770 | 17770 | 1,0 | 6,0 |
| Kommunikationstechnik | 17059 | 20617 | 10,4 | 20,9 |
| **Ausfuhren in Mio. DM (e)** | **20060** | **21623** | **−1,4** | **7,8** |
| Bürotechnik (c) | 3076 | 2881 | −1,8 | −6,3 |
| Informationstechnik | 12790 | 13396 | −1,7 | 4,7 |
| Kommunikationstechnik | 4194 | 5346 | −0,1 | 27,5 |
| **Einfuhren in Mio. DM (e)** | **26660** | **31832** | **6,4** | **19,4** |
| Bürotechnik (c) | 3216 | 3867 | 9,1 | 20,2 |
| Informationstechnik | 20762 | 24236 | 5,1 | 16,7 |
| Kommunikationstechnik | 2682 | 3729 | 13,8 | 39,0 |
| **Beschäftigte, MD in Tsd.** | **215990** | **208767** | **−0,8** | **−3,3** |
| Bürotechnik (a) | 8597 | 9151 | −9,3 | 6,4 |
| Informationstechnik | 76793 | 69416 | −2,6 | −9,6 |
| Kommunikationstechnik (b) | 130600 | 130200 | 0,0 | −0,3 |
| **Erzeugerpreise (1985 = 100)** | | | | |
| Bürotechnik (a) | 92,7 | 93,1 | −0,5 | 0,4 |
| Informationstechnik | 85,6 | 84,0 | −3,1 | −1,9 |
| Kommunikationstechnik (b) | 99,1 | 97,6 | −0,3 | −1,5 |

Anmerkungen:
a) ohne Kopier-, Diktier- und Mikrofilmgeräte
b) ZVEI-Erhebung
c) inkl. Kopier-, Diktier- und Mikrofilmgeräte
d) Reparatur, Montagen, Lohnveredelung für Büro- und Informationstechnik
e) Außenhandelszahlen 1991 inklusive neue Bundesländer
f) Preisindex Signal- und Sicherheitstechnik im Gesamtpreisindex Kommunikationstechnik nicht enthalten

Abb. 1.3.3/1: Wirtschaftliche Bedeutung der EDV-Industrie in der Bundesrepublik Deutschland (Quellen: Statistisches Bundesamt, VDMA und ZVEI)

Die *deutsche Bundesregierung* ist seit nunmehr drei Jahrzehnten bemüht, durch umfangreiche *Förderungsprogramme* zukunftsträchtige Entwicklungen der Informationstechnik zu unterstützen. Die Förderungen richteten sich dabei zunächst primär auf die Erforschung und Entwicklung neuer informationstechnischer Produkte (Halbleiterbauelemente; elektronische Geräte) durch deutsche Hersteller. Erst in den letzten Jahren bemühten sich die staatlichen Instanzen verstärkt darum, auch die Lösung von EDV-Anwendungsproblemen zu unterstützen und die Finanzmittel auf die Hochschulen umzulenken. *1990 betrug die staatliche Forschungsförderung der Informationstechnik in Deutschland 1,05 Mrd. DM*, die zu 70% vom Bundesforschungsministerium finanziert wurden. Innerhalb der 732 Mio. DM (Ist-Ausgaben) des Bundesforschungsministeriums entfielen 75% auf den Bereich Hochschulen und außeruniversitäre Forschung, die restlichen 25% entfielen auf Verbundprojekte mit der Wirtschaft und auf Einzelprojekte. Zehn Jahre vorher sind noch etwa die Hälfte der Mittel der Wirtschaft zugeflossen. Im «Konzept Informationstechnik» hat die deutsche Bundesregierung 1989 zum ersten Mal umfassend alle Aktivitäten des Staates, von der Forschung bis zur Telekommunikation, zusammenfassend mit Zielvorgaben veröffentlicht.

Ähnliche Förderungsprogramme in den Schlüsselbereichen der Informationstechnik gab und gibt es in den meisten anderen westeuropäischen Industriestaaten. Die Europäische Gemeinschaft unterstützt grenzüberschreitende Projekte.

Das Abgehen von direkten staatlichen Subventionen für die informationstechnische Industrie zugunsten *verstärkter Investitionen in die Infrastruktur* (Hochschulforschung und -ausbildung, Telekommunikation) und einer *Nachfragebeeinflussung des Marktes für Informationstechnik* (z.B. durch die Änderung des Postmonopols) ist nicht zuletzt eine Folge des offensichtlichen Scheiterns der staatlichen Technologiepolitik in den 70er und 80er Jahren.

Im Wettbewerb mit Japan und den USA ist Deutschland zunehmend ins Hintertreffen geraten, und es besteht die Gefahr, daß es entscheidende wohlstandstragende Industrien verlieren könnte. Die Abb. 1.3.3/ 2 zeigt, wie sich die *Anteile der drei führenden Industrienationen am Weltexport* zwischen 1975 und 1989 entwickelt haben (letztverfügbare internationale Daten).

Die Abb. 1.3.3/3 zeigt die *Dominanz der japanischen und US-amerikanischen Hersteller auf dem weltweiten Rechnermarkt*. Die Investitionen für Entwicklung, Fertigung und Vertrieb von EDVA sind bei sich dramatisch verkürzenden Produktlebenszyklen so gewaltig, daß immer weniger Firmen ein umfassendes Anlagensortiment vom PC bis zum

| Anteile am Weltexport in % | | BRD | USA | Japan |
|---|---|---|---|---|
| Büromaschinen | 1975 | 18,1 | 7,4 | 23,6 |
| | 1989 | 10,2 | 6,9 | 45,3 |
| Telekommunikation | 1975 | 14,1 | 18,2 | 16,1 |
| | 1989 | 7,1 | 12,9 | 39,9 |
| EDV-Anlagen | 1975 | 15,6 | 26,0 | 3,1 |
| | 1989 | 6,8 | 27,0 | 23,5 |

Abb. 1.3.3/2: Anteile der führenden Industrienationen am Weltexport informations-technischer Produkte (Quelle: Institut der deutschen Wirtschaft, Köln)

Großrechner auf dem Weltmarkt anbieten können. Sechs der zehn welt-weit größten EDVA-Hersteller mußten 1991 Verluste verzeichnen. Auch zahlreiche deutsche EDV-Hersteller waren in den letzten Jahren dem Wettbewerbsdruck nicht mehr gewachsen und haben die Produktion eingestellt bzw. wurden von größeren Herstellern aufgekauft. Der letzte spektakuläre Fall war die Übernahme des schwer defizitären Bürocom-puterherstellers Nixdorf durch die *Firma Siemens*, der aus dieser Fusion beträchtliche Verluste im EDV-Bereich erwachsen sind. Ob dieser letzte große deutsche Hersteller SNI (Siemens-Nixdorf-Informationssysteme) auf Dauer allein auf dem Weltmarkt als Komplettanbieter bestehen können wird, erscheint bei einem Weltmarktanteil von nur 2 % fraglich. Immerhin nimmt SNI jedoch derzeit in der Rangliste der weltweit größ-ten EDVA-Anbieter den achten Platz ein.

Die *Veränderung des Arbeitslebens durch den Einsatz von EDV* spie-gelt sich in der gesamten Breite der beruflichen Tätigkeitsfelder wider. Von der Automatisierung kann fast jeder Arbeitsplatz in einem Betrieb betroffen werden. *Die Belastungsarten und Beanspruchungsformen än-dern sich ebenso wie das Kommunikations- und Kooperationsgefüge.* Im allgemeinen nehmen durch den Einsatz der EDV die physischen Belastungen ab, die psychischen Belastungsarten hingegen zu. Es wird auch befürchtet, daß die Arbeitsinhalte zunehmend monotoner werden. Inwieweit umfassende Facharbeiterkompetenzen und volle Sachbear-beiterqualifikationen erhalten oder erreicht werden können, bleibt um-stritten.

Eine zentrale Frage stellt in diesem Zusammenhang die *Veränderung der beruflichen Qualifikationen* dar. Die Diskussion deckt dabei die gesamte Palette möglicher Änderungen ab. So wird behauptet, daß durch den EDV-Einsatz

– sich die Qualifikationsstruktur nicht verändert,
– die Qualifikation angehoben wird,
– die Qualifikation sinkt oder
– sich eine sog. Polarisierung der Qualifikation einstellt.

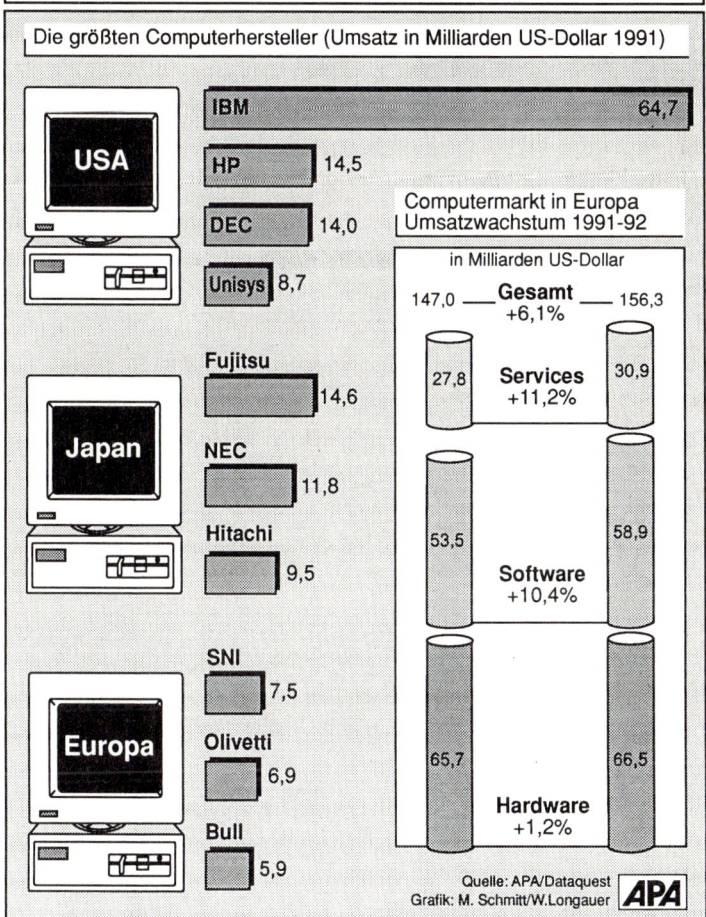

**Internationaler Computermarkt**

Die größten Computerhersteller (Umsatz in Milliarden US-Dollar 1991)

USA
- IBM 64,7
- HP 14,5
- DEC 14,0
- Unisys 8,7

Japan
- Fujitsu 14,6
- NEC 11,8
- Hitachi 9,5

Europa
- SNI 7,5
- Olivetti 6,9
- Bull 5,9

Computermarkt in Europa
Umsatzwachstum 1991-92

in Milliarden US-Dollar

147,0 — **Gesamt** — 156,3
+6,1%

27,8 **Services** 30,9
+11,2%

53,5 58,9
**Software**
+10,4%

65,7 66,5
**Hardware**
+1,2%

Quelle: APA/Dataquest
Grafik: M. Schmitt/W. Longauer **APA**

Abb. 1.3.3/3: Die größten EDVA-Hersteller und ihre weltweiten EDV-Umsätze im Jahr 1991

Diese Auffassungen lassen sich jedoch nur auf dem Hintergrund einer umfassenden Analyse von Qualifikationsinhalten, -struktur und -niveau beurteilen.

Wird unterstellt, daß die Verminderung der Fachqualifikation durch gleichwertige EDV-Qualifikationsmerkmale ausgeglichen wird, so kann von einer unveränderten Qualifikation gesprochen werden. Wenn man davon ausgeht, daß durch den EDV-Einsatz neue Qualifikationsmerkmale in einem Tätigkeitsbereich auftreten, dann kann man sagen, daß damit eine Zunahme der Qualifikation verbunden ist. Wenn jedoch die Fachqualifikationen zum großen Teil überflüssig werden, dafür aber nur marginale EDV-Qualifikationen hinzutreten, dann kann man behaupten, daß das Qualifikationsniveau sinkt. Beurteilt man die Situation schließlich so, daß nur ein kleiner Teil der Belegschaft eines Betriebes höher qualifizierte Arbeit erhält und der Großteil weniger qualifizierte Arbeit zu verrichten hat, so bedeutet dies, daß sich die Qualifikation polarisiert. Welche Entwicklung in der Zukunft auch immer überwiegen wird, man wird davon ausgehen dürfen, daß gerade die Frage der Qualifikation für die Mitarbeiter eines Betriebes von entscheidender Bedeutung ist. Die Qualifikation des einzelnen Arbeitnehmers ist ein wesentlicher Faktor zur Erhaltung des Arbeitsplatzes und zur Sicherung des Einkommens. Darüber hinaus stellt die Qualifikation des einzelnen die wesentliche Basis für seinen beruflichen Aufstieg dar und bildet weiterhin die Grundlage für seine berufliche Mobilität und die Weiterbildungsanforderungen in einer modernen Industriegesellschaft. Ferner ist die Qualifikation der Ausgangspunkt zur Erlangung von Entscheidungskompetenz. Derjenige, der hoch qualifiziert ist und sich der EDV bedienen kann, besitzt sicherlich Vorteile gegenüber dem Mitarbeiter, der diese duale Qualifikation nicht aufweist.

Die *Lebenswelt des einzelnen* wird – wie 'oben bereits angedeutet – zunehmend durch die EDV beeinflußt. In einer liberalen Demokratie wird man zu Recht davon ausgehen können, daß die Unversehrtheit der Person zu gewährleisten, die Chancengleichheit aller zu fördern und die Freizügigkeit insgesamt auszubauen ist. In diesem Zusammenhang geht es einmal um den *Schutz der Privatsphäre* vor den Eingriffen des Staates. Zusätzlich sollten durch eine *freizügige Kommunikation* aber auch die sozialen Kontakte des einzelnen mit seiner gesellschaftlichen Umwelt gewährleistet werden. Wenn Informationssysteme als Machtinstrument für den Staat eingesetzt werden, dann kann der einzelne mehr Schwierigkeiten haben, seine berechtigten Ansprüche und Rechte gegenüber den Behörden durchzusetzen. Die Sicherung der Privatsphäre stellt somit eine wichtige Forderung der Bürger an den demokratischen Rechtsstaat dar. Es muß festgestellt werden, daß sich das *Informationsgleichgewicht zwischen dem Bürger und dem Staat* tendenziell zu ungunsten des einzelnen verschiebt.

*Die privaten Kontakte sowie das Kommunikations- und Interaktionsverhalten sollten durch den Einsatz der EDV nicht eingeschränkt werden.* Wenn die Spontaneität in den zwischenmenschlichen Beziehungen durch hochstrukturierte rechnergestützte Abläufe gefährdet wird, droht die Wechselseitigkeit und Kreativität im menschlichen Verhalten verloren zu gehen. Für EDV-Anwendungen im privaten Bereich erscheint es geboten, Lösungen zu entwickeln, die die Menschen zu aktivem Handeln anhalten und nicht in die Rolle des nur passiven Konsumenten drängen. Bei der Weiterentwicklung von großflächigen Informationssystemen, die auch von Privaten genutzt werden können, ist hierauf besonders Bedacht zu nehmen.

Wenn man das *Zusammenwirken der politischen Institutionen* betrachtet, dann wird man feststellen, daß die *Exekutive gegenüber der Legislative einen Informationsvorsprung* bekommt. Der Aufbau großer Datenbanksysteme beim Bundeskabinett und den Länderregierungen führt dazu, daß die *Parlamente ihren Aufsichtspflichten und Kontrollrechten nicht mehr wie bisher genügen* können. Die Massierung von Information auf seiten der Regierungen und Verwaltungen führt zunehmend zu Informationsdefiziten der gesetzgebenden Gewalt. Gerade für die komplizierter werdenden Gesetzgebungsverfahren bedürfen jedoch die Parlamente einer besseren Informationsbasis, um ihren Aufgaben gerecht zu werden.

Übungsaufgabe Nr. I-24 im Arbeitsbuch ← 

Bei der Lektüre der vorstehenden Ausführungen sollte Ihnen bewußt geworden sein, daß die einzelnen *Teilsysteme der Gesellschaft stark miteinander verknüpft* sind. Der Wandel des ökonomischen Systems läßt sich nicht ohne Berücksichtigung der Arbeits- und Lebenswelt beurteilen. Änderungen in der Arbeits- und Lebenswelt lassen sich wiederum nur im Zusammenhang mit den Veränderungen der Beziehungen der staatlichen Instanzen zueinander diskutieren. Es ist also notwendig, die von der EDV ausgehenden oder die durch die EDV bewirkten Veränderungen des gesellschaftlichen Lebens insgesamt zu betrachten.

Eine erste umfassende Reaktion auf die durch die Nutzung der EDV veränderten gesellschaftlichen Bedingungen stellten die *Datenschutzgesetze* in den verschiedenen Staaten dar. Angesichts der Fähigkeit von EDV-Systemen, große Datenmengen schnell zu verarbeiten und zu übermitteln, besteht die Gefahr, daß z.B. so sensible Information wie Gesundheitsdaten oder Angaben über die Einkommens- und Vermögensverhältnisse Unbefugten überlassen werden. Geschieht dies, dann sind Selbstbestimmungsrecht und persönliche Integrität angetastet. *Datenschutzgesetze haben vordringlich die Aufgabe, die Privatsphäre vor dem Datenmißbrauch durch Dritte zu schützen. Der Schutz erstreckt sich auf die Speicherung, Übermittlung, Veränderung und Löschung von personenbezogenen Daten und normiert besondere Rechte des einzelnen gegenüber Eingriffen in seine Privatsphäre. Hierzu gehören die Rechte auf Auskunftserteilung, Berichtigung und Löschung falscher oder unberechtigt verarbeiteter Daten.* Der Schutz personenbezogener Daten geht dabei stets mit Maßnahmen einher, die zur Sicherung der Datenbestände und der Programme (Datensicherheit) zu ergreifen sind.

→ Übungsaufgabe Nr. I-25 im Arbeitsbuch

*Die Beurteilung der EDV-Auswirkungen wird vor allem durch den Tatbestand erschwert, daß die «konventionelle» Datenverarbeitung zunehmend mit anderen Informations- und Kommunikationstechniken verschmolzen wird.* Hierzu gehören z.B. die automatisierte Textverarbeitung, die grafische Datenverarbeitung, die Telekommunikationsdienste wie Teletex, Telefax, Bildschirmtext, Bildschirmtelefon, elektronische Zahlungsverkehrsysteme, Datenbankdienste usw.[12] Die Komplexität der EDV an sich, der Verbund mit solchen Diensten, die Wandlungen der Betriebsarten, der Mikrorechner-Boom u.a.m. verkomplizieren die Ursache-Wirkungs-Ketten. Für die Erforschung und Beurteilung der gesellschaftlichen Auswirkungen ergibt sich das Problem, daß die von der jeweiligen Technik bzw. Nutzungsform ausgehenden Einflüsse nur schlecht zu isolieren und daher weniger gezielt zu behandeln sind.

Die Abb. 1.3.3/4 gibt Ihnen einen *Überblick über die möglichen Wirkungen der EDV.* Der Forschungszweig, der sich mit der Untersuchung der Einsatzbedingungen der EDV befaßt, wird heute allgemein «EDV-Wirkungsforschung» genannt. Er wendet sich meist den nicht berücksichtigten sowie den berücksichtigten negativen Wirkungen zu. Hier wird sicher auch in Zukunft ein Schwerpunkt liegen, geht es doch darum, die unerwünschten EDV-Folgen, wenn möglich, zu minimieren oder gar vollständig zu vermeiden. Negative Wirkungen lassen sich jedoch gegenüber positiven nur dadurch abgrenzen, daß letztere der Zielsetzung des Handlungssystems entsprechen. Damit taucht aber die Frage auf, wer Ziele formuliert und auf welchem sozial-ökonomisch bedingten Macht- und Wertesystem die Zielsetzung beruht. Positive Wirkungen sollten somit nicht – wie dies häufig geschieht – von vornherein aus der wissenschaftlichen Forschung ausgeklammert werden; sie müssen ähnlich wie die negativen Folgen des EDV-Einsatzes einbezogen werden.

Die *zeitlichen Verzögerungen von Wirkungen* stellen insofern einen besonders wichtigen Teil der Forschung dar, weil sich die von der EDV

---

12 Näheres hierzu folgt im Kapitel 4.

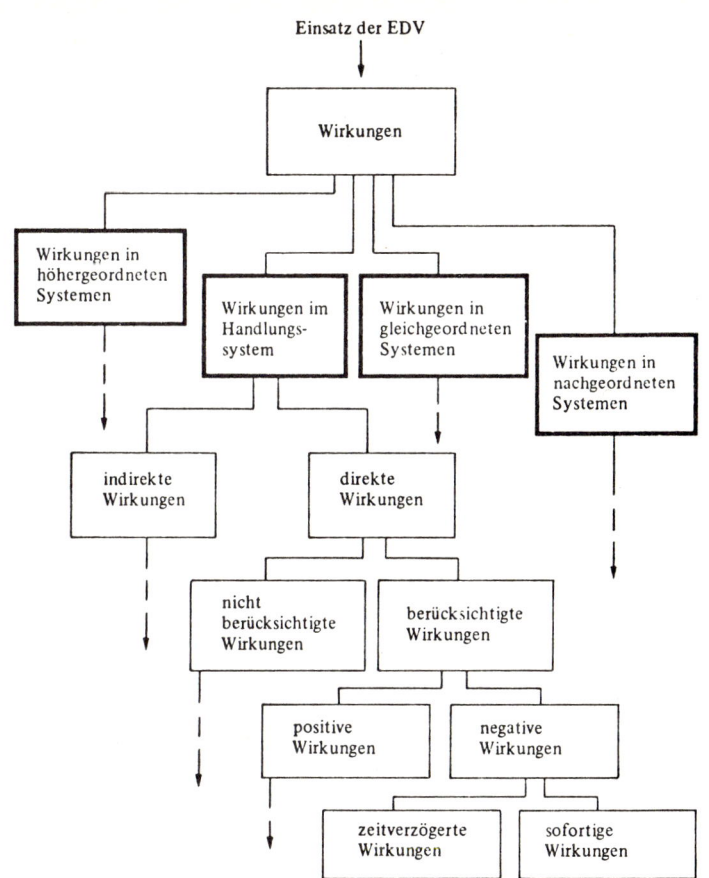

Abb. 1.3.3/4: Systematik der Wirkungen des EDV-Einsatzes

ausgehenden Änderungen häufig erst relativ spät zeigen. Kompensation im nachhinein ist dann schwierig. Es sollte eine wesentliche Aufgabe sowohl der staatlichen Politik als auch des wissenschaftlichen Bemühens sein, die Konsequenzen, die sich beim Einsatz der modernen Informationstechnologie ergeben, a priori zu berücksichtigen. Dies bedeutet jedoch, daß man sich vor allein technisch orientierten Vorstellungen in bezug auf die EDV hüten muß und daß man auch sozialökonomisch ausgerichtete Betrachtungsweisen anwenden sollte.

Übungsaufgaben Nr. I-26 bis 27 im Arbeitsbuch          ←

93

# 2. Komponenten von Informationssystemen

Nach der Durcharbeitung dieses Kapitels sollten Sie

- angeben können, wie Information im Hinblick auf die maschinelle Verarbeitung strukturiert und beschrieben wird,
- erläutern können, welche Arten von Daten unterschieden werden,
- die generellen Möglichkeiten und Grenzen einer rechnergestützten Verarbeitung von Schrift, Bild und Sprache skizzieren können,
- die Vorschriften für die interne Darstellung von Daten in der Zentraleinheit erklären können,
- maschinenintern gespeicherte Daten unter Zuhilfenahme einer Codetabelle interpretieren können,
- die Merkmale der wichtigsten externen Datenträger kennzeichnen können,
- die Darstellung von Daten auf diesen Datenträgern erläutern können,
- die Aufgaben, Kapazitäten und Zugriffszeiten der Zentralspeicher einer EDVA angeben können,
- die Funktionsweise des Zentralprozessors einer EDVA beschreiben können,
- erläutern können, welche Arten von internen Verbindungswegen und Ein-Ausgabe-Kanälen es in einer Zentraleinheit gibt und wie sich diese hinsichtlich der Arbeitsweise unterscheiden,
- die Notwendigkeit der Ein-Ausgabe-Steuerung (EA-Steuerung) einer EDVA durch eine selbständige Funktionseinheit, den EA-Prozessor, begründen können,
- die wichtigsten peripheren Geräte einer EDVA nennen und in groben Zügen erklären können, wie diese funktionieren,
- die Vorteile und Nachteile von verbreiteten Programmiersprachen aufzählen können,
- die Umwandlungsschritte von einem in einer höheren Programmiersprache geschriebenen Ursprungsprogramm bis zum lauffähigen Maschinenprogramm schildern können,
- die Zielsetzungen eines Betriebssystems und ihre Realisierung durch Systemprogramme kennzeichnen können,

- die Betriebsarten von EDVA in konkreten Anwendungsfällen angeben können,
- Argumente für und gegen den Einsatz von extern bezogenen, fertigen Programmpaketen (Standardsoftware) nennen können,
- Kriterien für die Beurteilung und Auswahl eines Softwarepakets aufzählen können,
- Softwarewerkzeuge zur Lösung einfacher kommerzieller Probleme (Datenverwaltung, Tabellenkalkulation, Grafik) verwenden können,
- die Tätigkeiten von Datenverarbeitungsfachkräften beschreiben können,
- berichten können, welche Interessen die Benutzer rechnergestützter Informationssysteme haben und wie sich diese bei der Systemgestaltung berücksichtigen lassen,
- über die Angebots- und Nachfragesituation auf den verschiedenen EDV-Teilmärkten sowie über Zukunftstrends Bescheid wissen (bzw. wissen, wo Sie bei Interesse nachschlagen können).

---

Ein *Informationssystem* besteht aus Menschen und Maschinen, die Information erzeugen und/oder benutzen und die durch Kommunikationsbeziehungen miteinander verbunden sind. Nachfolgend beschäftigen wir uns mit den *Komponenten rechnergestützter Informationssysteme*:

- Daten als «Rohstoffe» und Ergebnisse von Datenverarbeitungsprozessen, deren Fluß die Zusammenhänge zwischen den Systemelementen Mensch und Maschine sichert,
- Datenträger, welche die Daten materiell verkörpern oder aufnehmen,
- Geräte, die zu einer EDVA gehören,
- Software, d.h. die Programme zur Steuerung dieser Maschinen entsprechend den jeweiligen Aufgaben, und
- Menschen als Gestalter und Benutzer von Informationssystemen.

# 2.1 Daten

Bei den meisten kommerziellen EDV-Anwendungen ist die *Hauptanforderung an den Rechner, große Mengen von Information zu speichern, auf die der Benutzer später selektiv zugreifen kann.* In vielen Fällen ist die Fähigkeit der EDVA, ähnlich einem Taschenrechner mathematische Operationen durchzuführen, eher belanglos.

So ist zum *Beispiel* bei einem *Bibliotheksverwaltungssystem* eine Hauptanforderung die Buchrecherche, die nur auf Vergleichsoperationen basiert. Um solche Aufgaben erfüllen zu können, benötigt der Rechner Information in maschinell verarbeitbarer Form. In unserem Beispiel also Information über Bücher. Ein Buch muß irgendwie im Rechner abgebildet werden. Ausgehend von Büchern, wie sie Abb. 2.1/1 zeigt, muß eine Form gefunden werden, wie sie Abb. 2.1/2 darstellt. Diesen Prozeß der Abbildung, man nennt ihn Abstraktion, wollen wir näher analysieren.

## 2.1.1 Abstraktion und Repräsentation von Objekten

**Abstraktion** (engl.: abstraction) entsteht durch das Erkennen von Ähnlichkeiten zwischen einzelnen Objekten (engl.: object) der Realwelt, der Entscheidung zur ausschließlichen Betrachtung dieser Ähnlichkeiten und der Ignorierung der Unterschiede.

Auch Sie stehen im täglichen Leben laufend vor der Aufgabe, die wesentliche Information aus der Unzahl von Sinneseindrücken herauszuarbeiten. Denken Sie zum Beispiel daran, worauf Sie achten, wenn Sie auf einer Treppe ins Stolpern kommen. Die Farbe des Geländers ist wohl nicht interessant. So ist auch für einen Lebensmittelfilialbetrieb oder für eine Bibliothek nur bestimmte Information relevant.

Wenn Sie die Abb. 2.1/2 betrachten, bemerken Sie, daß bei unserem *Beispiel* nur der Titel, die Inventarnummer usw. zur Darstellung eines Buches verwendet werden. Die Farbe des Buches, die Art des Einbandes, die Seitenzahl und die äußere Form (Höhe, Breite, Länge) bleiben unberücksichtigt.

Dies bedeutet, daß ein *abstraktes Modell der Realität* geschaffen wird. Symbole repräsentieren dabei die Abstraktion der korrespondierenden Objekte. Zum Beispiel repräsentiert eine Zeile in der Tabelle von Abb. 2.1/2 ein bestimmtes Buch, ein Objekt der Realwelt. *Mit den Symbolen können Situationen der Realwelt nachgebildet oder simuliert*

Abb. 2.1/1: Realweltobjekte

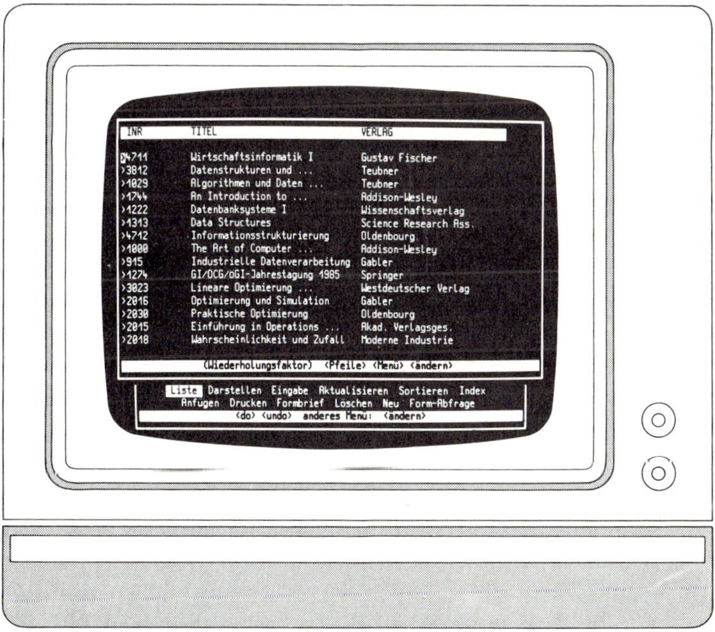

| INR | TITEL | VERLAG |
|---|---|---|
| 4741 | Wirtschaftsinformatik I | Gustav Fischer |
| >3012 | Datenstrukturen und ... | Teubner |
| >4029 | Algorithmen und Daten ... | Teubner |
| >1744 | An Introduction to ... | Addison-Wesley |
| >1222 | Datenbanksysteme I | Wissenschaftsverlag |
| >1313 | Data Structures | Science Research Ass. |
| >4712 | Informationsstrukturierung | Oldenbourg |
| >1000 | The Art of Computer ... | Addison-Wesley |
| >915 | Industrielle Datenverarbeitung | Gabler |
| >1274 | GI/OCG/ÖGI-Jahrestagung 1985 | Springer |
| >3023 | Lineare Optimierung ... | Westdeutscher Verlag |
| >2016 | Optimierung und Simulation | Gabler |
| >2030 | Praktische Optimierung | Oldenbourg |
| >2015 | Einführung in Operations ... | Akad. Verlagsges. |
| >2018 | Wahrscheinlichkeit und Zufall | Moderne Industrie |

(Wiederholungsfaktor) (Pfeile) (Menu) (ändern)

Liste Darstellen Eingabe Aktualisieren Sortieren Index
Anfügen Drucken Formbrief Löschen Neu Form-Abfrage
(do) (undo) anderes Menü: (ändern)

Abb. 2.1/2: Datenobjekte

*werden.* Der Kauf des Buches wird durch einen Eintrag, der Verlust wird durch das Löschen einer Zeile vermerkt.

Der *Grund für die Abstraktion*, die Verwendung von Symbolen liegt darin, daß die *symbolische Behandlung weniger Aufwand* als die Manipulation der Objekte der Realwelt verursacht. (Es ist zum Beispiel billiger, Autounfälle durch einen Rechner zu simulieren, als neue PKW zu verwenden!) Bei der Definition von Regeln über Abstraktionen (z.B. physikalische Gesetze oder Marktgesetze) wird die stillschweigende Annahme getroffen, daß auch in der Realwelt diese Regeln herrschen. (Man schließt zum Beispiel aus den Crash-Simulationen auf Verletzungsgefahren der PKW-Insassen usw.)

→ Übungsaufgabe Nr. I-28 im Arbeitsbuch

### Konzeptionelles Modell

Die Objekte der realen Welt werden bei der Entwicklung von Computerprogrammen auf maschinell verarbeitbare Information abgebildet. Diese ist stets eine Abstraktion der Realität. Zunächst einige *Einschränkungen des Realitätsbegriffes*:

- Die Realität kann vom Menschen nicht zur Gänze erfaßt werden, sondern nur jener Bestandteil, der durch Sinnesorgane oder durch Meßgeräte wahrgenommen werden kann ( = *perzepierbare Realität*).
- Nicht die gesamte wahrnehmbare Realität wird für jedes Problem betrachtet, sondern *nur ein als relevant erachteter Ausschnitt* von dieser.
- Man nimmt an, daß die *Realität durch Objekte mit Attributen* (engl.: attribute) und *Beziehungen* (engl.: relationship) *zwischen den Objekten erfaßbar* ist.

### Schritte des Abstraktionsprozesses

*Der Abbildungsprozeß der realen Welt in ein maschinell verarbeitbares Modell vollzieht sich in drei Schritten:*

*1. Auswahl (Selektion):*

Das Ziel dieses Schrittes ist, die Vielfalt von Objekten der Realwelt auf eine als relevant erachtete, leichter überschaubare Menge von Objekten des Modells zu reduzieren. Auch die interessierenden Objekte können nicht zur Gänze beschrieben werden: Die Beziehungen und Attribute einzelner selektierter Objekte sind zu vielfältig, um vollständig dargestellt zu werden. Die Selektion beschränkt sich also nicht nur auf die *Auswahl von Objekten*, sondern umfaßt auch die *Bestimmung von Attributen und Beziehungen.*

## 2. Benennung:

Jedem Objekt der Realität, jeder Beziehung und Eigenschaft wird ein *eindeutiger Name* zugeordnet.

## 3. Klassifikation:

Die inhomogene Menge der Objekte und Beziehungen wird weiter in *homogene Klassen von Objekttypen* unterteilt. Kriterien der Klassifikation sind entweder sachbezogener oder verarbeitungstechnischer Natur. Der Grad der Klassifikation, d.h. wie detailliert die Strukturierung vorgenommen wird, ist von Fall zu Fall verschieden.

> Das Ergebnis dieses Modellierungsvorganges nennt man **konzeptionelles Modell** (engl.: conceptual model).

*Das konzeptionelle Modell ist in jedem Fall eine Vereinfachung der beobachtbaren Wirklichkeit.* Durch den ersten Schritt, die Auswahl (Selektion), wird die Vielfalt von Objekten und Attributen der Realwelt reduziert. So kann etwa unser «*Beispiel-Lebensmittelfilialbetrieb*» (aus Kapitel 1) auf viele konzeptionelle Modelle abgebildet werden. Denken Sie dabei z.B. daran, was bei so einem Betrieb von den Eigentümern, Führungskräften, Arbeitern, Kunden, Lieferanten, Steuerprüfern oder Anrainern als relevant erachtet wird. Ein und dasselbe reale System kann also durch *nahezu beliebig viele konzeptionelle Modelle* beschrieben werden.

### Schichtenmodell der Abstraktion

Die bis jetzt behandelte Klassifikation von Daten orientiert sich ausschließlich an der Realwelt. *Der Weg vom konzeptionellen Modell zur internen Darstellung im Rechner* kann durch das in Abb. 2.1.1/1 gezeigte Schichtenmodell verdeutlicht werden.

Die Anzahl der Schichten ist willkürlich; je nach Betrachtungspunkt und Detaillierungsgrad werden die Schichten noch weiter zerteilt bzw. zusammengefaßt.

### Schlüssel

Beachten Sie, daß die Realweltobjekte in einem konzeptionellen Modell nie vollständig mit all ihren Eigenschaften beschrieben werden, sondern daß nur jene Informationsmenge berücksichtigt wird, die man zur Erzielung der gewünschten Resultate als ausreichend ansieht. Belanglose Eigenschaften bleiben unberücksichtigt.

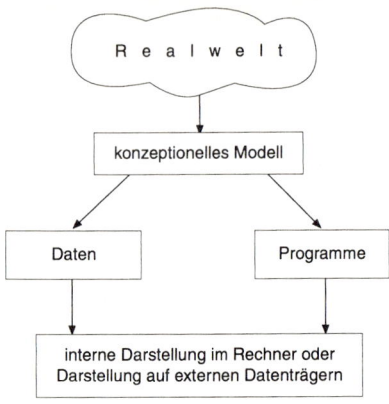

Abb. 2.1.1/1: Schichtenmodell der Abstraktion

Diese «belanglosen Eigenschaften» dienen aber oft dazu, die Unterscheidbarkeit von Objekten zu gewährleisten. Stellen Sie sich vor, Daten über Ihre Person sollen mit Hilfe der EDV verarbeitet werden. Dies ist der Fall, wenn Sie zum Beispiel Kunde einer großen Bibliothek sind, die das Entlehnwesen rechnergestützt organisiert hat. Für die Bibliothek sind nur Ihr Vor- und Zuname und die von Ihnen ausgeliehenen Bücher mit den entsprechenden Entlehn- bzw. Rückgabedaten bedeutsam. Ihre körperlichen Eigenschaften, wie Größe, Haarfarbe, Taillenumfang oder Ihre berufliche, politische bzw. soziale Stellung sind für das Entlehnwesen einer Bibliothek uninteressant.

Gibt es eine zweite Person, die den gleichen Namen wie Sie besitzt, so ist die Unterscheidbarkeit alleine aufgrund des Namens zwischen Ihnen und dieser Person nicht mehr gegeben. Welches Buch an wen verliehen wurde, ist dann nicht mehr festzustellen. Zwei verschiedene Realweltobjekte werden hier durch die Abstraktion auf wenige Attribute ununterscheidbar.

Dieser Zustand ist unbefriedigend; deshalb liegt es nahe, die Adresse der Bibliothekskunden als weiteres Attribut hinzuzunehmen. Damit sind aber die Probleme nicht gelöst. Oft sind in Familien die Namen (z.B. Mutter und Tochter oder Vater und Sohn) und die Adressen gleich. Wieder ist die Unterscheidbarkeit nicht gewährleistet. Glaubt man durch die Speicherung des Geburtsdatums letzlich erfolgreich zu sein, hat man nicht mit Zwillingen oder anderen Sonderfällen gerechnet.

Sie sehen, daß die Bibliothek sehr viel Information ausschließlich für die korrekte Identifikation ihrer Kunden speichern müßte. Abgesehen von dem enormen Speicherplatzbedarf ist aus Gründen des Datenschutzes (vgl. Abschnitt 3.2.2.6) so eine Vorgangsweise oft gar nicht durchführbar. *Die Lösung bilden «künstliche» Attribute.* Ihre Sozialversicherungsnummer, Ihre Reisepaßnummer, Ihre Personalausweisnummer und Ihre Matrikelnummer, wenn Sie Student sind, sind solche Attribute. Diese Nummern sind Ihnen eindeutig zugeordnet. Das heißt, nur Sie und keine anderen Personen haben diese Nummern zugeteilt bekommen. *Diese Attribute identifizieren Sie eindeutig.*

---

Ein **Schlüssel** (engl.: key) ist ein Attribut oder eine Kombination mehrerer Attribute eines Objekts, die besonders ausgezeichnet sind. Bei **Primärschlüsseln** (engl.: primary key) ist diese Auszeichnung die identifizierende Eigenschaft.

---

Das Attribut «Sozialversicherungsnummer» oder die Attributkombination «Zuname, Vorname und Geburtsdatum» (von den seltenen Sonderfällen abgesehen) sind also Primärschlüssel.

Übungsaufgabe Nr. I-29 im Arbeitsbuch ⟵

Später (im Abschnitt 3.2.1) werden Sie eine andere mögliche Auszeichnung eines Attributs kennenlernen und zwar die des *direkten Zugriffs*. Beim Telefonbuch ist der Nachname ein so ausgezeichnetes Attribut. Vergleichen Sie z.B. den Aufwand bei der Suche nach dem Namen «Farkas» und der Suche nach der Telefonnummer «3754129». *Bei Attributen mit direktem Zugriff ist es also möglich, sehr schnell auf die restliche Information des Objekts zuzugreifen. Auch hier hat es sich eingebürgert, den Begriff Schlüssel zu verwenden.*

---

Da über den Primärschlüssel meistens auch direkt auf die Daten eines Objekts zugegriffen werden kann, bezeichnet man alle anderen Attribute, die durch eine Möglichkeit des direkten Zugriffs ausgezeichnet werden, als **Sekundärschlüssel** (engl.: secondary key).

---

Näheres hierzu folgt im Abschnitt 3.2.1.

### Beispiel: Bibliotheksverwaltungssystem

Zur Verdeutlichung der Vorgehensweise und der verwendeten Begriffe ein *Beispiel: Das Objektsystem «Realweltbibliothek» wird auf ein konzeptionelles Modell eines Bibliotheksverwaltungssystems abgebildet.* Durch das zu schaffende rechnergestützte System soll es möglich sein, einerseits im Dialog den Rechner nach dem Vorhandensein verschiedener Bücher zu fragen, andererseits Kataloge sortiert nach Autoren, Titel und Thematik auszudrucken. Ferner sollen mit diesem System das Entlehnwesen und die Budgetverwaltung der Bibliothek automatisiert werden.

Die im Rechner abzubildenden Objekte sind

- Bücher (gehören zum Objekttyp Buch),
- Personen, die Bücher schreiben (Objekttyp Autor), und
- Personen, die Bücher ausleihen (Objekttyp Kunde).

---

**Objekttypen** (engl.: object type) ordnen die inhomogene Menge von Attributen. Zusammengehörige Attribute werden zu Klassen zusammengefaßt, das sind die Objekttypen.

---

Das Buch mit der Gesamtheit seiner Beziehungen und Attribute, seiner Geschichte und Stellung in unserer kulturellen Gesellschaft, kurz – was ein Buch ist und was ein Buch soll, ist dem Rechner schwer begreiflich zu machen. Für unser Bibliotheksverwaltungssystem ist das auch nicht notwendig. Wir beschränken uns vielmehr darauf, Bücher nach folgenden perzepierbaren Kriterien zu beschreiben: Jedes Buch hat einen Titel, einen Verlag, Erscheinungsdatum und -ort, Preis und eine Thematik, ausgedrückt durch zwei Stichwörter. Eine andere Formulierung wäre, daß jede Ausprägung des Objekttyps Buch obige Attribute hat. Zur eindeutigen Identifizierung werden wir als zusätzliches Attribut die Inventarnummer einführen. Sie soll im folgenden der Primärschlüssel des Objekttyps Buch sein. Zur Beschreibung der Autoren genügen uns deren Vor- und Zunamen. Primärschlüssel sei eine eindeutig vergebene Autorennummer. Eine derartige eindeutige Nummernvergabe kann in der Praxis durchaus zu Problemen führen. Denken Sie etwa an die Schwierigkeiten bei der Identifizierung eines bestimmten Autors (z.B. «Müller»).

Für das Entlehnwesen spielen die Personen, die Bücher ausleihen, eine entscheidende Rolle: Sie werden durch ihren Vor- und Zunamen sowie durch ihre Adressen beschrieben. Eine Kundennummer, die wie die Autorennummer eindeutig ist, dient hier als Primärschlüssel.

*Anmerkung:* Die Objekttypen sind durch Kästchen und die Attribute durch Ovale dargestellt.

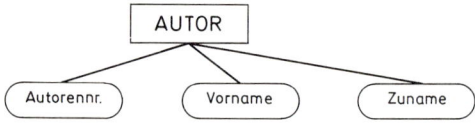

Abb. 2.1.1/2: Objekttyp AUTOR mit Attributen

*Die Ausprägungen (engl.: instance) des Objekttyps sind die Objekte.* Die Abb. 2.1.1/3 zeigt Ihnen zwei Ausprägungen des Objekttyps BUCH.

| Inv.-Nr. | Titel | Verlag | ... |
|----------|-------|--------|-----|
| 4711 | Wirtschaftsinformatik I | Fischer | ... |
| 4712 | Datenmodellierung... | Physica | ... |

Abb. 2.1.1/3: Objekte des Objekttyps BUCH

Nun zur Feststellung der *Beziehungen zwischen den Objekttypen.* Das ist genauso wichtig wie die Bestimmung der relevanten Attribute. Die Beziehung zwischen der Person des Autors und dem Buch liegt darin, daß dieser das Buch geschrieben hat. Umgekehrt kann ein Buch mehrere Autoren haben.

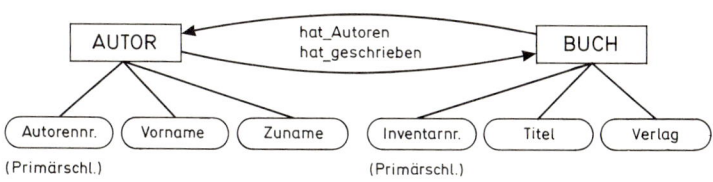

*Anmerkung:* Die Objekttypen sind durch Kästchen, die Attribute durch Ovale und die Beziehungen durch Pfeile dargestellt.

Abb. 2.1.1/4: Objekttypen AUTOR und BUCH mit Attributen und Beziehung

Diesen Typ von Beziehung nennt man *viele-zu-viele-* oder *n : m-Beziehung.* Bei unserem Beispiel ist eine weitere problemrelevante n : m-Beziehung die zwischen dem Entlehner und dem entliehenen Buch.

Eine *eins-zu-viele-* oder *1 : n-Beziehung* stellt die Beziehung der Kunden zu ihren Adressen dar, vorausgesetzt zwei Kunden haben nie die gleiche Adresse.

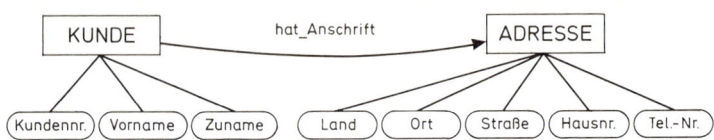

*Anmerkung:* Die Objekttypen sind durch Kästchen, die Attribute durch Ovale und die Beziehung ist durch einen Pfeil dargestellt.

Abb. 2.1.1/5: Objekttypen KUNDE und ADRESSE mit Attributen und Beziehung

*Eins-zu-eins-* oder *1 : 1-Beziehungen* sind für unsere Betrachtungen von untergeordneter Bedeutung. Zur Verdeutlichung der Beziehungsarten soll Abb. 2.1.1/6 dienen.

| Beziehungsart | Beispiel |
|---|---|
| 1 : 1 | Einehe |
| 1 : n bzw. n : 1 | Polygamie bzw. Polyandrie |
| n : m | Chaos? |

Abb. 2.1.1/6: Beziehungsarten zwischen verheirateten Männern und Frauen

→ Übungsaufgabe Nr. I-30 im Arbeitsbuch

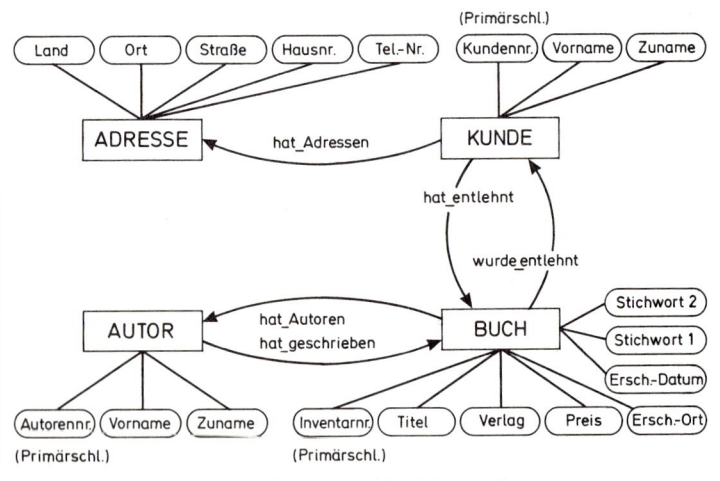

Abb. 2.1.1/7: Informationsstruktur eines Bibliotheksverwaltungssystems

Die Abb. 2.1.1/7 zeigt Ihnen die *Informationsstruktur* unseres Beispiels eines Bibliotheksverwaltungssystems im Gesamtzusammenhang. Den Objekttyp BUCH haben wir noch um einige Attribute ergänzt. Wie ein solches konzeptionelles Modell in einer Datenbank abgebildet werden kann und wie damit die Daten von einem Rechner verwaltet werden können, wird im Kapitel 3.2.2 Datenbanksysteme behandelt. *Ziel*

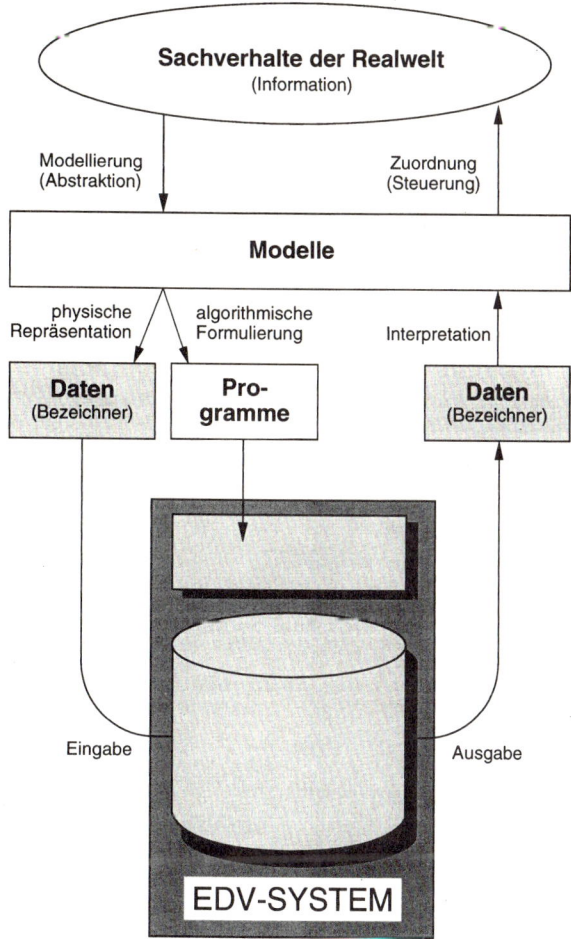

Abb. 2.1.1/8: Modellierung und rechnergestützte Modellauswertung zur Beschreibung, Erklärung und Beeinflussung der Realität

*ist es stets, durch Auswertungen der Datenbestände mittels Programmen zu Erkenntnissen über den abgebildeten Ausschnitt der realen Welt zu gelangen, um – falls nötig – entsprechende Reaktionen einleiten zu können.*

Bei dem *Beispiel* unserer *Bibliotheksverwaltung* könnten es neben Titel-, Autoren- und Stichwortkatalogen bzw. -recherchen etwa vierteljährliche Listen sein, die die Benutzer über Neuzugänge informieren. Wenn Leihfristen überschritten wurden, sind Mahnungen zu schreiben. Oder wenn sich herausstellt, daß häufig nachgefragte Bücher in zu wenigen Exemplaren vorhanden sind, müssen diese nachbestellt werden. Und so weiter, und so weiter – immer geht es um die Beeinflussung der Realität aufgrund von Ergebnissen, die sich durch die Auswertung unseres Modells – des Informationssystems – erzielen lassen.

## 2.1.2 Datendarstellung auf konzeptioneller und Anwendungsprogrammebene

In der Folge werden Sie *zwei Klassifikationsschemata von Daten* kennenlernen:
1. Klassifizierung nach der *Aufgabe im Verarbeitungsprozeß* (Nutzdaten und Steuerdaten) und
2. Klassifizierung nach der *Erscheinungsform* (Schrift, Bild und Sprache).

### 2.1.2.1 Nutzdaten und Steuerdaten

**Nutzdaten** (engl.: user data) sind die maschinell zu verarbeitende Information über die Objekte der realen Welt. **Steuerdaten** (engl.: control data) beinhalten die Information, welche den Ablauf der Datenverarbeitungsvorgänge in den EDVA bestimmt.

Bei einem Bibliotheksverwaltungssystem sind die Angaben über Bücher, Kunden, Entlehnvorgänge usw. Nutzdaten; Steuerdaten sind z.B. Befehle eines Programms für Literaturrecherchen.

*Kommerzielle Nutzdaten* werden häufig *nach ihrer Veränderbarkeit* in *Stammdaten und Änderungsdaten* bzw. *Bestandsdaten und Bewegungsdaten* unterschieden.

→ Übungsaufgabe Nr. I-31 im Arbeitsbuch

**Stammdaten** (engl.: master data) sind zustandsorientierte Daten, die der Identifizierung, Klassifizierung und Charakterisierung von Sachverhalten dienen und die unverändert über einen längeren Zeitraum hinweg zur Verfügung stehen. Sie werden auch als *feste Daten* bezeichnet. **Änderungsdaten** (engl.: change data) sind abwicklungsorientierte Daten, die fallweise eine Änderung von Stammdaten auslösen. Das Berichtigen, Ergänzen und Löschen von Stammdaten in Datenbeständen wird als **Änderungsdienst** (engl.: updating) bezeichnet.

**Bestandsdaten** (engl.: inventory data) sind zustandsorientierte Daten, welche die betriebliche Mengen- und Wertestruktur kennzeichnen. Sie unterliegen durch das Betriebsgeschehen einer systematischen Änderung, welche durch die Verarbeitung von Bewegungsdaten bewirkt wird. **Bewegungsdaten** (engl.: transaction data) sind abwicklungsorientierte Daten, die immer wieder neu durch die betrieblichen Leistungsprozesse entstehen, die laufend in die Vorgänge der Datenverarbeitung einfließen und dabei eine Veränderung von Bestandsdaten bewirken. Die Bewegungsvorgänge werden als **Transaktionen** (engl.: transaction) bezeichnet. Bestandsdaten und Bewegungsdaten gehören zu der Gruppe der *variablen Daten*, die auch *fließende Daten* genannt werden.

Zum *Beispiel* sind bei unserem *Bibliotheksverwaltungssystem* u.a. die gespeicherten Kundennummern, -namen und -adressen sowie die Inventarnummern, Titel und Verlagsbezeichnungen der inventarisierten Bücher Stammdaten. Änderungsdaten sind etwa die Angaben, welche die Inventarisierung bzw. das Ausbuchen abhanden gekommener Bücher, die Neuaufnahme, Änderung oder Löschung von Kundenadressen usw. bewirken. Bestandsdaten kennzeichnen die Anzahl und Verfügbarkeit der Bücher oder die Kontensalden in der Finanzbuchhaltung. Bewegungsdaten entstehen durch die Entlehnvorgänge oder Zahlungsausgänge bei Buchbeschaffungen.

Übungsaufgabe Nr. I-32 im Arbeitsbuch

### 2.1.2.2 Schriftliche, bildliche und sprachliche Daten

Je nach dem Zweck und den zur Verfügung stehenden Mitteln wird *Information* im Betrieb *in schriftlicher, bildlicher oder akustischer Form* verwendet. Rechner können hierbei durch die Speicherung, Übertragung (Verteilung) und Aufbereitung der Information Unterstützung bieten – egal, in welcher Erscheinungsform die Information vorliegt. Es gibt jedoch *Wirkzusammenhänge zwischen dieser Erscheinungsform und den Fähigkeiten eines Rechners zur inhaltlichen Interpretation* und damit Transformation der Information. Am weitesten sind diese Fähigkeiten bei den schriftlichen, formatierten Daten entwickelt.

*Rechnerintern* (vgl. Abschnitt 2.1.3) wird die Information – gleichermaßen schriftliche, bildliche und sprachliche Daten – durch *Bitfolgen* repräsentiert. Ob ein bestimmtes Bitmuster den Buchstaben P, einen gelben Farbpunkt oder Tarzans Urschrei ausdrückt, ergibt sich aus dem Kontext, d.h. der Interpretation durch die Programme.

Ferner sei darauf hingewiesen, daß die genannten *Darstellungsformen in Informationssystemen oft gemischt* auftreten und daß Daten je nach Bestimmungszweck von einer in eine andere Erscheinungsform übergeführt werden können (z.B. können Zahlen in tabellarischer und/oder grafischer Form präsentiert werden).

→ Übungsaufgabe Nr. I-33 im Arbeitsbuch

### Schriftliche Daten

Im EDV-Vokabular werden als «*Daten*» oft nur jene schriftlichen Angaben bezeichnet, die einen fest vereinbarten Aufbau aufweisen. Unformatierte schriftliche Daten sind nicht derartig strukturiert; sie werden *Text(e)* genannt. Der Textverarbeitung ist ein eigener Abschnitt (4.1.2.1) gewidmet. Wir gehen deshalb hier nicht darauf ein.

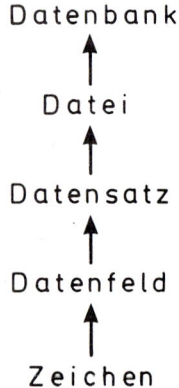

Abb. 2.1.2.2/1: Aufbau schriftlicher, formatierter Daten

**Formatierte Daten** haben eine hierarchische Struktur: Von unten nach oben betrachtet werden die Daten stufenweise zu Einheiten, sog. **Datenobjekten** (engl.: data object), zusammengefaßt. Elemente eines Datenobjekts sind also jeweils die Datenobjekte der darunterliegenden Ebene.

Ein **Zeichen** (engl.: character) ist ein Buchstabe, eine Ziffer, ein Sonderzeichen oder das Leerzeichen. Unter *Sonderzeichen* versteht man allgemein gebräuchliche Zeichen, die nicht Buchstaben oder Ziffern sind, wie z.B. + − * / = . , ; : ? ! ( ) $ % & usw.

Das *Zeichen* ist üblicherweise bei kommerziellen EDV-Anwendungen *das kleinste Datenelement, auf das bei der Programmausführung zugegriffen werden kann.* Bei speziellen Anwendungen, wenn zum Beispiel im technischen Bereich die Programmausführungszeit besonders schnell, die Speicherung möglichst kompakt oder elektrische Signale verarbeitet werden sollen, ist es auch möglich, auf die Zeichenbestandteile zuzugreifen.

*Der Zeichenvorrat unserer Schrift ist sehr gering.* Andere Schriften (wie japanische, mongolische, chinesische Schriften) bzw. Schriftrichtungen haben wesentlich größere Zeichenvorräte. Sie können entweder nur im beschränkten Umfang oder überhaupt nicht verarbeitet werden, weil es z.B. keine Tastaturen, keine Ausgabegeräte oder keine geeigneten Programme gibt. Die Folge eines geringen Zeichenvorrats ist die sehr beschränkte Anzahl der Objekte, die durch ein einziges Schriftzeichen gekennzeichnet werden können. *Da also nicht alle Objekte durch nur ein Zeichen repräsentiert werden können, werden die Namen durch Aneinanderreihungen von Zeichen ( = Worte) gebildet.*

Ein **Datenfeld** oder **Feld**, (engl.: data field; field) ist ein Datenobjekt, dessen Inhalt ein Zeichen oder eine Folge von Zeichen ist. Datenfelder, deren Wert durch Operationen verändert werden kann, bezeichnet man als **Variablen** (engl.: variable). **Konstanten** (engl.: constant) sind Datenfelder, die nicht verändert werden können.

*Beispiel für die Verwendung von Konstanten:*
In einem Programm für Kreisberechnungen wird häufig die Zahl 3,1415926535 als Näherungswert für pi verwendet. Der numerische Wert dieser Konstante kann nun jedesmal, wenn er benötigt wird, ins Programm

geschrieben werden. Kann jedoch mit Hilfe einer Konstantenvereinbarung der Wert 3,1415926535 durch den Namen pi repräsentiert werden, so wird das Programm übersichtlicher, weniger schreibaufwendig und änderungsfreundlicher. (Eine Änderung der Genauigkeit des verwendeten Wertes von pi braucht nur einmal in der Konstantenvereinbarung berücksichtigt werden und nicht an allen Stellen im Programm, wo die Konstante auftritt.)

*Jede Variable hat einen Namen, einen Inhalt und einen Typ.*

Bei dem *Beispiel der Bibliothek* (vgl. Abb. 2.1.1/3) ist das Datenfeld «Titel» eine Variable, da es Platzhalter für die verschiedensten Titel von Büchern ist. Der Name der Variablen ist der Name des Datenfeldes, also die Zeichenfolge «Titel»; der aktuelle Inhalt dieser Variablen ist «Wirtschaftsinformatik I» und der Typ ist die «alphanumerische Zeichenkette».

Was man unter einem *Datentyp* versteht und wozu man das Konzept der Datentypen verwendet, wird im folgenden genauer behandelt.

---

Der **Typ** (engl.: type) (oder die Eigenschaften) legt (legen) fest, welche Operationen mit Objekten dieses Typs durchgeführt werden können.

---

Wenn Sie zum Beispiel folgenden Programmteil vor sich haben:

$E = H \cdot L$

dann wird dieser i.a. wie folgt verstanden:

Eine Variable mit dem Namen H wird mit einer Variablen mit dem Namen L multipliziert, und das Ergebnis der Multiplikation wird in der Variablen E abgespeichert.

Die Multiplikation im obigen *Beispiel* ist nur dann sinnvoll, wenn die Variablen H und L Zahlen (Variablen numerischen Typs) enthalten. Enthält die Variable H z.B. den Namen eines Professors für Wirtschaftsinformatik, die Variable L den Namen eines Formel-I-Weltmeisters, so führt obiger Programmteil zu einem Fehler, da diese Operation üblicherweise nicht definiert ist. Enthalten H und L Zahlen, so ist das Ergebnis der Multiplikation wiederum eine Zahl, und es folgt daraus, daß auch die Variable E eine Variable numerischen Typs sein muß.

Der *Grad der Typisierung* von Datenelementen, d.h. wie differenziert die Typenbildung getroffen werden kann, hängt von der verwendeten Programmiersprache ab. Bei der in der Wirtschaftspraxis verbreitetsten Sprache COBOL werden folgende Datentypen unterschieden:

1. Alphabetische Daten,
2. numerische Daten,
3. alphanumerische Daten.

Von **alphabetischen Daten** (engl.: alphabetic data) spricht man dann, wenn sich diese ausschließlich aus Zeichen des Buchstabenalphabets zusammensetzen. **Numerische Daten** (engl.: numeric data) sind Zahlenwerte, mit denen man mathematische Rechenoperationen ausführen kann. **Alphanumerische Daten** (engl.: alphanumeric data) setzen sich aus Buchstaben, Ziffern und Sonderzeichen zusammen.

*Beispiele für*
*alphabetische Daten:*      Wirtschaftsuniversität Wien
*numerische Daten:*      12345   $10^{-6}$   3,14   1/2
*alphanumerische Daten:*      Konto-Nr. 4097395   1. April 1995
                         A-1090 Wien, Augasse 2-6

*Modernere Programmiersprachen unterscheiden Datentypen nicht ausschließlich de dictione, sondern ebenfalls nach semantischen Kriterien (lat.: de re, nach der Sache).*

Diese Unterscheidung ist eine viel genauere; so kann man z.B. eine Variable des Typs «Wochentag» definieren, die nur die Werte «Montag», «Dienstag», «Mittwoch», «Donnerstag», «Freitag», «Samstag» und «Sonntag» annehmen kann. Der Wert «Banane» ist für diese Variable ein ungültiger Wert, obwohl er de dictio annehmbar wäre.

Übungsaufgabe Nr. I-34 im Arbeitsbuch            ←

Ein für die kommerzielle Datenverarbeitung besonders wichtiger Datentyp ist die **alphanumerische Zeichenkette** (engl.: string). Die Ausprägungen Variabler dieses Typs bestehen aus einem oder mehreren alphanumerischen Zeichen.

Viele Programmiersprachen (wie z.B. COBOL) kennen in ihren Standardversionen nur *Zeichenketten mit konstanter Länge*. Bei der Programmentwicklung wird festgelegt, wieviele Zeichen z.B. die Zeichenkette «Adresse» umfassen soll, und von da an wird mit dieser konstanten Länge für diese Zeichenkette weitergearbeitet. Wird diese Länge zu kurz gewählt, dann sind u.U. zu unlesbaren Buchstabenkombinationen entstellte und verkrüppelte Bezeichner die Folge, da der Benutzer gezwungen ist, mit der vordefinierten Länge auszukommen.

Ist zum *Beispiel* das Namensfeld einer Adresse mit vierzig Zeichen festgelegt und der Adressat das «Institut für Unternehmensführung / Abteilung Wirtschaftsinformatik», so hat der Benutzer nur die Möglichkeit, entweder die Anschrift abzukürzen (die resultierende verkrüppelte Anschrift lautet vielfach ähnlich «Inst.f.Untern.-f. / Abt. Wirtschaftsinf.») oder abzuschneiden «Institut für Unternehmensführung / Wirts».

Ist der Bezeichner kürzer als die vordefinierte Länge, so wird er mit Leerzeichen aufgefüllt. Wird also die Feldlänge zu lang gewählt, wird durch unnötige Leerstellen Speicherplatz verschwendet.

Der daraus entstehenden *Forderung nach Feldern variabler Länge* (keine vordefinierte Datenfeldlänge) werden nahezu alle neueren Entwicklungen von Programmiersprachen gerecht.

→ Übungsaufgabe Nr. I-35 im Arbeitsbuch

> Ein **Datensatz** oder **Satz** (engl.: data record; record) ist ein Datenobjekt, das aus einem oder mehreren Datenfeldern besteht.

Beim *Beispiel der Bibliothek* wurden die Ausprägungen einzelner Objekte eines Objekttyps jeweils in eine Zeile geschrieben (vgl. Abb. 2.1/2). Jede dieser Zeilen entspricht in diesem Fall einem Datensatz.

Ein Datensatz kann viele verschiedenartige Datenfelder enthalten, die wiederum aus weiteren Datenfeldern zusammengesetzt sein können. So besteht das Erscheinungsdatum (ein Datenfeld unseres Beispieldatensatzes) wiederum aus den numerischen Datenfeldern Jahr, Monat und Tag.

> Eine **Datei** (engl.: data file; file) ist einem Datenobjekt, das aus einem oder mehreren Datensätzen besteht.

Typische *Beispiele für eine Datei* sind:
- Die Bücherdaten einer Bibliothek mit der Inventarnummer, dem Titel, dem Verlag und anderen Attributen.
- Die Artikeldatei eines Großkaufhauses mit den Attributen Artikelnummer, Artikelbezeichnung, Einkaufspreis, Lagerort usw.
- Die Kundendatei einer Bankfiliale mit den Attributen Kundenvor- und -zuname, Titel, Kundenadresse usw.

> Eine **Datenbank** (engl.: data base) ist eine i.a. große Anzahl von Daten, die in Dateien aufbewahrt und von einem Datenbankverwaltungssystem ( = spezielles Programmsystem) gemeinsam verwaltet werden.

Eine Datenbank ist zum *Beispiel* die Gesamtheit aller Daten einer Biblio-thek, also die Daten über Bücher, Kunden, Entlehnungen, Autoren, Biblio-theksangestellte usw., die zentral von einem Datenbankverwaltungssystem verwaltet werden.

Näheres über die Datenspeicherung in Dateien und Datenbanken erfahren Sie im Abschnitt 3.2.

---

Die Bauart von Datenobjekten, d.h. ihre Komponenten und die zwischen diesen bestehenden Beziehungen, nennt man **Datenstruktur** (engl.: data structure).

---

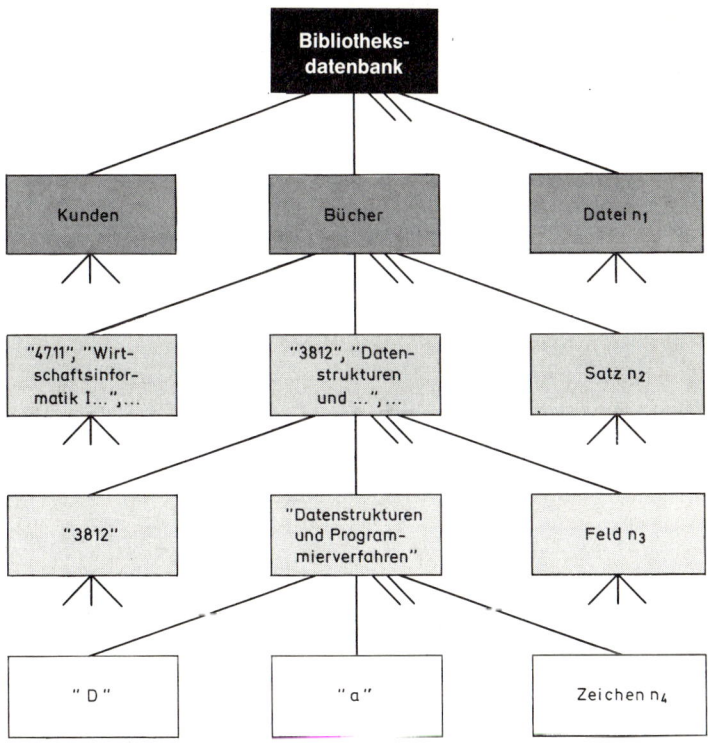

Abb. 2.1.2.2/2: Aufbau formatierter Daten, dargestellt am Beispiel eines Biblio-theksverwaltungssystems

*Im Rechner lassen sich schriftliche Daten äußerst kompakt darstellen.* Zur Repräsentation eines Schriftzeichens werden i.a. acht Bits verwendet; eine vollgeschriebene DIN-A4-Seite mit 2000 Zeichen benötigt dementsprechend nur eine Speicherkapazität von 16 000 Bits bzw. 2000 Bytes.

## Bildliche Daten

**Bilder** (engl.: picture, image) sind optische Darstellungen von Sachverhalten oder Vorgängen auf einer Fläche. Wir unterscheiden *unbunte* und *bunte* sowie *feststehende* und *bewegte* Bilder.

Bilder werden zum Visualisieren von abstrakten Sachverhalten oder Objekten verwendet. Zum Beispiel sind in diesem Lehrtext alle Grafiken schwarzweiße Festbilder, bewegte Buntbilder werden vom Farbfernsehen übertragen.

Bei der *rechnergestützten Verarbeitung bildlicher Information* lassen sich folgende *Bereiche* unterscheiden:

1. *Bildgenerierung* (engl.: generative computer graphics)

Aus formalen Beschreibungen oder vorgefertigten Bildelementen werden grafische Darstellungen (Symbole, Linien, Flächen, Körper) erstellt, manipuliert und gezeichnet. Anwendungsbeispiele sind CAD, Präsentationsgrafik, freies Zeichnen, Kartografie, Computerspiele und Trickfilme.

2. *Bildanalyse und Bildverstehen* (engl.: cognitive computer graphics, scene analysis)

Aus computergenerierten oder von fotografischen Vorlagen gewonnenen Bildern werden Grundmuster und deren logische Zusammenhänge erkannt (deshalb auch: *Mustererkennung*, engl.: pattern recognition). Durch die Extraktion und Klassifikation signifikanter Merkmale erhält man eine formale Beschreibung der Bilder. Hierzu bedient man sich Techniken der «Künstlichen Intelligenz» (Näheres folgt im Abschnitt 2.4). Anwendungsbeispiele sind Druckschriftlesen, Röntgenbildanalyse, Luftbildauswertung und Qualitätskontrolle von Halb- und Fertigfabrikaten.

3. *Bildverarbeitung* (engl.: image processing)

Von fotografischen Vorlagen abgetastete Bilder werden durch Filtern und Kontrastieren in ihrer Qualität verbessert, um die Weiterbearbeitung der Bilder durch den Menschen oder den Rechner zu vereinfachen. Anwendungsbeispiele sind die schon bei Punkt 2 genannten Gebiete.

Zusammengefaßt werden alle Techniken und Anwendungen der EDV, bei denen Bilder eingegeben oder ausgegeben werden, als **grafische Datenverarbeitung** (engl.: computer graphics) bezeichnet. Vielfach wird diese Bezeichnung aber auch auf die generative grafische Datenverarbeitung (Bildgenerierung) beschränkt.

Im betriebswirtschaftlichen Bereich ist vor allem die *Präsentationsgrafik* bedeutsam: Die bildliche Präsentation numerischer Daten soll quantitative Aspekte des Betriebsgeschehens veranschaulichen. Durch übersichtliche und komprimierte Darstellungen können komplexe Sachverhalte vereinfacht, Größenordnungen bzw. Abweichungen «auf einen Blick» verdeutlicht sowie Interpretationen erleichtert und beschleunigt werden. Dazu gibt es eine Vielzahl von Möglichkeiten (jeweils zwei- oder dreidimensional), von denen nachstehend nur die verbreitetsten genannt werden:

– Linien- bzw. Kurvendiagramme,
– Flächendiagramme (Liniendiagramme mit ausgefüllten Flächen unter den Linien),
– Balken- bzw. Stabdiagramme,
– Kreis- bzw. Tortendiagramme und
– Mischformen in zahlreichen Varianten.

Im Abschnitt 2.4.3.3 wird gezeigt, wie einfach Sie mit Hilfe grafischer Software solche Darstellungen, auch vielfarbig und dreidimensional, erstellen und variieren können. Sie finden dort auch *Beispiele* für die vorstehend genannten, verbreitetsten *Präsentationsgrafiken*. Sehen Sie doch eben auf den Seiten 413 ff. nach!

Die bildliche Darstellung von betriebswirtschaftlichem Zahlenmaterial durch Präsentationsgrafiken bezeichnet man als **Geschäftsgrafik** (engl.: business graphics).

Zunehmend wird auch die *Benutzeroberfläche* von bildschirmorientierten Systemen *grafisch gestaltet*.

Als **Benutzeroberfläche** (weniger treffend: **Benutzerschnittstelle**; engl.: user interface) werden jene Teile eines Hardware- oder Softwaresystems bezeichnet, mit denen der Mensch beim Gebrauch in Kontakt kommt.

Durch Bildsymbole, sog. *Piktogramme* (engl.: icon), werden die zu manipulierenden Realweltobjekte und die auf sie zulässigen Operationen gekennzeichnet.

Bei dem *Beispiel* unseres *Bibliotheksverwaltungssystems* könnte etwa die Buchdatei durch einen symbolischen Bücherschrank und der einzelne Buchsatz durch ein symbolisches Buch auf dem Bildschirm repräsentiert werden. Die jeweiligen Inhalte könnten schriftlich in den Piktogrammen vermerkt sein. Als ebenfalls durch Bildsymbole dargestellte Operationen der Bibliothekskunden könnten vorgesehen sein:

– «Öffnen» und «Schließen» des Bücherschranks und der Bücher, um die Inhalte – Kataloge und Buchdaten – anzusehen (etwa durch eine «Tür»);

– «Durchsuchen» des Bücherschranks nach Titeln bestimmter Sachgebiete (etwa durch ein «?»);

– «Ausdrucken» der Attribute eines oder mehrerer Bücher (etwa durch einen «Drucker»);

– «Entlehnen» eines Buches (etwa durch ein «Abholfach») usw.

*Durch Hindeuten auf ein Piktogramm und einen Knopfdruck wird die jeweils gewünschte Operation ausgelöst.* Dadurch kann der für viele Menschen mühsame Tastaturgebrauch eliminiert oder zumindest stark eingeschränkt werden. Der Benutzer hantiert nur mit den ihm aus der realen Welt bekannten Objekten und wird nicht mit EDV-technischen Bezeichnungen konfrontiert, die für die Lösung seiner fachlichen Probleme irrelevant sind. Im Abschnitt 2.4.4 werden Sie Näheres über solche grafischen Benutzeroberflächen erfahren.

Verbreitet sind auch Programme, die den Benutzer beim *freien Zeichnen* unterstützen. Er kann auf bei Skizzen und Plänen häufig vorkommende Elemente – wie Striche, Rechtecke, Kreise, Ovale usw. – zurückgreifen und diese beliebig vergrößern, verkleinern, verbinden, ineinander verschachteln, invers darstellen, mit Mustern oder Texten unterschiedlicher Schriftarten füllen usw. Ebenso kann er Dateien mit zum Teil Hunderten von vorgefertigten Bildern verwenden. Der Benutzer kann auch selbst Bildsymbole definieren, die in seinem Fachgebiet häufig vorkommen, diese abspeichern und bei Bedarf damit ebenso manipulieren.

In unserer *Bibliothek* könnten damit Organigramme, Lagepläne, Übersichten über die vorhandene Rechnerkonfiguration oder Strukturen des Bibliotheksverwaltungssystems in höchster Qualität gezeichnet und bei Bedarf sehr rasch und einfach verändert werden.

Zur Erzeugung von Geschäftsgrafiken, grafischen Benutzeroberflächen für vorhandene oder neu zu schreibende Programme sowie zur Unterstützung des freien Zeichnens wird eine breite Palette leistungsfähiger *Software* auf dem Markt angeboten – und zwar für Rechner aller Größenklassen. Neben integrierten Systemen, welche die Grafikfunk-

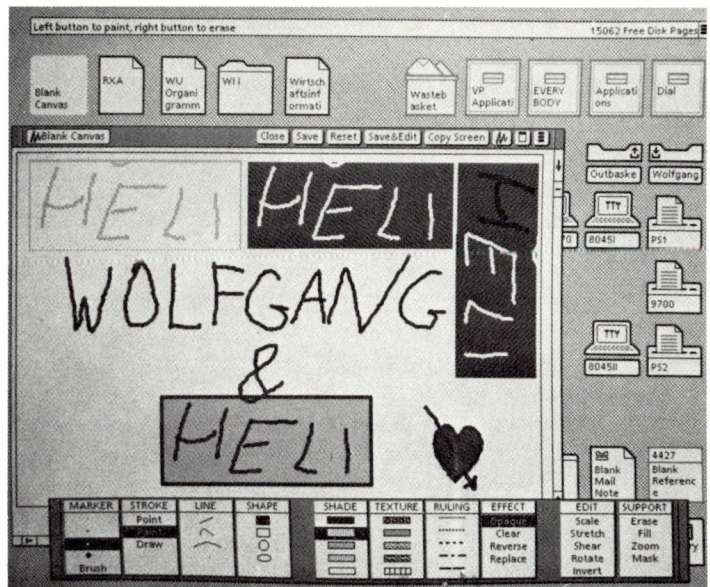

Abb. 2.1.2.2/3: Freies Zeichnen auf dem Bildschirm

tionen zusammen mit anderen Anwendungsfunktionen enthalten, gibt es auch separate Programme.

Besteht ein Bild aus Strichen (oder Vektoren), so spricht man von einer **Strichgrafik** (oder **Vektorgrafik**). Ist ein Bild aus einem Raster von Bildpunkten (engl.: picture element, abgekürzt: pixel) zusammengesetzt, so handelt es sich um eine sog. **Flächengrafik** (oder **Rastergrafik**). Die **Mosaikgrafik** ist eine besondere Form der Flächengrafik, bei der das Bild aus «Mosaiksteinchen» gebildet wird, die selbst ein Muster tragen.

Die Abb. 2.1.2.2/3 zeigt z.B. eine Rastergrafik. In der Abb. 2.1.2.2/4 ist ein Zeichensatz zur Erzeugung von Mosaikgrafiken (für Bildschirmtext; vgl. hierzu Abschnitt 4.1.3.4) wiedergegeben.

*Bei der Bildverarbeitung sind der Speicherbedarf und die erforderliche Übertragungsrate meist beträchtlich.* Um auf einem Rastergerät (z.B. Rasterbildschirm, Laserdrucker, Fernkopierer; vgl. Abschnitte 2.3.2 und 4.1.3.3) ein gutes Bild zu erhalten, muß die ganze Vorlage in

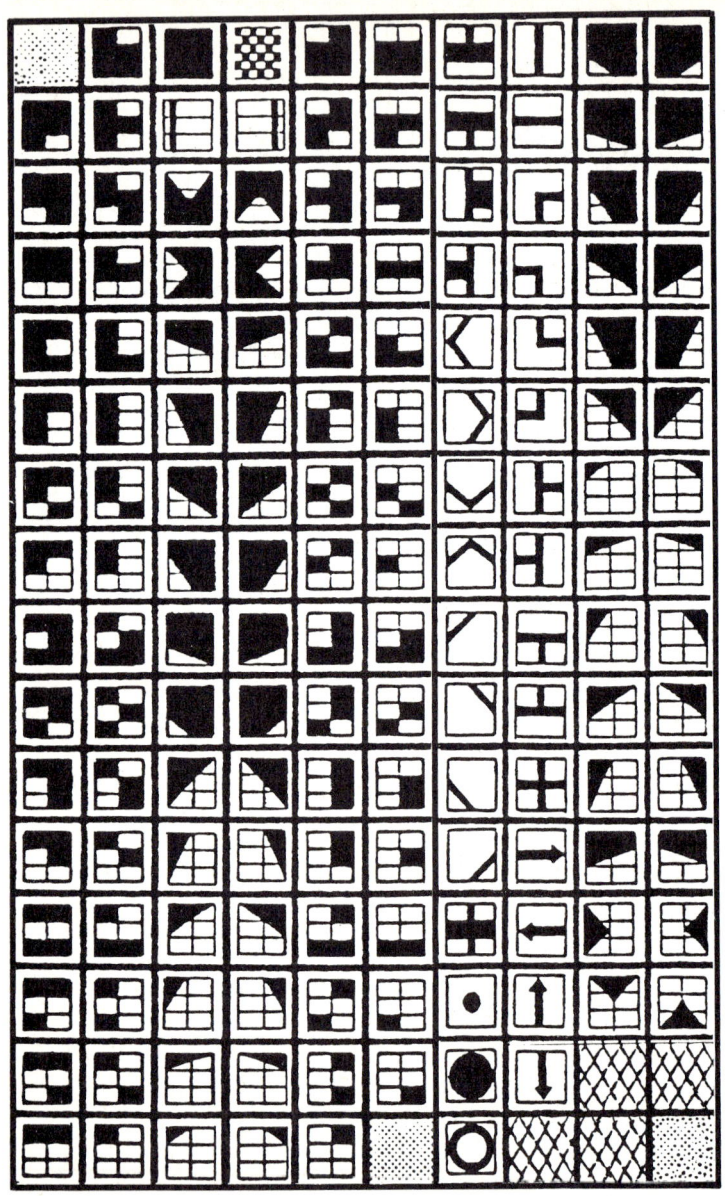

Abb. 2.1.2.2/4: Zeichensatz für Mosaikgrafiken (Bildschirmtext)

20 bis 40 Bildpunkte/mm² aufgelöst werden. Dies ergibt mindestens 24 Millionen Bildpunkte für eine DIN-A4-Seite. Unter der Annahme, daß 64 bis 256 Grau- bzw. Farbstufen erfaßt werden sollen, wird pro Bildpunkt eine Speicherstelle (ein Byte) benötigt, d.h. der Kapazitätsbedarf für ein DIN-A4-Bild ist rund 12 000mal so hoch wie für eine entsprechende Seite Text.

Um kostspieligen Speicherplatz zu sparen und um die Übertragungszeit zu verkürzen, bedient man sich *Verdichtungstechniken* zur möglichst komprimierten Darstellung bei der Digitalisierung von Bildern. Trotzdem bedingen akzeptable Antwortzeiten[1] im Dialogbetrieb Übertragungsraten, die z.B. bei fotografischen Farbvorlagen einige hundert-

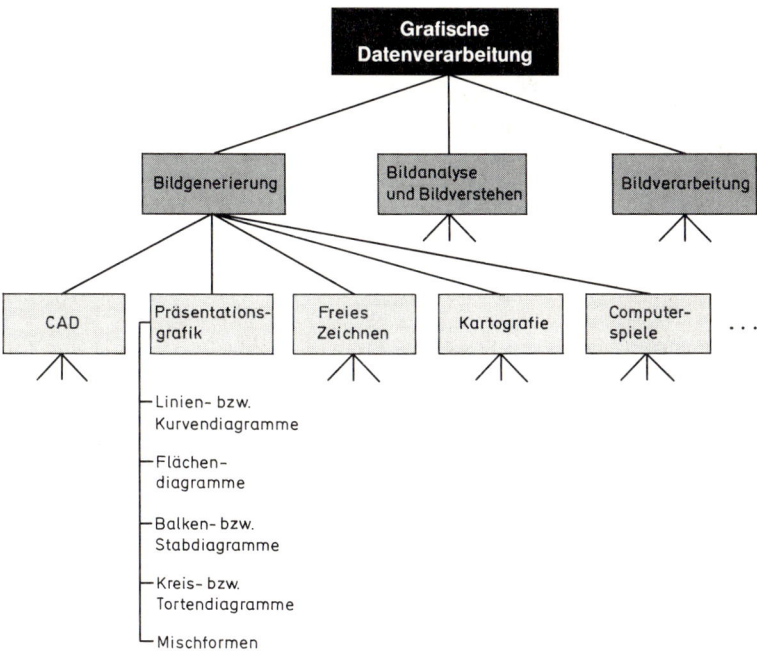

Abb. 2.1.2.2/5: Überblick über die Gebiete der grafischen Datenverarbeitung

---

1 Das Antwortzeitverhalten der EDVA ist ein wichtiger Faktor für die «Benutzerfreundlichkeit» eines Informationssystems. Näheres hierzu folgt im Abschnitt 2.4.4. Unter Antwortzeit wird die Wartezeit zwischen dem Ende der Eingabe durch den Benutzer und dem Beginn der Ausgabe durch die EDVA verstanden.

mal so hoch sein müssen, wie bei der elektronischen Übertragung schriftlicher Information.

Ebenso wie schriftliche Daten lassen sich bildliche Daten in ihrer Struktur beschreiben, in Dateien bzw. Datenbanken abspeichern und wiedergewinnen. Eine *Bilddatenstruktur* (engl.: picture data structure) wird durch die Darstellungselemente eines Bildes (Punkte, Linien, Zeichen) und die Beziehungen zwischen diesen gekennzeichnet.

Ein *Beispiel für eine Bilddatei* ist eine *Bildschirmtextdatei*, die eine oder mehrere Grafikseiten (= Sätze) beinhaltet (Näheres zu Bildschirmtext folgt im Abschnitt 4.1.3.4). Ein weiteres Beispiel sind die abgespeicherten *Konstruktionszeichnungen eines CAD-Systems*.

Die Abb. 2.1.2.2/5 zeigt die Verarbeitung bildlicher Daten nochmals im Überblick.

→ Übungsaufgaben Nr. I-36 und I-37 im Arbeitsbuch

## Sprachliche Daten

Der größte Teil der zwischenmenschlichen Kommunikation erfolgt in sprachlicher Form. Denken Sie nur an Gerichtsverhandlungen, Vorlesungen, Konferenzen, Verkaufsgespräche, Mitarbeiterdiskussionen. Meistens wird Information nur dann schriftlich oder bildlich aufgezeichnet, wenn später wieder darauf zurückgegriffen werden soll, wenn Partner nicht direkt bzw. nicht kostengünstig angesprochen werden können oder wenn Dritte Aufzeichnungen verlangen.

Bei der *Information in gesprochener Form* wird durch Betonung, Satzmelodie, Rhythmus und Tempo des Sprechers ein *weitaus größerer Informationsumfang* übermittelt, als bei der schriftlichen Information.

Unter «**Sprache**» (engl.: voice, speech) wird im folgenden, soweit nicht gesondert gekennzeichnet, die menschliche Lautsprache verstanden. Sie besteht aus phonetischen Einheiten (Phoneme, Silben, Wörter), welche in sinnvoller Weise zueinander in Beziehung stehen und der zwischenmenschlichen Verständigung dienen.

Für die *rechnergestützte Verarbeitung von Sprache* wird diese *über Mikrofon erfaßt* und einer *Analog-Digital-Wandlung* unterzogen. Es gibt mehrere *Digitalisierungsverfahren*, die auf unterschiedlichem Wege feststellen, wie sich die der Sprache entsprechenden Signale in ihrer Amplitude (Signalstärke) und Frequenz (Tonhöhe) in der Zeit verändern. Die erhaltenen Meßwerte werden von erkannten Störeinflüssen befreit und in verfahrensabhängiger Weise digitalisiert.

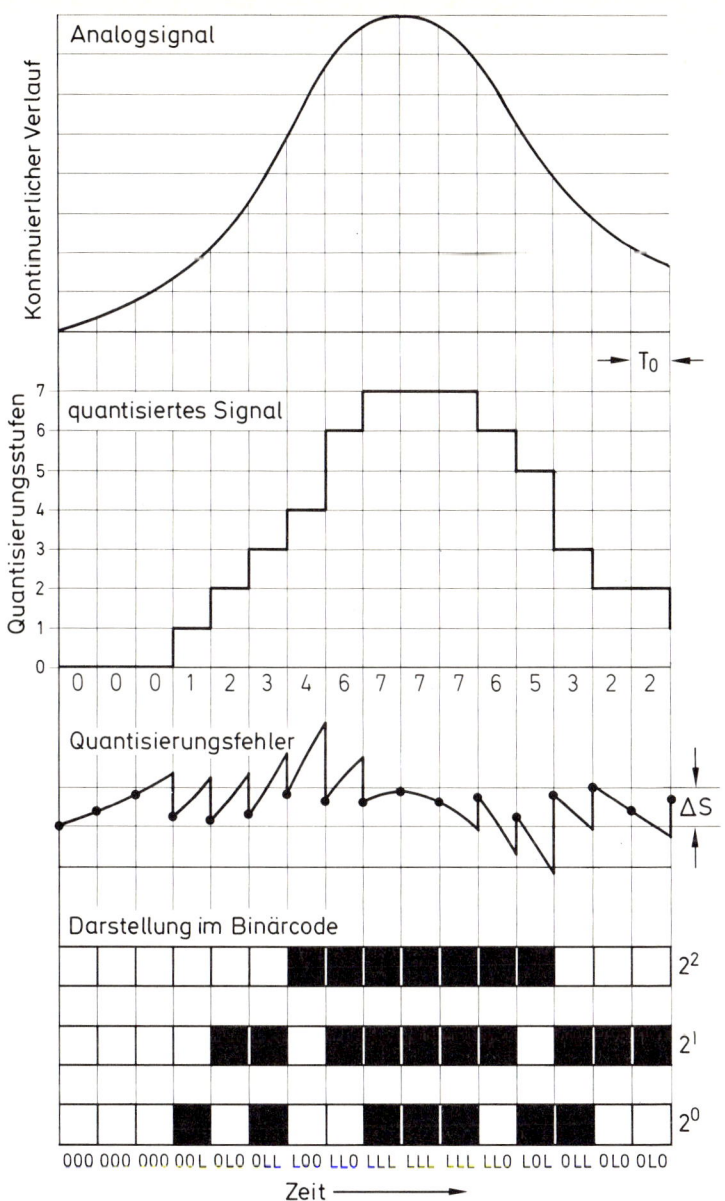

**Analogsignal**

Kontinuierlicher Verlauf

$T_0$

**quantisiertes Signal**

Quantisierungsstufen

7
6
5
4
3
2
1
0

0 0 0 1 2 3 4 6 7 7 7 6 5 3 2 2

**Quantisierungsfehler**

$\Delta S$

**Darstellung im Binärcode**

$2^2$

$2^1$

$2^0$

000 000 000 00L 0L0 0LL L00 LL0 LLL LLL LLL LL0 L0L 0LL 0L0 0L0

Zeit ⟶

$\Delta S$ = mittlerer Quantisierungsfehler,   $T_0$ = Quantisierungsintervalle

Abb. 2.1.2.2/6: PCM-Technik

Ein einfaches Verfahren ist die *Nulldurchgangsanalyse,* auch *PCM-Technik* genannt (PCM ist die Abkürzung für engl.: pulse code modulation)[2]. Dabei wird gezählt, wie oft die elektrische Spannung, die dem Sprachsignal entspricht, in einem festgelegten Zeitabschnitt zwischen positiven und negativen Werten wechselt. Die Zahl der sog. Nulldurchgänge ist ein Maß für die Frequenz des Signals. Man kann die Nulldurchgangsanalyse verfeinern, indem man das Sprachsignal mit Hilfe dreier Filter zunächst in drei Frequenzbänder unterteilt und in jedem dieser Bänder die Zahl der Nulldurchgänge getrennt mißt. Dieses Verfahren ist wirtschaftlich attraktiv, weil es mit Hilfe sehr einfacher elektronischer Schaltungen durchgeführt werden kann.

Bei der *PCM-Technik,* die *beim digitalen Telefonieren* verwendet wird, erfolgen 8000 Messungen pro Sekunde. Die einzelnen Meßwerte werden durch jeweils acht Bits dargestellt. Damit müssen pro Sekunde Sprechen 64000 Bits übertragen und – bei Weiterverarbeitung – abgespeichert werden.

Andere Verfahren, wie etwa die *Filterbandtechnik,* bei welcher der Sprachschall in 20 bis 30 Frequenzbändern parallel gemessen wird, bringen genauere Ergebnisse oder erlauben eine höhere Datenkompression.

Zum Beispiel wird bei der *LPC-Technik* (LPC ist die Abkürzung für engl.: linear predictive coding) aus einem Sprachtraktmodell, das den Sprachschall von Kehlkopf, Rachen-, Mund- und Nasenraum nachbildet, eine Datenrate von 2400 bis 4800 Bits pro Sekunde Sprechen realisiert.

*Zur Reduktion irrelevanter Information sowie zum Ausgleich von Amplitudenspitzen* (nicht immer wird mit gleicher Lautstärke gesprochen) ist ein *beträchtlicher Rechenaufwand in Realzeit* zu leisten. Für gebräuchliche Verfahren gibt es allerdings preiswerte, leistungsfähige Chips.

Die eigentliche *rechnergestützte* Verarbeitung der digitalisierten *Sprachdaten* gliedert sich in folgende Bereiche:

1. *Spracheingabe* (engl.: voice input) *mit den Teilgebieten Sprechererkennung* (engl.: speaker identification and verification) *und Spracherkennung* (engl.: voice recognition)

Bei der *Sprechererkennung* geht es darum, zu ermitteln, wer gesprochen hat. So kann z.B. bei der kriminologischen Untersuchung von

---

2 «PCM» dient auch als Abkürzung für eine völlig andere Bezeichnung, nämlich für die Hersteller von EDV-Geräten, die steckerkompatibel zu jenen des Marktführers IBM sind (engl.: plug compatible manufacturers). Näheres folgt im Abschnitt 2.3.3.

Telefonaufzeichnungen aufgrund des charakteristischen Klangbilds der Stimme ein anonymer Anrufer identifiziert werden (nicht kooperativer Sprecher). Bei der *Sprecherverifikation* wird aufgrund von Sprachproben bei einem kooperativen Sprecher eine Berechtigungsprüfung durchgeführt (z.B. Zugangskontrolle im Rechenzentrum, Identitätsnachweis in Banken).

Bei der *Spracherkennung* soll festgestellt werden, was gesprochen wurde. Damit lassen sich theoretisch alle Eingaben über Tastaturen ersetzen. Hierzu gibt es Systeme zum *Erkennen isoliert gesprochener Worte* (Einzelworterkennung), zum *Erkennen fließender Rede* sowie zur *Sprachanalyse und zum Sprachverstehen*. Letztere versuchen mit Methoden der «Künstlichen Intelligenz» (Näheres folgt) der Frage nachzugehen, *worüber* gesprochen wurde. Dazu bedienen sie sich sog. «Wissensbanken», die Daten über die Syntax, Bedeutungsstrukturen (Semantik) und Situationszusammenhänge von Sachverhalten (Pragmatik) bestimmter, beschränkter Aufgabengebiete enthalten.

2. *Sprachspeicherung und -übermittlung* (engl.: voice store and forward, speech filing)

Sprachspeicher- und -übermittlungssysteme ermöglichen «*zeitversetztes Telefonieren*». Die Benutzer können über ihren Telefonapparat gesprochene Nachrichten in einem Rechner abspeichern, anhören und – auf Wunsch zeitverzögert – versenden.

Diese Nachrichten sind in einer *Sprachdatei* abgelegt. Auch hier spricht man also von Dateien.

3. *Sprachausgabe* (engl.: voice output)

*Die Sprachausgabe über Lautsprecher kann durch natürliche oder synthetische Sprache erfolgen.*

*Natürliche Sprachnachrichten bestehen*
– aus gesprochenen, abgespeicherten Mitteilungen, die in unveränderter Folge ausgegeben werden (bei Sprachspeicher- und -übermittlungssystemen) oder
– aus «Einzelwortkonserven» (eventuell auch einzelnen Sätzen oder Satzteilen), die in einem Festwertspeicher abgelegt sind. Die Bildung der Ausgabenachricht geschieht, indem die abgespeicherten Worte je nach Zweck über ihre Speicheradressen in der jeweils sinnvollen Reihenfolge aufgerufen werden (*Wortgeneratoren*).

Während bei der Verwendung natürlicher Sprache der Sprachumfang auf die eingegebenen Wörter oder Sätze beschränkt ist, besitzen die sog. *Phonemgeneratoren, die mit synthetischer Sprache arbeiten*, einen praktisch unbegrenzten Wortschatz. Sie erzeugen aus schriftlichen Zeichen beliebige Worte in Lautsprache mit Hilfe von kleinsten phonetischen

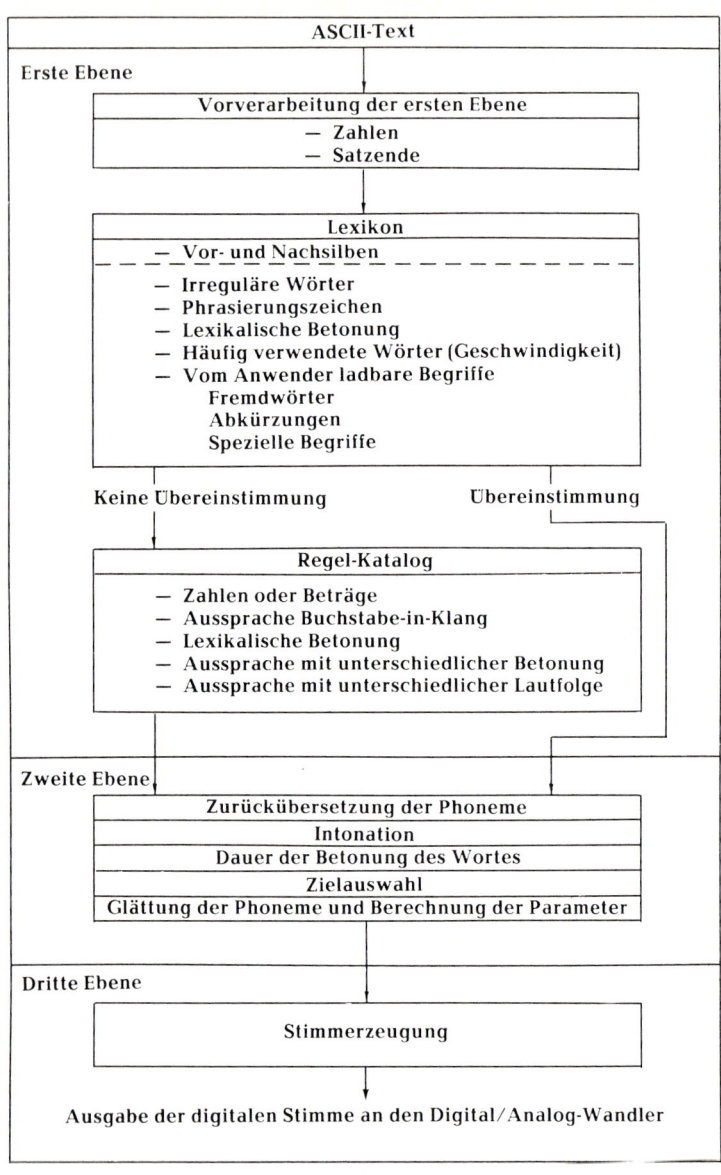

Abb. 2.1.2.2/7: Softwarearchitektur eines Phonemgenerators (Quelle: DEC)

Einheiten, den sog. Phonemen, und einem umfangreichen Lexikon von mehreren hundert bis tausend Ausspracheregeln.

Die Sprachausgabe mit vorgesprochenen menschlichen Sprachproben klingt noch natürlicher als synthetisch erzeugte Sprachausgabe. Sie hat aber neben dem beschränkten Sprachumfang auf einige hundert Wörter den Nachteil, daß eine bedeutend höhere Datenrate als bei den Phonemgeneratoren zu bewältigen ist. Diese kommen zum Teil mit weniger als 100 Phonemen aus, um z.B. alle deutschen oder englischen Wörter zu synthetisieren und benötigen nur acht Bits pro Laut.

*Für die Spracheingabe und -ausgabe* werden auf dem Markt leistungsfähige *Chips* angeboten, wobei die LPC-Technik die preiswerteste Möglichkeit bietet. Solche Chips finden Sie heute schon in vielen Geräten – das Einsatzspektrum reicht vom sprechenden Bordcomputer im Cockpit von Flugzeugen und Autos über Warenausgabe- und Spielautomaten bis hin zu Telefonapparaten für das digitale Fernsprechen. *Anwendungsmöglichkeiten für die Sprachausgabe* ergeben sich überall dort, wo vorübergehende Information nur einmal wahrgenommen werden muß, besondere Aufmerksamkeit erregt werden soll und die Geräuschentwicklung nicht stört.

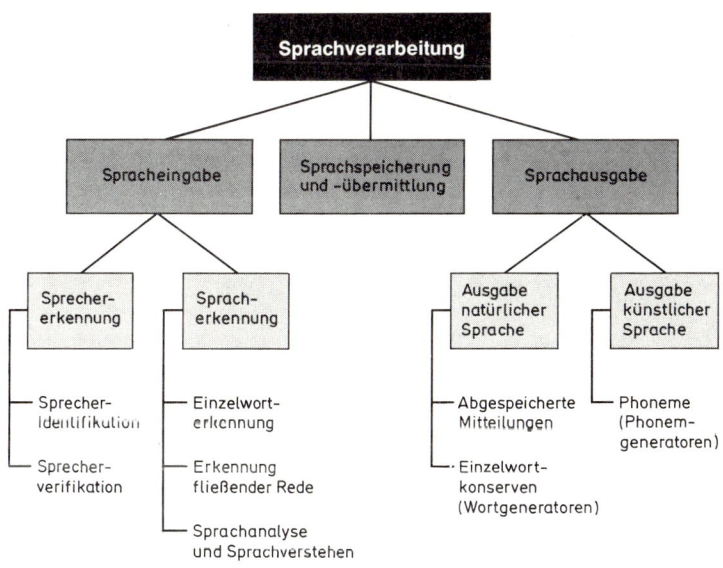

Abb. 2.1.2.2/8: Überblick über die Gebiete der Sprachverarbeitung

Bekannte größere *Sprachausgabesysteme* sind z.B. «Karlchen», ein Rechner der Deutschen Bundesbahn, der Fahrplanauskünfte erteilt, oder das System des Otto-Versands, bei dem telefonische Bestellungen im Sprachdialog mit dem Rechner durchgeführt werden. Auch Ansagedienste (telefonische Zeitansage, Lautsprecheransage auf Bahnhöfen und Flughäfen) funktionieren vielfach auf diese Weise.

Wir sind deshalb auf die Sprachausgabe näher eingegangen, weil wir später nicht mehr darauf zurückkommen werden. *Die Anwendungsmöglichkeiten in der kommerziellen Datenverarbeitung sind beim derzeitigen Entwicklungsstand der Technik noch sehr beschränkt.* Aus diesem Grund gehen wir in der Folge auch nicht mehr auf die Sprechererkennung sowie die Sprachanalyse und das Sprachverstehen ein, die sich eher noch im experimentellen Laborstadium befinden. Hingegen werden wir die Spracheingabe nochmals kurz im Rahmen der Datenerfassung (Abschnitt 3.1.4) aufgreifen, und Sie werden auch die Funktionen von Sprachspeicher- und -übermittlungssystemen noch näher kennenlernen (Abschnitt 4.1.3.1).

Die Abb. 2.1.2.2/8 zeigt die Verarbeitung sprachlicher Daten nochmals im Überblick.

→ Übungsaufgaben Nr. I-38 und I-39 im Arbeitsbuch

### 2.1.3 Datendarstellung auf rechnerinterner Ebene

Wenn Information in einer EDVA verarbeitet werden soll, muß sie in maschinengerechter Form dargestellt werden. Vorschriften für diese Informationsdarstellung nennt man *Codes*.

> Ein **Code** (engl.: code) ist eine Vorschrift für die eindeutige Zuordnung (Codierung) der Zeichen eines Zeichenvorrats zu denjenigen eines anderen Zeichenvorrats.

Ein *Beispiel* für einen nicht EDV-spezifischen Code ist der Morsecode, der zur Darstellung der Buchstaben unseres gewöhnlichen Alphabets für den Funkverkehr mit den beiden Zeichen «kurz» und «lang» oder «.» und «-» auskommt. Weitere nicht maschinenbezogene Codes sind zum Beispiel die Vorschriften, die den Zeichen der uns geläufigen Schrift bestimmte Zeichen der Blindenschrift, Bilder der ägyptischen Hieroglyphenschrift oder Symbole der chinesischen Schrift zuordnen.

128

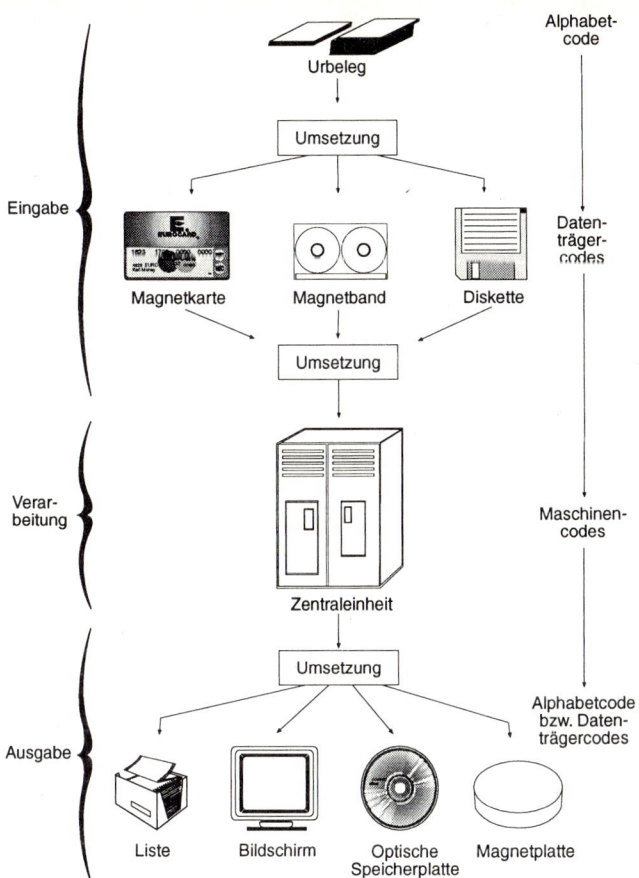

Abb. 2.1.3/1: Umsetzungsvorgänge von Information

In einem rechnergestützten Informationssystem muß der *Austausch von Information zwischen den Kommunikationspartnern Mensch und Rechner* gewährleistet sein, obwohl diese nicht dieselben Codes verwenden. Eine EDVA kann Urbelege, d.h. original bei Geschäftsvorfällen entstandene Schriftstücke, die handgeschrieben oder mit der Schreibmaschine erstellt sind, nicht lesen, wenn diese nicht in einer besonderen, computergerechten Form aufbereitet sind. Damit derartige Angaben von der Eingabeeinheit aufgenommen werden können, muß eine *Um-*

*setzung* von der handschriftlichen bzw. schreibmaschinenschriftlichen Darstellungsweise in einen für das jeweilige Eingabegerät «verständlichen» Code erfolgen. Gleiches gilt für bildliche oder sprachliche Information der Realwelt. Hierzu werden die Angaben oft auf Datenträger übertragen, die von dem betreffenden Eingabegerät gelesen werden können. Der Vielzahl von eingabegeeigneten Trägermedien entspricht eine *Vielzahl unterschiedlicher Codes*. Häufig werden für einen Datenträger, wie zum Beispiel die Diskette (vgl. Abschnitt 2.2.2.3), sogar mehrere unterschiedliche Codes verwendet. Die Umsetzung in diese Codes erfolgt bei der Datenerfassung (vgl. Abschnitt 3.1) maschinell durch die jeweiligen Erfassungsgeräte. Auch wenn der «Umweg» über externe Datenträger entfällt, z.B. wenn Daten direkt bei ihrem erstmaligen Anfall über Tastaturen oder Meßgeräte erfaßt werden, erfolgt diese Codeumsetzung – dann in den Code des betreffenden Gerätespeichers (z.B. Bildschirmspeicher).

Für die *Verarbeitung in der Zentraleinheit* muß die Information in der jeweiligen *Maschinensprache* codiert sein. Beim Einlesen wird diese deshalb aus den Codes verschiedener Eingabegeräte bzw. Datenträger in einen einzigen, den sog. *Maschinencode*, umgewandelt.

Nachdem der Verarbeitungsprozeß beendet ist, wird die Information aus dem internen Maschinencode wiederum in die *Codes der jeweiligen Ausgabegeräte bzw. -datenträger umgesetzt* (also z.B. in den Alphabetcode bei der Druckausgabe, in einen Magnetbandcode bei der Ausgabe über eine Bandeinheit usw.).

Wenn Sie zum *Beispiel* von einem *Geldausgabeautomaten* 100 DM abheben wollen, so wird zunächst anhand Ihrer Eurocheque-Karte und der eingetippten Geheimnummer Ihre Identität festgestellt. Das heißt, das Gerät liest auf dem Magnetstreifen Ihrer Karte die entsprechenden Felder (Konto-Nr., abgehobener Betrag mit Tagesdatum) und setzt die dort gespeicherten Zeichen (repräsentiert durch magnetisierte Bitpositionen) ebenso wie die eingetippten Ziffern (repräsentiert durch elektrische Tastaturimpulse) in den internen Code des Mikrorechners um, der «im Geldausgabeautomaten verborgen» die Berechtigungsprüfung durchführt. Verläuft diese positiv, so wird aus einem Fest(wert)speicher der Standardtext am Bildschirm ausgegeben, der nach dem gewünschten Betrag fragt. Auch dabei findet wieder eine Codeumsetzung statt – wie fast immer, wenn Daten von einem Medium auf ein anderes übertragen werden.

Im Abschnitt 2.1.3 befassen wir uns mit der Datendarstellung in Zentraleinheiten. Auf die Codes von externen Datenträgern gehen wir bei deren Beschreibung im Abschnitt 2.2 ein.

→ Übungsaufgabe Nr. I-40 im Arbeitsbuch

### 2.1.3.1 Organisationseinheiten für die rechnerinterne Darstellung

*Jegliche Information muß zur Verarbeitung rechnerintern auf unterster Ebene durch Binärzeichen dargestellt werden. Bits sind also die Elemente der maschineninternen Darstellung.*

> Ein **Bit** (engl.: bit; Kurzform für: binary digit) kann nur zwei Werte annehmen und ist somit die kleinste interne Organisationseinheit von Daten. Die *Bitwerte* werden von uns durch die *Symbole* «0» und «L» (sprich: binäre Null und binäre Eins) dargestellt.

Bei der Verarbeitung von Daten wird von der EDVA *eine bestimmte Folge von Bits als Einheit* betrachtet und interpretiert. Das einzelne Bit ist also normalerweise nicht zugänglich (vgl. zu Sonderfällen den Abschnitt 2.1.2.2 – Schriftliche Daten).

*Die Länge und Einteilung der gemeinsam zu speichernden und zu verarbeitenden Bitfolgen ist durch den technischen Aufbau der EDVA bestimmt.* Die – insbesondere in der kommerziellen Datenverarbeitung – konstruktionstechnisch am häufigsten vorgesehene *kleinste Bitgruppe zur internen Darstellung* ist das *Byte*.

> Ein **Byte** (engl.: byte; Kunstwort, sprich: Bait) ist eine Folge von acht Bits, die gemeinsam in einer EDVA verarbeitet werden.

Die acht Bits ermöglichen die *Darstellung von 256 verschiedenen Zeichen.* Die letzten vier Bits werden als *Zifferteil* des Bytes oder als *rechtes Halbbyte* bezeichnet. Die vier führenden Bits tragen den Namen *Zonenteil* bzw. *linkes Halbbyte.*

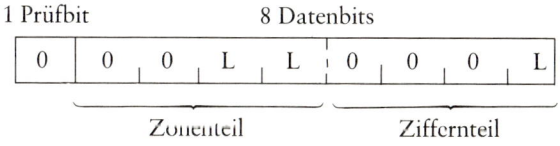

Abb. 2.1.3.1/1: Darstellung eines Zeichens in einem Byte

Meist dient ein zusätzliches, neuntes Bit dazu, bei der Übertragung und Speicherung von Daten auftretende Fehler zu erkennen (*Prüfbit*).[3] In Abhängigkeit von den acht Datenbits eines Bytes wird dieses Bit bei der Datenumsetzung auf 0 oder L gesetzt. Diese Ergänzung geschieht im allgemeinen so, daß die Summe aller L-Bits eines Bytes (einschließlich des Prüfbits) einen ungeraden Wert (Paritätswert) ergibt. Bei der Verarbeitung werden automatisch Paritätskontrollen durchgeführt, d.h. es wird immer wieder der Paritätswert nach dem gleichen Verfahren neu gebildet und mit dem Wert des Prüfbits verglichen. Stimmen die beiden Werte nicht überein, so wurden ein oder mehrere Bits durch Lese- oder Übertragungsfehler verfälscht (Paritätsfehler). In diesem Fall sind Korrekturen erforderlich, zum Beispiel durch die Wiederholung von Operationen.

*Ein Byte belegt im Zentralspeicher eine Speicherstelle.* Eine *Speicherstelle* (oft auch Speicherzelle genannt) ist die kleinstmögliche Einheit eines Speichers, die durch die Befehle eines Programms angesprochen werden kann. Eine Speicherstelle ist über eine Adresse ansprechbar. Sie kann ein alphanumerisches Zeichen aufnehmen.

EDVA, bei denen das Byte die kleinste ansprechbare Speicherungseinheit darstellt, bezeichnet man als *byteorientierte Rechner* bzw. als *Bytemaschinen*. Das Byte ist bei derartigen EDVA auch die kleinste interne Verarbeitungseinheit, jedoch lassen sich auch mehrere Bytes gemeinsam verarbeiten. Der Umfang der Daten, der von den Befehlen zusammenhängend verarbeitet werden kann, ist in Grenzen variabel. Die Grenzen werden durch den technischen Aufbau einer EDVA bestimmt; die möglichen Längen können von Befehl zu Befehl unterschiedlich sein.

---

Die Folge von Bits bzw. Bytes, die von den Befehlen einer EDVA als Einheit aufgefaßt und interpretiert wird, bezeichnet man als **Maschinenwort** (engl.: machine word) oder kurz als **Wort** (engl.: word).

---

Es gibt EDVA, die mit fester Wortlänge arbeiten. Bei diesen ist eine bestimmte, meist größere Bitfolge als kleinste Speicherungs- und Verarbeitungseinheit fest vorgegeben. Derartige *wortorientierte Rechner*

---

3 Wenn von dem Byteformat die Rede ist, so bleibt das Prüfbit im allgemeinen unerwähnt, da es nicht zur primären Informationsdarstellung dient. Man sagt zum Beispiel, ein Halbwort umfaßt 16 Bits und meint damit 16 Datenbits. Wir schließen uns diesem Sprachgebrauch an und vernachlässigen sprachlich in der Folge das Prüfbit. Das heißt, auch für uns gilt: 1 Byte = 8 Bits. Erinnern Sie sich aber bitte stets an diese Anmerkung.

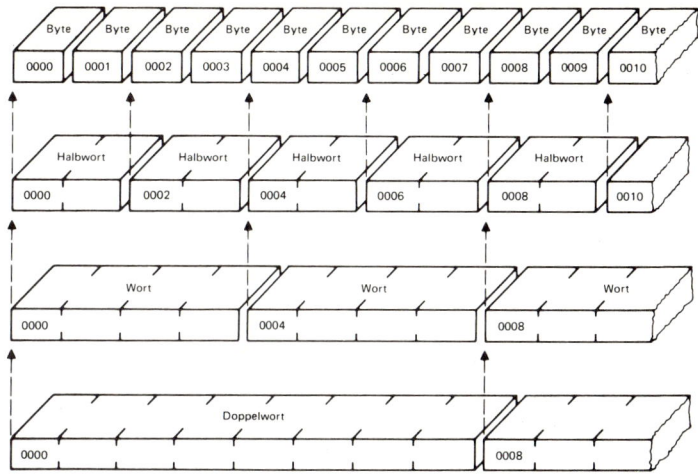

Abb. 2.1.3.1/2: Wortadressierung bei einer Bytemaschine (Zentralspeicherstellen mit vereinfachten Adressen)

bzw. *Wortmaschinen* sind konstruktiv in allen Baueinheiten (z.B. Datenbus, Register[4]) auf diese Länge abgestimmt. Dadurch erreichen sie sehr hohe Rechengeschwindigkeiten. Allerdings sind sie hinsichtlich der Strukturierung von Daten weniger flexibel, so daß sie vor allem dort eingesetzt werden, wo konstante Datenlängen – insbesondere große Zahlenwerte in Gleitkommadarstellung – überwiegen. Dementsprechend finden sich Wortmaschinen vorwiegend im technisch-naturwissenschaftlichen Bereich. Bei häufig unterschiedlichen Längen der Datenfelder – die für kommerzielle EDV-Anwendungen typisch sind – bringt die variable Wortlänge einer EDVA wesentliche programmtechnische Vorteile und eine bessere Speicherausnutzung.[5]

Zum *Beispiel* arbeiten die meisten Minirechner (etwa von DEC, Hewlett-Packard, Prime) mit 32-Bit-Worten, Großrechner haben in der Regel eine Wortlänge von 32 oder 64 Bits.

*Die nachfolgenden Ausführungen beschränken sich auf die in Wirtschaft und Verwaltung hauptsächlich eingesetzten byteorientierten Rechner.*

---

4 Register sind kleine, sehr schnell arbeitende Speicher innerhalb der Zentraleinheit, in denen bestimmte Angaben während der Verarbeitung zur Verfügung gestellt werden. Die Funktionen dieser Einheiten werden im Abschnitt 2.3.1.1 erklärt.

5 Bei wortorientierten EDVA muß auch dann ein ganzes Wort verarbeitet werden, wenn die zu verarbeitenden Daten weniger Stellen als die Wortlänge umfassen.

Im allgemeinen können auch *Bytemaschinen zusätzlich mit festen Wortlängen* arbeiten, die auf die technische Verarbeitungsbreite, d.h. die Breite der internen Datenübertragungswege und Register, abgestimmt sind. Diese Möglichkeit wird jedoch üblicherweise nur für das Rechnen mit Dualzahlen (vgl. den Abschnitt 2.1.3.3) bzw. Gleitkommazahlen benutzt. Dabei stehen *drei verschiedene feste Längen* zur Auswahl, die *Halbwort, Wort und Doppelwort* genannt werden. Die Abb. 2.1.3.1/2 zeigt diese Wortadressierung bei einer Bytemaschine mit einer Verarbeitungsbreite von 32 Bits.

→ Übungsaufgabe Nr. I-41 im Arbeitsbuch

### 2.1.3.2 Codierung von Buchstaben, Ziffern und Sonderzeichen (EBCDI-Code)

Die Annahme, daß ein Rechner intern nur mit Zahlen arbeitet, ist falsch. Eine Folge von 32 Bits muß genau so wenig als eine Zahl aufgefaßt werden, wie ein Markstück als Gegenwert für 50 Gummibärchen. Um den gleichen Preis erhalten Sie zehn Kaugummis, fünf billige Zigaretten oder das Lächeln eines Straßenmusikanten. Analog dazu kann ein und dieselbe Bitfolge einmal eine Zahl, einmal eine Buchstabenfolge (z.B. Otto), 32 Punkte auf einem Fernsehschirm oder einen Befehl an den Rechner darstellen.

*Die Interpretation der Bitfolge hängt von der Rolle ab, die sie in dem Programm spielt, das sie verwendet, und dem Code, in dem sich die beteiligten Systemkomponenten verständigen.*

Zur Darstellung von Buchstaben, Ziffern und Sonderzeichen werden überwiegend der *Extended Binary-Coded Decimal Interchange Code* (Abkürzung: EBCDIC) und der *American Standard Code of Information Interchange* (Abkürzung: ASCII) benutzt. Es gibt Rechnerhersteller, die für ihre EDVA nur den EBCDIC vorgesehen haben (wie z.B. IBM), und andere, bei deren Anlagen sowohl der EBCDIC als auch der ASCII verwendet werden kann (wie z.B. Unisys). Hier wird nur der EBCDI-Code dargestellt.

---

Der **EBCDIC** benutzt zur Informationsdarstellung eine *feste Länge von acht Bits*, die in zwei sog. *Tetraden* zu je vier Bits unterteilt ist (Zonen- und Ziffernteil). *Alphanumerische Daten werden zeichenweise den vereinbarten Bitkombinationen zugeordnet*, d.h. für jedes alphanumerische Zeichen wird ein Byte vorgesehen.

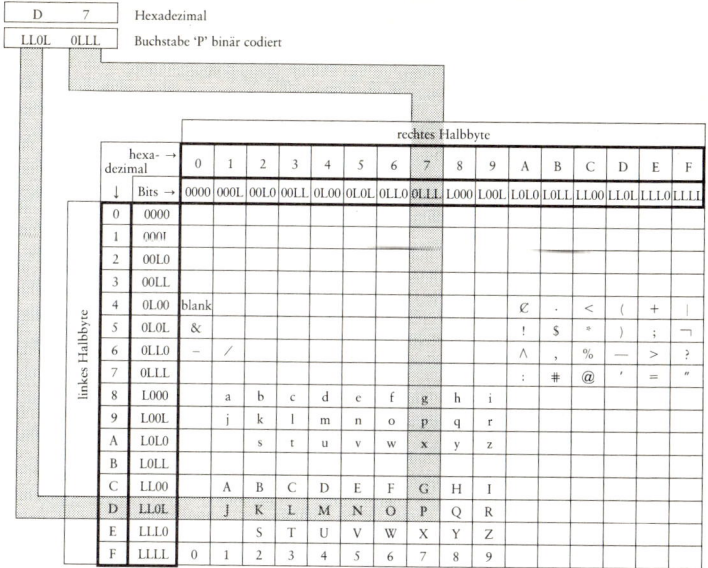

| | | D | 7 | | Hexadezimal | | | | | | | | | | |
|---|---|---|---|---|---|---|---|---|---|---|---|---|---|---|---|
| | | LL0L | 0LLL | | Buchstabe 'P' binär codiert | | | | | | | | | | |

| | | rechtes Halbbyte | | | | | | | | | | | | | | |
|---|---|---|---|---|---|---|---|---|---|---|---|---|---|---|---|---|---|
| hexa- → dezimal | | 0 | 1 | 2 | 3 | 4 | 5 | 6 | 7 | 8 | 9 | A | B | C | D | E | F |
| ↓ Bits → | | 0000 | 000L | 00L0 | 00LL | 0L00 | 0L0L | 0LL0 | 0LLL | L000 | L00L | L0L0 | L0LL | LL00 | LL0L | LLL0 | LLLL |
| 0 | 0000 | | | | | | | | | | | | | | | | |
| 1 | 000L | | | | | | | | | | | | | | | | |
| 2 | 00L0 | | | | | | | | | | | | | | | | |
| 3 | 00LL | | | | | | | | | | | | | | | | |
| 4 | 0L00 | blank | | | | | | | | | | ¢ | . | < | ( | + | \| |
| 5 | 0L0L | & | | | | | | | | | | ! | $ | * | ) | ; | ¬ |
| 6 | 0LL0 | − | / | | | | | | | | | ^ | , | % | — | > | ? |
| 7 | 0LLL | | | | | | | | | | | : | # | @ | ' | = | " |
| 8 | L000 | | a | b | c | d | e | f | g | h | i | | | | | | |
| 9 | L00L | | j | k | l | m | n | o | p | q | r | | | | | | |
| A | L0L0 | | | s | t | u | v | w | x | y | z | | | | | | |
| B | L0LL | | | | | | | | | | | | | | | | |
| C | LL00 | | A | B | C | D | E | F | G | H | I | | | | | | |
| D | LL0L | | J | K | L | M | N | O | P | Q | R | | | | | | |
| E | LLL0 | | | S | T | U | V | W | X | Y | Z | | | | | | |
| F | LLLL | 0 | 1 | 2 | 3 | 4 | 5 | 6 | 7 | 8 | 9 | | | | | | |

*linkes Halbbyte*

Abb. 2.1.3.2/1: EBCDI-Code (Beispiel: Buchstabe «P» binär und hexadezimal codiert)

Derartige Bitfolgen dienen zur Darstellung von Großbuchstaben, Kleinbuchstaben[6], Dezimalziffern und Sonderzeichen (vgl. Abb. 2.1.3.2/ 1). Darüber hinaus sind bestimmte Binärmuster des EBCDIC als Steuerzeichen für Ein- und Ausgabegeräte der EDVA reserviert (wie z.B. Zeilenvorschub beim Drucken von Ausgabedaten), die aber in der Abb. 2.1.3.2/1 nicht aufgeführt sind. Die mögliche *Darstellungskapazität von $2^8 = 256$* Zeichen wird bei weitem nicht ausgenutzt, d.h. der Code ist erweiterungsfähig.

*Anmerkung:* Ausführungen zur hexadezimalen Darstellungsform folgen im Abschnitt 2.1.3.3.

Zur Darstellung von Dezimalziffern, Buchstaben und Sonderzeichen wird im Zonen- und im Ziffernteil für jedes Zeichen ein bestimmtes Binärmuster reserviert.

---

6 Anfänglich waren in der EDV die Kleinbuchstaben kaum gebräuchlich, die heute überwiegende Groß- und Kleinschreibung dient der Benutzerfreundlichkeit von EDV-Ausgaben.

So zum *Beispiel* für den Buchstaben C:

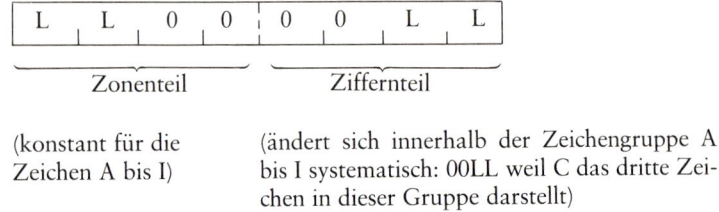

| L | L | 0 | 0 | 0 | 0 | L | L |

Zonenteil  Ziffernteil

(konstant für die            (ändert sich innerhalb der Zeichengruppe A
Zeichen A bis I)            bis I systematisch: 00LL weil C das dritte Zei-
                                   chen in dieser Gruppe darstellt)

Das Wort HAUS sieht im EBCDI-Code so aus:

| H | A | U | S |
|---|---|---|---|
| LL00L000 | LL00000L | LLL00L00 | LLL000L0 |

Die Dezimalzahl 333 lautet im EBCDIC:

| 3 | 3 | 3 |
|---|---|---|
| LLLL00LL | LLLL00LL | LLLL00LL |

→ Übungsaufgabe Nr. I-42 im Arbeitsbuch

### 2.1.3.3 Codierung von Zahlen

Während die Codes zur rechnerinternen Darstellung von einzelnen
schriftlichen Zeichen international genormt sind (EBCDIC, ASCII), erfolgt die *Codierung von Zahlen im Speicher nach verschiedenen Verfahren*, die sich von EDVA zu EDVA – teilweise geringfügig – unterscheiden.

*Zahlen, mit denen die Adressen im Zentralspeicher durchnumeriert
sind oder mit denen bei der Datenverarbeitung gerechnet wird, sind
dual codiert. Das heißt, sie werden durch Ziffern des dualen Zahlensystems repräsentiert, nach dessen Regeln auch die Rechenoperationen
erfolgen.* Deshalb benötigen Sie Grundkenntnisse über dieses Zahlensystem. Es verwendet zur Bildung von Zahlen nur zwei Ziffern (Dualzif-
fern), wodurch einfachste elektronische Grundschaltungen zur Ausführung von Berechnungen verwendet werden können.

*«Dual» ist also nicht gleichbedeutend mit «binär», sondern bezieht
sich nur auf die Darstellung von Zahlen.* Ein Bit ist die Stelle (der Platz),
wo eine duale Ziffer dargestellt sein kann. Die duale Zahl 11100101 hat
zum Beispiel acht duale Ziffern und benötigt zur Darstellung dementsprechend acht Bits (LLL00L0L).

*Die Bildung von Zahlen erfolgt im Dualsystem nach denselben Prinzipien wie im Dezimalsystem.* Wir erklären deshalb zunächst die Bauart von Zahlen im allgemeinen und bei der Ihnen wohlvertrauten Dezimalschreibweise.

*Umrechnungen von einem Zahlensystem in ein anderes werden vom Rechner automatisch vorgenommen.* Die folgenden Ausführungen dienen dazu, Ihnen die dabei ablaufenden Vorgänge sowie die Grundlagen des Computerrechnens zu verdeutlichen.

### Stellenwertsysteme

Im Dezimalsystem läßt sich der Wert einer Zahl aus dem Wert und der Stellung der Ziffern ermitteln. So repräsentiert z.B. bei der Dezimalzahl 333 die erste 3 den Wert 300, die zweite den Wert 30 und die dritte den Wert 3.

Ein Zahlensystem, bei dem der Wert einer Ziffer innerhalb einer Ziffernfolge von ihrer Stellung abhängt, heißt **Stellenwertsystem**.

Nicht jedes Zahlensystem ist ein Stellenwertsystem – denken Sie nur an das römische Zahlensystem.

Bei Stellenwertsystemen nimmt der Wert einer Ziffer von Ziffernposition zu Ziffernposition jeweils um einen bestimmten Faktor, der sog. *Basis* des Systems, zu.

Ein Stellenwertsystem mit der Basis B verfügt über einen Zeichenvorrat von B Ziffern $(0, 1, \ldots, B-1)$. In einem solchen System errechnet sich der Wert W einer positiven ganzen Zahl, die durch n Ziffern dargestellt wird, nach der Formel

$$\underbrace{W}_{\substack{\text{Gesamt-}\\\text{wert}}} = \sum_{i=0}^{n-1} \underbrace{\underbrace{b_i}_{\substack{\text{Nenn-}\\\text{wert}}} \cdot \underbrace{B^i}_{\substack{\text{Stellen-}\\\text{wert}}}}_{\text{Ziffernwert}}$$

Dabei bezeichnet $b_i$ die i-te Ziffer in der Ziffernfolge (von rechts nach links numeriert). Für die Ziffer $b_i$ der Ziffernfolge gilt offenbar $0 \leq b_i \leq B-1$.

Den absoluten, d.h. positionsunabhängigen Wert einer Ziffer bezeichnet man als *Nennwert*. Der (positionsunabhängige) Wert, der einer Ziffer innerhalb einer Ziffernfolge zukommt, ergibt sich durch Multiplikation des Nennwerts mit dem sog. *Stellenwert.*

Bei der Dezimalzahl 675 ist z.B. der Nennwert der zweiten Ziffer 7, der Stellenwert dieser Ziffer 10. Der Ziffernwert ist demnach 70.

Auch bei einem beliebigen Stellenwertsystem mit der Basis B ergibt sich, wie aus der genannten Formel ersichtlich, der *Wert einer Ziffer als Produkt aus Nenn- und Stellenwert.*

Aus der Formel ist ebenfalls erkennbar, daß der *Gesamtwert einer Zahl gleich der Summe der Ziffernwerte* ist.

In einem Stellenwertsystem mit der Basis B kann der Nennwert einer Ziffer maximal B-1 sein. Wird zu einer Ziffer, deren Nennwert gerade B-1 ist, noch 1 addiert, so kommt es zu einem *Übertrag* (engl.: carry over).

Wir fassen die Ergebnisse jetzt zusammen. Für alle Stellenwertsysteme gilt:

1. Die Stellenwerte sind ganzzahlige Potenzen von der Basis des Stellenwertsystems.

2. Die Anzahl der verschiedenen Ziffern ist gleich der Basis des Stellenwertsystems.

3. Der größte Nennwert einer Ziffer ist gleich der Basis des Stellenwertsystems minus 1.

4. Der Wert, den eine Ziffer darstellt, ist von ihrer Stellung innerhalb der Zahl abhängig.

5. Der Gesamtwert einer Zahl ergibt sich als Summe der Produkte aus Nennwerten und Stellenwerten der Ziffern (vgl. Abb. 2.1.3.3/1).

6. Wird zu der größten einstelligen Zahl, die es in einem Stellenwertsystem gibt, noch 1 addiert, so erfolgt ein Übertrag.

Was bisher relativ allgemein beschrieben wurde, soll nun am Beispiel des dezimalen (B = 10) und des dualen (B = 2) Zahlensystems verdeutlicht werden.

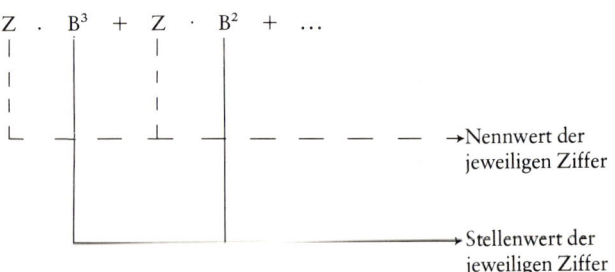

Abb. 2.1.3.3/1: Struktur eines Stellenwertsystems

## Dezimalsystem

Das **dezimale Zahlensystem** (engl.: decimal number system) wird von den meisten Menschen der Erde benutzt. Da es die Basis 10 hat, umfaßt der Ziffernvorrat 10 Zeichen (0, 1,..., 9).

Für den Wert W einer ganzen positiven Dezimalzahl, die durch n Ziffern dargestellt wird, gilt:

$$W = \sum_{i=0}^{n-1} b_i \cdot 10^i$$

Die Gleichung wird Ihnen vielleicht noch verständlicher, wenn man das Summationszeichen vermeidet:

$$W = b_{n-1} \, 10^{n-1} + \ldots + b_1 \, 10^1 + b_0 \, 10^0$$

Der Wert einer Dezimalzahl läßt sich demnach stets als Summe von Zehnerpotenzen multipliziert mit ihren Nennwerten darstellen.

Für die Dezimalzahl 3729 erhält man z.B.:

$$3729 = 3 \cdot 10^3 + 7 \cdot 10^2 + 2 \cdot 10^1 + 9 \cdot 10^0$$

Übungsaufgaben Nr. I-43 und I-44 im Arbeitsbuch

Eine ähnliche Summendarstellung läßt sich auch für beliebige endliche Dezimalbrüche angegeben. Für den Wert W einer Dezimalzahl mit n Stellen vor und m Stellen nach dem Komma gilt entsprechend:

$$W = \sum_{i=-m}^{n-1} b_i \cdot 10^i$$

Wir schreiben auch diese Gleichung ausführlicher:

$$W = b_{n-1} \, 10^{n-1} + \ldots + b_0 \, 10^0 + b_{-1} \, 10^{-1} + \ldots + b_{-m} \, 10^{-m}$$

Für die Dezimalzahl 333,56 gilt zum Beispiel:

$$333{,}56 = 3 \cdot 10^2 + 3 \cdot 10^1 + 3 \cdot 10^0 + 5 \cdot 10^{-1} + 6 \cdot 10^{-2}$$

## Dualsystem

Das **Dualsystem** (engl.: binary number system) ist ein Stellenwertsystem mit der Basis 2.

→ Übungsaufgabe Nr. I-45 im Arbeitsbuch

Da das duale Zahlensystem nur über *zwei verschiedene Ziffern* verfügt, *nämlich 0 und 1*, werden bereits für Zahlen, die größer als 1 sind, mehrere Stellen benötigt. Die *Stellenwerte* sind dabei nicht mehr – wie beim Dezimalsystem – Potenzen von 10, sondern *Potenzen von 2*.

Der (dezimale) Wert einer positiven ganzen Dualzahl mit n Ziffern ergibt sich aus der Formel

$$W = \sum_{i=0}^{n-1} b_i \cdot 2^i$$

Für endliche Dualbrüche mit n Stellen vor und m Stellen nach dem Komma gilt entsprechend

$$W = \sum_{i=-m}^{n-1} b_i \cdot 2^i$$

| n | $2^n$ | n | $2^n$ |
|---|---|---|---|
| 0 | 1 | 13 | 8192 |
| 1 | 2 | 14 | 16384 |
| 2 | 4 | 15 | 32768 |
| 3 | 8 | 16 | 65536 |
| 4 | 16 | 17 | 131072 |
| 5 | 32 | 18 | 262144 |
| 6 | 64 | 19 | 524288 |
| 7 | 128 | 20 | 1048576 |
| 8 | 256 | 21 | 2097152 |
| 9 | 512 | 22 | 4194304 |
| 10 | 1024 | 23 | 8388608 |
| 11 | 2048 | 24 | 16777216 |
| 12 | 4096 | | |

Abb. 2.1.3.3/2: Tabelle der Zweierpotenzen

Unter Verwendung dieser Beziehungen können die dezimalen Äquivalente von Dualzahlen leicht bestimmt werden (vgl. Abb. 2.1.3.3/2)

Um *Dualzahlen* von Dezimalzahlen zu unterscheiden, versehen wir erstere immer dann mit dem *Index 2*, wenn Verwechslungen möglich sind.

*Umwandlung von Dual- in Dezimalzahlen*

Um die einer Dualzahl entsprechende Dezimalzahl zu erhalten, hat man, wie Sie aus den angeführten Formeln erkennen können, die Dualzahl als Summe von Zweierpotenzen darzustellen, die mit ihren Nennwerten multipliziert werden.

Wir führen zwei *Beispiele* an:

$$1100_2 = 1 \cdot 2^3 \quad + 1 \cdot 2^2 \quad + 0 \cdot 2^1 \quad + 0 \cdot 2^0$$
$$\phantom{1100_2} = 8 \phantom{\cdot 2^3} \quad + 4 \phantom{\cdot 2^2} \quad + 0 \phantom{\cdot 2^1} \quad + 0$$
$$\phantom{1100_2} = \phantom{aaaaaaaaaa} 12$$

$$0{,}111_2 = 0 \cdot 2^0 \quad + 1 \cdot 2^{-1} + 1 \cdot 2^{-2} + 1 \cdot 2^{-3}$$
$$\phantom{0{,}111_2} = 0 \phantom{\cdot 2^0} \quad + 0{,}5 \phantom{aa} + 0{,}25 \phantom{aa} + 0{,}125$$
$$\phantom{0{,}111_2} = \phantom{aaaaaaaa} 0{,}875$$

Übungsaufgabe Nr. I-46 im Arbeitsbuch ❮

Die Rechnungen für die Umwandlung der ersten zehn positiven ganzen Dualzahlen in Dezimalzahlen sind in der nachstehenden Tabelle zusammengefaßt:

| Dualzahl | Summendarstellung | | | | | | | | | Dezimalzahl |
|---|---|---|---|---|---|---|---|---|---|---|
| $0_2$ | $=$ | | | | | | | $0 \cdot 2^0$ | $=$ | 0 |
| $1_2$ | $=$ | | | | | | | $1 \cdot 2^0$ | $=$ | 1 |
| $10_2$ | $=$ | | | | | $1 \cdot 2^1$ | $+$ | $0 \cdot 2^0$ | $=$ | 2 |
| $11_2$ | $=$ | | | | | $1 \cdot 2^1$ | $+$ | $1 \cdot 2^0$ | $=$ | 3 |
| $100_2$ | $=$ | | | $1 \cdot 2^2$ | $+$ | $0 \cdot 2^1$ | $+$ | $0 \cdot 2^0$ | $=$ | 4 |
| $101_2$ | $=$ | | | $1 \cdot 2^2$ | $+$ | $0 \cdot 2^1$ | $+$ | $1 \cdot 2^0$ | $=$ | 5 |
| $110_2$ | $=$ | | | $1 \cdot 2^2$ | $+$ | $1 \cdot 2^1$ | $+$ | $0 \cdot 2^0$ | $=$ | 6 |
| $111_2$ | $=$ | | | $1 \cdot 2^2$ | $+$ | $1 \cdot 2^1$ | $+$ | $1 \cdot 2^0$ | $=$ | 7 |
| $1000_2$ | $=$ | $1 \cdot 2^3$ | $+$ | $0 \cdot 2^2$ | $+$ | $0 \cdot 2^1$ | $+$ | $0 \cdot 2^0$ | $=$ | 8 |
| $1001_2$ | $=$ | $1 \cdot 2^3$ | $+$ | $0 \cdot 2^2$ | $+$ | $0 \cdot 2^1$ | $+$ | $1 \cdot 2^0$ | $=$ | 9 |
| $1010_2$ | $=$ | $1 \cdot 2^3$ | $+$ | $0 \cdot 2^2$ | $+$ | $1 \cdot 2^1$ | $+$ | $0 \cdot 2^0$ | $=$ | 10 |

Abb. 2.1.3.3/3: Umrechnung von Dual- in Dezimalzahlen

### *Umwandlung von Dezimal- in Dualzahlen*

Die einfachste Methode der Umwandlung von Dezimalzahlen in Dualzahlen ist das *Verfahren der fortgesetzten Division*. Dabei wird in einem ersten Schritt die umzuwandelnde Dezimalzahl durch 2 dividiert und der Rest von 0 oder 1 als Nennwert der niedrigsten Stelle der gesuchten Dualzahl registriert. In einem zweiten Schritt wird der Quotient der ersten Division erneut durch 2 geteilt; der Rest ergibt die zweitniedrigste Stelle der Dualzahl. Dieses Verfahren wird solange fortgesetzt, bis der Quotient 1 ist. Dieser Quotient stellt den Nennwert der Stelle mit dem höchsten Stellenwert der Dualzahl dar.

*Beispiel*: Die Zahl 333 ist in eine Dualzahl umzuwandeln.

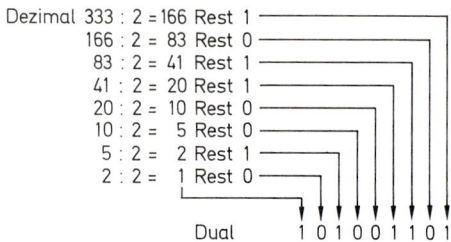

Ergebnis: Die Dezimalzahl 333 entspricht der Dualzahl 101001101.

→ Übungsaufgaben Nr. I-47 und I-48 im Arbeitsbuch

*Grundrechnungsarten*

Für die *Addition von Dualzahlen* gelten die gleichen Rechenregeln wie im Dezimalsystem, nur daß anstelle des Zehnerübertrages der Zweierübertrag auftritt.

Rechenvorschriften für die duale Addition:

$0 + 0 = 0$
$1 + 0 = 1$
$0 + 1 = 1$
$1 + 1 = 0$ (0 und Übertrag)

*Beispiel*:

| | | |
|---|---|---|
| $100100_2$ | entspricht der | 36 |
| $+ 10110_2$ | dezimalen Addition | $+ 22$ |
| $111010_2$ | | 58 |

Die *Subtraktion von Dualzahlen* kann direkt oder mit Hilfe der Komplementärzahlen erfolgen. Die direkte duale Subtraktion wird nach denselben Rechenvorschriften durchgeführt wie im Dezimalsystem.

Rechenvorschriften für die direkte duale Subtraktion:

$0 - 0 = 0$
$1 - 1 = 0$
$1 - 0 = 1$
$0 - 1 = -1$ (1 und Übertrag)

*Beispiel*:

| | | |
|---|---|---|
| $10110_2$ | entspricht der | 22 |
| $-1010_2$ | dezimalen Subtraktion | $-10$ |
| $1100_2$ | | 12 |

Übungsaufgabe Nr. I-49 im Arbeitsbuch ←

In den meisten EDVA werden *duale Subtraktionen* nicht direkt, sondern *mit Hilfe der Komplementärzahl* durchgeführt. Bei der Subtraktion wird vom Subtrahenden das Zweierkomplement gebildet und zum Minuenden addiert. Das Zweierkomplement einer Dualzahl entsteht dadurch, daß jede 0 durch 1 und 1 durch 0 ersetzt wird und daß zur wertniedrigsten Stelle (rechts außen) der Wert 1 addiert wird. Der Übertrag der höchsten Stelle wird ignoriert. Wenn kein Übertrag entsteht, ist das Resultat negativ und in komplementärer Form vorhanden. Es muß deshalb rekomplementiert werden, d.h. es ist wiederum jede 1 durch 0 und jede 0 durch 1 zu ersetzen und 1 zu addieren.

*Beispiel:* Von $100101_2$ (Minuend) soll $100001_2$ (Subtrahend) subtrahiert werden.

1. Bildung des Zweierkomplements des Subtrahenden:

$$1\ 0\ 0\ 0\ 0\ 1 \text{ (Subtrahend)}$$

| a) Umkehren | 0 1 1 1 1 0 |
| b) 1 addieren | +      1 |

Zweierkomplement     0 1 1 1 1 1

2. Addition des Zweierkomplements:

$$1\ 0\ 0\ 1\ 0\ 1 \text{ (Minuend)}$$
$$+\ 0\ 1\ 1\ 1\ 1\ 1 \text{ (Zweierkomplement des Subtrahen-}$$
den)

Ergebnis    (1) 0 0 0 1 0 0

Die Rechenvorschriften für die *Multiplikation und die Division von Dualzahlen* entsprechen den Regeln des Dezimalsystems.

Rechenvorschriften für die duale Multiplikation:

$0 \cdot 0 = 0$
$0 \cdot 1 = 0$
$1 \cdot 0 = 0$
$1 \cdot 1 = 1$

*Beispiel:*

| $100100_2 \cdot 10110_2$ | | $36 \cdot 22$ |
| 100100 | entspricht der dezimalen | 72 |
| 000000 | Multiplikation | 72 |
| 100100 | | |
| 100100 | | |
| 000000 | | |
| $1100011000_2$ | | 792 |

143

Ebenso einfach ist das Dividieren im Dualsystem, da die einzig möglichen Quotienten 0 oder 1 sind.

*Beispiel:*

$$100100_2 : 110_2 = 110_2$$

entspricht der dezimalen Division $\quad 36 : 6$

$$
\begin{array}{l}
\underline{110} \\
\phantom{0}110 \\
\underline{\phantom{0}110} \\
\phantom{00}00
\end{array}
$$

$= 6$

→ Übungsaufgabe Nr. I-50 im Arbeitsbuch

*Multiplikationen werden in EDVA gewöhnlich unter Zuhilfenahme wiederholter Additionen und Divisionen mit Hilfe wiederholter Subtraktionen (nach der Komplementärzahlmethode) durchgeführt.* Dies ist jedoch nicht so zu verstehen, daß der Multiplikator (Divisor) die Anzahl der Additionen (Subtraktionen) bezeichnet. Unter Verwendung effizienterer Algorithmen, die der menschlichen Vorgangsweise beim Rechnen sehr nahe kommen, wird die Anzahl der tatsächlichen Rechenvorgänge wesentlich vermindert.

*Vorteile des Dualsystems*

Eine maschineninterne Informationsdarstellung in dem bei uns in allgemeinem Gebrauch befindlichen Dezimalsystem wäre technisch wesentlich aufwendiger als die duale Schreibweise. Die Anwendung des dezimalen Systems würde z.B. die Wiedergabe von 10 Ziffern in der Form von Schaltanlagen bedingen, während man bei dem dualen System mit der Darstellung von 0 und 1 auskommt. Die dadurch ermöglichte Anwendung der einfachsten elektronischen Schaltungen führt zu enorm hohen Rechengeschwindigkeiten, so daß es nicht ins Gewicht fällt, daß man zur Bezeichnung großer Zahlen im Dualsystem einen wesentlich längeren Strang von Ziffern benötigt als im Dezimalsystem.

*Nachteile des Dualsystems*

Dualzahlen haben im Vergleich zu Dezimalzahlen eine rund dreimal so große Stellenzahl. Deshalb und wegen des Vorrats von nur zwei Ziffern sind sie für den Menschen schwer lesbar, und es kommt leicht zu Interpretationsfehlern.

Da es für Datenverarbeitungsfachkräfte jedoch häufig erforderlich ist, maschinell verarbeitete Dualzahlen (und Bitmuster anderer Bedeutung) zu erkennen und zu analysieren, hat sich in der Praxis die *Kontrollumwandlung von Binärzeichen in die kompakteren und leichter lesbaren Hexadezimalzahlen* durchgesetzt. Will man beispielsweise den Inhalt eines Zentralspeichers bzw. eines ausgewählten Speicherbereiches zu einem vorher bestimmten Zeitpunkt untersuchen, so besteht mit Hilfe besonderer Programme die Möglichkeit, diesen sog. *Speicher-*

*abzug* (engl.: memory dump) entweder in binärer Darstellungsweise oder zur Abkürzung in hexadezimaler Umwandlung ausgedruckt zu erhalten.

> Das **Hexadezimalsystem** (engl.: hexadecimal number system) ist ein Stellenwertsystem mit der Basis 16.

Wir verzichten hier auf eine nähere Erläuterung, weil der Endbenutzer mit dieser Darstellungsform normalerweise nicht in Kontakt kommt und er diese für das Verständnis der rechnerinternen Vorgänge auch nicht kennen muß.[7]

Übungsaufgabe Nr. I-51 im Arbeitsbuch ←

## Darstellung von Dezimalzahlen als Ganzes in rein dualer Form («echte» Dualzahlen)

Rechenwerke von EDVA arbeiten entweder mit «echten» Dualzahlen, die den Gesamtwert von Dezimalzahlen als Ganzes repräsentieren, oder mit ziffernweise dual codierten Dezimalzahlen («unechte» Dualzahlen). *Bei Zahlen, die in rein dualer Form vorliegen, entspricht jede Bitstelle in ihrem Stellenwert einer Potenz von 2. Das Vorzeichen belegt gewöhnlich das werthöchste Bit.* Positive Zahlen haben ein 0-Vorzeichenbit, negative haben ein L-Vorzeichenbit. Die Anzahl von Bits, die zur Darstellung einer Dualzahl zur Verfügung steht, wird durch den technischen Aufbau der jeweiligen EDVA bestimmt. Nicht benötigte Bits enthalten den Wert 0.

Sind *beispielsweise* in einem Rechner 16 Bits für die Darstellung vorgesehen, so wird die der Dezimalzahl $+333$ entsprechende Dualzahl $+101001101$ wie folgt dargestellt:

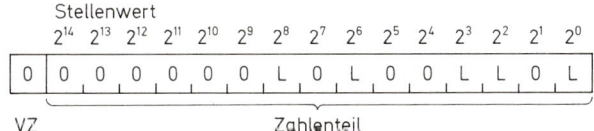

Stellenwert
$2^{14}$ $2^{13}$ $2^{12}$ $2^{11}$ $2^{10}$ $2^{9}$ $2^{8}$ $2^{7}$ $2^{6}$ $2^{5}$ $2^{4}$ $2^{3}$ $2^{2}$ $2^{1}$ $2^{0}$

| 0 | 0 | 0 | 0 | 0 | 0 | 0 | L | 0 | L | 0 | 0 | L | L | 0 | L |

VZ — Zahlenteil

Abb. 2.1.3.3/4: Darstellung der Dualzahl $+101001101$ im Zentralspeicher

Übungsaufgabe Nr. I-52 im Arbeitsbuch ←

---

[7] Bei Interesse können Sie sich hierzu nochmals die EBCDI-Codetabelle in Abb. 2.1.3.2/1 ansehen, aus der die Hexadezimaldarstellung von alphanumerischen Daten ersichtlich ist.

Der Rechner führt Rechenoperationen mit reinen Dualzahlen vor allem zur Bestimmung von Speicheradressen durch.

## Darstellung von Dezimalzahlen durch ziffernweise duale Codierung («unechte» Dualzahlen)

Bei der ziffernweise dualen Darstellung von Dezimalzahlen wird nicht – wie bei den rein dualen Zahlen – der Zahlenwert als Ganzes durch eine entsprechende Dualzahl repräsentiert. Vielmehr wird *jede einzelne Ziffer der Dezimalzahl für sich durch jeweils eine Dualzahl dargestellt, wobei ihr dezimaler Stellenwert erhalten bleibt.* Für jede Dezimalstelle werden so viele Bits reserviert, wie zur dualen Darstellung der höchsten Dezimalziffer notwendig sind, nämlich vier (9 entspricht $1001_2$). Die freien Bits links bei den Dezimalziffern 0 bis 7 werden mit Nullen aufgefüllt. Diese Form der Zahlendarstellung wird auch *BCD-Code* genannt (von engl.: binary coded decimal code).

*Beispielsweise* kann die Dezimalzahl 333 folgendermaßen dargestellt werden:

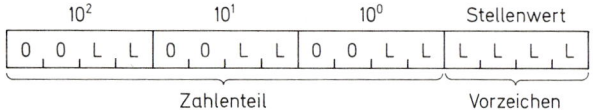

Abb. 2.1.3.3/5: Darstellung der Dezimalzahl 333 im Zentralspeicher

Bei diesem Beispiel belegt das *Vorzeichen* die letzten (wertniedrigsten) vier Bits des Wertes. Diese Darstellungsform ist typisch für byte-orientierte EDVA. Bei wortorientierten Rechnern wird das Vorzeichen links von der werthöchsten Stelle abgelegt und benötigt nur ein Bit.

Diese kompakte Speicherung, bei der zwei Tetraden in einem Byte Platz finden, bezeichnet man als *gepacktes Format*. Die Dezimalzahl 46517 wird also gepackt in drei Bytes gespeichert, wobei im rechten Halbbyte das Vorzeichen und in jedem links folgenden Halbbyte eine Dezimalziffer (0 bis 9) dargestellt ist. *Berechnungen werden grundsätzlich nur mit gepackten Dezimalzahlen durchgeführt,* da die kürzere Darstellungsform eine höhere Rechengeschwindigkeit ermöglicht.

Dezimalzahlen können im Zentralspeicher – zum Beispiel bei der Eingabe oder Ausgabe – auch im *ungepackten Format* gespeichert sein. *Bei dieser Form belegt jede Ziffer ein ganzes Byte*, wobei die Ziffer jeweils im rechten Halbbyte steht. Das Vorzeichen einer Zahl ist im linken Halbbyte der Ziffer mit dem niedrigsten Stellenwert dargestellt.

Die *Darstellungsform des Vorzeichens* ist durch den jeweiligen Maschinencode festgelegt. Zum Beispiel wird im EBCDI-Code eine positive Zahl ohne ausdrückliches Vorzeichen in der Vorzeichentetrade durch die Bitfolge LLLL gekennzeichnet. Bei der ausdrücklichen Angabe eines positiven Vorzeichens enthält die Vorzeichentetrade die Bitfolge LL00. Bei der Angabe eines negativen Vorzeichens nimmt die Vorzeichentetrade die Bitfolge LL0L auf.

*Packen* (engl.: to pack) nennt man den maschinellen Vorgang, bei dem Daten aus der ungepackten in die gepackte Form gebracht werden. Es wird durch einen entsprechenden Programmbefehl bewirkt. Dezimale Rechenergebnisse werden immer in gepackter Form erstellt und vielfach in dieser Form auf periphere Magnetspeicher ausgegeben. Dadurch wird Speicherplatz gespart, und es entfällt das Packen, wenn mit diesen Zahlen wieder gerechnet wird. Vor der Ausgabe auf Liste müssen Dezimalzahlen immer in das ungepackte Format übergeführt werden (*Entpacken*; engl.: to unpack).

Eine gepackte Dezimalzahl ist nicht im EBCDIC interpretierbar. Das Umwandeln einer gepackten Dezimalzahl zu Interpretationszwecken muß durch einen entsprechenden Befehl «Entpacken» durchgeführt werden:

|  | 3   3 | 3 |
|---|---|---|
|  | 00LL00LL | 00LL<u>LLLL</u> |
| 3 | 3 | 3 |
| <u>LLLL</u>00LL | <u>LLLL</u>00LL | <u>LLLL</u>00LL |

Abb. 2.1.3.3/6: Entpacken einer Dezimalzahl (in die EBCDIC-Darstellung; Vorzeichentetrade unterstrichen)

Die Frage, ob ein Speicherinhalt als gepackte Dezimalzahl oder als EBCDIC-Zeichen zu interpretieren ist, kann nur aus dem Programmkontext entschieden werden.

*Fassen wir zum Abschluß dieses Abschnitts nochmals die Möglichkeiten zur rechnerinternen Zahlendarstellung zusammen:*

*1. Speicherung von Dezimalzahlen als Ganzes in rein dualer Form («echte» Dualzahlen).*

Bei der rein dualen Darstellung wird eine Dezimalzahl als Ganzes durch eine Dualzahl des entsprechenden Werts repräsentiert. Sie ermöglicht die beste Speicherausnutzung.

2. *Speicherung von ziffernweise dual codierten Dezimalzahlen («unechte» Dualzahlen).*

Ziffernweise dual codierte Dezimalzahlen können in der Weise gespeichert sein, daß jede Dezimalziffer ein ganzes oder ein halbes Byte belegt. Gängige Codes für die ungepackte Darstellung von Ziffern sind der ASCII- und der EBCDI-Code. Die gepackte Darstellung ist nur bei der Verarbeitung rein numerischer Daten möglich.

→ Übungsaufgabe Nr. I-53 im Arbeitsbuch

### 2.1.3.4 Codierung von Befehlen

*Befehle eines Programms werden im Zentralspeicher* wie zu verarbeitende (Nutz-)Daten *durch Bitfolgen bestimmter Länge und Gliederung repräsentiert.* Eine Einheit von Bits, die von einem Rechner als Befehl interpretiert wird, heißt *Befehlswort.* Die Größe und Bauart der Befehle bzw. Befehlswörter bezeichnet man als *Befehlsformate.*

> Ein **Befehl** bzw. eine **Instruktion** (engl.: instruction) ist eine Anweisung an den Rechner, die sich in der benutzten Sprache nicht mehr in Teile zerlegen läßt, die selbst Anweisungen sind.

### Maschinenbefehle

Später, bei der Behandlung der Software (Abschnitt 2.4.1), werden Sie erfahren, daß zum Schreiben eines Programms (des sog. Quellprogramms) heutzutage ganz überwiegend höhere Programmiersprachen verwendet werden, bei denen eine Anweisung vor der Ausführung im Rechner in mehrere Befehle in der Maschinensprache übersetzt wird. *Wenn die benutzte Sprache nicht näher bezeichnet ist, wird normalerweise angenommen, daß es sich bei einem Befehl um einen Maschinenbefehl handelt, die benutzte Sprache demgemäß die Maschinensprache ist.*

Bei der Programmausführung holt der Prozessor aus dem Arbeitsspeicher Befehl für Befehl und führt ihn aus.

Der gesamte *Arbeitsspeicher* setzt sich aus *Speicherstellen* zusammen, *die jeweils ein Byte aufnehmen* (vgl. hierzu die Abb. 2.1.3.1/2 auf Seite 133). Jede einzelne Speicherstelle kann durch Befehle wahlweise gelesen oder beschrieben werden. Um die Speicherstellen ansprechen zu können, sind sie – mit Null beginnend – in aufsteigender Reihenfolge fortlaufend numeriert. Diese Nummern sind die *Adressen*, d.h. jede

Speicherstelle hat bei einer Bytemaschine ihre eigene Adresse. Die Adressen der Speicherstellen stehen nicht im Arbeitsspeicher. Sie sind hardwaremäßig vorgesehen. Dies ist so zu verstehen, daß ein Zentralprozessor die einzelnen Adressen über schaltbare Strompfade direkt ansprechen kann.

In einer EDVA gibt es nur einen Arbeitsspeicher. Die Menge der in dieser Funktionseinheit vorhandenen Speicherstellen, d.h. die *Arbeitsspeicherkapazität*, hängt vom jeweiligen Anlagentyp ab. Sie ist – das wissen Sie bereits aus dem Abschnitt 1.2.3 – im allgemeinen innerhalb gewisser Grenzen variabel.

*Befehle* können zum *Beispiel* die Übertragung von Daten aus einem Speicherbereich in einen anderen veranlassen. Sie können dafür sorgen, daß ein Ausgabegerät in Betrieb gesetzt wird, oder sie können bewirken, daß aus der vorgegebenen Befehlsfolge herausgesprungen und die Verarbeitung an einem anderen Punkt im Programm fortgesetzt wird. Die Reihenfolge, in der die Befehle ablaufen, läßt sich bei der Programmierung nach Bedarf festlegen.

---

Ein **Befehlswort** (engl.: instruction word) enthält meist zwei Angaben: Sie bezeichnen den Gegenstand (den oder die Operanden) und die Tätigkeit (die Operation), die mit dem oder den Operanden durchgeführt werden soll. Dementsprechend besteht ein Befehlswort aus einem *Operationsteil* und einem *Operandenteil*.

---

Die Abb. 2.1.3.4/1 zeigt z.B. die mögliche *Zerlegung einer Addieranweisung* in einer höheren Programmiersprache in einzelne Maschinenbefehle, die jeweils aus einem Operationsteil und einem Operandenteil bestehen. Der Befehl (4) gibt dabei die Fortsetzung des Programms an.

| Operationsteil | Operandenteil |
|---|---|
| Lesen | (1) Worte in Speicherstellen 2000ff. und 3000ff. |
| Addieren | (2) Inhalt der gelesenen Worte |
| Speichern | (3) Ergebnis auf Speicherstelle 1 000ff. |
| Springen | (4) Nach Befehl auf Speicherstelle 500 |

Abb. 2.1.3.4/1: Aufgliederung einer Addieranweisung (vereinfachte Prinzipdarstellung)

---

Der **Operationsteil** (engl.: operation part) ist der Teil eines Befehlswortes, der die auszuführende Operation angibt.

Jede Operation wird durch einen anlagenspezifischen Operationsschlüssel (engl.: operation code) beschrieben.

*Beispielsweise* werden von den Rechnern einer weitverbreiteten Großrechnerfamilie die Bitkombinationen

| | |
|---|---|
| LLLLL0L0 | als «Addieren dezimal», |
| LLLLLL0L | als «Dividieren dezimal», |
| LLLL00L0 | als «Packen eines Feldes», |
| 0L00L00L | als «Vergleichen Halbwort» oder |
| LL0L00L0 | als «Übertragen» |

interpretiert. Andere EDVA verwenden andere Bitfolgen zur Kennzeichnung dieser Operationen. Die Zuordnung wird bei der Schaltungsentwicklung der Rechner durch den jeweiligen Hersteller vorgenommen.

Bei Bytemaschinen ist für den *Operationsschlüssel im allgemeinen ein Byte* mit acht Datenbits vorgesehen, so daß maximal $2^8 = 256$ unterschiedliche Befehle durch Bitkombinationen darstellbar sind. Der *Befehlsvorrat* ( = Menge der zulässigen Befehle) ist bei den verschiedenen Anlagentypen (auch eines Herstellers) unterschiedlich.

---

Der **Operandenteil** (engl.: operand part) ist der Teil eines Befehlswortes, der für Operanden oder Angaben zum Auffinden der Operanden oder Befehlswörter vorgesehen ist.

---

«*Operanden*» im hier gebrauchten Sinn sind also nicht nur Nutzdaten, sondern auch z.B. deren Adressen sowie die Adressen von Registern und peripheren Geräten. *In vielen Fällen besteht der Operandenteil nur aus wenigen Bits, er kann aber auch mehrere Bytes umfassen.*

---

Der **Adreßteil** (engl.: address part) ist ein Operandenteil oder ein Bestandteil eines Operandenteils, der für Adressen von Operanden oder Befehlswörtern vorgesehen ist.

---

*Beispielsweise* enthält der *Adreßteil* bei einer Rechenoperation die Speicherplätze der Ausgangswerte. Bei der Steuerung eines Ein- oder Ausgabevorgangs gibt er an, welches Gerät die im Operationsteil definierte Verrichtung ausführen soll.

Die *Adressen*, die durch einen Befehl angesprochen werden, sind im Adreßteil in der Form von *vorzeichenlosen Dualzahlen* dargestellt.

→ Übungsaufgabe Nr. I-54 im Arbeitsbuch

## Mikrobefehle

*Die Ausführung eines Maschinenbefehls geschieht auf unterster Ebene durch eine Folge elementarer Operationen in der Hardware.* Bei den heute üblichen mikroprogrammgesteuerten Rechnern werden die Signale zur Steuerung der elementaren Operationen aus *Mikrobefehlen* abgeleitet, die zuvor aus einem Mikroprogrammspeicher (Näheres im Abschnitt 2.3.1.1) gelesen wurden.

Ein **Mikrobefehl** (engl.: microinstruction) besteht aus gespeicherten Steuerangaben für die Ausführung einer Elementaroperation in der Hardware. Die aufeinanderfolgenden Mikrobefehle zur Steuerung des Ablaufs eines Maschinenbefehls werden **Mikroprogramm** (engl.: microprogram) genannt. Die Gesamtheit der Mikroprogramme heißt **Firmware** (engl.: firmware).

Ein *Mikrobefehl enthält* wie ein Maschinenbefehl einen *Operationscode* zur Bezeichnung der auszuführenden Elementaroperation, *Adres-*

Die Schaltnetze lassen sich mit drei Typen von Grundbausteinen bilden.

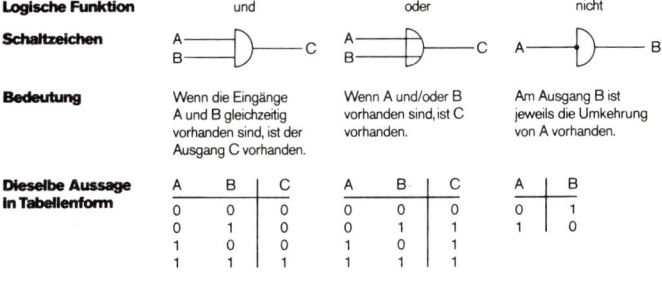

| Logische Funktion | und | oder | nicht |
|---|---|---|---|
| **Bedeutung** | Wenn die Eingänge A und B gleichzeitig vorhanden sind, ist der Ausgang C vorhanden. | Wenn A und/oder B vorhanden sind, ist C vorhanden. | Am Ausgang B ist jeweils die Umkehrung von A vorhanden. |

| **Dieselbe Aussage in Tabellenform** | A | B | C | | A | B | C | | A | B |
|---|---|---|---|---|---|---|---|---|---|---|
| | 0 | 0 | 0 | | 0 | 0 | 0 | | 0 | 1 |
| | 0 | 1 | 0 | | 0 | 1 | 1 | | 1 | 0 |
| | 1 | 0 | 0 | | 1 | 0 | 1 | | | |
| | 1 | 1 | 1 | | 1 | 1 | 1 | | | |

**Beispiel eines Schaltnetzes** (Vergleicher)

Die Schaltung soll feststellen, ob 2 Binärziffern A und B gleich oder ungleich sind. Bei Gleichheit erscheint im Ausgang C eine 1, bei Ungleichheit eine 0.

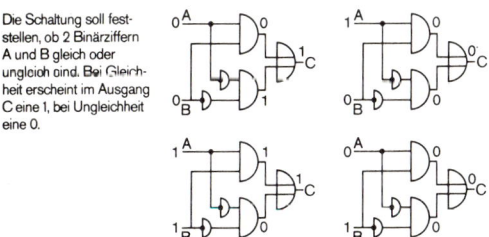

Abb. 2.1.3.4/2: Logische Verknüpfung von Binärsignalen in einem Schaltnetz

*sen* sowie *eventuell Angaben zur* vielfach bedingungsabhängigen *Auswahl des nächstfolgenden Mikrobefehls.* Er wird i.a. in einem elementaren Taktzyklus von einer oder mehreren Hardware-Funktionseinheiten ausgeführt.

Die Abb. 2.1.3.4/2 zeigt Ihnen als *Beispiel* den Ablauf einer Vergleichsoperation auf der Hardware-Ebene.

Die abschließende Abb. 2.1.3.4/3 gibt einen zusammenfassenden *Überblick über die Repräsentationsformen der Steuerinformation* auf dem Weg vom konzeptionellen Modell bis hin zu den Hardware-Schaltungen im Rechner. In den Hauptabschnitten 2.3 und 2.4 werden die in dieser Abbildung verwendeten Begriffe noch im einzelnen erläutert.

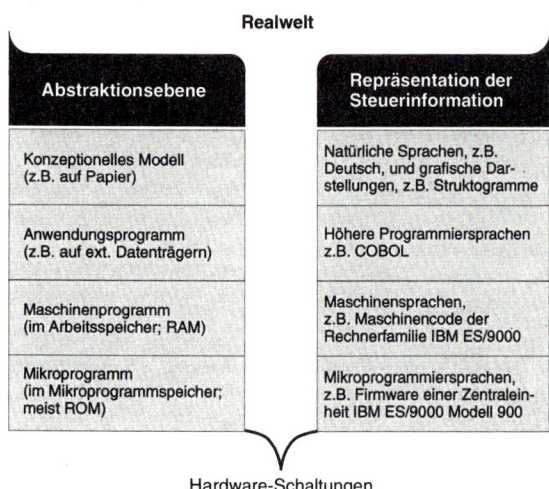

Abb. 2.1.3.4/3: Abstraktionsebenen und mögliche Repräsentationsformen der Steuerinformation

→ Übungsaufgabe Nr. I-55 im Arbeitsbuch

# 2.2 Datenträger und externe Speicher

> **Datenträger** sind zur materiellen Verkörperung oder dauerhaften Aufnahme von Daten geeignete physikalische Mittel.

Die Information wird von Menschen und/oder Maschinen auf Datenträgern aufgezeichnet (= *Schreiben*). Sie kann automatisch von EDV-Eingabegeräten gelesen (= *Lesen*) und an die Zentraleinheit übertragen werden. Verarbeitungsergebnisse werden von der Zentraleinheit ausgegeben, d.h. an externe Speicher- bzw. Ausgabegeräte übermittelt und von diesen – falls eine dauerhafte Speicherung notwendig ist – wiederum auf Datenträger geschrieben.

Datenträger müssen daher in einem engen Zusammenhang zu den Menschen und Geräten gesehen werden, welche die Information lesen oder schreiben. Das *Leistungsvermögen* wird bestimmt durch
– die *Speicherkapazität* des einzelnen Datenträgers,
– die Zeit für einen Schreib- oder Lesevorgang (= *Zugriffszeit*),
– die Übertragungsgeschwindigkeit zwischen einem Laufwerk, d.h. der Vorrichtung für das Schreiben und/oder Lesen von Datenträgern, und der Zentraleinheit (= *Datentransferrate, Übertragungsrate, Schreib-/Lesegeschwindigkeit*) und
– die mögliche *Zusammenschaltung von Laufwerken* zur Vervielfachung der Speicherkapazität und Datentransferrate.

Wenn wir im folgenden *Leistungsdaten* nennen, so beziehen sich diese – wenn nichts anderes erwähnt wird – stets auf den einzelnen Datenträger bzw. das einzelne Laufwerk.

Datenträger unterscheiden sich durch *weitere bedeutsame Eigenschaften*, von deren Vielfalt Ihnen die Abb. 2.2/1 einen ersten Eindruck vermittelt.

Zahlreiche der denkbaren Attributkombinationen sind in angebotenen Trägermedien realisiert oder befinden sich in der Entwicklung.

Nehmen wir als *Anschauungsbeispiel* einen Datenträger, den Sie sicherlich kennen: Die *Eurocheque-Karte*.

Aufzeichnungsform: Die Inhaber- und Bankdaten sind gedruckt und magnetisch gespeichert; zusätzlich ist die Inhaberunterschrift handschriftlich aufgebracht.
– Basismaterial: Plastik mit eingeschlossenem Papier, Hologramm und Eisenoxidbeschichtung (Magnetstreifen).
– Gestalt des Mediums: Karte mit Streifen.
– Repräsentationsform der Daten: Schriftzeichen und Punkte (magnetisierte Bitpositionen).

| Merkmale von Datenträgern | Ausprägungen | | | | | |
|---|---|---|---|---|---|---|
| Aufzeichnungsform | hand-schriftlich | bedruckt | gelocht | magne-tisch | optisch | elektrisch |
| Basismaterial des Speichermediums | Realwelt-objekt | Papier | Plastik | Metall | Halbleiter | |
| Gestalt des Datenträgers | Blatt | Karte | Streifen (Band) | Scheibe (Platte) | Trommel (Zylinder) | |
| Repräsentationsform der Daten | Löcher | Punkte | Striche | Schrift-zeichen | Bilder | Schal-tungen |
| Visuelle Lesbarkeit durch den Menschen | lesbar ohne Lesegerät | | lesbar mit Lesegerät | | nicht lesbar (ohne Umsetzung) | |
| Transportierbarkeit | auswechselbar, per Briefpost versendbar | | auswechselbar, tragbar bzw. per Paketpost versendbar | | nicht auswechselbar, nicht versendbar | |
| Lagerfähigkeit | hoher Platzbedarf, hohe Empfindlichkeit | | geringer Platzbedarf, hohe Empfindlichkeit | | geringer Platzbedarf, keine Empfindlichkeit | |
| Aufzeichnungshäufigkeit | einmalige Aufzeichnung des ganzen Inhalts von Anfang an | einmalige Aufzeichnung des Inhalts in sukzessiver Form | | mehrmalige Aufzeichnung des Inhalts | beliebig häufige Aufzeichnung des Inhalts | |
| Speicherkapazität | bis 100 Bytes | 100 Bytes bis 1 KB | 1 KB bis 1 MB | 1 MB bis 1 GB | mehr als 1 GB | |
| Zugriffszeit (mittlere) zu den Daten | mehr als 10 Sek. bis Minuten | 1 bis 10 s | 100 ms bis 1 s | 10 bis 100 ms | weniger als 10 ms | |
| Preis für einen Datenträger | weniger als 10 Pfennig | 10 Pfennig bis 1 DM | 1 bis 10 DM | 10 bis 100 DM | 100 bis 1000 DM | mehr als 1000 DM |
| Preis für ein Aufzeichnungs- und Lesegerät (min.) | weniger als 500 DM | 500 bis 1000 DM | 1000 bis 5000 DM | 5000 bis 10000 DM | 10000 bis 100000 DM | mehr als 100000 DM |

Abb. 2.2/1: Merkmale von Datenträgern

- Visuelle Lesbarkeit durch den Menschen: Klarschrift ohne Lesegerät lesbar, magnetisch gespeicherte Daten nicht (ohne Umsetzung) lesbar.
- Transportierbarkeit: Datenträger auswechselbar, per Briefpost versendbar.
- Lagerfähigkeit: geringer Platzbedarf, robust, aber empfindlich gegen magnetische Umwelteinflüsse.
- Aufzeichnungshäufigkeit: Klarschrift nicht löschbar (einmalige Verwendbarkeit), magnetisch gespeicherte Daten beliebig oft veränderbar.
- Speicherkapazität: einige hundert Bytes.
- Zugriffszeit (mittlere): weniger als 10 Sekunden auf die magnetisch gespeicherten Daten.
- Preis für einen Datenträger: ca. 1,– DM.
- Preis für ein Aufzeichnungs- und Lesegerät: ca. 1000,– DM.

Plastikkarten gibt es auch mit maschinenlesbaren Strichcodes und implantierten Fotos (z.B. als Mitarbeiterkennkarten, Studentenausweise, Benutzerausweise für Bibliotheken o.ä.).

Im Kreditwesen wird überlegt, längerfristig den Magnetstreifen auf den Eurocheque-Karten durch Chips mit Prozessor- und Speicherfunktionen zu ergänzen oder zu ersetzen – u.a., um damit die Karten fälschungssicher zu machen. Solche Chipkarten werden bereits auf dem Markt angeboten, sie kosten aber noch etwa zehn Mal so viel wie die derzeitig Magnetstreifenkarten, und ihr Speicher ist auf wenige Kilobits beschränkt. Es wird jedoch schon mit optischen Speichern experimentiert, in denen mittels Laser mehrere Millionen Bytes pro Karte aufgezeichnet werden können.

Sie sehen aus diesem einen Beispiel,
- welche unterschiedlichen Merkmale Datenträger aufweisen können bzw. wieviele Varianten es gibt,
- wie sich die Eigenschaften und damit das mögliche Einsatzspektrum durch technische Fortschritte verändern können,
- in welch hohem Maße die spezifischen Anforderungen des jeweiligen Anwendungsbereichs für die Beurteilung der notwendigen Datenträgereigenschaften maßgeblich sind,
- welche entscheidende Rolle ökonomische Überlegungen spielen, wobei der Preis des einzelnen Datenträgers in vielen Fällen von untergeordneter Bedeutung ist (im Vergleich zu Geräteinvestitionen bzw. zu den Nutzen des Verfahrens).

Übungsaufgabe Nr. I-56 im Arbeitsbuch　　　　　　　　　　　←

Internationale und nationale *Normen* bestimmen für fast alle weitverbreiteten Datenträger die zulässigen Ausgangsmaterialien und ihre physikalischen Eigenschaften (z.B. bezüglich Festigkeit, Unbrennbarkeit, Nichtgiftigkeit, Beständigkeit gegen chemische Einflüsse, Hitze, Feuchtigkeit, Licht, Abnutzung), die Abmessungen und die Aufzeichnungsbereiche, die Aufzeichnungsformate (d.h. inhaltliche Strukturierungsmöglichkeiten der einzelnen Spuren) sowie die Aufzeichnungsverfahren und Codes. Solche Normen, die es auch für die meisten anderen EDV-Bereiche (Hardware, Software, Orgware) gibt, sind für den Datenaustausch zwischen den Komponenten von Informationssystemen im Betrieb und zwischen Betrieben äußerst wichtig. Ob solche Normen tatsächlich wirksam sind, hängt stark davon ab, inwieweit die Anbieter von EDV-Produkten ihre Produktgestaltung danach ausrichten. In der Vergangenheit war es in vielen Fällen eher so, daß nicht internationale oder nationale Normungsgremien die faktischen Standards gesetzt haben, sondern der Marktführer IBM. Ebenso haben andere Hersteller bei ihren Produkten in vielen Fällen keine Rücksicht auf vorhandene Normen genommen, sondern eigene Spezifikationen verwendet oder sich an den sog. «Industriestandard» des Marktführers angepaßt. Bei innovativen Entwicklungen kann es auch i.d.R. gar keine Normen geben, d.h. die Normierung «hinkt» zeitlich hinter den raschen informationstechnischen Fortschritten nach. Die langwierigen, meist jahrelangen Abstimmungsprozesse beim Normentwurf führten in einer ganzen Reihe von Fällen dazu, daß Normen bei ihrer Verabschiedung schon veraltet waren – weil sich bereits technisch oder wirtschaftlich günstigere Lösungen auf dem Markt durchgesetzt hatten. Erst seitdem in jüngerer Zeit die externen Kommunikationsbedürfnisse stark angestiegen sind, hat sich der Stellenwert der EDV-Normung im Bewußtsein der EDV-Anwender erhöht. Daraus ist ein wachsender Druck – vor allem seitens mächtiger Anwendergruppen und staatlicher bzw. überstaatlicher Stellen (EG) – entstanden, der zumindest in Teilbereichen «Früchte trägt». Wir werden in der Folge auf vorhandene Normen verweisen, die sich auf dem Markt durchgesetzt haben, ohne jedoch jeweils die genauen Nummern zu zitieren. Sie finden diese sehr leicht in den im Literaturverzeichnis genannten Bänden mit den DIN-Normen der Informationsverarbeitung.

*Nachstehend werden nur die wichtigsten Datenträger behandelt*, die sich in der Praxis allgemein durchgesetzt haben oder – wie etwa die erwähnten Chipkarten – besonders zukunftsträchtig sind. *Dabei unterscheiden wir nach der Aufzeichnungsform der Daten folgende Gruppen*:

1. *Gelochte, bedruckte und handbeschriftete Datenträger*,
   bei denen die zu speichernden Daten durch mechanisches Heraustrennen der entsprechenden Bitkombinationen (Lochen), durch Drucken oder manuelles Schreiben von Strichmarkierungen oder Schriftzeichen realisiert werden.

2. *Magnetische Datenträger,*
   bei denen die Daten durch die Magnetisierung von Bitpositionen auf dünnen magnetisierbaren Schichten biegsamer oder starrer Trägermedien gespeichert werden.

3. *Optische Datenträger,*
   bei denen Licht zur Datenaufzeichnung dient und zwar durch Belichten von Filmen mit Mikrobildern oder durch Einbrennen von Bitpositionen mittels scharf gebündelter Laserstrahlen auf diversen Speichermedien.

4. *Elektronische Datenträger,*
   bei denen die Daten elektrisch in die Zellen eines Halbleiterspeichers geschrieben werden.

Wie die Erfassung und Speicherung der Information technisch funktionieren und organisiert werden, wird hier nur insoweit erläutert, als es zum Verständnis der Datenträger und ihrer Codes notwendig ist. Auf die peripheren Geräte zum Lesen und Schreiben der Daten auf den Trägermedien wird ebenfalls nur am Rande eingegangen; einige ausgewählte Systeme werden exemplarisch im Abschnitt 2.3.2 gekennzeichnet; nach der Lektüre dieses Hauptabschnitts 2.2 können Sie ohne weiteres dorthin «verzweigen» und anschließend «zurückspringen». Die Funktionen der Datenerfassung und Datenspeicherung werden detailliert im Kapitel 3 behandelt.

Übungsaufgabe Nr. I-57 im Arbeitsbuch                    ←

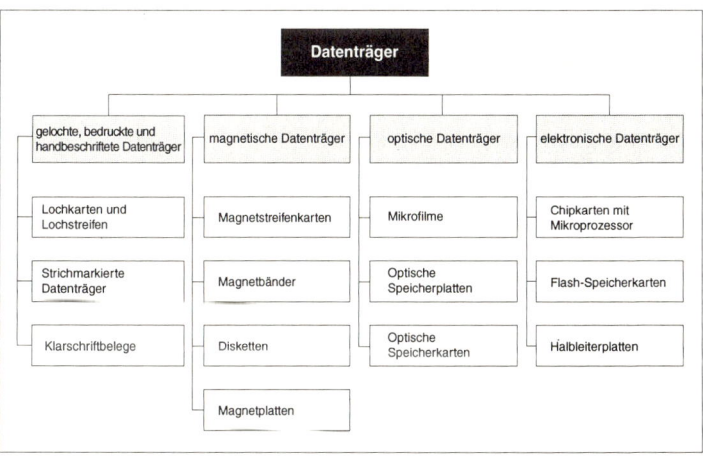

Abb. 2.2/2: Übersicht über die nachfolgend behandelten Datenträger

### 2.2.1 Gelochte, bedruckte und handbeschriftete Datenträger

Diese Datenträger bestehen meist aus *Papier*. Die *Bitdichte* ist im Vergleich zu den in den Abschnitten 2.2.2 bis 2.2.4 beschriebenen Trägermedien gering. Dementsprechend ist die *Datenkapazität relativ beschränkt und der Platzbedarf sehr hoch*. Solche Datenträger können auch *nur einmalig verwendet* werden. Sie kommen vor allem dort zum Einsatz, wo vom Menschen lesbare und ausfüllbare Belege unmittelbar von EDVA verarbeitet werden sollen. (Das oben Gesagte gilt bezüglich der Datenkapazität und visuellen Lesbarkeit nicht für Lochstreifen, die aus letzterem Grund auch nicht als Belege dienen können.)

#### 2.2.1.1 Lochkarten und Lochstreifen

*Lochkarten und Lochstreifen,* die *in den Anfängen der EDV die weitaus wichtigsten Datenträger* waren, sind im letzten Jahrzehnt fast völlig durch magnetische Speichermedien bzw. die Tastatureingabe von Daten verdrängt worden. Sie finden gelochte Datenträger *heute nur noch bei einigen wenigen Spezialanwendungen,* z.B. als
- Zahlungsbelege für die Benutzung italienischer Autobahnen oder
- parallel zum maschinellen Buchen gewonnene Streifen mit Buchhaltungsdaten, die anschließend in einem Servicerechenzentrum ausgewertet werden.

Die Tage solcher «museumsreifer» Anwendungsfälle sind gezählt. Wir gehen deshalb im folgenden nur ganz kurz auf Lochkarten und Lochstreifen ein und kommen später bei der Darstellung von Geräten und Verfahren nicht mehr hierauf zurück. Die «Spuren» der Lochkartentechnik finden Sie in vielen Hardware- und Softwarekomponenten. Zum Beispiel haben die heute üblichen Bildschirme Standardlochkartenformat (80 Zeichen pro Zeile), der Aufbau von COBOL-Programmen orientiert sich hieran usw.

---

Lochkarten (engl.: punched card) sind aus einem geeigneten Papier (Lochkartenkarton) hergestellte Karten (genormte Länge 187,45 mm, Breite 82,73 mm), die zur Verarbeitung mit Informationsaufzeichnungen, insbesondere Lochungen, einem Aufdruck oder auch Kombinationen aus diesen versehen sein können.

---

Die Lochkarte ist ein *Einzelbeleg,* der seinerzeit üblicherweise *zu Paketen geordnet als Datei verarbeitet* wurde. Um die Kontrolle der richtigen Lage einer Karte in einem Kartenstapel besser durchführen zu können, wurde diese an der linken oberen Ecke mit einem *Eckenschnitt*

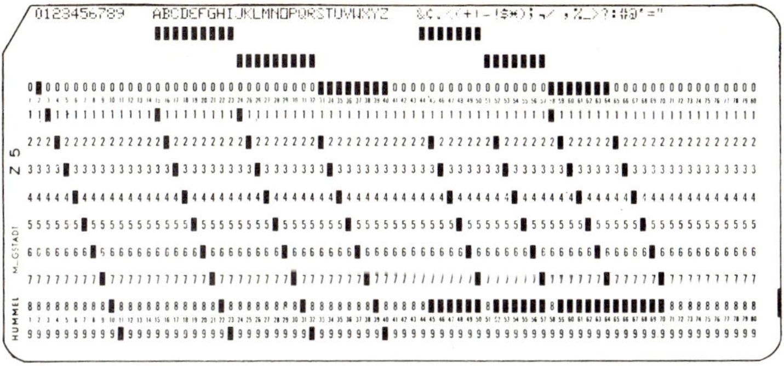

Abb. 2.2.1.1/1: Standardlochkarte

versehen. Um Karten für verschiedene Anwendungen voneinander unterscheiden zu können, war das Kartenmaterial oft verschiedenartig *gefärbt. Standardlochkarten hatten 80 senkrechte Spalten mit je 12 Lochpositionen. Pro Spalte war ein Zeichen durch eine oder mehrere Lochungen darstellbar* (vgl. Abb. 2.2.1.1/1).

Neben der Standardlochkarte und dem in der Abb. 2.2.1.1/1 darge-stellten *Hollerithcode* finden sich in der Praxis auch heute noch verein-zelt *Karten mit anderen Maßen und anderen Codes.* Als preiswerte Identifikationsnachweise werden solche Lochkarten z. B. als Hotelzim-merschlüssel und Schipässe eingesetzt.

*Vorteile von Lochkarten sind:*

1. Einfache Fehlererkennung durch die Beschriftung;
2. leichte Fehlerkorrektur durch das Auswechseln von Karten;
3. Sortierfähigkeit;
4. Brauchbarkeit als Karteikarten oder billige Identifikationskarten;
5. Möglichkeit zur synchronen Datenerfassung durch den Anschluß eines Kartenstanzers an Schreib- und Abrechnungsmaschinen;
6. Kostengünstigkeit bei geringen Datenmengen.

*Nachteile von Lochkarten sind:*

1. Begrenzte Aufnahmekapazität der einzelnen Karte (i.a. 80 Zeichen pro Karte);
2. niedrige Datenerfassungs-, Eingabe- und Ausgabegeschwindigkeiten aufgrund mechanischer Vorgänge;
3. hoher Platzbedarf bei der Aufbewahrung;
4. nur einmalige Verwendbarkeit als Datenträger.

Übungsaufgabe Nr. I-58 im Arbeitsbuch ⟵

159

Abb. 2.2.1.1/2: Schipaß- und Hotelzimmerschlüssel-Lochkarte

→  Übungsaufgabe Nr. I-59 im Arbeitsbuch

## 2.2.1.2 Strichmarkierte Datenträger

> **Markierungsbelege** (engl.: mark read form) sind von Hand auszu-
> füllende, maschinenlesbare Papierbelege unterschiedlicher Formate,
> die in der Art eines Fragebogens mit vorgesehenen Antwortfeldern
> gestaltet sind.

Die *Antwortfelder* befinden sich *an den vom jeweiligen EDV-Anwender festgelegten Stellen*. Sie werden in ihrer Bedeutung erläutert und
sollen bei der «Beantwortung» – falls zutreffend – *durch Striche oder
Kreuze mit einem Bleistift oder einem schwarzschreibenden Faserschrei-
ber markiert* werden. Auch die Markierung durch einen Drucker ist
möglich. Bei der Auswertung der Belege durch ein Eingabegerät (Mar-
kierungsleser) werden die in der Form von Markierungen dargestellten
Zeichen auf fotoelektrischem Wege gelesen. Hierzu müssen die Markierungspositionen und die Belegformate der EDVA bekannt sein. *Erläuterungen und sonstige Angaben werden nicht maschinell interpretiert*. Sie
werden bei der Belegerstellung in sog. *Markierungsbeleg-Blindfarben*
gedruckt, zum Beispiel grün, blau, braun, rot oder violett.

Wegen der *Flexibilität bei der Beleggestaltung* gibt es keinen allgemein gebräuchlichen Code. Je nach Aufgabenstellung wird dieser vom
EDV-Anwender selbst bestimmt. *Beispiele* für die Benutzung von Markierungsbelegen finden sich etwa in Marktforschungsinstituten (Frage-
bogen), in Großhandelsbetrieben und Filialbetrieben des Einzelhandels
(Ordersätze) oder in Ausbildungsstätten (z.B. Einsendeaufgaben mit
Mehrfachwahlantworten). Die Abb. 2.2.1.2/1 zeigt einen Markierungsbeleg für die automatisierte Auswertung von Mehrfachwahlaufgaben
(engl.: multiple choice question).

*Vorteile von derartigen Markierungsbelegen sind:*

1. Datenerfassung auf dem bzw. vom Urbeleg und damit die Vermeidung kostspieliger, langwieriger, fehleranfälliger Umsetzungsvorgänge;
2. Datenerfassung am Ort des Datenanfalls, d.h. im Betrieb, in den
   Fachabteilungen;
3. Anpassungsfähigkeit der Formulargestaltung an fachliche Erfordernisse;
4. visuelle und maschinelle Lesbarkeit;
5. Sortierfähigkeit.

*Nachteile sind:*

1. Zeitraubende Vorbereitungsarbeiten für die Datenerfassung (Formulargestaltung, Auswertungsprogrammierung);

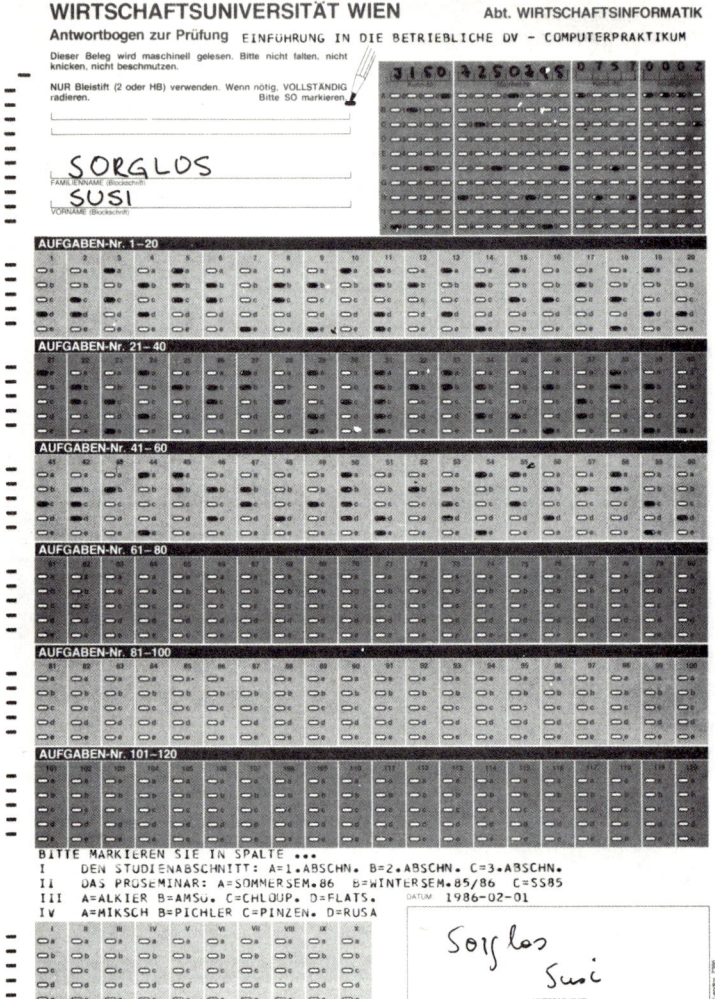

Abb. 2.2.1.2/1: Markierungsbeleg für die automatisierte Auswertung von Mehrfach-wahlaufgaben

2. keine wirtschaftlich vertretbare Anwendung bei kleinen Datenmengen;

3. hoher Platzbedarf bei der Aufbewahrung der Belege;

4. begrenzte Aufnahmefähigkeit des einzelnen Belegs (ca. 1500 mögliche Markierungspositionen auf einem DIN-A4-Beleg);
5. nur einmalige Verwendbarkeit als Datenträger;
6. kostspielige Auswertung;
7. mangelnde Eignung für die Erfassung von Daten, welche sich nicht in die Form von Mehrfachwahlantworten bringen lassen.

Übungsaufgabe Nr. I-60 im Arbeitsbuch ←

---

**Datenträger mit vorgedruckten Strichmarkierungen** (Balkencode, engl.: bar code) enthalten in genormten oder herstellerspezifischen Strichcodes dargestellte Information, die bei der Eingabe magnetisch oder optisch aufgrund von Hell-Dunkel-Kontrasten erkannt wird. Als Trägermedien werden Papierbelege unterschiedlicher Formate (vor allem Etiketten), aber auch zum Beispiel Verpackungen benutzt.

---

Ein *Beispiel* hierfür ist der genormte *Strichcode zur Darstellung der 13stelligen europaeinheitlichen Artikelnummer EAN* im Nahrungsmittelbereich, welchen Sie bereits im ersten Kapitel kennengelernt haben. Durch den Aufdruck der EAN werden die Artikel selbst zum Datenträger. Jede handelsübliche Mengen- oder Verpackungseinheit erhält vom Hersteller eine eigene Nummer zugeordnet, die den Artikel bis zum Endverbraucher begleitet. Sie ermöglicht *auf allen Handelsstufen eine artikelbezogene Datenverarbeitung* und bildet die genormte *Schnittstelle für die Datenübertragung zwischen diesen Stufen*. Die Einführung der EAN wurde 1977 von zwölf Staaten (darunter alle EG-Staaten) vereinbart; mittlerweile haben sich viele weitere Länder dieser Übereinkunft angeschlossen (u. a. auch USA und Japan). Die EAN-Artikelnummer hat folgenden *Aufbau*:

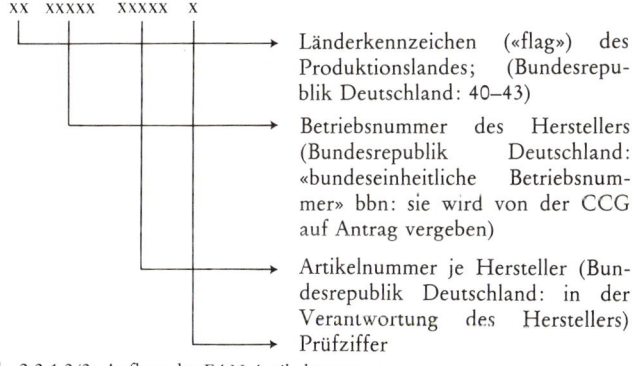

XX XXXXX XXXXX X

Länderkennzeichen («flag») des Produktionslandes; (Bundesrepublik Deutschland: 40–43)

Betriebsnummer des Herstellers (Bundesrepublik Deutschland: «bundeseinheitliche Betriebsnummer» bbn: sie wird von der CCG auf Antrag vergeben)

Artikelnummer je Hersteller (Bundesrepublik Deutschland: in der Verantwortung des Herstellers)

Prüfziffer

Abb. 2.2.1.2/2: Aufbau der EAN-Artikelnummer

Artikel mit kleinem Volumen können mit einer *achtstelligen Kurznummer* versehen werden. Für die maschinelle Erkennung wird die EAN in einem *Strichcode* dargestellt, dessen Symbole und Drucktoleranzen in der DIN-Norm 66236 (*Schrift SC*) festgelegt sind. Sie haben ganz am Anfang im 1. Kapitel ein Beispiel in der Abb. 1.1.3/1 gesehen und können diesen Code tagtäglich auf vielen Lebensmittelpackungen wiederfinden. Die Vergabe der Betriebsnummern wird in den verschiedenen Staaten jeweils zentral von nationalen Gremien koordiniert. In der Bundesrepublik Deutschland übernimmt die «Centrale für Coorganisation Gesellschaft für Rationalisierung des Informationsaustausches zwischen Handel und Industrie mbH (CCG)» diese Aufgabe. Inzwischen sind bereits mehr als 90% der verpackten Artikel im Nahrungsmittelbereich mit der EAN ausgezeichnet, etwa 5000 Geschäfte machen im deutschen Handel von der im Abschnitt 1.1.3 beschriebenen Möglichkeit einer automatisierten Verkaufsabrechnung mit Scanner-Kassen Gebrauch.

*Das EAN-Symbol besteht aus einer Serie von parallelen dunklen Balken unterschiedlicher Breite auf hellem Grund, das durch eine Klarschriftzeile in OCR-B-Schrift ergänzt wird.* Näheres zur OCR-B-Schrift erfahren Sie im Abschnitt 2.2.1.3. Die OCR-B-Schriftzeile ist *nicht* für die maschinelle Lesung vorgesehen. Wenn der EAN-Strichcode von dem Lesesystem abgewiesen wird (z.B. wegen Verschmutzung oder Beschädigung), kann die EAN-Nummer aufgrund dieser visuell lesbaren OCR-B-Zeile manuell in die Kasse eingegeben werden.

Abb. 2.2.1.2/3: 13stelliges EAN-Symbol

*Das EAN-Symbol besteht aus zwei Hälften mit jeweils 4 (EAN-8) oder 6 (EAN-13) Zeichen sowie je einem Randzeichen und einem Mittezeichen. Die 13. Stelle der EAN-13 ist durch eine zusätzliche Verschlüsselung in der linken Symbolhälfte dargestellt.* Die Lesegeräte können beide Symbolhälften getrennt voneinander erkennen, weil für die Darstellung *verschiedene Zeichensätze* verwendet werden. Dies ist nötig, damit sowohl von links nach rechts, als auch von rechts nach links gelesen und interpretiert werden kann. *Jedes Nutzzeichen (Ziffern von 0–9) ist in sieben gleiche Teile eingeteilt, die entweder dunkel (Balken) oder hell (Zwischenräume) sind.* Ein Nutzzeichen enthält zwei Balken und zwei Zwischenräume, die jeweils 1, 2, 3 und 4 Teile breit sind.

Aus der Abb. 2.2.1.2/3 in Verbindung mit der Abb. 2.2.1.2/4 ersehen Sie, daß zum *Beispiel* die Ziffer 0 in der linken Hälfte der dargestellten Artikelnummer durch die Bitfolge 000LL0L gekennzeichnet wird. Ein dunkler Teil symbolisiert dabei ein L-Bit, ein heller Teil ein 0-Bit. In der rechten Hälfte der EAN wird die Ziffer 0 hingegen durch die Bitfolge LLL00L0 repräsentiert – das können Sie nur sehr grob aus der Breite der Balken und Zwischenräume in Abb. 2.2.1.2/3 erkennen.

Tatsächlich ist der EAN-Code sogar noch komplizierter, denn *zur Darstellung der Nutzzeichen in der linken Hälfte dienen zwei verschiedene Zeichensätze (A und B)*, deren Verwendung von der jeweils zu codierenden Stelle abhängt. In unserem Beispiel steht die Ziffer 0 an 12. Stelle und wird im Zeichensatz A wie erwähnt durch die Bitfolge 000LL0L codiert. Stünde sie jedoch z.B. an 11. Stelle, so würde sie durch die Bitfolge 0L00LLL im Zeichensatz B repräsentiert. Aus den beiden Nullen in der rechten Hälfte der EAN in Abb. 2.2.1.2/3 ersehen Sie, daß in beiden Fällen dieselbe Codierung (LLL00L0) verwendet wird. Das ist generell so, d.h. *alle Ziffern der rechten Hälfte werden im Zeichensatz C dargestellt.*

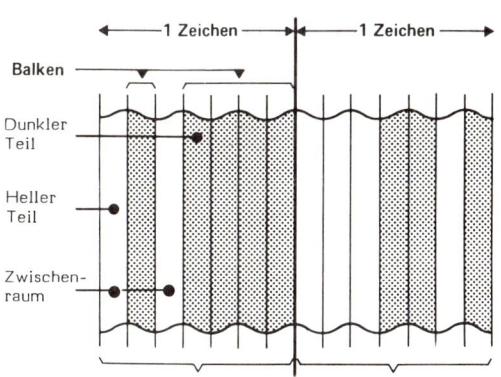

7 Teile
2 Balken/2 Zwischenräume
Das obige Zeichen stellt eine linke «6» dar.

7 Teile
2 Balken/2 Zwischenräume
Das obige Zeichen stellt eine linke «0» dar.

Abb. 2.2.1.2/4: Aufbau von EAN-Nutzzeichen

Wir vertiefen diese beispielhafte Erklärung der EAN nicht und verzichten auch auf eine vollständige Darstellung des Codes. Es genügt, wenn Sie im Prinzip verstehen, wie ein solcher Strichcode aufgebaut ist.

→ Übungsaufgabe Nr. I-61 im Arbeitsbuch

Von insgesamt *etwa 40 unterschiedlichen Strichcodes* haben sich in der Praxis nur relativ wenige durchgesetzt. Neben dem EAN-Code und dem (ähnlichen) amerikanischen Artikelstrichcode UPC sind dies vor allem im industriellen Bereich der ebenfalls rein numerische *Code 2 aus 5* bzw. *2 aus 5 Interleaved* und der alphanumerische *Code 3 aus 9* (Code 39). Im Gegensatz zum EAN-Code, der aus vier verschieden breiten Balken und Zwischenräumen aufgebaut ist, benötigen diese beiden Codes nur zwei Breiten, und sie sind auch nicht auf eine starre Länge (bei der EAN acht oder 13 Stellen) beschränkt. Aus dem erstgenannten Grund stellen diese Codes geringere Anforderungen an die Druckqualität, d.h. hierfür eignen sich auch billigere Drucker (z.B. mechanische Matrixdrucker, Tintenstrahldrucker; Näheres im Abschnitt 2.3.2.7).

Mögliche *Vor- und Nachteile von Datenträgern mit vorgedruckten Strichmarkierungen* sollen ebenfalls *am Beispiel der strichcodierten EAN* veranschaulicht werden.

*Vorteile aus der Sicht der Handelsbetriebe sind:*

1. Wegfall der zeitaufwendigen und kostspieligen Warenetikettierung (Beschränkung auf die Regalauszeichnung);
2. Zeiteinsparungen und erhöhte Sicherheit beim Kassiervorgang (dadurch Minderung von Inventurdifferenzen);
3. gezielte und flexiblere Marketingpolitik (z.B. Preisänderungen und -differenzierungen, filial- und produktbezogene Werbung, artikelspezifische Verkaufsförderungsmaßnahmen) durch die zentrale Bestands- und Preisführung der Artikel in einem Massenspeicher und umfangreiche Verkaufsauswertungen der Datenkassen.

Der zuletzt genannte Vorteil kommt auch den *Artikelherstellern* zugute, wenn diesen der Zugang zu am Verkaufsort gewonnenen Absatzdaten und damit eine differenziertere Kunden-, Konkurrenz- und Produktpolitik ermöglicht wird.

*Nachteile der EAN sind*

1. aus der Sicht der *Artikelhersteller* vor allem höhere Kosten durch den Aufdruck der EAN, die wegen der erforderlichen Druckqualität gelegentlich notwendigen aufwendigeren Packmittel und die Inanspruchnahme von früher als Werbefläche genutztem Raum;
2. aus der Sicht des *Handels*, daß gleiche Artikel von unterschiedlichen Herstellern auch unterschiedliche Nummern haben; für rechnerge-

stützte Verkaufsauswertungen müssen deshalb intern spezielle Tabellen zur Zusammenfassung dieser Positionen aufgebaut werden, deren Pflege nicht einfach ist;

3. aus der Sicht der *Verbraucher*, daß die Waren nicht mehr einzeln preisausgezeichnet sind und damit eine Preiskontrolle im Einkaufswagen und an der Kasse nicht mehr möglich ist. Die angeblich kürzeren Wartezeiten an den Kassen sind in der Anfangszeit fast stets länger als früher, spürbare Verbesserungen treten – wenn überhaupt – erst nach einigen Wochen ein.

Übungsaufgabe Nr. I-62 im Arbeitsbuch

## 2.2.1.3 Klarschriftbelege

> **Klarschriftbelege** (engl.: optical character reader form; OCR-form) sind visuell und maschinell lesbare Papierbelege unterschiedlicher Formate, bei denen die Schriftzeichen aufgrund ihrer Gestalt optisch erkannt werden.

Bei der *Auswertung der Belege* durch Eingabegeräte (Klarschriftleser) werden die zu lesenden Zeichen *optisch* aufgrund der Kontraste zwischen den Schriftsymbolen und dem Papier gelesen. Die Lesevorrichtung besteht aus einer starken Lichtquelle und einem Linsensystem, das stark und schwach reflektierendes Licht unterscheiden kann. Bei der Abtastung wird ein Feld, auf dem ein Schriftzeichen aufgebracht ist, in Raster aufgeteilt, und die einzelnen Rasterflächen werden auf «hell» oder «dunkel» untersucht. Die Hell-Dunkel-Muster werden in elektronische Muster umgewandelt und mit den gespeicherten Normmustern der Zeichen verglichen. Erkannte Zeichen werden in den Maschinencode umgesetzt und zur Zentraleinheit übertragen bzw. unter Umständen auch in den Code eines externen Magnetspeichers umgesetzt und für eine spätere Verwendung abgespeichert.

Die *Zeichen* können entweder in einer für die maschinelle optische Zeichenerkennung geeigneten *Standardschrift gedruckt* sein oder *in einer bestimmten Form handgeschrieben* sein.

Von den *verschiedenen Schriften*, deren gedruckte Zeichen von einem Klarschriftleser erkannt werden können, sind eine *Schrift A und eine*

*Schrift B* DIN-genormt[8]. Die Schrift A ist besser unter dem Namen *OCR-A* (engl. Abkürzung für: Font A for optical character recognition) bekannt und wird hauptsächlich in den USA benutzt. *OCR-B* (Schrift B) ist hingegen in Europa am verbreitetsten. Im Kreditwesen sind *Euro-bank-A und Eurobank-B* gebräuchlich, die beide dasselbe Schriftbild wie OCR-A und -B verwenden, aber zusätzlich noch einige Sonderzeichen beinhalten. Belege mit OCR-Schrift werden entweder in einer Druckerei angefertigt, mit Schreibmaschine beschriftet oder von einer peripheren Einheit bedruckt. Der *Zeichenvorrat der OCR-A-Schrift* ist in der Abb. 2.2.1.3/1 oben wiedergegeben. Ein *Beispiel* für einen optisch lesbaren Beleg ist der *Eurocheque*, auf dem die unterste Zeile in Eurobank-B-Schrift dargestellt ist.

Neben den genormten OCR-Schriften können Klarschriftleser heute zusätzlich auch gängige Maschinenschriften und Handblockschrift[9] erkennen. Die weitreichenden Möglichkeiten eines modernen Geräts werden im Abschnitt 2.3.2.5 beschrieben.

Maschinell lesbare Belege müssen allerdings eine spezielle Gestaltung aufweisen. Die Lesebereiche sind in Blindfarbe gedruckt und enthalten eine auf die Beschriftungsform abgestimmte Zeicheneinteilung. Beispiele: Belege für den Zahlungsverkehr, Bestellbelege im Versandhandel, Zählerablesungsformulare – siehe Abb. 2.2.1.3/2.

*Vorteile von Klarschriftbelegen sind:*

1. Datenerfassung auf dem bzw. vom Urbeleg und damit Vermeidung kostspieliger, langwieriger, fehleranfälliger Umsetzungsvorgänge;
2. Datenerfassung am Ort des Datenanfalls, d.h. im Betrieb, in den Fachabteilungen;
3. sehr weitgehende Anpassungsfähigkeit der Formulargestaltung an fachliche Erfordernisse;
4. visuelle und maschinelle Lesbarkeit;
5. Sortierfähigkeit, verbunden mit einer hohen Verarbeitungsgeschwindigkeit;
6. Möglichkeit zur synchronen Datenerfassung durch den Anschluß eines Klarschriftdruckers an Schreib- und Abrechnungsmaschinen.

---

8 Für die Schrift A wurden Zeichenformen festgelegt, die von den konventionellen, im Druckgewerbe üblichen Zeichengestalten mehr oder weniger abweichen. Das trifft besonders für die Untermenge der Ziffern zu, die im Interesse ihrer sicheren maschinellen Unterscheidbarkeit stilisiert sind. Bei der Normung der Schrift B wurde eine gute maschinelle Unterscheidbarkeit bei gleichzeitig möglichst enger Anpassung an konventionelle Zeichenformen angestrebt. Es gelten die DIN-Normen 66008 und 66009.

9 Siehe hierzu die Norm für eine Schrift H zur maschinellen optischen Erkennung von Handschriftzeichen DIN 66225.

0123456789
♩♭♮|
ABCDEFGHIJKLM
NOPQRSTUVWXYZ
• ¬ = + – / *

Abb. 2.2.1.3/1: Zeichenvorrat der genormten Schrift A (OCR-A) und Blockschrift (Herstellerstandard; geringe Abweichungen gegenüber der genormten Schrift H) für die maschinelle optische Zeichenerkennung

*Nachteile von Klarschriftbelegen sind:*

1. Zeitraubende Vorbereitungsarbeiten für die Datenerfassung;
2. keine wirtschaftlich vertretbare Anwendung bei kleinen Datenmengen;
3. hoher Platzbedarf bei der Aufbewahrung von Belegen;
4. begrenzte Aufnahmefähigkeit des einzelnen Belegs;
5. nur einmalige Verwendbarkeit als Datenträger;
6. Empfindlichkeit bei Transport und Lagerung;
7. Fehleranfälligkeit durch Verschmutzungen und – bei Handschrifteintragungen – durch nicht korrekte Zeichengestaltung;

8. kostspielige Auswertung;
9. begrenzter Zeichenvorrat von Klarschriftlesern.

→ Übungsaufgabe Nr. I-63 im Arbeitsbuch

Abb. 2.2.1.3/2: Klarschriftbeleg mit maschinell lesbaren OCR-B- und Handschrifteintragungen[10]

## 2.2.2 Magnetische Datenträger

*Magnetische Datenträger benutzen zur Informationsspeicherung eine dünne magnetische Schicht, die auf flexiblen oder harten Basismaterialien unterschiedlichster Art aufgebracht sein kann.* Für die Magnetschicht wurde bisher hauptsächlich *Ferritoxid* verwendet; neuerdings kommen auch *Chromdioxid- und Reineisenbeschichtungen* sowie andere Stoffe zum Einsatz, die *extrem hohe Bitdichten* erlauben. Letztere sind mehrere tausendmal höher als bei den vorstehend beschriebenen Papierdatenträgern, wodurch sich *große Datenkapazitäten bei kurzen Zugriffszeiten* realisieren lassen. Die *Daten werden in fest vorgesehenen*

---

10 Zählerablesungsformular, in das – maschinell mit OCR-B-Schrift vorbeschriftet – die Stammdaten zum Auffinden des Zählers eingetragen sind. Der Zählerableser trägt seinerseits handschriftlich die Zählerstände ein und nimmt im Bedarfsfall darüber hinaus auch weitere Markierungen im Formular vor.

*Spuren aufgezeichnet*, die bei Magnetstreifen, -bändern und -karten gerade, parallel zur Bewegungsrichtung beim Lesen/Schreiben und bei Magnetplatten und Disketten konzentrisch verlaufen. *Die gespeicherte Information wird durch die Richtung des Magnetisierungszustands der Bitpositionen repräsentiert.*

Wir beschränken uns in der folgenden Darstellung auf die *wichtigsten Massendatenträger*

– *Magnetband,*
– *Diskette* und
– *Magnetplatte.*

Zuvor befassen wir uns noch mit den millionenfach verbreiteten *Magnetstreifenkarten.*

### 2.2.2.1 Magnetstreifenkarten

Eine **Plastikkarte** (engl.: plastic card) ist ein kleinformatiger, vierekkiger Datenträger aus Kunststoff, der Angaben über ein individuelles Bezugsobjekt (im allgemeinen eine Person) enthält. Für den Menschen erkennbare Information kann auf Schriftfeldern, Prägebereichen und in Form von Bildern enthalten sein. Zur Speicherung der maschinenlesbaren Information können Lochungen, Strichcodes, Schriften, magnetische, optische und Halbleiterspeicher dienen.

International genormt und weltweit verbreitet sind nur die *Magnetstreifenkarten, die Identifikationszwecken dienen* (engl.: identification card, abgekürzt: ID card).

Eine **Magnetstreifenkarte** (engl.: magnetic stripe card) hat eine Standardgröße von 85,6 × 54 × 0,76 mm. Sie besteht aus Vollplastik oder Kunststoffschichten, in die andere Materialien eingeschlossen sein können. In die Rückseite ist ein meist 0,5 Zoll[11] (= 12,7 mm) breiter Magnetstreifen integriert, auf dem die Daten in drei parallelen, unabhängigen Spuren bit- und byteseriell aufgezeichnet werden.

Letzteres heißt, daß die *Daten durch nacheinander angeordnete Bits (bitseriell) und Bytes (byteseriell) in den einzelnen Spuren repräsentiert werden.*

---

11 In der EDV werden auch im deutschsprachigen Raum die Abmessungen vielfach in Zoll (engl.: inch) ausgedrückt: 1 Zoll = 2,54 cm.

Solche Magnetstreifenkarten, die personengebundene Daten enthalten, sind etwa Betriebsausweise, Kundenkarten von Handels- und Dienstleistungsbetrieben, Scheck- und Kreditkarten von Banken und Kreditkartenorganisationen. Letztere dienen vor allem der Automatisierung des individuellen Zahlungsverkehrs. Wir zeigen dies bei der Behandlung der Datenerfassung am Beispiel der Eurocheque-Karte, die seit 1980 mit einem Magnetstreifen versehen ist (Abschnitte 3.1.3.1 und 3.1.4). Bei dieser Karte ist zwischen den transparenten Deckfolien Papier und ein Hologramm eingeschweißt, das der Fälschungssicherung dient.

*Die drei Spuren des Magnetstreifens lassen sich in unterschiedlichen Aufzeichnungsdichten codieren.* Die Spuren 1 und 3 sind für alphanumerische Daten vorgesehen und fassen maximal je 592 Bits, die numerische Spur 2 kann bis zu 210 Bits enthalten. Die *Speicherkapazität* des Magnetstreifens beträgt damit insgesamt 1394 Bits. Je nach Anzahl der zur Zeichendarstellung verwendeten Bits sind dies bis zu 278 Zeichen (bei einem 4-Bit-Code unter Berücksichtigung von einem zusätzlichen

Abb. 2.2.2.1/1: Magnetstreifenkarten

Prüfbit pro Zeichen). Näheres entnehmen Sie bitte der untenstehenden Tabelle.

| Spur-Nr. | Bits | Datenkapazität (max.) | | | Aufzeichnungsdichte (Bits/mm) |
| --- | --- | --- | --- | --- | --- |
| | | 4-Bit-Zeichen | 6-Bit-Zeichen | 7-Bit-Zeichen | |
| 1 | 592 | 118 | 84 | 74 | 8,3 |
| 2 | 210 | 42 | 30 | 26 | 3,0 |
| 3 | 592 | 118 | 84 | 74 | 8,3 |

*Anmerkung*: Die genannten 4-, 6- und 7-Bit-Codes sind in ISO 3554 bzw. DIN 66003 genormt. Bei der Berechnung der Zeichenzahl wurde je Zeichen ein zusätzliches Paritätsbit berücksichtigt.

Abb. 2.2.2.1/2: Datenkapazität und Aufzeichnungsdichte von Magnetstreifenkarten

Selbstverständlich brauchen Sie sich die Tabellenwerte oder andere technische Kenndaten in ähnlich gelagerten Fällen nicht im einzelnen zu merken. Es genügt völlig, wenn Sie z.B. über die Datenspeicherung auf einer Magnetstreifenkarte wissen, daß die Aufzeichnung bit- und byteseriell auf drei Spuren erfolgt und daß die Kapazität auf wenige hundert Zeichen beschränkt ist.

Im normalen Betrieb sind die Spuren 1 und 2 nur für das Lesen aufgezeichneter Daten und die Spur 3 für das Lesen und Schreiben vorgesehen.

*Vorteile von Magnetstreifenkarten sind:*

1. Kleiner, transportabler, als Urbeleg geeigneter Datenträger;
2. weitgehend sichere, kostengünstige Identifikation und Berechtigungsprüfung des Inhabers;
3. Erleichterung des bargeldlosen Zahlungsverkehrs;
4. visuelle und maschinelle Lesbarkeit;
5. Vertraulichkeit gespeicherter Daten durch Chiffrierung;
6. Datenerfassung an wechselnden Orten des Datenanfalls ohne kostspielige, langwierige und fehleranfällige Umsetzungsvorgänge von Daten.

*Nachteile von Magnetstreifenkarten sind:*

1. Hoher Entwicklungsaufwand des Datenerfassungssystems und beträchtliche Gerätekosten für Präge- und Codiermaschinen, Kartenleser und Tastaturen;
2. beschränkte Einsatzmöglichkeiten durch die unterschiedlichen Kartensysteme, Kassen, Schalterterminals und EDVA möglicher Partner-

betriebe im Handel und im Kreditwesen sowie durch die noch nicht abgeschlossene Festlegung von Spezifikationen und Standards;

3. keine wirtschaftlich vertretbare Anwendung bei nur wenigen Karteninhabern;

4. geringe Datenkapazität der einzelnen Karte, wodurch neben den Stammdaten nur wenige Bestands- und Bewegungsdaten aufgezeichnet werden können;

5. betrügerische Manipulationen durch Fälschen oder Kopieren von Karten sind nicht auszuschließen;

6. Akzeptanzprobleme und Verlustrisiko bei (potentiellen) Karteninhabern.

Weitere anwendungsspezifische Vorteile und Nachteile für Banken, Handel und ihre Kunden werden bei der Behandlung der Datenerfassung am Beispiel der Eurocheque-Karte diskutiert (Abschnitte 3.1 und 3.1.4).

→ Übungsaufgabe Nr. I-64 im Arbeitsbuch

### 2.2.2.2 Magnetbänder

> Ein **Magnetband** (engl.: magnetic tape) ist ein Datenträger in Form eines Bandes, bei dem eine oder mehrere magnetisierbare Schichten auf einem nichtmagnetisierbaren Kunststoffträger aufgetragen sind und bei dem die Information durch Magnetisierung aufgezeichnet wird.

Magnetbänder gibt es auf Spulen in den *Normbreiten* 0,5 Zoll (12,7 mm) und 0,25 Zoll (6,35 mm) sowie in Kassetten mit denselben Formaten sowie mit 8- und 4-Millimeter-Breite.

Als *Massenspeicher für Großrechner* haben sich die *0,5-Zoll-Bänder* durchgesetzt, bei denen *mindestens 732 Meter Band auf einen Spulenkörper mit dem Außendurchmesser von 10,5 Zoll* (266,7 mm) gewickelt sind. Auf einem solchen Band werden die *Daten byteseriell bzw. bitparallel in neun Spuren aufgezeichnet*, d.h. ein Byte kann auf einmal gelesen oder geschrieben werden und nimmt die gesamte Bandbreite in Anspruch. Ein Zeichen wird durch die übereinanderstehenden Bits aller Spuren dargestellt. Der einem Bit zugeordnete Bereich einer Spur wird als *Spurelement* bezeichnet. Die zur Darstellung eines Zeichens dienenden Spurelemente bilden eine sog. *Bandsprosse* (vgl. Abb. 2.2.2.2/1). Bei dem oft verwendeten EBCDI-Code enthält eine Bandsprosse also einen Buchstaben, eine Ziffer oder ein Sonderzeichen (8 Datenbits und

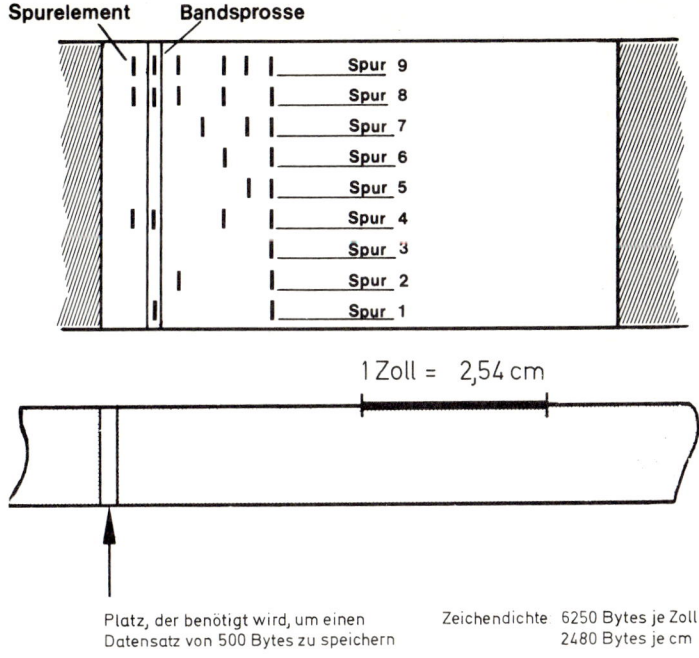

Abb. 2.2.2.2/1: Datendarstellung auf einem 9-Spur-Magnetband

1 Prüfbit). Für die Beschichtung wird üblicherweise *Eisenoxid* verwendet.

Daneben werden für Großrechner auch *chromdioxidbeschichtete Magnetbänder* angeboten, die *18 oder 36 Spuren* haben. Bei diesen können in einer Bandsprosse zwei bzw. vier Bytes aufgezeichnet werden, wodurch die Gesamtkapazität und Schreib-/Leserate beträchtlich gesteigert werden.

Für das Schreiben der Daten auf ein Magnetband gibt es *verschiedene Aufzeichnungsverfahren*, auf die wir nicht näher eingehen. *Einer Spur ist jeweils ein Schreibmagnet zugeordnet.* Zusammen bilden diese den sog. *Schreibkopf.* Jeder Magnet des Schreibkopfes beschreibt eine Spur durch das Anlegen eines bipolaren Steuerstromes, der ein positives oder negatives Magnetfeld erzeugt. So wird eine Bandsprosse gleichzeitig mit binären Nullen und Einsen beschrieben.

Unmittelbar hinter dem Schreibkopf ist ein *Lesekopf* angebracht, der einerseits nach jedem Schreibvorgang Kontrollen der aufgezeichneten

Daten ermöglicht und bei etwaigen Soll-Ist-Abweichungen das Zurückspulen des Bands veranlaßt und den Schreibvorgang wiederholt, der zum anderen gleichzeitiges Lesen und Schreiben (Verändern eines Datenbestandes) ermöglicht.

Die Aufzeichnung der Daten erfolgt auf modernen Bandgeräten wahlweise im *Start-Stopp-Verfahren* (engl.: start/stop mode) oder im *Datenstromverfahren* (engl.: streaming mode).

Die ältere Methode ist das *Start-Stopp-Verfahren*. Die Aufzeichnung der Daten geschieht blockweise. Das stillstehende Band wird vor der Aufzeichnung auf eine konstante Geschwindigkeit beschleunigt, dann erfolgt die *Aufzeichnung eines Datenblocks* (Näheres hierzu folgt im Abschnitt 2.2.2.4), und danach wird das Band wieder durch einen Vakuumschacht, der das Band ansaugt, abgebremst. Die Zeit vom Startsignal bis zum Erreichen der zum Schreiben oder Lesen erforderlichen Bandgeschwindigkeit wird als *Startzeit* bezeichnet, jene Zeit zwischen Stoppsignal und Stillstand des Bandes wird *Stoppzeit* genannt. Diese Zeit ist auf modernen Bandeinheiten kleiner als eine Millisekunde. Die Geschwindigkeit, mit der das Magnetband beim Schreiben oder Lesen über die Magnetköpfe bewegt wird, ist vom Gerätetyp abhängig. Die modernsten Bandeinheiten erreichen *Geschwindigkeiten*, bei denen über eine Million Bytes pro Sekunde gelesen oder geschrieben werden.

Aus den Bestrebungen, die Kosten für Bandeinheiten zu senken und die aufwendigen Hochgeschwindigkeits-Start-Stopp-Mechanismen zu eliminieren, wurde der *Datenstrommodus entwickelt. In dieser Betriebsart läuft das Band ohne Unterbrechung und wird kontinuierlich von der Steuereinheit mit Daten versorgt.* Durch diese Entwicklung wird ein deutlicher Trend in der Bedeutung von Magnetbändern sichtbar: In den 60er und frühen 70er Jahren war das Magnetband der wichtigste und weitverbreitetste Datenträger für Dateien und Programme; *heute liegt die primäre Funktion von Magnetbändern nur noch in der Sicherung* (engl.: backup) *und der Archivierung von Daten.*

Die *Speicherkapazität* eines Bandes wird von der Bandlänge, der Zeichendichte und der Blocklänge, d.h. der Anzahl der Blockzwischenräume, bestimmt. Wenn die Blöcke kürzer sind, entstehen mehr Zwischenräume, und der Kapazitätsausnutzungsgrad wird ungünstiger.

Je nach Aufzeichnungsverfahren sind bei 9-Spur-Bändern *Zeichendichten* von 1600 bpi (d.h. engl.: bytes per inch) bzw. 640 Bytes/cm oder 6250 bpi (= 2480 Bytes/cm) üblich. Mit 18-Spur-Bändern werden Zeichendichten von ca. 38000 bpi erreicht.

*Magnetbandkassetten* (engl.: tape cartridge) erleichtern den Datenträgerwechsel, schützen das Band und erlauben die Gerätereinigung mittels Reinigungskassetten. Gebräuchliche Formate sind ½- und ¼-

Abb. 2.2.2.2/2: Führung und Antrieb eines Magnetbandes im Magnetbandgerät

Zoll bzw. 8- und 4-mm-Kassetten. Die vor allem für kleinere Rechner vorgesehenen 8- und 4-mm-Bänder erreichen durch das hochwertige Reineisen-Bandmaterial und das Helical-Scan-Aufzeichnungsverfahren extrem hohe Schreibdichten von bis zu 43 200 bpi. Dieses Aufzeichnungsverfahren ist dem der Videotechnik ähnlich. Die Schreib- und Leseköpfe befinden sich auf einer sehr schnell rotierenden Trommel (1800 U/min), die zur Bandlaufrichtung um 5 Grad geneigt ist.

Manche Magnetbandkassettenlaufwerke (engl.: streamer) verwenden herkömmliche, aus dem Audiobereich bekannte *DAT-(Digital Audio Tape-)Kassetten*, die trotz ihrer geringen Größe eine Kapazität von 1,3 bis 2,2 GB erreichen.

Während Bandspulen (engl.: tape reel) durch einen in den Wickelkern eingelegten *Schreibring gegen unbeabsichtigtes Schreiben und Löschen*

Abb. 2.2.2.2/3: Magnetbandrolle und Magnetbandkassette

geschützt werden, erfolgt bei Kassetten die Schreibsperre durch einen Drehknopf oder Schalter.

*Vorteile von Magnetbändern sind:*

1. Billiger Massenspeicher;
2. Wiederverwendbarkeit;
3. Auswechselbarkeit von Bändern im Magnetbandgerät und damit fast unbegrenzte Kapazität;
4. hohe Schreib- und Leseleistung;
5. große Haltbarkeit.

*Nachteile von Magnetbändern sind:*

1. Lange Zugriffszeit zu den gespeicherten Daten;
2. keine visuelle Lesbarkeit;
3. Sortierfähigkeit nur mit Hilfe der EDVA und weiterer Speichermedien;
4. keine Verwendbarkeit als Urbeleg;
5. Empfindlichkeit gegen Staub, Feuchtigkeit, Wärme und magnetische Umwelteinflüsse.

→ Übungsaufgabe Nr. I-65 im Arbeitsbuch

## 2.2.2.3 Disketten

---

**Disketten** (engl.: diskette; floppy disk) sind flexible, runde Kunst-stoffplatten, die auf beiden Seiten mit einer magnetisierbaren Schicht bedeckt sind. Die Information wird durch Magnetisierung in konzentrischen Kreisspuren mit Hilfe eines Schreib-/Lesekopfes auf-gezeichnet. Zum Schutz ist der eigentliche Datenträger in einer qua-dratischen, biegsamen Hülle oder einem festen Gehäuse eingeschlos-sen. Beim Lesen und Schreiben rotiert die Diskette in diesem Behält-nis in einem Luftpolster.

---

*Disketten sind die weitaus am häufigsten verwendeten Datenträger. Es gibt Disketten*

- *in verschiedenen Größen* (Standards sind 8, 5,25, 3,5 und 2 Zoll),
- *für ein- oder doppelseitige Aufzeichnung* (engl.: single sided, double sided),
- *mit unterschiedlichen Zeichendichten* (einfach, doppelt, vierfach und höher; engl.: single, double, quad and high density) und
- *mit mehreren, inkompatiblen*[12] *Aufzeichnungsformaten.*

Die großen, seit 1974 auf dem Markt angebotenen *8-Zoll-Disketten* gibt es kaum noch. Es dominieren die *5,25- und 3,5-Zoll-Disketten. Jede 5,25-Zoll-Diskette ist in eine nicht entfernbare Vinylhülle gepackt, die sie vor Staub, Fingerabdrücken und anderen Umwelteinflüssen schützt.* Diese Hülle hat einige *Öffnungen* (vgl. Abb. 2.2.2.3/1). Die Öffnung in der Mitte dient dazu, die Diskette in Drehung zu versetzen, die lange und breite Öffung erlaubt dem *Schreib-/Lesekopf*, Daten von der Dis-kette zu lesen, und das kleine runde Loch ermöglicht der Diskettenein-heit festzustellen, in welcher Lage sich die Platte befindet. In die Platte selbst ist ein Loch (*Indexloch*) gestanzt, das bei jeder Umdrehung ein-mal unter dieser Öffnung vorbeikommt. Die *Kerbe* dient zur *Schreibsi-cherung* (bei einer 5,25-Zoll-Diskette: Kerbe überklebt – nur Lesen möglich).

Die seit 1982 angebotenen *3,5-Zoll-Disketten* sind in einem unemp-findlichen *Hartplastikgehäuse* eingeschlossen, das im Gegensatz zur herkömmlichen biegsamen Vinylhülle von 5,25-Zoll-Disketten nicht ge-knickt und dadurch nicht beschädigt werden kann. *Ein automatischer Verschluß schützt hier auch die Schreib-/Lesekopföffnung des Me-*

---

12 Inkompatibel heißt «nicht verträglich» und bedeutet in diesem Fall, daß von einem Gerät beschriebene Disketten von einem anderen Gerät nicht gelesen werden können.

*diums.* In das Laufwerk eingelegt, öffnet sich dieser Verschluß selbsttätig, damit Daten gelesen und geschrieben werden können.

Die hauptsächlich für tragbare Kleinstrechner verwendeten *2-Zoll-Disketten* sind ähnlich wie die 3,5-Zoll-Disketten konstruiert. Trotz ihrer äußerst kompakten Abmessungen (etwa die Größe eines Kleinbilddias) konnten sie sich aufgrund ihrer geringeren Kapazität (720 KB) noch nicht gegen die 3,5-Zoll-Disketten durchsetzen.

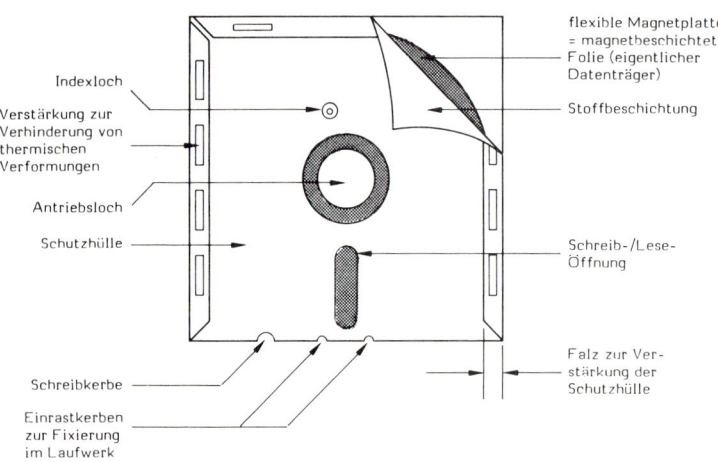

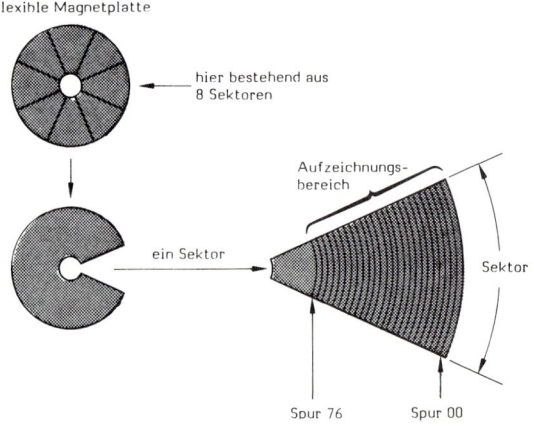

Abb. 2.2.2.3/1: Funktionsdarstellung einer Diskette

Abb. 2.2.2.3/2: Disketten – die Originalmaße betragen bei 8 Zoll: 203 × 203 × 2 mm, bei 5,25 Zoll: 133 × 133 × 2 mm und bei 3,5 Zoll: 94 × 94 × 3 mm

*Die Information wird bit- und byteseriell in konzentrischen Spuren aufgezeichnet, die wiederum in Sektoren geteilt sind.* Der verschiebbare Schreib-/Lesekopf des Diskettenlaufwerks wird hierzu *auf die gewünschte Spur positioniert und auf die Diskette aufgesetzt.* Ein für 5,25-Zoll-Disketten häufig verwendetes *Aufzeichnungsformat* sieht pro Diskettenseite 77 Spuren bei einer Spurdichte von 96 tpi (engl.: tracks per inch; Spuren pro Zoll) vor. Es gibt aber auch Disketten mit 35, 40 und 80 Spuren. *Gebräuchliche Sektorlängen* sind 128, 256, 512 oder 1024 Bytes.

Das Auffinden der einzelnen Sektoren durch die Disketteneinheit erfolgt über die sog. *Softsektorierung.* Die Positionen der Sektoren werden dabei durch die Software der Steuereinheit (engl.: controller) berechnet. *Vor dem ersten Gebrauch werden die Disketten initialisiert, d.h. es werden Spuren und Sektoren angelegt.* Spuranfang und -ende sowie die einzelnen Sektoren werden durch die Eintragung von *Trennlücken* (engl.: gap) und von *Identifikationsfeldern* gekennzeichnet, in denen die Sektor-, die Spur- und die Seitennummer festgehalten ist. Hierfür wird Platz benötigt, der für die Speicherung von Nutzdaten oder Programmen verlorengeht. Eine *Indexspur* ist für Angaben zur

Kennzeichnung der Diskette und der darauf befindlichen Daten reserviert. Weitere Spuren sind als *Ersatzspuren* für den Fall vorgesehen, daß auf Datenspuren Defekte auftreten. Bei der vorstehend erwähnten Normaufzeichnung (vgl. auch Abb. 2.2.2.3/1) sind die Spur 0 eine Indexspur und die Spuren 75 und 76 Ersatzspuren, so daß von 77 Spuren nur 74 verfügbar sind.

Vielfach nennen die Diskettenanbieter *Bruttokapazitäten*, z.B. für derzeit verbreitete 3,5-Zoll-Produkte 2,0 MB, tatsächlich stehen dem Anwender nach der Formatierung jedoch 10 bis 30% weniger an tatsächlich nutzbarer *Nettokapazität* zur Verfügung, in unserem Beispiel etwa 1,4 MB.

*Softsektorierte Disketten können jederzeit umformatiert werden*, was jedoch zur Folge hat, daß aufgezeichnete Information verlorengeht.

*Einseitige Disketten mit einfacher Datendichte* haben Bruttokapazitäten bis 400 KB. Einseitige Disketten sind etwas billiger als doppelseitige, weil der Hersteller für die zweite Seite keine Qualitätsprüfung vornehmen bzw. Qualitätsgarantie geben muß; auch das Laufwerk ist preisgünstiger, weil es nur mit einem Schreib-/Lesekopf arbeitet. Heute werden nur noch doppelseitige Disketten mit höheren Kapazitäten verwendet.

Bei *zweiseitiger Aufzeichnung mit doppelter Datendichte* ist die Kapazität viermal so hoch wie oben für Single-sided-/Single-density-Disketten genannt, also bis ca. 1,6 MB. Sogenannte *High-density-Disketten* erreichen noch wesentlich höhere Kapazitätswerte in der Größenordnung von 1,6 bis 5 MB. Diese Disketten verwenden dichtere, jedoch fehleranfälligere Codes zur Aufzeichnung, die mitunter etwas schlechtere Zugriffszeiten beziehungsweise genauere Positioniermechanismen in der Disketteneinheit bedingen.

In sogenannten *Floptical-Laufwerken* verwendet man eine Kombination aus optischer und herkömmlicher magnetischer Technologie, um die Kapazität von 3,5-Zoll-Disketten zu erhöhen. Normale High-density-Disketten werden vom Hersteller der Laufwerke mit einem Spezialgerät vorformatiert, das mit einem Laser dicht nebeneinander liegende Führungsspuren aufbringt. Das Floptical-Laufwerk verwendet das normale magnetische Verfahren zum Beschreiben und Lesen der Diskette, aber es ist eine wesentlich höhere Schreibdichte möglich. Am Schreib-/Lesekopf ist nämlich eine Infrarotdiode angebracht, die die Führungsspuren erkennt und eine entsprechend genaue Führung ermöglicht. Während auf normalen Disketten nur bis zu 135 Spuren pro Zoll untergebracht werden können, sind mit der Floptical-Technologie 1250 Spuren pro Zoll möglich. Damit erreicht eine 3,5-Zoll-Diskette eine Kapazität von 20 MB.

*Vorteile von Disketten sind:*

1. Erheblich größere Speicherkapazität als Datenträger aus Papier;
2. Austauschbarkeit;
3. direkter Zugriff, d.h. auf jeden beliebigen Datensatz kann mit Kenntnis der Adresse sofort zugegriffen werden (Synonym: wahlfreier Zugriff);
4. einfache Handhabung;
5. Versendbarkeit;
6. günstiger Preis;
7. Wiederverwendbarkeit.

*Nachteile von Disketten sind:*

1. Keine visuelle Lesbarkeit;
2. keine Verwendbarkeit als Urbeleg;
3. Empfindlichkeit gegen magnetische Umwelteinflüsse, Verschmutzung, Knicken und sonstige Beschädigungen (vor allem bei einer offenen Schreib-/Lesezone);
4. fehleranfälliger, geringere Kapazität und langsamerer Zugriff als Magnetplatten.

Übungsaufgaben Nr. I-66 und I-67 im Arbeitsbuch  ←

### 2.2.2.4 Magnetplatten

Ein **Magnetplattenspeicher** (engl.: magnetic disk) ist ein Datenträger in Form einer oder mehrerer auf einer Achse übereinander montierten, mit einer magnetisierbaren Schicht überzogenen runden Aluminiumplatten, auf die Information durch Magnetisierung aufgezeichnet wird. Mehrere Platten, die auf einer Spindel übereinander montiert sind, werden Plattenstapel genannt.

*Magnetplatten drehen sich mit konstanter hoher Geschwindigkeit.* Auf die Daten wird mit *einem oder mehreren Schreib-/Leseköpfen* (Zugriffskamm) zugegriffen. Diese Schreib-/Leseköpfe «schwimmen» in einem sehr geringen Abstand zur Speicheroberfläche auf einem durch die Drehbewegung gebildeten Luftpolster. *Es wird beidseitig aufgezeichnet;* bei einem Plattenstapel können jedoch oft die oberste und/oder unterste Plattenfläche nicht genutzt werden (Abdeckplatten zu Schutzzwecken).

*Die Information wird bit- und byteseriell auf konzentrischen Spuren aufgezeichnet. Die Anzahl der Spuren (bis ca. 3300) ist ebenso wie die Anzahl der Sektoren pro Spur je nach Gerät und Hersteller verschieden.*

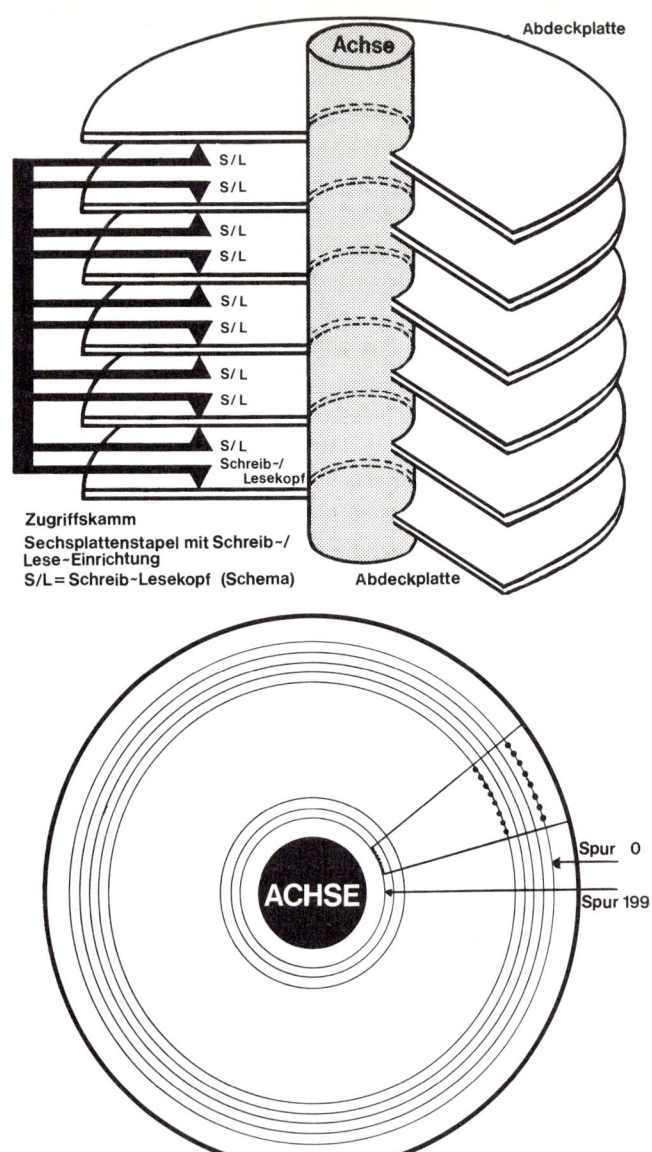

Abb. 2.2.2.4/1: Funktionsdarstellung eines Sechsplattenstapels mit Zugriffseinrichtung

Die *Zeitsynchronisation* erfolgt bei Magnetplatten *nur durch Softwaresteuerung*, d.h. es gibt kein Indexloch wie bei Disketten. Übereinanderliegende Spuren eines Plattenstapels werden *Zylinder* genannt. Es können so mehrere Spuren innerhalb eines Zylinders ohne Bewegung des Zugriffkammes gelesen werden.

*Es gibt Magnetplatten*

– *in verschiedenen Größen* (Standards: 14, 8, 5,25, 3,5 und neuerdings auch 2,5 Zoll),

Abb. 2.2.2.4/2: 5,25-Zoll-Platte im geöffneten Laufwerk

- *die auswechselbar* (Wechselplatte; engl.: removable disk) *oder fest in das Laufwerk eingebaut* (Festplatte; engl.: fixed disk) *sind,*
- *mit unbeweglichen* (Festkopfspeicher) *oder verschiebbaren Schreib-/Leseköpfen,*
- *mit unterschiedlichen Aufzeichnungstechniken und -formaten, Kapazitätsstufen und Leistungen* (Zugriffszeit und Datentransferrate).

*14-Zoll-Magnetplatten sind bei Großrechnern die wichtigsten externen Massenspeicher.* Auf einem Plattenstapel können mehrere hundert MB (vereinzelt bis zu sechs GB) gespeichert werden; es werden durchschnittliche Zugriffszeiten von 10 bis 20 ms und Datentransferraten von bis zu 6 MB/s erreicht.

Die hauptsächlich *für Minirechner verwendeten 8-Zoll-Magnetplatten* haben Kapazitäten pro Laufwerk von ca. 80 MB bis zwei GB und durchschnittliche Zugriffszeiten im Bereich von 15 bis 25 ms.

*Haupteinsatzbereich der 5,25- und 3,5-Zoll-Magnetplatten sind kommerzielle Mikrorechner* sowie zunehmend auch Minirechner. Derzeit herrschen auf dem Markt Platten mit einer Speicherkapazität von 40 bis 300 MB und einer durchschnittlichen Zugriffszeit von 15 bis 30 ms vor. Die Datentransferrate liegt bei 1 MB/s. Ein 5,25-Zoll-Plattenlaufwerk ist nicht größer als eine Schuhschachtel (das ist ca. 1/30 des Volumens einer 14-Zoll-Einheit) und wiegt nur wenige Kilogramm. Ein 3,5-Zoll-Plattenlaufwerk paßt in eine geöffnete Hand!

Magnetplattenspeicher aller Größenklassen sind vielfach in der sog. *Winchester-Technologie* ausgeführt. Wegen der hohen Reinheitsanfor-

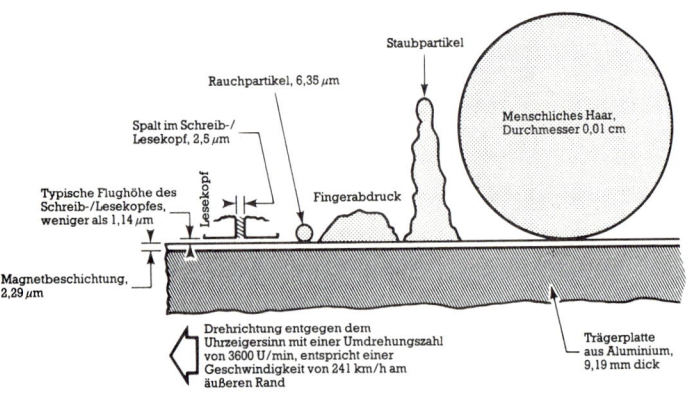

Abb. 2.2.2.4/3: Vergleich des Abstands zwischen Magnetplatte und Schreib-/Lesekopf mit kleinsten Fremdkörpern, deren Vorhandensein zu einem Ausfall des Speichers (engl.: «head-crash») führen kann

derungen und der äußerst geringen zulässigen Toleranzen beim Betrieb sind bei Plattenspeichern dieser Art die Platten und ein oder zwei Zugriffseinrichtungen mit verschiebbaren Schreib-/Leseköpfen in hermetisch abgeschlossene, mit Edelgas gefüllte Gehäuse fest eingebaut. Die Schreib-/Leseköpfe schweben in der Höhe von teilweise weniger als einem Mikrometer (= ein tausendstel Millimeter, das entspricht etwa $\frac{1}{20}$ einer Haaresbreite) über der Plattenoberfläche. Sie besitzen eine geringe Masse und ermöglichen extrem hohe Aufzeichnungsdichten (bis zu ca. 40000 Bits/mm²). Benannt wurde diese Technologie nach der Stadt Winchester, wo sie in den 70er Jahren von einem großen Rechnerhersteller entwickelt wurde.

Bei *Plattenspeichern mit feststehenden Schreib-/Leseköpfen* (meist Einzelplatten) ist jeder Spur ein eigener Magnetkopf zugeordnet. Dadurch entfällt die Zeit für die mechanische Bewegung der Zugriffseinrichtung, und es lassen sich extrem kurze Zugriffszeiten (ca. 2–3 ms) erreichen.

*Vorteile von Magnetplatten sind:*

1. Massenspeicher mit direktem Zugriff;
2. Wiederverwendbarkeit;
3. fast unbegrenzte Kapazität;
4. hohe Schreib- und Leseleistung und damit kurze Zugriffszeit zu den gespeicherten Daten;
5. große Haltbarkeit;
6. geringer Raumbedarf.

*Nachteile von Magnetplatten sind:*

1. Keine visuelle Lesbarkeit;
2. keine Verwendbarkeit als Urbeleg;
3. relativ hohe Speicherkosten;
4. Empfindlichkeit gegen magnetische und sonstige Umwelteinflüsse.

*Disketten und Magnetplatten haben gemeinsam*, daß ähnlich wie bei einer Schallplatte jeder beliebige Punkt auf der Plattenoberfläche angesteuert werden kann. Damit entfällt ein oft langwieriges Durchsuchen vom Beginn des Datenbestandes bis zur gewünschten Information. Daraus ergibt sich eine hervorragende Eignung zum Wiederauffinden von Daten in großen Datenbeständen. Vor der ersten Verwendung wird der Datenträger mit einer *Kennung* (Name, engl.: header) ausgestattet. Dadurch ist es in Programmen möglich, zu überprüfen, ob der richtige Datenträger verarbeitet wird. Dazu wird – wie bereits bei der Behandlung der Disketten erwähnt – ein *Inhaltsverzeichnis* (engl. Synonyme: directory, catalogue, volume table of contents, flist) angelegt, in dem alle auf dem Datenträger gespeicherten Bestände (Dateien, Programme) eingetragen werden. Ferner legt das System ein *Belegungsverzeichnis* an, das registriert, welche Sektoren belegt und welche Sektoren noch unbeschrieben bzw. gelöscht sind. Daraus ergibt sich der Unterschied zwischen der maximalen Speicherkapazität eines Datenträgers und der real für den Benutzer verfügbaren.

*Die kleinste adressierbare Einheit ist jeweils ein Sektor* (128 Bytes bis 4 KB). Informationsbestände (Dateien, Programme) werden in *untereinander verketteten Sektoren* gespeichert, d.h., daß zu jedem Sektor die Adresse (Spur- und Sektornummer, sowie, falls vorhanden, Zylindernummer) des nächsten zu diesem Informationsbestand gehörenden Sektors bzw. eine Endemarke mitaufbewahrt werden muß.

Auch darauf sind wir bei den Disketten schon eingegangen; bei einer 2,5-GB-Magnetplatte «kostet» diese Steuerinformation 650 MB der Bruttokapazität!

*Da ein Sektor die kleinste adressierbare Einheit darstellt, muß bei jedem Zugriff der gesamte Sektor beschrieben oder gelesen werden.* Angenommen, es sollen in 256 Bytes langen Sektoren Datensätze in der Länge von 80 Zeichen gespeichert werden, so wird man bestrebt sein, möglichst viele Datensätze in einen Sektor zu schreiben, um einerseits

| | Diskette | Magnetplatte |
|---|---|---|
| Kapazität | 1 MB – 20 MB | 20 MB – 6 GB |
| Zugriffszeit (mittlere) | 65 – 300 ms | 10 – 30 ms |
| Umdrehungsgeschwindigkeit | ca. 300 – 360 upm | ca. 2400 – 4300 upm |
| Schreib-/Lesekopf | liegt auf Diskette auf | schwebt auf Luftpolster |
| Duplizieren und Datensicherung | von Diskette auf Diskette unproblematisch | große Datenmenge, Platte oft nicht auswechselbar – Sicherung meist auf Band oder mehrere Disketten |
| Transportabilität | als Transportmedium für Programme und Daten sehr gut geeignet | Wechselplatte tragbar, Postversand risikobehaftet; Festplatte nicht transportabel |
| Preis für den Datenträger | ab 0,50 DM | bei Festplatte im Preis des Laufwerks enthalten |
| Preis für ein Laufwerk | ab 200,– DM | ab 300,– DM |

upm = Abkürzung für Umdrehungen pro Minute.

Abb. 2.2.2.4/4: Unterschiede zwischen Disketten- und Magnetplattenspeichern

Speicherplatz zu sparen und um andererseits bei jedem Zugriff möglichst viel Information zu gewinnen. Im vorliegenden Fall können drei logische Sätze (= Datensätze) in einem Sektor zusammengefaßt werden.

Allgemein nennt man die Zusammenfassung mehrerer logischer Sätze **Blocken** (engl.: blocking). Der **Blockungsfaktor** (engl.: blocking factor) ist die Anzahl der logischen Sätze, die zu einem **Block** (engl.: block) zusammengefaßt werden können.

Übungsaufgaben Nr. I-68 und I-69 im Arbeitsbuch

### 2.2.3 Optische Datenträger

Wir bezeichnen als *optische Datenträger* nur solche, *bei denen Licht zum Schreiben und Lesen der Daten verwendet wird.* Diese Begriffsinterpretation ist nicht Allgemeingut; vielmehr werden darunter häufig alle Datenträger verstanden, die Daten in visuell wahrnehmbarer Form speichern (also z.B. auch Belege mit Strichmarkierungen und Klarschrift).

#### 2.2.3.1 Mikrofilme

Der **Mikrofilm** (engl.: microfilm) ist ein Datenträger aus Filmmaterial, auf dem mittels fotografischer Verfahren schriftliche und bildliche Information stark verkleinert aufgezeichnet wird. Die analog gespeicherte Information ist visuell lesbar, wozu jedoch eine optische Vergrößerung (spezielles Lesegerät) nötig ist.

Als *Filmmaterial* werden verwendet:
1. *Rollfilme (meist 16 mm),*
   die mehrere hundert Meter lang sein können und
   – auf *Spulen* aufgewickelt oder zum Schutz und zur leichteren Handhabung in *Kassetten* eingeschlossen sein können (= Mikrofilmkassetten);
   – *zu Abschnitten zerteilt in einer stabilen Halterung aufbewahrt werden können (= Mikrostrips)* – für Schnellkontrollen, z.B. für

die Bearbeitung von Kundenaufträgen oder die Unterschriften-kontrolle;

– *zu Abschnitten zerteilt in Klarsichthüllen eingebracht werden können ( = Mikrojackets)* – für Archivierungszwecke mit der Möglichkeit des raschen Austauschs von Streifen in den am Ende offenen Taschen und einem kurzen Zugriff;

– *zu einzelnen oder mehreren Bildern zerschnitten in andere Datenträger integriert und somit rechnergestützt sortiert und verwaltet werden können* (z.B. Mikrofilmlochkarten, die in einem Fenster Mikrobilder enthalten – etwa Stücklisten, Arbeitspläne, Adreßverzeichnisse, Patentdokumentationen).

2. *Mikrofiches, im Format A6* ( = Postkartengröße = 105 × 148 mm),
   – die je nach Dokumentart, -format, Informationsumfang und Anwendungsfall auf einem Datenträger von *1 bis 3200 und mehr Mikrobilder* bzw. Vorlageneinheiten unterbringen;
   – die eine *konstante oder variable Bildeinteilung* aufweisen können;
   – die üblicherweise *in Klarsichttaschen aufbewahrt* werden und auch *rechnergestützt verwaltet* werden können.

*Mikrofiches haben sich weltweit durchgesetzt;* die Verkleinerungsfaktoren und Bildfeldeinteilungen sind national und international genormt. *Der Verkleinerungsfaktor liegt heute üblicherweise zwischen 20 : 1 und 48 : 1; von seiner Wahl hängen Fassungsvermögen, Lesbarkeit und Empfindlichkeit des Datenträgers gegen Staub und Kratzer ab.* Bei der 48fachen Verkleinerung lassen sich bis zu 269 EDV-Druckseiten (Originalformat DIN A3) zuzüglich Titel und Index auf einem Mikrofiche unterbringen. Bei 72facher Verkleinerung sind es bis zu 750 DIN-A3-Seiten pro Mikrofiche. Bei Verkleinerungsfaktoren von über 60 spricht man von *Ultrafiches;* diese werden in der betrieblichen Praxis jedoch nur vereinzelt verwendet.

Wenn Dokumente in den üblichen Formaten von DIN A6 bis DIN A3 mikroverfilmt werden, wird eine *konstante Bildfeldeinteilung* gewählt. Die *variable Bildfeldeinteilung* gestattet die Verfilmung unterschiedlicher Formate, z.B. auch großformatiger technischer Zeichnungen, Baupläne, Karten o.ä.

Die *Informationsaufzeichnung* kann durch

– die *konventionelle Verfilmung* vorhandener Schrift- und Bildvorlagen mit speziellen Kameras und

– die *Rechnerausgabe auf Mikrofilm* (COM)

erfolgen.

**COM** ist die in der deutschen EDV-Fachsprache eingebürgerte englische Abkürzung für die Ausgabe von Daten aus einer EDVA auf Mikrofilm (von engl.: computer output on microfilm). Ein COM-Recorder setzt die in einem Speicher aufgezeichneten digitalen Daten in die zur Ausgabe vorgesehene schriftliche oder bildliche Form um und schreibt sie mit hoher Geschwindigkeit auf den Mikrofilm.

*COM-Recorder* sind so *schnell* wie die schnellsten Laserdrucker, effektiv 10 000 bis 25 000 Zeichen pro Minute, und sind auch ähnlich *teuer* wie diese. Nur relativ wenige große EDV-Anwender – meist aus dem Banken- und Versicherungsbereich – können die hohe Ausgabeleistung tatsächlich selbst ausnutzen. Oft bieten sie deshalb wie die *COM-Servicebetriebe* die Abwicklung der *Mikroverfilmung als Dienstleistung für Dritte* an – für Kunden nicht selten zu «Dumpingpreisen».

COM-Anlagen müssen dementsprechend i. a. sowohl im On-line- als auch im Off-line-Betrieb arbeiten können. Beim *On-line-Betrieb* werden die Daten vom COM-Recorder unter Steuerung der Zentraleinheit unmittelbar auf den Mikrofilm aufgezeichnet. Beim *Off-line-Betrieb* werden die Daten zunächst auf Magnetband (seltener Wechselplatte) geschrieben und zu einem späteren Zeitpunkt von diesem Medium verfilmt. Hierzu benötigt die COM-Anlage keinen Rechneranschluß, aber eine zusätzliche Magnetbandstation zur Eingabe. Für die *Filmbelichtung bei* COM gibt es verschiedene Verfahren, von denen sich in den letzten Jahren vor allem die «trockene» Aufzeichnung, d. h. ohne Naßchemie mittels Laserstrahl, durchgesetzt hat (LBR-Verfahren, von engl.: laser beam recording).

*Für* COM *geeignet sind in erster Linie große, zu archivierende Datenbestände sowie umfangreiche Rechnerausdrucke, die der betriebsinternen Information dienen oder regelmäßig an einen gleichbleibenden Bezieherkreis gerichtet sind.* Alle Benutzer müssen über geeignete *Mikrofilmlesegeräte* verfügen. Besonders kostengünstig ist der Mikrofilm, wenn Duplikate in größerer Zahl angefertigt und versandt werden müssen.

**CIM** ist eine in der deutschen EDV-Fachsprache eingebürgerte englische Abkürzung für die Eingabe von Daten in eine EDVA mittels Mikrofilm (von engl.: computer input by microfilm).[13]

---

13 Eine andere Bedeutung der Abkürzung «CIM» ist die rechnergestützte integrierte Fertigung in der «Fabrik der Zukunft» (von engl.: computer integrated manufacturing); siehe hierzu Abschnitt 1.3.1.

*In maschinenlesbaren Schriften (OCR) bedruckter Mikrofilm könnte an sich durch entsprechende Belegleser gelesen werden,* wodurch die Schriftzeichen digitalisiert gespeichert, übertragen und z.B. auf herkömmlichen Rechnerbildschirmen angezeigt werden könnten. Der Konvertierungsvorgang über Belegleser ist jedoch zu *kompliziert und zu aufwendig*, um praktische Bedeutung erlangt zu haben. Neuerdings wird die *Datenumsetzung mittels digitaler Videokameras und Laser-Abtastern* (engl.: scanner) versucht, welche die Mikrofilmbilder als Faksimile in Rasterpunkte zerlegt auslesen.

*Vorteile von Mikrofilm sind:*

1. Sehr hohe Ausgabegeschwindigkeit;
2. kostengünstig bei großen Datenmengen, die zu archivieren bzw. längere Zeit intern zu verwenden sind, insbesondere bei mehreren Kopien und Postversand;
3. sehr hohe Zeichendichte und hohe Aufnahmefähigkeit des einzelnen Mikrofiches;
4. geringer Raumbedarf und unbeschränkte Haltbarkeit bei der Aufbewahrung;
5. flexible Gestaltung des Mediums, z.B. helle Zeichen auf dunklem Hintergrund oder umgekehrt, ohne Vergrößerung lesbarer Titel, beliebiger Indexaufbau zum schnellen und automatischen Wiederauffinden der Information.

*Nachteile von Mikrofilm sind:*

1. Nur einmal beschreibbarer Nur-Lesespeicher (Aktualisierung oder Korrektur nur durch erneute Ausgabe);
2. Erstinvestitionen für Ausgabe- und Lesegeräte sind sehr hoch;
3. papiergewohnten Benutzern bereitet der Mikrofilm oft Akzeptanzprobleme (Schwellenangst vor dem nicht vertrauten Medium, relativ umständliche Handhabung).

→ Übungsaufgabe Nr. I-70 im Arbeitsbuch

### 2.2.3.2 Optische Speicherplatten

Eine **optische Speicherplatte** (engl.: optical disk; laser disk) ist eine feste runde Scheibe, auf deren beschichteter Oberfläche die Information mittels Laser aufgezeichnet und gelesen wird.

Abb. 2.2.3.2/1: Auf einer CD-ROM (650 MB) kann der Text dieses Buches ca. 300mal abgespeichert werden. Die Kapazität der wiederbeschreibbaren optischen Platten im Hintergrund beträgt 128 MB.

*Optische Speicherplatten* sind seit Jahren Gegenstand von Forschung und Entwicklung. Es gibt sie *in vielen geräte- und verfahrenstechnischen Varianten*. Man unterscheidet nach dem Kriterium der Wiederbeschreibbarkeit:

- CD-ROMs (engl.: compact disc – read only memory), die im laufenden Betrieb nur gelesen werden können;
- WORMs (engl.: write once read many), die einmal vom Benutzer beschrieben und beliebig oft gelesen werden;
- optische Speicherplatten, die beliebig oft beschrieben, gelesen und wieder gelöscht werden können.

Die *CD-ROM* ist die verbreitetste Form der optischen Speicherplatten. Hervorgegangen ist sie aus der seit 1982 standardisierten Audio-

CD. Wie diese hat die CD-ROM einen Durchmesser von 120 mm. Die hohe Kapazität von ca. 650 MB (mehr als 300 000 DIN-A4-Textseiten) pro Platte wird dadurch erreicht, daß ein Laserstrahl digitale Information auf die Platte aufträgt. Bei diesem Vorgang werden mikroskopisch kleine Vertiefungen, sog. «pits», in die Speicherschicht eingebrannt. Im Gegensatz zu allen anderen optischen Speicherplatten verläuft die Spur der CD-ROM spiralförmig und nicht konzentrisch. Diese Spur ist fast fünf Kilometer lang und nur 0,6 Mikrometer breit. Beim Lesevorgang tastet der Laser diese Spur ab und wird entweder weitergeleitet, wenn er auf eine Vertiefung trifft, oder aber reflektiert, wenn er eine nicht beschriebene Stelle erreicht. Diese Reflexionsunterschiede kennzeichnen die Information in codierter Form. Der reflektierte Laserstrahl wird auf eine lichtempfindliche Diode gelenkt, welche die auftreffenden Lichtstärkeimpulse in elektronische Impulse umsetzt. So wird die Information wieder in eine für den Rechner verarbeitbare Form transformiert.

Der *Entwicklungsaufwand einer CD-ROM* einschließlich der benötigten Suchsoftware ist sehr hoch, die *Produktion* unterscheidet sich aber kaum von einer herkömmlichen Audio-CD: Sämtliche Information (Texte, Bilder und Ton) muß in digitaler Form vorliegen, die einschließlich der Suchanordnung auf ein Magnetband, das sog. Digital Master Tape, kopiert und überprüft wird. Diese Information wird nun mittels Laser vom Master Tape auf eine Platte übertragen, wodurch diese sog. Master Disk eine individuelle Oberflächenstruktur erhält. Diese Scheibe wird versilbert, um sie elektrisch leitfähig zu machen. Danach wird davon in galvanischen Bädern ein Negativ (Vater) angefertigt, von dem wiederum ein Positiv (Mutter) gezogen wird. Diese Vorgänge müssen unter Reinluftbedingungen ablaufen. Die Massenproduktion erfolgt anschließend im Spritzgußverfahren, wobei von der Mutterscheibe, die als Matrix dient, Duplikate erzeugt werden. Speziell aufbereitetes Polycarbonat wird in die aufgeheizten Matrizen gepreßt und geformt. Die Oberfläche der so entstandenen Platten wird zur Reflexion des Laserstrahls mit Aluminium bedampft und mit einem Schutzlack versiegelt. Zuletzt wird das Mittelloch optoelektronisch in Abhängigkeit von der Spurlage ermittelt und gestanzt.

→ Übungsaufgabe Nr. I-71 im Arbeitsbuch

*Anwendung finden CD-ROMs* bei der Vielfachspeicherung und -verbreitung derselben Daten. Sie sind ein sehr gutes Medium zur Speicherung relativ stabiler und umfangreicher Datenbestände, die schnell und an unterschiedlichen Einsatzorten verfügbar sein müssen. Beispiele sind etwa Lexika, juristische Datenbanken, Ersatzteilkataloge oder die Softwaredistribution. Abarten der CD-ROM sind neben der Audio-CD die CD-I (engl.: compact disc – interactive), die Laserdisc und die Foto-CD. *CD-I* ist ein Standard für den interaktiven Multimedia-Einsatz, der eigene Abspielgeräte verlangt. Die in Bildplattenspielern eingesetzten *Laserdiscs* sind eine Mischform aus Video- und Audio-CD. Die *Foto-CD* ist eine vor kurzem vorgestellte Entwicklung von Kodak. Bis zu 100 herkömmliche Kleinbild-Dias oder -Negative können auf einer Scheibe in der Größe einer CD-ROM gespeichert werden. Ein Bild wird dabei in 18 MB unkomprimierte, digitale Daten mit einer Auflösung bis zu 2048 mal 3072 Bildpunkte umgesetzt.

*Gegenüber sonstigen optischen Speicherplatten haben CD-ROMs folgende Vorteile:*

1. Die langjährig erprobte Technologie,
2. die weltweite Standardisierung,

Abb. 2.2.3.2/2: WORM-Platte (mit einer Speicherkapazität, die den sichtbaren Papierstapeln entspricht)

3. die preisgünstigen Datenträger und Wiedergabegeräte (= modifizierte CD-Plattenspieler).

*Nachteil ist natürlich der vorgegebene und unveränderbare Datenbestand.*

→ Übungsaufgabe Nr. I-72 im Arbeitsbuch

Wie bereits erwähnt, können *WORM-Platten* einmal individuell vom Anwender mit beliebigen Daten beschrieben und anschließend immer wieder gelesen werden. Das Prinzip der WORMs entspricht dem der CD-ROM-Technologie mit dem Unterschied, daß die Spur nicht spiralförmig sondern konzentrisch verläuft. Mit einem Laser, der bis zu zwanzigmal stärker ist als der Lesestrahl, werden beim Beschreiben kleinste Vertiefungen in die mit einer Schutzschicht versehene, reflektierende Oberfläche eingebrannt. An diesen Stellen wird beim Lesen der Laserstrahl nicht zur lichtempfindlichen Diode reflektiert. Im Gegensatz zur CD-ROM konnten sich die verschiedenen Hersteller aber bisher nicht auf einen Standard einigen. WORM-Platten werden in den Formaten 5,25, 8, 12 und 14 Zoll hergestellt. Sämtliche am Markt erhältlichen Platten werden beidseitig beschrieben. Am gängigsten sind 14-Zoll-Platten mit einer Speicherkapazität von 2 GB (ca. 1 Mio. DIN-

Abb. 2.2.3.2/3: Mit dem Elektronenstrahlmikroskop aufgenommene Oberfläche einer optischen Speicherplatte. Die horizontalen Rillen sind vorgeprägte Spuren, worauf digitale Daten in Form von ein Mikrometer großen Löchern mittels Laser eingebrannt worden sind

A4-Textseiten). WORM-Platten werden vor allem dort angewendet, wo große Datenmengen anfallen, die nicht geändert werden müssen und auf die oftmaliger Zugriff erforderlich ist (Archivierung von Text, Grafik, Bild und Ton). *Klassischer Einsatzbereich sind sog. Retrievalsysteme*, die mit Hilfe der Datenbanktechnik das Abspeichern und Wiederauffinden von Dokumenten innerhalb kürzester Zeit unterstützen. Unter Wiederauffinden versteht man in diesem Zusammenhang nicht nur das Bereitstellen der Information, wo das gewünschte Dokument physisch gespeichert ist, sondern auch das Einspielen des Dokuments in den Arbeitsspeicher und die Anzeige am Bildschirm. Diese Systeme arbeiten meist mit sog. Jukeboxen, in denen mehrere WORM-Platten vereinigt sind und die Kapazitäten bis zu 3000 GB (= 3 TB) aufweisen.

Übungsaufgabe Nr. I-73 im Arbeitsbuch ←

Abb. 2.2.3.2/4: Entwicklung der Datenträger in den letzten 30 Jahren: Von der Lochkarte mit 80 Zeichen bis zur wiederbeschreibbaren optischen Speicherplatte mit einer millionenfachen Kapazität

*Optische Speicherplatten, die beliebig oft beschrieben werden kön-nen*, sind erst vor kurzem in Serienproduktion gegangen. Wie bei den WORM-Platten gibt es keine Standardisierung des Aufzeichnungsver-fahrens. Die gängigsten Bezeichnungen für wiederbeschreibbare opti-sche Platten sind *EO* (engl.: erasable optical), *ECD* (engl.: erasable compact-disc) und *ROD* (engl.: rewritable optical disc). Das für diese in der Folge mit EO bezeichneten optischen Systeme verwendete Aufzeich-nungsverfahren unterscheidet sich wesentlich von der CD-ROM- und WORM-Technologie. Um den Vorteil der magnetischen Aufzeichnungs-technik (Wiederbeschreibbarkeit) mit dem der optischen Verfahren (hohe Aufzeichnungsdichte) zu vereinen, wird eine kombinierte Tech-nik unter Ausnutzung des sogenannten Kerr-Effektes verwendet. Dieser besagt, daß bestimmte Substanzen unter dem Einfluß hoher thermi-scher Energie und starker Magnetfelder ihre Polarisationsrichtung än-dern. Beim Beschreiben einer EO erzeugt der Schreibkopf ein magneti-sches Feld, dessen Fokussierung nicht sehr hoch sein muß. Nur die zusätzlich durch einen Laserstrahl (auf ca. 200 Grad Celsius) erhitzten Bereiche der Platte ändern ihre magnetische Ausrichtung entsprechend dem Magnetfeld. Beim Lesevorgang tastet ein wesentlich schwächerer Laserstrahl diese Bereiche ab, die ihn je nach Magnetisierung unter-schiedlich reflektieren. Je nachdem welche Polarisation (Drehrichtung) der reflektierte Strahl hat, wird die Information als «0» oder «L» inter-pretiert. Da die Aufzeichnung prinzipiell magnetisch erfolgt, ist der Schreibvorgang jederzeit reversibel. Andererseits kann durch die genaue Fokussierung des Laserstrahls eine sehr hohe Speicherungsdichte erzielt werden. EOs gibt es in den Formaten 5,25- und 3,5-Zoll und sind meist durch eine feste Kunststoffhülle geschützt. 5,25-Zoll-Platten haben etwa die Kapazität von CD-ROMs (650 MB), wobei sie aber durch die kon-zentrische Anordnung der Spuren wesentlich schnellere Zugriffszeiten (bis zu ca. 40 ms) erreichen. Die Lebensdauer solcher Platten soll über der von Magnetplatten liegen (mindestens 10 Jahre).

*Vorteile von optischen Speicherplatten sind:*
1. Höchste Zeichendichte und extrem große Speicherkapazität des ein-zelnen Datenträgers;
2. direkter Zugriff;
3. Aufzeichnung von schriftlichen, akustischen und bildlichen Daten;
4. Unempfindlichkeit gegen Umwelteinflüsse;
5. schnellerer Zugriff auf große Datenmengen als in herkömmlichen Papier- und Mikrofilmarchiven;
6. niedrige Datenträgerkosten.

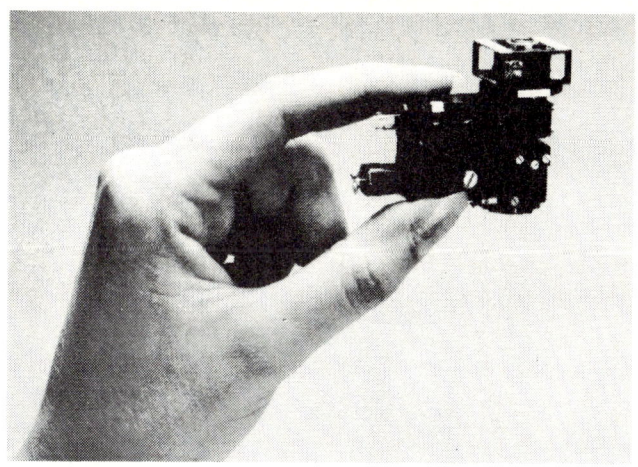

Abb. 2.2.3.2/5: Optischer Schreib-/Lesekopf mit Diodenlaser

*Nachteile von optischen Speicherplatten sind:*

1. Hohe Erstinvestition für Schreib-/Lesegeräte (Ausnahme: CD-ROM-Geräte);
2. bei CD-ROM- und WORM-Platten keine Löschbarkeit der Daten;
3. fehlende Normen, inkompatible Spezifikationen und damit erschwerter bzw. nicht möglicher Datenträgeraustausch.

Übungsaufgabe Nr. I-74 im Arbeitsbuch ← 

### 2.2.3.3 Optische Speicherkarten

> Eine **optische Speicherkarte** (engl.: optical card; laser card) ist eine Plastikkarte in der Standardgröße (85,6 × 54 × 0,76 mm) und mit den gleichen physikalischen Eigenschaften wie eine herkömmliche Scheck- oder Kreditkarte. Zur Datenspeicherung dient ein implantierter optischer Speicherbereich (Streifen), der mittels Laser beschriftet und gelesen wird.

*Bezüglich der Karteneigenschaften, -einsatzmöglichkeiten und -vorteile bzw. -nachteile gilt generell das bei den Magnetstreifenkarten* (Abschnitt 2.2.2.1) *Gesagte. Es gibt jedoch zwei wesentliche Unterschiede:*

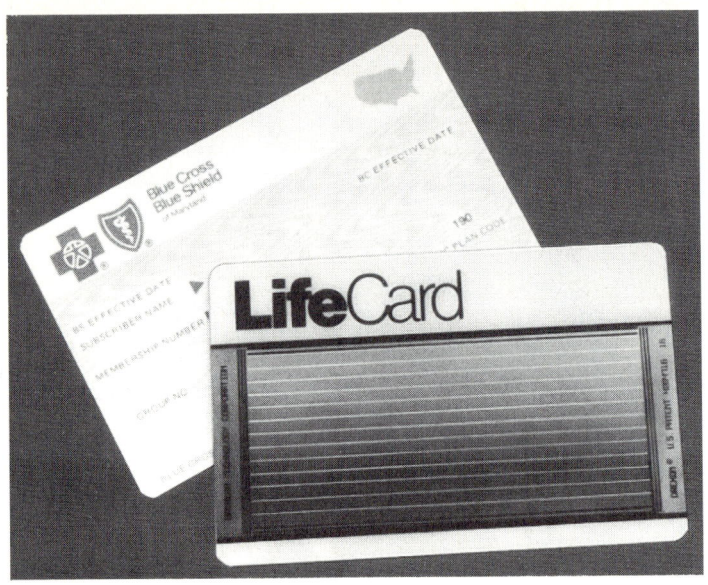

Abb. 2.2.3.3/1: Optische «Lebenskarte» einer Krankenversicherung

1. Die *Kapazität* des implantierten optischen Speichers (2 bis 4 MB) ist *mehrere tausendmal so hoch* wie die eines Magnetstreifens.
2. Es gibt noch relativ *wenig Anwendungserfahrungen*, und die ersten *Normen sind erst im Entstehen*.

Durch die enorm hohe Speicherkapazität werden die möglichen *Anwendungsbereiche stark ausgeweitet*: Aus der «Kreditkarte» kann eine «Lebenskarte» werden, welche dokumentationswürdige Daten des Karteninhabers aus allen Lebensbereichen lebenslang aufzeichnen kann.

*Die Datenaufzeichnung und das Lesen* erfolgen nach den im vorhergehenden Abschnitt 2.2.3.2 beschriebenen Verfahren *mittels Laser*. Auch die allgemeinen *Vorteile und Nachteile der optischen Speicherung* sind dort genannt.

Während optische Speicherplatten von vielen Herstellern angeboten werden, sammeln derzeit bei optischen Speicherkarten einige *wenige Anbieter erste umfangreichere Markterfahrungen*.

→ Übungsaufgabe Nr. I-75 im Arbeitsbuch

### 2.2.4 Elektronische Datenträger

*Elektronische Datenträger verwenden Halbleiterbauelemente zur Datenspeicherung.* Wir behandeln zunächst die zunkunftsträchtigen, in verschiedenen Anwendungen im breiten Einsatz befindlichen *Chipkarten* mit integriertem Mikroprozessor. Dann kennzeichnen wir reine *Speicherkarten.* Abschließend gehen wir auf *Halbleiterplatten* ein, die eine mögliche Ergänzung bzw. Alternative für Magnetplatten bei zeitkritischen EDV-Anwendungen darstellen.

#### 2.2.4.1 Chipkarten mit Mikroprozessor

Eine **Chipkarte** (engl.: chip card; smart card; microcomputer card) ist eine Plastikkarte in der Standardgröße (85,6 × 54 × 0,76 mm) und mit den gleichen physikalischen Eigenschaften wie eine Magnetstreifenkarte. Ein in die Karte implantierter Chip enthält einen Mikroprozessor und Speicher (ROM, RAM und EEPROM).

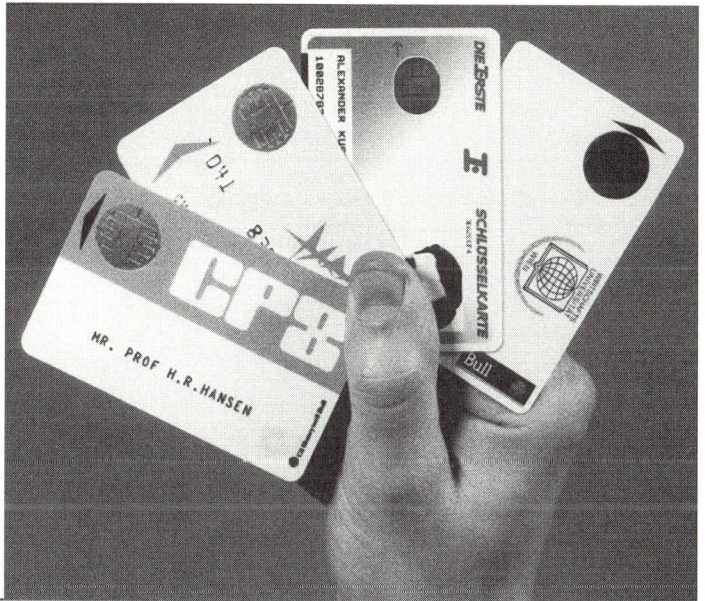

Abb. 2.2.4.1/1: Chipkarten; in jede Karte ist ein Chip mit Speicher- und Prozessorfunktionen in der linken oberen Ecke eingebettet (kreisförmige Fläche)

Wir behandeln in diesem Abschnitt nur solche «intelligenten» Smart-Cards. Chipkarten ohne Mikroprozessor mit einer größeren Zahl von Speicherchips ( = Flash-Speicherkarten) werden im Folgeabschnitt 2.2.4.2 beschrieben.

Die Konzeption der Chipkarte erlaubt einen *vielfältigen Einsatz in unserem täglichen Leben*, insbesondere als elektronisches Zahlungsmittel, Studienbuch, Gesundheitspaß, «intelligenter Schlüssel» für die Zutrittskontrolle (zu Räumen, Tresoren usw.) und für Schutzsysteme (Personal-Computer, Netze usw.). Üblicherweise wird ein und dieselbe Chipkarte für mehrere dieser Anwendungen eingesetzt.

Es werden derzeit hauptsächlich Chipkarten verwendet, deren Chip einen *8-Bit-Mikroprozessor* und *8 bis 24 KBits löschbaren Benutzerspeicher* enthält (Ein-Chip-Rechner).

Über die sog. *Systemschnittstelle* des Chips erfolgt die Energieversorgung und die Kommunikation mit dem Gerät, das die aufzuzeichnenden Daten liefert bzw. die gespeicherten Daten liest. Von acht vergoldeten Kontakten werden derzeit sechs belegt (Initialisierung – Takt – Dateneingabe und -ausgabe – Erde – 5 Volt – 21 Volt).

Der *Mikroprozessor* steuert die Kommunikation über die Systemschnittstelle, führt das Anwendungsprogramm aus, codiert und decodiert dabei Daten und wickelt die Speicherzugriffe ab. Ferner kontrolliert er die Rechtmäßigkeit der vorgenommenen Transaktionen, indem er aufgrund abgespeicherter Information (wie der PIN, d.h. persönliche Identifikationsnummer, und anderen definierten Zugriffsrechten) die Befugnis des Karteninhabers zur Benutzung von Daten und Programmen prüft.

Der *Speicher* besteht aus einem ROM (ca. 1 bis 4 KB), RAM (ca. 32 bis 265 Bytes) und einem EEPROM. Das EEPROM bildet mit 8 bis derzeit maximal 64 KBits den zentralen Teil des Speichers. Es stellt den Benutzerspeicher dar und enthält weitere spezielle Daten der Chipkarte (PIN-Codes, Parameter, Identifikation des Inhabers, kryptografische Schlüssel usw.). Der gesamte Speicher wird entsprechend den Anforderungen der jeweiligen Anwendung in drei Bereiche unterteilt:

– geheimer Bereich,
– geschützter Bereich,
– freier Zugriffsbereich.

Auf den *geheimen Bereich* kann nur der Mikroprozessor zugreifen. Über die Systemschnittstelle ist kein Zugriff möglich. Der geheime Bereich enthält (anwendungsabhängig) unter anderem den PIN-Code, Zeiger auf die einzelnen Bereiche, Geheimcode, Kartentyp, Seriennummer und Programme.

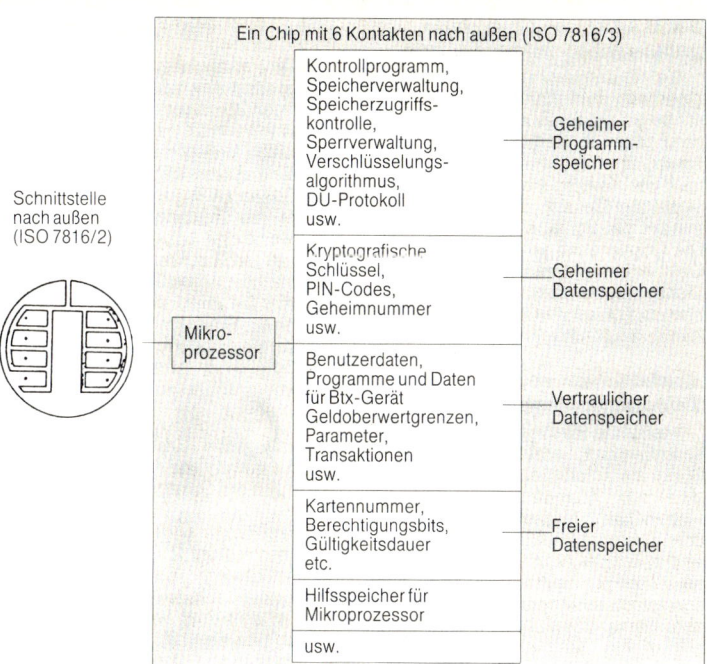

Abb. 2.2.4.1/2: Architektur einer Chipkarte (Quelle: E. Piller)

In den *geschützten Bereich* werden alle vertraulichen Daten geschrieben. Ein Zugriff ist nur über einen Zugriffsschlüssel möglich. Der geschützte Bereich enthält, je nach Anwendung, die Identität des Karteninhabers, verschiedene Parameter und vor allem den Transaktionsbereich. In den Transaktionsbereich werden die Daten der einzelnen Transaktionen abgelegt. Die Art und das Format der Daten sind von der Anwendung abhängig.

Die Daten in dem *freien Zugriffsbereich* sind frei zugänglich. Der freie Zugriffsbereich enthält je nach Anwendung unter anderem die Gültigkeitsgrenzen der Chipkarte, die Kartennummer, Währung und Kontonummer (bei Geldanwendungen). In diesen Bereich schreibt der Mikroprozessor auch alle Fehler, die durch falsche Zugriffsschlüsselangaben entstehen. Nach einer (vorgegebenen) Anzahl von Fehlern sperrt der Mikroprozessor die Karte.

Übungsaufgabe Nr. I-76 im Arbeitsbuch                    ←

Die Chipkarte garantiert eine beinahe «absolute» *Sicherheit* aufgrund folgender Eigenschaften:

- Es ist nicht möglich, «gesperrte» Daten im Benutzerspeicher zu ändern oder zu löschen.
- Der geheime Bereich kann von außen nicht gelesen werden (nur der Mikroprozessor hat einen Zugriff auf diesen Bereich).
- Es besteht keine Möglichkeit, die Programme des Mikroprozessors zu ändern, da diese im geheimen Bereich liegen.
- Die Zugriffskontrolle zu den geschützten Bereichen erfolgt vom Mikroprozessor der Chipkarte.
- Der Inhalt der Chipkarte kann nicht dupliziert werden (nur der freie Bereich ist ohne Zugriffsschlüssel lesbar, der geheime Bereich ist total gesperrt).
- Die Karte sperrt sich selbst nach vorgegebenen Kriterien wie n-maliger Zugriffsversuch auf geschützte Bereiche durch falsche Schlüssel, Überschreitung der maximal erlaubten Zugriffe, Ablauf der Gültigkeitsdauer usw.
- Ein Abhören oder Manipulieren der Kommunikation mit der Chipkarte sowie eine Simulation der Chipkarte ist nicht möglich, da der Informationsaustausch zwischen der Karte und dem Kartenleser in einer unvorhersehbaren und nicht reproduzierbaren Form gestaltet ist. Dabei werden kryptografische Verfahren verwendet (Näheres folgt im Abschnitt 3.2.2.6.2).

Zu Beginn wird die *Karte «konfektioniert»*, worunter man die äußere und innere Kennzeichnung der Karte mit der Information über den ausgebenden Betrieb, die Person des Karteninhabers und die Rechte, die ihm bei Benutzung der Karte eingeräumt werden, versteht. Zunächst werden die unkonfektionierten Karten in eine EDVA eingelesen. Auf einer Magnetplatte werden dabei die Fabrikationsnummer der Karte und die Nummer der Herstellungsserie, aus der die Karte stammt, abgespeichert. Die Konfektionierungsdaten werden dazu (z.B. über ein Bildschirmgerät oder Magnetband) eingegeben und in einer zweiten Plattendatei gespeichert. Anschließend werden die Karten einer Serie nacheinander in einen Chipkartenleser eingelegt, die Konfektionierungsdaten aus den beiden Plattendateien abgerufen und in die Karte eingespeichert. Bestimmte, diesem Speicherinhalt entsprechende Attribute (wie Namen, Karten- und Kontonummern) werden mittels Prägegerät und/oder Drucker visuell lesbar auf die Karte geschrieben. Die Benachrichtigung des Karteninhabers, die u.a. den persönlichen Code enthält, wird automatisch ausgedruckt.

*Chipkarten bieten im wesentlichen dasselbe wie Magnetstreifenkarten, haben darüber hinaus aber noch folgende Vorteile:*

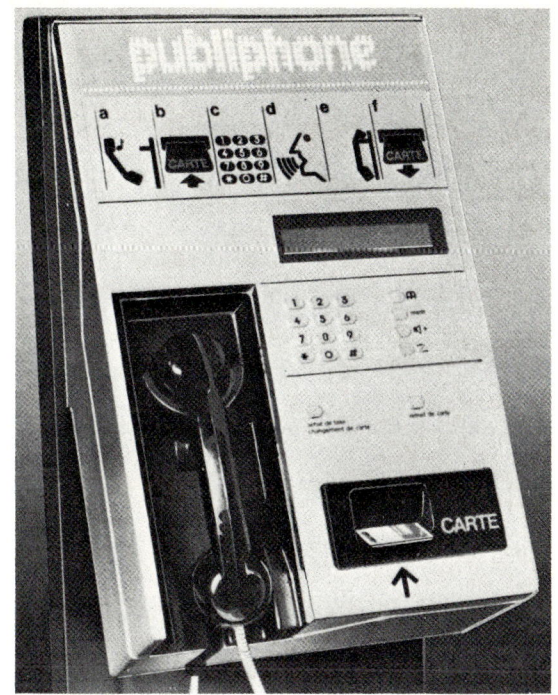

Abb. 2.2.4.1/3: Chipkarten-Telefon für öffentliche Sprechstellen. Die Gebühren werden von dem eingespeicherten, vorher bezahlten Guthaben auf der Karte abgebucht

1. Höhere Speicherkapazität und damit Erweiterung des Einsatzbereiches zur individuellen tragbaren Datei (z.B. Kundenausweis, Gesundheitspaß, Studienbuch usw.);

2. sichere Geheimhaltung der gespeicherten Daten und weitestgehender Schutz vor fälschlichem oder unerlaubtem Überschreiben bzw. Löschen und damit bessere Eignung als Zahlungsmittel (Näheres hierzu folgt in den Abschnitten 3.1.3.1 und 3.1.4);

3. in der Karte gespeicherte, durch den Prozessor ausgeführte Programme können anwendungsspezifische Unterstützung bieten, z.B. die Datenerfassung erleichtern (durch Folgen von Bildschirmformularen und maschinelle Prüfungen), Zutritts- und Zugriffskontrollen durchführen, vertrauliche Daten für die Übertragung chiffrieren bzw. dechiffrieren oder Systemaufrufsprozeduren automatisieren.

4. Moderne Chipkartenbetriebssysteme ermöglichen den Einsatz von *Multiservicekarten*, d.h. ein und dieselbe Chipkarte wird in mehre-

ren verschiedenen Anwendungen verwendet, ohne daß dabei eine unerwünschte gegenseitige Beeinflussung auftritt.

*Auch die Nachteile von Chipkarten entsprechen weitgehend jenen von Magnetstreifenkarten* (siehe Abschnitt 2.2.2.1). *Hierzu ist noch zu ergänzen:*

1. Die oben als Vorteil bezeichnete höhere Speicherkapazität ist absolut gesehen immer noch gering. Dieser Engpaß verliert aber durch die Entwicklung immer leistungsfähigerer Chips ständig an Bedeutung.
2. Magnetstreifenkarten sind zumindest für Identifikations- und Zahlungsverkehrszwecke weltweit genormt – wenn auch vorhandene Kartensysteme der Banken und Kreditorganisationen vielfach diesen Normen nicht entsprechen und damit inkompatibel sind. Es existieren zwar heute schon einige wichtige Chipkartennormen, noch keine aber im Anwendungsbereich.
3. Der Preis einer Chipkarte ist um ein Vielfaches höher als der einer Magnetstreifenkarte (je nach Modell zwischen 4 und 20 DM) bei fallender Tendenz.

$\longrightarrow$ Übungsaufgabe Nr. I-77 im Arbeitsbuch

### 2.2.4.2 Flash-Speicherkarten

> **Flash-Speicherkarten** (engl.: flash memory card) sind Chipkarten ohne Mikroprozessor, die als externes Speichermedium für tragbare Kleinstrechner verwendet werden. Die in den Flash-Speicherkarten enthaltenen Chips sind eine Weiterentwicklung der EPROM- und EEPROM-Technologie. Sie verbinden die Vorteile der sehr geringen Zugriffszeiten (250 Nanosekunden), der konstanten Speicherung ohne Stromversorgung (Nichtflüchtigkeit) und der Wiederbeschreibbarkeit. Auf einer Speicherkarte können bis zu 40 MB Daten gespeichert werden.

Ihre geringe Größe und Gewicht, ihre kurzen Zugriffszeiten und vor allem ihr niedriger Stromverbrauch im Vergleich zu anderen externen Speichern (Magnetplatten, Disketten) machen die Flash-Speicherkarten zu einem idealen Datenträger für tragbare Kleinstrechner (Notebooks und Notepads). Sehen Sie sich hierzu nochmals die Seiten 42–43 an, wo wir die Zugriffstechnik beschrieben haben. Als Nachteile sind im Vergleich zu Magnetplatten die noch hohen Kosten und die relativ geringe Kapazität zu nennen.

### 2.2.4.3 Halbleiterplatten

Eine **Halbleiterplatte** (engl.: RAM-disk) ist ein extrem schneller, externer Schreib-/Lesespeicher, der aus einer großen Zahl von Speicherchips aufgebaut ist und der einer ständigen Stromzufuhr zur Erhaltung der aufgezeichneten Information bedarf. Der Name hat nichts mit der Gestalt zu tun (keine Scheibe); die Benennung weist vielmehr darauf hin, daß dieser Datenträger von der Zentraleinheit wie eine Magnetplatte genutzt wird.

*Es gibt Halbleiterplatten in den verschiedensten Größen- bzw. Preisklassen für Mikrorechner wie für Großrechner mit*

- *Speicherkapazitäten von ca. 60 MB bis 1 GB pro Einheit,*
- *mittleren Zugriffszeiten von einigen hundert Mikrosekunden* und
- *Datentransferraten bis zu 6 MB/s* (die durch Zusammenschaltung mehrerer Einheiten vervielfacht werden können).

Halbleiterplatten benötigen *für das Schreiben und Lesen keine zeitaufwendigen mechanischen Bewegungen* einer Zugriffseinrichtung und können deshalb *im Mittel bis zu hundertmal schneller zugreifen als Magnetplattenspeicher. Sie lassen sich wie jede beliebige Magnetplatte oder Diskette organisieren und jederzeit auf ein anderes Plattenmodell umformatieren.* Datenbestände werden zur schnelleren Verarbeitung von einer Magnetplatte oder einem sonstigen langsameren externen Speicher geladen. Die *ständig notwendige Energieversorgung* wird bei den größeren Einheiten vielfach durch Batterien oder unterbrechungsfreie Stromversorgungsanlagen sichergestellt. Zusätzlich werden die Transaktionen teilweise auf eingebauten Magnetplatten *gesichert* (d.h. sofort automatisch auf die Magnetplatte geschrieben).

*Vorteile von Halbleiterplatten sind:*

1. Massenspeicher mit direktem Zugriff;
2. Wiederverwendbarkeit;
3. höchste Schreib-/Leseleistung und damit äußerst kurze Zugriffszeit zu den gespeicherten Daten;
4. flexible Formatierung;
5. geringer Raumbedarf.

*Nachteile von Halbleiterplatten sind:*

1. Keine visuelle Lesbarkeit;
2. keine Verwendbarkeit als Urbeleg;
3. sehr hohe Speicherkosten;
4. Risiko des Datenverlustes bei Unterbrechung der Stromzufuhr bzw. Notwendigkeit von kostspieligen Sicherungsmaßnahmen.

Weil sie *wesentlich teurer als Magnetplatten* sind, kommen Halbleiterplatten eher selten und fast *nur bei speziellen Anwendungen* zum Einsatz, *bei denen große Datenbestände mit höchster Durchsatzleistung bzw. sehr kurzen Antwortzeiten verarbeitet werden müssen.*

Gelegentlich kann auch *ein Teil des Arbeitsspeichers* eines Rechners *wie eine Magnetplatte organisiert* werden. Funktional besteht kein Unterschied zwischen dieser *internen Halbleiterplatte* und dem vorstehend beschriebenen peripheren Gerät. Der entscheidende *Vorteil* ist in beiden Fällen der wesentlich *beschleunigte Zugriff.*

→ Übungsaufgabe Nr. I-78 im Arbeitsbuch

## 2.2.5 Markt und Entwicklungstendenzen von Datenträgern

Die Abb. 2.2.5/1 zeigt Ihnen die behandelten Datenträger nochmals im *Überblick*, diesmal geordnet nach der Speicherkapazität. Zusätzlich sind in dieser Tabelle die mittlere Zugriffszeit, die Datentransferrate und die Aufzeichnungshäufigkeit wiedergegeben – zu Vergleichszwecken auch für den Arbeitsspeicher in der Zentraleinheit und das menschliche Gedächtnis.

Diese *Tabelle* bedarf einiger *Erläuterungen*. Es sind *gerundete Maximalwerte* angegeben, die von derzeit (1992) auf dem Markt erhältlichen Systemen im besten Fall erreicht werden. Die Kenngrößen beziehen sich auf jeweils *eine Einheit (Datenträger/Laufwerk)*. Die *Zugriffszeit* bei Strichcodefeldern und Plastikkarten ist vom Menschen bestimmt und wurde mit einer Sekunde angenommen. Bei den sequentiellen Medien, bei denen Daten physikalisch hintereinander aufgezeichnet und nur in der gespeicherten Reihenfolge gelesen werden können, wurde bei der Berechnung der durchschnittlichen Zugriffszeit von einem unsortierten Datenbestand ausgegangen, der 1000 Belege oder eine volle Spule (Magnetband) umfaßt. Diese Annahme ist einigermaßen wirklichkeitsfremd, weil solche Datenbestände normalerweise in der für die Verarbeitung benötigten Sortierung aufgezeichnet werden oder diese für die Anwendung keine Rolle spielt. Werden dieselben Daten für verschiedene Anwendungen in unterschiedlicher Sortierung benötigt oder ist die Reihenfolge ihrer Verarbeitung nicht vorhersehbar, so kommen die genannten sequentiellen Datenträger wegen der sehr langen Zugriffszeiten nicht in Frage. Die *Datentransferrate* kennzeichnet einen möglichen theoretischen Höchstwert, der vielfach real auch nicht annähernd erreicht wird – zum Beispiel dann, wenn der Mensch die Datenträger

| Datenträger | Kapazität je Einheit in Bytes | Mittlere Zugriffszeit in Sek. | Datentrans- ferrate in Bytes/Sek. | Aufzeich- nungshäufig- keit |
|---|---|---|---|---|
| Strichcode-Feld | 20 | 1 | 500 | L |
| Lochkarte | 80 | 40 | 1 K | L |
| Magnetstreifenkarte | 170 | 1 | 100 | S/L |
| Markierungsbeleg | 1 K | 120 | 4 K | L |
| Klarschriftbeleg | 1 K | 1700 | 300 | L |
| Chipkarte | 8 K | 1 | 1 K | (S)/L |
| Optische Speicherkarte | 4 M | 1 | 10 K | L |
| Mikrofiche (VHR 90x) | 6 M | 10 | 40 K | L |
| Diskette | 10 M | 0,1 | 100 K | S/L |
| Flash-Speicherkarte | 40 M | 0,00000025 | 8 M | S/L |
| Halbleiterplatte | 1 G | 0,0003 | 6 M | S/L |
| Magnetband | 5 G | 35 | 3 M | S/L |
| Magnetplatte | 6 G | 0,01 | 6 M | S/L |
| Optische Speicherplatte | 6 G | 0,02 | 6 M | (S)/L |
| Arbeitsspeicher | 2 G | 0,0000001 | 250 M | S/L |
| Menschl. Gehirn | 125 G | Langzeit- gedächtnis | 0,1 | S/L |
|  |  | Kurzzeit- gedächtnis | 6 | S/L |

*Abkürzungen:*
L       = Nur-Lesespeicher (einmalige Aufzeichnung)
S/L     = Schreib-/Lesespeicher (beliebig häufige Aufzeichnung)
VHR 90x = Very High Reduction – Verkleinerungsfaktor 90

Abb. 2.2.5/1: Vergleich verschiedener Datenträger

manuell der Lesevorrichtung zuführt, wenn ein Gerät zum Lesen und Schreiben abstoppen und wieder starten muß (wie das Magnetband beim Start-Stopp-Betrieb) oder wenn, wie normalerweise, die Anwendungen eine geringere Transferrate bedingen. Bezüglich der *Aufzeichnungshäufigkeit* wurde gekennzeichnet, ob die Datenträger nur einmalig beschrieben und wiederholt gelesen (L) oder beliebig oft beschrieben und gelesen (S/L) werden können.

Aus der Abb. 2.2.5/1 wird unmittelbar ersichtlich, welche *Datenträger für die Massenspeicherung* von Daten in Betracht kommen:
1. Die derzeit dominierenden, ausgereiften magnetischen Medien Diskette, Magnetplatte und – mit Einschränkungen – Magnetband;

2. die zukunftsträchtigen Flash-Speicherkarten, Halbleiterplatten und optischen Speicherplatten.

## Papierdatenträger

*Papierdatenträger haben ständig an Bedeutung verloren* und «fristen nur noch in Anwendungsnischen ein Dornröschendasein». *Dies gilt nicht nur für Lochkarten und Lochstreifen, sondern auch für Markierungsbelege und Klarschriftbelege.* Die teuren stationären *Belegleser für eine zentrale Belegverarbeitung* werden von vielen Rechnerherstellern nicht einmal mehr angeboten. Die meisten derartigen Geräte werden im Bankwesen für das Sortieren von Überweisungsbelegen verwendet.

Die *Zukunft der Beleglesung* wird *Abtastgeräten zur Faksimileeingabe* gehören, die Rasterbilder von Text-/Bilddokumenten aufnehmen, abspeichern, wiedergeben, manipulieren (vergrößern, verkleinern, Ausschnitte kombinieren u.ä.) und übertragen können. Auf dem Markt angebotene Geräte sind noch relativ langsam und umständlich in der Handhabung. Unter anderem wegen der fehlenden bzw. erst in den Anfängen steckenden Standardisierung auf diesem Gebiet kann die Information i.a. noch nicht mit Hilfe von Erkennungsprozessen mit nachfolgender Codierung der Bedeutung erfaßt werden, jedoch sind längerfristig durchaus *Fortschritte in der Bildinterpretation* zu erwarten.

*Handleser von Klarschriftetiketten* kommen gelegentlich für die dezentrale Datenerfassung im Handel zum Einsatz. In der Regel wird dort jedoch auf *Strichcodes* zurückgegriffen, die mit einfacheren, fest in den Kassentischen eingebauten Lesern (Scanner) oder Handlesern in Form eines Griffels (Lesestift) bzw. einer Pistole (Lesepistole) optisch abgetastet werden können.

## EAN

Als *Vorteile des EAN-Codes gegenüber OCR-Schriften* gelten:
- Niedrigere Codierungskosten,
- geringerer technischer Aufwand und damit billigeres Lesegerät,
- keine Farbkontrastprobleme,
- niedrigerer Preisauszeichnungsaufwand,
- leichtere Erfaßbarkeit (größerer Lesewinkel),
- geringere Verschmutzungs- und Fehldruckempfindlichkeit bzw. Rückweisungs- und Fehlerrate,
- höhere Lesegeschwindigkeit.

1991 waren *53 Länder* dem EAN-System angeschlossen. *In der Bundesrepublik Deutschland* nehmen zur Zeit *rund 6000 Industriebetriebe* an der EAN-Numerierung teil. Die Zahl der *Lebensmittelgeschäfte, die mit Scan-*

*ner-Kassen arbeiten*, hat sich folgendermaßen entwickelt: 1977... 1; 1978... 7; 1979... 9; 1980... 19; 1981... 43; 1982... 76; 1983... 175; 1984... 550; 1985... 1000; 1988... 2250; 1991... 5000. Durchschnittlich werden pro Geschäft vier Kassen eingesetzt. Als *Nutzenschwelle* gilt derzeit ein Jahresbruttoumsatz von 5 Mio. DM und ein Sortiment von 1000 Artikeln, von denen – soweit vorverpackt – mindestens 80% EAN-codiert sein müssen. Wir kommen auf die Datenerfassung mittels der EAN nochmals im Abschnitt 3.1.3.1 zurück.

## Plastikkarten

Auch auf die Plastikkarten gehen wir dort nochmals unter Anwendungsaspekten ein. *Magnetstreifenkarten* sind weltweit milliardenfach verbreitet.

Zum Beispiel haben allein die Kreditkartenorganisationen *Visa* und *Mastercard* (zu der auch Eurocard gehört) weltweit 250 Mio. bzw. 180 Mio. Karten ausgegeben, die von etwa zehn Mio. Verkaufsstätten angenommen werden. Jeweils ca. 70000 Geldautomaten stehen für Bargeldentnahmen zur Verfügung. Die sieben Mio. *Diners*-Karteninhaber werden von zwei Mio. Annahmestellen akzeptiert, die 36 Mio. *American Express*-Karteninhaber können weltweit auf drei Mio. Vertragspartner zurückgreifen. Beide Kreditkartenorganisationen haben jeweils ca. 40000 Geldausgabeautomaten installiert. *Der weltweite Bankkreditkartenumsatz dürfte 1992 bei 1,5 Billionen DM liegen.* In Deutschland gibt es derzeit etwa sechs Mio. Kreditkarten. Die Zahl der Karteninhaber ist aber weitaus geringer, da viele über zwei oder noch mehr Plastikkarten verfügen. Am weitesten verbreitet ist Eurocard mit einem Marktanteil von über 50 Prozent. Es folgen Visa, American Express und Diners Club. Die Zahl der Akzeptanzstellen liegt zwischen 120000 (Diners Club) und 190000 (Eurocard).

Neben diesen großen Kreditkartenorganisationen geben Banken und Sparkassen, Warenhäuser, Luftverkehrsgesellschaften, Autovermietungen, Automobilclubs, Hotelketten u.v.a.m. eigene Karten aus. *Eurocheque-Karten* können in fast allen europäischen Ländern zur Bargeldbeschaffung von Geldausgabeautomaten bzw. Schaltern der Banken und Sparkassen verwendet werden. In Europa gibt es kaum noch eine Verkaufsstätte, die Eurocheques bei Vorlage der Karte als bargeldloses Zahlungsmittel nicht akzeptiert. Allein in Deutschland wurden etwa 25 Mio. Eurocheque-Karten ausgegeben.

Die großen Kreditkartenorganisationen sind dabei, die *Funktionen ihrer Karten auszuweiten.* Einerseits bieten sie zunehmend die Möglichkeit, auch von den *Geldausgabeautomaten* der Banken weltweit Barabhebungen zu tätigen. Andererseits wird mit solchen Karten zunehmend die bargeldlose Zahlung am Verkaufsort (engl.: point of sales; abgekürzt: POS) ermöglicht. Solche *POS-Systeme* haben sich zunächst in den USA durchgesetzt und haben nun auch in den westeuropäischen Staaten ein starkes Wachstum zu verzeichnen. Anwendungsschwerpunkte sind der Einzelhandel, das Hotel- und Gaststättengewerbe, die Reiseveranstalter und das Tankstellengewerbe. Wir kommen hierauf nochmals im Abschnitt 3.1.4 zurück.

Hauptprobleme sind in diesem Zusammenhang die zur Zeit verwendeten ca. 200 verschiedenen Kartensysteme, die begrenzte Speicherkapazität und die mangelhafte Fälschungssicherheit der Magnetstreifenkarten. Aus diesen Gründen experimentieren viele Organisationen mit *Chipkarten*. Die ersten großen *Versuchsprojekte* wurden ab 1982 *in Frankreich* von Bull, Flonic Schlumberger und Philips durchgeführt.

Inzwischen sind schon *über 100 Millionen Chipkarten* in vielen verschiedenen Anwendungen im praktischen Einsatz, wobei heute vor allem die *Postverwaltungen, Banken, Kreditkartenorganisationen, Anbieter von Kabel- und Satellitenfernsehen und die Gesundheitsbehörden die treibenden Kräfte* darstellen. Zunehmende Bedeutung gewinnen die *Multiservicekarten* in Unternehmen (Firmenausweis, Zutrittskontrolle, Zahlkarte in der Kantine, Berechtigungskarte in Nebenstellenanlagen, Schutzsystem für PC, LAN und Zentralrechnerzugang), bei den Postverwaltungen (für den Zahlungsverkehr, münzlose Telefone, «Home-Banking», «Tele-Shopping» via Bildschirmtext und für mobile Telefonsysteme) und in Regionen (Fremdenverkehrsgebiete, Innenstädte usw.). In naher Zukunft werden die *kontaktlosen Chipkarten* und die «*Superchipkarten*», die – wie Taschenrechner – mit einer numerischen Tastatur und einem Zeilendisplay ausgestattet sind, an Bedeutung gewinnen.

Die Nachfrage nach *Flash-Speicherkarten* ist dagegen derzeit noch eher bescheiden, sie soll sich aber bis 1995 gegenüber 1991 verzehnfachen (auf einen weltweiten Absatz von 2 Mrd. DM p.a.). Bis Ende des Jahrzehnts soll der weltweite Jahresumsatz etwa 15 Mrd. DM erreichen. Diese optimistischen *Prognosen der PCMCIA-Vereinigung* (Personal Computer Memory Card Industry Association) gründen sich einerseits auf das erwartete überproportionale Wachstum der Notebooks, Palmtops und Pen-Based Computer, die zunehmend Flash-Speicher aufgrund ihrer Robustheit, ihres geringen Stromverbrauchs und ihrer einfachen Austauschbarkeit verwenden. Zum anderen dürfte die 1990 beschlossene *Standardisierung* des physischen Formats, der Anzahl, Ausführung und Belegung der Steckkontakte sowie der Information über die Bauteil-Struktur auf einer Karte die Verbreitung fördern. Im 1991 verabschiedeten Release 2.0 des PCMCIA-Standards folgte eine Erweiterung der Implementation von einer reinen Speicherkarte zu einer Ein-Ausgabe-Karte. Damit stellt der PCMCIA-Einschub auch eine Schnittstelle für Modem- oder Telefaxkarten im entsprechenden Format und elektrischen Design zur Verfügung. Wir kommen auf diese Datenübertragungsmöglichkeiten noch in den Abschnitten 3.3 und 4.1.3 zurück. PDMCIA-Mitglieder sind u.a. Apple, Hewlett-Packard, IBM, Intel, Kodak, Mitsubishi, Polaroid, Texas Instruments und Zenith Data Systems.

1985 wurde von einer Gruppe führender japanischer Elektronikfirmen (bzw. von deren im Bankenbereich tätigen Tochterunternehmen) *die erste optisch mit Laser codierte Kreditkarte* angekündigt, die auf dem Markt käuflich ist. Ein Stück kostet ca. 5,– DM und ist damit noch wesentlich teurer als eine gebräuchliche Magnetstreifenkarte. Sie kann jedoch bis zu sechstausendmal so viel Information aufnehmen (2 MB auf einem 16 mm breiten Streifen) wie diese. Die verwendete Aufzeichnungstechnik stammt von der kalifornischen *Drexler Technology Corporation*. Die Karte kann nach und nach mit Daten gefüllt und nicht gelöscht werden (ROM).

Drexler hat auch eine *Kartenversion mit einem breiteren (35 mm) optischen Speicherstreifen entwickelt, welcher bis zu 4 MB faßt*. Weltweit gibt es derzeit schon mehr als 20 Lizenznehmer, die an die Herstellung oder Verwendung dieses Kartensystems bzw. von Aufzeichnungs-/Lesegeräten denken (davon die Hälfte aus Japan). *Das größte Pilotprojekt* läuft bei einer US-amerikanischen Krankenversicherung (Health Management Systems, Inc. in Towson, Maryland), die 165 000 «LifeCards» mit 2 MB Speicherkapazität in einem Feldtest erprobt. Die Karten speichern medizinische Daten (inkl. Bilder von EKGs, Röntgenaufnahmen u.ä.) und Versicherungsdaten ausgewählter Mitglieder (auch deren Foto und Unterschrift). Wenn der Test erfolgreich ist, sollen alle 1,6 Mio. Mitglieder der Muttergesellschaft Blue Cross and Blue Shield of Maryland (eventuell sogar die 80 Millionen Mitglieder des Gesamtkonzerns in den USA) optische Speicherkarten erhalten. In der ersten Phase hat die Firma Canon für dieses Vorhaben 60 000 Aufzeichnungs-/Lesegeräte geliefert.

### Magnetspeicher

*Bei den magnetischen Datenträgern entfallen ca. 84 % des Umsatzes auf Magnetplatten-, 9 % auf Band- und ca. 7 % auf Diskettenlaufwerke.* Der Absatz verdoppelte sich bisher alle drei bis vier Jahre, in Zukunft wird der Markt für magnetische Datenträger aber zunehmend unter Druck von Seiten der optischen Speicherplatten geraten.

*1991 wurden weltweit 1700 Laufwerke für 8-Zoll-, 11 Mio. für 5,25-Zoll- (28 %) und 28 Mio. für 3,5-Zoll-Disketten (72 %) ausgeliefert.* Die starken Zuwächse bei 3,5-Zoll-Laufwerken in den letzten Jahren erklären sich durch die Ablöse der 5,25-Zoll-Laufwerke im Bereich der Mikrorechner. Der Trend geht weiterhin zu höheren Kapazitäten (herkömmliche Disketten mit mehr als 2 MB und Flopticals mit mehr als 20 MB). Ob sich 2-Zoll-Disketten durchsetzen werden, ist fraglich, da diese noch wesentlich geringere Kapazitäten als 3,5-Zoll-Disketten aufweisen und schlecht zu handhaben sind.

Bei den *Magnetplatten* wird der Bereich von 100 bis 500 MB in den nächsten Jahren die höchsten Zuwachsraten verzeichnen. Derzeit halten

Abb. 2.2.5/2: Automatisches Magnetbandkassettensystem («Jukebox»)

aber noch Platten mit Kapazitäten unter 100 MB den größten Marktanteil (63%; 100 bis 500 MB 31%; über 500 MB 6%).

Auch bei den *Magnetplatten* ist ein *Trend zu immer höheren Kapazitäten und Schreib-/Leseleistungen* festzustellen, der sich in Zukunft fortsetzen dürfte. Erreicht wird dies durch Erhöhung der linearen Dichte der Bits in einer Spur (Bits/mm), der Spurdichte (Spuren/mm) und bei den kleineren Systemen durch eine größere Zahl von Platten pro Laufwerk.

Zur *Erhöhung der Aufzeichnungsdichte* muß der Abstand zwischen der Oberfläche einer Platte und dem Schreib-/Lesekopf (die «Flughöhe») minimiert werden, um das magnetische Streufeld möglichst klein zu halten. Darauf ist die Länge und Breite des Kopfspalts des Schreib-/Lesekopfs abzustimmen – mit fotolithografischen Prozessen lassen sich inzwischen Spaltlängen in der Dicke einer Filmschicht herstellen (Dünnfilmköpfe). Diese haben eine geringere Ausgangsleistung, so daß die Dicke der magnetisierbaren Schicht ebenfalls reduziert werden muß, um eine Sättigungsmagnetisierung zu erreichen. Eine Faustformel für die beste Schreib-/Lesegenauigkeit ist ein Verhältnis von Flughöhe zu Spaltlänge zu Schichtdicke von ungefähr 1 : 1 : 1. Die Beschichtung der leistungsfähigsten Magnetplatten ist heute schon weniger als ein Mikrometer dick. Die Abb. 2.2.5/3 zeigt die Entwicklung der Magnetplattenspeicher am Beispiel eines Herstellers.

| Name des Speichers / Erstauslieferung | IBM 350 1957 | IBM 1301 1962 | IBM 2314 1966 | IBM 3330 1971 | IBM 3350 1976 | IBM 3380 1981 | IBM 3380-E 1985 | IBM 3390 1990 |
|---|---|---|---|---|---|---|---|---|
| **Plattendaten** | | | | | | | | |
| Durchmesser (Zoll) | 24 | 24 | 14 | 14 | 14 | 14 | 14 | 10,8 |
| Dicke (mm) | 2,5 | 2,5 | 1,3 | 1,9 | 1,9 | 3,9 | 3,9 | 3,1 |
| Umdrehungsgeschwindigkeit (U/min) | 1200 | 1800 | 3600 | 3600 | 3600 | 3620 | 3620 | 4225 |
| fest (f) oder auswechselbar (w) | f | f | w | w | f | f | f | f |
| Datenflächen je Laufwerk | 100 | 100 | 20 | 19 | 15 | 15 | 15 | 15 |
| Kapazität je Plattenstapel (MB) | 5 | 56 | 29 | 100 | 317,5 | 1250 | 2500 | 5676 |
| **Schreib-/Lesekopf** | | | | | | | | |
| Abstand Kopf-Platte | 31,5 | 9,8 | 3,3 | 2 | 0,7 | 0,5 | 0,5 | 0,3 |
| Material des Flugkörpers | Aluminium | Edelstahl | Keramik | Keramik | Ferrit | Keramik | Keramik | Keramik |
| Material des Kerrs | Mu-Metal | Mu-Metall | Ferrit | Ferrit | Ferrit | Film | Film | Film |
| **Zugriffsmechanismus** | | | | | | | | |
| Anzahl Zugriffsmechanismen (max.) | 3 | 2 | 1 | 1 | 1 | 2 | 2 | 2 |
| Durchschnittliche Suchzeit (ms) | 600 | 165 | 60 | 30 | 25 | 16 | 17 | 10 |
| Datentransferrate (MB/s) | 0,88 | 0,68 | 0,312 | 0,806 | 1,198 | 3 | 3 | 4,2 |
| Monatsmiete pro MB (DM) | 500 | 400 | 100 | 30 | 10 | 3 | 1,5 | 1,0 |

Abb. 2.2.5/3: Entwicklung von Leistung und Preis bei Magnetplatten für Großrechner (oberste Leistungsklasse)

Wie auch bei den Disketten setzen sich *kleinere Plattendurchmesser* immer mehr durch. 3,5- und 5,25-Zoll-Magnetplatten werden nicht mehr nur für Mikrorechner eingesetzt, sondern dringen auch mit der sog. *Array-Technologie* in den Bereich der mittleren und großen Rechner vor. Dabei werden mehrere kleine Plattenstapel in einem Laufwerk integriert und so hohe Kapazitäten und Leistungen erreicht.

Die **RAID-Technologie** (engl. Abkürzung für: redundand array of inexpensive disks) strebt durch die Verwendung preiswerter kleiner Platten in großer Zahl eine Senkung der Preise und Betriebskosten von Magnetplatteneinheiten unter gleichzeitiger Erhöhung der Ausfallsicherheit an. RAID 1 arbeitet mit einer Vollspiegelung der Platten, d.h. alle Daten werden doppelt abgespeichert (auf einer Datenplatte und einer Sicherungsplatte). RAID 5 streut (mit sog. Parity-Algorithmen) die Daten so über die Platten des Arrays, daß beim Ausfall einer Platte die darauf befindlichen Daten automatisch aus vorgehaltenen «Ersatzplatten» rekonstruiert werden können. Die Laufwerke lassen sich unterbrechungsfrei austauschen.

Das einfache, aber durch die doppelte Datenabspeicherung relativ kostspielige RAID 1 ist bereits länger auf dem Markt verfügbar. Als erste Anbieter traten Hersteller fehlertoleranter Rechner (Näheres im Abschnitt 2.3.3) wie Tandem und Stratus auf dem Markt in Erscheinung. Die neuere RAID-5-Technologie spart gegenüber der Spiegelung Plattenplatz, die jedoch durch eine höhere Komplexität in der Geräteverwaltung erkauft wird. Die wichtigsten Anbieter sind Data General, NCR und Storagetek.

Eine erhebliche Leistungssteigerung verbunden mit einer Preisreduktion beim Anschluß von Plattenlaufwerken an kleinere Rechner brachte in den letzten Jahren die inzwischen weitverbreitete Schnittstelle SCSI.

**SCSI** (engl. Abkürzung für: small computer system interface) ist eine international genormte Schnittstelle für die Kopplung schneller Peripheriegeräte an kleinere Rechner. Damit können Speicherlaufwerke (Streamer, Magnet- und optische Platteneinheiten) unterschiedlicher Hersteller direkt auf Busebene an die Zentraleinheit angeschlossen werden. Die Datenübertragung erfolgt mit einer Geschwindigkeit von mehreren MB/s.

Die neueste Norm *SCSI-2* sieht eine Datenwegbreite von 16 oder 32 Bits vor (SCSI-1: 8 Bits). An einen SCSI-Bus können acht Einheiten angeschlossen werden (sieben Peripheriegeräte und der sog. SCSI-Master, durch den der SCSI-Bus an die Zentraleinheit gekoppelt wird). Mit dem zentralen Bussystem der Zentraleinheit können mehrere solche SCSI-Busse verbunden werden. Die SCSI-2-Kabel können bis zu 25 Meter lang sein (SCSI-1: 6 Meter), der Anschluß erfolgt über 68polige Stecker (SCSI-1: 50polig).

Die SCSI-Steuereinheiten der Peripheriegeräte sind in diese technisch und funktional integriert. Die früher durch die Trennung von Steuereinheit und Ein-/Ausgabe-Gerät zwangsläufig aufgetretenen Probleme und Leistungsverluste können damit überwunden werden. Der SCSI-Controller übernimmt selbständig wesentliche Funktionen für die Ansteuerung der Peripheriegeräte, wie zum Beispiel Formatieren von Platten, Optimieren der Lese- und Schreibzugriffe usw. Dadurch werden wesentlich schnellere Zugriffszeiten und höhere Datenübertragungsraten erreicht.

*Wechselplatten* werden für Großrechner nicht mehr eingesetzt, und auch bei Minirechnern ist die Verwendung stark rückläufig. Im PC-Bereich forcieren hingegen einige Hersteller (wie z.B. Tandon) die austauschbaren Platten, die die Mitnahme bzw. Versendung großer Datenbestände erlauben und die – durch Einschließen der Platten in feuersichere Panzerschränke – hohen Sicherheitsansprüchen gerecht werden können.

Bei *Magnetbändern* ist wegen der primären Verwendung zur Datensicherung vor allem der Datenstrommodus mit Magnetbandkassetteneinheiten gefragt. Sie zeichnen sich dementsprechend durch hohe Datentransferraten bei fortlaufender Aufzeichnung, Zuverlässigkeit und einen geringen Raumbedarf der Geräte und der zu archivierenden Datenträger aus.

In Abb. 2.2.5/4 wird die Entwicklung der Leistungen von *Magnetbandeinheiten für Großrechner* am *Beispiel* eines Herstellers gezeigt. Das neueste Modell beschreibt die Kassette mit 36 Spuren und zwar 18 Spuren in jede Richtung (äquivalent autoreverse bei einem Kassettenrecorder, jedoch werden alle 2 × 18 Spuren auf **eine** Seite geschrieben). Sind 18 Spuren einer Kassette vollgeschrieben, so geschieht das automatische Umschalten auf Rücklauf in zwei Sekunden. Die maximale Rückspulzeit beträgt 32 Sekunden. Durch die Verdoppelung der Spurdichte (gegenüber den früheren Modellen) kann eine Kassette (mit bisher 200 MB) 400 MB Daten speichern (mit IDRC-Faktor 3 sogar 1,2 GB pro Kassette). IDRC ist die Abkürzung für «Improved Data Recording Capability», das ist eine Zusatzeinrichtung zur Datenverdichtung. Seit kurzem gibt es auch eine neue Kassette (Enhanced Cartridge), deren Band doppelt so lang und entsprechend dünner ist, damit die Kassette als solche gleich groß bleibt. Diese Kassette speichert 800 MB ohne IDRC und 2400 MB mit IDRC. Für ein Laufwerk können sechs

Kassetten vorgeladen werden, sodaß sich für die neue Enhanced Cartridge folgende Rechnung ergibt:

Mit IDRC 2,4 GB pro Kassette × 6 Kassetten pro Laufwerk = 14,4 GB. Bei vier Laufwerken pro Einheit ergibt dies 57,0 GB pro Einheit, welche operatorlos gesichert werden können. Eine Steuereinheit bedient bis zu vier Einheiten, d.h. mit einem Strang können somit 230,4 GB operatorlos gesichert werden.

| Kenndaten von Magnetbändern | IBM 3420-8 | IBM 3480 | IBM 3490 |
|---|---|---|---|
| | 10,5 Zoll Bandspule | Kassette | Kassette |
| Erstauslieferung | 1973 | 1985 | 1991 |
| Beschichtung | Eisenoxid | Chromdioxid | Chromdioxid |
| Maße (mm) | Ø 400 x 20 | 100 x 125 x 25 | 100 x 125 x 25 |
| Anzahl Spuren | 9 | 18 | 36 |
| Zeichendichte (bpi) | 6 250 | 38 000 | 76 000 |
| Schreib-/Lesegeschwindigkeit (MB/s) | 1,25 | 3,00 | 3,00 |
| Bandgeschwindigkeit (m/s) | 5 | 2 | 2 |
| Blockzwischenraum (mm) | 7,6 | 2 | 2 |
| Rückspulen (s) | 45 | 40 | 2 - 32 |
| Kapazität in MB bei 24 KB Blockgröße | ca. 165 | ca. 200 | ca. 400 |
| Monatsmiete für ein Laufwerk (DM) | 3600,- | 2640,- | 3660,- |

Abb. 2.2.5/4: Entwicklung von Leistung und Preis bei Magnetbandeinheiten für Großrechner (oberste Leistungsklasse)

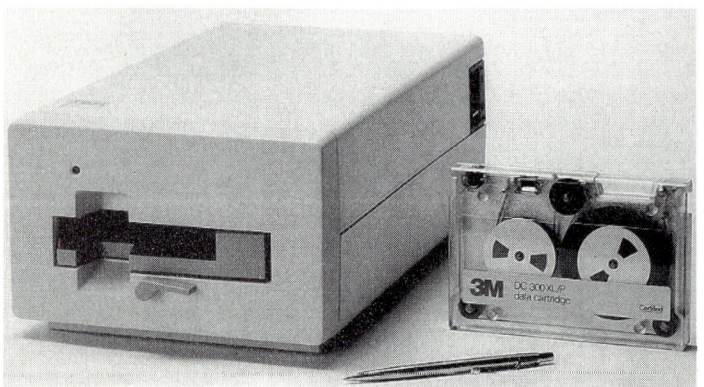

Abb. 2.2.5/5: Streamer zur Datensicherung für kleinere Rechner

*Bandeinheiten für Mini- und Mikrocomputer* erreichen mit dem Helical-Scan-Aufzeichnungsverfahren schon Bitdichten von über 43000 bpi. 8-mm-Kassetten haben bei einer Bandlänge von nur 112 m schon eine Kapazität von 5 GB. In den nächsten Jahren wird es wohl noch einmal zu einer Verdoppelung dieses Wertes kommen. Das Helical-Scan-Aufzeichnungsverfahren für 4- und 8-mm-Bänder ist zwar noch kein Standard, wird aber schon von über 30 Herstellern verwendet.

Bedeutende *Anbieter magnetischer Massenspeicher* (Datenträger und/oder Laufwerke) sind neben den Rechnerherstellern die Firmen Athana, BASF, Denison, Dysan, 3M, Fuji, Matsushita, Maxell, Memorex, Nashua, Shugart, Sony, Tandon, Verbatim und Xidex.

## COM

*Weltweit sind heute kaum mehr als 10000 COM-Recorder im Einsatz, in der Bundesrepublik Deutschland sind es rund 500 Systeme.* Ungefähr die Hälfte aller großen EDV-Anwender setzen COM ein; *die Zahl der Kunden von deutschen COM-Servicebetrieben wird auf ca. 5000 geschätzt.* Es werden fast ausschließlich *Archivierungsaufgaben* abgewickelt. Marktführer bei COM-Anlagen sind *Datagraphix* und *Kodak*. Es wird erwartet, daß optische Speicherplatten zunehmend zu einer ernsten Konkurrenz der Mikroverfilmung werden und daß COM deshalb vom Markt verdrängt werden könnte.

### Optische Speicherplatten

*Optische Speicherplatten können wesentlich höhere Speicherkapazitäten erreichen als magnetische Medien:* Weil der Laserstrahl äußerst exakt auch bei relativ großem Abstand von der Plattenoberfläche positioniert werden kann, die getroffenen Bereiche (Löcher o.a.) viel kleiner als die magnetisierten Bitpositionen sind und die Abstände ohne gegenseitige Beeinflussung extrem dicht gehalten werden können. Für die magneto-optische Aufzeichnung gelten diese Aussagen allerdings nur bedingt.

Den *Vorteilen der höheren Spur- und Bitdichte* und der längeren Haltbarkeit der aufgezeichneten Information stehen entgegen, daß die *Mehrzahl der derzeit verfügbaren optischen Speicherplatten nur einmal beschrieben* werden kann.

1976 begannen die Firmen Philips und Sony Forschungen im Bereich der optischen Speicher im CD-Format. Nach ungefähr drei Jahren Forschung stellte Philips den ersten CD-Prototypen vor, erst 1982 konnten sich aber Sony und Philips über das Standarddatenformat im Bereich der Audio-CD einigen. Auf der High-Sierra-Conference im November *1985* wurde ein *logischer Datenstandard für CD-ROMs* festgesetzt. Dieser war Grundlage für die von Microsoft 1987 auf den Markt gebrachten CD-ROM-Extensions, die eine einheitliche logische CD-ROM-Datenstruktur für MS-DOS-Mikrorechner gewährleisteten. Die erste CD-ROM auf dem Massenmarkt war die 1986 von Grolier Electronic Publishing vorgestellte «CD-ROM Electronic Encyclopedia». *Derzeit gibt es schon über 1600 verschiedene CD-ROM-Titel.* Wurden 1991 in den USA noch 350000 CD-ROM-Laufwerke und 1,4 Mio. Platten verkauft, so lauten Verkaufsschätzungen für das Jahr 1996 auf 5,4 Mio. Laufwerke bzw. 22 Mio. Platten.

Bei *WORMs* und *EOs* konnte sich bisher *kein Standard* durchsetzen. Im Großrechnerbereich werden meist Archivierungssysteme (Jukeboxen) verwendet, die über mehrere Laufwerke und eine automatische Plattenwechseleinrichtung verfügen und so eine Vielzahl an optischen Speicherplatten verwalten können.

*Das optische Plattenarchivierungssystem IBM 3995*, das es sowohl für WORMs als auch für wiederbeschreibbare Platten gibt, besitzt beispielsweise vier Laufwerke und einen Zugriff auf 144 Speicherplatten zu je 652 MB. Dieses System hat somit eine Gesamtkapazität von 94 GB. Ein für Mikrorechner typisches Modell ist das 1991 von Ricoh vorgestellte System Hyperspace. Diese wiederbeschreibbaren Speicherplatten in der Größe einer CD-ROM besitzten eine Kapazität von 650 MB und erlauben einen durchschnittlichen Datenzugriff in 37 ms und eine Datentransferrate von 1 MB/s.

*1993 sollen Laufwerke für optischen Speicherplatten (25% CD-ROM, 32% WORM und 43% wiederbeschreibbare Platten) über 15% der Verkaufszahlen von magnetischen Festplatten-, Disketten- und Bandlaufwerken erreichen.*

## Elektronische Massenspeicher

*Elektronische Plattenspeicher* sind derzeit noch viel zu *teuer*, um auf breiter Basis für die Massenspeicherung von Daten in Frage zu kommen. Ein Megabyte Speicherkapazität kostet bei einer Halbleiterplatte mindestens zehnmal so viel wie bei einem Magnetplattenspeicher. Dieses Verhältnis verschiebt sich wegen des Preisverfalls von Speicherchips zwar ständig zugunsten der Halbleiterspeicher, jedoch sind *erst in einigen Jahren auch vom Preis her konkurrenzfähige Systeme* zu erwarten.

*Andere elektronische Speichertechnologien*, wie CCD (engl.: charge coupled devices) und EBAM (engl.: electronic beam-addressable memory), die vor Jahren als vielversprechende Alternativen zu herkömmlichen Speichermedien angesehen wurden, sind *aus dem Laborstadium nicht herausgekommen*. Die Fertigung der weiter entwickelten Magnetblasenspeicher bereitete unvorhergesehene Probleme und ist mit hohen Kosten verbunden.

# 2.3 Baueinheiten von EDV-Anlagen

Eine EDVA ist ein *System von Baueinheiten und Programmen* zur Verarbeitung von Daten. Die Gesamtheit der materiellen Baueinheiten, aus denen eine EDVA aufgebaut ist, bezeichnet man als *Hardware* (= Geräteausstattung). Als Sammelbegriff für die Programme einer EDVA verwendet man die Bezeichnung *Software*. Die *Hardware* einer EDVA besteht aus einer oder mehreren *Zentraleinheiten und peripheren Geräten*. Als *Softwarekomponenten* unterscheiden wir *Systemprogramme*, die zur Steuerung der Baueinheiten einer EDVA unerläßlich sind, die aber nicht auf anwendungsspezifische Probleme eingehen, und *Anwendungsprogramme*. Die Anwendungssoftware ist problemorientiert, d.h. sie enthält Programme für spezielle branchen- oder funktionsbezogene Aufgabenstellungen.

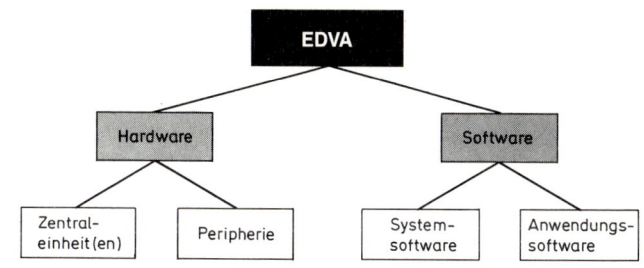

Abb. 2.3/1: EDVA als ein System von Funktionseinheiten

*Bei der folgenden näheren Kennzeichnung der Baueinheiten einer EDVA gehen wir nach dem in der Abb. 2.3/2 gezeigten Schema vor.* Die Peripheriegeräte bilden die Schnittstellen zwischen den Rechnern und ihren Benutzern. Ihre Funktionsbeschreibung beschränkt sich auf eine

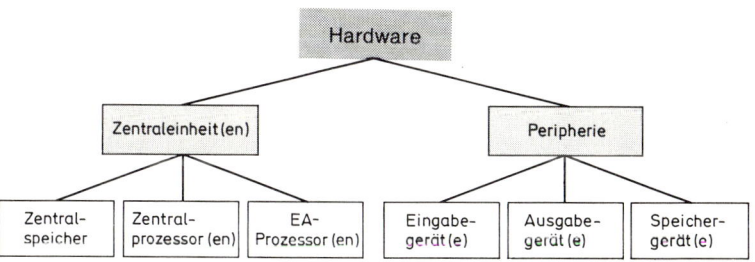

Abb. 2.3/2: Baueinheiten einer EDVA

Übersicht und auf eine exemplarische Detaildarstellung der wichtigsten Ein- und Ausgabegeräte. Die Speichergeräte haben wir bereits im Zusammenhang mit den Datenträgern behandelt.

*Diese Baueinheiten von EDVA und ihre Teile sind durch Leitungen miteinander verbunden, über die*

- *Daten*, d. h. Befehle, Operanden, Resultate,
- *Adressen* zur Auswahl von Speicherstellen, Registern, peripheren Geräten,
- *Steuersignale* zur Koordination der Arbeit der Systemkomponenten

*übertragen werden.* Im folgenden erläutern wir nur die Verbindungseinrichtungen in der Zentraleinheit; die Übertragungswege zur Kopplung von Geräten im Nah- und Fernbereich werden im Abschnitt 3.3 beschrieben.

## 2.3.1 Zentraleinheiten

In der *Zentraleinheit* werden, gesteuert von den Systemprogrammen, die von den Anwendungsprogrammen vorgeschriebenen Elementarfunktionen von dem (oder den) Prozessor(en) verrichtet. Ein *Prozessor* umfaßt, wie im Abschnitt 1.2.1 ausgeführt, Leit- und Rechenwerk. Das *Rechenwerk* führt logische und arithmetische Operationen durch. Das *Leitwerk* sorgt für die zeitlich und funktional aufeinander abgestimmte Zuführung von Befehlen und Daten aus den Speichern in das Rechenwerk. Dabei werden die Befehle und Daten dem *Arbeitsspeicher* entnommen, und die Ergebnisse werden dorthin für die Ausgabe zurückgeschrieben.

Bei *leistungsfähigeren EDVA* werden viele Operationen gleichzeitig ausgeführt, damit ein hoher Programmdurchsatz erreicht wird. Dies wird durch die *Aufteilung der Elementarfunktionen auf spezialisierte Prozessoren* ermöglicht. Zum Beispiel:

1. Der *Zentralprozessor* (der auch Verarbeitungs-, Rechen-, Befehls- oder Instruktionsprozessor genannt wird) übernimmt
   - die Ausführung von Maschinenbefehlen in der von Anwendungs- und Systemprogrammen bestimmten Folge,
   - die Adreßumsetzung bei der virtuellen Speicherung (Näheres im Abschnitt 2.3.1.1),
   - die Durchführung von Programmunterbrechungen und des Programmwechsels bei Mehrprogrammbetrieb,
   - die Veranlassung automatischer Wiederholungen bei Fehlfunktionen;

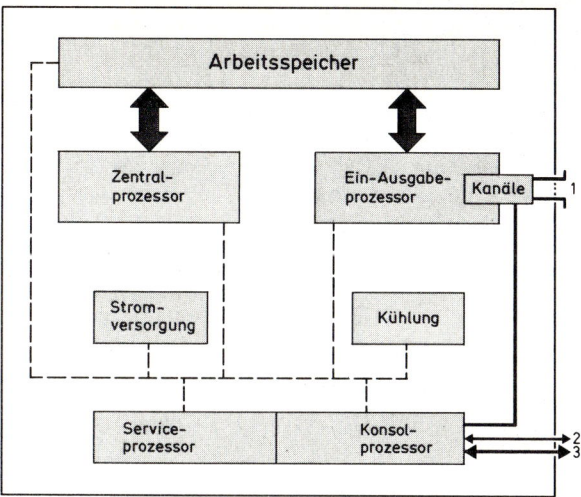

*Anmerkungen:*
1 = Anschlüsse für Peripheriegeräte
2 = Anschlüsse für Bedienstationen (Bedienungsfeld)
3 = Anschlüsse für Fernwartung

Abb. 2.3.1/1: Grobstruktur der Zentraleinheit

2. der *Ein-Ausgabe-Prozessor* steuert den Informationsfluß zwischen einer peripheren Einheit und einem Kanal für die Ein- und Ausgabe innerhalb der Zentraleinheit durch die Ausführung von Eingabe- und Ausgabebefehlen;

3. der *Serviceprozessor* (engl.: service processor) überwacht den laufenden Betrieb der übrigen Prozessoren, der Stromversorgung und der Kühlung, führt im Fehlerfall Diagnoseoperationen aus und erleichtert damit Wartungseingriffe;

4. der *Konsolprozessor* (engl.: console processor) unterstützt die Systembedienung und verfügt über Anschlüsse für Bedienstationen und die Fernwartung.

*Fernwartung* (engl.: remote maintenance) heißt, daß bei Hardware- oder Softwarefehlern der Maschinenbediener eine Verbindung über einen Fernmeldeweg (z.B. Telefonnetz) zur Wartungszentrale des Rechnerlieferanten herstellt, über welchen die Fehlerinformation des Serviceprozessors übertragen werden kann. Von dort können Diagnoseprogramme gestartet, Fehler lokalisiert und bei der Software auch in vielen Fällen aus der Ferne behoben werden. Defekte Hardwareteile können im Normalfall vom Wartungstechniker gleich mitgebracht und ausgetauscht werden. Dadurch wird die Ausfallzeit der EDVA verkürzt bzw. die Verfügbarkeit erhöht.

Die Abb. 2.3.1/1 zeigt schematisch das *Zusammenwirken dieser Prozessoren mit dem Arbeitsspeicher*. Weitere dort gezeigte Funktionseinheiten der Zentraleinheit, auf die wir aber in der Folge nicht eingehen, sind die Einrichtungen zur *Stromversorgung* (engl.: power supply) und *Kühlung* (engl.: cooling unit).

Der weitaus größte Teil aller derzeit im kommerziellen Bereich eingesetzten EDVA besitzt nur einen Zentralprozessor. Sie wissen jedoch bereits, daß dieser schon bei 32-Bit-Mikrorechnern meistens durch Hilfsprozessoren für die Ein-Ausgabe, den grafischen Bildschirmaufbau oder die Gleitkommaarithmetik unterstützt wird. Darüber hinaus gibt es bei Rechnern aller Art einen starken *Trend hin zu Mehrprozessororganisationen*, bei denen mehrere Zentralprozessoren zusammenarbeiten.

---

Bei den herkömmlichen Mehrprozessorsystemen unterscheidet man die eng gekoppelte und die lose gekoppelte Mehrprozessororganisation. Bei **eng gekoppelten Mehrprozessorsystemen** (engl.: tightly-coupled multi-processor system) greifen wenige (derzeit bis zu 16) Zentralprozessoren auf einen geteilten großen Arbeitsspeicher zu. Sie befinden sich an einem Ort und benutzen einen gemeinsamen Speicherbus. Bei **lose gekoppelten Mehrprozessorsystemen** (engl.: loosely-coupled multi-processor system) verfügt jeder Zentralprozessor über einen eigenen (lokalen) Speicher. Die Prozessoren kommunizieren auch über geteilte Verbindungen in der Form lokaler Netze oder Clusternetze. Bei den neueren **massiv parallelen Rechnern** (engl.: massively parallel computer) sind eine große Zahl von Prozessoren (von acht bis zu mehreren tausend) mit etwas Arbeitsspeicher in einem dichten Netzwerk mit individuellen, sehr schnellen Verbindungen gekoppelt. Die Zahl und die Übertragungskapazität der Verbindungen steigt mit der Zahl der verbundenen Prozessoren.

---

Die *eng gekoppelte Mehrprozessororganisation* ist typisch für kommerzielle Großrechner (wie z.B. die IBM ES/9000-Rechner). Im allgemeinen laufen auf den einzelnen Zentralprozessoren unter der Kontrolle des Betriebssystems voneinander unabhängige Prozesse ab. Diese Arbeitsweise verbessert den Gesamtdurchsatz und erhöht die Ausfallsicherheit, sie stößt jedoch durch den geteilten Speicher und den geteilten Speicherbus auf Grenzen: Nur eine sehr beschränkte Zahl von Prozes-

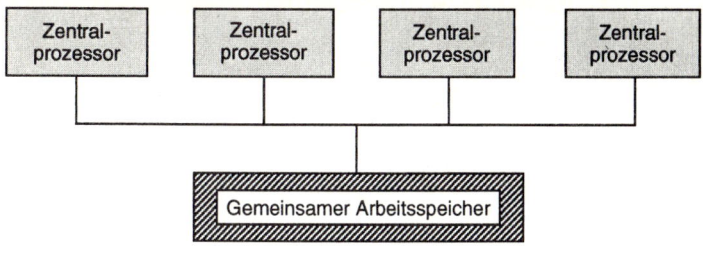

1) Eng gekoppelte Mehrprozessororganisation

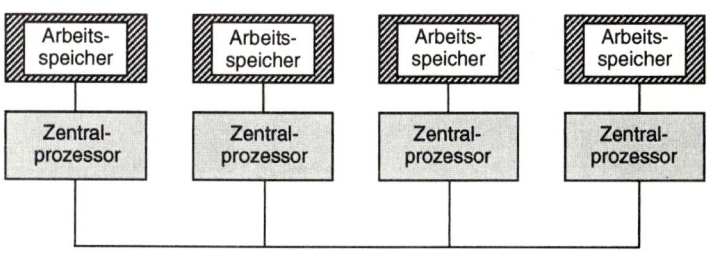

2) Lose gekoppelte Mehrprozessororganisation

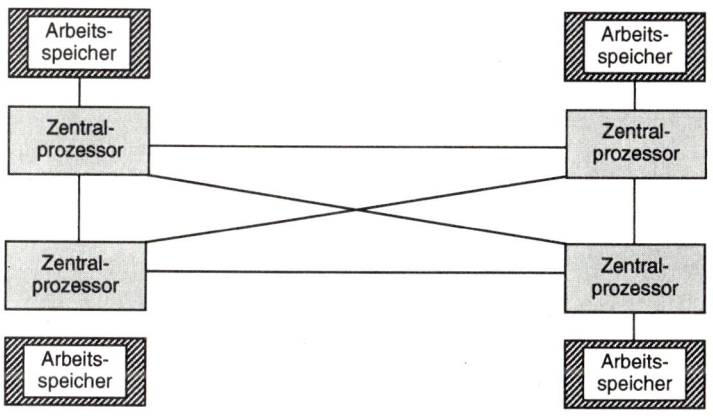

3) Massiv parallele Mehrprozessororganisation

Abb. 2.3.1/2: Mehrprozessororganisationen

soren kann «verkraftet» werden. Werden über diese Zahl hinaus zusätzliche oder schnellere Prozessoren hinzugefügt, so wird das Speichersystem zum Engpaß, wodurch eine entsprechende Leistungssteigerung des Rechners verhindert wird.

Bei der *lose gekoppelten Mehrprozessororganisation* (wie z.B. DEC VAXcluster und Tandem-Systeme) verfügt jeder Prozessor über einen eigenen Speicher, wodurch dieser Flaschenhals vermieden wird. Es kann hier jedoch zu Kommunikationsengpässen kommen, weil die gemeinsam verwendeten Verbindungen relativ langsam sind. Hierüber werden Sie Näheres im Abschnitt 3.3.3 erfahren. Die Übertragungskapazität kann auch nicht erhöht werden, wenn die Zahl der Prozessoren steigt. Deshalb kann ein guter Gesamtdurchsatz nur dann erzielt werden, wenn die auf den einzelnen Prozessoren laufenden Arbeiten untereinander wenig Interaktionen haben.

Beide, bisher vor allem bei mittleren und großen EDVA anzutreffenden Organisationskonzepte beginnen sich auch zunehmend bei Mikrorechnern durchzusetzen. Hingegen steht man bei massiv-parallelen Systemen in der kommerziellen Praxis erst am Anfang, weil die Programmierung noch in den Kinderschuhen steckt. Diese zukunftsträchtigen Rechner vermeiden den Speicherengpaß eng gekoppelter Systeme durch eine verteilte Speicherstruktur und den Kommunikationsengpaß lose gekoppelter Systeme durch individuelle Hochleistungsverbindungen zwischen allen Prozessorknoten im Netz. Wir gehen auf diese Superrechner noch ausführlich im Abschnitt 2.3.3 ein.

In der Folge erklären wir die Arbeitsweise der meistgebräuchlichen Rechner, die mit *einem* Zentralprozessor ausgestattet sind. Es handelt sich dabei um sog. *von Neumann-Maschinen*, deren traditionelle sequentielle Ablauforganisation sich im Prinzip seit der Erfindung der ersten Computer (während des Zweiten Weltkrieges) bis heute nicht geändert hat. Auf den Verbund von Rechnern in Rechnernetzen kommen wir jedoch noch ausführlich im Kapitel 3.3 zurück.

Charakteristisch für mittlere und große EDVA ist, daß dem Anwender eine ganze *Familie von in der Leistung aufeinander abgestimmten, in ihren Grundfunktionen gleichen, d.h. (aufwärts-)kompatiblen, Zentraleinheiten* angeboten werden. Will der Anwender infolge des wachsenden Aufgabenumfangs auf ein leistungsstärkeres (und damit im allgemeinen teureres) Modell innerhalb einer Systemfamilie umsteigen, so ist keine Umstellung der vorhandenen Anwendungsprogramme notwendig (sofern dieselbe Systemsoftware weiterverwendet wird).

Eine **Rechnerfamilie** ist eine Menge von Rechnern gleicher Architektur, aber verschiedener Leistung. Software, die für einen Rechner entwickelt wurde, ist auf allen größeren Rechnern der Familie lauffähig.

*Beispiele* für solche Rechnerfamilien finden Sie im Abschnitt 2.3.3. Wir werden dort auch die nachfolgende Beschreibung der Hardwarekomponenten durch die Wiedergabe der typischen *Kenndaten* verbreiteter Großrechner, Minirechner und kommerzieller Mikrorechner ergänzen.

Übungsaufgabe Nr. I-79 und I-80 im Arbeitsbuch ←

### 2.3.1.1 Zentralspeicher

**Zentralspeicher** sind in der Zentraleinheit befindliche Speicher, zu denen der bzw. die zentralen Prozessoren und gegebenenfalls EA-Prozessoren unmittelbar Zugang haben.

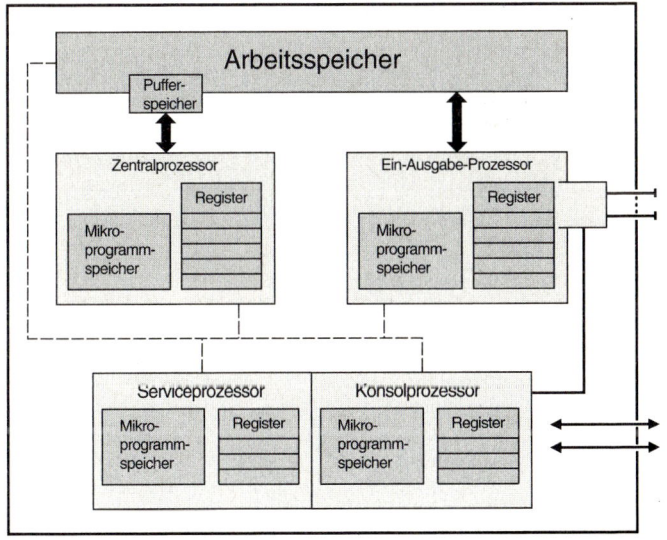

Abb. 2.3.1.1/1: Zentralspeicher

*Bei Zentralspeichern unterscheidet man:*

1. Arbeitsspeicher;
2. Pufferspeicher;
3. Registerspeicher;
4. Mikroprogrammspeicher.

Alle diese Speicher sind heutzutage aus *Speicherchips* aufgebaut, die sich – wie im folgenden gezeigt wird – allerdings hinsichtlich ihrer Leistungsfähigkeit unterscheiden.

### Arbeitsspeicher

Im **Arbeitsspeicher** werden die laufenden Programme und die von diesen benötigten Daten gehalten. Aus ihm entnimmt der Zentralprozessor beim Programmablauf schrittweise die Befehle und die in den Befehlen adressierten Daten, führt die verlangten Operationen aus und gibt deren Ergebnisse an den Arbeitsspeicher zurück.

Wie erwähnt ist der Arbeitsspeicher *direkt adressierbar*, d.h. jede Speicherstelle, die ein Byte aufnehmen kann, hat eine eigene Adresse. Die Speicherstellen sind von Null an aufsteigend durchnumeriert.

Das *Fassungsvermögen* von Arbeitsspeichern ist unterschiedlich. Mittlerweile verfügen jedoch Kleinstrechner schon über 1 MB Speicherkapazität und mehr. Große Bytemaschinen haben Arbeitsspeicher von 16 MB bis 2 GB, die bei einzelnen Modellen in bis zu 128 Stufen ausgebaut werden können. Bei manchen Großrechnerfamilien gibt es darüber hinaus noch einen sog. *Erweiterungsspeicher*. Dieser erlaubt es, einen über die architekturbedingte 2-GB-Speichergrenze hinausgehenden Adreßbereich von bis zu 16 TB Zentralspeicher anzusprechen (die derzeit größten auf dem Markt verfügbaren EDVA haben Erweiterungsspeicher bis zu 8 GB).[15]

→ Übungsaufgabe Nr. I-81 im Arbeitsbuch

*Achtung:* Unsere Begriffsbestimmung entspricht keineswegs immer dem Sprachgebrauch der Praxis. Häufig wird der *Arbeitsspeicher* auch als *Hauptspeicher* oder als *Zentralspeicher* bezeichnet. Zum Beispiel verwendet IBM für die Großrechnerfamilie ES/9000 letztere Bezeichnung. «Zentralspeicher» (= «Arbeitsspeicher» nach unserer Terminologie) und «Erweiterungsspeicher» ergeben nach IBM-Sprachgebrauch den *«Prozessorspeicher»* (= «Zentralspeicher» nach unserer Terminologie).

---

15 Im Abschnitt 2.3.3 werden die Speicherausbaustufen der weltweit verbreitetsten Großrechnerfamilie gekennzeichnet.

*Bei mittleren und größeren Rechnern besteht der Arbeitsspeicher meist zur Gänze aus flüchtigen Speicherchips,* d.h. sein Inhalt geht bei der Unterbrechung der Stromversorgung verloren. Dauerhaft zu speichernde Programme und Daten müssen auf externe Speicher ausgegeben und von dort bei Bedarf wieder eingelesen werden.

*Mikrorechner verfügen hingegen neben einem flüchtigen Schreib-/ Lesespeicher (RAM) über einen nichtflüchtigen Festspeicher (ROM, PROM, EPROM, EEPROM).* Dieser dient zur Aufnahme von Programmen, vorwiegend von *Systemsoftware.* Das sog. *Urladeprogramm* (engl.: bootstrap-loader, bootstrap = Stiefelschlaufe) ermöglicht das eigentliche Laden des Betriebssystems von externen Speichern und enthält somit im wesentlichen Treiberroutinen (Steuerprogramme), die das Ansprechen externer Speicher ermöglichen. Ohne Urladeprogramm hat der Rechner beim Einschalten keine Möglichkeit, das Betriebssystem zu laden. Moderne Mikrorechner besitzen manchmal auch größere ROM-Speicher, in denen herstellerseitig bereits *Anwendungsprogramme* eingespeichert worden sind. Diese bedürfen keiner Ladezeiten und belasten nicht den RAM-Bereich (abgesehen von Datenbereichen zur Laufzeit). Wenn Ihnen die Unterschiede der erwähnten Bauelemente des Arbeitsspeichers nicht mehr geläufig sind, so lesen Sie nochmals den Abschnitt 1.2.2 durch.

*Die Anzahl der Bytes, die bei einem Zugriff gleichzeitig gelesen bzw. geschrieben* werden kann, ist unterschiedlich. Sie kann z.B. 1, 2, 4 oder 8 Bytes betragen und ist auf die Wortlänge der EDVA abgestimmt.

Bei den meisten 32-Bit- und 64-Bit-Rechnern werden die Befehle und Operanden überwiegend nicht direkt von dem Zentralprozessor aus dem Arbeitsspeicher abgerufen, sondern es findet eine *Zwischenspeicherung in einem Pufferspeicher* statt.

Übungsaufgabe Nr. I-82 im Arbeitsbuch ←

### Pufferspeicher

> Ein **Puffer** ist ein Speicher, der Daten vorübergehend aufnimmt, die von einer Funktionseinheit zu einer anderen übertragen werden.

*Pufferspeicher werden überall dort in einer EDVA verwendet, wo Einheiten unterschiedlicher Geschwindigkeit zusammenarbeiten.* So gibt es in fast allen EDVA Puffer für den Datenverkehr zwischen der schnellen Zentraleinheit und den langsameren Ein- und Ausgabegeräten bzw. Übertragungsleitungen. Auch in den Peripheriegeräten selbst sind Pufferspeicher installiert.

*Ein zwischen dem Arbeitsspeicher und dem Zentralprozessor befindlicher Pufferspeicher* (engl.: cache memory), der nicht mit sonstigen Puffern zu verwechseln ist (siehe Abschnitt 1.2.3.2), *besteht aus kostspieligen, hochleistungsfähigen Speicherchips mit sehr kurzen Zugriffszeiten.* Er hat eine *begrenzte Kapazität* von nur einigen tausend Bytes und erreicht Zykluszeiten von (oft weit) unter 30 ns. Dagegen werden für den Arbeitsspeicher preisgünstigere Halbleiterbauelemente verwendet, mit denen sehr viel größere Kapazitäten mit Zykluszeiten realisiert werden, die ein Mehrfaches betragen.[16] *Im Pufferspeicher werden während der Programmverarbeitung die jeweils aktuellen Befehle und Daten rechtzeitig bereitgestellt.* Vom Zentralprozessor aus gesehen entsteht durch diese *Speicherhierarchie* ein Speicher, der fast so schnell wie der Pufferspeicher und so groß wie der Arbeitsspeicher ist.

Voraussetzung für die Geschwindigkeitssteigerung ist eine hohe Wahrscheinlichkeit, daß ein Zugriff vom Pufferspeicher selbst, also ohne Rückgriff auf den Arbeitsspeicher, befriedigt werden kann. Eine hohe *Trefferrate* wird dadurch erreicht, daß beim Ansprechen eines noch nicht im Pufferspeicher vorhandenen Speicherbereichs ein größerer Programm- oder Datenblock in den Pufferspeicher übertragen wird. Die beim Programmablauf aufgerufenen Befehle stehen ganz überwiegend unter fortlaufenden Adressen nacheinander im Arbeitsspeicher, und auch die Datenadressen liegen zumeist in kleineren Adreßbereichen. Nach dem Laden eines Blocks findet der Zentralprozessor deshalb die benötigten Folgebefehle und -daten fast immer im Pufferspeicher vor. Der Verkehr zwischen dem Arbeitsspeicher, dem Pufferspeicher und dem Zentralprozessor wird vom Prozessor selbständig organisiert.

*Beispiel:*

In der Abb. 2.3.1.1/2 wird ein Pufferspeicher mit einer Kapazität von 16 KB gezeigt, der aus acht sog. Pufferbänken zu je 2 KB besteht. Jede Pufferbank ist in 64 Zeilen mit 32 Bytes unterteilt. Bei einer Leseoperation des Zentralprozessors wird zuerst im Pufferspeicher nachgesehen, ob die adressierte Information vorhanden ist. Der Normalfall (engl.: hit), bei dem Speicherzugriffe direkt aus dem Pufferspeicher bedient werden können, ist in der oberen Hälfte der Abbildung gezeigt: Mit einer Zykluszeit von 20 ns werden 8 Bytes übertragen. In weniger als 5 % der Fälle muß, weil die benötigte Information nicht im Pufferspeicher enthalten ist (engl.: miss), auf den Arbeitsspeicher zurückgegriffen werden. Wie in der unteren Hälfte der Abbildung veranschaulicht, sendet dieser innerhalb eines Lesezyklus von 150 ns einen Block von 4 × 8 Bytes an den Pufferspeicher. Diese 32 Bytes, in

---

16 Zur Erinnerung: 1 Sekunde = 1 Milliarde Nanosekunden (ns) = 1 Million Mikrosekunden (µs) = 1000 Millisekunden (ms).

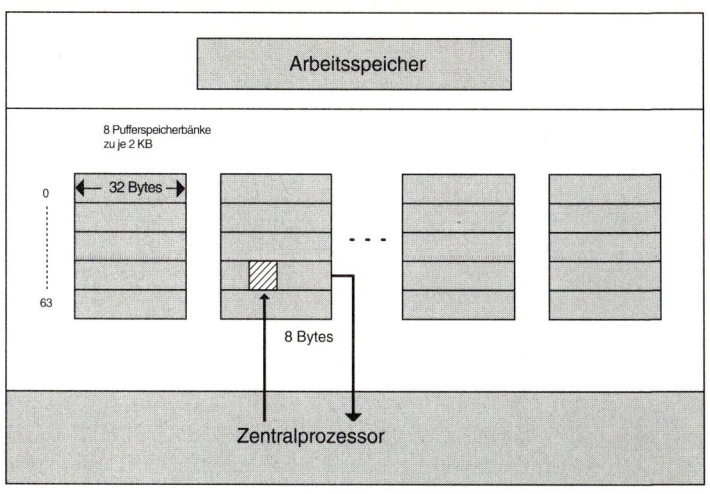

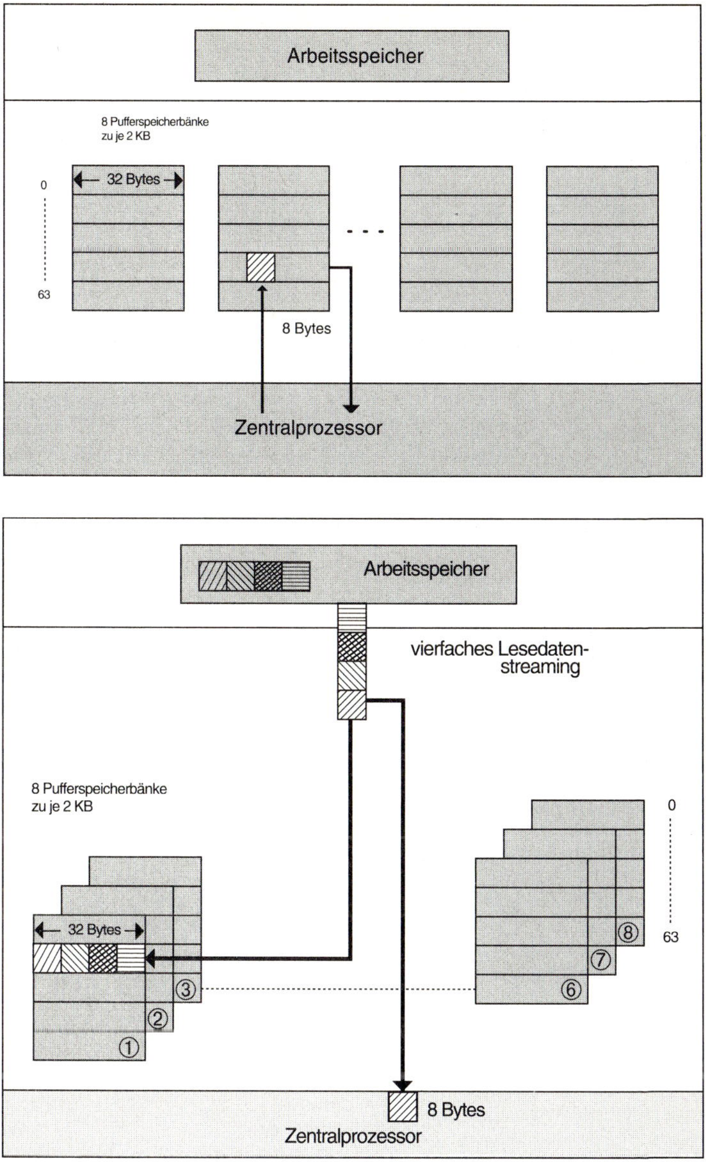

Abb. 2.3.1.1/2: Datenfluß beim Lesen im Pufferspeicher (Hit-Fall = oben) und im Arbeitsspeicher (Miss-Fall = unten)

231

denen auch die gesuchte Information enthalten ist, werden in einer Zeile in der Pufferbank eingetragen. Gleichzeitig wird die adressierte Information in der Länge von 8 Bytes zum Zentralprozessor übertragen. In welche der 64 Zeilen einer Pufferbank die aus dem Arbeitsspeicher abgerufenen 32 Bytes kommen, hängt von der Adressierung ab.

Der Prozessor 80486DX unseres *Beispiel-Mikrorechners* verfügt über einen 8 KB großen *Pufferspeicher*, der aus vier 2 KB großen Pufferbänken besteht und eine Trefferrate von über 90 % gewährleistet. Jeder Puffer ist in 128 Zeilen mit 16 Bytes unterteilt. Der Datenaustausch zwischen Pufferspeicher und Zentralprozessor erfolgt hierbei mit einer Geschwindigkeit von 160 MB/s.

Wie erwähnt ist eine *Speicherhierarchie* wie die Kombination von Puffer- und Arbeitsspeicher in fast allen 32-Bit- und 64-Bit-Rechnern realisiert – weil eine hohe Leistung einen «prozessorschnellen» Direktzugriffsspeicher bedingt, die Kosten von schnellen Speichern derzeit aber noch sehr viel höher sind als bei langsamen. Bei 32-Bit- und 64-Bit-Mikroprozessoren ist ein Daten-Cache und/oder ein Befehls-Cache meist auf dem Chip integriert. Preisgünstige periphere Speicher ergänzen die Speicherhierarchie nach unten. Sie eignen sich zur Aufnahme sehr großer Datenmengen, sie haben jedoch im Vergleich zu Zentralspeichern lange Zugriffszeiten. Von großen Dateien und Programmen werden nur die bei der Verarbeitung benötigten Teilmengen in den Arbeitsspeicher transportiert. Jeweils aktuelle Befehle und Daten wer-

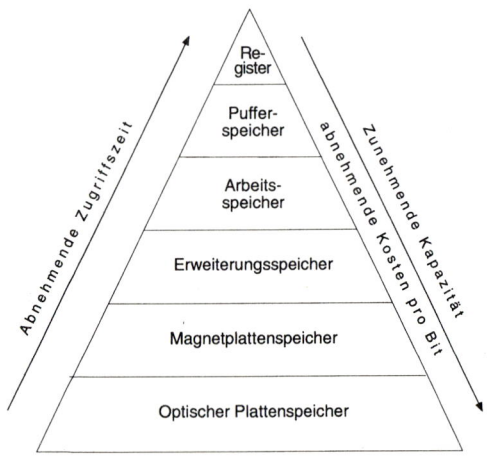

Abb. 2.3.1.1/3: Speicherhierarchie

den sodann im Pufferspeicher bereitgestellt und von dort aus verarbeitet. Das Hin- und Herspeichern von Daten und Programmen bzw. Programmteilen zwischen den einer Hierarchie angehörenden Speichern wird vom Betriebssystem gesteuert.

Bei der sog. *virtuellen Speicheradressierung* (engl.: virtual storage addressing) werden die schnellsten peripheren Direktzugriffsspeicher (vor allem Festplattenspeicher) mit dem Arbeitsspeicher funktional zu einem einzigen homogenen Speicher verschmolzen. Wenn der Platz im Arbeitsspeicher (= *realer Speicher*, engl.: real storage) für Daten und Programme nicht ausreicht, so werden Teile auf die Peripheriespeicher (= *Hintergrundspeicher*) ausgelagert. Diese auswechselbaren Teile (z.B. 2 oder 4 KB) werden als *Seiten* (engl.: page) bezeichnet; der externe Speicher heißt *Seitenspeicher* (engl.: paging device). Die Seiten des *virtuellen Speichers* (engl.: virtual storage) werden, überwacht durch das Betriebssystem, dem realen Speicher während ihrer Abarbeitung zugeordnet. Falls der nächste auszuführende Befehl oder die benötigten Daten nicht in den momentan im realen Speicher stehenden Seiten enthalten sind, wird die benötigte Seite geladen.

Der *adressierbare Bereich* (= *Adreßraum*; engl.: address space) wird durch die virtuelle Speichertechnik wesentlich ausgeweitet.

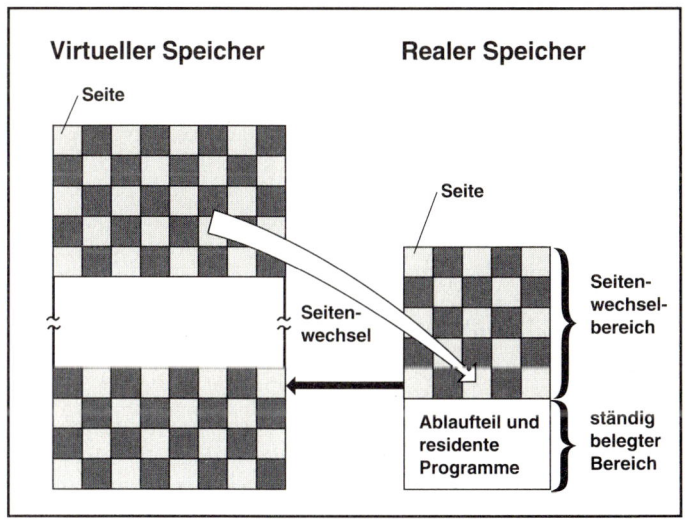

Abb. 2.3.1.1/4: Virtuelle Speichertechnik

*Beispielsweise* kann dadurch die maximale Arbeitsspeicherkapazität unseres *Beispiel-Mikrorechners* von vielleicht real 8 MB auf virtuell 512 MB bzw. 4 GB Adreßraum *je Prozeß* (= ablaufendes Programm) erhöht werden.

Durch die weitgehende Beseitigung von Speicherbegrenzungen entfallen wesentliche Einschränkungen bei der Programmierung. Allerdings muß ein *ausgewogenes Verhältnis zwischen dem realen und dem virtuellen Speicher* gewährleistet werden, da sonst zuviel Prozessor- und Kanalkapazität durch einen übermäßigen Seitenwechsel in Anspruch genommen wird (die dann für die Verarbeitung von Anwendungsprogrammen fehlt und diese entsprechend verzögert).

→ Übungsaufgabe Nr. I-83 im Arbeitsbuch

Ist ein Rechner – wie zum Beispiel bei der IBM-Großrechnerfamilie ES/9000 – mit einem internen, aus Halbleiterbauelementen aufgebauten *Erweiterungsspeicher* ausgestattet, so übernimmt dieser die Rolle eines sehr raschen Seitenspeichers. Seiten, die im realen Arbeitsspeicher nicht mehr gehalten werden können, werden in den Erweiterungsspeicher ausgelagert (anstatt auf Platte) und können so wesentlich schneller wieder in den Arbeitsspeicher zurückgeladen werden. Dies erlaubt eine erhebliche Erweiterung der zulässigen virtuellen Speichergröße. Jeder Benutzer kann nun über die 2-GB-Architekturgrenze hinausgehende Adreßräume verwenden.

### Registerspeicher

**Register** (engl.: register) sind Bestandteile des Prozessors. Sie haben jeweils eine *beschränkte Kapazität von einem Wort* (bei IBM- und Siemens-Großrechnern also z.B. 4 Bytes), in seltenen Fällen auch von einem Byte. Bei Bedarf können zwei Register zur Speicherung eines Doppelwortes gekoppelt werden. Register kommen *an vielen Stellen von EDVA einzeln* vor; insgesamt haben sie eine sehr geringe Kapazität. *Sie dienen zur kurzzeitigen Speicherung von Angaben, die sofort wieder greifbar sein müssen.*

Register sind entweder einer bestimmten Aufgabe fest zugeordnet *(Einzweckregister)* oder für den Einsatz bei verschiedenen Operationen vorgesehen *(Mehrzweck- oder allgemeine Register)*. Die Funktionen sind sehr unterschiedlich. Beispielsweise werden bei der Verarbeitung von Programmen Adressen und Operanden in Mehrzweckregistern gespeichert. Auch Zwischenergebnisse, z.B. bei arithmetischen Operationen, und Angaben über Zustände während des Ablaufs von Maschinenprogrammen werden vorübergehend von Registern aufgenommen. *Schieberegister* enthalten Schalteinrichtungen zum Verschieben der im Register enthaltenen Information.[17] *Zählregister* eignen sich zum Aufwärts- oder Abwärtszählen in vorgegebenen Zähleinheiten (meist 1). Zähloperationen werden zum Beispiel zum Steuern von Befehlsfolgen benötigt.

*Register erlauben einen wesentlich schnelleren Zugriff als der Arbeitsspeicher.* Bei Großrechnern der oberen Leistungsklasse werden *Zykluszeiten von unter 10 ns* erreicht (bei kleineren Rechnern ca. 20–40 ns). Ordnet man die Zentralspeicher nach der Zugriffsgeschwindigkeit, so ergibt sich die Reihenfolge: Register- und Mikroprogrammspeicher, Pufferspeicher, Arbeitsspeicher.

Übungsaufgabe Nr. I-84 im Arbeitsbuch ←

### Mikroprogrammspeicher

Die Befehle sind in einem Rechner entweder «fest verdrahtet»[18], oder sie werden aus *Mikroinstruktionen* erzeugt, die im **Mikroprogrammspeicher** (engl.: microprogram storage) zur Verfügung stehen. Die *Zugriffszeit* liegt bei den leistungsstärkeren Großrechnern im Bereich von *unter 10 ns*, bei kleineren Rechnern ist sie bis zehnmal so hoch. Bitte lesen Sie – falls nötig – zur *Firmware* nochmals den Abschnitt 2.1.3.4 durch.

Der Mikroprogrammspeicher, mit dem heute fast alle Zentraleinheiten ausgestattet sind, ist vor allem bei kleineren Rechnern häufig (zumindest teilweise) als *nichtflüchtiger Festspeicher* realisiert.

Handelt es sich um einen *flüchtigen Speicher* (z.B. kann ein Teil des Arbeitsspeichers dafür vorgesehen werden), so werden die Mikropro-

---

17 Verschiebeoperationen erleichtern oft in EDVA Multiplikationen bzw. Divisionen.

18 EDVA mit fest verdrahteter Logik (feste Schaltungen auf dem Chip) haben ein ganz bestimmtes Befehlsrepertoire, das bei der Konstruktion festgelegt wurde. Jeder Befehl hat dann einen durch feste Schaltungen vorbestimmten Ablauf, der nur zu diesem Befehl gehört. Diese Form der Ablaufsteuerung ist sehr schnell, aber unflexibel und wird deshalb bei größeren universellen Rechnern zumeist nur für arithmetische Operationen eingesetzt. Üblicherweise sind bei kommerziellen Großrechnern ungefähr 10 bis 20% der Befehle fest verdrahtet. Vgl. Sie hierzu aber auch die Ausführungen über die RISC-Architektur im Abschnitt 2.3.3.

gramme bei der Einschaltung (= Initialisierung) des Rechners automatisch von einem externen Speicher geladen. *Die Mikroprogramme können bei Bedarf durch den Hersteller erweitert bzw. verändert werden, wodurch sich eine große Flexibilität hinsichtlich der Anlagennutzung ergibt.*

Die *Kapazität* des Mikroprogrammspeichers beträgt i.a. zwischen 32 und 128 KB.

Auch bei sehr großen EDVA wird diese Kapazität selten überschritten. Bei diesen kann jedoch vielfach der Inhalt des Mikroprogrammspeichers mit Hilfe der *virtuellen Speichertechnik* dynamisch gewechselt werden.

→ Übungsaufgabe Nr. I-85 im Arbeitsbuch

## 2.3.1.2 Zentralprozessoren

> Der **Zentralprozessor** (engl.: central processing unit; Abkürzung: CPU) ist eine Funktionseinheit der Zentraleinheit, die Leitwerk und Rechenwerk umfaßt. Das *Leitwerk* steuert die Reihenfolge, in der Befehle eines Programms ausgeführt werden, es entschlüsselt diese Befehle, modifiziert diese gegebenenfalls und gibt die für die Ausführung erforderlichen digitalen Signale ab. Das *Rechenwerk* führt die Rechenoperationen aus.

Bei einem *Mikrorechner* ist der Zentralprozessor *in einem einzigen Chip* integriert. Bei einem *Minirechner* sind es meist weniger als *ein Dutzend Chips*, bei einer *Groß-EDVA* i.d.R. weniger als *hundert Chips*. Bei einem *Superrechner* werden zum Aufbau des Zentralprozessors oft *viele hundert oder tausend* Chips verwendet.

### Leitwerk

> Das **Leitwerk** nimmt Koordinationsfunktionen für die gesamte EDVA wahr. Es steuert den Ablauf des Befehls- und Datenflusses und bestimmt mit seinem Taktgeber die Programmablaufgeschwindigkeit. Es besteht aus logischen Schaltungen und Registern.

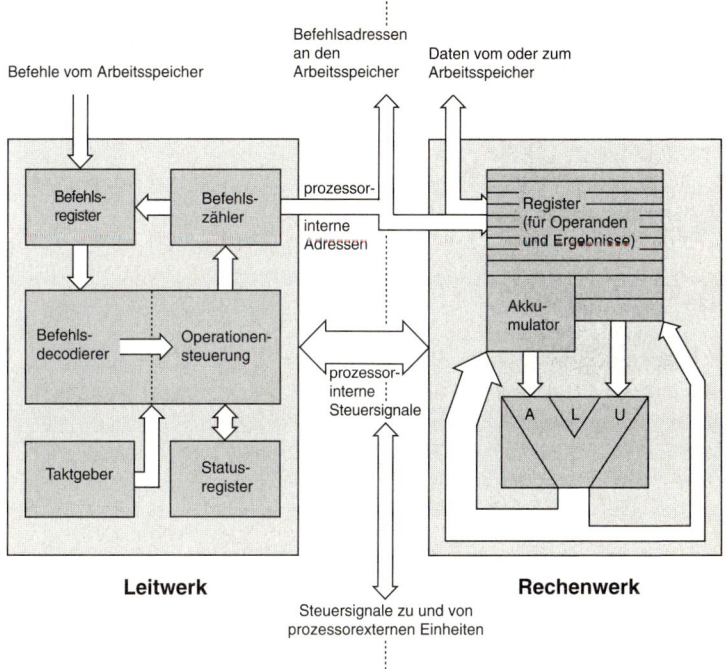

Anmerkung: ALU ist eine gebräuchliche Abkürzung für engl.: arithmetic logic unit, d. h. das Rechenwerk im engeren Sinne.

Abb. 2.3.1.2/1: Aufbau des Zentralprozessors (vereinfachte funktionale Darstellung)

Von den zahlreichen *Registern* einer EDVA gehören folgende zum Leitwerk: Befehlszähler, Befehlsregister, Statusregister.

Der *Befehlszähler* (Synonym: Programmzähler; engl.: program counter) enthält jeweils die Adresse des nächsten zur Ausführung anstehenden Befehls. Zu Beginn der Programmverarbeitung wird der Befehlszähler mit der Anfangsadresse (= Adresse des ersten Befehls) geladen. Das Leitwerk holt von der Adresse, die im Befehlszähler enthalten ist, diesen Befehl zur Verarbeitung ab. Nach vollzogener Befehlsinterpretation wird der Befehlszähler um die Länge des gerade übernommenen Befehls erhöht, d. h. um die entsprechende Zahl von Arbeitsspeicheradressen weitergezählt. Dadurch ergibt sich normalerweise die Adresse des Folgebefehls, der damit aus dem Arbeitsspeicher geholt und verarbeitet werden kann. Ist der Normalfall, bei dem die Befehle eines Programms in aufeinanderfolgenden Arbeitsspeicherstellen stehen, nicht gegeben, so muß eine Modifizierung des Befehlszählers erfolgen. Dies ist bei Schleifen[19] der Fall, bei denen zu bereits vorher verarbeiteten Befehlen zurückgesprungen wird. Bei derartigen Sprungoperationen wird der Befehlszähler nicht auf den im Arbeitsspeicher nächstfolgenden Befehl eingestellt, sondern er wird mit der Zieladresse des Sprungbefehls geladen.

Der Befehl, der aus der durch den Befehlszählerinhalt adressierten Speicherstelle gelesen wurde, wird in dem *Befehlsregister* (engl.: instruction register) gespeichert. Das Befehlsregister enthält also jeweils den Befehl, der im Moment ausgeführt wird.

Eine zugeordnete *Befehlsdecodiereinrichtung* (= Decoder bzw. Decodierlogik; engl.: decoder) entschlüsselt die im Operationsteil angegebene Bitkombination und setzt diese in Steuersignale um. Die erzeugten Signale und die errechneten Operandenadressen werden je nach Befehlstyp an die für die Ausführung des Befehls zuständigen Teile des Rechenwerks, des Leitwerks, den Arbeitsspeicher, den EA-Prozessor usw. weitergeleitet.

Der Status, in dem sich ein Programm befindet, wird in einem *Statusregister* angegeben (Programmstatuswort). Beim Mehrprogrammbetrieb bedient der Prozessor abwechselnd in Zeitabschnitten verzahnt mehrere Programme, so daß bei der Unterbrechung eines ablaufenden Programms vermerkt werden muß, wo nach der Wiederaufnahme fortgefahren werden soll. Zu diesem Zweck wird der erreichte Befehlszählerstand in einem Statusregister sichergestellt. Es gibt noch weitere Unterbrechungsgründe, wie z.B. Hardware- oder Softwarefehler. In Abhängigkeit von dem jeweiligen Unterbrechungsereignis ergreift das Betriebssystem die erforderlichen Maßnahmen.[20]

Das Leitwerk enthält noch eine Reihe weiterer *Spezialregister*, auf die hier aber nicht eingegangen werden soll.

*Das Leitwerk liest und interpretiert Befehl für Befehl. Die abgegebenen Steuersignale dienen zur Steuerung der verschiedenen Register und Addierwerke, der peripheren Geräte usw.* Abgesehen von einigen wenigen Befehlen, die zum Beispiel die Dateneingabe von Eingabeeinheiten

---

19  Vgl. hierzu den Abschnitt 1.1.3.

20  Beispielsweise werden im Zentralprozessor mit Fehlererkennungseinrichtungen ständig Paritätsprüfungen der internen Register und Datenwege durchgeführt. Tritt während der Befehlsausführung ein Fehler auf, so wird dieser Befehl automatisch wiederholt.

in den Arbeitsspeicher oder die Ausgabe der verarbeiteten Daten aus dem Arbeitsspeicher zu Ausgabeeinheiten veranlassen, findet die *Befehlsausführung im wesentlichen im Zentralprozessor (Rechenwerk)* statt. Während der *Ausführungsphase* werden z.B.

– Operanden aus dem Arbeitsspeicher geholt,
– Daten miteinander verknüpft,
– Ergebnisse in den Arbeitsspeicher geschrieben usw.

Übungsaufgabe Nr. I-86 im Arbeitsbuch ←

Hinsichtlich der *zeitlichen Steuerung der Befehlsverarbeitung* unterscheidet man die synchrone und die asynchrone Arbeitsweise. Bei der *synchronen Arbeitsweise* wird der Start eines Befehls durch einen *Taktgeber* angeregt, der Impulse mit gleichbleibender Impulsfrequenz abgibt. Die einzelnen Teilschritte bei der Interpretation und Ausführung des Befehls laufen in Taktabschnitten ab und werden dadurch zeitlich aufeinander abgestimmt. Aus dem Grundtakt lassen sich durch Frequenzteilung (im Sinne von Herabsetzung) weitere Takte ableiten, die den Anforderungen der einzelnen Funktionseinheiten entsprechen. Häufig werden mehrere Taktsignale gegeneinander phasenverschoben, um eine bessere Ausnutzung der erzeugten Taktzeitintervalle zu ermöglichen. Bei *asynchroner Arbeitsweise* wird der Zeitablauf durch die einzelnen Befehle selbst bestimmt. Das Ende einer Operation wird

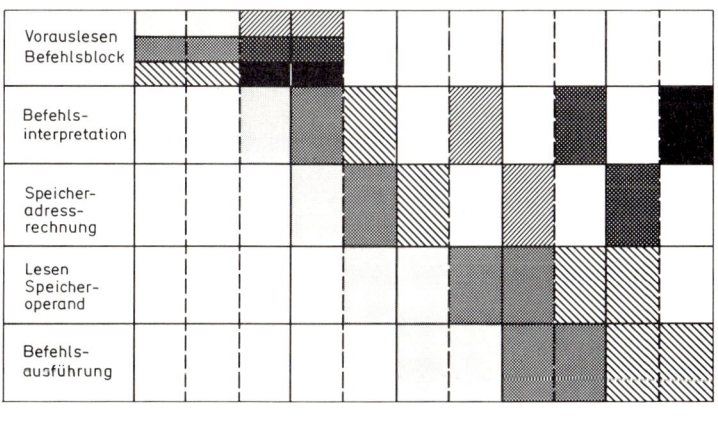

Abb. 2.3.1.2/2: Fünffach überlappte Fließbandverarbeitung der Befehle (Quelle: Siemens)

239

durch ein Signal an eine Steuereinrichtung gemeldet, die daraufhin die nächste Operation anregt. Die asynchrone Arbeitsweise erlaubt eine höhere Verarbeitungsgeschwindigkeit, weil für die Operationen keine festen Zeitabschnitte vorgesehen werden müssen. (Dies führt bei der synchronen Arbeitsweise durch die unterschiedlich lange Operationsdauer zu «Totzeiten».) Der Vorteil der schnelleren Befehlsverarbeitung muß allerdings mit einem erheblich höheren technischen Kontrollaufwand erkauft werden. Deshalb werden völlig asynchron gesteuerte EDVA kaum gebaut. Die asynchrone Arbeitsweise ist jedoch in einzelnen Funktionseinheiten einer EDVA, die als Ganzes synchron gesteuert wird, üblich.

Zur Erhöhung der Verarbeitungsgeschwindigkeit erfolgt bei modernen EDVA die *Befehlsverarbeitung überlappend*. Beispielsweise enthält das Leitwerk häufig eine Einrichtung zum Befehlsvorauslesen. Damit werden bereits während des Ablaufs eines Befehls der nächste und eventuell der übernächste auszuführende Befehl aus dem Arbeitsspeicher gelesen und in einem Befehlspuffer gespeichert. Für den Verarbeitungsrhythmus bedeutet dieses Vorgehen, daß Befehlslese- und Ausführungsphasen verschiedener Befehle einander überlappen.

## Rechenwerk

> Das **Rechenwerk**, der andere Teil des Zentralprozessors, verknüpft die vom Leitwerk bezeichneten Daten. Hier werden arithmetische und logische Operationen (Vergleichen, Verschieben, Vorzeichenbestimmung, Umformen, Runden) durchgeführt. Das Rechenwerk arbeitet – das wissen Sie schon aus dem Abschnitt 2.1.3.3 – entweder mit rein dualen Zahlen oder ziffernweise dual codierten Dezimalzahlen. Es ist Ihnen ebenfalls bereits bekannt, daß aus technisch bedingten Vereinfachungsgründen in der Regel Rechenoperationen in elementare Additionen aufgelöst werden.

*Ein Rechenwerk ist im wesentlichen aus Registern und binären Schaltnetzwerken aufgebaut.* Die binären Schaltnetzwerke dienen hauptsächlich zur Addition der einzelnen Binärstellen, d.h. sie stellen *Addierschaltungen* dar.

Im einfachsten Fall besteht eine *Addierschaltung* aus einem Register, zu dessen Inhalt eine von außen kommende Zahl addiert wird. In der Abb. 2.3.1.2/3 ist eine solche vereinfachte Addierschaltung dargestellt.

Vor der Eingabe eines Wertes kann das Register auf 0 gesetzt werden. Bei I wird die Zahl eingegeben, die zum Inhalt des Registers addiert wird. Bei A kann das Ergebnis der Addition abgelesen werden. Ein solches Register, in dem vor der Operationsausführung ein Operand steht und in dem nach der Operationsausführung das Ergebnis zwischengespeichert wird, bezeichnet man als *Akkumulator*.

Ein einzelnes Register genügt aber nicht für ein Rechenwerk. Beispielsweise muß für den auftretenden Übertrag, der sich manchmal durch alle Stellen fortsetzt, bevor die Addition abgeschlossen ist (z.B. 111111 + 1 = 1000000), ein weiteres Register zur Verfügung stehen (vgl. Abb. 2.3.1.2/4). In diesem Register wird der Übertrag jeweils für den nächsten Additionsschritt zwischengespeichert.

Wie Sie von den Zahlensystemen her wissen, müssen bei Subtraktionen und Divisionen Komplemente gebildet werden, was wiederum zusätzliche Logik notwendig macht.

*Moderne EDVA haben meistens sowohl Operanden- als auch Ergebnisregister, welche die Länge eines Maschinenwortes haben.* Bei einem Additionsschritt können zumeist alle Stellen eines im Rechenwerk befindlichen Registers parallel verarbeitet werden. Da ein binäres Addierwerk regelmäßig in der Größe der kleinsten im Arbeitsspeicher adressierbaren Einheit, also einem Byte, entspricht, sind umfangreiche, aufwendige Schaltungen, z.B. für die Nebeneinanderschaltung von einzelnen Addierwerkstellen, notwendig.

Der Rechenvorgang soll am *Beispiel der Multiplikation von zwei Dualzahlen nach dem Verfahren der fortgesetzten Addition* erläutert werden. Die Multiplikation wird nach dem Lesen eines entsprechenden Befehls in der Instruktionsphase durch das Leitwerk eingeleitet. Die Befehlsausführung beginnt mit der Abholung der beiden zu multiplizierenden Werte aus dem

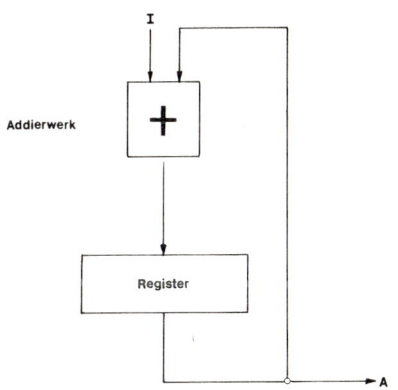

Abb. 2.3.1.2/3: Addierschaltung (vereinfachte Prinzipdarstellung)

Puffer- bzw. Arbeitsspeicher. Diese Ausgangswerte werden in zwei Operandenregistern zwischengespeichert. Sodann wird mit Hilfe der Addierschaltungen der Multiplikand so oft zu sich selbst addiert, wie es der Multiplikator angibt. Die Zwischenergebnisse der einzelnen Additionsschritte werden jeweils von einem Ergebnisregister aufgenommen. Sollen etwa die Dualzahlen 100100 (Multiplikand) und 10110 (Multiplikator) multipliziert werden (entspricht 36 · 22), so steht im Ergebnisregister nach dem 1. Additionsschritt der Wert $1001000_2$ (ergibt sich aus $36 + 36 = 72$), nach dem 2. Additionsschritt der Wert $1101100_2$ (ergibt sich aus $72 + 36 = 108$) und nach dem letzten, dem 21. Additionsschritt, das Ergebnis $110001000_2$ (entspricht 792).

Tatsächlich erfolgt eine Multiplikation im Rechner zwar durch fortgesetzte Addition, allerdings nicht so zeitaufwendig wie in unserem Anschauungsbeispiel vereinfacht dargestellt, sondern mit Algorithmen, die wesentlich weniger Rechenschritte benötigen.

Neben den Grundrechnungsarten werden vom Rechenwerk noch eine *Vielzahl weiterer Operationen* ausgeführt. Beispielsweise können binäre Schaltnetzwerke so aufgebaut sein, daß sie Operanden im Register verschieben (z.B. um eine Stelle nach links oder rechts), logisch vergleichen (z.B. auf gleich, kleiner oder größer) oder beim Rechnen mit ziffernweise dual codierten Dezimalzahlen das Bildungsgesetz des Dezimalsystems berücksichtigen (Übertrag dann, wenn die zur Codierung einer Dezimalziffer dienenden Binärstellen den Dezimalwert 9 überschreiten). Zur Erfüllung der verschiedenartigen Aufgaben werden im Rechenwerk sehr *unterschiedlich ausgelegte binäre Schaltnetze* verwendet. *Dementsprechend schwanken die Ausführungszeiten der Operationen erheblich.*

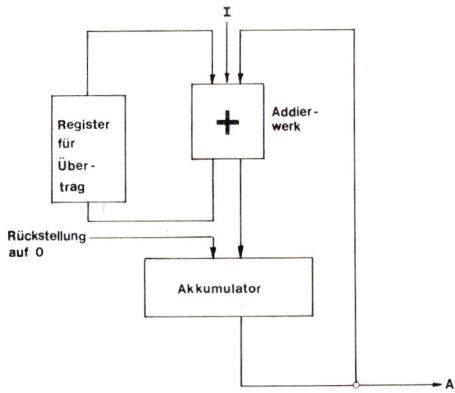

Abb. 2.3.1.2/4: Addierwerk (vereinfachte Prinzipdarstellung)

Als *Beispiel* nennen wir Ihnen nachstehend die *Ausführungszeiten einiger Befehle* unseres 32-Bit-Beispiel-Mikrorechners. Der angegebene Maximalwert ist atypisch. Die durchschnittliche Ausführungszeit liegt eher in der Nähe der Minimalwerte; sie ist von den Anwendungen abhängig und ist meistens ungefähr eineinhalb bis zehnmal so hoch wie der Minimalwert, der einen Zentralprozessorzyklus benötigt.

| Befehl | Anzahl Zyklen | Dauer in ns |
|---|---|---|
| Vergleichen logisch lang (2048 Bytes) | 15 111 | 30 222 |
| Vergleichen logisch (10 Bytes) | 77 | 1 540 |
| Laden Wort (4 Bytes) | 2 | 40 |
| Bedingte Verzweigung | 3 | 60 |
| Dividieren lang (4 Bytes) | 40 | 800 |
| Dividieren kurz (1 Byte) | 16 | 320 |
| Subtrahieren Wort (4 Bytes) | 1 | 20 |
| Wert um 1 erhöhen/vermindern | 1 | 20 |
| Vergleichen logisch (4 Bytes in Register) | 1 | 20 |
| Übertragen lang (2048 Bytes) | 6668 | 133 360 |

Abb. 2.3.1.2/5: Benötigte Zyklen und Befehlsausführungszeiten in milliardstel Sekunden (Nanosekunden) eines 32-Bit-Mikroprozessors (80486DX mit 50 MHz) mit 40 Mips

Übungsaufgabe Nr. I-87 im Arbeitsbuch   ←

## Exkurs zur Gleitpunktrechnung

Bei betriebswirtschaftlichen und verwaltungsbezogenen Anwendungen rechnen EDVA normalerweise mit dem sog. *Festkomma oder Festpunkt* (engl.: fixed point). Bei Rechenoperationen wird der Radixpunkt (d. h. die Grenze zwischen dem ganzzahligen und dem gebrochenen Teil) der an der Rechnung beteiligten Zahlen an einem festen Platz relativ zum Zahlenanfang oder Zahlenende unterstellt. Bei Festpunktdarstellung muß bei der Programmierung dafür gesorgt werden, daß die zu verarbeitenden Felder in der Lage des Radixpunktes übereinstimmen. Dies kann z. B. durch Verschiebeoperationen in einem Register erreicht werden, durch welche aber u. U. die niedrigsten Stellen einer Zahl abgeschnitten werden. Häufig genügt bei kommerziellen Problemen die Genauigkeit bis auf zwei Stellen hinter dem Radixpunkt, so daß dadurch die Genauigkeit nicht maßgeblich beeinflußt wird. Vorteile der Festpunktrechnung sind, daß die Operandenlängen variabel gestaltet werden können und daß Festpunktoperationen technisch einfacher zu realisieren sind als Gleitpunktoperationen.

Die *Gleitkomma- oder Gleitpunktrechnung* (engl.: floating-point computation) stellt Zahlen kompakter dar als die Festpunktrechnung und speichert – im Gegensatz zur Festpunktrechnung – die Stellung des Radixpunkts mit. Damit eignet sich diese Rechenart vorwiegend für den technisch-wissenschaftlichen Bereich, wo häufig mit sehr langen Zahlen und nach komplizierten Formeln gerechnet wird und die Anzahl der Stellen hinter dem Radixpunkt oft wechselt.

Bei der *Gleitpunktschreibweise* wird eine Zahl Z durch Zahlenpaare x und y mit der Bedeutung $Z = x \cdot b^y$ dargestellt, wobei b eine natürliche Zahl, die Basis der Gleitpunktschreibweise, ist. Die Zahl x wird Mantisse, die Zahl y Exponent genannt. Der Wert für die Basis b ist fest vereinbart, kann jedoch von Anlagentyp zu Anlagentyp unterschiedlich sein. Gebräuchliche Werte sind zum Beispiel 2, 10 oder 16; der Wert 10 ist jedoch nur bei dezimal arbeitenden EDVA üblich. Die Darstellung dieses Wertes kann, da er unveränderlich ist, entfallen. Es genügt zur Zahlendarstellung, den Exponenten y und die Mantisse x abzuspeichern. Die Mantisse x wird normalerweise so dargestellt, daß der Radixpunkt als vor der höchsten Stelle stehend angenommen wird.

*Beispiel:* $0{,}72 \cdot 10^9 = 720000000$

Das Beispiel verdeutlicht, daß – wenn nur der Exponent y (hier: 9) und die Mantisse x (hier: 0,72) gespeichert werden müssen – die absolute Größe der darstellbaren Zahl erheblich wächst. Der darstellbare Zahlenbereich wird bei der Gleitpunktdarstellung gleichermaßen nach unten ausgeweitet.

*Beispiel:* $0{,}72 \cdot 10^{-9} = 0{,}00000000072$

*Maschinenintern werden Gleitpunktzahlen durch Bitkombinationen mit fester Länge dargestellt.* Die Anzahl der Speicherstellen hängt von der Anlagengröße ab. Zur Erhöhung der Rechengenauigkeit kann bei mittleren und größeren EDVA die Länge der Mantisse um ein Maschinenwort (d.h. zum Beispiel bei den meistverbreiteten Rechnern um 32 Bits) verlängert werden. Die Gleitpunktrechnung mit verlängerter Mantisse wird auch als *Rechnen mit doppelter Genauigkeit* bezeichnet. Eine zusätzliche Erweiterung ist möglich.

Bei einer verbreiteten Großrechnerfamilie umfaßt der Befehlsvorrat zum *Beispiel* 169 Befehle. Hiervon sind 51 Gleitpunktbefehle, die einfache, doppelte und erweiterte Genauigkeit beinhalten. Gleitpunktbefehle mit erweiterter Genauigkeit verknüpfen Operanden mit 112 Bit-langen Mantissen (34 Dezimalstellen) gegenüber 56 Bit-langen Mantissen bei Operanden von Gleitpunktbefehlen doppelter Genauigkeit.

In vielen EDVA ist *für Gleitpunktoperationen ein spezieller Zusatz-prozessor* vorgesehen bzw. als Erweiterung erhältlich.

In der kommerziellen Datenverarbeitung brauchen Sie normaler-weise nicht die Gleitpunktdarstellung. Deshalb beschränken wir uns hier auf diesen kurzen Abriß.

Übungsaufgabe Nr. I-88 im Arbeitsbuch                    ←

### 2.3.1.3 Interne Verbindungseinrichtungen

*Übertragungseinrichtungen, über die Funktionseinheiten von EDVA miteinander kommunizieren, gibt es auf unterschiedlichen hierarchischen Ebenen:*

1. *innerhalb des Prozessors* (Verbindungen zwischen den Registern);
2. *innerhalb der Zentraleinheit* (Verbindungen zwischen Prozessor(en), Arbeitsspeicher, gegebenenfalls Pufferspeicher, Ein-Ausgabe-Schnitt-stelle);
3. *zwischen der Zentraleinheit und der in unmittelbarer Nähe instal-lierten Peripherie*;
4. *zwischen Rechnern und Peripherie im lokalen Bereich* (in einem Gebäude, auf einem Grundstück) *oder im Fernbereich* (grundstücks-überschreitend bis hin zu weltweiten Verbindungen).

*In diesem Abschnitt soll nur das Verbindungssystem innerhalb der Zentraleinheit (Punkte 1 und 2) näher betrachtet werden.* Es wird vom Rechner- bzw. Komponentenhersteller festgelegt und *kann vom Käufer einer EDVA nicht beeinflußt werden.* Hingegen sind die Verbindungen zwischen Zentraleinheit und Peripherie sowie zwischen Rechnern stark anwendungsabhängig. Sie können dementsprechend vom Anwender nach der jeweiligen Bedingungslage konfiguriert werden. Die im Punkt 3 angesprochenen Verbindungseinrichtungen (Kanäle) werden im Abschnitt 2.3.1.4 erläutert. Lokale Netze und Fernnetze (Punkt 4) werden im Abschnitt 3.3 behandelt.

---

Die **Verbindungssysteme** bestehen aus
- *Übertragungswegen*, das sind elektrische oder seltener Lichtlei-tungen (Drähte oder gedruckte Schaltkreise), über die «Bit-Im-pulse» übertragen werden,
- *Vermittlungseinrichtungen* (zentrale, dezentrale oder eventuell auch keine),
- *Treibereinheiten* zur Signalverstärkung und *Puffer* zur Zwischen-speicherung von Bits, die von den angesteuerten Einheiten erst zu einem späteren Zeitpunkt gebraucht werden können.

---

Bezüglich der *Nutzung* lassen sich *dedizierte und allgemeine Übertragungswege* unterscheiden. Die dedizierten Übertragungswege werden nur von je einem Paar von Kommunikationspartnern (Funktionseinheiten) genutzt, während die allgemeinen Wege von mehreren Teilnehmern gemeinsam verwendet werden.

*In den Zentraleinheiten von Groß-EDVA* sind die Hauptfunktionseinheiten (vgl. Abb. 2.3.1/1) sowie deren Komponenten (vgl. Abb. 2.3.1.1/1, 2.3.1.1/2 und 2.3.1.2/1) *überwiegend* durch *dedizierte Übertragungswege* verbunden. Bei *Minirechnern* sind hingegen *gemeinsam benutzte Wege, sog. Busse, vorherrschend*, die von den angeschlossenen Einheiten abwechselnd verwendet werden. *Bei Mikrorechnern gibt es nur Bussysteme.*

---

Ein **Bus** (engl.: bus) ist ein Verbindungssystem zwischen digitalen Schaltwerken, das von allen angeschlossenen Einheiten (Teilnehmern) gemeinsam genutzt wird.

---

*Jeder Teilnehmer kann senden oder empfangen, zu jedem Zeitpunkt ist jedoch nur genau eine Verbindung zulässig.* Um die Kommunikation zu regeln bzw. um Kollisionen bei der Übertragung zu vermeiden, muß der Zustand des Busses stets bekannt sein und kontrolliert werden. Diese *Verwaltung* kann z.B. «nebenbei» durch einen Prozessor oder durch einen bzw. mehrere gesonderte *Busverwalter* (engl.: arbiter) übernommen werden. Die *Zahl der anschließbaren Teilnehmer* wird durch die Zahl der verfügbaren Adressen, die Leitungslänge, die Übertragungsvolumina, die Transferrate u.ä. begrenzt. Busse werden auch im Rahmen lokaler Netze als Hochleistungsübertragungswege von bis zu mehreren hundert oder tausend Metern Länge zum Rechnerverbund verwendet; hierauf kommen wir im Abschnitt 3.3.3 zurück.

---

*Innerhalb der Zentraleinheit* unterscheidet man je nach Art der transportierten Information den **Datenbus** (engl.: data bus), den **Adreßbus** (engl.: address bus) und den **Steuerbus** (engl.: control bus). Ein Bus, der Prozessor(en), Arbeitsspeicher und Ein-Ausgabe-Schnittstelle verbindet, heißt **externer Bus** (engl.: external bus). Ein **interner Bus** (engl.: internal bus) dient zur Kommunikation der internen Einheiten des Prozessors (zwischen Leitwerk, Rechenwerk und deren Registern).

---

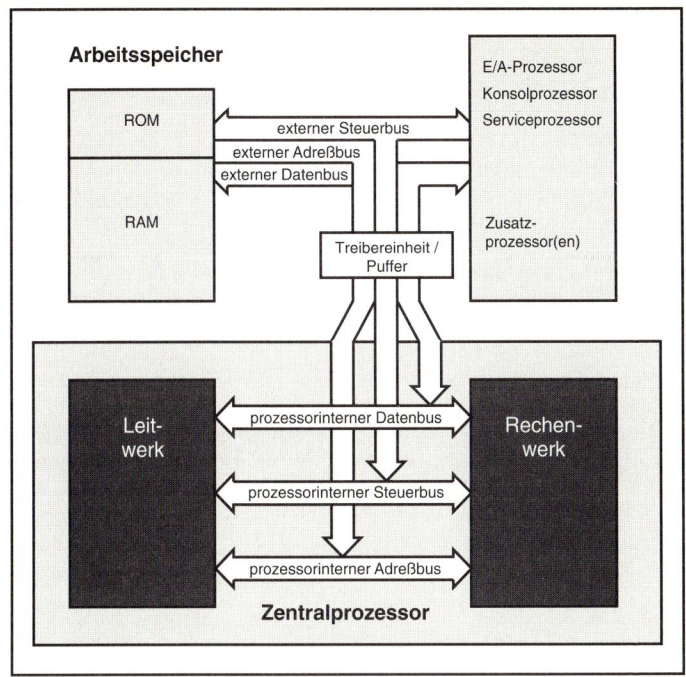

Abb. 2.3.1.3/1: Bussystem eines Mikrorechners

Übungsaufgabe Nr. I-89 im Arbeitsbuch                                    ←

Erinnern Sie sich noch an die Klassifikation der 8-, 16-, 32- und 64-Bit- Mikroprozessoren nach der Breite des Datenbusses (im Abschnitt 1.2.2)? Ist hier der interne oder der externe Datenbus gemeint?

Abb. 2.3.1.3/1 entspricht der Ihnen bereits bekannten Struktur des Zentralprozessors aus Abb. 2.3.1.2/1, wobei jedoch die Bussysteme im Vordergrund stehen. *Es ist zwischen den innerhalb des Zentralprozessors befindlichen Bussen und den externen zu unterscheiden. Diese beiden Bussysteme arbeiten regelmäßig mit unterschiedlicher Geschwindigkeit.* Daher bedarf es zur Kopplung einer in der Abbildung als *Treiber/Puffer* bezeichneten Hardwareeinrichtung, die eine Schnittstelle vom und zum Zentralprozessor darstellt.

Bei einem «echten» *32-Bit-Mikrorechner* besteht der Datenbus sowohl intern, d.h. auf dem Prozessorchip, als auch extern, d.h. auf der

Platine, aus 32 parallel laufenden Leitungen, über die gleichzeitig 32 Bits von einer zu einer anderen Einheit übertragen werden können.[21]

Werden zum *Beispiel* bei einem solchen 32-Bit-Mikrorechner von der Tastatur, der Disketteneinheit oder einem sonstigen Peripheriegerät Daten eingegeben, so treffen die Bits im allgemeinen nacheinander, Bit für Bit, im Eingabewerk bzw. -chip ein. Um den internen Datentransfer zu beschleunigen, werden jeweils 32 der seriell übertragenen Bits in einem Pufferregister gesammelt und dann gleichzeitig über die 32 Parallelleitungen zu einer anderen Einheit, etwa den Arbeitsspeicher, geschickt. Im Arbeitsspeicher werden die Bits dann so lange gespeichert, bis sie wiederum über den Datenbus abgerufen werden, z.B. vom Zentralprozessor in ein Befehls- oder Operandenregister. Der Arbeitsspeicher ist dabei so organisiert, daß aus 32 parallel angeordneten Chips gleichzeitig je ein Bit entnommen wird.[22] Die Zusammenfügung zu einem «32-Bit-Wort», das auf einmal in ein Register übertragen wird, erfolgt auf dem Datenbus automatisch. Damit wird Ihnen auch klar, warum Register die gleiche Breite haben müssen wie der Datenbus. *Sämtliche Datenübertragungsvorgänge in der Zentraleinheit beziehen sich auf die Inhalte von Registern, die im richtigen Augenblick dem Datenbus geöffnet werden.* Den richtigen Augenblick, genauer den Taktzyklus, während dem der Datentransfer erfolgen soll, bestimmt das Leitwerk durch seine Steuersignale, die aus dem aktuellen Befehl abgeleitet werden. Der Takt wird durch einen an den Prozessorchip angeschlossenen Quarz erzeugt.

Ist dieser z.B. 24 Bits breit (wie bei den in den 80er Jahren vorherrschenden PC-AT sowie bei Personal-Computern mit dem 80386SX-Prozessormodell der Firma Intel), so können über 24 parallele Leitungen maximal $2^{24}$, also 16777216 verschiedene Speicherstellen direkt in einem Übertragungsschritt adressiert werden (= 16 MB). Die *direkt adressierbare maximale Arbeitsspeicherkapazität* wächst bei 32 Adreßbusleitungen, die bei den heute dominierenden 32-Bit-PC Standard sind, auf 4096 MB (= 4 GB).

---

21  Vielfach wird herstellerseitig auch dann von einem 32-Bit-Mikrorechner gesprochen, wenn der interne Datenbus 32 Bits breit ist und der externe Datenbus nur 16 Leitungen umfaßt. Ein solches System ist unter sonst gleichen Bedingungen natürlich leistungsschwächer, da prozessorextern die Datentransferrate nur halb so hoch ist wie bei dem «echten» System.

22  Das bedeutet, daß ein echter 32-Bit-Mikrorechner, dessen Arbeitsspeicher aus 1-MBit-Chips aufgebaut ist, über eine minimale Speicherkapazität von 4 MB (32 Chips à 1 MBit) verfügt. Bei 4 MBit-Chips sind es mindestens 16 MB, bei 16-MBit-Chips werden es 64 MB sein. Bei einem 16-Bit-Mikrorechner sind diese Kapazitätswcrte halb so groß, bei cinem 64-Bit-Mikrorechner sind sie doppelt so groß (also 8 MB Arbeitsspeicher in der geringsten Ausbaustufe bei Verwendung von 1-MBit-Chips).

Der unter der Adresse gefundene Befehl oder Operand wird über den *Datenbus* zum Befehlsregister oder einem Operandenregister weitergeleitet (vgl. Abb. 2.3.1.2/1 und 2.3.1.3/1). Ebenso werden über denselben Datenbus aus den Operandenregistern Daten in den Arbeitsspeicher zurückgeschrieben. Der Datenbus wird also in beiden Richtungen benutzt *( = bidirektional)*, während der Adreßbus nur in der vom Prozessor wegführenden Richtung Bits transportiert *( = unidirektional)*.

*Steuerbusse* bilden die *Steuersignal- und Rückmeldekanäle* für gleich- und untergeordnete Funktionseinheiten. Die in diesen Bussen übertragenen Signale dienen Prozessorunterbrechungen (Wartezustände) sowie synchronen (taktgesteuerten) und asynchronen (ereignisgesteuerten) Kommunikationsvorgängen zwischen dem Leitwerk und den ihm untergeordneten Einheiten. Es kommt auch vor, daß Leitungen des Datenbusses für die Übertragung von Steuersignalen verwendet werden.

Die in *Heimcomputern* überwiegend eingesetzten *Standard-16-Bit-Mikroprozessoren* haben einen 16-Bit-Datenbus, einen 20- oder 24-Bit-Adreßbus, mindestens zwei Anschlüsse zur Stromversorgung und zwei weitere zum Anschluß eines externen Taktgenerators (Quarz). 9 bis 12 Leitungen sind für den Steuerbus vorgesehen. Insgesamt werden somit ca. 50 Anschlüsse benötigt. Die meistverkauften 32-Bit-Mikroprozessoren für kommerziell einsatzfähige PC von Intel und Motorola – eine Übersicht finden Sie im Abschnitt 2.3.3 – haben Datenbusse, die 32 Bits breit sind, und Adreßbusse mit 32 parallelen Leitungen. Standardbusse auf der Platine bzw. in der Zentraleinheit von Mikrorechnern haben bis zu 100 Leitungen und mehr, die maximal ca. 0,5 m lang sind. Einige Dutzend Einheiten können angeschlossen werden.

*Die Bus-Architektur größerer EDVA unterscheidet sich funktional nicht von jener der Personal-Computer.* Tendenziell sind jedoch die *Busse breiter* (64/128 Bits bei internen Datenbussen von Hochleistungsworkstations) und die *Übertragungsraten höher* (in Abhängigkeit von der Zykluszeit bis zu mehreren hundert MB/s). Der virtuelle Adreßraum erreicht den Petabyte-Bereich (1 PB = eine Billiarde [$10^{15}$] Bytes).

Übungsaufgabe Nr. I-90 im Arbeitsbuch ←

### 2.3.1.4 Ein-Ausgabe-Prozessoren

*In einer «primitiven» EDVA wird der Verkehr mit der Peripherie zur Eingabe und Ausgabe von Daten direkt durch den Zentralprozessor gesteuert.* Der Zentralprozessor arbeitet *im einfachsten, heutzutage kaum mehr vorkommenden Fall* mit ungepufferten peripheren Geräten

synchron zusammen. Das bedeutet, daß die Ausführung eines Eingabe-
oder Ausgabebefehls durch den Zentralprozessor das von dem Befehl
angesprochene periphere Gerät in Tätigkeit setzt. Damit wird die Übertragung eines Zeichens zwischen dem Arbeitsspeicher und der peripheren Einheit ausgelöst. Der Zentralprozessor muß nun warten, bis das
Zeichen unter einer Arbeitsspeicheradresse abgespeichert ist bzw. bis
dessen Verarbeitung durch das periphere Gerät abgeschlossen ist. Erst
dann kann er die Bearbeitung der Befehlsfolge mit dem nächsten Maschinenbefehl fortsetzen. Damit dauert die Befehlsausführungszeit des
Zentralprozessors etwa so lange wie der Eingabe- bzw. Ausgabevorgang. Da die Geschwindigkeiten der peripheren Geräte um ein Vielfaches niedriger sind als die interne Verarbeitungsgeschwindigkeit des Zentralprozessors, *wird bei dieser Form der Ein-Ausgabe-Steuerung die Leistungsfähigkeit des Zentralprozessors nur zu einem Bruchteil genutzt.*

Um die Leistungsfähigkeit des Zentralprozessors ausnutzen zu können, werden in der Zentraleinheit und in den peripheren Geräten *Puffer*
verwendet. Der Verkehr mit den peripheren Geräten wird üblicherweise
durch eine selbständige Funktionseinheit gesteuert, die als *Ein-Aus-
gabe-Werk* (abgekürzt: EA-Werk) bezeichnet wird. *EA-Werk und Zentralprozessor arbeiten unabhängig und asynchron zueinander.* Nachdem der Zentralprozessor einen Eingabe- oder Ausgabevorgang angestoßen hat, setzt er die Bearbeitung eines anderen Programms bzw.
einer anderen Befehlsfolge fort. Währenddessen sorgt das EA-Werk für
die Durchführung der Ein-Ausgabe-Operation, die sehr viel länger
dauert, als die vom Zentralprozessor auszuführenden Befehle. Der Abschluß einer Ein-Ausgabe-Operation wird vom EA-Werk an den Zentralprozessor gemeldet, der daraufhin die geeigneten Maßnahmen trifft
(Unterbrechung der laufenden Befehlsfolge und Ausführung einer Befehlsfolge zur Behandlung der Fertigmeldung).[23]

*Bei kleineren EDVA besteht das EA-Werk im wesentlichen aus Puffer-
registern.* Die Übertragung von Daten erfolgt zeichen- oder wortweise
über die Register des Zentralprozessors. Dieser speichert die auszuge-
benden Daten in den Pufferregistern des EA-Werks bzw. holt Eingabedaten für die Verarbeitung dort ab. Eine Verbindung zwischen dem
Arbeitsspeicher und den Pufferregistern des EA-Werks besteht nicht. *In
jeden Übertragungsvorgang greift der Zentralprozessor steuernd ein.*

*Bei größeren EDVA ist das EA-Werk meist mit einem eigenen Rechen-*

---

23 Es ist auch die Verfahrensweise üblich, daß der Zentralprozessor das Ende des
  Übertragungsvorgangs mit einem Maschinenbefehl beim EA-Werk abfragt. Die
  Zeitpunkte für derartige Abfragen sind dann bei der Programmierung zu bestimmen. Näheres zur Behandlung von Unterbrechungen erfahren Sie im Abschnitt
  2.4.2.

*werk und Leitwerk versehen und wird dann als Ein-Ausgabe-Prozessor
bezeichnet.*

> Der **Ein-Ausgabe-Prozessor** ist eine Funktionseinheit innerhalb der
> Zentraleinheit, die das Übertragen von Daten zwischen den periphe-
> ren Einheiten und dem Arbeitsspeicher selbständig steuert und dabei
> die Daten gegebenenfalls modifiziert.

Der EA-Prozessor ist über Steuerleitungen mit dem Zentralprozessor
und dem Arbeitsspeicher verbunden. Das Leitwerk des Zentralprozessors startet mit einem Befehl einen Eingabe- oder Ausgabevorgang und
erhält nach dem Vollzug der Übertragung vom EA-Prozessor eine Fertigmeldung. *Die Daten werden direkt (d.h. ohne Mitwirkung des Zentralprozessors) über Datenleitungen vom EA-Prozessor übertragen.*
Sämtliche von den Eingabegeräten eingelesenen und an die Ausgabegeräte ausgegebenen Daten laufen somit über den EA-Prozessor. Die
Steuerleitungen zum Arbeitsspeicher dienen dabei der Zugriffssteue-
rung. Im allgemeinen wird mit dem Anstoß des EA-Prozessors die
Übertragung eines Datenblocks ausgelöst, der je nach Peripheriegerät
zwischen ca. 100 und mehreren tausend Zeichen umfassen kann. *Für
die Übertragung eines Blocks ist also von seiten des Zentralprozessors
nur eine auf die Eingabe oder Ausgabe bezogene Anweisung erforderlich; die Übertragung der einzelnen Zeichen führt der EA-Prozessor
autonom nach einem eigenen Programm* (Kanalprogramm; engl.: channel program) *durch.* Für die einzelnen Peripheriegeräte einer EDVA gibt
es dazu vorgefertigte Steuerprogramme. Der EA-Prozessor benützt wie
der Zentralprozessor den Arbeitsspeicher der EDVA, d.h. er holt wie
dieser auch seine eigenen Befehle von den dort gespeicherten Eingabe-
und Ausgabeprogrammen ab.

*Große EDVA* verfügen oft über *mehrere EA-Prozessoren* zur Steuerung des Informationsflusses zwischen unterschiedlichen peripheren
Einheiten und den Ein-Ausgabe-Kanälen in der Zentraleinheit. Die *Kanäle*[24] können wiederum Unterkanäle besitzen. Da die einzelnen *Kanäle
und Unterkanäle unabhängig voneinander* arbeiten, können Eingabe-
und Ausgabevorgänge mit vielen peripheren Geräten gleichzeitig ablaufen (einer je Unterkanal). Durch die *gerätespezifischen Kanalpro-*

---

24 Bitte beachten Sie: Die Bezeichnung «Kanal» umfaßt hier mehr, als zunächst vom
 Namen her zu vermuten ist. Mit diesem Begriff ist nicht nur der Weg gemeint, der
 notwendig ist, um Daten zwischen der Peripherie und dem Arbeitsspeicher zu
 übertragen (physikalisch: Kabel). Ein Kanal enthält Funktionseinheiten zur selbständigen Steuerung und Überwachung von Ein-Ausgabe-Vorgängen.

*gramme* lassen sich die verschiedenartigsten Geräte ohne Hardwareänderungen an die Zentraleinheit anschließen und betreiben.

Bei Großrechnern hat der Anwender heute im allgemeinen die Wahl zwischen konventionellen parallel arbeitenden Blockmultiplexkanälen, die zur Verbindung von Kanälen und peripheren Steuereinheiten Kupferkabel mit mehreren (bis zu 40) parallel arbeitenden Adern verwenden, und der Verbindungstechnik mit Lichtleitern (Glasfaserkabel mit zwei Adern pro Verbindung bzw. Mehrverbindungskabel mit vielen Adern).

Näheres zu diesen Übertragungsmedien, den Betriebsarten und den Vermittlungsprinzipien bei der Datenübertragung erfahren Sie im Kapitel 3.3 Datenübertragung. Wenn Sie die nachfolgenden Ausführungen jetzt noch nicht ganz verstehen bzw. wenn Sie jetzt schon mehr wissen wollen, so können Sie durchaus den einführenden Abschnitt dieses Kapitels (3.3.1 Übersicht und Grundbegriffe) «vorauslesen».

Bei der bis Ende der 80er Jahre fast ausschließlich verwendeten *Verbindungstechnik mit Kupferkabeln* werden die Daten durch Spannungsimpulse bitparallel über Mehrpunktverbindungen übertragen. Durch die unvermeidbar unterschiedliche Laufzeit der Impulse auf den parallelen Leitungen laufen die zu einem Byte gehörenden Bits mit zunehmender Entfernung auseinander. Darin liegt der Grund für die Begrenzung der Übertragungsentfernung auf wenige hundert Meter (bei IBM z.B. 122 m). Die maximale Datenübertragungsrate eines solchen Kanals beträgt wenige MB (bei IBM z.B. 4,5 MB), im Blockmultiplexbetrieb können bis zu 256 Peripheriegeräte adressiert werden.

---

Der **Blockmultiplexbetrieb** (engl.: block multiplex mode) ist die Betriebsart eines Kanals, bei der Daten blockweise verzahnt zwischen dem Arbeitsspeicher und (mehreren gleichzeitig aktiven) peripheren Geräten übertragen werden. Die angeschlossenen Einheiten werden abwechselnd, jedoch immer nur für kurze Zeitspannen über Unterkanäle bedient (= Zeitabschnitte).

---

Bei der *Glasfasertechnik* erfolgt die Übertragung der Daten über Punkt-zu-Punkt-Verbindungen mit wesentlich höherer Geschwindigkeit durch Lichtimpulse. Da alle Bits nacheinander (= bitseriell) über dieselbe Glasfaser laufen, tritt das geschilderte Laufzeitproblem so nicht mehr auf. Entfernungen bis zu etwa drei Kilometer können direkt überbrückt werden, bei größeren Distanzen muß durch Verbindungseinheiten eine Signalverstärkung vorgenommen werden. Glasfaserkabel sind zudem wesentlich leichter, kleiner, flexibler zu verlegen und störungssicherer als Kupferkabel.

An einen physischen Anschluß können bei den derzeit angebotenen Kanalsystemen in Lichtleitertechnik (Beispiel: IBM ESCON) einheitenabhängig bis zu 254 logische Anschlüsse erfolgen, bis zu 30 gleichzeitig aktive Verbindungen sind möglich. Die maximale Datenrate beträgt pro Anschluß 17 MB/s. Damit sind Millionen von Verbindungsvorgängen pro Sekunde realisierbar. Periphere Steuereinheiten (z.B. für Bildschirme, Magnetbandgeräte, Magnetplattengeräte) können alternativ über die parallelen Kanäle in Kupfertechnik oder über die seriellen Kanäle in Glasfasertechnik angeschlossen werden. Auch der Anschluß von lokalen Netzen an den Kanal eines Rechners und Hochgeschwindigkeitsverbindungen zwischen zwei Prozessoren sind über spezielle Verbindungseinheiten mit Glasfasertechnik möglich.

Ein *Blockmultiplexkanal* kann im allgemeinen *auch wahlweise im Blockbetrieb* (engl.: burst mode) arbeiten. Das heißt, daß nur jeweils ein ausgewähltes peripheres Gerät für eine längere Zeitspanne bedient wird. Bei der Ausführung des entsprechenden Kanalprogramms wird der Kanal während der gesamten Ausführungszeit beansprucht, egal ob jeweils Daten übertragen werden oder nicht. *Im Blockmultiplexbetrieb kann sich der Kanal hingegen vorübergehend von einem Kanalprogramm trennen, wenn keine Datenübertragung erfolgt, und zwischenzeitlich andere Geräte bedienen.* Diese zeitweise Trennung tritt zum Beispiel dann ein, wenn eine Magnetplatteneinheit mit Suchvorgängen beschäftigt ist. *Dadurch wird die Übertragung einer größeren Datenmenge während der Kanalbetriebszeit ermöglicht.*

Der Blockbetrieb hat nur noch dort Bedeutung, wo sehr große Datenbestände zu übertragen sind – z.B. bei der Sicherung des Inhalts einer Festplatte auf Band im Datenstrommodus. In Bussystemen von Personal-Computern werden die Übertragungsraten am Bus kurzfristig mit Hilfe des Blockbetriebs erhöht.

Das folgende *Beispiel* soll dazu dienen, Ihnen einen Eindruck von der *Vielfalt der Konfigurierungsmöglichkeiten von Großrechnern* zu vermitteln. Eine der größten für kommerzielle Zwecke vorgesehenen Zentraleinheiten hat einen Arbeitsspeicher von 512 MB bis 2 GB (9 GB mit Erweiterungsspeicher), leistet etwa 200 Mips und kostet je nach Ausbaustufe zwischen 40 und 80 Mio. DM. Sie kann mit bis zu 256 Kanälen ausgerüstet werden. Auf jedem Kanal konnen bis zu 256 periphere Einheiten über Subkanäle adressiert werden, d.h. im (theoretischen) Maximalfall lassen sich mehr als 65000 Ein-Ausgabe-Geräte anschließen. Die Datenübertragungsrate beträgt pro Kanal bis zu 17 MB/s, insgesamt also maximal 4352 MB/s.

Übungsaufgabe Nr. I-91 im Arbeitsbuch                                    ←

## 2.3.2 Ein- und Ausgabegeräte

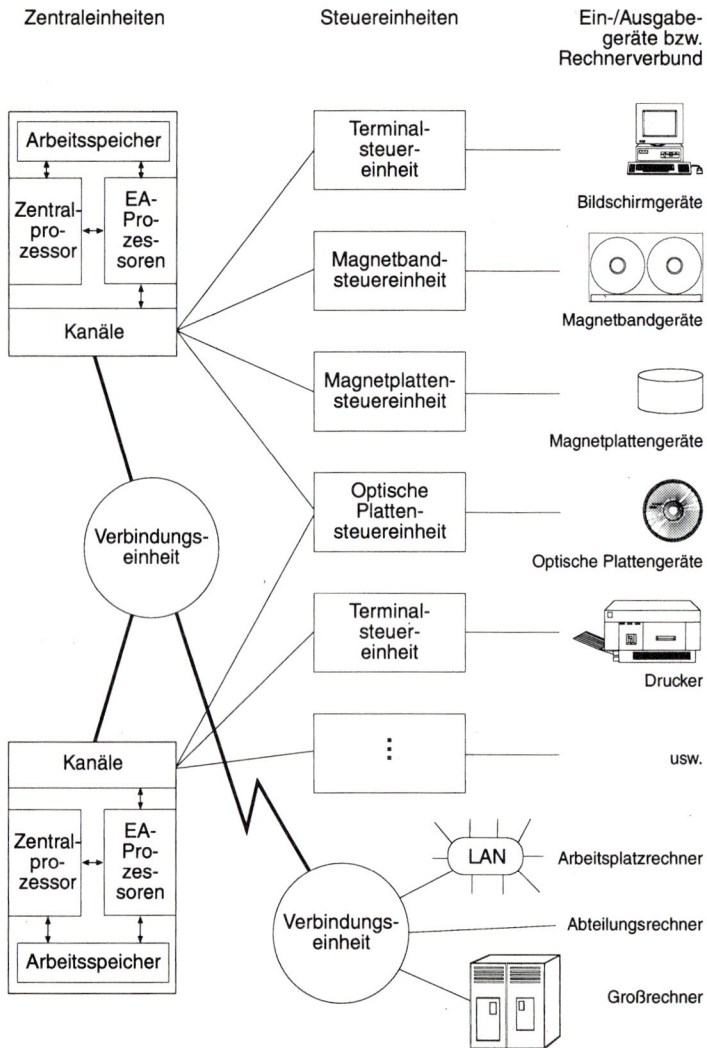

Abb. 2.3.2/1: Ein-Ausgabe-Steuerung in einer großen EDVA

Die Abb. 2.3.2/1 zeigt das *Schema der Ein-Ausgabe-Steuerung in einer großen EDVA.* Die *Peripherie* besteht aus den Ein-Ausgabe-Geräten und den zugehörigen Steuereinheiten. Die *Ein-Ausgabe-Geräte* führen mechanische Eingabe- und/oder Ausgabevorgänge aus, wie zum Beispiel Transport der Datenträger, Positionierung der Magnetköpfe, Drucken der Zeichen usw. Die elektronische Steuerung der Mechanik eines oder mehrerer, meist gleichartiger Ein-Ausgabe-Geräte wird von einer gerätespezifischen *Steuereinheit* durchgeführt. Diese kann zum gleichen Zeitpunkt jedoch nur jeweils ein Gerät bedienen. Die Steuereinheit wird entweder als gesonderte Einheit mit dem (bzw. den) Peripheriegerät(en) gekoppelt, oder sie ist unmittelbar in ein Ein-Ausgabe-Gerät eingebaut.

---

Die **Steuereinheit** (engl.: control unit; controller) reglementiert und überwacht den Datentransfer, sie schaltet Komponenten ein und aus und übernimmt teilweise Verarbeitungsfunktionen (z.B. Zwischenspeicherung). Hierzu werden heutzutage regelmäßig Mikroprozessoren verwendet, die mit einem Mikroprogrammspeicher arbeiten. Damit ist eine flexible Anpassung an sich wandelnde Gerätespezifikationen und Anwendungsbedingungen möglich.

---

*In den folgenden Ausführungen werden nur die wichtigsten Geräte dargestellt, die entweder Eingabe- oder Ausgabefunktionen wahrnehmen.* Die Arbeitsweise der externen Massenspeicher, die sowohl der Eingabe als auch der Ausgabe dienen, haben Sie schon im Abschnitt 2.2 in den Grundzügen kennengelernt. Mehr brauchen Sie über Speichergeräte nicht zu wissen.

Auch die «Technik» der nachstehend beschriebenen Nur-Eingabe-Geräte und Nur-Ausgabe-Geräte ist für Sie *nicht besonders wichtig.* Es gibt ein *äußerst breites Spektrum* von Kommunikationsmöglichkeiten der EDVA mit dem menschlichen Benutzer. Und es gibt oft eine Vielzahl von Verfahren und Systemen, mit denen sich gewünschte Funktionen hardware- oder softwaretechnisch realisieren lassen. Vor allem durch die Fortschritte der Mikroelektronik ist die *Innovationsrate hoch.* Es kommt zu laufenden Verbesserungen der Preis-Leistungs-Verhältnisse, die Geräte werden kompakter, für spezielle Bedingungslagen ausgelegt und eignen sich aufgrund ihrer Multifunktionalität für verschiedene Einsatzzwecke.

Sie bekommen einen guten Eindruck von der enormen Vielfalt des Marktangebots, wenn Sie eine *EDV-Messe* besuchen (z.B. «CeBIT» in Hannover, «Systems» in München, «ifabo» in Wien). Oder verfolgen Sie die laufenden Neuankündigungen von EDV-Produkten in der *Fachpresse* (siehe Literaturverzeichnis).

Wir vermitteln Ihnen *in den folgenden Ausführungen* zunächst einen *Überblick* über die angebotenen Ein- und Ausgabe-Geräte bzw. Geräteklassen und greifen uns dann in den Abschnitten 2.3.2.1 bis 2.3.2.8 einige *Beispiele* heraus, die wir etwas genauer beschreiben. Dabei handelt es sich um Geräte, die besonders weit verbreitet und damit typisch für die derzeitige Anwendungspraxis sind oder die die «Technologie der Zukunft» darstellen.

Die Auswahl der Gerätetypen nach Herstellern ist zufällig; deshalb wurde auf die jeweilige Typenbezeichnung und die Herstellerangabe verzichtet. Abgesehen von einigen Ausnahmen werden Varianten der abgebildeten Geräte jeweils von sämtlichen größeren Rechnerherstellern angeboten. Ferner treten auf dem Markt noch eine Vielzahl von Firmen auf, die sich auf den Vertrieb von Peripheriegeräten spezialisiert haben und die selbst keine Zentraleinheiten anbieten.

Stellt sich ein Anwender seine EDVA-Konfiguration aus Baueinheiten verschiedener Hersteller zusammen, so spricht man von «*Mixed Hardware*». Die nach unterschiedlichen Lieferanten gemischte Gerätezusammenstellung gewinnt in der Praxis zunehmend an Bedeutung, da

1. auf einzelne Baueinheiten spezialisierte Hersteller häufig wesentlich preisgünstiger anbieten als die Rechnerhersteller mit einem umfassenden Sortiment (das Zentraleinheiten einschließt) und
2. die Ankopplung von «fremden» Peripheriegeräten an Zentraleinheiten der größeren Rechnerhersteller (insbesondere IBM) durch genormte Schnittstellen heute im allgemeinen problemlos ist und die einzelnen Lieferanten nicht von ihrer Wartungspflicht entbindet.

Auf *Leistungsangaben* wird in der nachfolgenden Darstellung der wichtigsten Ein- und Ausgabegeräte vielfach verzichtet. Diese Kenndaten unterscheiden sich von Gerätetyp zu Gerätetyp. An kleine Zentraleinheiten werden wesentlich langsamere Geräte angeschlossen als an große. Je nach Leistung sind auch die Preise der angebotenen Peripheriegeräte sehr unterschiedlich.

→ Übungsaufgabe Nr. I-92 im Arbeitsbuch

Die *Eingabe* von Daten in eine EDVA kann *unmittelbar durch den Menschen manuell* oder – was heute wegen des unzureichenden Entwicklungsstands der Spracherkennung noch selten ist – *mündlich* vorgenommen werden. *Mittelbar*, unter Verwendung von Datenträgern, und weitgehend automatisch erfolgt die Eingabe *mit Lesegeräten*.

Die aus der Sicht des einzelnen Benutzers wichtigsten und verbreitetsten *Eingabegeräte für schriftliche Daten sowie die Ablaufsteuerung des Dialogverkehrs* mit dem Rechner sind *Tastaturen* und *Zeigeeinrichtungen für Bildschirme. Digitalisiertabletts* und *Bildabtastgeräte* sind für

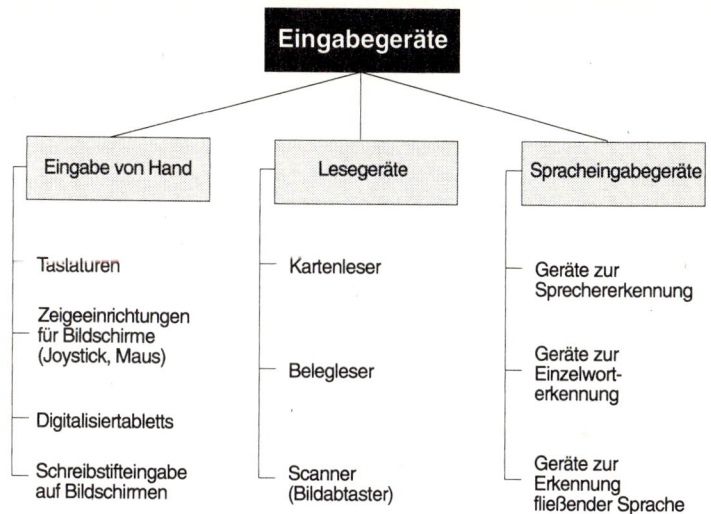

Abb. 2.3.2/2: Übersicht über Eingabegeräte

die *Eingabe grafischer Darstellungen* am bedeutendsten. Diese Geräte werden im folgenden in gesonderten Abschnitten gekennzeichnet.

Die Vor- und Nachteile von Datenträgern und der entsprechenden *Leser* wurden bereits im Abschnitt 2.2 skizziert. Wir werden *als Beispiel ein stapelorientiertes Gerät* beschreiben, das zur optisch-maschinellen *Schriftenerkennung* auf Belegen dient. *Als weiteres Beispiel* für diese Geräteklasse kennzeichnen wir ein *Bildabtastgerät*, das zur Erfassung von Text und Grafik in Büros eingesetzt wird. Auf Spracheingabegeräte gehen wir hingegen nicht näher ein (vgl. hierzu die Abschnitte 2.1.2.2 und 3.1.4).

Die *Ausgabe* von Daten aus einer EDVA erreicht den Menschen *in flüchtiger Form* über das Auge *(Datensichtgeräte)* oder das Ohr *(Sprachausgabegeräte)*. *In dauerhafter Form* werden schriftliche und bildliche Daten durch die Ausgabe mittels *Drucker, COM-Recorder oder Plotter* dokumentiert.

Die *Wahl der günstigsten Ausgabegeräte* wird im wesentlichen durch folgende Merkmale bestimmt:

1. Zweck der Ausgabe
   (aktuelle Wissensvermittlung, Dokumentation, maschinelle Weiterverarbeitung oder Kombination dieser Formen);
2. Qualitätsanforderungen an die Ausgabe

(Darstellungsform, Aktualität, Volumen, Verwendungshäufigkeit, Sicherheit u. a.);

3. vorhandene und zusätzlich mögliche Geräte und Datenträger für die Ausgabe;

4. Bereiche (extern oder intern) bzw. Benutzer, für die die Ausgabe bestimmt ist.

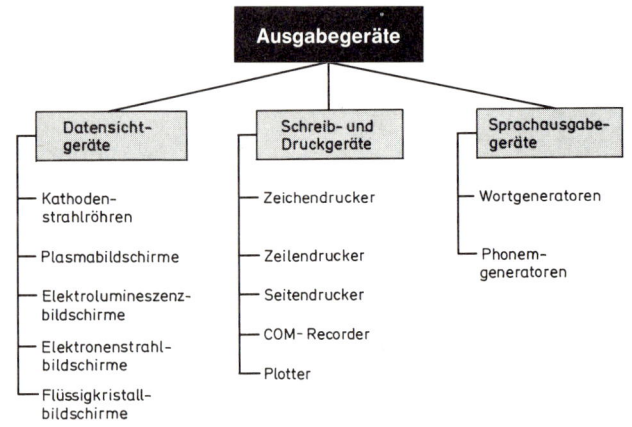

Abb. 2.3.2/3: Übersicht über Ausgabegeräte

→ Übungsaufgabe Nr. I-93 im Arbeitsbuch

### 2.3.2.1 Tastaturen

Eine **Tastatur** (engl.: keyboard) ist ein Eingabegerät mit einer Vielzahl von Tasten, die auf bestimmte Weise angeordnet und mit bestimmter Bedeutung (Zeichen, Funktionen) belegt sind. Die Dateneingabe erfolgt durch die aufeinanderfolgende Betätigung der Tasten mit den Fingern.

*Nach der Art der einzugebenden Daten unterscheidet man*

– *numerische Tastaturen,* die aus einem numerischen Bereich (Ziffern, Sonderzeichen) und einem Funktionstastenbereich (Auslösen von Steuerfunktionen und Befehlen) bestehen,

– *alphanumerische Tastaturen,* die aus einem alphanumerischen Bereich (Buchstaben, Ziffern, Sonderzeichen) und einem Funktionstastenbereich bestehen,

– *kombinierte Tastaturen,* die aus einem numerischen und einem alphanumerischen Bereich sowie mindestens einem Funktionstastenbereich bestehen,
– *überlagerte Tastaturen,* bei welchen der numerische Bereich einen Teil des alphanumerischen Bereichs überlagert.

*Numerische Tastaturfelder* kennen Sie zum Beispiel von Taschenrechnern (Zehner-Blocktastatur), Tastwahltelefonen oder der Fernbedienung von Fernsehempfängern. *Alphanumerische Tastenfelder* sind Ihnen von Schreibmaschinen vertraut, bei denen es zahlreiche länderspezifische Varianten gibt. Eine *kombinierte deutsche Tastatur zur Dateneingabe* wird weiter unten beschrieben. Bei einer *überlagerten Tastatur* wird die Umschaltfunktion (engl.: shift) zum Wechseln zwischen alphanumerischen und numerischen Zeichen benutzt (so wie bei der Schreibmaschine zwischen Groß- und Kleinbuchstaben), wodurch ein besonders kompaktes Tastenfeld erreicht wird. Die Möglichkeit zur *Zweitbelegung der Tasten* wird auch bei einer Vielzahl von *Spezialtastaturen* genutzt, z.B. um damit die speziellen Zeichen der Programmiersprache APL (vgl. Abschnitt 2.4.1) eingeben zu können.

*Funktionstasten dienen zur Auslösung von folgenden Funktionen:*

– *Formatsteuerung,* das sind Funktionen, welche die Anordnung der Daten auf Datenträgern oder an Einrichtungen für die Ein- und Ausgabe (z.B. Bildschirm) bestimmen, wie Rückführen, Rückwärtsschritt, Zeilenschritt, Tabulieren, Formularvorschub, Positionsmarkenbewegung (davon später);
– *Gerätesteuerung,* wie Ein- und Ausschalten, Umschalten (z.B. Groß-/ Kleinschreibung, Farbbandzonen), Wahl der Übertragungsgeschwindigkeit, Programmart, Schriftart u. ä.;
– *Verarbeitungsablaufsteuerung,* wie Rechnen (z.B. Addieren, Multiplizieren), Speichern, Korrigieren, Übertragen;
– *Code-Erweiterung,* d.h. Erweitern und/oder Verändern des Zeichenvorrats, und sonstige Funktionen, wie z.B. Leerschritt.

Abb. 2.3.2.1/1: PC-Tastatur (MF 102)

*Die Anordnung der Tasten und die Belegung* des numerischen und alphanumerischen Tastenfelds mit Zeichen sind für deutsche Tastaturen zur Dateneingabe *genormt* (DIN 2137, 2139). Für die Funktionstasten gibt es Grundsätze für die Anordnung und Zuordnung von Tastenbereichen (DIN 2145), aber keine Belegungsempfehlung einzelner Tasten.

*Üblicherweise ist an eine Tastatur ein Bildschirm angeschlossen, auf dem die eingegebenen Daten abgebildet werden.*

---

Eine **Positionsmarke** (auch **Schreibmarke, Cursor**; engl.: cursor) ist ein bestimmtes, hervorgehobenes Symbol (z.B. invers dargestelltes oder blinkendes Zeichenfeld, Unterstreichung, Pfeil) auf dem Bildschirm und kennzeichnet die aktuelle Zeichenstelle.

---

Bei der auf Seite 259 unten abgebildeten Tastatur lassen sich ein *Schreibmaschinenblock*, ein *Ziffernblock*, ein *Funktionstastenblock*, *Pfeiltasten*, *Umschalttasten mit besonderer Bedeutung* und *weitere Tasten* unterscheiden.

Die Eingabe von Text erfolgt über die Tasten des *Schreibmaschinenblocks*, der wie eine Schreibmaschinentastatur funktioniert. Für die schnelle Eingabe von Zahlen können Sie den *Ziffernblock* nutzen, dessen Tasten wie bei einer Rechenmaschine angeordnet sind.

Die Tasten des *Funktionstastenblocks* erhalten ihre Bedeutung durch die eingesetzten Programme zugewiesen, wobei die Funktionstaste mit der Beschriftung *F1* üblicherweise zum Abruf von Hilfetexten genutzt wird.

Mit den *Pfeiltasten*, den Tasten *Pos 1, Ende, Bild ↑ und Bild ↓* können Sie den Cursor verschieben. Die Taste *Pos 1* bewegt in vielen Fällen den Cursor an den Beginn der (manchmal ersten) Zeile, die Taste ← verschiebt den Cursor ein Zeichen nach links, die Taste ↑ eine Zeile hinauf usw.

Die *Umschalttasten mit besonderer Bedeutung* (*Alt, Strg, Alt Gr*) werden immer in Kombination mit einer weiteren Taste gedrückt, wobei die Bedeutung einer derartigen Tastenkombination durch das benutzte Programm festgelegt wird. In vielen Textverarbeitungsprogrammen ermöglicht beispielsweise die Tastenkombination *Strg* und *Pos 1* das Springen auf die erste Seite, *Strg* und *Ende* das Springen auf die letzte Seite eines Textdokuments. Die Taste *Alt Gr* erlaubt das Eingeben von Zeichen, die sich auf Tasten mit Dreifachbelegung finden (z.B. der rückwärtsgerichtete Schrägstrich «\», der sich auf der Schreibmaschinentastatur auf der Taste mit dem deutschen scharfen «ß» bzw. «?» befindet).

*Weitere Tasten* sind beispielsweise die Tasten *Einfg* (Zeichen einfügen), *Entf* (Zeichen entfernen), *Druck* (Schirminhalt ausdrucken).

Wenn Sie eine Taste über einen längeren Zeitraum (zumeist länger als eine halbe Sekunde) gedrückt halten, so wird dies von der Tastatur wie das sehr schnelle, wiederholte Drücken der entsprechenden Taste interpretiert. Damit können Sie beispielsweise durch das angehaltene Drücken der Taste ↓ den Cursor sehr schnell zeilenweise nach unten bewegen.

Übungsaufgabe Nr. I-94 im Arbeitsbuch                                    ←

Es gibt viele unterschiedliche *Techniken für die mechanisch-elektrische Wandlung bei dem Betätigen der Tasten*. In der kommerziellen EDV sind *kontaktlose Tastaturen* vorherrschend. Vielfach übernimmt ein *Mikroprozessor* die Tastenabfrage, die Umsetzung der eingetasteten Zeichen in den ASCII-, EBCDI- oder einen anderen Code und weitere Aufgaben wie Entprellung[25], Betreuung der Wiederholungsfunktion, der überlappenden Eingabe mehrerer Tasten oder der Belegung der programmierbaren Funktionstasten.

*Aus ergonomischen Gründen sind heute Tastaturen möglichst flach und als getrennte Baueinheiten ausgeführt* (Verbindung über ein flexibles Spiralkabel mit dem Bildschirm). Eine Tastatur sollte *leichtgängig* sein, jedoch einen deutlichen «*Druckpunkt*» beim Betätigen der Tasten zur Rückmeldung an den Benutzer aufweisen. Das Schreibtempo eines geübten Benutzers muß problemlos mitgehalten werden können. Die Abmessungen, Anordnung und Belegung der Tasten sollten normgerecht gestaltet sein.

*Nachteile von Tastaturen* gegenüber den anderen, in der Folge näher gekennzeichneten Eingabegeräten sind
– die zeitaufwendige Dateneingabe durch das Eintippen einzelner Zeichen, insbesondere die sehr langsame Cursorpositionierung,
– die relativ lange Übungszeit bis zum schnellen Tastaturgebrauch bzw. fehlende Schreibmaschinenpraxis bei einem Großteil potentieller EDV-Benutzer,
– die mangelnde Eignung für die Eingabe bildlicher Daten.

Eine Möglichkeit, die den zeitaufwendigen und für viele Menschen ungewohnten bzw. lästigen Gebrauch der Tastatur bei der Eingabe stark beschränkt, ist die sog. *Menütechnik*.

---

25 Prellen heißt, daß bei einmaligem Betätigen der Taste das Zeichen mehrmals. erscheint. Solche Fehler treten vor allem bei älteren und billigen Tastaturen auf.

Ein **Menü** (engl.: menu) ist eine Liste der in einem bestimmten Zusammenhang zulässigen Kommandos bzw. Eingaben an den Rechner, die auf dem Bildschirm angeboten wird. Der Benutzer trifft seine Auswahl durch die Markierung der auszulösenden Aktion (Zeichenstelle).

Die *Menütechnik* ist mit dem manuellen Ausfüllen von Markierungsbelegen vergleichbar (vgl. Abschnitt 2.2.1.2). *Sie vereinfacht vor allem für ungeübte Benutzer die Dateneingabe bzw. Ablaufsteuerung von Anwendungsprogrammen.* Andererseits setzt sie voraus, daß die Eingabeinformation in der Art eines Fragebogens mit vorgesehenen Antwortfeldern gestaltet werden kann. Bei großen Datenbeständen sind hierarchische Menüs mit u. U. vielen Stufen unumgänglich, durch die sich der Benutzer *zeitaufwendig* «hindurchwählen» muß, bis er auf die eigentlich gewünschte Aktion stößt.

Bei der *Auswahl mittels Tastatur* wird i. a. die Nummer der gewünschten Alternative eingetippt bzw. die entsprechende Funktionstaste betätigt. Es ist jedoch auch eine *direkte Ansteuerung einer auf dem Bildschirm angezeigten Aktion* möglich und zwar *durch eine Cursor-Positionierung*

– mittels der erwähnten Pfeiltasten der Tastatur oder, sehr viel schneller,
– *mittels Maus, Lichtgriffel und Berühren der entsprechenden Stelle auf dem Bildschirm.*

→ Übungsaufgabe Nr. I-95 im Arbeitsbuch

### 2.3.2.2 Zeigeeinrichtungen für Bildschirme (Maus, Lichtgriffel u. ä.)

Eine sogenannte *Maus* ist eine erst seit Mitte der 80er Jahre allgemein erhältliche Zusatzeinrichtung zur schnellen Cursorsteuerung, die sich jedoch im Zuge der Verbreitung grafischer Benutzeroberflächen von Programmen (Näheres im Abschnitt 2.4.4) rasch durchgesetzt hat.

Eine **Maus** (engl.: mouse) ist eine etwa mausgroße Zusatzeinrichtung zu einem Datensichtgerät, deren Bewegung auf einer ebenen Fläche von der Positionsmarke auf dem Bildschirm in Richtung und Geschwindigkeit unmittelbar nachvollzogen wird. Sie verfügt über einen Auslösemechanismus (Funktionstasten), mit dem die vom Cursor gekennzeichneten Felder aktiviert werden können.

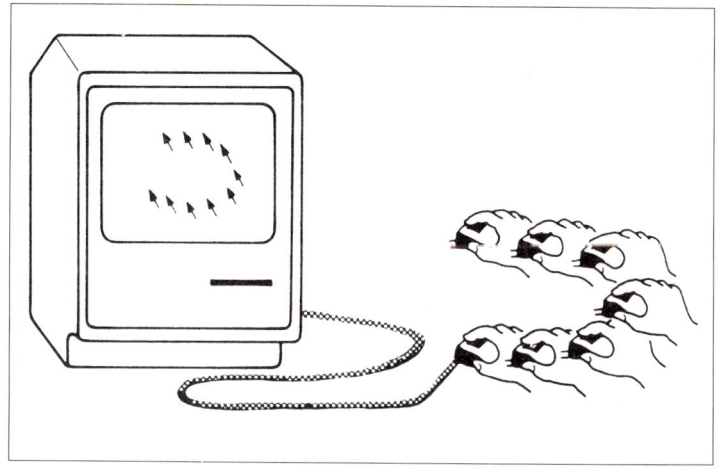

Abb. 2.3.2.2/1: Maus zur Cursorpositionierung und Auslösung von Funktionen

Viele Hersteller bieten *unterschiedlich gebaute Mäuse* an, die sich vor allem hinsichtlich der Anzahl der Funktionstasten (meistens eine bis drei Tasten), der Erfassung der Bewegungen (mechanisch oder optisch) und der Übertragung der Steuerimpulse (Kabel, Funk oder Infrarotlicht) unterscheiden.

*Mechanische Mäuse* können auf jeder Schreibtischplatte verwendet werden. Die Bewegung einer kleinen Rollkugel auf der Unterseite der Maus wird in elektronische Signale umgesetzt, durch die von der Steuerungselektronik Richtung und Geschwindigkeit der Maus erkannt und synchron mit dem Cursor nachvollzogen werden kann.

Bei tragbaren Rechnern (Notebooks, Laptops) ist diese Rollkugel auch manchmal aus Platzgründen neben der Tastatur fest eingebaut. Wird sie mit den Fingern bewegt, so bewegt sich der Cursor analog.

*Optische Mäuse* benutzen anstelle der abnutzungs- und verschmutzungsempfindlichen Rollkugel optische Sensoren, die auf ein regelmäßiges Gitternetz auf ihrer Lauffläche reagieren und entsprechend die Positionsmarke steuern. Eine solche Maus benötigt also eine spezielle Unterlage.

*Vorteile der Maus sind:*

1. Vereinfachte, schnellere Kommandoeingabe gegenüber der Tastatur;
2. durch präzise Positionierung lassen sich kleinste Zeichenstellen auf dem Bildschirm ansprechen, woraus sich eine besondere Eignung für Grafikanwendungen ergibt;

3. preisgünstige Angebote mehrerer Hersteller;
4. umfangreiches «mausfähiges» Softwareangebot.

*Nachteile der Maus sind:*

1. Zumindest anfänglich Koordinationsprobleme zwischen Auge und Hand;
2. nachlässige Schräghaltung der Maus führt zur unerwünschten Fahrrichtung des Cursors;
3. Verschmutzung der Maus durch unsaubere Arbeitsfläche, Abnutzung von Maus und Fläche, lästiges Kabel (bei den meistverbreiteten mechanischen Mäusen).

Schon seit mehr als 20 Jahren sind *Lichtgriffel* erhältlich, die ebenfalls die Möglichkeit bieten, bestimmte Stellen auf dem Bildschirm zu markieren. Sie haben nur im CAD/CAM-Bereich eine größere Verbreitung gefunden.

> Ein **Lichtgriffel** (Lichtstift; engl.: light pen) ist ein als Zusatzeinrichtung zu einer Datensichtstation dienender lichtempfindlicher Stift, mit dem von Hand auf dem Bildschirm bestimmte Punkte oder Flächen markiert und Kurven durch ihren Verlauf oder ihre Endpunkte dargestellt werden können.

*Der Lichtgriffel nimmt über einen Fototransistor oder eine Fotodiode an der Spitze den Abtaststrahl der Bildröhre auf und liefert damit die Bildschirmposition.*

*Vorteile des Lichtgriffels sind:*

1. Vereinfachte, schnellere Kommandoeingabe gegenüber der Tastatur;
2. während des Gebrauchs zeigt der Benutzer auf dieselbe Fläche (Bildschirm), auf der er arbeitet (keine Koordinationsprobleme zwischen Auge und Hand wie bei der Maus);
3. robuste Konstruktion.

*Nachteile des Lichtgriffels sind:*

1. Der Arm muß beim Zeigen in alle möglichen Richtungen gedreht werden, die längere Benutzung ist ermüdend;
2. relativ begrenzt in Auflösung und Genauigkeit;
3. beschränktes «lichtgriffelfähiges» Softwareangebot.

→ Übungsaufgabe Nr. I-96 im Arbeitsbuch

## 2.3.2.3 Digitalisiertabletts

> Ein **Digitalisiertablett** (Grafiktablett; Digitalisierer; Kurvenverfolger; engl.: digitizer; graphic data table) besteht aus einem elektronischen «Tablett» (Zeichenbrett) und einem daran gekoppelten frei beweglichen Markierer (Stift oder signalablesende Lupe), dessen Positionen auf der Zeichenfläche punktweise durch Eingabe der Koordinaten abgespeichert werden.

Soll eine *vorhandene Grafik digitalisiert* und damit einer rechnergestützten Weiterverarbeitung (Speicherung, Wiedergabe am Bildschirm, Übertragung) zugeführt werden, so wird die Vorlage auf die meist ebene Zeichenfläche gespannt. *Der Markierer wird von Hand auf die zu erfassenden Punkte positioniert, und auf Knopfdruck bzw. Aufdrücken des Markierers auf das Zeichenbrett wird die ermittelte Koordinateninformation abgerufen.* Attribute der Eingabedaten (Farbe, Füllung, Strichstärke usw.) werden über eine Spezialtastatur festgelegt.

Für die *Neuzeichnung bzw. Änderung von grafischen Darstellungen* können über diese Tastatur *vorgefertigte geometrische Objekte* (Punkte, Linien, Bögen, Kreise, Segmente, Rechtecke, Vielecke usw.) gewählt und an der durch den Markierer bezeichneten Position eingegeben werden. Ebenso ist der Textmodus für schriftliche Erläuterungen möglich.

*Der Markierer und das Zeichenbrett können auf unterschiedliche Weise miteinander gekoppelt sein.* Bei billigen, mechanisch arbeitenden Geräten ist das Zeichenbrett meist mit zwei voneinander getrennten, beschichteten *Membranen* überzogen. Bei Andrücken des Markierers auf die obere Membran kommt es zu einem elektrischen Punktkontakt, der von der angeschlossenen Elektronik in Positionskoordinaten umgesetzt wird. Bei mit *Ultraschall* arbeitenden Geräten sendet der Markierer Schallwellen aus, die von Mikrofonen an den Seiten der Zeichenfläche empfangen werden. Bei *kapazitiv* arbeitenden Digitalisiertabletts sind in die Zeichenfläche feine, parallele Drähte in Längs- und Querrichtung integriert, deren elektrische Signale vom Markierer aufgenommen werden. Digitalisiertabletts mit *magnetischer Kopplung* arbeiten ähnlich; in die Zeichenfläche ist ein Gitter von Drähten bzw. Magnetspulen eingebettet, und der Markierer empfängt bzw. sendet magnetische Signale. Es gibt *noch andere halbautomatische Abtastverfahren*, auf die wir hier jedoch nicht eingehen können. Eine weitere Möglichkeit ist die *optomechanische Aufnahme der Positionskoordinaten* mit einer *Lupe auf einem Laufwagensystem* (Lineale in X- und Y-Richtung, die mit einem Längenmeßsystem verbunden sind). Der

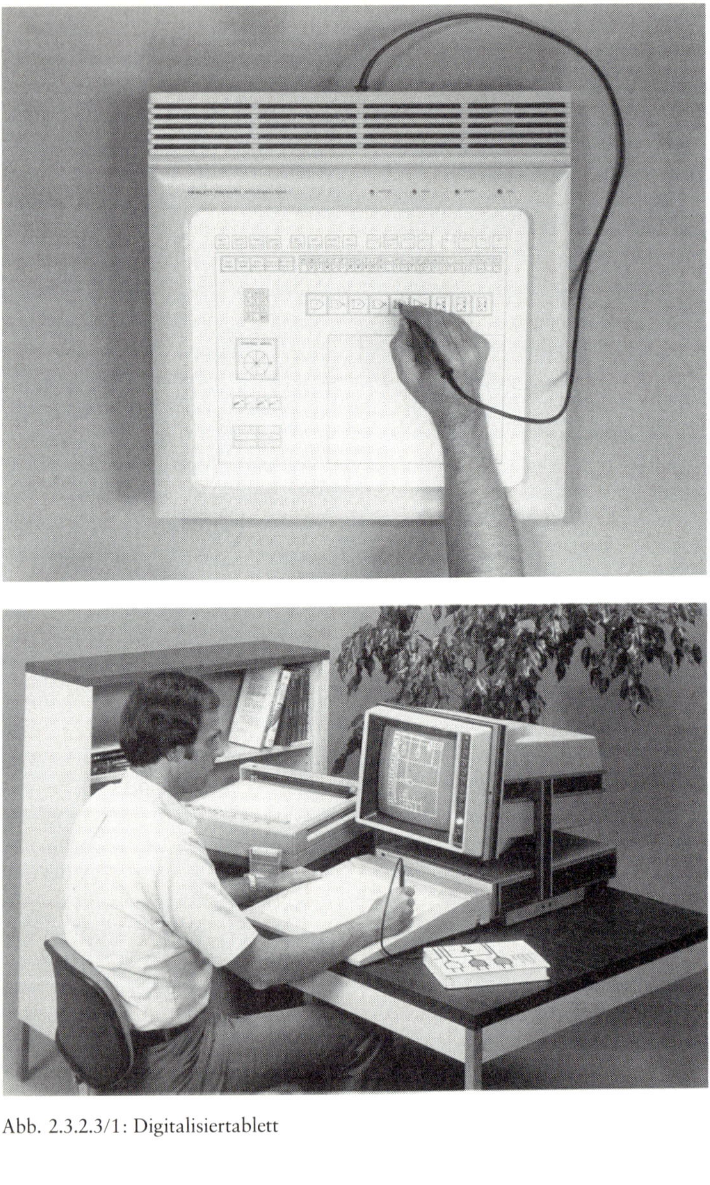

Abb. 2.3.2.3/1: Digitalisiertablett

*Genauigkeitsbereich (Auflösungsvermögen)* erstreckt sich von ungefähr ± 1 mm bei Tabletts mit druckempfindlichen Membranen bis zu ± 0,03 mm bei Tabletts mit kapazitiver Kopplung und ± 0,003 mm bei Präzisionstabletts mit Laufwagensystem. Die erstgenannten mechanischen Geräte sind billig, aber nicht zu einer exakten Koordinatenaufnahme geeignet; sie werden vor allem für Hobbyzwecke verwendet. Digitalisiertabletts mit hoher Auflösung sind teuer und kommen vor allem im CAD-Bereich zum Einsatz.

*Vorteile von Digitalisiertabletts sind:*

1. Größter Funktionsbereich aller Eingabegeräte für die Ersterfassung bildlicher Daten (Grafiken);
2. für einen längeren, ermüdungsfreien Gebrauch geeignet;
3. höchste Genauigkeit von Präzisionstabletts.

*Nachteile von Digitalisiertabletts sind:*

1. Sehr beschränkte Eignung für die Eingabe schriftlicher Daten (nur über Menüauswahl);
2. Billigtabletts sind für eine exakte Koordinatenaufnahme ungeeignet, Präzisionstabletts sind teuer.

Übungsaufgabe Nr. I-97 im Arbeitsbuch ⟵

## 2.3.2.4 Schreibstifteingabe auf dem Bildschirm tragbarer Rechner

«Pen-Computing» mit sogenannten «Notepads» wird vielfach als eine der verheißungsvollsten Entwicklungen auf dem EDV-Markt gesehen.

---

Ein **Notepad** (engl.: note = Notiz, Aufzeichnung; pad = Unterlage, Schreibblock) oder **Pen-based Computer** (deutsch: stiftunterstützter Rechner) ist ein tragbarer PC mit den ungefähren Abmessungen eines DIN-A4-Blocks, drei bis vier Zentimeter dick, mit einem integrierten, berührungsempfindlichen, vollgrafischen LCD-Bildschirm mit i.d.R. 10-Zoll-Diagonale. Man zeichnet oder schreibt mit einem Spezialstift auf dem Bildschirm wie auf einem gewöhnlichen Schreibblock. Die eingegebenen Daten werden in einem Bildspeicher punktweise abgelegt und unmittelbar am Bildschirm wiedergegeben, wo sie vom Benutzer korrigiert und im Dialog weiterverarbeitet werden können. Ein Handschrifterkennungsprogramm interpretiert mit dem Stift geschriebene Zahlen und Druckbuchstaben in Groß- und Kleinschreibung und setzt diese in ASCII-Zeichen auf dem Bildschirm um.

---

Solche Geräte kombinieren verschiedene Technologien, die Ihnen bereits geläufig sind oder die Sie noch kennenlernen werden: Der stiftunterstützte (besser: stiftgesteuerte) Notebook-PC wird wie ein Digitalisiertablett mit einem frei beweglichen Spezialstift benutzt, wobei als Unterlage ein Sensorbildschirm in Rastertechnik dient (Näheres im Abschnitt 2.3.2.6). Ähnlich wie auch bei den Mäusen gibt es mechanische, kabelgebundene Stifte und optische Stifte ohne Kabel. Und ebenso wie bei diesen werden die erfaßten Bewegungen analog auf die Anzeigefläche umgesetzt.

Die *Handschrifterkennung* funktioniert genauso, wie Sie es im Folgeabschnitt 2.3.2.5 bei den Schriftenlesern erfahren werden. Während bei solchen Beleglesern jedoch die Interpretation maschinengeschriebener Zeichen im Vordergrund steht und damit eine hohe Erkennungsgenauigkeit erreicht werden kann, geht es bei den Notepads um die Handschrifterkennung, die längst nicht so weit entwickelt ist. Schon bei der Erkennung handschriftlicher Blockschrift – das Gerät muß auf die jeweilige Schrift eingeschult werden – liegt die Erkennungsgenauigkeit der Zeichen kaum über 90%. Vor allem, wenn nicht immer sehr gleichmäßig geschrieben wird – zum Beispiel in Eile –, gibt es Probleme. Das bedeutet zum Beispiel, daß ein solches Gerät bei der Handschrifteingabe des Textes dieses Buches ungefähr in jeder zweiten Zeile ein Zeichen nicht erkennen könnte bzw. falsch wiedergeben würde. Von der Erkennung fließender Handschrift, von der die Marketing-Experten der Notepad-Anbieter (laut) träumen, ist die Technologie auf jeden Fall noch weit entfernt. Ein Grund ist der Forschungs- und Entwicklungsstand der Handschrifterkennung an sich. Ein zweiter Grund ist die relative Leistungsschwäche der Prozessoren von Notepads im Zusammenhang mit der erforderlichen Erkennungs- bzw. Wiedergabegeschwindigkeit der Zeichen. Für die Durchrechnung aufwendigerer Algorithmen, die eine höhere Erkennungsgenauigkeit bieten, sind die aus Preisgründen derzeit meist verwendeten «unechten» 32-Bit-Prozessoren (mit externem 16-Bit-Datenbus) viel zu langsam.

Deshalb liegen die hauptsächlichen *Einsatzmöglichkeiten* auf absehbare Zeit vor allem im Bereich der mobilen Datenerfassung. Überall dort, wo auf vorgefertigten Bildschirmformularen nur Symbole bzw. Kästchen anzutippen sind oder wenige Zeichen sorgfältig einzutragen sind (z.B. Bestellmengen auf Auftragsformularen), ergeben sich schon heute vielversprechende Einsatzmöglichkeiten. Wir kommen hierauf im Kapitel «Datenerfassung» im Abschnitt 3.1.3.7 zurück. Auch für die Aufnahme von Notizen in Sitzungen oder unterwegs, d.h. für die Speicherung, jederzeitige Wiedergabe und eventuelle Versendung solche Dokumente auf elektronischem Wege, sind Notepads gut geeignet. Dazu

sind sie oftmals mit einem Telefax-Anschluß für das Fernkopieren ausgestattet.

Die *Steuerung der Notepads* erfolgt mit Hilfe *spezieller Betriebssy-*
*steme* ebenfalls durch Stifteingabe. Soll ein geschriebener Satz gelöscht
werden, streicht man ihn einfach durch. Soll ein Abschnitt an einer
anderen Stelle eingefügt werden, so kreist man ihn ein und zieht eine
Linie zu der vorgesehenen Stelle. Dort wird er automatisch eingefügt.
Ein schneller Strich mit dem Stift nach unten blättert eine Seite weiter.
Ein Druck auf den gewählten Menüpunkt bringt den gewünschten Text
auf den Bildschirm oder führt eine bestimmte Operation aus. Die damit
mögliche «menschengerechtere», d.h. den kreativ-assoziativen menschlichen Denkstrukturen eher entsprechende Computersteuerung erlaubt
ein in hohem Maße intuitives und zugleich effizientes Arbeiten. Ob die

Abb. 2.3.2.4/1: Stiftgesteuerter tragbarer Rechner (Notepad)

Benutzer solche Möglichkeiten der individuellen Datenverarbeitung – etwa im Bereich der Textverarbeitung, Tabellenkalkulation oder Datenverwaltung – der herkömmlichen «Tastatur- und Mausbedienung» vorziehen werden, wird sich zeigen.

*Vorteile stiftgesteuerter tragbarer Rechner sind:*
1. Informationsverarbeitung in der für EDV-Laien gewohnten Weise;
2. als Papierformularersatz und zur mobilen Datenerfassung sehr gut geeignet (überall dort, wo im Stehen Daten zu erfassen sind oder aus sonstigen Gründen ein Tastaturgebrauch nicht in Frage kommt);
3. einfache Abspeicherung handschriftlicher Notizen und Skizzen, preisgünstige Blockhandschrifterkennung;
4. Entwicklungspotential vor allem für Sprachen mit einem besonders großen Zeichenvorrat (z.B. Chinesisch, Japanisch, Koreanisch), bei denen die Tastatureingabe schwierig ist;
5. Entwicklungspotential für die individuelle Datenverarbeitung, vor allem für unterwegs bzw. in Konferenzen (Textverarbeitung, Tabellenkalkulation, Datenverwaltung, Projektmanagement).

*Nachteile stiftgesteuerter tragbarer Rechner sind:*
1. Die Systeme sind noch nicht ausgereift und noch nicht standardisiert;
2. das Angebot an Standardsoftware ist gering;
3. die Verwendbarkeit vorhandener Anwendungsprogramme ist z.T. nicht gewährleistet;
4. die Handschrifterkennung ist langsam und fehleranfällig;
5. der Preis ist für den Masseneinsatz viel zu hoch;
6. für die Eingabe großer Datenmengen ungeeignet.

### 2.3.2.5 Lesegeräte

Spezielle *Lesegeräte* (engl.: reader) zur Erfassung der aufgezeichneten Daten *gibt es für alle Datenträger, die nur einmal beschrieben werden können* (vgl. Abschnitt 2.2). Sie verarbeiten zum Teil – so wie das nachfolgend gekennzeichnete Beispielgerät – weitgehend automatisch Belegstapel *( = Belegleser)* oder – wie etwa Strichcode- und Plastikkartenleser – einzelne Datenträger, die von Hand zugeführt und teilweise auch beim Lesevorgang manuell bewegt werden müssen *( = Handleser)*. Manche Leser sind als *separate Geräte* konstruiert, manche sind *in andere Einheiten eingebaut* (z.B. Bankomaten). Neben *mehreren hundert Kilogramm* schweren Standgeräten (bei unserem Beispielgerät: 85 kg) gibt es Handleser als Zusatzeinrichtung für Datenkassen oder Datensichtstationen, die *weniger als 100 Gramm* wiegen. Entsprechend groß sind auch die *Preisunterschiede*. Ein einfacher Magnet- oder Chipkartenleser ist zum Beispiel schon für weniger als 1000,– DM erhältlich, das nachfolgend skizzierte Schriftenlesesystem hat einen Kaufpreis von etwa 350 000,– DM.

---

Die **Schriftenleser** (engl.: character reader) erkennen optisch oder magnetisch die Bedeutung einzelner, auf den Datenträgern gespeicherter Zeichen und geben diese in maschinell weiterverarbeitbarer Codierung (z.B. ASCII, EBCDI) aus. Hierzu werden vorher definierte Bereiche der Datenträger ausgewertet, in denen die Zeichen in maschinell lesbarer Form aufgezeichnet sind. Das Layout der Datenträger wird nicht miterfaßt.

---

Soll alle von einer Vorlage zu gewinnende optische Information erfaßt werden, so kann dies nur durch eine punktweise Abtastung durch ein Bildabtastgerät (automatisches Digitalisiergerät) geschehen.

---

Ein **Abtaster zur Bildeingabe** (engl.: image scanner) setzt selbsttätig für jeden Bildpunkt (Pixel) einer Vorlage den entsprechenden Helligkeits- oder Farbwert sowie die Lageinformation in digitale elektrische Signale um.

---

Auch ein solches Abtastgerät wird in diesem Abschnitt exemplarisch beschrieben.

---

Ein **Faksimilegerät** (engl.: facsimile device) ist ein Gerät zur Erfassung, Übertragung und Ausgabe von Text- und unbewegten Bildvorlagen. Die Vorlagen werden in der Eingabeeinheit optoelektrisch zeilen- und punktweise abgetastet. Die übertragenen Bildpunkte werden auf der Empfangsseite entsprechend der Vorlage positions- und helligkeits- bzw. farbgerecht auf Papier oder Mikrofilm ausgegeben.

---

Faksimilegeräte kommen verbreitet als *Fernkopierer* im Rahmen des Telefax-Dienstes zum Einsatz, Näheres hierzu erfahren Sie im Abschnitt 4.1.3.3.

Das in Abb. 2.3.2.5/1 gezeigte mehrplatzfähige **Schriftenlesesystem** erfaßt Text- und Bildinformation von Belegen. Solche Universalschriftenleser überwinden bisherige Restriktionen fest vorgegebener Schriften durch die Lesefähigkeit gängiger Maschinenschriften und freier Handblockschrift. Darüber hinaus können bildliche Teile von Formularen ( = Images) wie

Abb. 2.3.2.5/1: Mehrplatzfähiges Schriftenlesesystem

Unterschriften, Logos und andere Symbole aufgenommen und gespeichert werden. Ein Mikrorechner übernimmt die Steuerung des Formularlesers, die Nachbearbeitung, die Datenverwaltung und die Datenübertragung zum Großrechner. Die Speicherung der Bildinformation ermöglicht eine beleglose Nachbearbeitung. Zeichen, die die Erkennungselektronik nicht eindeutig identifizieren konnte, werden auf dem Bildschirm unterhalb der Maske vergrößert im Kontext dargestellt. Damit kann der Bediener aus dem Sinnzusammenhang korrigieren. Erleichtert wird ihm dies durch Vorschläge für nicht eindeutig erkannte Zeichen, die das System macht. In etwa 70 % der Fälle genügt die Bestätigung durch Tastendruck. Große Belegmengen sind über die Nachbearbeitung an mehreren Bildschirmarbeitsplätzen bewältigbar. Im Mehrprogrammbetrieb können bereits erfaßte Stapel nachbearbeitet werden, während zur selben Zeit neue Belege eingelesen werden. Die Formularerfassung wird im Dialog anwendungsbezogen definiert. Es sind beliebige Lesebereiche mit beliebiger Zeilenanzahl, beinhaltend numerische oder alphanumerische Zeichensätze (= Fonts), definierbar. Die Verarbeitungsleistung beträgt bei einer Lesegeschwindigkeit von 240 Zeichen pro Sekunde etwa 450 DIN A4-Formulare bzw. 1100 DIN A6-Formulare pro Stunde. Das Gerät enthält ein Eingabefach und zwei Ausgabefächer für bis zu 400 Formulare.

→ Übungsaufgabe Nr. I-98 im Arbeitsbuch

272

Vor allem im Handel sind **Handleser** *für das Lesen einzelner Datenträger mit Strichcodes oder OCR-Schrift* bedeutsam. Der in Abb. 2.3.2.5/2 dargestellte Handleser liest beides mit einer *Geschwindigkeit von bis zu 140 Zeichen pro Sekunde bei beliebiger Leserichtung.* Der optische Lesekopf (das Gerät in der Hand des Benutzers) ist über ein flexibles Kabel mit der Erkennungseinheit verbunden.

*Der Lesekopf wird über die zu lesende Zeile geführt. Die Optik im Lesekopf bildet die Information auf eine Fotodiodenmatrix ab. Hier werden die Helligkeitsunterschiede der abgetasteten Fläche in elektrische Signale umgewandelt.* Dabei werden die von der mittleren Helligkeit im abgetasteten Feld abweichenden Signale in ein Schwarz-Weiß-Muster übertragen (digitalisiert).

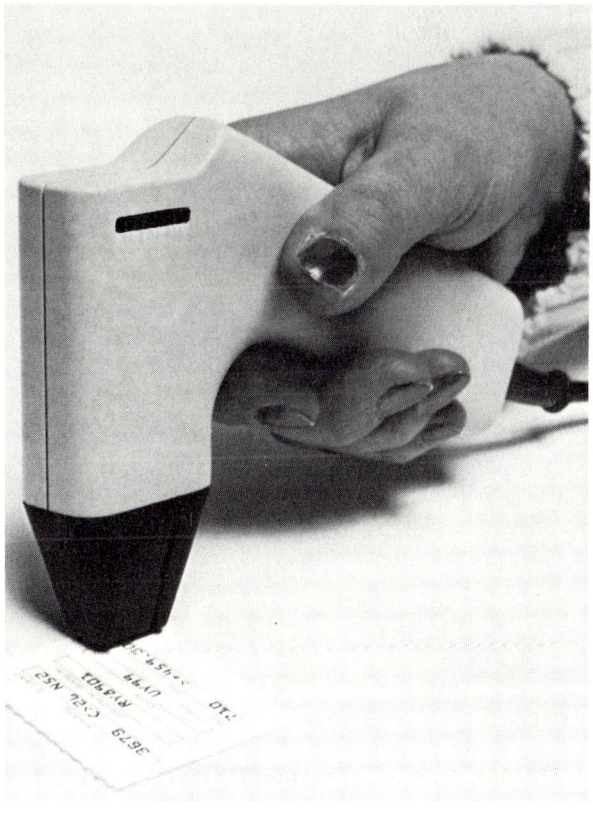

Abb. 2.3.2.5/2: Handleser

Nach dem Erkennungsvorgang kann die gelesene Information auf *Einhaltung eines bestimmten Formates* geprüft werden.

Eine grüne *Kontrolleuchte* zeigt dem Benutzer die Bereitschaft des Gerätes zur Datenaufnahme an. Das *Ende eines korrekt durchgeführten Lesevorgangs* wird von einem kurzen akustischen Signal «*quittiert*».

Die gelesene Information wird *bitparallel und zeichenseriell* an die angeschlossene Datenstation *übertragen*. Für den Anschluß an Datenendgeräte hat der Handleser eine *genormte Schnittstelle*.

Abb. 2.3.2.5/3: Bildabtaster (Scanner)

**Abtaster** *erfassen zeilenweise auf fotografischem Wege alle aus einer Bild-Textvorlage zu gewinnende visuelle Information und setzen diese in digitale Form (Bildpunkte) um.* Die Wandlung der optischen Signale in die elektrische Signaldarstellung ist vielfach mit einer *Informationskomprimierung* verbunden. Es werden also nicht wie bei den vorher beschriebenen Schriftenlesern einzelne Zeichen mit gespeicherten Mustern verglichen und dadurch in ihrer Bedeutung erkannt. Vielmehr wird *bei der Erfassung die Vorlage zeilenweise in Bildpunkte zerlegt, und dieses Rasterbild wird abgespeichert.* Für das spätere Wiederauffinden und für die inhaltliche Interpretation muß die abgetastete Vorlage mit einem *Namen* gekennzeichnet werden.

Der in Abb. 2.3.2.5/3 gezeigte *Abtaster (Tischscanner)* kann an die meisten handelsüblichen, grafikfähigen Personal-Computer angeschlossen werden. Vorlagen, die gedruckten Text, handschriftliche Notizen, Grafiken und Fotos in Schwarz-Weiß oder Farbe enthalten können, werden sekundenschnell mittels optischer Sensoren abgetastet, im Arbeitsspeicher abgelegt und auf dem Rasterbildschirm (Näheres hierzu im Folgeabschnitt) angezeigt. Das Format der Vorlage kann bis zu 21,6 × 29,7 cm betragen. Die Auflösungsdichte beträgt wahlweise zwischen 12 und 800 dpi (Abkürzung für engl.: dots per inch; deutsch: Punkte pro Zoll). Bei der erstgenannten sogenannten Preview-Auflösung, bei der das Einlesen einer Vorlage nur drei Sekunden dauert, sind das 99 × 140 Punkte pro DIN-A4-Seite. Dadurch können die Ergebnisse «im Groben» sofort am Bildschirm begutachtet werden. Bei 300 dpi sind es 2 481 × 3 507 Punkte bei einer DIN-A4-Seite; der Abtastvorgang dauert dabei 15 Sekunden. Bei 400 dpi beträgt die Einlesezeit 20 Sekunden. Bei dieser optischen Auflösung können bis zu 6 Punkt kleine Schriftzeichen gelesen und mittels optischer Schriftzeichenerkennung (OCR) interpretiert werden. Es können 16 (4-Bit) oder 256 (8-Bit) Graustufen und 16,7 Mio. (24-Bit) Farben erkannt werden. Die Bildschirm- und Druckerkalibrierung paßt die Interpretation der Graustufen und Farben für jeden einzelnen Bildpunkt präzise an das Ausgabegerät an.

Die *Bildverarbeitungssoftware* des Systems ermöglicht es, den abzutastenden Bereich festzulegen, die Auflösungsdichte und die Anzahl der zu unterscheidenden Helligkeitsstufen pro Punkt zu verändern, das Ergebnis der Abtastung zu vergrößern bzw. zu verkleinern, auf Magnetplatte abzuspeichern, unter ihrem Namen wieder aufzurufen, in einem anderen Format wieder auf Magnetplatte abzulegen und auszudrucken. Darüber hinaus kann die maximale Anzahl der abzutastenden Punkte über die Software auf 800 dpi erhöht werden.

Abzutastende Vorlagen werden wie bei einem Kopierer vom Benutzer auf die Glasplatte gelegt, der Deckel wird geschlossen, und durch einen Knopfdruck wird der Einlesevorgang eingeleitet. Als Option ist eine automatische Dokumentenzuführung für bis zu 50 Seiten im DIN-A4-Format erhältlich, um mehrseitige Dokumente unbeaufsichtigt einlesen zu können.

→ Übungsaufgabe Nr. I-99 im Arbeitsbuch

### 2.3.2.6 Sichtgeräte

> Ein **Sichtgerät** ist ein Ausgabegerät in der Funktion, dem Benutzer Daten vorübergehend für das Auge erkennbar zu machen. Die weitaus wichtigsten Sichtgeräte sind Bildschirmgeräte, es gibt jedoch auch andere Beispiele, wie etwa Ziffernanzeigen.

*Wir gebrauchen – etwas ungenau – in der Folge die Bezeichnungen «Sichtgerät», «Datensichtgerät» und «Bildschirmgerät» (engl.: display device) synonym und verstehen darunter ein peripheres Gerät, das Daten auf einem Bildschirm (engl.: screen; display screen) anzeigt und i.a. über eine Eingabeeinheit (Tastatur und eventuell Zeigeeinrichtungen) verfügt.*

*Nach den darstellbaren Zeichen unterscheidet man:*

1. *Grafische Bildschirme,*
   bei denen jeder einzelne Punkt der Darstellungsfläche angesteuert werden kann und die deshalb die Anzeige beliebiger Muster an beliebigen Stellen des Bildschirms erlauben,
2. *alphanumerische Bildschirme,*
   bei denen die Darstellungsfläche zeilen- und spaltenweise in gleich große Felder formatiert ist, welche jeweils ein alphanumerisches Zeichen aufnehmen (typischerweise 24 oder 25 Zeilen mit je 80 Zeichenstellen).

Als Anzeigeeinrichtung dient bei Sichtgeräten heutzutage hauptsächlich die **Kathodenstrahlröhre** (engl.: cathode ray tube; abgekürzt: CRT). Sie kennen diese von Fernsehapparaten. In einem luftleeren Glaskolben sendet eine *Kathode* – ein auf Rotglut erhitzter Draht mit dünner Oxidbeschichtung – Elektronen aus, die zu einem scharfen Strahl gebündelt zur gegenüberliegenden *Anodenfläche*, der Stirnfläche des Kolbens, fliegen. Eine *Ablenkeinheit* führt elektromagnetisch oder elektrostatisch den Strahl entsprechend den darzustellenden Zeichen. Beim Auftreffen des Kathodenstrahls leuchtet die Phosphorbeschichtung der Anodenfläche auf, und die Zeichen werden durch die Glasfläche hindurch sichtbar.

Bei Kathodensichtgeräten gibt es diverse Techniken der Bilderhaltung. Die in der kommerziellen Praxis verbreitetsten grafischen Geräte sind die *Rasterbildschirme*, die mit einer Bildwiederholungsröhre arbeiten.

Übungsaufgabe Nr. I-100 im Arbeitsbuch ←

Abb. 2.3.2.6/1: «Innereien» eines Kathodensichtgeräts

Bei der *Bildwiederholungsröhre* wird das auszugebende Bild sequentiell ständig neu aufgebaut. Der gesamte Bildschirminhalt muß in einem Speicher abgelegt sein, aus dem es zyklisch ausgelesen und auf dem Schirm angezeigt wird (Bildwiederholspeicher). Je nach Nachleuchtdauer der verwendeten Phosphorbeschichtung muß die Wiederholfrequenz mindestens zwischen 60 und 90 Hz liegen, um das Flimmern des Bildschirms zu verhindern.

Abb. 2.3.2.6/2: Grafischer Bildschirm

Als *Flimmern* bezeichnet man die Wahrnehmung einer raschen periodischen Schwankung der Leuchtdichte, ohne daß die einzelnen Phasen der Regenerierung des Bildschirminhalts noch erkennbar sind.

Bei einem **Rasterbildschirm** (engl.: bit-mapped screen; all-points-addressable screen) wird das auszugebende Bild aus einer Matrix von in Zeilen und Spalten angeordneten Bildpunkten (Pixel) (von links nach rechts und von oben nach unten) in einem festen Zeitzyklus (i.a. 50 bis 90 Hz) aufgebaut bzw. aufgefrischt. Die Intensität des meist elektromagnetisch gesteuerten Kathodenstrahls wird fortlaufend an den Positionen der Pixel auf der Darstellungsfläche entsprechend dem «Abbild» im Wiederholspeicher verändert.

*Im Prinzip funktioniert jeder konventionelle Fernsehapparat ähnlich. Die Hauptunterschiede sind*, daß

- ein Fernsehempfänger sein Bild fortlaufend – so wie von der Kamera aufgenommen in analoger Form – durch Funk gesendet erhält, während im Rasterbildschirmgerät *das Bild in Rasterpunkte (= digital) zerlegt in einem Bildwiederholspeicher abgelegt und von dort immer wieder ausgelesen wird* (speicherplatzaufwendig und rechenintensiv),
- ein Standard-Fernsehgerät nur 150 Bildpunkte in der Horizontalen bei 500 Zeilen darstellt, während bei einem Rasterbildschirmgerät die *Auflösung ein Vielfaches* beträgt.

Wie beim konventionellen Fernsehapparat kann auch bei einem Rasterbildschirm zumeist nur *jede zweite Zeile aufgefrischt* werden (Zeilensprung). Wird jedesmal *jede Zeile aufgefrischt*, so läßt sich das Flimmern wesentlich reduzieren – allerdings muß dann die Elektronik doppelt so schnell arbeiten.

Moderne digitale Fernsehgeräte funktionieren inzwischen mit ähnlicher Technik. Die gesendeten Bilder werden ebenfalls in einem Bildwiederholspeicher abgelegt und mit höherer Frequenz an den Bildschirm ausgelesen (als es dem Empfang entspricht).

*Im Bildwiederholspeicher ist für jedes Pixel auf dem Bildschirm mindestens ein Bit erforderlich.*

So werden für die Speicherung in *XGA-Auflösung* (engl. Abkürzung für: extended graphics adapter), die derzeit 1024 Zeilen mit 768 Bildelementen pro Zeile bereitstellt, mindestens 96 KB bei unbunter Darstellung benötigt. Bei jedem Bildaufbau müssen 786432 Bildelemente ausgelesen werden, bei einer Wiederholfrequenz von 60 Hz in der Sekunde 60mal. Bei farbiger Darstellung vervielfachen sich die notwendige Speicherkapazität und Transferrate. Aus diesem Grund werden für die Ansteuerung von hochauflösenden Rasterbildschirmen eigene Grafikprozessoren eingesetzt.

Der *XGA-Adapter* (= Steckkarte) unseres *Beispiel-Mikrorechners* beinhaltet einen Grafikprozessor und eine Videospeicherkapazität von 1 MB, von denen 768 KB für die farbige Darstellung (256 Farben pro Bildelement) der einzelnen Bildpunkte reserviert sind.

Geringere Auflösungen bieten die für Personal-Computer noch häufig verwendeten Grafik-Standards *EGA* (engl. Abkürzung für: Enhanced Graphics Adapter, 640 × 350 Bildpunkte à 16 Farben), *VGA* (engl. Abkürzung für: Video Graphics Array, 640 × 480 Bildpunkte à 16 Farben) und *SuperVGA* (800 × 600 Bildpunkte à 16 Farben, manchmal auch 1024 × 768 à 16 Farben).

*Hochauflösende Rasterbildschirme* verfügen über ca. 1600 Zeilen mit 1200 Bildelementen pro Zeile und mehr. Das entspricht einem Mindestspeicherbedarf von 234 KB bei unbunter Darstellung. Bei jedem

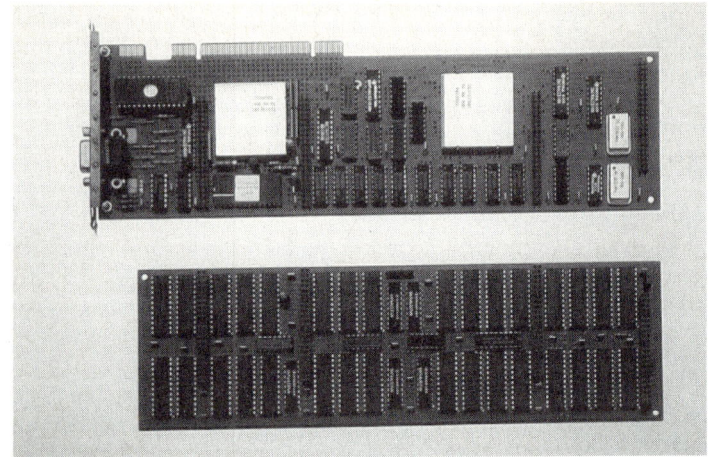

Abb. 2.3.2.6/3: XGA-Adapter

Bildaufbau müssen 1,92 Millionen Bildelemente ausgelesen und angezeigt werden. Beim derzeitigen Technologiestand werden hochauflösende Rasterbildschirme für die Farbdarstellung häufig in geringerer
Auflösung betrieben, um sie zu akzeptablen Preisen anbieten zu können.

*Vorteile von Rasterbildschirmen sind:*

1. Preisgünstigkeit bei vollgrafischer Darstellung;
2. hervorragende Farbdarstellung bei nur geringen zusätzlichen Kosten;
3. hohe Leuchtstärke;
4. dynamische Bilder (Löschen von Bildteilen).

*Nachteile von Rasterbildschirmen sind:*

1. hoher Speicherbedarf und hohe Rechnerbelastung;
2. deshalb aus Leistungs- bzw. Kostengründen manchmal relativ kleine
   Bildschirme (z.B. nur 12- oder 14-Zoll-Diagonale) im Hersteller-
   angebot.

→ Übungsaufgabe Nr. I-101 im Arbeitsbuch

**Alphanumerische Bildschirme** (engl.: alphanumeric display) arbeiten i.a. ebenfalls nach dem «Fernsehprinzip» mit dem von links nach rechts und von oben nach unten gelenkten *Kathodenstrahl*. Allerdings ist bei diesen Geräten der Speicher und Rechenaufwand durch die *Formatierung des Bildschirms in Zeichenstellen* und den *beschränkten Vorrat an alphanumerischen Zeichen* weitaus geringer als bei den grafischen Sichtgeräten. In einem *Positionsspeicher* wird nur registriert, welches der zulässigen Zeichen an die jeweilige Zeichenstelle geschrieben werden soll. Es werden jeweils so viele Punkte der Darstellungsfläche auf einmal adressiert, wie für ein Zeichenfeld vorgesehen sind. Typische Werte für diese *Feldmatrix* sind z.B. 9 × 16 Punkte, von denen 7 × 9 für die Zeichendarstellung Verwendung finden (der Rest für den Zeichen- und Zeilenabstand). Die Darstellung der Zeichen kann dabei im *Punkt- oder Strichrasterverfahren* erfolgen (vgl. Abb. 2.3.2.6/4).

Das *Punktrasterverfahren* (engl.: dot-scanning method) ist ein Verfahren zur Bildung von Zeichen, bei dem jedes Bildelement auf einem Gitterpunkt (Kreuzungspunkt von Koordinatenlinien im Raster) angeordnet ist. Beim *Strichrasterverfahren* werden die Zeichen aus Strichen gebildet, die sich geradlinig zwischen zwei Gitterpunkten des Rasters erstrecken.

*Bei Mikrorechnern* ist der *Bildwiederholspeicher in vielen Fällen als Teil des normalen Arbeitsspeichers oder als separater Speicher in der Zentraleinheit* ausgelegt, so daß ein handelsüblicher Fernsehapparat oder Monitor ohne Bildspeicher zur Anzeige verwendet werden kann. *«Unintelligente» Sichtgeräte, die an Mini- oder Großrechnern betrieben werden, haben gewöhnlich einen eigenen Bildspeicher.* Die Kapazität des Bildspeichers ist höher als für die Anzeige eines Bildes erforderlich ( = Bildwiederholspeicher), weil neben den reinen Bilddaten auch Steuerdaten vom Rechner übertragen werden und u.U. mehrere Bilder zwischengespeichert werden müssen. Bei dem sogenannten *Scrolling* (Abrollen) oder «Weiterblättern» des Bildschirminhalts wird gewöhnlich auf diesen lokalen Pufferspeicher zugegriffen.

*«Unintelligent»* soll in diesem Zusammenhang heißen, daß das Gerät nicht – wie etwa ein als Datenstation dienender Mikrorechner – auch autonom im sogenannten «Stand-alone-Betrieb» arbeiten kann, sondern daß es auf die Steuerung durch einen anderen Rechner angewiesen ist. Das Attribut «unintelligent» wird bei Bildschirmen verbreitet in diesem Sinne verwendet, obwohl moderne Geräte *Mikroprozessoren zur Steuerung des Zeichengenerators und zur Verwaltung der Benutzeroberfläche (Fenstertechnik – Näheres folgt)* besitzen.

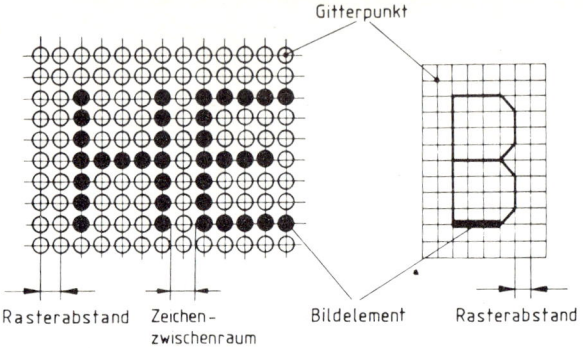

Gitterpunkt

Rasterabstand  Zeichen-  Bildelement  Rasterabstand
zwischenraum

Abb. 2.3.2.6/4: Punktraster- und Strichdarstellung (Quelle: DIN)

*Farbige Bildschirme* haben sich erst in jüngerer Zeit aufgrund des Preisverfalls solcher Geräte zunehmend durchgesetzt: Volle Bildschirminhalte lassen sich durch Farbe besser strukturieren, schneller erfassen und überschauen.

→ Übungsaufgabe Nr. I-102 im Arbeitsbuch

Zukunftsträchtige, aber bisher nur in Teilbereichen (wie z.B. bei tragbaren PC) verbreitete bzw. teilweise noch im Entwicklungs- oder im ersten Markterprobungsstadium befindliche *neue Anzeigetechniken* sind

− Sensorbildschirme und
− flache Bildschirme.

Ein **Sensorbildschirm** (engl.: touch screen), **Kontaktbildschirm** oder **berührungsempfindlicher Bildschirm** (= Synonyme) erlaubt die Auswahl von Kommandos bzw. die Eingabe von sonstigen angezeigten Daten (aus einem Menü) durch Markierung der auszulösenden Aktion mit dem Finger oder einem Stift (Zeigen auf ein Eingabefeld).

Ähnlich wie bei Digitalisiertabletts (vgl. Abschnitt 2.3.2.3) gibt es *unterschiedliche Verfahren, um einen Sensorbildschirm zu realisieren*:

− druckempfindliche Membranen;
− Ultraschall;
− Infrarotlicht (wie beim Ultraschallschirm gibt es an zwei Seiten Sender und an den anderen beiden Seiten Empfänger; ein Gegenstand zwischen Sender und Empfänger unterbricht die Strahlen und löst ein Positionssignal aus).

282

Auf stiftgesteuerte Systeme sind wir bereits im Abschnitt 2.3.2.4 eingegangen («Pen-Computing» mit sogenannten «Notepads»). Fingergesteuerte Sensorbildschirme gibt es schon viel länger. Sie kommen vor allem als Ausgabemedium von Masseninformationssystemen für EDV-Laien in Betracht (z.B. Auskunftssysteme für Messen und sonstige Großveranstaltungen).

*Vorteile von Sensorbildschirmen sind:*

1. Vereinfachte, schnellere Kommandoeingabe gegenüber der Tastatur;
2. während des Gebrauchs zeigt der Benutzer auf dieselbe Fläche (Bildschirm), auf der er arbeitet (keine Koordinationsprobleme zwischen Auge und Hand wie z.B. bei der Maus);

Abb. 2.3.2.6/5: «Kontomat» mit Sensorbildschirm, mit dem der Bankkunde selbst auf Fingerdruck Überweisungen durchführen und Information abrufen kann (unabhängig von den Banköffnungszeiten)

3. kein vielfach umständliches (Kabel!), spezielles Zeigeinstrument nötig (wie z. B. Lichtgriffel, Markierer bei Digitalisiertabletts).

*Nachteile von Sensorbildschirmen sind:*

1. Verunreinigung und dadurch teilweise Unschärfe des Bildschirms (Lichtbrechung durch Fett, Schmutz usw.);
2. ergonomisch ungünstige Arbeitsweise (unruhige Hand, auf die Dauer ermüdend);
3. wenige Hersteller und sehr beschränktes «kontaktfähiges» Software-angebot;
4. sehr begrenzte Genauigkeit, d.h. kleinste Eingabefelder können nicht exakt angesprochen werden; daher ungeeignet für Grafik.

*Bildschirme mit Kathodenstrahlröhre* haben eine *große Bautiefe* (wegen des langen Glaskolbens) und sind dementsprechend *schwer und unhandlich.* Deshalb und wegen der erforderlichen hohen Betriebsspannungen (für die Elektronenstrahlbeschleunigung) sind sie für mobile Datenerfassungsgeräte (vgl. Abschnitt 3.1.3.7) und tragbare Mikrorechner nur schlecht geeignet. Besonders an den Rändern des Anzeigebereichs treten gelegentlich *Verzerrungen* auf. Alle diese Nachteile sollen mit *flachen Bildschirmen* (engl.: flat panel display) behoben werden. *Von den verschiedenen Verfahren zur Realisierung flacher Bildschirme sind folgende am weitesten entwickelt und durch käufliche Geräte realisiert:*

1. Plasmabildschirme,
2. Elektrolumineszenzbildschirme,
3. Elektronenstrahlbildschirme,
4. Flüssigkristallbildschirme.

$\longrightarrow$ Übungsaufgabe Nr. I-103 im Arbeitsbuch

---

Ein **Plasmabildschirm** (engl.: plasma display) besteht aus zwei Glasplatten, zwischen denen ein ionisiertes Gas (Plasma) eingeschlossen ist. In einer der beiden Glasplatten befinden sich feine, horizontale Stromleiter, in der anderen Glasplatte vertikale. Erhält die Kreuzung zweier Leiter einen Stromstoß, so fängt ein Bildpunkt zu leuchten an. Eine zusätzliche ständige «Speisespannung» auf allen horizontalen und vertikalen Stromleitern sorgt dafür, daß ein «angezündetes» Rasterbild beliebig lange erhalten bleibt.

---

*Vorteile von Plasmabildschirmen sind:*

1. Leuchtstarkes, kontrastreiches, flimmerfreies Bild;
2. dynamische Bilder (Löschen von Bildteilen), vollgrafische Darstellung;

Abb. 2.3.2.6/6: Tragbarer Mikrorechner mit Plasmabildschirm

3. geringe Rechnerbelastung;
4. robuste Konstruktion, d.h. relativ unempfindlich gegen mechanische Beanspruchungen;
5. nur ca. 3 bis 4 Zentimeter dicker Bildschirm;
6. am weitesten entwickelte Technik (neben LCD) und höchste Auflösung von flachen Bildschirmen.

Auf dem *Plasmaschirm* (10,4 Zoll Diagonale) des in Abb. 2.3.2.6/6 gezeigten, 3,3 kg wiegenden *tragbaren Mikrorechners* (Notebook) werden Daten in VGA-Auflösung (640 × 480 Bildpunkte mit 16 Graustufen) dargestellt. Ein Drittel des Gewichts entfällt auf den auswechselbaren NiCad-Akku, der je nach Anwendung eine netzunabhängige Betriebszeit von drei bis vier Stunden ermöglicht. Als Prozessor wird ein mit 25 MHz getakteter Intel 80486SX verwendet; eine Aufrüstung auf den noch leistungsfähigeren Intel 80486DX ist möglich (Näheres hierzu im Abschnitt 2.3.3). Die Abmessungen des Geräts betragen 297 × 210 × 56 mm. Der Preis liegt über 10000 DM.

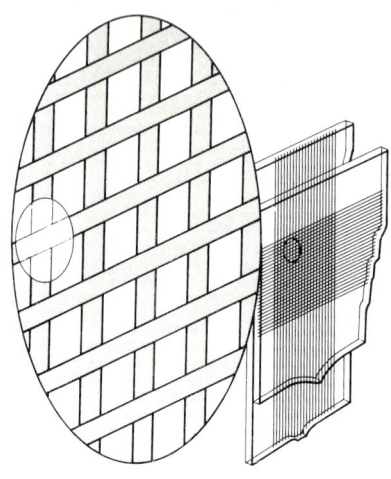

Abb. 2.3.2.6/7: Plasmatechnik (Quelle: IBM)

*Nachteile von Plasmabildschirmen sind:*

1. Nur monochrome (= einfarbige) Darstellung (orangefarbene Zeichen auf dunklem Hintergrund);
2. hoher Stromverbrauch (nur für wenige Stunden [3–4] Batteriebetrieb geeignet);
3. komplizierte Elektronik;
4. vergleichsweise hoher Preis.

→ Übungsaufgabe Nr. I-104 im Arbeitsbuch

> Ein **Elektrolumineszenzbildschirm** (engl.: electroluminescent display; EL display) verwendet für die Anzeige ein Substrat (festes Material oder flexible Kunststoffolie), auf das mit fotolithografischen Methoden ganzflächig eine Folge von dünnsten Schichten mit Halbleiterschaltungen aufgebracht wurde. Die Beschichtung besteht aus Substanzen, die bei Anlegen einer ausreichenden elektrischen Spannung Licht abgeben. Die Bildpunkte werden durch Transistorschaltungen erzeugt, die in Matrixform über die aufgedampften Leiterbahnen (Elektroden) angesteuert werden.

Ein solcher in Dünnfilmtechnik hergestellter *Elektrolumineszenzbildschirm funktioniert also ähnlich wie ein Plasmaschirm*, nur daß *als Leuchtstoff* nicht Gas sondern die *Halbleiterbeschichtung* dient.

Die *Vorteile und Nachteile von Elektrolumineszenzbildschirmen* entsprechen jenen von Plasmaschirmen. Sie sind derzeit noch teurer, jedoch weniger dick als diese (2–3 cm).

> Ein **Elektronenstrahlbildschirm** (engl.: flat CRT display) arbeitet wie die herkömmliche Kathodenstrahlröhre mit der Vakuumfluoreszenztechnik, wobei anstelle des voluminösen Glaskolbens eine flache Glaswanne verwendet wird.

Die als Anzeige dienende Glasplatte (Anodenfläche) ist vorne völlig eben und innen mit einer Phosphor-Leuchtschicht bedeckt. Der hierzu parallele Wannenboden ist entweder ganzflächig als Kathode ausgebildet und von einer Elektronenblende («Lochplatte») überdeckt, die entsprechend den jeweils adressierten Bildpunkten für die einzelnen Elektronenstrahlen geöffnet oder geschlossen wird. Oder es wird mit einer Matrix aus punkt- oder linienförmigen Kathoden gearbeitet.

Die *Vorteile von Elektronenstrahlbildschirmen* entsprechen jenen der herkömmlichen Kathodenstrahlröhren, wobei die flache Bauweise (6 bis 10 cm) hinzukommt. Gegenüber anderen Techniken zur Erzeugung flacher Bildschirme sind hervorzuheben:

1. Die jahrzehntelangen Erfahrungen mit dem Vakuumfluoreszenzverfahren in der Fernsehtechnik und der Fertigung von Datensichtgeräten, die sich auf die in den kommenden Jahren zu erwartende Massenproduktion günstig auswirken dürften (hinsichtlich Qualität und Kosten);
2. die volle Farbtauglichkeit.

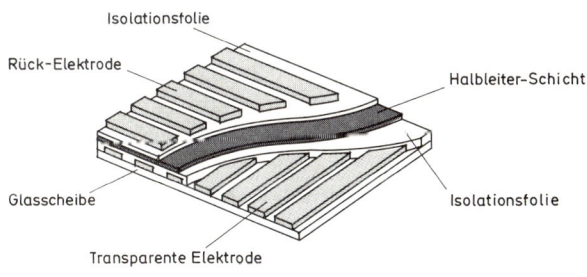

Abb. 2.3.2.6/8: Elektrolumineszenztechnik (Quelle: Sharp/Chip)

*Die Nachteile im Vergleich zu anderen flachen Bildschirmen sind:*

1. Hohes Gewicht;
2. hohe Betriebsspannung (kein Batteriebetrieb möglich);
3. Empfindlichkeit gegenüber mechanischen Beanspruchungen (Stoßen u.ä.).

→ Übungsaufgabe Nr. I-105 im Arbeitsbuch

Bei allen bisher behandelten Sichtgeräten beginnt der Bildschirm an den Punkten zu leuchten, die zur Darstellung der Ausgabedaten angesteuert werden. *Solche lichterzeugenden Bildschirme werden aktive Bildschirme* (engl.: emissive display) *genannt. Passive Bildschirme* (engl.: non-emissive display) *nutzen das Umgebungslicht zur Anzeige.*

*Von allen flachen Bildschirmen sind die passiven Flüssigkristallanzeigen am weitesten* (neben Plasmaanzeigen) *entwickelt und am weitesten verbreitet* (vor allem bei mobilen Datenerfassungsgeräten und tragbaren Mikrorechnern). Die *LCD-Technik* ist Ihnen sicherlich längst von Uhren und Taschenrechnern vertraut.

---

Ein **Flüssigkristallbildschirm** (engl.: liquid cristal display; LCD) verwendet zur Anzeige in Glasflächen eingeschlossene organische Substanzen, sog. Flüssigkristalle, deren molekulare Eigenschaften denen fester Kristalle ähneln. Bei Anlegen einer Spannung richten sich die Flüssigkristalle in Richtung des elektrischen Feldes aus und bekommen dadurch andere optische Eigenschaften (Wechsel zwischen Lichtdurchlässigkeit und Lichtundurchlässigkeit, wodurch ein angesteuerter Bildpunkt dem Betrachter hell oder dunkel erscheint).

---

*Ohne Stromzufuhr sind bestimmte Flüssigkristalle durchsichtig;* auftreffendes Licht wird relativ ungehindert von einer hinter der Flüssigkristallschicht liegenden Spiegelfläche reflektiert, wodurch der Bildschirm weiß erscheint. *Wird an einem Punkt eine Spannung angelegt, so verändern die Flüssigkristalle ihre Ausrichtung und damit die Polarisations-*

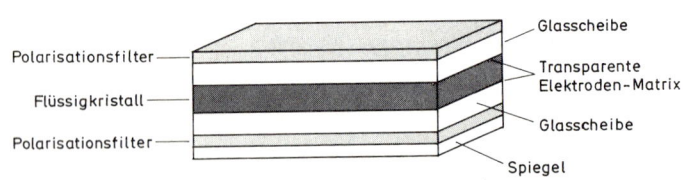

Abb. 2.3.2.6/9: Aufbau einer Flüssigkristallanzeige (Quelle: Sharp/Chip)

Abb. 2.3.2.6/10: Tragbarer Mikrorechner mit Flüssigkristallbildschirm

*richtung des auftreffenden Lichts; mit Hilfe entsprechender Filter wird das Licht zurückgehalten, der angesteuerte Punkt erscheint dunkel.*[26] Die *Ansteuerung* erfolgt i.a. mit einer *Elektrodenmatrix*. Neben den beschriebenen elektrisch angesteuerten LCD-Anzeigen gibt es auch vereinzelt Geräte, bei denen mittels *Laserstrahl* die Flüssigkristalle lokal erwärmt und dadurch in ihrem Polarisationsverhalten verändert werden.

Statt Licht auszustrahlen, reflektieren *passive LCD-Bildschirme* dieses, woraus sich ein geringer Stromverbrauch ergibt. Damit ist ein mehrstündiger Batteriebetrieb in tragbaren Mikrorechnern möglich. Aus diesem Grund verfügen passive LCD-Bildschirme aber auch nur über eine geringe Leuchtstärke und Bildauffrischungsrate. Weil die an-

---

26 Ebenso gibt es Flüssigkristallanzeigen, die «umgekehrt» funktionieren, die also im nicht angesteuerten Zustand lichtundurchlässig sind und damit dem Betrachter dunkel erscheinen.

gelegte Schwellenspannung zur Ausrichtung der Flüssigkeitskristalle nicht sehr hoch ist, kann der einzelne Bildpunkt nicht so exakt wie beim Kathodenbildschirm angesteuert werden. Dadurch können sich bei Verwendung einer Maus negative Effekte (Schmieren und Verschwinden des Cursors) ergeben. Durch in letzter Zeit vorgenommene technische Verbesserungen (Supertwist) kann das LCD-Material besser in seinen optischen Eigenschaften verändert werden, wodurch der früher sehr enge Betrachtungswinkel von 90 Grad auf 270 Grad vergrößert werden konnte und die Farbwiedergabe verbessert wurde.

Bei *aktiven LCD-Bildschirmen* (die auch Aktiv-Matrix-Bildschirme genannt werden) werden die einzelnen Bildpunkte über Transistoren individuell aktiviert und deaktiviert. Durch eine besonders hohe Beweglichkeit der Kristalle und die präzise Ansteuerung werden die Reaktionszeiten verkürzt und Schattenbildeffekte vermieden. Die erhöhte Bildwiederholrate macht den Gebrauch einer Maus unproblematisch. Jedem Bildpunkt wird ein eigener Transistor zugeordnet (bei einem VGA-Bildschirm mit 640 × 480 Pixel mehr als 300000 Transistoren zur monochromen Darstellung). Bei Farbschirmen stellen drei übereinanderliegende Schichten die Grundfarben (Rot, Grün, Blau) dar, die sich beliebig kombinieren lassen. Für jeden Bildpunkt stehen drei Transistoren zur Verfügung, die für die Steuerung und das Mischen der Grundfarben verantwortlich sind. Bis zu 256 Farben aus einer Palette von über 200000 können in VGA-Auflösung gleichzeitig dargestellt werden.

*Vorteile von Flüssigkristallbildschirmen sind:*

1. Sehr flacher Bildschirm (wodurch Notebooks von nur 4 cm Dicke ermöglicht werden);
2. Preisgünstigkeit (billiger als alle anderen flachen Schirme);
3. geringes Gewicht, stoßunempfindlich, niedriger Stromverbrauch der passiven LCD-Technologie (bis zu ca. vierstündiger Batteriebetrieb möglich);
4. Farbdarstellung bis zu Bildschirmgrößen von derzeit maximal 12 Zoll ( = 30,5 cm Diagonale) mit hoher Kontrastschärfe und guter Farbwiedergabe bei der aktiven Matrix-LCD-Technik;
5. die elektronische Strahlenemission ist bedeutungslos.

*Nachteile von Flüssigkristallbildschirmen sind:*

1. Die passive LCD-Technik ist für grafische Anwendungen zu leistungsschwach und damit für mausgesteuerte Benutzeroberflächen und bewegte Bilder schlecht geeignet. Die Farben erscheinen manchmal verwaschen, und auch die Kontrastschärfe läßt zu wünschen übrig.
2. Die aktive LCD-Technik ist zwar leistungsstärker, aber dafür noch teuer. Die für flache Farbschirme verbreitetste TFT-Technik (Dünn-

film-Transistor-Technik) benötigt relativ viel Strom, wodurch bei gängigen Notebooks der netzunabhängige Betrieb auf ca. eine Stunde beschränkt wird.

3. Das Preis-/Leistungsverhältnis und die Farbwiedergabequalität sind noch deutlich schlechter als bei CRT-Bildschirmen.

Übungsaufgabe Nr. I-106 im Arbeitsbuch  ←

Auf die *Benutzung von Sichtgeräten und die hierfür entwickelten Verfahren und Softwarehilfsmittel* sind wir zum Teil bereits eingegangen (z.B. Piktogramme; vgl. Abschnitt 2.1.2.2), zum Teil kommen wir darauf noch später zurück (z.B. Fenstertechnik im Abschnitt 2.4.4). Für die *ergonomische Gestaltung* und die *Sicherheit* von Bildschirmarbeitsplätzen gibt es *Normen* (DIN 66234, Sicherheitsregeln der Verwaltungs-Berufsgenossenschaft ZH1/618), die sich weitgehend durchgesetzt haben. Wir können diese umfangreichen Empfehlungen hier jedoch nicht wiedergeben; die meisten neu auf dem Markt angekündigten Geräte sind in jeder Hinsicht normgerecht.

Den Abschnitt über Sichtgeräte wollen wir mit einer speziellen Station abschließen, die sich äußerlich nicht von einem «ganz normalen» alphanumerischen Bildschirmgerät unterscheidet, wie es hunderttausendfach in den betrieblichen Fachabteilungen von Sachbearbeitern und Führungskräften verwendet wird. Dieses in der Abb. 2.3.2.6/11 gezeigte *Gerät dient zur Steuerung von Großrechnern*, welche im Mehrpro-

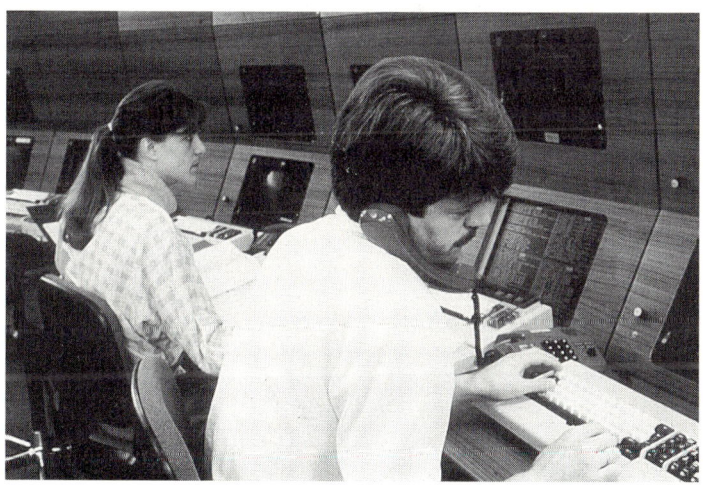

Abb. 2.3.2.6/11: Bedienungsfeld

291

grammbetrieb die Aufgabenerfüllung von vielen Benutzern unterstützen.

> Das **Bedienungsfeld** (engl.: operator control panel), das auch häufig **Bedienungskonsole** oder **Steuerkonsole** genannt wird, gehört funktionell zur Zentraleinheit und befindet sich in unmittelbarer räumlicher Nähe zu dieser. Es handelt sich dabei um eine Baueinheit, die es dem Bedienungspersonal von großen EDVA erlaubt, den Betrieb zu überwachen und zu beeinflussen. Das Bedienungsfeld ist ein Bildschirmgerät (mit eventuell angeschlossenem Drucker).

*Der Maschinenbediener benutzt das Bedienungsfeld, um beispielsweise*

- die EDVA zu starten bzw. abzuschalten,
- die Prioritäten von Programmen anzugeben,
- den Programmen die erforderlichen peripheren Geräte zuzuordnen,
- Programmabläufe zu starten,
- Fehlerkorrekturen durchzuführen.

*Er erhält als Bedienungsfeldausgaben u. a.*

- Meldungen über den jeweiligen Betriebszustand der Programme (Auftragsnummer und -name, Übersetzungsphase, Ladephase, Bindephase, Ausführungsphase)[27],
- Hinweise auf Programm-, Daten- und Übertragungsfehler,
- Anforderungen zur Bedienung peripherer Geräte (wie z.B. Papierwechsel im Schnelldrucker, Umspulen von Magnetbändern, Auswechseln von Platten),
- Angaben über die Beendigung von Programmläufen,
- Angaben über den Auslastungsgrad der EDVA.

→ Übungsaufgabe Nr. I-107 im Arbeitsbuch

### 2.3.2.7 Drucker

> **Drucker** (engl.: printer) sind Ausgabegeräte, die nacheinander einzelne Zeichen (= *Zeichendrucker, Schreiber*), ganze Zeilen (= *Zeilendrucker*) oder ganze Seiten (= *Seitendrucker*) von Ausgabedaten auf Papier drucken, d.h. durch Kontrasterzeugung visuell lesbar machen.

---

27 Näheres hierzu im Abschnitt 2.4.2.2.

Auf dem Markt wird eine *große Vielfalt von Druckern* angeboten. Zur *Klassifizierung und Beurteilung* können als wichtigste *Merkmale* dienen:

1. *Zeitliche Aufeinanderfolge des Druckvorgangs:*
   Zeichen-, Zeilen- und Seitendrucker;

2. *Drucktechnik*
   *mechanische Verfahren:* Typendrucker (Typenhebel-, Kugelkopf-, Typenrad-, Trommel-, Ketten- und Banddrucker) und Rasterdrucker (Nadel- bzw. Matrixdrucker),
   *nichtmechanische Verfahren:* Tintenstrahl-, Thermo-, Thermotransferdrucker, elektrografische, elektrofotografische (xerografische), magnetografische und i.w.S. auch fotografische (COM) Drucker;

3. *Aufzeichnungsträger:* Normalpapier, Spezialpapier oder Folie, Einzelblätter oder Endlospapier, Zahl der Durchschläge;

4. *Druckgeschwindigkeit* (in Abhängigkeit von dem Druckformat und der Druckqualität): Zeichen/s (engl.: characters per second; abgekürzt: cps), Zeilen/Min. (engl.: lines per minute; abgekürzt: lpm), Seiten/Min. (engl.: pages per minute; abgekürzt: ppm);

5. *Druckqualität:* Korrespondenzqualität, Standardqualität oder Entwurfsqualität (= minderes, nicht für den externen Briefverkehr geeignetes Schriftbild), bestimmt im wesentlichen durch Farbkontrast, Schärfe der Zeichengestalt (bei Rasterdruck: Anzahl Bildpunkte/Zoll, abgekürzt: dpi) und Positionen der Zeichen und Zeilen zueinander;

6. *Zeichensätze:* Anzahl, Art und Mischbarkeit von Zeichensätzen; alphanumerische oder grafische Darstellung;

7. *Farbe:* Anzahl, Art und Mischbarkeit von Farben;

8. *Betriebsgeräusch:* gemessen in Dezibel (bei einem dBA-Wert ab ca. 60 ist in einer Büroumgebung eine Schallschluckhaube nötig);

9. *Zuverlässigkeit und Servicefreundlichkeit;*

10. *Schnittstellen* für die Datenübertragung bzw. Anschlußmöglichkeiten an Steuer- und Zentraleinheiten sowie Unterstützung des Druckers durch die darauf installierte *Software;*

11. *Baugröße und Energiebedarf;*

12. *Preise:* Gerät, Druckeinrichtung (Zeichenträger, Farbband, Toner u. ä.), Papier.

Ein **Zeichendrucker** (engl.: character printer) druckt – wie eine Schreibmaschine – Zeichen für Zeichen und wird deshalb auch als *serieller Drucker* (engl.: serial printer) bezeichnet.[28] Er arbeitet relativ langsam und eignet sich deshalb vor allem als Anschlußgerät für Arbeitsplatzrechner und Datensichtstationen (Hard-Copy-Drucker). Durch einen Tastendruck lassen sich dann Bildschirminhalte, deren Dokumentation gewünscht wird, in Minutenschnelle auflisten.

Zeichendrucker verwenden für die *Zeichendarstellung* entweder *feste Symbole* auf Typenhebeln, Kugelköpfen oder Typenrädern ( = Typendruck), oder die *Symbole werden aus einer Matrix von Punkten aufgebaut* und mit Nadeln oder nichtmechanischen Verfahren auf das Papier gedruckt ( = Rasterdruck).

Die früher auch in Schreibmaschinen verwendete Typendrucktechnik ist kaum noch in Gebrauch. Dagegen sind die billigen *mechanischen Matrixdrucker* (engl.: wire matrix printer) in der Praxis noch weit verbreitet. Bei solchen auch *Nadeldrucker* genannten Geräten werden die abzubildenden Zeichen jeweils aufgrund gespeicherter Muster vor jedem Anschlag aus einem matrixförmig angeordneten Block kleiner Nadeln gebildet werden, zum Beispiel aus einer $2 \times 9$- oder $2 \times 12$-Punktmatrix.

Die Druckgeschwindigkeiten betragen 30 bis 1000 Zeichen/s, wobei der Benutzer in der Regel durch die gewünschte Druckqualität des jeweiligen Dokuments die Geschwindigkeit bestimmt: «Entwurf» – mit der höchsten Druckgeschwindigkeit, «Standardschrift» – mit mittlerer Geschwindigkeit und langsame «Schönschrift» – für Geschäftskorrespondenz und ähnliche Dokumente.

---

28 Ein Zeilendrucker, der im Gegensatz dazu während eines gemeinsamen Druckvorgangs eine ganze Zeile zu Papier bringt, wird dementsprechend auch paralleler Drucker (engl.: parallel printer) genannt. Ebenso werden jedoch die Bezeichnungen «seriell» und «parallel» zur Kennzeichnung der Drucker-Schnittstelle, d.h. eines ganz anderen Sachverhalts, verwendet. Bei serieller Übertragung erhält der Drucker die Ausgabedaten vom Rechner auf einer einzigen Leitung nacheinander Bit für Bit (z.B. bei der weit verbreiteten V.24- bzw. RS 232-Schnittstelle). Bei paralleler Übertragung werden gleichzeitig auf mehreren Leitungen Bits übermittelt – ein weitaus schnelleres Verfahren. Bei der bekanntesten, weltweit verwendeten Centronics-Parallelschnittstelle werden acht Bits auf einmal im sog. «Handshake»-Betrieb zum Drucker gesandt: Jedes Byte wird nach einem präzise festgelegten Verfahren vom Drucker übernommen und quittiert. Die meisten Drucker können wahlweise mit der RS 232- (V.24-), der Centronics- oder herstellerspezifischen Schnittstellen geliefert werden.

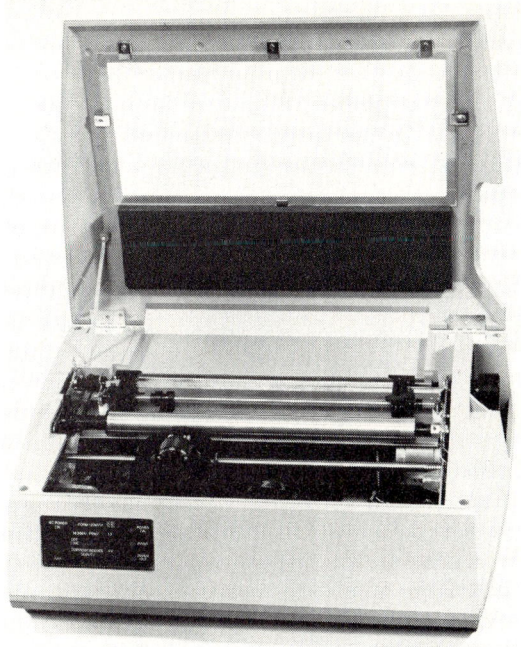

Abb. 2.3.2.7/1: Nadeldrucker

Der in Abb. 2.3.2.7/1 gezeigte preiswerte *24-Nadeldrucker* druckt bis zu 200 Zeichen/s mit neun Schriften (serienmäßig). Es sind fünf Schriftbreiten, vier Umrandungsmöglichkeiten und fünf Schriftattribute (kursiv, fett, unterstrichen, doppelt unterstrichen, hoch/tief) vorgesehen. Es ist möglich, mit der vollen Geschwindigkeit von 200 Zeichen/s druckzeitoptimiert zu drucken oder bei verminderter Geschwindigkeit (50 Zeichen/s) mit Korrespondenzqualität zu arbeiten. Der Druckkopf füllt dann in einem zweiten Druckvorgang die im ersten Druckvorgang offengebliebenen Zwischenräume der Matrixschrift aus. Zur Druckzeitoptimierung schreibt der Druckkopf die Zeilen abwechselnd vorwärts und rückwärts, was durch einen Pufferspeicher ermöglicht wird, in dem der zu druckende nächstfolgende Textteil bereitgestellt wird. Leerstellen innerhalb einer Zeile werden mit dreifacher Druckkopfgeschwindigkeit übersprungen, und es wird stets der kürzeste Weg zum Beginn einer neuen Zeile angesteuert. Der Papiervorschub erfolgt mit ca. 20 cm/s. Es können sowohl Endlosformulare als auch mittels eines zusätzlichen automatischen Einzelblatteinzugs Formulare und Formularsätze bis zu einer Größe DIN A4 quer oder hoch verarbeitet werden. Der Drucker kann mit verschiedenen Schnittstellen für alle gängigen Computersysteme geliefert werden. Der Zeichenvorrat umfaßt 96 Zeichen mit Unterlängen; pro Zeile werden 132 Zeichen (bei 10 Zeichen pro Zoll) bzw. 218 Zeichen (bei 16,5 Zeichen pro Zoll) gedruckt.

---

Typenhebel-, Kugelkopf-, Typenrad- und Nadeldrucker sind **mechanische Drucker** (engl.: impact printer), bei denen die Druckfarbe durch einen Aufschlagmechanismus auf das Papier aufgebracht wird (üblicherweise Hammer, der ein Farbband gegen das Papier drückt). **Nichtmechanische Drucker** (engl.: non-impact printer) verwenden entweder beschichtetes oder lichtempfindliches Spezialpapier, das auf elektrische, magnetische oder wärmetechnische Reize reagiert, oder es wird mit elektrostatischen, magnetografischen, Thermotransfer- oder Tintenstrahlverfahren auf Normalpapier gedruckt.

---

→ Übungsaufgabe Nr. 1-108 im Arbeitsbuch

Heute nur noch selten verwendete nichtmechanische Zeichendrucker sind die *Thermodrucker* (engl.: thermal printer). Bei diesen wird ein wärmeempfindliches Papier durch in einer Matrix angeordnete Heizstifte des Druckkopfs an den jeweiligen Zeichenstellen im entsprechenden Typenmuster berührt. Im allgemeinen ist der Druckkopf in Halbleitertechnologie ausgeführt und enthält auch die gesamte Ansteuerelektronik. Die Druckgeschwindigkeit dieser sehr billigen und leisen Drucker beträgt zwischen 10 und maximal 100 (meist unter 50) Zeichen/s. Höhere Geschwindigkeiten sind wegen der notwendigen Abkühlzeit der Heizelemente nicht realisierbar. Es sind keine Kopien möglich, und es ist Spezialpapier erforderlich.

Bei *Thermotransfer-Zeichendruckern* (engl.: thermal transfer character printer) erhitzt der Druckkopf im Punktrasterverfahren ein hitzeempfindliches Farbband und überträgt die «geschmolzene Tinte» auf Normalpapier.

Bei einem *Tintenstrahldrucker* (engl.: ink jet printer) werden die Zeichen mittels eines kontrollierten Strahlenbündels von Tintentröpfchen aus einer Matrix erzeugt. Die Tintentröpfchen werden durch elektrische Impulse aus parallelen Düsenkanälen ausgestoßen, die jeweils in der Sekunde mehrere tausend Tröpfchen abgeben können. Die Druckgeschwindigkeiten betragen von ca. 40 (typisch 100−150) Zeichen/s in Korrespondenzqualität bis zu etwa 700 Zeichen/s in relativ schlechter EDV-Qualität. Vorteilhaft sind die fast geräuschlose Arbeitsweise, die verschiedenen Zeichensätze sowie die teilweise realisierte Möglichkeit zur vollgrafischen, farbigen Darstellung in hoher Auflösung.

**Nadeldrucker: Ein Elektromagnet beschleunigt Nadeln, die ein Farbband gegen das Papier schlagen.**

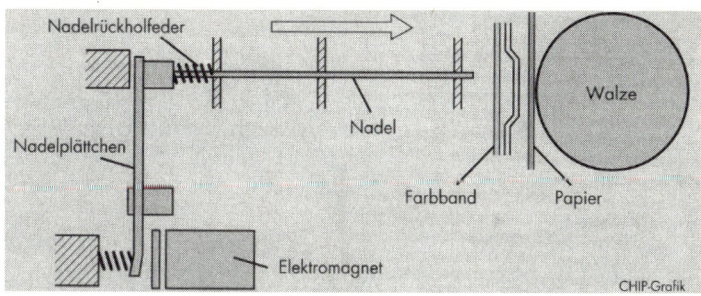

**Tintenstrahldrucker: Piezoeffekt oder Hitze schleudern Tintentröpfchen auf das Papier.**

**Piezoelektrisches Verfahren**

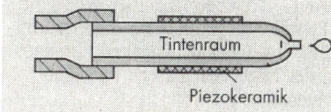

**Bubble-Jet Verfahren**

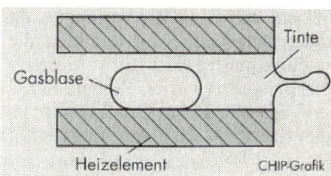

**Laserdrucker: Ein Lichtstrahl belichtet die fotoempfindliche Trommel. An diesen Stellen haftet der Toner, der dann auf das Papier übertragen und fixiert wird.**

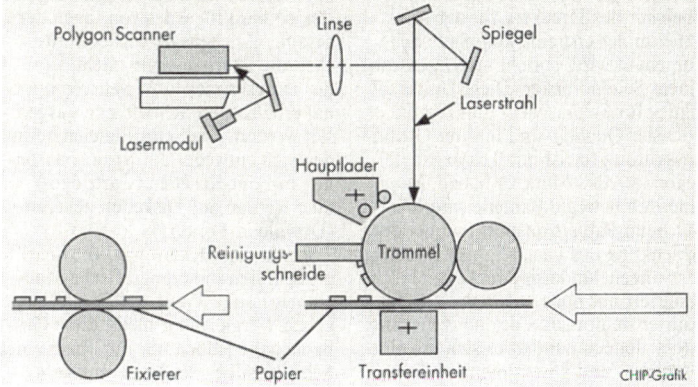

Abb. 2.3.2.7/2: Funktionsweise von Nadeldruckern, Tintenstrahldruckern und Laserdruckern (Quelle: Chip München)

Die meisten heute verwendeten Tintenstrahldrucker arbeiten mit einem pulsierenden Tintenstrahl nach dem Bubble-Jet-Verfahren oder nach dem Piezokeramik-Verfahren.

Beim besonders preiswerten *Bubble-Jet-Verfahren* (Dampfblasentechnik) besteht der Druckkopf aus 48, 64, 128 oder 256 Düsen mit unmittelbar dahinter liegenden winzigen Tintenkammern, Thermoelementen und Elektroden. Die vom Rechner ausgesandten Druckbefehle lösen in der Elektronik des Druckers einen kurzen Stromstoß auf bestimmte Thermoelemente aus. Die Impulse bewirken einen Temperaturanstieg dieser Elemente, wodurch sich in den Kammern explosionsartig Tintendampfbläschen bilden. Der dadurch erzeugte Überdruck schleudert ein Tintentröpfchen aus der Düse, die Dampfblase fällt zusammen, wodurch in der Tintenkammer neue Tinte angesaugt wird. Die maximale Schußfrequenz beträgt 2000–4000 Hertz. Tintenstrahldrucker mit 24 Düsen, die nach dem Bubble-Jet-Verfahren arbeiten, erreichen Druckgeschwindigkeiten von 200–240 cps. Ein Druckkopf mit 64 Düsen kann 300 Zeichen pro Sekunde drucken und erzielt eine Auflösung von 360 dpi. Bei Schöndruck sind die Geschwindigkeitswerte halb so hoch. Die Druckköpfe (= Dünnschichtbauelemente) erreichen eine Nutzungsdauer von 200 Millionen Zeichen.

Mit dem *Piezokeramik-Verfahren* läßt sich eine Taktfrequenz von bis zu 20000 Hertz und damit eine wesentlich höhere Geschwindigkeit erreichen (bis zu 700 Zeichen im Listendruck). Die Druckköpfe bestehen aus Hartkeramikelementen, die die Tintenkammern umgeben und sich durch Anlegen einer Wechselspannung im gleichen Takt verkrümmen. Die Formveränderung bewirkt ebenfalls einen Überdruck, der zum Ausstoß von Tintentröpfchen führt. Je nach Druckermodell werden 9, 12, 18, 24 oder mehr (bis 64) Piezo-Röhrchen verwendet. Piezo-Drucker sind teurer als Bubble-Jet-Drucker, sie erreichen jedoch höhere Leistungen, und die Druckköpfe haben eine weitaus längere Nutzungsdauer.

---

**Zeilendrucker** (engl.: line printer), die auch sehr häufig als Schnelldrucker bezeichnet werden, drucken jeweils Zeile für Zeile als Ganzes und erreichen dadurch hohe Druckgeschwindigkeiten. Der Leistungsbereich dieser fast immer mechanisch arbeitenden Geräte reicht von etwa 150 bis 4000 Zeilen pro Minute.

---

Zu den Zeilendruckern zählen die *Impact-Matrixdrucker* (150–600 Zeilen pro Minute), die *Trommeldrucker* (300 bis 2000 Zeilen pro Minute), die *Kettendrucker* (300 bis 2000 Zeilen pro Minute) und die

*Typenbanddrucker* (150 bis 4000 Zeilen pro Minute). Der bei weitem größte Anteil der derzeit installierten Zeilendrucker entfällt auf den Geschwindigkeitsbereich von 300 bis 800 Zeilen pro Minute.

Übungsaufgabe Nr. I-109 im Arbeitsbuch ⟵

---

**Seitendrucker** (engl.: page printer) sind nichtmechanische Drucker (engl.: non-impact printer), die jeweils eine ganze, komplett elektronisch aufbereitete Seite nach der anderen drucken. Die meisten Seitendrucker arbeiten mit Lasertechnik und elektrofotografischem (xerografischem) Druckprinzip (Varianten: LED-Drucker, Ionendrucker).

---

*Im Rechenzentrumsbereich* wurden die in der Vergangenheit dominierenden mechanischen Zeilendrucker, die Endlospapier verarbeiten, nahezu gänzlich von *elektronischen Drucksystemen,* zunehmend Einzelblattdruckern, abgelöst. Solche Drucksysteme, die von einer geringen Anzahl von Herstellern angeboten werden (Xerox, IBM, Siemens, Delphax, Fujitsu), zeichnen sich durch eine Reihe von *Vorteilen* aus:

— Darstellungsvielfalt: Elektronische Formulare, freie Wahl von Schriftarten und Logos, Grafiken, Unterschriften, usw.
— Empfängergerechtes Drucken: Während mit Endlosdruckern immer nur eine Drucksorte bedruckt werden kann, können mit Einzelblattsystemen zum einen Formulare überhaupt elektronisch gedruckt, zum anderen verschiedenste Drucksorten/Vordrucke aus mehreren Laden empfängergerecht bedruckt werden. Komplizierte und teure Nachbearbeitung kann damit entfallen (z.B. Kundenbrief, Police, Zahlschein). Solche Drucker können auch on-line mit Endverarbeitungsgeräten kombiniert werden (z.B. Poststraßen für Kuvertieren und Frankieren, Bindestationen, Locher, Perforierer, Schrumpffolienverpacker usw.).
— Höchste Druckleistung auch bei beidseitigem Druck (Duplexdruck). Dadurch ergibt sich auch eine wesentliche Papierersparnis.
— Bessere Ablagemöglichkeiten des Druckguts (konventionelle Ordner).
— Geringerer Geräuschpegel.

Der einzige Nachteil gegenüber Impactdruckern, die fehlende Möglichkeit von Durchschlägen, kann durch rasches mehrfaches Ausdrukken ausgeglichen werden.

Bei dem in Abb. 2.3.2.7/3 gezeigten Gerät handelt es sich um den derzeit *schnellsten Einzelblattproduktionslaserdrucker der Welt.* Dieser Drucker verarbeitet Daten on-line vom Kanal beliebiger Rechner (direkt oder mittels

Abb. 2.3.2.7/3: Seitendrucker (Hochleistungslaserdrucker)

Protokollkonverter), über Datenfernverbindungen (SNA/SDLC), über lokale Netze oder off-line über eine eingebaute Magnetband- bzw. Bandkassettenstation. Bedruckt werden Druckträger (Standardkopierpapier in den Grammaturen 60–200 g/m²) in den Größen DIN A4 bis DIN A3 aus vier Papierladen mit einer Geschwindigkeit von 135 DIN-A4-Seiten pro Minute. Die Auflösung beträgt 600x600 Punkte pro Quadratzoll, wodurch eine hervorragende Grafikwiedergabe und eine minimale Buchstabengröße von 3 Punkt ermöglicht werden (damit können bis zu acht logische DIN A4-Seiten auf einem DIN A4-Blatt positioniert und damit der Platzbedarf für zu archivierendes Material minimiert werden; ehemalige Mikrofilmanwendungen können damit auf ein einfacher handzuhabendes Verfahren umgestellt werden). Die monatliche Druckleistung eines solchen Druckers liegt bei mehr als 2 Millionen Seiten. Der Kaufpreis des Systems liegt bei ca. 700 000 DM.

Drucker wie dieser besitzen ein eigenes Betriebssystem und können auf eingebauten Magnetplatten Schriftarten (Fonts), Formulare, Grafiken und Druckjobs verwalten. Im Gegensatz zu Tischlaserdruckern, bei denen Nominalgeschwindigkeit und tatsächlicher Druckdurchsatz oft weit auseinanderklaffen, ist es in Rechenzentrumsumgebungen sehr wichtig, stets auch komplexe Seiten mit Maximalleistung zu drucken.

Damit Sie sich eine Vorstellung machen können, für welche Zwecke solche tonnenschweren, mehr als eine halbe Million DM kostenden Hochleistungsdrucker zum Einsatz kommen, beschreiben wir nachfolgend als Beispiel die *Druckausgabe im Nürnberger DATEV-Rechenzentrum.* Die DATEV – die Datenverarbeitungsorganisation des steuerberatenden Berufes – erledigt Datenverarbeitungsaufgaben für über 32 000 Mitglieder (Steuerberater) und deren Mandanten. Täglich werden dort 40 Tonnen Papier bedruckt. Allein zur Steuerung der Druckausgabe sind derzeit zwei Großrechner mit zusammen vier Prozessoren, 26 Magnetplattenlaufwerken und einem automatischen Magnetbandkassettenarchiv mit sechs Kasseteneinheiten eingesetzt. Als Ausgabesysteme stehen zur Verfügung: Elf Mikroverfilmungsanlagen AGFA 2400, acht Hewlett-Packard-Plotter 755 DA/B, zwei

IBM-Kettendrucker 3203 und 15 IBM-Stahlbanddrucker 4248; im Laser-druckbereich sind installiert: 18 IBM 3800-, 15 Rank Xerox- (13 × 9790 und zwei Modelle 4135 für DIN A4) sowie 24 Siemens-Seitendrucker (18 Modelle 1300 on-line und sechs Modelle 2332 off-line). Das Druckrechenzentrum liegt etwa fünf Kilometer vom zentralen Rechenzentrum entfernt. Die Druckdaten werden über Glasfaserkabel mit einer Leistung von 32 Megabit pro Sekunde direkt übertragen.

Erst seit kurzem werden auch *Produktionslaserdrucker* angeboten, die *außer in Schwarz noch in einer Schmuckfarbe drucken* können (300 dpi bei 50 DIN-A4-Seiten pro Minute). Das dabei verwendete Verfahren nennt sich Tri-Level-Xerography und bedeutet, daß auf dem Fotorezeptor nicht wie bei konventionellem Laserdruck zwei sondern drei Ladungszustände dafür sorgen, daß schwarzer, farbiger oder kein Toner (in einem Durchlauf) zu Papier gebracht wird. Vorteile sind absolute Paßgenauigkeit sowie kein Geschwindigkeitsverlust bei Farbeindruck. An Farben stehen blau, rot und grün zur Verfügung. Die Farbe kann vom Maschinenbediener mit wenigen Handgriffen getauscht werden. Typische Anwendungen sind Bankanwendungen, Versicherungsanwendungen (z.B. Policen, bei denen für den Kunden wichtige Teile farblich hervorgehoben werden) oder Direct Mail (blaue Unterschriften, farbige Logos usw.). Der Farbwechsel ist auch abhängig vom Dateninhalt möglich («data driven colour»).

*Laserdrucker niedrigerer Geschwindigkeit* (4−12 ppm) haben im vergangenen halben Jahrzehnt die Druckerlandschaft im Büro revolutioniert: Laute und unflexible mechanische Zeichendrucker wie Kugelkopfdrucker oder Typenraddrucker sind vom Markt verschwunden, Nadeldrucker werden immer weiter in das Segment der Billigdrucker bzw. in Spezialsegmente abgedrängt. Typische Merkmale solcher Drucker (wie z.B. des in Abb. 2.3.2.7/4 gezeigten) sind:

− Geringe Abmessungen (besonders kleine Geräte brauchen an Stellplatz nicht wesentlich mehr als die Größe eines DIN A4-Blatts).
− 1 bis 2 Eingabepapierbehälter für z.B. Briefpapier mit Briefkopf und Folgeblätter, zusätzliche Möglichkeit der manuellen Papierzufuhr.
− 1 bis 2 Möglichkeiten der Papierausgabe.
− Hohe Druckauflösung von 300 dpi als Marktstandard; teure Spitzengeräte bieten 600 dpi; dokumentenechter Druck auf Normalpapier. Die bei Nadeldruckern übliche Unterscheidung zwischen Korrespondenzqualität (engl.: letter-quality), Standardqualität (engl.: near-letter-quality) und Entwurfsqualität (engl.: draft-quality) ist irrelevant.

− Vom Benutzer auswechselbare Tonerkassette bzw. Fotorezeptoreinheit. Unterschiede in der Lebensdauer dieser Verbrauchsmaterialien wirken sich sehr wesentlich in den Betriebskosten dieser Drucksy-

Abb. 2.3.2.7/4: Laserdrucker der unteren Leistungsklasse

steme aus. (Anmerkung: Üblicherweise verhalten sich die variablen
Betriebskosten umgekehrt proportional zu Größe bzw. Geschwindig-
keit und auch Anschaffungspreis des Drucksystems.) Konstruktive
Vereinigungen von Tonereinheit und Fotorezeptoreinheit sind vom
Standpunkt der Bequemlichkeit und der Ressourcenausnutzung bzw.
Umweltverträglichkeit unterschiedlich zu beurteilen.
– Speziell im Vergleich zu Impactdruckern geringes Betriebsgeräusch.
  Moderne Tischlaserdrucker sind bezüglich ihrer Ozonemission un-
  problematisch.
– Paralleler und serieller Anschluß für den Anschluß an PCs. Soge-
  nannte Konverterboxen erlauben den Anschluß an Schnittstellen, die
  in der PC-Welt nicht üblich sind (z.B. Twinax-Anschluß an IBM AS/
  400, Koaxanschluß zur Verwendung als Drucker an IBM-Großsyste-
  men, Dataproducts-Schnittstelle, usw.).
– In der Regel mehrere Druckeremulationen (z.B. Diablo 630, Epson
  FX-80, IBM Proprinter, HP-LaserJet (HP-PCL), HPGL, XES (Xerox
  Escape Sequences), PostScript).

**Emulation** bedeutet die softwaremäßige Nachbildung eines (üblicherweise Firmen-)Standards (de-facto-Standard). Von einer **Drukkeremulation** spricht man, wenn sich ein Drucker in einer bestimmten Einstellung exakt so verhält, wie eine andere in der Regel nicht baugleiche Maschine. Das bedeutet, daß z.B. ein sehr flexibler Laserdrucker in der Emulation eines Typenrad- oder Nadeldruckers die gleichen Fähigkeiten bzw. Einschränkungen hat wie eben der emulierte Drucker (z.B. Einschränkungen des Zeichensatzes, der Schriftgrößen oder -orientierungen, der Grafikfähigkeit usw.). Emulationen sind notwendig, um Programme, die ausschließlich für bestimmte (oft ältere) Drucker ausgelegt sind, ohne Änderungen weiterverwenden zu können. Der Drucker paßt sich so der Anwendung/ dem Programm an. Hersteller versuchen damit, ihre Drucker möglichst flexibel zu gestalten. Der Begriff Emulation wird auch bei Datensichtstationen (Terminals) verwendet (Terminalemulationen).

Neben den bisher beschriebenen Laserdruckern (Produktionslaserdrucker bzw. Hochleistungsdrucksysteme und Tischlaserdrucker) gewinnen *Laserdrucker im mittleren Volumensband (13–50 ppm)* eine immer größere Bedeutung. Wesentliche Eigenschaften von solchen oft als *Abteilungsdrucker* eingesetzten Geräten sind: Flexible Anschlußmöglichkeiten (Mikrorechner, Minirechner, Großrechner), Eignung als Netzwerkdrucker, Flexibilität in der Handhabung von Papierformaten und Grammaturen (mehrere Laden), Emulationen, hohe Rechenleistung, eigenes Plattensubsystem usw.

Aufgrund der besonderen Technologie bei Seitendruckern – wie erwähnt wird eine Druckseite zuerst vollständig im Speicher des Druckers Punkt für Punkt aufgebaut und dann erst gedruckt – entwickelten sich eine Reihe von *Druckersprachen* zur bestmöglichen Ausnutzung der Druckerfähigkeiten.

Die bedeutendste Druckersprache stellt zweifellos **PostScript** dar (von der amerikanischen Firma Adobe entwickelt). Es handelt sich dabei um eine stapelorientierte Programmiersprache, die u.a. das Erstellen von vektororientierten Zeichnungen, das Darstellen von Rastervorlagen (engl.: Bitmaps) und das freie Definieren von Zeichensätzen ermöglicht. Alle Objekte können mit Hilfe von PostScript willkürlich gedreht, gedehnt und verschoben werden. Mit der neuesten Version («Level 2») wurde neben anderen Verbesserungen die Formularunterstützung und die geräteunabhängige Farbdarstellung eingeführt.

Damit Seitendrucker PostScript einsetzen können, müssen sie zumindest über einen Interpreter und einen eigenen Prozessor verfügen, der die Programmanweisungen in entsprechende Punkte für die zu druckenden Seiten umsetzt. Deshalb muß die «PostScript-Fähigkeit» durch höhere Preise erkauft werden. Aufgrund der geräteunabhängigen Definition dieser Druckerbeschreibungssprache finden Sie PostScript auch in Geräten, die Seitendruckern vergleichbar sind, wie beispielsweise in professionellen Satzbelichtern.

→ Übungsaufgaben Nr. I-110 und I-111 im Arbeitsbuch

### 2.3.2.8 Plotter

**Plotter** ( = Kurvenschreiber; engl.: plotter) zeichnen mit großer Genauigkeit Ausgabedaten in Form von Kurven oder Einzelpunkten auf Papier oder andere Medien visuell lesbar auf.

Typische *Beispiele geplotteter Darstellungen* sind etwa ein- oder mehrdimensionale Konstruktionszeichnungen, Diagramme, Karten, Skizzen, Netzpläne, Regressionslinien usw.

Die sog. **Federplotter** oder **Stiftplotter** (engl.: pen plotter) arbeiten *mechanisch* mit Zeichenstiften. Entsprechend der Bauart des Bewegungssystems, mit dem der Stift auf der Zeichenfläche geführt wird, unterscheidet man im wesentlichen zwei Gruppen: Die *Flachbettplotter* und die *Trommelplotter*. Beide Gruppen haben gemeinsam, daß das Bild strichweise (entsprechend den vorgegebenen Positionen in dem x-y-Koordinatensystem der Zeichenfläche) aufgezeichnet wird; sie heißen deshalb auch *Vektorplotter*.

*Bei einem Flachbettplotter ist der Zeichnungsträger (Papier, Folie o.a.) auf einer waagerechten Ebene aufgespannt, und der Stiftschlitten wird in zwei Richtungen bewegt. Bei einem Trommelplotter läuft Papier über eine rotierende Trommel, die sich vor- und rückwärts bewegt. Der Stiftschlitten bewegt sich unabhängig von der Trommel und genau im rechten Winkel zu dieser.*

Bei einem *Flachbettplotter* kann der Benutzer die oft langwierige *Erstellung der Zeichnung visuell überwachen* und notfalls eingreifen. Nachteilig ist jedoch die relativ *große Stellfläche* (mindestens so groß

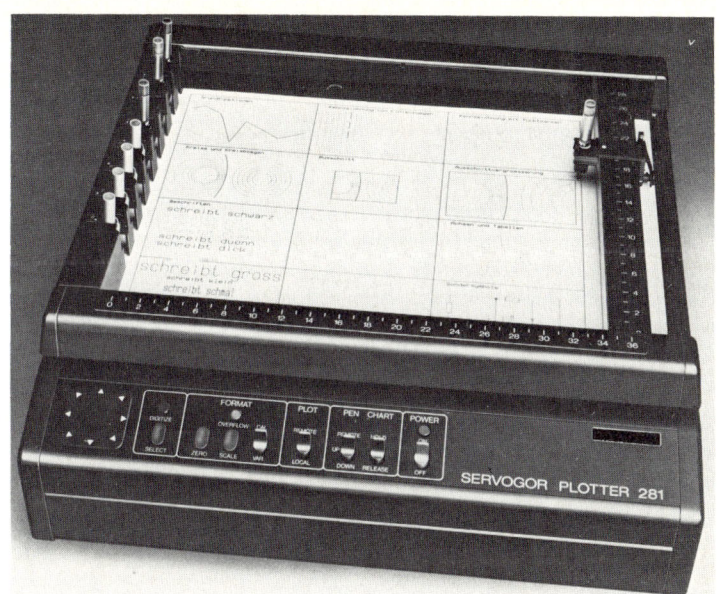

Abb. 2.3.2.8/1: Flachbettplotter

wie die größte zu erstellende Grafik) oder die Beschränkung des Ausgabeformats. Ein *Trommelplotter* kann das Papier in der Längsrichtung der Aufzeichnung vorbeiziehen und damit *bei klein gehaltener Grundfläche größere Formate* verarbeiten – allerdings *bei mangelhafter Übersichtlichkeit* für den Benutzer, weil das Papier auf beiden Seiten der Trommel herabhängt.

Der in Abb. 2.3.2.8/1 gezeigte *Flachbettplotter* ist ein preisgünstiges *Tischgerät mit acht programmierbaren Stiften*. Die Stifte können Tuschefedern, Filzschreiber oder Kugelschreiber in unterschiedlichen Farben und Strichstärken sein. Die *DIN-A4-Zeichenfläche* wird bis auf einen Normabstand von 5 mm an den Randbegrenzungen ausgenützt.

Ein *Mikroprozessor* liefert die Intelligenz für eine Reihe von *Spezialfunktionen*: Vektorgenerierung, Kreise, Bogen, Achsen, Nullpunktverschiebungen usw. Es stehen *sechs Zeichensätze* zu je 96 Zeichen zur Verfügung, die in jeder beliebigen Größe in jeder gewünschten Richtung geschrieben werden können. *Verschiedene Stricharten und speziell zentrierte Symbole* unterstützen die Aussagekraft einer Zeichnung. Ein zusätzlich erhältliches *Geschäftsgrafik-Softwarepaket* erweitert die Möglichkeiten des Plotters. Damit können Balken-, Kreis-, Linien- und Punktdiagramme gezeichnet werden. Die *Plotgeschwindigkeit beträgt 45 cm/s, die Auflösung (minimal mögliche Stiftbewegung = Schrittweite) 0,05 mm.*

→ Übungsaufgabe Nr. I-112 im Arbeitsbuch

---

Die sogenannten **Druckerplotter** (engl.: printerplotter) zeichnen die Ausgabedaten mit *nichtmechanischen* Aufzeichnungsverfahren mit hoher Geschwindigkeit nach dem Punktrasterprinzip auf. Der Anwender hat dabei die Wahl zwischen Monochrom- und Farbelektrostaten, Thermotransfer-, Tintenstrahl- und Laser-Plottern.

---

Plotter sind in den letzten Jahren zunehmend durch Tintenstrahl- und Laserdrucker verdrängt worden, die eine ähnlich gute Bildqualität in hoher Auflösung bieten. Sie spielen nur noch bei Spezialanwendungen (CAD) eine gewisse Rolle.

→ Übungsaufgabe Nr. I-113 im Arbeitsbuch

### 2.3.3 Markt und Entwicklungstendenzen von Rechnerbauelementen, Zentraleinheiten und Ein-Ausgabe-Geräten

**Entwicklungstendenzen der Mikroelektronik, insbesondere von Speicherchips**

Die *Entwicklung der Mikroelektronik* – eingeleitet durch die Erfindung des Transistors im Dezember 1947 – hat im Jahr
1960 zum ersten integrierten Logik-Schaltkreis,
1969 zum ersten integrierten Speicherbaustein (64 Bits auf einem Chip von 3 × 3 mm Kantenlänge) und
1971 zum ersten 4-Bit-Mikroprozessor geführt.

20 Jahre später – zu Beginn der 90er Jahre – werden in Massenproduktion 4-MBit-Speicherchips für Schreib-/Lesespeicher (dynamische Halbleiterspeicher, sog. DRAMs) hergestellt. Die ersten Bürocomputer mit 16-MBit-DRAMs wurden 1992 angekündigt. Seit diesem Jahr gibt es auch schon einzelne Rechner mit 64-Bit-Mikroprozessoren. 32-Bit-Mikroprozessoren sind bei kommerziell eingesetzten Personal-Computern die Regel. Die führenden Halbleiterhersteller verwenden hauptsächlich die 0,7-Mikrometer-CMOS-Technologie. Die Leiterbahnen auf einem integrierten Schaltkreis (IC) sind also nur sieben Millionstel Meter breit (1 Mikrometer = $10^{-6}$ Meter). Das entspricht etwa der Wellenlänge des sichtbaren Lichts.

Ein 16-MBit-DRAM mit einer Kantenlänge von 7,8 × 18,05 mm enthält 16,78 Mio. Speicherzellen (jede Speicherzelle für ein Bit besteht aus einem Transistor und einem darunter liegenden Kondensator, der die Ladung speichert). Die Zellgrenze beträgt 4,1 Quadratnanometer. Ein 64-Bit-Mikroprozessor mit den Chipmaßen 14 × 17 mm besitzt 1,68 Mio. Transistorfunktionen und erreicht bis zu 300 Mips.

Die *Zykluszeiten* für CMOS-ICs, die sich durch einen besonders niedrigen Stromverbrauch auszeichnen, reichen heute bis zu 150 MHz. Die mit der sog. Planartechnik gefertigten ICs mit Bipolartransistoren haben einen höheren Stromverbrauch, sind aber in ihren elektrischen Eigenschaften nicht so empfindlich und äußerst schnell. Sie werden vor allem in größeren Rechnern eingesetzt, die wegen der hohen Wärmeabgabe aufwendige Kühlsysteme benötigen. Solche ECL-ICs werden mit bis zu 250 MHz getaktet. Zum Vergleich: Normale Rundfunkfrequenzen bewegen sich im Bereich von 100 KHz bis 100 MHz.

Der weltweite Umsatz auf dem *Halbleitermarkt* wird für das Jahr 1990 auf 58,26 Mrd. US-$ geschätzt (Quelle: Dataquest). Die Dominanz der japanischen Halbleiterindustrie zeigt Abbildung 2.3.3/1. Unter den zehn weltweit führenden Halbleiteranbietern befinden sich sechs japanische und drei amerikanische Unternehmen. Erst an 10. Stelle findet man mit Philips einen europäischen Hersteller. Siemens rangiert an 15. Stelle. Nicht in dieser Tabelle enthalten ist der größte US-amerikanische Halbleiterproduzent IBM, da dieses Unternehmen bis vor kurzem nur für den Eigenbedarf produzierte.

Der japanische Anteil am Weltmarktangebot beträgt 49,5 %, der amerikanische Anteil 36,5 %. Der europäische Anteil ist dagegen mit 10,5 % bescheiden. Die Nachfrage nach Halbleitern ist in Europa größer. Sie wird auf 17 bis 19 % der Weltnachfrage geschätzt.

Wegen der hohen Investitionskosten für die Entwicklung neuer Chip-Generationen gehen die Hersteller zunehmend *Kooperationen* ein. Aus eu-

| Rang | Hersteller | Umsatz in Mrd. US-$ | Marktanteil in Prozent |
|------|-----------|---------------------|------------------------|
| 1 | NEC | 4,952 | 8,5 |
| 2 | Toshiba | 4,905 | 8,4 |
| 3 | Hitachi | 3,927 | 6,7 |
| 4 | Motorola | 3,629 | 6,3 |
| 5 | Intel | 3,135 | 5,4 |
| 6 | Fujitsu | 3,019 | 5,2 |
| 7 | Texas Inst. | 2,574 | 4,4 |
| 8 | Mitsubishi | 2,476 | 4,2 |
| 9 | Matsushita | 1,945 | 3,3 |
| 10 | Philips | 1,932 | 3,3 |

Abb. 2.3.3/1: Die zehn größten Chip-Hersteller der Welt 1990 (Quelle: Dataquest)

ropäischer Sicht ist diesbezüglich das Abkommen von IBM und Siemens zu erwähnen, die gemeinsam das 64-MBit-DRAM entwickeln. Für die übernächste Speichergeneration – das 256-MBit-DRAM – haben diese beiden Hersteller sogar mit einem dritten Großkonzern, der japanischen Firma Toshiba, ein gemeinsames Entwicklungsabkommen abgeschlossen. Ziel des großen EUREKA-Projektes JESSI (Joint European Submicron Silicon) ist es, in Europa länderübergreifend einen Know-how- und Forschungsverbund zu schaffen, in dem Wissenschaft, Bauelementehersteller und Systemanwender zusammenarbeiten, um Europa eine eigenständige Position bei der Basistechnologie Mikroelektronik zu sichern. Mehr als 30 Unternehmen der Elektronikindustrie aus sechs europäischen Ländern sind beteiligt. Der Gesamtaufwand für JESSI wird auf etwa 8 Mrd. DM bis zum Jahr 1996 geschätzt. Auf die BRD entfallen etwa 35% der Gesamtaufwendungen. Für die Jahre 1990–1993 hat der BMFT insgesamt etwa 660 Mio. DM für JESSI vorgesehen.

Der Umsatz auf dem deutschen Halbleitermarkt betrug 1990 nach Angaben von Motorola rund 10 Mrd. DM. Die größten Abnehmer sind die Automobilhersteller mit 19,6%, gefolgt von der Unterhaltungsindustrie mit 17,8%. Auf die Computerbranche entfallen 16,1%.

Rund 70% der in der Datentechnik eingesetzten Halbleiter sind Standardchips. Der Rest sind fast ausschließlich anwendungsspezifische und kundenspezifische ICs. Diskrete Halbleiter (Transistoren) werden nur sehr selten in der Datentechnik eingesetzt.

Abbildung 2.3.3/2 zeigt die Entwicklung der dynamischen Halbleiterspeichergenerationen und der Integrationsdichten (Komponenten je Chip) in den letzten drei Jahrzehnten und für das jetzige Jahrzehnt. Dargestellt ist hier auch als Funktion der Zeit die Komplexität, also die Zahl der Komponenten pro Chip von DRAMs. Sie ersehen daraus, daß sich die Speicherkapazitäten pro Speicherchip alle drei bis vier Jahre vervierfachen. Die Strukturbreiten werden bei jeder neuen Speichergeneration verringert, die Chipflächen vergrößern sich.

Es wird allgemein angenommen, daß diese Trends zumindest für die nächsten fünf Jahre anhalten. 1995/96 wird voraussichtlich das 64-MBit-DRAM produziert, und es werden Strukturbreiten von 0,3 µm beherrschbar sein, wobei die Fertigungshallen für diese Generationen schon jetzt gebaut werden. Beispielsweise hat Motorola vor kurzem ein Werk in den USA eröffnet, in dem schon Anfang 1993 mit der Serienfertigung von Chips mit Strukturbreiten von 0,35 µm begonnen werden soll.

Mit der Einführung neuer Speichergenerationen verbessert sich das *Preis/Leistungsverhältnis*. 1 MBit Speicherkapazität dürfte 1996 bei der Produktionsaufnahme der 64-KBit-Chips nur ungefähr ein Zehntel des Preises kosten, der zehn Jahre vorher bei der Produktionsaufnahme der 1-MBit-Chips zu entrichten war. Derzeit bezahlt ein Anwender, der den Arbeitsspeicher seines PCs erweitern möchte, für ein zusätzliches MB etwa100 DM.

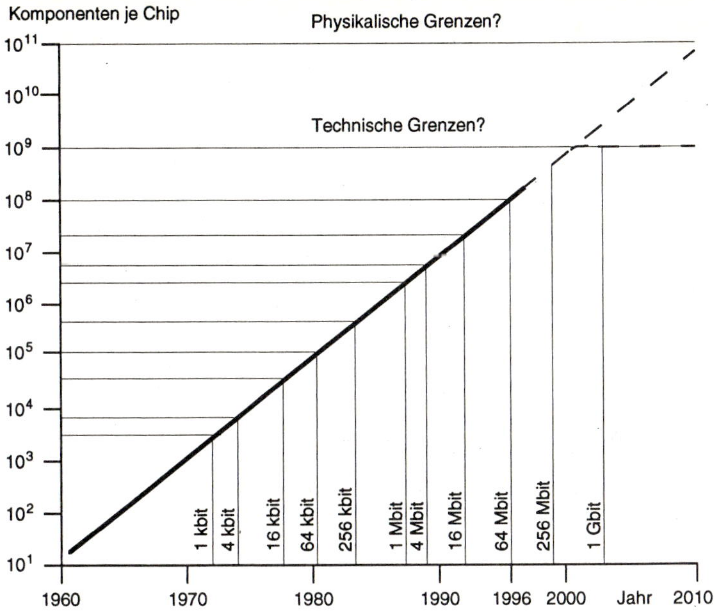
Komponenten je Chip
Physikalische Grenzen?
Technische Grenzen?
$10^{11}$
$10^{10}$
$10^{9}$
$10^{8}$
$10^{7}$
$10^{6}$
$10^{5}$
$10^{4}$
$10^{3}$
$10^{2}$
$10^{1}$
1 kbit
4 kbit
16 kbit
64 kbit
256 kbit
1 Mbit
4 Mbit
16 Mbit
64 Mbit
256 Mbit
1 Gbit
1960
1970
1980
1990
1996
2000
Jahr
2010

Abb. 2.3.3/2: Entwicklung der DRAMs und Integrationsdichten (Quelle: Siemens)

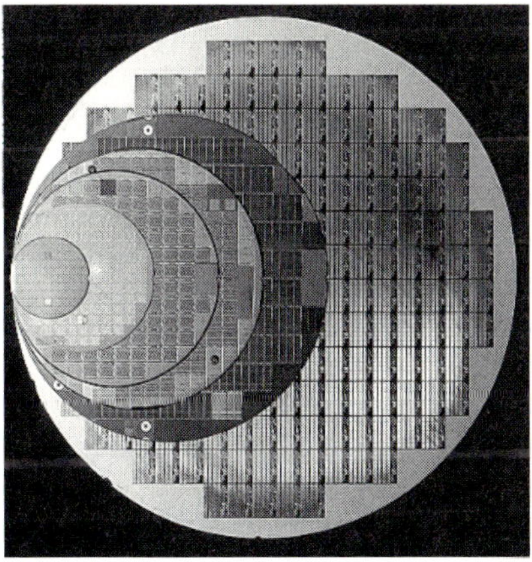

Abb. 2.3.3/3: Entwicklung der Wafer- und Chipflächen vom 64-Bit-Chip (1968) bis zum 4-Mbit-Chip (seit 1989) (Quelle: IBM)

Mit der Verringerung der Strukturbreiten werden auch die *Taktfrequenzen* immer höher. Die Erhöhung der Taktraten – wie Sie wissen – ist für die Geschwindigkeit von Rechnern von entscheidender Bedeutung. Abbildung 2.3.3/5 zeigt als Beispiel die Taktraten der bisherigen Intel-Mikroprozessorgenerationen. Im Jahr 1996 dürften 100 MHz, 1998 ca. 150 MHz und 2000 ca. 250 MHz erreicht werden.

*Die langfristige Entwicklung der Mikroelektronik* (länger als fünf Jahre) ist schwer abzuschätzen. Bei den DRAMs ist vor allem von Interesse, wann die 256-MBit-DRAM-Generation eingeführt werden kann und ob das GBit-DRAM (eine Milliarde Bits) noch in diesem Jahrtausend realisiert werden kann. Für das GBit-DRAM werden Strukturbreiten von höchstens 0,1 bis 0,2 Mikrometer und Chipflächen von 3 bis 7 Quadratzentimeter erforderlich sein. Die Anwendung der derzeit verwendeten Fotolithografie (UV-Licht) ist auf Strukturbreiten von etwa 0,3 Mikrometer limitiert. Noch feinere Strukturen bedingen den Übergang zur sog. Röntgenstrahllithografie, bei Größenordnungen von unter 0,2 Mikrometer zur Direktbelichtung mit Elektronen- und Ionenstrahlen.

Eine Ablösung der Mikroelektronik durch eine andere Technologie ist derzeit nicht in Sicht. Des öfteren wird zwar unter anderem die Biotechnologie diskutiert, mit der extrem kleine Strukturen möglich wären («*Biochips*» aus biochemischen Molekülen). Auf der ganzen Welt wird unseres Wissens aber nirgendwo ernsthaft an einer solchen Entwicklung gearbeitet. Wesentlich vielversprechender sind hingegen die sogenannten «*Quantenchips*», deren Transistoren quantenmechanische Effekte (Tunneleffekt) bei Strukturbreiten von unter 1 Mikrometer und einem extrem niedrigen Leistungsverbrauch nutzen. Mit den ersten industriell gefertigten Quantenchips ist jedoch keinesfalls vor der Jahrtausendwende zu rechnen.

In der Vergangenheit gab es auch große Hoffnungen, daß die traditionelle Halbleitertechnologie (CMOS- und Bipolartransistoren auf Silizium) durch neue Ausgangsmaterialien mit höherer Schaltgeschwindigkeit neue Leistungsdimensionen erschließen könnte. Vor allem der Einsatz von *Galliumarsenid (GaAs) anstelle von Silizium* wurde untersucht. Die Elektronen können sich in diesem Halbleiter im Vergleich zu Silizium bis zu sechsmal so schnell bewegen. Aufgrund elektrischer Eigenschaften läßt sich die hohe Elektronengeschwindigkeit aber nicht voll nutzen; daher sind GaAs-Chips heute höchstens etwa 2,5mal so schnell wie die leistungsfähigsten Silizium-Chips.

Demgegenüber hat GaAs einige Nachteile:
– Das Metall Gallium ist sehr selten und kommt nur als geringfügige Verunreinigung vor.
– Gallium und Arsen sind giftig. Bei der Verarbeitung sind daher spezielle Schutzvorrichtungen notwendig.
– Das Züchten der Kristalle ist äußerst schwierig, da hier zwei chemische Elemente gemeinsam kristallisiert werden müssen.

Wegen dieser Produktionsprobleme und wegen der raschen Fortschritte der Siliziumtechnologie wird zur Zeit und wahrscheinlich auch in näherer Zukunft die GaAs-Technologie nur sehr selten eingesetzt. Beispiele für solche Nischenmärkte sind die Supercomputer. So bieten etwa Convex und Cray Rechner an, die sich der 0,8-Mikrometer-GaAs-Technologie bedienen. Die Schaltgeschwindigkeit entspricht zwar nur etwa der heute schnellsten Silizium-Schalttechnik (ECL). Da aber nur ein Drittel bis ein Viertel des Stromes verbraucht wird, können solche Supercomputer mit Luftkühlung arbeiten.

Das amerikanische Marktforschungsunternehmem ICE nimmt an, daß 1993 etwa 2% des Halbleiterumsatzes mit GaAs-ICs gemacht werden.

### CISC-Mikroprozessoren

Die größten Wachstumsraten auf dem Halbleitermarkt sind bei den Mikroprozessoren gegeben. Es werden Hunderte von Typen angeboten, die als integrierte Steuerungen in Geräten aller Art sowie als Zentral-, Hilfs- und Zusatzprozessoren in EDVA zum Einsatz kommen. Aber nur relativ wenige Modelle haben sich auf breiter Ebene durchgesetzt.

Im Bereich der Datentechnik werden vor allem die CISC-Mikroprozessorfamilien von Intel und Motorola sowie RISC-Prozessoren verschiedener Hersteller verwendet.

Der Begriff **CISC** (Complete Instruction Set Computer) ist erst nach der Einführung der ersten RISC-Rechner (Reduced Instruction Set Computer) gegen Ende der 80er Jahre entstanden. CISC-Rechner gibt es aber schon viel länger – solange es EDVA gibt. Man bezeichnet damit konventionelle Rechnerarchitekturen mit einem großen Vorrat an Maschinenbefehlen verschiedener Länge, deren Abarbeitung meist mehrere Prozessorzyklen benötigt. Die Befehle sind überwiegend mikroprogrammiert, wodurch sich eine große Flexibilität bezüglich des Einsatzspektrums ergibt. Die Fortschritte in der Hardware- und Softwareentwicklung wurden bzw. werden durch Hinzufügen immer neuer Befehle genutzt.

Großrechner (wie z.B. die Rechnerfamilien IBM ES/9000 oder Siemens 7.500) sind typischerweise CISC-Maschinen. Die erfolgreichsten CISC-Mikroprozessoren, die verbreitet als Zentralprozessoren von PC zum Einsatz kommen, gehören zu den Familien 80X86 von Intel und M68000 von Motorola. Sie besitzen einen mächtigen Befehlssatz, der einerseits den Bau von Compilern (siehe Abschnitt 2.4.2.2) erleichtert und andererseits die Kosten für die Peripherie in Grenzen hält.

Die **80X86 Mikroprozessorserie von Intel** besteht im wesentlichen aus den Prozessoren 8086, 8088, 80286, 80386 und 80486. Da die Befehle eines Prozessortyps stets eine Obermenge des Vorgängers bilden, sind sie aufwärtskompatibel.

Der *8086* wird schon seit 1979 angeboten und war damit der erste 16-Bit-Prozessor von Intel. Er kann maximal 1 MB real adressieren. Virtuelle Speicherkonzepte werden nicht unterstützt.

Der *8088* ist intern wie der 8086 aufgebaut, verfügt aber extern nur über einen 8-Bit-Datenbus. Er bildete den Grundstein der «Industriestandard»-Personal-Computer von IBM («PC-1» im Jahr 1981 in den USA, 1983 in Europa). Er hat 27 000 Transistoren auf einem Chip integriert.

Der *80286* wurde im Jahr 1982 eingeführt. Mit seinen 24 Adreßleitungen kann er einen physikalischen Adreßraum von 16 MB ansprechen. Die virtuelle Adressierungsmöglichkeit reicht sogar bis zu 1 GB. Mit insgesamt 134 000 Transistoren erreicht er Leistungen bis 1,5 Mips. Die sogenannte PC-AT-Klasse ist mit einem solchen Zentralprozessor ausgestattet.

1985 stellte Intel den *80386DX* vor, einen 32-Bit-Prozessor, der dem 80286 in der Rechenleistung mit bis zu acht Mips weit überlegen ist. Er kann 4 GB real und 64 TB virtuell adressieren. Zusätzlich kann er mehrere 8086 simulieren und ist daher für Multitasking bestens geeignet (Näheres hierzu im Abschnitt 2.4). Er integriert 275 000 Transistoren auf einem Chip.

Durch die hohe Leistung und durch die erweiterten Architekturmerkmale kamen bald Softwareprodukte auf den Markt, die nur auf dem 80386 laufen. Um einen preisgünstigeren Einstieg in dieses Marktsegment zu ermöglichen, stellte Intel als «Schmalspurversion» den *80386SX* vor. Dieser Prozessor verfügt intern über die gleiche Architektur wie der 80386DX, verwendet extern aber einen 16-Bit-Datenbus und liegt in seiner Rechenleistung mit drei bis vier Mips zwischen dem 80286 und dem 80386DX. Er ist aber billiger als der 80386DX, und auch die Peripheriekosten sind geringer.

Zu all diesen Prozessoren werden Coprozessoren angeboten, sie unterstützen die Hauptprozessoren vor allem bei numerischen Aufgaben.

1989 wurde von Intel die bis jetzt letzte Prozessorgeneration, der *80486DX*, vorgestellt. Er hat gegenüber seinem Vorgänger keine neuen Architekturmerkmale, sondern vereinigt auf einem Chip den 80386DX, den mathematischen Coprozessor 80387DX, den Cachecontroller 80385DX und einen 8 KB großen Cachespeicher. Durch ein internes Redesign und durch eine Direktverdrahtung oft verwendeter Befehle wie bei RISC-Prozessoren hat sich die Anzahl der Taktzyklen pro Befehl entscheidend verkürzt. 80% der Befehle benötigen nur einen Takt. Daher lassen sich bei der 33-MHz-Version bis zu 27 Mips und bei der 50-MHz-Version 40,5 Mips erreichen. Auf dem Chip des 80486DX sind insgesamt 1,2 Mio. Transistoren integriert.

Abb. 2.3.3/4: Intel-80486-Mikroprozessor

1991 kündigte Intel den *80486SX* an. Er ist ein 80486DX ohne den integrierten Arithmetikprozessor, der deaktiviert wurde. Weil dadurch weniger Transistoren des Chips funktionieren müssen und die Taktfrequenz bei diesem Prozessor geringer gehalten wird, können die bei der Produktion anfallenden Ausschußteile und damit auch die Kosten verringert werden. Auf der anderen Seite kann dieser Coprozessor als 80487SX erworben werden. Der Vorteil des 80486SX gegenüber dem 80386DX liegt also nur bei den schneller ausgeführten Befehlen. Daher braucht er eine geringere Taktfrequenz, um dieselbe Leistung zu erreichen. Dies senkt die Kosten der Peripheriebausteine erheblich. Im übrigen dürfte das Angebot dieses Prozessors vor allem auch auf marketingpolitische Überlegungen zurückzuführen sein.

Während in den 80er Jahren *Intel auf dem Markt für kommerzielle PCs eine monopolähnliche Stellung* hatte (mindestens 80% der in der Wirtschaftspraxis eingesetzten Arbeitsplatzrechner waren mit Intel-80X86-Zentralprozessoren ausgestattet), wird in jüngster Zeit der Wettbewerb härter. Einerseits treten Hersteller auf, die funktionsgleiche Chips mit einem besseren Preis-/Leistungsverhältnis anbieten (sogenannte «Clones»). Zum Beispiel vermarktet AMD zum Intel 80386DX sowie zu den 80486-Modellen voll kompatible Prozessoren mit einer zum Teil höheren Taktfrequenz. Cyrix sowie Chips & Technologies (C&T) haben ebenfalls 80X86-Nachbauten entwickelt. Andererseits gibt es beim PC-Marktführer IBM Überlegungen, aus der starken Intel-Abhängigkeit durch Kooperationen mit anderen Herstellern (Motorola) bzw. durch den Einsatz eigener Chips (Intel-Clones und RISC-Chips) herauszukommen.

Intel hält auch in Zukunft an der Weiterentwicklung der 80X86-Prozessorfamilie fest. 1992 wurde eine neue Version des 80486-Chips namens *80486DX2* angekündigt, der als «Zweitakter» intern mit 50 MHz und extern mit 25 MHz arbeitet und der besonders einfach zu installieren ist (für den Ausbau der Prozessorleistung vorhandener 80486SX-PC). Eine zweite Variante wird intern mit 66 MHz und extern mit 33 MHz betrieben und soll damit in der Leistung das bisherige Spitzenmodell 80486DX um 10−30% übertreffen.

Der *Intel-Chip «der nächsten Generation»* (80586 im Jahr 1993?), der firmenintern noch P5 genannt wird, soll mehr als 3 Mio. Transistoren enthalten und bei einer Taktfrequenz von 66 MHz eine Leistung von 100 Mips erreichen. Später soll auch dieser Chip dual getaktet werden: Mit 133 MHz intern und 66 MHz extern. Dieser Prozessor wird wahrscheinlich aus drei Einheiten bestehen. Die erste ist eine superskalare Einheit in RISC-Technologie. Superskalar bedeutet in diesem Zusammenhang, daß durch mehrere parallel arbeitende Ausführungseinheiten pro Takteinheit mehr als ein Befehl verarbeitet werden kann. Eine getrennte 80386-Einheit soll die Kompatibilität zu den bisherigen Prozessoren garantieren. Sie verarbeitet alle Befehle des bisherigen 80386-Instruktionssatzes, die für die neue RISC-Einheit nicht zu handhaben sind. Es wird zwei getrennte Caches für Daten und Befehle geben, die ungefähr 16 bis 24 KB groß sein werden.

*Bis zum Jahr 2000 will Intel nach eigenen Angaben einen «Mikromultiprozessor» anbieten,* der

− 100 Mio. Transistoren auf einem Chip integriert,
− eine Chipfläche von 6,45 cm² besitzt,
− mit 250 MHz getaktet wird,
− eine Leistung von 2000 Mips besitzt und
− garantiert 80386-kompatibel ist.

Dieser Chip soll vier Prozessoreinheiten integrieren, von denen jede mit 700 Mips arbeitet. Zusätzlich sind zwei Vektoreinheiten geplant.

Die Anwendungsgebiete sollen keineswegs im Bereich des Supercomputings liegen, sondern vielmehr dreidimensionale grafische Benutzeroberflächen, Sprach- und Handschrifterkennung ermöglichen. Um die dabei anstehenden Softwareprobleme zu lösen arbeitet Intel auf diesem Gebiet eng mit

| Prozessor | 8086 | 8088 | 80286 | 80386DX | 80386SX | 80486DX | 80486SX |
|---|---|---|---|---|---|---|---|
| interne Datenbusbreite | 16 | 16 | 16 | 32 | 32 | 32 | 32 |
| externe Datenbusbreite | 16 | 8 | 16 | 32 | 16 | 32 | 32 |
| Adreßbusbreite | 20 | 20 | 24 | 32 | 24 | 32 | 32 |
| physikalischer Adreßbereich in MB | 1 | 1 | 16 | 4096 | 16 | 4096 | 4096 |
| virtuelle Speicherverwaltung | nein | nein | ja | ja | ja | ja | ja |
| Multitasking-unterstützung | nein | nein | nein | ja | ja | ja | ja |
| internes Datencache | nein | nein | nein | nein | nein | 8 KB | 8 KB |
| internes Befehlscache | nein | nein | nein | nein | nein | ja | nein |
| integrierter Coprozessor | nein | nein | nein | nein | nein | ja | nein |
| maximale Taktfrequenz in MHz | 12 | 16 | 25 | 33 | 25 | 50 | 20 |
| Leistung in Mips | <1 | 0,66 | 1,5 | 8 | 4 | 40 | 12 |

Abb. 2.3.3/5: Vergleich ausgewählter Mikroprozessoren von Intel

IBM zusammen. Die Entwicklungskosten werden mit jährlich 1 Milliarde Dollar ab 1995 geschätzt.

Neben den Intel-Prozessoren haben in kommerziellen PC nur noch die Motorola-CISC-Prozessoren eine größere Bedeutung. Sie kommen hauptsächlich in den Arbeitsplatzrechnern von Apple («Macintosh», «Quadra») zum Einsatz. Die Entwicklung der **Motorola M68000-Mikroprozessorfamilie** ist ähnlich der von Intel und besteht im wesentlichen aus den Prozessoren MC68000, MC68010, MC68020, MC68030 und MC68040. Auch sie sind untereinander aufwärtskompatibel. Der derzeit leistungsfähigste Mikroprozessor MC68040 wurde 1990 vorgestellt. Er integriert wie der Intel 80486DX 1,2 Mio. Transistoren auf einem Chip und erreicht in der 50-MHz-Version dieselbe Leistung (40 Mips). Die Weiterentwicklung der M68000-Familie dürfte in etwa jener der Intel-Familie 80X86 entsprechen.

| | 68000 | 68010 | 68020 | 68030 | 68040 |
|---|---|---|---|---|---|
| interne Datenbusbreite | 32 | 32 | 32 | 32 | 32 |
| externe Datenbusbreite | 16 | 16 | 32 | 32 | 32 |
| Adreßbusbreite | 24 | 24 | 32 | 32 | 32 |
| physikalischer Adreß- bereich in MB | 16 | 16 | 4096 | 4096 | 4096 |
| virtuelle Speicherver- waltung | nein | ja | ja | ja | ja |
| Multitaskingunter- stützung | nein | nein | nein | nein | nein |
| internes Datencache | nein | nein | nein | 256 B | 4 KB |
| internes Befehlscache | nein | nein | 256 B | 256 B | 4 KB |
| integrierter Coprozessor | nein | nein | nein | nein | ja |
| maximale Taktfrequenz in MHz | 12 | 12 | 25 | 50 | 50 |
| Leistung in Mips | 1 | >1 | 3 | 10 | 40 |

Abb. 2.3.3/6: Vergleich ausgewählter Mikroprozessoren von Motorola

## RISC-Prozessoren

**RISC-Rechner** («Reduced Instruction Set Computer») haben einfache, festverdrahtete Befehlssätze mit wenig Mikrocode, Einzyklusmaschinenbefehle, feste Befehlslängen, einfache Adressierungsverfahren und eine ausgeprägte Pipeline-Architektur. Die Befehle sind so gestaltet, daß jeweils die schnellsten Komponenten der Speicherhierarchie adressiert werden (i.d.R. Register) und daß möglichst viele Aufgaben in die Übersetzungsphase von Programmen verlagert werden (optimierende Compiler sorgen für die bestmögliche Hardware-Nutzung).

RISC-Rechner verfügen über eine große Zahl von Registern und besitzen eine besonders leistungsfähige Speicherverwaltung (getrennte Cache-Speicher für Daten und Befehle, breiter interner Datenbus, Paging).

Komplexe Befehle werden vermieden, wenn dieselben Ergebnisse ebenso rasch durch eine Folge von primitiven Befehlen erreicht werden können. Durch solche schnellen, aber nicht sehr mächtigen Befehle und die große interne Verarbeitungsbreite haben RISC-Prozessoren eine hohe Mips-Leistung. Gerade diese Maßzahl darf man aber aufgrund der geringen Leistungsfähigkeit der Befehle für einen Vergleich zu anderen Rechnerarchitekturen nicht anwenden. Ein vom Programmierer in einer höheren Programmiersprache erstelltes Programm (= Quellprogramm) wird für einen RISC-Rechner üblicherweise in eine wesentlich größere Zahl von Maschinenbefehlen übersetzt wie bei einer CISC-Maschine.

---

## Exkurs zur Leistungsvermögensanalyse von EDVA (Benchmarks)

---

Bei einer seriösen *Verwendung der Mips-Kennzahl* müßte eigentlich ein Befehlsmix zur Leistungsmessung herangezogen werden, der den typischen Einsatzbedingungen in der Praxis entspricht. Das heißt, es sollte etwa der Durchschnitt der Taktzyklen der einzelnen Befehle, gewichtet mit ihrer prozentualen Vertretung in realen Anwendungsprogrammen verwendet werden. Da aber eine hohe Mips-Zahl für Rechner äußerst werbewirksam ist, wird die Gewichtung der einzelnen Befehle, wenn überhaupt, von den Anbietern kaum dem vorgesehenen Einsatzgebiet entsprechend vorgenommen. Dieselben Bedenken gelten im übrigen auch gegenüber den für technisch-wissenschaftliche Rechner (Workstations, Superrechner) gebräuchlichen *Maßzahlen MFlops bzw. GFlops*. Diese von den Herstellern veröffentlichten Kennzahlen beziehen sich auf rechenintensive Programme, die allein auf einem Rechner zum Ablauf gebracht werden und im Grunde nur die Leistungsfähigkeit einer Systemkomponente messen: des Zentralprozessors. Die bekanntesten derartigen Standardtests sind der Dhrystone-, der Whetstone- und der Linpack-Benchmark.

Solidere Vergleichsdaten liefern die Benchmarktests, die die gesamte Systemleistung messen (wie z.B. AIM Performance Rating, AIM III Multiuser, AIM Milestone, nhfsstone, SPEC SDM und TPC-B). Das heißt, neben dem Zentralprozessor bzw. den Prozessoren werden auch das Zentralspeichersystem und das Ein-Ausgabe-System (zum Beispiel die Leistung bei Plattenzugriffen) in die Analyse einbezogen.

Ein **Benchmark** (engl.; auf deutsch: Meßlatte, Meßpunkt) bzw. Benchmarktest dient zur Leistungsvermögensanalyse von EDVA. Er besteht aus Programmen im Quellcode, die für die zu vergleichenden Rechner übersetzt und zur Ausführung gebracht werden. Dabei werden die Ausführungszeiten (Durchsatz, Antwortzeit) gemessen und verglichen. Standardbenchmarks sind künstliche, das heißt real nicht verwendete Programmme für Meß- und Beurteilungszwecke von Teilleistungen bzw. Gesamtleistungen von EDVA.

Die Benchmarktests liefern nicht allgemeingültige, sondern für bestimmte Konfigurationen und Anwendungsschwerpunkte relevante Ergebnisse. Die Resultate einzelner Tests können durch die Wahl der Betriebssystemversion, der Compilerversion, die Arbeitsspeicher- und die Pufferspeichergröße usw. beträchtlich verändert werden. Wie bereits angedeutet und wie die nachfolgenden Ausführungen zeigen, beziehen sich die für Mikro- und Minirechner (insbesondere Workstations) von den Herstellern veröffentlichten Benchmarkergebnisse vor allem auf die Prozessorleistung im technisch-wissenschaftlichen Einsatz und sind damit für kommerzielle Anwendungen nur von beschränkter Relevanz. Nachdem jedoch durch grafische Benutzeroberflächen von Programmen, Datenbankanwendungen mit hohem Transaktionsvolumen und Multimedia-Systeme zunehmend erhöhte Rechenleistungen gefordert werden, werden solche Benchmarks auch für die betriebswirtschaftliche Praxis immer wichtiger. Nachfolgend beschreiben wir nur die bekanntesten Verfahren.

Der *Dhrystone-Benchmark* wurde 1984 als ADA-Programm eingeführt. Inzwischen ist er in C und TURBO PASCAL übersetzt worden. Dieser einfach zu handhabende, synthetische (d.h. nicht auf realen Anwendungen basierende) Benchmark mißt die Prozessor- und Compiler-Leistungsfähigkeit. Sein Schwergewicht liegt eher auf häufig vorkommenden Konstrukten (Datentypen und Operationen) von «Allerweltsprogrammen» und weniger auf dem Gebiet des numerischen Rechnens. Er ist CPU-intensiv. Dhrystones werden meist in Mips (millions of instructions per second) ausgedrückt, wobei 1 Mips die Zahl von Drhystones pro Sekunde repräsentiert, die von der Referenzmaschine VAX 11/780 geleistet wird (1757 Dhrystones/s; die VAX 11/780 ist ein 1978 eingeführter, in den 80er Jahren im technisch-wissenschaftlichen Bereich verbreiteter Minirechner von DEC).

Zum *Beispiel* erreichte der erste, vor einem Jahrzehnt eingeführte IBM-PC mit einem guten Compiler etwa 300–400 Drhystones/s. Die schnellsten Rechner heutzutage kommen auf über 100000.

*Linpack* ist ein älterer FORTRAN-Benchmark, der ein 100x100-System linearer Gleichungen löst. Dieser Benchmark wird vielfach benutzt, um das Leistungsvermögen bei mathematisch-technischen Anwendungen zu ermitteln, bei denen Gleitpunktoperationen dominieren. Dabei werden sowohl Operationen mit einfacher als auch Operationen mit doppelter Genauigkeit gemessen. Ein-Ausgabe-Operationen haben geringes Gewicht. Die Ergebnisse werden in MFlops (millions of floating point operations per second) ausgedrückt.

Der *Whetstone-Benchmark* geht auf intensive Forschungen zu Beginn der 70er Jahre zurück, um den typischen Befehlsmix von kleineren FORTRAN-Programmen bei technisch-wissenschaftlichen Anwendungen zu repräsentieren. Die Befehle sind so gruppiert, daß nach Möglichkeit der Einfluß von Compilern, die die Hardwarenutzung optimieren, ausgeschaltet wird. Die Ergebnisse werden in Kwips (thousands of whetstone instructions per second) gemessen (für einfache und doppelte Genauigkeit).

Der *SPEC-Benchmark bzw. SPECmark* stammt von der Systems Performance Evaluation Cooperative (SPEC); das ist eine Non-Profit-Organisation, die allgemein erhältliche Serien von Benchmark-Programmen entwickkelt und eine vierteljährlich erscheinende Zeitschrift (SPEC Benchmark) veröffentlicht.

Die *SPEC Serie 1.2* besteht aus zehn rechenintensiven Programmen. Vier der zehn Programme sind in der Programmiersprache C geschrieben und messen die Prozessorleistung mit dem Schwerpunkt Festpunktrechnung. Das geometrische Mittel der Ausführungszeiten dieser C-Programme ist die Maßgröße SPECint. Die anderen sechs Programme sind in FORTRAN geschrieben und sind gleitpunktintensiv (d.h. hier, daß mehr als 1% der ausgeführten Befehle Gleitpunktoperationen beinhalten). Das geometrische Mittel ihrer Ausführungszeiten ist der Wert SPECfp. Der SPECmark ist das geometrische Mittel der Ausführungszeiten aller zehn Programme, bezogen auf eine VAX 11/780. SPECthroughput ist eine Variante von SPECmarks, die die CPU/Speicher-Leistung von Multiprozessorsystemen mißt.

*SPEC SDM 1.0* (Systems Development Multitasking) wurde 1991 angekündigt. Es handelt sich dabei um zwei Benchmarks, die die gleichzeitige Ausführung vieler Programme auf einer EDVA messen. Die Ergebnisse werden in grafischer Form (als Kurvenverläufe) ausgegeben und können nur schwer zu einzelnen Kennzahlen verdichtet werden (für Marketingzwecke werden oft die Extremwerte des Durchsatzes veröffentlicht).

*TPS/TPC-A/TPC-B* sind Benchmarks des Transaction Performance Council für datenbankorientierte Systeme, deren Leistungsfähigkeit in Transaktionen/Sekunde (tps) gemessen wird. Solche Benchmarks kommen der kaufmännischen Praxis näher. (Nach Aussagen von Sybase, auf deren Datenbankverwaltungssystem die Leistungsvermögensanalysen basieren, sind diese Tests jedoch so komplex, daß ein einzelner Anwender mit der Durchführung überfordert wird und kaum zu brauchbaren Ergebnissen kommen kann.)

Durch die verschiedenen Problemstellungen der Tests können die Meßergebnisse bei den zu vergleichenden Rechnern höchst unterschiedlich ausfallen. Deshalb ist es wichtig, diverse Tests zu verwenden, die die jeweils relevanten Systemkomponenten messen. Am besten ist es jedenfalls, wenn der Anwender bei der Auswahl von EDVA mit seinen eigenen, typischen Anwendungsprogrammen das Leistungsvermögen ermittelt. Im übrigen sind die technischen Leistungen nur eine Determinante bei der Rechnerauswahl. Die Kosten der Anschaffung, des Betriebs und der Wartung sowie der Restwert bei einem Verkauf (bzw. wenn der Lieferant sein Geschäft aufgibt) sind ebenso wichtige Bestimmungsfaktoren. Ausschlaggebend sind aber vor allem das Programmangebot und die Unterstützung durch die Lieferanten. Wir sind hierauf bereits ausführlich im Abschnitt 1.2.3 eingegangen. Rechnerauswahlentscheidungen einseitig am Preis-/Leistungsverhältnis der Hardware zu orientieren, ist ein schwerer Fehler. Auf die Software, auf den Nutzen für die betriebliche Aufgabenerfüllung kommt es primär an!

Die *SPARC-Architektur* von Sun Microsystems ist das in der Praxis verbreitetste RISC-Konzept. SPARC steht für «Scaleable Processor ARChitecture» und wurde zwischen 1984 und 1987 entworfen. Der Term skalierbar soll andeuten, daß mit dem Fortschreiten der Halbleitertechnologie die SPARC-Architektur im selben Maß leistungsfähiger wird.

Die SPARC-Architektur definiert einen 32-Bit-Mikroprozessor mit insgesamt 69 Befehlen, die durchschnittlich in 1,2 bis 1,3 Taktzyklen durchgeführt werden. Die Befehlsausführung geschieht in einer vierstufigen Pipe-

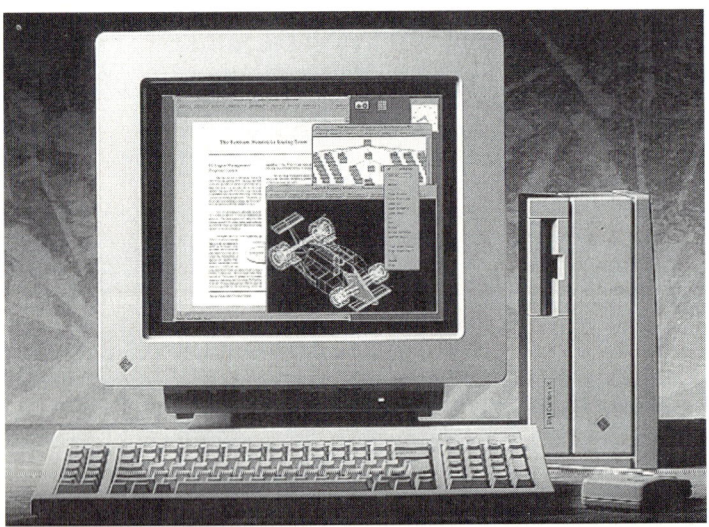

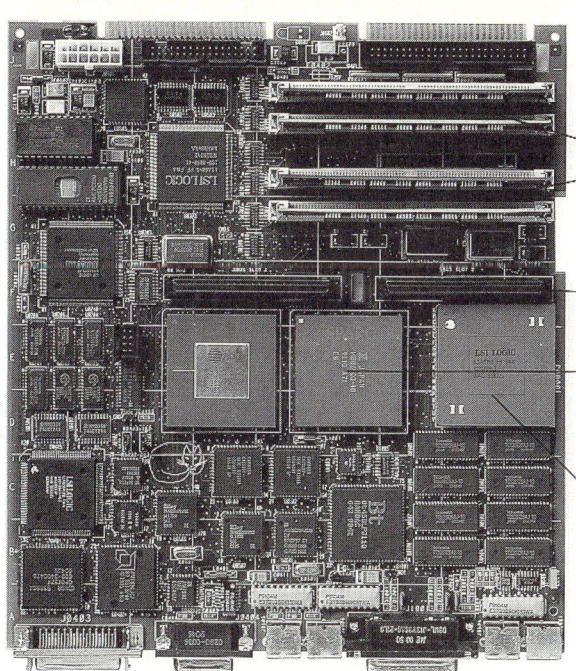

Steckplätze für
4 SIMM-Module
(16 MB Arbeits-
speicher standard-
mäßig)

Zwei Bus-
Steckplätze

Integrierter
40-MHz-SPARC-
Integer-Prozessor
mit Gleitkomma-
einheit

GX-Grafik-
beschleuniger

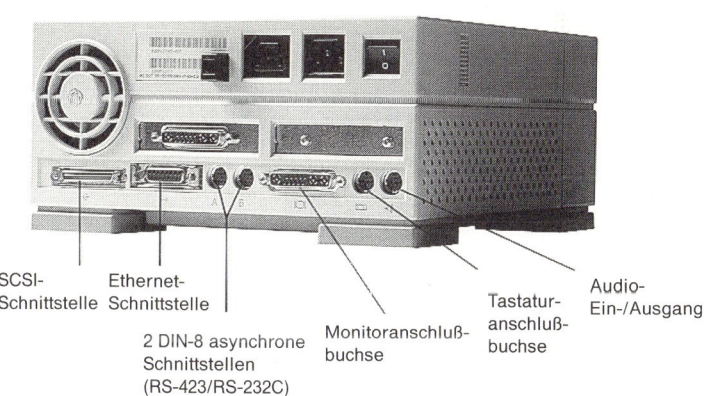

SCSI-
Schnittstelle

Ethernet-
Schnittstelle

2 DIN-8 asynchrone
Schnittstellen
(RS-423/RS-232C)

Monitoranschluß-
buchse

Tastatur-
anschluß-
buchse

Audio-
Ein-/Ausgang

Abb. 2.3.3/7: RISC-Workstation

321

line. Es handelt sich dabei um eine offene Architektur, das heißt, daß mehrere Halbleiterhersteller diese Prozessoren fertigen dürfen. Zur Zeit tun dies LSI Logic, Fujitsu, Texas Instruments und Cypress Semiconductor.

*Weitere verbreitete 32-Bit-RISC-Prozessoren stammen von Hewlett-Packard (Precision Architecture), IBM (POWER), MIPS Computer Systems (R3000) und Motorola (M88000).* Solche RISC-Prozessoren sind manchmal aus mehreren ICs aufgebaut, deren Funktionen nur für die Einstiegsmodelle von RISC-Rechnerfamilien auf einem Chip integriert sind. Kostengünstiger sind jedoch die Lösungen, bei denen es sich um Mikroprozessoren handelt.

Zum *Beispiel* bietet *IBM* die *Systeme/6000* an, deren 32-Bit-RISC-Prozessor mit Ausnahme von Modell 220 aus sechs verschiedenen CMOS-Chips mit insgesamt 7 Mio. Transistorfunktionen aufgebaut ist. Die Taktfrequenzen liegen zwischen 20 und 50 MHz. In dieser Größenordnung bewegen sich auch die Taktraten der meisten Konkurrenzprodukte. Die derzeit (1992) höchsten Taktraten werden von den *Hewlett-Packard-RISC-Prozessoren* (62,5 MHz) und dem *Texas Instruments SuperSPARC-Prozessor TMS390Z50* (derzeit 50 MHz, bis 100 MHz vorgesehen) erreicht. Der letztgenannte, 1992 angekündigte 32-Bit-Mikroprozessor, mit dem z.B. die neuen *SPARCstations 10 von Sun* ausgestattet sind, erreicht schon mit 50 MHz Leistungswerte, die den 64-Bit-Mikroprozessoren ebenbürtig sind: 150 Mips bei einer Ein-Prozessor-Konfiguration, über 400 Mips bei der erstmals von einem großen Hersteller für RISC-Workstations angebotenen Vier-Mikroprozessor-Konfiguration.

1991 wurde der *RISC-Prozessor R4000 von MIPS Computer Systems* als erster Mikroprozessor mit vollständiger *64-Bit-Architektur* angekündigt. Er integriert 1,3 Mio. Transistorfunktionen und ist mit 50 MHz getaktet. Intern wird eine «Superpipeline» mit 100 MHz betrieben. Dabei werden bei jedem Taktzyklus zwei Befehle in die Pipeline geladen, wobei aber der zweite Befehl erst einen halben Taktzyklus später bearbeitet wird. Dadurch können bis zu zwei Befehle pro Taktzyklus durchgeführt werden. Dieses Prinzip benötigt im Vergleich zu anderen Architekturen ein geringeres Transistorbudget. Deshalb ist die Implementierung der 64-Bit-Architektur viel einfacher und kostengünstiger. Auf der anderen Seite kann diese Architektur nur schwer erweitert werden. Während bei anderen Prozessoren durch Erhöhung des Transistorbudgets immer mehr Ausführungseinheiten dazugefügt werden können, ist beim Superpipelining-Prinzip nicht so leicht möglich. Vom R4000 gibt es drei Versionen mit unterschiedlichem Preis-/Leistungsverhältnis: Der R4000PC erreicht 40 SPECmarks und ist für preisgünstige Arbeitsplatzrechner, Server und integrierte Gerätesteuerungen vorgesehen. Der R4000SC verfügt über ein zweites Cache und ist für Hochleistungsarbeitsplatzrechner bzw. entsprechende Server geeignet. Er erreicht 60 SPECmarks. Derselbe Leistungswert wird vom Hersteller für den R4000MC angegeben, der Multiprozessoreinrichtungen und ein zweites Cache aufweist. In der Zukunft ist auch mit höher getakteten Versionen dieser Mikroprozessoren zu rechnen. Der Chip-Entwurf wurde im Hinblick auf ganzzahlige Rechenoperationen optimiert, es wurden aber auch hervorragende Voraussetzungen für Gleitpunktoperationen geschaffen. Insofern ist die Chip-Serie sowohl für technische als auch für kaufmännische Einsatzbereiche geeignet.

1992 hat die *Digital Equipment Corporation* (abgekürzt: DEC) ebenfalls einen *64-Bit-RISC-Mikroprozessor* angekündigt: Dieser 21064-Mikroprozessor ist der erste einer Familie von Chips mit der sog. *Alpha-Architektur* («Alpha» ist der interne Code-Name von DEC). Die 150-MHz-Version (6,6 ns Zykluszeit) erreicht eine Leistung von 300 Mips und 150 MFlops und ist damit der derzeit leistungsstärkste Mikroprozessor. Der Chip wurde auch schon mit 200 MHz getaktet, und DEC will zukünftig Versionen dieses Mikroprozessors mit unterschiedlichen Taktraten anbieten. Auf dem 13,9 × 16,8 mm großen CMOS-Chip mit 0,75-Mikrometer-Leiterbahnen sind 1,68 Mio. Transistoren integriert. Die Alpha-Architektur ist in bezug auf Höchstleistung optimiert, die über die vorgesehene Lebensdauer von 25 Jahren um den Faktor 1000 gesteigert werden soll. Der 21064-Mikroprozessor verwendet eine siebenfach überlappte Pipeline für Ganzzahl- und Speicheroperationen und eine zehnfach überlappte Pipeline für Gleitpunktoperationen. Die integrierten Daten- und Befehls-Caches sind jeweils 8 KB groß. Der virtuelle Adreßraum ist durch die 64-Bit-Adressierung nahezu unbeschränkt, der unterstützte physikalische Adreßraum beträgt 16 GB. Der Datenbus ist 64 oder 128 Bits breit und wird von 75 MHz bis 18,75 MHz getaktet. Die bei der virtuellen Speicherverwaltung übertragenen Seiten sind 8 KB groß. Die Chip-Architektur ermöglicht den Einsatz verschiedener Betriebssysteme (wie VMS, Ultrix und OSF/1 von DEC) und bietet damit den DEC-Kunden die Möglichkeit, alle vorhandenen Anwendungsprogramme auf Rechnern mit den Alpha-Chips weiterzuverwenden. Vom Ein-Prozessor-System bis hin zu massiv parallelen Mehrprozessorsystemen lassen sich die Chips einsetzen. DEC wird die Alpha-Chips in den eigenen Rechnern verwenden, aber auch an andere Computerhersteller und OEMs verkaufen.

---

OEM ist die Abkürzung für «original equipment manufacturer» bzw. «other equipment manufacturer». Man versteht darunter einen EDV-Hersteller, der Geräte oder auch Komponenten von anderen EDV-Herstellern bezieht und diese in eigenen Anlagen unter eigenem Namen vertreibt. Meist bietet er dabei einen Zusatznutzen in Form spezieller Software, Firmware oder Hardware; OEMs werden in diesem Sinne auch als **VAR**s (Abkürzung von engl.: value added resellers) bezeichnet.

---

Auch von anderen Herstellern sind in nächster Zeit Ankündigungen von 64-Bit-RISC-Prozessoren zu erwarten.

RISC-Architekturen werden heute noch vor allem in Workstations für technisch-wissenschaftliche Anwendungen eingesetzt. Zunehmend werden solche Rechner aber auch für kaufmännische Bereiche interessant. Verschiedene Hersteller planen, künftig auf ihren RISC-Rechnern nicht nur das bisherige Standardbetriebssystem UNIX, sondern darüber hinaus auch MS-DOS/Windows von Microsoft bzw. OS/2 von IBM zu implementieren (Näheres hierzu folgt in den Abschnitten 2.4.2 und 2.4.5). Daneben werden die RISC-Prozessoren auch vielfach für integrierte Gerätesteuerungen (engl.: embedded solutions) verwendet.

Die Aussagen der Marktforschungsinstitute bezüglich der *Entwicklung des Mikroprozessormarktes* differieren stark. Allgemein wird aber mit großen Zuwachsraten gerechnet – vor allem bei den RISC-Architekturen. Nachdem Intel lange Zeit den Mikroprozessormarkt für Personal-Computer praktisch allein beherrscht hat, werden in Zukunft auch andere Hersteller bedeutende Marktanteile besitzen. Die fernere Zukunft wird wahrscheinlich durch ein Zusammenwachsen von RISC- und CISC-Implementierungen geprägt. Während bei den RISC-Architekturen die Anzahl der Instruktionen steigen wird, werden bei den CISC-Prozessoren zunehmend RISC-Architekturmerkmale implementiert.

**Personal-Computer**

Wir haben *Personal-Computer* (PCs) als *Arbeitsplatzrechner für den kommerziellen Einsatz* definiert, an denen im allgemeinen nur ein Benutzer gleichzeitig arbeiten kann. Neugegründete PC-Hersteller wie z.B. Apple und Commodore haben schon in den 70er Jahren solche – aus heutiger Sicht allerdings sehr leistungsschwache – Mikrorechner mit so großem Erfolg angeboten, daß Anfang der 80er Jahre auch die Großrechnerhersteller in diesen lukrativen Markt eingestiegen sind. 1981 wurde der erste IBM-PC vorgestellt (in den USA; in Europa erst 1983), der sich aufgrund seiner Konzeption als offenes System und durch die marktbeherrschende Stellung von IBM sofort als Industriestandard bei den Personal-Computern durchgesetzt hat. In den darauffolgenden Jahren boten praktisch alle Mikrorechnerhersteller kompatible Personal-Computer an. «*Industriestandard*» heißt, daß bestimmte Produktspezifikationen – seien sie genormt oder von einem mächtigen Hersteller oder einer marktbeherrschenden Gruppe vorgegeben – weitreichende Akzeptanz im Markt gefunden haben. «*Kompatibel*» heißt verträglich; oft wird damit die Anpassung an Spezifikationen des Marktführers IBM gemeint – ebenso wie oft der «Industriestandard» mit dem «IBM-Standard» gleichgesetzt wird. Im konkreten Fall bedeutete es, daß fast alle PC-Hersteller so wie IBM die CISC-Mikroprozessoren von Intel verwendeten, wodurch die für die IBM-PCs entwickelten Programme auf allen angebotenen Mikrorechnern laufen konnten. Daran hat sich bis heute nichts geändert. Nur wenige namhafte Anbieter wie Apple, Atari und Commodore mit eigenen Personal-Computer-Entwicklungen verwenden Prozessoren von Motorola.

*Die typischen Merkmale von Personal-Computern* haben wir in Abb. 1.2.3.3/1 gekennzeichnet. Die billigsten Tischgeräte (engl.: desktop), manchmal noch mit einem Intel-Prozessor 80286 (= sog. PC-AT), kosten gegenwärtig etwa 1000 DM. Die teuersten, aber sehr leistungsfähigen Personal-Computer mit einem Intel 80486 oder Motorola 68040 kosten nicht selten mehr als 20000 DM. Dabei gibt es zwischen Markenartikelanbietern wie Compaq, Dell, Hewlett-Packard, IBM, SNI (= Abkürzung für: Siemens Nixdorf Informationssysteme) oder Unisys und den Händlern mit PCs ohne große Markennamen beträchtliche Preisunterschiede.

1990 entfielen in Europa von den *mit Intel-Prozessoren ausgestatteten PCs (Marktanteil 80–90%)* noch 17% aller Verkäufe auf Einheiten mit Intel 8086/8088-Mikroprozessoren, 1991 waren es noch 6% und für 1992 lautet der Schätzwert 2%. PC-AT mit dem Intel 80286 hatten 1990 noch einen Marktanteil von 44%, der 1991 auf 31% und 1992 auf 12% gesunken ist. Abgelöst wurden diese 16-Bit-PCs durch die wesentlich leistungsstärkeren 80386-Mikrorechner, die 1990 schon einen Absatzanteil von 38% hatten, der 1991 auf 60% und 1992 auf 72% gewachsen ist. Allmählich spielen auch die PC-Verkäufe im 80486-Bereich eine Rolle: Waren es 1990 nur 1% und 1991 noch nicht mehr als 3%, die auf dieses Marktsegment entfielen, so wird 1992 schon mit einem Absatzanteil von 14% gerechnet, der künftig weiter stark steigen dürfte.

*Beispiel:* Ein kommerziell einsatzfähiges *PC-Einstiegssystem mit 80386SX-Prozessor* mit 20 MHz Taktfrequenz und 4 MB Arbeitsspeicher, 80-MB-Magnetplattenlaufwerk, 3,5-Zoll-Diskettenlaufwerk, 14-Zoll-VGA-Farbbildschirm, Tastatur und Maus kostet derzeit (1992) bei einem renommierten EDV-Hersteller ca. 6000 DM. Ein *Hochleistungs-PC* mit 80486DX-Prozessor mit 33 MHz Taktfrequenz und 8 MB Arbeitsspeicher, 400-MB-Magnetplatte und sonst gleicher Peripherie kostet in etwa das Dreifache. No-Name-PCs (Händlermarken) sind mindestens um die Hälfte billiger.

Durch das erheblich preisgünstigere Angebot von Geräten guter Qualität (die oftmals, egal von wem und unter welchen Namen sie angeboten werden, im Fernen Osten – Japan, Taiwan, Südkorea, Singapore – hergestellt worden sind) haben sich in den letzten Jahren die *Marktanteile immer mehr zugunsten der Discount-Händler* (wie z.B. VOBIS) verschoben. Dadurch ist es auch zu einem verschärften Wettbewerb gekommen, der zu beträchtlichen Preissenkungen bzw. Verbesserungen des Preis-/Leistungsverhältnisses bei Geräten aller Hersteller geführt hat. Ein Ende dieser Talfahrt der Preise ist nicht abzusehen.

*Weltweit wurden 1991 etwa 27 Mio. PCs im Wert von 40 Milliarden US-$ verkauft. Auf Deutschland entfielen davon 1,24 Mio. kommerziell einsatzfähige Systeme im Wert von 8,3 Mrd. Mark.* Das ist gegenüber dem Vorjahr 1990 ein Rückgang des Umsatzvolumens um sieben Prozent, obwohl der

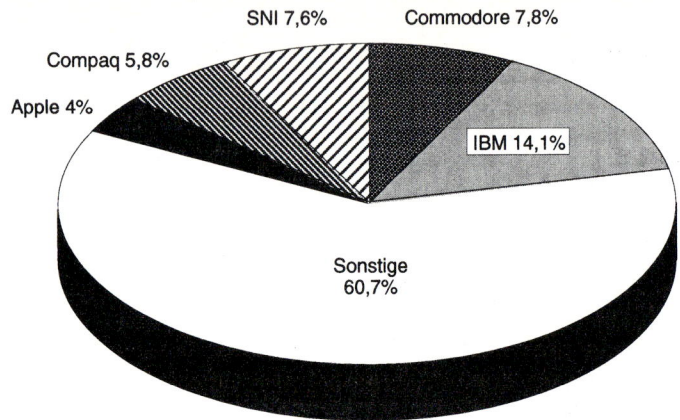

1,154 Millionen Stück im Jahr 1990

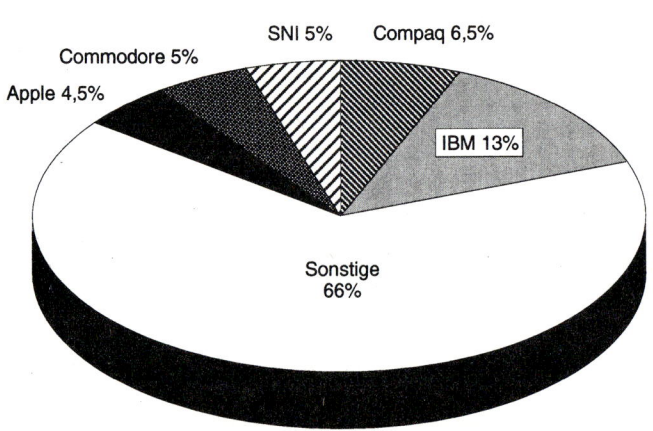

1,240 Millionen Stück im Jahr 1991

Abb. 2.3.3/8: Absatz kommerziell einsatzfähiger PCs in Deutschland (Quelle: Datamation/IDC/PC Woche)

Absatz stückzahlmäßig von 1,154 auf 1,240 Mio. Einheiten gestiegen ist. Eine solche Marktschrumpfung hat es auf dem deutschen Markt noch niemals vorher gegeben. *Die führenden Anbieter IBM, Compaq, SNI und Apple* haben durch ihre hochpreisigen Geräte wertmäßig deutlich höhere Marktanteile als stückzahlmäßig. Bei den auch stark im Heimcomputermarkt vertretenen Firmen Atari, Commodore und Schneider ist es umgekehrt. Etwa 15% der abgesetzten PCs sind tragbare Geräte. *Notebooks* mit den Abmessungen einer DIN A4-Seite haben 1991 die weit größeren und schwereren *Laptops* im Absatz überrundet; für sie wird in den kommenden Jahren ein stürmisches Wachstum prognostiziert. Die noch kleineren sogenannten *Palmtops*, deren Abmessungen etwa die eines Mobiltelefons sind, haben hingegen wegen der kleinen Tastatur und des Minibildschirms nur beschränkte Einsatzmöglichkeiten. *Marktführer auf dem rasch wachsenden Teilmarkt für tragbare PCs sind Toshiba und Compaq.* Insgesamt bieten auf dem deutschen Markt über 100 Hersteller ein Produktspektrum von mehr als 1000 Modellen an. Der Vertrieb erfolgt fast ausschließlich indirekt über den Handel (Computerfachhandel, Discounter, Warenhäuser, Versandhäuser).

Abb. 2.3.3/9: Palmtop-PC

*Apple* nimmt durch die mangelnde «Industriestandard-Kompatibilität» infolge der verwendeten Motorola-68000-Mikroprozessoren auf dem Markt eine Sonderstellung ein. Die Apple Macintosh- und Quadra-Rechner (letztere mit 68040-Prozessoren) zeichnen sich durch eine hervorragende, leicht erlernbare Benutzeroberfläche mit gleichbleibenden Bedienungsformen der Programme aus. Sie sind insbesondere für die Integration von Text- und Grafikverarbeitung bestens geeignet und können gut in andere System- welten eingebunden werden. Die Geräte haben jedoch ein hohes Preisniveau (keine Konkurrenz von Discountern mit kompatiblen Produkten), das Peri- pherieangebot ist beschränkt und die Palette von Softwareprodukten ist enger als in der Welt der PCs mit Intel-Prozessoren (und den Betriebssyste- men MS-DOS/Windows bzw. OS/2). In den USA steht Apple bezüglich der PC-Umsätze hinter IBM mit 15% Marktanteil an zweiter Stelle.

Abb. 2.3.3/10: Typische Apple-Konfiguration der oberen Leistungsklasse (Quadra 900 – die Systemeinheit befindet sich unter dem Schreibtisch – Farbbildschirm, Tastatur, CD-ROM-Laufwerk und Tischlaserdrucker)

Eine Fortentwicklung der innovativen Konzeption von Apple findet sich in den Hochleistungs-PCs der vom «Apple-Erfinder» Steve Jobs Mitte der 80er Jahre gegründeten Firma *NeXT*. In diesen nach den modernsten Er- kenntnissen der Informatik völlig neukonzipierten, von vornherein auf den vernetzten Einsatz, Mehrprogrammbetrieb und Multimedia-Anwendungen ausgelegten Arbeitsplatzrechner mit großformatigen, hochauflösenden Bild- schirmen werden ebenfalls 68000-Prozessoren von Motorola (68040) ver- wendet. Bezüglich der Vor- und Nachteile gelten die für Apple genannten Merkmale in verstärktem Maße.

Als externes Bussystem wird in den Apple- und NeXT-Rechnern der *NuBus* verwendet, der eine maximale Datenübertragungsrate von 37,5 MB/s erlaubt. Der Datenbus und der Adreßbus sind jeweils 32 Bits breit.

Abb. 2.3.3/11: NeXTstation mit 17-Zoll-Farbmonitor

Bei den mit Intel-Prozessoren betriebenen Personal-Computern sind derzeit drei externe **Bussysteme** in Gebrauch: Der sog. *AT-Bus*, auch *ISA-Bus* genannt (ISA = Industry Standard Architecture) für 80286-Rechner, hat einen 16 Bits breiten Datenbus und arbeitet standardmäßig mit 8 MHz. Der speziell für 80386- sowie 80486-PCs entwickelte *EISA-Bus* (EISA = Extended Industrial Standard Architecture), ist aufwärtskompatibel zu ISA. Die Busgeschwindigkeit beträgt ebenfalls 8 MHz. Dadurch können auch bisher in 80286-PCs verwendete Zusatzplatinen (8-Bit- und 16-Bit-Erweiterungskarten) benutzt werden (maximal 15 Steckplätze). Adreßbus und Datenbus sind jeweils 32 Bits breit, die maximale Datenübertragungsrate beträgt 33 MB/s.

Der 1987 – zwei Jahre vor dem EISA-Bus – von IBM für die PS/2-Rechner eingeführte *MCA-Bus* (MCA = Microchannel Architecture) verfügt ebenfalls über 32 Adreßleitungen und 32 Datenleitungen, über die maximal 40 MB/s übertragen werden können. Die «Höchstgeschwindigkeit» wurde erstmals 1992 in neu angekündigten Spitzenmodellen der IBM-PS/2-Familie realisiert (vorher bzw. in leistungsschwächeren Modellen: 20 MB/s). Im Gegensatz zu EISA können auch 80286-Rechner mit der MCA-Architektur ausgestattet werden. Die maximal acht Platinen-Steckplätze und ihre Kontakte sind jedoch anders gestaltet (vor allem kleiner), was laut IBM hochfrequenztechnische Vorteile bringt. Dadurch ist jedoch das breite Angebot der deutlich billigeren ISA-Karten nicht brauchbar. Hinsichtlich der Funktionalität sind sich MCA und EISA sehr ähnlich.

## Workstations

Die hauptsächlich *für technisch-wissenschaftliche Anwendungen zum Einsatz kommenden Workstations* erreichen wesentlich höhere Verarbeitungsleistungen als die in der kommerziellen Praxis vorherrschenden Personal-Computer und müssen dementsprechend auch mit schnelleren externen Bussystemen in der Zentraleinheit ausgestattet sein.

Zum *Beispiel* arbeitet der in der *DECsystem-Familie 5000* zum Einsatz kommende *TURBOchannel* (abgekürzt: TC) im Bereich von 12,5 MHz bis 25 MHz und erreicht eine Übertragungsgeschwindigkeit von 50 bis 100 MB/s. Solche Datenübertragungsraten sind auch für die Bussysteme von Workstation-Familien anderer Hersteller, für Minirechner und für Großrechner typisch.

Die kennzeichnenden *Merkmale von Workstations* haben wir in der Abb. 1.2.3.3/3 dargestellt. Abgrenzungsprobleme gibt es gegenüber Personal-Computern: Terminologisch, weil manche Hersteller jeden Arbeitsplatzrechner als «Workstation» bezeichnen. Technisch und preislich, weil sich Hochleistungs-PCs und Einstiegsmodelle von Workstation-Familien in ihren Kenndaten kaum noch unterscheiden.

Zum *Beispiel* wird der Mikroprozessor MC 68040 von Motorola in Modellen beider Rechnergruppen eingesetzt. Und auch der in PCs verbreitete CISC-Prozessor 80486DX von Intel ist manchem 32-Bit-RISC-Prozessor von Workstations leistungsmäßig ebenbürtig. *Preislich liegt die Untergrenze für eine Workstation derzeit (1992) bei ca. 10000 DM – ein Betrag, der auch für einen Hochleistungs-PC zu bezahlen ist.* Die Abb. 2.3.3/12 zeigt Benchmarkergebnisse für Workstations im unteren Leistungsbereich [von Digital Equipment (= DEC), Sun, Hewlett-Packard (= HP), IBM und Silicon Graphics (= SGI) im Vergleich mit leistungsstarken Personal-Computern (von NeXT und Compaq)].

| Workstation | SPEC-mark | SPEC integer | SPEC Floating Point | Dhrystone MIPS | Dhrystone (Dhrystone per second) | Whetstone Single (KWIPS) | Whetstore Double (KWIPS) | Linpack Single Precision (MFLOPS) | Linpack Double Precision (MFLOPS) |
|---|---|---|---|---|---|---|---|---|---|
| DECstation 5000/20 | 16,3 | 13,5 | 18,4 | 21,60 | 37951 | 20985 | 16865 | 5,32 | 2,44 |
| DECstation 5000/25 | 19,1 | 15,7 | 21,7 | 26,70 | 46927 | 25860 | 20882 | 6,60 | 2,80 |
| DECstation 5C00/120 | 16,4 | 13,8 | 18,4 | 21,69 | 38116 | 20465 | 16560 | 5,31 | 2,56 |
| DECstation 5C00/125 | 19,3 | 16,1 | 21,7 | 26,80 | 47090 | 25627 | 20597 | 6,67 | 3,01 |
| DECstation 5C00/133 | 25,5 | 20,9 | 29,1 | 34,42 | 60475 | 33292 | 26724 | 8,79 | 5,93 |
| DECstation 5C00/200 | 23,5 | 19,5 | 26,7 | 27,27 | 47920 | 25679 | 20899 | 6,81 | 3,73 |
| DECstation 5C00/240 | 32,4 | 27,9 | 35,8 | 43,00 | 75557 | 42812 | 34457 | 10,80 | 6,04 |
| SPARCstation IPC | 13,5 | 12,8 | 14,0 | 15,70 | 27585 | 10204 | 6369 | 3,20 | 1,70 |
| SPARCstation ELC | 20,3 | 18,0 | 22,0 | 23,07 | 40540 | 23148 | 14663 | 3,61 | 2,20 |
| SPARCstation IPX | 24,4 | 21,7 | 26,5 | 26,68 | 46875 | 27778 | 19120 | 4,34 | 2,65 |
| SPARCstation 2 | 25,0 | 21,7 | 27,4 | 28,50 | 50075 | 19920 | 14641 | 6,10 | 4,20 |
| HP 9000/425t | 11,0 | 12,3 | 10,3 | 25,87 | 45454 | 4417 | 4112 | 1,69 | 1,62 |
| HP 9000/425e | 10,3 | 12,2 | 9,3 | 33,09 | 58139 | 10858 | 10753 | 1,69 | 1,60 |
| HP 9000/720 | 59,5 | 39,5 | 78,5 | 57,00 | 100149 | 56180 | 48310 | 22,90 | 17,20 |
| IBM RS/6000 320 | 32,8 | 15,9 | 53,1 | 29,64 | 52083 | 19920 | 22173 | 8,22 | 6,91 |
| IBM RS/6000 320H | 41,2 | 20,0 | 66,8 | 37,10 | 65185 | n/a | n/a | 11,70 | n/a |
| SGI Personal Iris 4D/25G | 12,2 | 14,0 | 11,1 | 16,45 | 28901 | 12903 | 9615 | 2,94 | 1,42 |
| SGI 4D/35 | 31,1 | 28,0 | 33,4 | 33,00 | 57981 | n/a | n/a | n/a | 6,00 |
| SGI Indigo | 26,3 | 23,6 | 28,4 | 31,27 | 54945 | 22676 | 17921 | 4,30 | 3,15 |
| NeXTStation | 10,2 | 11,9 | 9,2 | 14,11 | 24793 | 4167 | 5459 | 1,64 | 1,58 |
| Compaq 386/33 | n/a | n/a | n/a | 8,40 | 14749 | 6086 | 4710 | 1,27 | 0,76 |
| Compaq 486/33 | n/a | n/a | n/a | 18,97 | 33333 | 7541 | 7353 | 1,42 | 1,29 |

Abb. 2.3.3/12 Benchmarkergebnisse (1992) für Workstations im unteren Leistungsbereich im Vergleich zu Hochleistungs-PCs (Quelle: DEC)

Im oberen Bereich erreichen und überschreiten Workstations die Leistungen von Minirechnern. Sie sind aber meistens wesentlich billiger.

Typisches *Beispiel* ist *IBM*. Die beiden *Systemfamilien AS/400 und RS/6000* haben vergleichbare Rechenleistungen, die AS/400-Modelle werden aber als Minirechner (Abteilungsrechner) eingestuft, die RS/6000-Modelle werden als Workstations verkauft.

Während es sich in diesem Fall noch um unterschiedliche Rechnerarchitekturen (CISC und RISC) handelt, wird *bei anderen Computerherstellern bereits dieselbe RISC-Technologie für die angebotenen Workstation- und Minirechner-Familien* verwendet.

Zum *Beispiel* hat *Hewlett-Packard* 1991 16 neue Modelle auf der Basis des HP-eigenen *RISC-Chips PA (Precision Architecture)* angekündigt. Zehn Modelle erweitern die proprietäre (d.h. mit einem herstellerspezifischen Betriebssystem ausgestattete) *Minirechnerfamilie HP 3000*, die übrigen sechs mit dem Industriestandard-Betriebssystem UNIX die *Workstation-Serie HP 9000*. Das kleinste Modell der Minirechnerfamilie HP 3000 mit der Typenbezeichnung 917LX, das laut Herstellerangaben bis zu acht Benutzer bedienen kann, kostet (1992) in einer Standardkonfiguration mit 24 MB Arbeitsspeicher, 670-MB-Magnetplatte, 1,3-GB-DDS-Band, einem LAN-Anschluß, Konsole und acht Benutzerlizenzen 36000 DM. Das größte Modell dieser HP 3000/900-Systeme soll mit einer 2,3mal so hohen Leistung 96−250 Benutzer bedienen können. (Bitte verwechseln Sie solche maximalen Leistungsangaben seitens der EDVA-Anbieter nicht mit den in der Praxis realisierbaren Werten. Es dürfte in der Wirtschaft kaum vorkommen, daß ein Rechner dieser Leistungsklasse mehr als 100 angeschlossene Datenstationen bedient.) In einer Standardkonfiguration mit 64 MB Arbeitsspeicher, 1,3-GB-Magnetplatte, 1,3-GB-DDS-Band, einem LAN-Anschluß, einer Konsole und 100 Benutzerlizenzen hat dieses Modell 967 einen Preis von 465000 DM. Die entsprechenden Workstations HP 9000 kosten hingegen in ähnlichen Standardkonfigurationen zwischen 29000 DM (Einstiegsmodell 807 S) und 206000 DM (Spitzenmodell 857S), wobei jeweils acht Benutzerlizenzen enthalten sind.

*Die in Workstations hauptsächlich zum Einsatz kommenden RISC-Architekturen* haben wir bereits weiter vorne in diesem Abschnitt 2.3.3 beschrieben. Die SPARC-Architektur verwenden zum Beispiel neben Sun u.a. die Hardwarehersteller Amdahl, Fujitsu, Goldstar, Philips und Toshiba. Motorola-Chips M88000 werden u.a. in Geräte der Hersteller Data General, Harris, Motorola, Sanyo, Textronics und Unisys eingebaut. MIPS-Chips verwenden Bull, DEC, Olivetti, Prime, Pyramid, SNI, Silicon Graphics, Tandem, Wang und Zenith. Hewlett-Packard und IBM setzen wie erwähnt Eigenentwicklungen ein, von DEC ist dies ebenfalls in absehbarer Zeit zu erwarten.

Das *Angebot von Workstations* reicht *von Notebooks* (bisher noch sehr selten), *über Tischgeräte* (komplettes System auf dem Schreibtisch) und

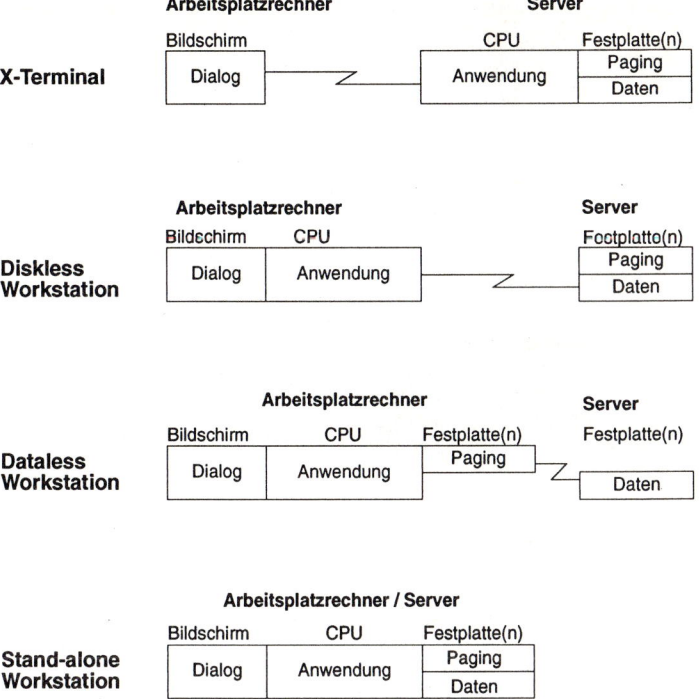

Abb. 2.3.3/13: Arbeitsweise von Workstations (Quelle: IBM)

*Standgeräte* (Bildschirm auf dem Benutzerschreibtisch, Systemeinheit darunter) *bis zu sogenannten Rack-Geräten* (von denen mehrere in einen Schrank eingebaut werden können).

Die preiswerten *Einstiegsmodelle* (= Tischgeräte) werden oft in mehreren *vorpaketierten Ausstattungsvarianten* angeboten (siehe Abb. 2.3.3/13):

- *Medialess*, d.h. ohne Disketten- und Magnetplattenlaufwerk. Damit ist kein unerwünschter externer Datenaustausch mehr möglich (guter Schutz gegen Viren).
- *Diskless*, d.h. ohne Magnetplatte. Booten und Betrieb nur im lokalen Netzwerk über einen LAN-Server. Zentrale Datenhaltung, Programmpflege und Datensicherung.
- *Dataless*, mit kleiner Magnetplatte (z.B. 160 MB), die nur als Paging-Einheit benutzt wird und so die Belastung des Netzwerks reduziert.
- *Voll ausgebaut*, zum Beispiel mit 2,88-MB-Diskettenlaufwerk und 400-MB-Magnetplatte, wodurch sowohl ein Stand-alone-Betrieb als auch ein

effizienter Betrieb im Netz (als Arbeitsplatzrechner oder kleiner Server) zu einem günstigen Preis ermöglicht wird.

*Das am meisten eingesetzte Betriebssystem ist UNIX.* IDC schätzt den Anteil von UNIX im Workstation-Bereich auf über 80%. Durch die Weiterentwicklung der CISC- und RISC-Mikroprozessoren werden immer schnellere, aber auch billigere Workstations angeboten. Für 1993 werden Rechenleistungen bis 250 Mips erwartet. Die Arbeitsspeicher erreichen dann Größenordnungen von einem GB. Dabei werden aller Voraussicht nach zunehmend RISC-Prozessoren eingesetzt.

*Weltweiter Marktführer mit einem Absatzanteil von knapp 30% ist Sun Microsystems.* HP und DEC haben Marktanteile von jeweils etwa 20%. IBM hat mit den erst Mitte 1990 eingeführten neuen RS/6000-Rechnern auf Anhieb die bisher an vierter und fünfter Position liegenden Hersteller Intergraph und Silicon Graphics überflügeln können (jeweils 4–7% Absatzanteil). Auch in Deutschland liegen diese Hersteller vorn, wobei 1990 HP mit einem Stückzahlanteil von 29,7% vor DEC mit 26,9%, Sun mit 22,4% und IBM mit 5,0% führte. SNI hat einen Anteil im deutschen Workstation-Markt von 2,9%, Intergraph von 2,7% und Silicon Graphics von 2,2%. In Deutschland wurden 1990 insgesamt 27650 Workstations verkauft. Das entspricht einem Umsatz von 1,13 Mrd. DM (alle Angaben von IDC).

*Das Marktwachstum im Bereich der Workstations war in den letzten Jahren rasant.* 1991 wurden weltweit neunmal soviel Workstations verkauft wie 1986. Der Umsatzzuwachs betrug 1991 gegenüber 1990 plus 14%, obwohl der Umsatz auf dem EDV-Weltmarkt insgesamt rückläufig war.


## Minirechner

Workstations sind vorwiegend für den Einbenutzerbetrieb konzipierte, im obersten Leistungsbereich angesiedelte Arbeitsplatzrechner oder Server in Netzen. *Minirechner* sind hingegen *Abteilungsrechner mit zumeist einer größeren Anzahl von Benutzern (Datenstationen).* Wir haben die typischen Merkmale in der Abb. 1.2.3.3/5 gekennzeichnet.

*In Deutschland sind bei solchen mittleren Systemen für den kommerziellen Einsatz vor allem die Siemens-Nixdorf Informationssysteme AG (SNI) und IBM erfolgreich.* Auch Philips (der Bereich der mittleren Datentechnik wurde von DEC übernommen), Bull, Mannesmann-Kienzle (MK), Olivetti, NCR und Wang sind «traditionelle» Bürocomputerhersteller. Die bedeutendsten Hersteller von Minirechnern, deren «Tradition» eher in technischen Anwendungsbereichen bzw. der Prozeßrechentechnik liegt, sind Data General, DEC, HP, Prime Computer und Tandem.

*Die in Deutschland verbreitetste Minirechnerfamilie Nixdorf 8870/Quattro* wurde schon 1975 als BASIC-orientiertes System mit Zielrichtung auf mittelständische Betriebe angekündigt. Die Stärke dieses Systems war und ist eine breite Palette von einfachen kompletten Anwendungssoftwarelösungen, die auf der Basis eines proprietären Betriebssystems in intensiver Zusammenarbeit mit Partnern entstanden sind (COMET ist das Standardpaket; 130 Branchenlösungen). 1987 sind neue Rechner dieser Systemfamilie mit deutlichen Leistungsverbesserungen, aber kaum Kapazitätserweiterungen (Mehrprozessorensysteme mit gleicher Hardwarearchitektur) angekündigt worden, und es wurde die Software verbessert (COMET-TOP). Die sogenannte Quattro-Architektur ermöglichte die Kopplung von bis zu vier 8870-Rechnern an einem Bus, aber nur eine maximale Leistungsverbesserung um das 2,3fache. 1989 wurden Quattro-Systeme mit RISC-Prozessor angekündigt, die eine deutliche Verbesserung der Rechenleistung mit jedoch nicht allzu großen Auswirkungen auf den Gesamtdurchsatz gebracht haben. 1990 wurde die schwer defizitäre Nixdorf Computer AG von der Siemens AG übernommen und mit dem Siemens-Bereich Daten- und Informationstechnik zur Siemens Nixdorf Informationssysteme AG (SNI) fusioniert. Im Geschäftsjahr 1990/91 entfielen 16% des SNI-Umsatzes auf 8870/Quattro-Systeme (Hardware und Software), die entsprechend den spezifischen Marktanforderungen weiterentwickelt werden sollen.

Ein ebenso großer SNI-Umsatzanteil von 16% entfiel 1990/91 auf UNIX-basierte Minirechner (die bisherigen Siemens-Serien MX 300, MX 500 und die Nixdorf-Serie Targon). Die *MX 300* ist ein leistungsschwächeres System, die weitverbreitete *MX 500-Familie* erreicht hingegen Mips-Raten von 10 bis über 40. In der MX-Systemlinie wird derzeit der Übergang von der NSC-Prozessorbasis auf CISC-32-Bit-Mikroprozessoren von Intel vollzogen. Die *Targon-Rechner* verwenden derzeit im unteren Leistungsbereich CISC-Prozessoren von Motorola (68030 und 68040), im oberen Bereich RISC-Prozessoren von MIPS (die schrittweise für alle Targon-Systeme eingeführt werden sollen). Für Anwender mit Non-Stop-Verfügbarkeitsanforderung steht mit der Targon 3300 ein ausfallsicheres UNIX-basiertes System in MIPS-RISC-Architektur zur Verfügung.

Im kommerziellen Bereich ist ferner noch vor allem *IBM* mit dem *System AS/400* erfolgreich. Mit insgesamt 13 Modellen bietet die Familie auf der Basis des proprietären Betriebssystems OS/400 ein Leistungsspektrum von etwa 1 Mips (für das Einstiegsmodell) bis 17 Mips (für das größte Modell mit drei Zentralprozessoren). Die Preise reichen von ca. 22000 DM bis 2 Mio. DM. Im leistungsfähigsten, 1992 angekündigten Modell 9406-E90 verwendet IBM erstmals 16-MBit-DRAMS, wodurch die Arbeitsspeicherkapazität auf bis zu 512 MB ausgebaut werden kann.

Ein wichtiger Anbieter von Minirechnern bei technischen Anwendungen ist *DEC* mit den *Familien VAX 4000 und 6000*. Alternativ werden die Betriebssysteme VMS (proprietär) oder Ultrix (UNIX-Version) angeboten, wobei gerade kommerzielle Anwendungssoftware vielfach nur auf VMS-Basis erhältlich ist. Die leistungsmäßig eher mit den IBM AS/400-Systemen vergleichbaren Rechner der Familie *VAX 4000* haben eine 32-Bit-Architektur, eine Arbeitsspeicherkapazität von 64 bis 512 MB und Mips-Raten von 5–24. Für den Zentralprozessor werden von DEC eigengefertigte CISC-Chips in CMOS-Technologie verwendet. Dieser Chip enthält 1,3 Millionen Transistoren, arbeitet mit einer Zykluszeit von 14 Nanosekunden und enthält viele Funktionen, die vorher auf separaten Chips untergebracht waren: Cachespeicher mit drei Ebenen, virtueller 2-KB-Befehls-Cachespeicher, 8-KB-Primär-Cachespeicher für Befehle und Daten, Gleitkommaeinheit, Macro-Pipelining-Architektur (wie bei dem Großrechner VAX 9000). Die *VAX 6000-Systeme* erreichen über 70 Mips. Das VAX-Cluster-Konzept erlaubt es, eine Anzahl von VAX-Rechnern zu lose gekoppelten Multiprozessorsystemen zusammenzuschließen. Damit können bei Überlastung eines Rechners Anwendungen automatisch auf einen anderen Clusterrechner verlegt werden.

*Weltmarktführer sind bei Minirechnern IBM, DEC und HP.* Für Deutschland nennt Diebold folgende Anteile der führenden Hersteller am Gesamtwert des Bestandes kleiner und mittlerer EDVA (Kaufpreis bis 500000 DM): SNI 24,1%, IBM 11,3%, DEC 9,6%, HP 9,4%, MK 8,9%, Philips 6,2%, Bull 3,5% und Olivetti 2,8%. Diese Zahlen beziehen sich auf den Jahresanfang 1990; den gesamten Bestandswert von rund 340000 installierten Systemen gibt Diebold für diesen Zeitpunkt mit 32,5 Mrd. DM an. Etwa zwei Drittel des Installationsbestandes entfallen auf Bürocomputer klassischer Prägung, die überwiegend in Klein- und Mittelbetrieben als zentrale Rechner bzw. in Großbetrieben als Abteilungsrechner Verarbeitungsaufgaben wie Finanzbuchhaltung, Lohn- und Gehaltsabrechnung, Kalkulation und Kostenrechnung, Material- und Lagerwirtschaft, Auftragsbearbeitung und Verkaufsabrechnung übernehmen. Die erwähnten SNI-8870/Quattro- und MX 300-Rechner sowie die IBM AS/400-Rechner sind die verbreitetsten Systeme dieser Kategorie. Ein Drittel des installierten Bestandes entfällt auf Rechner im technisch-wissenschaftlichen Bereich bzw. für die Prozeßsteuerung.

Im Jahr 1991 war der Umsatz bei Minirechnern auf dem Weltmarkt stark rückläufig. Wie bereits im Zusammenhang mit den Workstations erwähnt, übernehmen diese zunehmend Server-Funktionen in Rechnernetzen und verdrängen damit kleinere Minirechner mit einem schlechteren Preis-/Leistungsverhältnis. Mit der zunehmenden Verwendung der RISC-Technologie und des Mehrbenutzerbetriebssystems UNIX sind Minirechner nicht mehr von den entsprechenden Workstations unterscheidbar.

Ein interessanter Teilmarkt sind die sogenannten *fehlertoleranten Rechner*, wie zum Beispiel die schon erwähnte SNI-Targon 3300 (die von der US-amerikanischen Firma Auragen entwickelt wurde). Sie sind auf On-line-Transaktionsverarbeitung und auf Anwendungen zugeschnitten, die eine extrem hohe Verfügbarkeit verlangen.

> **Fehlertoleranz** (engl.: fault-tolerance) heißt, daß ein Rechner trotz aufgetretener Fehler seinen Leistungsumfang ganz oder reduziert aufrechterhalten kann. Diese hohe Zuverlässigkeit wird durch Fehlererkennungs- und -eingrenzungsmechanismen sowie mit Hilfe von redundanten, d.h. mehrfach vorhandenen Bauteilen erreicht.

*Jedes Bauteil muß mindestens zweimal vorhanden sein, damit bei einem Fehler auf ein Ersatzteil umgeschaltet (bei «mitlaufenden», d.h. ständig parallel arbeitenden Komponenten) oder ein Ersatzteil eingeschaltet (bei passiven, nur bei Ausfall einsetzenden Komponenten) werden kann.*

Der auch heute noch führende *Pionierhersteller Tandem* stellte 1975 sein erstes «NonStop»-System vor, in dem bis zu 16 unabhängige Rechner über einen Hochgeschwindigkeitsdoppelbus miteinander verbunden werden können. Jeder Prozeß, der auf einem Rechner abläuft, wird gleichzeitig in einem Reserveprozeß auf einem anderen Rechner abgewickelt. Die Koordination erfolgt mittels Software. Über Kontrollpunkte an bestimmten Stellen des primären Prozesses wird der sekundäre Prozeß über den Ablaufstatus informiert. Bei einem Ausfall kann der Reserveprozeß in Sekundenschnelle ab dem letzten Kontrollpunkt die Programmausführung fortsetzen.

Bei einem anderen Konzept, das z.B. die US-amerikanische Firma *Stratus Computers Inc.* verfolgt, laufen Prozesse synchron in Taktfrequenz auf zwei Paaren von duplizierten Mikroprozessoren parallel. An den Ausgängen jedes einzelnen Mikroprozessors wird kontinuierlich auf Gleichheit geprüft. Stellt eines der Paare Ungleichheit der Ausgänge fest, so koppelt es sich sofort vom Systembus ab, während das andere Doppelpaar weiterarbeitet. Bis zu 32 Verarbeitungskomplexe aus jeweils vier Mikroprozessoren können über einen Hochgeschwindigkeitsbus gekoppelt werden. Seit 1986 vertreibt auch IBM die Stratus-Systeme unter eigenem Namen (System /88).

Die *Leistungsdaten und Preise* der Systeme von Tandem und von einem guten Dutzend weiterer Hersteller, die sich erst in den letzten Jahren auf dem Markt fehlertoleranter Systeme etabliert haben, bewegen sich – trotz unterschiedlicher Lösungskonzepte – in derselben Größenordnung. Ein Einstiegsmodell mit zwei Prozessoren, 16 MB Arbeitsspeicher, drei Ein-Ausgabe-Kanälen und zwei integrierten Magnetplattenlaufwerken ist für etwa 100000,– DM erhältlich. Das Top-Modell der Tandem Nonstop Cyclone-Familie mit 16 Prozessoren, 1024 MB Arbeitsspeicher, 100 GB Plattenspeicher, 128 Ein-/Ausgabe-Kanälen, 2 Magnetbandeinheiten und zwei Druckern kostet hingegen über 30 Mio. DM. Es werden sowohl CISC- als auch RISC-Rechnerfamilien als fehlertolerante Systeme angeboten. Die 1992 meistverwendeten Prozessorchips stammen von Motorola (68030) und

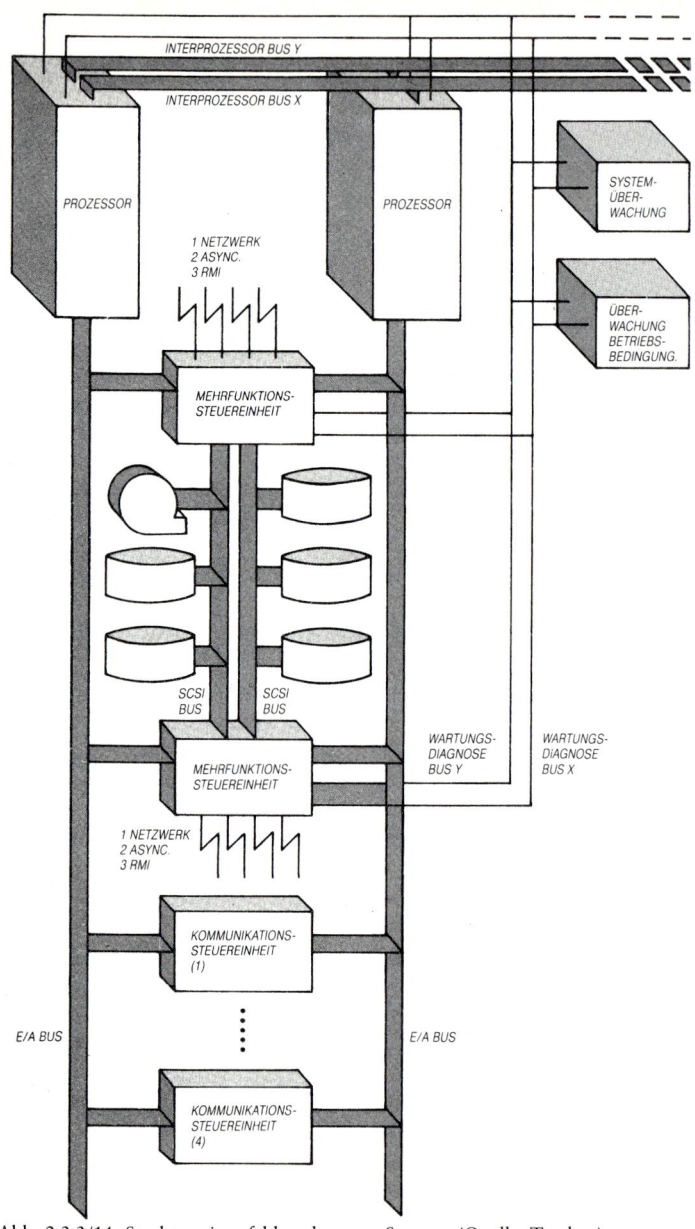

Abb. 2.3.3/14: Struktur eines fehlertoleranten Systems (Quelle: Tandem)

MIPS (R3000). Von den leistungsstärksten Systemen wird ein Durchsatz von mehreren hundert Transaktionen pro Sekunde (abgekürzt: tps) erreicht.

Allen angebotenen Systemen ist gemeinsam, daß sie sukzessiv entsprechend den wachsenden Anwenderbedürfnissen *modular erweitert* werden können.

*Herkömmliche Rechner* erreichen ohne Redundanz von Systemkomponenten heute schon *Zuverlässigkeitswerte von 98% bis 99% (d.h. die Ausfallzeiten betragen 1% bis 2% der Gesamtzeit). Spezielle fehlertolerante Systeme sind überall dort sinnvoll, wo die Ausfallkosten hoch sind bzw. wo sich ein Betrieb einen Systemstillstand einfach nicht leisten kann.* Denken Sie z.B. an die rechnergestützte Produktionssteuerung in der chemischen und Kfz-Industrie, Platzbuchungssysteme der Luftfahrtgesellschaften, Vermittlungssysteme in Fernmeldenetzen, den Schalterverkehr in Banken oder POS-Systeme mit Scanner-Kassen.

## Großrechner

Der installierte Bestand und die jährlichen Auslieferungen von Großrechnern betragen stückzahlmäßig weniger als ein Zehntel der entsprechenden Zahlen bei Minirechnern bzw. weniger als ein Hundertstel der Zahlen bei Mikrorechnern. Der Wert der installierten Großrechner ist jedoch höher als der aller anderen Rechnergruppen. Am wertmäßigen Absatz sind Großrechner zu etwa 25% beteiligt.

*In der Bundesrepublik Deutschland waren nach Angaben von Diebold Anfang 1991 23200 Großrechner ( = Kaufpreis über 0,5 Mio. DM) im Wert von ca. 56,3 Mrd. DM installiert. IDC spricht erst dann von einem Großrechner, wenn der Installationswert über 1 Mio. US-$ liegt. Etwa 3000 EDVA dieser Größenordnung, die in der Regel mehr als 100 Datenstationen bedienen, dürften in Deutschland in Betrieb sein.* Schon seit Mitte der 70er Jahre sind die jährlichen Auslieferungen von Großrechnern rückläufig, der wertmäßige Installationsbestand wächst nur noch minimal.

Der Großrechner-Markt wird derzeit von zwei gegenläufigen Tendenzen bestimmt: Outsourcing und Downsizing.

Unter **Outsourcing** versteht man das Auslagern von Teilen oder der gesamten Datenverarbeitung eines Betriebes an einen selbständigen Dienstleister.

Outsourcing fördert die Konzentration von EDV-Anwendungen auf einem Großrechner. Auch Expansions- und Konzentrationsbestrebungen weltweit tätiger Firmen schaffen größere Einheiten und damit den Bedarf an zentraler Datenverarbeitung auf den leistungsfähiger werdenden Großrechnern. Immer weiter wachsende Anforderungen an Datenbanksysteme und Rechnernetze erhöhen ihre Komplexität und damit den Bedarf an Ressourcen. All die genannten Anforderungen treiben die Technologieentwicklung zu einer Verdoppelung des Großrechner-Leistungsangebotes im Dreijahresrhythmus (siehe Abb. 2.3.3/16).

Demgegenüber steht der Trend zur Dezentralisierung.

---

**Downsizing** bedeutet, daß Informationssysteme vom Großrechner auf kostengünstigere bzw. effizientere Abteilungsrechner (Minirechner) und Arbeitsplatzrechner (Mikrorechner) ausgelagert werden.

---

Da aber nach wie vor betriebsübergreifende Datenbestände und Anwendungen zentral gehalten werden müssen, setzt man bei größeren Anwendungen die sog. *Client-Server-Architektur* ein. Näheres dazu folgt im Abschnitt 3.3.

---

Unter der **Client-Server-Architektur** versteht man eine kooperative Datenverarbeitung, bei der verschiedene Aufgaben wie die Datenverwaltung, On-line-Transaktionsverarbeitung (engl.: On-line Transaction Processing; abgekürzt: OLTP), Netzwerkmanagement, Benutzeroberflächengestaltung unter verbundenen Rechnern aufgeteilt werden. In einem solchen Verbundsystem können Großrechner, Minirechner und Mikrorechner zusammenarbeiten. *Server* (= Dienstleister) bieten über das Netz Dienstleistungen an, *Clients* (= Kunden) nehmen diese in Anspruch.

---

*Auf dem Großrechnermarkt dominiert IBM mit einem wertmäßigen Marktanteil von etwa 50%*, sowohl weltweit als auch in der Bundesrepublik Deutschland. Die nächstgrößeren Hersteller Unisys (USA), Fujitsu (Japan), Bull (Frankreich), NEC (Japan), SNI (BRD), Hitachi (Japan) und Amdahl (USA) haben Weltmarktanteile von 3–7%. *Der einzige deutsche Großrechnerhersteller SNI steht in der Bundesrepublik Deutschland mit über 20% Marktanteil an zweiter Stelle.*

Das *Großrechnerangebot* kann von der Architektur her in *zwei Gruppen* unterteilt werden:

1. Zentraleinheiten der IBM System/370- bzw. ESA/390-Architektur (IBM-Rechner und IBM-kompatible Rechner der sog. PCM-Hersteller mit einem gemeinsamen Weltmarktanteil von ca. 80%),
2. nicht-IBM-kompatible Zentraleinheiten.

Die zur Zeit erhältlichen Zentraleinheiten der *IBM-Großrechnerfamilie ES/9000* (ES = Enterprise Systems) reichen von luftgekühlten Einschubmo-

Abb. 2.3.3/15: Großrechner (der IBM ES/9000-Serie)

dellen (Modellreihe 9221) über luftgekühlte Boxenmodelle (Modellreihe 9121) bis zu wassergekühlten Rechnern (Modellreihe 9021). Die Leistungsbandbreite liegt zwischen zwei und 230 Mips. Die ESA/390-Architektur dieser Rechner baut dabei immer noch auf der S/360-Architektur der 60er Jahre bzw. der darauffolgenden S/370-Architektur auf und ist mit ihr aufwärtskompatibel, geht aber in den Funktionen weit darüber hinaus. Das bedeutet, daß vor 20 Jahren geschriebene Programme auch auf den neuesten Rechnern lauffähig sind.

Bis zur Mitte der 90er Jahre sind IBM-Rechner mit einer Leistung von 400–500 Mips zu erwarten. Diese Leistungssteigerungen resultieren einerseits aus einer verbesserten Technologie und verbessertem Prozessordesign (zusammen jährlich etwa 20% Verbesserung) und andererseits aus der Kopplung von heute bis zu sechs und in Zukunft einer größeren Anzahl von Prozessoren zu einem «Single Image»-Rechner.

Aus der Abb. 2.3.3/16 ist ersichtlich, daß die größten Rechner Anfang der 80er Jahre etwa dieselben Mips-Raten wie die heute marktgängigen 32-Bit-Mikrorechner besaßen – zu einem Preis, der ohne Berücksichtigung der Inflationsrate tausendmal so hoch war wie jener der Anfang der 90er Jahre meistverkauften Personal-Computer. An dieser Stelle soll allerdings nochmals darauf hingewiesen werden, daß dieser reine Mips- bzw. US-$/Mips-Vergleich sehr irreführend sein kann. Wenn man den Durchsatz der Rechner z.B. mit der Anzahl der Transaktionen pro Zeiteinheit ermittelt, sieht man sehr schnell, daß die Arbeitsplatzrechner (PC und Workstations) bei vergleichbaren Mips-Werten nur einen Bruchteil des Durchsatzes von Großrechnern bewältigen können. Dies liegt vor allem an der wesentlich größeren Bandbreite des Datenzugriffs bei den Großrechnern. Für Transaktionsverarbeitung und die Verwaltung großer zentraler Datenbanken sind daher die Großrechner nach wie vor meist weit besser geeignet.

| Modell | Ankündigung | Erstauslieferung | Mips | Preis in US-$ | US-$/Mips |
|--------|-------------|------------------|------|---------------|-----------|
| 360/50 | April 1964 | Aug. 1965 | 0,2 | 1 200 000 | 7 018 000 |
| 360/65 | April 1965 | Nov. 1965 | 0,6 | 3 000 000 | 5 282 000 |
| 370/155 | Juni 1970 | Jan. 1971 | 0,6 | 1 600 000 | 2 667 000 |
| 370/165 | Juni 1970 | April 1971 | 1,9 | 4 000 000 | 2 105 000 |
| 370/158-3 | März 1975 | Sep. 1976 | 1,0 | 1 600 000 | 1 684 000 |
| 370/168-3 | März 1975 | Juni 1976 | 2,5 | 4 514 700 | 1 806 000 |
| 3033S4 | Nov. 1980 | Jan. 1981 | 2,4 | 1 190 000 | 492 000 |
| 3033N4 | Nov. 1979 | Jan. 1980 | 4,0 | 1 800 000 | 450 000 |
| 3083-JXO | Feb. 1984 | Juni 1984 | 8,0 | 2 700 000 | 338 000 |
| 3081-KX1 | Feb. 1984 | Juni 1984 | 14,9 | 4 603 000 | 310 000 |
| 3084-QX3 | Feb. 1984 | Juni 1984 | 27,8 | 7 982 000 | 288 000 |
| 3090-180E | Jan. 1987 | Jan. 1987 | 16,5 | 2 650 000 | 161 000 |
| 3090-200E | Jan 1987 | Jan. 1987 | 30,8 | 4 580 000 | 149 000 |
| 3090-300E | Jan. 1987 | Aug. 1987 | 43,5 | 6 110 000 | 140 000 |
| 3090-400E | Jan. 1987 | Jan. 1987 | 55,8 | 8 670 000 | 155 000 |
| 3090-600E | Jan. 1987 | Aug. 1987 | 76,0 | 11 270 000 | 148 000 |
| 3090-180J | Okt. 1989 | Okt. 1989 | 22,5 | 2 900 000 | 129 000 |
| 3090-200J | Okt. 1989 | Okt. 1989 | 45,0 | 4 980 000 | 111 000 |
| 3090-300J | Okt. 1989 | Okt .1989 | 64,0 | 6 810 000 | 106 000 |
| 3090-400J | Okt. 1989 | Okt .1989 | 82,0 | 9 780 000 | 119 000 |
| 3090-600J | Okt. 1989 | Okt. 1989 | 116,0 | 12 750 000 | 110 000 |
| 9021-520 | Sep. 1991 | März 1992 | 47,0 | 4 450 000 | 95 000 |
| 9021-640 | Sep. 1991 | Jan. 1992 | 89,0 | 7 590 000 | 85 000 |
| 9021-740 | Sep. 1991 | Jan. 1992 | 125,0 | 10 620 000 | 85 000 |
| 9021-820 | Sep. 1990 | Sep. 1991 | 165,0 | 14 840 000 | 90 000 |
| 9021-900 | Sep. 1990 | Sep. 1991 | 230,0 | 20 320 000 | 88 000 |

Abb. 2.3.3/16: Entwicklung der Preis-/Leistungsverhältnisse bei IBM-Großrechnern der oberen Leistungsklasse (Quelle: Arthur D. Little, Inc./Datamation und eigene Ermittlungen)

## PCM

**PCM-Hersteller** (PCM ist die Abkürzung von engl.: plug compatible manufacturer) bieten an die Anlagenspezifikationen anderer Hersteller angepaßte, als Ersatz geeignete Baueinheiten von EDVA an. Dies können ganze Zentraleinheiten und Peripheriegeräte oder einzelne Komponenten (z.B. Arbeitsspeichererweiterungen) sein.

Meistens bieten die PCM-Baueinheiten ein besseres *Preis-/Leistungsverhältnis* als die «Originale», da sonst für den EDV-Anwender kaum ein Beschaffungsanreiz bestünde. An sich ziehen es die Anwender nämlich im allgemeinen vor, alles «aus einer Hand» zu beziehen – aus einem Sicherheits- und Bequemlichkeitsbedürfnis heraus, um bei Zuverlässigkeitsproblemen nicht lange den «Schuldigen» suchen zu müssen, nicht mit unterschiedlichen Lieferanten verhandeln zu müssen und nicht früher oder später (z.B. bei Konfigurationsänderungen aufgrund von Neuankündigungen) doch Verträglichkeitsprobleme zu haben.

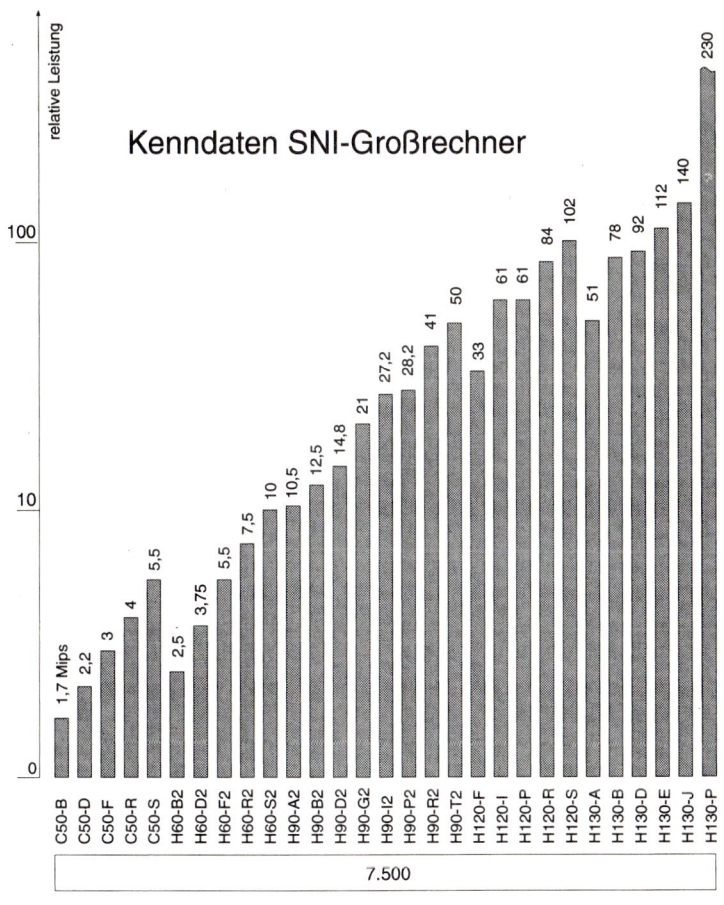

Abb. 2.3.3/17 : Zentraleinheiten der Rechnerfamilie SNI 7.500

Aufgrund der dominierenden Stellung des Marktführers IBM bieten PCM-Hersteller *vorzugsweise Alternativen für IBM-Produkte* an. Es gibt jedoch auch voll kompatible Angebote für Geräte anderer Hersteller mit größeren Marktanteilen, wie z.B. DEC oder Siemens.

*Nur die beiden japanischen Unternehmen Fujitsu und Hitachi stellen IBM ES/9000-kompatible Zentraleinheiten her.* Das bedeutet, daß die von diesen Firmen angebotenen EDVA über alle Ebenen (Hardware, Betriebssystem, Datenbank- und Datenkommunikations-(DB/DC-)Schnittstellen) volle Kompatibilität zu IBM-Systemen bieten. Wir kommen auf die Kompatibilitätsproblematik nochmals im Zusammenhang mit den Betriebssystemen (Abschnitt 2.4.5) zurück. Die Vertriebswege der PCM-Rechner sind vielfältig. So werden zum Beispiel von dem deutschen Unternehmen Comparex, einer Tochtergesellschaft von BASF, in Europa Hitachi-Produkte verkauft. Hitachi vertreibt über HDS (= Abkürzung für: Hitachi Data Systems) aber auch selbst. Amdahl – an dem amerikanischen Hersteller ist Fujitsu zu 47% beteiligt – produziert teilweise Zentraleinheiten mit Bauteilen von Fujitsu und verkauft die größeren Rechner des japanischen Herstellers am westlichen Markt.

Die Leistungen der PCM-Rechner sind mit denen von IBM vergleichbar, oder sogar höher. Der derzeit leistungsstärkste Großrechner, das Top-Modell 8650M der 5995-Serie von Amdahl, erreicht mit acht Prozessoren etwa 330 Mips.

*Nicht-IBM-kompatible Großrechner sind von Bull, CDC (= Abkürzung für: Control Data Corporation), DEC, NCR, SNI und Unisys erhältlich.* Der in Deutschland nach IBM bedeutsamste Hersteller SNI bietet seine Großrechner wohl in der gleichen Hardware-Architektur wie IBM, aber mit einem eigenständigen Betriebssystem (BS2000) und OLTP-Monitor (UTM) an. Die Abb. 2.3.3/17 zeigt Ihnen das Leistungsspektrum der insgesamt 27 angebotenen Modelle der SNI-Rechnerfamilie 7.500 (Stand: Mitte 1992), das eine Bandbreite von 1,7 bis 230 Mips Durchsatz, 16 bis 1024 MB Arbeitsspeicherkapazität und 6,4 bis 1152 MB/s Gesamtübertragungsrate des Ein-Ausgabe-Systems aufweist. Innerhalb jeder Modellreihe ist die Hochrüstung im Feld durch Komponententausch oder -ergänzung möglich.

Die nachstehende Tabelle zeigt Ihnen die wichtigsten Kenndaten einiger ausgewählter IBM- und Siemens-Großrechner.

| Modell | SNI<br>H60-B2 | IBM<br>9121−320 | SNI<br>H90-I2 | SNI<br>H120-S | IBM<br>9021−900 |
|---|---|---|---|---|---|
| Durchsatz<br>(Mips) | 2,5 | 22 | 27,2 | 102 | 230 |
| Zentralprozesso-<br>ren (Anzahl) | 1 | 1 | 2 | 4 | 6 |
| Arbeitsspeicher<br>(MB) | 16−128 | 16−256 | 64−256 | 128−512 | 512−1024 |
| Pufferspeicher<br>(Cache in KB) | 256 | 64 | 256 | 512 | 1536 |
| Zykluszeit<br>(in ns) | 45 | 15 | 24 | 10 | 9 |
| Kanäle<br>(max. Anzahl) | 24 | 48 | 44 | 128 | 256 |
| EA-Gesamtüber-<br>tragungsrate<br>(max. MB/s) | 70 | 458 | 182 | 576 | 4552 |
| Kaufpreis<br>(ca. Mio. DM<br>für Minimal-<br>konfigur.) | 0,4 | 3 | 5 | 21 | 54 |

Abb. 2.3.3/18: Kenndaten ausgewählter IBM- und Siemens-Großrechner (Stand: Mitte 1992)


## Superrechner

Klassische Supercomputer sind *Vektorrechner* mit einer geringen Anzahl von Hochleistungsprozessoren, die auf einen gemeinsamen Arbeitsspeicher zugreifen. Im Gegensatz hierzu haben *Parallelrechner* eine große Anzahl von Prozessoren, von denen jeder über einen eigenen (lokalen) Speicher verfügt.

Auf diesem *zukunftsträchtigen Markt* (wertmäßiger Absatzzuwachs weltweit von 1990 auf 1991 plus sechs Prozent trotz einer Schrumpfung des EDV-Gesamtmarkts) gibt es ein *breites Angebot von ausgereiften Vektorrechnern*. Alteingeführte EDV-Hersteller wie DEC, Fujitsu, Hitachi, IBM und NEC bieten ebenso Vektorrechner an, wie neugegründete Firmen. Manche davon sind allerdings schon wieder vom Markt verschwunden. Andere – wie z.B. Convex – sind aber so erfolgreich, daß der bisher unumstrittene *Marktführer Cray Research* zu erheblichen Preissenkungen gezwungen wurde. Das aktuelle Produktangebot reicht von einer kleinen Convex mit einem Preis von unter 100000 DM bis zu der Cray Y-MP C90 mit bis zu 16 Prozessoren mit 4 ns Zykluszeit und einer Leistung bis 16 GFlops, die einen Listenpreis von etwa 50 Mio. DM hat. (Ein solcher Rechner wird in Abb. 1.2.3.3/7 gezeigt.) In den nächsten Jahren wird von dem ehemaligen Chefkonstrukteur von Cray, Steve Chen, ein Vektorrechner erwartet, der mit einer noch erheblich größeren Zahl von Prozessoren in Leistungsbereiche von 100 GFlops vordringen soll. Auch die japanischen Hersteller Fujitsu und NEC entwickeln neue Vektorrechner mit Spitzenleistungen von über 100 GFlops.

*Weltweit sind derzeit etwa 500 Vektorsupercomputer des High-End-Bereichs installiert, ca. 30 davon in Deutschland.* Etwa 60% dieser 10−50 Mio. DM teuren Systeme stammen von *Cray,* an zweiter Stelle steht Fujitsu mit einem Marktanteil von ca. 20%. Durch den Partner *SNI* hat *Fujitsu* vor allem im deutschsprachigen Raum große Erfolge. Die S-Serie von SNI/Fujitsu bietet sehr leistungsstarke Vektorprozessoren mit 4 oder 3,2 ns Zykluszeit, mehrfach ausgelegten Pipelines und einer Spitzenleistung von 5 GFlops.

Im unteren bis mittleren Bereich der sog. *Minisupercomputer* ist *Convex* mit einem Absatzanteil von etwa 40% Marktführer. Das Spitzenmodell der Convex-Produktserie C3 beruht auf luftgekühlter GaAs-Technik und erreicht bei einer Zykluszeit von 16,7 ns 0,96 GFlops. Bis zu acht Vektorprozessoren können mit dem zentralen Speicher verbunden werden. Stärkster Konkurrent von Convex im Bereich der Minisupercomputer mit einem Absatzanteil von etwa 30% ist *Alliant.* Bei der FX/2800-Serie können bis zu 28 Intel-RISC-Prozessoren (i860) auf den zentralen Cache des gemeinsamen Speichers zugreifen. Weltweit dürften derzeit ca. 3000 Supercomputer im unteren und mittleren Marktbereich installiert sein. Kürzlich ist auch *Cray* in dieses Marktsegment eingetreten; die Einstiegsmodelle dieses Herstellers werden von DEC vermarktet.

*DEC* ist auch der erste große Computerhersteller, der sich auf dem Markt für massiv-parallelverarbeitende Systeme engagiert hat. Die Modelle der von *MasPar* (ein Spin-off von DEC) entwickelten Serie DECmpp 12000 können mit 1024 bis 16384 Prozessoren konfiguriert werden, die mit vier Bits Wortbreite auf verteilten Speichern arbeiten. Das Einstiegsmodell bietet bei einer Zykluszeit von 80 ns eine Verarbeitungsleistung von 1600 Mips; die Maximalkonfiguration erreicht eine Leistung von 1,3 GFlops bzw. 26 000 Mips – und zwar innerhalb desselben Systemgehäuses. MasPar bietet auch selbst diese Rechner unter dem Namen MP-1 an.

Die in den letzten Jahren vor allem in den USA erfolgreichen Connection Machines 2 (CM2) der Firma *Thinking Machines* (TMC) verwenden ein ähnliches Konzept der Parallelisierung mit verteiltem Speicher. Bis zu 65 536 Prozessoren der Wortbreite 1 Bit mit einer Zykluszeit von 125 ns ermöglichen eine theoretische Spitzenleistung von 14 GFlops. In realen Anwendungen werden aber kaum mehr als 5 GFlops erreicht. Das 1992 angekündigte Modell CM5 kann theoretisch bis auf 16000 Prozessorknoten ausgebaut werden. Allerdings würde eine solche Maschine derzeit ca.

350 Mio. DM kosten. Jeder CM5-Knoten ist ein 22-Mips-RISC-Prozessor mit vier Vektor-Pipes und einer Leistung von bis zu 128 MFlops.

Weitere Anbieter massiv paralleler Multiprozessorsysteme sind *Intel* (Paragon XP/S, die bis auf 4000 i860XP-Mikroprozessoren ausgebaut werden kann und im Maximalausbau 300 GFlops bzw. 160 KMips für über 90 Mio. DM bieten soll), *nCube* (nCube 2 mit bis zu 8192 64-Bit-Mikroprozessoren und einer Spitzenleistung von 20 GFlops) und die deutsche Firma *Parsytec* (Supercluster mit bis zu 400 Prozessoren und einer Spitzenleistung von 500 MFlops).

1992 haben auch die großen, alteingeführten Rechnerhersteller *IBM* und *NCR* ihren Einstieg in den Markt massiv-paralleler Systeme angekündigt. IBM verwendet den eigenen RISC-Prozessor («Power»), der auch in den RS/6000-Workstations zum Einsatz kommt. In dem NCR System 3000 werden Intel-80486-Mikroprozessoren eingesetzt. Das Modell 3600 hat eine Maximalleistung von 2000 Mips, 1993 soll ein Modell mit 288 parallel geschalteten Prozessoren und einer Leistung von 10000 Mips bzw. 1200 tps (Transaktionen pro Sekunde) verfügbar sein. Sogar der Vektorsupercomputer-Marktführer *Cray* steigt in diesen Markt ein: Als Prozessorbasis sollen die Alpha-Chips von DEC verwendet werden.

In den USA wird unter starker Unterstützung der Regierung mittlerweile schon an der *Entwicklung von Teraflops-Rechnern* gearbeitet (1 Teraflops = 1000 GFlops). Mit Spitzenleistungen in diesem Bereich rechnet man jedoch frühestens Mitte der 90er Jahre. Auch in Europa gibt es eine von der EG geförderte Teraflops-Initiative. Hingegen ist ein vom deutschen Bundesministerium für Forschung und Technologie in den 80er Jahren mit 160 Mio. DM (und viel Vorschußlorbeeren) gefördertes Projekt auf dem Gebiet der Hochleistungsparallelrechner mit modularer Konzeption – die Entwicklung des deutschen Supercomputers *Suprenum* – gescheitert. Ende 1989 wurde die Finanzierung eingestellt, weil man von einem industriellen Ansprüchen genügenden Produkt noch zu weit entfernt war und mittlerweile von anderen Herstellern längst Parallelrechner mit der angestrebten Leistung (ursprünglich 250 MFlops, zuletzt 5 GFlops) zu erheblich niedrigeren Preisen auf dem Markt angeboten wurden.

Vektorrechner werden im technisch-wissenschaftlichen Bereich sowie in den verschiedensten Industriebereichen (z.B. Automobil-, chemische und pharmazeutische Industrie, Erdöl- und Erdgasindustrie) verwendet. Für diese Einsatzbereiche bieten unabhängige Softwarehäuser eine breite Palette von Anwendungsprogrammen an. Im Gegensatz hierzu sind MPP-Rechner (MPP = Abkürzung für: massiv parallele Prozessoren) hochspezialisierte Maschinen, die für eine sehr begrenzte Zahl von Anwendungen extrem hohe Verarbeitungsleistungen bieten. Die Programmierung ist sehr aufwendig; die von den Herstellern verfügbare Software läßt hinsichtlich Quantität und Qualität zu wünschen übrig. Ebenso sind die Netzwerkeinbindung sowie die Benutzerfreundlichkeit unzureichend. Aus den genannten Gründen sind die meisten Parallelrechner nur begrenzt einsatzfähig und werden vorrangig für Forschungs- und Entwicklungsaufgaben, zu Testzwecken oder im Hinblick auf eine bestimmte Zielapplikation oder Nischenanwendung eingesetzt. In die in der Wirtschaft gebräuchlichen Verarbeitungsumgebungen sind solche Systeme bislang noch nicht integriert.

## Ein- und Ausgabegeräte

Auf dem Markt für Ein- und Ausgabegeräte tritt ein sehr großer Kreis von Anbietern auf, der eine kaum noch übersehbare Vielfalt von Maschinen vertreibt. Wir beschränken uns hier auf eine Skizzierung der beiden wichtigsten Teilmärkte: Den Bildschirmterminalmarkt und den Druckermarkt.

In der Bundesrepublik Deutschland sind derzeit etwa *1,5 Millionen universelle Bildschirmterminals im Wert von ca. 15 Mrd. DM* an Rechnern angeschlossen. Jeweils ungefähr die Hälfte der Geräte verfügt über monochrome und farbige Schirme. Bedingt durch den zunehmenden Einsatz im technischen Bereich (wie CAD/CAM-Anwendungen) ist der Anteil an grafikfähigen Monitoren steigend.

*Monochrome Bildschirme* (grün, amber-gold, schwarz/weiß) werden vorwiegend im kaufmännischen Bereich eingesetzt, wobei der Anteil an Schwarz/Weiß-Terminals steigend ist. Schwarze Zeichen auf hellem Untergrund ( = Positivdarstellung) werden von Ergonomen auf Grund des geringeren Anpassungsprozesses für das menschliche Auge im Bereich der Texterfassung bzw. Textverarbeitung bevorzugt, da die gleiche Untergrundfarbe bei Beleg und Monitor eine geringere Augenbelastung bedeutet.

*Farbmonitore* haben im Einsatz den Vorteil, daß Daten besser erkannt, Zusammenhänge auf Grund von Farbe deutlich gemacht und daher Fehler leichter identifiziert und damit korrigiert werden können.

Der *Anteil an «intelligenten Arbeitsplätzen»* – wie Personal-Computer – die direkt im Verbund mit einem größeren Rechner betrieben werden, ist steigend und wird Mitte der 90er Jahre ca. 50% erreichen. Der Vorteil dieser intelligenten Datenstationen ist es, daß sowohl auf zentrale (gemeinsame) Datenbestände und Programme wie auf lokale (eigene) zugegriffen werden kann und dem Benutzer damit eine autonome Bearbeitung ermöglicht wird. Auf solche Verbundsysteme und auf Client-Server-Architekturen ohne zentrale Steuerung gehen wir ausführlich im Kapitel 3.3 ein.

Der *Kaufpreis* für einen gebräuchlichen Monitor für Farb- oder Schwarz-Weiß-Darstellung liegt derzeit je nach Bildschirmgröße, Auflösung und Ausstattung zwischen 300 DM und 2000 DM. Ein komplettes, besonders leistungsfähiges Datensichtgerät (inklusive Speicher, Tastatur usw.) mit grafischer Benutzeroberfläche, für das heute vor allem in Großrechner- und Minirechner-Umgebungen ein Nachholbedarf besteht, kann bis zu 10000 DM kosten. Die Bildschirmdiagonalen solcher modernen Geräte reichen bis zu 21 Zoll, die Auflösung beträgt typischerweise $1280 \times 1024$

Abb. 2.3.3/19: Datensichtstation

Punkte, die Bildwiederholfrequenz beträgt meist 72 MHz, der Bildspeicher umfaßt bis zu 16 MB, und als Grafikprozessor wird ein 32-Bit-CISC- oder -RISC-Chip eingesetzt. Spezialgeräte für die grafische Datenverarbeitung können sogar noch weitaus teurer sein. Hingegen sind Standardterminals für die kommerzielle Praxis mit 15- oder 17-Zoll-Monitor, einer Auflösung von 1024 × 768 Punkten, 24 Farben und 2 MB DRAM auch schon zu einem Preis von weniger als 2000 DM erhältlich.

Ungefähr 80% der Bildschirmterminals werden direkt von den EDVA-Herstellern vertrieben. Die *Marktanteile* entsprechen ungefähr der Stellung der Hersteller auf dem Markt für mittlere und große Rechner. Nur der IBM-Anteil ist mit etwa 25% des Gesamtbestands an Bildschirmgeräten «unterentwickelt», da verschiedene Hersteller IBM-kompatible Datensichtstationen anbieten.

*Die gegenwärtige und zukünftige Entwicklung bei Bildschirmgeräten ist durch folgende Trends geprägt:*

1. Mehrfarbendarstellung, Grafikfähigkeit und höhere Auflösung auch bei Standardgeräten.
2. Zunehmendes Eigensteuerungsvermögen, größere Speicherkapazitäten, höhere Bildwiederholfrequenzen und größere Bildschirmdiagonalen.
3. Multifunktionalität (z.B. neben dem «konventionellen» Einsatzspektrum grafische Anwendungen, ISDN-Dienste u.ä.m. – Näheres hierzu im Kapitel 4).
4. Weitere Verbesserungen des Preis-/Leistungsverhältnisses.
5. Zunehmender Ersatz «dummer» Terminals durch netzwerkfähige Mikrorechner.
6. In Umgebungen mit UNIX-Rechnern starkes Wachstum von *X-Terminals*, das sind intelligente Rasterbildschirme für die grafische Benutzeroberfläche *X-Window* mit Netzwerkanschluß;
7. Weiterhin starke Dominanz der althergebrachten Kathodenbildschirme. Für die heute noch kaum marktrelevanten flachen Bildschirme wird jedoch ein überproportionales Wachstum vorausgesagt. Jährlich werden die CRT-Systeme deshalb nach IDC-Meinung zwei bis vier Prozent Einbußen hinnehmen müssen. Die besten Chancen werden für die 90er Jahre der Flüssigkristalltechnik eingeräumt, da sie in der Aktiv-Matrix-Technologie die Herstellung von flachgehaltenen Farbschirmen mit hoher Grafikauflösung ermöglicht. Über das derzeitige Einsatzgebiet von tragbaren Personal-Computern hinaus werden solche Schirme daher allmählich auch für Desktop-Mikrorechner bzw. Terminals am Arbeitsplatz zum Einsatz kommen.

Neben den universellen Terminals gewinnen *Datenstationen für dedizierte Anwendungen* (engl.: application unique terminals) laufend an Bedeutung. Jährliche Wachstumsraten von über 20% erreichen hier elektronische Datenkassen für Warenhäuser und Lebensmittelsupermärkte, Schalterterminals und Geldausgabeautomaten für Banken, Betriebsdatenerfassungsgeräte und mobile Datenerfassungsgeräte (Näheres hierzu im Abschnitt 3.1). In hochautomatisierten Betrieben, zum Beispiel in Banken, entfällt heute schon durchschnittlich eine Datenstation auf einen Arbeitsplatz.

## Drucker

*Auf dem deutschen EDV-Markt wurden 1991 nach Angaben von Dataquest und IDC etwa 2,3 Mio. Drucker verkauft.* Die jährliche Zuwachsrate beträgt durchschnittlich 5%, so daß 1995 mit ca. 2,8 Mio. Auslieferungen zu rechnen ist.

Rund 70% der derzeit ausgelieferten Geräte sind *Nadeldrucker*. Weltweit ist Epson mit rund 35% Marktanteil unbestrittener Marktführer. Wesentliche Marktanteile haben auch die größeren EDVA-Hersteller sowie die weiter unten genannten Anbieter von Laserdruckern. Erwähnenswert ist ferner der deutsch-österreichische Hersteller Mannesmann-Tally. Nadeldrucker werden in den nächsten Jahren zugunsten der Non-Impact-Drucker Marktanteile verlieren.

*Tintenstrahldrucker* haben ihren stückzahlmäßigen Marktanteil von 1990 auf 1991 auf 266000 verkaufte Einheiten verdoppelt (= 12% Gesamtmarktanteil). 1995 sollen über eine halbe Million verkauft werden.

InfoSource S.A. schätzt, daß auf dem deutschen Markt 1991 ca. 367000 *Laserdrucker* (Dataquest: 410000) verkauft worden sind (= stückzahlmäßiger Gesamtmarktanteil von 16%), davon in der Kategorie bis 6 ppm 54% (198000), in der Kategorie 7–12 Seiten pro Minute 43% (158000). Der Rest entfällt auf den Wachstumsmarkt der mittelvolumigen Geräte von 13–50 ppm sowie das Segment der leistungsstarken Produktionslaserdrucker ab 50 ppm. Bis 1995 soll der jährliche Absatz auf über 700000 Laserdrucker steigen. Betrachtet man die wertmäßigen Marktanteile, so sind schon heute die Laserdrucker den Nadeldruckern ebenbürtig. Die Umsatzanteile der billigen Nadeldrucker nehmen sich demgegenüber bescheiden aus.

Die wichtigsten *Markennamen* bei kleinen Laserdruckern sind Hewlett-Packard, Kyocera, IBM (Lexmark), Canon, Apple, Epson, Dataproducts, Mannesmann, NEC, OKI, Sharp und Xerox, deren Geräte sich u.a. auf Druckwerke der Hersteller Canon, Kyocera, IBM, Xerox, Ricoh und TEC zurückführen lassen (viele Firmen treten als OEM – Original Equipment Manufacturer auf und verkaufen zugekaufte Drucker mit oder ohne eigener Druckersteuerung unter eigenem Firmennamen). Bei Großsystemen dominieren Xerox, IBM und Siemens. Das Verkaufswachstum ist beträchtlich (1991 gegenüber 1990 plus 57%), in Teilsegmenten wie z.B. bis zu 6 ppm hat sich der Absatz von 1990 auf 1991 sogar verdoppelt (Zuwachs 114%). Die Ende 1991 installierte Basis an Laserdruckern in Deutschland beläuft sich auf 888000 Drucker.

*Folgende Trends lassen sich beobachten:*

– Nadeldrucker werden auch im untersten EDV-Marktsegment durch Tintenstrahldrucker und Laserdrucker abgelöst, die damit verstärkt in den Bereich der Heimcomputer bzw. Haushalte eindringen.

– Die Multifunktionalität von Geräten wird zunehmen. Baugleiche Druckwerke werden bei Kopierern, Faxgeräten, Plottern und Laserdruckern eingesetzt. Analoge Kopierer weichen digitalen Kopierern; dadurch wird Multifunktionalität «provoziert».

Das in Abb. 2.3.3/19 gezeigte Gerät ist ein Beispiel für diese Entwicklung: Es handelt sich um einen Hochleistungskopierer bzw. Vervielfältiger, bei dem die Vorlagen nicht mehr mit herkömmlicher Spiegel-Linsen-Technik einfach kopiert werden, sondern eine elektronische Abtastung (scanning) für ein elektronisches Original (image) sorgt, das in der Folge nachbearbeitet (editiert) und/oder mit hoher Geschwindigkeit (135 ppm), mit hoher Auflösung (600 dpi), mit integrierter Endfertigung (Einfach- oder Doppelheftung bzw. On-line-Bindung) ausgedruckt werden kann.

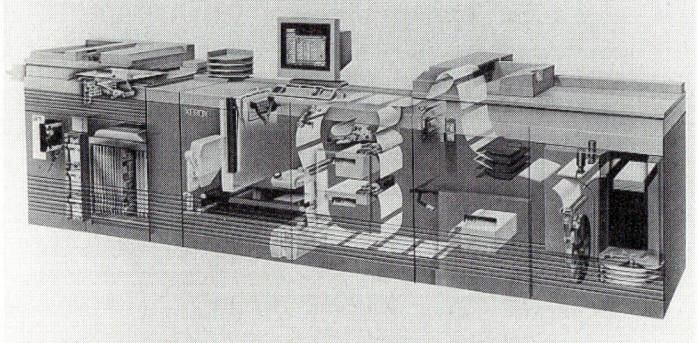

Abb. 2.3.3/20: Multifunktionaler Hochleistungslaserdrucker

Über eine Netzwerkschnittstelle können auf beliebigen Publishingsystemen erstellte Dateien in den Seitenbeschreibungssprachen PostScript, HP-PCL (HP LaserJet) oder Interpress übernommen, editiert (z.B. mit eingescannten Bildern komplettiert) und gedruckt werden.

– Desktop Publishing (abgekürzt: DTP; Näheres hierzu im Kapitel 4) fördert Laserdrucksysteme. Der Qualitätsanspruch der Benutzer steigt («DTP is peripheral hungry»).

– Eine Vielzahl von herstellerspezifischen Druckerstandards (und dadurch bedingte Emulationen) ruft den Wunsch nach Normen oder «Marktstandards» hervor – PostScript, HP PCL.

- Höhere Auflösungen und Farbe (Color Highlight und Process Color) werden die 90er Jahre bestimmen.
- Der Preisverfall setzt sich fort. 1992 wurden von Discountern bereits 24-Nadeldrucker mit einer Leistung von 210 cps, 360 dpi Grafikauflösung, 9 Schriften (serienmäßig) und 44 KB Speicher um 600 DM verkauft. Tintenstrahldrucker mit einer Leistung von 360 cps Entwurfsqualität bzw. 120 cps Korrespondenzqualität, $300 \times 300$ dpi Grafikauflösung bzw. $600 \times 300$ dpi Textauflösung und 8 Schriften waren bereits um 1000 DM erhältlich. Laserdrucker mit einer Leistung von 6 ppm und 0,5 MB Speicher kosteten 2000 DM. PostScript-Laserdrucker mit 9 ppm, 300 dpi Grafikauflösung, 17 Schriften, 1,5 MB Speicher wurden um 3000 DM angeboten. Bei Computerherstellern, die einen weitreichenderen Service bieten bzw. die auf ihren Teilmärkten durch proprietäre Systeme eine entsprechende Marktmacht haben, waren diese Geräte 1992 noch etwa doppelt so teuer.

## 2.4 Software

Ohne Software können die Zentraleinheiten und die Peripheriegeräte von EDVA keine nützliche Arbeit verrichten.

«**Software**» (engl.: software) ist der Sammelbegriff für die System-programme (engl.: system program) und die Anwendungspro-gramme (engl.: application program; user program) von Rechnern.

Die auf die Architektur abgestimmten und zum Betrieb einer EDVA unbedingt nötigen Systemprogramme bilden das *Betriebssystem*. Es steuert und überwacht die Abwicklung von Anwendungsprogrammen auf der Maschinenkonfiguration. Bei mittleren und großen Datenverarbeitungssystemen ermöglichen Betriebssysteme vielen Benutzern (bzw. Anwendungsprogrammen) gleichzeitig eine komfortable Verwendung der Hardware. Hierzu bedarf es einer straffen Organisation und Verwaltung von Benutzeraufträgen, Betriebsmitteln ( = Prozessor(en), Pufferspeicher, Arbeitsspeicher, Kanäle, periphere Geräte), Prozessen ( = Abläufe bei der Auftragsbearbeitung) und Daten.

*Betriebssysteme, welche die Leistungsfähigkeit einer EDVA ganz wesentlich mitbestimmen, werden i.a. von den Anlagenherstellern bei der Lieferung zur Verfügung gestellt.* Selten ist ihr *Preis* im Hardwarepreis eingeschlossen; normalerweise erfolgt eine getrennte Berechnung mit unterschiedlichen Preisen für die jeweils in Anspruch genommenen Systemprogramme. Einzelne Komponenten, aber auch ganze Betriebssysteme sind darüber hinaus bei *Softwarehäusern* erhältlich.

Sowohl von Rechnerherstellern als auch von Softwarehäusern wird zusätzlich *spezielle, systemnahe Software* angeboten, die das Funktionsspektrum der entsprechenden Betriebssystemkomponenten weit übertrifft. Beispiele hierfür sind etwa *Datenbankverwaltungssysteme* zur Organisation sehr großer Datenbestände (Näheres im Abschnitt 3.2.2), *Kommunikationssysteme* zur Steuerung der Datenverarbeitung in Rechnernetzen (Näheres im Abschnitt 3.3) oder *Programmentwicklungssysteme* zur Unterstützung der Arbeit von Programmierern durch den Rechner.

Die *Anwendungsprogramme* bieten dagegen Lösungen für fachliche Probleme. Dazu gehören *technisch-wissenschaftliche Programme* (zum Beispiel für statische Berechnungen), *kommerzielle, auf allgemeine betriebliche Funktionen bezogene Programme* (zum Beispiel für die Finanzbuchhaltung) und Branchenprogramme.

Ein *Beispiel für ein Branchenprogramm* ist etwa das in den Abschnitten 1.1.3 und 1.3.2 skizzierte, umfassende Warenwirtschaftssystem für den Lebensmitteleinzelhandel.

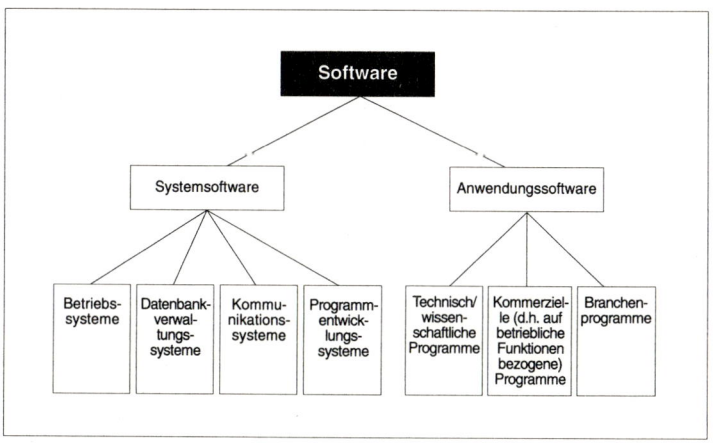

Abb. 2.4/1: Programme von EDVA

In den *Folgeabschnitten* wird zunächst auf die *Programmiersprachen* eingegangen, in denen System- und Anwendungsprogramme geschrieben bzw. Aufträge zur Lösung von Problemstellungen an den Rechner formuliert werden. Anschließend erfolgt eine nähere Kennzeichnung der *Betriebsarten* sowie der *Funktionen von Betriebssystemen.* In bezug auf die *Anwendungssoftware* werden Überlegungen zur *Entscheidung zwischen Eigenentwicklung und Fremdbezug* sowie zur *Auswahl von fertigen Programmen* angestellt. Ferner wird in groben Zügen die *Handhabung von «Softwarewerkzeugen» für Endbenutzer* zur Lösung einfacher, kommerzieller Probleme erläutert. Ein weiterer Abschnitt befaßt sich mit der *Benutzeroberfläche* von Programmen, d. h. der ergonomischen Gestaltung jener Programmfunktionen, mit denen der Mensch unmittelbar bei der Programmbenutzung in Berührung kommt. Abschließend werden die *Angebots- und Nachfragesituation auf dem Softwaremarkt* skizziert.

Übungsaufgabe Nr. I-114 im Arbeitsbuch ←

## 2.4.1 Programmiersprachen und -systeme

Soll ein Problem mit Hilfe einer EDVA gelöst werden, so muß der Lösungsweg (Algorithmus) in einer der Maschine verständlichen Sprache (Programmiersprache) formuliert sein.

Diese *Sprachen* haben abhängig von den zugrundegelegten Konzepten, Zielen und vorgesehenen Einsatzgebieten *unterschiedliche Eigenschaften*. Die wichtigsten Gruppen von Programmiersprachen werden in den folgenden Abschnitten erläutert.

### 2.4.1.1 Maschinensprachen (Sprachen der 1. Generation)

Die interne Darstellung einzelner Befehle haben Sie bereits im Abschnitt 2.1.3.4 kennengelernt. Wird ein Programm als Folge solcher Befehle in binärer Form (als Folge von O- und L-Zeichen) ausgedrückt, so kann es von der EDVA unmittelbar ausgeführt werden – es ist in der entsprechenden *Maschinensprache* formuliert.

Die Addition der Zahlen 3 und 4 hätte zum *Beispiel* für gebräuchliche Großrechner die Form:

000LL0L0   00LL   0L00

(Befehl «Addiere», Operanden 3,4)

*Programme in der Maschinensprache* sind infolge des extrem beschränkten Zeichenvorrats für die Darstellung von Anweisungen außerordentlich *unübersichtlich* und deswegen auch sehr *fehleranfällig*.

→ Übungsaufgabe Nr. I-115 im Arbeitsbuch

### 2.4.1.2 Assemblersprachen (Sprachen der 2. Generation)

Eine *Assemblersprache* ist ein Hilfsmittel, um die Programmbefehle (Maschinenbefehle) einprägsamer und besser verständlich darzustellen. Dabei werden die Instruktionen mittels mnemotechnischer, d.h. gedächtnisunterstützender Abkürzungen abgebildet, was die Handhabung wesentlich erleichtert.

So gilt etwa für obiges *Beispiel* der Assemblerbefehl

ADD 3,4

wobei ADD eine symbolische Abkürzung für die Operation «Addieren» ist.

Die **Maschinensprachen** (engl.: machine language; object language), bei denen jeder Befehl nur aus einer Folge der Binärzeichen O und L besteht, entsprechen in ihrer Struktur der jeweiligen Maschinenlogik. Eine Sprache, die den Aufbau der Befehle der Maschinensprache beibehält, die Instruktionsteile jedoch nicht binär verschlüsselt, sondern durch eine Symbolik ausdrückt, wird **Assembler** (engl.: assembler) genannt. Maschinensprachen und Assembler bilden zusammen die *maschinenorientierten Sprachen*.

Bevor ein Assemblerprogramm ausgeführt werden kann, muß es in die Maschinensprache übersetzt werden. Mittels entsprechender Systemprogramme, sog. *Assemblierer* (die auch – wie die zu übersetzende Sprache – *Assembler* genannt werden), wird diese Übersetzung durch den Rechner selbsttätig vorgenommen (Näheres im Abschnitt 2.4.2.2).

Für häufig verwendete Funktionen (z.B. Bildschirmeingabe und -ausgabe) werden die erforderlichen Assemblerbefehle zu sog. *Makros* (engl.: macro) zusammengefaßt und in *Bibliotheken* (= Programmdateien; engl.: program library) abgespeichert. Übersetzungsprogramme, die Makroaufrufe auflösen können (d.h. vor der Übersetzung durch die Routinen aus der Bibliothek ersetzen können), werden *Makroassembler* (engl.: macro assembly program) genannt.

*Maschinenorientierte Programmiersprachen bieten relativ wenig Komfort, erlauben aber hinsichtlich Speicherbedarf und Verarbeitungsgeschwindigkeit ein optimales Programmieren.* Ihr Hauptanwendungsgebiet liegt daher in der Erstellung zeitkritischer oder häufig benutzter Programmteile. Sie erfordern jedoch bei Herstellerwechsel oder Wechsel der Rechnerfamilie praktisch eine Neuprogrammierung der Problemlösungen.

Übungsaufgabe Nr. I-116 im Arbeitsbuch ←

### 2.4.1.3 Prozedurale Programmiersprachen (Sprachen der 3. Generation)

Unter **prozeduralen Programmiersprachen** (engl.: procedural programming language) versteht man höhere, d.h. maschinenunabhängige Programmiersprachen, bei denen sich die Programme an der traditionellen von-Neumann-Rechnerarchitektur orientieren. Zur Problemlösung werden Algorithmen formuliert, d.h. es wird eine Abfolge von Operationen, die jeweils Daten bearbeiten, definiert.

Anstoß zur Entwicklung höherer Sprachen gab die mangelhafte Eignung maschinenorientierter Sprachen zur Erstellung komplexer Anwendungsprogramme (hohe Fehleranfälligkeit, schlechte Lesbarkeit und unübersichtliche Struktur der Programme).

Das obige *Beispiel* wäre etwa in einer höheren Programmiersprache wie folgt darstellbar:

$$SUMME = 3 + 4$$

Ebenso wie ein Assemblerprogramm muß auch ein in einer höheren Programmiersprache geschriebenes Programm in die Maschinensprache *übersetzt* werden. Während bei Assemblerprogrammen eine Programmanweisung in jeweils einen Maschinenbefehl übersetzt wird (1:1-Übersetzung), entspricht bei Programmen in höheren Sprachen eine Programmanweisung einer Reihe von Instruktionen im Maschinencode *(1: n-Übersetzung)*.

*Übersetzungsprogramme* für in höheren Programmiersprachen formulierte Programme heißen je nach Art des Übersetzungsverfahrens entweder *Kompilierer (Compiler)* oder *Interpretierer (Interpreter)*. Näheres hierzu folgt im Abschnitt 2.4.2.2.

---

Ein Programm, das nicht in der Maschinensprache abgefaßt ist, wird **Quellen- bzw. Quellprogramm** genannt (auch Quell(en)code, Quell(en)text; engl.: source program). Ein in der Maschinensprache vorliegendes Programm ( = Zielprogramm des Übersetzungsvorgangs) heißt **Objektprogramm** (Objektcode, Maschinencode; engl.: object program).

---

Es gibt eine *beträchtliche Zahl von höheren Programmiersprachen*, doch haben sich nur wenige in größerem Umfang durchgesetzt. Anfänglich, gegen Ende der 50er Jahre, wurden zunächst unabhängig voneinander *höhere Programmiersprachen für kommerzielle Anwendungen* einerseits und *für technisch-wissenschaftliche Zwecke* andererseits entwickelt.

*Bei EDV-Anwendungen im Bereich von Wirtschaft und Verwaltung liegt das Schwergewicht im allgemeinen auf der Verarbeitung umfangreicher Datenbestände.* Dementsprechend erlauben kommerzielle Programmiersprachen eine übersichtliche Beschreibung von Dateien und die einfache Formulierung von Ein- und Ausgabeanweisungen. Dagegen steht *bei wissenschaftlichen und technischen Fragestellungen* mehr die Forderung nach einem *effizienten Programmieren von komplexen mathematischen Algorithmen* im Vordergrund. Die Bewegung von umfangreichen Datenbeständen ist hingegen vergleichsweise gering. *Technisch-wissenschaftliche Programme* sind in der Regel *rechenzeitinten-*

*siv*, d.h. sie benutzen die Zentralprozessoren von EDVA wesentlich stärker als die Ein-/Ausgabeeinheiten.

Die gebräuchlichste höhere Programmiersprache für betriebswirtschaftliche Anwendungen ist **COBOL** (<u>CO</u>mmon <u>B</u>usiness <u>O</u>riented <u>L</u>anguage). COBOL wurde sehr früh (1960) normiert und seitdem periodisch entsprechend den Wandlungen der Datenverarbeitungstechnologie angepaßt und erweitert. Der letzte gültige Stand der COBOL-Normen ist ANSI-COBOL-85. COBOL ist eine äußerst umfangreiche Programmiersprache, die stark an die natürliche (englische) Sprache angelehnt ist. Die *Vorteile* von COBOL liegen in der guten Lesbarkeit, dem streng hierarchischen Aufbau und den ausgezeichneten Möglichkeiten zur Programmdokumentation. Es eignet sich hervorragend für die Behandlung großer, komplexer Datenmengen; durch die Normung ist die Verwendung von COBOL-Programmen auf EDVA verschiedener Hersteller weitgehend problemlos. *Nachteilig* ist der relativ hohe Schreibaufwand beim Programmieren.

Vor allem auf Bürocomputern ist **RPG** (<u>R</u>eport <u>P</u>rogram <u>G</u>enerator) weit verbreitet. Mit dieser Sprache ist die Erzeugung von Ausgabelisten besonders einfach, und die Programme haben einen geringen Arbeitsspeicherbedarf (was in erster Linie bei kleineren EDV-Systemen wichtig ist). RPG ist jedoch aufgrund der sehr beschränkten Sprachfunktionen vergleichsweise unflexibel.

Die älteste Programmiersprache für technisch-wissenschaftliche Anwendungen ist **FORTRAN** (<u>FOR</u>mula <u>TRAN</u>slator). Die Stärken von FORTRAN liegen im Bereich numerischer Algorithmen, weniger gut geeignet ist es für die Verarbeitung von Texten und umfangreichen Datenbeständen. FORTRAN wird von allen größeren Rechnerherstellern angeboten.

**BASIC** (<u>B</u>eginners <u>A</u>ll-Purpose <u>S</u>ymbolic <u>I</u>nstruction <u>C</u>ode) wurde Anfang der 60er Jahre in den USA als stark vereinfachtes FORTRAN für Schüler und Programmieranfänger entwickelt und existiert mittlerweile in zahlreichen erweiterten Formen. Während frühere BASIC-Dialekte für ihre unzureichenden Strukturierungsmöglichkeiten berüchtigt waren und zu unleserlichem «Spaghetticode» verleiteten (das sind Programme, die durch die häufige Verwendung von unbedingten Sprungbefehlen (GOTO-Befehlen) und fehlende lokale Datenbereiche nur sehr schwer nachzuvollziehen und zu warten sind), existieren inzwischen auch strukturierte Varianten, die viele Elemente von PASCAL (siehe Folgeseite) enthalten.

Die Programmiersprache **ALGOL** (<u>ALGO</u>rithmic <u>L</u>anguage) ist ähnlich wie FORTRAN schon sehr früh für mathematisch-statistische Zwecke konzipiert und in mehreren Stufen weiterentwickelt worden, hat aber nur im Bereich von Forschung und Lehre eine größere Bedeutung erlangt. ALGOL wurde wesentlich durch theoretische Erkenntnisse der Informatik beeinflußt und hat seinerseits eine ganze «Sprachfamilie» hervorgerufen. Inzwischen wurde ALGOL weitgehend durch PASCAL abgelöst.

**PASCAL** ist eine Hochschulentwicklung der 70er Jahre, die nach dem französischen Mathematiker und Philosophen *Blaise Pascal* (1623–1662) benannt wurde. Diese Sprache unterstützt den Top-Down-Entwurf von Programmen sowie die strukturierte Programmierung und erlaubt eine reichhaltige Datenstrukturierung. Wegen dieser Vorzüge ist sie an Universitäten weit verbreitet; auch im kommerziellen Bereich wird PASCAL zunehmend eingesetzt.

**MODULA-2** ist eine Weiterentwicklung von PASCAL, wobei besonderer Wert auf die Unterstützung der modularen Programmierung gelegt worden ist. Dabei wird das zu programmierende System in übersichtliche Teilsysteme (= Module) aufgegliedert. Unter einem Modul versteht man die Zusammenfassung aller zur Lösung einer (Teil-)Aufgabe notwendigen Daten und Funktionen. Die Module eines Programmsystems müssen untereinander und mit ihrer Umwelt kommunizieren. MODULA-2-Übersetzer stehen bereits für beinahe alle Hardware- und Betriebssystemplattformen zur Verfügung.

Ein Versuch, die Trennung in kommerziell und technisch-wissenschaftlich orientierte Programmiersprachen aufzuheben, führte zur Entwicklung von **PL/1** (Programming Language 1). PL/1 baut auf den Erfahrungen mit FORTRAN, ALGOL und COBOL auf: Man versuchte die Stärken dieser Sprachen in einer Sprache zusammenzufassen. PL/1 hat daher einen großen Sprachumfang, ist naturgemäß aber etwas schwieriger zu erlernen.

Eine Sprache, in die ähnliche Erwartungen gesetzt wurden, ist die im Auftrag des US-Verteidigungsministeriums entwickelte Sprache **ADA**. Für einen breiten Einsatzbereich (System- und Anwendungsprogrammierung) ausgelegt, profitiert diese Sprache, ähnlich wie COBOL, von der Marktmacht des US-Verteidigungsministeriums. Zum einen ist die Verfügbarkeit eines ADA-Übersetzers Bedingung für jeden EDVA-Auftrag des Ministeriums, außerdem sollen neue Anwendungen in der Hauptsache in ADA realisiert werden. Den Namen hat diese Sprache zu Ehren der «ersten Programmiererin der Welt», *Augusta Ada Byron*, erhalten, die Mitte des 19. Jahrhunderts für einen der Pioniere der modernen Datenverarbeitung, *Charles Babbage*, tätig war. Ziel dieser (PASCAL ähnelnden) Sprache ist die Erstellung besonders effizienter Programme für Rechner aller Größenklassen und Hersteller. Die Programme sollen vor allem leicht und zuverlässig zu handhaben sein, der

Aufwand für die spätere Programmwartung soll von vornherein minimiert werden. Für die Programmentwicklung stehen leistungsfähige Methoden und Werkzeuge zur Verfügung. Die Sprache ist bereits auf künftige, zu erwartende Hardwareentwicklungen (z.B. Mehrprozessorsysteme) vorbereitet. Als Schwachpunkte von ADA gelten (wie bei PL/ 1) der große Umfang und die damit verbundene Komplexität der Sprache.

Immer größerer Beliebtheit erfreut sich die Sprache C, die Anfang der 70er Jahre in den Bell Laboratories des großen amerikanischen Fernmeldekonzerns AT&T entwickelt wurde und in kurzer Zeit weite Verbreitung auf allen Rechnerarchitekturen gefunden hat. Sie vereinigt Konstrukte für die hardware-nahe Programmierung («Hochsprachenassembler») mit solchen der strukturierten Programmierung (PASCAL-ähnlich) und ist somit für System- und Anwendungsprogrammierung gleichermaßen geeignet. Das durch optimale Hardwarenutzung erreichte, besonders effiziente Laufzeitverhalten erlaubt es, in weiten Bereichen auf die Verwendung von Assembler zu verzichten. Das zeigt sich besonders beim Betriebssystem UNIX, das selbst zu 90% in C geschrieben ist. Dadurch ist es kurzzeitig möglich, nach Erstellung eines C-Übersetzers UNIX auf neu entwickelten Rechnern als Betriebssystem zu implementieren und somit bereits existierende Anwendungssoftware verwendbar zu machen. Jedes in C geschriebene Anwendungsprogramm ist mit einem minimalen Anpassungsaufwand auf allen Rechnern lauffähig, die über einen C-Übersetzer verfügen; der notwendige Anpassungsaufwand ist geringer als bei jeder anderen Programmiersprache. Weitere Eigenschaften von C sind die einfache Erweiterbarkeit und Verfügbarkeit von komplexen Kontrollstrukturen, bei gleichzeitig leicht möglicher maschinennaher Programmierung. Der ANSI-C-Standard aus dem Jahre 1989 hat bereits sehr große praktische Bedeutung erlangt und wird von allen gängigen Compilern (= Übersetzungsprogramme) unterstützt.

Neben diesen generellen höheren Programmiersprachen gibt es *für bestimmte Probleme spezielle Sprachen*, so zum Beispiel für Textverarbeitung, Grafik, Kostenrechnung oder Simulation. Die Zahl derartiger **Problemsprachen** ist groß. Beispielsweise sind mehr als 50 verschiedene *Planungssprachen* verfügbar. Auch für die Spezifikation von Anforderungen an Anwendungsprogramme, die Programmierung von Robotern oder von technischen Kommunikationssystemen gibt es derartige Sprachentwicklungen. Im Vergleich zu den generellen höheren Programmiersprachen ist der Kreis der Anwender jedoch nach wie vor sehr beschränkt.

Übungsaufgabe Nr. I-117 und I-118 im Arbeitsbuch $\leftarrow$

## 2.4.1.4 Sprachen der 4. Generation

Auf Basis der Sprachen der ersten drei Generationen wurden in den 70er und 80er Jahren umfassende Informationssysteme für den operativen Bereich in Betrieben entwickelt, z.b. für das Rechnungswesen (Finanzbuchhaltung, Kostenrechnung), die Warenwirtschaft oder die Kundenbetreuung. *Die Anforderungen der Benutzer hinsichtlich Aktualität, Integration und Verfügbarkeit der Information sowie hinsichtlich der Funktionalität der verwendeten Software stiegen laufend.* Immer neue Anwendungen wurden entwickelt, immer mehr bereits existierende Anwendungen wurden von der reinen Stapelverarbeitung auf Dialogverarbeitung umgestellt (Näheres hierzu im Abschnitt 2.4.2.1). Darüber hinaus erwuchsen *zunehmend Anforderungen aus den dispositiv und strategisch tätigen Stellen* an die Datenverarbeitung.

Für die im Regelfall stark zentralisierten und spezialisierten Datenverarbeitungsabteilungen wurde es immer schwieriger, diese Masse von Anforderungen termingerecht abzudecken. Der *Rückstau bei EDV-Anwendungsentwicklungen* lag und liegt in großen Betrieben vielfach bei etwa zwei bis drei Jahren, es gibt nicht selten Datenverarbeitungsabteilungen, die bis zu 80% mit Wartungsaufgaben an existierender Software beschäftigt sind. Die erfolgreiche Implementierung von entscheidungsunterstützenden Systemen bzw. Managementinformationssystemen bleibt dabei meist auf der Strecke.

*Als Lösung für diese Problemstellungen wurden bzw. werden zwei voneinander unabhängige Strategien verfolgt:*

1. Programmsysteme, die die Effizienz der Anwendungsentwicklung durch das Datenverarbeitungspersonal erhöhen sollen, sogenannte **Programmiersprachen der 4. Generation** (engl. : 4th generation programming language; Abkürzung: **4GL**).
2. Programmsysteme zur sogenannte *«individuellen Datenverarbeitung»*, das sind Systeme, die es dem Endbenutzer in der Fachabteilung ermöglichen, EDVA selbständig ohne Einbeziehung der zentralen Datenverarbeitungsabteilung zur Problemlösung zu verwenden (Näheres hierzu im Abschnitt 2.4.3.3).

Abgesehen von dieser Zielsetzung gibt es keine eindeutige Definition, was unter Sprachen der 4. Generation zu verstehen ist. *In der Folge* soll versucht werden, diese Schwierigkeit durch *Aufzählung der wichtigsten Eigenschaften* zu umgehen.

Eine wesentliche Eigenschaft stellt die sog. *«Nichtprozeduralität»* bzw. *«Deskriptivität»* der verwendeten Sprachen dar. Damit ist gemeint, daß der EDVA nicht mehr mitgeteilt werden muß, WIE ein Problem gelöst werden soll, sondern nur mehr in beschreibender (deskriptiver) Form WAS geschehen soll. Die gesamte Beschäftigung mit dem Programmfluß (ein Hauptelement der Ausbildung von traditionellen EDV-Spezialisten) soll vom Menschen an dazu geeignete Software übertragen werden.

Dies wird durch eine große Zahl *vorbereiteter Befehle*, wie zum Beispiel für die Datenmanipulation (Einlesen, Formatieren, Verdichten), für maskengesteuerte Bildschirmeingabe oder zur Informationswiedergewinnung (Datenbankabfragen) erreicht. Diese vorbereiteten Befehle werden entweder in Befehle einer konventionellen Programmiersprache umgewandelt (expandiert), die dann anschließend übersetzt und ausgeführt werden, oder in Form von Unterprogrammaufrufen aus einem Steuerprogramm ausgeführt.

Dadurch wird die *Produktivität bei der Programmerstellung* im Ausmaß von 5:1 bis in Extremfällen von 300:1 *verbessert*. Dem steht allerdings im Vergleich zu mit konventionellen Mitteln erstellten Anwendungen eine um 50% bis 150% *höhere Inanspruchnahme der Hardwareressourcen* gegenüber. Ferner hat sich herausgestellt, daß sich nur etwa drei Viertel der kommerziellen Anwendungen mit Systemen der 4. Generation gut lösen lassen. Für den Rest kommen nach wie vor konventionelle Programmiersprachen zum Einsatz.

Eine weitere wichtige Komponente ist die Bereitstellung einer *integrierten, interaktiven Entwicklungsumgebung*. Die Systemanalytiker und Programmierer werden durch menügesteuerte Funktionen bei Programmentwurf, Programmerstellung (Editieren), Programmübersetzung, Testdatenerzeugung, Testläufen und Programmdokumentation unterstützt.

Systeme der 4. Generation erlauben meist die *Verwendung mehrerer unterschiedlicher Dateiverwaltungs- bzw. Datenbanksysteme* und ermöglichen eine *relationale Datenmanipulation* (vgl. dazu Abschnitt 3.2.2.2.3). Hier hat sich die *Datenbankabfragesprache* SQL (Structured Query Language) von IBM zu einem «Marktstandard» entwickelt. 1992 hat die ANSI bereits eine zweite Fassung der SQL-Norm veröffentlicht (Näheres hierzu folgt später). Häufig sind auch *Datenfernverarbeitungsfunktionen* (z.B. für verteilte Datenbanken) vorgesehen.

---

Eine interessante organisatorische Entwicklung ist in diesem Zusammenhang das sogenannte «Information-Center»-Konzept. Damit wird die Einrichtung einer Abteilung bezeichnet, die mit den zur Verfügung stehenden Systemen der 4. Generation kurzfristig auftretende Informationsanforderungen entweder selbst erfüllt oder den Endbenutzer in der Fachabteilung bei der Problemlösung berät.

*Wichtige Systeme der 4. Generation* sind z.B. **AS, CSP** und **QMF** (IBM), **Drive** und **ES** (Siemens), **FOCUS** (Information Builders), **Informix/4GL** (Garmhausen & Partner), **Ingres** (Relational Technology), **Mantis** (Cincom Systems), **Mapper** (Unisys), **Natural** (Software AG), **Oracle** (Oracle), **Progress** (MSE Distribution), **Ramis** (SEL), **Siron/Siros** (Ton Beller) sowie **SAS** (SAS Institute).

Sehr oft werden 4GL im Rahmen von *Software-Entwicklungsumgebungen* eingesetzt. Näheres hierzu werden Sie im Abschnitt 3.2.2.1 erfahren, wo wir den Softwareentwicklungsprozeß auf der Basis von Datenbanksystemen beschreiben.

---

**Software-Entwicklungsumgebungen** (engl.: computer assisted software development tools; auch im Deutschen gebräuchliche Abkürzung: **CASE-Tools**) umfassen Werkzeuge (engl.: tool), die den gesamten Softwarelebenszyklus (d.h. Entwurf, Programmierung, Wartung, Projektmanagement, usw.) unterstützen und auf eine gemeinsame Datenbasis (engl.: repository) zugreifen.

---

Keines dieser Systeme konnte sich bisher überzeugend durchsetzen und zur «offiziellen Norm» oder zum «Marktstandard» werden. Dies hat zur Folge, daß die *Systemauswahl* wesentlich von der Unsicherheit bezüglich des zukünftigen Erfolges und der Weiterentwicklung des Anbieters und von dessen Produkten geprägt ist.

Im Gegensatz zu Sprachen der dritten Generation, die zumeist auf praktisch allen Plattformen zur Verfügung stehen und von vielen Anbietern vertrieben werden, *bedeutet die Verwendung einer 4GL in der Regel die Abhängigkeit vom Hersteller*. Das heißt, daß bei Gebrauch einer hardwareherstellerspezifischen Sprache höchst aufwendige Umprogrammierungen notwendig werden, falls sich der Anwender von «seinem» Hersteller lösen möchte (oder muß, z.B. weil dieser in Konkurs geht oder von einem anderen Computerhersteller übernommen wird, der dieses Produkt nicht weiter führen möchte). Eine solche Hardwareabhängigkeit sollte also tunlichst vermieden werden. Neben 4GL, die lediglich auf der Hardware eines Herstellers lauffähig sind, gibt es andere, die für viele verschiedene Hardware- und Betriebssystemplattformen angeboten werden (z.B. Oracle).

→ Übungsaufgabe Nr. I-119 und I-120 im Arbeitsbuch

## 2.4.1.5 Objektorientierte Programmiersprachen

Mit **objektorientierten Programmiersprachen** (engl.: object oriented programming language) wird versucht, die in traditionellen Softwaresystemen übliche Trennung zwischen Daten und den darauf operierenden Funktionen aufzuheben. Die Objekte der Realität lassen sich auf Objekte im Programm abbilden. Unter solchen Objekten versteht man in diesem Zusammenhang Systemelemente, die aus Daten und den Funktionen, die auf diese Daten angewendet werden können, bestehen. Jedes Objekt ist durch seine Identität, sein Verhalten und seinen Zustand definiert.

Durch seine eigene *Identität* ist jedes Objekt von anderen Objekten unterscheidbar. Die Identität eines Objekts ist unabhängig von seinem internen Zustand, der Struktur der Variablen und seinem Verhalten (Methodenvorrat). (Unter Variablen versteht man in der Informatik einen logischen Speicherplatz und dessen Wert. Eine Variable verfügt über einen Namen und einen Wert, der verändert werden kann.) Man kann daher gleiche (gleicher Zustand, gleiche Variablenstruktur und gleiches Verhalten) und identische Objekte unterscheiden.

Das *Verhalten* eines Objekts wird durch seinen Methodenvorrat definiert. Methoden führen zur Veränderungen der Variableninhalte, zur Aussendung weiterer Nachrichten oder aber sie bleiben ohne Auswirkung (geben also beispielsweise Werte zurück). Nach der Verhaltensweise von Objekten unterscheidet man sogenannte passive Objekte, die Nachrichten entgegennehmen, aber keine aussenden, und aktive oder autonome Objekte, die auch dann aktiv werden können, wenn sie von keinem anderen Objekt eine Nachricht erhalten.

Der *Zustand* (engl.: state) eines Objekts ergibt sich aus den Werten der Variablen zu einem bestimmten Zeitpunkt. Er ändert sich im Zeitablauf. Veränderungen werden durch die Methoden hervorgerufen.

Eine *Klasse* ist eine Schablone (engl.: template), mit deren Hilfe neue Objekte erzeugt werden können. Klassen bestehen also aus gleichen Objekten.

Wenn eine Klasse definiert wird, können Oberklassen angegeben werden, deren Eigenschaften (Methoden und Datenstrukturen) auf die neue Klasse (= Subklasse) vererbt werden. Die *Vererbung* (engl.: inheritance) ist gleichzeitig einer der größten Vorteile der objektorientierten Programmierung, da dadurch Methoden nur ein einziges Mal programmiert werden müssen.

Die *einfache Vererbung* (engl.: single inheritance) stellt auf eine streng hierarchische Vererbung ab, d.h. jede Klasse kann nur von genau einer Oberklasse erben. *Mehrfache Vererbung* (engl.: multiple inheritance) bietet die Möglichkeit der Vererbung von Charakteristika mehrerer Oberklassen.

Im Bereich der objektorientierten Programmiersprachen sind zwei *Entwicklungslinien* feststellbar:

- Es werden «reine» objektorientierte Sprachen entwickelt, die derzeit kommerziell noch bedeutungslos sind. Bekannter Vertreter dieser Gruppe ist **SMALLTALK**.
- Traditionelle Programmiersprachen werden mit objektorientierten Elementen angereichert, es entstehen sogenannte Hybridsprachen. Bekanntestes Beispiel in diesem Bereich ist **C++**.

**C++** ist weitestgehend kompatibel zu C, existierende C-Programme können daher ohne weiteres weiterverwendet werden. In vielen Fällen ist **C++** in Form eines Präprozessors implementiert, d.h. **C++**-Programme werden in C-Programme übersetzt. **C++** kann damit zur Laufzeit genauso effizient sein wie C. Darüber hinaus wurden einige Schwächen von C (z.B. im Bereich der sicheren Programmierung) bei **C++** behoben.

Weitere Hybridsprachen sind z.B. **Object Pascal** oder **CLOS** (Common Lisp Object System).

Der große *Vorteil von Hybridsprachen* gegenüber reinen objektorientierten Sprachen ist, daß ein langsamer Umstieg von traditioneller Programmierung auf objektorientierte Programmierung möglich ist. So gibt es auch bereits Bestrebungen, ein objektorientiertes COBOL zu standardisieren.

Generell kann gesagt werden, daß *objektorientierte Sprachen immer breiter verfügbar* werden. Viele große EDV-Anwender verwenden bereits objektorientierte Softwaretechniken, die meisten anderen denken zumindest über ihre Verwendung nach. Objektorientierte Programmierung wird von den meisten Softwarehäusern als Schlüsseltechnik bei der Entwicklung von Anwendungen mit grafischen Benutzeroberflächen betrachtet. Objekte sind dann z.B. Bildschirmfenster, Eingabefelder, Menüs usw. Hierauf gehen wir im Abschnitt 2.4.4 noch näher ein.

### 2.4.1.6 Funktionale Programmiersprachen

**Funktionale Programmiersprachen** (engl.: function oriented programming language) beruhen auf dem Lambdakalkül der Funktionstheorie. Es wird dabei davon ausgegangen, daß mit drei Basisfunktionen (Aneinanderketten, Iterieren, Rekursion) alle anderen theoretisch möglichen Funktionen zusammengestellt werden können.

Das klassische Beispiel für eine funktionale Programmiersprache ist **LISP**. LISP wurde bereits in den 50er Jahren entwickelt und gilt seither als die Standardsprache zur Lösung von Aufgabenstellungen der Künstlichen Intelligenz. Näheres hierzu erfahren Sie noch in diesem Kapitel.

Eine zunächst für mathematische Anwendungen konzipierte funktionale Programmiersprache ist **APL** (*A Programming Language*). Diese Sprache ist vor allem für die interaktive Programmentwicklung durch den mit der mathematischen Notation vertrauten Endbenutzer geeignet und zeichnet sich durch eine äußerst kompakte, unkonventionelle Schreibweise aus. In den 70er und 80er Jahren wurde diese Sprache sowohl für technische als auch für kommerzielle Aufgabenstellungen relativ häufig eingesetzt (vor allem bei IBM-Kunden), heute beschränkt sich der Benutzerkreis nur noch auf wenige treue Anhänger.

### 2.4.1.7 Logische Programmiersprachen

**Logische Programmiersprachen** (engl.: logic oriented programming language) basieren, wie der Name bereits sagt, auf der Logik, einem Teilgebiet der Mathematik, in dem Fragestellungen wie z.B. die Widerspruchsfreiheit mathematischer Theorien und Begriffe (Beweis, Definition) behandelt werden. Insbesondere die sogenannte Prädikatenlogik findet im Bereich der Künstlichen Intelligenz Anwendung.

Eine auf diesem Teilgebiet der Logik aufbauende Programmiersprache ist **PROLOG** (*Programming Logic*). In einem PROLOG-Programm wird versucht, die Richtigkeit einer Eingabe anhand vorhandener Regeln zu überprüfen. PROLOG findet vor allem als formale Entwurfsprache, für Prototyping, für die Programmverifikation und für Expertensysteme Verwendung. Alle diese Begriffe werden noch im Abschnitt 2.4 erläutert.

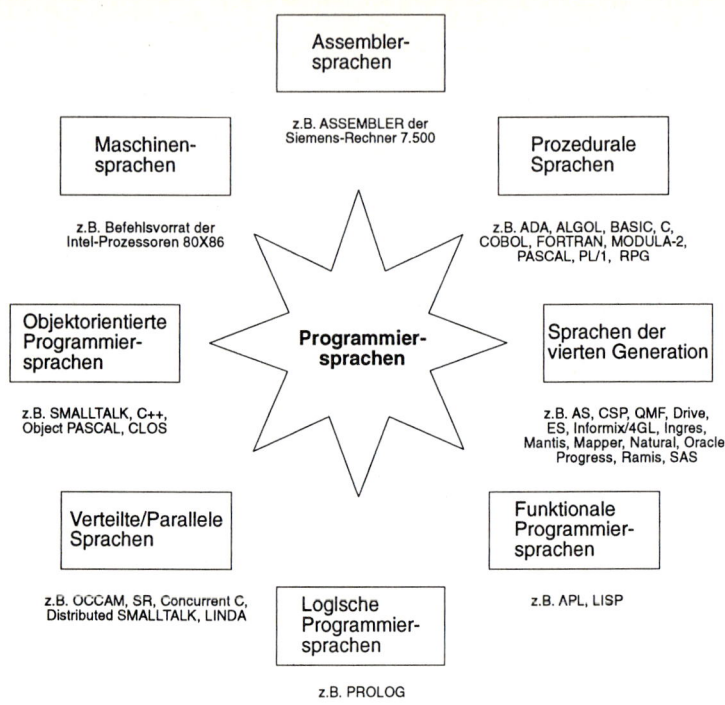

Abb. 2.4.1.8/1: Überblick über Programmiersprachen

## 2.4.1.8 Verteilte und parallele Programmiersprachen

Bei der Programmierung von Aufgaben verteilter Rechner und von Mehrprozessorsystemen ergeben sich spezielle Probleme hinsichtlich Kommunikation und Koordination. **Verteilte und parallele Programmiersprachen** (engl.: distributed and parallel programming languages) bieten hierfür besondere Sprachkonstrukte.

Einerseits wurden eigene verteilte und parallele Programmiersprachen entwickelt (**OCCAM, SR**), andererseits wurden konventionelle (d.h. nicht verteilte) Programmiersprachen um entsprechende Konstrukte erweitert (**Concurrent C, Concurrent LISP, Distributed SMALLTALK**). **LINDA** stellt einen Versuch dar, diese Erweiterung programmiersprachenunabhängig zu ermöglichen (so gibt es beispielsweise C-LINDA als Erweiterung zu C).

Die Abb. 2.4.1.8/1 zeigt Ihnen die behandelten Programmiersprachen und -systeme nochmals im Überblick.

Übungsaufgabe Nr. I-121 im Arbeitsbuch

## 2.4.2 Betriebssysteme

Als **Betriebssystem** (engl.: operating system) bezeichnet man die Programme, die zusammen mit den Eigenschaften der EDVA die Grundlage der möglichen Betriebsarten bilden und insbesondere die Abwicklung von Programmen steuern und überwachen.

Beherrschende *Anliegen der Betriebssystementwicklung* waren von Anfang an, durch leistungsfähige Funktionen
– die Effizienz von Rechnern zu steigern, d.h. den Durchsatz an Programmen zu erhöhen bzw. die Antwortzeiten zu verringern, sowie
– die Rechnerbenutzung durch den Menschen zu vereinfachen, komfortabler und sicherer zu gestalten.

### 2.4.2.1 Betriebsarten

Wie erwähnt, wurden Rechner ursprünglich in der Maschinensprache programmiert, und die Steuerung der Funktionseinheiten mußte durch entsprechende Anweisungen in den Anwendungsprogrammen «per Hand» vorgesehen werden. Dementsprechend mußten die Programmierer den gesamten technischen Aufbau der Maschinenkonfiguration sehr gut kennen. Ein-Ausgabe-Geräte waren unmittelbar an das Rechenwerk angeschlossen. Wurde zum Beispiel ein Kartenleser oder Drucker durch ein Programm angesprochen, so stand die Zentraleinheit so lange still, bis der Datentransfer beendet war. Bei Änderungen der Peripherie mußten sämtliche Anwendungsprogramme angepaßt werden, die auf diese Geräte zurückgriffen.

Die *ersten Betriebssysteme* zielten fast ausschließlich darauf ab, die «Totzeiten» zu beseitigen, die infolge der Geschwindigkeitsdifferenzen zwischen der Zentraleinheit, den Peripheriegeräten und dem Bedienungspersonal auftraten. Hierzu dienten zunächst einmal *standardisierte Systemprogramme*, die unabhängig von den Anwendungsprogrammen die *Ein-/Ausgabe* steuerten und damit einen Ausgleich der unterschiedlichen Leistungsfähigkeit von Peripherie und Zentraleinheit ermöglichten. Sodann bemühte man sich, die zeitaufwendige manuelle Bedienung des Rechners bei der Abwicklung von einzelnen Aufträgen durch *Ablaufsteuerungsprogramme* zu automatisieren.

> Unter einem «**Auftrag**» (engl.: job) ist eine bestimmte Aufgabe zu verstehen, die das EDV-System auf Anforderung eines Benutzers übernimmt. Der Benutzer beschreibt den von ihm gewünschten Bearbeitungsablauf, zum Beispiel das Laden und Ausführen eines Programms, in einer **Auftragsnachricht** an das System.

Näheres hierzu folgt im Abschnitt 2.4.2.2.

*Übersetzungsprogramme* ermöglichten schon in den 50er Jahren die Programmierung in Assembler und bald darauf in höheren Programmiersprachen (FORTRAN, ALGOL, COBOL). Um die Eingabe von der Papierperipherie (Lochkarten- und Lochstreifenleser) zu beschleunigen, wurden die *Aufträge* auf Magnetband *zwischengespeichert*, von wo sie wesentlich schneller in einem «Stapel» der Verarbeitung zugeführt werden konnten. Analog wurde bei der *Ausgabe über Drucker eine Zwischenspeicherung* üblich. Erweiterungen der Steuerprogramme ermöglichten es, die gespeicherten *Aufträge* automatisch *nach Prioritäten auszuwählen* und die entsprechende *Verarbeitung zu veranlassen*.

*Bis Mitte der 60er Jahre* konnte jedoch *immer nur ein Auftrag nach dem anderen im Stapelbetrieb* verarbeitet werden, wobei die Ein- und Ausgabe von Daten und Programmen im Rechenzentrum bzw. über Peripheriegeräte erfolgen mußte, die in räumlicher Nähe zur Zentraleinheit aufgestellt waren. *Mögliche Betriebsarten* waren somit
– der Einprogrammbetrieb,
– die Stapelverarbeitung und
– die lokale Verarbeitung.

*Erst danach bildeten sich weitere Betriebsarten heraus, die heute bei mittleren und großen Datenverarbeitungssystemen vorherrschend sind:*
– Der Mehrprogrammbetrieb,
– die interaktive Verarbeitung (Prozeß- und Dialogverarbeitung) sowie
– die Datenfernverarbeitung.

**Einprogrammbetrieb und Mehrprogrammbetrieb**

Der Einprogrammbetrieb ist derzeit nur noch bei kleinen EDVA anzutreffen; bei 8- und 16-Bit-Mikrorechnern ist er die dominierende Betriebsart.

Beim **Einprogrammbetrieb** (engl.: single programming mode; single tasking) werden einzelne Benutzeraufträge von der Zentraleinheit nacheinander bearbeitet. Es befindet sich jeweils nur ein Programm im Arbeitsspeicher, das für seinen gesamten Ablauf alle vorhandenen Betriebsmittel (Prozessor[en], Speicher, Kanäle, periphere Geräte) zugeteilt erhält.

Der *Durchsatz* (= *Zeitspanne*, die ein EDV-System benötigt, um einen bestimmten Aufgabenumfang vollständig zu verarbeiten; engl.: throughput) und die *Maschinenbelegung* sind *vom Betriebssystem praktisch unabhängig* und werden hauptsächlich durch die Geräteleistungen und die Programmiertechnik des Benutzers bestimmt. Der wesentlichste *Nachteil* des Einprogrammbetriebs ist die *mangelnde Kapazitätsausnutzung des Zentralprozessors*. Da immer nur ein Programm im Arbeitsspeicher zur Verarbeitung ansteht, kann der Prozessor während der zeitaufwendigen Ein-/Ausgabevorgänge nicht ausgelastet werden.

Übungsaufgabe Nr. I-122 im Arbeitsbuch                    ←

Beim **Mehrprogrammbetrieb** (engl.: multiprogramming mode; multitasking) werden mehrere Benutzeraufträge von der Zentraleinheit gemeinsam und zwar abwechselnd in Zeitabschnitten verzahnt bearbeitet *(Zeitmultiplexverfahren)*. Es befinden sich gleichzeitig mehrere Programme ganz oder teilweise im Arbeitsspeicher, denen das Betriebssystem bei der Ausführung die benötigten Betriebsmittel wechselseitig zuteilt.

Wann und wie lange die ablaufenden Programme jeweils Prozessor(en), Speicher, Kanäle oder periphere Geräte zur Verfügung gestellt bekommen, wird bestimmt durch

— vom Benutzer vorgegebene *Prioritäten* und/oder
— im Betriebssystem zur Erzielung einer möglichst hohen Auslastung vorgesehene *Mechanismen für die Abgrenzung von Belegungsintervallen*.

Zum *Beispiel* kann der *Zentralprozessor* einem ablaufenden Programm bei einer Ein-/Ausgabeanforderung entzogen und einem anderen, auf Prozessorzeit wartenden Programm zugeteilt werden. Voraussetzung hierfür ist allerdings, daß die Abwicklung des Datentransfers mit dem peripheren Gerät von einer anderen Funktionseinheit übernommen werden kann, die parallel arbeitet (vgl. hierzu die Ausführungen im Abschnitt 2.3.1.4 über Kanäle bzw. EA-Prozessoren).

Außer solchen «natürlichen» Ereignissen können auch «künstliche» zeitliche Begrenzungen zur Umschaltung des Zentralprozessors führen. Ein Beispiel hierfür ist das *Zeitscheibenverfahren* (engl.: time slicing), bei dem der Prozessor den um ihn konkurrierenden Programmen in einer bestimmten Reihenfolge (nach Prioritäten, zyklisch o. ä.) jeweils für eine feste Zeit zugeteilt wird. Nach Ablauf der zugeteilten Zeitscheibe wird der Prozessor (und unter Umständen sogar der Arbeitsspeicher) dem Programm entzogen. Dieser Entzug erfolgt unabhängig vom Prozeßstatus (vgl. Folgeabschnitt 2.4.2.2) und kann von dem jeweils aktiven Programm nicht beeinflußt werden.

Die Einteilung der Zeitintervalle, die sich in der Regel in der Größenordnung von Millisekunden bewegen, nimmt das Betriebssystem mit Hilfe einer eingebauten Uhr vor. Die Benutzer merken beim Dialogverkehr von diesem Mechanismus infolge der hohen internen Verarbeitungsgeschwindigkeit (und den vergleichsweise langsamen menschlichen Reaktionen) nichts bzw. nur dann etwas, wenn eine wachsende Zahl von Mitbewerbern um den Prozessor die Antwortzeiten verlängert.

Jeder einzelne Benutzer bzw. jedes einzelne zur Ausführung kommende Programm verfügt scheinbar über seinen eigenen Rechner, obwohl für viele Benutzer bzw. Programme in Wirklichkeit nur ein Rechner tatsächlich existiert. Diese «Vorspiegelung» erinnert unmittelbar an den virtuellen Speicher (vgl. Abschnitt 2.3.1.1), der – obzwar real so nicht vorhanden – durch die Erweiterung des Adreßraumes auf externe Direktzugriffsspeicher die vom Programmierer nutzbare Arbeitsspeicherkapazität wesentlich erhöht. Auch die virtuelle Speicherung wird durch Systemprogramme organisiert. Genauso wie dort auf eine gedachte Funktionseinheit der Begriff «virtuell» angewendet wird, können wir die beim Mehrprogrammbetrieb für das einzelne Programm nur scheinbar vorhandenen Betriebsmittel als *«virtuelle Betriebsmittel»* bzw. in ihrer Gesamtheit als *«virtuellen Rechner»* bezeichnen.

→ Übungsaufgabe Nr. I-123 im Arbeitsbuch

Vor allem beim Ein- und Ausschleusen von Daten, dem sog. *Spool* (engl. Abkürzung für: simultaneous peripheral operations on-line), ist dies eine treffende Bezeichnung. Weil beim Mehrprogrammbetrieb in der Regel nicht genügend Peripheriegeräte vorhanden sind, um den Anforderungen der bearbeiteten Benutzeraufträge zu entsprechen, werden die *Ein- und Ausgabedaten in temporären Dateien zwischengespeichert* (meist auf Magnetplatte). Dadurch lassen sich Wartezeiten auf die langsamen Ein-Ausgabe-Geräte vermeiden, der Arbeitsspeicher wird kürzer durch die Programme belegt, mehrfache Kopien von Ausgaben sind billiger, und es wird eine hohe Auslastung der Peripherie ermöglicht. Die Dateien zur Zwischenspeicherung der Ein- und Ausgabedaten stellt das Betriebssystem zur Verfügung. Sie sind bestimmten Typen von Geräten fest zugeordnet und werden mit eindeutigen Namen logisch angesprochen. Der Benutzer realisiert also zum Beispiel die Ausgabe über einen bestimmten Drucker dadurch, daß er in seiner Ausgabeanweisung die entsprechende Druckdatei (= virtueller Drucker) adressiert. Mit der Anforderung und Zuweisung des realen Druckers hat er nichts zu tun. Dies erledigt das Betriebssystem, das die Daten aus den temporären Dateien abruft und an die angesprochenen Geräte weitergibt.

Übungsaufgabe Nr. I-124 im Arbeitsbuch ←

### Stapelverarbeitung und interaktive Verarbeitung

Während Arbeitsplatzrechner (Personal-Computer, Workstations) ausschließlich im interaktiven Betrieb arbeiten, sind bei den Zentralrechnern in Rechenzentren und den Abteilungsrechnern sowohl die Stapelverarbeitung als auch die interaktive Verarbeitung üblich (gleichzeitig im Mehrprogrammbetrieb). Das hat für den Benutzer unmittelbare Konsequenzen. Bei Stapelverarbeitung gibt er seinen Auftrag völlig aus der Hand und erhält nach erfolgter Auftragserledigung – eventuell erst nach Stunden – vom EDV-System die Ergebnisse. Bei der interaktiven Verarbeitung ist er hingegen in die Auftragsbearbeitung eingeschaltet; über Datenstationen findet hierzu ein ständiger Dialog zwischen Benutzer und Betriebssystem statt. Ist der Auftraggeber bei der interaktiven Verarbeitung nicht ein menschlicher Benutzer sondern ein vom Rechner zu lenkender physikalisch-technischer Prozeß, so bezeichnen wir diese Betriebsart als *Prozeßverarbeitung*. Im folgenden werden einige wesentliche Charakteristika dieser Nutzungsformen aufgezeigt, wobei vor allem auf den heute vorherrschenden Dialogbetrieb näher eingegangen wird.

> Bei der **Stapelverarbeitung** (engl.: batch processing) muß ein Auftrag vollständig definiert sein, bevor mit seiner Abwicklung begonnen werden kann. Mehrere Aufträge werden vom Rechner nacheinander oder schubweise abgearbeitet.

*Die Warteschlange der zur Verarbeitung anstehenden Stapelaufträge wird automatisch nach einer prioritätsgesteuerten Strategie des Betriebssystems abgearbeitet.* Diese wird bestimmt durch

- die vom Benutzer vorgegebenen Prioritäten,
- die geschätzte Rechenzeit und
- die Betriebsmittelanforderungen.

Die *Reihenfolgesteuerung* kann jedoch *ebenso durch den Benutzer im Dialog* vorgenommen werden. *Zwischen Auftragserteilung und dem Vorliegen der Ergebnisse kann er aber nicht mehr gezielt in die Abwicklung eingreifen.*

Da *beim Stapelbetrieb* die Betriebsmittelanforderungen der Aufträge weitgehend im vorhinein bekannt sind, können durch eine gute Maschinenbelegungsplanung sowie die oben erwähnte automatische Prioritätensteuerung *eine optimale Auslastung der EDVA und ein hoher Durchsatz* erzielt werden.

→ Übungsaufgabe Nr. I-125 im Arbeitsbuch

---

Bei der **interaktiven Verarbeitung** (engl.: interactive processing) muß ein Auftrag nicht vollständig definiert sein, bevor mit der Abwicklung begonnen werden kann. Er wird dem EDV-System vielmehr in Form von einzelnen Schritten (Teilaufträgen) übergeben, die unmittelbar danach ausgeführt werden. Während der Auftragsbearbeitung findet hierzu ein fortlaufender Informationsaustausch zwischen dem EDV-System und dem Auftraggeber statt.

---

Je nachdem, ob der *Auftraggeber* bei der interaktiven Verarbeitung *ein menschlicher Benutzer oder ein technisch-physikalischer Prozeß ist,* unterscheidet man die *Dialogverarbeitung* und die *Prozeßverarbeitung.*

---

Unter der **Dialogverarbeitung** (engl.: conversational mode) versteht man eine Betriebsart, bei der zur schrittweisen Auftragsabwicklung eine ständige Kommunikation zwischen Benutzer und EDV-System erfolgt.

---

*Die Dialogverarbeitung hat der EDV völlig neue Anwendungsbereiche erschlossen*, weil dadurch überall im Betrieb die Mitarbeiter bei der Erfüllung ihrer Aufgaben jederzeit und preisgünstig Rechnerleistungen verwenden können. Durch direkt am Arbeitsplatz installierte Mikrorechner oder durch an entfernte Abteilungsrechner oder Zentralrechner angeschlossene Dialogstationen ist ein *Sofortzugriff auf vorhandene*

*Anwendungsprogramme und Datenbestände* möglich. Voraussetzung für eine effiziente Nutzung des Rechners im Zuge der betrieblichen Aufgabenerfüllung sind kurze *Antwortzeiten* (im Sekundenbereich).

Wenn *viele Benutzer gleichzeitig* mit einer EDVA *im Dialogbetrieb* arbeiten, so geschieht das entweder *im Teilnehmer- oder im Teilhaberbetrieb*.

> Der **Teilnehmerbetrieb** (engl.: time-sharing mode) ist eine Form des Dialogbetriebs, bei der mehrere Benutzer unabhängige, im allgemeinen voneinander verschiedene Aufgaben bearbeiten.

Jeder Benutzer verkehrt beim *Teilnehmerbetrieb* mit dem EDV-System so, als stünde es ihm allein zur Verfügung. Er kann also – soweit er dazu berechtigt ist – im Dialog die gesamte Software (System- und Anwendungsprogramme) in Anspruch nehmen und auch selbst in einer oder mehreren Programmiersprachen Programme erstellen, testen und zum Ablauf bringen. Die Auftragsabwicklung erfolgt dabei stets unter der Kontrolle des Benutzers; dieser muß dementsprechend die Kommandosprache des Betriebssystems kennen (Näheres folgt im Abschnitt

Benutzer (Teilnehmer)

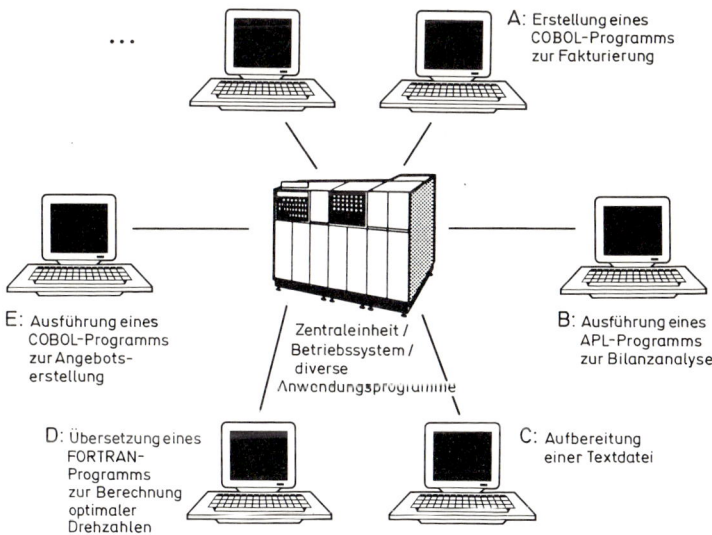

A: Erstellung eines COBOL-Programms zur Fakturierung

E: Ausführung eines COBOL-Programms zur Angebotserstellung

Zentraleinheit / Betriebssystem / diverse Anwendungsprogramme

B: Ausführung eines APL-Programms zur Bilanzanalyse

D: Übersetzung eines FORTRAN-Programms zur Berechnung optimaler Drehzahlen

C: Aufbereitung einer Textdatei

Abb. 2.4.2.1/1: Teilnehmerbetrieb

2.4.2.2). Die einzelnen Benutzer werden – wie beim Mehrprogrammbetrieb beschrieben – im Zeitmultiplexverfahren (engl.: time sharing) bedient.

Der Teilnehmerbetrieb bietet – sofern das Betriebssystem entsprechende Dienstprogramme enthält bzw. mittels eines speziellen Programmentwicklungssystems – den Datenverarbeitungsfachkräften ausgezeichnete Möglichkeiten für die *interaktive Programmierung*. Gegenüber dem früher üblichen Programmieren mit «Papier und Bleistift» (Programmformulierung auf Codierblättern, Ablochen und Stapelverarbeitung) sind die Programmerstellung und das Austesten wesentlich einfacher und komfortabler, wodurch die Produktivität der Programmierer beträchtlich erhöht wurde.

Um auch den Mitarbeitern in Fachabteilungen (wie Buchhaltung, Einkauf, Fertigung, Vertrieb usw.) die Rechnerressourcen vom Arbeitsplatz aus zugänglich zu machen, ist eine *benutzerfreundliche Gestaltung des Dialogverkehrs* unumgänglich. Die EDV-Systemvoraussetzungen und der Umgang mit dem Rechner werden hierzu möglichst vereinfacht. Der Endbenutzer soll nicht von seinen fachlichen Aufgaben abgelenkt werden, sondern sich vielmehr ganz auf die Lösung seiner Anwendungsprobleme konzentrieren können. Wie dies erreicht wird, werden Sie im Abschnitt 2.4.4 (Benutzeroberfläche) erfahren.

Während *beim Teilnehmerbetrieb* die Nutzung einer größeren Anwendungsprogrammbibliothek und erst recht die Entwicklung eigener Programme auch bei sehr benutzerfreundlichen Systemen derzeit im allgemeinen *eine mehrtägige Schulung der Endbenutzer* voraussetzt, ist *beim Teilhaberbetrieb der Lernaufwand* in der Regel *minimal*.

→ Übungsaufgabe Nr. I-126 im Arbeitsbuch

---

Der **Teilhaberbetrieb** (**Transaktionsbetrieb**; engl.: transaction mode) ist eine Form des Dialogbetriebs, bei der mehrere Benutzer dasselbe Aufgabengebiet mit einem oder mehreren zentral gespeicherten Anwendungsprogrammen (Transaktionsprogrammen) bearbeiten.

---

*Der Benutzer löst wohldefinierte Problemstellungen mit Hilfe eines Kommandovorrats (Transaktionscodes), der die vorgefertigten Anwendungsprogramme anstößt und die gewünschten Antworten liefert. Ein Programm bedient in der Regel eine Vielzahl von Datenstationen «gleichzeitig».*

*Diese Betriebsart ist vor allem für die Abwicklung einer großen Zahl gleichartiger, bekannter Vorgänge an vielen Datenstationen vorteilhaft.*

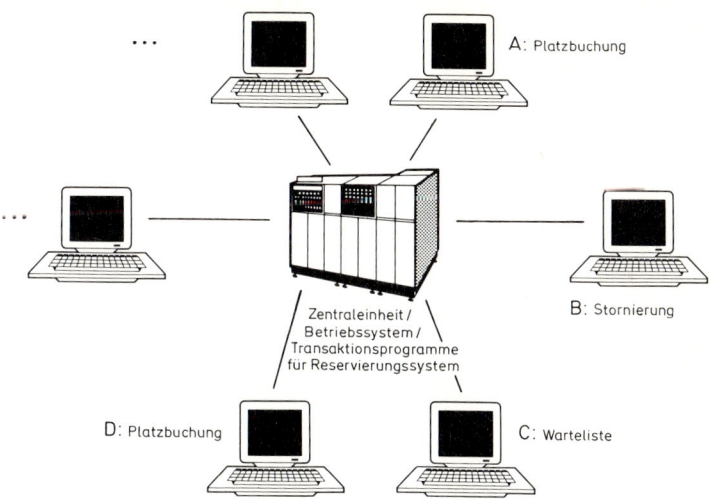

Benutzer (Teilhaber)

A: Platzbuchung

B: Stornierung

Zentraleinheit /
Betriebssystem /
Transaktionsprogramme
für Reservierungssystem

D: Platzbuchung

C: Warteliste

Abb. 2.4.2.1/2: Teilhaberbetrieb

Für den Teilhaberbetrieb typisch ist der sog. *parametrische Benutzer*, der zur Verwendung von Datenbeständen und Anwendungsprogrammen keinerlei Datenverarbeitungskenntnisse benötigt (wenn man von den Transaktionscodes absieht). Weil viele Benutzer auf gemeinsame Datenbestände zugreifen, ist die *Sicherheit der Daten* während der Verarbeitung besonders wichtig. Mit der Rolle der parametrischen Benutzer und den Begriffen «Transaktionscode», «Transaktionsprogramm» sowie den Aspekten der Datensicherheit beschäftigen wir uns im Abschnitt 3.2.2 über Datenbanksysteme noch ausführlicher.

*Beispiele für den Teilhaberbetrieb* sind Platzbuchungssysteme von Reisebüros und Luftfahrtgesellschaften, Buchungssysteme von Banken, On-line-Datenerfassungssysteme oder Datenbankabfragesysteme (Auskunftssysteme).

Übungsaufgabe Nr. I-127 im Arbeitsbuch        ←

Unter **Prozeßverarbeitung** (engl.: process control) versteht man eine Betriebsart, bei der zwischen dem EDV-System und einem physikalisch-technischen Prozeß ein fortlaufender Informationsaustausch erfolgt, um den Prozeß zu überwachen, zu steuern und/oder zu regeln.

*Der Rechner empfängt von Meßgeräten die Prozeßdaten. Diese entstehen oft unaufgefordert, in rascher Folge und nicht reproduzierbar und müssen sofort verarbeitet werden, um notwendige Lenkungsmaßnahmen zeitgerecht einleiten zu können.* Dementsprechend muß das EDV-System für die ankommenden Meßwerte ständig aufnahmebereit sein.

Man bezeichnet diese Betriebsart deshalb auch als *Echtzeitbetrieb* oder *Realzeitbetrieb* (engl.: real time processing). Diese beiden Bezeichnungen werden jedoch ebenfalls gelegentlich auf Teilhabersysteme angewendet, die eine ständige Betriebsbereitschaft voraussetzen (wie zum Beispiel Platzbuchungssysteme).

*Beispiele für die Prozeßverarbeitung* sind etwa die Lenkung von Raffinerien, Kraftwerken, Hochöfen, Ampelanlagen, Transportsystemen, Raumschiffen.

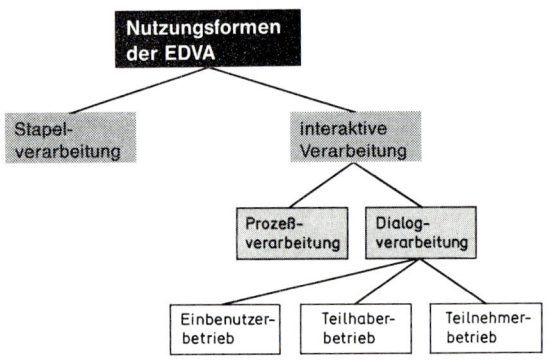

Abb. 2.4.2.1/3: Übersicht über die Nutzungsformen von EDV-Systemen

→ Übungsaufgabe Nr. I-128 im Arbeitsbuch

## Lokale Datenverarbeitung und Datenfernverarbeitung

Bei der **lokalen Datenverarbeitung** (engl.: local processing) geschieht die Eingabe eines Benutzerauftrags und die Ausgabe der Verarbeitungsergebnisse in räumlicher Nähe zur Zentraleinheit. Erfolgt hingegen eine (vollständige oder teilweise) Fernübertragung der Auftragsnachricht oder -ergebnisse, so liegt **Datenfernverarbeitung** (engl.: remote processing) vor.

Die *Übertragung von Daten über größere Entfernungen* hinweg erfordert in einem EDV-System *besondere Steuerungs- und Überwachungseinrichtungen.* Systemprogramme sorgen für den Transport der Daten zwischen Sender und Empfänger, steuern und kontrollieren die Datenübermittlung und bereiten die Daten benutzergerecht auf. Datenübertragungseinrichtungen passen die Datenstationen an die unterschiedlichen Verbindungsarten und Übertragungsgeschwindigkeiten an. Zur *Hardware für Datenfernverarbeitungszwecke* zählen ferner spezielle Steuereinheiten und Kommunikationsrechner für die Überwachung und Koordination des Übertragungsverkehrs. Hierauf wird im Abschnitt 3.3 noch eingegangen.

*Im Nahbereich*, auf dem eigenen Gelände, können Datenstationen über Leitungen an einen Verarbeitungsrechner angeschlossen werden, *ohne daß spezielle Fernübertragungshardware und -software* benötigt wird. In diesem Fall sprechen wir von *lokaler Verarbeitung* oder *Datennahverarbeitung.*

*Bei größeren Entfernungen, wenn spezielle Fernübertragungskomponenten in einem EDV-System zum Einsatz kommen, liegt Datenfernverarbeitung vor.* Diese ist immer dann gegeben, wenn Verarbeitungsleistung über Fernmeldewege der Post transportiert wird (was für die Benutzung von Leitungen bei Überschreiten der Grundstücksgrenzen vorgeschrieben ist).

### Sonstige Ausprägungen und Vergleich von Betriebsarten

*Moderne Betriebssysteme für mittlere und große EDVA erlauben im Mehrprogrammbetrieb gleichzeitig die Stapel- und die Dialogverarbeitung (Teilnehmer- und Teilhaberbetrieb). Hunderte von Datenstationen können sowohl lokal als auch über beliebige Entfernungen hinweg von einer einzigen leistungsstarken Zentraleinheit bedient werden. Bei den Betriebsarten sind dabei noch verschiedene Varianten möglich.*

Zum *Beispiel* umfaßt bei *Stapelverarbeitung* der Benutzerauftrag im Maximalfall die Steueranweisungen an das Betriebssystem, das Anwendungsprogramm und die zu verarbeitenden Daten. Im Minimalfall werden hingegen nur die Steueranweisungen eingegeben, während Programm und Daten bereits gespeichert sind. Die Übergabe der Stapelaufträge erfolgt dabei entweder durch das Einlesen entsprechender Datenträger oder durch den Benutzer im Dialog. Im letztgenannten Fall wird der abgesetzte Stapelauftrag in einer Auftragsdatei hinterlegt. *Stapelfernverarbeitung* wird auch oft als *RJE-Betrieb* bezeichnet (Abkürzung der engl. Bezeichnung: remote job entry) bzw. bei dialogmäßiger Auftragserteilung als *CRJE-Betrieb* (engl.: conversational remote job entry).

→ Übungsaufgabe Nr. I-129 im Arbeitsbuch

Gegenwärtig verfügen die in Wirtschaft und Verwaltung eingesetzten EDVA ganz überwiegend nur über einen einzigen Zentralprozessor. Hiervon sind wir auch bei unseren bisherigen Überlegungen ausgegangen.

Bei Mehrprogrammbetrieb muß die knappe Prozessorkapazität somit durch aufwendige Mechanismen des Betriebssystems den anfordernden Benutzeraufträgen abwechselnd zugeteilt werden. Dieser pseudoparallele Betrieb kann durch einen *echten Parallelbetrieb* dann abgelöst werden, wenn *mehrere Zentralprozessoren* zur Verfügung stehen. Diese können jeweils zur selben Zeit unabhängig voneinander an verschiedenen Benutzeraufträgen oder auch gemeinsam an einem Auftrag arbeiten, wodurch sich der Programmdurchsatz, die Antwortzeiten und auch die Ausfallsicherheit wesentlich verbessern lassen.

Wie im Abschnitt 2.3.3 ausgeführt, sind in Zukunft zunehmend derartige *Mehrprozessorsysteme* zu erwarten. Einzelne im kommerziellen Bereich verwendete Großrechner besitzen derzeit schon bis zu sechs Zentralprozessoren, im technisch-wissenschaftlichen Bereich zum Einsatz kommende Parallelrechner arbeiten sogar mit einer wesentlich höheren Prozessorzahl.

*Diese mehrfache Verfügbarkeit wird im übrigen auch bei anderen knappen Betriebsmitteln eines Rechners angestrebt.*

Die Nutzungsmöglichkeiten, aber auch die Koordinationsprobleme erweitern sich noch beträchtlich, wenn mehrere autonome Rechner in einem *Rechnerverbundsystem* selbständig Teilaufgaben einer Gesamtaufgabe lösen. Hierauf wird im Abschnitt 3.3 noch näher eingegangen.

Die diesen Abschnitt abschließende Abb. 2.4.2.1/4 zeigt die Betriebsarten Stapelbetrieb, Teilnehmerbetrieb, Teilhaberbetrieb und Prozeßverarbeitung nochmals mit ihren typischen Merkmalen in einer *verglei-*

| Betriebsart | Stapelverarbeitung | Interaktive Verarbeitung | | |
| | | Dialogverarbeitung | | Prozeßverarbeitung |
| | | Teilnehmerbetrieb | Teilhaberbetrieb | |
| --- | --- | --- | --- | --- |
| Auftraggeber | Mensch | Mensch | Mensch | technisch-physikalischer Prozeß |
| eigenes Programm des Auftraggebers möglich | ja | ja | nein | nein |
| sinnvolle Beeinflussung der Auftragsabwicklung durch den Auftraggeber möglich | nein | ja | ja | ja |
| typische Antwortzeit des EDV-Systems | 100–10000 s | 0,1–10 s | 0,1–10 s | 0,001–1 s |
| dominierende Zielsetzung | hoher Durchsatz durch bestmögliche Auslastung der EDVA | komfortabler, sofortiger Service für EDV-Fachkräfte und Endbenutzer in Fachabteilungen bei einem breiten Funktionsangebot | besonders einfacher, sofortiger Endbenutzerservice bei einem beschränkten Funktionsangebot | «echtzeitliche» Überwachung und Lenkung von Prozessen |

Abb. 2.4.2.1/4: Vergleich der Betriebsarten Stapelverarbeitung, Teilnehmerbetrieb, Teilhaberbetrieb und Prozeßverarbeitung

*chenden Übersicht.* Wie erwähnt sind hierbei die Formen Einprogrammbetrieb (nicht bei Teilnehmer- und Teilhabersystemen) und Mehrprogrammbetrieb, Einprozessor- und Mehrprozessorbetrieb, Einrechner- und Mehrrechnerbetrieb sowie lokale und Datenfernverarbeitung möglich.

→ Übungsaufgabe Nr. I-130 im Arbeitsbuch

### 2.4.2.2 Betriebssystemkomponenten

Die *Größe eines Betriebssystems* schwankt *zwischen einigen tausend und einigen millionen Programmzeilen.* Dementsprechend unterschiedlich sind die angebotenen Funktionen und Leistungen, die Einfachheit und Sicherheit in der Benutzung aber auch der zusätzliche *Aufwand,* der hierfür in Kauf genommen werden muß.

Letzterer findet seinen Ausdruck

– im *Verwaltungsaufwand* (engl.: overhead), das heißt, der vom Betriebssystem für die Auftrags-, Prozeß- und Datenverwaltung in Anspruch genommenen Zeit, sowie

– im *Speicherbedarf* des Betriebssystems; große Teile müssen sich permanent im Arbeitsspeicher befinden, andere werden extern gespeichert und bei Bedarf hineingeholt.

Allein die für die Organisation der virtuellen Speicherung vom Betriebssystem benötigte Zentralprozorzeit ist oft beträchtlich und kann zu wesentlichen Einbußen in der Effizienz eines Rechners führen (weil diese Zeit den Anwendungsprogrammen vorenthalten bleibt). Der minimale reale Arbeitsspeicherbedarf für das Betriebssystem beträgt heute schon bei Mikrorechnern mit Mehrprogrammbetrieb einige hundert KB. Damit Sie mit einem solchen PC oder einer Workstation vernünftig arbeiten können, sind allerdings mindestens 4 MB (CISC) bzw. 8 MB (RISC) Arbeitsspeicher erforderlich.

*Die folgende Beschreibung der Komponenten ist an modernen Betriebssystemen für kommerzielle mehrplatzfähige EDVA orientiert,* das sind Großrechner, Minirechner und zunehmend auch Mikrorechner der oberen Leistungsklasse.

*Die Systemprogramme eines Betriebssystems lassen sich grob in die Gruppen der Steuerprogramme, Übersetzungsprogramme und Dienstprogramme einteilen.* Die Abb. 2.4.2.2/1 zeigt in einer Untergliederung dieser Gruppen die wichtigsten *Komponenten.* Im folgenden werden diese näher erläutert.

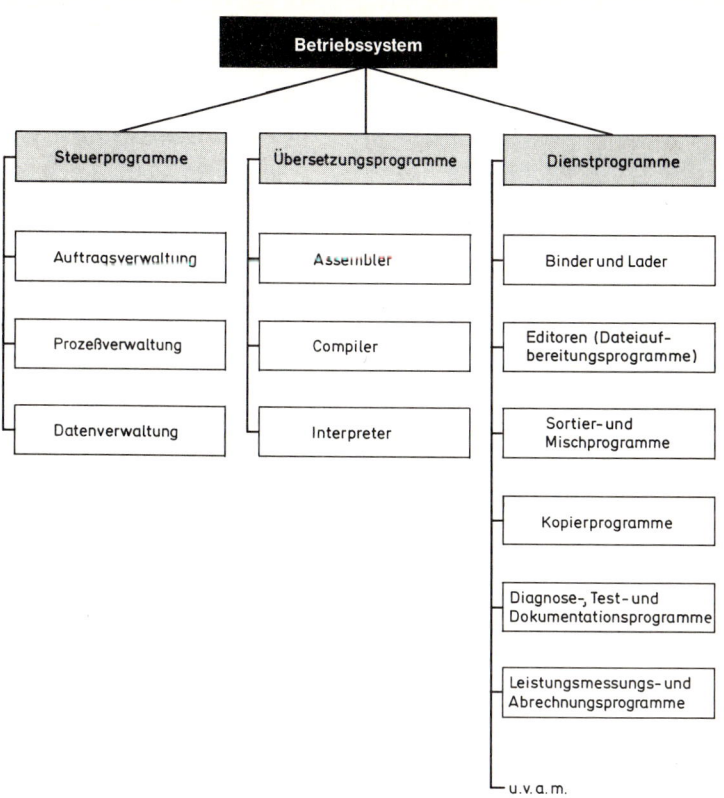

Abb. 2.4.2.2/1: Komponenten eines Betriebssystems

### Steuerprogramme

Die **Steuerprogramme** (engl.: control program), auch **Organisationsprogramm(e)** genannt, haben die Bearbeitung der Benutzeraufträge in einer EDVA sicherzustellen. Hierzu gehört die *Auftragsverwaltung*, die Steuerung der Verarbeitungsprozesse bei der Auftragsabwicklung, insbesondere die Zuteilung der benötigten Betriebsmittel (= *Prozeßverwaltung*) und die Verwaltung der Benutzerdaten (= *Datenverwaltung*).

Die *Steuerprogramme* sind für den Betrieb einer EDVA von so wesentlicher Bedeutung, daß sie *im privilegierten Zustand ablaufen.* Das heißt, daß diese immer dann die Kontrolle erhalten, wenn Konflikte zu lösen sind, die vom einzelnen Benutzerprogramm nicht bewältigt werden können (zum Beispiel bei konkurrierenden Anforderungen von Betriebsmitteln).

Der Benutzer beschreibt in seinem Auftrag an das EDV-System die zu lösende Aufgabe. Die Formulierung der Auftragsnachricht erfolgt in einer einfachen, betriebssystemspezifischen Programmiersprache, der sog. **Auftragssprache** oder **Kommandosprache** (engl.: job control language, abgekürzt: JCL; command language). Bei der Dialogverarbeitung werden die Kommandos, die der Benutzer eingibt, sofort ausgeführt. Das System reagiert auf ein Kommando, indem es die Auftragsannahme bestätigt und nach Durchführung die Erledigung meldet (bzw. unter Umständen auch die nicht mögliche Erledigung samt Begründung). Oder das System fordert zusätzliche Angaben und Bedienungsmaßnahmen, damit der Auftrag ausgeführt werden kann.

Soll zum *Beispiel* ein namentlich definiertes Programm geladen und ausgeführt werden, so könnte das System fragen, welche Daten verarbeitet werden sollen und es könnte verlangen, daß bestimmte Magnetplatten zu montieren sind oder daß bestimmtes Papier in den Drucker einzulegen ist.

*Eine Kommandosprache enthält unter anderem Anweisungen*
– zur Anschaltung und Identifizierung der Benutzer,
– zur Kennzeichnung der Aufträge und gegebenenfalls ihrer Merkmale (zum Beispiel Priorität, Verrechnungskostenstelle, benötigte Betriebsmittel oder deren maximal zulässige Inanspruchnahme),
– zum Laden und Ausführen von Programmen,
– zum Austesten von Programmen,
– zum Anfordern von Betriebsmitteln,
– zum Einrichten, Bearbeiten und Löschen von Dateien,
– zur Ausgabe von Dateien und von Statusangaben,
– zur Kommunikation mit dem Maschinenbediener und mit anderen Benutzern.

Ein *Kommando* (engl.: job control statement) besteht aus einem *Schlüsselwort zur Kennzeichnung der Operation und Parameterangaben*, die beschreiben, worauf sich die jeweilige Operation bezieht. Letztere können auch häufig weggelassen werden; in diesem Fall trifft das Betriebssystem Standardannahmen.

→ Übungsaufgabe Nr. I-131 im Arbeitsbuch

384

Die Programme der **Auftragsverwaltung** (engl.: job management; job scheduling; job administration) koordinieren und steuern die Auftragsabwicklung für viele, gleichzeitig zur Verarbeitung anstehende Aufträge. Sie verrichten alle Aufgaben, die bei der Annahme, der Einleitung des Verarbeitungsprozesses und dem Abschluß eines Auftrags bzw. beim Übergang von einem Auftrag zum nächsten anfallen.

Neue Aufträge werden wie vorstehend beschrieben oder – bei nicht im Dialog abgesetzten Stapelaufträgen – auch bei der Eingabe der Datenträger entgegengenommen. Eine wesentliche Mittlerfunktion übernimmt hierbei der *Spoolbetrieb*. Während *Dialogaufträge unmittelbar der Verarbeitung zugeführt* werden, werden *Stapelaufträge in einer Warteschlange zwischengespeichert*. Die *Auftragsverwaltung entscheidet* dann aufgrund der laufenden Überwachung der Systemlast, *wann ein weiterer Auftrag begonnen*, d.h. ein entsprechender Verarbeitungsprozeß aktiviert werden kann. Bei einer positiven Aktivierungsentscheidung kann *unter den wartenden Aufträgen nach unterschiedlichen Strategien gewählt* werden. Zum Beispiel kann der Auftrag ausgewählt werden,

- der am längsten wartet,
- der die kürzeste Rechenzeit benötigt (entsprechend einer geschätzten Angabe in der Auftragsnachricht) oder
- der das höchste Verhältnis zwischen Wartezeit und Rechenzeit aufweist.

Der letztgenannte Auswahlmechanismus erscheint für die Erreichung der kleinsten durchschnittlichen Auftragsdauer am günstigsten. Es können auch *mehrere Auftragswarteschlangen* mit verschiedenen Prioritäten bestehen. Die Abarbeitungsfolge kann, wie bereits bei der Darstellung des Mehrprogrammbetriebs erwähnt wurde, auch durch *Eingriffe von außen* beeinflußt werden (Maschinenbediener ändert die Prioritäten).

*Über jeden Auftrag wird von der Auftragsverwaltung Buch geführt.* Hierzu werden unter anderem die Benutzerkennung, der Berechtigungsnachweis, die Auftragspriorität, die Auftragstermine (Datum und Uhrzeit der Annahme und Beendigung), eventuelle Grenzwerte für die Inanspruchnahme von Betriebsmitteln (CPU-Zeit oder Speicherplatz) sowie die tatsächliche Belegung der Betriebsmittel überwacht und in einer Datei laufend fortgeschrieben. *Diese Datei dient späteren Kontroll- und Abrechnungszwecken und wird durch entsprechende Dienstprogramme ausgewertet.*

Die Ausführung der Aufträge erfolgt durch sog. Prozesse. Ein **Prozeß** (engl.: **task**) faßt einen definierten Ablauf von Verarbeitungsschritten (engl.: **thread**) und Zugriffsrechte auf Ressourcen (insbesondere einen Bereich des Arbeitsspeichers), die von diesem Ablauf benötigt werden, zu einer Einheit zusammen.

Manche Aufträge lassen sich logisch besser als Zusammenwirken mehrerer Abläufe beschreiben, die auf gemeinsame Speicherstellen zugreifen. Prozesse, die aus mehreren solchen Abläufen bestehen, bezeichnet man als **mehrläufige Prozesse** (engl.: multithreaded process). Sie werden beispielsweise zur Implementierung von Servern eingesetzt.

Werden *mehrläufige Prozesse* unterstützt, so muß nicht nur die Zuteilung des Prozessors auf die einzelnen Prozesse, sondern auch auf die einzelnen Abläufe innerhalb eines Prozesses geregelt sein. Das Umschalten zwischen einzelnen Abläufen des selben Prozesses kann dabei wesentlich rascher erfolgen als das Umschalten zwischen Prozessen, da die Abläufe ja auf gemeinsame Ressourcen zugreifen.

Grundsätzlich kann jede Problemstellung, die als mehrläufiger Prozeß *( = Multithreading)* implementiert werden kann, auch mit Hilfe von mehreren Prozessen mit je einem Ablauf von Verarbeitungsschritten *( = Multitasking)* programmiert werden. Lediglich dort, wo Datenbereiche sehr intensiv gemeinsam genutzt werden, ist eine Implementierung mit Hilfe mehrläufiger Prozesse sinnvoll. So wäre es denkbar, daß ein Bildschirm mit mehreren Fenstern durch einen einzigen Datenbereich repräsentiert wird, auf den von den in den einzelnen Fenstern ablaufenden Verarbeitungsschritten ( = Threads) gemeinsam zugegriffen wird.

In der Folge soll der Einfachheit halber von konventionellen Prozessen (mit nur einem Ablauf) ausgegangen werden.

Die Programme der **Prozeßverwaltung** (engl.: task management; task scheduling; task dispatching) steuern die kurzfristige Zuteilung von Betriebsmitteln durch die Verwaltung der hierauf wartenden Prozesse.

Wie Sie wissen, werden bei Mehrprogrammbetrieb die Benutzeraufträge zeitlich verzahnt bearbeitet, wobei die benötigten Betriebsmittel wechselseitig zugeteilt werden. Wird ein laufender Prozeß unterbrochen, so wird die *Prozeßverwaltung* aktiviert. *Diese analysiert die*

*Unterbrechungsursache und leitet daraus resultierende Maßnahmen ein.*

*Wird zum Beispiel von einem Prozeß der* <u>Zentralprozessor</u> *zeitweise nicht benötigt,* weil ein Ein-/Ausgabevorgang abgewartet werden muß, so *wird dies von der Prozeßverwaltung wahrgenommen. Der Zentralprozessor kann dann diesem Prozeß entzogen und einem anderen Prozeß zugeteilt werden.* Andere *Gründe, um einem Prozeß den Zentralprozessor zu entziehen,* sind etwa Fehler im Benutzerprogramm, die Anforderung des Zentralprozessors durch einen Prozeß mit höherer Priorität oder der Ablauf eines zugebilligten Belegungsintervalls.

Die Prozeßverwaltung organisiert die *Zuteilung des Zentralprozessors* auf die hierauf wartenden Prozesse nach *Kriterien* wie Prioritäten, Warteschlangenposition, Ein-/Ausgabeintensität oder verbrauchte Prozessorzeit. Eine einfache Methode, bei der die Rechenleistung jedem wartenden Prozeß reihum eine feste Zeit überlassen wird, haben Sie in Form des *Zeitscheibenverfahrens* kennengelernt.

Übungsaufgabe Nr. I-132 im Arbeitsbuch ⟵

*Auch für die* <u>sonstigen vorhandenen Betriebsmittel</u>, wie
- Ein-/Ausgabeprozessoren (Kanäle),
- Arbeitsspeicher,
- externe Speicher und andere Peripheriegeräte

*werden Wartelisten geführt, aus denen der Zustand für jeden einzelnen Prozeß hervorgeht. Die Zuteilung bzw. der Entzug eines Betriebsmittels kann in Abhängigkeit von den jeweiligen Prozeßzuständen nach unterschiedlichen Strategien organisiert werden.* Ähnlich wie beim Zentralprozessor kann die Zuteilung etwa in der Reihenfolge der Anforderung, nach Priorität des Auftrags oder im Zeitmultiplexbetrieb erfolgen. Der Entzug kann zwangsweise bei Ablauf des zugeteilten Zeitintervalls oder bei Anforderung des Betriebsmittels durch einen «wichtigeren» Prozeß geschehen. Ein Betriebsmittel kann aber auch «freiwillig» zurückgegeben werden, wenn der Prozeß abgeschlossen wird oder wenn er das Betriebsmittel nicht mehr benötigt.

Um den vorhandenen *Arbeitsspeicher* bestmöglich auszunutzen, ist es – wie etwa nachfolgend beschrieben – *üblich, die Zeit zu begrenzen, während der ein einzelner Prozeß Speicherplatz belegen kann.*

Zum *Beispiel* verliert in einem der verbreitetsten Großrechnerbetriebssysteme ein Prozeß nach Ablauf des zugewiesenen Zeitintervalls, einer sog. *Makrozeitscheibe,* seine Arbeitserlaubnis und *muß den Speicherplatz für andere Prozesse freigeben.* Wird ein bearbeiteter Prozeß während seiner Makrozeitscheibe unterbrochen, so darf er den belegten Speicherplatz dann behalten, wenn die *Unterbrechungsanalyse* eine relativ kurze Wartezeit ergibt (zum Beispiel bis zur nächsten Zuteilung einer «Mikrozeitscheibe» des Zentralprozessors). Muß er hingegen länger auf ein Ereignis warten, so verliert er den belegten Arbeitsspeicherplatz.

Der *Speicherplatz* wird dabei je nach Betriebssystem *in festen Abschnitten* (engl.: partition) *oder in variablen Abschnitten vergeben*, die miteinander verkettet werden können. Über die Belegung dieser Bereiche wird laufend Buch geführt, um *freie Abschnitte dynamisch den Prozessen* zuteilen zu können.

Daneben gehören zur Speicherverwaltung noch der *Seitenwechsel* zwischen Arbeitsspeicher und Hintergrundspeicher (vgl. Abschnitt 2.3.1) sowie der *Speicherschutz*.

Die *Verwaltung von Ein- und Ausgabegeräten* umfaßt die *Gerätezuteilung an aktive Prozesse sowie die Steuerung und Überwachung der Gerätebenutzung*. Die Peripherieansteuerung erfolgt über logische Gerätenamen, die mittels einer gespeicherten Zuordnungstabelle in physikalische Adressen umgesetzt werden. Für die Ein-/Ausgabe werden *Kanalprogramme* zur Steuerung des EA-Prozessors aufgebaut und aktiviert. Weitere Aufgaben sind die *Koordination der simultanen Benutzung gemeinschaftlicher Geräte durch mehrere Prozesse* (etwa Suchbewegungen auf Platteneinheiten), *die Meldung beendeter Ein-/Ausgabeoperationen* durch EA-Unterbrechungen sowie die *Behandlung von Fehlern*.

Die im System ablaufenden *Prozesse* werden periodisch bzw. auf Veranlassung des Maschinenbedieners oder des Prozesses selbst *durch sog. Momentaufnahmen* (engl.: checkpoint) auf externen Speichern *gesichert*. Aufgrund der letzten Zustandsbeschreibung kann nach einer Fehlersituation (z.B. bei Stromausfall) in einem *Wiederanlaufverfahren* (engl.: restart) der Prozeß wiederhergestellt und fortgesetzt werden.

Die Programme der **Datenverwaltung** (engl.: data management) katalogisieren und verwalten Dateien, steuern den Datentransfer zwischen Arbeitsspeicher und externen Speichern und bieten für die Verarbeitung von Dateien verschiedene Zugriffsmethoden.

Die *Katalogisierung und Verwaltung von Dateien* erfolgt durch Kommandos der Auftragssprache. Mit ihnen kann der Benutzer seine Dateien

– identifizieren,
– speichern,
– wieder auffinden,
– kopieren,

– mit Zugriffsbeschränkungen und Schutzwörtern versehen,
– für andere Benutzer verwendbar erklären und
– löschen.

Die gleichen Aufgaben kann ein Benutzer von einem Programm ausführen lassen, wenn er anstelle der Kommandos funktionsgleiche Makroaufrufe im Programm einbindet.

Alle Dateien werden bei ihrer Einrichtung mit einem *Namen* und einer *Benutzerkennung* (= «Eigentumsnachweis») in den sog. *(System-)Katalog* eingetragen. Im *Katalogeintrag* stehen ferner die für die Verarbeitung wesentlichen Dateimerkmale und Zugriffsbeschränkungen.

Zur Verarbeitung muß eine Datei – oder Teile davon – in den Arbeitsspeicher gebracht und nach der Verarbeitung wieder auf den externen Speicher zurückgeschrieben werden. Die *Zugriffsmethoden* sorgen dabei automatisch für die Zuordnung der logischen Sätze zu physikalischen Blöcken (vgl. Abschnitt 2.2.2.4) und erledigen die Übertragung. Nähere Ausführungen hierzu erfolgen im Abschnitt 3.2, der ausschließlich den Problemen der Datenspeicherung gewidmet ist.

Übungsaufgabe Nr. I-133 im Arbeitsbuch ⟵

### Übersetzungsprogramme

Wie Sie wissen, arbeitet eine EDVA intern nur im Maschinencode. Jedes in einer anderen Programmiersprache geschriebene Programm muß somit in die Maschinensprache übersetzt werden, bevor es zum Ablauf gebracht werden kann. Sie haben bereits Assemblierer als Übersetzer für Assemblersprachen sowie Compiler und Interpreter als Übersetzer für höhere Programmiersprachen kennengelernt.

---

Unter einem **Übersetzungsprogramm** (Sprachübersetzer; engl.: translator) versteht man ein Programm, das Anweisungen in einer höheren Sprache oder in Assemblersprache liest, analysiert und in bedeutungsgleiche Maschinenbefehle umwandelt.

---

*Die Sprachübersetzer werden im Rahmen eines Auftrags* im Dialog- oder Stapelbetrieb *aufgerufen* und laufen wie Anwendungsprogramme (d.h. nicht privilegiert) ab. Neben dem eigentlichen *Übersetzungsvorgang* (= Umformung einer Zeichenreihe in eine andere) werden in bezug auf das Quellenprogramm *Syntaxprüfungen* durchgeführt und, falls notwendig, *Fehlermeldungen* ausgegeben.

Ein **Assemblierer** oder **Assembler** (engl.: assembler) ist ein Übersetzungsprogramm, das in einer Assemblersprache abgefaßte Quellenanweisungen in Zielanweisungen der zugehörigen Maschinensprache umwandelt (assembliert).

Bei der Darstellung der Assemblersprachen (vgl. Abschnitt 2.4.1.1) wurde bereits erwähnt, daß bei der *Assemblierung* jeweils ein Assemblerbefehl in einen Maschinenbefehl übersetzt wird *(1:1-Übersetzung)*. Der *Übersetzungsaufwand* ist im Vergleich zur Kompilierung *gering* und besteht im wesentlichen darin, symbolische Adressen in numerische umzuwandeln.

Ein **Kompilierer** oder **Compiler** (engl.: compiler) ist ein Übersetzungsprogramm, das in einer höheren Programmiersprache abgefaßte Quellenanweisungen in Zielanweisungen einer maschinenorientierten Programmiersprache umwandelt (kompiliert).

Im allgemeinen ist die *Zielsprache bei der Kompilierung die Maschinensprache (Objektcode)*, jedoch findet auch gelegentlich eine (vorläufige) Übersetzung in die Assemblersprache eines Rechners statt. Beim Übersetzungsvorgang werden i.d.R. aus einer Quellenanweisung mehrere Befehle in der maschinenorientierten Sprache erzeugt *(1:n-Übersetzung)*.

*Das aus der Assemblierung oder Kompilierung eines Quellenprogramms resultierende Objektprogramm in einer speziellen Ma-*

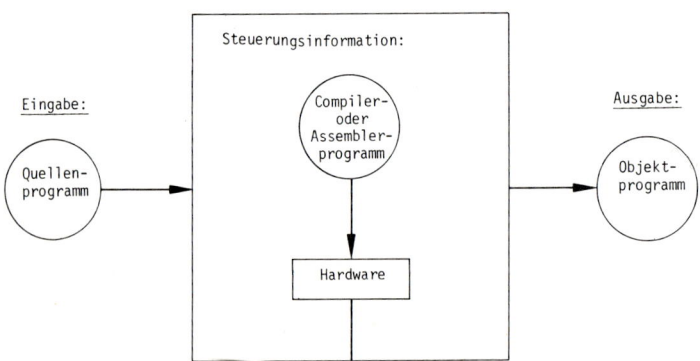

Abb. 2.4.2.2/2: Übersetzung von Programmen in Assembler- oder höheren Programmiersprachen

*schinensprache ist noch nicht ablauffähig.* Insbesondere für die Ein- und Ausgabe müssen noch *Hilfsprogramme zur Gerätesteuerung* hinzugefügt werden, und es müssen die (vom Übersetzer offen gelassenen) *Adressen im Anwendungsprogramm festgelegt* werden. Dies geschieht durch Dienstprogramme des Betriebssystems (Binder und Lader), auf die im nächsten Abschnitt eingegangen wird.

Assemblierer und Kompilierer übersetzen ein Quellenprogramm vor seiner Ausführung vollständig in ein Objektprogramm. Der Übersetzungsvorgang kann durch eine entsprechende Auftragsnachricht zwar im Dialog eingeleitet werden, *während der Übersetzungsarbeit kann der Benutzer jedoch nicht eingreifen.* Das erzeugte *Objektprogramm kann für spätere Verarbeitungsläufe in einer Programmbibliothek abgespeichert werden,* so daß vor der Ausführung keine Übersetzung mehr nötig ist.

---

Ein **Interpretierer** oder **Interpreter** (engl.: interpreter) ist ein Programm, das in eine EDVA eingegebene Quellenanweisungen in einer höheren Programmiersprache jeweils sofort übersetzt und ausführt.

---

Im Unterschied zum Kompilieren entsteht *kein vollständiges, aufbewahrungsfähiges Objektprogramm.* Beim Interpretieren in den Maschinencode übersetzte Anweisungen werden «vergessen»; Binden und Laden (vgl. Folgeabschnitt) laufen hierbei dynamisch ohne Zutun des Benutzers ab. *Daß jede eingegebene Programmanweisung sofort übersetzt und ausgeführt werden kann, ist vor allem für die interaktive Programmierung vorteilhaft.*

*In Betriebssystemen für mittlere und große Rechner* gibt es im allgemeinen *einen Assemblierer sowie diverse Kompilierer,* und zwar mindestens für die höheren Programmiersprachen C, COBOL, FORTRAN, PASCAL und PL/1. Die ebenfalls normalerweise verfügbaren Übersetzungsprogramme für BASIC und APL arbeiten meist interpretativ. Häufig werden für diese Sprachen *Programmierumgebungen* angeboten, die neben dem Interpreter noch zusätzliche Kommandos zur Verwaltung und zum Ablauf von Programmen und zur Steuerung von Systemfunktionen kennen (etwa für die Dateibehandlung und Datenausgabe). Dadurch wird der Benutzer von der Kommandosprache des Betriebssystems unabhängig. Es werden aber auch (zusätzlich) BASIC-Compiler verwendet.

Daneben gibt es noch *Sprachübersetzer für die sonstigen, im Abschnitt 2.4.1 behandelten Programmiersprachen,* die üblicherweise jedoch nicht zu den Standardkomponenten von Betriebssystemen zählen.

*Mikrorechnerbetriebssysteme* enthalten hingegen oft neben dem Assembler nur einen oder zwei Sprachübersetzer (in der Regel BASIC, C oder

PASCAL). Auch bei *Minirechnerbetriebssystemen* ist das verwendbare Sprachspektrum häufig beschränkt (z.B. bei Bürocomputern vorwiegend BASIC, RPG oder COBOL). Zunehmend werden jedoch auch für kleine und kleinste EDVA weitere Sprachübersetzer angeboten.

→ Übungsaufgabe Nr. I-134 im Arbeitsbuch

### Dienstprogramme

---

**Dienstprogramme** (engl.: utility program) sind Hilfsprogramme zur Abwicklung häufig vorkommender, anwendungsneutraler Aufgaben bei der Benutzung des EDV-Systems. Dazu zählen Binder und Lader, Editoren (Dateiaufbereiter), Sortier-, Misch- und Kopierprogramme, Diagnose-, Test- und Dokumentationsprogramme, Abrechnungsprogramme u.v.a.m.

---

**Binder** (engl.: linkage editor) und **Lader** (engl.: loader) gehören zu den am häufigsten benutzten Dienstprogrammen. Sie helfen den Benutzern, die übersetzten Programme zum Ablauf zu bringen. Die vom Assemblierer bzw. Kompilierer erzeugten Objektprogramme sind nicht ablauffähig, weil noch im Quellenprogramm verlangte Programmteile, wie zum Beispiel Ein-/Ausgabeprozeduren, hinzugefügt werden müssen. Ferner müssen in verschiedenen Übersetzungsläufen (eventuell mit verschiedenen Sprachübersetzern) erzeugte Objektprogramm-Module «zusammengebunden» werden. Diese Aufgaben übernimmt der *Binder*, der im Anschluß daran auch alle nunmehr befriedigten externen Adressen im Anwendungsprogramm relativ zum Programmanfang ausrichtet. Dadurch entsteht ein ladefähiges Programm, das – wie auch schon die bei der Übersetzung erzeugten Objektmodule – in einer Datei, der sogenannten *Modulbibliothek*, gespeichert wird.

Der *Lader* hat die Aufgabe, bei Bedarf das ladefähige (d.h. übersetzte und gebundene) Programm zur Ausführung an die von der Auftragsverwaltung zugewiesene Ladeadresse im Arbeitsspeicher (bzw. im virtuellen Adreßraum) zu bringen und alle Adreßpegel des geladenen Programms auf diese auszurichten (d.h. die relativen in absolute virtuelle Adressen umzusetzen).

Die Abb. 2.4.2.2/3 veranschaulicht nochmals den *Ablauf beim Übersetzen, Binden und Laden eines Programms.*

Ein **Editor** (*Dateiaufbereiter*; engl.: editor) ist ein Programm zum Erstellen, Lesen und Ändern von Dateien, die formatierte Daten (Datensätze), aber auch Quellenprogramme, Texte aller Art, bildliche und

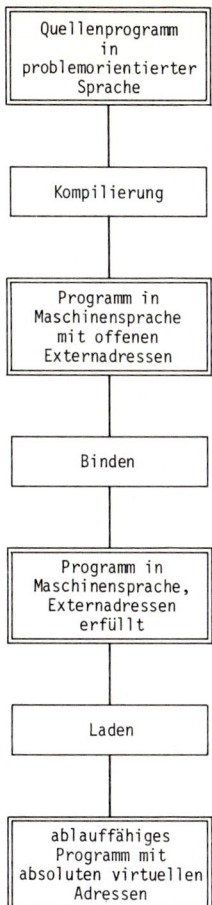

Abb. 2.4.2.2/3: Ablauf von der Kompilierung eines Quellenprogramms bis zur Ausführung

sprachliche Daten enthalten können. Editoren bieten eine komfortable Möglichkeit, Daten ohne Programmieraufwand in das EDV-System einzubringen und zu verwalten. Sie arbeiten im Dialogbetrieb. Vor allem, wo umfangreiche Textverarbeitungsaufgaben oder grafische Datenverarbeitungsaufgaben gelöst werden sollen, bewährt es sich, wenn ganze Bildschirmseiten einer Datei mit einem Zugriff betrachtet und geändert werden können (direktes «Sichtfenster» in die Plattendatei; «full screen

editor»). Zu den *Grundfunktionen eines leistungsfähigen Texteditors*
gehören das Anzeigen, Ändern, Ersetzen, Einfügen, Kopieren, Löschen
von einzelnen oder mehreren Bildschirmzeilen und -seiten. Vorhandene
Dateien bzw. Teile davon können durch einfache Kommandos erweitert, verkleinert und miteinander verglichen werden. Die Bildschirman-
zeige kann nach oben, unten, rechts oder links verschoben werden.
*Grafikeditoren* bieten ähnliche Unterstützungsfunktionen für das
Zeichnen und Ändern von grafischen Darstellungen.

**Sortierprogramme** (engl.: sort program) sortieren Datensätze nach
vom Benutzer festgelegten Kriterien. *Die Sortierung wird bestimmt
durch die Angabe*

– *der Ordnungsmerkmale* (= Sortierfelder), nach denen sortiert werden soll, und
– *der Sortierreihenfolge* (aufsteigend, absteigend oder nach eigenen
Kriterien).

Folgende drei *Sortierarten* werden von Sortierprogrammen üblicherweise beherrscht:

– *Vollsortieren*, bei dem die Eingabesätze – in voller Länge sortiert – in
die Ausgabedatei geschrieben werden;
– *Auswahlsortieren*, bei dem nur die Teile der Eingabesätze als Sortier-
felder verwendet werden, die der Benutzer angibt; in der Ausgabeda-
tei stehen die Sätze dann sortiert in der Reihenfolge der angegebenen
Sortierfelder;
– *Adreßlistensortieren*, bei dem die «Adressen» der Eingabesätze die
Ausgabesätze darstellen.

**Mischprogramme** (engl.: merge program) mischen Datensätze mehrerer gleichartig sortierter Eingabedateien in eine ebenso sortierte Ausgabedatei. Gegebenenfalls muß ein Sortierprogrammlauf vorgeschaltet
werden, um in den zu mischenden Dateien die gleiche Sortierung zu
erzielen.


*Weitere wichtige Dienstprogramme* dienen zur
– Unterstützung der Programmentwicklung im Dialog,
– Verwaltung von Programmbibliotheken,
– Diagnose von Programm- und von EDV-Systemfehlern,
– Umsetzung von Dateien von einem Gerät oder Speichermedium auf
ein anderes,
– Datensicherung (Auslagerung von Dateien auf Datenträger, die als
Sicherungskopien verwahrt werden),
– Leistungsmessung und Abrechnung (engl.: accounting).

→ Übungsaufgaben Nr. I-135 und I-136 im Arbeitsbuch

### 2.4.3 Anwendungssoftware

*Wie man Anwendungsprogramme konzipiert und in einer höheren Programmiersprache formuliert, wird in diesem Band nicht behandelt. Wir verweisen Sie hierzu auf die einschlägige Literatur (siehe Literaturverzeichnis).*

Auch wenn Sie nicht beabsichtigen, später als Wirtschaftsinformatiker an der Entwicklung von großen integrierten Informationssystemen mitzuarbeiten oder in diesem Berufsfeld als Berater oder Verkäufer tätig zu werden, *schult Sie ein Programmierkurs in verschiedener Hinsicht.* Einmal werden Sie damit ganz allgemein zu *methodischem Vorgehen bei der Lösung von Problemen* aller Art «erzogen». Ferner lernen Sie dadurch das *Aufgabenspektrum von EDV-Fachkräften in der IS-Entwicklung* besser kennen und können dadurch *abschätzen, welche Wünsche nach Rechnerunterstützung Ihrer fachlichen Aufgaben durch die EDV-Abteilung realisierbar* erscheinen, mit welchem Zeit- und Kostenaufwand, mit welchen Nutzen und eventuellen Problemen die Lösung verbunden ist. Durch dieses Know-how werden Sie in vielen Fällen die Neuentwicklung oder Änderung von Programmen durch die hauseigenen EDV-Spezialisten als nicht zweckmäßig erkennen und andere Alternativen vorziehen. Solche *Alternativen* können der *Fremdbezug fertiger Anwendungssoftware,* die durch Sie *selbst durchgeführte Lösung kleinerer Aufgaben mit Endbenutzerwerkzeugen* oder auch der *Verzicht auf eine z.B. zu teure oder zu umständliche Rechnerunterstützung* sein. Mit diesen Alternativen werden wir uns im folgenden näher beschäftigen.

### 2.4.3.1 Eigenentwicklung oder Fremdbezug von Programmen

Durch die *individuelle Programmierung* ist eine *optimale Anpassung an die jeweilige betriebliche Bedingungslage* möglich. Mit dem Vordringen der Datenverarbeitung in alle Funktionsbereiche, dem Übergang zur Dialogverarbeitung und der Zunahme von Datenfernverarbeitungsanwendungen waren und sind die Anwender gezwungen, *immer höhere Aufwendungen bei der Eigenentwicklung* der immer komplexer werdenden Problemlösungen in Kauf zu nehmen. Daraus erklärt sich auch die stetige Ausdehnung der Datenverarbeitungsbudgets trotz laufender Verbesserungen des Preis-/Leistungsverhältnisses bei der Hardware. Während in den Anfängen der EDV beim Anwender der größte Teil der Kosten durch die Maschinenkonfiguration verursacht wurde und auf die Software nur ein geringer Teil der EDV-Gesamtkosten entfiel, hat sich inzwischen das Verhältnis der Hardware- zu den Softwarekosten nahezu umgekehrt (wenn man die Kosten des Softwareentwicklungspersonals mit einbezieht).

Es ist deshalb nur folgerichtig, daß *im Softwarebereich die größten Rationalisierungsreserven der Datenverarbeitung* vermutet werden. Die Möglichkeiten der *Softwaretechnologie* (engl.: software technology), das heißt einer methodischen Programmentwicklung mit ingenieurmäßigen Methoden, und der *Standardsoftware* haben dementsprechend in Wissenschaft und Praxis zunehmend an Interesse gewonnen. Offensichtlich sieht man darin geeignete Mittel, den als zu teuer empfundenen Softwareerstellungs- und -wartungsprozeß kostengünstiger zu gestalten sowie die gegenüber den Erwartungen zurückbleibende Qualität der Softwareprodukte zu verbessern.

---

Als **Standardsoftware** (engl.: packaged software) haben wir fertige Programme bezeichnet, die auf Allgemeingültigkeit und mehrfache Nutzung hin ausgelegt sind. **Individualsoftware** (engl.: custom software) umfaßt hingegen jene Programme, die für einen Anwendungsfall eigens erstellt worden sind und deren Eigenschaften i.a. einer spezifischen Bedingungslage entsprechen.

---

Gegenüber der individuellen Programmierung hat der Bezug qualitativ hochwertiger *Standardprogramme* folgende *Vorteile*:

1. Kostengünstigkeit (die Softwareentwicklungskosten «verteilen» sich auf mehrere Verwender des Produkts);
2. Zeitersparnis (die Zeit für die Anpassung eines ausgereiften Standardprogramms ist im allgemeinen wesentlich geringer als die Zeit für eine Neuentwicklung);
3. Kompensierung vorhandener Personalengpässe bzw. eines Mangels an Know-how.

→ Übungsaufgabe Nr. I-137 im Arbeitsbuch

*Entscheidende Bestimmungsfaktoren beim Kauf oder der Miete von Softwareprodukten sind*

– die Übereinstimmung der angebotenen Softwareprodukte mit den benötigten Systemfunktionen und -leistungen (in der Regel ermöglichen nur Modularprogramme einen individuellen Zuschnitt);
– die Verträglichkeit der Produkte mit vorhandener Hardware und Software;
– das Qualitätsniveau der Produkte hinsichtlich des Entwurfskonzepts (methodische Strukturierung, Durchsichtigkeit der Ablaufsteuerung), der Leistungsfähigkeit, der Sicherheit und der Dokumentation;

– die Betriebsreife der Produkte (Verfügbarkeit, Implementierungszeit, Lebensdauer/Zukunft);
– das Kosten-/Nutzenverhältnis der Produkte (einmalige Kosten wie Kaufpreis, Implementierungskosten, Anpassungskosten der Organisation, Schulungskosten von Mitarbeitern; laufende Kosten für die Wartung, Datenträger, Inanspruchnahme von EDVA-Kapazitäten beim Betrieb; Rationalisierungs- und Informationsnutzen).

Die *Anforderungen erfahrener Anwender konzentrieren sich auf* die beiden konkurrierenden Kriterien *«Preis»* und *«Übereinstimmung mit den individuellen Gegebenheiten»* (branchengerechte bzw. firmengerechte Lösung). Häufige Käufer von Standardanwendungssoftware halten das letztgenannte Kriterium für weitaus wichtiger als den Preis.

Für die *Auswahl von Softwarelieferanten* sind in der Praxis vor allem die räumliche Nähe des Anbieters zum Kunden, die Erfahrungen in der Zusammenarbeit und die Spezialisierung des Softwareanbieters auf das geforderte Anwendungsgebiet entscheidend. Hardwarehersteller profitieren bei dem Angebot von Standardanwendungssoftware von der engen Herstellerbindung der EDV-Anwender und deren vielfach ausgeprägtem Wunsch nach «Unterstützung aus einer Hand». Weitere wichtige Anforderungskriterien sind die *Zusatzleistungen* der Anbieter, insbesondere
– die Anpassung und Installation der angebotenen Programme sowie die organisatorische Implementierung (bzw. eine entsprechende fachmännische Beratung),
– die Übernahme der Programmwartung und Betreuung auch nach der Installation und
– die Mitarbeiterschulung bei der Programmeinführung.

Übungsaufgaben Nr. I-138 und I-139 im Arbeitsbuch ←

Insbesondere in Unternehmen mit jahrzehntelanger «Großrechnertradition» herrscht häufig – wenn auch mit abnehmender Tendenz – *Skepsis gegenüber dem Fremdbezug fertiger Programme*. Die Zurückhaltung wird meist mit Vorbehalten gegenüber der Produktgestaltung der Standardanwendungssoftware begründet, vor allem in bezug auf die Problemadäquanz und die technische Problemlösung. Manchmal ist beim Einsatz von Standardprogrammen noch ein außerordentlich hoher Arbeitsaufwand bis zum reibungslosen Funktionieren notwendig; die Kosten für die Anpassung der Software und/oder der Organisation des Anwendungsbereichs sind dementsprechend oft beträchtlich und übersteigen in Einzelfällen sogar die Kosten einer Eigenentwicklung. Ferner bestehen anwenderseitig gelegentlich Zweifel an der Qualifikation und Leistungskraft der Anbieter, insbesondere bezüglich der anwendungsbezogenen und softwaretechnologischen Fachkompetenz sowie des wirtschaftlichen Potentials (Stabilität, Finanzlage). Hinzu kommen die nicht abgeschlossene Konsolidierung und schwere Durchschaubarkeit des Softwaremarktes, die teilweise umstrittene Seriosität und Solidität einzelner Anbieter sowie deren manchmal wenig glaubhafte Informationspolitik.

### 2.4.3.2 Vorgehensweise bei der Auswahl von Standardprogrammen (mit einem Exkurs zu Standards und Anwendungsarchitekturen)

Erster wesentlicher Schritt des Auswahlprozesses ist eine *Istaufnahme*. Dabei gilt es, den derzeitigen Zustand des Gebietes, in dem das Softwarepaket eingesetzt werden soll, genauestens zu untersuchen und zu dokumentieren. Wichtige Punkte sind dabei das Mengengerüst, der Datenfluß sowie die Ablauf- und Aufbauorganisation.

Entscheidend für die Qualität einer Istaufnahme ist die Mitwirkung der betroffenen Mitarbeiter. Ohne ihre Kooperation wird eine Erhebung des Istzustandes immer Stückwerk bleiben.

Im Anschluß daran sollte eine *Schwachstellenanalyse* durchgeführt werden. Die derzeitige Istsituation stellt ja in keinem Falle ein Optimum dar, jede historisch gewachsene Organisation enthält eine Reihe von Mängeln. Dadurch bestehen in den meisten Betrieben erhebliche Rationalisierungspotentiale, die im Rahmen einer Softwareauswahl genutzt werden können.

Aufbauend auf der Ist- und Schwachstellenanalyse muß der *Sollzustand* festgelegt werden. Schwerpunkt in dieser Phase ist die Klärung der Frage, welche Anforderungen auf welche Art und Weise durch die Anwendungssoftware abgedeckt werden müssen.

Häufig kommen bei der Erarbeitung eines Sollkonzeptes unterschiedliche Vorstellungen über die Betriebspolitik zum Ausdruck, die erst in einem langwierigen Diskussionsprozeß auf einen gemeinsamen Nenner gebracht werden können.

Weiterhin besteht bei vielen Anwendern die Tendenz, in den Anforderungskatalog eine Vielzahl von betriebsspezifischen Sonderwünschen einzubauen, die bei realistischer Betrachtungsweise von einem Standardprogramm nicht erfüllt werden können und in der Folge einen erheblichen Kostenaufwand durch Individualprogrammierung verursachen. Hier gilt es einen goldenen Mittelweg zwischen Anforderungen, die unbedingt erfüllt werden müssen, und sonstigen wünschenswerten, aber unter Kostengesichtspunkten nicht akzeptablen Anforderungen zu finden.

```
****************************************************************************
* 012    B E S T I M M U N G S F A K T O R E N           * ALTERNATIVE :
*                                                         *
*Lfd.Nr. 2.2 Einkauf                    Ref.Nr. Gewicht * INTENS:  BEMERKUN
****************************************************************************
* 2.2.1  On-Line-Zugriff auf            4.2.1           *        :
*         - Lieferantennachweis ?                       *        :
*         - Liefersortiment ?                           *        :
*         - Preis- und Rabattstaffel eines              *        :
*           Artikels?                                   *        :
*         - Preisentwicklung eines Artikels ?           *        :
*         - Lieferzeit und Lieferbedingungen ?          *        :
*         - Zahlungsbedingungen, Rabattstaffel,         *        :
*           Bons und Kreditrahmen bei einem             *        :
*           Lieferanten ?                               *        :
*---------------------------------------------------*-------:----------
* 2.2.2  Bestands- und Bewegungsstatistiken  4.2.1     *        :
*         sowie sonstige Auswertungen vorge-            *        :
*         sehen ?                                       *        :
*---------------------------------------------------*-------:----------
* 2.2.3  Unterstützung bei manueller Eingabe  4.2.2    *        :
*         und automatisher Erstellung  der             *        :
*         Bestellanforderungen ?                        *        :
*---------------------------------------------------*-------:----------
* 2.2.4  Zuordnung der Bestellanforderungen   4.2.2    *        :
*         zu Projekt, Produktion oder Kosten-          *        :
*         stelle vorgesehen ?                           *        :
*---------------------------------------------------*-------:----------
* 2.2.5  Aufruf von Textverarbeitungsfunk-    4.2.2    *        :
*         tionen beim Schreiben der Bestell-           *        :
*         anforderungen möglich ?                       *        :
*---------------------------------------------------*-------:----------
* 2.2.6  Funktionen für das Genehmigungsver-  4.2.4    *        :
*         fahren von Bestellanforderungen ver-         *        :
*         fügbar ?                                      *        :
*---------------------------------------------------*-------:----------
* 2.2.7  Kontrolle und Weiterleitung genehmigter 4.2.4 *        :
*         Bestellanforderungen an den Einkauf          *        :
*         automatisiert ?                               *        :
*---------------------------------------------------*-------:----------
* 2.2.8  Anfrageschreibung unterstützt, insbe- 4.2.5   *        :
*         sondere                                       *        :
*         - Übernahme des Anforderungstextes ?          *        :
*         - Aufruf von Textverarbeitungsfunk-           *        :
*           tionen ?                                    *        :
*         - Plazierung bei mehreren Lieferanten ?       *        :
*         - Plazierung bei fremden Lieferanten ?        *        :
*         - Überwachung von Angebotsterminen ?          *        :
*         - Ausdruck des Anfrageschreibens              *        :
*           durch Systemdrucker und Terminal-           *        :
*           drucker ?                                   *        :
*         - Abfragemöglichkeiten                        *        :
*---------------------------------------------------*-------:----------
* 2.2.9  Angebotsaufnahme durch            4.2.6       *        :
*         - Übernahme der Anfragedaten ?                *        :
*         - Verwaltung der Angebote ?                   *        :
*         - Abfragemöglichkeiten ?                      *        :
*         - Absageschreiben und Löschung ?              *        :
```

Abb. 2.4.3.2/1: Anforderungskatalog an ein Standardprogrammpaket für den Einkauf (Auszug)

Als nächster Schritt kann die *Ausschreibung* in Angriff genommen werden. Die Zahl der eingeladenen Anbieter sollte auf höchstens zehn beschränkt werden, da ohne eine solche Beschränkung die detaillierte Analyse der Angebote zu aufwendig wird. Welcher Anbieter zur Teilnahme aufgefordert werden soll, läßt sich anhand der Durchsicht von Softwarekatalogen (z.B. ISIS-Kataloge für den gesamten EDV-Markt, Paperback-Kataloge für den Mikrorechnermarkt) und Verzeichnissen der gewerblichen Interessenvertretungen ermitteln. Weitere Anhaltspunkte bieten Gespräche mit Branchenkollegen, Seminar- und Messebesuche u.a.m.

Die Ausschreibung enthält eine Kurzvorstellung des Betriebes, die Darstellung der Istsituation, den Entwurf des Sollkonzeptes sowie gegebenenfalls Zusatzbedingungen (z.B. bezüglich Hardwarekompatibilität).

Nach *Eingang der Angebote* (ca. vier bis sechs Wochen nach Aussendung der Ausschreibung) wird anhand von sog. K.O.-Kriterien, das sind Anforderungen, deren Erfüllung ein Muß darstellt, eine *Vorselektion* durchgeführt. Im Normalfall sollten für die anschließenden *Detailanalysen und -gespräche* nur zwei bis drei Anbieter im Rennen bleiben. In dieser Endphase erfordert die Angebotsanalyse sehr viel Fingerspitzengefühl. Die Anwendung von Verfahren der *Investitionsrechnung* (auch z.B. der häufig verwendeten Nutzwertanalyse) ist problematisch, da sich

– die exakte Erfüllung einzelner Anforderungen meist nur durch eine Testinstallation beweisen läßt und
– der Erfüllungsgrad unterschiedlicher Anforderungen nur schwer aufrechenbar und vergleichbar ist.

Aus diesem Grunde verbleibt auch in bezug auf den «Sieger» der Angebotsauswertungen eine gewisse Unsicherheit, ob die Installation erfolgreich durchgeführt werden kann.

Ist intern eine Vorentscheidung gefallen, so werden mit dem gewählten Anbieter *Vertragsverhandlungen* begonnen. Dabei muß versucht werden, die Anbieter-Standardverträge, die in den meisten Fällen stark an den Interessen des Anbieters orientiert sind, zu adaptieren und Anwenderinteressen einfließen zu lassen. Inwieweit dies gelingt, ist eine Frage der Marktmacht und der Bedeutung des Anwenders für den Anbieter (z.B. Referenzinstallation).

Nicht vergessen werden sollten bei den Preisverhandlungen die Kosten für Programmanpassungen (des neuen und der vorhandenen Programme) und -installation, die zu erwartenden Organisationskosten und sonstigen Nebenkosten (z.B. Zusatzkosten für Hardwareeinrichtungen).

Werden in einer ersten Installationsphase nicht alle Programmodule eingesetzt, so sollten dennoch jetzt die Konditionen für den Bezug der weiteren Programmteile vereinbart werden. Erfahrungsgemäß können nämlich nach einer Installation Erweiterungsinvestionen nur noch zum Listenpreis durchgeführt werden.

Nach Vertragsabschluß beginnt die *Installationsphase.* Sie zeichnet sich durch eine enge Zusammenarbeit zwischen Anbieter und Anwender aus. Ohne diese werden die Programmanpassungen erfahrungsgemäß kaum jemals den Anforderungen des Anwenders genügen. Aufgrund von Koordinationsproblemen bei den Arbeiten, die von den Vertragspartnern zu leisten sind, und unvorhergesehenen zusätzlichen Anforderungen bzw. Adaptierungsaufgaben kommt es sehr häufig zu einer Überschreitung des vereinbarten Zeitplanes.

Abschließend sei darauf hingewiesen, daß *die Qualität der später installierten Lösung weitgehend durch die Qualität der Istaufnahme, der Schwachstellenanalyse und des Sollkonzeptes bestimmt* wird. Dennoch neigen viele Betriebe dazu, diese Phasen möglichst kurz zu halten und sofort mit einer Ausschreibung zu beginnen. Als Konsequenz ergeben sich unzureichende Entscheidungsgrundlagen, die dann häufig die Durchführung mehrerer modifizierter Ausschreibungen erfordern.

Übungsaufgabe Nr. I-140 im Arbeitsbuch                    ←

## Exkurs:
## Standards und Anwendungsarchitekturen

Auf der «grünen Wiese» erfolgende Erstinvestitionen in die EDV zeichnen sich durch einen sehr hohen Freiheitsgrad der Anwender bezüglich der Entscheidung für einen bestimmten Anbieter und dessen Technologie aus. Diese Position ist für den Anwender natürlich sehr angenehm. Die Anzahl der in Frage kommenden Anbieter ist eher groß, die Preis- und Konditionengestaltung der Angebote ist entsprechend entgegenkommend. Sehr groß ist auch die Verlockung, die Entscheidung aufgrund kurzfristiger, die allerersten Zahlungen betreffender Kostenvorteile zu treffen. Nach getroffener Beschaffungsentscheidung wird das ausgewählte EDV-System installiert, die ersten Anwendungsprogramme werden implementiert. Sehr häufig werden bei der Anwendungsentwicklung Eigenschaften der Basissoftware (Betriebssystem und Programmierwerkzeuge) verwendet, die in der konkreten Ausprägung nur vom Lieferanten bereitgestellt werden. Erstinvestitionen in Informationstechnologie, die unter der Kontrolle eines einzelnen

Anbieters stehen, haben im Regelfall eine wesentliche Verringerung der Freiheitsgrade für den Anwender bei Folgeinvestitionen zur Folge.

Dies ist genau die *Falle*, die – vom Anbieter im Regelfall sehr gemütlich eingerichtet – bei Erweiterungsinvestitionen dazu führt, daß der Anwender auf Hardware und betriebssystemnahe Software des Erstausstatters angewiesen ist.

Hat ein Anwender erst einmal ein proprietäres (herstellerspezifisches) EDV-System im Einsatz, so gibt es eine Reihe von technischen, organisatorischen und sonstigen Gründen, die die Beibehaltung des Erstlieferanten angezeigt erscheinen lassen. In der EDV-Praxis ist es sehr häufig die Verwendung bestimmter Entwicklungswerkzeuge und Benutzeroberflächen, deren Wechsel prohibitiv hohe Nebenkosten durch erforderliche Umschulungsmaßnahmen und Ablaufunterbrechungen bedingen würde. Ein Anbieterwechsel ist im Regelfall nur bei gleichzeitiger Neuerstellung der Anwendungsprogramme möglich. Wie bereits dargelegt, bedeutet die Neuerstellung der Anwendungssoftware aber eben, daß der größte Block der Gesamtinvestitionen vorzeitig abgeschrieben werden muß.

Einen Ausweg eröffnen sogenannte «**offene Systeme**», die auf *herstellerunabhängigen Standards* basieren. Die Orientierung der Hardware- und Softwareauswahl an Standards dient vor allem der Erhaltung von möglichst vielen Freiheitsgraden bei zukünftigen Entscheidungen. Dabei stehen wichtige Schnittstellen zwischen unterschiedlichen Komponenten nicht mehr unter Kontrolle eines einzelnen Anbieters. Sie werden entsprechend veröffentlichten Dokumenten gestaltet.

Einer der *erfolgreichsten Standards* war (und ist immer noch) die Programmiersprache COBOL. Anwendungsprogramme, die in dieser – in allen für die Stapelverarbeitung wichtigen Funktionen genormten – Programmiersprache erstellt wurden, können auf Hardware- und Betriebssystemplattformen unterschiedlichster Hersteller übertragen (portiert) werden. Ein Beispiel aus dem Betriebssystembereich, das lange als Synonym für offene Systeme verwendet wurde, ist UNIX. Im Bereich der Datenbanken nimmt mittlerweile SQL die Rolle des wichtigsten herstellerunabhängigen Standards ein.

Das Interesse an der Durchsetzung solcher Standards war und ist bei den etablierten EDV-Herstellern mit ausreichend großem Kundenstock verständlicherweise gering. Sie nehmen in dieser Frage eher die Rolle von Getriebenen als von Betreibern ein. Es bleibt immer noch den

Anwendern überlassen, durch ihr Beschaffungsverhalten entsprechenden Druck auszuüben.

Abgesehen von den oben beschriebenen, durch unabhängige Gremien (Normenausschüsse oder herstellerübergreifende Konsortien) definierten Standards, gibt es noch die sog. «Marktstandards» oder «Industriestandards». Dabei handelt es sich einfach um im Markt sehr weit verbreitete Produkte und/oder Methoden. Große Hersteller, wie z.B. IBM und Microsoft, sind in der Lage aufgrund ihrer Marktmacht derartige Standards zu definieren. Erfolgreichste Beispiele sind hier sicherlich der IBM-PC und das Betriebssystem MS-DOS. Als grafische Standard-Benutzeroberfläche hat sich auf diese Weise Windows durchgesetzt. Durch die große Verbreitung dieser Produkte sind andere Anbieter in diesem Bereich gezwungen, bei ihren Entwicklungen darauf Rücksicht zu nehmen.

Bisher haben sich Standards jedoch nur in Teilbereichen durchgesetzt. Es ist zum Beispiel auch heute noch vielfach so, daß sogar die Programme eines Herstellers, die für denselben Anwendungsbereich konzipiert sind (wie Finanzbuchhaltung, Materialwirtschaft usw.), auf verschiedenen Rechnerplattformen (Mikrorechner, Minirechner, Großrechner) desselben Herstellers völlig unterschiedlich gestaltet sind. Damit ist einerseits die Programmiertechnik und andererseits die Benutzerunterstützung gemeint. Die Verwendung erfordert jedesmal einen beträchtlichen Einschulungsaufwand, das Wechseln vom PC auf einen größeren Rechner oder umgekehrt ist im laufenden Alltagsbetrieb wegen der gravierenden Bedienungsunterschiede nicht möglich. Kaum besser ist es oft mit der Gleichartigkeit der Benutzeroberflächen verschiedener Programme auf einem Rechner bestellt. Wechselt der Benutzer von einem Programm zu einem anderen, so muß er sich in der Bedienung umstellen (und sein Gedächtnis dementsprechend strapazieren). Ebenso selten sind die Systeme integriert: Es ist meist nicht oder nur sehr schwer möglich, mit anderen Anwendungen zu kommunizieren oder auf deren Daten zuzugreifen. Sollen in Rechnernetzen Systeme verschiedener Hersteller zusammenarbeiten, so vervielfältigen sich diese Probleme.

Zwar gibt es schon seit Jahrzehnten Normungs- und Standardisierungsbemühungen, und diese haben auch in vielen Teilbereichen wichtige Verbesserungen und Erleichterungen gebracht. Nichtsdestoweniger ist – von löblichen Ausnahmen natürlich abgesehen – die Situation in der heutigen Praxis meist noch so, wie oben beschrieben. Wegen der daraus resultierenden Probleme waren in den letzten Jahren *solche EDV-Anbieter besonders erfolgreich, die unter konsequenter Beachtung von Standards offene, integrierte Systeme mit veröffentlichten Spezifi-*

*kationen (Schnittstellen) und einheitlicher Kommunikations- und Benutzerunterstützung entwickelt haben.*

Die großen EDV-Hersteller, wie IBM, DEC oder SNI, haben gegen Ende der 80er Jahre *einheitliche Rahmenwerke für eine unternehmensweite Anwendungsintegration* geschaffen, deren Regeln veröffentlicht worden sind und die allgemein zur Verfügung stehen.

> Ziel einer solchen **Anwendungsarchitektur** (engl.: application architecture) ist es, Anwendungen integriert nach einheitlichen Richtlinien zu entwickeln, wodurch sie miteinander kommunizieren können, dem Benutzer immer gleichartig erscheinen und auf unterschiedlichen Plattformen (Hardware und Systemsoftware) eingesetzt werden können.

Durch eine *einheitliche Benutzeroberfläche* (engl.: common user access; abgekürzt: CUA) soll eine gleichartige Erscheinungsweise aller Anwendungen auf unterschiedlichen Systemen sichergestellt werden. Dies erreicht man durch eine einheitliche Terminologie und Festlegungen, wo und wann übliche Dialogelemente wie Titel, Erläuterungen, Datenfelder und Aktionsauswahlmöglichkeiten am Bildschirm erscheinen. Bezüglich der Interaktionstechniken wird definiert, wie die Aus-

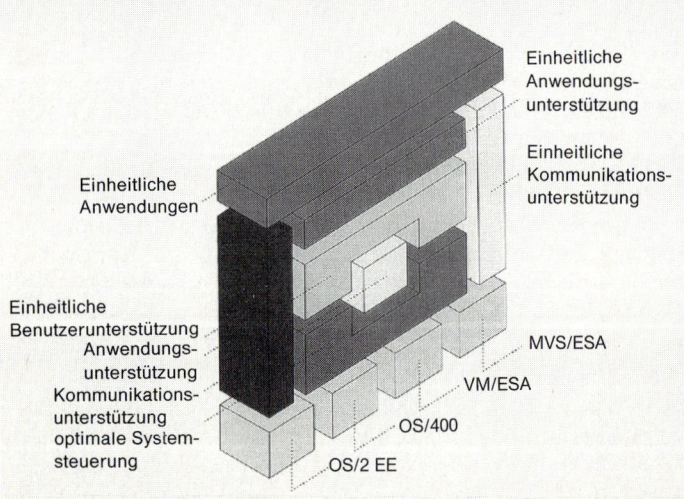

Abb. 2.4.3.2/2: IBM System-Anwendungs-Architektur (SAA)

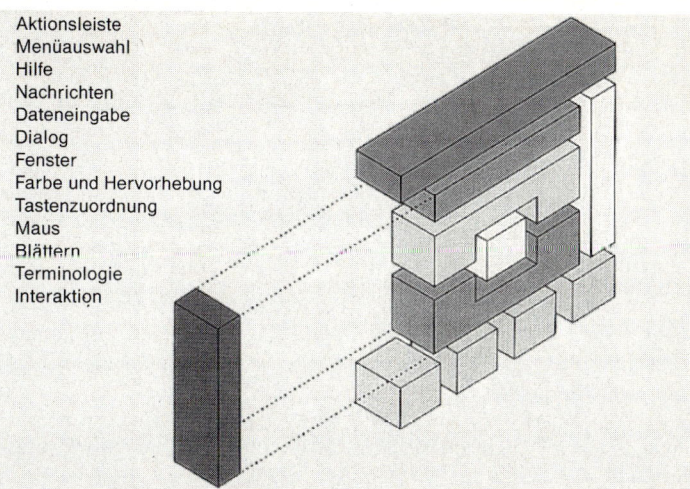

Aktionsleiste
Menüauswahl
Hilfe
Nachrichten
Dateneingabe
Dialog
Fenster
Farbe und Hervorhebung
Tastenzuordnung
Maus
Blättern
Terminologie
Interaktion

**Einheitliche Benutzerunterstützung (Common User Access – CUA)**
Einmal lernen, überall nutzen: Anwendungen stellen sich dem Benutzer immer gleichartig dar, auf allen SAA-Systemen. Denn durch SAA erreicht man einheitliche Terminologie, einheitliche Anzeigeformate, einheitliche Menüs und Interaktionstechniken

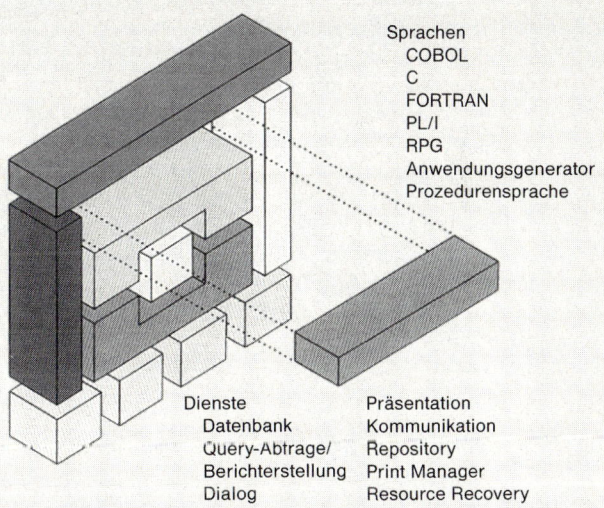

Sprachen
COBOL
C
FORTRAN
PL/I
RPG
Anwendungsgenerator
Prozedurensprache

Dienste
Datenbank
Query-Abfrage/
Berichterstellung
Dialog

Präsentation
Kommunikation
Repository
Print Manager
Resource Recovery

**Einheitliche Anwendungsunterstützung (Common Programming Interface – CPI)**
Einmal entwickeln, überall einsetzen: Um die Produktivität der Anwendungsentwicklung zu erhöhen und Anwendungen für ein breiteres Einsatzspektrum zu schaffen, stellt SAA eine ganze Reihe einheitlicher Programmierwerkzeuge, -sprachen und -dienste zur Verfügung

405

wahl der Menüs zu treffen ist, wie Daten- und Befehlsfelder am Bildschirm dargestellt werden, wie wann und wo Systemanfragen und Systemmeldungen erscheinen.

Eine *einheitliche Programmierschnittstelle* (engl.: common programming interface; abgekürzt: CPI) soll die Produktivität der Anwendungsentwicklung erhöhen und Anwendungen für ein breiteres Einsatzspektrum ermöglichen. Dazu werden die zulässigen Programmiersprachen der dritten Generation (wie COBOL, FORTRAN, C) und der vierten Generation sowie u.a. Schnittstellen für Datenbanken, für Abfragen und Berichtserstellung, für die Dialoggestaltung und für die Kommunikationsunterstützung bei Verbundanwendungen festgelegt.

Die *einheitliche Kommunikationsunterstützung* (engl.: common communications support; abgekürzt: CCS) dient dazu, die Verbindung zwischen unterschiedlichen Geräten, Programmen und Netzen zu regeln. Auf solche sogenannte Protokolle für die Datenübertragung in herstellerspezifischen und offenen Rechnernetzen gehen wir noch ausführlich im Abschnitt 3.3 ein.

Ein wesentlicher *Unterschied* dieser Versuche der großen Computerhersteller, in ihrer «Welt» zu einer vereinheitlichten Anwendungsentwicklung und zu standardisierten, flexibel einsetzbaren und benutzerfreundlichen Softwareprodukten zu kommen, besteht darin, ob sie als Basis nur ihre eigenen Betriebssysteme vorsehen (wie z.B. SAA – System-Anwendungs-Architektur von IBM) oder von einer verteilten Umgebung ausgehen, deren Komponenten auch von mehreren Anbietern stammen können (wie z.B. AIA – Application Integration Architecture und NAS – Network Application Support von DEC).

In welchem Umfang und wann sich solche Konzepte auf dem Markt durchsetzen werden, ist noch offen. Der Erfolg hängt wesentlich von der *Akzeptanz* der Anwendungsentwickler ab. Auf jeden Fall können die EDV-Anwender damit rechnen, in den 90er Jahren zumindest von «ihrem Hauslieferanten» und den ihm verbundenen Softwarehäusern zunehmend vereinheitlichte, integrierte Anwendungssoftware angeboten zu bekommen.

### 2.4.3.3 Handhabung von Softwarewerkzeugen für Endbenutzer

Unter «**Endbenutzerwerkzeugen**» (engl.: enduser tool) werden Softwaresysteme verstanden, die es einem EDV-Laien erlauben, Problemlösungen ohne Unterstützung durch die EDV-Abteilung und ohne die Aneignung von speziellen EDV-Kenntnissen zu erarbeiten.

In diesem Abschnitt sollen in der Praxis weitverbreitete «Endbenutzerwerkzeuge» für Arbeitsplatzrechner demonstriert und die dabei verwendeten Funktionen näher beschrieben werden.

Die meistverkauften Endbenutzerwerkzeuge sind Programme zur Textverarbeitung, Tabellenkalkulation, Dateiverwaltung mit Abfragesprache und Berichtsgenerator, sowie Grafik. Sogenannte «integrierte Software» faßt diese Komponenten zu einem preisgünstigen Paket zusammen. Darüber hinaus stehen bei manchen Produkten auch ein Terminkalender, ein Tischrechnermodus und Funktionen zur Projektplanung und -kontrolle (Netzplantechnik) zur Verfügung. Neben einem *umfangreichen Befehlsvorrat* zeichnen sich Endbenutzerpakete durch eine *gut gestaltete Bedienerführung* aus, d.h. Verwendung der Fenstertechnik (Näheres folgt im Abschnitt 2.4.4), verständliche Fehlermeldungen und ausreichende Hilfefunktionen.

Sehr wichtig ist die Zugriffsmöglichkeit auf die Grunddaten aus den operativen Betriebsbereichen und das Vorhandensein von entsprechenden Verdichtungsfunktionen. Voraussetzung dafür ist eine Verbindung mit den bereits existierenden Großanwendungen auf den zentralen EDVA bzw. Abteilungsrechnern.

Die Entwicklung der **Tabellenkalkulationsprogramme** (engl.: spreadsheet program) ist eng mit der Entwicklung und der Erfolgsgeschichte der Personal-Computer verknüpft. Sie wurden anfangs nur mit konventionellen Programmiersprachen (meist BASIC und/oder Assembler) angeboten, was zur Folge hatte, daß nur eine geringe Zahl von Menschen in der Lage oder willens war, diese zu verwenden. Dies änderte sich mit der Einführung von *Visicalc*, dem ersten Tabellenkalkulationsprogramm für Arbeitsplatzrechner, das es auch EDV-Laien ermöglichte, solche Rechner effizient zu nutzen. Die Konzeption von *Visicalc* hatte bedeutenden Einfluß auf die Gestaltung aller übrigen Tabellenkalkulationsprogramme.

Die *Grundidee* besteht im Versuch, die Arbeitsweise mit Tabellen auf einem normalen Blatt Papier und mit einem Rechenstift nachzuvollziehen. Auf dem Bildschirm wird ein in Zellen gegliedertes elektronisches Arbeitsblatt dargestellt. Jede Zelle ist durch die zugehörige Zeilen- und Spaltennummer eindeutig bestimmt. In den verschiedenen Zellen können in beliebiger Abfolge Zahlen, Texte, arithmetische und logische Ausdrücke mit oder ohne Bezugnahme auf andere Zellen eingetragen werden. Damit ist es dem Benutzer möglich, auf sehr flexible Art und Weise *individuelle Rechenschemata (Rechentabellen) samt erklärendem Text* zu gestalten.

Dies soll am *Beispiel einer einfachen Stückkostenkalkulation* (Vollkostenrechnung) demonstriert werden. Die zu ermittelnden Herstellkosten (HK) bestehen aus Materialkosten (MK) und Fertigungskosten (FK). Die Materialkosten setzen sich aus Materialeinzelkosten (MEK) und Materialgemeinkosten (MGK) zusammen, wobei die Materialgemeinkosten 20% der Einzelkosten betragen. Die Fertigungskosten wiederum setzen sich aus dem Fertigungslohn (FEK) und den Fertigungsgemeinkosten (FGK, 180% der Fertigungseinzelkosten) zusammen.

$$
\begin{array}{ll}
\text{MEK} & \text{FEK} = \text{Arbeitszeit} \times \text{Stundenlohn} \\
\underline{\text{MGK}} = 20\% \text{ der MEK} \quad & \underline{\text{FGK}} = 180\% \text{ der FEK} \\
\text{MK} = \text{MEK} + \text{MGK} & \text{FK} = \text{FEK} + \text{FGK}
\end{array}
$$

$$
\text{HK} = \text{FK} + \text{MK}
$$

Für die Ermittlung der Herstellkosten sind die Zahlenwerte für Materialeinzelkosten, Zuschlagsatz für die Materialgemeinkosten, Arbeitszeit, Stundenlohn und Zuschlagsatz für die Fertigungsgemeinkosten erforderlich; alles andere kann aus diesen Angaben berechnet werden.

In der Tabellenkalkulation mit unserem *Beispielpaket* wird dieses *Rechenschema ( = Modell)* folgendermaßen dargestellt:

| | A | B | C |
|---|---|---|---|
| 1 | **Beispiel Tabellenkalkulation** | | |
| 2 | **Ermittlung der Herstellkosten (Vo** | | |
| 3 | Materialeinzelkosten | | 240 |
| 4 | Materialgemeinkosten | | |
| 5 | (in % der Einzelkosten) | 0,2 | =C3*$B5 |
| 6 | Materialkosten | | =C3+C5 |
| 7 | Arbeitszeit | | 2,5 |
| 8 | Stundenlohn | | 160 |
| 9 | Fertigungslohn | | =C7*C8 |
| 10 | Fertigungsgemeinkosten | | |
| 11 | (in % der Einzelkosten) | 1,8 | =C9*$B11 |
| 12 | Fertigungskosten | | =C9+C11 |
| 13 | Herstellkosten | | =C6+C12 |

Abb. 2.4.3.3/1: Modell zur Ermittlung der Herstellkosten mit Formelreferenzen

In den Zellen A1 und A13 befindet sich erklärender Text, in den Zellen B5 und B1 werden die Prozentsätze für die Bestimmung von Material und Fertigungsgemeinkosten eingetragen (20% bzw. 180%). In Zelle C3 stehen die Materialeinzelkosten (240 Geldeinheiten), in Zelle C7 die zugehörige Arbeitszeit (2,5 Stunden) und in C8 der Stundenlohn (160 Geldeinheiten). Alle anderen Werte werden berechnet, wobei in den jeweiligen Zellen die entsprechenden Formelausdrücke durch Zellenreferenzen ersetzt werden. In Zelle C5 finden Sie die Berechnungsvorschrift für die Materialgemeinkosten im Ausdruck = C3 * $ B5 wieder. Dies weist den Rechner an, den Wert aus der Zelle C3 mit dem Wert aus B5 (Prozentsatz) zu multiplizieren. Der

Ausdruck in C6 bewirkt, daß die Werte aus C3 und C5 addiert werden und das Ergebnis in C6 ausgegeben und abgespeichert wird. In den Zellen C9, C11 und C12 finden sich die Rechenvorschriften für die Fertigungskosten, in C3 dann zum Abschluß die Berechnung der Herstellkosten.

*Der Benutzer bewegt bei der Modellerstellung und Modellmodifikation den Cursor mit den Pfeiltasten, der Maus o.ä. von einer Zelle zur anderen.*

Elektronische Tabellen ermöglichen es, *mathematische Beziehungen zwischen den Zellen* herzustellen. Die Erstellung eines Modells wird durch leistungsfähige *Kopier-, Einfüge- und Formatbefehle* unterstützt. Der größte Nutzen bei der Verwendung von Tabellenkalkulationsprogrammen ergibt sich jedoch aus der besonders einfachen Durchführung von «*Was wäre, wenn …*»-*Abfragen*. Durch die Veränderung eines oder mehrerer Zellenwerte und die anschließende sofortige Neuberechnung des gesamten Modells durch den Rechner ist es dem Benutzer möglich, schnell und ohne großen Aufwand mehrere Varianten durchzurechnen und diese Ergebnisse seinen Entscheidungen zugrundezulegen.

Die unten dargestellte *Berechnung der Herstellkosten bei unterschiedlichen Stundenlöhnen* kann in wenigen Sekunden durchgeführt und ausgedruckt werden.

Sehr wichtig für den durch Tabellenkalkulationsprogramme erzielbaren Nutzen sind auch die zur Verfügung stehenden *mathematischen,*

| | A | B | C | D | E | F |
|---|---|---|---|---|---|---|
| 1 | Beispiel Tabellenkalkulation | | | | | |
| 2 | **Ermittlung der Herstellkosten (Vollkostenrechnung)** | | | | | |
| 3 | | | Variante A | Variante B | Variante C | |
| 4 | Materialeinzelkosten | | 240,00 | 240,00 | 240,00 | |
| 5 | Materialgemeinkosten | | | | | |
| 6 | (in % der Einzelkosten) | 20% | 48,00 | 48,00 | 48,00 | |
| 7 | Materialkosten | | 288,00 | 288,00 | 288,00 | |
| 8 | Arbeitszeit | | 2,50 | 2,50 | 2,50 | |
| 9 | Stundenlohn | | 160,00 | 150,00 | 170,00 | |
| 10 | Fertigungslohn | | 400,00 | 375,00 | 425,00 | |
| 11 | Fertigungsgemeinkosten | | | | | |
| 12 | (in % der Einzelkosten) | 180% | 720,00 | 675,00 | 765,00 | |
| 13 | Fertigungskosten | | 1.120,00 | 1.050,00 | 1.190,00 | |
| 14 | Herstellkosten | | 1.408,00 | 1.338,00 | 1.478,00 | |
| 15 | | | | | | |
| 16 | | | | | | |
| 17 | | | | | | |

Abb. 2.4.3.3/2: Berechnung mehrerer Varianten mit der Tabellenkalkulation

*finanzmathematischen und statistischen Funktionen* wie Summenbildung, Minimum, Maximum, Mittelwert, Standardabweichung, Varianz, Barwert, Interner Zinsfuß oder Bestimmung von Abschreibungsbeträgen.

Abb. 2.4.3.3/3 zeigt ein Hilfsfenster unseres Tabellenkalkulationsprogramms, in dem ein Teil der vorhandenen Funktionen aufgelistet ist.

**Dateiverwaltungssysteme** in endbenutzerorientierten Softwarewerkzeugen ermöglichen es dem Benutzer, Dateien selbständig zu definieren und zu verändern, Daten zu erfassen, wiederzufinden, selektiv darauf zuzugreifen, zu verknüpfen und Berichte zu generieren.

Das hier zur Darstellung verwendete Beispielpaket bietet ein *kleines relationales Datenbankverwaltungssystem* (Allgemeines hierzu folgt im Abschnitt 3.2.2). Dieses beinhaltet benutzerfreundliche Funktionen zur bildschirmorientierten Dateidefinition und Dateimodifikation, mit denen es möglich ist, sowohl den Dateiaufbau als auch die Darstellung auf dem Bildschirm interaktiv festzulegen. Es stehen leistungsfähige Datentypen (z.B.Text, Zahl, Boolesche Variablen, Datum, Bild) zur Verfügung, für die in den Eingabemasken noch zusätzliche Überprüfungen vereinbart werden können (vgl. Abb. 2.4.3.3/4).

→ Übungsaufgabe Nr. I-141 im Arbeitsbuch

Eine weitere wichtige Komponente ist die *Abfragesprache*, mit deren Hilfe gezielt Ausschnitte aus einer oder mehreren Dateien erzeugt werden können.

Die Berichtsgestaltung (Listenerzeugung) wird mit sogenannten Druckmasken vorgenommen, in denen die Anordnung der Felder, erklärender Text, Kopf- und Fußzeilen, Gruppenwechsel mit und ohne Zwischensummen individuell festgelegt werden können.

Eine wichtige Eigenschaft von integrierten Endbenutzersystemen ist die Möglichkeit des einfachen **Datenaustausches** zwischen der Datenbank und den anderen Funktionen wie Tabellenkalkulation, Grafik und Textverarbeitung, sowie mit anderen Programmen. Bei den meistverkauften Einzelpaketen sind diese Datenaustauschmöglichkeiten ebenfalls schon weitgehend realisiert.

Bedeutsam ist auch die *grafische Aufbereitung von Zahlenmaterial* («ein Bild sagt mehr als tausend Worte»). Die meisten integrierten Pakete und Tabellenkalkulationspakete bieten standardmäßig **Geschäftsgrafik**-Darstellungen in Form von Balkendiagrammen, Liniendiagrammen und Kreisdiagrammen an. Mehrere Ebenen werden durch Überlagerung, mehrere hintereinander abfolgende einfache Grafiken oder dreidimensionale Diagramme dargestellt. Zur Ausgabe werden

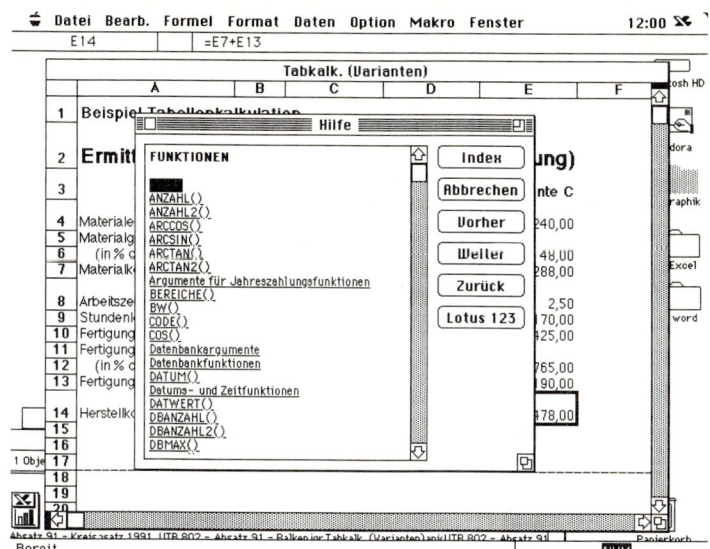

Abb. 2.4.3.3/3: Auflistung der verfügbaren mathematischen, statistischen, logischen und finanzmathematischen Funktionen eines Tabellenkalkulationsprogramms

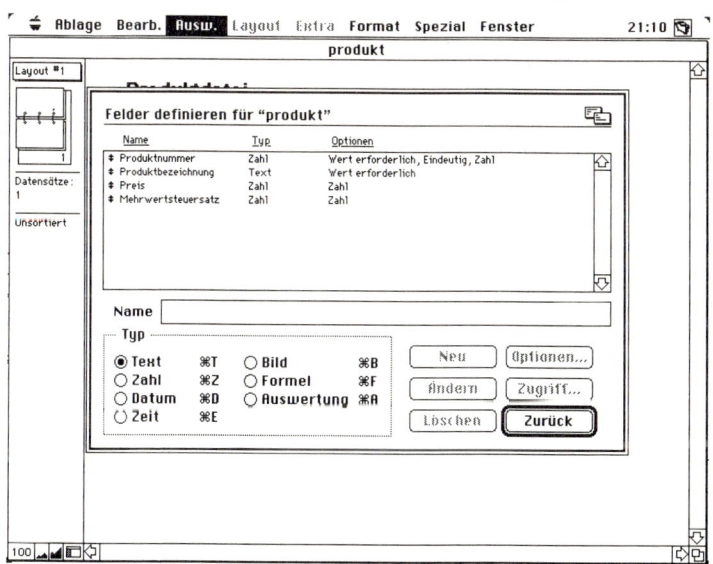

Abb. 2.4.3.3/4: Definition von Feldattributen in der Datenbank

411

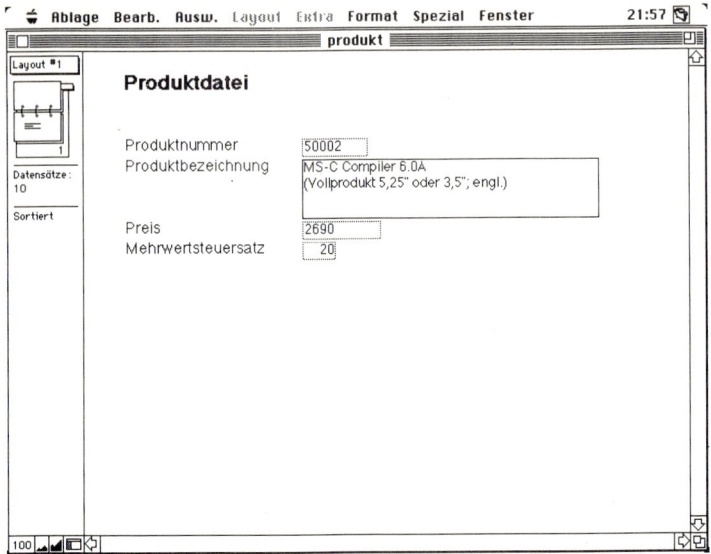

Abb. 2.4.3.3/5: Datenerfassung für eine Produktdatei

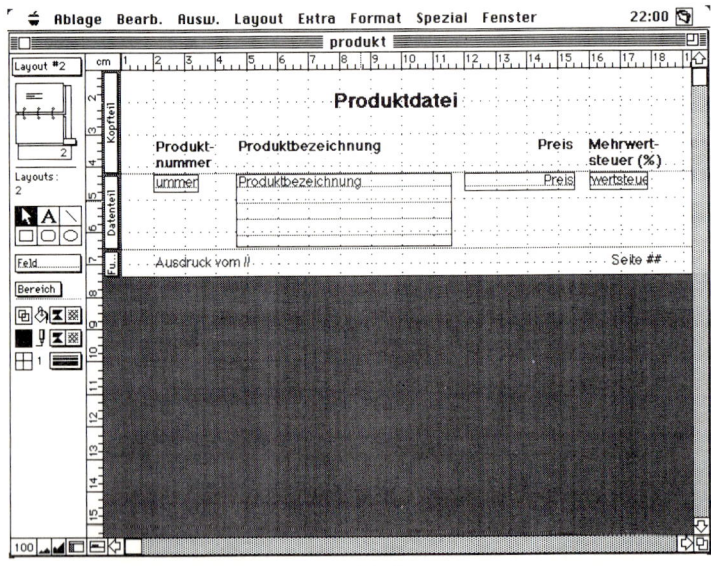

Abb. 2.4.3.3/6: Druckmaske für eine Produktdatei

# Produktdatei

| Produkt-nummer | Produktbezeichnung | Preis | Mehrwert-steuer (%) |
|---|---|---|---|
| 50002 | MS-C Compiler 6.0A (Vollprodukt 5,25" oder 3,5"; engl.) | öS 2.690,00 | 20 |
| 50004 | MS-Cobol Compiler 4.0 (Vollprodukt 5,25" oder 3,5"; engl.) | öS 4.230,00 | 20 |
| 50006 | MS-Excel für Windows 3.0 (Vollprodukt 5,25" oder 3,5"; dt.) | öS 4.090,00 | 20 |
| 50007 | MS-Excel für OS/2 3.0 (Vollprodukt 5,25" und 3,5"; dt.) | öS 5.050,00 | 20 |
| 50011 | MS-Pascal 4.0 (Vollprodukt 5,25" oder 3,5"; engl.) | öS 2.590,00 | 20 |
| 50019 | MS-Word 5.5 (Vollprodukt 5,25" und 3,5"; dt.) | öS 3.150,00 | 20 |
| 50021 | MS-Word für Windows 1.1 (Vollprodukt 5,25" und 3,5"; dt.) | öS 4.090,00 | 20 |
| 50024 | MS-Word für OS/2 1.1 (Vollprodukt 5,25" und 3,5";dt.) | öS 5.090,00 | 20 |
| 50103 | Borland C++ 2.0 (inkl. Debugger & Tools für Windows; Vollprodukt 5,25" oder 3,5"; dt.) | öS 4.140,00 | 20 |
| 50133 | Turbo Pascal 6.0 (Vollprodukt 5,25" oder 3,5"; dt.) | öS 2.070,00 | 20 |

Abb. 2.4.3.3/7: Ausgedruckte Liste aus der Beispiel-Datenbank

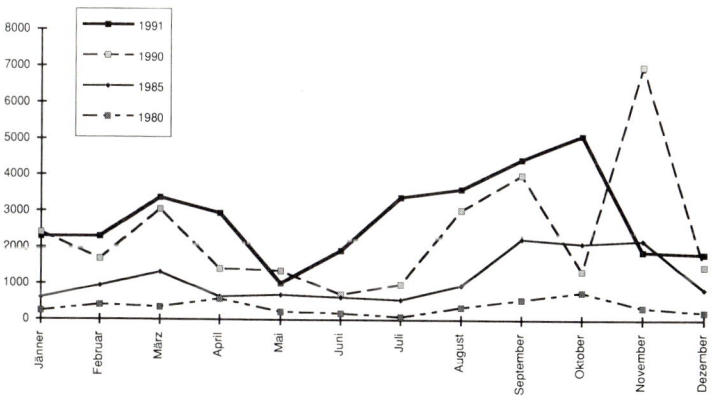

Abb. 2.4.3.3/8: Liniendiagramm

413

## Absatz des Buches "Wirtschaftsinformatik I" von H.R. Hansen im Jahr 1991 (34 127 Exemplare)

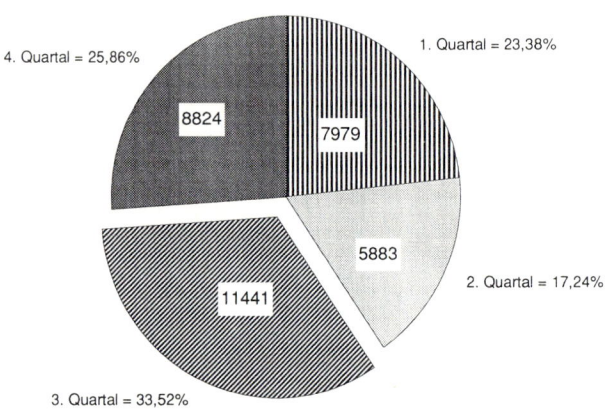

Abb. 2.4.3.3/9: Kreisdiagramm

## Absatz des Textbuchs und des Arbeitsbuchs "Wirtschaftsinformatik I" von H.R. Hansen im Jahr 1991

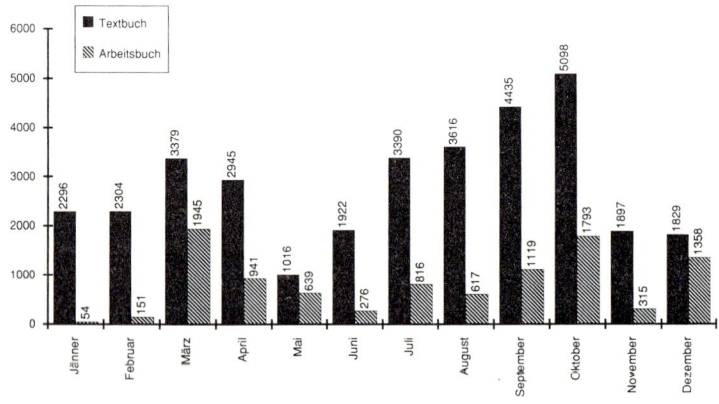

Abb. 2.4.3.3/10: Balkendiagramm

grafikfähige Bildschirme, Drucker und Plotter verwendet. Spezielle Grafik-Pakete bieten darüber hinaus z.B. umfangreiche Bildbibliotheken (Symbole, Grafiken, Fotos), einen Editor zum Entwerfen und Bearbeiten eigener Bilder und in zunehmendem Maße auch Möglichkeiten zur Animation und/oder Tonuntermalung von Präsentationen. Multimedia-Systemen ist im Kapitel 4 ein eigener Abschnitt gewidmet.

Die Ergebnisse aus Tabellenkalkulation, Dateiverarbeitung und Grafik können wie oben erwähnt oft direkt in die **Textverarbeitung** übernommen werden (zu den Funktionen von Textverarbeitungsprogrammen vgl. Abschnitt 4.1.2.1). *Anwendungsbeispiele* sind die Erstellung von Serienbriefen mit Adressen aus einer Kundendatei oder die Gestaltung eines Monatsberichtes mit Soll/Istvergleich, erklärenden Tabellen und Grafiken.

Übungsaufgabe Nr. I-142 im Arbeitsbuch

## 2.4.4 Benutzeroberfläche

Als **Benutzeroberfläche** oder **Benutzerschnittstelle** (engl.: user interface) haben wir im Abschnitt 2.1.2.2 jene Teile eines EDV-Systems bezeichnet, mit denen der Mensch bei der Benutzung in Kontakt kommt.

Durch die Dezentralisierungstendenzen der EDV und die damit verbundene Erschließung neuer, EDV-unkundiger Benutzergruppen in Fachabteilungen, Kleinbetrieben und sogar Privathaushalten kommt der *ergonomischen Gestaltung der Mensch-Maschine-Kommunikation eine immer größere Bedeutung* zu. *Sie ist für die Akzeptanz, die Einschulungszeit und die Effizienz von EDV-Anwendungen äußerst wichtig.* Auf die Hardwareaspekte sind wir bereits bei den Ein-/Ausgabegeräten eingegangen.

Wesentlicher als die Hardware kann die *Software* die Gestaltung der Benutzeroberfläche beeinflussen. Funktional gleiche oder ähnliche Programme können mit *verschiedenen Benutzerschnittstellen* ausgestattet werden. *Deshalb gilt als wichtiges Entwurfsziel die Trennung von funktionalem Design und Aufbau der Benutzeroberfläche. Im Idealfall verfügt jede spezielle Gruppe oder sogar der einzelne Benutzer über eine optimal an die jeweiligen Aufgaben, Vorkenntnisse, persönlichen Anforderungen und sonstigen Notwendigkeiten angepaßte Benutzeroberfläche.* Von diesem Idealfall sind die in der Praxis verwendeten Pro-

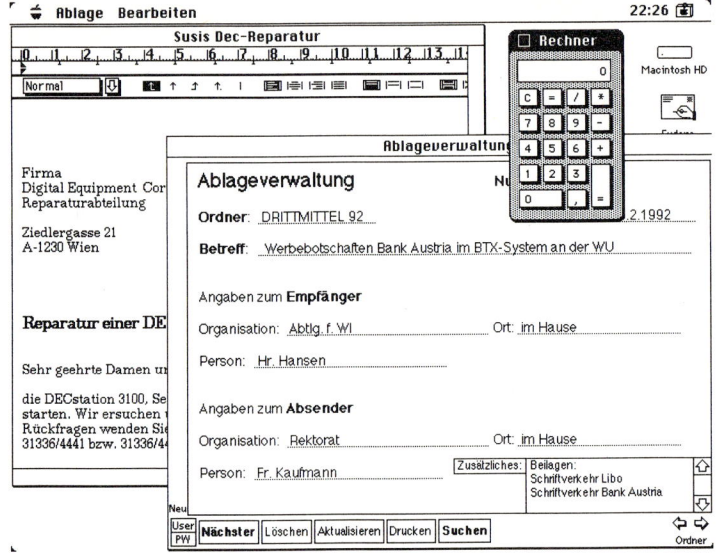

Abb. 2.4.4/1: Benutzerschnittstelle

gramme zwar i.d.R. noch weit entfernt, es gibt jedoch starke Tendenzen in diese Richtung (vor allem bei der System- und Anwendungssoftware für Mikrorechner).

*Die wichtigsten, durch Software realisierten Gestaltungsprinzipien und -funktionen der Benutzeroberfläche sind:*

### Hilfe-Funktionen

Vielfach wird der Ablauf von Dialogprogrammen vom Benutzer durch das Eintasten von schriftlichen Kommandos gesteuert. Entweder er kann diese auswendig (– was bei der oft komplizierten Syntax bzw. einer seltenen Verwendung schwierig ist –) oder er muß mühsam in Handbüchern (engl.: manual) nachschlagen. Im System gespeicherte «*Hilfe-Dateien*» (engl.: help file) erleichtern den Kommandogebrauch. Wenn der Benutzer nicht mehr weiter weiß, kann er aus diesen Dateien *Hinweise und Erklärungen* abrufen. Weiterentwicklungen der (passiven, d.h. unveränderlichen) Hilfe-Dateien bestehen aus sog. *aktiven Hilfen*, die für jeden Benutzer die Häufigkeit der benötigten Hilfe in bestimmten Gebieten registrieren und unter Umständen von sich aus gezielte Unterstützung anbieten (besonders bei wissensbasierten Systemen; Näheres folgt im Abschnitt 2.4.5). Bei der Behandlung von Tasta-

416

turen haben Sie bereits erfahren, daß bei dieser Art der Kommandoeingabe *Funktionstasten* nützlich sein können. Sie lösen vordefinierte Funktionen aus, sobald sie gedrückt werden. Das Kommando wird also durch einen Tastendruck ersetzt. Bekannte *Beispiele für Funktionstasten* sind: «do» (führe aus), «undo» (mache rückgängig) oder «help» (Hilfe im o.g. Sinn).

### Menütechnik

Anstatt Kommandos zu verlangen, kann das Softwaresystem dem Benutzer *Auswahlmöglichkeiten über Menüs* anbieten. Mittels Eingabe entsprechender Buchstaben, Ziffern oder Markieren von Menüabschnitten mittels Zeigeeinrichtungen gibt der Benutzer der Software seine Auswahl bekannt. Ein *Beispiel für die Menüauswahl* finden Sie in Abb. 2.4.4/2.

Generell wird bei der Menüauswahl wie auch bei der vorher beschriebenen schriftlichen Kommandoeingabe vom Benutzer eine hohe Abstraktionsfähigkeit gefordert, wobei er durch eine gute Beschreibung der Menüs, Funktionstasten und Hilfe-Funktionen unterstützt werden kann. *Wichtig ist die gleiche Logik der Kommando- bzw. Menütechnik über das gesamte Softwaresystem bzw. die Anwendung(en). Ein Bei-*

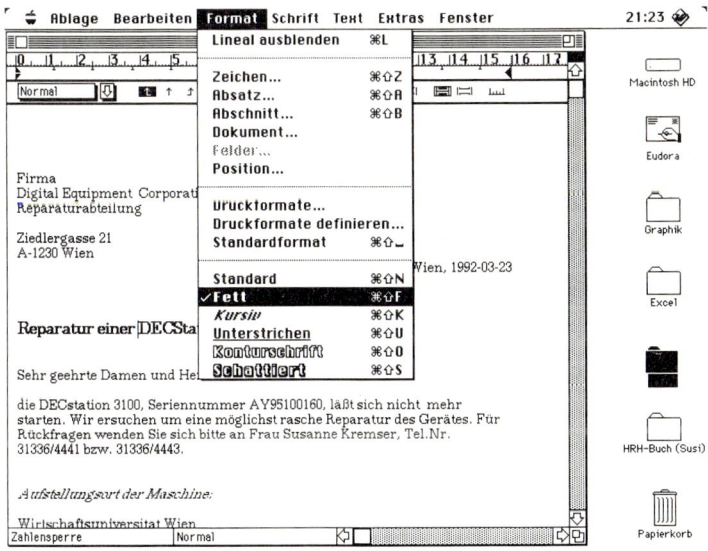

Abb. 2.4.4./2: Aufgeklapptes Menü (engl.: pull-down menu) bei der Textverarbeitung

*spiel* für eine sehr weitreichende Vereinheitlichung der Benutzeroberfläche für eine große Zahl von Programmen bietet das Softwareangebot für Apple-Personal-Computer.

### Fenstertechnik

*Bei der Fenstertechnik* (engl.: windowing) *wird die Bildschirmfläche in mehrere Bereiche (Fenster; engl.: window) aufgeteilt, die unabhängig voneinander gleichzeitig unterschiedliche Information (zum Beispiel Daten aus verschiedenen Dateien) wiedergeben können.* Bei Mehrprogrammbetrieb können in den Fenstern *mehrere Programme (quasi) parallel* ablaufen. Die Fenster können vom Benutzer bei Bedarf *geöffnet,* im Dialog *verändert,* d.h. verschoben, vergrößert und verkleinert, sowie *geschlossen,* d.h. zum Verschwinden gebracht werden. Innerhalb eines Fensters kann so gearbeitet werden, wie üblicherweise auf dem ganzen Bildschirm. In oder neben «*Anwendungsfenstern*» können «*Hilfe-Fenster*» (mit hilfreichen Hinweisen wie vorstehend erläutert) und «*Dienst-Fenster*» (zur Inanspruchnahme von Dienstprogrammen, z.B. ein «Taschenrechner») eingeblendet werden (siehe Abb. 2.4.4/1).

→ Übungsaufgabe Nr. I-143 im Arbeitsbuch

### Grafische, objektorientierte Repräsentation der Realwelt auf dem Bildschirm

Auf *grafische Benutzeroberflächen* von Programmen sind wir bereits im Abschnitt 2.1.2.2 eingegangen. Es liegt gerade bei Benutzern, die nicht mit Rechnern vertraut sind, nahe, möglichst weitgehend auf EDV-Vokabular zu verzichten. Diese sollen nicht mit «obskuren» Bezeichnungen einer Vielzahl von Datenobjekten (Feld-, Satz-, Dateinamen), Geräten oder nur schwer zu behaltenden Kommandos für den Aufruf von Funktionen behelligt werden. *Vielmehr werden die für sie relevanten Ausschnitte der Realwelt – die Realweltobjekte, ihre Eigenschaften und ihre Manipulationsmöglichkeiten – möglichst wirklichkeitsgetreu auf dem Bildschirm abgebildet.*

Zum *Beispiel* wird eine Textdatei durch ein gezeichnetes Blatt Papier (unter Umständen mit Eselsohr) dargestellt. Die Möglichkeit zu löschen wird durch einen Papierkorb oder einen Radiergummi angezeigt. Eine Diskettenoperation wird durch das Bild einer Diskette symbolisiert. Die Historie der bisher abgesetzten Kommandos wird durch eine Schriftrolle angezeigt.

Durch solche *Sinnbilder ( = Piktogramme* bzw. *Ikonen*; engl.: icon) werden dem Benutzer nahezu *sprachunabhängig Möglichkeiten* geboten, *in seinem Softwaresystem zu navigieren.* Die Auswahl erfolgt durch *Hinzeigen* mittels der im Abschnitt 2.3.2.2 beschriebenen Zeigeeinrichtungen für Bildschirme (Maus, Lichtgriffel o. ä.) und einen *Tastendruck.* Sog. *Pull down-* oder *Pop up-Menüs* bieten hierbei (ähnlich wie schon vorstehend bei den Hilfe-Fenstern beschrieben) Unterstützung. Sie geben – oft überlagert – mögliche *Funktionen und Attribute* wieder, die ebenfalls mit der Maus o. ä. markiert und damit aktiviert bzw. festgelegt werden können.

Abb. 2.4.4/3: Arbeitsplatzrechner mit grafischer Benutzeroberfläche

Die grafische Benutzeroberfläche wird durch *Betriebssystemkomponenten* bzw. *integrierte Dienstprogramme* (engl.: window manager) realisiert. Ebenso gibt es *Anwendungsprogrammsysteme, die eine grafische Benutzeroberfläche aufweisen.* Schließlich sind auch *separate Dienstprogramme* erhältlich, die für «konventionelle» Software eine grafische Benutzeroberfläche bieten.

Bei dem in Abb. 2.4.4/2 gezeigten, für *Büroanwendungen im Netzverbund ausgelegten 32-Bit-Mikrorechner* arbeitet ein Benutzer auf einem «elektronischen Schreibtisch». Der vollgrafische Bildschirm repräsentiert eine komplette Büroumgebung. Dokumente (Dateien), Mappen (Dateiunterverzeichnisse), Aktenschränke (Dateihauptverzeichnisse), Postkörbe, Drucker usw. werden als kleine *Piktogramme* in vom Benutzer selbst gewählter Ordnung abgebildet. Will der Benutzer *z.b.* einen *Brief schreiben*, so wählt er mit der Maus ein leeres Dokument, öffnet es durch zwei Tastendrucke auf der Maus und beginnt einfach zu schreiben. Nach der gleichen Logik werden *in einem Dokument Ausschnitte* mit der Maus *selektiert und manipuliert* (z.b. verschoben, kopiert). Texten können mit der Maus *Eigenschaften* wie Schriftgröße, Zeichensatz (Font) und Schriftgestalt (fett, kursiv) *verliehen* werden. *Grafiken* werden nahezu vollkommen frei gemeinsam mit dem Text gestaltet. Diese Art der Dokumentenverarbeitung erlaubt es, ein *Dokument genauso auf dem Bildschirm* vorzubereiten, *wie es dann im Ausdruck aussieht* (im englischen Sprachraum ist dafür der Ausdruck WYSIWYG üblich – what you see is what you get).

→ Übungsaufgabe Nr. I-144 im Arbeitsbuch

### Innere Logik und Nutzungsflexibilität der Programme

Bisher wurden in erster Linie bedienungstechnische Aspekte der Systemgestaltung behandelt. Ebenso wichtig für die Akzeptanz und Effizienz sind jedoch *die inhaltlichen Funktionen und ihre Erschließung durch eine von der Sachlogik geprägte, benutzerfreundliche Dialoggestaltung.*

Dazu gehören:

– Einfacher *Systemaufbau*, eventuell mit mehreren Komplexitätsebenen,
– gut strukturiertes, übersichtlich präsentiertes, aufgabengerechtes *Angebot an* vom Benutzer nachvollziehbaren *Funktionen*,
– jederzeitige *Selbsterklärungsfähigkeit* des Systems,
– konsistentes, stets durchschaubares *Systemverhalten* auf allen Ebenen,

- größtmögliche *Flexibilität* und Unterstützung hinsichtlich Vor- und Zurückgehen, Unterbrechen und Fortsetzen von Dialogen,
- dynamische *Anpassung der Dialogformen* an die Entwicklung der Benutzerkenntnisse (von system- zu benutzergesteuerten Formen),
- bei fehlerhaften Eingaben verständliche *Fehlermeldungen* im Klartext mit Korrekturhinweisen (auf Anforderung), möglichst geringe Überraschungseffekte und keine fatalen Folgen,
- minimale und für ähnliche Funktionen *vereinheitlichte Benutzereingaben mit sinnvollen Defaultwerten* (− Standardannahmen bei Unterlassungen),
- kurze *Antwortzeiten* (d.h. nicht die Aufgabenerfüllung verzögernd; bei kommerziellen Dialoganwendungen im Mittel unter zwei Sekunden).

---

Programme, die den skizzierten Anforderungen hinsichtlich Aufgabenangemessenheit, Transparenz, Selbsterklärungsfähigkeit, Konsistenz, Steuerbarkeit, Verläßlichkeit, Fehlertoleranz und Antwortzeitverhalten entsprechen, bezeichnen wir als **benutzerfreundlich** (engl.: user friendly).

---

Übungsaufgabe Nr. I-145 im Arbeitsbuch

### 2.4.5 Markt und Entwicklungstendenzen von Software

*Der Softwaremarkt entwickelt sich in enger Abhängigkeit von dem EDV-Gesamtmarkt.* Die Marktsituation wird vor allem durch die Verbreitung von Rechnern bzw. die Marktstellung ihrer Hersteller, Veränderungen in den Betriebsarten und Nutzungsformen sowie die Arbeitsmarktlage für EDV-Fachkräfte bestimmt.

In den letzten Jahren haben sich die *Rahmenbedingungen des Softwaremarktes deutlich verändert.* So konnten durch das sich ständig verbessernde Preis-/Leistungsverhältnis der Hardware neue EDV-Anwendergruppen und Anwendungsgebiete erschlossen werden. Die Zahl der kleinen und mittleren Betriebe, die EDV einsetzen, ist stark gestiegen. Derzeit gibt es in der Bundesrepublik Deutschland (alte Bundesländer) etwa eine Million EDV-Anwender, wobei die Mehrzahl allerdings nur einen oder mehrere Personal-Computer als größte Anlagen verwenden. Vor allem von den großen Betrieben wurde Informationstechnik als Wettbewerbsvorteil («strategische Waffe») entdeckt (früher waren in erster Linie Kostenersparnisse für den EDV-Einsatz maßgebend).

Laut einer Studie des Münchner Marktforschungsinstituts Infratest wurden *in der Bundesrepublik Deutschland (nur alte Bundesländer) im Jahr 1991 rund 41,5 Mrd. DM für Software und softwarebezogene Dienstleistungen* aufgewendet. Dies bedeutet ein Wachstum von 7% gegenüber dem Vorjahr. 44% davon wurden extern auf dem Softwaremarkt ausgegeben.

### Nachfrage auf dem Softwaremarkt

Die *Nachfrage* der EDV-Anwender auf dem Softwaremarkt *konzentriert sich* auf

– Programmierunterstützung durch externe Mitarbeiter in eigenen Entwicklungsgruppen oder durch individuelle Fremdprogrammierung außer Haus,
– *Standardsoftware,*
– Dienstleistungen zur Verbesserung der internen Programmierkapazität und -qualität (EDV-Schulung, EDV-Beratung).

Wie erwähnt ist sie *in den letzten Jahren erheblich gestiegen,* und zwar weil

– bei *EDV-Großanwendern* die vorhandenen Programmierkapazitäten durch Wartungs- und Umstellungsarbeiten von Programmen so stark in Anspruch genommen werden, daß nur ein geringer Spielraum für eigene Neuentwicklungen bleibt, und
– bei der wachsenden Zahl von *kleinen und mittleren Neuanwendern* der EDV nicht die nötigen Erfahrungen, keine oder nur sehr wenige EDV-Fachkräfte und nur geringe EDV-Budgets vorhanden sind, so daß die Eigenentwicklung von Programmen nicht in Frage kommt bzw. unwirtschaftlich ist.

*Dementsprechend ist die Nachfrage nach externer Softwareunterstützung bei «jüngeren» EDV-Anwendern wesentlich ausgeprägter als bei «älteren» und bei kleinen und mittleren EDV-Anwendern häufiger als bei großen.*

*In der Bundesrepublik Deutschland (alte Bundesländer) betrafen 1991 ca. 56% der Gesamtausgaben (das sind 23,1 Mrd. DM) betriebsinterne Softwareentwicklungen.* Dabei handelt es sich hauptsächlich um Personalkosten für Systemanalytiker und Programmierer. Rund *18,4 Mrd. DM* (= 44% der Ausgaben) wurden *für Zukäufe von Software und softwarebezogenen Dienstleistungen* ausgegeben, und zwar

– 14,4 Mrd. DM für Anwendungssoftware (ca. 55% davon für Standardanwendungssoftware) und
– 4 Mrd. DM für Systemsoftware.

34% der 18,4 Mrd. DM betreffen PC-Software, was eine Steigerung gegenüber 1988 um vier Prozentpunkte bedeutet.

Der Bereich der zugekauften Software und Dienstleistungen stieg stärker (Steigerungsrate ca. 15%) als der für intern erstellte Software (Steigerungsrate ca. 4%). Eine Fortsetzung dieses Trends wird erwartet.

Im PC-Bereich überwiegen Textverarbeitungsprogramme, Tabellenkalkulationssysteme u.ä., in den anderen Segmenten dominieren kommerzielle Applikationen für die Finanzbuchhaltung, Materialwirtschaft usw.

Während Mikrorechneranwender fast nie eine Eigenentwicklung von Software durchführen (abgesehen von den kleinen, persönlichen Applikationen mit Endbenutzerwerkzeugen), verfügen ca. ein Drittel der Anwender der mittleren Datentechnik und praktisch alle Großrechneranwender über eigene Entwicklungskapazitäten.

### Softwareanbieter

Der Softwaremarkt in der Bundesrepublik Deutschland wird von den *Softwareunternehmen* beherrscht, die einen *Marktanteil von fast zwei Drittel des Umsatzes* haben. Der Rest entfällt auf große Hardwarehersteller. Sie konzentrieren sich dabei derzeit insbesondere auf den Bereich der Software-Entwicklungsumgebungen (CASE).

*Bei den Softwareunternehmen dominieren noch immer die kleineren Betriebe.* Neben einer schwer ermittelbaren Zahl von im Softwarebereich tätigen Einzelunternehmern (Schätzungen sprechen von ca. 15 000 derartigen, oft in Entwicklungsgruppen von Hardwareherstellern oder großen Softwarehäusern eingebundenen freien Mitarbeitern) gibt es ca. 1 000 Unternehmen mit zwischen zehn und fünfzig Beschäftigten und ca. 2 500 Unternehmen mit weniger als zehn Mitarbeitern. Nur rund 300 deutsche Softwareunternehmen beschäftigen mehr als fünfzig Mitarbeiter, und lediglich 30 davon haben mehr als 200 Mitarbeiter.

Zu den *größten deutschen Softwarehäusern* zählen ADV/ORGA, Integrata, MBP, Ploenzke, SAP, SCS, Softlab und Software AG. Die meisten deutschen Softwareanbieter konzentrieren sich auf den nationalen bzw. den deutschsprachigen Markt. Der Auslandsumsatz beträgt nur etwa 10% des Gesamtumsatzes. Nur wenige der führenden deutschen Softwarehäuser, wie die Software AG, erzielen bedeutende Anteile des Gesamtumsatzes im nichtdeutschsprachigen Ausland.

Der auf die *Europäisierung des Softwaremarktes* zurückzuführende stärkere Wettbewerbsdruck wird nicht nur die nationalen Anbieter sondern auch die internen Softwareentwicklungsabteilungen treffen. Die für sie 1991 in der Bundesrepublik Deutschland ausgegebenen rund 23 Mrd. DM stellen ein interessantes Potential für die Softwareanbieter dar.

Das Marktwachstum und der *Trend zur Standardsoftware* werden maßgeblich durch die starke Verbreitung kleinerer EDVA beeinflußt, auf denen zum überwiegenden Teil fertige Programme implementiert werden.

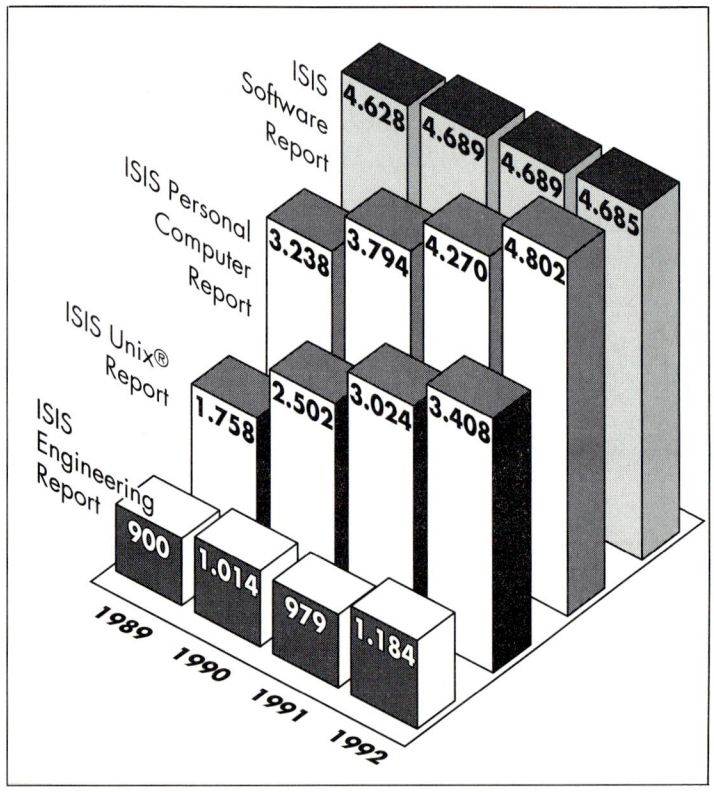

Abb. 2.4.5/1: *Anzahl der angebotenen Standardprogramme im deutschsprachigen Raum (Quelle: Nomina)*

## Überblick über das Standardsoftwareangebot

Auf dem *deutschsprachigen Standardsoftwaremarkt* werden mehr als *15 000 Programme* aller Art angeboten, davon rund jeweils ein Drittel für Personal-Computer, für Workstations/Minirechner sowie für Großrechner.

Die Abb. 2.4.5/1 zeigt die Entwicklung der in den *ISIS-Katalogen* verzeichneten Programmangebote zwischen 1989 und 1992. Die von Nomina, München, herausgegebenen Softwarekataloge beschreiben nach einem einheitlichen Raster aufgrund von Herstellerangaben das halbjährlich erhobene Angebot im deutschsprachigen Raum fast lückenlos.

Im Vergleichszeitraum von 1989 bis 1992 zeigen die *Marktsegmente «Personal-Computer» und «UNIX» starkes Wachstum*. Knapp 25% der angebotenen Standardprogramme basieren inzwischen auf UNIX-Plattformen.

## Standardprogramme für Großrechner und Minirechner

*40% des Angebots entfallen auf sog. kommerzielle Programme für unterschiedliche betriebswirtschaftliche Funktionsbereiche.* Sie basieren auf herstellerspezifischen Betriebssystemen. Mehr als 500 Programme werden für das Finanz- und Rechnungswesen, jeweils ca. 300 Programme für die Materialwirtschaft und die Produktion angeboten. Ungefähr jeweils 200 Programme sind für das Personalwesen, die Büroautomation sowie für Marketing/Vertrieb erhältlich. Diese Angebotsverhältnisse bieten Ihnen Anhaltspunkte für den Standardisierungsgrad der Problemlösungen in den verschiedenen betrieblichen Funktionsbereichen und den dort in der Praxis anzutreffenden Standardsoftwareeinsatz. Er ist in der Finanzbuchhaltung am höchsten, während im Marketing/Vertrieb individuelle Lösungen dominieren.

*Über die Hälfte der angebotenen Programme sind auf IBM-EDVA lauffähig.* SNI-Kunden können je nach Funktionsbereich auf 10−20% des Softwareangebots zurückgreifen.

Die im deutschsprachigen Raum meistinstallierte kommerzielle Anwendungssoftware für Großrechner stammt von *SAP* und ist sowohl auf IBM- als auch auf Siemens-EDVA einsetzbar. Über 80% der 100 größten deutschen Unternehmen setzen zumindest Teile dieses umfassenden, integrierten Systems *R/2* ein. Es umfaßt die in der Abb. 2.4.5/2 gezeigten Anwendungssysteme auf einer gemeinsamen Datenbasis.

Derzeit wird von SAP gerade das Nachfolgesystem *R/3* entwickelt. Bis 1994 sind dafür ca. 300 Mio. DM an Entwicklungskosten geplant, bis zur

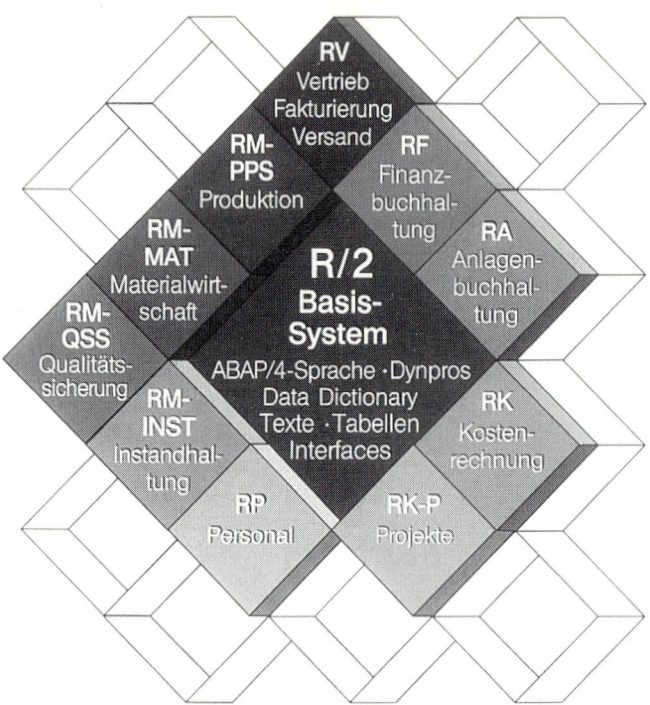

Abb. 2.4.5/2: SAP-System R/2-Anwendungssysteme

Jahrtausendwende wird mit ca. 20000 Installationen gerechnet. An R/3 können Sie sehr gut einige der wichtigen *Trends im Softwarebereich* erkennen:

– Im Gegensatz zu R/2 werden von R/3 *grafische Benutzeroberflächen* unterstützt. Der Plan, in R/3 auch alphanumerische Terminals zu unterstützen, wurde wegen ihrer schwindenden Bedeutung mittlerweile fallengelassen. Verschiedene Hardwareplattformen sollen unter einer gemeinsamen Oberfläche genutzt werden können.

– Als Softwarearchitektur dient ein dreistufiges *Client-Server-Konzept.* Ein Datenbankserver, ein Applikations- und ein Präsentationsserver sind über ein lokales Netz miteinander verbunden. Dadurch wird es möglich, nicht nur Benutzer von Großrechnern mit SAP-Software anzusprechen, sondern auch kleinere und mittlere Unternehmen als Kunden zu gewinnen.

– Das Ziel einer größeren *Offenheit des Systems* wird auf zwei Arten angestrebt:

426

Einerseits werden bestehende *Standards* genutzt, so z.B. X/Open für betriebssystemnahe Schnittstellen, ANSI-C für die Programmierung, ANSI-SQL im Datenbankbereich, EDI für den Datenaustausch und CUA (Common User Access) von IBM sowie OSF/MOTIF für den UNIX-Bereich im Bereich der Benutzerschnittstelle. Auf alle diese Standards gehen wir in der Folge noch näher ein.

Andererseits wird die Offenheit des Systems durch *definierte Schnittstellen zur Einbindung von Fremdprodukten* und durch standardmäßige Integration eines Programmierwerkzeugs (ABAP/4) gewahrt.

- Als Grundlage für die Datenspeicherung dient nicht mehr (wie bei R/2) ein von SAP selbst geschriebenes Dateiverwaltungssystem sondern ein *relationales Datenbanksystem.*
- Durch die Offenlegung der dem SAP-System zugrundeliegenden *Daten-, Prozeß- und Funktionsmodelle* wird eine bessere Kundenbetreuung angestrebt.

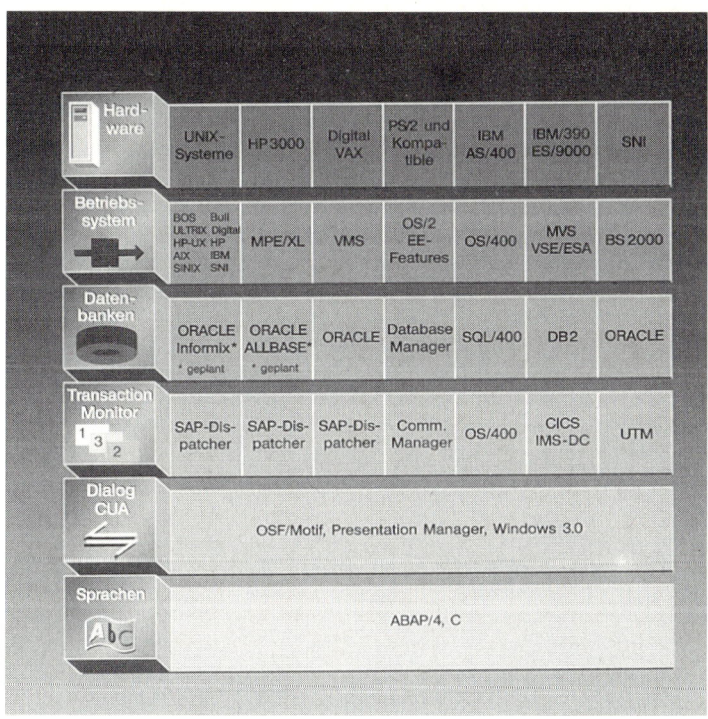

Abb. 2.4.5/3: SAP-System R/3-Plattformen

Die *Freigabe* der meisten Module des Systems unter den Betriebssystemen UNIX, OS/2 und MPE/XL (HP) soll(te) Mitte 1992 (= Erscheinungstermin dieses Buches) erfolgen. Allerdings ist es infolge des hohen Innovationsgrades und der Komplexität dieser Softwareentwicklung und wegen nicht zufriedenstellender Laufzeiten bzw. Antwortzeiten der entwickelten Teilsysteme schon bisher zu beträchtlichen *Zeitverzögerungen bei der Markteinführung* gekommen. Zu diesem Zeitpunkt soll R/3 ca. 40% des Funktionsumfanges von R/2, nämlich Finanzbuchhaltung, Vertriebsabwicklung, Materialwirtschaft, Controlling, Personalwesen sowie einige Bürofunktionen, umfassen. Für 1993 sind die R/3-Versionen für OS/400 (Betriebssystem der Minirechner AS/400 von IBM) und BS2000-Compact (Betriebssystem der kleineren 7.500-Rechner von Siemens) geplant. Bis Mitte der 90er Jahre soll R/3 den Funktionsumfang R/2 erreichen.

Die *Preise* für R/3 hängen wie bei R/2 von der Rechnerklasse und der maximalen Zahl der Benutzer ab. Die kleinste UNIX-Version soll ca. 10% der heutigen SAP-Großrechnersysteme kosten. Bei ca. 250 Benutzern kosten die R/2- und die R/3-Teilsysteme gleich viel.

Für eine Dauerlizenz des SAP-R/2-Basissystems, Data Dictionary und Stammdatenverwaltung sind derzeit etwa 120000 bis 310000 DM zu bezahlen. Die verschiedenen Anwendungssysteme haben Preise in derselben Größenordnung. Sie bestehen aus vom Anwender auszuwählenden einzelnen Anwendungsfunktionen, die nicht unter 10000 DM erhältlich sind, aber auch ein Vielfaches dieser Summe kosten können. Zum Beispiel besteht das meistinstallierte R/2-Teilsystem Finanzbuchhaltung (RF) aus insgesamt 20 solcher Anwendungsmodule. Würden sie alle von einem Anwender benötigt, so betrüge der Preis dafür rund 350000 DM. Für die 40 Module des innerbetrieblichen Rechnungswesens (RK) ist der Preis mehr als doppelt so hoch. Für die mehr als 50 Funktionen der Materialwirtschaft (RM) beträgt der Gesamtpreis sogar über 1,6 Mio. DM. Auf diese Bruttopreise für eine Dauerlizenz werden bei kleineren EDVA Rabatte bis zu 30% gewährt. Die Wartung, die auch die Übersendung weiterentwickelter Programmversionen umfaßt, beträgt pro Jahr 10% der Dauerlizenzgebühr. Für die Inanspruchnahme von SAP-Beratern sind pro Tag 1100 bis 2000 DM Honorar (Junior- bzw. Seniorberater) plus Spesen zu bezahlen. Ein SAP-Inhouse-Schulungstag kostet ohne die Lehrgangsunterlagen 3700 DM (sämtliche Preise ohne Umsatzsteuer).

Die *Vermarktung von R/3* will SAP durch Kooperation mit vielen großen Hardwareanbietern (Bull, DEC, HP, IBM, SNI) unterstützen. Eine besonders enge Zusammenarbeit ist wie schon bisher mit Siemens-Nixdorf geplant.

Parallel zu R/3 wird aber auch die *Großrechnerversion R/2 weiterentwickelt*, um Kunden, die aus Kapazitätsgründen auf Großrechner festgelegt sind, weiter zu unterstützen. Erst Mitte der 90er Jahre will man diesen Unternehmen einen Migrationspfad von R/2 auf R/3 anbieten.

*Branchenprogramme, die für unterschiedliche Wirtschaftszweige spezifische Problemlösungen enthalten, haben einen Anteil von ca. 30% des Marktangebots.* Allein für den Handel gibt es rund 300 Standardlösungen. Größere Programmangebote gibt es zum Beispiel ferner für

- Banken,
- grafische Industrie,
- Energiewirtschaft,
- Kfz-Werkstätten,
- Speditionen,
- Wohnungswirtschaft/Immobilienverwaltung,
- Baugewerbe oder
- Kommunalverwaltung.

*Technische Programme und Systemprogramme haben einen Angebotsanteil von jeweils etwa 15%.*

Zu den ersteren gehört z.B. die Software für Grafik, Statik, Werkzeugmaschinensteuerung, Rohrleitungsbau, Prozeßtechnik, Architektur, Mathematik/Statistik/Operations Research u.v.a.m. Bei der Systemsoftware dominieren mit jeweils mehr als 100 Angeboten komplette Betriebssysteme und Betriebssystemerweiterungen, Sprachübersetzer, Softwareentwicklungssysteme, Datenübertragungs- bzw. Netzwerkprogramme und Datenbanksysteme (inkl. Einzelkomponenten).

*Die Struktur der Softwarenachfrage seitens der EDV-Anwender entspricht bei Groß- und Minirechnern in etwa der Angebotsstruktur.* Rund 40% des Gesamtumsatzes entfallen auf das Finanz- und Rechnungswesen, die nachfragestärksten Branchengruppen sind Banken/Versicherungen und die Fertigungsindustrie. Weniger als 20% der angebotenen Softwareprodukte sind mehr als 50mal installiert.

### Client-Server-Systeme

Wie vorstehend am Beispiel der SAP-Systeme gezeigt wurde, werden *Großrechnerapplikationen zunehmend für Client-Server-Architekturen adaptiert.* Neue Programme werden oft bereits von vornherein in dieser Form entwickelt. Grund dafür ist die Verbreitung von Mikrorechnern (zunächst vor allem MS-DOS-basierte Personal-Computer, nunmehr in zunehmenden Maße UNIX-Workstations), die den Gedanken nahelegt, Aufgaben vom bisherigen, vergleichsweise teuren, großen Verarbeitungsrechner (je nach Konfiguration der Zentralrechner oder ein Abteilungsrechner) auf billigere, aber ausreichend leistungsfähige Arbeitsplatzrechner zu verschieben.

Client-Server-Architekturen beruhen im wesentlichen auf einer *Sicht von Anwendungsprogrammen, bei der zwischen mehreren Schichten unterschieden wird.* Dadurch ist es trotz einer zentralen Datenhaltung (erleichtert die Sicherstellung der Datenintegrität) möglich, die Daten für den Endbenutzer einfach und schnell zur Verfügung zu stellen (auf einer angenehmen [PC-]Oberfläche) und die Belastung des Netzwerkes zu verringern. Da ein Teil der Verarbeitung durch den Client geschieht, muß nicht die gesamte Information, z.B. über den Bildschirmaufbau, über das Netzwerk geschickt werden.

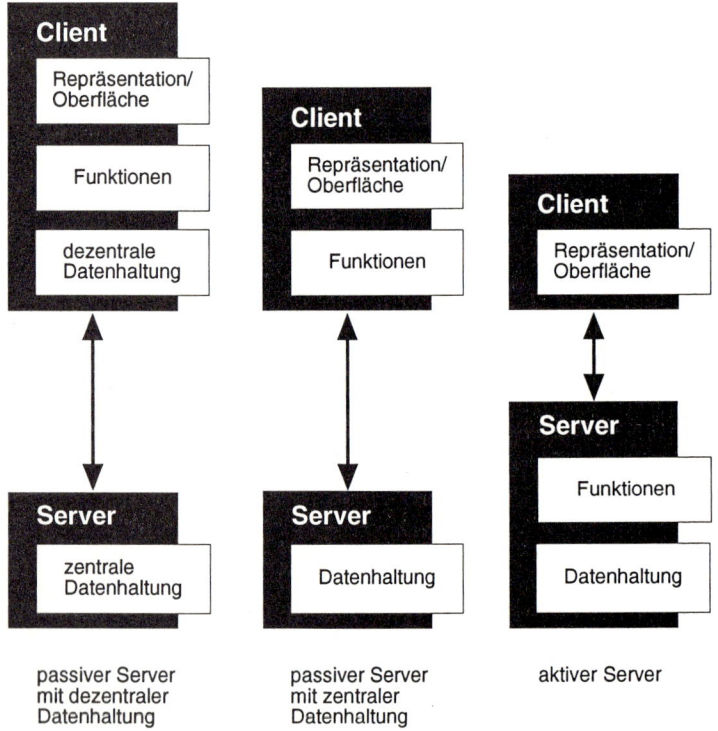

Abb. 2.4.5/4: Unterschiedliche Client-Server-Architekturen

Eine verbreitete Sicht der Softwaregliederung besteht aus den *Schichten*:
- Datenhaltung,
- anwendungseigene Funktionen und
- Repräsentation/Oberfläche.

Abhängig davon, wie die einzelnen Schichten auf den Server und auf den Client aufgeteilt werden, spricht man von *aktiven bzw. passiven Servern*. Außerdem besteht noch die Möglichkeit, die Datenhaltung zentral zu organisieren oder ebenfalls auf Client und Server aufzuteilen. Abbildung 2.4.5/4 zeigt die wichtigsten Kombinationen. Sehen Sie sich hierzu nochmals die Ausführungen im Abschnitt 2.3.3 über Client-Server-Systeme an. Die dort veranschaulichten Betriebsarten von Workstations zeigen dasselbe Bild aus einem anderen Blickwinkel.

**Standardprogramme für Mikrorechner**

In bezug auf die *Mikrorechner* ergibt sich auf dem Softwaremarkt eine *ähnliche Angebotsstruktur wie bei den mittleren und großen EDVA*. Bei Personal-Computern entfallen jeweils ein Drittel des Angebots auf kommerzielle Programme, auf Branchenapplikationen und auf technische sowie Systemsoftware. Für UNIX-Workstations liegen die Verhältnisse ähnlich: Ein Drittel des Standardprogrammangebots sind branchenneutrale kommerzielle Programme, ein Viertel sind Branchenprogramme, der Rest sind technische Programme und Systemprogramme. Diese Zahlen belegen eindeutig, daß das einstige Image «UNIX nur für den technischen Bereich» längst überholt ist.

Die *Nachfragestruktur* bei den Personal-Computern ist jedoch – zumindest noch derzeit – *eine völlig andere als bei den mittleren und großen Rechnern*. Bei den Anwendungssoftwarekäufen dominieren die Textverarbeitung, Tabellenkalkulation, Grafik, Datenbankverwaltungssysteme sowie diese Funktionen integrierende Systeme. Weitere kommerzielle Nachfrageschwerpunkte sind Desktop Publishing (Näheres im Kapitel 4) und Projektmanagement.

US-amerikanische Softwarehäuser erreichen hier mit einer relativ geringen Zahl erfolgreicher Produkte auf der Basis des Standardbetriebssystems MS-DOS und der grafischen Benutzeroberfläche Windows (von Microsoft) enorm hohe Absatzzahlen. Auf diese und andere Systemprogramme für Personal-Computer gehen wir später in diesem Abschnitt noch näher ein.

Die *PC-Anwendungssoftware-Bestseller* in den verschiedenen Bereichen werden im Abschnitt 4.4 genannt.

Nach Angaben der Software Publishers Association (SPA) basierten *52,6% der 1991 in der Bundesrepublik Deutschland und in Österreich verkauften PC-Anwendungsprogramme auf MS-DOS und 41,5% auf Windows.* 4,8% der Programme wurden für Apple Macintosh-Rechner (bzw. das Mac-OS) gekauft, auf andere Plattformen entfielen nur 1,1% des Umsatzes. Im Laufe des Jahres 1991 ist der Anteil der Anwendungsprogramme für Windows beträchtlich gestiegen. 1992 dürften schon weit mehr Windows-basierte Programme verkauft worden sein als MS-DOS-Anwendungen. Ob die langerwartete, seit 1992 verfügbare Version 2.0 des Multitasking-Betriebssystems OS/2 von IBM – wie von manchen Experten prognostiziert und von ebenso vielen bezweifelt – zu einer völlig veränderten Marktsituation führen wird, war zum Erscheinungstermin dieses Buches noch nicht überschaubar. Näheres zu MS-DOS, Windows und OS/2 erfahren Sie noch in diesem Abschnitt.

Höchstens *ein Drittel* der insgesamt verkauften Anwendungspakete für Personal-Computer entfallen auf *«traditionelle» kommerzielle, technische oder Branchenanwendungen.*

Hier liegt eher die *Stärke deutscher Hersteller* mit allerdings derzeit noch relativ geringen Absatzzahlen. Es ist anzunehmen, daß vor allem kommerzielle Anwendungen, wie z.B. die Finanzbuchhaltung, in Zukunft stark expandieren werden.

**Preise und Konditionen für Standardprogramme**

*Standardprogramme für Mikrorechner* können *i.a. nur gekauft* werden. Auch bei der *Anwendungssoftware für Mini- und Großrechner* wird ein großer Teil der Programme nur zum *Kauf* angeboten. Unter *«Kauf»* ist hier die Übertragung eines zeitlich unbegrenzten Nutzungsrechtes auf <u>einer</u> Anlagenkonfiguration zu verstehen. Der «Käufer» wird nicht Eigentümer des Programms.

*Bei größeren EDVA* ist die *Systemsoftware* wegen der ständigen Weiterentwicklung *üblicherweise gemietet.* Der Anwender zahlt dann *monatliche Mietentgelte und Wartungsgebühren.*

*Diese betragen zusammengenommen* z.B. für den *Betriebssystemkern eines Großrechners* von 1000,–DM bis 50000,–DM, für einen *Sprachübersetzer* 100,–DM bis 800,–DM oder für einen *Texteditor* 100,–DM. Ein *umfassendes Anwendungspaket für einen betrieblichen Funktionsbereich* wie z.B. die Finanzbuchhaltung, die Materialwirtschaft oder das Personalwesen hat für Großrechner je nach Betriebssystem- und Datei- bzw. Datenbanksystemvoraussetzungen einen Kaufpreis von 100000 DM aufwärts (siehe SAP-Beispiel in diesem Abschnitt) oder einen monatlichen Mietpreis von ca. 4000 DM aufwärts. Die *Kaufpreise der Mikrorechnersoftware* betragen bei einem Einplatz-Betriebssystem ca. 100 DM (Einprogrammbetrieb) bis 500 DM (Mehrprogrammbetrieb), bei einem Mehrplatz-Betriebssystem bis ca. 2000 DM. Leistungsfähige Textverarbeitungs-, Tabellenkalkulations-, Grafik- oder Datenbankverwaltungsprogramme haben Preise von ca. 500 DM bis 3000 DM. Ebenso viel kosten integrierte Pakete, die solche Endbenutzerwerkzeuge mit geringerem Funktionsumfang zusammenfassen.

### Public-Domain-Software und Shareware

Besonders preisgünstig, sogar zum Teil kostenlos, sind sogenannte Public-Domain- und Shareware-Programme. Vor allem für die Standardbetriebssysteme MS-DOS plus Windows sowie UNIX werden solche Systemprogramme und Anwendungsprogramme in zunehmend großer Zahl angeboten.

---

**Public-Domain-Software** ist ein «öffentliches Gut» (Übersetzung von engl.: public domain), das von dem Softwareeigentümer (= i.d.R. der Entwickler) kostenlos der Allgemeinheit zur Verfügung gestellt wird. Angebot, Versand und gegebenenfalls Kommunikation zwischen Anbieter und Verwender erfolgen i.d.R. über Rechnernetze. Der Softwarelieferant garantiert nicht für die Korrektheit, Sicherheit oder Stabilität eines solchen Programms. Ebenso wenig übernimmt er Dokumentations- oder Wartungsverpflichtungen. Die Programme dürfen frei kopiert und weitergegeben werden.

---

Typischerweise handelt es sich bei Public-Domain-Software um Programme, die ursprünglich für den speziellen Eigenbedarf entwickelt worden sind und von denen der Entwickler nach Fertigstellung und Erprobung annimmt, daß sie auch für Dritte nützlich sein könnten. Er will sich jedoch nicht um die Vermarktung kümmern und will auch *keinerlei Folgeverpflichtungen* (Installationshilfe, Service, Beratung, Anpassung, Weiterentwicklung) übernehmen. Deshalb stellt er sein Programm *über Mailboxen in Rechnernetzen für jedermann gratis* zur Verfügung und bittet allenfalls «um eine kleine Spende» für den Erstellungsaufwand.

*Speziell an Hochschulen* ist es seit jeher üblich, daß eigenentwickelte Programme anderen Forschungs- und Ausbildungsstätten kostenlos zur Verfügung gestellt werden. Durch ihre weltweite Vernetzung und durch die zunehmende Durchsetzung von Standards (und die damit ermöglichte Portabilität von Programmen) hat der *Gebrauch von Public-Domain-Software im letzten Jahrzehnt stark zugenommen*. Einzelne Programme erreichen in kurzer Zeit hohe Installationszahlen. Dabei kann es sich um systemnahe Software wie z.B. Druckertreiber, Interpreter oder Datenfernübertragungsprogramme handeln. Ebenso ist aber auch eine Fülle von Anwendungssoftware verfügbar, angefangen von Computerspielen über Zeitmanagementprogramme bis hin zu den üblichen, auf dem Standardsoftwaremarkt gegen teures Geld angebotenen kommerziellen Programmen und Branchenapplikationen. Wegen der unterschiedlichen Qualität und der fehlenden Serviceunterstützung kommen solche Programme vorwiegend dort in Frage, wo es nicht auf einen unterbrechungslosen Betrieb und eine hohe Zuverlässigkeit der Programme ankommt und wo sich ein kompetenter Benutzer bei der Installation bzw. im Störungsfall selbst zu helfen weiß. Während *Public-Domain-Software für Rechner aller Größenklassen* und Hersteller angeboten wird, ist die sog. *«Shareware» hauptsächlich für Personal-Computer* erhältlich.

---

**Shareware** (deutsch: geteilte Ware) ist ein alternatives Vertriebskonzept für Billigsoftware, die von Versandhändlern oder über Mailboxen in Rechnernetzen angeboten wird. Der Interessent erhält ein solches Programm zunächst kostenlos und kann es unverbindlich eine kurze Zeit lang ausprobieren. Wenn es seinen Anforderungen entspricht, kann er es auf Dauer behalten und hat dafür dem Anbieter (= i.d.R. der Entwickler) eine geringe Registrierungsgebühr zu überweisen. Viele Versandhändler übernehmen diese Registrierung, um ihre Kunden von umständlichen Banktransaktionen zu entlasten. Der Softwareanbieter bietet i.d.R. keine Zusatzleistungen und übernimmt keine Gewährleistungspflichten.

---

Die Registrierungsgebühren bewegen sich in der Größenordnung von etwa 20 DM bis 80 DM für ein PC-Programm. Oft gibt es *auf Diskette oder CD-ROM auch größere Programmsammlungen* für diesen Preis. Über die «Schätze» in der unübersehbaren Flut der Neuerscheinungen (über 1000 PC-Shareware-Programme im letzten Jahr) informieren Sie die unabhängigen Computerzeitschriften und -zeitungen ebenso wie die Kundenzeitschriften der EDV-Anbieter (Hersteller und Händler).

### Großrechnerbetriebssysteme

*Großrechnerbetriebssysteme* mit dem im Abschnitt 2.4.2 gekennzeichneten Funktionsumfang sind *ausschließlich proprietäre Systeme*, d.h. sie wurden von den Herstellern der Großrechner speziell für ihre eigene Hardware entwickelt und sind nicht auf fremden Zentraleinheiten lauffähig. Eine Ausnahme bilden die PCM-Hersteller, die angesichts der Marktdominanz von IBM zu den Anlagen dieses Herstellers kompatible EDVA anbieten, auf denen die IBM-Betriebssysteme verwendet werden. Nach *IBM* hat im deutschsprachigen Raum bei mittleren und großen EDVA *Siemens-Nixdorf (SNI)* die größte Bedeutung. Weitere proprietäre Großrechnerbetriebssysteme gibt es z.B. von *Bull* und *Unisys*.

Der *Entwicklungsaufwand* für solche großen Betriebssysteme ist enorm hoch. Sie basieren dem Grunde nach noch immer auf der Architektur der 60er und 70er Jahre (bei IBM: S/360- bzw. /370-Architektur), die evolutionär bis zu den heutigen in Hardware und Software aufeinander abgestimmten Groß-EDVA weiterentwickelt wurde (bei IBM: ESA/390-Architektur). *Solche Systeme bieten die Grundlage für zunehmend anspruchsvollere Informationssysteme im Rahmen unternehmensweiter Gesamtlösungen.* Jährlich kommt eine neue Betriebssystemversion auf den Markt, die neue Peripheriegeräte oder neue Zentraleinheiten unterstützt, eventuell neue Betriebsarten erlaubt (wie zum Beispiel Mehrprozessor- und Mehrrechnerbetrieb) und zusätzliche oder verbesserte Systemfunktionen enthält. Dafür sind einige tausend Programmzeilen neu zu schreiben und einige hundert Systemprogrammierer zu koordinieren. In letzter Zeit wurden solche großen Systeme vor allem in Richtung Fehlertoleranz bzw. unterbrechungsloser Betrieb (auch bei Störfällen) vervollkommnet.

*IBM* bietet für die ES/9000-Rechner die Betriebssysteme VSE/ESA, MVS/ESA und VM/ESA an.

*VSE/ESA* (engl. Abkürzung für: Virtual Storage Extended / Enterprise Systems Architecture) unterstützt Transaktionsverarbeitung und Stapelverarbeitung auf kleinen und mittleren ES/9000-Rechnern. Es kommt einerseits als primäres Betriebssystem in kleineren Rechenzentren zum Einsatz und wird andererseits auf Netzknotenrechnern verwendet, die ein zentraler MVS/ESA-Großrechner steuert. Im Grundausbau sind u.a. folgende Funktionen abgedeckt:

— Basissystemsteuerung, enthaltend
— Hardwareunterstützung und management,
— Auftragsverwaltung,
— Fehlererkennung und Wiederanlauffunktionen,
— Datenzugriffsmethoden,
— Bibliothekseinrichtungen,
— Netzwerksteuerung,
— Datenverwaltung,
— Stapelverarbeitung,

- Dialogverarbeitung,
- Spooling,
- Remote Job Entry,
- Hilfsprogramme.

Darüber hinaus gibt es zusätzliche Einrichtungen zur Verwaltung
- relationaler Datenbanken,
- hierarchischer Datenbanken usw.

Über die Datenverwaltungsfunktionen werden Sie Näheres im Abschnitt
3.3 erfahren. Die Rechnernetzsteuerung und die Datenfernverarbeitung
wird ausführlich im Abschnitt 3.4 behandelt. VSE/ESA unterstützt bis zu
384 MB realen Arbeitsspeicher, 12 statische und 200 dynamische Partitions.
Eine *Partition* ist der bei der Auftragsdurchführung einem Prozeß zugewiesene Arbeitsspeicherbereich. Dieser kann jeder Anwendung fest in gleicher
Größe zugeteilt werden (= statisch) oder bei der Programmausführung
dynamisch unter Anpassung an die Arbeitslast und die Abfertigungspriori-
täten bestimmt werden. Der virtuelle Adreßraum beträgt 2 GB (infolge der
31-Bit-Adressierung). Abhängig von der Rechnerleistung und dem Anwendungsprofil können einige dutzend bis einige hundert Benutzer an einem
Rechner gleichzeitig arbeiten. VSE unterstützt den Betrieb von Einzelprozes-
soren. Beim Einsatz von Mehrprozessorsystemen ist ein übergeordnetes
Steuerprogramm wie VM/ESA erforderlich.

*MVS/ESA SP* (engl. Abkürzung für: Multiple Virtual Storage / Enterprise
Systems Architecture System Product) ist das IBM-Betriebssystem für den
oberen Großrechnerbereich. MVS hat sich ab Mitte der 70er Jahre von
einem stapelorientierten zu einem transaktionsorientierten Betriebssystem
der 90er Jahre entwickelt, das alle Bereiche der Informationsverarbeitung
unterstützt. MVS/ESA ist zur effizienten Verarbeitung umfangreicher Datenmengen konzipiert. Dabei wird ein von anderen Betriebssystemen bisher
unerreichter Grad an Datenintegrität und Zugriffssicherheit bei minimalen
Zugriffszeiten für eine große Zahl an Benutzern erreicht. Dafür sind Funktionen zur Unterstützung großer Arbeitsspeicher und Erweiterungsspeicher
sowie eine effiziente Verwaltung der Daten auf externen Massenspeichern
besonders wichtig. Die zu verwaltenden Datenbestände können dabei in die
Größenordnung von mehreren Billionen Bytes (TB) gehen. Darüber hinaus
bietet dieses Betriebssystem eine Reihe von Funktionen, die im Verein mit
der Hardware permanente Verfügbarkeit (das ganze Jahr über im 24-Stun-
den-Betrieb) und hohe Sicherheit garantieren. Für höchste Rechnerleistungen werden Multiprozessorsysteme unterstützt. Mit SYSPLEX (engl. Abkürzung für: System Complex) bietet MVS/ESA zudem die Möglichkeit,
mehrere MVS-Systeme zu einem einheitlich verwalteten Verbundsystem zu
koppeln. Auf der anderen Seite unterstützt MVS/ESA die verteilte Datenverarbeitung mit Abteilungs- und Arbeitsplatzrechnern im Rahmen von Client-
Server-Architekturen, wobei dem ES/9000-Rechner im Hintergrund vorwiegend die Rolle eines mächtigen, zentralen Datenservers zukommt. MVS/
ESA unterstützt bis zu 9 GB Zentralspeicher (Arbeitsspeicher und Ergän-

zungsspeicher). Dem virtuell ansprechbaren Speicher ist in Vielfachen von 2 GB praktisch keine Grenze gesetzt. Abhängig von der Rechnerleistung und dem Anwendungsprofil können einige tausend Benutzer gleichzeitig mit diesem System arbeiten.

*VM/ESA* (engl. Abkürzung für: Virtual Machine / Enterprise Architecture) wurde ursprünglich zum Entwickeln und Testen von Systemsoftware entwickelt. Ein relativ teurer Großrechner wurde zu diesem Zweck in mehrere virtuelle Maschinen aufgeteilt, die voneinander sauber getrennt waren und jedem Benutzer den Eindruck vermittelten, als gehörte der Rechner alleine ihm. Heute fungiert VM vielfach als übergeordnetes Betriebssystem: Es bietet Umgebungen für interaktive Benutzer, für Gastbetriebssysteme und für virtuelle Server.

- Die *interaktive Datenverarbeitung* wird durch das VM-eigene Subsystem *CMS* (engl. Abkürzung für: Conversational Monitor System) unterstützt. Über solche Transaktionsmonitore werden Sie im Abschnitt 3.2 noch Näheres erfahren. CMS bietet dem Benutzer eine persönliche Umgebung, eine virtuelle Maschine, ähnlich einem PC oder dem Großrechner.
- Betriebssysteme, die unter VM ablaufen (wie MVS, VSE, UNIX usw.), werden *Gastsysteme* genannt. Diese Möglichkeit wird von vielen Anwendern benutzt, um Produktion, Test und Datensicherungsfunktionen getrennt auf einem System zu implementieren. Ferner kann dadurch einem Anwender der schrittweise Umstieg von einem kleineren (VSE) auf ein größeres Betriebssystem (MVS) erleichtert werden.
- Eine virtuelle Maschine kann als *Server* agieren, der Funktionen wie Stapelverarbeitung, Datenbankverwaltung, Spooling usw. als Dienste anbietet. Der Server verwaltet dann eine Ressource wie z.B. eine Datenbank und steuert den Zugriff auf diese Ressource. Ein Server kann unter CMS oder einem anderen Gastsystem laufen. Benutzer können aus CMS, anderen Gastsystemen oder von Arbeitsplatzrechnern aus die Dienste des Servers in Anspruch nehmen.

VM/ESA unterstützt bis zu 10 GB Zentralspeicher (Arbeitsspeicher und Erweiterungsspeicher). Neben 2 GB großen virtuellen Maschinen werden auch Datenräume mit bis zu 2 GB an Daten verwaltet. Jede Anwendung kann bis zu 1022 Datenräume adressieren. Es können Multiprozessorsysteme gesteuert werden und abhängig von der Rechnerleistung und dem Arbeitsprofil bis zu mehrere tausend Benutzer gleichzeitig bedient werden.

Im Gegensatz zu IBM bietet *SNI* sein Großrechnerbetriebssystem *BS2000* durchgängig vom kleinsten bis zum größten Rechner der Serie 7.500 an – also mit einer Leistungsbandbreite von 1 : 140. Damit kann der sonst beträchtliche Umstellungsaufwand entfallen, der entsteht, wenn ein EDV-Anwender infolge des zunehmenden Aufgabenumfangs aus einem kleineren System «herauswächst». BS2000 verfügt über eine Virtual-Storage-Architektur und bietet eine vergleichbare Funktionalität wie das mächtige IBM-Großrechnerbetriebssystem MVS/ESA. Betriebssysteme dieser Architektur verwalten den realen Arbeitsspeicher in der Weise, daß sie jeder Anwendung einen virtuellen Speicherbereich in gleicher Größe, unabhängig von der Anzahl parallel laufender Anwendungen, zur Verfügung stellen. Die Größe des Adreßraumes – des von einer Anwendung adressierbaren Speicherbereiches – ist, wie Sie wissen, von der Anzahl der zur Adressierung verwendeten Bits abhängig. BS2000 verfügte bis zur derzeitigen Version 10 über eine 31-Bit-Adressierung und damit über 2 GB Adreßraum, ab der bereits angekündigten Version 11 werden es mit 32-Bit-Adressierung 4 GB Adreßraum sein. Ab der Version 11 wird auch von BS2000 wie von den IBM-Großrechnerbetriebssystemen ein Erweiterungsspeicher (SNI-Bezeichnung: Global Storage, abgekürzt: GS) sowie die ESCON-Kanaltechnik mit Glasfaserkabeln unterstützt. Weil BS2000 zum Ablauf nur etwa halb so viel Speicherplatz benötigt wie MVS/ESA, ist es nicht nur für Großrechner in unternehmensweiten Rechenzentren sondern gleichermaßen für Abteilungsrechner in Büroumgebungen bzw. für die verteilte Datenverarbeitung geeignet.

Die heute verwendeten Großrechnerbetriebssysteme sind – wie erwähnt – *proprietäre Systeme* der Rechnerhersteller, die damit eine *enge Kundenbindung erzwingen* (ein Betriebssystemwechsel ist teuer und zeitaufwendig). Zum weltweit dominierenden *Marktstandard* scheint sich im Großrechnerbereich zunehmend *MVS/ESA* zu entwickeln. Es dürfte rund 100000mal installiert sein (IBM gibt keine Installationszahlen bekannt). BS2000, das auch auf mittleren Rechnern zum Einsatz kommt, dürfte 1992 etwa 10000 Installationen erreichen.

## Minirechnerbetriebssysteme

Wie bereits im Abschnitt 2.3.3 bei der Analyse des Hardwaremarkts erläutert, bieten heute fast alle größeren Hersteller sowohl eine Minirechnerfamilie mit einem herstellerspezifischen Betriebssystem als auch eine solche mit einem offenen Betriebssystem – UNIX – an. Zwar gibt es einen deutlichen Trend in Richtung UNIX, die seit Jahren «totgesagten» proprietären Systeme sind jedoch nach wie vor stark im Markt vertreten.

Ein Beispiel ist etwa *VMS* (engl. Abkürzung für: Virtual Management System) der *Digital Equipment Corporation (DEC)*, das nur auf den *VAX-Rechnern* (mit 32-Bit-CISC-Technologie) dieses Herstellers läuft. Wegen des großen Komforts dieses Systems (u.a. ausgezeichnete Hilfefunktionen und ausführliche Fehler- bzw. Zustandsmeldungen), dem ausgereiften Sicherheitskonzept (vielfach abgestufte Zugriffsbeschränkungen, selbständige Journalführung, so daß bei einem Rechnerabsturz die gerade in Bearbeitung befindliche Datei nicht verlorengeht) sowie der Fülle von auf dem Markt angebotener Standardsoftware hat die Mehrzahl der DEC-Anwender diesem Betriebssystem bisher die Treue gehalten, obwohl DEC schon seit langem als Alternative die UNIX-Variante Ultrix anbietet (bzw. seit neuestem das Standard-UNIX der herstellerübergreifenden Open Software Foundation OSF/1). Hauptgründe für den jedoch in den letzten Jahren zunehmenden Wechsel von VMS-Anwendern zu UNIX bzw. für dahingehende Entscheidungen von Neukunden waren DECs Preispolitik und die bessere Leistung der RISC-UNIX-Rechner.

Dieselbe Rolle, die VMS im technisch-wissenschaftlichen Bereich spielt, nimmt *OS/400* (engl. Abkürzung von: Operating System / 400) im kommerziellen Bereich ein. Dieses geschlossene Betriebssystem *für IBM AS/400-Rechner* (32-Bit-CISC-Technologie) bietet eine Menge von Einrichtungen, die den Anwender bei der Installation und Wartung von Software unterstützen. Die meisten Funktionen für unerfahrene Benutzer sind menügeführt, mit «Schnellgang»-Möglichkeiten (engl.: fast path; d.h. Expertenmodus) für erfahrene Benutzer. Das System bietet ein vollintegriertes relationales Datenbankverwaltungssystem, ein Ausbildungssystem, Sicherheitseinrichtungen, Netzwerkunterstützung und integrierte Bürofunktionen. Auf dem Markt steht eine breite Palette von Anwendungssoftware zur Verfügung. Ähnlich wie bei DEC bieten aber IBMs RISC-Rechner RS/6000 mit dem IBM-UNIX-System AIX (bzw. vergleichbare UNIX-Systeme von Mitbewerbern) ein deutlich besseres Preis-/Leistungsverhältnis.

---

In einem **offenen System** (engl.: open system) sind herstellerunabhängige Spezifikationen für Schnittstellen, Dienste und unterstützende Formate implementiert. Auf dieser Basis erstellte Anwendungssoftware gewährleistet
- Portierbarkeit auf verschiedene Systemplattformen,
- Zusammenspiel mit anderen Anwendungen und
- Durchgängigkeit von Benutzerinteraktionen mit konsistenter Benutzeroberfläche.

Die genannten Spezifikationen sind dabei veröffentlicht, in einem offenen Abstimmungsprozeß unterstützt und gepflegt sowie mit internationalen Normen bzw. Marktstandards konsistent gehalten.

---

Die wichtigsten *Vorteile bei der Verwendung von offenen Systemen* sind die Integrierbarkeit unterschiedlicher Technologien, die Verminderung der Abhängigkeit von einem bestimmten Hersteller und der Schutz der Investitionen in Software, wenn beispielsweise der Hardwarelieferant gewechselt werden soll. Durch den starken Wettbewerb sind sowohl die Zentraleinheiten als auch die Peripheriegeräte tendenziell billiger. Ebenso führt die Vielzahl der Softwareanbieter für offene Systeme oft zu einem besseren Preis-/Leistungsverhältnis der Programme.

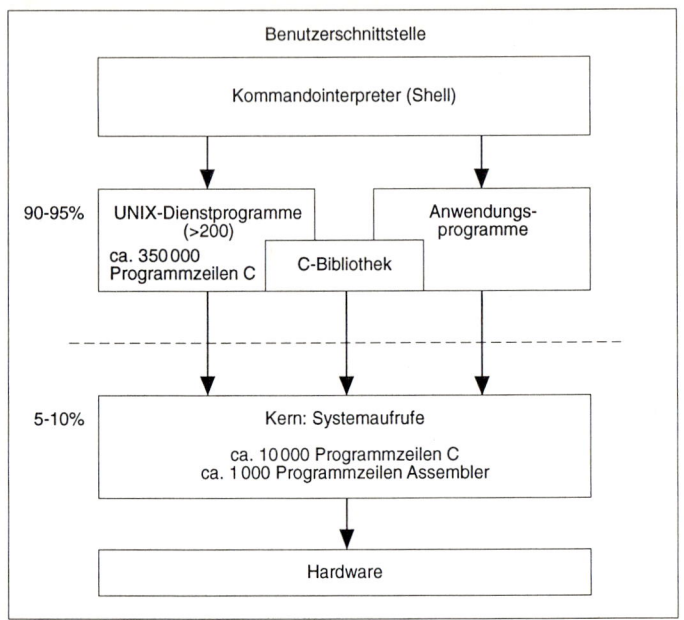

Abb. 2.4.5/5: Aufbau des UNIX-Systems

*Das Betriebssystem UNIX nimmt im Bereich offener Systeme eine zentrale Rolle ein.* Es wurde ab 1969 in den Bell Laboratories des US-amerikanischen Fernmeldekonzerns AT&T mit dem Ziel entwickelt, für die Softwareerstellung optimale Voraussetzungen (Werkzeuge) zu schaffen. Das System wurde in der höheren Programmiersprache C geschrieben und dabei durch seine Schichtenstruktur weitgehend hardwareunabhängig gemacht.

Die *unterste UNIX-Schicht*, der sog. *Kern*, umfaßt die *Steuerprogramme*. Darüber liegt die Schicht der *Benutzerprozesse*, die einerseits über die Datenstationen mit den Benutzern kommunizieren und andererseits an den Kern Aufträge erteilen und von diesem überwacht werden. *Zu den Benutzerprozessen gehören* nicht nur wie üblich die *Anwendungsprogramme*, sondern auch der *UNIX-Kommando-Interpreter (Shell)* und die *Dienstprogramme* (insbesondere Softwareentwicklungswerkzeuge; engl.: software development tool). Die um den Betriebssystemkern implementierte *«Schale» (Shell)* bildet die *Kommandoschnittstelle*, über welche die Benutzer(programme) alle Systemleistungen aufrufen können. *Sie kann entsprechend speziellen Benutzerbedürfnissen gestaltet werden,* z.B. «auf konventionelle Weise» durch Eintasten der Kommandozeilen, menügesteuert oder mit Hilfe grafischer Oberflächen. Als besondere *Stärken von UNIX* gelten *die hierarchische Dateiverwaltung, das Prozeßkonzept, das breite, jederzeit vom Benutzer erweiterbare Angebot an Dienstprogrammen* sowie – vor allem – *die Portabilität* (Hardware- und Herstellerunabhängigkeit). Weil nur die unterste Schicht (Hardware-Schnittstellen, Gerätetreiber) an die jeweilige Maschinenkonfiguration angepaßt werden muß und die UNIX-Lizenz von AT&T seit 1976 zu günstigen Konditionen für jeden Interessenten erhältlich ist, haben sich im vergangenen Jahrzehnt *fast alle Hardwarehersteller* entschieden, UNIX für ihre Rechner anzubieten. Dementsprechend *groß ist die Zahl der auf dem Markt angebotenen UNIX-Varianten (ca. 150)*, die sich vor allem in ihren benutzernahen Komponenten unterscheiden.

*Im deutschsprachigen Raum verbreitete UNIX-Versionen* für Minirechner und Workstations sind beispielsweise AIX (IBM), HP-UX (Hewlett-Pakkard), Sinix (Siemens), SUN-OS (SUN) und Ultrix (DEC). Eine UNIX-Weiterentwicklung, die die Verteilung auf mehrere Prozessoren, d.h. die Datenkommunikation zwischen Prozessen, unterstützt, ist MACH.

*UNIX wird infolge seiner Leistungsfähigkeit, Flexibilität und Portabilität allgemein eine große Zukunft vorausgesagt.* Obwohl für Rechner aller Größenklassen verfügbar, werden die besten Verbreitungschancen *vorwiegend im Bereich der Minirechner und Workstations* gesehen.

Die beiden großen *Schwächen in der Anfangszeit des UNIX-Einsatzes,* nämlich fehlende Anwendungssoftware für den kommerziellen Bereich und fehlende Marktstandards, werden zunehmend weniger relevant.

So ist es *UNIX* in den letzten Jahren gelungen, *zunehmend auch im kommerziellen Bereich* Fuß zu fassen. Insbesondere im Bereich der Anwendungssoftware ist eine deutliche Ausweitung des Angebots zu bemerken. Von den insbesamt 3 408 im ISIS UNIX Report 1992 genannten UNIX-Produkten entfallen immerhin fast zwei Drittel (das sind über 2 000 Programme) auf kommerzielle Software und Branchensoftware. Den Rest machen Systemsoftware (ca. 20%) und technisch-wissenschaftliche Programme aus (ca. 15%). Zum Vergleich: Insgesamt werden in den ISIS-Reports rund 15 000 Softwareprodukte über alle Branchen, Sparten und Betriebssysteme hinweg genannt. Mehr als 40% aller aufgelisteten Softwarehersteller offerieren Produkte für das Betriebssystem UNIX.

Auch für die *Nachfrageseite* wird ein *kräftiges Wachstum* prognostiziert. Der west- und osteuropäische Markt für UNIX-Produkte soll von acht Mrd. US-$ im Jahr 1991 auf fast 20 Mrd. US-$ im Jahr 1996 anwachsen.

Die bereits seit dem Jahr 1984 bestehenden *Standardisierungsbemühungen* zeigen ebenfalls bereits erste konkrete Erfolge. So wurde beispielsweise 1988 von der IEEE der nationale US-Standard *POSIX* (Portable Operation System for Computer Environments) verabschiedet. Er soll die Portabilität von Anwendungen auf Quellencode-Ebene gewährleisten. POSIX wird von über 60 Herstellern und Interessenverbänden (z.B. DEC, IBM, OSF, Siemens, X/Open) ausdrücklich unterstützt. Die aus führenden Herstellern und Softwarehäusern sowie einem Anwenderbeirat bestehende *X/Open-Gruppe* beschäftigt sich in erster Linie mit der Schaffung einer standardisierten Applikations- und Entwicklungsumgebung für UNIX, um so unabhängigen Softwarehäusern einen Anreiz zu geben, die Softwarepalette für UNIX zu bereichern. Von der 1988 gegründeten *OSF (Open Software Foundation)*, der z.b. die Firmen DEC, Hewlett-Packard, IBM und Siemens angehören, wurden beispielsweise eine (mittlerweile am Markt sehr verbreitete) grafische Benutzeroberfläche (OSF/Motif) sowie ein von allen der OSF angehörenden Firmen unterstützter UNIX-Standard (OSF/1) definiert. Eine weitere Gruppierung, die sich mit der Standardisierung von UNIX beschäftigt, ist die als Gegenreaktion zur OSF gegründete *UNIX International (UI)*.

Schon mehrmals haben wir Sie darauf hingewiesen, daß offene Systeme – und daher auch UNIX – für Anwender eine Chance bieten, sich von Herstellerabhängigkeiten zu befreien. Ein *Umstieg von proprietären Betriebssystemen auf UNIX* erscheint mit Hilfe der vorliegenden Standards und dem bestehenden Softwareangebot in vielen Fällen möglich. Diebold schätzt, daß bei forciertem UNIX-Einsatz die durch die Datenverarbeitung entstehenden Kosten um bis zu 30% gesenkt werden können. Voraussetzung für den erfolgreichen Umstieg sind allerdings fortgeschrittenes Know-how und eine stärkere Eigenverantwortung bei den Anwendern, da beispielsweise die möglichen Entwicklungspfade nicht mehr von einem Hersteller vorgegeben werden.

## PC-Betriebssysteme

Bei den *Betriebssystemen für Personal-Computer* können wir je nach zugrundeliegender Prozessorarchitektur 8-Bit-, 16-Bit- und 32-Bit-Betriebssysteme unterscheiden. Betriebssysteme der 8-Bit-Klasse (wie z.B. das früher stark verbreitete CP/M) spielen im kommerziellen Bereich heute keine Rolle mehr.

Mit über 100 Mio. weltweit installierten Systemen stellt *MS-DOS* (Abkürzung für: Microsoft Disk Operating System) bzw. *PC-DOS* (die IBM-Variante von MS-DOS) das erfolgreichste Betriebssystem in der Geschichte der Informationsverarbeitung dar. Auftraggeber für dieses 16-Bit-Betriebssystem war die Firma *IBM*, die ein Betriebssystem für ihren ersten PC (1981: IBM PC 1) benötigte, der auf dem 16-Bit-Mikroprozessor Intel 8088 aufgebaut war. IBM paßt(e) die jeweiligen Versionen dieses Betriebssystem an die eigenen PC-Familien an und vertreibt es unter dem Namen PC-DOS. Die Firma *Microsoft* besitzt das Recht, dieses Betriebssystem an andere Hersteller von PCs im Rahmen von OEM-Verträgen zu verkaufen, die direkt mit IBM in Konkurrenz stehen. Durch den enormen Absatzerfolg von MS-DOS und darauf basierender Anwendungssoftware ist Microsoft innerhalb eines

Jahrzehnts zu einem der größten und gewinnträchtigsten US-amerikanischen Unternehmen geworden. Mit der Version MS-DOS 5.0 (1991) hat Microsoft zum ersten Mal das Betriebssystem direkt an Endkunden verkauft.

| Jahr | Version | Unterstützung von Hardware und Software |
|------|---------|------------------------------------------|
| 1981 | 1.0 | IBM PC 1, 5,25-Zoll-180-KB-Diskette, Einprogrammbetrieb (Single Tasking), Einzelplatzbetrieb (Single User) |
| 1982 | 1.1 | 5,25-Zoll-360-KB-Diskette |
| 1983 | 2.0 | IBM PC XT, Festplatte, FAT-Dateisystem, Gerätetreiberkonzept (Device Drivers) |
| 1984 | 2.1 | IBM PC jr. |
| 1984 | 3.0 | IBM PC AT, 5,25-Zoll-1,2-MB-Diskette |
| 1985 | 3.1 | IBM PC Netzwerk |
| 1986 | 3.2 | IBM PC Convertible, 3,5-Zoll-720-KB-Diskette |
| 1987 | 3.3 | IBM PS/2, 3,5-Zoll-1,44-MB-Diskette |
| 1989 | 4.0 | grafische Benutzeroberfläche, LIM Expanded Memory |
| 1991 | 5.0 | manuelle Programmumschaltung (Task Switching) – unechtes Multitasking |

Abb. 2.4.5/6: Entwicklung von MS-DOS

Die Geschichte von MS-DOS ist, wie Sie aus Abb. 2.4.5/6 ersehen, eng an die Entwicklung der PC-Hardware gekoppelt. Da die Firma Intel ihre von Generation zu Generation leistungsfähigeren Prozessoren der 80X86-Familie mit einem Kompatibilitätsmodus auslieferte, ergaben sich in der ersten Hälfte der 80er Jahre keine Notwendigkeiten, MS-DOS im PC-Marktsegment durch ein leistungsfähigeres Betriebssystem zu ersetzen. Dies deshalb, da sich die Prozessoren Intel 80286, 80386 und 80486 nach dem Einschalten zunächst wie schnelle 8088- bzw. 8086-Prozessoren verhalten. Die zusätzlichen Fähigkeiten dieser Prozessoren müssen erst durch einen Befehl des Betriebssystems aktiviert werden. Aus diesem Grund können DOS-Programme, unabhängig vom physisch vorhandenen Speicher, nur über einen Adreßraum von 640 KB verfügen.

Die Firma *Digital Research*, die 1991 von Novell (Hersteller des am Markt führenden Netzwerkbetriebssystems Netware) gekauft wurde, konnte ihr zu MS-DOS kompatibles PC-Betriebssystem *DR-DOS* erfolgreich am Markt plazieren und hält 1992 etwa 10% Anteil in diesem Segment.

Aufgrund des sich abzeichnenden Trends zu grafisch orientierten Benutzeroberflächen entwickelte Microsoft Mitte der 80er Jahre das Produkt

443

*Windows*, dessen Versionen und Schlüsseleigenschaften Sie in Abb. 2.4.5/7 angeführt sehen. Die Version 3.0 hatte durchschlagenden Erfolg: Innerhalb von zwei Jahren wurden davon 10 Mio. Exemplare verkauft. Fast die gesamte PC-Softwarebranche stellte sich darauf ein und portierte Anwendungsprogramme auf diese Basis. Die seit 1992 verfügbare Version 3.1 ist betriebssicherer und schneller geworden, sie bietet eine erhöhte Benutzerfreundlichkeit, eine verbesserte Dateiverwaltung und komfortable Funktionen zur Einbettung und Verbindung von Objekten (z.B. Bildern) in Dokumenten (z.B. Texten). Der Listenpreis beträgt ca. 400 DM, das Update von Windows 3.0 auf Windows 3.1 kostet ca. 150 DM. Windows stellt derzeit kein eigenständiges Betriebssystem dar, sondern setzt auf dem Betriebssystem MS-DOS auf.

| Jahr | Version | Unterstützung von Hardware und Software |
|------|---------|------------------------------------------|
| 1985 | 1.01 | PC XT (8086: Real Mode) |
| 1987 | 2.0 | überlappende Fenster, spezielle Version für 80386 (386 Windows), DDE (dynamischer Datenaustausch) |
| 1990 | 3.0 | 3-D-Gestaltung der Oberfläche (OS/2 nachempfunden), 8086 (Real Mode), 80286 (Standard Mode), 80386 (Enhanced Mode) bis 16 MB physisch, im Enhanced Mode bis zu 4 × Arbeitsspeicher virtuell adressierbar |
| 1992 | 3.1 | keine Unterstützung für 8086, TrueType, OLE (Object Linking & Embedding) zum komfortablen Datenaustausch zwischen Anwendungen |
| 1993 | | Windows/NT |

Abb. 2.4.5/7: Entwicklungsstufen von Windows

Als in der zweiten Hälfte der 80er Jahre, vor allem durch den Erfolg von PCs der AT-Klasse (mit einem Intel-Prozessor 80286 ausgestattet), die Firmen IBM und Microsoft die zusätzlichen Fähigkeiten dieser Maschinen ausnutzen wollten, entschlossen sie sich, ein völlig neues Betriebssystem zu entwickeln, das MS-DOS und MS-Windows ablösen sollte: OS/2 (1987). Die verschiedenen Entwicklungsversionen dieses, im Unterschied zu MS-DOS multitaskingfähigen, Betriebssystems sind in Abb. 2.4.5/8 dargestellt. Die Version 2.0 von OS/2 stellt bereits ein 32-Bit-Betriebssystem dar, das zumindest einen Prozessor Intel 80386 voraussetzt. OS/2-Programme können bis zu 16 MB (Adressiergrenze des Intel 80286) Adreßraum für sich nutzen. Aufgrund der Stabilität und Leistungsfähigkeit von OS/2 wurde es vorwiegend in größeren Unternehmen positioniert und u.a. als Basis für Serverprogramme (Drucker, Kommunikation, Datenbanken) im PC-Marktsegment eingesetzt.

Bis Anfang 1992 wurden von der 16-Bit-Version von OS/2 etwa eine Million Stück weltweit verkauft.

| Jahr | Version | Unterstützung von Hardware und Software |
|------|---------|------------------------------------------|
| 1987 | 1.0 | 80286-Plattform, Multitasking, Multithreading, DOS-Box |
| 1988 | 1.1 | PM (Presentation Manager = Gegenstück zu Windows) |
| 1989 | 1.2 | HPFS (High Performance File System mit langen Dateinamen) |
| 1990 | 1.3 | ATM (Adobe Type Manager), REXX als neue Batchsprache |
| 1992 | 2.0 | 80386-Plattform, SOM (system object model), WPS (work place shell), binäre DOS- und Windows 2.X- und 3.X-Kompatibilität |

Abb. 2.4.5/8: Entwicklungsstufen von OS/2

Aufgrund von *Meinungsverschiedenheiten zwischen Microsoft und IBM* über die weitere Entwicklung im Betriebssystemmarkt für PCs, IBM forcierte OS/2, Microsoft die Kombination ihrer beiden Produkte DOS/Windows, begannen beide Firmen mit unterschiedlichen Schwerpunkten selbständig weiterzuarbeiten.

Die Firma *IBM* entwickelte die *32-Bit-Version von OS/2* und stellte sicher, daß es auch auf PCs von Konkurrenten einsetzbar ist, um damit einen neuen Industriestandard zu setzen. Microsoft entwickelte DOS (Version 5.0) und Windows (Version 3.1) weiter. Im Zusammenhang mit OS/2 konzentrierte sich Microsoft auf die Entwicklung einer Version, die auf andere Rechnerarchitekturen (MIPS-RISC) portierbar und mehrbenutzerfähig sein soll. Diese Version wurde zunächst unter dem Namen OS/2 Version 3.0 bzw. OS/2-NT (New Technology) der breiten Öffentlichkeit vorgestellt. 1991 hat *Microsoft* aufgrund weiterer Meinungsverschiedenheiten mit IBM dieses System in *Windows-NT* umbenannt, wobei Teile von OS/2-Programmierschnittstellen entfernt wurden. OS/2 2.0 wurde im ersten Quartal 1992 ausgeliefert, Windows/NT soll Ende 1992 / Anfang 1993 auf den Markt kommen.

Mitte 1992 existieren an echten *32-Bit-Betriebssystemen* für Personal-Computer mit Intel-80386/80486-Prozessoren verschiedene *UNIX-Portie-*

*rungen* (z.B. SCO-UNIX, Interactive UNIX) und OS/2 Version 2.0. Das multitaskingfähige *OS/2* erlaubt im Unterschied zur 16-Bit-Version von OS/2 und zu UNIX das gleichzeitige Ablaufen mehrerer (bis zu 240) DOS- und Windows 2.X- bzw. 3.X-Programme, neben 16-Bit- und 32-Bit-OS/2-Applikationen. Version 2.0 ermöglicht es 32-Bit-OS/2-Applikationen bis zu 512 MB zu adressieren, wobei IBM für die Nachfolgeversionen die Verfügbarkeit des vollen 4-GB-Adreßraums für OS/2-Programme verspricht. Der Kaufpreis von OS/2 2.0 betrug bei der Markteinführung im März 1992 in Deutschland ca. 450 DM, für ein Upgrade von der Version 1.3 rund 160 DM.

*Aufgrund der technischen Merkmale von OS/2 wäre eigentlich zu erwarten, daß sich OS/2 im 32-Bit-PC-Markt durchsetzen wird.* Wegen der vergleichsweise geringen Zahl von auf dem Markt verfügbaren OS/2-Programmen, die den 32-Bit-Betriebsmodus ausnutzen, und weil OS/2 zumindest bisher nicht das komfortable «Object Linking und Embedding» (OLE) von Windows 3.1 unterstützt, wird die *Zukunft dieses Betriebsystems allerdings auch von vielen Experten eher skeptisch gesehen.* Zu dieser Skepsis trägt auch der deutlich höhere Arbeitsspeicherbedarf von OS/2 (im Vergleich zu Windows 3.1) und die Abstinenz der anderen großen Computerhersteller (außer IBM) bei, die im PC-Bereich fast alle auf MS-DOS/Windows setzen.

Ausschlaggebend, wie das Beispiel OS/2 Version 1.3 und Windows Version 3.0 im Jahr 1990 gezeigt hat, wird vor allem auch die Marketingstrategie und das Marketingpouvoir der Firmen IBM und Microsoft sein. Microsoft muß 1993 mit Windows/NT mit großer Zeitverspätung und dann im Vergleich zu OS/2 mit einem Mangel an 32-Bit-Windows/NT-Applikationen auf dem Markt reüssieren. Nachdem IBM und Microsoft durch gegenseitige Lizenzabkommen die jeweils andere Technologie für ihre Produkte einsetzen dürfen, ist die Möglichkeit eines Zusammenführens beider derzeit konkurrierender Systeme in den nächsten Jahren gegeben. Zumindest werden beide Firmen ihre Produkte an die Ausstattungsmerkmale des Konkurrenten anpassen.

*UNIX* dürfte aufgrund der mangelnden Benutzerbasis im *PC-Marktsegment bis auf weiteres keine größere Rolle* spielen, obwohl Firmen wie SUN (geplantes Produkt: Solaris) und NeXT (geplantes Produkt: NeXTStep) ihre Betriebssysteme und Benutzerschnittstellen auf die Intel-80386/80486-PCs portieren, da sie sich Marktchancen in diesem Segment ausrechnen. Aufgrund der unterschiedlichen UNIX-Versionen existieren derzeit immer noch keine UNIX-Anwendungen, die binärkompatibel auf allen PC-UNIX-Betriebssystemen ablaufen könnten, wie dies für DOS-, Windows- oder OS/2-Applikationen im PC-Markt der Fall ist.

Abb. 2.4.5/9 stellt die gekennzeichneten 16-Bit- und 32-Bit-Betriebssysteme im PC-Marktsegment an Hand von einigen Kriterien gegenüber.

| | DOS | DOS + Windows | OS/2 | UNIX | Windows/NT (ab 1993) |
|---|---|---|---|---|---|
| 16-Bit-Modus | ja | ja | ja (Version 1.3) | ja | nein |
| 32-Bit-Modus | nein | nein | ja (Version 2.0) | ja | ja |
| Mehrplatzsystem | nein | nein | nein | ja | nein |
| Multitasking | nein | unecht (koop.) | ja | ja | ja |
| standardisierte Kommunikation zwischen Applikationen | nein | ja | ja | nein | ja |
| Zeichenorientiert | ja | nein | ja | ja | ja |
| Grafikorientiert | nein | ja | ja | ja | ja |
| Virtuelle Speicherverwaltung | nein | nur im Enhanced Mode | ja | ja | ja |
| Speicherschutz | nein | beschränkt | ja | ja | ja |
| min. Anford. an Arbeitsspeicher | 128 KB | 2 MB | V 1.3: 2 MB V 2.0: 6-8 MB | 4 MB | 8 MB (?) |
| Platzbedarf auf Festplatte | 1 MB | 8 MB | V 1.3: 15 MB V 2.0: 30 MB | 40-70 MB | derzeit unbekannt |
| DOS-Programme lauffähig | ja | ja | V 1.3: 1 V 2.0: bis zu 240 | eingeschränkt | ja |
| Windows-Programme lauffähig | nein | ja | V 1.3: 1 V 2.0: bis zu 240 | eingeschränkt | ja |

Abb. 2.4.5/9: Übersicht über PC-Betriebssysteme auf Intel-Prozessorbasis

Neben den oben gekennzeichneten Betriebssystemen spielt im PC-Marktsegment nur noch das herstellerspezifische *Apple-Macintosh-Betriebssystem (Mac-OS)* mit der integrierten grafischen Benutzeroberfläche *Finder* eine Rolle. Apple galt in den 80er Jahren als der Schrittmacher bei grafischen Benutzeroberflächen und legt seit jeher besonderen Wert auf die leichte und durchgängig gleichartige Bedienbarkeit der angebotenen Systeme. Durch das Angebot von leistungsfähigen grafischen Benutzeroberflächen für MS-DOS und OS/2 wurde dieser Vorsprung jedoch weitgehend eingebüßt. Hinsichtlich Funktionalität, Stabilität und Benutzerfreundlichkeit ist das seit der Version 7.0 (1991) multitaskingfähige Mac-OS der Konkurrenz zumindest ebenbürtig. Das Softwareangebot auf dem Markt ist jedoch weitaus geringer. Apple bietet als Alternative auch ein UNIX-System (A/UX) an, das jedoch vergleichsweise wenig verwendet wird. Gemeinsam mit IBM entwickelt Apple ein neues objektorientiertes Betriebssystem namens *Pink*, das auf den IBM-RISC-Prozessoren (POWER) basiert. Näheres ist hierüber aber noch nicht bekannt; auch nicht wann und auf welchen Rechnern dieser beiden Hersteller Pink zum Einsatz kommen soll.

### Normungsgremien, Konsortien für offene Systeme und Benutzergruppen

Im Abschnitt 2.4.3.2 und in den vorstehenden Ausführungen sind wir bereits ausführlich auf das Interesse der Anwender an offenen Systemen eingegangen. Von einem «Zusammenstöpseln» der Hardware- und Softwarekomponenten verschiedener Hersteller mit dem jeweils besten Preis-/Leistungsverhältnis – so wie Sie es etwa von Stereoanlagen kennen – ist man in der EDV-Welt jedoch noch weit entfernt. Wenn sich ein kompetenter Anwender traut, die erhöhten Anforderungen eines offenen Hardware-/Software-Mix-Systems zu bewältigen, so stößt er schon bei der Ausschreibung auf größte Schwierigkeiten. Einerseits dominieren immer noch die vertraulich gehaltenen proprietären Spezifikationen – angefangen von der Pin-Belegung bei Steckverbindungen bis hin zu jeder einzelnen Anweisungszeile der Programme. Andererseits gibt es einen zunehmend unüberschaubaren Wust von Definitionen, Vorschriften und Spezifikationen für offene Systeme, die bei Ausschreibungen regelmäßig zu Unklarheiten und Mißverständnissen führen.

Zum *Beispiel* füllt die vierte Ausgabe des *X/Open Portability Guide* – in dem die Herstellergruppe X/Open ein gemeinsames, offenes UNIX standardisiert – ein Regalmaß von fast 1,5 Metern. Dabei wird von Softwareentwicklern der Hersteller und Anwender gleichermaßen kritisiert, daß X/Open die UNIX-Konventionen nicht schnell genug entsprechend den informationstechnologischen Fortschritten fortschreibt.

Ziel der 1984 gegründeten *X/Open-Gruppe* ist die Entwicklung einer einheitlichen Anwendungsumgebung (engl.: common applications environment; abgekürzt: CAE). Dabei wird ein Minimalkonsens über Standards für offene Systeme angestrebt, indem lediglich die unter den Mitgliedern umstrittenen Spezifikationen definiert werden. «Corporate Members» sind über 20 große Computerhersteller (wie AT&T, Bull,

DEC, Fujitsu, HP, Hitachi, IBM, ICL, NCR, NEC, Olivetti, SNI, Sun, Unisys). Anwender und Softwarehäuser sind nur in Beratungsgremien vertreten.

Die *Open Software Foundation* (abgekürzt: OSF) ist 1988 entstanden, als nach Meinung einiger Hersteller durch die zunehmende wirtschaftliche Verflechtung zwischen AT&T und Sun eine einseitig SPARC-orientierte UNIX-Weiterentwicklung drohte. Schrittweise sollte das Betriebssystem OSF/1 als neuer, von AT&T unabhängiger UNIX-Standard geschaffen und kostengünstig zur Lizenz freigegeben werden. Gründungsmitglieder waren Apollo, Bull, DEC, HP, IBM, Nixdorf und Siemens. OSF will ein neutraler Lieferant von allgemein zugänglicher Software für offene Systeme sein. Bisherige UNIX-Produkte sind die Benutzeroberfläche Motif, das Betriebssystem OSF/1 und seit jüngster Zeit als integrierte Anwendungsarchitektur für verteilte Systeme DCE (Abkürzung für: Distributed Computing Environment). Mittlerweile hat OSF über 300 Mitglieder.

*Unix International* (abgekürzt: UI) ist ebenfalls 1988 in Reaktion auf die Gründung der OSF entstanden, weil wiederum manche Firmen befürchteten, daß dadurch die Weiterentwicklung des verbreiteten UNIX-Systems V der UNIX-Mutter AT&T gefährdet sein könnte. AT&T wurde in der Folge veranlaßt, die System-V-Entwicklung an eine selbständige Tochter, die Unix System Laboratories (USL), auszugliedern. Diese erhält von der Unix International Vorgaben in Form eines Rahmenplans (UI-Atlas), der für die Entwicklung von UNIX SVR4 Programmierschnittstellen spezifiziert. Aus diesem Rahmenplan werden jährliche Entwicklungsvorgaben abgeleitet (UI-Roadmap). Die Unix International hat ca. 250 Mitglieder.

Das vorläufig jüngste Herstellerkonsortium ist die 1991 von 21 EDV-Unternehmen gegründete *ACE-Gruppe* (ACE ist die Abkürzung für: Advanced Computing Environment). Inzwischen haben sich etwa 250 Firmen dieser Gruppe angeschlossen. Es soll eine breit unterstützte Umgebung für offene Systeme auf der Basis verbreiteter Chiparchitekturen (Intel 80486, Mips R4000, DEC Alpha) und Betriebssysteme (Open Desktop von SCO, Windows NT von Microsoft, UNIX SVR4 der USL) unter Berücksichtigung der X/Open- und OSF-Richtlinien geschaffen werden. Gründungsmitglieder und Hauptsponsoren sind Compac, DEC, Microsoft, Mips und SCO. 1992 hat DEC den ersten ACE-Rechner vorgestellt.

Aus dieser Übersicht über die wichtigsten Konsortien für offene Systeme wird Ihnen klar, daß dabei *EDV-Herstellerinteressen dominieren.* Die Mitglieder versuchen, ihre «Hausstandards» möglichst weitgehend einzubringen und durch deren konforme Weiterentwicklung ihre

Marktposition zu festigen. Insofern wirken solche Herstellerkonsortien manchmal eher wie Marketing-Vereinigungen und weniger wie effiziente Standardisierungsgremien für offene Systeme. Das Interesse und damit der Druck zur Festlegung herstellerneutraler, einheitlicher Spezifikationen geht noch immer primär von den EDV-Anwendern aus.

Neben den genannten größeren Konsortien gibt es noch viele andere ähnliche Herstellergruppen, die sich mit Standards für bestimmte Produkte (z. B. MIT-X-Consortium für die Entwicklung der grafischen UNIX-Benutzeroberfläche X-Window) oder Methoden befassen (z. B. die Systems Performance Evaluation Cooperative [SPEC] für Benchmarks oder die Object Management Group [OMG] für objektorientierte Softwareentwicklung). EDV-Anwender spielen dabei nie eine größere Rolle.

Diese sind vielmehr in *Benutzergruppen* (engl.: user group) organisiert, von denen manche jedoch wiederum durchaus ein Nahverhältnis zu einem bestimmten Computerhersteller aufweisen. Solche herstellerbezogenen Benutzergruppen sehen sich als Forum für den Erfahrungsaustausch zwischen den Anwendern der Systeme des jeweiligen Herstellers und seinen leitenden Entwicklungsspezialisten. Sie sind nach Interessenschwerpunkten und geographischen Bereichen in Arbeitsgruppen gegliedert, die u.a. auch Anforderungen für die Produktentwicklung (Hardware und Software) und für die Strategien der Hersteller erarbeiten und mit diesen verhandeln. Auf jährlichen Tagungen werden die Resultate von Arbeitsgruppen diskutiert und seitens des Herstellers künftige Lösungen präsentiert.

Zum *Beispiel* hat die SNI-Anwendervereinigung *SAVE* über 600, die IBM-Großrechner-Anwendervereinigung *G.U.I.D.E* etwa 2500 Mitglieder. Die DEC-Anwender sind in *DECUS* organisiert und die universitären Apple-Anwender im *Apple University Consortium*. Gelegentlich – wie etwa im letztgenannten Fall – erhalten die Mitglieder beim Bezug der Herstellerprodukte auch Sonderkonditionen oder sonstige Förderung.

Eine große *herstellerneutrale Vereinigung*, die Anwenderinteressen gegenüber den Herstellern vertritt, ist *IEEE* (Institute of Electrical and Electronics Engineers). Von dem IEEE-Standardisierungskomitee stammt der Standard POSIX, der vor allem einheitliche Betriebssystemschnittstellen und systemnahe Bibliotheksfunktionen für die Sprache C beschreibt. Die US-Behörden fordern die Erfüllung dieses Standards bei allen Ausschreibungen.

*Kleinere herstellerübergreifende Benutzergruppen gibt es für fast alles*, was an Produkten im Bereich der Informationsverarbeitung eine Rolle spielt. Bei diesen geht es aber in der Regel nur um Erfahrungsaustausch zwischen Gleichgesinnten, und nicht um die Interessenvertretung gegenüber Lieferanten. Mitglieder solcher Erfahrungsaustauschgruppen finden sich über Anzeigen und redaktionelle Berichte in Computerzeitschriften oder über Mailboxen in Rechnernetzen.

*Normen* werden in mitunter schwierigen und langwierigen Prozessen *von unabhängigen Gremien* definiert und festgeschrieben. Sie hinken oft hinter der informationstechnischen Entwicklung hinterher. *Nationale Normenausschüsse* sind etwa das Deutsche Institut für Normung (DIN) oder das US-amerikanische American National Standards Institute (ANSI). Sie haben zum Beispiel die verbreitetsten Programmiersprachen (wie C und COBOL) genormt. Über 50 nationale Normenausschüsse sind Mitglied der *International Organisation for Standardisation* (ISO) mit Sitz in Genf und übernehmen i.d.R. die ISO-Standards als nationale Normen. Eine wichtige ISO-Norm für die Kommunikation in offenen Systemen, das ISO-OSI-Architekturmodell, werden Sie im Abschnitt 3.3 näher kennenlernen. Dort werden auch weitere Normungsinstitionen genannt, die für die Datenübertragung wichtig sind.

Im Abschnitt 2.4.3.2 haben wir darüber berichtet, daß *die großen EDV-Hersteller*, wie IBM (SAA), DEC (AIA/NAS) oder SNI (SIA), in den letzten Jahren *Architekturmodelle für eine unternehmensweite Anwendungsintegration* geschaffen haben, die auf einer Festlegung von einheitlichen Schnittstellen für die Benutzer, die Programmierung und die Kommunikation basieren. Diese Definitionen sind zum Teil herstellerspezifischer Natur, zum Teil handelt es sich um Spezifikationen für offene Systeme. Ob und inwieweit sich diese Richtlinien allgemein durchsetzen und damit zu Marktstandards werden, ist noch nicht absehbar.

Der deutsche Hersteller *SNI* hat 1992 Offenheit des Systemangebots zum Architekturprinzip und zum Schwerpunkt der strategischen Geschäftsausrichtung erhoben («Open Systems Direction», abgekürzt: OSD). Als offen werden dabei die Betriebssysteme MS-DOS und das auf dem UNIX-V.4-Standard basierende SINIX angesehen. BS2000 soll durch Systemschnittstellen nach dem POSIX-Standard «geöffnet» werden. Auf diesen drei strategischen Systemplattformen sollen die von der OSF definierten Schnittstellen und Protokolle des Distributed Computing Environment (DCE) und des Distributed Management Environment (DME) für das Netzmanagement realisiert werden. Interoperabilität und Portabilität der Anwendungssoftware über Hardware-, Betriebssystem- und Herstellergrenzen hinweg sollen durch die Anwendungsarchitektur «System Interfaces for Applications» (SIA) sichergestellt werden.

Unter «**Künstlicher Intelligenz**» (abgekürzt: **KI**; engl.: Artificial Intelligence; abgekürzt: AI) versteht man den Versuch, mit EDVA bisher dem Menschen vorbehaltene Intelligenzleistungen nachzubilden. Die Forschungsaktivitäten umfassen u. a. Mustererkennung (optisch und akustisch), inhaltsbezogene natürlichsprachliche Kommunikation, Entwicklung von Robotern, logische Beweisführung durch Programme und maschinelles Lernen.

Die für den praktischen Einsatz am weitesten fortgeschrittenen Ergebnisse sind im Bereich der *Expertensysteme* zu finden. Eine weitere zukunftsweisende, derzeit viel diskutierte Technik sind die sogenannten *neuronalen Netze*. Auf diese beiden Bereiche der KI soll in der Folge näher eingegangen werden.

Ein **Expertensystem** (engl.: expert system) ist ein Informationssystem, das fachspezifische Kenntnisse, d. h. das Wissen von Experten, in einem (meist eng) abgegrenzten Anwendungsbereich verfügbar macht. Wesentliche Bestandteile sind eine Wissensbasis (Datenbank mit Expertenwissen) und eine Problemlösungskomponente (Inferenzkomponente).

Die *Wissensbasis* (engl.: knowledge base) wird i. a. von einem Systemanalytiker (Näheres im Abschnitt 2.5.1.1), dem «Wissensingenieur» (engl.: knowledge engineer), durch Befragung von Experten, Analyse von Fachveröffentlichungen u. ä. auf dem jeweiligen Fachgebiet erarbeitet. Diese «Wissenssammlung» und die Repräsentation dieses Wissens sind sicher die schwierigsten und zeitaufwendigsten Arbeiten bei der Entwicklung eines Expertensystems. Denn es sind nicht nur fachspezifische Fakten und Regeln zu erheben und Sachverhalte zu verknüpfen, sondern es muß auch die Abstraktion zu einem geeigneten konzeptionellen Modell und zur rechnerinternen Darstellung gefunden werden. Die Problematik liegt vor allem darin, daß das fachspezifische Wissen vielfach nicht dokumentiert, d. h. nur im «Kopf» der Experten vorhanden ist – ungeordnet, bloß durch Erfahrung gewonnen (heuristisch), teilweise unbewußt und stark durch die Persönlichkeit und die jeweilige Bedingungslage geprägt.

Der *Problemlösungsteil* (engl.: problem-solving part; inference mechanism) des Expertensystems löst die von den Benutzern gestellten

Aufgaben mit Hilfe der Wissensbasis. Die Problemlösung erfolgt durch die Anwendung von Ableitungs- oder Schlußregeln, für die es vielfältige Realisierungsmöglichkeiten gibt. Dazu gehören Produktionsregeln, Horn-Klauseln (in PROLOG), verkettete Netzwerke (semantische Netze) u.a.m., auf die wir hier nicht näher eingehen wollen.

*Neben diesen beiden Hauptbestandteilen, die stets vorkommen, sollten in einem Expertensystem noch eine Wissenserwerbskomponente und eine Erklärungskomponente vorhanden sein.*

Die *Wissenserwerbskomponente* (engl.: knowledge acquisition component) unterstützt die interaktive Wartung der Wissensbasis, d.h. sie ermöglicht deren benutzerfreundliche Weiterentwicklung (möglichst in einer der Fachsprache des Experten ähnlichen Sprache). So kann z.B. das System bei der Arbeit mit dem Experten den Grund für bestimmte Antworten des Experten erfragen und dessen Antworten in der Wissensbasis speichern (Wissensvergrößerung), oder der Experte kann Antworten des Systems als falsch bezeichnen und die Antwort berichtigen (Aktualisierung).

Die *Erklärungskomponente* (engl.: explanation component) hat die Aufgabe, die Prozeduren des Expertensystems durchschaubar zu machen. So kann z.B. erläutert werden, wie das Expertensystem zu bestimmten Lösungen gekommen ist, oder welchen Sinn bestimmte Anfragen des Systems an den Benutzer haben.

Wesentliche Eigenschaften eines Expertensystems sollten noch die *Lernfähigkeit* (bisher kaum realisiert), das Vorhandensein einer *komfortablen Benutzeroberfläche* (z.B. Eingabe/Ausgabe in natürlicher Sprache, Masken, Grafik, Menüführung; vgl. Abschnitt 2.4.4) und die Möglichkeit der *Ableitung probabilistischer Aussagen* (Arbeit mit Wahrscheinlichkeiten) sein.

Die Abb. 2.4.5/10 faßt die wichtigsten *Unterschiede zwischen der herkömmlichen Datenverarbeitung und der Wissensverarbeitung in Expertensystemen* zusammen.

*Beispiel STIPEX: Stipendienberatungsexpertensystem*

Dieses *in PROLOG geschriebene Expertensystem* ist an der Wirtschaftsuniversität Wien im Einsatz und verwendet zur Wissensdarstellung *Regeln*. Einen *Ausschnitt der Wissensbasis* zeigt Abb. 2.4.5/7. Sie sehen, daß die Regeln hier in *natürlichsprachlicher Form* gespeichert sind.

Die hier verwendete *Problemlösungsstrategie* wird als *«backtracking»* bezeichnet. Bei einer Anfrage wird die erste passende Regel angewendet (die Wissensbasis wird von oben nach unten durchsucht). Diese Regel kann wieder durch andere Regeln ausgestaltet bzw. näher definiert werden usw. Führt eine Regel nicht zum Ziel, weil das System auf eine nicht zutreffende

| Herkömmliche Datenverarbeitung | Wissensverarbeitung in Expertensystemen |
|---|---|
| Inhaltliche Kriterien | |
| Automatisierung monotoner, klar strukturierter und wohldefinierter Informationsverarbeitungsprozesse | Automatisierung komplexer Informationsverarbeitungsprozesse, die den intelligenten Umgang mit diffusem Wissen erfordern |
| Zu automatisierende Verarbeitungsabläufe sind aus nichtautomatisierten Informationsverarbeitungsprozessen bekannt | Zu automatisierende Verarbeitungsabläufe sind kognitive Prozesse und daher nicht direkt beobachtbar |
| Systementwickler schreibt mit Hilfe seines Wissens über den Anwendungsbereich ein Programm | Wissensträger transferiert sein Wissen über den Anwendungsbereich in ein wissensbasiertes System |
| Nur der Programmierer, nicht das System selbst kann einen ausgeführten Verarbeitungsprozeß erklären und rechtfertigen | Das wissensbasierte System selbst kann prinzipiell einen ausgeführten Verarbeitungsprozeß erklären und rechtfertigen |
| Hauptsächlich Verarbeitung homogen strukturierter Massendaten | Hauptsächlich Verarbeitung heterogen strukturierter Wissenseinheiten |
| Bei formaler Ein/Ausgabespezifikation ist prinzipiell die Möglichkeit eines Korrektheitsbeweises gegeben | Da die Verarbeitung durch Heuristiken und diffuses Wissen gesteuert ist, sind Korrektheitsbeweise nicht möglich |
| Komplexität entsteht hauptsächlich durch den Umfang der Datenmenge | Komplexität entsteht hauptsächlich durch die Reichhaltigkeit der Wissensstrukturen |
| Formale Kriterien | |
| Ausgangspunkt: Verarbeitung von Zahlen | Ausgangspunkt: Verarbeitung symbolischer Ausdrücke |
| Wenige Datentypen, aber viele Instanzen eines Typs | Viele Strukturtypen, oft wenige Instanzen eines Typs |
| Typische Programmiersprachen: COBOL, PASCAL | Typische Programmiersprachen: LISP, PROLOG |
| Programmiermethodik: strukturiertes Programmieren | Programmiermethodik: exploratives Programmieren |
| Verarbeitungsablauf ist explizit festgelegt | Verarbeitungsablauf ist nur implizit oder gar nicht vorgegeben |
| Unvollständige Eingaben werden zurückgewiesen | Verarbeitung unvollständiger Strukturen ist möglich |
| Effiziente Verarbeitung mit konventionellen Rechnerarchitekturen möglich | Effiziente Verarbeitung mit konventionellen Rechnerarchitekturen nicht möglich |

Abb. 2.4.5/10: Unterschiede zwischen der herkömmlichen Datenverarbeitung und der Wissensverarbeitung in Expertensystemen (Quelle: W. Wahlster)

```
Der Student erfüllt die Voraussetzungen des Par2-Zl, @ Par2 Zl Absl @
    wenn der Student das Studium innerhalb von 10 Jahren nach Erreichung
              der Hochschulreife begonnen hat,
    wenn der Student das Studium vor Vollendung des 35. Lebensjahres
              begonnen hat,
    wenn der Student noch kein anderes Studium absolviert hat,
    wenn der Student nicht mehr als halbbeschäftigt ist,
    wenn der Student einen günstigen Studienerfolg nachweist und @ Abs3 @
    wenn der Student sozial bedürftig ist. @ Par2 Zl Abs2 @
    .                           .                  .
    .                           .                  .
    .                           .                  .


Der Student weist einen günstigen Studienerfolg nach,
    wenn der Student im 3. Semester ist und
    wenn der Student Zeugnisse über mindestens 20 Wochenstunden hat.


Der Student weist einen günstigen Studienerfolg nach,
    wenn der Student im 8. Semester ist,
    wenn der Student die erste Diplomprüfung erfolgreich abgelegt hat und
    wenn der Student Zeugnisse aus dem zweiten Studienabschnitt im
              Ausmaß von mindestens 16 Wochenstunden hat.
    .                           .                  .
    .                           .                  .
    .                           .                  .


Einkommen gemäß Par4 Abs4 =
    Einkünfte aus Ferialarbeit +
    Einkünfte als Aushilfsangestellter im Rahmen der Hochschulverwaltung +
    Entschädigungen gemäß Parl3 Abs5 des Hochschulgesetzes +
    sonstige Studienbeihilfen und Stipendien, sofern ihre Gewährung mit
              keiner Verpflichtung zur Gegenleistung verbunden ist +
    Einkünfte als Demonstrator, halbbeschäftigter Studienassistent oder
              Vertragsassistent, dessen Beschäftigungsausmaß höchstens
              die Hälfte des vollen Ausmaßes ausmacht.
    .                           .                  .
    .                           .                  .
    .                           .                  .


Zumutbare Unterhaltsleistung der Eltern bzw. Wahleltern =
    (Bemessungsgrundlage der Eltern bzw. Wahleltern - 44000) x 0,2 + 8800
    wenn die Eltern (Wahleltern) in Wohngemeinschaft leben,
    wenn Bemessungsgrundlage der Eltern bzw. Wahleltern >   88000
    wenn Bemessungsgrundlage der Eltern bzw. Wahleltern <= 115000.
```

Abb. 2.4.5/11: Ausschnitt aus der Wissensbasis eines Expertensystems für die Stipendienberatung

Bedingung stößt, so wird versucht, die nächste passende Regel «durchzudenken».

Die *Wissenserwerbskomponente* fällt bei STIPEX weg, da durch einfaches Editieren der Wissensbasis (z.B. bei Änderung der Gesetze) das Verhalten des Systems entsprechend angepaßt werden kann.

Die *Erklärungskomponente* erlaubt dem Benutzer Fragen wie «Warum?» und «Wie?», um diesem den Grund von Rückfragen des Systems (z.B. «Sind Sie verheiratet?») zu erläutern oder um das Ergebnis der Beratung aufzugliedern («Welche Regeln fanden Anwendung?» usw.).

*Beispiele für Expertensysteme* gibt es u. a. in den folgenden Anwendungsbereichen:

1. *Interpretation:*

Beobachtete Sachverhalte wie Meßdaten, Signale oder subjektive Befunde (von Menschen erstellt) werden durch Aussagen über Systemzustände interpretiert, auf die sie zurückgeführt oder mit denen sie in Zusammenhang gebracht werden können. Spezielle Formen der Interpretation sind:

– Interpretation betrieblicher Datenbestände:

UNTERNEHMENSREPORT (DATEV eG, Universität Erlangen-Nürnberg, 1990): Erstellung von Kommentaren zur Gewinn- und Verlustrechnung für Steuerberater.

CONTREX (Universität Erlangen-Nürnberg, SAP AG, 1990):

Controllingsystem zur Analyse des Betriebsergebnisses und der Kostenstellen, aufbauend auf SAP-Datenbeständen.

– Diagnose in technischen Systemen:

REIS-SERVICE-EXPERT (Reis GmbH & Co. Maschinenfabrik, 1987): Fehlerdiagnose in Industrierobotern.

IXMO (Daimler Benz AG, 1987):

Fehlerdiagnose von Motoren auf Prüfständen in der Serienproduktion.

– Interpretation von Meßdaten:

EXPERTISE (Philips Forschungslaboratorium GmbH, 1989): Untersuchung unbekannter Substanzen durch Auswertung ihrer Infrarotspektren.

Expertensystem für die Fehlerdiagnose in Kernkraftwerken (Infovation GmbH, Interatom GmbH, 1987):

Diagnose von Fehlern auf der Basis von Meßdaten, die von einem Sensornetzwerk erfaßt werden.

2. *Prognose:*

Ziel der Vorhersage ist es, das Eintreten oder den zeitlichen Verlauf von Ereignissen mit einer größtmöglichen Sicherheit zu ermitteln.

MOC (Digital Equipment Corp., 1988): Unterstützung von Managern bei der Beurteilung der Auswirkungen von Preis-, Ressourcen- und Nachfrageänderungen auf Kapazität und Auslastung ihrer Fabriken.

ELIED (Bertelsmann AG, 1990): Absatzprognose von neu erscheinenden Büchern.

3. *Konfigurierung/Planung:*

Konfigurieren heißt, vorhandene «Teile» unter Beachtung von Nebenbedingungen so zusammenzusetzen, daß eine geforderte Zielsetzung erreicht wird, wobei «Teile» auch Einzelaktionen sein können.

Manufacturing System Configurator (Management Science America Inc., 1988): Unterstützung bei der Konfigurierung von Fertigungssoftware.

PAREX-CO (Universität Erlangen-Nürnberg, 1991): Unterstützung bei der Parametereinstellung eines PPS-Systems.

OFFICE-PLAN (GMD, 1989): Zuteilung von Büroräumen zu Beschäftigten.

NDR (Digital Equipment Corp., 1988): Planung der Transportrouten für Lastkraftwagen.

ExperTAX (Coopers & Lybrand, Washington, 1988): Beratung und Anleitung bei der Steuerplanung.

STRATEX II (Universität Erlangen-Nürnberg, 1990): Assistent bei der strategischen Unternehmensplanung.

*4. Prozeßsteuerung:*

Zur Prozeßsteuerung müssen Interpretations-, Vorhersage- und Planungsfunktionen kombiniert werden, um eine laufende Überwachung, Fehlerquellenbestimmung, Vorhersage kritischer Situationen und vorbeugende Instandhaltung durchführen zu können.

SOLEIL (Hahn-Meitner-Institut, Berlin, 1988): Echtzeitsteuerung von Solarzellen-Beschichtungsanlagen.

TRIM SCHEDULER (Digital Equipment Corp., 1986): Zuordnung von Fertigungsaufträgen zu Maschinen und Überwachung der Ausführung.

*5. «Intelligenter Assistent»:*

Die Aufgabe des Systems ist es, den Benutzer bei einer Aufgabenlösung zu beraten – z.B. durch Lösungsvorschläge zur Methodenauswahl. Ferner kann es helfen, eine «persönliche» Lösung in die Kommandosprache eines Softwarepakets zu übertragen.

KONDOR (GfD Ingenieur- und Beratungs-GmbH, 1988): Umsetzung von Recherche-Anfragen in die jeweilige Abfragesprache externer On-line-Datenbanken.

DANEX (Universität Karlsruhe, 1987): Analysiert Datenstrukturen und schlägt statistische Verfahren zur Analyse der zugrundeliegenden Daten vor.

*6. Schulung:*

Das Expertensystem soll Wissen im Dialogbetrieb vermitteln, wobei hier eine Diagnosekomponente zur Analyse von Fehlern und Kenntnislücken des Benutzers (Schülers) sowie eine Erklärungskomponente besonders wichtige Teile des Systems sind.

JA-TUTOR (Hochschule St. Gallen, 1986): Lehrsystem für das betriebliche Rechnungswesen.

INTEX (Universität Erlangen-Nürnberg, 1987): Wissensvermittlung über ausgewählte betriebliche EDV-Anwendungen.

OS CONSULTANT (New Mexico State University, 1987): Lehrsystem für Betriebssystemkonzepte mit natürlichsprachlicher Dialogkomponente.

7. *Expertensystementwicklung:*

Ein Expertensystem zur Expertensystementwicklung ( = Meta-Expertensystem) bietet die anwendungsunabhängigen Teile von Expertensystemen in fertiger Form sowie Funktionen, um diese zusammenzusetzen, Anpassungen an die jeweilige Bedingungslage vorzunehmen und zusätzliche, anwendungsbezogene Komponenten zu programmieren ( = Programmierumgebung für Expertensysteme).

Die meisten *kommerziellen Expertensystementwicklungswerkzeuge* sind für verschiedene Rechnerplattformen erhältlich, so etwa ADS (Aion), Babylon (GMD), KEE (IntelliCorp), Kappa (IntelliCorp), Nexpert Object (Neuron Data), PAMELA/C (Alcatel Austria – Elin) und RS/Decision (BBN Software Products Corporation). Die Werkzeuge ESE (IBM), S-1 (Teknowledge) und Syllog (IBM Yorktown Heights) sind nur in Großrechnerversionen verfügbar.

Die vorstehend genannten *Beispiele* sind nur eine *Auswahl derzeit eingesetzter Systeme.* Sowohl in der Wissenschaft als auch in der Praxis entstehen laufend Neuentwicklungen für die verschiedensten Anwendungsgebiete.

### Neuronale Netze

Eine weitere zukunftsweisende Technik aus dem Bereich der Künstlichen Intelligenz sind **neuronale Netze** (engl.: neural network). Ähnlich dem Gehirn mit seinen annähernd 100 Milliarden Nervenzellen bestehen solche Softwaresysteme grundsätzlich aus einem Netzwerk von Schaltelementen, die untereinander vielfach verbunden sind. Neuronale Netze arbeiten derzeit mit wenigen hundert Neuronen und einigen zehntausend Verbindungen (zum Vergleich: Im menschlichen Gehirn gibt es ca. 100 Billionen Neuronenverbindungen).

Im Gegensatz zu den vorher erklärten Expertensystemen, bei denen das Strukturwissen der «Experten» durch Informatiker im Expertensystem abgebildet wird, basieren neuronale Netze auf Beispieldaten und Lernalgorithmen. Sie werden also nicht programmiert, sondern lernen aus Beispielen.

Ein bekanntes Verfahren ist das sogenannte *Backpropagation-Lernverfahren* (siehe Abb. 2.4.5/12). Ein Backpropagation-Netz besteht aus drei oder vier Neuronen-Schichten: Eingabeschicht, verdeckte Schicht(en) und

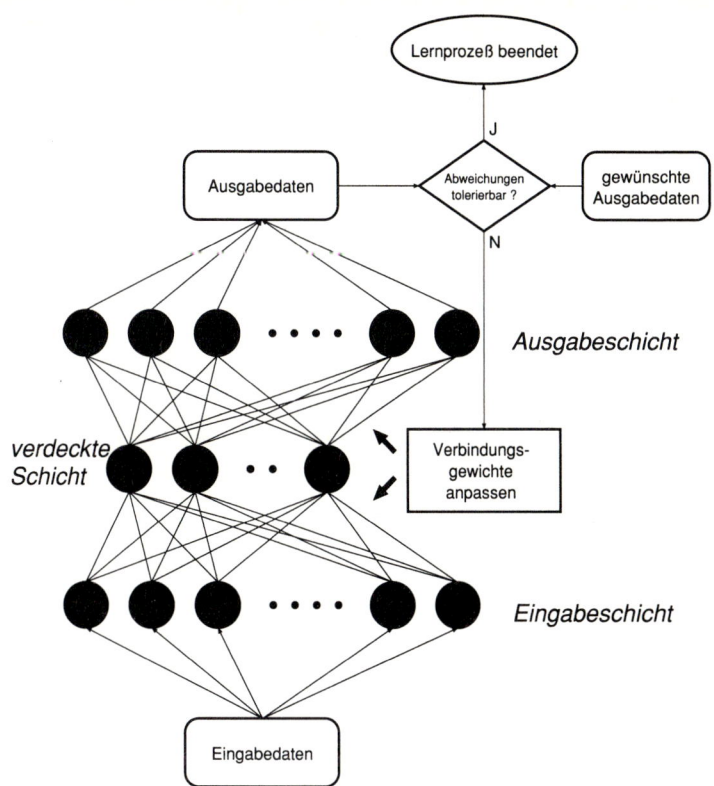

Abb. 2.4.5/12: Lernen nach der Backpropagation-Methode

Ausgabeschicht. Ziel des Lernprozesses ist es, daß bestimmte Eingabemuster mit bestimmten Ausgabemustern assoziiert werden.

Dabei werden Trainingsdaten (Eingabedaten und gewünschtes Ausgabemuster) der Eingabeschicht bekanntgegeben. Die Neuronen geben (bei Überschreiten eines bestimmten Schwellenwertes) Signale weiter. Bei der Übertragung von Signalen zwischen zwei Neuronen werden die Signale mit einem bestimmten Gewicht multipliziert. So entsteht das Ausgabemuster. Falls Differenzen zwischen tatsächlichen und erwünschten Ausgabemustern auftreten, werden sie als Grundlage für die Anpassung der Verbindungsgewichte verwendet. Der Lernvorgang wird abgebrochen, sobald der Gesamtfehler für alle Trainingsdaten ausreichend klein geworden ist.

Neuronale Netze erweitern die Möglichkeiten der Computertechnik, wenn unvollständige, ungenaue, sich teilweise widersprechende und/ oder sich in der Entwicklung unterschiedlich stark beeinflussende Daten vorliegen.

*Anwendungsbeispiele* gibt es in den Bereichen der Verarbeitung optischer Information, handschriftlicher Texte oder gesprochener Worte.

Derzeit haben neuronale Netze praktisch noch keine wirtschaftliche Relevanz, sie werden jedoch (mit der immer billigeren und leistungsfähigeren Hardware, sowie mit den immer besseren Netzen) an Bedeutung gewinnen.

## 2.5 Menschen

Ein rechnergestütztes Informationssystem besteht aus einer Anzahl von *Menschen* und Maschinen, insbesondere EDVA, die Information erzeugen und/oder benutzen und die durch Kommunikationsbeziehungen miteinander verbunden sind. In den vorstehenden Ausführungen dieses Kapitels haben Sie erfahren, in welcher Form Angaben über Sachverhalte und Vorgänge vorliegen müssen, damit diese maschinell verarbeitet werden können. Ferner haben Sie den Aufbau und die Arbeitsweise der einzelnen Komponenten von EDVA kennengelernt. *In dem folgenden Abschnitt wird nun skizziert, wie Menschen bei der Gestaltung von Informationssystemen mitwirken und wie die Berufsperspektiven in diesem Tätigkeitsfeld aussehen.*

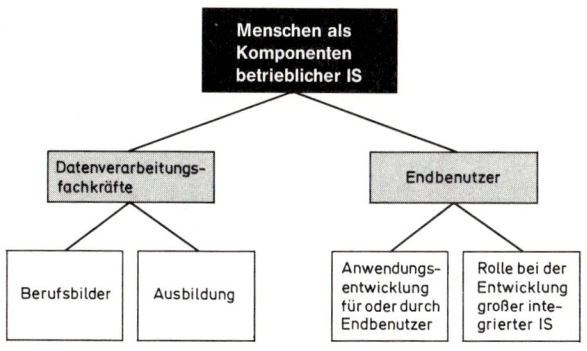

Abb. 2.5/1: Menschen als Komponenten betrieblicher Informationssysteme

### 2.5.1 Datenverarbeitungsfachkräfte

Wie bei allen übrigen betrieblichen Funktionen sichert auch bei der Gestaltung von Informationssystemen erst das optimale Zusammenwirken der Faktoren Werkstoffe (Daten und Datenträger), Betriebsmittel (Hardware und Software) und menschliche Arbeit den bestmöglichen Erfolg. *Das Ausmaß des Anteils menschlicher Arbeit in der Kernphase des Betriebs von Informationssystemen, d.h. der programmgesteuerten Verarbeitung von Daten, ist zwar relativ gering (Maschinenbedienung). Um so bedeutungsvoller ist die menschliche Arbeitsleistung jedoch in den vorgelagerten Phasen der Entwicklung von*

*Informationssystemen und der Datenerfassung.* Die Verfügbarkeit von genügend qualifiziertem Personal war in der Vergangenheit stets eines der gravierendsten Engpaßprobleme bei dem Einsatz der EDV.

### 2.5.1.1 Berufsbilder

Nach der Art der Aufgaben bei der Gestaltung von Informationssystemen lassen sich *entwicklungs-, betriebs-, vertriebs- und ausbildungsorientierte Berufe* der im Bereich der Datenverarbeitung tätigen Mitarbeiter unterscheiden. Die nachfolgende Übersicht kennzeichnet die *Struktur der Tätigkeitsfelder.*

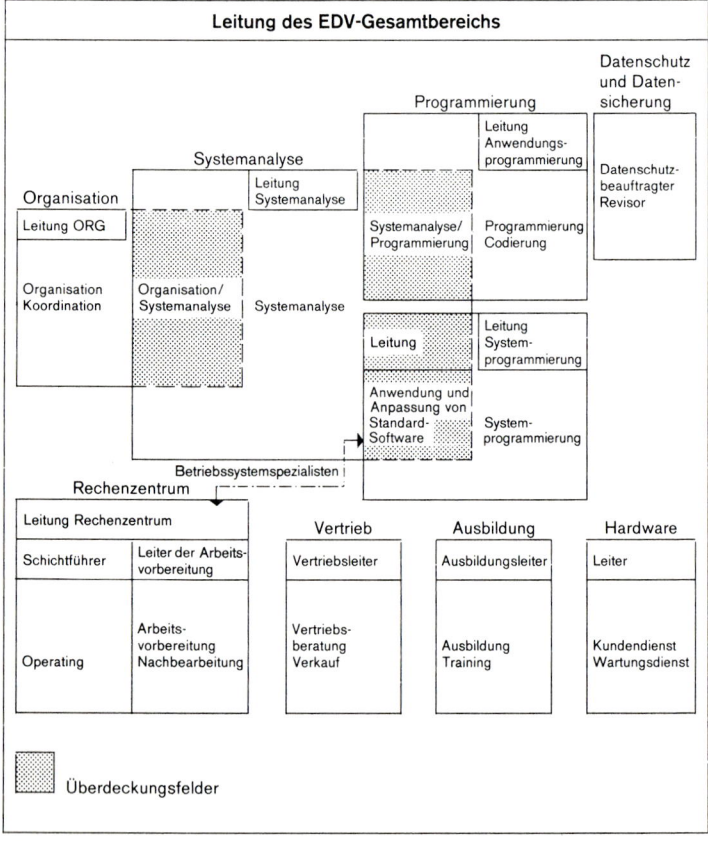

Abb. 2.5.1.1/1: Struktur der EDV-Tätigkeitsfelder (Quelle: IAB)

Sie ersehen daraus, welche *Übergänge* sich zwischen den Tätigkeits-
feldern anbieten und welche *Aufstiegsmöglichkeiten* bestehen. Für die
angeführten Tätigkeitsfelder sind *keine bestimmten berufsqualifizieren-
den Abschlüsse* vorgeschrieben. Es gibt eine *Fülle von meist nicht geschützten Berufsbezeichnungen;* für manche Positionen werden oft
mehr als ein halbes Dutzend unterschiedliche Bezeichnungen verwendet.

Die skizzierte *starke Differenzierung* einzelner Berufsgruppen ist *nur
in Großbetrieben* üblich. Vielfach werden z.B. die Funktionen der EDV-
Organisation, Systemanalyse und Anwendungsprogrammierung von
einzelnen Mitarbeitern bzw. Gruppen zusammengefaßt verrichtet. Solche sog. *Organisationsprogrammierer* sind in mittleren Betrieben dann
die Regel, wenn diese überhaupt spezielles EDV-Personal beschäftigen.
*Kleinbetriebe mit weniger als 50 Beschäftigten haben nur in Ausnahme-
fällen eine eigene EDV-Abteilung.* Die Rechner stehen dort in Fachabteilungen und werden von den Sachbearbeitern nebenbei bedient; eine
Anwendungsentwicklung gibt es meist nicht (d.h. nur Verwendung von
Standardsoftware).

Nachfolgend werden die *Tätigkeiten der wichtigsten Berufsbilder*
näher gekennzeichnet. Die angegebenen *Berufsbezeichnungen* sind die
am häufigsten verwendeten; die genannten *Ausbildungsgänge* sind
durch ihre Lehrinhalte für eine berufliche Vorbereitung besonders geeignet. Nicht erwähnt werden die betriebliche Berufsausbildung sowie
die Fachschulausbildung, die je nach Spezialisierung Einstiegsqualifika-
tionen für alle angegebenen Tätigkeitsfelder vermitteln können. Die
derzeit bezahlten Gehälter erfahren Sie im Abschnitt 2.5.3.

| Berufsbezeichnung<br>(und Ausbildung) | Tätigkeiten |
| --- | --- |
| **EDV-Organisator(in)**<br>(engl.: EDP organizer)<br><br>(wirtschaftswissen-<br>schaftliches Hoch-<br>schulstudium mit den<br>Wahlfächern Organi-<br>sation und Wirt-<br>schaftsinformatik) | Planung langfristiger Konzeptionen für die Ent-<br>wicklung von Informationssystemen; Abgrenzung<br>von Teilinformationssystemen (Architektur); Koor-<br>dination von Entwicklungsaktivitäten; Analyse<br>und Beurteilung von Projektplänen; Untersuchung<br>und Ausarbeitung neuer Informationstechnologien<br>und Anwendungstechniken; Entwurf und Überwa-<br>chung von Entwicklungsrichtlinien. |
| **Systemanalytiker(in)**<br>(engl.: system analyst) | Ermittlung des Bedarfs nach neuen Informationssy-<br>stemen oder nach Änderungen bestehender Infor-<br>mationssysteme; Analyse des Istzustandes beste- |

| Berufsbezeichnung (und Ausbildung) | Tätigkeiten |
|---|---|
| (wirtschaftswissenschaftliches Hochschulstudium mit dem Schwerpunkt Wirtschaftsinformatik) | hender Systeme; Analyse und Beurteilung von Standardanwendungssoftware; ökonomische und technische Rechtfertigung der Vorschläge; Entwurf der Ausgaben, Eingaben, Dateien und Verarbeitungsalgorithmen für neue Systeme; Einführung von Systemen; Systemkontrollen und -anpassungen an Änderungen der Bedingungslage. *(Vgl. hierzu auch Abschnitt 1.3.2)* |
| **Anwendungsprogrammierer(in)** (engl.: application programmer) (je nach Tätigkeitsfeld: wirtschaftswissenschaftliches Hochschulstudium mit dem Schwerpunkt Wirtschaftsinformatik bzw. Erst- oder Zusatzausbildung bei EDV-Herstellern, Gewerkschaften u. ä.) | Analyse zu programmierender, vorgegebener anwendungsbezogener Aufgaben; Entwicklung einer programmiertechnischen Lösung mit Leistungsspezifikationen wie Speicherbedarf, Maschinenzeit, Parametervariationen usw; Programmierung und Test der gewählten Lösung; Dokumentation sämtlicher Erklärungen und Anweisungen, die zum Verständnis und zur Anwendung des Programms notwendig sind; Erprobung und/oder Änderung bereits vorhandener Anwendungsprogramme; Optimierung und Abstimmung von Programmzyklen; Einführung von Anwendungsprogrammen und Überwachung der richtigen Funktionsweise. |
| **Systemprogrammierer(in)** (engl.: system programmer) (Hochschulstudium der Informatik oder Hochschulstudium der Mathematik, Physik, Elektrotechnik o.ä. mit Zusatzausbildung bei EDV-Herstellern) | Auswahl, Entwicklung, Programmierung und Test von anwendungsneutralen System-, Datenbankverwaltungs- und Datenkommunikationsprogrammen; Entwurf von Programmier- und Anwendungsrichtlinien für diese; Dokumentation entwickelter Systeme; Beratung und Unterstützung von Anwendungsprogrammierern bei der Verwendung von derartigen Programmen; Weiterentwicklung und Einführung von Betriebssystemen, Datenbank- und Datenkommunikationssystemen; Planung der Größe, Zusammensetzung und Auslegung von zu installierenden Datenverarbeitungssystemen; Überwachung der Funktionsweise von Hardware und Software sowie Leistungsoptimierung. |
| **Datentypist(in)** (engl.: punch operator) | Übertragen der Zeichen von Originalbelegen auf maschinenlesbare Datenträger bzw. Direkteingabe aufgrund vorliegender Anleitungen; Prüfen der erfaßten Daten. |

| Berufsbezeichnung (und Ausbildung) | Tätigkeiten |
|---|---|
| (Abschluß der Grundschule und eine drei- bis sechsmonatige Anlernzeit) | *(Vgl. hierzu auch den Abschnitt 3.1.)* |
| **Maschinenbediener(in)** (engl.: operator)<br><br>(Synonym: **Operator[in]**) | Bedienung aller Einheiten eines großen Datenverarbeitungssystems aufgrund vorliegender Bedienungsanweisungen und vorgegebener Arbeitspläne.<br>*(Vgl. hierzu auch Seite 292)* |
| (Schulabschluß der mittleren Reife und abgeschlossene kaufmännische/technische Lehre oder Fachschulabschluß; hinzu kommt jeweils eine drei- bis sechsmonatige Grundausbildung im Rechenzentrum) | |
| **EDV-Verkäufer(in)** (engl.: EDP salesman)<br><br>(Synonym: **Vertriebsbeauftragte[r]**)<br><br>(wirtschaftswissenschaftliches Hochschulstudium mit dem Schwerpunkt Wirtschaftsinformatik) | Erschließung, Ausschöpfung und Sicherung von Datenverarbeitungsteilmärkten; insbesondere Akquisition inklusive Information und Beratung bezüglich Hardware und Software, Ausarbeitung von Problemlösungen und Angeboten und deren Präsentation; Koordination und Überwachung der Vertragsverpflichtungen inklusive Installationsvorbereitung, Auswahl von Schulungsteilnehmern und Ausbildungsplanung, Termin- und Leistungskontrolle; Kundenbetreuung während der Nutzungszeit der vertriebenen Objekte. |
| **Wartungstechniker(in)** (engl.: field engineer)<br><br>(abgeschlossene technische Lehre mit drei- bis sechsmonatiger Grundausbildung bei EDV-Herstellern; ein | Installation von Datenverarbeitungssystemen; vorbeugende Wartung, Fehlerdiagnose und Reparatur von Datenverarbeitungssystemen; technische Änderungen und Kapazitätsänderung von Datenverarbeitungssystemen; Abbau von Datenverarbeitungssystemen. |

| Berufsbezeichnung (und Ausbildung) | Tätigkeiten |
|---|---|
| Fachstudium der Informatik oder verwandter Fachrichtungen erhöht die Berufschancen) | |
| **Lehrer(in) für Datenverarbeitung** (engl.: EDP teacher) (wirtschaftswissenschaftliches oder mathematisch-technisches Hochschulstudium, mehrjährige Tätigkeit in einem Datenverarbeitungsberuf und pädagogische Zusatzausbildung) | Ermittlung des EDV-Ausbildungsbedarfs; Aufbereitung der zu lernenden Inhalte nach didaktischen Gesichtspunkten; Erstellung von Stundenplänen und Unterrichtsmaterialien; Durchführung von Lehrveranstaltungen inklusive Kontrolle des Lernerfolges; Beratung der Kursteilnehmer bei der Lösung gestellter Aufgaben sowie bei der Fehlersuche und Fehlerbereinigung; Beurteilung der Kursteilnehmer. |

→ Übungsaufgabe Nr. I-146 im Arbeitsbuch

Vorstehend sind nur die Tätigkeitsfelder der wichtigsten Kernberufe in der Datenverarbeitung umrissen worden. Wandlungen der Informationstechnik finden in *neuen Berufsbildern* und der *Spezialisierung der vorhandenen Berufe* ihre Ausprägung. *Beispiele* hierfür sind etwa *Datenbankadministratoren*, welche die zentrale Verantwortung für das Funktionieren von Datenbanksystemen in Betrieben wahrnehmen, *Datenschutz- und Sicherheitsbeauftragte* oder *DFÜ-Programmierer* (DFÜ = Datenfernübertragung), die auf Datenfernverarbeitungsanwendungen spezialisiert sind. Von wesentlicher Bedeutung für die Rolle des EDV-Personals ist es vor allem, daß durch die Integration der «traditionellen» Datenverarbeitung mit der Textverarbeitung, sonstigen Endbenutzerwerkzeugen und der Nachrichtentechnik inzwischen praktisch alle Beschäftigten eines Betriebes am Arbeitsplatz mit Datenverarbeitungsdiensten umgehen und daß überbetriebliche Anwendungen bis hin zum privaten Haushalt wesentlich zunehmen. Hieraus folgt, daß einerseits den *Datenbank- und Telekommunikationsspezialisten eine zen-*

*trale Stellung* bei der Gestaltung der notwendigen informationstechnischen Infrastruktur zukommt, und daß andererseits die *EDV-Ausbildung und -Unterstützung der Mitarbeiter in den Fachabteilungen immer wichtiger* wird. Auf die Möglichkeiten und Konsequenzen von Datenbanksystemen für Datenverarbeitungsfachkräfte und Benutzer in Fachabteilungen wird im Abschnitt 3.2 eingegangen. Benutzerperspektiven der Dezentralisierung von Daten- und Textverarbeitung bilden einen Schwerpunkt des vierten Kapitels.

*Aufgaben von zentralen EDV- bzw. IS-Abteilungen* und der vorwiegend dort beschäftigten *Datenverarbeitungsfachkräfte* sind dementsprechend vor allem

– die betriebsweite IS-Gesamtplanung und IS-Organisation (vgl. hierzu Abb. 1.3.2/1),
– die Beschaffung und der Betrieb großer, teurer, vielfach verwendeter Zentralrechner, Hochleistungsperipherie, Datenbanksysteme und Anwendungspakete,
– die Koordination dezentraler Hardware- und Softwarebeschaffungen (Arbeitsplatzrechner),
– die Entwicklung und Pflege (Wartung) großer integrierter Anwendungssysteme,
– die Konfigurierung, Steuerung und Kontrolle von Rechnernetzen,
– die Vermittlung von Informationsdiensten (intern und extern),
– die Schulung und Beratung der Endbenutzer in Fachabteilungen,
– das Dienstleistungsmarketing, d. h. das aktive «Verkaufen» der angebotenen EDV-Ressourcen und Dienste.

Übungsaufgabe Nr. I-147 im Arbeitsbuch      ←

### 2.5.1.2 Ausbildung

Die Abb. 2.5.1.2/1 vermittelt Ihnen eine *Übersicht über das derzeitige Ausbildungsangebot*. Nähere Angaben zu den existierenden Ausbildungsgängen (Inhalte und Ausbildungsstätten) sind in den von der *Bundesanstalt für Arbeit, Nürnberg*, herausgegebenen «*Blättern zur Berufskunde – Berufe in der Datenverarbeitung*» enthalten. Die nachfolgenden Ausführungen befassen sich ausschließlich mit der Hochschulausbildung.

Seit Beginn der siebziger Jahre ist in der Bundesrepublik Deutschland ein *Studium der Informatik* möglich. Die an mittlerweile mehr als 40 deutschen Universitäten und 14 Fachhochschulen eingerichteten Informatikstudiengänge sind im allgemeinen technisch orientiert und befassen sich im Schwerpunkt mit dem Aufbau und der Arbeitsweise von

Hardware und anwendungsneutraler Software (Programmiersprachen, Betriebssysteme, Datenbankverwaltungssysteme, Rechnernetze, Softwaretechnologie). Anwendungsprobleme der Rechner in den vielfältigen Einsatzbereichen werden eher am Rande, in Nebenfächern, behandelt.

Die EDV-Anwendungen sind Gegenstand der *Angewandten Informatiken*, die an Universitäten und Fachhochschulen in den unterschiedlichsten Fachbereichen angesiedelt sind, so zum Beispiel als

| | Beruf | Modulare Ausbildung | Datenverarbeitungskaufmann | Technische Ausbildungsberufe | Mathematisch-techn. Assistent | Informatiker | Wirtschaftsinformatiker | EDV-Assistent | EDV-Betriebswirt | EDV-Fach(kauf)leute | Programmierer | Systemanalytiker | EDV-Organisatoren | Datentypisten | Diplom-Kaufleute/Betriebswirte[2] | Diplom-Informatiker | Diplom-Wirtschaftsinformatiker |
|---|---|---|---|---|---|---|---|---|---|---|---|---|---|---|---|---|---|
| | | Betriebe | | | | Fachschulen, Berufsschulen[1] | | | | | | | | | Hochschulen | | |
| **System-entwicklung** | EDV-Organisator(in) | ○ | ○ | | ○ | ○ | ● | | ○ | ● | | ○ | ● | | ● | ○ | ● |
| | Systemanalytiker(in) | ○ | ○ | | ● | ● | ○ | | ○ | ○ | ○ | ● | ○ | | | ● | ● |
| | Anwendungsprogrammierer(in) | ● | ● | | ● | ● | ● | ● | ● | ● | ● | ● | ○ | | | ● | ● |
| | Organisationsprogrammierer(in) | ● | ● | | ○ | ○ | ● | | ○ | ● | ● | ● | ○ | | ● | ○ | ● |
| | Datenbankspezialist(in) | | | | | | ○ | | | | | | | | | ● | ● |
| | Telekommunikationsspezialist(in) | | | | | | ○ | | | | | | | | | ● | ○ |
| **System-betrieb** | Datentypist(in) | ● | | | | | | | | | | | | ● | | | |
| | Maschinenbediener(in) | ○ | ○ | ○ | ● | ○ | | ○ | ○ | ○ | | | | | | | |
| | Arbeitsvor- und -nachbearbeiter(in) | ○ | ○ | | ● | ● | ○ | ● | ○ | ○ | | | ● | | | | |
| | Wartungsspezialist(in) | ○ | | ● | ○ | | | | | | | | | | | | |
| | Systemprogrammierer(in) | ○ | | | ● | ○ | ● | | ○ | | | | | | | ● | |
| | Datenbankadministrator(in) | | | | ○ | ○ | | | | | | | | | | ● | ○ |
| | Netzwerkkoordinator(in) | | | | ○ | ○ | | | | | | | | | | ● | ○ |
| **Verkauf u. Beratung** | EDV-Endbenutzerbetreuer(in) | ○ | ○ | | | | ● | | ● | ● | | ● | ● | | ● | ○ | ● |
| | EDV-Berater(in) | | | | | ○ | | ○ | | ○ | ○ | | ○ | ○ | ● | ● | ● |
| | EDV-Lehrer(in) | | | | | ○ | | | | | | | ○ | ○ | ● | ● | ● |
| | EDV-Verkäufer(in) | | | | | ○ | ○ | ○ | ○ | | | | ○ | ○ | ● | ● | ● |
| **Manage-ment und Controlling** | EDV-Revisor(in) | ○ | ○ | | | | ● | | ● | ● | | | ○ | ○ | ● | | |
| | Datenschutzbeauftragte(r) | ○ | ○ | | | | ○ | ○ | ○ | ○ | ○ | ○ | ○ | | ○ | ○ | ○ |
| | EDV-Projekt- bzw. -Gruppenleiter(in) | | | | | | | | | | | | | | ● | ● | ● |
| | EDV-Leiter(in) | | | | | | | | | | | | | | ○ | ○ | ○ |

● gut geeignet   ○ geeignet

1) Die Ausbildungsgänge bzw. -abschlußbezeichnungen wurden jeweils gekürzt

2) Studium der Betriebswirtschaft mit Schwerpunkt Wirtschaftsinformatik

Abb. 2.5.1.2/1: Übersicht über die Ausbildungsgänge im Bereich der Datenverarbeitung

- Wirtschaftsinformatik in wirtschaftswissenschaftlichen Fachbereichen,
- Rechtsinformatik in juristischen Fachbereichen,
- Ingenieurinformatik in technischen Fachbereichen,
- medizinische Informatik in medizinischen Fachbereichen usw.

Schon im ersten Kapitel haben Sie gelernt, daß sich die *Wirtschaftsinformatik* mit der Gestaltung von Informationssystemen in der Wirtschaft befaßt, d.h. mit deren Entwicklung, Betrieb und Nutzung. Vielleicht lesen Sie zur Erinnerung nochmals den Abschnitt 1.3.2 über die einzelnen Gegenstandsbereiche dieses Faches durch. Für das Studium der Wirtschaftsinformatik wurden in der Bundesrepublik Deutschland, in Österreich und in der Schweiz an 18 Universitäten *eigene Diplomstudiengänge* eingerichtet. Ferner ist an 19 deutschen Fachhochschulen ein Wirtschaftsinformatikstudium möglich. Dieser «*großen Lösung*» mit einem hohen Anteil von Informatikveranstaltungen im wirtschaftswissenschaftlichen Grund- und Hauptstudium steht als «*kleine Lösung*» ein traditionelles wirtschaftswissenschaftliches Studium gegenüber, bei dem EDV-Grundkenntnisse nur im Rahmen eines Wahlfachs, Wahlpflichtfachs oder Ergänzungsfachs vermittelt werden. Die an Hochschulen überwiegend angebotene «*mittlere Lösung*» sieht nach einer obligatorischen Grundausbildung in Datenverarbeitung (3−8 Semesterwochenstunden) im wirtschaftswissenschaftlichen Hauptstudium Wirtschaftsinformatik (bzw. Betriebsinformatik, Informationsmanagement) als Hauptfach oder Spezielle Betriebswirtschaftslehre vor (12−18 Semesterwochenstunden). Die Lehrpläne sind von Hochschule zu Hochschule unterschiedlich. Über die Studienmöglichkeiten an deutschsprachigen Universitäten und Fachhochschulen informieren Sie die im Literaturverzeichnis angegebenen, 1992 in Neuauflage erschienenen Studienführer.

Die Abb. 2.5.1.2/2 skizziert die Empfehlungen der Gesellschaft für Informatik zur *Integration der Wirtschaftsinformatik in wirtschaftswissenschaftliche Studiengänge* an Fachhochschulen. Die *Gesellschaft für Informatik (abgekürzt: GI)* mit Sitz in Bonn ist mit 19 000 Mitgliedern die bedeutendste wissenschaftliche und standespolitische Vereinigung von Informatikern im deutschsprachigen Raum. Entsprechende Empfehlungen hat die GI auch für Wirtschaftsinformatik als Teil des wirtschaftswissenschaftlichen Studiums und für Diplomstudiengänge Wirtschaftsinformatik an Universitäten herausgegeben. Diese sowie die Lehrangebote der einzelnen Ausbildungsstätten sind in den genannten Studienführern detailliert beschrieben.

Sämtliche *Vorhersagen über den Bedarf an Wirtschaftswissenschaftlern mit einer fundierten Wirtschaftsinformatikausbildung* signalisieren

| | Grundausbildung in Wirtschaftsinformatik | | |
|---|---|---|---|
| Stufe 1 a:<br>10 SWS | – Grundkenntnisse über die Basiskomponenten und Funktionen betrieblicher computergestützter Informationssysteme einschließlich ihrer organisatorischen Gestaltung | 4 + 2 SWS | Grundstudium<br>obligatorisch |
| | – Programmkonstruktion und Programmierung | | |
| | – Rechnerpraktikum mit Nutzung von Endbenutzertools und Standardanwendungssoftware | 2 SWS | |
| | – Auswirkungen der Informations- und Kommunikationstechnologie | 2 SWS | |
| | Summe: | 10 SWS | |
| Stufe 1 b:<br>10 SWS<br>+ Anteile | Fachspezifische Zusatzausbildung in Wirtschaftsinformatik | | |
| | – DV-bezogene Spezialisierung in einer oder mehreren Speziellen Betriebswirtschaftslehren | Integration in<br>die Fachvorlesungen | Hauptstudium |
| | Summe: | SWS-Anteile<br>in Fachvorlesungen | |
| Stufe 2:<br>24 SWS<br>+ Anteile | Wirtschaftsinformatischer Schwerpunkt I | | |
| | – DV-Organisation | 2 SWS | Schwerpunkt-<br>studium im<br>Hauptstudium |
| | – Informationsmanagement | 2 SWS | |
| | – Datenmodellierung und Datenbanken | 2 + 2 SWS | |
| | – DV-Anwendungen in der gesamtbetrieblichen Integration | 4 SWS | |
| | – Aktuelle Entwicklungen (Seminar Wirtschaftsinformatik) | 2 SWS | Vertiefungs-<br>studium im<br>Hauptstudium |
| | Summe: | 14 SWS | |
| Stufe 3:<br>38 SWS<br>+ Anteile | Wirtschaftsinformatischer Schwerpunkt II | | |
| | – Software Engineering incl. Programmierung | 2 + 2 SWS | |
| | – Fachlicher Entwurf und DV-Grobkonzeption (mit Fallstudie) | 2 + 2 SWS | |
| | – DV-Anwendungen in speziellen Funktionsbereichen | 4 SWS | |
| | – Aktuelle Entwicklungen (Seminar Wirtschaftsinformatik) | 2 SWS | |
| | Summe: | 14 SWS | |

Abb. 2.5.1.2/2 Stufenmodell der Integration der Wirtschaftsinformatik in wirtschaftswissenschaftliche Studiengänge an Fachhochschulen (Quelle: GI)

auch langfristig *gute Berufsaussichten*. Während die Bedeutung des Betriebspersonals in Rechenzentren zurückgeht, sieht man in den Bereichen der EDV-Anwendungsentwicklung und Standardsoftwareimplementierung sowie der Endbenutzerbetreuung besonders günstige Perspektiven. Gute Berufschancen und Einkommen werden auch allenthalben den wirtschaftswissenschaftlich vorgebildeten Fachkräften mit zusätzlicher EDV-Ausbildung in den Fachabteilungen in Aussicht gestellt. Im Abschnitt 2.5.3 können Sie hierzu aktuelle Arbeitsmarktdaten und Prognosen nachlesen.

→ Übungsaufgabe Nr. I-148 im Arbeitsbuch

## 2.5.2 Endbenutzer

Sie wissen schon längst, was wir unter «*Benutzern*» bzw. «*Endbenutzern*» verstehen. Hier nochmals eine explizite Definition:

---

Als **Benutzer** (engl.: user) bezeichnen wir alle Menschen, welche die EDVA benutzen, das heißt,
- EDV-Fachkräfte (Systemanalytiker, Programmierer, Maschinenbediener, Datenbankadministratoren usw.) und
- Mitarbeiter in Fachabteilungen, wie zum Beispiel Buchhaltung, Einkauf, Fertigung, Vertrieb usw., deren Arbeit durch den Rechner unterstützt wird. Können diese Mitarbeiter durch Datenstationen oder Mikrorechner am Arbeitsplatz direkt – ohne Einschaltung von EDV-Personal – im Dialogbetrieb arbeiten, so werden sie als **Endbenutzer** (engl.: end user) bezeichnet.

---

Die nachfolgenden Ausführungen beziehen sich ausschließlich auf die Endbenutzer.

### 2.5.2.1 Anwendungsentwicklung für oder durch Endbenutzer?

Im Abschnitt 2.4.3.3 haben Sie Softwarewerkzeuge kennengelernt, mit denen die Endbenutzer in die Lage versetzt werden, selbständig den Rechner zur Aufgabenlösung einzusetzen. *Wofür wird dann überhaupt noch spezielles, teures IS-Entwicklungspersonal benötigt?*

Wenn Sie sich nochmals die Probleme des Aufbaus eines umfassenden rechnergestützten Warenwirtschaftssystems vergegenwärtigen, die wir im Abschnitt 1.3.2 skizziert haben, dürfte Ihnen die Antwort klar sein. *Für die Entwicklung solcher großen Informationssysteme wird datentechnisches und systemanalytisches Spezialwissen verlangt, das der Endbenutzer nicht hat und für seine Aufgabenerfüllung auch nicht braucht.* Die Daten entstehen in verschiedenen Stellen bzw. Teilsystemen und werden in verschiedenen Stellen bzw. Teilsystemen benötigt, so daß umfassende, vielfach *betriebsweite Koordinations- und Optimierungsüberlegungen* notwendig sind. Der *Entwicklungsaufwand* integrierter Systeme beträgt oft mehrere Mannjahre, die Entwicklungsdauer liegt selten unter einem halben Jahr. Ein derartiges Informationssystem ist auch nie «fertig», d.h. es muß *immer wieder* an Wandlungen der betrieblichen Bedingungslage und der Informationstechnologie an-

*gepaßt* werden. *Diesen Anforderungen kann der «normale» Mitarbeiter in irgendeiner Fachabteilung niemals gerecht werden.* Er kommt neben seiner Tagesarbeit oft nicht einmal dazu, sich überhaupt ein halbwegs fundiertes Urteil über die EDV an sich zu bilden, geschweige denn die Nutzungspotentiale für sein eigenes Arbeitsgebiet zu erkennen und zu realisieren. Für Interviews mit den IS-Entwicklungsspezialisten hat er häufig «keine Zeit». Natürlich kann das *für den einzelnen wie für den Betrieb als Ganzes fatale Folgen haben* – in bezug auf die Arbeitsproduktivität, die Konkurrenzfähigkeit und damit die Beschäftigung!

*Um eventuelle negative Auswirkungen rechtzeitig abwenden und die Chancen der EDV nutzen zu können, müssen die Endbenutzer*

– eine möglichst vorurteilsfreie, selbstdurchdachte Haltung gegenüber der EDV einnehmen,
– sich über die Bedeutung der EDV für ihr eigenes Tätigkeitsfeld und für ihre Berufsqualifikation im klaren sein,      .
– «Berührungsängste» überwinden und über breite EDV-Grundkenntnisse (engl.: computer literacy) verfügen,
– ihre Wünsche in bezug auf die Gestaltung von Informationssystemen artikulieren können,
– die Einbettung ihres Arbeitsgebietes bzw. Teilsystems in die Gesamtaufgabe des Betriebes bzw. das gesamtbetriebliche Informationssystem kennen,

| Kriterien | Anwendungsentwicklung | |
| | zentral durch EDV-Fachkräfte | dezentral durch Endbenutzer |
| --- | --- | --- |
| Bedeutung des IS für den Gesamtbetrieb | hoch | gering |
| Integrationsgrad des IS | hoch | gering |
| Datenentstehung für das IS | mehrere Abt. | eine Abt. |
| Anzahl der IS-Benutzer | mehrere Abt. | eine Person |
| IS-Entwicklungsdauer | sechs Monate | zwei Wochen |
| IS-Entwicklungsaufwand | zwei Mannjahre | zwei Mannwochen |
| Fachl. Komplexität/Anforderungen des IS | gering | hoch |
| Fachl. Qualifikation in der Fachabteilung | gering | hoch |
| EDV-Qualifikation in der Fachabteilung | gering | hoch |
| notwendige Qualität der IS-Software | hoch | gering |
| Änderungsrate des IS | monatlich | täglich |
| Lebensdauer des IS | drei Jahre | drei Monate |
| IS-Verarbeitungszyklen | regelmäßig | spontan |

Abb. 2.5.2.1/1: Bestimmungsfaktoren für die Anwendungsentwicklung durch Datenverarbeitungsfachkräfte oder durch Endbenutzer

- die für sie entwickelten integrierten Informationssysteme verwenden, d.h. Geräte und Programme bedienen und aufgabengerecht einsetzen können,
- selbst einfache, nicht vorhersehbare, einmalig oder selten auftretende Probleme, die nur ihr Arbeitsgebiet betreffen, mit Endbenutzerwerkzeugen lösen können,
- wissen, wann und wie spezielles EDV-Entwicklungs- oder Beratungspersonal in Anspruch genommen werden kann bzw. sollte und in welchen Fällen sich eine selbständige Lösung mit Endbenutzerwerkzeugen anbietet.

Die vorstehende Übersicht (Abb. 2.5.2.1/1) gibt Ihnen *für die letztgenannte Fragestellung einige Anhaltspunkte.* Die angeführten Ausprägungen der Kriterien kennzeichnen *typische Verhältnisse, bei denen sich eher eine Anwendungsentwicklung durch Datenverarbeitungsfachkräfte oder durch die Endbenutzer selbst empfiehlt.*

Übungsaufgabe Nr. I-149 im Arbeitsbuch ⟵

### 2.5.2.2 Rolle der Endbenutzer bei der Entwicklung großer betrieblicher Informationssysteme

Bei der Entwicklung umfangreicher rechnergestützter Informationssysteme sind die EDV-Spezialisten gut beraten, die *Endbenutzer als kompetente Partner* zu betrachten, da *nur durch eine Zusammenarbeit optimal funktionierende und akzeptierte Systeme* entstehen können. Diese Kooperation fällt beiden Seiten oft nicht leicht, da sie sich schon durch ihre jeweiligen Denkweisen unterscheiden. Es gibt jedoch eine ganze Reihe von organisatorischen und methodischen Hilfen, die die Kooperation erleichtern.

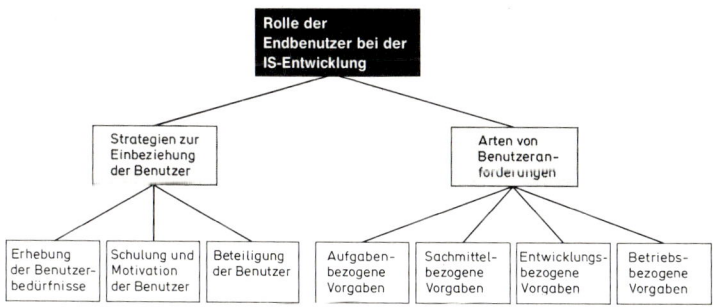

Abb. 2.5.2.2/1: Rolle der Endbenutzer bei der Entwicklung großer integrierter Informationssysteme

Die *Einbeziehung der Endbenutzer in den IS-Entwicklungsprozeß* kann mit Hilfe der folgenden *Strategien* angestrebt werden: *Erstens* kann die Projektgruppe, die ein Informationssystem konzipiert, die *Bedürfnisse* der künftigen Benutzer in Fachabteilungen *erheben* und deren Anforderungen und Wünsche bei der Gestaltung des Systems berücksichtigen. *Zweitens* besteht die Möglichkeit, die Mitarbeiter intensiv zu *schulen* und in diesem Rahmen die Motivation zur Inanspruchnahme des Rechners zu erhöhen. *Drittens* bietet sich die *Beteiligung* der Benutzer als zielführende Strategie an.

### 1. Erhebung der Benutzerbedürfnisse

Im Rahmen dieser Strategie werden mittels der verschiedenen Methoden der empirischen Sozialforschung (z.B. Interviews, Arbeitsplatzbeobachtung, Gruppengespräche usw.) Anforderungsprofile und benutzerorientierte Gestaltungsprinzipien für die Hardware- und Softwareeinrichtungen herausgearbeitet. Den Benutzern bleibt bei dieser Vorgehensweise nur eine weitgehend passive Rolle. Sie stellen die Quelle für das Wissen über ihr Verhalten, ihre Handlungsweisen und kommunikativen Bedürfnisse dar. Die Ergebnisse der Erhebung werden von Fachleuten ausgewertet und als Gestaltungselemente beim Aufbau der betrieblichen Informationssysteme berücksichtigt. Die Benutzer können also keine Entscheidungen treffen, sondern nur sehr indirekt Entwicklungsentscheidungen beeinflussen.

### 2. Schulung und Motivation der Benutzer

Wenn in einem Betrieb frühzeitig mit der Schulung der Mitarbeiter auf ein zukünftiges Informationssystem begonnen wird, kann auf die Motivation der Benutzer sehr differenziert eingewirkt werden. Im Rahmen eines umfassenden Schulungskonzeptes erfolgt die Vorbereitung der einzelnen Informationssystembenutzer auf ihre zukünftigen Aufgaben. Dabei werden ihnen sowohl die Zielsetzungen und Systemkomponenten erläutert als auch die notwendigen Qualifikationen vermittelt. Die Schulung kann gleichzeitig dazu dienen, die Benutzer über die Auswirkungen des Systems an ihrem Arbeitsplatz zu informieren, damit sich diese ein besseres Bild von der zukünftigen Gestaltung ihrer Arbeit machen können. Dadurch kann nicht gerechtfertigten Befürchtungen vor Personalfreisetzungen, vor Verdichtungen des Arbeitspensums und der Leistungsanforderungen, vor stärkerer Disziplinierung des Arbeitsverhaltens, aber auch vor der Entwertung beruflicher Kenntnisse und Erfahrungen sowie vor Macht- und Prestigeverlusten entgegengewirkt werden. Schulung und Motivation stellen somit eine gute Möglichkeit dar, die Akzeptanz durch die Benutzer zu erhöhen, d.h. deren Bereitschaft, ein neues Informationssystem zweckentsprechend zu verwenden.

Die beiden umrissenen Strategien gehen von einem weitgehend *passiven Benutzer* aus, dem der Betrieb als aktiv handelnde Einheit gegenübersteht. Sie konzentrieren darüber hinaus die Entscheidungskompetenz beim Management bzw. den Systementwicklern.

## 3. Beteiligung der Benutzer

Im Rahmen von Beteiligungsstrategien wird die Möglichkeit zur aktiven Beeinflussung des Gesamtsystems durch die Benutzer vergrößert. Wenn die Mitarbeiter an der Gestaltung eines rechnergestützten Informationssystems *mitwirken* können, dann bedeutet das für sie, daß sie aktiv in einem Informationsaustausch- und Entscheidungsprozeß ihre Wünsche und Vorstellungen einbringen und (zum Teil) durchsetzen können. Bei der Mitwirkung haben die Betroffenen das Recht, zu allen wichtigen Fragen gehört zu werden und Empfehlungen abgeben zu können.

Um die Systemspezifikationen präzise auf die Empfehlungen der Endbenutzer abstimmen zu können, sind in den letzten Jahren verstärkte Bemühungen unternommen worden, dem Benutzer in kürzester Zeit ein Modell des zukünftigen Systems vorzuführen. Auf diese Weise kann der Endbenutzer seine Anregungen nicht nur auf einen Plan, sondern direkt auf realisierte Elemente des Informationssystems (z.B. Bildschirmmasken) beziehen. Dieses Verfahren wird als «*Rapid Prototyping*» bezeichnet. Die endgültige Entscheidung über die Gestaltung eines Informationssystems obliegt allerdings auch bei dieser Strategievariante den EDV-Fachkräften.

Übungsaufgabe Nr. I-150 im Arbeitsbuch　　　　　　　　　　←

Wird hingegen *Mitbestimmung* realisiert, dann dürfen zumindest zentrale Komponenten eines Informationssystems nicht gegen den ausdrücklichen Willen der Beteiligten gestaltet werden. Der Grad der Einflußnahme der Benutzer bei dieser Vorgehensweise ist also erheblich höher als bei der Mitwirkung. Die Palette der Mitbestimmungsintensität reicht vom Vetorecht bis zur vollständigen Festlegung des Systementwurfs. In der letzten Zeit lassen sich zunehmend Anzeichen für eine aktivere Rolle der Benutzer bei der Entwicklung von Informationssystemen erkennen. Insbesondere die Gewerkschaften bemühen sich um eine «Demokratisierung der Systementwicklung». Als geeignete Instrumente werden hierfür die Tarifpolitik (Rahmentarifverträge) und der Abschluß von Betriebsvereinbarungen angesehen. Die Mitbestimmungsstrategie basiert auf der Überzeugung, daß auch bei der Gestaltung von Informationssystemen demokratische Prinzipien durchgesetzt werden sollten und somit ein Beitrag zur Humanisierung des Arbeitslebens geleistet werden kann. Dabei wird auch davon ausgegangen, daß durch

Mitbestimmung oder gar Selbstbestimmung die Mensch-Maschine-Systeme letztlich effektiver gestaltet werden können.

*Die Bedürfnisse der Endbenutzer bezüglich der Informationssystemgestaltung können aufgabenbezogener, sachmittelbezogener, entwicklungsbezogener und betriebsbezogener Art sein.*

Die *aufgabenbezogenen Benutzeranforderungen* finden in der Definition benötigter Systemfunktionen sowie deren Daten und Verarbeitungsalgorithmen ihren Ausdruck. Das heißt, sie erstrecken sich auf die erwartete Unterstützung, die das Informationssystem bei der Aufgabenerfüllung gewährleisten soll. Hierbei lassen sich *qualitative, quantitative und terminliche Vorgaben* unterscheiden.

*Qualitative Benutzervorgaben* erstrecken sich z.B. auf

1. die Art der gewünschten Systemfunktionen;
2. die gewünschten Ergebnisse der Systemfunktionen hinsichtlich Inhalt, Format, Darstellungsform, Genauigkeit und Richtigkeit der Daten;
3. den einzuhaltenden Arbeitsablauf und zu verwendende Verarbeitungsregeln bei der Datentransformation;
4. das für die Datenerfassung zu verwendende Datenmaterial;
5. zu verwendende Ordnungsbegriffe und Schlüsselsysteme;
6. zu beachtende Datenschutzerfordernisse;
7. notwendige Revisionsmöglichkeiten;
8. erforderliche Flexibilität und Zuverlässigkeit der Systemfunktionen;
9. zu beachtende Schnittstellen zu anderen Arbeitsgebieten, insbesondere bezüglich der Abstimmung von Datenträgern, Datenformaten usw.

*Quantitative Benutzervorgaben* beziehen sich z.B. auf

1. den Umfang der zu verarbeitenden Daten (gegenwärtig und zukünftig);
2. die Anzahl benötigter Berichte und Kopien von Systemausgaben;
3. die Ansprechhäufigkeit von Systemfunktionen.

*Terminliche Benutzervorgaben* spezifizieren z.B.

1. die zeitliche Lage und die Periodizität der Realisierung von Systemfunktionen;
2. die zeitliche Abstimmung der Systemfunktionen mit anderen Aufgabengebieten;
3. die gewünschten Antwortzeiten bei Anfragen an das System.

Die *sachmittelbezogenen Benutzeranforderungen* beziehen sich auf die Art und die Eigenschaften der Sachmittel, die bei Verwendung des Informationssystems notwendig sind. Hierzu gehören insbesondere die am Benutzerarbeitsplatz installierten EDV-Geräte und die dem Benutzer dadurch direkt zugänglichen Programme.

Die *entwicklungsbezogenen Benutzervorgaben* beziehen sich z.B. auf Budget- und Zeitvorgaben für den Entwicklungsprozeß, auf die Formulierung des Projektauftrags und der Abnahmebedingungen des Systems, auf die Systemdokumentation, auf die Einbeziehung der Benutzer in die Systementwicklung usw.

*Betriebsbezogene Vorgaben* richten sich vor allem auf die zulässigen Kosten des Betriebs des Informationssystems sowie auf die Art und Durchführung des laufenden Änderungsdienstes.

Übungsaufgaben Nr. I-151 und I-152 im Arbeitsbuch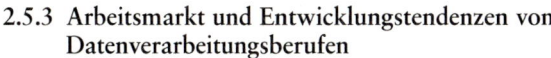

### 2.5.3 Arbeitsmarkt und Entwicklungstendenzen von Datenverarbeitungsberufen

In den letzten vierzig Jahren hat sich der *Anteil der Informationsberufe* – dazu zählen nach den internationalen OECD-Richtlinien Produzenten, Verarbeiter sowie Verteiler und Verwalter von Information – mehr als verdoppelt. 1950 betrug er in der Bundesrepublik Deutschland etwa 18%, derzeit liegt er bei etwa 40%. Der größte Teil (über 70%) der in Informationsberufen Tätigen ist bei Dienstleistungsunternehmen oder beim Staat beschäftigt.

Die *OECD-Definition der Informationsberufe* ist sehr weit gefaßt. Dazu gehören alle Berufe, die überwiegend mit Information zu tun haben, also auch z.B. die Lehrer oder die mit der Herstellung und dem Verkauf von informationsverarbeitenden Maschinen Beschäftigten, seien dies nun Kopierer oder EDVA.

**Anzahl der Beschäftigten in Datenverarbeitungsberufen und Prognosen über den künftigen Arbeitsmarktbedarf**

Vom Institut für Arbeitsmarkt- und Berufsforschung (IAB) der Bundesanstalt für Arbeit, Nürnberg, wird geschätzt, daß in *EDV-Kernberufen*, das sind die im Abschnitt 2.5.1.1 gekennzeichneten Berufsbilder, derzeit in den alten Bundesländern der Bundesrepublik Deutschland *330000 Fachkräfte* beschäftigt sein dürften. Es ist zu erwarten, daß frühestens 1993 gesamtdeutsche Daten vorliegen. Alle Angaben beziehen sich deshalb auf den alten Gebietsstand der Bundesrepublik Deutschland. Bei der *Volkszählung 1987* haben *230000* der befragten

Bundesbürger angegeben, in einem Computerberuf tätig zu sein. Dies sind knapp 1% der Erwerbstätigen. Da aber viele Befragte keine genauen Angaben zum Beruf gemacht haben, dürfte die Zahl der EDV-Fachkräfte wesentlich höher sein. Rechnet man die Berufstätigen der neuen Bundesländer hinzu und berücksichtigt die in den letzten Jahren auf dem Arbeitsmarkt zu verzeichnenden Wachstumsraten, so dürfte bald die Zahl von 400000 Computerspezialisten erreicht sein. Bei EDV-Herstellern, Softwarehäusern und Beratungsunternehmen sind etwa 15% der EDV-Fachkräfte tätig. *Bei den Anwendern sind die zentrale Organisations- und EDV-Abteilung sowie die Softwareentwicklung immer noch die klassischen Einsatzbereiche für EDV-Spezialisten.*

Ein Drittel der bei der letzten *Volkszählung* befragten EDV-Fachkräfte gaben an, in der Softwareentwicklung bzw. Programmierung tätig zu sein. An zweiter Stelle folgen die Tätigkeitsfelder im Rechenzentrum und im Benutzerservice (18,3%). An dritter Stelle stehen die Berufe im Bereich Organisation/Systemanalyse (14,2%). Als EDV-Berater und -Verkäufer sind 8,5% der Befragten beschäftigt. Das letzte Viertel sind «sonstige Computerberufe», die nicht einer speziellen Tätigkeit

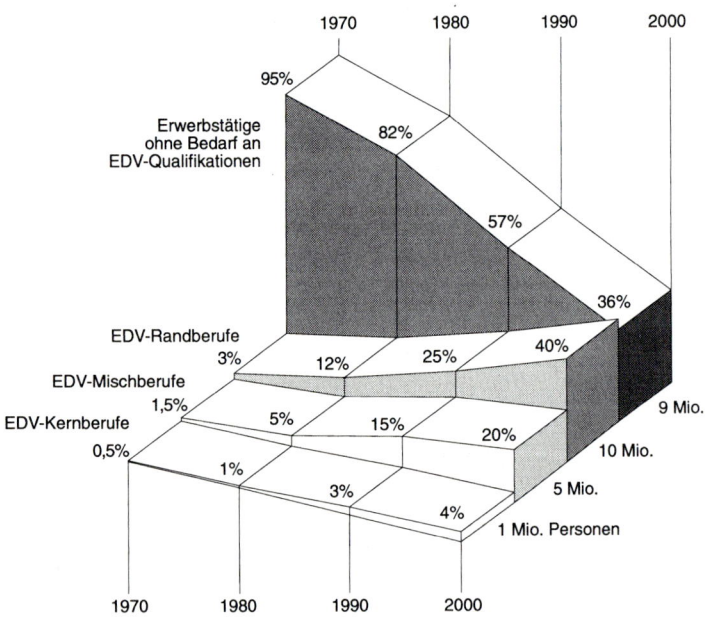

Abb. 2.5.3/1: EDV-Ausbildungserfordernisse bei Beschäftigten in der Bundesrepublik Deutschland (Quelle: GI 1984)

innerhalb des Berufsfeldes zugeordnet werden können. Insgesamt wurden 166 verschiedene *EDV-Berufsbezeichnungen* genannt, über 70% der Nennungen entfielen allerdings auf nur 12 Berufsbezeichnungen. Nach der Häufigkeit der angegebenen Berufsbezeichnungen ergab sich folgende «Hitliste»: 1. Programmierer(in), 2. Operator(in), 3. EDV-Organisator(in), 4. Systemanalytiker(in), 5. Organisationsprogrammierer(in).

52% der derzeit in der Praxis tätigen EDV-Fachleute haben kein Abitur. 14,2% haben «nur» Abitur, 10,6% haben darüber hinaus einen Fachhochschulabschluß und 18,8% haben einen Universitätsabschluß.

*Mischberufe*, bei denen Fachaufgaben und Datenverarbeitungsaufgaben etwa gleichgewichtig gemischt sind, werden von annähernd einer Million Beschäftigten ausgeübt. *Randberufe* sind Berufe, bei denen nur vereinzelt Datenverarbeitungstätigkeiten vorkommen, die aber eher im Hintergrund bleiben. Es wird erwartet, daß nahezu alle Beschäftigten früher oder später derartige EDV-Randtätigkeiten ausüben.

Die Gesellschaft für Informatik hat Mitte der 80er Jahre die in Abb. 2.5.3/1 dargestellte *Bedarfsprognose* abgegeben. Sie wurde seither von der Bundesanstalt für Arbeit (IAB) und vielen Medien immer wieder bis in die neueste Zeit hinein in unterschiedlichen Darstellungsformen publiziert und oftmals irrtümlicherweise mit einer Prognose der Beschäftigtenzahlen gleichgesetzt.

Nach *GI-Meinung* müssen, um die internationale Wettbewerbsfähigkeit der Bundesrepublik Deutschland zu sichern, bis zum Ende dieses Jahrzehnts

- 4% aller Beschäftigten Datenverarbeitungsfachkräfte sein (= bei 25 Mio. abhängig Beschäftigten in den alten Bundesländern ca. 1 Mio. in Kernberufen),
- ungefähr 20% aller Beschäftigten gute bis sehr gute EDV-Kenntnisse aufweisen (= ca. 5 Mio. in Mischberufen) und
- etwa 40% aller Erwerbstätigen mit Rechnern soweit vertraut sein, daß sie diese als selbstverständliche Werkzeuge an ihrem Arbeitsplatz nutzen (ca. 10 Mio. in Randberufen).

Tatsächlich sind diese Werte – zumindest bisher – nicht annähernd erreicht worden.

Die Bundesanstalt für Arbeit schätzt den *Mehrbedarf an akademisch vorgebildeten Datenverarbeitungsfachkräften* im langfristigen Trend auf etwa 8000 Personen jährlich.

Tatsächlich stehen derzeit pro Jahr schon etwa 6000 Diplominformatiker, Diplomwirtschaftsinformatiker oder Diplomkaufleute bzw. -betriebswirte mit einer fundierten EDV-Ausbildung zusätzlich auf dem

Arbeitsmarkt zur Verfügung. Mitte der 80er Jahre waren es nur etwa 4000 – das heißt, die damals sehr große *Nachfragelücke konnte inzwischen zunehmend geschlossen werden.* Etwa 40 % der den Arbeitsämtern gemeldeten offenen Stellen werden derzeit für Hochschulabsolventen ausgeschrieben, knapp 50 % der Stellenangebote betreffen Mitarbeiter mit einer betrieblichen Berufsausbildung (hauptsächlich Datenverarbeitungskaufleute) und 8 % setzen eine Qualifikation von Berufsfach- bzw. Fachschulen voraus. Tatsächlich dürfte der *Anteil der neu eingestellten Hochschulabsolventen jedoch wesentlich höher liegen (bei ca. 60 %),* da diese vor allem über Stellenanzeigen in überregionalen Zeitungen gesucht werden.

Im Jahr 1990 sind in den Wochenendausgaben der Tageszeitungen «Frankfurter Allgemeine Zeitung» und «Die Welt» sowie in der wöchentlich erscheinenden Fachzeitung «Computerwoche» 5618 Anzeigen mit 7553 EDV-Stellenangeboten erschienen. In 46 % der Fälle wurde von den Bewerbern ein Hochschulabschluß verlangt. 80 % der ausgeschriebenen Stellen waren für Wirtschaftsinformatiker geeignet. (Quelle: P. Stahlknecht, Universität Osnabrück).

### Studenten- und Absolventenzahlen verschiedener Ausbildungsbereiche

Im Studienjahr 1989/90 waren an deutschen *Fachhochschulen* insgesamt *15359 Studierende für Informatik* eingeschrieben, *35330 Studierende* belegten dieses Fach an deutschen *Universitäten.* Damit rangierte Informatik auf Platz 8 bzw. 7 der Beliebtheitsskala. 3,4 % der insgesamt 1,5 Mio. bundesdeutschen Studierenden wählten dieses Fach. *Im selben Jahr schlossen 1411 Fachhochschulabsolventen und 1918 Universitätsabsolventen ihr Informatikstudium ab, zusammen also 3329.*

*Die Bedeutung von Wirtschaftsinformatik-Studiengängen für den Arbeitsmarkt war demgegenüber gering:* 1988/89 belegten an Universitäten 922, an Fachhochschulen 1885 Studierende dieses Fach. *Die Zahl der Absolventen betrug insgesamt 321.* Dabei ist allerdings zu berücksichtigen, daß ein Großteil der Diplomstudiengänge für Wirtschaftsinformatik erst in dieser Zeit eingerichtet worden ist. Vorher – und an der Mehrzahl der Hochschulen auch heute noch – war bzw. ist eine Schwerpunktbildung in Wirtschaftsinformatik durch eine entsprechende Fächeragglomeration im Rahmen des betriebswirtschaftlichen (oder eines anderen wirtschaftswissenschaftlichen) Studiums möglich. Das Diplom lautet dann jedoch auf Diplom-Betriebswirt(in), Diplom-Kaufmann/frau, Diplom-Ökonom(in) o.ä.

*Wirtschaftswissenschaft* ist an Universitäten der beliebteste und an Fachhochschulen der zweitbeliebteste Studienbereich. 1989/90 waren an Universitäten 154450 Studierende der Wirtschaftswissenschaft eingeschrieben, 22022 schlossen ihr Studium ab. An Fachhochschulen waren es 57858 Studierende und 9372 Abschlüsse. Nach Schätzung des Autors dürften *weniger als 3% der Absolventen eine so fundierte Wirtschaftsinformatikausbildung* genossen haben, daß sie die nötige Qualifikation als EDV-Organisator(in), Systemanalytiker(in), Anwendungsprogrammierer(in) oder EDV-Verkäufer(in) aufweisen. Höchstens weitere 5% dürften im Rahmen eines Wahlfachs oder einer Speziellen Betriebswirtschaftslehre Wirtschaftsinformatik für einen Mischberuf als «arrivierte Endbenutzer» ausgebildet worden sein.

Die Studentenzahl in der Bundesrepublik Deutschland ist von 1504140 im Wintersemester 1989/90 auf 1645000 (alte Bundesländer) bzw. auf 1781600 (insgesamt) im Wintersemester 1991/92 gewachsen. Detailstatistiken liegen vom Statistischen Bundesamt bisher nur für 1989/90 vor. Die *Studienanfängerzahl stagniert* inzwischen, die Gesamtstudentenzahl steigt jedoch noch leicht an (z.B. wegen sich verlängernder Studiendauern, «Parkstudien» infolge von Zulassungsbeschränkungen usw.).

*Der Zustrom zur Wirtschaftswissenschaft und zur Informatik ist ungebrochen.* Im Wintersemester 1991/92 konnten von 21473 Bewerbern nur 10180 einen betriebswirtschaftlichen Studienplatz durch die Zentralstelle für die Vergabe von Studienplätzen (ZVS) erhalten. Bei Volkswirten wurden von 8023 Bewerbern 5490 neu zugelassen. Beide Fächer sind Numerus-clausus-Fächer, die geforderte Durchschnittsnote im Abitur betrug im Wintersemester 1991/92 bei Betriebswirtschaftslehre 1,4 bis 2,4. In Informatik hingegen erhält jeder Bewerber einen Studienplatz, wobei die Abiturnote «nur» darüber entscheidet, ob von der ZVS der gewünschte Studienort zugeteilt wird. Von 6624 Informatik-Interessenten konnten 4700 das gewünschte Studium beginnen. Die Zahlen gelten nur für die Universitäten der alten Bundesländer. Für ein Fachhochschulstudium muß man sich in den meisten Bundesländern direkt bei den Fachhochschulen bewerben. In den neuen Ländern erfolgt die Bewerbung auch für die Universitäten noch direkt bei den Hochschulen. Information über die möglichen Studienorte, Zulassungsbeschränkungen u.ä.m. können Sie direkt bei der ZVS anfordern (Sonnenstr. 171, D-4600 Dortmund 1, Tel. (0231) 1081–0).

## Arbeitsmarkttendenzen

Der Arbeitsmarkt für EDV-Fachkräfte gehört weiterhin zu den *nachfrageintensiven Beschäftigungsbereichen. Folgende Tendenzen zeichnen sich derzeit ab:*

- Die *Wachstumsrate der Beschäftigtenzahl* lag in den letzten beiden Jahren bei 7 – 8%. Eine derart hohe Rate dürfte es in anderen Berufen kaum geben. Damit bleibt das Tätigkeitsfeld attraktiv. Allerdings gleichen sich Angebot und Nachfrage allmählich aus.
- Wegen der ungünstigen Geschäftsentwicklung der Computerhersteller verlagert sich der *Nachfragetrend* immer mehr *zu den Softwarehäusern, Unternehmensberatern und Anwenderunternehmen.*
- Die *Normalisierung des Arbeitsmarktes für EDV-Fachkräfte* zeigt sich bezüglich der offenen Stellen, der Gehälter und der Arbeitslosenquote, die sich dem bundesrepublikanischem Durchschnitt annähern.
- Von der *Arbeitslosigkeit* sind vor allem EDV-Mitarbeiter niedriger Qualifikation betroffen, die entweder überhaupt nicht oder in Betrieben oder an Fachschulen ausgebildet worden sind. Bei den DV-Kaufleuten kommen bereits mehr als 30 Arbeitssuchende auf eine offene Stelle. Etwa 10000 Datenverarbeiter sind derzeit arbeitslos gemeldet. Von 1986 bis 1989 ist die Arbeitslosigkeit gestiegen, seitdem geht sie wieder leicht zurück.
- Es ist zwar ein *Trend zu höherwertigen Qualifikationen* erkennbar, die Zahl der offenen Stellen für Hochschulabsolventen ist jedoch infolge der allgemeinen Wirtschaftsentwicklung leicht rückläufig. Zunehmend übernehmen an Universitäten und Fachhochschulen ausgebildete Informatiker und Wirtschaftsinformatiker auch Aufgaben, die früher von EDV-Fachleuten mit betrieblicher Ausbildung verrichtet worden sind.
- *Versierte Könner mit einschlägigen Erfahrungen auf zukunftsträchtigen Gebieten* (wie z.B. Softwareentwickler für Client-Server-Architekturen auf UNIX-Basis, CIM-Spezialisten) sind nach wie vor *stark gesucht* und dürfen mit hohen Gehältern rechnen. Ebenso haben junge, flexible Allround-Talente mit fundierter Ausbildung eine gute Chance.
- *Auswahlkriterien für akademische Berufsanfänger* sind u.a.: Studienfach und -schwerpunkt, Noten, Studiendauer, Alter, Zusatzqualifikationen (wie z.B. Sprachen), Erfahrungen durch studienbegleitende Praxis, Systemkenntnisse, Programmierkenntnisse, Persönlichkeit und soziale Fähigkeiten wie Kommunikationsvermögen, Teamfähigkeit, Durchsetzungskraft und Belastbarkeit.
- *Anwendungswissen rangiert vor reinen Informatik-Kenntnissen.* Für Systemprogrammierer haben sich die Arbeitsmarktchancen in letzter

Zeit erheblich verschlechtert, während Organisationsprogrammierer für große kommerzielle Anwendungssysteme (z.B. für SAP-Programme oder für Banken-, Versicherungs- oder Industrie-Systeme) nach wie vor beste Berufsperspektiven haben.

- Das *Durchschnittsalter der EDV-Fachkräfte* liegt bei nur 37 Jahren. Der typische EDV-Organisator ist sogar 5 Jahre jünger. Der Leiter der Abteilung EDV/Organisation ist durchschnittlich 42 Jahre alt. Dahingegen liegt das Durchschnittsalter aller leitenden Angestellten in der deutschen Wirtschaft bei 46 Jahren auf der zweiten bzw. 47 Jahren auf der ersten Ebene.

- Der *Frauenanteil* beträgt bei den EDV-Berufen derzeit 22%. Es gibt eine Vergütungsdifferenz gegenüber männlichen Kollegen, die je nach Tätigkeitsfeld bis zu 20% ausmachen kann (im Durchschnitt 12%). In den EDV-Leitungspositionen beträgt der Frauenanteil 8,4%.

- Die *Möglichkeiten für «Jungunternehmer»*, sich in der EDV-Branche selbständig zu machen, sind gut. Zwar werden Sie es kaum mehr schaffen, wie der Microsoft-Gründer Bill Gates oder der Apple- und NeXT-Gründer Steve Jobs in einem Jahrzehnt milliardenschwere Weltkonzerne aufzubauen. Aber als PC-Händler, freier Programmierer oder selbständiger EDV-Berater können Sie auch heute noch mit relativ wenig Startkapital Ihre Chance nutzen.

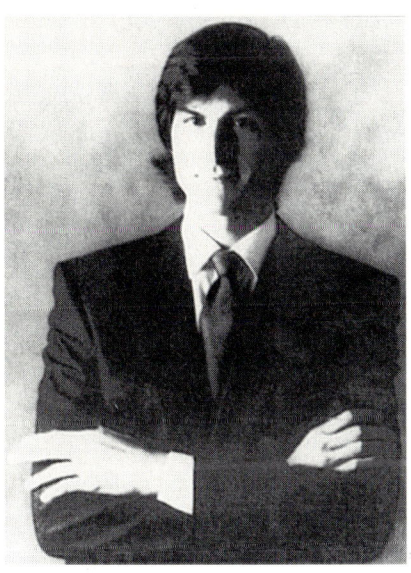

Abb. 2.5.3/2: Apple- und NeXT-Gründer Steve Jobs

## Einkommen

Das *jährliche Anfangsgehalt* für einen akademisch ausgebildeten Informatiker oder Wirtschaftswissenschaftler mit Schwerpunkt Wirtschaftsinformatik liegt derzeit in Deutschland bei *70 000 DM*. Hingegen kann ein «normaler» Betriebswirt «nur» mit ungefähr 60 000 DM Jahresgehalt rechnen. Nach etwa vier Jahren Berufserfahrung als Systemanalytiker oder Organisationsprogrammierer verdient der Diplominformatiker bzw. -Wirtschaftsinformatiker im Durchschnitt 80 000 DM. Projektleiter in der Altersklasse von 31 bis 35 Jahren bekommen bis zu 90 000 DM jährlich, in der Altersklasse von 36 bis 40 Jahren erreichen sie sogar üblicherweise fast 100 000 DM Jahresgehalt. Etwa 120 000 DM erhalten im Durchschnitt die «Leiter Programmierung» und «Leiter Rechenzentrum». Der Leiter der «Organisation und Datenverarbeitung» kommt im Durchschnitt auf ca. 150 000 DM Jahresgehalt, *Spitzenverdiener in Großunternehmen erreichen bis 250 000 DM*. Die Gehälter der Führungs- und Fachkräfte in der EDV stiegen 1990 um 3,9 % und 1991 um knapp 5 %.

Neben der Ausbildung und dem Alter (Berufserfahrung) wirken sich die Unternehmensgröße, die Größe der EDV-Abteilung sowie die Größe der Rechner, die Branche, der Aufgabenbereich und die hierarchische Einstufung auf das Gehalt aus. Dementsprechend sind die *Vergütungsspannen in den einzelnen Positionen oft beträchtlich*. So liegt bei einem Organisationsprogrammierer der niedrigste Gehaltswert bei zirka 40 000 DM, der höchste bei etwa 120 000 DM pro Jahr. Die Ertragslage des Unternehmens sowie die Größe der EDV-Abteilung hat vor allem bei Führungskräften Einfluß auf die Einkommenssituation. Hingegen lassen sich nach Branchen oder im Nord-Süd-Gefälle keine typischen Einkommensunterschiede feststellen.

# 3. Datenverarbeitungsfunktionen in Informationssystemen

## Lehrziele

Nach der Durcharbeitung dieses Kapitels sollten Sie
- angeben können, welche Möglichkeiten es gibt, die Engpaßsituation in der Datenerfassung zu überwinden,
- die Aktivitäten bei der Datenermittlung und der Datenumsetzung aufzählen können,
- Angaben über die Gebräuchlichkeit von Sekundär- und Primärdatenträgern machen können,
- die Unterschiede zwischen den einzelnen Datenerfassungsverfahren beschreiben können,
- die relative Bedeutung der Datenerfassungsverfahren in Gegenwart und Zukunft umreißen können,
- Bestimmungsfaktoren für die Auswahl von Datenerfassungsverfahren und -geräten nennen können,
- eine einfache Kostenvergleichsrechnung für verschiedene in Frage kommende Datenerfassungsverfahren durchführen können,
- die Speicherungsformen und Abfrageformen von Dateien beschreiben können,
- die wichtigsten Verfahren nachvollziehen können, die zur Ablage und zum Wiederauffinden von Daten auf Direktzugriffsspeichern dienen,
- die Komponenten von Datenbanksystemen kennzeichnen und erläutern können, welche Vorteile Datenbanksysteme gegenüber der herkömmlichen Dateiorganisation haben,
- die Informationsstrukturierung zur Gestaltung einer Datenbank an einem vorgegebenen Beispiel erklären können,
- die wichtigsten, in Datenbanksystemen realisierten Datenmodelle unterscheiden können,
- die Funktionen eines Datenbankverwaltungssystems beschreiben können,
- die Merkmale einer Datenbankbenutzung durch unterschiedliche Benutzergruppen darstellen können,
- die voraussichtliche Entwicklung der Datenspeicherung aufzeigen können,

- die Möglichkeiten des Datentransports zwischen weit voneinander entfernten Orten nennen können,
- die Betriebsarten bei der elektronischen Datenübertragung unterscheiden können,
- die grundlegenden Verbindungsformen von peripheren Geräten mit einem Rechner und die zwischen Rechnern darstellen können,
- die Gründe für den Aufbau von Rechnernetzen aufzählen können,
- die Leistungsmerkmale der Übertragungswege für die Datenfernübertragung (Fernmeldewege) und die Datenübertragung im Nahbereich (Nebenstellenanlagen und Lokale Netze) kennzeichnen können,
- die Bestimmungsfaktoren für die Auswahl der günstigsten Übertragungswege erläutern können,
- die Trends der Datenübertragung beschreiben können.

---

*Um den Informationsbedarf der Benutzer von Informationssystemen zu decken, sind Daten zu erfassen, zu speichern, zu übertragen und miteinander zu verknüpfen. Nachfolgend wird erläutert, welche Anforderungen durch den Einsatz der EDV an diese Grundfunktionen gestellt werden und welche Verfahren zur maschinellen Verrichtung dieser Grundfunktionen geeignet sind.* Anzumerken ist, daß die der Datenerfassung folgenden Funktionsverrichtungen an *keine feste Reihenfolge* gebunden sind und daß sich diese im Laufe eines Verarbeitungsprozesses durchaus (unter Umständen mehrfach) *wiederholen* können.

*In diesem Kapitel werden die Datenerfassung, die Speicherung von großen Datenbeständen und die Datenübertragung vertieft behandelt.* Hierbei geht es um spezielle Fragestellungen der betrieblichen Datenverarbeitung, von denen auch die Benutzer von Informationssystemen in den Fachabteilungen zunehmend berührt werden. *Auf die Darstellung der Datentransformation,* das heißt die programmgesteuerte maschinelle Verknüpfung von in eine EDVA eingegebenen bzw. dort gespeicherten Daten zu neuen, am Bedarf der Benutzer orientierten Ausgabedaten, *wird hingegen verzichtet.* Diese erfolgt unter «Aufsicht» des Betriebssystems nach den in den Anwendungsprogrammen vorgegebenen Regeln. Näheres dazu haben Sie bereits im Abschnitt 2.4 Software erfahren.

# 3.1 Datenerfassung

## 3.1.1 Begriff und Wesen der Datenerfassung

Die *Datenerfassung* ist – verglichen mit den Funktionen der Speicherung, Übertragung und Transformation von Daten – außerordentlich *zeitaufwendig*.[1] Wesentliche *Gründe* hierfür sind

– die manuelle Abwicklung zahlreicher Teilfunktionen der Datenerfassung und

– die Leistungsabhängigkeit der zur Unterstützung eingesetzten Erfassungsgeräte von der menschlichen Arbeitsgeschwindigkeit.

Auf einzelne Geräte zur Datenerfassung wird nachfolgend nicht eingegangen. Es wird vielmehr eine *Klassifikation von Datenerfassungsverfahren* erläutert, die auf *Heinrich*[2] zurückgeht. Dabei legen wir seine sehr weite Auslegung des *Begriffs «Datenerfassung»* zugrunde, die in den einleitenden Ausführungen des Abschnitts 3.1.3 noch näher erklärt wird.

> **Datenerfassung** (engl.: data collection) ist die Entnahme von Daten realer Prozesse nach definierten Anforderungen der ihnen zugeordneten Datenverarbeitungsprozesse; diese Anforderungen spezifizieren im einzelnen den Entnahmeprozeß hinsichtlich des materiellen Inhalts der Daten, der Form der Daten und der Zeit.

## 3.1.2 Datenermittlung und Datenumsetzung

Die *Datenerfassung* umfaßt demnach sämtliche Aktivitäten, die erforderlich sind, um Information in der für die maschinelle Verarbeitung notwendigen Form rechtzeitig zur Verfügung zu stellen. Welche Vorgänge sind dies?

---

1 Vgl. Schwanenberg, P.: Verfahren und Organisation der Datenerfassung, Lehrgangsunterlage des Informatik-Kollegs der Gesellschaft für Mathematik und Datenverarbeitung mbH, Bonn o.D., S. 1. Wesentliche Teile des Abschnitts 3.1 sind dem vorstehend genannten, unveröffentlichten Manuskript entnommen. Herrn Dr. Peter Schwanenberg sei für die hierzu erteilte Genehmigung an dieser Stelle herzlichst gedankt.

2 Heinrich, L.J.: Planung des Datenerfassungssystems, Köln-Braunsfeld 1975.

Einmal gehören dazu diejenigen Aktivitäten, die im Hinblick auf die betriebliche Aufgabenerfüllung unabhängig von einem speziellen Datenverarbeitungsverfahren nötig sind – diese sollen im folgenden unter dem Begriff «**Datenermittlung**» (engl.: data acquisition) zusammengefaßt werden. Zum anderen gehören dazu Aktivitäten, welche die jeweilige EDV-Lösung bedingt – diese Klasse von Aktivitäten wird im folgenden «**Datenumsetzung**» (engl.: data conversion; data entry) bezeichnet.

Die Verantwortung für die **Datenermittlung** wird von den Fachabteilungen des Betriebes getragen. Da die Aktivitäten der Datenermittlung von den jeweiligen betrieblichen Aufgabenstellungen abhängen, kann hierfür *nur ein allgemeiner Rahmen* angegeben werden. Ausgehend von einer Analyse des Informationsbedarfs sind die zu erfassenden Daten zu spezifizieren, d.h. es ist zu klären, wo, wann, in welcher Menge welche Daten zur Verarbeitung bereitzustellen sind und in welcher Art und wie häufig die Daten vorkommen. Das *Datenmaterial ist zu beschreiben* hinsichtlich

– Entstehungsart,
– Entstehungsort,
– Struktur,
– Homogenität/Heterogenität,
– Anfallweise,
– Quantität,

und die *Anforderungen an das Datenmaterial* sind zu bestimmen hinsichtlich

– Aktualität,
– Verfügbarkeit,
– Zuverlässigkeit,
– Sicherheit,
– Genauigkeit und
– Verknüpfbarkeit.

Ferner müssen der *Datenfluß* (engl.: data flow) und die *Zugriffsmöglichkeiten* zu den relevanten Daten aufgezeigt werden.

→ Übungsaufgabe Nr. I-153 im Arbeitsbuch

Die **Datenumsetzung**, die im Hinblick auf die nachfolgenden Verarbeitungsvorgänge im Rechner notwendig ist, wird durch eine *Teilmenge der nachfolgend aufgeführten Aktivitäten* charakterisiert:

– Belegerstellung (Eintragung der Daten in Formulare);

- Belegprüfung (Prüfen der Belege auf Richtigkeit, Vollständigkeit und formale Genauigkeit);
- Aufzeichnung der Daten auf maschinell lesbare Datenträger oder direkte Eingabe;
- Anzeige der eingegebenen Daten zu Kontrollzwecken;
- Datenprüfung (Kontrolle auf Übereinstimmung von Erfassungsbeleg und Datenträger);
- Korrektur falsch eingegebener Werte;
- Unterstützung der Eingabe durch Steuerung der Bedienerfolge oder Erfassungsvorschriften;
- Formatsteuerung (Ordnen, d.h. Reihung von Datenaufzeichnungen in eine Folge, die der EDV-Organisation entspricht; Verdichten; Poolen, d.h. Zusammenführen von Daten zu einer kollektiven Aufzeichnung; Sichern, z.B. durch Hinzufügen von Prüfziffern);
- Konvertieren von Daten (Aufzeichnung auf andere Datenträger);
- Plausibilitätsprüfung;
- Erstellung von zusätzlichen Datensätzen durch automatische Aufarbeitung;
- Erstellung von Vorfeldergebnissen mittels Datenvorverarbeitung;
- Zusammenführung von Daten (z.B. von Bewegungs- und Stammdaten).

Für die zuerst genannten Tätigkeiten sind die Fachabteilungen verantwortlich, in denen die zu erfassenden Daten anfallen. Die übrigen vorstehend angeführten Aktivitäten der Datenumsetzung werden in großem Maße durch die technischen Anforderungen der jeweiligen EDV-Lösung bestimmt. Dementsprechend liegt hierfür die Verantwortung in konzeptioneller Hinsicht üblicherweise im EDV-Bereich. Die genannten Aktivitäten der Datenumsetzung werden bei der nun folgenden Darstellung der Erfassungsverfahren noch näher erläutert.

Übungsaufgabe Nr. I-154 im Arbeitsbuch      ←

### 3.1.3 Klassifikation der Datenerfassungsverfahren

In der Literatur werden die Datenerfassungsverfahren nach den unterschiedlichsten Gesichtspunkten systematisiert. Wie erwähnt, legen wir unseren Ausführungen eine Klassifikation zugrunde, die auf *Heinrich*[3]

---

3 Heinrich, L.J., a.a.O., S. 75–136. Heinrich nennt als weitere verfahrensbestimmende Kriterien den Formatisierungsgrad und den Sortierungsgrad des Datenerfassungsprozesses, jedoch nicht den von uns zusätzlich eingeführten Mobilitätsgrad der Gerätetechnik zur Datenerfassung.

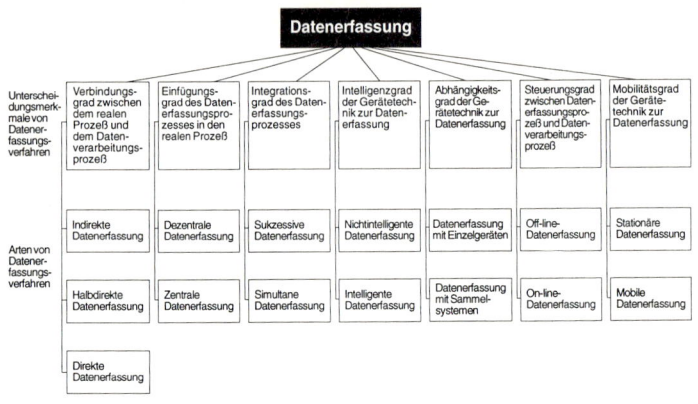

Abb. 3.1.3/1: Klassifikation von Datenerfassungsverfahren

zurückgeht (vgl. Abb. 3.1.3/1). Mit dem in der Abb. 3.1.3/1 verwendeten Begriff «*realer Prozeß*» ist das Betriebsgeschehen gemeint, genauer
der Ablauf der Aufgabenerfüllung in den verschiedenen betrieblichen
Funktionsbereichen (Einkauf, Fertigung, Verkauf, Personalwesen usw.)
bzw. Fachabteilungen. *Die betriebliche Realwelt wird durch das Informationssystem abgebildet.* Für die maschinellen *Datenverarbeitungs-
prozesse* im Rahmen des betrieblichen Informationssystems sind die
Daten über die realen Prozesse form- und zeitgerecht zu erfassen. Wichtige *Unterscheidungsmerkmale von Datenerfassungsverfahren* sind
dementsprechend die Art der Beziehungen zwischen den realen Prozessen, den Datenerfassungs- und den Datenverarbeitungsprozessen (Verbindungsgrad, Einfügungsgrad und Integrationsgrad) sowie die Art der
zur Datenerfassung verwendeten Geräte (Intelligenzgrad, Abhängig-
keitsgrad, Steuerungsgrad, Mobilitätsgrad). Die je nach Ausprägung
dieser Kriterien unterschiedenen Datenerfassungsverfahren werden in
der Abb. 3.1.3/1 in einer Übersicht gezeigt und in den Folgeabschnitten
3.1.3.1 bis 3.1.3.7 im einzelnen erläutert.

### 3.1.3.1 Indirekte, halbdirekte und direkte Datenerfassung

Die *Verbindung zwischen dem realen Prozeß und dem Datenverarbeitungsprozeß* wird im einfachsten Fall über maschinell verarbeitbare *Sekundärdatenträger* (engl.: secondary medium) hergestellt, die eigens erstellt werden und die ausschließlich oder vornehmlich der Datenerfassung dienen. Diese **indirekte Verbindung**, die z.B. durch Disketten realisiert werden kann, ist sehr lose. Eine festere Verbindung liegt vor, wenn die *im realen Prozeß verwendeten Belege gleichzeitig als Datenträger* für die maschinelle Verarbeitung dienen können. Für eine derartige **halbdirekte Verbindung** eignen sich etwa Plastikkarten, Markierungsbelege und Klarschriftbelege. Bei der engsten Form der Verbindung zwischen realem Prozeß und Datenverarbeitungsprozeß wird *auf Datenträger ganz verzichtet*, und die Daten werden **direkt** in die EDVA eingegeben (z.B. manuell über eine Tastatur oder automatisch über registrierende Geräte).

Die Abb. 3.1.3.1/1 zeigt mögliche *Ausprägungen des Kriteriums «Verbindungsgrad».*

Abb. 3.1.3.1/1: Ausprägungen des verfahrensbestimmenden Kriteriums «Verbindungsgrad zwischen realem Prozeß und Datenverarbeitungsprozeß»

Die Merkmale der in der Abb. 3.1.3.1/1 gekennzeichneten Datenträger wurden bereits im Abschnitt 2.2 erläutert. Lesen Sie bitte zur Wiederholung – ehe Sie mit dem Textstudium fortfahren – die Seiten 153 bis 220 dieses Bandes nochmals durch! Die nachfolgende Darstellung konzentriert sich auf die Erstellung der dort beschriebenen Sekundärdatenträger und auf eine Skizzierung der Möglichkeiten zur Direkterfassung von Daten.

→ Übungsaufgabe Nr. I-155 im Arbeitsbuch


**Indirekte Datenerfassung**

*Urbelege* (engl.: source document) fallen außerhalb des Betriebes an (z.B. Lieferantenrechnungen, Kundenaufträge, Anfragen, Kontoauszüge usw.) oder sie dienen zur Aufzeichnung betriebsinterner Vorgänge und Ereignisse. *Auf die Gestaltung der aus der Umwelt kommenden Urbelege läßt sich im allgemeinen kein oder nur geringer Einfluß nehmen.* Die Belege müssen normalerweise so akzeptiert werden, wie sie von Geschäftspartnern eintreffen. *Interne Belege hingegen lassen sich entsprechend den eigenen Bedürfnissen gestalten.* Neben den *fachlichen Gesichtspunkten* können beim Belegentwurf somit die *Anforderungen der Datenverarbeitung* berücksichtigt werden.

Müssen die Inhalte von externen Belegen für die EDV erfaßt werden, so können diese durch *farbiges Unterstreichen* hervorgehoben werden. Für weitere Angaben und Verschlüsselungen werden häufig *Vordrucke* auf die Belege *gestempelt* oder *Zettel* angeheftet, in deren vorgegebene Felder die zusätzliche Information eingetragen wird. Bei unübersichtlichen externen Urbelegen empfiehlt es sich, die zu erfassenden Angaben manuell auf einen speziellen *Datenerfassungsbeleg* (engl.: coding sheet) zu übertragen, der als Eintastvorlage für die Erstellung von Sekundärdatenträgern oder für die Direkteingabe über Tastaturen geeignet ist.

Interne Urbelege, die erwähnten Stempelaufdrucke und anheftbaren Zettel sowie die eigens erstellten Eintastvorlagen sind so zu gestalten, daß sie einerseits einfach, vollständig und richtig auszufüllen sind und daß sie andererseits einwandfrei und mit größtmöglicher Geschwindigkeit bei der Datenumsetzung gelesen werden können. Für den *Belegentwurf* gelten folgende *allgemeine Grundsätze*:

1. Der Informationsfluß ist folgerichtig von links nach rechts oder untereinander zu konzipieren;
2. logisch zusammengehörige Felder sind nebeneinander (oder unmittelbar untereinander) anzulegen;

3. gleichlautende Daten für eine Gruppe von Sätzen (z.B. Datum, Ordnungsbegriffe) sind in zusammenhängender Folge anzuordnen (wegen der Dupliziermöglichkeit);
4. auf gleiche Feldfolge auf dem Beleg und im Aufbau der Eingabesätze ist zu achten (serielles Einlesen);
5. es ist eine sinnvolle Datengruppierung sowohl nach Bearbeitungsgesichtspunkten (der Sachbearbeiter) als auch nach Erfassungsgesichtspunkten (der Datenerfassungskräfte) vorzunehmen;
6. zu erfassende Daten sind auf den Belegen deutlich von den übrigen Belegangaben abzuheben;
7. Datenfelder, Stelleneinteilungen, Kommastellen, Belegart und Satzart sind (soweit möglich) vorzudrucken.

Übungsaufgabe Nr. I-156 im Arbeitsbuch

Die *Gestaltung maschinell verarbeitbarer Urbelege* (Markierungs- und Klarschriftbelege) erfolgt fast ausschließlich nach den Gesichtspunkten einer guten Handhabung und leichten Bearbeitung durch die Sachbearbeiter in den Fachabteilungen. Die Interpretation der erfaßten Daten bei der Eingabe dieser Belege wird durch Programme vorgenommen, die eine große Flexibilität im Belegaufbau gestatten.

Die *manuelle Erstellung maschinell lesbarer Sekundärdatenträger* erfolgt i.d.R. mit Hilfe einer an das jeweilige Erfassungsgerät gekoppelten Tastatur durch *Eintasten* (engl.: key-in; type-in) der Daten, die vom Beleg zu übernehmen sind. Ähnlich wie bei einer Schreibmaschine wird bei jedem Anschlag ein Zeichen geschrieben, d.h. z.B. bei einem Disketten-Erfassungsgerät die entsprechende Bitkombination auf der Diskette aufgezeichnet. Sind alle Daten erfaßt oder ist der Datenträger vollgeschrieben, wird dieser dem Erfassungsgerät entnommen. Wenn die erfaßten *Daten weiterverarbeitet* werden sollen, so wird der Datenträger in ein entsprechendes *Lesegerät* eingelegt.

Zur *Prüfung* werden die erfaßten Daten *visuell auf dem Bildschirm* des Erfassungsgeräts kontrolliert. Gelegentlich wird auch der *Eintastvorgang wiederholt*. Dabei werden die ein zweites Mal eingetasteten Daten vom Gerät mit den auf dem Datenträger gespeicherten Daten verglichen. Werden dabei Fehler bemerkt (z.B. durch Sperrung der Tastatur), so werden die fehlerhaften Daten überschrieben bzw. nochmals in korrekter Form aufgezeichnet.

Da ein solcher Prüfvorgang ebensoviel Zeit beansprucht wie die Ersterfassung, wird er i.d.R. auf jene Daten beschränkt, bei denen sich Fehler besonders nachhaltig auswirken können. So werden z.B. alphabetische Angaben (Namen, Artikelbezeichnungen u.ä.) meist nicht geprüft, weil die Verwechslung eines Buchstabens im allgemeinen keine weitreichenden Folgen hat.

In vielen Fällen – vor allem bei der nachfolgend beschriebenen halbdirekten und direkten Datenerfassung – erlauben die verwendeten Erfassungsgeräte und/oder die verfügbare Zeit (z.B. beim Kassieren mit Datenkassen) keinen zusätzlichen Prüfvorgang. Die Erfassung numerischer Daten wird deshalb sehr häufig durch *Prüfziffern* (engl.: self checking number) abgesichert. Das heißt, alle Kontonummern, Artikelnummern usw. werden mit einer zusätzlichen Prüfziffer versehen, die nach einem bestimmten Algorithmus aus der jeweiligen Gesamtziffernfolge ermittelt wird. Die Erfassungsgeräte kontrollieren bei der Eingabe die Prüfziffer und sperren die Tastatur o.ä. (z.B. der Strichcodeleser unterdrückt das bei einer gelungenen Lesung übliche akustische Quittungssignal), wenn die Proberechnung ein falsches Ergebnis ergibt. Normalerweise bildet die Prüfziffer die letzte Ziffer einer Nummer, vereinzelt steht sie aber auch an einer anderen Stelle als «ganz hinten». Es gibt die verschiedensten Prüfziffernalgorithmen, die je nach Komplexität ein unterschiedliches Maß an Erfassungssicherheit bieten.

Zum *Beispiel* basiert die *Prüfziffernrechnung im EAN-System* auf einer Gewichtung der einzelnen Ziffern der zu prüfenden Nummer mit den Faktoren 3 1 3 1 3 von rechts nach links und dem Modul 10.

| EAN | 4 | 0 | 1 | 2 | 3 | 4 | 5 | 6 | 7 | 8 | 9 | 0 | 1 |
|---|---|---|---|---|---|---|---|---|---|---|---|---|---|
| Gewichtung | 1 | 3 | 1 | 3 | 1 | 3 | 1 | 3 | 1 | 3 | 1 | 3 | |
| Produkte | 4+0+1+6+3+12+5+18+7+24+9+0 | | | | | | | | | | | | |
| Produktsum. | 89 | | | | | | | | | | | | |
| Modul | 10 | | | | | | | | | | | | |
| Quotient | 8 | | | | | | | | | | | | |
| Rest | 9 | | | | | | | | | | | | |
| Modul minus Rest = Prüfzif. | 1 | | | | | | | | | | | | |

Abb. 3.1.3.1/2: Prüfziffer für die 13stellige EAN (Quelle: CCG)

Die *Erfassungsleistungen* sind stark von der Belegqualität, der Anzahl und Art der zu erfassenden Zeichen pro Beleg sowie der Qualifikation der Erfassungskräfte abhängig.

Bei der *Erfassung numerischer Daten durch Datentypistinnen* werden Durchschnittswerte bis zu 15 000 Anschläge in der Stunde erreicht.

## Halbdirekte Datenerfassung

*Auf die halbdirekte Datenerfassung mit maschinenlesbaren Primär-
datenträgern und deren Verarbeitung durch stapelorientierte Belegleser
wird hier nicht näher eingegangen, da dies bereits im Abschnitt 2.3.2.5
geschehen ist und weitere Ausführungen im Abschnitt 3.1.3.2 folgen.
Visuell und maschinell lesbare Belege haben sich vor allem dort bewährt, wo relativ wenige Daten dezentral von zahlreichen Personen, die
exakt arbeiten, aufgezeichnet werden müssen.*

*Strichcode- und OCR-Etiketten* werden meist aufgrund von Waren-
eingängen und/oder von gespeicherten Stammdaten rechnergestützt gedruckt, soweit die Auszeichnung noch nicht vom Lieferanten vorgenommen wurde. Auch die Inanspruchnahme einer Druckerei für die
Etikettenherstellung ist möglich. Anwendungsschwerpunkt ist der Handel, wo in automatisierten Kassensystemen die Erfassung der Verkaufsdaten direkt wie für die EAN beschrieben erfolgt, indem die erstellten
Etiketten bzw. die EAN der Artikel einzeln an der Kasse gelesen werden.

Dies geschieht entweder durch das Führen der ausgezeichneten Ware
über einen fest in den Kassentisch eingebauten optischen Abtaster
*(Scanner)* oder durch das Führen eines *Handlesers* über das Etikett.

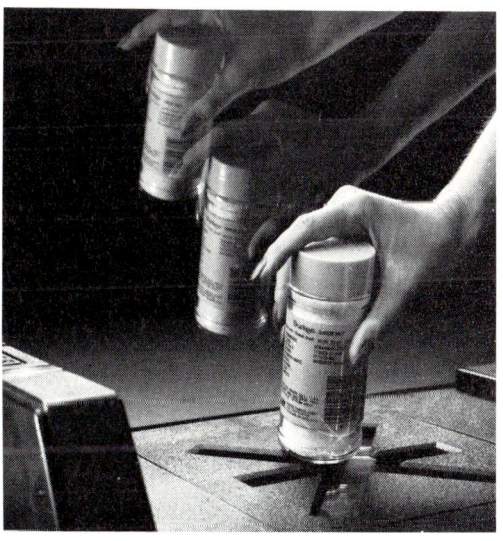

Abb. 3.1.3.1/3: Verkaufsdatenerfassung mit einem in den Kassentisch eingebauten
Scanner

Eine zusätzliche Tastatureingabe ist möglich (z. B. für die Eingabe weiterer Daten oder um auch bei verschmutzten bzw. beschädigten Etiketten die Dateneingabe durchführen zu können).

*Bewegliche Handleser* werden nicht nur in Verbindung mit Kassen, sondern auch an Datensichtgeräten (z. B. zur Wareneingangskontrolle von bereits etikettierten Waren) und mit tragbaren Datenerfassungsgeräten (vgl. Abschnitt 3.1.3.7) eingesetzt (z. B. im Verkaufsaußendienst oder bei der körperlichen Inventur). Weitere Anwendungsmöglichkeiten sind etwa

– in der Industrie das Lesen von Fertigungspapieren in der Arbeitsfortschrittskontrolle,
– im Gesundheitswesen das Lesen von Versicherten-Ausweisen und deren Ausdrucken oder
– im Kreditwesen das Lesen von Zahlungsverkehrsbelegen in den Schalterräumen.

Auch mit den in den Abschnitten 2.2.2.1, 2.2.3.3 und 2.2.4.1 erwähnten *Plastikkarten* ist eine *halbdirekte Datenerfassung* möglich, die zudem meist *durch den Karteninhaber selbst* vorgenommen werden kann.

Abb. 3.1.3.1/4: Geldausgabeautomat

*Beispiele* sind etwa Betriebsausweise mit Magnetstreifen, die für die maschinelle Kontrolle der Zugangsberechtigung zu Betriebsstätten und für die Erfassung der Anwesenheitszeiten der Mitarbeiter mit der codierten Personalnummer versehen sind. Auch Terminals sind oft mit Zusatzeinrichtungen für das Lesen von derartigen Plastikkarten ausgerüstet, um die Zugriffsberechtigung der Benutzer automatisch überprüfen zu können.

Bei Barabhebungen in Kundenselbstbedienung an Geldausgabeautomaten innerhalb der Schalterräume oder außerhalb eines Geldinstitutes ermöglichen *Bankkarten* in Verbindung mit dem persönlichen Code die Prüfung der Bezugsberechtigung. Karte und Code ersetzen hier die Unterschriftsprüfung. Auch Aufträge im Rahmen der üblichen Bankdienstleistungen lassen sich durch die Verwendung von kundenindividuellen Plastikkarten in Selbstbedienung automatisieren (zum Beispiel Kontoabfragen, Kontoausdrucke, Bestellungen von Scheckformularen, Überweisungen) oder beschleunigt am Schalter erledigen, weil dadurch die manuelle Dateneingabe reduziert wird.

Die *Abwicklung von unbaren und schecklosen Zahlungen in Handels- und Dienstleistungsbetrieben mit Hilfe von Plastikkarten* setzt sich zunehmend durch. Besteht zwischen der Kasse in der Verkaufsstätte und dem Rechner der Bank, bei der der Kunde ein Konto unterhält, eine Verbindung über einen Fernmeldeweg, so ist *im Wege der Datenfernverarbeitung eine Prüfung der Kartenbenutzungsberechtigung sowie der Zahlungsfähigkeit des Kunden möglich, und alle dem Geschäftsvorfall entsprechenden Buchungen, sowohl auf dem Konto des Verkäufers als auch auf dem des Käufers, können sofort veranlaßt werden.* Voraussetzung hierfür ist, daß an die Kasse ein Kartenleser und eine zusätzliche Tastatur für den Kunden

Abb. 3.1.3.1/5: Chipkartenleser für ein Kassenterminal

angeschlossen sind. Der Kunde zieht parallel zum Kassiervorgang seine Karte durch den Leser, wodurch automatisch die Bankleitzahl und die Kontonummer erfaßt werden, und gibt anschließend seine geheime persönliche Identifikationsnummer (PIN) für die Berechtigungsprüfung ein. Infolge der Vielzahl von Banken, Handels- und Dienstleistungsbetrieben und deren unterschiedlicher Geräteausstattung sowie der unterschiedlichen Kartensysteme ist die Zwischenschaltung von *Clearingstellen im Bankensystem* unumgänglich.

Eine weitere Möglichkeit ist es, die *Plastikkarte als Kontokarte* zu gestalten, die der Inhaber mit sich führt und *die über sein Guthaben bzw. Kreditlimit Auskunft gibt*. In diesem Fall setzt die Kartenbenutzung *nicht notwendigerweise eine On-line-Verbindung* voraus, da die *Karte ein in sich abgeschlossenes Zahlungsmittel* darstellt. Jede Transaktion wird vom eingespeicherten Betrag sofort abgebucht. Zum *Beispiel* werden von einigen europäischen Postverwaltungen Plastikkarten für die Benutzung öffentlicher Telefonzellen verkauft. Jede Nutzung belastet die Karte mit den Sprechgebühren und verringert damit den Restwert. Auch für Verkehrsbetriebe kann die Ausgabe von entwertbaren Magnetfahrkarten eine interessante Alternative darstellen.

Bitte lesen Sie zu den *erweiterten Nutzungsmöglichkeiten von Chipkarten und optischen Speicherkarten* nochmals die Abschnitte 2.2.3.3, 2.2.4.1 und 2.2.5 durch. Dort wird auch beschrieben, wie solche Karten «konfektioniert» bzw. mit den Ausgangsdaten «geladen» werden.

→ Übungsaufgabe Nr. I-157 im Arbeitsbuch

### Direkte Datenerfassung

Bei der *Direkteingabe* (engl.: direct input) werden im Idealfall die Daten am Ort ihrer Entstehung von dem für die fachliche Seite zuständigen Personenkreis direkt über Datenstationen erfaßt und in den Rechner eingegeben, ohne daß überhaupt ein Beleg entsteht. Eingabe und Bearbeitung des die Daten verursachenden Geschäftsvorfalls überlappen sich.

Diese Methode ist *überall dort günstig, wo die Erfassung und Verarbeitung der Daten unter starkem Zeitdruck steht* und nach Wegen gesucht werden muß, um die Dauer von der Erfassung über die Verarbeitung bis zur Ausgabe der Daten abzukürzen.

Die wichtigsten *Erfassungsgeräte zur Direkteingabe* wurden bereits im Abschnitt 2.3.2 behandelt. Die Angebotspalette der Peripheriegerätehersteller reicht vom einfachen Tastenwahltelefonapparat, der – in Verbindung mit einer Nebenstellenanlage – z.B. für Meldungen aus dem Produktionsbe-

Abb. 3.1.3.1/6: Direktdatenerfassung mit einem Telefonapparat

reich, Anwesenheitszeiterfassung, Aktenanforderungen oder Erfassung von Warenbewegungen und ähnliche Anwendungen verwendet werden kann, bis hin zu branchenspezifischen Dialoggeräten wie den erwähnten elektronischen Warenkassen, Bankenterminals oder Datenstationen für die Kundenabfertigung an den Schaltern der Bundesbahn oder Post. Als universell einsetzbare Datenstationen kommen *am häufigsten Bildschirmgeräte* zum Einsatz, bei denen die Direkteingabe von Daten über eine *Tastatur* und zum Teil auch mit den im Abschnitt 2.3.2.2 gekennzeichneten *Zeigeeinrichtungen* erfolgen kann.

Auch eine *automatische Datendirekterfassung* ist möglich. Diese spielt beispielsweise in Fertigungsbetrieben bei der Betriebsdatenerfassung zunehmend eine wichtige Rolle.

Die rechnerseitige Steuerung der Direkteingabe von Daten lastet in vielen Fällen erhebliche Teile der verfügbaren Rechnerkapazität aus, die damit anderen Programmen verlorengeht. Dementsprechend wird auf die Direkteingabe oft aus Wirtschaftlichkeitsgründen verzichtet, wenn die Ursprungsdaten periodisch anfallen und/oder die Verarbeitungsergebnisse periodisch benötigt werden.

*In der Praxis ist die direkte Datenerfassung unumgänglich, wenn von einem Informationssystem eine hohe Auskunftsbereitschaft verlangt werden muß.* Das ist z.B. in Dokumentations- und Auskunftssystemen sowie in Platzbuchungssystemen der Fall. *Auch wenn eine EDV-Aufgabe am wirtschaftlichsten zentral zu bewältigen ist, der Anfall der Daten und der Bedarf an Verarbeitungsergebnissen jedoch dezentralisiert sind, so bietet sich diese Lösung an. Schließlich kommt die Direkteingabe vor allem für solche Aufgabengebiete in Betracht, wo ständig mit erheblicher Häufigkeit früher erfaßte Daten durch neue zu ersetzen sind, wobei die Datenbestände dem letzten Entwicklungsstand zu entsprechen haben.* Dies trifft z.B. für die Lagerfortschreibung und -disposition in Industrie und Handel sowie die Kontenführung in Banken zu.

→ Übungsaufgabe Nr. I-158 im Arbeitsbuch

### 3.1.3.2 Dezentrale und zentrale Datenerfassung

Der *Zentralisationsgrad* der Datenerfassung wird dadurch bestimmt, *in welchem Umfang zwischen den betrieblichen Leistungsprozessen und der Datenerfassung eine personelle und räumliche Identität besteht. Personelle Identität heißt:* Die Datenerfassung wird von denselben Personen durchgeführt, die für die Aufgabenerfüllung in den Fachabteilungen verantwortlich sind, d.h. die auch den zugeordneten realen Prozeß bewältigen. *Räumliche Identität heißt:* Die Datenerfassung wird am Ort der Datenentstehung durchgeführt, also im realen Prozeß.

Von **dezentraler Datenerfassung** (engl.: decentralized data collection) spricht man, wenn sowohl die personelle als auch die räumliche Identität gegeben ist, d.h. wenn die Datenerfassung vollständig in den realen Aufgabenerfüllungsprozeß der Mitarbeiter in den Fachabteilungen integriert ist. Bei **zentraler Erfassung** (engl.: centralized data collection) besteht weder eine personelle noch eine räumliche Identität zwischen der Datenentstehung und der Datenerfassung. Die Datenerfassung ist aus den Fachabteilungen ausgegliedert und wird von speziellem Personal unter Verantwortung der EDV-Abteilung durchgeführt.

Zwischen diesen beiden Extremen sind eine *Vielzahl unterschiedlicher Ausprägungen des Zentralisationsgrads der Datenerfassung* denkbar, z.B.

- wenn die Datenerfassung am Ort oder in räumlicher Nähe der Fachabteilungen unter der Verantwortung der EDV-Abteilung durchgeführt wird oder

- wenn Teilfunktionen der Datenerfassung in den Fachabteilungen dezentralisiert und andere Teilfunktionen im Rechenzentrum zentral verrichtet werden.

Dies soll am *Beispiel* der *Datenerfassung mit Klarschriftbelegen*, hier von OCR-B-Belegen, verdeutlicht werden. Einmal ist ein OCR-B-Beleg in den Informationskreislauf *als Urbeleg voll integrierbar*, zum anderen lassen sich *Belegumläufe*, die organisatorisch gut überschaubar sind, anstreben:

*1. Zentrale Belegerstellung ohne dezentrale Ergänzung*

Die zu verarbeitenden Belege durchlaufen einen in sich geschlossenen Bearbeitungsweg, der in der EDVA beginnt und dort wieder endet; unterwegs werden dabei keinerlei Änderungen oder Ergänzungen auf dem Beleg vorgenommen.

Mittels Schnelldrucker wird der Beleg erstellt. Die Belegangaben sind hauptsächlich für den Empfänger bestimmt, nur ein Teil ist zur Weiterverarbeitung erforderlich (man kommt daher meist mit einer Codierzeile aus). Beispiel: Zahlkarten für Monatsbeiträge oder Prämienzahlungen. Der Beleg ist bei Bezahlung abzugeben. Die eingegangenen Belege werden kontrolliert: Beschädigte Belege werden aussortiert. Diese kann man entweder auf Datenzwischenträger manuell codieren oder über Tastatur direkt eingeben. Nicht beschädigte Belege werden off-line oder on-line verarbeitet. Zurückgewiesene Belege werden wie beschädigte Belege behandelt oder on-line korrigiert.

Diese Organisationsform ermöglicht eine sehr gute Kontrolle über die erstellten Belege bezüglich der benutzten Zeichenfonts, der Druck- und Papierqualität, der Belegformate und -gewichte. Dadurch wird eine geringe Rückweisungs- und Fehlerrate ermöglicht.

*2. Zentrale Belegerstellung mit dezentraler Ergänzung*

Die zu verarbeitenden Belege durchlaufen einen geschlossenen Belegkreislauf, der in der EDVA beginnt und dort wieder endet; unterwegs ist eine dezentrale Ergänzung durch den Empfänger vorgesehen. Die Ergänzungen beziehen sich dabei auf variable Daten (wie z.B. «Betrag» bei Scheckformularen), während die konstanten Daten bereits vorgedruckt sind (z.B. «bezogenes Kreditinstitut» bei Scheckformularen). Durch die Verwendung unterschiedlicher Druckmedien oder Druckgeräte wird eine schlechtere Qualität der zu lesenden Daten hervorgerufen. Es bedarf daher eines leistungsfähigeren Lesers, wenn sich die Rückweisungsrate nicht erhöhen soll.

**VERSTÄNDIGUNG**
Amtliches Telefonbuch für

**Wien**
Ausgabe 1991/92

Auslieferung
voraussichtl. ab Mai.1991

Frau/Herrn/Firma

HANSEN HANS R PROF DR

Auskunft erteilt gerne
Unsere Zentrale tel. Aus-
kunftsstelle Tel.02 29 02
und die Telefonbuchver-
sandstelle Tel.501 81-0

PETER JORDANSTR 145/4/6

1180                            XX

Telefonbuchversandstelle

Einsendeschluß

1103 Wien Postfach 2000

15.Okt.1990

DVR.0029645

639793
**Bitte wenden!**

---

**Sehr geehrter Telefonteilnehmer!**

Auch die Post ist bemüht, den hohen Papierbedarf für die Telefonbücher zu
senken, um damit einen Beitrag zum Umweltschutz zu leisten.

Daher bieten wir Ihnen die Möglichkeit, auf Ihr neues Telefonbuch zu verzichten,
wenn Sie die angeschlossene Karte kostenfrei an uns einsenden.

Senden Sie die Karte nicht ein, so erhalten Sie — wie bisher — Ihr Telefonbuch.

Wir danken für Ihre freundliche Mithilfe.

**Ihre Post**

Die Post — für Mensch und Umwelt

---

Abb. 3.1.3.2/1: Klarschriftbeleg (Vorder- und Rückseite), durch dessen Versand die
österreichische Post die notwendige Druckauflage von Telefonbüchern erheblich ver-
mindern konnte. 22% der österreichischen Anschlußinhaber (35% in Wien) sandten
diesen Beleg zurück und verzichteten damit ausdrücklich auf die jährliche Neuauflage.
Das entspricht Einsparungen von 2769 Tonnen Papier bzw. 9,6 Mio. DM.

**TELEFONBUCH — VERZICHTSERKLÄRUNG**

Bitte abtrennen und

bis zum umseitig angegebenen Einsendeschluß einsenden!

Bitte keine Mitteilungen oder Vermerke anbringen!

Lesezone — Bitte weder auf der Vorder- noch auf der Rückseite beschriften oder bestempeln

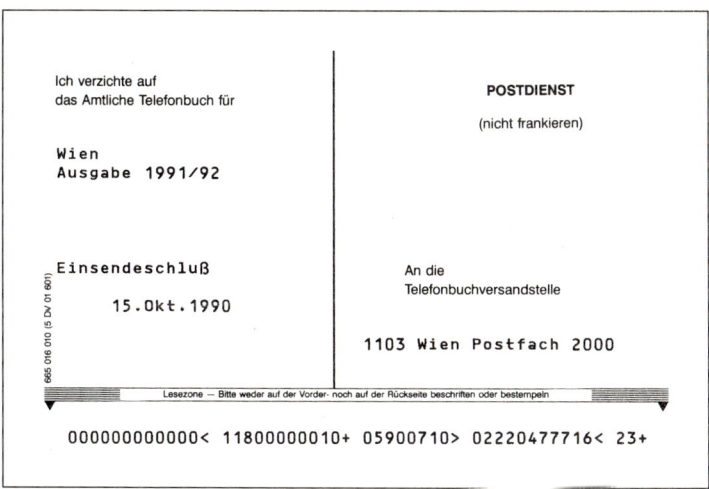

Ich verzichte auf
das Amtliche Telefonbuch für

**POSTDIENST**

(nicht frankieren)

Wien
Ausgabe 1991/92

Einsendeschluß

An die
Telefonbuchversandstelle

15.Okt.1990

1103 Wien Postfach 2000

665 016 010 (5 DV 01 601)

Lesezone — Bitte weder auf der Vorder- noch auf der Rückseite beschriften oder bestempeln

000000000000< 11800000010+ 05900710> 02220477716< 23+

### 3. Dezentrale Belegerstellung mit zentraler Verarbeitung

Die zu verarbeitenden Belege werden von beliebig vielen Stellen an die verarbeitende Stelle gesendet; dort werden sie entweder unmittelbar verarbeitet (falls sie vollständig codiert sind) oder zunächst nachcodiert und dann verarbeitet. Der Belegumlauf ist nicht geschlossen. Da bei dieser Organisationsform von der Verarbeitungsstelle keine vollständige Kontrollmöglichkeit der Belegerstellung gegeben ist, ist eine relativ umfassende Belegkontrolle und Nachcodierung erforderlich.

Die *zentrale Datenerfassung* ist durch einen relativ *starren Arbeitsablauf* gekennzeichnet, bietet gegenüber der dezentralisierten Datenerfassung *weniger Sicherheit* und erfordert einen *größeren Zeitaufwand*. Die entscheidenden *Nachteile der zentralen Erfassung* sind:

1. Die räumliche Trennung zwischen Datenentstehung und Datenerfassung erfordert die Bildung relativ großer Belegstapel, den Transport von Belegen und die Anwendung besonderer Organisationsmaßnahmen (z.B. Belegfahrplan).
2. Da die Erfassungskräfte keine Kenntnis von den jeweiligen den Daten zugrundeliegenden realen Prozessen haben, ist eine Plausibilitätsprüfung und damit eine sofortige Korrektur der erfaßten Daten nicht möglich.
3. Die personelle Trennung zwischen Datenentstehung und Datenerfassung macht die Verwendung besonders aufbereiteter Urbelege oder spezieller Erfassungsbelege notwendig, weil
   a) die Urbelege in den Fachabteilungen im Zugriff bleiben müssen und/oder
   b) die Urbelege durch fachunkundiges Personal nicht verarbeitbar sind.
4. Mit dem Transport von Datenträgern, der Aussonderung nicht verarbeitbarer Belege und Rückfragen bzw. Rücksendungen dieser Belege zur Fachabteilung zwecks Klärung ist ein Zeitverzug verbunden.
5. Die mangelnde räumliche, zeitliche und personelle Identität zwischen dem realen Prozeß und dem Datenverarbeitungsprozeß bringt eine erhöhte Anzahl von Fehlerquellen mit sich und bedingt umfassende Datensicherungsmaßnahmen (z.B. zur Vermeidung von Belegverlusten, von Fehlern bei der Erstellung zusätzlicher Erfassungsbelege, von Fehlern bei der Datenumsetzung).

*Für die zentrale Datenerfassung sprechen zumeist Kostengründe, weil*

1. die Zuordnung der Erfassungsgeräte zum Arbeitsplatz in den Fachabteilungen im allgemeinen eine geringere Geräteauslastung zur Folge hat; bei einem gegebenen Datenanfall ist damit eine größere Geräteanzahl als bei zentraler Erfassung erforderlich;

2. die Bedienung der Erfassungsgeräte durch weniger geschultes Personal erfolgt, das die Datenerfassung neben den Fachaufgaben erledigt; die auf die Datenerfassung spezialisierten Mitarbeiter in einer zentralen Erfassungsabteilung erbringen höhere Leistungen;
3. die Wartung der Geräte bei dezentraler Erfassung aufwendiger ist und zusätzliche Sicherungen gegen den Ausfall von Geräten notwendig sind.

Dabei ist jedoch zu berücksichtigen, daß die *dezentral in den Fachabteilungen installierten Geräte heutzutage nur noch in den seltensten Fällen ausschließlich Datenerfassungszwecken* dienen. Die dort erfaßten Daten werden vielmehr im allgemeinen direkt verarbeitet, und die Ergebnisse fließen unmittelbar in die Aufgabenerfüllung der Endbenutzer ein. Insofern ist eine umfassendere Kosten-/Nutzenbetrachtung anzustellen. Ist dies nicht der Fall, so ist es oft schwierig, die Mitarbeiter zu einer exakten, zeitgerechten Datenerfassung zu motivieren: Zum Beispiel, wenn diese für «Dritte» in anderen, «entfernten» Fachabteilungen Daten erfassen müssen (etwa Betriebsdatenerfassung für das Rechnungswesen) oder wenn sie selbst erst Stunden oder Tage später die in Stapelverarbeitung ausgewerteten Daten erhalten.

Übungsaufgabe Nr. I-159 im Arbeitsbuch ←

### 3.1.3.3 Sukzessive und simultane Datenerfassung

Die Datenerfassung kann logisch in eine geordnete Folge von Einzelaufgaben gegliedert werden (siehe hierzu Abschnitt 3.1.2). Erfolgt die Abwicklung dieser einzelnen Datenerfassungsaufgaben nacheinander Schritt für Schritt, so liegt das Verfahren der **sukzessiven Datenerfassung** (engl.: successive data collection) vor. Wird die Datenerfassung hingegen in einen einzigen geschlossenen Erfassungsschritt integriert, so bezeichnet man dieses Verfahren als **simultane Datenerfassung** (engl.: simultaneous data collection).

Zwischen diesen beiden Grenzfällen sind eine *Vielzahl unterschiedlicher Integrationsgrade* denkbar (je nach Anzahl und Zusammenfassung der Einzelaufgaben des Datenerfassungsprozesses).

Ein typisches *Beispiel für ein sukzessives Datenerfassungsverfahren* ist die im Abschnitt 3.1.3.1 beschriebene *indirekte Datenerfassung auf Disketten*.

Ein *Beispiel für die simultane Datenerfassung* ist die früher häufig praktizierte *Paralleldatenerfassung* (engl.: parallel data collection) *auf Magnet-*

*bandkassetten oder Disketten.* Bei diesem Verfahren werden die Datenträger synchron zu einer Primäroperation (Erstellung des Urbeleges) beschrieben, so daß für die Datenerfassung keine Mehrarbeit entsteht. Durch den Anschluß einer entsprechenden Schreibeinrichtung an Registrierkassen, Meß- und Wiegeautomaten o. ä. m. fallen die Datenträger als Nebenprodukt bei der Rechnungsschreibung, bei sonstigen Bürotätigkeiten oder technischen Prozessen an.

Die wichtigsten *Vorteile der Paralleldatenerfassung* sind:

1. Mit der Erzeugung der Datenträger ist kein zeitlicher Mehraufwand verbunden; damit kann dieses Verfahren zur Überwindung der Engpaßsituation in der Datenerfassung beitragen.
2. Es entstehen keine zusätzlichen Personalkosten; die Bedienung eines Erfassungsgerätes, das an einen Automaten angeschlossen ist, erfordert nur wenige Handgriffe, die sich im wesentlichen auf das Austauschen der Datenträger beschränken.
3. Das Erfassungspersonal muß nicht umgeschult werden; die gewohnten Arbeitsabläufe verändern sich nicht.
4. Zusätzlich zur Datengewinnung erhält man ein aussagefähiges Datenerfassungsprotokoll (wichtig für Kontrollvorgänge) ohne weiteren Mehraufwand.
5. Beim Einsatz von rechnenden Automaten können die erstellten Datenträger bereits vorabgestimmt und mit Abstimmbeleg (= Protokoll) versehen zur weiteren Verarbeitung in die Belegein- und -ausgangskontrolle der EDV-Abteilung angeliefert werden.
6. Die verwendeten Belege müssen für die Datenerfassung nicht umgestaltet oder aufbereitet werden.

→ Übungsaufgabe Nr. I-160 im Arbeitsbuch


### 3.1.3.4 Nichtintelligente und intelligente Datenerfassung

Mit dem Kriterium «*Intelligenzgrad*» wird der Funktionsumfang der zur Datenerfassung eingesetzten Geräte beschrieben. Die Funktionen **nichtintelligenter Geräte** (engl.: non-intelligent device) beschränken sich auf das reine Umsetzen von Daten auf maschinell verarbeitbare Datenträger. **Intelligente Geräte** (engl.: intelligent device; multifunctional device) sind nicht nur zur Datenumsetzung, sondern darüber hinaus auch zur Durchführung arithmetischer und logischer Operationen befähigt. Im Grenzfall weisen sie alle Leistungsmerkmale eines Rechners auf.

Die *nichtintelligente Datenerfassung* setzt im allgemeinen voraus, daß die erfaßten Daten vor ihrer Transformation im Verarbeitungsrechner noch aufbereitet (z.B. geprüft, ergänzt, verdichtet) werden. Werden derartige Funktionen in die Datenerfassung vorverlagert, so bezeichnet man dies als *Datenvorverarbeitung*.

*Die Datenvorverarbeitung bietet wesentliche Vorteile:*

1. Der teure Hauptrechner wird entlastet.
2. Bei der Erfassung können bereits am Arbeitsplatz in den Fachabteilungen arbeitsfähige Unterlagen erstellt werden, wie z.B. Bestellungen, Lieferscheine, Rechnungen, Eingangsjournal usw.
3. Sachliche Fehler können durch programmierte Plausibilitätskontrollen erkannt werden (arithmetische Prüfung, Gültigkeitsprüfung, Prüfziffernrechnung, Bildung von Abstimmsummen, Feldverknüpfung).

Übungsaufgabe Nr. I-161 im Arbeitsbuch ←

Abb. 3.1.3.5/1: Datensammelsystem mit maximal 32 Erfassungsplätzen

### 3.1.3.5 Datenerfassung mit Einzelgeräten und mit Sammelsystemen

Bei der **Datenerfassung mit Einzelgeräten** (engl.: single user data entry device) ist der einzelne Erfassungsplatz autonom und funktioniert unabhängig von den übrigen Erfassungsplätzen. Um den Datenerfassungsprozeß zu bewältigen, müssen die einzelnen technisch selbständigen Geräte jeweils über eine eigene Eingabe-, Verarbeitungs- und Ausgabeeinheit verfügen.

Als **Datensammelsystem** (engl.: multiuser data entry system) bezeichnet man eine Funktionseinheit, bei der
– mehrere Erfassungsplätze an eine Leitzentrale angeschlossen sind und
– ein gemeinsamer Datenträger erstellt wird.
Der einzelne Datenerfassungsplatz ist nicht allein funktionsfähig. Der Ausfall der Leitzentrale hat den Ausfall sämtlicher Erfassungsplätze zur Folge.

Die *Leitzentrale* ist meist ein kleinerer Rechner mit Plattenspeicher, der mit einer Magnetbandeinheit verbunden ist. Die an die Leitzentrale angeschlossenen *Erfassungsplätze* bestehen aus einem Eingabeteil (im allgemeinen Tastatur), einem Datenpuffer und einem Bildschirm; die Gerätesteuerung wird von der Leitzentrale übernommen. *Bei der Datenerfassung werden die eingetasteten Daten zunächst für Prüfzwecke auf der Magnetplatte zwischengespeichert.* Für eine Kontrolltastung können sie von jedem beliebigen Erfassungsplatz dort abgerufen werden. Als fehlerfrei erkannte Datensätze werden zu einem Magnetbandblock gesammelt. *Wenn ein Magnetbandblock gefüllt ist, so wird das Magnetband beschrieben.* Das Blocken der Magnetbandsätze, das Umcodieren in den Spurmodus und das Beschreiben des Magnetbandes führt die Software der Leitzentrale simultan aus, d.h. während das Magnetband beschrieben wird, kann bereits der Speicher für den nächsten Magnetbandblock gefüllt werden. Das als *Ausgabedatenträger* erstellte *Magnetband ist rechnerkompatibel*, es kann unmittelbar auf vorhandenen Bandeinheiten gelesen werden. Vor der Verarbeitung werden die gemischt aufgezeichneten Daten in einem Sortierlauf wieder separiert. Bei modernen Datensammelsystemen können die auf Platte erfaßten Daten *auch direkt an den zentralen Rechner* übertragen werden.

An allen Erfassungsplätzen eines Sammelsystems kann *gleichzeitig* gearbeitet werden. Der Erfassungsvorgang wird durch *Eingabeprogramme* gesteuert, die auf die unterschiedlichen Belegarten, Satzarten und Aktivitäten (Eintasten, Prüfen, Korrektur) abgestimmt sind.

Die *Vorteile von Datensammelsystemen* im Vergleich zu Einzelgeräten, die allein – ohne Rechneranschluß – betrieben werden, sind:

1. Kostendegression pro Platz bei vielen Erfassungsplätzen: Nach Herstellerangaben können kleine Sammelsysteme bereits ab drei Erfassungsplätzen wirtschaftlich eingesetzt werden, große Systeme bieten Anschlußmöglichkeiten für 60 Erfassungsplätze und mehr.[4]

---

4 In der Praxis finden sich allerdings kaum Sammelsysteme mit weniger als vier und mehr als 30 angeschlossenen Erfassungsplätzen.

2. Ausbaufähigkeit: Datensammelsysteme können im Verbund mit einem zentralen Großrechner eingesetzt werden, ferner sind sonstige Peripheriegeräte anschließbar, die das Anwendungsspektrum erweitern.

3. Intelligenz: Infolge ihrer Intelligenz empfehlen sich Datensammelsysteme überall dort, wo große Datenmengen vorverarbeitet werden müssen, wo umfangreiche Satz- und Feldprüfungen erforderlich sind und wo verschiedene Belegarten, Datenstrukturen und Satzarten vorliegen.

Übungsaufgabe Nr. I-162 im Arbeitsbuch     ←

### 3.1.3.6 Off-line- und On-line-Datenerfassung

Bezüglich des *Steuerungsgrades zwischen dem Datenerfassungsprozeß und dem Datenverarbeitungsprozeß* wird zwischen der *Off-line-Datenerfassung* und der *On-line-Datenerfassung* unterschieden.

---

Mit **Off-line-Datenerfassung** (engl.: off-line data collection) wird eine gerätetechnische Lösung beschrieben, bei der zwischen den Erfassungsgeräten und dem Verarbeitungsrechner kein Steuerungszusammenhang besteht. Bei der **On-line-Datenerfassung** (engl.: on-line data entry) ist ein Steuerungszusammenhang zwischen den betrieblichen Erfassungsgeräten und dem Verarbeitungsrechner gegeben.

---

Für die Datenerfassung bedeutet das: *Off-line-Erfassung ist zwingend eine Datenerfassung unter Verwendung von maschinell lesbaren Sekundärdatenträgern.* Diese ermöglichen (oder verursachen) die *steuerungsmäßige und damit zeitliche Unabhängigkeit des Erfassungssystems vom Verarbeitungssystem.* Off-line-Systeme sind grundsätzlich einfacher zu entwickeln und zu implementieren; die kostenmäßigen Konsequenzen der Entwicklung und Einführung sind verglichen mit On-line-Systemen geringer.

*On-line-Erfassungsgeräte* arbeiten gleichzeitig mit der EDVA (in Kooperation mit der Zentraleinheit) zur Lösung einer Aufgabe. Hier wird grundsätzlich *kein* Sekundärdatenträger erzeugt.

*Bestimmte Erfassungsgeräte erlauben beide Betriebsarten wahlweise.* So werden z.B. häufig für die On-line-Erfassung ausgestattete Geräte zusätzlich für Sicherungszwecke (Ausfall der On-line-Verbindung) oder für Dokumentationszwecke mit Off-line-Erfassung ausgelegt.

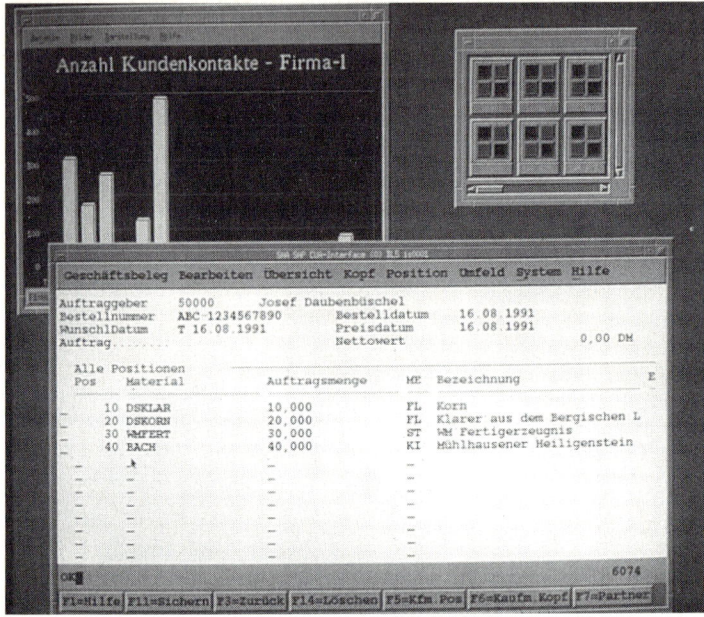

Abb. 3.1.3.6/1: Bildschirmmasken für die Kundenauftragsdatenerfassung (Quelle: SAP)

**Anwendungsbeispiel On-line-Kundenauftragsbearbeitung**

Das erste Bild zeigt die Schnellerfassungsmaske für Kundenaufträge. Im oberen Teil werden die Nummer des Auftraggebers und das Wunschlieferdatum eingegeben. Ferner wird für die folgende Korrespondenz die Bestellnummer und das Bestelldatum erfaßt. Im unteren Teil kann je Zeile eine Auftragsposition erfaßt werden. Aufgrund dieser Eingaben wird vom System ein vollständiger Auftrag mit Preisen, Zu- und Abschlägen sowie geprüften Lieferterminen erzeugt (links oben).

Das zweite Bild zeigt das Anlegen von Kundenaufträgen unter Bezug auf einen vorangegangenen Geschäftsvorfall. In unserem Fall wird aufgrund eines Angebotes ein Kundenauftrag erteilt (rechts oben).

Über die Aktionsleiste wählt der Sachbearbeiter innerhalb der Kundenauftragsverarbeitung den zugehörigen Aktionseintrag aus. Nach Datenfreigabe erscheint ein Dialog-Fenster, in dem die zugrundeliegende Angebotsnummer und das neue Wunschlieferdatum eingegeben werden (rechts unten).

Aufgrund dieser Eingaben wird vom System ein vollständiger Auftrag erzeugt. Darüber hinaus wird für spätere Recherchen die Verbindung zwischen Angebot und resultierendem Auftrag hergestellt. Aufgrund des nun vorhandenen Auftrags ist das Angebot erledigt.

510

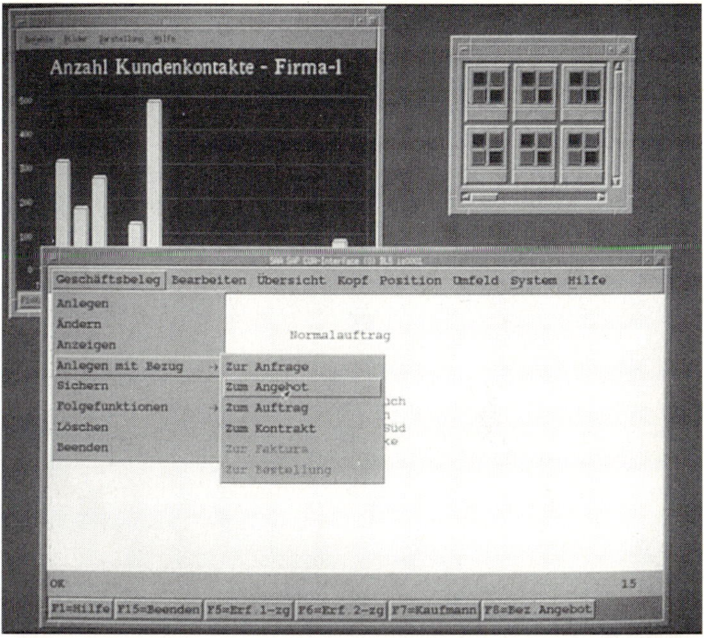
Anzahl Kundenkontakte - Firma-1
Geschäftsbeleg Bearbeiten Übersicht Kopf Position Umfeld System Hilfe
Anlegen
Ändern
Anzeigen
Anlegen mit Bezug
Sichern
Folgefunktionen
Löschen
Beenden
Zur Anfrage
Zum Angebot
Zum Auftrag
Zum Kontrakt
Zur Faktura
Zur Bestellung
Normalauftrag
OK
15
F1=Hilfe F15=Beenden F5=Erf.1-zg F6=Erf.2-zg F7=Kaufmann F8=Bez.Angebot

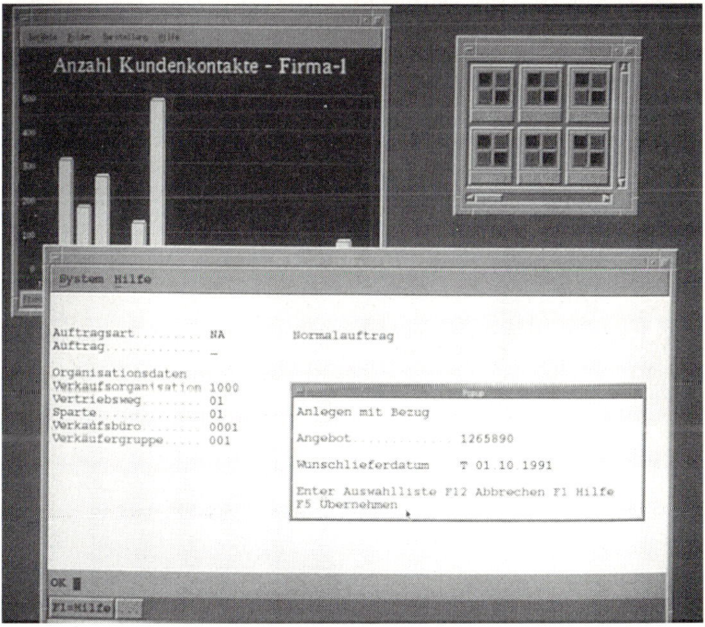
Anzahl Kundenkontakte - Firma-1
System Hilfe
Auftragsart NA
Auftrag
Normalauftrag
Organisationsdaten
Verkaufsorganisation 1000
Vertriebsweg 01
Sparte 01
Verkaufsbüro 0001
Verkäufergruppe 001
Anlegen mit Bezug
Angebot 1265890
Wunschlieferdatum T 01.10.1991
Enter Auswahlliste F12 Abbrechen F1 Hilfe
F5 Übernehmen
OK
F1=Hilfe

Der *Trend* in der Datenerfassung (vgl. Folgeabschnitt) geht eindeutig *in Richtung On-line-Erfassung*, insbesondere mittels Bildschirmgeräten. Die Vorteile der dadurch ermöglichten Sofortverarbeitung der erfaßten Daten veranschaulicht das vorstehende *Beispiel einer heute typischen Kundenauftragserfassung im Dialog.*.

→ Übungsaufgabe Nr. I-163 im Arbeitsbuch

### 3.1.3.7 Stationäre und mobile Datenerfassung

> Mit dem Kriterium *«Mobilitätsgrad»* wird die Ortsgebundenheit der zur Datenerfassung eingesetzten Geräte beschrieben. Bei der **stationären Datenerfassung** werden fest an einem Ort installierte Erfassungsgeräte (engl.: stationary data collection device) eingesetzt. Die **mobile Datenerfassung** (gebräuchliche Abkürzung: **MDE**) wird durch tragbare Erfassungsgeräte (engl.: portable data collection device) vorgenommen.

Sie haben bereits eine *Vielzahl von stationären Datenerfassungsgeräten* kennengelernt, angefangen vom «historischen» Locher über Belegleser bis hin zu Bildschirmgeräten. Tatsächlich sind alle bisher vorgestellten Geräte für die Datenerfassung an die feste Installation gebunden, ein Ortswechsel ist aufgrund der Größe, des Gewichts und/oder bestimmter Installationsvoraussetzungen (z.B. Netzanschluß) nicht bzw. nur mit einem erheblichen Aufwand möglich. Von einer stationären Datenerfassung spricht man auch dann, wenn ein fest installiertes Erfassungsgerät über bewegliche Komponenten verfügt, z.B. die Datensichtstation über einen Lichtstift oder die Datenkasse über einen Handleser.

Das Streben nach einer möglichst quellennahen und aktuellen Erfassung von Daten, die während Außendiensttätigkeiten oder in räumlich entfernten Betriebseinheiten (Verkaufsstätten, Lagern, Werkstätten usw.) anfallen, führte zur Entwicklung *tragbarer Erfassungsgeräte*, die überall verwendet werden können. Eine mobile Datenerfassung am Ursprungsort, also z.B. bei der Inventur im Lager oder bei der Auftragsannahme beim Kunden, setzt *ein geringes Gewicht der Geräte, deren Unabhängigkeit von einer äußeren Stromquelle sowie ausreichende Speicherkapazitäten* für die zu erfassenden Daten und die Erfassungsprogramme voraus. Durch die Fortschritte der Halbleitertechnik ist die Entwicklung von handlichen Geräten möglich geworden, deren

Gewicht oft deutlich unter 500 Gramm liegt. Die Stromversorgung wird durch eingebaute Akkus oder auswechselbare Batterien gewährleistet. Aus der Abb. 3.1.3.7/1 sind die *Grundfunktionen mobiler Erfassungs-*

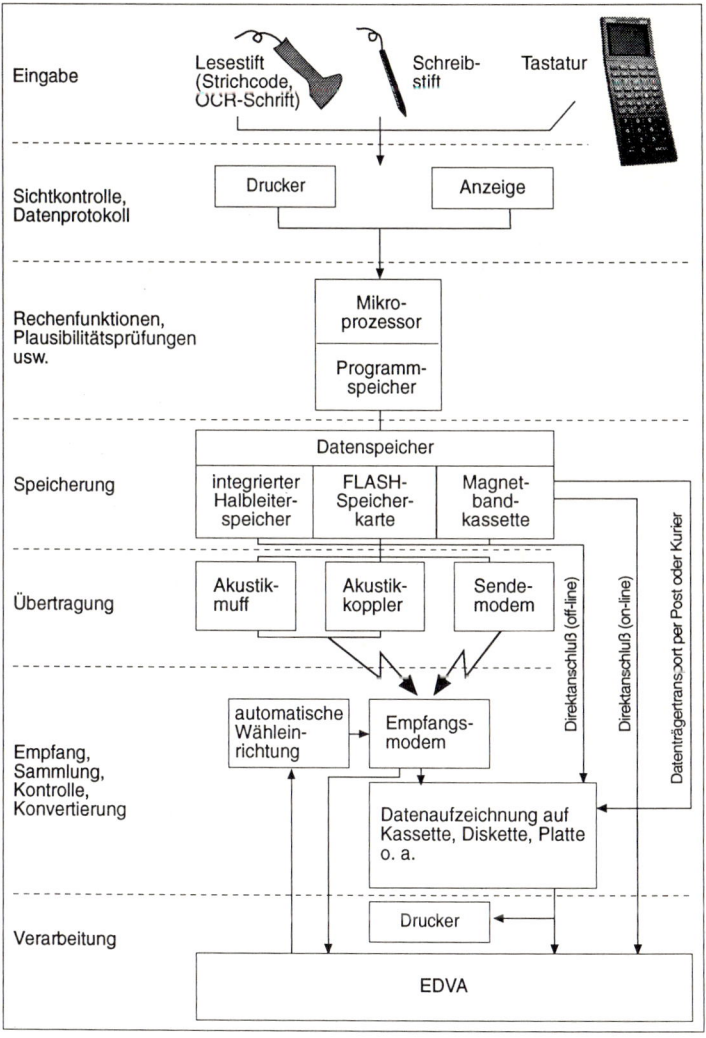

Abb. 3.1.3.7/1: Ablaufschema der mobilen Datenerfassung (Quelle: RGH)

*geräte* ersichtlich, deren unterschiedliche technische Realisierung zu einer erheblichen *Vielfalt angebotener Gerätetypen* geführt hat.

Für die *Eingabe* der zu erfassenden Daten verfügen alle mobilen Geräte über eine *Tastatur* (numerisch, alphanumerisch, Schreibmaschinen-Volltastatur nach DIN 2137). Vielfach ist zusätzlich für Strichcodes, OCR-Schriften oder Magnetcode ein *Handleser* anschließbar. Dadurch lassen sich feste Daten (z.B. Artikelnummern) automatisch und variable Daten (z.B. Bestellmengen) manuell eingeben. Zunehmende Bedeutung hat die *Schreibstifteingabe* (siehe Abschnitt 2.3.2.4).

Zur *Kontrolle* werden die eingegeben Daten vor der endgültigen Speicherung auf einem *Bildschirm* ausgegeben. Auch *Bedienungshinweise und Fehlermeldungen* werden auf diese Weise angezeigt.

Der *Intelligenzgrad* der angebotenen mobilen Erfassungsgeräte und damit die Möglichkeiten von Eingabeprüfungen, anwendungsspezifischen Programmen und der Datenvorverarbeitung sind sehr unterschiedlich. Die Kapazitäten der *Programmspeicher* erreichen oft mehrere MB. Es werden einerseits billige, einfunktionale Geräte angeboten, die ausschließlich zur Erfassung von Daten dienen. Andererseits kommen zunehmend hochwertige, universell einsetzbare, besonders kleine mobile Personal-Computer (Palmtops, Notepads) zum Einsatz, die mit komfortablen Programmen (z.B. für die Auftragserfassung und Fakturierung) ausgestattet werden können.

Die *Datenspeicherung* erfolgt i.d.R. auf integrierten batteriegespeisten Halbleiterspeichern und Flash-Speicherkarten mit mehreren MB Kapazität. Auswechselbare Magnetbandkassetten oder Mikrodisketten kommen wegen ihrer beschränkten Kapazitäten und des relativ hohen Gewichts der Laufwerke kaum noch zum Einsatz.

Zur *Übertragung* der dezentral erfaßten und im mobilen Gerät gespeicherten Daten an den räumlich entfernten Verarbeitungsort kommt zum einen der *körperliche Transport* in Betracht (z.B. Verkaufsfahrer bringen nach der Belieferung der Abnehmer mit Bestell- oder Abrechnungsdaten beschriebene MDE-Geräte zurück in die Zentrale, wo sie neue Ware und mit dem aktuellen Tourenplan und den Kunden- und Auftragsdaten geladene MDE-Tauschgeräte erhalten). Zum anderen ist eine Datenübertragung über *Fernmeldewege* möglich. Von der Vielzahl der Übertragungsnetze, welche die Post zur Verfügung stellt, wird bisher nur das öffentliche Telefonnetz in größerem Umfang für die Datenübertragung bei mobiler Datenerfassung benutzt. Im einfachsten Fall wird ein sogenannter *Akustikmuff* über ein Kabel mit dem Erfassungsgerät verbunden und auf die Sprechmuschel des Telefonhörers eines beliebigen Fernsprechanschlusses gestülpt. Die Verbindung zum Empfangsort der Daten wird wie üblich hergestellt. Dieses Verfahren ist

Abb. 3.1.3.7/2· Mobile Datenerfassungsgeräte

billig auf der Sendeseite, aber relativ aufwendig auf der Empfangsseite, da wegen der hier nicht möglichen Rückmeldung während des Übertragungsvorgangs kostspielige Empfangsstationen notwendig sind, die Übertragungsfehler erkennen und u.U. nachträglich korrigieren. Eine akustische Ankopplung in beiden Übertragungsrichtungen ist durch den etwas teureren *Akustikkoppler* (engl.: acoustic coupler) möglich. Für die Übertragung wird dieser ebenfalls auf die Sprechmuschel des Telefons gestülpt, für die Rückübertragung auf die Hörmuschel. Eine dritte Möglichkeit, die eine höhere Übertragungsgeschwindigkeit und -sicherheit erlaubt, ist die Ankopplung über einen *Modem* (engl.: modem), der allerdings i.d.R. fest installiert sein muß (z.B. in einer Außenstelle). Nachteilig ist hier die Ortsgebundenheit der Datenübertragung. In die MDE-Geräte eingebaute Funkmodems, welche die erfaßten Daten drahtlos über Funkverbindungen übermitteln können, sind noch relativ störanfällig. Die genannten Geräte ermöglichen die Umwandlung von digitalen in analoge Daten (Frequenzen), die wie das gesprochene Wort über die Telefonverbindungen übertragen werden. Auf der Empfangsseite ist für die Rückumsetzung in digitale Daten in jedem Fall ein Modem erforderlich. Auf die Geräte und Wege der Datenfernübertragung wird im Abschnitt 3.3.3 noch ausführlich eingegangen.

→  Übungsaufgabe Nr. I-164 im Arbeitsbuch

### 3.1.4 Markt und Entwicklungstendenzen der Datenerfassung

Zu *Beginn der 70er Jahre* wurden in der Bundesrepublik Deutschland noch ungefähr *60%* *aller zu erfassenden Daten auf Lochkarten* abgelocht. Jeweils etwas mehr als 10% des gesamten Erfassungsvolumens wurden durch Lochstreifen- und sonstige Paralleldatenerfassungsgeräte, durch Magnetbandbeschriftungseinheiten und durch stapelorientierte Belegleser bewältigt. Die übrigen Datenerfassungsverfahren waren zu diesem Zeitpunkt noch bedeutungslos (zusammen 4% des Gesamtvolumens).

Seither hat sich bezüglich der installierten Geräte und angewandten Verfahren ein *erheblicher Wandel* vollzogen:

*Standardlochkarten und Lochstreifen sind als Erfassungsmedien für Massendaten völlig vom Markt verschwunden.* Nur noch sehr selten sind handliche Kleinlochkarten als Identifikationsnachweise (Hotelschlüssel, Schipaß) in Gebrauch. Auch in dieser Funktion sind sie durch billige Magnetkarten mit einer weit größeren Aufnahmekapazität schon weitgehend verdrängt worden.

Disketten haben für die indirekte Datenerfassung ebenfalls kaum noch eine Bedeutung. Die bei der Ablöse der Locher zunächst vorwiegend praktizierte sukzessive Erfassung durch manuelles Eintasten der

Daten auf Off-line-Diskettengeräten gibt es kaum noch. Als billiges, kompaktes Transportmittel für auf einem Gerät (z.B. dem PC in Ihrem Büro) erfaßte bzw. verarbeitete Daten zu einem anderen Gerät (z.B. Ihrem PC zu Hause) sind und bleiben Disketten jedoch außerordentlich bedeutsam.

Welche Arten von Datenerfassungsverfahren heute und in absehbarer Zukunft dominieren, zeigt die nachfolgende *Trendliste*:

| «In» sind: | «Out» sind: |
|---|---|
| Halbdirekte dezentrale Datenerfassung mit Strichcodes (wie dem EAN-Code) und mit Plastikkarten in Selbstbedienung | Indirekte Datenerfassung mit Lochkarten, Lochstreifen, Magnetbandkassetten und Disketten |
| Direkte dezentrale Datenerfassung mit Arbeitsplatzrechnern (Tastatur und Maus) | Zentrale sukzessive Datenerfassung mit Einzelgeräten und Sammelsystemen |
| Mobile Datenerfassung mit stiftgesteuerten Notepads und kleinen, leichten Handgeräten | Stationäre Off-line-Datenerfassung mit nichtintelligenten Geräten |

Abb. 3.1.4/1: Trendliste der Datenerfassungsverfahren

Nachfolgend gehen wir nur noch auf die zukunftsträchtigen «In»-Verfahren ein. Weil Sie die mobile Datenerfassung im Abschnitt 3.1.3.7 schon sehr ausführlich kennengelernt haben, verzichten wir diesbezüglich jedoch auf weitere Ausführungen. Den Schwerpunkt legen wir auf das «Plastikgeld».

### Dezentrale Datenerfassung mit Plastikkarten

*Derzeit sind in der Bundesrepublik Deutschland rund 6 Mio. Kreditkarten im Umlauf.* Die Zahl der Karteninhaber wird auf etwa 3 Mio. geschätzt. In anderen EG-Ländern wie Großbritannien, Belgien und Niederlande ist die Zahl der ausgegebenen Kreditkarten pro 100 Einwohner viermal so hoch. Am weitesten verbreitet ist Eurocard mit einem Marktanteil von über 50%. Es folgen Visa, American Express und Diners Club. Näheres, auch zur Zahl der Akzeptanzstellen, entnehmen Sie bitte dem Abschnitt 2.2.5. Dort finden Sie zum Beispiel auch die Angabe, daß in Deutschland derzeit etwa 25 Mio. Eurochequekarten ausgegeben sind, die in erster Linie zur Bargeldabhebung dienen. Dazu kommen noch Millionen von Kunden- und Mitgliederkarten von

Automobilclubs, Warenhäusern, Hotelketten usw. Der größte Teil dieser Karten sind noch Magnetstreifenkarten, jedoch setzen sich die Chipkarten immer mehr durch. Sie bieten eine erhöhte Fälschungssicherheit, Flexibilität und Multifunktionalität. 60% der Banken erklärten bei einer Umfrage, sie gingen spätestens bis zum Ende dieses Jahrzehnts mit Chipkarten auf den Markt. 20% waren allerdings aus Kostengründen strikt dagegen.

Sie können schon heute mit solchen Karten bei einer Vielzahl von Tankstellen, Hotels, Restaurants, Reiseveranstaltern und Einzelhandelsgeschäften bezahlen. Sie können sich damit am Kontoauszugsdrukker von Banken selbst Kontoauszüge erstellen oder Sie können mit den Kartentelefonen der Deutschen Bundespost bargeldlos telefonieren. Die Münztelefone werden allmählich verschwinden. Schon in drei Jahren soll in jeder zweiten Zelle ein Chipkartentelefon hängen, besonders forciert wird dieser Ausbau auf dem Gebiet der ehemaligen DDR. Der Postkunde bezahlt, ähnlich wie bei einer Kreditkarte, nur einmal monatlich zusammen mit der gewöhnlichen Telefonrechnung. Die widerrechtliche Nutzung der personengebundenen Karte soll – wie bei Eurochequekarten oder sonstigen Geldkarten üblich – durch die Verwendung eines Geheimcodes ausgeschlossen werden.

An dieser Stelle wollen wir nicht auf das *Für und Wider von Geld- und Kreditkarten* im allgemeinen eingehen, Sie aber doch auf einige Probleme aus Konsumentensicht aufmerksam machen: Die 25 Mio. Haushalte der Bundesrepublik Deutschland waren 1990 durchschnittlich mit 12.500 DM verschuldet (alte Bundesländer; in den neuen Bundesländern dürfte die Lage eher noch schlimmer sein). Die Versuchung, mittels Kreditkarten Geld auszugeben, das man nicht hat, ist groß. Doch die Folgekosten eines solchen Lebens auf Pump können verhängnisvoll sein. Ebenso fatal kann es sein, wenn Karten durch Dritte mißbraucht werden und der daraus resultierende Schaden einseitig dem Karteninhaber aufgebürdet wird. Schließlich gibt es auch Befürchtungen, daß durch solche Karten der Schutz der Privatsphäre gefährdet wird, weil damit Einkaufsakte, Ferngespräche usw. fast lückenlos dokumentierbar werden. Auf die Datenschutzproblematik kommen wir noch ausführlich im Abschnitt 3.2.2.6 zurück.

### Kartenmanagementsysteme und Kartenterminals

Wo die einen das Schreckgespenst des «Gläsernen Menschen» an die Wand malen, sehen die anderen die Chance, durch umfassendes Wissen über das Kaufverhalten absatzpolitische Instrumente gezielter einsetzen und Kunden besser bedienen zu können. Aus der Sicht von Handels-

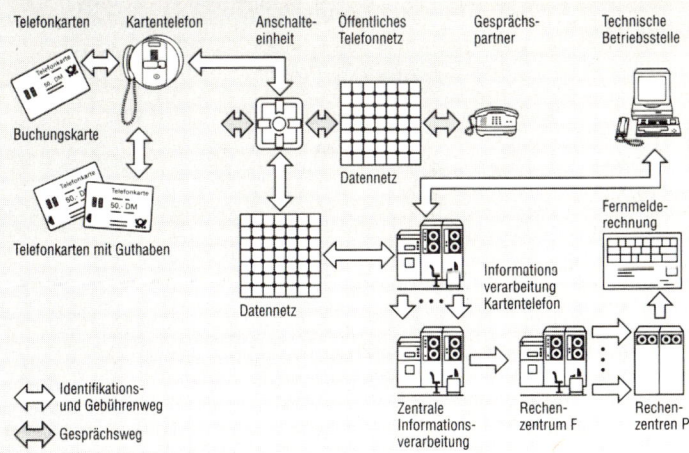

| Telefonkarten | Kartentelefon | Anschalte-einheit | Öffentliches Telefonnetz | Gesprächs-partner | Technische Betriebsstelle |

Buchungskarte

Datennetz

Telefonkarten mit Guthaben

Datennetz

Fernmelde-rechnung

Informations-verarbeitung Kartentelefon

⇔ Identifikations- und Gebührenweg

⇔ Gesprächsweg

Zentrale Informations-verarbeitung

Rechen-zentrum F

Rechen-zentren P

Abb. 3.1.4/2: Das öffentliche Chipkartentelefonsystem der Deutschen Bundespost (Quelle: Siemens)

Rechenzentrum F ist ein Rechenzentrum für die Gebührennachverarbeitung. Die Gebühren-Rohdaten werden übernommen, auf Plausibilität geprüft und fortgeschrieben. Anhand der Gebührenparameter werden die angelaufenen Gesprächsgebühren berechnet und auf Gebühren-Magnetbänder für die Rechenzentren P geschrieben. Dort werden diese ins allgemeine Abrechnungsverfahren des Fernmelderechnungsdienstes einbezogen, und es werden die Fernmelderechnungen erstellt.

und Dienstleistungsunternehmen steht zwar die erhoffte Umsatzausweitung durch die einfachere, schnellere und sicherere Bezahlung im Vordergrund, ein wichtiger Zusatznutzen von Kartensystemen ist jedoch die erwähnte Marketing-Information. Die *Kartenmanagement-*

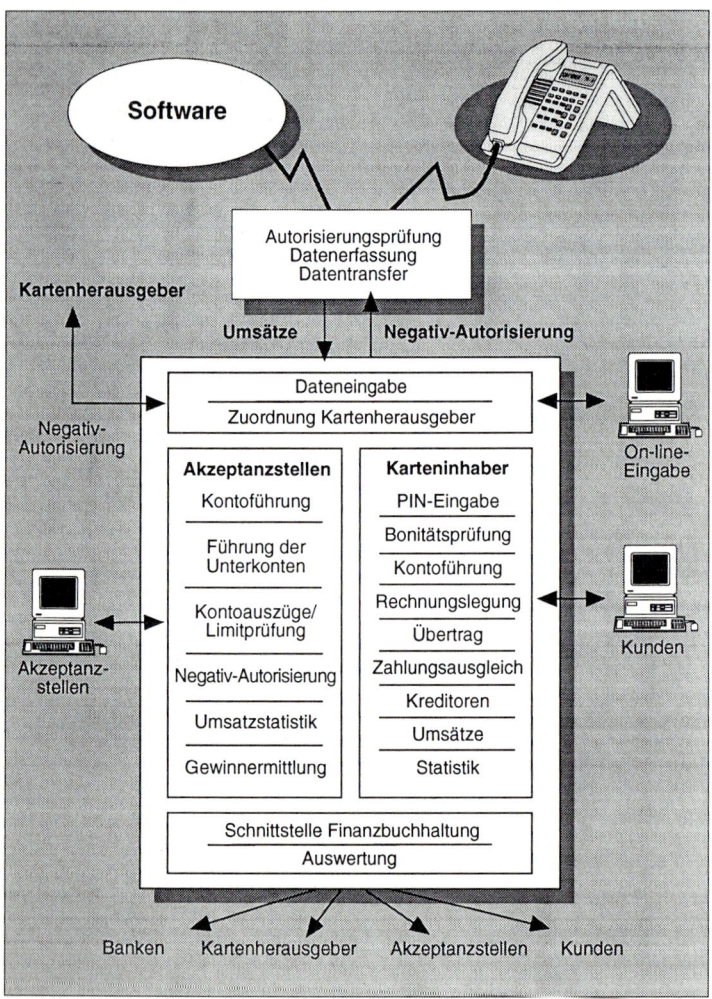

Abb. 3.1.4/3: Funktionen von Kartenmanagementsoftware
(Quelle: Axime, Computerwoche)

*software*, die von Banken, Agenturen im Finanzdienstleistungsbereich, Einzelhandelsketten; Verkehrsbetrieben, Hotelvereinigungen usw. und nicht zuletzt von den Unternehmen verwendet wird, die die Kreditkarten herausgeben, bietet Funktionen für die Kartenverwaltung, die Autorisationsprüfung und die Abrechnung.

Die *Kartenverwaltung* umfaßt alle Aufgaben, die mit der Speicherung und Analyse der Karten- und Inhaberdaten zusammenhängen. Typische Aufgaben sind die Adreßverwaltung, der Zugriff auf persönliche, finanzwirtschaftliche und kaufverhaltensrelevante Daten der Karteninhaber, die Gewährleistung von Sicherheitsmaßnahmen, die Analyse des Kauf- und Zahlungsverhaltens einzelner Kunden im Dialogbetrieb und die Erstellung von umfassenderen Absatzstatistiken in Berichtsform. Damit kann zum Beispiel festgestellt werden, ob sich ein Kunde häufig in alpinen Regionen aufhält und in Sportgeschäften einkauft oder regelmäßige Bangkok-Reisen vorzieht und die Karte zur Zahlung dabei anfallender Kosten einsetzt. Anhand von Kontenbewegungen und Zahlungsgewohnheiten lassen sich gezielte Marketingaktivitäten vorbereiten.

Die *Autorisationsprüfung* beinhaltet die Prüfung und Genehmigung von Anfragen, die über ATM-Terminals (ATM = engl. Abkürzung für: automated teller machines) und POS-Terminals (POS = engl. Abkürzung für: point of sales) oder auch per Telefon eingehen. Es wird geprüft, ob die Karte gültig ist (oder verloren gemeldet wurde) und ob der Karteninhaber einen Kauf über die vorgesehene Summe tätigen darf (Bonitätsprüfung). Dabei muß das Programm mit einer Vielzahl von Datenstationen kommunizieren und unterschiedliche Übertragungsprotokolle abwickeln können. Näheres zur Datenübertragung werden Sie im Abschnitt 3.3 erfahren. Ein Problem liegt in der Vielzahl der verschiedenen Kartenarten und -formate. Vor allem die Magnetstreifenkarten und die Chipkarten unterscheiden sich wesentlich. Ein Großteil der Terminals kann nur den einen oder den anderen Kartentyp lesen.

Zu den *Abrechnungsfunktionen* gehören die tägliche oder wöchentliche Transaktionsverarbeitung und Rechnungserstellung für die Akzeptanzstellen, wobei von der Kreditkartenorganisation für die Kartenverwaltung eine Provision einbehalten wird. Ferner zählen dazu die Datenverwaltung der Akzeptanzstellen sowie das Inkasso-System für die Karteninhaber (i.d.R. monatliche Abrechnung).

Mindestens ein Dutzend solcher *Standard-Kartenmanagementsysteme* werden derzeit auf dem Markt angeboten. Der Anschaffungspreis beträgt bei den leistungsfähigsten Systemen rund eine Mio. DM. IDC schätzt, daß in Europa derzeit etwa 200 Systeme installiert sind. Das in Deutschland gebräuchlichste System heißt Cardpac und wurde von der Credit Card Software Inc. (CCS) in Florida, USA, entwickelt.

Wegen der Höhe der an die Kreditkartenorganisationen zu bezahlenden Provisionen (bis zu 5 %), die die Gewinnspanne schmälern, verweigern manche Klein- und Mittelbetriebe die Annahme von Karten. Gelegentlich – zuletzt in Österreich 1991 – kommt es auch zu einer koordinierten Widerstandsaktion in größeren Bereichen. Letztlich haben sich aber immer die mächtigen Kreditkartenorganisationen im Verein mit ihren potenten Kunden durchgesetzt, die heute die Zahlungsmöglichkeit mit «Plastikgeld» bei Einkäufen des täglichen Bedarfs, bei Reiseausgaben, Benzin und diversen Dienstleistungen zunehmend als Selbstverständlichkeit ansehen.

Die einfachsten POS-Terminals, an denen mit Kreditkarten bezahlt werden kann, sind *Magnet- bzw. Chipkartentelefone.* Der integrierte

Abb. 3.1.4/4: POS-Kasse mit in die Tastatur eingebautem Kartenleser

oder angeschlossene Kartenleser akzeptiert heute i.d.R. diverse Karten; bei nicht lesbarer Karte lassen sich die Kartendaten auch manuell eingeben. Nach der Eingabe des Rechnungsbetrags wird automatisch über das öffentliche Telefonnetz der Rechner in der jeweiligen Autorisationszentrale des jeweiligen Kreditinstituts angewählt. Wenn die Verbindung hergestellt ist, erfolgt der Datenaustausch mit dem Zentralrechner. Bei Genehmigung erscheint auf dem Zeilenbildschirm des Kartentelefons eine Genehmigungsnummer, die dann als Nachweis der Berechtigung auf dem Abrechnungsbeleg eingetragen wird. Ist dagegen die Rechnerantwort negativ (z.B. weil die Kreditkarte als verloren gemeldet ist), erfolgt automatisch eine Verbindung zu einem Mitarbeiter des Genehmigungsdienstes der Gesellschaft.

*Kartenlesende Computerkassen* kosten je nach Ausstattung zwischen 5000 DM und mehr als 15000 DM. Sie können zum Teil auch die mit Magnetstreifen versehenen Eurocheque-Karten lesen, von denen in Europa derzeit etwa 50 Mio. im Umlauf sind. Die Gesellschaft für Zahlungssysteme (GZS) in Frankfurt/M. hat schon umfangreiche Feldversuche mit Eurocheque-Chipkarten durchgeführt, über die Einführung ist jedoch noch keine Entscheidung getroffen worden.

### Innovative Anwendungen durch Chipkarten mit Mikroprozessor

*Überlegungen und Experimente mit Smartcards* gibt es in vielen Branchen; in zahlreichen großen Organisationen werden sie schon lange im normalen Alltagsbetrieb verwendet. Über 100 Mio. solcher Karten sind derzeit im Umlauf. Nur zwei besonders interessante Zukunftsprojekte können nachfolgend exemplarisch skizziert werden.

Zum *Beispiel* denkt die Kommission der Europäischen Gemeinschaft daran, den vorgesehenen *europäischen Führerschein in der Form einer Chipkarte* mit Mikroprozessor zu gestalten. Die Daten auf der Karte wären Kopien der Angaben in einer Datenbank bei der «Führerscheinbehörde». Auch andere Dokumente in der Transportbranche, etwa der Kraftfahrzeugschein, der Frachtbrief usw., könnten damit fälschungssicher und – über elektronischen Datenaustausch – international zugänglich realisiert werden. In der EG werden derzeit jährlich etwa 70 Mio. solcher Dokumente erstellt.

Von den Kraftfahrzeugherstellern werden «*Autoschlüssel der Zukunft*» *mit integrierten Chips* entwickelt, die neue Anwendungen im Servicebereich ermöglichen. Die Benutzung des Zündschlüssels bleibt für den Fahrer unverändert. Parallel zur Produktion werden alle Stammdaten des Fahrzeuges in den Chip geschrieben. Schiebt man in der Werkstatt den Schlüssel mit seinem Bart in ein eigens dafür entwickeltes Lesegerät, so werden die Daten

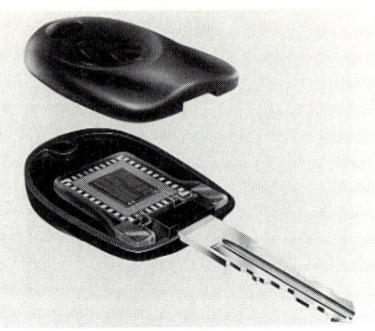

Abb. 3.4.1/5: Zündschlüssel mit integriertem Chip (Quelle: VAG)

automatisch aus dem Schlüssel ausgelesen und am Bildschirm des Werkstattrechners (z. B. PC) angezeigt. Durch diese Art der Datenerfassung erhält der Kundendienstberater einen Überblick über alle fahrzeugrelevanten Daten; Übertragungsfehler sind ausgeschlossen. Natürlich können die Daten auch weiterverarbeitet werden, z. B. können auf dieser Basis Lagerentnahmescheine, Werkstattaufträge oder Kundenrechnungen gedruckt werden. Um zu gewährleisten, daß die Schlüsseldaten auf dem aktuellen Stand gehalten werden, können durch einen autorisierten Betrieb auch nach der Auslieferung des Fahrzeugs Ergänzungen oder Änderungen in das EE-PROM-Modul geschrieben werden. Sogar ein Diebstahlschutz (über das Zündschloß) läßt sich in den Schlüssel integrieren. Werden auch persönliche Daten wie Anschrift und Telefonnummer eingespeichert, so kann jede Vertragswerkstatt umgehend den Kraftfahrzeugeigentümer verständigen, wenn sein verlorener Schlüssel gefunden wurde und ihm den Schlüssel zustellen.

**POS-Datenerfassung in Handels- und Dienstleistungsbetrieben**

Alle diese Verfahren, seien sie Gegenwart oder Zukunft, sind *Mischformen zwischen halbdirekter und direkter Datenerfassung*. Einerseits geht es darum, durch «*Selbstbedienung*» der Kunden Personalkosten einzusparen und Vorgänge einfacher, sicherer und schneller zu erledigen. Andererseits soll damit *umfangreichere Information* über Kunden sowie über die ver- und gekauften Produkte und Dienstleistungen gewonnen werden. Durch zielgruppenorientierte Geschäftsstrategien (vor allem im Marketing) und besseren Service lassen sich Wettbewerbsvorteile gegenüber der Konkurrenz erreichen.

Diesen Zielen dienen die *Selbstbedienungssysteme von Banken* (Geldausgabeautomaten, Kontoauszugsdrucker, Auskunftsterminals)

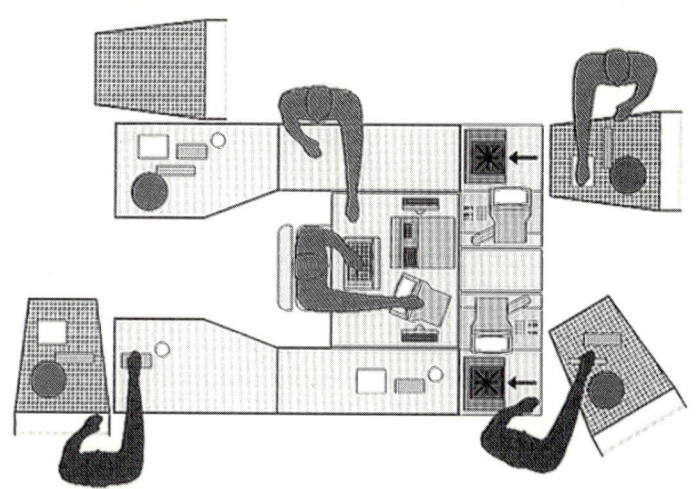

Abb. 3.1.4/6: Selfscanning-System (Quelle: SNI)

ebenso wie die *POS-Systeme mit Kartenlesern und/oder mit Scanner-kassen in Dienstleistungsbetrieben und im Handel.*

*Im deutschen Handel* gibt es derzeit *etwa 5000 Scannermärkte* mit 25000 Scannerkassen, die optoelektronisch über den EAN-Strichcode die verkauften Artikel erfassen. Dazu kommt noch eine sehr viel höhere (unbekannte) Zahl von «normalen» Datenkassen ohne Scanner. Im Vergleich zu den USA und Japan liegen die europäischen Länder weit zurück. Dort wird über die Hälfte des Umsatzes im Lebensmittelhandel von Geschäften mit Scanner-Einrichtungen getätigt. Zielsetzung solcher POS-Systeme ist die optimale Warenwirtschaft. Das heißt, jede am Markt nachgefragte Ware soll zur rechten Zeit in ausreichender Menge am richtigen Platz verfügbar sein – und das zu günstigsten Einkaufspreisen und mit einem Minimum an Lagerhaltung. Sie haben solche Systeme schon an anderer Stelle in diesem Buch kennengelernt, so daß hier nähere Erläuterungen nicht mehr nötig sind.

*Beim Scannereinsatz führende deutsche Handelsunternehmen* mit mehr als 400 Scannerkassenplätzen sind: Rewe Leibbrand, Kaufhof, Metro, Tengelmann, Karstadt, Nanz, Hertie, ASKO, Kaiser + Keller und Otto Reichelt. Rewe und Kaufhof haben jeweils über 3000 Scannerkassen installiert. Die bekanntesten Anbieter von POS-Systemen (Standardsoftware und Kassen) sind ADS, Hugin-Sweda, IBM, ICL, NCR, Omron, Siemens-Nixdorf und TA Olivetti. Die nächste Generation der Datenkassen ist darauf angelegt, Kassierpersonal einzusparen. Der Kunde soll im «Self-Scanning» seine gekauften Waren selbst am Scanner vorbeiführen.

Eine *moderne POS-Kasse* wird heute in Laptop-Technologie gebaut, wodurch eine äußerst kompakte Bauweise ermöglicht wird. Das in Abb. 3.1.4/4 gezeigte Gerät hat zum Beispiel eine Stellfläche von 28 Zentimeter Breite und 27 Zentimeter Tiefe. Elektronik, Netzversorgung und Kassendrucker sind in einem Gehäuse untergebracht und bilden zusammen mit dem vierzeiligen Bedienerdisplay und der Kundenanzeige die Basiseinheit. Diese enthält eine Steckvorrichtung zur Aufnahme einer Flash-Speicherkarte mit mehreren MB. Diese kann nach Belieben als Chefkarte, Stammkundenkarte, Bedienerkarte oder als Trägermedium für Anwendungssoftware verwendet werden. Das Gerät ist als MS-DOS-Kasse im lokalen Netzverbund mit Servern, aber auch als Stand-alone-System einsetzbar. Es kann mit unterschiedlichen Bon-Journal-Druckermodellen ausgestattet werden, wobei auch eine elektronische Aufzeichnung der Journaldaten auf Festplatte möglich ist. Über sieben Kommunikationsschnittstellen können die im Handel üblichen Peripheriegeräte wie Strichcode-Leser (Scanner, Lesepistole), Checkout-Waage und Geldschublade an die Basiseinheit angeschlossen werden. Ein Magnetkartenleser ist bereits in die Tastatur eingebaut. Ein integrierter Akku garantiert bei Netzausfall den kontrollierten Bon-Abschluß. In einem 32-KB-CMOS-Langzeitspeicher lassen sich umsatzrelevante Daten und Diagnosedaten über viele Jahre speichern.

Bei dem in Abb. 3.1.4/6 dargestellten *Selfscanning-System* registriert der Kunde seine Artikel selbst, indem er den Strichcode über das Scannerfenster bewegt. Jeder Scannvorgang wird auf einem Bildschirm dargestellt. Artikel-

Abb. 3.1.4/7: Mobiler LCD-Bildschirm für Einkaufswagen im SB-Handel

bezeichnung, Preis, Menge sowie Zwischen- und Endsumme kann der Kunde dadurch selbst kontrollieren. Nach Abschluß seines Registriervorganges begibt sich der Kunde zum Kassierplatz, um dort bar oder bargeldlos zu bezahlen. Da der Kunde bereits den zu zahlenden Betrag kennt, ist eine schnelle Abwicklung am Kassierplatz sichergestellt. Eine Checkout-Konfiguration setzt sich aus zwei Registrierplätzen zum Registrieren und einem Kassierplatz zusammen.

Mit Datenerfassung hat das in Abb. 3.1.4/7 gezeigte neuartige Gerät nur sekundär zu tun: Große Selbstbedienungsmärkte im Handel können dadurch Information über das Kundenverhalten gewinnen – wo sich der Kunde wie lange aufgehalten hat und welche Route er durch den Markt gewählt hat. Dabei handelt es sich um einen *LCD-Bildschirm, der auf einen normalen Einkaufswagen montiert ist.* Der Kunde schiebt den Einkaufswagen durch den Markt, und der Bildschirm, gesteuert durch Sensoren in der Decke des Marktes, informiert den Kunden über die Angebote am jeweiligen Standort. Dabei kann es sich um Preis- und ausführliche Produktinformation handeln, es können Hinweise auf Sonderangebote gegeben werden oder es können Rezepte und Unterstützung bei der Menüplanung offeriert werden. Ebenso kann ein Kundenleitsystem mit einem Produkt- und Standortverzeichnis in Anspruch genommen werden. Gutscheine können von dem Gerät elektronisch «kassiert» werden, und den Kunden kann damit die Wartezeit an der Kasse mit aktuellen und lokalen Nachrichten, dem Wetterbericht u.ä.m. verkürzt werden. Eine Anbindung an Rundfunksender ist ebenfalls denkbar. Die Möglichkeit, den Konsumenten im Moment der Kaufentscheidung weitestgehend zu informieren, soll nach Angaben des Anbieters in den USA zu einem Mehrumsatz von 1 US-$ pro Einkauf geführt haben.

### Betriebsdatenerfassung in der Industrie

Scanning spielt auch bei der *Betriebsdatenerfassung* (Abkürzung: BDE) eine Rolle. Fortlaufend gesammelte und nach produktionswirtschaftlichen Kriterien ausgewertete Daten über Aufträge, Maschinen, Personal und Material machen Betriebsabläufe transparent und unterstützen die Produktionsplanung und -steuerung. *BDE-Terminals* müssen wegen der oft rauhen Einsatzbedingungen besonders robust, zuverlässig und unempfindlich gegen Verschmutzung sein. Die Benutzeroberfläche muß komfortabel und bedienungssicher gestaltet sein. Die Bedienelemente, die fast immer aus Tastatur, Anzeige und Leser beste-

Abb. 3.1.4/8: Betriebsdatenerfassungssystem

528

hen, müssen sinnvoll angeordnet sein. Die Tasten sollten eine individuelle Beschriftung zulassen, deren Lesbarkeit auch bei intensivem Gebrauch erhalten bleibt. Auch mit Schutzhandschuhen bedienbare, entsprechend große Tasten sind oftmals nötig. Ein Arbeiter sollte ein solches Erfassungsgerät auf Anhieb verwenden können, ohne vorher in Handbüchern nachlesen zu müssen. Einfache, verständliche Anzeigetexte auf industriefesten Bildschirmen helfen ihm dabei. Die Daten werden in der Regel von Hand eingetastet oder halbautomatisch über Strichcode- und Kartenleser eingegeben. Direkt angeschlossene Fertigungsmaschinen übertragen die Daten unmittelbar in die Erfassungsterminals. Vielfach sind dies Endgeräte eines Datensammelsystems. An einen BDE-Leitrechner, der in der Regel umfangreiche Datenvorverarbeitungsaufgaben übernimmt, können bis zu hundert und mehr Erfassungsterminals angeschlossen sein.

*In Büroumgebungen spielen hingegen Datensammelsysteme keine Rolle mehr.* Etwa 50 000 solcher Anlagen sollen derzeit noch in der Bundesrepublik Deutschland installiert sein. Früher waren vor allem Textverarbeitungssysteme aus Kostengründen in dieser Form ausgelegt. Sie sind jedoch durch die Direkteingabe von Daten weitgehend verdrängt worden. Aus dem gleichen Grund kommen *Markierungs- und Schriftenleser nur noch in Marktnischen* zum Einsatz. *Heute dominiert die Tastatureingabe an Datensichtstationen und in zunehmendem Maße an Mikrorechnern am Arbeitsplatz der Endbenutzer in den Fachabteilungen.* Vorhandene Dokumente werden mit Abtastern (Scannern) im Rasterverfahren erfaßt. Hieran wird sich auch in absehbarer Zukunft nichts ändern.

### Handschrift- und Spracherkennung

Die Hoffnungen, die schon seit Jahrzehnten in die *Handschrifterkennung* gesetzt werden und die in jüngster Zeit durch stiftgesteuerte Notepads neuen Auftrieb erhalten haben, sind leider immer noch verfrüht. Wie im Abschnitt 2.3.3 erläutert, ist die Erkennungssicherheit der geschriebenen Blockschrift nach wie vor so gering, daß dieses Verfahren für die meisten Anwendungsbereiche nicht in Frage kommt. Von der Erkennung fließender Handschrift mit genügender Genauigkeit ist man noch viel weiter entfernt.

Ebenso kann man bei der automatischen *Spracherkennung* erst langfristig einen Durchbruch zur sprecherunabhängigen und fließenden Worterkennung erwarten. In Entwicklung befindliche Systeme erkennen bis zu 20 000 isoliert gesprochene Wörter, die durch ein Mikrofon eingegeben werden. Bisher im praktischen Einsatz befindliche Systeme können jedoch meist nur einige hundert Wörter bestimmter Sprecher durch den Vergleich mit gespeicherten Mustern erkennen. Primäre Anwendungsbereiche sind die Produktion, die Lagerhaltung und der Versand. Vor allem kommen sie dort zum Einsatz, wo eine direkte Eingabe sinnvoll, aber Tastaturen bzw. Zeigeeinrichtungen nicht verwendet werden können, weil z.B. die Hände beschäftigt sind, der Benutzer mobil sein muß oder die Umweltbedingungen für Tastaturen nicht geeignet sind. Anwendungsbeispiele sind die Inventuraufnahme, die Qualitätskontrolle, die Auftragsannahme oder die Paketsortierung. Bekannt geworden ist auch die Steuerung von Behinderten-Fahrzeugen durch gesprochene Befehle. Hingegen kommen Sprachdialogsysteme wegen ihrer beschränkten Leistung für den Bürobereich kaum in Frage.

Abb. 3.4.1/9: Spracheingabe in der Lagerwirtschaft

### Mehrfacherfassung durch «PC-Wildwuchs»

Durch den massiven, in vielen Fällen unkoordinierten Einsatz von Personal-Computern ist in den letzten Jahren die *Mehrfacherfassung von Daten zu einem immer drängenderen Problem* geworden. Für große, abteilungsübergreifende Anwendungen erfaßte, auf Zentralrechnern gehaltene Daten müssen nochmals von den PC-Benutzern eingetastet (d.h. von Computerlisten abgetippt) werden, weil ihre Arbeitsplatzrechner im Stand-alone-Betrieb arbeiten oder weil trotz Vernetzung die Daten nicht in einer Form zur Verfügung gestellt werden, die ihren Bedürfnissen entspricht. Im Zuge des zunehmenden Rechnerverbunds und der Integration von Informationssystemen auf der Basis von offenen Client-Server-Architekturen ist zukünftig mit einer gewissen Entschärfung dieses Problems zu rechnen.

### Datenfassung durch EDI

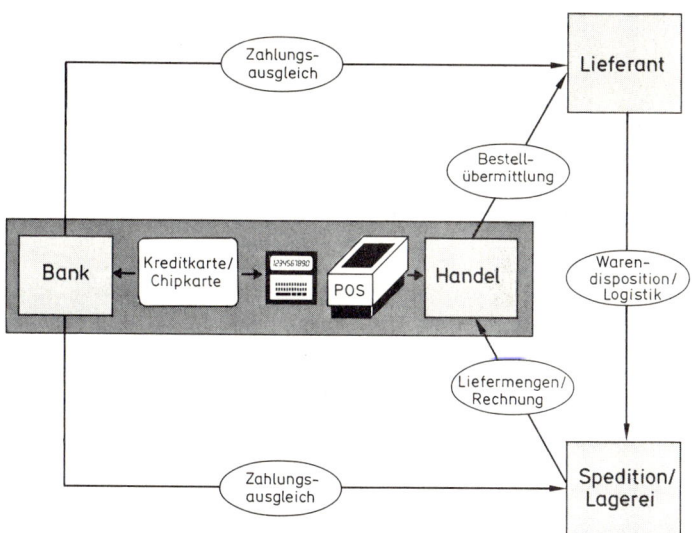

Abb. 3.1.4/10: Zwischenbetrieblicher Datenaustausch

Eine weitere zukunftsträchtige Rationalisierungsmöglichkeit ist schließlich der *zwischenbetriebliche Datenaustausch* durch den Versand von Datenträgern bzw. elektronischen Datenaustausch (engl.: electronic data interchange; abgekürzt: EDI), der den empfangenden Betrieb von der Datenerfassung völlig befreit. Beispiele sind neben den bereits

erwähnten POS-Systemen, die Verkaufsstätten und Banken einbeziehen,
- die Abwicklung des Zahlungsverkehrs zwischen Banken,
- die Abrechnung von Lieferungen zwischen Lebensmittelindustrie und -handel oder
- der Austausch von Bestell-/Lieferinformation zwischen Automobilindustrie und Zulieferern.

Weil EDI immer wichtiger wird, widmen wir diesem Thema einen eigenen Abschnitt im Kapitel 4.

# 3.2 Datenspeicherung

In den vorhergehenden Ausführungen ist beschrieben worden, was Daten sind, wo sie anfallen, wie sie erfaßt werden, auf welchen Medien sie aufbewahrt werden u.ä.m. *In diesem Abschnitt werden Sie nun die Grundkonzepte der Datenorganisation kennenlernen: Wie Daten gespeichert werden, um sie später je nach Bedarf möglichst schnell und einfach wieder aufzufinden.*

*Die Datenorganisation bei Programmen wird durch die Datenstruktur (vgl. Abschnitt 2.1.2.2) festgelegt.*

Bei *Assemblerprogrammen* geschieht das durch die Bestimmung der Speicheradressen und die Anzahl der Bytes, die die verwendeten Variablen und Konstanten benötigen. Die Zusammengehörigkeit von Datenfeldern wird durch die physische Hintereinanderreihung ausgedrückt. Die Namen, die dabei vergeben werden, sind nichts anderes als symbolische Adressen.

So werden zum *Beispiel* durch den *Assemblerbefehl* «TAG DS 2» für die Variable mit dem Namen «TAG», der bei diesem Beispiel für die Adresse «23 644» stehen soll, zwei Bytes mit den Adressen «23 644» und «23 645» reserviert.

```
23 643
23 644 … TAG
23 645
23 646 … MONAT
23 647
```

Abb. 3.2/1: Variablen bei einem Assemblerprogramm

Durch die *Verwendung von Namen* wird einerseits die *Programmierung erleichtert* (die Namen merkt man sich besser als große Zahlen) und andererseits das *Programm etwas portabler*. Letzteres heißt, daß bei der Verlegung des Programms in einen anderen Speicherbereich weniger Programmänderungen nötig sind. Bei einer Änderung einer Adresse muß sie so oft geändert werden, wie sie im Programm vorkommt. Bei der Verwendung von Namen ist das für jede Variable und Konstante nur einmal der Fall, was aber *dennoch oft einen enormen Aufwand* darstellt.

Außerdem wird weder festgelegt, wie die adressierten Bytes interpretiert werden sollen (als Zahlen, Alphabetzeichen usw.), noch ist gewährleistet, daß die Speicherplätze, die für Variablen oder Konstanten wie oben reserviert wurden, nicht fehlerhaft, z.B. durch eine falsche Adreßberechnung, verwendet werden.

*Diese Schwachpunkte werden mit der Verwendung höherer Programmiersprachen behoben:*

– Durch die Kompilierung und das Binden werden erst zu diesem Zeitpunkt den Konstanten und Variablen (z.B.: TAG) die entsprechenden Adressen (z.B.: 23 644) zugewiesen. Diese dynamische Zuweisung hängt von dem Adreßbereich des verwendeten Rechners und dem gewählten Zeitpunkt ab. Den Benutzern einer EDVA wird ja nicht ein fester, sondern der jeweils freie Arbeitsspeicherbereich zugeordnet.

– Die Datenstruktur bestimmt den logischen Zusammenhang einzelner Elemente, die physische Reihenfolge im Arbeitsspeicher ist belanglos.

– Die zugewiesenen Speicherbereiche werden vor unerlaubtem Zugriff geschützt. So ist es während des gesamten Programmablaufes nur möglich, über den Variablennamen auf die ihm zugewiesenen Bytes zuzugreifen. Außerdem wird durch die Verwendung von Typen die Interpretation der Speicherinhalte fixiert. Damit wird verhindert, daß z.B. eine logische Und-Verknüpfung mit einer numerischen Variablen durchgeführt wird oder deren Inhalt nicht als Zahl, sondern als eine aus Ziffern bestehende Zeichenkette interpretiert wird.

*Die Probleme der physischen Organisation sind dem Benutzer damit abgenommen. Welche Probleme ferner zu bewältigen sind, soll Ihnen eine Gegenüberstellung zweier Datenstrukturen am Beispiel einer Bibliotheksverwaltung verdeutlichen.*

| Feldbez. | Länge | Typ | Feldbez. | Länge | Typ |
|---|---|---|---|---|---|
| Inv.-Nr.: | 6 | numerisch | Inv.-Nr.: | 6 | numerisch |
| Titel: | 30 | alphanumerisch | Titel: | 30 | alphanumerisch |
| Autoren | | | Autor: | 20 | alphanumerisch |
| Autor 1: | 20 | alphanumerisch | Datum | | |
| Autor 2: | 20 | alphanumerisch | Tag: | 2 | numerisch |
| Autor 3: | 20 | alphanumerisch | Monat: | 2 | numerisch |
| Datum: | 8 | numerisch | Jahr: | 4 | numerisch |

Abb. 3.2/2: Vergleich zweier Datenstrukturen (vereinfachtes Anschauungsbeispiel)

Betrachten Sie die *Unterschiede*:

1. *Datum*

Bei der einen Variante ist es möglich, direkt durch die Angabe «Datum. Jahr» auf das Erscheinungsjahr zuzugreifen. Dadurch lassen sich besonders rasch alle in einem bestimmten Jahr erschienenen Titel auflisten. Bei

rekt auf jeden Datensatz (= Karteikärtchen) zugreifen. Die Datenstruktur wird in der Abb. 3.2.1/2 gezeigt.

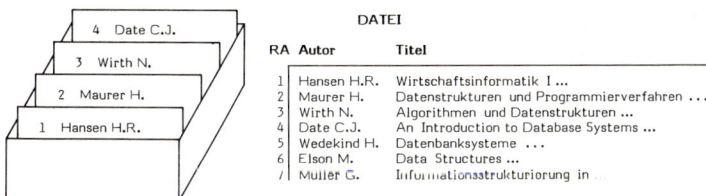

**DATEI**

| RA | Autor | Titel |
|----|-------|-------|
| 1 | Hansen H.R. | Wirtschaftsinformatik I ... |
| 2 | Maurer H. | Datenstrukturen und Programmierverfahren ... |
| 3 | Wirth N. | Algorithmen und Datenstrukturen ... |
| 4 | Date C.J. | An Introduction to Database Systems ... |
| 5 | Wedekind H. | Datenbanksysteme ... |
| 6 | Elson M. | Data Structures ... |
| 7 | Müller G. | Informationsstrukturierung in ... |

*Abkürzung:* RA = relative Adresse.

Abb. 3.2.1/1: Karteikärtchen – relativ adressierbare Datei

| Feldbezeichnung | Länge | Typ |
|-----------------|-------|-----|
| Titel: | 30 | alphanumerisch |
| Autor: | 20 | alphanumerisch |
| Verlag: | 30 | alphanumerisch |
| Eingangsdatum: | 8 | numerisch |
| Standort-Nr.: | 6 | numerisch |

Abb. 3.2.1/2: Datenstruktur eines Datensatzes in der Bibliotheksverwaltung mit einer relativen Datei (vereinfachtes Anschauungsbeispiel)

*Bei der relativ adressierten Datei ist der Primärschlüssel (die Inventarnummer) nicht in der Datenstruktur und daher nicht in den Datensätzen enthalten.* Es kann ausschließlich über den numerischen Primärschlüssel auf einen Datensatz direkt zugegriffen werden. Der Satz wird durch folgende Berechnung gefunden:

Anfangsadresse des gesuchten Datensatzes = Anfangsadresse der Datei + (relative Adresse – 1) · Länge des Datensatzes

Voraussetzung ist in diesem Fall, daß alle Datensätze gleich lang sind.

Zum *Beispiel* kann durch die Eingabe des Wertes «7» direkt auf den Datensatz «Müller G. Informationsstrukturierung in...» zugegriffen werden. «7» ist hier die relative Adresse dieses Datensatzes. Gehen wir von den Werten der Abb. 3.2.1/1 und 2 sowie davon aus, daß die Datei bei der Adresse «23 642» beginnt, so wird der siebte Datensatz unter der Adresse «24 206» gefunden [= 23 642 + (7–1) · (30 + 20 + 30 + 8 + 6)].

Übungsaufgabe Nr. I-167 im Arbeitsbuch ←

*2. Beispiel:*

Der Bibliothekar steigert seine Ansprüche. Er will nun ebenfalls über Autoren, Titel, Schlagwörter und noch vieles mehr zugreifen.

Wie kann dem Bibliothekar geholfen werden? Aus der Anfrage nach einem numerischen Schlüssel ist nun die Anfrage nach einem alphanumerischen Schlüssel (Autor, Titel...) geworden. Die Adresse jedes Datensatzes der Datei ist jedoch zwingend rein numerisch.

Neben dem «primitiven» **sequentiellen Suchen** (engl.: sequential search), das auch hier angewendet werden kann, gibt es *zwei weitere mögliche Suchstrategien*:
1. Es kann ein **Index** angelegt werden, der neben allen Schlüsseln noch die Adressen der zugehörigen Datensätze anführt (**indizierte Organisation, indexsequentielle Organisation**; engl.: indexed organization), oder
2. es kann aus dem Schlüssel die Adresse des Datensatzes berechnet werden (**gestreute Organisation, Hash-Verfahren**; engl.: hash organization).

*Wodurch unterscheiden sich die beiden Beispiele?*

*Im ersten Fall* sucht der Bibliothekar nach einer Karteikarte über einen *numerischen Schlüssel*. Dieser numerische Schlüssel *entspricht der relativen Adresse* des gesuchten Datensatzes. Dieser Datensatz kann also ohne weiteres Suchverfahren sofort gelesen oder geschrieben werden.

*Im zweiten Fall* ist die *Adresse* des Datensatzes *nicht bekannt*; der Datensatz *muß gesucht werden*.

Der *Zugriff über einen numerischen Schlüssel* auf relative Dateien ist in der Praxis *eher selten* und soll nicht weiter behandelt werden. In der betrieblichen Datenverarbeitung ist der *Zugriff über alphanumerische Schlüssel von weitaus größerer Bedeutung*. Dieser (sowie selbstverständlich auch der Zugriff über rein numerische Schlüssel) wird durch die nachfolgend behandelten Verfahren der indizierten und gestreuten Organisation ermöglicht.

Wie schon im Abschnitt 2.1.1 erwähnt, werden die Attribute als *Schlüssel* bezeichnet, die dadurch ausgezeichnet sind, daß über sie *direkt zugegriffen* werden kann. Bei gleichzeitig identifizierenden Attributen spricht man von «*Primärschlüsseln*». Bei Attributen, die keine identifizierende Eigenschaft haben, aber einen direkten Zugriff erlauben, verwendet man den Begriff «*Sekundärschlüssel*».

An dieser Stelle muß darauf hingewiesen werden, daß die Verwaltung der Daten, also auch der Zugriff über Schlüssel auf einen Datensatz, Funktionen beinhaltet, die von der *Systemsoftware* übernommen werden (vgl. hierzu Abschnitt 2.4.2.2). Jedoch ist es für jeden, der sich auch nur entfernt mit Programmierung beschäftigt, unumgänglich, sich mit dieser Problematik auseinanderzusetzen.

Übungsaufgabe Nr. I-168 im Arbeitsbuch

a) Indizierte Organisation

**INDEXDATEI**      **HAUPTDATEI**

| Schlüssel | AV | | RA | INR | Autor | Titel |
|---|---|---|---|---|---|---|
| Date C.J. | 4 | | 1 | 4711 | Hansen H.R. | Wirtschaftsinformatik I ... |
| Elson M. | 6 | | 2 | 3812 | Maurer H. | Datenstrukturen und ... |
| Hansen H.R. | 1 | | 3 | 1029 | Wirth N. | Algorithmen und Datenstrukturen ... |
| Maurer H. | 2 | | 4 | 1744 | Date C.J. | An Introduction to Database Systems ... |
| Müller G. | 7 | | 5 | 1222 | Wedekind H. | Datenbanksysteme ... |
| Wedekind H. | 5 | | 6 | 1313 | Elson M. | Data Structures ... |
| Wirth N. | 3 | | 7 | 4712 | Müller G. | Informationsstrukturierung in ... |

b) Gestreute Organisation      **HAUPTDATEI**

| | RA | INR | Autor | Titel |
|---|---|---|---|---|
| Elson M. | 1 | 4711 | Hansen H.R. | Wirtschaftsinformatik I ... |
| | 2 | 3812 | Maurer H. | Datenstrukturen und ... |
| | 3 | 1029 | Wirth N. | Algorithmen und Datenstrukturen ... |
| Müller G. | 4 | 1744 | Date C.J. | An Introduction to Database Systems ... |
| Hansen H.R. | 5 | 1222 | Wedekind H. | Datenbanksysteme ... |
| | 6 | 1313 | Elson M. | Data Structures ... |
| | 7 | 4712 | Müller G. | Informationsstrukturierung in ... |

Hash-Funktion

*Abkürzungen*: AV = Adreßverweis; INR = Inventarnummer; RA = relative Adresse.

*Anmerkungen*:

Bei beiden Strategien ist die Inventarnummer (z.B. 4711, 3812...) im Gegensatz zur relativ adressierten Datei Bestandteil der Datenstruktur und daher der Datensätze. Sie muß hier keinesfalls der relativen Adresse entsprechen. Somit muß diese auch nicht fortlaufend vergeben werden. So ist es möglich, z.B. den Aufbewahrungsort des Buches in der Inventarnummer genauer zu spezifizieren (1xxx könnte für die erste Buchstellage stehen, 2xxx für die zweite und so fort).

*zu a)* Der Adreßverweis stellt die Verbindung zwischen Indexdatei und Hauptdatei dar. Wird im Index ein Schlüssel gefunden, kann über diesen Adreßverweis auf den zugehörigen Satz der Hauptdatei zugegriffen werden.

*zu b)* Bei der gestreuten Organisation wird der Suchschlüssel als Eingabeparameter für den Algorithmus der Hash-Funktion verwendet, der die relative Adresse des zu diesem Schlüssel gehörenden Datensatzes liefert.

Abb. 3.2.1/3: Gegenüberstellung (a) der Organisation mit Index und (b) der gestreuten Organisation

### 3.2.1.1 Indizierte Organisation

> Unter einem **Index** (engl.: index) versteht man in der Datenverarbeitung eine Hilfsdatei, deren Datensätze neben den Schlüsseln der Hauptdatei die Adressen der zu diesen Schlüsseln gehörenden Datensätze beinhalten ( = Adreßverweise).

| INDEXDATEI | | | | HAUPTDATEI | |
|---|---|---|---|---|---|
| Schlüssel | AV | RA | INR | Autor | Titel |
| Date C.J. | 4 | 1 | 4711 | Hansen H.R. | Wirtschaftsinformatik I ... |
| Elson M. | 6 | 2 | 3812 | Maurer H. | Datenstrukturen und ... |
| Hansen H.R. | 1 | 3 | 1029 | Wirth N. | Algorithmen und Datenstrukturen ... |
| Maurer H. | 2 | 4 | 1744 | Date C.J. | An Introduction to Database Systems ... |
| Müller G. | 7 | 5 | 1222 | Wedekind H. | Datenbanksysteme ... |
| Wedekind H. | 5 | 6 | 1313 | Elson M. | Data Structures ... |
| Wirth N. | 3 | 7 | 4712 | Müller G. | Informationsstrukturierung in ... |

*Abkürzungen*: AV = Adreßverweis; INR = Inventarnummer; RA = relative Adresse.

Abb. 3.2.1.1/1: Index- und Hauptdatei

Der *einfachste Fall der Dateiorganisation mit einem Index* ist der, daß die *Schlüssel in der Reihenfolge, in der sie erfaßt werden, in den Index eingetragen* werden.

Das Ergebnis ist ein *unsortierter Index*. Bei jedem Suchvorgang muß der gesamte Index durchgelesen werden, da das System nicht «wissen» kann, an welcher Stelle in der Indexdatei der gesuchte Schlüssel aufzufinden ist.

Das Ziel jeder Dateiorganisation ist – wie schon weiter oben erwähnt – ein möglichst schneller Zugriff mit möglichst wenig Aufwand. Daher werden Sie jetzt vielleicht fragen: «Warum überhaupt ein Index?» Sie wissen bereits, daß bei jedem Schreib- und Lesezugriff ein konstant großer Datenteil gelesen oder geschrieben werden kann. Wenn die Schlüssel einer Datei in einen Index auslagern werden, können *bei jedem Zugriff mehrere Schlüssel eingelesen* werden, und die Dauer des Suchprozesses wird dadurch verkürzt.

*Beispiel*:

Auf einer Diskette hat ein Datensatz genau die Länge eines Sektors von 256 Zeichen. Der alphanumerische Schlüssel ist fünf Zeichen lang. Für den Index benötigt man:

| Schlüssel | 5 Zeichen |
|-----------|-----------|
| Adresse   | 4 Zeichen |
| Summe     | 9 Zeichen |

Die Zugriffszeit auf einen Sektor der Diskette beträgt 0,3 Sekunden. Zugriffszeiten im Arbeitsspeicher liegen um ca. 0,000001 Sekunden und sind damit für dieses Beispiel vernachlässigbar. Die Datei umfaßt 1000 Datensätze und soll sequentiell durchsucht werden. Datei und Index sind unsortiert. Wie lange dauert das Auffinden eines Datensatzes,

a) wenn in der Hauptdatei gesucht wird?

b) wenn in der Indexdatei gesucht wird?

Die Dauer des Zugriffes entspricht der Anzahl der Diskettenzugriffe mal Zugriffszeit.

*Lösung:*

a) 1000 · 0,3 Sekunden = 300 Sekunden bzw. 5 Minuten
   In jeden Sektor paßt genau ein Datensatz.

b) 256/9 = 28 1/9
   In jeden Sektor passen 28 Indexeintragungen.
   Anzahl der Zugriffe = Anzahl der Datensätze / Anzahl der Indexeintragungen pro Block + 1
   Dauer des Zugriffs = Anzahl der Zugriffe · Zugriffszeit =
   (1000 / 28 + 1) · 0,3 =
   (35,71 + 1) · 0,3 =
   11 Sekunden

Obiges *Beispiel* soll nur die *Grundidee der indizierten Organisation* beschreiben. Es muß aber darauf hingewiesen werden, daß dies eine *triviale Form ist, die in der Praxis nirgendwo angewendet wird*. Es gibt wesentlich schnellere Zugriffsverfahren über einen Index. Diese *Verbesserung* kann dadurch bewirkt werden, daß die *Indexeintragungen* nicht einfach in der Reihenfolge ihrer Erfassung, sondern *in einer bestimmten Sortierung* eingetragen werden. Wie diese Indexorganisation aussehen kann, wird in den nächsten Abschnitten gezeigt.

Übungsaufgabe Nr. I-169 im Arbeitsbuch ←

### 3.2.1.1.1 Indizierte Organisation mit physisch sortiertem Index

In einem *physisch sortierten Datenbestand* entspricht die Reihenfolge der Speicherung der Sortierreihenfolge.

In diesem Abschnitt werden die *Suchverfahren in solchen physisch sortierten Datenbeständen* erklärt. Auf die Prinzipien der wichtigsten Sortierverfahren, also der Verfahren, die notwendig sind, um einen sortierten Index zu erzeugen, soll hier nicht näher eingegangen werden.

Auch in einem physisch sortierten Index kann *sequentiell gesucht* werden. Da dadurch aber keine Verbesserung gegenüber der unsortierten Indexorganisation erreicht werden kann, wird dieses Verfahren nur dann angewendet, wenn die Anzahl der zu durchsuchenden Datensätze gering ist.

### Binäres Suchen

Ein Ihnen vielleicht schon bekanntes *Ratespiel soll das binäre Such-verfahren näher erläutern*:

Person A denkt sich eine Zahl zwischen 1 und 1023 aus, Person B muß diese Zahl erraten. Bei einem Rateversuch muß A bekanntgeben, ob die Zahl erraten wurde. Ist das der Fall, ist das Spiel zu Ende, ist die Zahl nicht die gemerkte, muß A sagen, ob die gemerkte Zahl kleiner oder größer ist. Ein *Beispiel*:

| *Person A* | *Person B* |
|---|---|
| merkt sich 297 | Ist die Zahl 512? |
| nein, kleiner | Ist die Zahl $512 - 256 = 256$? |
| nein, größer | Ist die Zahl $256 + 128 = 384$? |
| nein, kleiner | Ist die Zahl $384 - 64 = 320$? |
| nein, kleiner | Ist die Zahl $320 - 32 = 288$? |
| nein, größer | Ist die Zahl $288 + 16 = 304$? |
| nein, kleiner | Ist die Zahl $304 - 8 = 296$? |
| nein, größer | Ist die Zahl $296 + 4 = 300$? |
| nein, kleiner | Ist die Zahl $300 - 2 = 298$? |
| nein, kleiner | Die Zahl ist 297! |
| stimmt! | |

Spieler B hat hier die Strategie gewählt, die am schnellsten zum Erfolg führt. Bei dieser *Strategie der Halbierung des durchzusuchenden Abschnittes* ist bei 1023 Zahlen ($1023 + 1 = 1024 = 2^{10}$) dieses Spiel sicher nach zehn Fragen erfolgreich beendet.

Diese Vorgehensweise kann man leicht auf das **binäre Suchen** (engl.: binary search) im sortierten Index übertragen. Wir vermuten, daß das gesuchte Element in der Mitte des Indexbereiches liegt und vergleichen das gesuchte Element mit dem Element in der Mitte. Ist dieses Element kleiner (größer) als das gesuchte Element, wird die Suche nach dem gleichen Verfahren in der Hälfte nach (vor) dem gefundenen Element fortgesetzt. Ist das gefundene Element das gesuchte, wird die Suche erfolgreich abgebrochen. Wenn durch das fortgesetzte Halbieren die Länge des Suchbereiches eins wird, kann die Suche erfolglos beendet werden, der gesuchte Datensatz ist nicht vorhanden.

Mit diesem Verfahren kann ein Datenbestand von n Elementen in $_2\log(n+1)$ Vergleichen durchsucht werden.

Beim *Bibliotheksbeispiel* sind also bei z.B. 65535 Büchern ($65536 = 2^{16}$) nur sechzehn Suchschritte zu bewältigen.

Übungsaufgabe Nr. I-170 im Arbeitsbuch           ←

## m-Wege-Suchen

Das **m-Wege-Suchen** (engl.: m-way-search) stellt eine Alternative zum binären Suchen dar. Der sortierte Datenbestand wird in Blöcke mit – der Einfachheit halber – konstanter Länge eingeteilt. Der Suchschlüssel wird zuerst mit dem letzten Element des ersten Blokkes verglichen. Ist der Suchschlüssel größer, wird zum nächsten Block, falls dieser vorhanden ist, übergegangen. Ist der Suchschlüssel kleiner, wird im so ermittelten Block durch eines der beschriebenen Suchverfahren weitergesucht.

| INDEXDATEI | | | INDEXDATEI | | | HAUPTDATEI | | |
|---|---|---|---|---|---|---|---|---|
| erste Hierarchiestufe | | | zweite Hierarchiestufe | | | | | |
| Schlüssel | AV | RA | Schlüssel | AV | RA | INR | Autor | Titel |
| Knuth D.E. | 1 | 1 | Date C.J. | 4 | 1 | 4711 | Hansen H.R. | Wirtschaftsinformatik I ... |
| Wirth N. | 5 | 2 | Elson M. | 6 | 2 | 3812 | Maurer H. | Datenstrukturen und Pro ... |
| | | 3 | Hansen H.R. | 1 | 3 | 1029 | Wirth N. | Algorithmen und Daten ... |
| | | 4 | Knuth D.E. | 8 | 4 | 1744 | Date C.J. | An Introduction to Data ... |
| | | 5 | Maurer H. | 2 | 5 | 1222 | Wedekind H. | Datenbanksysteme ... |
| | | 6 | Müller G. | 7 | 6 | 1313 | Elson M. | Data Structures ... |
| | | 7 | Wedekind H. | 5 | 7 | 4712 | Müller G. | Informationsstrukturierung ... |
| | | 8 | Wirth N. | 3 | 8 | 1000 | Knuth D.E. | The Art of Computer ... |

*Abkürzungen*: AV = Adreßverweis; INR = Inventarnummer; RA = relative Adresse.

Abb. 3.2.1.1.1/1: Zweistufiger hierarchischer Index

*Dieses Verfahren findet bei einem hierarchischen Index Anwendung.* In diesem Fall werden *zwei oder mehr Indexdateien übereinander* angelegt. Die Schlüsseleintragungen der obersten Hierarchieebene beinhalten den Schlüssel des größten Elementes und die relative Adresse des kleinsten Blockes der darunterliegenden Ebene.

In der Abb. 3.2.1.1.1/1 besteht zum *Beispiel* die erste Eintragung auf höchster Hierarchieebene aus dem Schlüssel «Knuth D.E.» (das ist der größte Schlüssel des ersten Blockes) und «1» (das ist die relative Adresse des kleinsten Schlüssels des ersten Blockes).

Nehmen wir als anderes *Beispiel* das *Telefonteilnehmerverzeichnis*. In größeren Städten werden mehrere Telefonbücher geführt. So wird etwa in Wien für die Buchstaben A bis H, I bis Q und R bis Z jeweils ein Teilband verwendet. Man könnte nun den Suchvorgang in den drei Teilbänden als 3-*Wege-Suchen* betrachten; jeder beginnt in jenem Telefonbuch zu suchen, das den gesuchten Namen und die gesuchte Telefonnummer beinhaltet.

Die *Qualität des m-Wege-Suchens* ist stark von der gewählten Blockgröße abhängig. Im Grenzfall, bei Blockgröße 1, entspricht das m-Wege-Suchen dem sequentiellen Verfahren.

Allgemein kann gesagt werden, daß mit der Hilfe des *binären Suchens* in größeren Datenbeständen nach den wenigsten Vergleichen das gesuchte Element aufgefunden wird.

*Wie erwähnt sind obige Suchverfahren nur dann anzuwenden, wenn der Datenbestand physisch sortiert ist, d.h. wenn die Schlüssel der Datensätze in der Indexdatei eine auf- oder absteigende Folge bilden.*

*Was passiert, wenn ein neuer Datensatz in eine Datei aufgenommen wird?* In der Regel wird für diesen Fall auf dem Speichermedium *für den Index ein Überlaufbereich* angelegt, in den die Indexeintragungen der hinzukommenden Sätze in der Reihenfolge ihrer Erfassung eingetragen werden. *Wird der gesuchte Schlüssel im sortierten Bereich nicht gefunden, so wird im unsortierten Überlaufbereich sequentiell weitergesucht.* Die Dauer des gesamten Suchvorganges wird somit von der Größe des Überlaufbereiches wesentlich beeinflußt. Es ist unumgänglich, daß der *Index von Zeit zu Zeit reorganisiert* wird, d.h. daß der Indexdatenbestand neu sortiert wird, daß ein neuer Überlaufbereich angelegt wird u.ä.m.

→ Übungsaufgabe Nr. I-171 im Arbeitsbuch


### 3.2.1.1.2 Indizierte Organisation mit logisch sortiertem Index

Wir haben festgestellt, daß das Einfügen in physisch sortierte Datenbestände mit dem Problem des Reorganisierens verbunden ist. Wird selten reorganisiert, verlängern sich die Zugriffszeiten durch das langsame Suchen im Überlaufbereich. Wird oft reorganisiert, benötigen die Reorganisationsläufe erhebliche Rechenzeiten. Es gibt aber auch *Organisationsformen, bei denen Reorganisationen nicht mehr notwendig sind.*

**Ketten**

> Bei einer **Kette** (engl.: chain) ist in jedem Datensatz die Adresse (*Zeiger*; engl.: pointer) des in der Sortierreihenfolge nachfolgenden Satzes gespeichert. In diesem Fall entspricht der physische Nachfolger normalerweise nicht dem logisch nachfolgenden Element.

Der Zeiger, der auf den ersten Datensatz zeigt, wird *Anker* genannt. Der Zeiger des letzten Datenelementes, also jenes Datensatzes, der keinen logischen Nachfolger hat, ist eine *Endemarke*.

| | INDEXDATEI | | | HAUPTDATEI | |
|---|---|---|---|---|---|
| RA | Schlüssel | KF | INR | Autor | Titel |
| 1 | Hansen H.R. | 2 | 4711 | Hansen H.R. | Wirtschaftsinformatik I ... |
| 2 | Maurer H. | 7 | 3812 | Maurer H. | Datenstrukturen und ... |
| 3 | Wirth N. | - | 1029 | Wirth N. | Algorithmen und Datenstrukturen ... |
| 4 | Date C.J. | 6 | 1744 | Date C.J. | An Introduction to Database Systems ... |
| 5 | Wedekind H. | 3 | 1222 | Wedekind H. | Datenbanksysteme ... |
| 6 | Elson M. | 1 | 1313 | Elson M. | Data Structures ... |
| 7 | Müller G. | 5 | 4712 | Müller G. | Informationsstrukturierung in ... |

**physische Reihenfolge**

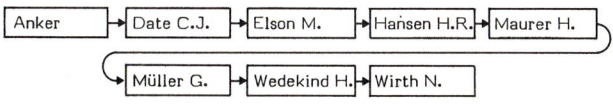

**logische Reihenfolge**

*Abkürzungen*: INR = Inventarnummer; KF = Kettenfeld; RA = relative Adresse.

*Anmerkung*:

Bei dieser Lösung entspricht die relative Adresse (RA) jeder Indexeintragung der relativen Adresse des dazugehörigen Datensatzes der Hauptdatei. Die Zahl im Kettenfeld (KF) ist die relative Adresse der logisch nachfolgenden Indexeintragung, der Strich («-») ist eine Endemarke.

Der Anker würde in diesem Fall durch ein Feld mit dem Inhalt «4» (= relative Adresse der alphabetisch kleinsten Indexeintragung) realisiert werden.

Abb. 3.2.1.1.2/1: Einfache Kette

Wird ein *neues Element hinzugefügt*, so wird es physisch an das Ende des Datenbestandes geschrieben. Der Zeiger des nächstkleineren Elementes (Vorgänger; engl.: predecessor) wird auf das neu eingefügte gerichtet, das neue Element erhält als Zeiger die Adresse des nächstgrößeren Elementes (Nachfolger; engl.: successor).

Wird ein *Datensatz gelöscht*, so wird nur der Zeiger des Vorgängerdatensatzes verändert, und der Speicherplatz des gelöschten Datensatzes wird überschreibbar gemacht.

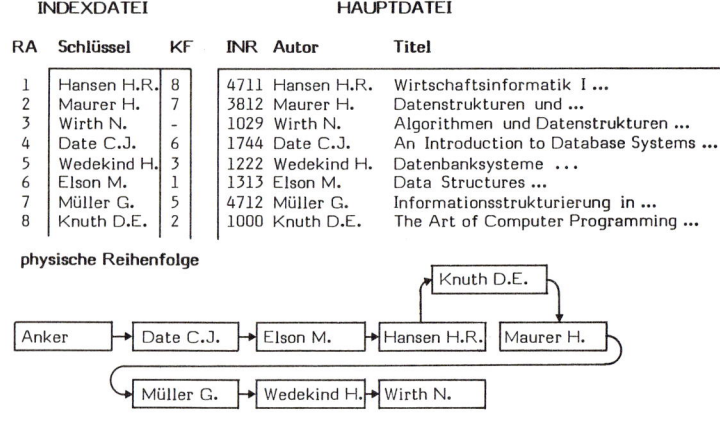

| INDEXDATEI | | | HAUPTDATEI | | |
|---|---|---|---|---|---|
| RA | Schlüssel | KF | INR | Autor | Titel |
| 1 | Hansen H.R. | 8 | 4711 | Hansen H.R. | Wirtschaftsinformatik I ... |
| 2 | Maurer H. | 7 | 3812 | Maurer H. | Datenstrukturen und ... |
| 3 | Wirth N. | - | 1029 | Wirth N. | Algorithmen und Datenstrukturen ... |
| 4 | Date C.J. | 6 | 1744 | Date C.J. | An Introduction to Database Systems ... |
| 5 | Wedekind H. | 3 | 1222 | Wedekind H. | Datenbanksysteme ... |
| 6 | Elson M. | 1 | 1313 | Elson M. | Data Structures ... |
| 7 | Müller G. | 5 | 4712 | Müller G. | Informationsstrukturierung in ... |
| 8 | Knuth D.E. | 2 | 1000 | Knuth D.E. | The Art of Computer Programming ... |

physische Reihenfolge

logische Reihenfolge

*Abkürzungen*: INR = Inventarnummer; KF = Kettenfeld; RA = relative Adresse.

Abb. 3.2.1.1.2/2: Einfügen eines Datenelements in eine einfache Kette

→ Übungsaufgabe Nr. I-172 im Arbeitsbuch

Der wesentliche *Vorteil von Ketten* liegt im einfachen Änderungsdienst. Dem steht jedoch der *Nachteil* gegenüber, daß bei dieser Organisationsform auch auf direkt adressierbaren Speichermedien nur sequentielles Suchen möglich ist. Die gekettete Organisationsform findet *vor allem im Arbeitsspeicher* Anwendung, wo infolge der hohen Zugriffsgeschwindigkeit die Nachteile des sequentiellen Suchens weniger ins Gewicht fallen. Bei externen Speichern muß damit gerechnet werden, daß jedes Kettungselement in einem anderen Sektor bzw. Block liegen kann; die Folge ist ein entsprechend langsamer Suchvorgang.

## Baumstrukturen

*Baumstrukturierte Dateiorganisationsformen gewinnen immer mehr an Bedeutung.* Die in der Literatur vorgeschlagenen Verfahren sind überaus zahlreich. Es können hier in der Folge *nur die wichtigsten grundlegenden Konzepte* dargelegt werden.

---

Eine **Baumstruktur** (engl.: tree) besteht aus einer Menge von Knoten (engl.: vertices) (= eigentliche Information) und Kanten (engl.: edges) (= Adreßinformation). Jede Kante zeigt auf einen Knoten. Die Baumstruktur weist drei *Eigenschaften* auf:

1. Es gibt genau einen Knoten, der keinen Vorgänger hat; dieser Knoten ist die Wurzel (engl.: root) dieser Struktur.
2. Jeder Knoten, außer der Wurzel, hat genau einen unmittelbaren Vorgänger.
3. Zu jedem Nichtwurzelknoten gibt es genau einen Weg von der Wurzel zu diesem Knoten.

---

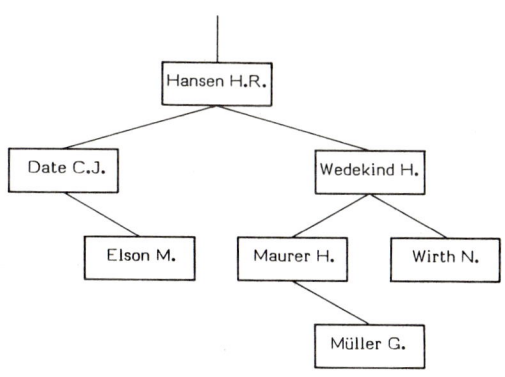

Abb. 3.2.1.1.2/3: Baumstruktur

Wie Sie aus Abb. 3.2.1.1.2/3 entnehmen können, werden Baumstrukturen gewöhnlich verkehrt herum gezeichnet. Wenn Sie diese Seite um 180 Grad drehen, dann zeigt die Wurzel wirklich nach unten. Ehe wir auf Baumorganisationen näher eingehen, sind noch einige *Begriffe* zu erklären.

Mit **Ordnung** (**Grad**) wird die maximale Anzahl der unmittelbaren Nachfolger eines Knotens bezeichnet. Ein *Baum der Ordnung zwei* (= ein Baum vom Grad zwei) heißt **binärer Baum**. Eine *Kette* läßt sich als *Baum der Ordnung eins* darstellen.

*In der Folge werden wir uns ausschließlich mit binären Bäumen, der wichtigsten Kategorie, beschäftigen.* Realisiert werden binäre Bäume mit einem *Index, der aus dem Schlüssel und zwei Kettenfelder besteht.* Ein Kettenfeld steht für den linken Nachfolger, das andere für den rechten Nachfolger. Abb. 3.2.1.1.2/4 zeigt die zu Abb. 3.2.1.1.2/3 gehörende Darstellung.

| | INDEXDATEI | | | | HAUPTDATEI | |
|---|---|---|---|---|---|---|
| **RA** | **Schlüssel** | **KF li** | **KF re** | **INR** | **Autor** | **Titel** |
| 1 | Hansen H.R. | 4 | 5 | 4711 | Hansen H.R. | Wirtschaftsinformatik I ... |
| 2 | Maurer H. | - | 7 | 3812 | Maurer H. | Datenstrukturen und ... |
| 3 | Wirth N. | - | - | 1029 | Wirth N. | Algorithmen und Datenstrukturen ... |
| 4 | Date C.J. | - | 6 | 1744 | Date C.J. | An Introduction to Database Systems ... |
| 5 | Wedekind H. | 2 | 3 | 1222 | Wedekind H. | Datenbanksysteme ... |
| 6 | Elson M. | - | - | 1313 | Elson M. | Data Structures ... |
| 7 | Müller G. | - | - | 4712 | Müller G. | Informationsstrukturierung in ... |

*Abkürzungen*: INR = Inventarnummer; KF li = linkes Kettenfeld; KF re = rechtes Kettenfeld; RA = relative Adresse.

*Anmerkung*:

Bei dieser Lösung entspricht die relative Adresse jeder Indexeintragung der relativen Adresse des dazugehörigen Datensatzes der Hauptdatei. Die Zahlen in den Kettenfeldern sind die relativen Adressen der logisch nachfolgenden Indexeintragungen, wobei «li» für den linken Nachfolger und «re» für den rechten Nachfolger steht. Der Strich («-») ist eine Endemarke.

Abb. 3.2.1.1.2/4: Realisierung eines binären Baumes durch einen Index mit zwei Kettenfeldern

Ein Baum heißt *sortiert*, wenn alle Knoten im linken Teilbaum kleiner und alle Knoten im rechten Teilbaum größer als ihre unmittelbaren Vorgängerknoten sind. Der Baum in Abb. 3.2.1.1.2/3 ist demnach sortiert.

Das *Suchen und Einfügen in sortierten binären Bäumen* sind überaus einfache Operationen. Beginnen wir mit dem *Suchen*. Wir suchen im auf der Folgeseite abgebildeten Baum den Knoten mit dem Schlüssel «Knuth D.E.». Zuerst vergleichen wir den Suchschlüssel mit der Wurzel. Es können vier verschiedene Situationen auftreten:

| Situation | Aktion |
|---|---|
| * Der gesuchte Schlüssel ist kleiner: | Suche im linken Teilbaum. |
| * Der gesuchte Schlüssel ist größer: | Suche im rechten Teilbaum. |
| * Der gesuchte Schlüssel wird gefunden: | Beende Suchprozeß. |
| * Der gesuchte Schlüssel ist nicht vorhanden: | Beende Suchprozeß. |

Die letztgenannte Situation kann nur dann auftreten, wenn der gesuchte Schlüssel kleiner oder größer ist und der Zeiger auf die Endemarke weist.

Bei der Operation *Einfügen* wird so die logische Position des Knotens ermittelt, und der Knoten wird an dieser Stelle eingefügt.

In Abb. 3.2.1.1.2/5 wird nach dem Knoten «Knuth D.E.» gesucht. Der erste verglichene Knoten (Wurzel «Hansen H.R.») ist kleiner als das gesuchte Element; infolgedessen wird im rechten Teilbaum weitergesucht. Die nächsten beiden verglichenen Knoten («Wedekind H.» und «Maurer H.») sind beide größer; es wird in den linken Teilbäumen (in den Teilbäumen mit den kleineren Knoten) weitergesucht. «Maurer H.» hat keinen linken Nachfolger, der gesuchte Knoten ist nicht im Baum; «Knuth D.E.» wird als linker Nachfolger dieses Knotens eingetragen (siehe Abb. 3.2.1.1.2/6).

*Physisch wird der neue Knoten am Ende des Datenbereiches hinzugefügt, seine logische Position im Baum wird durch Zeiger (Kettenfelder) realisiert.*

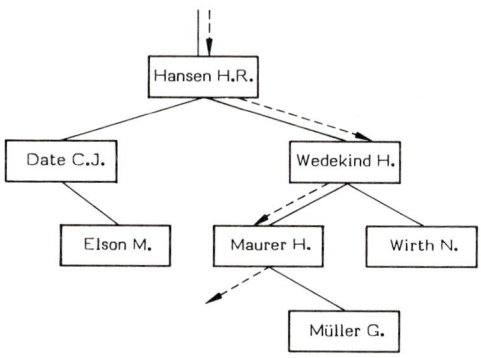

Abb. 3.2.1.1.2/5: Suchen in binären Bäumen (Autor «Knuth D.E.»)

Das *Löschen* in binären Bäumen ist dann einfach, wenn der zu löschende Knoten keinen oder nur einen unmittelbaren Nachfolger hat. In diesen Fällen kann der Knoten einfach eliminiert werden, indem im ersten Fall in das Kettenfeld eine Endemarke, im zweiten Fall der Zeiger

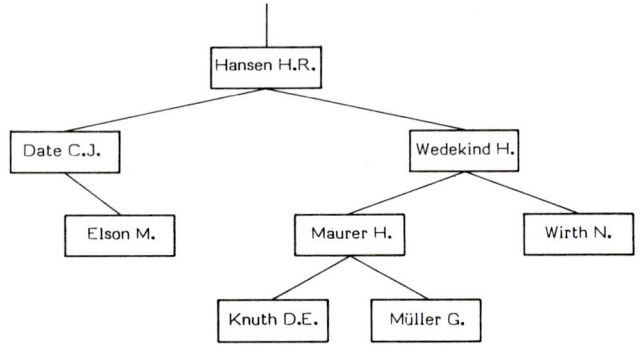

Abb. 3.2.1.1.2/6: Einfügen in binären Bäumen (Autor «Knuth D.E.»)

auf den unmittelbaren Nachfolger gesetzt wird. Hat der Knoten zwei Nachfolger, kann die gleiche Situation durch eine einfache Vertauschoperation erreicht werden: Der zu löschende Knoten wird durch den nächstkleineren oder nächstgrößeren Knoten ersetzt, der an seiner alten Position gelöscht wird. Sowohl der nächstkleinere als auch der nächstgrößere Knoten eines inneren Knotens haben maximal einen unmittelbaren Nachfolger und können einfach gelöscht werden.

→ Übungsaufgabe Nr. I-173 im Arbeitsbuch

### 3.2.1.1.3 Behandlung von Mehrdeutigkeiten bei indizierter Organisation

Betrachten Sie den Fall, daß es in der Bibliothek mehrere Bücher von «Dijkstra» gibt. Als Ergebnis einer Suche nach dem Autor «Dijkstra» erhalten Sie mehrere Datensätze. Das Suchen geht in diesem Fall folgendermaßen vor sich:

1. *Physisch sortierter Index*

   a) *Binäres Suchen*:
      Durch sequentielles Suchen im Index (auf- und abwärts) ab dem ersten zutreffenden Index und im Überlaufbereich findet man alle entsprechenden Datensätze. Die Größe des Überlaufbereichs muß hier besonders klein gehalten werden, da bei jedem Zugriff der ganze Überlaufbereich durchsucht werden muß. Reorganisationen in kurzen Zeitabständen sind daher unvermeidbar.

   b) *m-Wege-Suchen*:
      Hier werden sinnvollerweise zusammengehörige Indexeintragun-

gen in denselben Blöcken liegen. Sonst gilt das gleiche wie im Fall 1. a).

2. _Logisch sortierter Index_

   a) _Ketten_:

   Bei Ketten kann nur sequentiell gesucht werden. Sobald der erste zutreffende Datensatz gefunden ist, wird sequentiell weitergearbeitet, bis sich der Schlüssel ändert.

   b) _Bäume_:

   Bei Bäumen sind gleiche Schlüsseleinträge erlaubt. Es muß nur sichergestellt werden, daß eventuell gleiche Schlüssel in benachbarten Knoten liegen. Der Suchvorgang kann, sobald der erste zutreffende Knoten gefunden wurde, in den darunterliegenden, benachbarten Knoten fortgesetzt werden.

Übungsaufgabe Nr. I-174 im Arbeitsbuch

### 3.2.1.2 Gestreute Organisation

Bis jetzt wurde beschrieben, wie man in physisch oder logisch sortierten Datenbeständen Datensätze möglichst effizient, d.h. mit möglichst wenigen Zugriffen, finden und Datenstände gegebenenfalls verändern kann.

> Eine Alternative zu diesen Verfahren stellt die **gestreute Organisation** (Synonyme: **Schlüsseltransformation**, **Hash-Verfahren**; engl.: hash organization) dar, bei der direkt aus dem jeweiligen Schlüssel die Adresse des zugehörigen Datensatzes <u>errechnet</u> wird.

Es treten hier _zwei Probleme_ auf:

1. _Welche Funktion_ soll für diese Berechnung verwendet werden?
2. Da die Anzahl der verfügbaren Speicherplätze in der Regel geringer ist als die der möglichen Schlüssel, muß eine Funktion gewählt werden, die eine _Doppelbelegung_ (Kollision; engl.: collision) einer Adresse zuläßt. Die Art der _Behandlung derartiger Kollisionen_ beeinflußt die Zugriffsdauer wesentlich.

> Durch die **Schlüsseltransformationsfunktion** (Synonym: **Hash-Algorithmus**; engl.: hash algorithm, hash code) wird aus alphabetischen, numerischen oder alphanumerischen Schlüsseln eine Menge von Adressen berechnet.

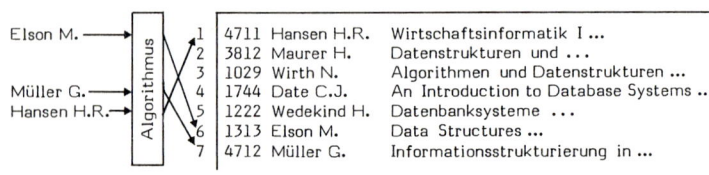

RA  INR  Autor        Titel

| | INR | Autor | Titel |
|---|---|---|---|
| Elson M. → | 1 | 4711 | Hansen H.R. | Wirtschaftsinformatik I ... |
| | 2 | 3812 | Maurer H. | Datenstrukturen und ... |
| | 3 | 1029 | Wirth N. | Algorithmen und Datenstrukturen ... |
| Müller G. → | 4 | 1744 | Date C.J. | An Introduction to Database Systems ... |
| Hansen H.R.→ | 5 | 1222 | Wedekind H. | Datenbanksysteme ... |
| | 6 | 1313 | Elson M. | Data Structures ... |
| | 7 | 4712 | Müller G. | Informationsstrukturierung in ... |

Hash-Funktion

*Abkürzungen*: INR = Inventarnummer; RA = relative Adresse.

Abb. 3.2.1.2/1: Gestreute Organisation

Bei nahezu allen Programmiersprachen ist es möglich, den internen Code (EBCDIC, ASCII...; vgl. Abschnitt 2.1.3.2) jedes einzelnen Zeichens abzufragen. *Versuchen wir aus dem Schlüssel einen eineindeutigen ( = umkehrbar eindeutigen) dezimalen Wert zu errechnen*, also einen Wert, aus dem wiederum der Schlüssel berechnet werden kann.

Da die Zeichen im allgemeinen im 8-Bit-Code dargestellt werden, können sie 256 verschiedene Werte (die Werte 0 bis 255) annehmen. Man kann also einen alphanumerischen Schlüssel direkt in ein Zahlensystem (vgl. Abschnitt 2.1.3.3) mit der Basis 256 übertragen.

*Beispiel:*
*10stelliges alphabetisches Schlüsselfeld mit dem Inhalt |HANSEN    |:*

| Buchstabe | |H| | |A| | |N| | |S| | |E| | |N| | | | | | | | | | | | |
|---|---|---|---|---|---|---|---|---|---|---|
| EBCDIC-Wert | 200 | 193 | 213 | 226 | 197 | 213 | 64 | 64 | 64 | 64 |

$$
\begin{aligned}
\text{Wert} &= 200 \cdot 256^9 + 193 \cdot 256^8 + 213 \cdot 256^7 + 226 \cdot 256^6 \\
&\quad + 197 \cdot 256^5 + 213 \cdot 256^4 + 64 \cdot 256^3 + 64 \cdot 256^2 \\
&\quad + 64 \cdot 256^1 + 64 \cdot 256^0 = \\
&= 9480489302785491498118208
\end{aligned}
$$

Der errechnete Wert 9480489... entspricht dem Schlüssel |HANSEN    |. Die Anzahl der möglichen Schlüssel kann berechnet werden, indem man für jeden Buchstaben den höchsten Wert einsetzt, den dieser annehmen kann (255). Bei der Schlüssellänge von zehn ist das $255^{10}-1$. Sie sehen, daß die Anzahl der möglichen Schlüssel weit größer ist als die Anzahl der in der Regel zur Verfügung stehenden Speicherplätze. Man braucht also eine Funktion ( — Schlüsseltransformationsfunktion), welche die riesige Anzahl von möglichen Schlüsseln auf eine akzeptable Menge von Adressen abbildet.

Hierfür werden in der Literatur eine *Vielzahl von Hash-Algorithmen* (u.a. Faltung, Abschneiden, Extrahieren) vorgeschlagen. Eine der bekanntesten Funktionen ist das *Divisionsrestverfahren*.

Beim *Divisionsrestverfahren* wird der (etwa auf obige Weise) errechnete, dem jeweiligen Schlüssel entsprechende numerische Wert durch die Anzahl der für die betreffende Datei reservierten Speicherplätze (n) dividiert. Der Rest dieser Division liegt zwischen null und n - 1 und wird als Speicheradresse verwendet. Es hat sich als empfehlenswert erwiesen, für n eine Primzahl zu wählen.

Nehmen wir zum *Beispiel* n = 1117. Dann wird dem Schlüssel |HANSEN | eine Adresse zwischen 0 und 1116 zugeordnet. Diese Adresse ist der Rest der Division von dem oben berechnetem Wert (9480489…) durch 1117, das ist die Zahl 403.

Da durch die Verwendung einer Hash-Funktion die Anzahl der errechneten Adressen geringer ist als die der möglichen Schlüssel (diese Reduzierung ist Sinn und Zweck dieser Funktion), kann es vorkommen, daß mehreren verschiedenen Schlüsseln ein und dieselbe Adresse zugewiesen wird. Die *Behandlung solcher Kollisionen* kann auf verschiedenste Art und Weise geregelt werden.

Eine Möglichkeit der Kollisionsbehandlung ist die sog. *direkte Verkettung* (engl.: chaining), bei der die kollidierenden Datensätze in einen Überlaufbereich der Datei geschrieben und dort untereinander verkettet werden. Der Nachteil dieser Methode ist, daß eine zusätzliche Kette zu führen ist, deren Durchsuchung zeitaufwendig werden kann.

Eine andere Lösung, die auf solche Verkettungen verzichtet, heißt *offene Adressierung* (engl.: open addressing). Hier wird im Kollisionsfall im Adreßbereich entweder in konstanten (lineares Sondieren) oder in quadratisch ansteigenden (quadratisches Sondieren) Abständen nach freien Speicherplätzen gesucht.

Beim *Hash-hash-Verfahren* (engl.: double hashing) wird im Kollisionsfall zur Suche eines freien Speicherplatzes wieder eine Hash-Funktion verwendet. Diese zweite Hash-Funktion muß sich von der ersten unterscheiden, da sonst eine neuerliche Kollision auftreten würde. Ansonsten ist dieses Verfahren das geeignetste, um die Anzahl der Kollisionen gering zu halten.

Übungsaufgabe Nr. I-175 im Arbeitsbuch ←

Dem *Vorteil des schnellen Zugriffs* (meist schneller als die «besten» Baumstrukturen) stehen *folgende Nachteile der gestreuten Organisation* gegenüber:

1. *Sie ist fast ausschließlich auf Attribute mit Primärschlüsseleigenschaft anzuwenden.* Die Anzahl der Kollisionen würde bei Mehrdeu-

tigkeiten (wie bei Sekundärschlüsseln möglich) so enorm steigen (die Adreßberechnung von «|HANSEN    |» durch die Hash-Funktion bringt immer den gleichen Wert), daß die Suche unvertretbar lange dauern würde.

Deshalb ist zum *Beispiel* die gestreute Organisation in unserem *Bibliotheksverwaltungssystem* für die Realisierung eines direkten Zugriffs über das Attribut «Autor» nicht geeignet.

2. *Die Größe der Hash-Tabelle, das ist der für die Datensätze reservierte Speicherbereich, kann nur mit erheblichem Aufwand geändert werden. Deshalb ist es notwendig, die Anzahl der zu erwartenden Datensätze relativ genau zu kennen.* Bei einer schlecht gewählten Größe ist die Folge entweder eine Speicherplatzverschwendung, die Hash-Tabelle ist nur sehr dünn besetzt, oder eine schlechte Zugriffszeit, da um so öfter Kollisionen auftreten, je dichter die Datensätze in der Tabelle liegen.

3. *Die Datensätze können nur nach einem zeitaufwendigen Sortiervorgang sortiert ausgegeben werden*; bei einer Baumorganisation ist hingegen jederzeit die Ausgabe der Datensätze in auf- oder absteigender Folge der Schlüssel möglich.

4. Bei allen Formen der sortierten Speicherung (physisch oder logisch sortiert) ist auch ein *«teilqualifizierter» Zugriff* möglich, d.h. es kann auf einen Datensatz, von dessen Schlüssel nur ein Teil bekannt ist, zugegriffen werden. Es können zum Beispiel alle Datensätze, deren Schlüssel mit «A» beginnt, aufgelistet werden. *Diese vor allem bei sehr langen Schlüsseln vorteilhafte Möglichkeit ist bei gestreuter Organisation nicht gegeben.*

*Beispiel*:

Betrachten Sie wieder das *Bibliotheksverwaltungssystem*, bei dem über den Titel der Publikation zugegriffen werden soll. Für den Titel müssen mindestens hundert Zeichen reserviert werden. Bei Hash-Verfahren müssen immer diese hundert Zeichen eingegeben werden; bei jedem Tippfehler oder bei jedem fehlenden Leerzeichen wird kein Datensatz, kein Buch mit diesem Titel, gefunden. Bei sortierten Speicherverfahren genügen u.U. die ersten fünf oder zehn signifikanten Buchstaben, um die richtige Eintragung zu finden.

→ Übungsaufgabe Nr. I-176 im Arbeitsbuch

### 3.2.1.3 Vergleich der beschriebenen Dateiorganisationsmethoden

In der folgenden *Übersicht* (Abb. 3.2.1.3/1) werden die *wichtigsten Merkmale der verschiedenen Dateiorganisationsmethoden* nochmals zusammenfassend dargestellt.

| Datei-organisations-methoden | SEQUENTIELL | INDIZIERT | | | GESTREUT |
|---|---|---|---|---|---|
| | | relativ | log. sort. Index | phys. sort. Index | |
| Charakteristische Merkmale | Es gibt nur die Hauptdatei. | Auf die Hauptdatei kann mittels eines numerischen Wertes direkt zugegriffen werden. | Es gibt neben der Hauptdatei immer eine vorgelagerte Zugriffsdatei (Indexdatei). | | Die Adressen der Datensätze der Hauptdatei werden über einen speziellen Algorithmus aus dem Schlüssel berechnet. |
| Mögliche Speichermedien | sequentiell oder direkt adressierbar | direkt adressierbar | | | direkt adressierbar |
| Suchstrategien | sequentiell | Ermittlung des numerischen Wertes | Ketten: sequentiell Bäume: ähnlich binärem Suchen | sequentiell, binär, m-Wege | Suche nur bei Kollision notwendig |
| Reorganisation notwendig? | nein | nein | nein | ja | nein |
| Für Primär- und/ oder Sekundär- schlüssel ver- wendbar? | kein Schlüssel- zugriff möglich | Primärschlüssel | Primärschlüssel und/oder Sekundärschlüssel | | Primärschlüssel |

Abb. 3.2.1.3/1: Gegenüberstellung der wichtigsten Merkmale der beschriebenen Dateiorganisationsmethoden

## 3.2.2 Datenbanksysteme

Betrachten wir wieder unser *Beispiel einer Bibliotheksverwaltung.* Die Buchrecherche, das Entlehnwesen und die Budgetverwaltung der Bibliothek sollen automatisiert werden. Werden nun diese drei Aufgabenstellungen unabhängig voneinander entwickelt, passiert folgendes:

1. Die Datenstrukturen der Programme sind verschieden, da sie optimal an die einzelnen Problemstellungen angepaßt wurden. Auch die Zugriffspfade unterscheiden sich. So wird bei der Buchrecherche sinnvollerweise die Möglichkeit bestehen, über den Autor direkt zuzugreifen. Realisiert werden kann dieser direkte Zugriff durch die im vorigen Abschnitt (3.2.1) erläuterten Methoden. Das Budgetprogramm benötigt diesen direkten Zugriff nicht, und deswegen wird diese Möglichkeit nicht vorgesehen. Daraus folgt, daß die Programme die Daten der Bibliothek nicht gemeinsam verwenden können. Jedes für sich muß somit alle relevanten Daten beinhalten. Das vorliegende Buch wäre also z.B. in folgenden Darstellungen in ein und derselben EDVA abgespeichert:

   a) Titel: Wirtschaftsinformatik I, Auflage: 6, Autor: Hansen, Stichwort 1: EDV, Stichwort 2: Einführung. Direkter Zugriff auf Titel, Autor, Stichwort 1 und Stichwort 2 möglich.

   b) Titel: Wirtschaftsinformatik I, Auflage: 6, Autor: Hansen, Aufbewahrungsort: xxx, Entlehner: yyy, Entlehndatum: zzz. Direkter Zugriff auf Titel, Entlehner und Entlehndatum möglich.

c) Titel: Wirtschaftsinformatik I, Auflage: 6, Autor: Hansen, Kaufpreis: sss, Kaufdatum: ttt, Kaufstelle: aaa. Direkter Zugriff auf Titel und Kaufstelle möglich.

---

**Redundanz** (engl.: redundancy) ergibt sich durch die mehrfache Speicherung derselben Datenwerte. Das passiert, wenn diese nicht einheitlich verwaltet werden. Eine mögliche Folge der Redundanz ist die **Dateninkonsistenz** (engl.: inconsistent data). Diese ist dann gegeben, wenn für dieselben Daten unterschiedliche Werte existieren.

---

Zum *Beispiel* kann bei dem Ersetzen der 6. Auflage des Buches «Wirtschaftsinformatik I» durch die 7. Auflage *Dateninkonsistenz* entstehen. Nehmen Sie an, in der Datei der Buchrecherche wird vergessen, die Änderung durchzuführen. Dann erhalten Sie bei der Suche nach EDV-Einführungsbüchern als Ergebnis auch das Buch «Wirtschaftsinformatik I», 6. Auflage, obwohl Sie dieses Buch nicht entlehnen können, da es ja real durch die 7. Auflage ersetzt wurde.

2. Jedes Programm hat nur die für sich relevanten Attribute eines Buches im Zugriff. Übergreifende Abfragen sind daher nicht möglich. Außerdem gibt es keine einheitliche, globale Bestimmung, welche Attribute für die Bibliothek von Bedeutung sind und welche nicht.

Eine Lösung der angesprochenen Probleme bieten *Datenbanksysteme*:

---

Das wesentliche bei einem **Datenbanksystem** (engl.: data base system) ist die Ausübung einer zentralen Kontrolle über eine von vielen Benutzern bzw. Programmen verwendete Datenmenge. Es wird ein globales Modell festgelegt, das den für den Betrieb interessanten Realitätsausschnitt widerspiegelt ( = konzeptionelles Modell). Die Probleme der Datenspeicherung und -organisation werden zentral gelöst und von den speziellen Auswertungen der Daten für die verschiedenen fachlichen Aufgabenstellungen abgekoppelt.

---

Zum *Beispiel* können bei der Verwendung eines Datenbanksystems bei dem *Bibliotheksverwaltungssystem* mehrere Programme (z.B. zur Budgetabrechnung, zur Buchinventarisierung u. ä.) fast unabhängig von der Organisation der Daten entworfen werden. Die Problematiken der fachlichen Aufgabenstellungen werden von der Problematik der Datenorganisation getrennt.

→ Übungsaufgabe Nr. I-177 im Arbeitsbuch

Die Bestandteile eines Datenbanksystems sind die **Datenbank** (engl.: data base; Abkürzung: DB), das sind die eigentlichen Daten, und das **Datenbankverwaltungssystem** (engl.: data base management system; Abkürzung: DBMS). Das Datenbankverwaltungssystem ist ein Programmsystem zum Aufbau, zur Kontrolle und zur Manipulation der Datenbank.

Da Informationssysteme im betrieblichen Bereich weitestgehend auf Datenbankverwaltungssystemen basieren, soll im folgenden genauer auf die Informationssystementwicklung mit Datenbanksystemen eingegangen werden.

### 3.2.2.1 Informationssystementwicklung auf der Basis von Datenbanksystemen

Bei der *Erstellung von großen, komplexen Informationssystemen* zeigt es sich, daß sowohl während des Entwicklungsprozesses als auch nach Inbetriebnahme der Systeme immer wieder schwierige *Probleme* auftreten:

— die Systeme werden später fertig als geplant,
— die vorgesehenen Entwicklungskosten werden erheblich überschritten,
— viele Anforderungen der Benutzer werden zu spät erkannt und können nicht mehr ausreichend berücksichtigt werden,
— die Systeme funktionieren zumindest anfangs schlecht, sie sind instabil und fehlerbehaftet,
— die Systemwartung (Fehlerbehebung, Durchsatzoptimierung, Anpassung an Änderungen der Bedingungslage) ist zeitaufwendig, teuer und führt zu Störungen.

Diese und andere Probleme haben in vielen Betrieben zu einem beträchtlichen *Anwendungsrückstau* (engl.: application bottleneck) geführt. Um diesen aufzuarbeiten und um die Produktivität und Qualität der Systementwicklung zu steigern, wurden in Wissenschaft und Praxis viele neue Methoden und Werkzeuge vorgeschlagen.

Eine in der Wirtschaft weit verbreitete Methode zur Planung, Steuerung und Kontrolle des Systementwicklungsprozesses ist die Verwendung eines *Phasenschemas*, das den Mitarbeitern für die Erstellung von Informationssystemen vorgeschrieben wird. Ein derartiges, zeitlich gestaffeltes Phasenmodell dient auch dem Management zur Orientierung über die Projektfortschritte. Im Vordergrund der Unterteilung von Systementwicklungen in zeitliche Abschnitte steht das Bedürfnis, den kontinuierlichen Entscheidungsprozeß zur Reduzierung von Komplexität in schrittweise Entscheidungsstufen aufzugliedern. Deshalb werden die Phasen eines derartigen Modells nach den Zeitpunkten unterteilt, an denen Entscheidungen von grundsätzlicher Bedeutung zu fällen sind. In den gebildeten Zeiträumen (Phasen) werden die Grundlagen für diese Grundsatzentscheidungen erarbeitet. Durch diese Unterteilung werden die Entwicklungsrisiken überschaubarer, und der jeweilige Entwicklungsstand wird auch für nicht unmittelbar Beteiligte (z.B. höherer Managementebenen) transparent.

*Jede Phase läßt sich durch typische Entscheidungen und Tätigkeiten charakterisieren.* Die *Eröffnungsentscheidung* besteht aus einer Auftragserteilung, der Formulierung von Zielsetzungen und der Mitteilung von Restriktionen bezüglich des Mitteleinsatzes. Typische *Tätigkeiten innerhalb einer Phase* sind die Sammlung benötigter Information, die Anwendung von Planungsmethoden und -hilfsmitteln, die Darlegung der Annahmen und Ausgangsvoraussetzungen, die Formulierung von Fragen an die Entscheidungsträger, die Erarbeitung von Maßnahmen und die Formulierung von Entscheidungsvorschlägen, die Dokumentation der Aktivitäten und Phasenergebnisse (inkl. negativer Ergebnisse), die Überprüfung der Zielsetzungen (insbesondere deren Verträglichkeit mit eventuellen Auflagen) sowie deren Verfeinerung und Modifikation, die Erfassung kritischer, die Entwicklung möglicherweise beeinträchtigender Punkte und die terminliche Detailplanung der übernächsten Phase. Die *Schlußentscheidung* beinhaltet eine Prüfung der Entscheidungsvorschläge, die Genehmigung, Ablehnung oder die Beratung von Auflagen, die Formulierung neuer Fragen, Wünsche oder Erkenntnisse und die schriftliche Dokumentation der Entscheidung.

Ein allgemeingültiges Phasenschema gibt es nicht, jedoch ähneln sich die Ansätze in ihrer Grobstruktur. Unterschiede der in der Literatur vorgeschlagenen bzw. in der Praxis verwendeten Vorgehensmodelle gibt es vor allem bezüglich der Zahl und Art der Stufen sowie der Zeitdauer und dem Detaillierungsgrad der einzelnen Tätigkeitsschwerpunkte. Ein einfaches Phasenmodell wird in der Folge vorgestellt (siehe Abb. 3.2.2.1/1).

In der *Planungsphase* (engl.: planning) ist zu klären, ob die vorgesehene Informationssystementwicklung sinnvoll sowie ökonomisch, technisch und personell durchführbar ist. Ausgangspunkt ist eine Istaufnahme, an die sich eine Durchführbarkeitsstudie anschließt. Am Ende dieser Phase fällt die Entscheidung, ob das Informationssystem entwickelt werden soll oder nicht. Gegebenenfalls ist ein Projektplan zu verabschieden, der den zeitlichen Ablauf und den vorgesehenen Ressourcen-

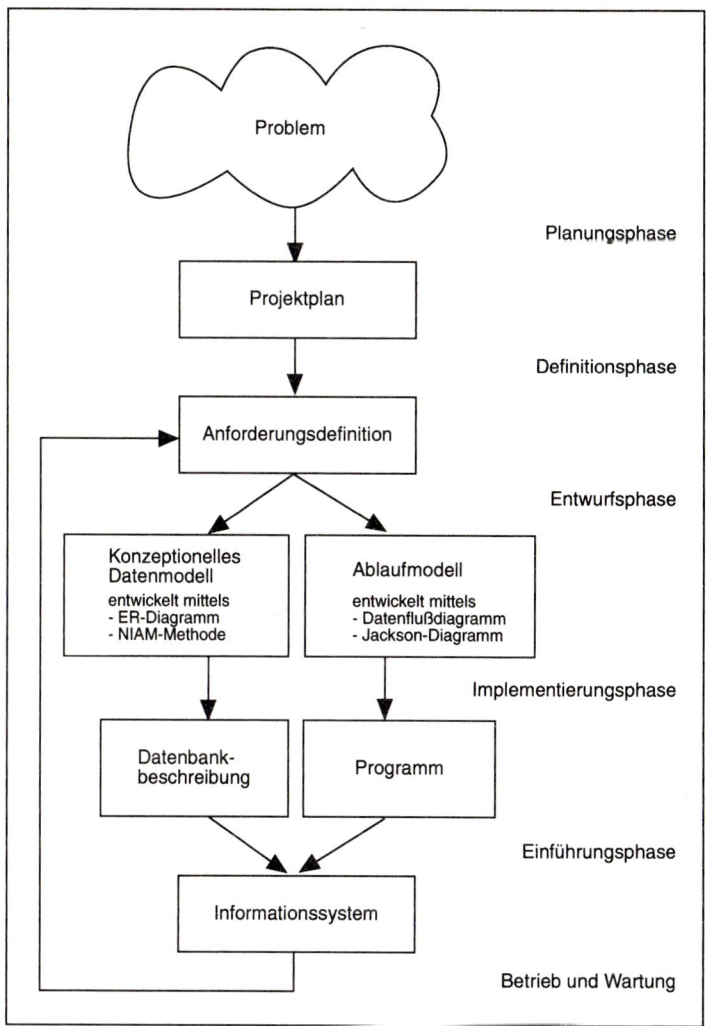

Abb. 3.2.2.1/1: Phasenmodell für die Entwicklung von Informationssystemen

einsatz (Kapazitäten und Kosten von Personal, Hardware, Software) festlegt.

In der *Definitionsphase* (engl.: requirements engineering, specification) muß ein Dokument erstellt werden, das die Anforderungsspezifikation (Synonyme: Pflichtenheft, Systemdefinition) für das geplante Informationssystem enthält. Auftraggeber und -nehmer müssen dem Inhalt des Dokuments zustimmen. Methoden dazu sind beispielsweise verbale Systembeschreibungen, SADT und Prototyping.

Bei *SADT* (Abkürzung für engl.: Structured Analysis and Design Technique) handelt es sich um eine strukturierte Vorgehensweise zur Erhebung und Darstellung der prozeduralen und funktionalen Aspekte eines Informationssystems. Um diese Prozesse und Funktionen zu beschreiben, wird eine grafische Repräsentation verwendet.

Unter *Prototyping* wird eine Vorgehensweise verstanden, bei der möglichst früh bereits eine erste ablauffähige Programmversion erstellt wird. Ziel ist es, wichtige, noch nicht zur Gänze geklärte Fragen (z.B. im Bereich der Benutzeroberfläche oder Funktionalität) mit den Benutzern zu klären und praktische Erfahrungen zu sammeln. Die erste vorläufige Programmversion wird aufgrund der Benutzerkommentare in der Folge vervollkommnet oder sie bildet mitsamt den Verbesserungsvorschlägen die Vorlage für die Neuerstellung einer effizienten, benutzergerechten Endversion.

In der *Entwurfsphase* (engl.: design) wird die Anforderungsdefinition zur Erstellung von konzeptionellen und logischen Modellen verwendet. Diese Modelle lassen sich in *Datenmodelle* (engl.: data model) und *Ablaufmodelle* (engl.: process model) einteilen.

*Datenmodelle* und die Hilfswerkzeuge und Methoden wie Entity-Relationship-Diagramme zur Erstellung von Datenmodellen werden im Abschnitt 3.2.2.2 erläutert.

*Ablaufmodelle* werden z.B. als Struktogramme, Ablaufdiagramme oder Datenflußdiagramme dargestellt. Ziel dieser Modelle ist es, die für das Informationssystem notwendigen Prozesse und Funktionen zu identifizieren und zu beschreiben. Es soll gezeigt werden, wie die Daten in diesen Funktionen verwendet werden.

In der *Implementierungsphase* (engl.: implementation) erfolgt die Codierung der in der vorhergehenden Phase erstellten Modelle im gewählten Programmiersystem, wobei – wie bereits erwähnt – im kommerziellen Bereich in der Regel auch eine Datenbank Verwendung findet. Aus den Datenmodellen wird die Datenbankbeschreibung, aus den Ablaufmodellen werden die Programme gewonnen.

In *Abnahmetests* (engl.: acceptance test) wird geklärt, ob das erstellte Informationssystem der in der Definitionsphase festgelegten Anforderungsspezifikation entspricht. Sind alle Punkte erfüllt, wird in der Einführungsphase das Informationssystem den Benutzern zur Verfügung gestellt.

Unter *Wartung* (engl.: maintenance) werden die Fehlerbehebung sowie die erforderlichen Anpassungen und Änderungen verstanden. Unter Umständen muß der Entwicklungsprozeß erneut durchlaufen werden. Die Wartung von Informationssystemen verbraucht in vielen Betrieben einen Großteil der Personalkapazität, die für die Informationssystementwicklung zur Verfügung steht.

Der Prozeß der Informationssystementwicklung wird zunehmend durch Softwareentwicklungsumgebungen unterstützt.

---

Eine **Softwareentwicklungsumgebung** (engl.: software development environment) umfaßt Werkzeuge (engl.: tool), die den gesamten Softwarelebenszyklus unterstützen und auf eine gemeinsame Datenbasis (engl.: repository) zugreifen. Eine andere geläufige Bezeichnung für derartige Softwareentwicklungswerkzeuge ist «**CASE-Tools**» (CASE ist die auch im Deutschen gebräuchliche Abkürzung für engl.: computer aided software engineering).

---

Die letztendlich wichtigste und wahrscheinlich auch am schwierigsten zu erreichende Zielsetzung besteht in der möglichst vollständigen Integration dieser Werkzeuge, um den gesamten Softwarelebenszyklus, basierend auf gesicherten Methoden, umfassend zu unterstützen und weitestgehend zu automatisieren.

CASE umfaßt folgende *Werkzeugkategorien:*
- Werkzeuge zur Erstellung diverser Diagramme und sonstiger grafischer Darstellungen,
- Bildschirmmasken- und Berichtsgeneratoren,
- Datenbank mit aller Entwicklungsinformation (engl.: repository),
- Kontroll- und Analysehilfen,
- Codegeneratoren und Wartungshilfen (Werkzeuge zur nachträglichen Dokumentation, zur Rückwärtsentwicklung (engl.: reverse engineering) und zur Analyse existierender Systeme).

Aufgrund der großen Bedeutung, hier Näheres zum *Repository*:

---

Das **Repository** (deutsch: Verwahrungsort, Fundgrube, Quelle) enthält (idealerweise) alle Information, die in den Phasen des Entwicklungsprozesses und danach für den Betrieb des Informationssystems benötigt wird. Dabei handelt es sich gleichermaßen um Methoden und Daten, um Ausgangs-, Zwischen- und Endergebnisse aller Art. Die in den einzelnen Phasen erzeugte Information wird dort abgelegt und kann in den Folgephasen abgerufen werden. Es ist damit jenes Instrument, das alle Phasen integriert. Auch die beteiligten Personen und Werkzeuge können über das Repository koordiniert werden.

---

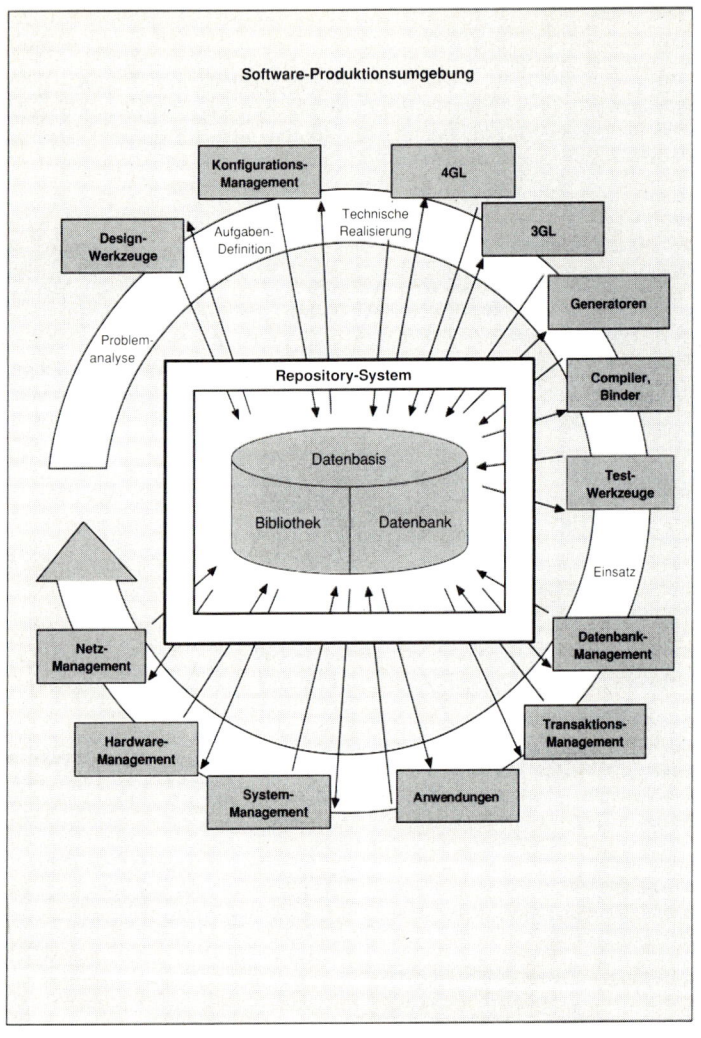

Abb. 3.2.2.1./2: Repository als phasenintegrierendes Instrument (Quelle: SNI)

Die wichtigsten angestrebten *Nutzeffekte* sind im einzelnen:

– Es ist möglich, strukturierte Methoden anzuwenden.
– Der Einsatz von fortschrittlichen Software-Engineering-Techniken kann erzwungen werden.

- Die Softwarequalität wird durch automatische Kontrollen verbessert.
- Die Wiederverwendbarkeit von Softwarekomponenten wird ermöglicht.
- Evolutionäre Systementwicklung und Prototyping auf breiter Ebene werden praktikabel.
- Die Programmwartung wird vereinfacht.
- Der Entwicklungsprozeß wird beschleunigt.
- Die Entwickler können sich auf kreative Teile des Entwicklungsprozesses konzentrieren, Routinearbeit wird ihnen vom System abgenommen.

Kein derzeit am Markt erhältliches System wird allen genannten Anforderungen gerecht. Oft wird lediglich ein Bereich (z.B. Datenmodellierung) einigermaßen gut abgedeckt, die anderen werden jedoch mehr oder minder vernachlässigt. Einige wichtige *Konzepte/Produkte im CASE-Bereich* sind: AD/Cycle (IBM), DOMINO (SNI), Predict CASE (Software AG), Maestro II (Softlab), Oracle*Case (Oracle) und IEW/ADW (Knowledge Ware).

Basis von Repository- und CASE-Systemen sind ebenso wie bei den zu entwickelnden Informationssystemen (Anwendungssystemen) die Datenbanksysteme.

Im folgenden werden die *Bestandteile eines Datenbankverwaltungssystems* und die Methoden zur Erstellung einer Datenbank näher beschrieben. Zu den Bestandteilen eines Datenbankverwaltungssystems gehören die Werkzeuge, Sprachen (Abschnitt 3.2.2.4) und Hilfsmittel zur Erstellung des konzeptionellen Schemas (Abschnitt 3.2.2.2) sowie der externen und internen Schemata (Abschnitte 3.2.2.3.1 und 3.2.2.3.2). Die Gewährleistung der Datensicherheit (Abschnitt 3.2.2.5) gehört ebenfalls zu den Aufgaben eines Datenbankverwaltungssystems.

### 3.2.2.2 Konzeptionelles Modell

Im Abschnitt 3.2.2.1 wurde die Erstellung eines konzeptionellen Modells der Entwurfsphase der Informationssystementwicklung zugeordnet. Dieses konzeptionelle Modell dient zur Beschreibung jenes Realitätsausschnittes, der in der Datenbank dargestellt wird. Für die Erstellung eines konzeptionellen Schemas bedient man sich sogenannter *Datenmodellierungsmethoden*. Diese Methoden und Werkzeuge ermöglichen die Verwendung von Abstraktionsmechanismen gemeinsam mit einer grafischen Darstellung.

Im folgenden verwenden wir eine derartige Methode, das *Entity-Relationship-Diagramm*, auf dessen Grundlage ein konzeptionelles Schema einer Bibliotheksdatenbank erstellt wird. Bitte sehen Sie sich zu diesem Zweck die Informationsstruktur unseres Standardbeispiels in Abb. 2.1.1/7 auf Seite 106 nochmals an.

1. Der erste Schritt zur Erstellung eines Entity-Relationship-Diagramms besteht darin, die *Objekte* (engl.: entity) und *Beziehungen* zwischen diesen Objekten (engl.: relationship) zu identifizieren, die die zu beschreibende Realität abbilden. Objekte mit gemeinsamen Eigenschaften werden zu *Objekttypen* zusammengefaßt, denen beschreibende Eigenschaften, *Attribute*, zugeordnet werden. Attribute werden in beschreibende und identifizierende Attribute unterteilt. *Identifizierende Attribute* dienen zur eindeutigen Identifizierung eines bestimmten Typs. Diesen Objekttypen, Beziehungen und Attributen wird ein eindeutiger *Name* zugeordnet. Zu weiteren Abstraktionsmechanismen, auf die hier nicht näher eingegangen wird, zählen Generalisation, Untermengenhiearchie oder die Kategorie.

Bei unserem *Beispiel* identifizieren wir als Objekttypen *Bücher, Autoren, Kunden* und *Adressen*. Ein Buch soll durch die Attribute Inventarnummer, Titel, Verlag, Erscheinungsdatum und -ort, Preis und eine Menge von Schlagwörtern beschrieben werden. Ein Autor wird durch die Attribute Autorennummer, Vor- und Zuname, ein Kunde durch die Attribute Kundennummer, Vor- und Zuname gekennzeichnet. Und eine Adresse wird durch die Attribute Land, Ort, Straße, Hausnummer und Telefonnummer beschrieben. Die Beziehung *geschrieben* verbindet die Objekttypen Buch und Autor, die Beziehung *entlehnt* die Objekttypen Buch und Kunde und die Beziehung *wohnt* die Objekttypen Kunde und Adresse.

2. Im folgenden Schritt werden diese Objekttypen, Beziehungen und Attribute in einem *Diagramm* grafisch repräsentiert.

---

In einem **Entity-Relationship-Diagramm** (abgekürzt: **ER-Diagramm**) werden die Objekttypen durch Rechtecke, die Beziehungen durch Rauten und die Attribute durch Ovale dargestellt. Doppelt umrahmte Ovale werden dann verwendet, wenn es mehrere Werte des Attributs (= mehrwertiges Attribut) für ein Objekt geben kann. Die Bezeichnungen werden in den entsprechenden grafischen Elementen eingefügt, wobei identifizierende Attributsnamen unterstrichen werden.

---

Abb.3.2.2.2/1 zeigt das *Entity-Relationship-Diagramm für unser Bibliotheksbeispiel.*

3. Sodann wird die *Art der Beziehungen* zwischen den Objekttypen näher beschrieben. Nach der Anzahl der an einer Beziehung teilnehmenden Objekte unterscheidet man zwischen 1:1-, 1:n- und n:m-

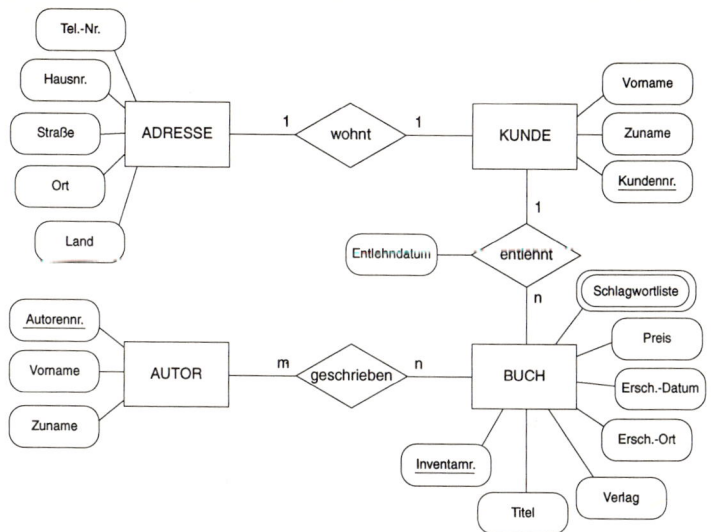

Abb. 3.2.2.2/1: ER-Diagramm einer Bibliotheksverwaltung

Beziehungen. So ist z.B die Beziehung *entlehnt* eine 1:n-Beziehung, da ein Buch zu einem bestimmten Zeitpunkt zwar nur von einem Kunden ausgeliehen werden kann, gleichzeitig aber ein Kunde mehrere Bücher ausleihen darf. Die Beziehung *geschrieben* ist eine n:m-Beziehung, da ein Buch mehrere Autoren haben kann und jeder Autor mehrere Bücher schreiben kann.

4. Nachdem das ER-Diagramm fertiggestellt ist, erfolgt die *Erstellung des konzeptionellen Schemas*. Wie das konzeptionelle Schema auszusehen hat und welches Grundelement, eine *Tabelle*, ein *Netz*, ein *hierarchischer Graph* oder etwas anderes, schließlich verwendet wird, bestimmt das verwendete Datenbankverwaltungssystem. Entscheiden Sie sich für eines, ist damit das für Sie *relevante Datenmodell* vorgegeben, da ein Datenbankverwaltungssystem im allgemeinen nur ein Datenmodell zuläßt. Dieses hat sehr *großen Einfluß auf alle Komponenten des Datenbanksystems*. Die Benutzungsfreundlichkeit, die Zugriffsgeschwindigkeit usw. werden dadurch wesentlich beeinflußt. Das verwendete Datenmodell klassifiziert somit das Datenbanksystem. Man spricht deswegen z.B. auch häufig von «*Netzwerkdatenbanken*» oder «*relationalen Datenbanken*» (Tabelle = Relation).

Übungsaufgabe Nr. I-178 im Arbeitsbuch                    ←

Das **Datenmodell** (engl.: data model) dient also dazu, die Informationsstruktur auf ein bestimmtes Datenbanksystem zugeschnitten zu beschreiben.

*Die folgenden drei Datenmodelle sind durch ihre Verbreitung am bedeutendsten:*
- Hierarchisches Datenmodell,
- Netzwerkmodell und
- Relationenmodell.

### 3.2.2.2.1 Hierarchisches Datenmodell

Auf dem **hierarchischen Datenmodell** (engl.: hierarchical data model) basierende Datenbanksysteme verwenden als Darstellungsform Baumstrukturen. Die hierarchischen Graphen bestehen aus einem Wurzelobjekttyp, von dem Pfeile nur zu untergeordneten Objekttypen ausgehen können. Es bestehen eindeutige Beziehungen zwischen den Objekttypen. Dies hat eine effiziente «computergerechte» Datenorganisation zur Folge, allerdings leiden darunter die Änderungs- und Benutzerfreundlichkeit. Abfragen müssen sich an der gegebenen Baumstruktur orientieren.

Die Abb. 3.2.2.2.1/1 zeigt Ihnen die auf diese Weise repräsentierte *Informationsstruktur unseres Bibliotheksverwaltungssystems* aus Abb. 3.2.2.2/1.

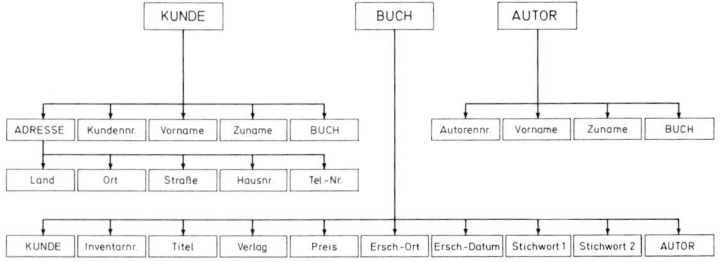

*Anmerkung:* Objekttypen und Attribute sind durch Kästchen, Beziehungen durch Pfeile dargestellt.

Abb. 3.2.2.2.1/1: Datenbank nach dem hierarchischen Datenmodell

### 3.2.2.2.2 Netzwerkmodell

Datenbanksysteme nach dem **Netzwerkmodell** (engl.: network data model) stellen die Informationsstruktur mittels Netzwerken dar. Es existieren keine Wurzelobjekte, und ein Objekttyp kann mehrere Ein- und Ausgabepfeile haben. Beziehungen müssen daher gekennzeichnet werden.

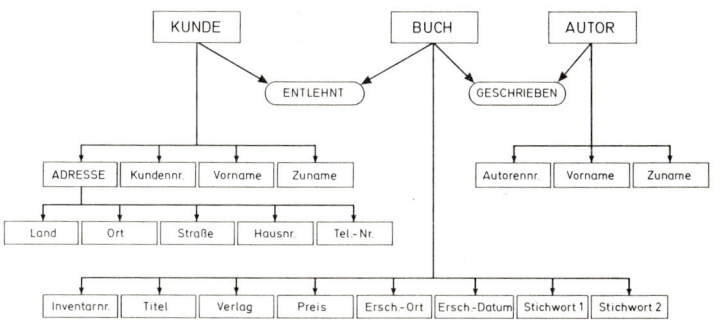

*Anmerkung:* Objekttypen und Attribute sind durch Kästchen, Beziehungen durch Pfeile und Ovale dargestellt.

Abb. 3.2.2.2.2/1: Datenbank nach dem Netzwerkmodell

### 3.2.2.2.3 Relationenmodell

Beim **Relationenmodell** (Synonym: **relationales Datenmodell,** engl.: relational data model) handelt es sich um das wichtigste und am weitesten verbreitete Datenmodell. Das Grundelement dieses Modells ist die Tabelle (= Relation). Das Relationenmodell unterstützt einfache, beschreibende Datenbanksprachen, um eine Datenbank zu erstellen und abzufragen.

Eine relationale Datenbank enthält eine *Menge von Tabellen,* auf denen gewisse Operationen ausgeführt werden. Jede Tabelle besteht aus einem *Tabellennamen,* dem *Tabellenkopf* und den eigentlichen in der Tabelle gespeicherten *Daten.* Der Tabellenkopf setzt sich aus einer Menge von festen Attributen zusammen, wobei jedes Attribut einem Wertebereich zugeordnet wird. Der Tabelleninhalt besteht aus einer

567

Menge von veränderbaren Datensätzen, die als *Tupeln* bezeichnet werden. Eine grafische Darstellung einer Tabelle wird in Abbildung 3.2.2.2.3/1 gezeigt.

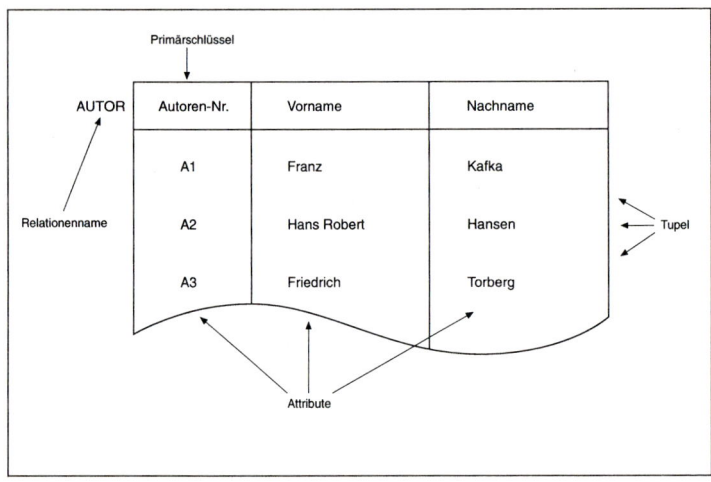

Abb. 3.2.2.2.3/1: Tabelle (= Relation)

*Die Erstellung des konzeptionellen Schemas für eine relationale Datenbank* (= Relationenschema) umfaßt also unter anderem die Festlegung der Tabellen, der Tabellenattribute und der Tabellenschlüssel. Das konzeptionelle Schema für ein relationales Datenbankverwaltungssystem kann aus dem Entity-Relationship-Diagramm durch eine Reihe von wohldefinierten *Schritten* generiert werden.

1. Die durch Rechtecke gekennzeichneten Objekttypen werden zu Tabellen. Der Name der Tabelle entspricht dem Namen des Objekttyps.

2. Die durch einfache Ovale gekennzeichneten Attribute jedes Objekttyps werden den entsprechenden Tabellen zugeordnet und werden so zu den Spalten einer Tabelle. Die unterstrichenen Attribute werden zu Primärschlüsseln.

3. Aus den doppelt umrahmten Ovalen werden eigene Tabellen generiert. Dabei werden der Primärschlüssel des Objekttyps und das mehrwertige Attribut selbst zu den Spalten dieser neuen Tabelle.

4. n:m-Beziehungen werden zu Tabellen, wobei der Name der Relation dem Beziehungsnamen entspricht. Die Attribute dieser Tabelle sind einerseits die der Beziehung zugeordneten Attribute, andererseits die Primärschlüssel der an der Beziehung beteiligten Objekttypen.

Bei 1:n-Beziehungen wird der Primärschlüssel des Objekttyps auf der durch 1 gekennzeichneten Seite als Attribut in die Tabelle, die dem Objekttyp auf der mit n gekennzeichneten Seite entspricht, aufgenommen. Zusätzlich werden die Attribute der Beziehung ebenfalls in diese Tabelle aufgenommen.

Bei 1:1-Beziehungen muß der Primärschlüssel eines Objekttyps in die Tabelle des anderen Objekttyps aufgenommen werden.

Durch diese Vorgangsweise läßt sich aus dem ER-Diagramm in Abb. 3.2.2.2/1 das konzeptionelle Schema in Abb. 3.2.2.2.3/2 erstellen.

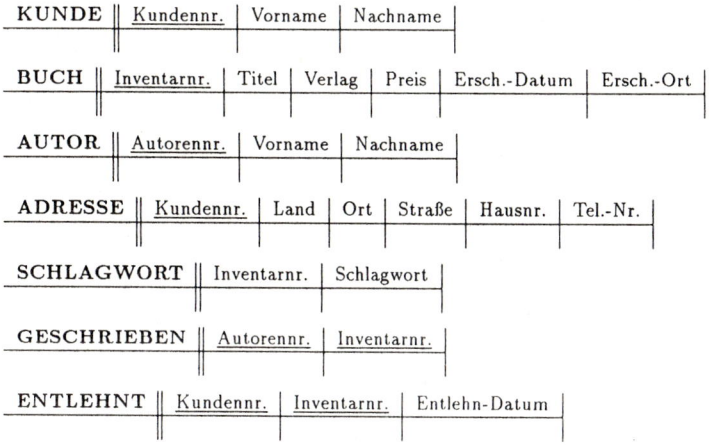

Abb. 3.2.2.2.3/2: Konzeptionelles Schema für eine relationale Datenbank

Unter Hinzunahme sogenannter funktionaler Abhängigkeiten, die die möglichen Ausprägungen des Relationenschemas definieren, kann es eventuell zu Datenredundanzen kommen. Diese Redundanzen können durch den Vorgang der *Normalisierung* eliminiert werden. Dabei werden jene Tabellen, in denen Redundanzen vorkommen, in weitere Relationen zerlegt.

Die Erstellung des konzeptionellen Schemas wird bei großen Informationssystemen bzw. großen Datenbanksystemen i.a. von der verantwortlichen IS-Entwicklungsgruppe (EDV-Abteilung) in Zusammenarbeit mit allen betroffenen Fachabteilungen durchgeführt.

Nach Festlegung des konzeptionellen Schemas wird dieses in der *Implementierungsphase* auf dem Datenbanksystem eingerichtet. Diese

Aufgabe wird vom *Datenbankadministrator* durchgeführt, der hierfür Hilfsmittel und Werkzeuge des gewählten Datenbankverwaltungssystems verwendet. Neben der Festlegung des konzeptionellen Schemas muß der Datenbankadministrator die sogenannten externen Schemata und das interne Schema definieren. Was das heißt, erfahren Sie im Folgeabschnitt. Anschließend können eventuell bereits bestehende Daten in die Datenbank aufgenommen werden. Nach der Einführung des Informationssystems trägt der Datenbankadministrator die Verantwortung für das Funktionieren des Datenbanksystems.

$\longrightarrow$ Übungsaufgaben Nr. 179–181 im Arbeitsbuch

### 3.2.2.3 3-Schichten-Konzept

Das 3-Schichten-Konzept dient dazu, verschiedene Aspekte, die bei der Erstellung eines Datenbanksystems auftreten, auseinanderzuhalten. Diese sogenannten *Schichten der Datenbank* sind

– das konzeptionelle Schema,
– die externen Schemata (auch Sichten genannt) und
– das interne Schema.

Abb. 3.2.2.3/1 zeigt die Zusammenhänge zwischen diesen Schichten.

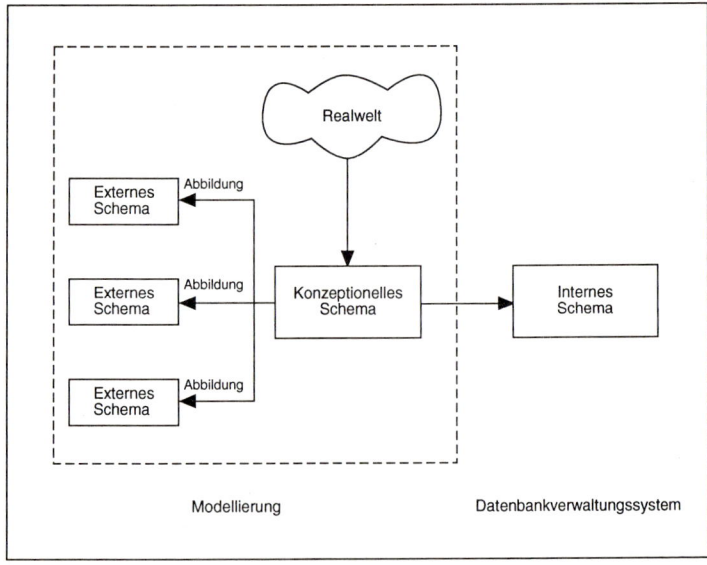

Abb. 3.2.2.3/1: Architektur eines Datenbanksystems (3-Schichten-Konzept)

### 3.2.2.3.1 Externe Schemata

Wie Sie bereits gesehen haben, stellt das konzeptionelle Schema eine Beschreibung des gesamten Realitätsausschnittes dar, der in einem Informationssystem abgebildet werden soll, d. h. der gesamten Datenbank (= sämtliche Tabellen).

Die verschiedenen Benutzer hingegen sind nur an Teilen des konzeptionellen Schemas interessiert bzw. sollen nur zu bestimmten Daten Zugang haben.

In einer Bibliothek wird ein Angestellter, der lediglich Bücher beschlagwortet, kein Interesse an Entlehndaten haben, und die Kundendaten sollten von diesem nicht eingesehen werden können.

Diese Ausschnitte des konzeptionellen Modells werden *Benutzersichten (engl.: view)* genannt.

---

Die **externen Schemata** beschreiben jene Ausschnitte des konzeptionellen Schemas, die für die einzelnen Benutzergruppen bzw. unter Umständen auch nur einzelne Benutzer relevant sind. Ein externes Schema ist eine benutzerspezifische Sicht des konzeptionellen Schemas. Diese Einschränkung erfolgt einerseits, weil die Benutzer nicht benötigte Mehrinformation nur stören würde und andererseits, weil viele Daten nur gewissen Benutzern zugänglich sein sollen.

---

*Ein externes Schema dient also dazu, beim Betrieb einer Datenbank einem Benutzer über den Weg von fertigen Anwendungsprogrammen* (wie für parametrische Benutzer typisch) *oder auch durch selbst erstellte Auswertungen eine ihm gefällige und abgegrenzte Sicht der Daten zu vermitteln.* Unter «gefällig» versteht man dabei einen benutzerfreundlichen Aufbau der Daten (z.B. gut strukturierte Ein- und Ausgabemasken [= «Bildschirmformulare»] u.a.m., das wir im Abschnitt 2.4.4 im Zusammenhang mit der Benutzeroberfläche von Programmen beschrieben haben). Redundanzen in einigen Tabellen können hier durchaus in Kauf genommen werden, falls sie das Verständnis fördern. Unter einer *abgegrenzten Sicht* für einzelne oder Mitarbeitergruppen versteht man den beschränkten Zugriff auf eine eingegrenzte Menge von Attributen. Dabei wird meist noch zwischen Lesen und Ändern oder Löschen der Daten unterschieden.

Übungsaufgabe Nr. I-182 im Arbeitsbuch                    ←

Durchwegs werden externe Modelle und das konzeptionelle Modell durch dasselbe Datenmodell beschrieben. In relationalen Datenbanken werden diese externen Modelle als Sichten bezeichnet.

| VERWALTUNG | Kundennr. | Inventarnr. | Entlehn-Datum | Nachname | Tel.-Nr. |
|---|---|---|---|---|---|

| RECHERCHE | Autorennr. | Vorname | Nachname | Schlagwort | Inventarnr. |
|---|---|---|---|---|---|

Abb. 3.2.2.3.1/1: Externe Schemata (Sichten) für Verwalter und Kunden einer Bibliothek

*Beispiel:* Das externe Schema für einen Beschäftigten unserer Bibliothek, der die Bücher an Kunden verleiht, besteht aus Attributen der Tabellen Buch, Kunde und Adresse. Hingegen besteht das externe Schema für Kunden, die mit dem System Bücher recherchieren wollen, aus Attributen der Tabellen Autor, Geschrieben, Buch und Schlagwort. Diese Sicht trägt beispielsweise den Namen Recherche.

### 3.2.2.3.2 Internes Schema

Bei der Festlegung des **internen Schemas** (engl.: internal schema) eines Datenbanksystems geht es um die physische Datenorganisation (= physische Anordnung der Daten auf den peripheren Speichern) und die Zugriffspfadgestaltung. Die Zielsetzung ist eine minimale Zugriffszeit bei bester Speicherplatzausnutzung. Dabei ist ein globales Optimum anzustreben; das heißt: sehr oft auftretende Abfragen oder Änderungen in der Datenbank sollen besonders schnell durchgeführt werden können.

Dies erreicht man einerseits durch eine *Wahl geeigneter Größen und Anordnungen der physischen Datenblöcke* und andererseits durch die *Auszeichnung einzelner Attribute.* Diese Auszeichnung besteht in der Möglichkeit, direkt über die Inhalte der betreffenden Attribute zugreifen zu können. Derartige Attribute werden, wie Sie bereits wissen, als *Schlüssel* bezeichnet. Zur Realisierung dieser schnellen Zugriffe werden Verfahren verwendet, die im Abschnitt 3.2.1 erörtert wurden; also etwa binäre Bäume oder Hash-Funktionen.

Sind zum *Beispiel* bei unserem *Bibliotheksverwaltungssystem* sehr viele Abfragen über die Zunamen der Autoren zu erwarten, wird man einen direkten Zugriff über dieses Attribut des Objekttyps AUTOR vorsehen. Hier eignet sich ein binärer Baum (vgl. dazu die Abb. 3.2.1.1.2/3 bis

3.2.1.1.2/5). Für die ENTLEHNT-Tabelle mit der Attributkombination «Inventarnummer» und «Kundennummer» als Primärschlüssel könnte eine Hash-Tabelle geeignet sein. Die letztliche Entscheidung trägt der Datenbankadministrator.

Die Anordnung und die Größe der physischen Datenblöcke ist von der verfügbaren Hardware und dem gewählten Betriebssystem abhängig.

Das interne Schema enthält also Information über die physische Datenorganisation und die Zugriffspfade.

Eine *Änderung des internen Schemas* wird notwendig, wenn sich das Zugriffsverhalten oder die Hardwarekonfiguration ändern. Damit diese Änderungen keine Umstellungen im konzeptionellen Schema und in den externen Schemata verursachen, ist eine *strikte Trennung und Aufgabenteilung der verschiedenen Schemata notwendig*. Eine Nichtbeachtung dieses Gebots, die in der Praxis leider oft anzutreffen ist, kann dazu führen, daß Anpassungen der Datenbank an Änderungen der Umwelt nur schwer durchführbar und damit oft unterlassen werden. Dadurch verliert das ganze Datenbanksystem an Wirkungsgrad.

Übungsaufgabe Nr. I-183 im Arbeitsbuch &larr;

### 3.2.2.3.3 Implementierung des konzeptionellen Schemas

Nach Festlegung des konzeptionellen Schemas kann dieses zusammen mit den externen Schemata in der Implementierungsphase der Systementwicklung auf dem Rechner eingerichtet werden. Dies erfolgt mittels der Beschreibung des internen Schemas auf dem gewünschten Datenbankverwaltungssystem.

Alle Information, die das konzeptionelle Schema und die externen Schemata betrifft, wird ebenfalls in derselben Datenbank gespeichert. Diese *Metadaten* sind z.B. Tabellennamen, Tabellenattribute, Schlüssel und Attributstypen, wenn wir es – wie hier gezeigt – mit einer relationalen Datenbank zu tun haben. Diese Metadaten werden in einem Data-Dictionary gespeichert.

Ein **Data-Dictionary** (unübliche deutsche Übersetzung: Datenwörterbuch, Datenverzeichnis) dient zur Dokumentation von Datenfeldern und Datenbankstrukturen sowie zur Beschreibung der Datenverwendung von Anwendungen, Benutzern, Programmen, Transaktionen und deren Verknüpfungen.

Das Data-Dictionary basiert fast immer auf demselben Datenmodell wie die Datenbank, die durch das Data-Dictionary beschrieben wird.

Ein kleiner *Ausschnitt des Data-Dictionary für unser Bibliotheksbeispiel*, das auch Information über Systembenutzer enthält, hat folgendes Aussehen:

| ACCESSIBLE_TABLES | Owner | Table_Name | Table_Type |
|---|---|---|---|
| | Benutzer_1 | Kunde | Table |
| | Benutzer_1 | Buch | Table |
| | Benutzer_2 | Recherche | View |

| USER_TAB_COLUMNS | Table_Name | Column_Name | Data_Type |
|---|---|---|---|
| | Kunde | Vorname | CHARACTER |
| | Kunde | Nachname | CHARACTER |
| | Buch | Preis | REAL |
| | Entlehnt | Entlehn-Datum | DATE |

| USER_USERS | User_Name | User_Id | Created |
|---|---|---|---|
| | Benutzer_1 | Schmidt | 23-02-1991 |
| | Benutzer_2 | Müller | 06-09-1992 |

Abb. 3.2.2.3.3/1: Data-Dictionary (Ausschnitt) für ein Bibliotheksverwaltungssystem

### 3.2.2.4 Sprachen des Datenbanksystems

Neben den *Programmiersprachen zur Definition der externen Schemata und zur Festlegung des internen Schemas*, die sinnvollerweise nur vom Datenbankadministrator verwendet werden, bieten die Datenbankverwaltungssysteme Sprachen an, die *zur Definition des konzeptionellen Modells und zur Manipulation der Daten* dienen. Alle diese Aspekte können auch durch eine Sprache verwirklicht werden.

Die größte Verbreitung dieser Sprachen hat **SQL** (Structured-Query-Language), die für beinahe alle relationalen Datenbankverwaltungssysteme verfügbar ist. Diese stellt den *Marktstandard* dar und ist seit 1989 international normiert. SQL wurde in den IBM-Forschungslaboratorien entwickelt und wurde erstmals Anfang der 80er Jahre mit den Datenbankverwaltungssystemen Oracle (1982) und DB2 (1983) am Markt angeboten. SQL findet heute nicht nur im Großrechnerbereich weite Verbreitung, sondern wird auch zunehmend auf UNIX-Systemen und Personal-Computern eingesetzt.

SQL ist eine sogenannte relationenalgebraische Sprache, die durch eine Folge von einfachen Operationen auf einer relationalen Datenbank mächtige Funktionen zur Verfügung stellt.

Dabei handelt es sich um eine Programmiersprache der 4. Generation. Eine solche Sprache unterscheidet sich – das wissen Sie bereits aus dem Abschnitt 2.4.1.4 – in zwei wesentlichen Aspekten von den höheren Sprachen der 3. Generation: Sie ist erstens *mengenorientiert* und zweitens *deskriptiv*.

*Mengenorientierung* bedeutet, daß bei einer Abfrage das Ergebnis nicht Satz für Satz zur Verfügung gestellt wird, sondern daß alle gefundenen Lösungen als Ergebnis geliefert werden können. Sofern vom Benutzer nichts anderes bestimmt wird (z.B. durch einen Sortierbefehl), ist die Reihenfolge der Lösungen unerheblich.

Der wesentlich wichtigere Unterschied ist der *deskriptive Programmierstil*, den eine solche Programmiersprache erlaubt. Es muß nicht mehr – wie bei den prozeduralen Sprachen – genau beschrieben werden, WIE ein Problem durch die Zerlegung in viele kleine Einzelschritte gelöst wird, sondern nur mehr, WAS für eine Problemlösung notwendig ist.

So kann zum *Beispiel* die *prozedurale Anweisungsfolge auf der linken Seite* in Abb. 3.2.2.4/1 durch das *SQL-Kommando daneben* gleichwertig ersetzt werden. Das *Problem* besteht hier darin, *alle Kunden (Nachnamen und Vornamen) zu finden, die im ersten Wiener Gemeindebezirk (PLZ: A-1010) wohnen.*

| | |
|---|---|
| Öffne die Kundendatei | SELECT VORNAME, ZUNAME |
| Lies den ersten Satz | FROM KUNDE |
| Solange die Datei nicht zu Ende ist, | WHERE PLZ = «A-1010» |
| mache folgendes: | |
| Wenn die Postleitzahl = A-1010 ist, | |
| dann gib die Vor- und | |
| Zunamen aus. | |
| Lies den nächsten Satz | |
| Schließe die Kundendatei | |

Abb. 3.2.2.4/1: Vergleich einer prozeduralen mit einer deskriptiven Programmiersprache

Dieser Vergleich macht den Unterschied augenfällig, obwohl auf der linken Seite der Abb. 3.2.2.4/1 eine sehr vereinfachte Darstellung gewählt wurde. In COBOL, PASCAL oder ähnlichen prozeduralen Sprachen kann das endgültige Programm, das der gezeigten SQL-Anweisung entspricht, durchaus einige Dutzend oder mehr Einzelanweisungen enthalten.

Im folgenden wird SQL anhand von einfachen Beispielen kurz vorgestellt.

In SQL stehen Funktionen zur Verfügung, die einerseits Datenmanipulationsaufgaben und andererseits Datendefinitionsaufgaben übernehmen.

Die *Datendefinitionsbefehle* in SQL ermöglichen die Erstellung des konzeptionellen Schemas und der externen Schemata einer relationalen Datenbank. Um die entsprechende Datenbankstruktur zu erstellen und zu verändern, werden die Befehle CREATE, DROP und ALTER verwendet.

- Mit dem Befehl CREATE können Tabellen, Benutzersichten (Views) sowie Schlüssel definiert werden.

Beispiel: Die Tabelle «Buch» mit dem Schlüssel «Inventarnr» wird mit folgendem Befehl angelegt:

CREATE TABLE Buch

| | |
|---|---|
| (Inventarnr | INTEGER NOT NULL UNIQUE, |
| Titel | CHAR (250) NOT NULL, |
| Autor | CHAR (100), |
| Verlag | CHAR (100), |
| Preis | DECIMAL (7,2) |
| Ersch-Ort | CHAR (100)) |

Eine Benutzersicht für Kunden, die eine Recherche mittels Schlagwörtern durchführen wollen, wird durch folgenden Befehl erstellt:

CREATE VIEW Suche

| | | |
|---|---|---|
| AS | SELECT | Inventarnr, Titel, Schlagwort |
| | FROM | Schlagwort, Buch |
| | WHERE | Schlagwort.Inventarnr = |
| | | Buch.Inventarnr |

- Mit dem Befehl ALTER können Tabellenbeschreibungen verändert werden.
- Mit dem Befehl DROP werden Tabellen, Benutzersichten und Schlüssel gelöscht. Die Tabelle ADRESSE kann mit folgendem Befehl gelöscht werden:

DROP TABLE ADRESSE

Weitere SQL-Befehle, insbesondere GRANT und REVOKE, dienen zur Verwaltung von Benutzerrechten. Diese sind in Mehrbenutzersystemen von großer Bedeutung, bei denen Datensicherheit und Datenschutz eine wichtige Rolle spielen.

*Datenmanipulationsfunktionen* von SQL ermöglichen die Formulierung von Abfragen und das Einfügen, Löschen und Ändern von Daten.

Sämtliche Abfragen in SQL haben folgende Struktur:

| | |
|---|---|
| SELECT | Spaltennamen |
| FROM | Tabellennamen |
| WHERE | Einschränkung |

Wir wollen die Titel und Verlage aller vorhandenen Bücher finden, die von Hansen geschrieben wurden.

```
SELECT    Titel, Verlag
FROM      Buch
WHERE     Autor = «Hansen»
```

Das Ergebnis wird in Form einer Tabelle ausgegeben:

| Titel | Verlag |
|---|---|
| Wirtschaftsinformatik I 5. Aufl. | Gustav Fischer |
| Wirtschaftsinformatik I 4. Aufl. | Gustav Fischer |
| Aufbau betrieblicher Informationssysteme | Service-Fachverlag |
| Entwicklungstendenzen der Systemanalyse | Oldenbourg Verlag |

Mittels der Befehle INSERT, UPDATE und DELETE können Daten eingefügt, verändert und gelöscht werden.

Das Buch, das Sie soeben lesen, soll in die Datenbank eingefügt werden. INSERT INTO Buch VALUES («D-100», «Wirtschaftsinformatik I 6. Aufl.», «Hansen», «Gustav Fischer», 40, «München»)

Das Buch «Wirtschaftsinformatik I 6. Aufl.» wurde irrtümlich mit dem Erscheinungsort «München» inventarisiert. Der Befehl UPDATE ermöglicht eine nachträgliche Änderung von bereits gespeicherten Daten.

```
UPDATE    Buch
SET       Ersch-Ort = «Stuttgart»
WHERE     Titel = «Wirtschaftsinformatik I 6. Aufl.»
AND       Ersch-Ort = «München»
```

Die zweite Zeile dieses Befehls gibt an, *welche* Änderung vorgenommen werden soll, während die dritte und vierte Zeilen anzeigen, *wo* diese Änderung stattzufinden hat.

Soll ein Datenbankverwaltungssystem in einem Betrieb neu eingeführt werden, müssen meist die bereits vorhandenen Daten in die Datenbank eingefügt werden. Dazu stellen Datenbankverwaltungssysteme *Konvertierungsprogramme* zur Verfügung, mit denen es möglich ist, Daten in die entsprechende Repräsentation überzuführen und dann in die Datenbank zu laden.

Neben der interaktiven Verwendung von SQL ist es möglich, SQL-Befehle in höhere Programmiersprachen wie COBOL, C oder PL/1 einzubinden. Fast jedes kommerziell verfügbare SQL-Produkt bietet eine derartige Schnittstelle. Zwei Techniken werden angewendet:

*Embedded SQL* bietet die Möglichkeit, SQL-Befehle direkt im Quellenprogramm des Anwendungsprogramms zu verwenden.

Eine *Funktionssammlung* (genannt *API* für engl.: application program interface), auf die der Programmierer Zugriff hat, stellt die

Schnittstelle zwischen dem Datenbankverwaltungssystem und dem Anwendungsprogramm zur Verfügung.

→ Übungsaufgabe Nr. I-184 im Arbeitsbuch

Durch die zunehmende Bedeutung der interaktiven und spontanen Verwendung von Datenbanken vom Arbeitsplatz aus werden benutzerfreundliche, leicht erlernbare Datenmanipulationssprachen immer wichtiger. Neben der funktionalen Gestaltung ist vor allem die Art der Präsentation von Daten und die Leichtigkeit der Verwendung wesentlich.

In der Praxis hat sich gezeigt, daß manche Abfragen in SQL nur schwierig formulierbar sind. Ferner verfügt diese Sprache über keine Funktionen zur Berichtsgenerierung, d.h. zur Darstellung der abgefragten Daten in bestimmter Gliederung und äußerer Form. Schließlich ist es auch oft notwendig, mehrere SQL-Anweisungen zusammenzufassen, abzuspeichern und solche vordefinierten Funktionen über einen Makrobefehl wieder aufrufen zu können. Diese für die Verwendung einer Datenbank im kommerziellen Einsatz nicht akzeptablen Mängel bzw. unbedingt notwendigen Komponenten werden durch zusätzliche Programme (Berichtsgeneratoren u.a.m.) abgedeckt, die üblicherweise Teil eines Datenbankverwaltungssystems sind.

Zunehmend sind dies **formularorientierte Abfragesysteme** (engl.: query-by-forms system), bei denen der Endbenutzer seine Informationswünsche nur noch in einem vorgegebenen Raster auf dem Bildschirm «ankreuzen» muß. Die Umsetzung in eine Datenbankabfrage (über SQL o.ä.) erfolgt dann automatisch.

Dazu gehört zum *Beispiel QMF* (Query Management Facility), das vom IBM-Datenbankverwaltungssystem DB2 verwendet wird. Es bietet u.a. die Möglichkeit, die externen Schemata in Tabellenform auf dem Bildschirm darzustellen. Der Endbenutzer bestimmt Inhalt und Format der jeweils benötigten Ausgabedaten, indem er in die Leertabellen beispielhaft die Abfragebedingungen einträgt (siehe Abb. 3.2.2.4/2).

| ADRESSEN | Kundennr. | Land | PLZ | Ort | Straße | Hausnr. |
|----------|-----------|------|-----|-----|--------|---------|
| | P.A.O. | P. | P. | Aigen | P. | P. |

*Anmerkung:* In der obigen Tabelle werden die gesuchten Daten definiert. Der Name der vorliegenden Tabelle ist «ADRESSEN». «P.» (present) ohne

Zusatz bedeutet, daß die jeweilige Spalte ausgegeben werden soll, daß aber keine nähere Spezifikation bzw. Einschränkung erfolgt. Der Zusatz «A.O.» (ascending order) gibt an, daß die Tabellenwerte in aufsteigender Reihenfolge ausgegeben werden sollen. Das Wort «Aigen» in der Ortsspalte definiert im vorliegenden Fall, daß für alle in Orten namens Aigen wohnhaften Kunden die Kundennummer, das Bundesland, die Postleitzahl, die Straße und die Hausnummer ausgegeben werden sollen. Die untere Tabelle zeigt das Ergebnis der oben definierten Abfrage. (Sie ersehen aus der Postleitzahl, daß es in Österreich vier verschiedene Orte namens Aigen gibt.)

| ADRESSEN | Kundennr. | Land | PLZ | Straße | Hausnr. |
|---|---|---|---|---|---|
| | 18 245 171 | NÖ | 3814 | Quellenhofstraße | 9 |
| | 25 481 294 | NÖ | 3814 | Bierbachstraße | 33 |
| | 28 275 273 | NÖ | 3814 | Billrothstraße | 17 |
| | 33 285 297 | OÖ | 8943 | Kronhobelberg | 14 |
| | 56 874 338 | OÖ | 4160 | Allhartsplatz | 136 |
| | 64 269 123 | S | 5351 | Salzburgerstraße | 49 |
| | 78 399 645 | S | 5351 | Schmiedbauerweg | 12 |

Abb. 3.2.2.4/2: QMF-Abfrage («Query by Example»)

Ähnliche Funktionen bieten zum Beispiel auch INGRES von Relational Technology Inc. und ORACLE.

Mit Hilfe von KI-Methoden sollen *natürlichsprachliche Abfragesprachen* (engl.: natural language query system) dem Benutzer helfen, Abfragen an Datenbanken in natürlicher Sprache zu formulieren.

Diese Sprachen sind vor allem für jene Benutzer geeignet, die nicht wissen, wie das konzeptionelle Schema einer Datenbank aussieht. Die natürlichsprachliche Anfrage wird vom Datenbankverwaltungssystem interpretiert und in eine geeignete Form, die sich auf das konzeptionelle Schema bezieht, übersetzt.

### 3.2.2.5 Datensicherheit

Maßnahmen zur **Datensicherheit** (engl.: data security) sollen die jederzeitige Vollständigkeit und Korrektheit der Daten in der EDVA gewährleisten.

### 3.2.2.5.1 Sicherungsmaßnahmen

*Die Vollständigkeit und Korrektheit der Daten kann etwa durch den Ausfall von Teilen der Hardware, durch Software- oder durch Bedienungsfehler gefährdet werden.* Zum *Beispiel* können bei einem «head-crash» (vgl. Abb. 2.2.2.4/3 auf Seite 186) in einer Magnetplatteneinheit Daten verlorengehen. Oder ein unerfahrener *Benutzer löscht aus Versehen* den Inhalt einer Diskette (durch ein falsches Systemkommando bzw. durch Einlegen eines falschen (beschriebenen) Datenträgers in das Laufwerk). *In solchen Fällen müssen die Daten so gut wie möglich rekonstruiert werden.* Voraussetzung dafür ist eine *Aufbewahrung (Sichern) alter Datenbestände.* Dementsprechend sollte regelmäßig der komplette Datenbestand einer EDVA auf permanente Speichermedien (meistens Magnetbänder) kopiert werden. Die Zeitpunkte dieser Sicherung nennt man *Kontrollpunkte* (engl.: checkpoint), da es ganz bestimmte Punkte auf der Zeitachse eines Tages sind. *Die Datenträger mit den gesicherten Daten werden unter Umständen an einem anderen Ort, oft in einem feuersicherem Safe, aufbewahrt, um auch gegen Katastrophen und gegen mutwillige Zerstörung gerüstet zu sein.*

Im *Rechenzentrum der Wirtschaftsuniversität Wien* findet z.B. *an jedem Werktag abends* dieser Vorgang der *Sicherung* statt. Gesichert wird auf Magnetbänder. Bei einem schwerwiegendem Hardwarefehler ist somit maximal die Arbeit eines Tages verloren. *Für eine Bank oder Versicherung wären derartige Sicherungsabstände aber nicht tragbar*; deshalb wird dort i.a. *jede auf die Datenbestände durchgeführte Aktion mitprotokolliert.* So kann bei einem Ausfall durch die Wiederholung aller Aktionen, die seit der letzten Sicherung durchgeführt wurden, das heißt von einem Kontrollpunkt an, der aktuelle Datenbestand wiederhergestellt werden. Diesen *Wiederanlauf* (engl.: restart) nach einem Systemzusammenbruch bezeichnet man im Englischen mit «emergency restart».

### 3.2.2.5.2 Transaktionen

Die Notwendigkeit der Einführung des Begriffs «Transaktion» soll folgendes *Beispiel* illustrieren: Ein Kunde einer Bank überweist von seinem Girokonto 10000,– DM auf sein Sparbuch. In der EDVA der Bank wird dieser Vorgang durch die Durchführung der in Abb. 3.2.2.5.2/1 gezeigten Aktionen abgebildet.

Vermindere den Girokontostand des Kunden um 10000,– DM
(Aktion A1)

Erhöhe das Sparbuchguthaben des Kunden um 10000,– DM
(Aktion A2)

Abb. 3.2.2.5.2/1: Aktionen bei der Umbuchung eines Geldbetrages

Nehmen wir an, daß A1 ordnungsgemäß durchgeführt und auch mitprotokolliert wird und daß, bevor A2 durchgeführt werden kann, ein Hardwarefehler auftritt, der die Rekonstruktion der Daten notwendig macht. Diese endet mit der Ausführung von A1. Die Folge davon ist: Der Kunde ist um 10000,– DM ärmer geworden, da die Abbuchung, aber nicht die Gegenbuchung durchgeführt wurde. Die Daten sind durch den Ausfall inkorrekt geworden.

Diese mögliche Bildung inkorrekter Daten wird durch die logische Zusammenfassung von Aktionen zu *Transaktionen* verhindert.

Abb. 3.2.2.5.2/2 zeigt Ihnen die Zusammenfassung von A1 und A2 zu T1.

Transaktion T1:
    Vermindere den Kontostand des Girokontos des Kunden um 10000,– DM (Aktion A1)
    Erhöhe das Guthaben des Sparbuchs des Kunden um 10000,– DM (Aktion A2)
    Ende der Transaktion T1.

Abb. 3.2.2.5.2/2: Transaktion bei der Umbuchung eines Geldbetrages

Eine **Transaktion** (engl.: transaction) ist eine Folge logisch zusammengehörender Aktionen, die Operationen auf die gemeinsam gespeicherten Daten ausführen.

Kann nun eine Transaktion nicht vollständig ausgeführt werden, werden die bereits durchgeführten Aktionen dieser Transaktion zurückgenommen. Damit wird ein gültiger Zustand der Daten, nämlich der Zustand vor Beginn der Transaktion, erreicht. Diesen Vorgang bezeichnet man im Englischen mit «*undo*».

Auf unser *Beispiel* angewendet heißt das, daß die 10000,– DM dem Girokonto wieder gutgeschrieben werden. Damit ist der Ausgangszustand erreicht, es kann jetzt versucht werden, die Transaktion erneut durchzuführen.

Ein **Transaktionsprogramm** (engl.: transaction program) ist ein Anwendungsprogramm, das i.a. mehrere Transaktionen abhängig vom Transaktionscode durchführt. *Es kann von mehreren Benutzern gleichzeitig verwendet werden.*

Die Transaktionsproblematik tritt in der kommerziellen EDV vor allem im Dialogbetrieb auf. Zur Lösung dieser Aufgaben der Transaktionssicherung werden sogenannte *OLTP-Monitore* eingesetzt.

Unter einem **OLTP-Monitor** (engl.: on-line transaction processing monitor) versteht man also ein Systemprogramm zur Steuerung und Koordinierung von Transaktionsprogrammen. Wesentliche Koordinationsaufgaben muß der OLTP-Monitor auch in Zusammenarbeit mit dem vom Transaktionsprogramm angesprochenen Datenbanksystem lösen.

Jedem Transaktionsprogramm werden ein oder mehrere *Transaktionscodes* zugeordnet. In Abhängigkeit des gewählten Transaktionscodes werden nur bestimmte Teile des Transaktionsprogramms durchlaufen.

Mittels eines **Transaktionscodes** (engl.: transaction code) wird also ein Transaktionsprogramm gestartet und der Ablauf des Transaktionsprogramms gesteuert.

Zum *Beispiel* können in einer *Bankfiliale* die Mitarbeiter am Schalter durch die Eingabe folgender *Transaktionscodes* die daneben gelisteten Aufgaben bewältigen.

Transaktionsprogramm zur Verwaltung von Kontoinhabern:

| Transaktionscode | Wirkung |
|---|---|
| TKDANF in Verbindung mit der Kontonummer und dem Code «84» | Kundendatenanzeige/-änderung |
| TKDANF in Verbindung mit der Kontonummer und dem Code «85» | Postfensteranzeige/-änderung |
| TKDANF in Verbindung mit der Kontonummer und dem Code «83» | Spezialdatenanzeige/-änderung |
| TKDANF in Verbindung mit der Kontonummer und dem Code «90» | Beteiligungenanzeige |

*Anmerkung:* TKDANF ist eine Funktionstaste.

Abb. 3.2.2.5.2/3: Transaktionscodes für das Schalterpersonal in einer Bank

Alle Mitarbeiter in den vielen Filialen der Bank haben die Möglichkeit, durch die Eingabe der entsprechenden Transaktionscodes gleichzeitig ihre Aufgaben durchzuführen.

Übungsaufgabe Nr. I-185 im Arbeitsbuch

### 3.2.2.5.3 Gleichzeitiger Zugriff auf Datenbestände

Die Korrektheit der Daten kann durch einen ungeregelten Zugriff auf gemeinsame Datenbestände gefährdet werden.

Wird etwa bei unserem *Beispiel* der Umbuchung von 10000,– DM der Zugriff auf die Guthaben der Kunden für die Zinsberechnung zwischen A1 und A2 durchgeführt, entstehen falsche Ergebnisse.

Das Ausschalten dieser Fehlerquelle wird durch die *«Reservierung» von Daten für die Dauer ihrer Bearbeitung* erreicht.

Unsere *Beispiel-Transaktion* hat dann die in Abb. 3.2.2.5.3/1 gezeigte Form.

Transaktion T1:
Warte auf die Freigabe des Girokontostandes des Kunden und sperre ihn
Warte auf die Freigabe des Sparbuchguthabens des Kunden und sperre es
Vermindere den Girokontostand um 10000,– DM (Aktion A1)
Erhöhe das Sparbuchguthaben des Kunden um 10000,– DM (Aktion A2)
Gebe den Girokontostand frei
Gebe das Sparbuchguthaben frei
Ende der Transaktion T1

Abb. 3.2.2.5.3/1: Transaktion mit exklusivem Datenzugriff bei der Umbuchung eines Geldbetrages

Bei der Verwendung von solchen Mechanismen (Sperren und Freigeben) kann es jedoch zu sog. *Verklemmungen* (engl.: deadlock) kommen.

Die Transaktionen in Abb. 3.2.2.5.3/2 sind ein *Beispiel* dafür. Werden T1 und T2 zur gleichen Zeit gestartet, warten beide Transaktionen auf Daten, die von der anderen Transaktion blockiert werden.

| T1: | T2: |
|-----|-----|
| Warte auf A, | Warte auf B, |
| sperre A, | sperre B, |
| **warte auf B,** | **warte auf A,** |
| sperre B, | sperre A, |
| gebe A frei, | gebe A frei, |
| gebe B frei. | gebe B frei. |

Abb. 3.2.2.5.3/2: Beispiel einer Verklemmung

Bei dieser Verklemmung würden die Transaktionen T1 und T2 ohne Eingriff von außen nie vollständig durchgeführt werden. Ein Stillstand des ganzen Systems kann die Folge sein, da andere Transaktionen, die entweder A oder B benötigen, ebenfalls zum Stillstand kommen. Nur durch den künstlichen, eigentlich irregulären Abbruch einer der beiden Transaktionen kann diese Situation beendet werden.

Deshalb muß im vorhinein die *Verhinderung von Verklemmungen* gewährleistet werden. *Eine Möglichkeit ist die Reservierung aller nötigen Daten am Anfang einer Transaktion.* Die Abb. 3.2.2.5.3/1 bietet hierfür ein Beispiel. Der Nachteil dabei ist das mitunter lange Warten einer Aktion auf eine Freigabe von Daten, die für die Bearbeitung dieser Aktion gar nicht notwendig sind. Daher wurden *effizientere Verfahren* entwickelt, deren Beschreibung aber den Umfang dieser Einführung sprengen würde.

→ Übungsaufgabe Nr. I-186 im Arbeitsbuch

### 3.2.2.5.4 Computerviren

In den vergangenen Jahren mußten sich Endbenutzer zunehmend mit der Gefahr von Programmen auseinandersetzen, deren Funktion es ist, Schaden anzurichten.

> **Computerviren** (engl.: computer virus) sind schädliche Programme, die durch Kopiervorgänge bzw. durch Rechnernetze verbreitet werden und sich selbständig vervielfältigen (replizieren) können. Die Schäden dieser Programme reichen von harmlosen Bildschirmanzeigen bis zu vollständigem Programm- und Datenverlust.

Man unterscheidet bei solchen «Sabotageprogrammen» drei Arten:

1. *Virenprogramme* sind Programme, die ihren Programmcode in fremde Programme einfügen und die zunächst die Funktionsfähigkeit dieser befallenen (infizierten) Programme nicht verändern. Erst zu einem späteren Zeitpunkt wird ein durch den Programmcode bestimmter (vorgegebener) Schaden angerichtet. Diese Programme verbreiten sich durch Selbstreplikation (indem sich diese selbst abbilden) und durch Kopiervorgänge.

2. *Wurmprogramme* sind schädliche Programme, die sich über Rechnernetze verbreiten, um so einen Rechner zu befallen und diesen in der Folge arbeitsunfähig zu machen.

3. *Trojanische Pferde* sind Programme, die eine nützliche Funktion vortäuschen oder ausführen, die aber für den Benutzer schädliche Funktion haben. Diese werden durch Kopiervorgänge verbreitet.

Diese Arten können oft auch in kombinierter Form vorkommen. Die häufigste Methode ist das Trojanische Pferd. So kann z.B. ein Compiler (das Trojanische Pferd) einen Virus während des Übersetzungsvorgangs in das spätere Programm einfügen.

Ein Computervirus, der zu Datenverlusten auf MS-DOS-Rechnern führt, ist zum Beispiel der sogenannte *Lehigh-Virus*. Das Virusprogramm ist im Befehlsinterpreter vom Betriebssystem MS-DOS, der als Teil des Betriebssystems in den Arbeitsspeicher geladen wird, verborgen. Wenn das Betriebssystem zum vierten Mal nach Befall des Befehlsinterpreters geladen wird, wird der eigentliche Virus aktiviert. Jener Bereich der Festplatte bzw. Diskette, der die Information über die Verteilung der Programme auf dem Speichermedium enthält, wird gelöscht. Dies führt dazu, daß die meisten Daten auf der Festplatte bzw. Diskette verloren sind.

Ein weiterer «Schädling», der ebenfalls unter dem Betriebssystem MS-DOS auftreten kann, kann ungewünschte und störende Bildschirmausgaben auslösen. Der Virus befällt den Bildschirmspeicher und führt dazu, daß einzelne Textzeichen horizontal nach unten bewegt werden, so daß der Eindruck fallender Buchstaben erzeugt wird *(Herbst-Virus* oder *Denzuk-Virus).*

Der *Jerusalem-Virus* mindert die Rechenleistung, der PC arbeitet spürbar langsamer. Und der *Oropax-Virus* bewirkt, daß der PC über den Lautsprecher ein Lied spielt.

Die Möglichkeiten für boshafte Zeitgenossen, mit Computerviren Unfug zu treiben oder auch schwere Schäden anzurichten, sind fast unbegrenzt. Alle paar Monate warnen die Medien in oft übertriebener Manier vor neuen Gefahren, die bisher unbekannte Viren weltweit zu bestimmten Stichtagen (Freitag, der 13., Michelangelos Geburtstag usw.) auslösen werden. Panisches Verhalten ist jedoch ebenso wenig angebracht wie eine Unterschätzung der Gefahr von Virusinfektionen.

Zum *Schutz (Vorbeugung)* vor Virenprogrammen und zur *Verhinderung ihrer Ausbreitung* stehen verschiedene Möglichkeiten zur Verfügung. Ein perfekter Schutz ist aber nicht möglich.

Zwei Eigenschaften erlauben die Verbreitung von Virenprogrammen:
— Die gemeinsame Nutzung von Daten und Programmen sowie
— die Fähigkeit einer EDVA, Daten als Programme zu interpretieren.

Die *Nutzung gemeinsamer Information einzuschränken* ist daher eine Möglichkeit, Virusprogramme am Ausbreiten zu hindern. Durch das Kopieren von Software, deren Herkunft unbekannt ist, können sich Computerviren leicht und schnell verbreiten. Dem Endbenutzer wird daher geraten, ausschließlich autorisierte Software (Kopien der Originalprogramme) zu verwenden.

Zu den *softwaremäßigen Schutzmaßnahmen* zählen:
— Verschlüsselung von Programmen,
— Prüfsummentechniken und
— Software Risk Management.

Hier soll nur kurz auf die *Verschlüsselung von Programmen* eingegangen werden. Programme, die geschützt werden sollen, werden verschlüsselt auf den Datenträgern abgespeichert. Ein Befall dieses verschlüsselten Programms durch ein Virusprogramm wird dazu führen, daß dieses Programm nicht mehr entschlüsselbar bzw. ausführbar ist. Zwar ist dieses Programm dann nicht mehr einsetzbar, eine weitere Verbreitung des Virusprogramms wird jedoch verhindert.

Schließlich stehen noch *organisatorische Schutzmaßnahmen* zur Verfügung. Wichtigste organisatorische Maßnahme ist das regelmäßige Anlegen von Sicherheitskopien. Dadurch können einerseits zerstörte und verlorene Daten wiederhergestellt werden und andererseits möglicherweise befallene Programme durch Vergleich mit den Sicherheitskopien erkannt werden. Eine Sicherungsstrategie ist das *3-Generationen-Prinzip*. Dabei werden stets drei zeitlich unterschiedliche Sicherungen verwahrt. So stehen beispielsweise stets eine tägliche, eine wöchentliche und eine monatliche Sicherung zur Verfügung, auf die in Notfällen zurückgegriffen werden kann.

Als vorbeugende Maßnahme gegen die Verwendung selbst beschaffter, infizierter Privatprogramme durch die Mitarbeiter können in Betrieben die vernetzten *Arbeitsplatzrechner auch ohne eigene Disketten- und Wechselplattenlaufwerke* konfiguriert werden. Der Endbenutzer kann dann nur Serverprogramme und -daten verwenden, deren Sicherheit durch eine zentrale Kontrolle eher gewährleistet werden kann.

Die *Definition von Benutzergruppen*, die voneinander isoliert sind, ist ein weiterer Weg, die gemeinsame Nutzung einzuschränken. Mitglieder einer bestimmten Benutzergruppe haben nicht die Möglichkeit, die Daten und Programme anderer Gruppen zu lesen oder zu schreiben. Die Betriebssysteme für mittlere und große Rechner sowie moderne lokale Netzwerkprogramme erlauben die Definition von Benutzergruppen.

Schließlich kann durch das *Abschließen der Arbeitsplatzgeräte* und durch die *Verwendung von Paßwörtern* ein unbefugter Zugriff auf Rechner und Daten verhindert werden. Zu solchen technisch-organisatorischen Maßnahmen erfahren Sie noch Näheres im Folgeabschnitt 3.2.2.6 Datenschutz.

Den Benutzern von Mikrorechnern stehen heute zahlreiche am Markt verfügbare *Virenerkennungsprogramme* zur Verfügung. Diese Programme sind je nach Leistungsfähigkeit in der Lage, innerhalb weniger Sekunden eine Festplatte auf vorhandene Viren (mehrere Dutzend sind bekannt) zu untersuchen und dem Benutzer kenntlich zu machen. Dem Antivirusprogramm unbekannte Schädlinge können nicht gefunden werden, ebenso sind diese Programme meist nicht in der Lage, eventuell gefundene Viren aus den Programmen zu entfernen. Korrekte Programme und Daten müssen vielmehr durch Kopien der gesicherten Bestände wiederhergestellt werden.

### 3.2.2.6 Datenschutz

Als **Datenschutz** (engl.: privacy, data protection) bezeichnet man die Gesamtheit der gesetzlichen und betrieblichen Maßnahmen zum Schutze der Rechte von Personen vor Verletzung der Vertraulichkeit und der Sicherheit des Informationshaushaltes.

Bei Datenbanken tritt die Notwendigkeit des Datenschutzes besonders hervor, deswegen wird dieser auch in diesem Abschnitt behandelt. Die *Maßnahmen zum Datenschutz betreffen* aber *das gesamte organisatorische, rechtliche, wirtschaftliche und technische Umfeld der EDV*.

Anhand unseres *Bibliotheksverwaltungssystems* soll Ihnen die *Bedeutung des Datenschutzes* bewußt gemacht werden. Stellen Sie sich vor, daß Sie regelmäßig in die Bibliothek gehen, um Zeitung zu lesen und um sich Bücher für Ihre Weiterbildung oder zur Unterhaltung auszuborgen. Auch für berufliche Zwecke nützen Sie das reichhaltige Angebot der Bibliothek. Im Laufe der Jahre sammelt sich daher eine beträchtliche Menge von Daten über Ihre Person in der Datenbank des Bibliotheksverwaltungssystems an.

Ihre Pünklichkeit oder Unpünktlichkeit beim Zurückgeben von Büchern könnte auf Ihre Zuverlässigkeit, die Auswahl der Zeitungen, Berichte und

Bücher über politische Probleme auf Ihre politische Einstellung, Ihre Freizeitliteratur auf Ihre Hobbies und Ihre Bildungsliteratur auf Ihr berufliches Engagement schließen lassen. Alle Daten zusammen könnten ein relativ genaues Persönlichkeitsprofil abgeben. Dieses Persönlichkeitsprofil kann jedoch sehr verzerrt sein, z.B. wenn Sie diese eine Bibliothek nur für ganz bestimmte Literaturrecherchen verwenden und sonst aus einer anderen Bibliothek Ihre Literatur beziehen.

Auf die Interpretation der Daten haben Sie aber im allgemeinen keinen Einfluß. So kann Ihnen durch eine Indiskretion eines Bibliotheksangestellten durchaus Schaden erwachsen, dessen Ursache für Sie rätselhaft ist.

Ein geschäftlicher Konkurrent könnte aus dem Wissen über Ihre laufende Lektüre Kapital zu Ihren Ungunsten schlagen. Denken Sie dabei nur an die Vorbereitungen von Geschäftskontakten mit dem Ausland und Ihre entsprechende Lesetätigkeit in dieser Richtung.

Oder wenn Sie sich z.B. im Rahmen einer wissenschaftlichen Arbeit sehr viel mit Anarchismus beschäftigt haben und einem Freund Bücher über die verschiedensten Waffengattungen besorgt haben, kann ein völlig falsches Bild von Ihnen in dieser Datenbank entstehen.

Wenn Sie unselbständig erwerbstätig sind, können Sie sicher auch einige Fakten aufzählen, die Sie nicht oder nur ungern Ihrem Vorgesetzten oder Ihren Arbeitskolleginnen und -kollegen mitteilen würden, die sich aber aus den Datenbankinhalten ergeben könnten.

Information bedeutet oft schnellere Reaktion, besseren Überblick, stärkere Kontrollmöglichkeit – schlichtweg Macht.

→ Übungsaufgabe Nr. I-187 im Arbeitsbuch

*Maßnahmen zum Datenschutz* wurden schon bisher getroffen und sind weiterhin *in zwei Richtungen* zu forcieren:
1. *politisch, rechtlich und organisatorisch:* Schutz der personenbezogenen Daten durch Gesetze, Betriebsvereinbarungen, organisatorische Maßnahmen u. ä.
2. *technisch:* Entwicklung «einbruchsicherer» EDV-Systeme.

### 3.2.2.6.1 Politisch-rechtlich-organisatorische Maßnahmen

Mit der Erlassung eigener *Datenschutzgesetze* wurde in den westlichen Demokratien begonnen, die Verrechtlichung auch der Informationsverarbeitung in die Wege zu leiten. Im deutschsprachigen Raum traten bundeseinheitliche Regelungen in der *Bundesrepublik Deutschland* am 1.1.1978 (Bundesdatenschutzgesetz BDSG) und in *Österreich* am 1.1.1980 (Datenschutzgesetz DSG) in Kraft. Mit der Regelung dieser vollkommen neuen Rechtsmaterie begann aber auch eine *heftige Dis-kussion bezüglich der weiteren Zielrichtungen des Datenschutzes.* Einerseits wurde die Gefahr gesehen, daß durch die Datenschutzgesetz-gebung eine automationsbehindernde und damit innovationsfeindliche Richtung eingeleitet wird. Andererseits waren aber die Intentionen aller Datenschutzregelungen weniger auf die Verhinderung einer Verarbei-tung, sondern vielmehr auf eine Kontrolle der Datenverwendung ge-richtet.

Zur Sicherstellung des Schutzes der Privatsphäre haben sich in der Vergangenheit eine Reihe von *Grundsätzen* herauskristallisiert, die mehr oder weniger deutlich in allen Datenschutzgesetzen zum Aus-druck kommen:

– *Relevanz*
  Es dürfen nur jene Daten ermittelt und verarbeitet werden, die rele-vant (d.h. wesentlich) in Bezug auf den Betriebszweck des Auftragge-bers sind.

– *Publizität*
  Als individuelle Publizität wurde überall das *Auskunftsrecht des Be-troffenen über seine Daten* verankert. Ergänzend dazu wurde z.B. in Österreich im Sinne einer generelleren Publizität eine zentrale Melde-und Auskunftsstelle in Form eines Registers geschaffen.

– *Richtigkeit*
  Diesem Grundsatz entsprechend hat *der Betroffene ein Recht darauf, falsche Daten richtigstellen zu lassen und unzulässigerweise ermit-telte Daten löschen zu lassen.*

– *Weitergabebeschränkung*
  Als zentraler Teil einer Datenverwendungskontrolle geht es hier um *Einschränkungen der Übermittlung* sowie um Regelungen, *unter wel-chen Voraussetzungen Datenbanken verknüpft werden dürfen.*

– *Trennung der Funktionen*
  Die EDV-mäßige Durchführung – etwa auch in einem Servicerechen-zentrum – wird *getrennt von der Funktion des Auftraggebers, der die rechtliche Verantwortung für die Anwendungen trägt.*

– *Verpflichtung zu Datensicherungsmaßnahmen.*

– *Statuierung einer eigenen Geheimhaltungspflicht (Datengeheimnis).*

– *Schaffung eigener Kontrollorgane.*

– *Internationaler Datenverkehr*
  Kontrolle des grenzüberschreitenden Datenverkehrs.

International ist als übereinstimmende *Tendenz* auf diesem Gebiet festzustellen, daß die *Betroffenen von ihren Kontrollrechten kaum Ge-brauch* machen. Als *stärkste Kontrollorgane* haben sich Bundes- und

Landesdatenschutzbeauftragte in der Bundesrepublik Deutschland und die Datenschutzkommission in Österreich herausgestellt. Die Ereignisse um die letzte Volkszählung und die Einführung eines maschinenlesbaren Personalausweises in der Bundesrepublik Deutschland haben jedoch gezeigt, daß die *Sensibilität der Staatsbürger gegen Eingriffe in ihre Privatsphäre gewachsen* ist. Ebenso deuten die anhaltenden Diskussionen um die Novellierung von Datenschutzgesetzen darauf hin, daß sich das Datenschutzbewußtsein in der Bevölkerung verstärkt hat.

Datenschutz impliziert auch *Beteiligungsrechte der Endbenutzer und Betroffenen an der Gestaltung betrieblicher Informationssysteme.* Gewerkschaftliche Forderungen zielen hier vor allem auf mehr *Mitbestimmung der Arbeitnehmer bei der Verwendung personenbezogener Daten.*

Anhand einiger *Beispiele* sollen *Problemfelder* skizziert werden:

- Die Mitbestimmung bei der Einführung von *Personalinformationssystemen* umfaßt nicht nur die Absprache, welche Daten erfaßt werden sollen, sondern wer welche Verknüpfungsergebnisse erhält.
- Für die *Textverarbeitung* wird manchmal Zusatzsoftware angeboten, die eine Kontrolle der Anzahl der Anschläge und damit «auf stillem Weg» eine vollständige Überwachung aller Schreibtätigkeiten erlaubt.
- Durch den Einsatz digitaler *Nebenstellenanlagen* besteht die Möglichkeit, alle jene Gespräche, die von einer Nebenstelle geführt wurden, nach Anzahl, Dauer und Telefonnummer zu speichern. Damit läßt sich das Kommunikationsverhalten des einzelnen Mitarbeiters über das Telefon erfassen.
- *Zutrittskontrollsysteme*, die aus Sicherheitsgründen eingeführt werden, können auch zur Arbeitszeitüberwachung dienen.

Mit der Weiterentwicklung und Verbreitung der Informationstechnologie in ihren unterschiedlichsten Ausprägungen werden die Kontrollmöglichkeiten immer umfassender. Das hat zur Folge, daß der gesellschaftspolitische Stellenwert des Datenschutzes weiterhin an Bedeutung gewinnen wird.

→ Übungsaufgabe Nr. I-188 im Arbeitsbuch

### 3.2.2.6.2 Technisch-organisatorische Maßnahmen

Das Bundesdatenschutzgesetz sieht in seinem § 6 jene *Sicherheitsmaßnahmen vor, die zur Erfüllung des Datenschutzgesetzes erforderlich sind.* Es sind dies:

- *Zugangskontrolle*
Die Verwehrung des Zuganges von Unbefugten zu personenbezogenen Daten.

- *Abgangskontrolle*
Die Hinderung, daß Personen, die bei der Verarbeitung personenbezogener Daten tätig sind, Datenträger unbefugt entfernen.

- *Speicherkontrolle*
Die Hinderung, unbefugte Eingaben in den Speicher sowie die unbefugte Kenntnisnahme, Veränderung und Löschung gespeicherter personenbezogener Daten durchzuführen.

- *Benutzerkontrolle*
Die Benutzung von Verarbeitungssystemen, aus denen oder in die personenbezogene Daten durch selbsttätige Einrichtungen übermittelt werden, durch unbefugte Personen zu verhindern.

- *Zugriffskontrolle*
Die Gewährleistung, daß die zur Benutzung eines Datenverarbeitungssystems Berechtigten durch selbsttätige Einrichtungen ausschließlich auf die ihrer Zugriffsberechtigung unterliegenden personenbezogenen Daten zugreifen dürfen.

- *Übermittlungskontrolle*
Die Gewährleistung, daß überprüft und festgestellt werden kann, an welche Stellen personenbezogene Daten durch selbsttätige Einrichtungen übermittelt werden können.

- *Eingabekontrolle*
Die Gewährleistung, daß nachträglich überprüft und festgestellt werden kann, welche Daten zu welcher Zeit von wem in Datenverarbeitungssysteme eingegeben worden sind.

- *Auftragskontrolle*
Die Gewährleistung, daß Daten, die im Auftrag verarbeitet werden, nur entsprechend den Weisungen des Auftraggebers verarbeitet werden können.

- *Transportkontrolle*
Die Gewährleistung, daß bei der Übermittlung von Daten sowie beim Transport entsprechender Datenträger diese nicht unbefugt gelesen, verändert oder gelöscht werden können.

- *Organisationskontrolle*
Die Gestaltung der innerbetrieblichen Organisation, daß sie den besonderen Anforderungen des Datenschutzes gerecht wird.

Neben *baulichen bzw. Werkschutzeinrichtungen* (Zutrittsbeschränkungen und -kontrollen bei Terminal- bzw. Maschinenräumen) können folgende technische Maßnahmen dem Datenschutz dienen:

– *Zugriffsschutz,*
– *Kryptographie.*


## Zugriffsschutz

Bei EDVA, die durch mehrere Personen benutzt werden, ist es notwendig, gegenseitige Störungen zu verhindern. Diese Störungen können ihre Ursachen in einer Verwendung oder Änderung von Daten und Programmen anderer Benutzer haben oder durch den fehlerhaften Gebrauch von Systemkommandos entstehen. *Daher wird jedem Benutzer ein eigener Speicherbereich und eine Benutzerklasse zugeordnet.* Jeder Bereich wird durch eine *Benutzerkennung* identifiziert und durch ein *Paßwort* geschützt.

Ein *Paßwort* allein bietet allerdings *nur dann halbwegs wirksamen Schutz, wenn es eine lange, sinnlose Zeichenkette ist und regelmäßig geändert wird.*

*Benutzerklassen* geben den Benutzern die Erlaubnis, bestimmte Systemkommandos abzusetzen. Dem gelegentlichen Benutzer wird dabei sicher eine kleinere Menge an Systembefehlen zur Verfügung stehen als dem Systemverwalter oder einem Datenbankadministrator. Die *Priorität*, die den einzelnen Benutzern bei der Erledigung ihrer Aufträge zugeordnet ist, um aus gesamtbetrieblicher Sicht eine optimale Aufgabenerfüllung und eine bestmögliche Maschinenauslastung zu gewährleisten, sollte sinnvollerweise nicht durch den «einfachen» Benutzer geändert werden können. Hingegen wird z.B. das Abfragen der Systemzeit jeder Benutzerklasse erlaubt sein.

Die *Kombination und Verfeinerung* (z.B. wahlweiser Schreib-/Lese-/ Verarbeitungsschutz für jeden Satz) *dieser beiden Konzepte (Kennungen mit Paßwörtern und Benutzerklassen)* führt zu einem *detaillierten Berechtigungsprofil jedes Benutzers.* In diesem wird genau festgelegt, welche Daten er lesen und/oder ändern bzw. welche Programme er ausführen darf. Der Lese- und Schreibschutz kann sogar oft *bis auf die Feldebene* herunterreichen. Dann kann für jedes Feld einer Datei ein unterschiedliches Zugriffsrecht gelten.


## Kryptographie

Noch stärkeren Schutz von besonders sensiblen Daten (z.B. für die strategische Verteidigung) bietet nur eine *Kryptographierung* der Daten. Ein *einfaches Verfahren* ist die Zuordnung von allen Zeichen zu anderen Zeichen eines Zeichenvorrats. Zum Beispiel A:- Z, B:- Y usw. *Die Zuordnung verwendet der Sender zum Verschlüsseln und der Empfän-*

*ger zum Entschlüsseln.* Dieses Verfahren ist aber relativ leicht zu «knakken». Daher wurden unter großem Aufwand *raffinierte Verfahren* entwickelt, *deren Aufdeckungsaufwand so groß ist (z.B. Rechenzeit: $10^3$ Jahre), daß sie als weitgehend sicher erscheinen.*

*Beispiel:*

Eines dieser Verfahren ist das *RSA-System*, ein sog. *Public-Key-System*, das auf großen Primzahlen basiert. Hier ist der Verschlüsselungsmechanismus (key) öffentlich bekannt (public), der Entschlüsselungsmechanismus aber geheim.

*Das Wort «WIRTSCHAFTSINFORMATIK» soll verschlüsselt werden.* Zuerst werden den Buchstaben Zahlen zugeordnet: 01 für A, 02 für B,...und 26 für Z. Damit ergibt sich für das genannte Wort die folgende Darstellung:

| W | I | R | T | S | C | H | A | F | T | S | I | N | F | O | R | M | A | T | I | K |
|----|----|----|----|----|----|----|----|----|----|----|----|----|----|----|----|----|----|----|----|----|
| 23 | 09 | 18 | 20 | 19 | 03 | 08 | 01 | 06 | 20 | 19 | 09 | 14 | 06 | 15 | 18 | 13 | 01 | 20 | 09 | 11 |

Verschlüsselt wird nun durch eine i.a. große Zahl, die das Produkt zweier Primzahlen (p und q) ist. Für das Beispiel reicht n = 2773 ($2773 = 47 \cdot 59$). Ferner brauchen wir noch eine Primzahl e, die sich aus n, p, q und d berechnet. Wir bestimmen d mit 157 und berechnen e durch das Finden einer Primzahl, die folgende Gleichung löst: $1 = d \cdot e \bmod (p-1) \cdot (q-1)$. In unserem Fall ist e = 17.

Da zwei Buchstaben höchstens die Zahl 2626 (Z = 26) erzeugen können und 2626 kleiner als 2773 ist, fassen wir je zwei Buchstaben als Block zusammen: 2309, 1820,..., 1100.

Diese Blöcke werden jetzt folgendermaßen verschlüsselt: Block–neu = Block–alt hoch e modulo n. Die Verschlüsselung von 2309 ist $1717 = 2309^{17} \bmod 2773$. Das Ergebnis sind also folgende Blöcke: 1717, 2648, 1628,..., 0778.

Entschlüsselt wird folgendermaßen: Block–alt = Block–neu hoch d modulo n. Auf 2309 kommt man also durch die Rechnung $1717^{157} \bmod 2773$.

Die Zahlen p, q und d sind geheim und lassen sich nur mit sehr hohem Aufwand aus n und e berechnen. Dazu eine Tabelle:

| Stellen von n | Rechen-operationen | Rechenzeit (1 Operation = $10^{-6}$ Sekunden) |
|----|----|----|
| 50 | $1,4 \cdot 10^{10}$ | 3,9 Stunden |
| 70 | $9,0 \cdot 10^{12}$ | 104 Tage |
| 100 | $2,3 \cdot 10^{15}$ | 74 Jahre |
| 200 | $1,2 \cdot 10^{23}$ | $3,8 \cdot 10^9$ Jahre |

Übungsaufgabe Nr. I-189 im Arbeitsbuch

### 3.2.3 Markt und Entwicklungstendenzen der Datenspeicherung

**Datenbankverwaltungssysteme für Groß- und Minirechner**

Rund 85% aller Unternehmen, die über einen Großrechner verfügen, setzen ein Datenbankverwaltungssystem ein. *75% dieser Systeme sind relationaler Natur.* Rund die Hälfte aller installierten Datenbankverwaltungssysteme sind *IBM-Produkte,* vornehmlich das hierarchische Datenbankverwaltungssystem IMS und die relationalen Produkte SQL/DS bzw. DB2. Die Entwicklung in Richtung relationaler Systeme läßt sich anhand der installierten Produkte nachvollziehen. Waren noch 1987 weltweit rund 2000 DB2-Installationen 7000 IMS-Datenbanken gegenübergestanden, so sind es heute schon über 6000 DB2-Systeme.

Nichtrelationale Datenbankverwaltungssysteme weisen derzeit noch eine um den Faktor 2–3 größere *Transaktionsleistung* als relationale Datenbankverwaltungssysteme auf (verglichen mit einem Faktor von 7–10 vor sechs Jahren). Die folgende Tabelle, die die Transaktionsleistung gemessen in Transaktionen pro Sekunde (engl.: transactions per second; abgekürzt: tps) von verschiedenen Produkten vergleicht, veranschaulicht diesen Unterschied:

| Produkt | Leistung | System |
|---|---|---|
| DB2 | 200 tps | Relationales Datenbankverwaltungssystem |
| ORACLE | 265 tps | Relationales Datenbankverwaltungssystem |
| IMS mit Fast Path | 600 tps | Hierarchisches Datenbankverwaltungssystem |

Abb. 3.2.3/1: Leistungsvergleich von Datenbankverwaltungssystemen für Großrechner (Quelle: Oracle)

Der *Trend in Richtung relationale Datenbankverwaltungssysteme* wird sich auch aufgrund größerer Rechenleistungen der EDVA weiter verstärken.

*IBM* bietet die relationalen Systeme SQL/DS und DB2 für seine Großrechner an. SQL/DS läuft unter den Betriebssystemen VM/ESA und VSE/ESA und verwendet den OLTP-Monitor CICS. DB2 ist auf das Betriebssystem MVS/ESA ausgelegt und verfügt über Schnittstellen zu den Transaktionsmonitoren TSO/E und CICS (auf Großrechnern IBM ES/9000).

Weitere wichtige proprietäre Anbieter sind *Siemens-Nixdorf (SNI)* mit dem Netzwerk-Datenbankverwaltungssystem UDS für das Betriebssystem

BS2000 und *DEC* mit dem relationalen System VAX-Rdb/VMS für das Betriebssystem VMS.

Führende, von den Rechnerherstellern *unabhängige Anbieter* von relationalen Datenbankverwaltungssystemen sind (Produktnamen in Klammern): Oracle (ORACLE), Computer Associates (CA-DATACOM/DB), Cincom Systems (SUPRA), Sybase (SYBASE) und Informix Software (INFORMIX). Der einzige unabhängige deutsche Anbieter eines relationalen Datenbankverwaltungssystems für Großrechner ist die Software AG mit dem relationalen System ADABAS. Diese Produkte bieten alle eine 4.-Generationssprache zur Anwendungsentwicklung sowie SQL-Kompatibilität.

*Für Minirechner mit proprietären Betriebssystemen* bieten die Hersteller eigene Datenbankverwaltungssysteme, in der Regel relationaler Art, an. Für *Minirechner auf UNIX-Basis* stehen eine größere Anzahl von Datenbankverwaltungssystemen zur Verfügung, die von unabhängigen Anbietern vertrieben werden. Zu den größten rechnerunabhängigen Anbietern zählen Oracle mit dem gleichnamigen Produkt, Informix und Ingres. Die folgende Abbildung zeigt den weltweiten *Datenbankmarkt für UNIX-Systeme.*

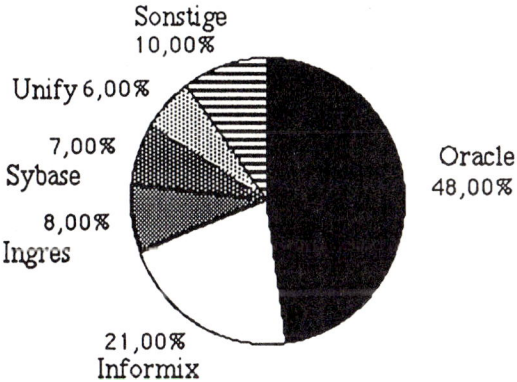

Abb. 3.2.3/2: Marktanteile für Datenbankverwaltungssysteme auf UNIX-Basis (Quelle: IDC)

## Datenbankverwaltungssysteme für Mikrorechner

*Bei Mikrorechnern* kommen *fast ausschließlich relationale Datenbankverwaltungssysteme* bzw. relational-ähnliche Datenbankverwaltungssysteme (solche Systeme, die nicht über die volle Funktionalität von relationalen Datenbankverwaltungssystemen verfügen) zum Einsatz. Der Markt für Datenbankverwaltungssysteme für Mikrorechner bietet eine *große Vielfalt.* Das hat zur Folge, daß einerseits zahlreiche Produkte und Anbieterfirmen sich als kurzlebig erweisen, und andererseits, daß neue, innovative Systeme nachfolgen. Der größte Teil der angebotenen und eingesetzten Pakete sind *Einbenutzersysteme* für die Betriebssysteme MS-DOS oder Mac-OS. Zu den leistungsfähigsten Systemen zählen solche, die auch unter anderen Betriebssystemen und Rechnerklassen zu finden sind, wie ORACLE, in diesem Fall allerdings als Einbenutzersystem.

Durch den Einsatz von Netzen und die Notwendigkeit, die Datenredundanz so klein wie möglich zu halten, werden die Einbenutzersysteme in Zukunft im betrieblichen Bereich an Relevanz verlieren. Eine Möglichkeit, um diesen neuen Anforderungen gerecht zu werden, sind *SQL-Server,* die zu wichtigen Komponenten bei den leistungsfähigsten Datenbankverwaltungssystemen für Mikrorechner zählen. SQL-Server ermöglichen den effizienten Einsatz von Datenbanken in einem lokalen Netzwerk, basierend auf der Client-Server-Architektur.

> Ein **Datenbankserver** (engl.: database server), der auf einem eigens dafür vorgesehenen Rechner läuft, bietet alle notwendigen Datenbankfunktionen für alle Teilnehmer im Netz. An diesen Datenbankserver wenden sich alle anderen Rechner, um Datenbankabfragen und -änderungen durchzuführen. Da diese Datenbankserver auf die Sprache SQL ausgerichtet sind, werden sie als **SQL-Server** bezeichnet.

Der erste SQL-Server wurde von den Firmen Ashton-Tate, Microsoft und Sybase in Kooperation entwickelt und 1989 auf den Markt gebracht. Diese Firmen steuerten (in derselben Reihenfolge) die Benutzeroberfläche, die Betriebssystem- und Kommunikationskomponenten sowie das eigentliche Datenbankverwaltungssystem bei. Dieser Markt wird sich in den nächsten Jahren eines großen Wachstums erfreuen. Die derzeit rund 15 000 Client-Server-Lösungen werden sich in den nächsten drei Jahren vervierfachen.

Die Verfügbarkeit von *4.-Generationssprachen als Entwicklungswerkzeuge* für Datenbankverwaltungssysteme hat bei Kaufentscheidungen eine zunehmende Bedeutung. Durch die Verwendung von deklarativen, natürlichsprachlichen Befehlen sowie einer grafischen Benutzeroberfläche sollen diese Sprachen dem Programmierer helfen, Datenbankanwendungen effizienter zu erstellen.

Die folgende Tabelle stellt die wichtigsten Datenbankverwaltungssysteme für Mikrorechner einander gegenüber:

| Produkt | SQL | Netzwerk-anschluß | SQL-Server | 4GL | Plattform |
|---|---|---|---|---|---|
| dBase IV | x | x | | | MS-DOS |
| Paradox 3.5 | x | x | | | MS-DOS |
| OS/2 DB Manager | x | x | x | | OS/2 |
| Gupta | x | x | x | x | MS-DOS, OS/2 |
| Superbase | x | x | | | MS-DOS |
| FoxPro 2.0 | | x | | x | MS-DOS, Mac-OS |

Abb. 3.2.3/3: Datenbankverwaltungssysteme für Personal-Computer

Das am weitesten verbreitete Produkt ist dBase (III+ und IV) mit einem Marktanteil von mindestens einem Drittel aller Installationen. Ansonsten ist der Markt sehr zersplittert, denn kein anderes System kann derzeit einen Marktanteil von mehr als 7% (DataEase) aufweisen.

Integrierte Programmsysteme, wie zum Beispiel Open Access, bieten ebenfalls Datenbankverwaltungsfunktionen, die aber nicht an die Leistungsfähigkeit von Spezialpaketen heranreichen. Für größere Anwendungen sind diese daher nicht geeignet.

### Anforderungen an Datenbankverwaltungssysteme der nächsten Generation

Während die ersten kommerziellen Datenbankverwaltungssysteme von 1960 – 1980 transaktions- und stapelverarbeitungsorientiert waren, setzten sich ab Mitte der 80er Jahre zunehmend relationale Datenbankverwaltungssysteme durch. Diese haben sich für betriebswirtschaftliche Aufgaben weitgehend bewährt.

Heutige Anforderungen, die über kommerzielle Anwendungen hinausgehen, können jedoch nur schlecht oder gar nicht von relationalen Datenbankverwaltungssystemen abgedeckt werden.

597

*Datenbankverwaltungssysteme für*

– *Hypermediaapplikationen* (Näheres im Kapitel 4) müssen in der Lage sein, Texte, Grafiken und (Bitmap-)Bilder zu verwalten und zu speichern.

– *CAD-Anwendungen und geografische Informationssysteme* müssen räumliche Daten in der Form von Punkten, Linien, Polygonen und komplexen Objekten verwalten können.

– *wissenschaftlich-technische Anwendungen* müssen Daten, die als Zeitreihen oder Vektoren zur Verfügung stehen, verwalten können.

Für solche und andere *spezielle Einsatzgebiete* (wie zum Beispiel die Medizin) wurden in letzten Jahren *zahlreiche Datenbankarchitekturen* entwickelt. Zwei solcher Architekturen werden im folgenden dargestellt, wobei eine Unterscheidung dieser Datenbankverwaltungssysteme in folgende Gruppen erfolgt:

– Postrelationale Datenbankverwaltungssysteme, oft auch als objektorientierte Datenbankverwaltungssysteme bezeichnet, und

– deduktive Datenbankverwaltungssysteme.

## Postrelationale Datenbankverwaltungssysteme

Zu den postrelationalen Datenbankverwaltungssystemen zählen zahlreiche *wissenschaftliche Prototypen* und einige *wenige kommerziell erfolgreiche Produkte*. Diese Datenbankverwaltungssysteme zeichnen sich durch die Kombination von Eigenschaften aus *relationalen Datenbankverwaltungssystemen und objektorientierten Programmiersprachen* aus.

---

**Objektorientierte Datenbankverwaltungssysteme** (engl.: object oriented database management system; abgekürzt: OODBMS) haben zum Ziel, Eigenschaften von objektorientierten Programmiersprachen (wie Vererbung, Objektidentität, Klassenhierarchie) in klassische Datenbankverwaltungssysteme zu integrieren. Objektorientierte Datenbankverwaltungssysteme ermöglichen die Repräsentation von komplexen Sachverhalten, wie zusammengesetzte Objekte, komplexe Strukturen oder neue Datentypen. Jedes objektorientierte Datenbankverwaltungssystem ist eine Implementation eines objektorientierten Datenmodells.

---

In einem *objektorientierten Datenbankverwaltungssystem* kann man *beispielsweise* eine *Bibliothek* und die dort vorhandenen Bücher folgendermaßen beschreiben:

```
class: Bibliothek
        type tuple(Adresse: string,
                   lageplan: Bitmap,
                   Bücher: set(Buch))

        method welcher_fachbereich(fachbereich:string):set
end

class: Buch
        type tuple( titel:string,
                    autor: string,
                    fachbereich: string,
                    standort: point)

        method suche_buch: standort,
                buch_entlehnt: boolean
end
```

Abb. 3.2.3/4: Beispiel für eine objektorientierte Datendefinition

Zu jeder *Bibliothek* gibt es eine Adresse, einen Lageplan der Bibliothek, der am Bildschirm dargestellt werden kann, sowie eine Menge an vorhandenen Büchern. Ein *Buch* besteht aus dem Titel, dem Autor, dem Fachbereich und einem bestimmten Standort, der aus dem Lageplan ersichtlich ist. Zu den *Operationen*, die durchgeführt werden können, zählen die Frage nach den Fachbereichen, die in einer Bibliothek zu finden sind, und ob ein bestimmtes Buch bereits entlehnt ist. Ferner können Bücher, die von einem Kunden gesucht werden, auf dem Lageplan dargestellt werden.

Jedes der im folgenden genannten Datenbankverwaltungssysteme verfügt über *unterschiedliche Abfragesprachen und Syntax*. Eine Standardisierung wie für SQL wird für objektorientierte Datenbankverwaltungssysteme nicht zustande kommen, da bei deren Entwicklung von unterschiedlichen Zielvorstellungen ausgegangen wurde.

*GemStone* ist ein kommerzielles objektorientiertes Datenbankverwaltungssystem der Firma Servio, das für betriebswirtschaftliche und technische Informationssysteme entwickelt wurde. Die Abfragesprache, genannt OPAL, ist Smalltalk-ähnlich. GemStone erlaubt eine verteilte Verarbeitung auch auf unterschiedlichen Plattformen und Netzwerkprotokollen.

*ObjectStore* ist ein kommerzielles objektorientiertes Datenbankverwaltungssystem der Firma Object Design für Anwendungen, die komplexe Manipulationen mit Objekten beinhalten, z.B. CAD, CAE oder geografische Applikationen. Die Abfragesprache ist an die Programmiersprache C++ angelehnt.

*Starburst* wird in den Forschungslaboratorien von IBM entwickelt. Starburst stellt ein leicht erweiterbares Datenbankverwaltungssystem dar und zwar für Einsatzbereiche, die nicht bzw. nicht optimal von relationalen Datenbankverwaltungssystemen unterstützt werden, wie Büroinformationssysteme oder statistische Anwendungen. Starburst unterscheidet sich insofern von anderen objektorientierten Datenbankverwaltungssystemen als nicht nur komplexe Objekte verarbeitet werden können, sondern auch die Möglichkeit geboten wird, mengenorientierte und deklarative Sprachen zu verwenden.

O2, ursprünglich von einem französischen Forschungskonsortium in Zusammenarbeit mit Siemens und Bull entwickelt, ist seit 1991 als kommerzielles Produkt verfügbar. Dieses objektorientierte Datenbankverwaltungssystem bietet dem Entwickler von Applikationen eine eigene Benutzeroberfläche, um große, komplexe Objekte oder auch Multimedia-Objekte anzuzeigen und zu manipulieren, wodurch die Informationssystementwicklung deutlich vereinfacht wird.

Diese objektorientierten Datenbankverwaltungssysteme laufen in den meisten Fällen unter dem Betriebssystem UNIX, einige wie GemStone, auch unter dem proprietären VMS-Betriebssystem von DEC.

In welche Richtung sich die Entwicklung von objektorientierten Datenbankverwaltungssystemen fortsetzen wird, ist unklar. Ebenso ist die Größe des Marktes nicht abzuschätzen. Generell läßt sich sagen, daß die objektorientierten Datenbankverwaltungssysteme relationale Datenbankverwaltungssysteme nicht ablösen werden, sondern daß eher spezielle Bedürfnisse durch diese neuen Produkte abgedeckt werden.

### Deduktive Datenbankverwaltungssysteme

Der Wunsch, relationale Datenbanken «intelligent» zu machen, führte zur Entwicklung von deduktiven Datenbanken. Sie sind durch die *Integration der logischen Programmierung mit relationalen Systemen* entstanden. Relationale Datenbanken werden durch die Hinzufügung von Regeln zu Wissensbasen.

---

**Deduktive Datenbankverwaltungssysteme** (engl.: deductive database management system) stellen regelbasierte Datenbanksprachen zur Verfügung, mit deren Hilfe eine deduktive Datenbank (oder Wissensbasis) erstellt werden kann. Dieselbe Sprache wird auch als Abfragesprache verwendet.

---

Eine *deduktive Datenbank* besteht aus einer extensionalen und einer intensionalen Datenbank. Die *extensionale Datenbank* enthält die bereits existierenden Daten, wie Sie dies von herkömmlichen Datenbanken kennen, und eine Menge von Regeln. Die *intensionale Datenbank* besteht aus jenen Fakten, die durch Abarbeitung der Regeln aus den bereits existierenden Daten abgeleitet werden.

Die *logischen Datenbanksprachen*, welche zur Manipulation von deduktiven Datenbanken entwickelt wurden, basieren auf der Prädikatenlogik. Diese Sprachen erlauben die Definition von abgeleiteten Relationen (Tabellen) aus der extensionalen Datenbank. Zu den *Anforderungen* an diese logischen Datenbanksprachen gehören

- Deklarativität (nichtprozedurale Sprache),
- Mengenorientierung,
- Darstellung komplexer Objekte und
- einfache Verbindbarkeit mit einem relationalem Datenbankverwaltungssystem.

Die bekannteste dieser Sprachen ist *Datalog*, welches als eine Vereinfachung der logischen Programmierung gilt. Im Gegensatz zur logischen Programmierung erlaubt aber Datalog weder die Verwendung der Negation noch von Funktionen.

Eine logische Datenbanksprache, die in den IBM-Forschungslabors im US-amerikanischen Yorktown Heights entwickelt wurde, ist *Syllog*. Syllog erlaubt die natürlichsprachliche Definition von Regeln, die Syllogismen genannt werden.

Eine extensionale Datenbank, die in DB2 gespeichert werden könnte, wird wie folgt dargestellt:

| dieser_kunde | *interessiert sich für* | diesen_fachbereich |
|---|---|---|
| Hans | | Datenspeicherung |
| Gustaf | | Prolog |
| Andreas | | Programmiersprachen |

| dieser_fachbereich | *gehört zu* | diesem_anderen_fachbereich |
|---|---|---|
| Datenspeicherung | | Informatik |
| Datenbanken | | Datenspeicherung |
| Relationale Datenbanken | | Datenbanken |
| Objektorientierte Datenbanken | | Datenbanken |
| Prolog | | Programmiersprachen |

| dieses_buch | *wird* | diesem_fachbereich | *zugeordnet* |
|---|---|---|---|
| Smalltalk-80 | | Smalltalk | |
| Datenbanksysteme: Konzepte und Modelle | | Datenbanksysteme | |
| Entwicklung von Relationalen Datenbanken | | Relationale Datenbanken | |
| Einführung in Prolog | | Prolog | |
| Informationssysteme | | Datenspeicherung | |

Abb. 3.2.3/5: Extensionale Datenbank eines deduktiven Datenbanksystems (Beispiel: Bibliothek)

Die intensionale Datenbank wird aus den Regeln, die als Syllogismen definiert werden, abgeleitet. Diese haben die Form:

Bedingung
Aktion

Um alle Bücher zu finden, die für einen Kunden von Interesse sind, werden zwei Regeln angegeben:

`dieser_fachbereich` *gehört zu* `diesem_anderen_fachbereich`
`dieser_anderer_fachbereich` *gehört zu* `diesem_weiteren_fachbereich`
`dieses_buch` *wird* `diesem_fachbereich` *zugeordnet*
`dieses_buch` *wird* `diesem_weiteren_fachbereich` *zugeordnet*

`dieser_kunde` *interessiert sich für* `diesen_fachbereich`
`dieses_buch` *wird* `diesem_fachbereich` *zugeordnet*
`dieses_buch` *ist für* `diesen_kunden` *von Interesse*

Abb. 3.2.3/6: Regeln der intensionalen Datenbank eines deduktiven Datenbanksystems (Beispiel: Bibliothek)

Ein Benutzer kann jetzt die folgende Frage stellen:

Welches Buch ist für Hans von Interesse?

Aufgrund der vorhandenen Wissensbasis wird der Benutzer folgende Antworttabelle als Suchergebnis bekommen:

`dieses_buch ist für Hans von Interesse`

`Entwicklung von Relationalen Datenbanken`
`Datenbanksysteme: Konzepte und Modelle`
`Informationssysteme`

und eine Erklärung für die erste gefundene Antwort:

`Entwicklung von Relationalen Datenbanken` *ist für Hans von Interesse, weil*

`Hans` *interessiert sich für* `Datenspeicherung`
`Entwicklung von Relationalen Datenbanken` *wird* `Datenspeicherung` *zugeordnet*
`Entwicklung von Relationalen Datenbanken ist für Hans von Interesse`

`Relationale Datenbanken gehört zu Datenbanken`
`Datenbanken gehört zu Datenspeicherung`
`Entwicklung von Relationalen Datenbanken wird Relationalen Datenbanken zugeordnet`
`Entwicklung von Relationalen Datenbanken wird Datenspeicherung zugeordnet`

Abb. 3.2.3/7: Antworttabelle als Suchergebnis eines deduktiven Datenbanksystems (Beispiel: Bibliothek)

*Kommerzielle Produkte*, die als deduktive Datenbankverwaltungssysteme gelten können, *gibt es derzeit noch nicht*. In diesem Bereich werden jedoch intensive Forschungen betrieben, die zur Entwicklung von *Prototypen* geführt haben. Dazu zählen neben dem erwähnten SYLLOG auch LDL (Logical Data Language), das in den Laboratorien von MCC entsteht. MCC (Microelectronics and Computer Technology Corporation) ist ein von großen Computerherstellern finanziertes Forschungslabor in Austin, Texas. Weitere deduktive Datenbankverwaltungssysteme sind ALGRES, das im Rahmen eines ESPRIT-Projektes entwickelt wird, oder auch RDL1 (Relational Data Language).

## Verteilte Datenbanksysteme

Das Interesse an verteilten Datenbanksystemen ergibt sich aus der fortschreitenden Entwicklung von Rechnernetzen, sinkenden Kommunikationskosten und der Tatsache, daß in großen Organisationen die Daten an unterschiedlichen Stellen anfallen.

> Wenn die logisch zusammengehörenden, gemeinsam verwalteten Daten einer Datenbank physisch auf mehrere, in einem Netz verbundene Rechner verteilt sind, spricht man von einer **verteilten Datenbank** (engl.: distributed database).

Im Hauptabschnitt 3.3 werden Sie die Unterschiede zwischen geografisch verteilten Systemen, die über Fernnetze kommunizieren, und lokal verteilten Systemen (z.B. in einem Gebäude) kennenlernen.

Seit Mitte der 70er Jahre wird an der Entwicklung von Verwaltungssoftware für verteilte Datenbanken gearbeitet. Hierfür maßgebend sind folgende Motive bzw. *Vorteile verteilter Datenbanksysteme:*

– *Zuverlässigkeit*
Da viele Anlagen in einem Rechnernetz vorhanden sind, schadet der Ausfall eines Rechners nur marginal.

– *Verfügbarkeit*
Die Daten können an den Stellen gespeichert und gewartet werden, an denen sie gebraucht werden. Dies führt zu einer Verminderung der Kommunikationsaufwendungen und zu einem schnelleren Zugriff.

– *Kapazitätsanpassung*
Durch Hinzufügen neuer Rechnerknoten im Netz kann die Speicherkapazität einfach und flexibel erhöht werden, ohne Effizienznachteile erleiden zu müssen.

– *Effizienzsteigerung*
Die Effizienz bei Abfragen und Änderungen kann dadurch gesteigert werden, daß man in fortgeschritteneren Versionen verteilter Systeme vorsehen kann, mehrere Rechner an verschiedenen Stellen parallel an Transaktionen arbeiten zu lassen.

Bei unserem *Beispiel* der *Bibliothek* würde ein Verbundsystem mehrerer Bibliotheken umfassendere Buchrecherchen erlauben, da für jeden Teilnehmer Information über Bücher aller angeschlossenen Bibliotheken erhältlich wäre. Bei der Buchbestellung könnte vorher überprüft werden, ob ein Titel schon in einer nahegelegenen anderen Bibliothek vorhanden ist. Bei der Inventarisierung könnte u. U. auf die Daten anderswo bereits inventarisierter Titel zurückgegriffen und damit der Datenerfassungsaufwand reduziert werden.

Dem Benutzer eines verteilten Datenbanksystems wird die *Sicht einer zentralen Datenbasis* vermittelt. Das verteilte Datenbankverwaltungssystem übernimmt die Aufgabe, aufgrund der Information aus dem Data-Dictionary die Zugriffe auf die Daten an jene Stellen (Knoten) zu leiten, wo sich diese Daten tatsächlich befinden. Verteilte Datenbankverwaltungssysteme lassen sich in homogene und heterogene Systeme unterscheiden. Von einem *homogenen System* spricht man, wenn die gesamte verteilte Datenbasis durch eine einheitliche Software (das gleiche Datenbankverwaltungssystem) verwaltet wird. Wenn unterschiedliche Datenbankverwaltungssysteme zu einem einheitlichen System integriert werden, spricht man von einem *heterogenen System*.

Die komplizierten Koordinationsprobleme bezüglich Datenverteilung, Transaktionssteuerung und Fehlerbehandlung sowie die Leistungs- und Zuverlässigkeitsprobleme führen dazu, daß *verteilte Datenbankverwaltungssysteme viel komplexer als zentrale* Systeme sind. Diese Komplexität erforderte rund zehn Jahre an Forschungsarbeit, bis Ende der 80er Jahre das erste verteilte Datenbankverwaltungssystem am Markt angeboten werden konnte. Von rund 700000 Datenbankanwendungen in Banken und Versicherungen werden 1993 rund 30000 Client-Server-Anwendungen sein, lediglich 1600 werden verteilte Systeme verwenden.

Derzeit bieten u. a. folgende Firmen verteilte Datenbankverwaltungssysteme an:

| Anbieter | Produkt |
|----------|---------|
| CA | Datacom |
| DEC | RDB, Information Network |
| IBM | DB2 Version 2 Release 2, SAA |
| Ingres | Ingres Star |
| Oracle | SQL* |
| SNI | UDS-D und SESAM-DCM |

Abb. 3.2.3/8 : Verteilte Datenbankverwaltungssysteme

Die Akzeptanz verteilter Datenbankverwaltungssysteme ist derzeit eher gering, allerdings sprechen einige *Gründe für den zukünftig verstärkten Einsatz:*

- Große Unternehmen sind (geografisch) dezentralisiert und verwenden mehrere Computersysteme an verschiedenen Orten. Eine große, zentrale Datenbankanwendung für das gesamte Unternehmen ist nicht sinnvoll (erinnern Sie sich an unsere Ausführungen über die Zuverlässigkeit bzw. notwendige Ausfallsicherheit). Vielmehr sollen kleinere, lokale Anwendungen entwickelt werden, die über eine verteilte Datenbank die betrieblichen Ressourcen ansprechen.

- Hohe Transaktionsraten machen die Anschaffung von teuren Großrechnern notwendig. Die Anschaffungskosten pro Transaktion für größere Rechner sind jedoch höher als für mehrere kleinere Rechner. Der Einsatz eines Netzwerks von beispielsweise Workstations und einer verteilten Datenbank kann deutlich billiger sein als die Großrechnerlösung.

- Daten, die während der letzten Jahrzehnte in verschiedenen Systemen gespeichert wurden, können mit Hilfe eines verteilten Datenbankverwaltungssystems verknüpft werden, ohne neue Applikationen entwickeln zu müssen. Dies würde auch die Verwendung von bereits vorhandenen Datenbanken zusammen mit neuen Anwendungen basierend auf Datenbankverwaltungssystemen der nächsten Generation erlauben.

### Datenbankrechner

Eine **Datenbankmaschine** (engl.: database machine) ist ein Mehrprozessorrechner mit einer speziell für die Datenbankverwaltung ausgelegten Architektur. Spezielle Prozessoren übernehmen Aufgaben wie Zugriffskontrolle, Transaktionsverwaltung, Abfragenauswertung oder Kommunikationssteuerung.

Über die zukünftige Bedeutung von solchen speziellen Datenbankrechnern herrscht keine Klarheit. Durch die rasante Weiterentwicklung von Standardchips erscheint die Entwicklung von dedizierten Chips für reine Datenbankverwaltungsaufgaben, welche nur in begrenzten Stückzahlen produziert werden, nicht gewinnbringend.

*Universelle Mehrprozessorsysteme* hingegen werden *in Zukunft eine größere Rolle* für Datenbankanwendungen spielen.

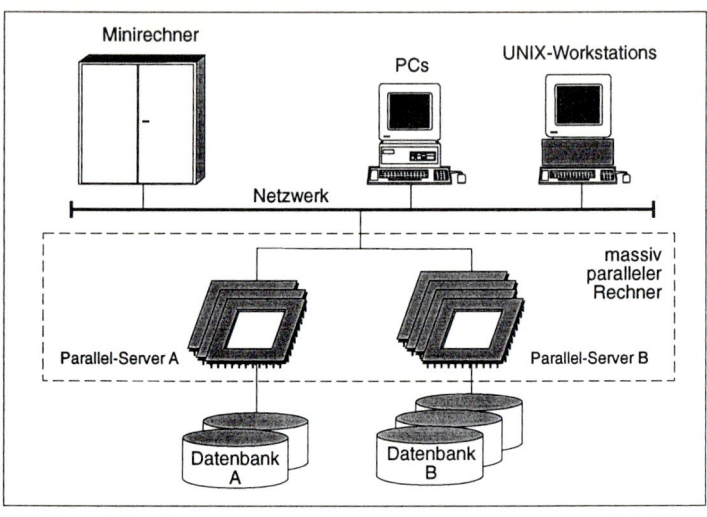

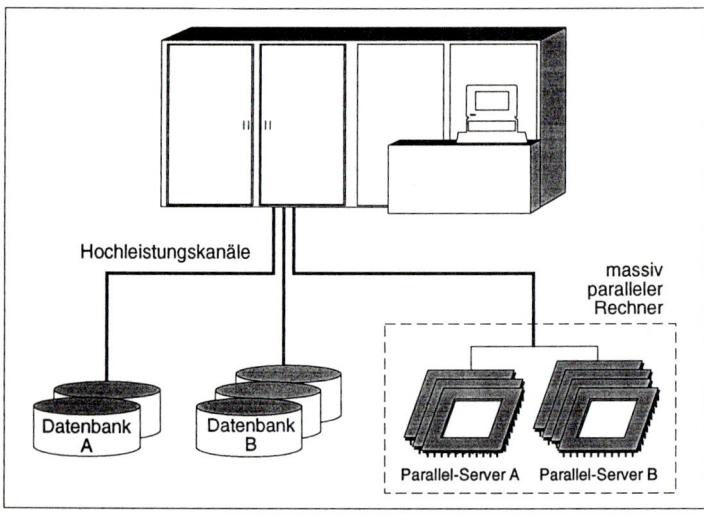

Abb. 3.2.3/9: Datenbankverwaltung mit einem massiv-parallelen Rechner in einer vernetzten Umgebung (Quelle: Oracle)

Zum *Beispiel* enthält das Datenbankverwaltungssystem *ORACLE in der Version 7* eine parallele Serverarchitektur, die einen Einsatz dieses relationalen Datenbankverwaltungssystems *auf massiv-parallelen Rechnern* erlaubt.

Dadurch wird die Entwicklung von Anwendungen für Datenbanken in Bereichen ermöglicht, in denen extrem große Datenmengen anfallen und komplexe Berechnungen notwendig sind.

Abb. 3.2.3/9 zeigt, wie diese Technologie in einer vernetzten Umgebung mit unterschiedlichen Hardwarevoraussetzungen eingesetzt werden kann. Dabei werden alle Anfragen an die Datenbank über ein Netzwerk an den Mehrprozessorrechner gestellt, auf dem das Datenbankverwaltungssystem eingesetzt wird.

### Information-Warehouse-Konzept

Die meisten großen Betriebe stehen heute vor dem *Problem*, eine beträchtliche Zahl von historisch gewachsenen, heterogenen Informationssystemen auf verschiedenen Systemplattformen betreiben zu müssen. Die Applikationen sind in unterschiedlichen Sprachen und Programmierstilen geschrieben, sie sind oft nicht aufeinander abgestimmt und schlecht dokumentiert. Unterschiedliche Datenformate, Zugriffstechniken und Speichermethoden der verarbeiteten Datenbestände verursachen zusätzliche Schwierigkeiten. Die Probleme liegen dabei weniger bei den einzelnen Anwendungssystemen auf operativer Ebene, die in der Regel zur Zufriedenheit der Benutzer laufen. Schwachpunkte ergeben sich vielmehr bezüglich Integration und in Richtung Dispositions- und Planungssysteme. Die einzelne Führungskraft weiß angesichts der Informationsflut und -verschiedenartigkeit nicht mehr, welche Daten überhaupt irgendwo verfügbar sind und wie gewünschte Information aus unterschiedlichen Quellen abgerufen, zusammengeführt und entsprechend dem individuellen Bedarf aufbereitet werden kann.

Das Anfang der 80er Jahre entstandene «*Information-Center-Konzept*» war und ist ein erster, wichtiger Schritt der zentralen EDV-Abteilung(en), durch Endbenutzerbetreuer die Mitarbeiter in den Fachabteilungen bei rechnergestützten Problemlösungen zu beraten. Dabei geht es jedoch meist nur um kleinere, dezentrale Anwendungen oder um Einzelauswertungen bestimmter zentraler Datenbestände. Als Instrumente stehen einerseits PC-Endbenutzerwerkzeuge (wie z.B. Tabellenkalkulation usw.) und andererseits 4.-Generationssprachen im Vordergrund.

Das Anfang der 90er Jahre von IBM vorgeschlagene **Information Warehouse** (deutsch: Informationswarenhaus) ist dagegen ein weit umfassenderes Organisationskonzept, das durch entsprechende Richtlinien, Schnittstellen und Produkte eine unternehmensweite Integration einer heterogenen Daten-, Applikations- und Systemumgebung anstrebt. Dieses Rahmenwerk besteht aus drei Komponenten: 1. Verwaltung und Auswahl von Unternehmensdaten (engl.: enterprise data), 2. Datenbereitstellung (engl.: data delivery) und 3. Anwendungen und entscheidungsunterstützende Systeme (engl.: applications and decision support systems).

Wie in einem *Warenhaus* soll sich der Kunde ganz nach seinen Wünschen und Bedürfnissen aus der breiten Fülle von Information bedienen können, die übersichtlich und geordnet in den «Regalen» angeboten wird. Er soll auch dabei unterstützt werden, seine zur Aufgabenerfüllung nötigen Daten besser kennen und verstehen zu lernen. Die Information muß für ihn griffbereit ohne Überwindung technischer Hürden zur Verfügung stehen, d.h. der Zugang muß einfach und transparent sein. Für die Aufbereitung, Analyse und Interpretation der Information müssen dem Endbenutzer komfortable, effiziente Methoden und Werkzeuge zur Verfügung stehen.

Zu den *Unternehmensdaten* zählen solche aus örtlichen und entfernten Quellen, aus relationalen und nichtrelationalen Datenbanksystemen, auf IBM- und Nicht-IBM-Plattformen. Dabei kann es sich um unverdichtete Daten von operativen Systemen handeln oder es können aggregierte Daten sein, die der Benutzer für seine Zwecke zusammengestellt und aufbereitet hat. Für das Verwalten, Kopieren, Umformen und Erzeugen abgeleiteter Daten (aus Basisdatenbeständen) werden entsprechende Programme angeboten. Die Speicherung erfolgt in DB2-Tabellen. Die Zusammenführung der heterogenen Informationsquellen geschieht über die einheitliche SAA-SQL-Datenbankschnittstelle.

Der *Zugriff* auf relationale verteilte Systeme basiert auf der Distributed Relational Database Architecture (DRDA) von IBM, die für die SAA-Plattformen DB2 und SQL/DS sowie die relationalen Datenbankverwaltungssysteme von OS/400 und OS/2 eine verteilte Datenverwaltung erlaubt. DRDA ist eine veröffentlichte Architektur, und ein gutes Dutzend Lieferanten von Datenbankverwaltungssoftware haben bereits angekündigt, hierfür Produkte anbieten zu wollen (u.a. Information Builders, Cincom Systems, Sterling Software, DataEase International, XDB Systems). Mit der 1992 ausgelieferten Version 2.3 von DB2 können erstmals auch über größere räumliche Entfernungen verteilte rela-

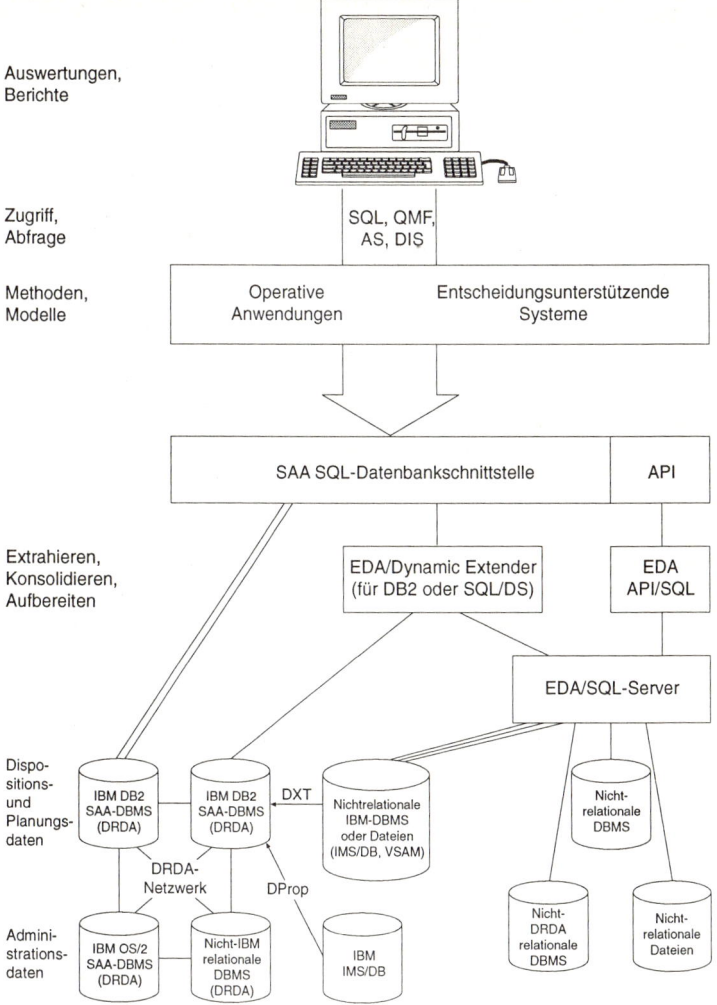

Auswertungen,
Berichte

Zugriff,
Abfrage

Methoden,
Modelle

SQL, QMF,
AS, DIS

| Operative | Entscheidungsunterstützende |
| Anwendungen | Systeme |

| SAA SQL-Datenbankschnittstelle | API |

Extrahieren,
Konsolidieren,
Aufbereiten

| EDA/Dynamic Extender (für DB2 oder SQL/DS) | EDA API/SQL |

EDA/SQL-Server

Dispo-
sitions-
und
Planungs-
daten

IBM DB2
SAA-DBMS
(DRDA)

IBM DB2
SAA-DBMS
(DRDA)

DXT

Nichtrelationale
IBM-DBMS
oder Dateien
(IMS/DB, VSAM)

Nicht-
relationale
DBMS

DRDA-
Netzwerk

DProp

Admini-
strations-
daten

IBM OS/2
SAA-DBMS
(DRDA)

Nicht-IBM
relationale
DBMS
(DRDA)

IBM
IMS/DB

Nicht-
DRDA
relationale
DBMS

Nicht-
relationale
Dateien

Abb. 3.2.3/10 : Überblick über das Information-Warehouse-Konzept

tionale Datenbanken auf den SAA-Plattformen verwaltet werden. Für
den Zugriff auf nichtrelationale Systeme verwendet IBM ebenfalls die
SAA-SQL-Datenbankschnittstelle in Verbindung mit einem eigenen
Programmprodukt (EDA/SQL) und Produkten von Information Builders, Inc. (EDA/Dynamic Extender).

609

Das *Extrahieren, Konsolidieren, Aufbereiten und Überführen der Daten* in eine DB2-Datenbank mit aufbereiteten Daten kann mit herkömmlichen Programmen in COBOL oder PL/1, 4GL-Systemen oder speziellen Werkzeugen erfolgen, die IBM und die IBM-Partner Bachman Information Systems und Computer Associates anbieten. Dazu gehören etwa DXT (Data Extract Utility), DProp (Data Propagator), Datenbankdienstprogramme und SQL-Befehle. DXT bietet Funktionen zur Datenextraktion aus verschiedenen Quellen, darunter relationale und nichtrelationale Datenbanken und Dateien auf IBM- und anderen Rechnern. Mit DProp lassen sich Änderungen eines Datenbestandes synchron in einem anderen widerspiegeln. Wenn ein Anwendungsprogramm eine IMS/ESA-Datenbank ändert, so werden diese Änderungen unmittelbar in DB2-Tabellen fortgeschrieben. Das erleichtert nicht nur die Umstellung von IMS/ESA-Datenbanken auf die benutzerfreundlichere, relationale Technologie. Sondern es erlaubt auch, Benutzern eine separate Kopie von IMS/ESA-Datenbanken in der Form von DB2-Tabellen zur Verfügung zu stellen und damit zeitkritische On-line-Transaktionsanwendungen vor potentiellen Leistungsverlusten durch Adhoc-Abfragen derselben Datenbasis zu schützen.

Die *Auswertung* der Datenbank mit abgeleiteten Daten für Führungskräfte sowie der Datenbanken auf operativer Ebene (Anwendungssysteme) kann mit SQL, QMF, AS (Application System) und DIS (Data Interpretation System) erfolgen. Für seine Abfrage, Berichterstellung, Datenanalyse, Grafik usw. braucht der Benutzer dabei nicht zu wissen, wo oder auf welcher Hardware/Software-Plattform die gewünschten Daten und Methoden gespeichert sind.

Die Entwicklung eines breiten, ausgereiften Produktsortiments für dieses Information-Warehouse-Konzept dürfte noch einige Jahre in Anspruch nehmen. Bisher gibt es erst wenige «Ziegel», aus denen die «Warenhausmauern» gebaut werden sollen (wie z.B. die 1992 vorgestellte AS-Version 3.0). Bei der Anzahl der heute in der Praxis zum Einsatz kommenden, miteinander «unter einem Dach» zu verbindenden Plattformen dürfte die Realisierung eines solchen unternehmensweiten Konzepts auch sehr kostspielig werden. Vor allem ist es mit dem Kauf der Technologie nicht getan. Vielmehr müssen unternehmensweit die Verwendung und Verwaltung der Daten überdacht und in weiten Bereichen reorganisiert werden, damit die Einführung eines solchen Konzepts den gewünschten Erfolg verspricht.

# 3.3 Datenübertragung

Im Abschnitt 3.3 wird *nicht* auf die Übertragungsoperationen innerhalb der Zentraleinheit eingegangen (z.B. Datenaustausch zwischen Registern, Arbeitsspeicher und Pufferspeicher). Diese wurden bereits im Abschnitt 2.3.1.3 ausführlich erläutert. Hier wird vielmehr dargestellt, wie Daten transportiert werden können, wenn die Orte ihrer Erfassung, Transformation, Speicherung und/oder Verwendung räumlich voneinander entfernt sind. Dabei kann es sich um Entfernungen von nur wenigen Metern, z.B. innerhalb eines Gebäudes, oder von vielen hundert oder tausend Kilometern handeln.

## 3.3.1 Übersicht und Grundbegriffe

### 3.3.1.1 Datentransport bei der DATEV eG – eine exemplarische Darstellung

Die *Möglichkeiten des Datentransports* zwischen weit voneinander entfernten Orten werden am *Beispiel eines Servicerechenzentrums* beschrieben, das Sie bereits früher kennengelernt haben: Der DATEV eG, d.h. der Datenverarbeitungsorganisation des steuerberatenden Berufes in der Bundesrepublik Deutschland. Dieses 1966 in Nürnberg gegründete Unternehmen mit etwa 4000 Beschäftigten versorgt ausschließlich den steuerberatenden Beruf mit *EDV-Dienstleistungen*, die in Abb. 3.3.1.1/1 genannt werden (Programmnamen).

In dem Nürnberger DATEV-Rechenzentrum sind

- *vier Großrechner der höchsten Leistungsklasse* mit insgesamt 22 Zentralprozessoren, 685 Mips, 2816 MB Zentralspeicherkapazität, 895 GB Magnetplattenspeicher, 24 Magnetbandkassettenlaufwerke,
- ein Telefonvermittlungssystem und
- ein Prozeßrechner mit 2 MB Speicherkapazität für Gleitzeit und Zutrittskontrollen

installiert (Stand: Anfang 1992).

*Zwei zusätzliche Rechner* mit vier Zentralprozessoren, 94 Mips, 320 MB Zentralspeicher, 78 GB Magnetplattenspeicher, einem automatischen Magnetbandkassettenarchiv mit sechs Kassettenlaufwerken und 74 Drucksystemen mit einer Gesamtleistung von rund 200 Seiten pro Sekunde dienen ausschließlich *zur Steuerung der Datenausgabe*. Diese sowie die angeschlossene Plotter- und COM-Peripherie haben wir im Abschnitt 2.3.2.6 bereits erwähnt.

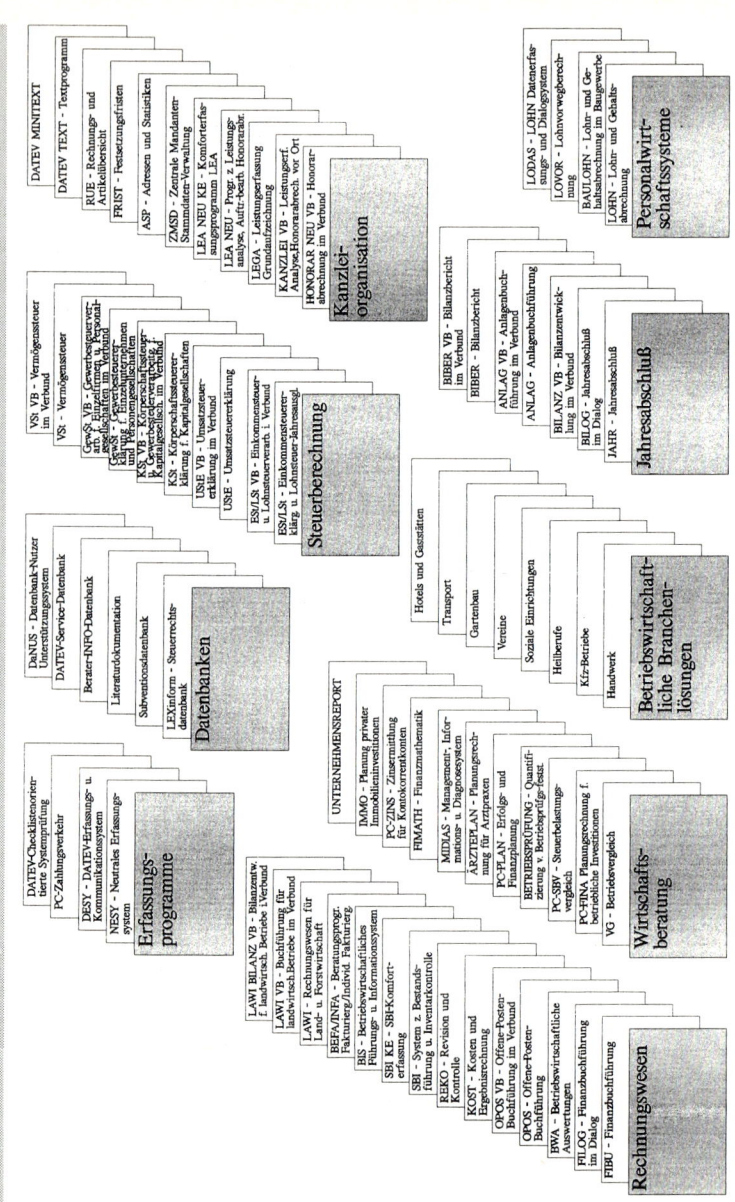

Abb. 3.3.1.1/1: DATEV-Programme

612

Die *Datenfernübertragung* wird über *vier Rechner* mit insgesamt 132 MB Arbeitsspeicher und 9 GB Magnetplattenspeicher im Rechenzentrum und *71 in Deutschland verteilte Netzknotenrechner* mit jeweils 1 MB Arbeitsspeicher abgewickelt.

Das Rechenzentrum versorgt über 32 000 Mitglieder (Steuerberater, Steuerbevollmächtigte, Wirtschaftsprüfer, Rechtsanwälte, vereidigte Buchprüfer sowie Steuerberatungs-, Wirtschaftsprüfungs- und Buchprüfungsgesellschaften), die dort für mehr als 1,6 Mio. Mandanten (im Regelfall kleine und mittlere Betriebe) Abrechnungsarbeiten in Auftrag geben. *Wie erfolgt nun die Datenübermittlung zwischen dem DATEV-Rechenzentrum in Nürnberg und der Kanzlei eines Steuerberaters, die irgendwo in Deutschland ihren Sitz hat?*

Hierfür stehen dem Steuerberater vor allem die Hauptanschlüsse der DBP-Telekom und das DATEV-Datennetz zur Verfügung. Diese kann er für Stapel- wie auch für Dialog- und Verbundanwendungen nutzen. Selbstverständlich hat der Steuerberater auch die Möglichkeit, die Versendung der zu verarbeitenden Daten per Magnetbandkassette bzw. Diskette von der sogenannten gelben Post, dem Brief- und Paketdienst der DBP-Postdienste, vornehmen zu lassen.

Übungsaufgabe Nr. I-190 im Arbeitsbuch ←

## 1. Datenerfassung auf Kassetten oder Disketten und Postversand

In der Kanzlei werden bei Abrechnungsarbeiten die Daten (z. B. Buchungssätze) maschinell auf Erfassungsbelege (Primanota) geschrieben und gleichzeitig auf Magnetbandkassetten oder Disketten aufgezeichnet. Während die Erfassungsbelege in der Kanzlei bleiben, werden die *Datenträger per Post* an das DATEV-Rechenzentrum zur Auswertung gesandt.

Die Verarbeitung der Daten und die Rücksendung der Auswertungen erfolgt in der Regel noch am Tag des Posteingangs, so daß die Ergebnisse nach zwei bis drei Tagen, je nach Postlaufzeiten, in der Kanzlei zur Verfügung stehen.

Auf diesem Weg kommen pro Monat bis zu 300 MB an Daten in das Rechenzentrum, das sind aber noch nicht einmal fünf Prozent des gesamten Dateneingangs. Vereinzelt, weniger als ein Prozent, trafen auch noch bis vor kurzem die traditionsreichen Lochstreifen bei der DATEV ein – ein Datenträger, mit dem die DATEV begonnen hat und der früher in Hunderten von Postsäcken wöchentlich die Datenannahme erreichte. Die Konvertierung von Lochstreifen auf Magnetband wurde im Frühjahr 1992 eingestellt, bereits ein Jahr früher wurden die Klarschriftbelege bzw. Klarschriftstreifen abgeschafft.

# Datenkreislauf

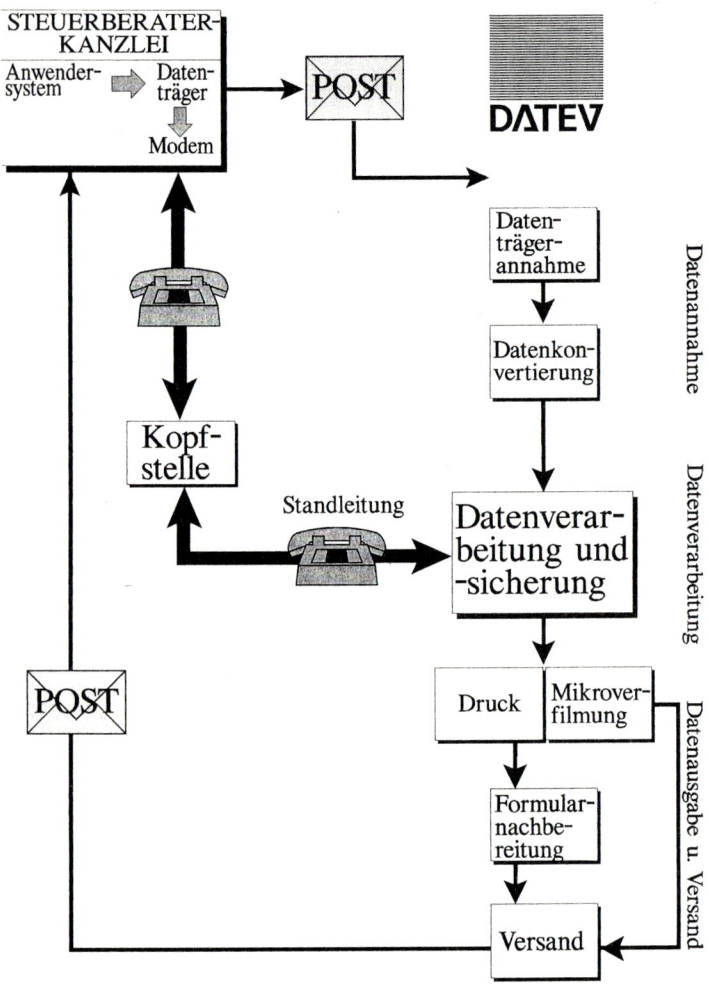

Abb. 3.3.1.1/2: Möglichkeiten der Datenübermittlung zum und vom DATEV-Rechenzentrum

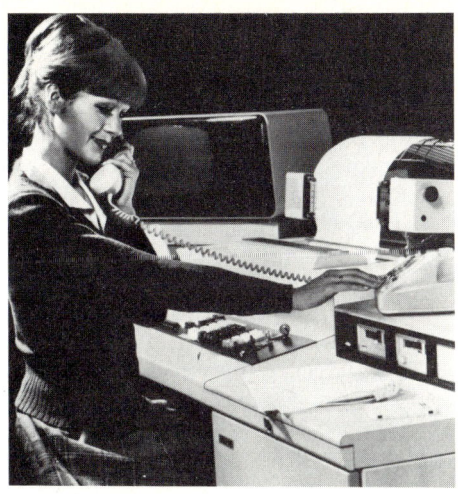

Abb. 3.3.1.1/3: DATEV-Erfassungsterminal mit Bildschirm und Magnetband-
kassettenspeicher

## 2. Datenerfassung auf Magnetbandkassetten oder Disketten, Datenabruf und Rückübertragung per DFÜ oder Rücksenden per Post

Bei diesem 1974 eingeführten Konzept erfolgt die Datenerfassung mit intelligenten, on-line-fähigen Geräten (Terminals), die mit einer speziell für die DATEV-Mitglieder von Datenendgeräteherstellern entwickelten Software ausgerüstet wurden. Genauso wie bei dem vorstehend skizzierten Verfahren wird eine Paralleldatenerfassung bei Abrechnungsarbeiten vorgenommen, wobei die Daten hier auf Magnetbandkassetten oder Disketten gespeichert werden. Während der Datenerfassung übernimmt die Software Fehler- und Plausibilitätsprüfungen. So wird der Benutzer am Terminal z.B. auf Stellenüberschreitungen, Datumsbegrenzungen, Nummernfolgen und andere logische Erfassungsfehler hingewiesen.

Wenn die Erfassung abgeschlossen ist, kann das Gerät, das über einen Modem an einen Telefonhaupt- oder -nebenanschluß des öffentlichen Selbstwählnetzes oder an das ISDN angekoppelt ist, auf *Datenabruf* gestellt werden. Die Übertragung der Daten vom Datenträger per Datenfernübertragung (Abkürzung: DFÜ) an das Rechenzentrum ist am Tag und in der Nacht möglich. Während tagsüber die Telefonverbindung von der Kanzlei initiiert wird (Wählen einer Nummer wie beim üblichen Telefonieren oder über eine automatische Wähleinrichtung eine vorbestimmte Nummer wählen lassen), ruft beim Nachtabruf das Datennetz der DATEV aus seinen verschiedenen Kopfstellen das Erfassungsterminal an. Die Anschaltung des Terminals und die Datenübertragung geschehen dann automatisch, d.h. operatorlos – in der Kanzlei braucht dementsprechend niemand in dieser Zeit anwesend zu sein. Um die Daten vor mißbräuchlichem Abruf zu schützen, muß ein persönliches Kennwort, das nur dem Anwender und der DATEV bekannt ist, ins Terminal eingegeben werden.

Die abgerufenen Daten werden noch am gleichen Tag im Rechenzentrum der DATEV verarbeitet. Etwa acht Wochen lang wird der Original-Input auf Magnetplatten gesichert, um bei Änderungswünschen in den Eingabedaten seitens der Steuerberater die betreffenden Buchhaltungen zurücksetzen und mit dem geänderten Input erneut fahren zu können, ohne daß alle Buchungen ein zweites Mal eingegeben werden müssen. In den Mandantenstammdaten der Programme wird von der jeweiligen Kanzlei festgelegt, *welche Auswertungen wann, tags oder nachts, rückübertragen werden* sollen. Nach erfolgter Rückübertragung ist es dem Steuerberater freigestellt, wann und wie oft er die Ausgabedaten ausdrucken läßt. Der Ausdruck erfolgt auf Original-DATEV-Formularen, die der Steuerberater bei der DATEV bestellen kann. Um der Kanzlei den per Hand durchzuführenden Formularwechsel zu ersparen, ist eine PC-Druckersoftware in Vorbereitung, die es ermöglicht, auf blankem Papier per Lasermaske (also Formular) und Daten (also Auswertungen) zu drucken. Die nicht für die Rückübertragung über Telefonverbindungen vorgesehenen (in der Regel weniger zeitkritischen) Auswertungen werden bei DATEV gedruckt und über den Brief- und Paketpostdienst der DBP an die Kanzlei versandt.

### 3. Datenfernverarbeitung im PC-Dialog

Eine dritte Möglichkeit zur Benutzung des DATEV-Rechenzentrums bietet die *Datenfernverarbeitung im Dialog*. Zu den Dialoganwendungen zählt z.B. die Steuerrechtsdatenbank, welche dem Steuerberater den unmittelbaren Zugriff zur Rechtsprechung des Bundesfinanzhofes, der übrigen Finanzgerichte und zu den Erlassen der Finanzverwaltung gestattet. Ständig aktualisiert stehen zu allen Dokumenten umfassende bibliographische Angaben wie Autor, Datum und Fundstelle, ferner amtliche Leitsätze oder Zusammenfassungen sowie auch die vollen Texte aller höchstrichterlichen Entscheidungen und Verwaltungserlässe zur Verfügung. Eine weitere Dialoganwendung ist etwa ein Bilanz-Dialogprogramm, das eine kontinuierliche Erstellung der Abschlußbilanzen von Mandanten bis zur Ermittlung der endgültigen Abschlußbuchungen ermöglicht, ferner beispielsweise die Investitions- und Planungsrechnungsprogramme und die Dialogprogramme zur Einkommensteuer, zur Körperschaftssteuer und zur Gewerbesteuer. Zur

Aufgabenabwicklung finden bei diesen Anwendungen ständig Datenübertragungsvorgänge zwischen dem PC des Anwenders und den im Nürnberger Rechenzentrum stehenden Rechnern statt, so daß es bei dem im herkömmlichen analogen, doch immerhin etwa eine halbe Minute dauernden, Selbstwählverfahren sinnvoll ist, während des Dialogs die Telefonverbindung aufrechtzuerhalten. Bei der sehr viel schnelleren Anschaltphase bei ISDN, die hier weniger als zwei Sekunden dauert, könnte man sich bei speziellen Dialoganwendungen vorstellen, daß die physikalischen Verbindungen in den längeren «Überlegungspausen» aus Kostengründen unterbrochen werden. Eine solche «Überlegungspause» könnte auch der Rechner bei Anwendungen benötigen, bei denen beispielsweise der Anwender einen Stapel Bewegungsdaten in das Rechenzentrum schickt und die neuen Ergebnisse erst nach einigen, wenn auch wenigen Minuten Rechenvorgang übertragen werden können.

### 4. Mikrorechner-Großrechner-Verbundsystem

1984 hat die DATEV das Konzept eines *Anwendungsverbundes* zwischen den Großrechnern im DATEV-Rechenzentrum und Mikrorechnern in den Kanzleien der Mitglieder und deren Mandanten realisiert. Hierfür werden dem «Industriestandard» (IBM und IBM-kompatible) entsprechende, mit besonderen Zusatzeinrichtungen ausgestattete 32-Bit-PCs auf der Basis von MS-DOS mit mindestens 640 KB Arbeitsspeicher genutzt. Die Hersteller entwickelten *spezielle Software* für die Steuerung der DFÜ, von Tastatur, Drucker, Bildschirm und Peripheriespeicher nach DATEV-Spezifikationen und übernahmen auch den Vertrieb. Als Alternative dazu bietet die DATEV seit 1990 die sogenannte *DFÜ-Box* an. Sie ermöglicht samt der DATEV-spezifischen Basissoftware den MS-DOS-PCs die Teilnahme am DATEV-Verbund. Die DATEV entwickelt und vertreibt andererseits *Verbundsoftware*, die für diverse Anwendungen eine sinnvolle funktionale Verteilung der Verarbeitung zwischen einem solchen Mikrorechner und dem Nürnberger Rechenzentrum beinhaltet. PC-Verbundprogramme stehen vor allem für den Bilanz-Verbund oder den Einkommensteuer-Verbund, bei denen die Ergebnisse im Dialog mit dem Rechenzentrum, manchmal im Beisein des Mandanten, erarbeitet werden, aber auch für eine Reihe von Wirtschaftsberatungsproblemen und für betriebsindividuelle, häufig zeitkritische Aufgaben in den Kanzleien zur Verfügung. Dazu gehören Textverarbeitung, finanzmathematische Berechnungen, Auftrags- und Leistungserfassung, Stammdatenverwaltung oder Honorarabrechnung. Die Programme sehen teils einen autonomen Betrieb mit lokalen Daten vor, teils arbeiten sie mit im DATEV-Rechenzentrum gehaltenen Daten, die im Bedarfsfall über die

Telefonverbindung in den PC «herausgeladen» werden. Ergebnisdaten können auf demselben Weg rückübertragen werden.

*Früher*, als die 16-Bit-PCs in den Steuerberaterkanzleien noch nicht so leistungsfähig waren wie die heutigen Rechner, *orientierte sich die Aufteilung der Aufgaben zwischen dem Großrechenzentrum und dem Kleinrechner an den unterschiedlichen Leistungspotentialen.* Dementsprechend wurden vor allem nachgeordnete Auswertungen sowie eher schematisierbare, von rechtlichen Normen geprägte Aufgaben (z.B. Finanzbuchhaltung, Lohnabrechnung) effizienter und kostengünstiger außer Haus in einem großen Dienstleistungsrechenzentrum erledigt. *Heute gilt diese Einteilung nicht mehr uneingeschränkt.* Deshalb hat sich auch das DATEV-Verbundkonzept gewandelt. *Der Anwender soll wählen können, welche Funktionen im Großrechenzentrum und welche auf seinem PC ausgeführt werden sollen.* Die DATEV bietet zunehmend beide Varianten für ihre Anwendungen an. Sicherlich wird nach wie vor das Schwergewicht von rechenintensiven, speicheraufwendigen (Datensicherung und -wiederherstellung) und ausgabestarken (Schön-, Mehrfarben- und Massendruck sowie COM-Ausgaben) Funktionen auf dem Großrechenzentrum in Nürnberg liegen, während weniger massenorientierte Aufgaben eher individuell in der Kanzlei abgewickelt werden. Wie gesagt, dieses neue Verbundkonzept der DATEV auf der Basis der DFÜ stellt es dem Anwender anheim, die *Aufteilung der Funktionen seiner Verbundanwendungen nach eigenen Wünschen und Erfordernissen* selbst vorzunehmen. Durch die Möglichkeit, neue Software und neue Programmstände für die PCs in den Kanzleien nicht nur über die gelbe Post, sondern auch über die DFÜ zu versenden, können auch kurzfristig gesetzliche Änderungen, z. B. bei der Einkommen- und Lohnsteuerberechnung, den Mitgliedern verfügbar gemacht werden.

Wenn ein Steuerberater seinen PC mit einem entsprechenden Zusatz ausrüstet, kann er den Weg in die DATEV für die Anwendungen Steuerrechtsdatenbank und Anmeldung zu DATEV-Schulungen auch über den *Bildschirmtextdienst* (Btx) der DBP-Telekom nehmen (Näheres im Abschnitt 4.1.3.4). Seit 1991 hat die DATEV mit *ISDN* einen weiteren sehr effizienten Netzeingang für die Datenfernverarbeitungsanwender eröffnet. Über ISDN ist eine wesentlich größere Übertragungsgeschwindigkeit als über herkömmliche, analoge Telefonverbindungen möglich. Deshalb können nun auch Anwendungen kreiert werden, die mehrere MB zu übertragen haben, ohne daß der PC wegen der DFÜ stundenlang blockiert wird. Programmauslieferungen oder Programmupdates können beispielsweise über ISDN on-line erledigt werden. Zur Produktion und zum Versand von Programmdisketten über den Postdienst bietet ISDN eine gute Alternative.

Dieselben Übertragungswege kann ein Steuerberater nutzen, wenn seine Mandanten ebenfalls PCs einsetzen und in den Verbund einbezogen werden. Diese können ihm aber auch im Wege der Paralleldatenerfassung, z.B.

bei der Fakturierung, auf dem eigenen Mikrorechner gewonnene Disketten für die Weiterverarbeitung senden. Diese Weiterverarbeitung kann wiederum je nach Aufgabenstellung durch DATEV-Verbundprogramme autonom auf dem Mikrorechner des Steuerberaters oder unter Inanspruchnahme des Großrechenzentrums erfolgen.

Übungsaufgabe Nr. I-191 im Arbeitsbuch ←

Aus dem vorstehend skizzierten Datenverarbeitungskonzept der DATEV lassen sich *allgemeine Merkmale des Datentransports über größere Entfernungen* ableiten. Grundsätzlich gibt es für den Datentransport *zwei Möglichkeiten:*

1. *Datenträgertransport* durch Boten, Kurierdienste und Postversand;
2. *Datenübertragung über Fernmeldewege.*

Die *Auswahl des Transportverfahrens* erfolgt in erster Linie nach den Kriterien

– *Kosten* und
– *Zeitanforderung.*

Weitere wichtige Kriterien können die *Datensicherheit* und der *Datenschutz* darstellen.

Die *Kosten* des Datenträgertransports werden im überregionalen Bereich im wesentlichen durch die Postgebühren für Drucksachen und Pakete bestimmt. Bei Datenübertragung über Fernmeldewege ergeben sich die Kosten durch die Fernmeldegebühren des jeweiligen Übertragungsweges und die dafür benötigte Hardware und Software. Die *Zeitanforderungen* hängen von den jeweiligen EDV-Anwendungen ab. Dort, wo der Dialogbetrieb nicht zwingend ist und zeitliche Verzögerungen keine Rolle spielen, kann man sich eventuell kostengünstigerer Wege bedienen, zum Beispiel des geschilderten Anforderungsbetriebs oder Abrufbetriebs mit anschließender Stapelverarbeitung (DATEV-Alternative 2) oder des Postversands der Datenträger. Die beiden letztgenannten Alternativen bieten sich vor allem dann an, wenn große Datenmengen zu übertragen sind. Wie Sie im folgenden sehen werden, kann jedoch durchaus auch in einem solchen Fall die Inanspruchnahme von Fernmeldediensten der Post am kostengünstigsten sein.

Auf den Datenträgertransport wird nachstehend nicht näher eingegangen. Die Ausführungen konzentrieren sich vielmehr nach einer grundlegenden Darstellung auf die elektronische Kommunikation im Fernbereich (Fernmeldedienste) und im innerbetrieblichen Bereich (Inhouse-Systeme).

Übungsaufgabe Nr. I-192 im Arbeitsbuch ←

### 3.3.1.2 Bestandteile eines Datenübertragungssystems

> Ein **Datenübertragungssystem** (engl.: data transmission system; data communication system) besteht aus zwei oder mehr Datenstationen, die zum Zwecke des Datenaustausches miteinander verbunden sind.

Im einfachsten Fall, der in der Abb. 3.3.1.2/1 veranschaulicht wird, umfaßt ein Datenübertragungssystem zwei *Datenstationen*, zwischen denen Nachrichten über einen *Übertragungsweg* ausgetauscht werden. Die in dieser Abbildung verwendeten Begriffe werden anschließend erklärt.

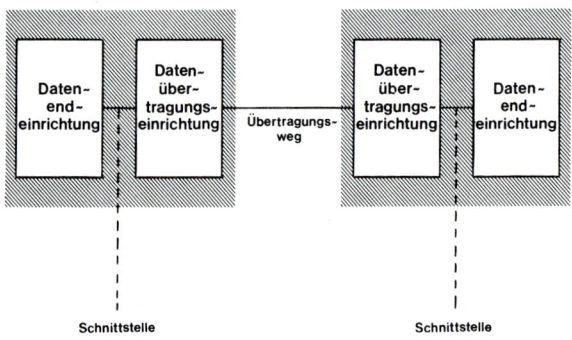

Abb. 3.3.1.2/1: Datenübertragungssystem

> Als **Datenstation** (engl.: data station) bezeichnet man die Gesamtheit der Dateneinrichtungen (= Datenendeinrichtung und Datenübertragungseinrichtung) bei der Endstelle eines Übertragungsweges.

Eine *Datenendeinrichtung* ist jedes Gerät, das an der digitalen Schnittstelle einer Datenübertragungseinrichtung angeschlossen werden kann. Dazu zählen zum *Beispiel* Bildschirmgeräte, Drucker, Belegleser, PCs und sonstige Rechner aller Größenklassen, sowie Geräte mit speziellen Kommunikationsaufgaben (wie die nachfolgend erläuterten Multiplexer, Router und Bridges).

Für die Zusammenschaltung von Datenendeinrichtung und Datenübertragungseinrichtung existieren eine Reihe internationaler und amekanischer Normen, die die elektrischen, funktionellen und mechanischen Eigenschaften der *Schnittstelle* festlegen. Die praktisch wichtigsten Schnittstellen sind von der CCITT in den Standards der «V-Serie» (Datenübertragung über das öffentliche Fernsprechnetz) sowie der «X-Serie» (Datenübertragung über öffentliche Datennetze) genormt (CCITT ist die Abkürzung für französisch: Comité Consultatif International Télégraphique et Téléphonique; das ist der «Beratende Ausschuß für Telegrafie und Telefonie» der Internationalen Fernmeldeunion UIT in Genf).

Die Datenendeinrichtung steuert den Verbindungsaufbau und -abbau und sorgt für die Fehlerkorrektur sowie für die Synchronisation mit der entgegengesetzten Datenendeinrichtung. Zum Senden und Empfangen von Nachrichten werden diese in der Datenendeinrichtung zwischen interner Darstellung und bitserieller Form umgewandelt (Serialisierung und Deserialisierung).

---

Eine **Datenendeinrichtung** (abgekürzt: DEE, engl.: data terminal equipment, abgekürzt: DTE) ist jede Datenquelle oder Datensenke, die über eine standardisierte Schnittstelle mit einer Datenübertragungseinrichtung verbunden werden kann. Eine periphere Datenendeinrichtung wird **Datenendgerät** oder **Terminal** (von engl.: terminal) genannt.

---

Die *Aufgabe der Datenübertragungseinrichtung* ist es, die von einer Datenendeinrichtung abgegebenen Signale in eine für den Übertragungsweg geeignete Form umzuwandeln bzw. diese nach einer Übertragung derart zurückzuverwandeln, daß sie von einer Datenendeinrichtung aufgenommen werden können. Einer Datenübertragungseinrichtung können außerdem noch Kontroll- und Steuerfunktionen zukommen.

---

Eine **Datenübertragungseinrichtung** (abgekürzt: DÜE; engl.: data communication equipment, abgekürzt: DCE) ist eine Einrichtung zur Anpassung der Datensignale zwischen Datenendeinrichtung und Übertragungsweg. Sie kann aus folgenden Einheiten bestehen: Signalumsetzer, Anschalteinheit und gegebenenfalls Fehlerschutzeinheit, Synchronisiereinheit. Jede dieser Einheiten kann mit einem Sendeteil und Empfangsteil ausgestattet sein. Ist zum Verbindungsaufbau eine automatische Wähleinrichtung vorhanden, so ist diese Teil der Datenübertragungseinrichtung.

---

Der *Signalumsetzer* vollzieht – wie der Name schon sagt – die Umsetzung der von der Datenendeinrichtung angelieferten Signale in eine für die Übertragung geeignete Form und/oder der vom Übertragungsweg empfangenen Datensignale in die für die Datenendeinrichtung vorgeschriebene Form. Eine *Anschalteinrichtung,* mit deren Hilfe zum Beispiel von Telefon- auf Datenbetrieb umgeschaltet wird, ist im allgemeinen mit dem Signalumsetzer konstruktiv vereinigt. Die *Fehlerschutzeinheit* ist eine Einrichtung zum Erkennen und gegebenenfalls Eliminieren von Fehlern, die während der Übertragung entstanden sind. Die *Synchronisiereinheit* gewährleistet u.a., daß miteinander kommunizierende Datenstationen im gleichen Schritttakt arbeiten.

---

Ein **Modem** ( = Kunstwort aus «Modulator und Demodulator»; engl.: modem) ist eine Datenübertragungseinrichtung an Telefon- oder Breitbandwegen.[7] *Der* Modem paßt die digitalen Signale der Datenendeinrichtung und die analogen Übertragungssignale des Telefon- oder Breitbandweges aneinander an.

---

Ein **akustischer Koppler** (engl.: acoustic coupler) ist ebenfalls eine Datenübertragungseinrichtung für Telefonwege. Der Akustikkoppler benutzt den Handapparat eines Telefons, um die Verbindung zum Übertragungsweg mittels akustischer Schwingungen herzustellen.

---

Solche Geräte kommen vor allem für die Datenübertragung im mobilen Einsatz (tragbare Erfassungsgeräte und Mikrorechner; vgl. Abschnitt 3.1.3.7) in Frage. Die erreichbare Übertragungsqualität ist bei elektroakustischer Ankopplung niedriger als bei Verwendung der elektrisch angeschlossenen Modems.

Weitere Datenübertragungseinrichtungen sind die *Fernschaltgeräte* bei Telex- und Datexverbindungen (Näheres hierzu im Abschnitt 3.3.2).

→ Übungsaufgabe Nr. I-193 im Arbeitsbuch

Früher waren *Datenübertragungseinrichtungen* nur als *separate Geräte* erhältlich. Durch die Entwicklung der Mikroelektronik wurden sie immer kleiner, so daß sie inzwischen auch in kompakte Geräte eingebaut werden können. Zum Beispiel gibt es *Modemkarten für PCs,* für Notebooks sind sogar schon integrierte Mobilfunkmodems erhältlich.

---

7 Näheres hierzu im Abschnitt 3.3.1.6 Übertragungsmedien.

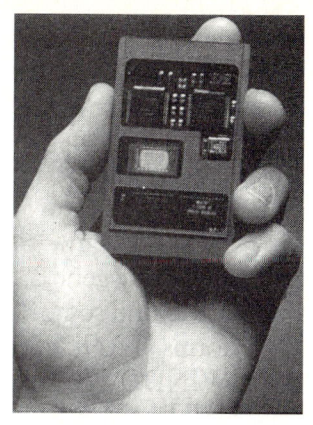

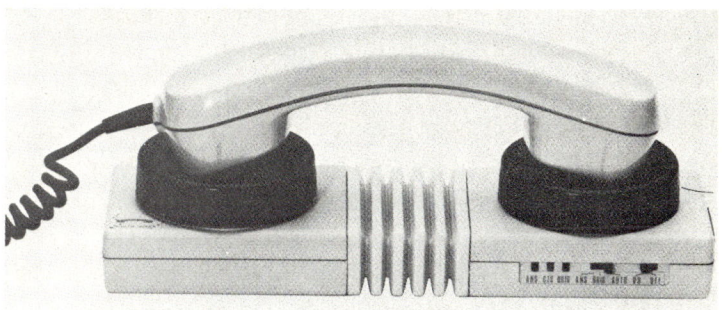

Abb. 3.3.1.2/2: Modems (oben) und Akustikkoppler (unten)

Modems in der Form von *Steckkarten können in Einschubgehäusen zusammengefaßt werden.* Bei einer größeren Zahl von Modems, z.B. in einem Rechenzentrum, ist dies wirtschaftlicher, da nur ein Gehäuse und eine Stromversorgung erforderlich sind.

*Datenstationen können* – wie Sie bereits bei der Lektüre des einführenden DATEV-Beispiels erfahren haben – *manuell (M) oder automatisch (A) bedient werden.* Rufende (1) und gerufene Stationen (2) können in folgenden *Varianten* zusammenarbeiten:

(1)M – (2)M    (1)A – (2)M    (1)M – (2)A    (1)A – (2)A

Dabei werden *Punkt-zu-Punkt- oder Mehrpunktverbindungen* verwendet (vgl. Abb. 3.3.1.2/3).

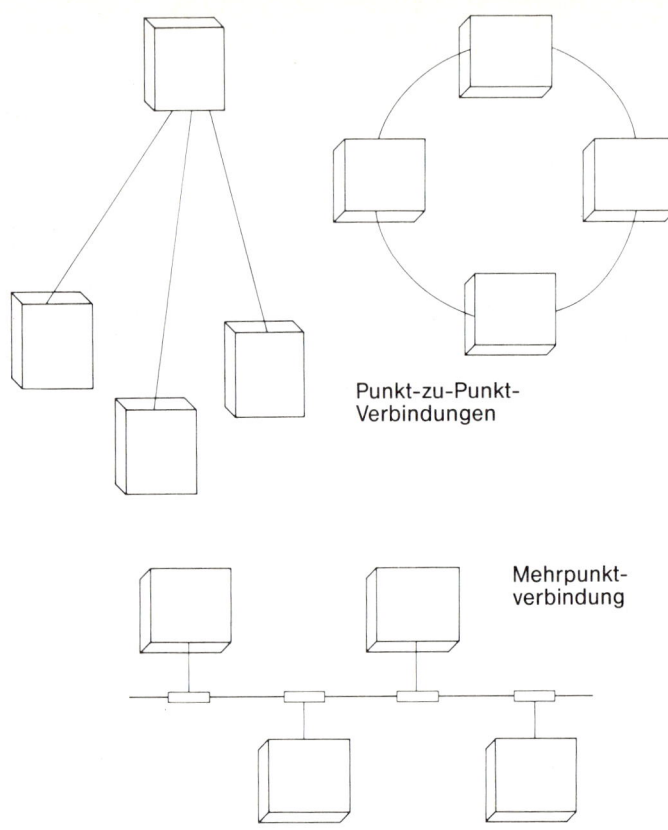

Abb. 3.3.1.2/3: Punkt-zu-Punkt- und Mehrpunktverbindungen

Eine **Punkt-zu-Punkt-Verbindung** (engl.: point-to-point connection) ist eine Verbindung zwischen genau zwei Datenstationen. Eine **Mehrpunktverbindung** (engl.: multipoint connection) ist eine Verbindung zwischen mehr als zwei Datenstationen. Die Verbindung kann jeweils festgeschaltet oder über Vermittlungsstellen geführt werden.

Durch eine *Punkt-zu-Punkt-Verbindung* zwischen einem Peripheriegerät und einem Rechner wird die Kapazität eines Übertragungsweges häufig nur zu einem geringen Teil ausgenutzt, zum Beispiel, wenn selten Transaktionen stattfinden und dabei relativ wenige Daten auszutauschen sind oder wenn ein festgeschalteter Übertragungsweg nur einige Stunden am Tag in Anspruch genommen wird. Sofern Daten von einem Ort oder regionalen Bereich aus über mehrere Datenstationen zu einer entfernten anderen Datenstation, zum Beispiel der für die Verarbeitung vorgesehenen EDVA, übermittelt werden müssen, ist meist eine *Mehrpunktverbindung* über einen Fernmeldeweg wirtschaftlicher als eine entsprechende Anzahl von Einzelverbindungen.

Die Kommunikation von mehreren, beieinander installierten Datenstationen im Rahmen einer Mehrpunktverbindung mit (einer oder mehreren) anderen, räumlich entfernten Datenstationen kann durch die Verknüpfung der Einzelverbindungen über *Bündelungs-* oder – aus der anderen Richtung – *Verzweigungseinrichtungen* ermöglicht werden. Hierfür kommen *Schnittstellenvervielfacher, Multiplexer* und *Konzentratoren* in Betracht.

Der **Schnittstellenvervielfacher** ist ein einfacheres Gerät, das mehrere Verbindungen gleicher Geschwindigkeit verknüpft. Die von einer Datenstation gesendeten Daten werden an alle angeschlossenen Datenstationen übermittelt, aber nur von den durch Adressierung bestimmten aufgenommen. Mehrere Datenstationen können nicht gleichzeitig senden, was durch Steuerinstruktionen der Leitstation erreicht wird. Die *Leitstation* ist die Datenstation, welche im Rahmen einer Verbindung den Betriebsablauf steuert und überwacht.

Der **Multiplexer** (engl.: multiplexer) ermöglicht es, daß Datenstationen unabhängig voneinander mit räumlich entfernten Stationen über getrennte Verbindungen kommunizieren können, indem er mehrere Verbindungen mit geringer bis mittlerer Übertragungsgeschwindigkeit in einem gemeinsamen Weg mit hoher Übertragungsgeschwindigkeit zusammenfaßt bzw. am anderen Ende des Weges wieder entfächert.

Ein *Frequenzmultiplexer* verwendet für die Einzelverbindungen verschiedene Frequenzbänder des gemeinsamen Übertragungsweges, ein *Zeitmultiplexer* benutzt hierfür verschiedene aufeinanderfolgende Zeitintervalle. Wegen ihrer höheren Kanalausnutzung haben sich heute fast überall die Zeitmultiplexer durchgesetzt. Die Übertragungskapazität des gemeinsamen Weges muß dabei im allgemeinen mindestens so hoch sein wie die Summe der Übertragungsgeschwindigkeiten der verknüpften Einzelanschlüsse.

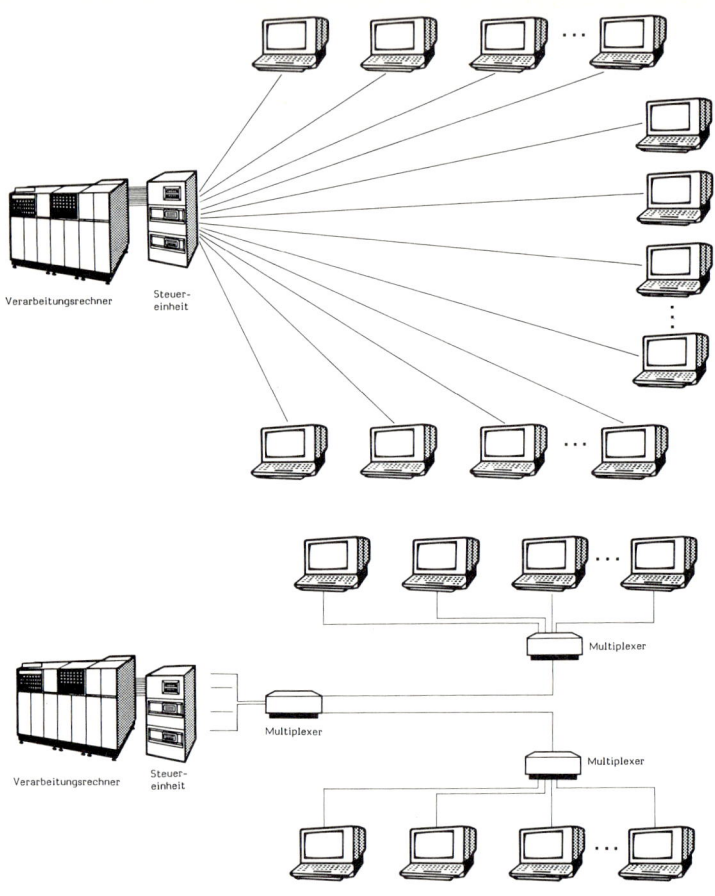

Abb. 3.3.1.2/4: Reduzierung des Verkabelungsaufwands durch Mehrpunktverbindungen unter Einsatz von Multiplexern

Bei dem Einsatz eines **Konzentrators** (engl.: concentrator, statistical multiplexer) entfällt diese Voraussetzung. Durch eine Funktionseinheit zur Zwischenspeicherung der zu übertragenden Daten ist es hierbei möglich, daß die Übertragungsgeschwindigkeit des gemeinsamen Übertragungsweges geringer ist als die Summe der möglichen Einzelverbindungen.

Zum *Beispiel* wurde 1976 bei der *DATEV eG* mit der Errichtung eines *Datenfernübertragungsnetzes* für die gesamte Bundesrepublik Deutschland begonnen (vgl. Abb. 3.3.1.2/5). Ziel dieses Netzwerkes ist es, die Datenübertragung für die Mitglieder insgesamt kostengünstiger zu machen. Heute ist es für die meisten angeschlossenen Steuerberater möglich, *zum Telefonnahtarif Datenfernverarbeitung* zu betreiben. Sie brauchen nur noch über das öffentliche Telefonnetz einen in ihrer Nähe installierten Konzentrator ( = Kopfstelle) anzurufen, um direkt mit dem Rechner des DATEV-Rechenzentrums in Nürnberg automatisch verbunden zu werden. Diejenigen Mitglieder, die keine der zur Zeit im Einsatz befindlichen 38 Kopfstellen zum Nahtarif erreichen können, erhalten von der DATEV die Gebührendifferenz zwischen ihrer optimalen Kopfstelle und dem Nahtarif erstattet. Dadurch wird im Sinne des Genossenschaftsgedankens jedes Mitglied bezüglich seines Standorts gleich behandelt und zwar auf niedrigem Kostenniveau. Diese Gebührenerstattung bekommen aber auch die meisten ISDN-Anwender, da für ISDN momentan nur Nürnberg als Einwähleingang zur Verfügung steht. Es ist aber beabsichtigt, 1993 für ISDN ebenfalls Kopfstellen einzurichten.

Im Telefonnetz werden zur Zeit von der DBP-Telekom für alle Verbindungen über mehr als 100 km Entfernung zu den normalen Geschäftszeiten die einheitlich teuren 21-Sekunden-Takt-Gebühren erhoben. Dieser kostspielige Ferntarif hätte für die im Jahr 1991 durchgeführten etwa 25 Mio. DFÜ-Anschaltungen einen zweistelligen Millionenbetrag in DM verursacht. Tatsächlich aber wurde seitens der DATEV-Anwender sehr viel weniger an die DBP-Telekom abgeführt, da diese über die DATEV-Datennetz-Kopfstellen und die «konzentrierten» Verbindungen zum Großrechenzentrum in Nürnberg im wesentlichen den weitaus günstigeren Nahtarif nutzen konnten.

*Konzentratoren* werden mit einer EDVA in der gleichen Weise gekoppelt wie eine Datenstation. Sie müssen dementsprechend mit der notwendigen Logik ausgestattet sein, um Sende- und Empfangsaufrufe und die gewünschte Übertragungsgeschwindigkeit zu erkennen und die notwendigen Übertragungssteuerungsfunktionen ausführen zu können.

In dem vorstehenden DATEV-Beispiel werden für die Kommunikation zwischen den Datenstationen in den Steuerberaterkanzleien und den Konzentrator-Kopfstellen des Netzwerks *Wählverbindungen* (hier: Telefonwählverbindungen) verwendet. Die Kopfstellen sind hingegen über *Standverbindungen* (hier: digitale Wege mit hoher Übertragungsgeschwindigkeit) an das Nürnberger Rechenzentrum angeschlossen.

Im *Nürnberger Rechenzentrum* sind *750 Fernsprechhauptanschlüsse* mit adaptiven Modems für 1 200, 2 400 und 4 800 bit/s eingerichtet. Die *adaptiven Modems* stellen sich beim ankommenden Ruf auf die Verbindungsge-

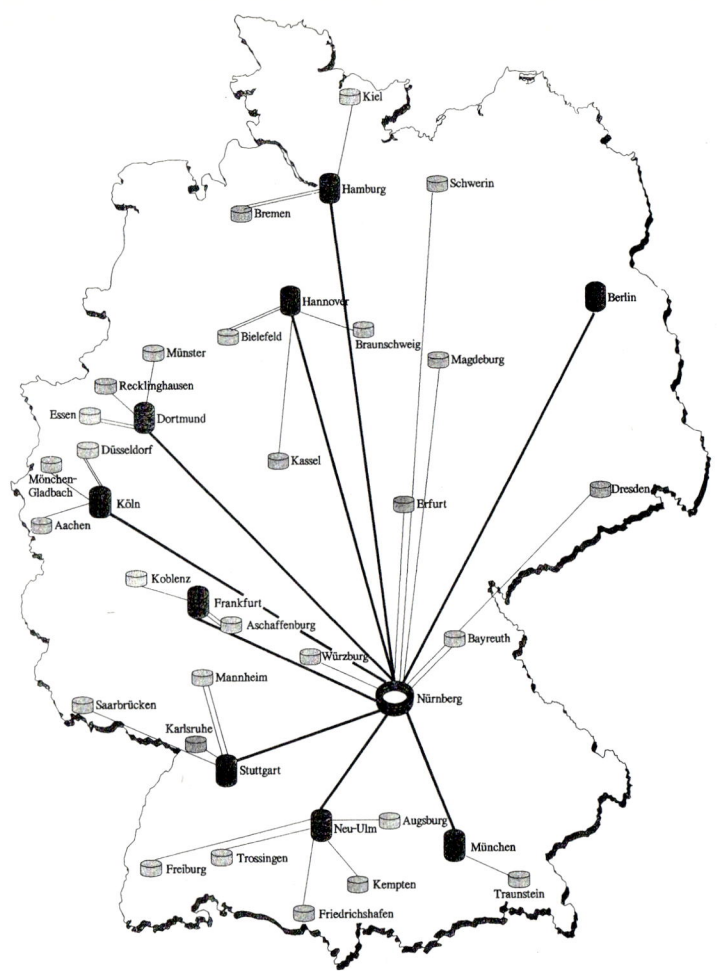

Abb. 3.3.1.2/5: DATEV-Datenfernübertragungsnetz

schwindigkeit automatisch ein, die die rufende Datenstation benötigt. Darüber hinaus stehen zwei Primärmultiplexanschlüsse mit insgesamt *60 Nutzkanälen für ISDN* zur Verfügung. Die Netzknotenrechner sind am Datenübertragungsvorrechnersystem in Nürnberg über Multiplexer und *9 mal 64 kbit/s- und 34 mal 9,6 kbit/s-Festverbindungen* angeschlossen. Bei Ausfall und Überlast der Festverbindungen sorgen 58 DATEX-L-Wählanschlüsse mit jeweils 9,6 kbit/s für den nötigen Ausgleich; beabsichtigt ist, diese durch die preisgünstigeren und leistungsfähigeren ISDN-Wählanschlüsse zu ersetzen. DATEX-L und ISDN werden in diesem Kapitel noch eingehend behandelt. Über einen *Satelliten* besteht eine 64-kbit/s-Verbindung zwischen Magdeburg und Nürnberg für die Übertragung von Sprache und Daten.

---

**Standverbindungen** (engl.: dedicated connection; leased line) bieten den Vorteil der ständigen Dienstbereitschaft. Standverbindungen sind fest durchgeschaltete Übertragungswege zwischen zwei Datenendeinrichtungen oder verzweigen sich an einem Ende zu mehreren Datenendeinrichtungen. **Wählverbindungen** (engl.: switched connection; switched line) werden bei Bedarf für einen bestimmten Zeitabschnitt wahlweise über Vermittlungseinrichtungen hergestellt.

---

Die Durchschaltung einer Verbindung aufgrund eines manuellen oder automatischen Wählvorgangs dauert eine gewisse Zeit, während *Standverbindungen verzögerungsfrei benutzbar* sind. Außerdem können *bei Wählverbindungen Besetztfälle* auftreten. Sie bieten sich meist bei einem geringen Übertragungsvolumen aus Kostengründen an. *Standverbindungen sind i.d.R. dann sinnvoll, wenn*

– ständig große Datenmengen zu übertragen sind oder
– die Übertragung strengen Zeitanforderungen genügen muß (z.B. bei Echtzeitbetrieb).

Ein größerer Rechner kann gleichzeitig viele Terminals auf unterschiedlichen Übertragungswegen bedienen. Dabei sind sowohl Punkt-zu-Punkt- als auch Mehrpunktverbindungen in der Form von Wähl- oder Standverbindungen nebeneinander möglich. In lokalen Netzen, bei denen Datenstationen in einem Betrieb mit hoher Geschwindigkeit kommunizieren, sind Mehrpunktverbindungen die Regel. Wie in solchen Fällen die Mehrpunktverbindungen durch die Datenstationen selbst aufgebaut und gesteuert werden, erfahren Sie im Abschnitt 3.3.3.2.

---

Ein **Datenfernverarbeitungssystem** (engl.: remote data processing system; teleprocessing system) besteht aus Datenstationen, die – um Daten an räumlich entfernten Orten verarbeiten zu können – über Fernmeldewege miteinander kommunizieren. Die Verarbeitung der übertragenen Daten wird durch EDVA durchgeführt.

---

Es gibt zwei Formen der Datenfernverarbeitung, den *Off-line-Betrieb*, bei dem der Rechner nicht direkt an den Übertragungsweg angeschlossen ist, und den *On-line-Betrieb*, bei dem die Datenübertragung von dem zur Datenverarbeitung eingesetzten Rechner gesteuert wird.

---

Die **Off-line-Datenfernverarbeitung** (engl.: off-line teleprocessing) wird auch indirekte oder unabhängige Datenfernverarbeitung genannt. Hierbei ist der Verarbeitungsrechner nicht mit den zur Übertragung von Daten benutzten Fernmeldewegen verbunden. Die Daten werden auf *Datenträgern* zwischengespeichert.

---

Die **On-line-Datenfernverarbeitung** (engl.: on-line teleprocessing) wird auch direkte oder abhängige Datenfernverarbeitung genannt. Hierbei ist der Verarbeitungsrechner mit den zur Übertragung von Daten benutzten Fernmeldewegen direkt verbunden; er ist selbst Datenstation.

---

→ Übungsaufgabe Nr. I-194 im Arbeitsbuch

*Fernmeldewege* sind Übertragungswege der Post – in Deutschland der DBP-Telekom. Sie haben bereits früher bei der Behandlung der Betriebsarten eines Rechners (Abschnitt 2.4.2.1) erfahren, daß bei grundstücksüberschreitenden Verbindungen die Verwendung von Fernmeldewegen mit wenigen Ausnahmen (z.B. Stromwege der Energieversorgungsunternehmen) vorgeschrieben ist. Aufgrund des *Netzmonopols* bestimmt allein der *Bundesminister für Post und Telekommunikation* (abgekürzt: BMPT) für die Bundesrepublik Deutschland, welche Übertragungswege zu welchen Gebühren von der DBP-Telekom angeboten werden müssen. Die ehemalige Deutsche Bundespost (abgekürzt: DBP) wurde 1989 neu organisiert. Das Bundesministerium für Post und Telekommunikation ist Eigner der drei öffentlichen Unternehmen Postbank, Postdienst und Telekom, und es ist Regulierer für die Monopolbereiche. In dieser Eigenschaft legt es die «Pflichtdienstleistungen» der drei Unternehmen fest. Das ehemalige «Fernmeldemonopol» wurde ersetzt durch das «*Telefondienst- und Netzmonopol*». Es endet aus der Sicht der Telekom vor den Datenübertragungseinrichtungen. Telefonapparate und Modems z.B. können auf dem freien Markt beschafft und eingesetzt werden, wenn sie eine Zulassungsnummer des Zentralamts für Zulassungen im Fernmeldewesen (abgekürzt: ZZF) haben. Dieses

Amt untersteht dem Ministerium, so daß auch die Telekom sich beim Einsatz von Geräten um eine Zulassungsnummer bemühen muß. Diese Entwicklung wurde u.a. durch die *Liberalisierungsgebote der EG* angestoßen. In Österreich und in vielen anderen europäischen Ländern läuft eine ähnliche Entwicklung mit unterschiedlichem Fortschritt. Der Anwender kann mit Ausnahme der «Vermittlung von Sprache für andere… (Telefondienstmonopol)», so das Fernmeldeanlagengesetz § 1 Absatz 4 vom 21.07.1989, aus dem Angebot verschiedener Anbieter das für ihn am günstigsten erscheinende auswählen. Er kann selbstverständlich auch das Leistungsangebot der *Dateldienste*[8] der DBP-Telekom wählen.

Übungsaufgabe Nr. I-195 im Arbeitsbuch ←

### 3.3.1.3 Betriebsarten und Vermittlungsprinzipien bei der Datenübertragung

In einer Datenstation sind an der *Schnittstelle zwischen Datenendeinrichtung und Datenübertragungseinrichtung* als *Betriebsarten* der Sendebetrieb, der Empfangsbetrieb, der Wechselbetrieb und der Gegenbetrieb zu unterscheiden.

Der *Sendebetrieb* (engl.: transmit mode) ist dadurch gekennzeichnet, daß Daten nur von der Datenendeinrichtung der Datenübertragungseinrichtung zugeführt werden. *Empfangsbetrieb* (engl.: receive mode) liegt vor, wenn Daten nur von der Datenübertragungseinrichtung der Datenendeinrichtung zugeführt werden.

---

Wenn die Datenübertragung zwischen zwei Endeinrichtungen in nur einer Richtung auf dem Übertragungsweg erfolgen kann (Sendebetrieb in der einen, Empfangsbetrieb in der anderen Datenstation), so liegt das **Simplexverfahren** (engl.: simplex transmission) vor.

---

Ein *Beispiel* für das äußerst seltene *Simplexverfahren* ist die Übertragung der im mobilen Einsatz erfaßten Daten über das Telefonnetz mit Hilfe eines Akustikmuffs (vgl. Abschnitt 3.1.3.7).

---

8 Das Kunstwort «Datel» ist aus dem Englischen abgeleitet (Data Telecommunications; Data Telephone; Data Telegraph); es ist international üblich und bezeichnet die Verwendung von Fernmeldewegen für die Datenübertragung. Über die Besonderheiten der einzelnen Fernmeldewege und die Übertragungsgebühren informieren Merkblätter, die vom Fernmeldetechnischen Zentralamt in Darmstadt herausgegeben werden und die im allgemeinen bei den Fernmeldeämtern erhältlich sind.

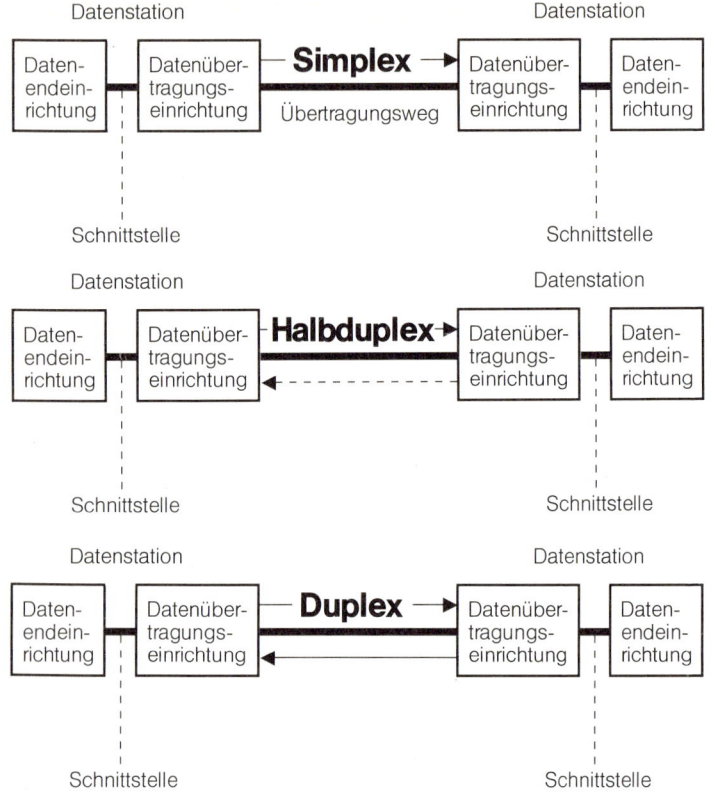

Abb. 3.3.1.3/1: Simplex-, Halbduplex- und Duplexverfahren

*Wechselbetrieb* ist dann gegeben, wenn in einer Datenstation wechselzeitig Sendebetrieb und Empfangsbetrieb stattfindet. Bei dieser häufiger als **Halbduplexverfahren** (engl.: half-duplex transmission) bezeichneten Betriebsart erfolgt die Datenübertragung zwischen zwei Endeinrichtungen also in beiden Richtungen, jedoch nicht gleichzeitig (abwechselnd Senden oder Empfangen in jeweils einer Richtung).

Ein *Beispiel* für den *Halbduplexbetrieb* ist der Fernschreibverkehr im Telexnetz, bei dem alternativ nur der eine oder der andere Teilnehmer senden kann.

Beim *Gegenbetrieb* oder **Duplexverfahren** (auch Vollduplexverfahren; engl.: duplex transmission) findet in einer Datenstation gleichzeitig Sendebetrieb und Empfangsbetrieb statt. Zwei Endeinrichtungen können simultan über den Übertragungsweg in beiden Richtungen Daten austauschen.

Zum *Beispiel* sind alle von der DBP-Telekom speziell für die Datenübertragung eingerichteten digitalen Übertragungswege vollduplexfähig. In den höheren Geschwindigkeitsklassen von Wählnetzen ist dies die einzig vorgesehene Betriebsart.

Die zu übertragenden Bits können entweder einzeln nacheinander *(bitseriell)* oder in Gruppen gleichzeitig über verschiedene Unterkanäle des Übertragungswegs *(bitparallel)* übertragen werden. Dementsprechend unterscheidet man *serielle und parallele Übertragungsverfahren*.

Bei der **seriellen Übertragung** (engl.: serial transmission) werden die Bits, welche die zu übertragenden Daten repräsentieren, nacheinander über einen Kanal übertragen. Bei der **parallelen Übertragung** (engl.: parallel transmission) werden Bitgruppen, die i.a. ein Zeichen darstellen, über Teilkanäle gleichzeitig übertragen.

Wir sind auf diese Übertragungsverfahren bereits kurz im Zusammenhang mit *Druckerschnittstellen* eingegangen (siehe hierzu insbesondere die Fußnote 28 auf Seite 294).

Wenn größere Entfernungen zu überbrücken sind, geschieht dies *fast ausschließlich* durch die *serielle Übertragung*, wobei als Arbeitsweisen das *Asynchron-* und das *Synchronverfahren* in Frage kommen.

Das **Asynchronverfahren** (engl.: asynchronous transmission) ist ein Übertragungsverfahren, bei dem der Gleichlauf zwischen Sender und Empfänger für eine Folge von Bits (i.a. ein Zeichen) durch die Datenendeinrichtungen hergestellt wird.

Bei diesem Verfahren wird die Übertragung jedes Zeichens durch ein Startsignal (Startbit) angekündigt und durch ein Stoppsignal beendet (deshalb auch die engere Bezeichnung «Start-/Stopp-Verfahren»; engl.: start-stop transmission). Der Übertragungstakt wird von der Datenendeinrichtung festgelegt und muß eingestellt werden. Das Start-/Stopp-

633

Verfahren läßt sich technisch relativ einfach realisieren, es hat aber gegenüber dem Synchronverfahren den Nachteil der schlechteren Ausnutzung des Übertragungswegs (wegen der erforderlichen Mitsendung der Start- und Stoppsignale).

---

Das **Synchronverfahren** (engl.: synchronous transmission) ist ein Übertragungsverfahren, bei dem zwischen Sender und Empfänger ein ständiger Gleichlauf besteht; die Taktinformation wird im allgemeinen von der Datenübertragungseinrichtung geliefert (Taktgeber).

---

Bei dem *Synchronverfahren* werden die einzelnen Zeichen zu *Übertragungsblöcken* zusammengefaßt. Dadurch, daß keine Pausen zwischen den zu übertragenden Zeichen gemacht werden und die Start- und Stoppbits entfallen, ist im Vergleich zum Asynchronverfahren eine *höhere Übertragungsleistung* möglich.

→ Übungsaufgabe Nr. I-196 im Arbeitsbuch

Die Verbindung miteinander kommunizierender Datenstationen kann durch *Leitungsvermittlung* oder durch *Paketvermittlung* erfolgen.

---

Bei **Leitungsvermittlung** (Synonym: **Durchschaltevermittlung**; engl.: circuit switching; line switching) wird zwischen den Datenstationen für die Dauer ihrer Verbindung ein unmittelbarer Übertragungsweg zur Verfügung gestellt. Vermittlungseinheiten im Übertragungsnetz haben eine reine Weiterschaltefunktion. Die durchgehende physikalische Verbindung steht ausschließlich den beteiligten Endgeräten zur Verfügung, unabhängig davon, ob Daten übertragen werden oder nicht.

---

Bei **Paketvermittlung** (engl.: packet switching) sind in den Übertragungsweg Vermittlungseinheiten eingeschaltet, welche die Daten empfangen, bis zur Verfügbarkeit einer Weiterverbindung speichern und dann weiterleiten. Falls erforderlich, können die Vermittlungseinheiten Code- und Geschwindigkeitsumsetzungen der übertragenen Daten vornehmen. Zwischen den kommunizierenden Endgeräten bestehen virtuelle Verbindungen mittels Adreß- und Steuerangaben in den gesendeten Datenpaketen.

---

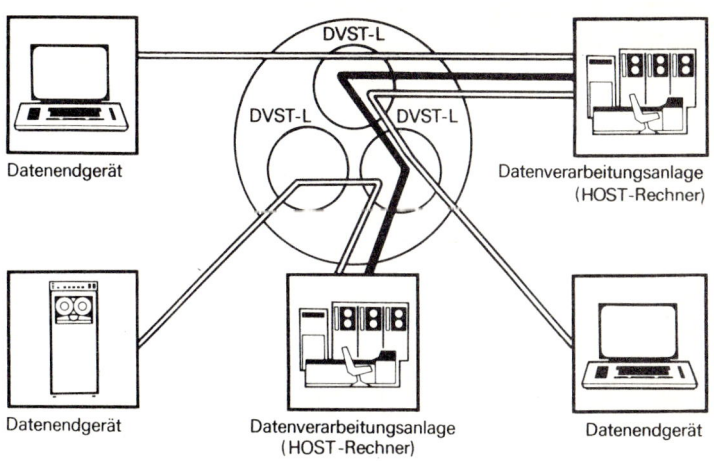

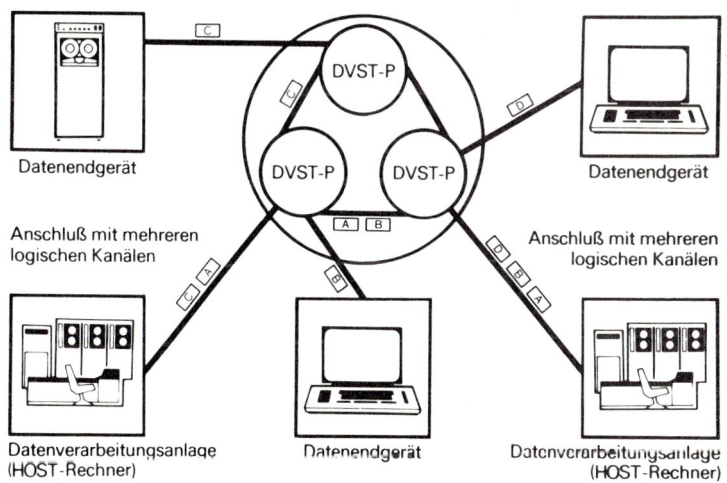

DVST-P = Datenvermittlungsstelle mit Paketvermittlung     X = Paket der virtuellen Verbindung X

Abb. 3.3.1.3/2: Leitungsvermittlung (oben) und Paketvermittlung (unten)

Die *Unterschiede* zwischen der *Leitungsvermittlung* und der *Paketvermittlung* lassen sich anhand eines einfachen *Beispiels* verdeutlichen:

Wenn jemand Rohöl von einem Ort zu einem anderen transportieren will, so stehen ihm zwei Möglichkeiten zur Verfügung, und zwar

– das Öl in einer Pipeline vom Ort A zum Ort B zu pumpen oder
– das gesamte zu befördernde Volumen auf einen oder viele Tankwagen aufzuteilen und über das Straßennetz vom Ort A zum Ort B zu transportieren.

Die Pipeline ist ein Versorgungssystem, bei dem die Einrichtung für die gesamte Transportdauer exklusiv dem Benutzer zur Verfügung stehen muß, denn man darf die zu transportierenden Güter nicht mischen. Sie entspricht dem leitungsvermittelten Übertragungsweg. Bei einem Transportsystem mit Tankwagen ist es ohne weiteres möglich, daß auch Lastkraftwagen mit anderen Gütern dasselbe Straßennetz benutzen. Diese Möglichkeit wird bei der Paketvermittlung genutzt.

Sowohl bei der Leitungsvermittlung als auch bei der Paketvermittlung können die auszutauschenden Daten in Pakete (Blöcke) zerlegt und über eventuell gemeinsame physikalische Verbindungen gesendet werden.

Partner, die über eine *durchgeschaltete Verbindung* kommunizieren, erhalten jedoch einen Kanal zur exklusiven Verwendung. In diesem Fall muß erst der logische Kanal aufgebaut werden, um dann «reine» Daten übertragen zu können (z.B. beim Telefonverkehr: durch «Wählen» wird ein für den Benutzer exklusiv erscheinender Pfad aufgebaut, über den dann – ohne weitere Steuerinformation an das Vermittlungssystem – kommuniziert werden kann).

Bei Partnern, die über eine *paketvermittelte Verbindung* kommunizieren, ist es hingegen erforderlich, bei jedem Paket Adreß- und Steuerdaten mitzuliefern, um dem Vermittlungssystem die Übertragung der Daten zu ermöglichen (z.B. beim Briefverkehr: bei jedem Brief müssen eigens der Adressat und die Transportklasse angegeben werden).

Auf die Paketvermittlung kommen wir nochmals im Zusammenhang mit dem DATEX-P-Netz (Abschnitt 3.3.3.1.4) der DBP-Telekom zurück.

→ Übungsaufgabe Nr. I-197 im Arbeitsbuch

### 3.3.1.4 Entwicklung und Arten von Rechnernetzen

Unter einem **Rechnernetz** (engl.: computer network) verstehen wir ein räumlich verteiltes System von Rechner(n), Steuereinheit(en) und peripheren Geräten, die durch Datenübertragungseinrichtungen und -wege miteinander verbunden sind.

Früher war es die Regel, daß ein *Rechnernetz* aus einem zentralen Großrechner bestand, an den eine mehr oder minder große Zahl von unintelligenten Peripheriegeräten *sternförmig* angeschlossen war (so, wie in der Abb. 3.3.1.2/4 auf Seite 626 dargestellt). *Die Steuerung und Überwachung der Verbindungen, der Terminals sowie die Verarbeitung im engeren Sinne (Datenspeicherung und -transformation) wurden durch den Zentralrechner durchgeführt.* Dies ist bei vielen installierten EDVA auch heute noch der Fall.

Mit der starken Verbreitung von Dialoganwendungen stieg nicht nur die Belastung der Zentraleinheiten durch die Steuerung der wachsenden Peripherie, sondern auch die Abhängigkeit vieler Benutzer von solchen EDVA, die oft 24 Stunden an 365 Tagen im Jahr laufen müssen.

*Diese Entwicklung führte dazu, daß*

1. *mehrere Rechner miteinander verbunden* wurden, um bei Ausfall eines Rechners dessen Arbeit von einem anderen Rechner mit übernehmen zu lassen,

2. *Rechnernetzkonzepte* entwickelt wurden, welche u.a. den Zentralrechner entlasten, indem vorgelagerte gesonderte Funktionseinheiten die Übertragungssteuerung übernehmen und

3. eine *Spezialisierung von Rechnern* für bestimmte Verwendungszwecke einsetzte, zum Beispiel auf die Ihnen bereits bekannte Verwaltung von Datenbanken durch Datenbankrechner oder auch auf die Datenübertragung durch speziell ausgelegte Kommunikationsrechner.

---

Moderne *Übertragungssteuereinheiten* sind durch Prozessor, Arbeitsspeicher, Leitungspuffer und besondere Programme als spezielle **Vorrechner** (engl.: front end processor; abgekürzt: FEP) ausgebildet. Zusätzlich zu der Übertragungssteuerung übernehmen solche Vorrechner die Abwicklung der Datenübertragungsprozeduren, die Zwischenspeicherung der Daten und Steuerangaben, sowie weitere Aufgaben der Nachrichtenbehandlung wie Formatumsetzungen, Plausibilitätskontrollen usw. Betriebssicherheitsfunktionen ermöglichen die Fehlerbehandlung, Fehlerwarnung, Fehlerstatistik und Überwachung bestimmter Funktionseinheiten. Damit wird die Betriebssicherheit und die Verfügbarkeit des Gesamtsystems erhöht.

---

In größeren Netzen werden diese Aufgaben oft von einer *Hierarchie von Kommunikationsrechnern* wahrgenommen (vgl. Abb. 3.3.1.4/1). Je nach Einsatzart unterscheidet man Datenübertragungsvorrechner, Netzknotenrechner und Datenstationsrechner.

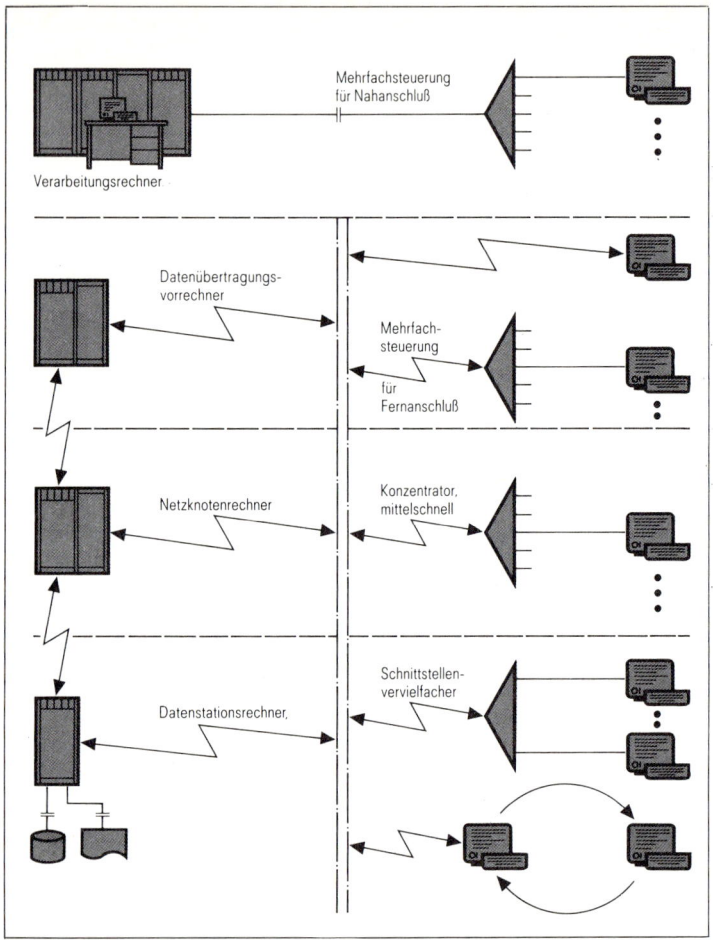

Abb. 3.3.1.4/1: Rechnernetz mit einem Zentralrechner und einer Hierarchie von Kommunikationsrechnern (Quelle: Siemens)

Der **Datenübertragungsvorrechner** wird über einen Kanal an einen zentralen Verarbeitungsrechner (Synonyme: Wirtsrechner, **Host**; von engl.: host) gekoppelt, das heißt, er arbeitet als FEP. Er erfüllt die bereits angeschnittenen Kommunikationsaufgaben und führt die Nachrichtenbehandlung für direkt an ihn angeschlossene Datenstationen aus.

638

Der **Netzknotenrechner** ist entfernt vom Verarbeitungsrechner eingesetzt und verrichtet hauptsächlich Aufgaben, die zur Steuerung des Netzes notwendig sind, wie Betriebsmittelverwaltung, Belegung und Freigabe von Geräten, Programmen und Leitungen, das Anlegen und Fortschreiben von Betriebszustandstabellen, das An-, Ab- und Umschalten von Geräten und Leitungen sowie das Führen von Statistiken.

Der *Netzknotenrechner* ist über einen Datenübertragungsweg mit mindestens einem Datenübertragungsvorrechner verbunden und bildet somit das *Bindeglied*, über das auch mehrere Zentralrechner mit ihren Datenübertragungsvorrechnern zu einem Rechnerverbundsystem zusammengeschlossen werden können. Neben den *Steueraufgaben* können diese Rechner auch *Verarbeitungsaufgaben* selbständig übernehmen. Dadurch kann der Datenfluß zwischen dezentralen und zentralen Rechnern wesentlich verringert werden.

Der **Datenstationsrechner** steuert hauptsächlich die angeschlossenen Terminals. Zusammen mit einer lokalen Peripherie ist auch er zu einem Verarbeitungssubsystem ausbaubar.

Ergänzt wird dieses Rechnernetz durch die im Abschnitt 3.3.1.2 erwähnten Schnittstellenvervielfacher, Multiplexer und Konzentratoren, die zusammen einen Anschluß von bis zu mehreren hundert Datenstationen an ein System ermöglichen, und die Einrichtungen, die zur Signalanpassung an die verschiedenen Übertragungswege dienen, wie Modems, Fernschaltgeräte usw.

Die Koordinationsprobleme aber auch die Nutzungsmöglichkeiten eines Rechnernetzes erweitern sich beträchtlich, wenn ein System mit einem zentralen Verarbeitungsrechner, seinen Kommunikationsrechnern und der Peripherie mit anderen autonomen EDVA zu einem *Rechnerverbundsystem* zusammengeschlossen wird.

Ein **Rechnerverbundsystem** (engl.: multicomputer network) ist ein Zusammenschluß von mindestens zwei autonomen EDVA über Datenübertragungswege zu einem Rechnernetz, in dem die zusammengeschlossenen Rechner ohne manuelle Eingriffe miteinander kommunizieren können.

Ein *Rechnerverbundsystem* bietet eine Reihe von *Vorteilen:*

1. *Kommunikationsverbund,*
   das heißt, ein Benutzer kann mit allen anderen Benutzern der verbundenen Rechner Mitteilungen austauschen («elektronische Post»).

2. *Datenverbund,*
   das heißt, jeder Datenbestand kann unabhängig vom Ort seiner Speicherung im Netz einem Benutzer zugänglich gemacht werden; logische Datenbanken können auch physisch getrennt gespeichert werden.

3. *Funktionsverbund,*
   das heißt, ein Benutzer kann Programm- und Gerätefunktionen anderer EDVA des Verbundsystems verwenden (z.B. nicht auf dem eigenen Rechner vorhandene Sprachübersetzer, Anwendungsprogramme, Vektorrechner, Laserdrucker, COM-Recorder).

4. *Lastverbund,*
   das heißt, Aufträge werden je nach Auslastung und Ausstattung auf die verbundenen Rechner verteilt, um eine optimale Kapazitätsausnutzung des Gesamtsystems zu erreichen.

5. *Leistungsverbund,*
   das heißt, aufwendige, rechenintensive Aufträge können in Netzen auf mehrere Rechner aufgeteilt werden, um die Leistungsgrenzen einzelner Komponenten zu umgehen.

6. *Sicherheitsverbund,*
   das heißt, Terminals eines gestörten Rechners können auf einen anderen Rechner des Verbundsystems umgeschaltet werden, über den die Programme und Datenbestände des gestörten Rechners verfügbar sind (gegenseitige Sicherung räumlich entfernter EDVA).

→ Übungsaufgabe Nr. I-198 im Arbeitsbuch

In den 70er Jahren haben alle größeren Rechnerhersteller umfassende *Konzepte für die Architektur von Rechnernetzen* entwickelt. Diese beinhalten eine präzise Festlegung der Funktionen, die bei der Datenübertragung durch die Komponenten des Netzes erbracht werden sollen.

Derartige Konzepte wurden zunächst für die Architektur hierarchisch strukturierter, herstellerspezifischer interner Netze mit einem leistungsstarken Zentralrechner realisiert. *«Herstellerspezifisch»* bedeutet *«geschlossen»,* das heißt Schnittstellen und Datenübertragungsverfahren wurden nur für die herstellereigenen Geräte und Programme vereinheitlicht. Im Zuge der Dezentralisierung der Datenverarbeitung durch den Einsatz von Abteilungsrechnern und Arbeitsplatzrechnern sowie durch die Globalisierung der Wirtschaft sind in den 80er Jahren zunehmend auch *offene (oder zumindest «geöffnete») Rechnernetzkonzepte* für lokale und für externe Bereiche entstanden, bei denen die Kommunikationssteuerung weitgehend dezentral erfolgt. Nach modernen Idealvorstellungen der verteilten Datenverarbeitung arbeiten Rechner aller Art und Hersteller problemlos und über beliebige Entfernungen in *Client-Server-Architekturen* zusammen. Sie erinnern sich:

---

Ein **Server** (engl.: server; von engl.: to serve = bedienen) ist ein System, das für andere Dienstleistungen erbringt, ein **Client** (deutsch: Kunde) nimmt diese in Anspruch. Solche Dienstleistungen können z.B. Datenverwaltung, Rechnen, Drucken, Kommunikation und vieles andere sein.

---

Client und Server können über ein lokales Netz verbunden sein oder sie können über große Entfernungen hinweg, z.B. über eine Satellitenverbindung, miteinander kommunizieren. Dabei kann es sich um *Systeme jeglicher Größenordnung* handeln; das Leistungsvermögen des Clients kann die des Servers also durchaus übersteigen.

Von einem Rechner können verschiedene Dienste angeboten werden, derselbe Rechner kann aber auch solche von anderen Rechnern anfordern.

Warum solche «freizügigen», «partnerschaftlichen» Systeme erst in Ansätzen realisiert sind, welche Möglichkeiten und Grenzen es diesbezüglich heute gibt und wie die Normungsbestrebungen und -erfolge in bezug auf offene Systeme aussehen, wird in diesem Kapitel noch ausführlich diskutiert.

Für eine *Klassifikation von Rechnernetzen* können als Kriterien u.a. der Zweck, die Struktur (Topologie), die Übertragungsmedien, die Vermittlungstechnik, die Datenübertragungsverfahren, die Übertragungsgeschwindigkeit und die Ausdehnung in betrieblicher (intern, extern) und geografischer Hinsicht verwendet werden.

---

Ein **globales Netz** (engl.: global area network; abgekürzt: **GAN**) verbindet Rechner auf mehreren Kontinenten und dient zur Übertragung von Daten, Text, Sprache und Bildern (Video). Die Maximalgeschwindigkeit auf den von den europäischen Postverwaltungen angebotenen Fernstrecken beträgt 2 Mbit/s. Weil die Datenpakete im Netz von Knoten zu Knoten in Richtung Adressat weitergegeben werden und einzelne Strecken oft mit geringer Geschwindigkeit operieren, kann die Übertragung einer Nachricht je nach Netzwerkbelastung einige Sekunden bis einige Minuten dauern.

---

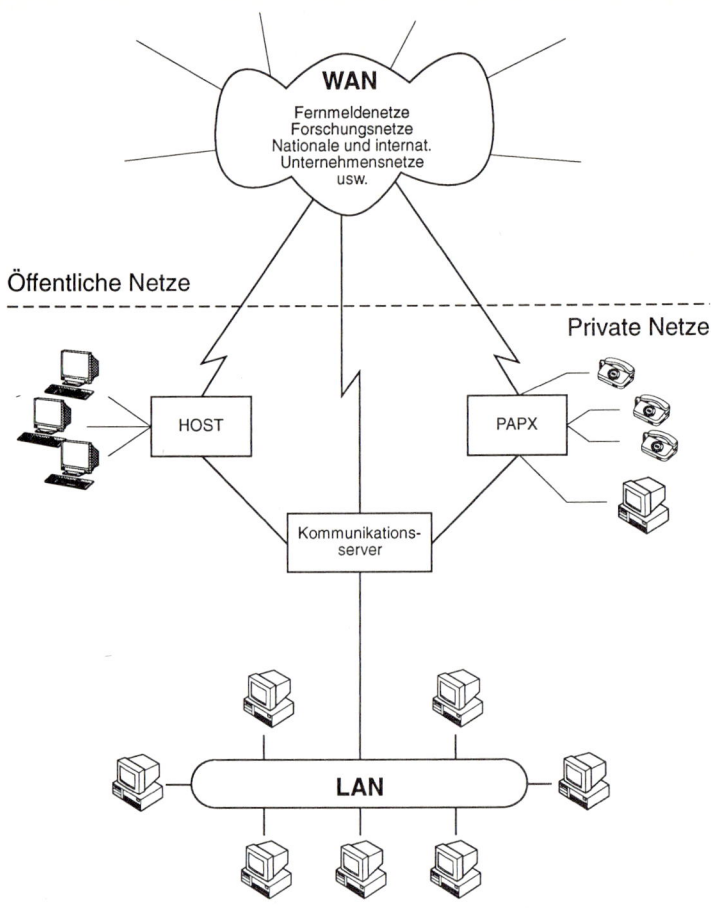

Abb. 3.3.1.4/2: Übersicht über Rechnernetze

Als *Beispiele für globale Netze* können die internen Netze multinationaler Unternehmen, etwa XEROX-Internet und VNET von IBM, angeführt werden. Es gibt auch kommerzielle Anbieter, wie zum Beispiel EUNet, die auf den von ihnen betriebenen weltweiten Netzen Übertragungsdienste für jedermann anbieten.

Ein **Weitverkehrsnetz** (engl.: wide area network; abgekürzt: **WAN**) dient der Verbindung von Rechnern innerhalb eines Kontinents bzw. eines Landes. Die Übertragungsgeschwindigkeiten liegen heute meist zwischen 10 kbit/s und 2 MBit/s. Übertragen werden Daten, Text, Sprache und Bilder – Bildsequenzen (Film) allerdings nur bei höheren Geschwindigkeiten. Die Übertragungsverfahren, -dauer und -qualität entsprechen globalen Netzen.

Typische *Beispiele* sind die Fernmeldenetze der DBP-Telekom, das beschriebene DATEV-Netz oder das Deutsche Forschungsnetz (DFN). Auf der Basis herstellerneutraler Kommunikationsdienste haben Tausende von Wissenschaftlern an deutschen Hochschulen und sonstigen Forschungsstätten durch das DFN die Möglichkeit, im Rahmen gemeinsamer Projekte auf entsprechende Ressourcen (Datenbanken, Spezialsoftware) an den Partnerinstituten zuzugreifen, über elektronische Post mit Kollegen im In- und Ausland zu kommunizieren und auch das Angebot kommerzieller Datenbankanbieter zu nutzen.

Ein **Stadtnetz** (engl.: **Metropolitan Area Network**; abgekürzt: **MAN**; die deutsche Übersetzung ist unüblich) stellt eine Sonderform eines Weitverkehrsnetzes dar, da es maximal das Gebiet einer Stadt abdeckt und oft auf größere Firmengelände bzw. die Verbindung von diesen beschränkt bleibt. Solche sich noch meist im Probebetrieb befindlichen Netze unterscheiden sich von traditionellen Weitverkehrsnetzen vor allem durch ihre hohe Übertragungsgeschwindigkeit (bis über 100 Mbit/s).

Bisher gibt es erst sehr wenige Stadtnetze mit experimentellem Charakter. Ziel der Anbieter ist es langfristig, Firmen und Privathaushalte durch den Anschluß an solche Stadtnetze Dienste jeder Art, von Fernsehprogrammen über Bildtelefon bis zu üblichen Datenverarbeitungsanwendungen, zugänglich zu machen.

Die *häufigste Form* von Rechnernetzen, die Sie heute in fast jedem mittleren und großen Betrieb vorfinden, sind *lokale Netze*.

Ein **lokales Netz** (engl.: local area network; abgekürzt: **LAN**) dient zur Datenkommunikation (normalerweise keine Sprach- oder Bewegtbildübertragung) und weist eine maximale Ausdehnung von etwa zehn Kilometern auf. In Ländern mit einem Fernmeldemonopol der Post sind LAN auf die jeweilige Grundstücksgröße beschränkt. Typische Übertragungsraten von lokalen Netzen, die Arbeitsplatzrechner und eventuell Abteilungsrechner verbinden (sogenannte **Front-end-LAN**), liegen zwischen 1 Mbit/s und 16 Mbit/s. Sogenannte **Backbone-LAN**, die Front-end-LAN verbinden, haben typische Übertragungsgeschwindigkeiten von 50 bis 100 Mbit/s.

Häufigste lokale Front-end-Netze sind Ethernet- und Tokenring-Implementierungen, als wichtigste Backbone-LAN-Technologie gilt FDDI. Wir werden auf diese drei Netzwerkkonzepte noch später in diesem Kapitel zu sprechen kommen.

Lokale Netze befinden sich im Eigentum eines einzelnen Betriebes (= privat), während MAN und WAN üblicherweise öffentliche Netze nutzen. Geografisch verteilte lokale Netze werden zunehmend mit *Routern* und *Bridges* verbunden und werden damit Teil von Weitverkehrsnetzen. Router und Bridges sind *Kommunikationsserver*, die wir im Abschnitt 3.3.1.7 noch näher erläutern.

Das größte derartige «Netzwerk von lokalen Netzen» ist das von der US-amerikanischen National Science Foundation getragene *Internet*, an dem vornehmlich Universitäten und sonstige Forschungsstätten angeschlossen sind. Es verbindet weltweit etwa 4000 lokale Netze mit insgesamt über 600000 Rechnern und mehreren Millionen Benutzern. Jeder an eines dieser lokalen Netze gekoppelte Rechner kann mit jedem anderen Rechner in Verbindung treten. Die Verbindung wird mit Routern durchgeführt, die am lokalen Netz angeschlossen sind und die zumeist über Standverbindungen untereinander kommunizieren.

Sie sehen aus diesem Beispiel, daß es zunehmend schwieriger wird, zwischen den Begriffen GAN, WAN, MAN und LAN zu unterscheiden. Ein- und dasselbe Netz kann mit denselben Datenübertragungsverfahren einmal für Weitverkehrszwecke und ein anderes Mal für lokale Zwecke verwendet werden.

**Private Nebenstellenanlagen** (engl.: private automatic branch exchange; abgekürzt: PABX) beschränken sich in der Ausdehnung wie lokale Netze auf einen Betrieb (eventuell auch auf nahe beieinanderliegende Betriebsstätten), sie dienen aber infolge der geringen Übertragungsgeschwindigkeit (typisch 64 kbit/s pro Nutzkanal) vorwiegend zur Sprachkommunikation (Telefonieren) und für Textkommunikationsdienste (wie Bildschirmtext, Telefax), die auf dem Telefonnetz basieren. Grundsätzlich lassen sich aber damit auch Datenstationen verbinden. Nebenstellenanlagen besitzen stets Verbindungen zur Kommunikation nach außen.

Moderne digitale Nebenstellenanlagen verwenden für die interne Kommunikation dieselbe Technologie wie das ISDN der DBP-Telekom im Weitverkehrsbereich. Auf solche Systeme und auf «traditionelle» herstellerspezifische Rechnernetze mit zentralen Verarbeitungsrechnern, Vorrechnern, Kommunikationsrechnern und Terminals in Stern- oder Baumstruktur gehen wir ebenfalls noch näher in diesem Kapitel ein.

Die Struktur eines Rechnernetzes, d.h. die Anordnung der Knoten im Netz, wird als **Netzwerktopologie** (engl.: network topology) bezeichnet. *Knoten* (engl.: node) sind die miteinander kommunizierenden Datenstationen und Einheiten, welche die Verbindungen im Netz vermitteln.

**Kommunikationsprotokolle** (Synonym: **Protokoll**; engl.: protocol) sind Regeln, nach denen zwei Kommunikationspartner (Datenstationen) eine Verbindung zwischen sich aufbauen, Information austauschen und die Verbindung wieder abbauen. Die erwähnten Rechnernetzkonzepte beinhalten solche Festlegungen in Form einer *Hierarchie von Protokollen*.

Für private und öffentliche Netze kommen prinzipiell dieselben Übertragungsmedien in Frage. Dabei ergeben sich jedoch teilweise wesentliche Unterschiede hinsichtlich der Nutzungsmöglichkeit, insbesondere in bezug auf die verfügbaren Übertragungskapazitäten.

Im folgenden Abschnitt 3.3.1.5 befassen wir uns zunächst allgemein mit den Protokollen bzw. der Architektur des Kommunikationssystems eines Rechnernetzes. Auf die Besonderheiten von LAN-Protokollen kommen wir später im Abschnitt 3.3.3.3 nochmals zurück. Im Abschnitt 3.3.1.6 kennzeichnen wir die in Rechnernetzen verwendeten Übertragungsmedien. Die üblichen Topologien und die sonstigen typischen Merkmale werden für die verschiedenen Netzarten in den Abschnitten 3.3.3.1 bis 3.3.3.5 dargestellt.

### 3.3.1.5 Kommunikationsarchitektur

*Kommunikation* zwischen EDVA erfordert genauso wie die Kommunikation zwischen Menschen die Kenntnis und die Einhaltung bestimmter *Regeln* (gesellschaftliche Umgangsformen, Zuhören, Ausreden lassen usw.) und einer bestimmten *Sprache* (Wortschatz, Satzbau, Rechtschreibung).

Erst mit der *Beherrschung einer Sprache* wird es für einen *Menschen* möglich, sinnvoll in seiner Umgebung zu agieren und zu reagieren. Solange er sich in seiner näheren Umwelt aufhält, kann er davon ausgehen, daß die meisten Mitmenschen seine Sprache beherrschen und er sich dementsprechend problemlos mit ihnen unterhalten kann. Trifft diese Voraussetzung einmal nicht zu (z.B. auf einer Auslandsreise oder beim Zusammentreffen mit Touristen), so wird die Intensität und der Gehalt der möglichen Kommunikation sehr stark vermindert.

Ähnlich stellt sich die *Situation bei EDVA* dar. Beinahe jede heute auf dem Markt angebotene Datenstation besitzt sowohl die physikalischen als auch die programmtechnischen Voraussetzungen, um mit anderen Datenstationen zu kommunizieren. *Diese Kommunikationsmöglichkeit beschränkt sich im Regelfall leider auf Datenstationen der gleichen «Sprache», sprich einer ganz bestimmten Produktfamilie und eines bestimmten Herstellers.* Ist die Kommunikation zwischen Datenstationen aus unterschiedlichen «Sprachfamilien» erforderlich, so nimmt die Komplexität des Systems sehr rasch zu, d.h. mindestens ein, im Regelfall mehrere Systemelemente müssen mehrere «Sprachen» beherrschen und Übersetzungen vornehmen können. Wie solche Komplexität hervorrufenden Anforderungen zustande kommen, soll an dem folgenden, aus der Praxis gegriffenen *Beispiel* gezeigt werden.

*Der Leiter der Patentabteilung eines großen Industrieunternehmens will von dem an seinem Arbeitsplatz installierten Bildschirmgerät auf eine in Großbritannien verfügbare Patentdatenbank zugreifen.* Das *Bildschirmgerät* ist mit einer *Steuereinheit* verbunden, diese mit einem *Datenübertragungsvorrechner*, der wiederum an den eigentlichen *Verarbeitungsrechner* angeschlossen ist. Seine Zentraleinheit besitzt über eine X.25-Schnittstelle (vgl. dazu Abschnitt 3.3.2.2.4) Zugang zum paketvermittelten *DATEX-P-Netz* der DBP-Telekom (Näheres an gleicher Stelle). Dies ist über einen *Netzverbindungsrechner* (engl.: gateway) mit dem *britischen Paketvermittlungsnetz* verbunden, an welches der *Datenbankrechner* über einen eigenen *Vorrechner* angeschlossen ist. Bei der Benutzung dieses Informationsdienstes werden inklusive des Bildschirmgeräts *sechs Datenstationen und zwei Netze, die eine unbestimmte Zahl von weiteren Vermittlungsrechnern enthalten,* verwendet. Zwischen jedem aneinandergrenzenden Paar von Datenstationen können *unterschiedliche Regeln für den Informationsaustausch* gelten;

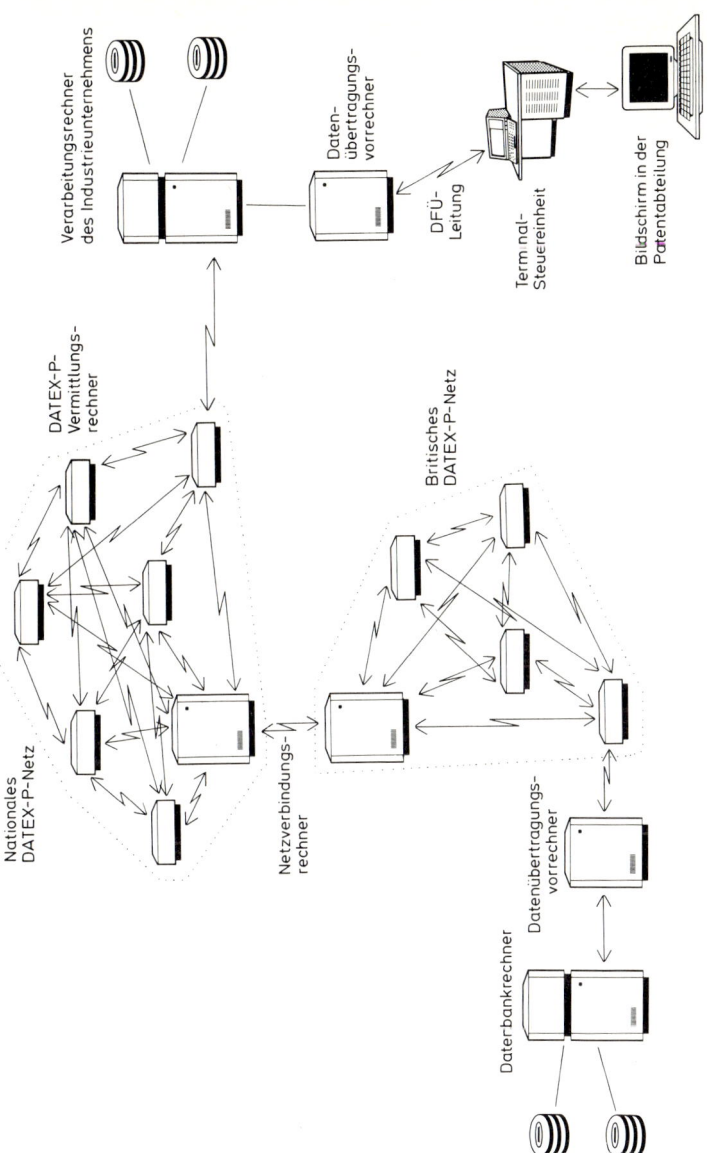

Abb. 3.3.1.5/1: Zugriffspfad eines Fachabteilungsmitarbeiters auf einen externen Informationsdienst (Patentdatenbank)

in unserem Beispiel ist die Verwendung von sechs unterschiedlichen Regelsätzen allein für die Datenübertragung durchaus realistisch. Dabei wurden die ebenfalls erforderlichen Vereinbarungen für die Datendarstellung und die Kommunikation auf Anwendungsebene noch vollständig außer acht gelassen. Es ist leicht einzusehen, daß die individuelle Vereinbarung von Kommunikationsregeln zwischen jedem denkbaren Paar von Kommunikationspartnern einen enormen Aufwand bedeutet, der weder von den Systementwicklern geleistet, noch von den verfügbaren Hardwareressourcen abgearbeitet werden könnte.

Um diesen Problemkreis in den Griff zu bekommen, wurden *Begriffe, Regeln und Konzepte* entwickelt, die heute unter den Schlagworten *«Kommunikationsarchitektur»*, *«offene Datenübertragungssysteme»*, *«Netzkonzepte»* u. ä. bekannt sind. Kernbegriffe sind *«Schichtenmodell»* bzw. *«Ebenenmodell»*, *«Protokoll»*, *«Schnittstelle»*, *«Dienstleistung»*, *«Endsystem»* und *«Anwendungsinstanz»*. Diese Begriffe sollen anhand eines anschaulichen (EDV-fernen) *Beispiels* näher erklärt werden.[9]

Zwei Philosophen, einer in Kenia, der zweite in Indonesien beheimatet, wollen sich miteinander unterhalten. Da sie nur die jeweiligen Landessprachen beherrschen, engagiert jeder einen Übersetzer. Die beiden Übersetzer wiederum engagieren je einen Fachmann für die Informationsübertragung über weite Strecken.

Diese Situation entspricht einer aus drei Schichten bestehenden *Kommunikationsarchitektur*. Die dritte (= oberste) Schicht wird durch die Philosophen, die zweite Schicht durch die Übersetzer und die erste (= unterste) Schicht wird durch die Fachleute für Informationsübertragung repräsentiert.

Philosoph 1 in Kenia (= Anwendungsinstanz im 1. Endsystem) möchte seinem Kollegen in Indonesien (= Anwendungsinstanz im 2. Endsystem) mitteilen, daß er Kaninchen liebt. Zu diesem Zweck übermittelt er über die Schnittstelle zwischen Schicht 2 und 3 eine entsprechende Nachricht in Suaheli an den von ihm engagierten Übersetzer (= 2. Schicht). Dieser transformiert entsprechend der mit dem Übersetzer in Indonesien vereinbarten Sprache diese Nachricht entweder in «I like rabbits», «J'aime les lapins» oder «Ik hou van konijnen». Nehmen wir an, daß Englisch vereinbart wurde, so übermittelt der Übersetzer über die Schnittstelle zwischen Schicht 2 und 1 die Zeichenfolge «I like rabbits» an seinen Informationsübertragungsfachmann. Dieser sendet sie entsprechend der vereinbarten Vorgangsweise der Ebene 1 (Telegramm, Telefon, Teletex, Telefax, Buschtrommel, Flaschenpost usw.) an den Informationsübertragungsfachmann in Indonesien, der gibt die Nachricht über die Schnittstelle zwischen Schicht 1 und 2 an den dort ansässigen Übersetzer weiter. Dieser übersetzt die Zeichenfolge «I like rabbits» in das indonesische Äquivalent und übermittelt dies an den

---

9 Tanenbaum, A.S.: Computer networks, Englewood Cliffs, N.J., 1981, S. 11f.

indonesischen Philosophen (= Anwendungsinstanz im 2. Endsystem) weiter (= Dienstleistung der 2. für die 3. Schicht), der somit über die Bedeutung der Aussage seines afrikanischen Kollegens reflektieren kann.

An diesem Beispiel sollte Ihnen die *Bedeutung des Schichtenmodells für die Kommunikation* zwischen zwei Anwendungsinstanzen klar geworden sein.

Zwei Anwendungsinstanzen (ob Mensch oder ein auf einer EDVA ablaufendes Programm ist in diesem Zusammenhang ohne Bedeutung), die sich auf einen gemeinsamen Wortschatz und Verständigungsregeln geeinigt haben, können Information austauschen, indem sie auf Dienstleistungen von im Modell unterhalb angeordneten Systemkomponenten zugreifen. Wichtig ist dabei, daß die jeweils hierarchisch tieferstehenden Komponenten beliebig ersetzt werden können, solange die der höheren Schicht zu erbringende Dienstleistung erhalten bleibt.

Es ist für die Philosophen aus unserem Beispiel vollkommen belanglos, welche Sprache ihre Übersetzer für die Verständigung auswählen, es könnte genausogut irgendein Tiroler Dialekt sein. Ebenso ist es sowohl für die Übersetzer als auch für die Philosophen ohne Bedeutung, welches Übertragungsmedium der Informationsübertragungsfachmann der 1. Schicht auswählt. Wichtig ist das Ergebnis der Dienstleistung dieser Schicht.

Für das Funktionieren des Gesamtsystems ist *für jede Ebene die Erbringung von drei Voraussetzungen* erforderlich:

1. Erfüllung der Anforderungen der (wenn vorhanden) darüberliegenden Schicht (Schnittstellenspezifikation nach oben);
2. Vorhandensein der Dienstleistungen der (wenn vorhanden) darunterliegenden Schicht (Schnittstellenspezifikation nach unten);
3. Einhaltung der Kommunikationsvereinbarungen mit der Repräsentation der gleichen Schicht im anderen Endsystem (bzw. im benachbarten Teilsystem der Transportebene).

Die im vorigen Abschnitt 3.3.1.4 erwähnten Rechnernetzkonzepte bauen auf diesen Grundprinzipien auf.

Das *bedeutendste herstellerunabhängige Konzept* wurde von der ISO (= International Organization for Standardization) in Zusammenarbeit mit verschiedenen internationalen und nationalen Normungsgremien entwickelt. Auf dieses als *ISO-OSI-Architekturmodell* bekanntgewordene Modell wird in der Folge näher eingegangen.

Ausgehend von diesem Referenzmodell wurde ein konkreter Satz von Kommunikationsprotokollen vereinbart. Auf deren Basis bieten inzwischen viele EDV-Hersteller normkonforme OSI-Software an.

Übungsaufgabe Nr. I-199 im Arbeitsbuch ←

Das **DIN/ISO-Basis-Referenzmodell für die Kommunikation offener Systeme** (engl.: Open Systems Interconnection; abgekürzt: **OSI**) beschreibt ein *allgemeines* abstraktes Modell für die Kommunikation zwischen Datenstationen, d.h. es werden nur die wichtigsten Eigenschaften des Außenverhaltens funktional festgelegt.

Die eigentlichen Sender und Empfänger der Information sind die *Anwendungsinstanzen* (Programme, menschliche Benutzer) innerhalb des Modells. Diese Anwendungsinstanzen befinden sich in *Endsystemen*, d.h. den Datenendeinrichtungen. Jeder in einer bestimmten Schicht ablaufende Prozeß (jedes Programm) wird verallgemeinert *Instanz* genannt. Instanzen in der gleichen Schicht, aber in verschiedenen End- bzw. Transitsystemen heißen Partnerinstanzen. Die für zwei Partnerinstanzen gültigen Kommunikationsregeln und Datenformate werden in *Schichtenprotokollen* definiert. Der von einer Schicht realisierte Dienst wird der darüberliegenden Schicht an sogenannten *Dienstzugangspunkten* bereitgestellt. Die hier möglichen Interaktionen zwischen Dienstbenutzer und Diensterbringer werden in *Dienstnormen* festge-

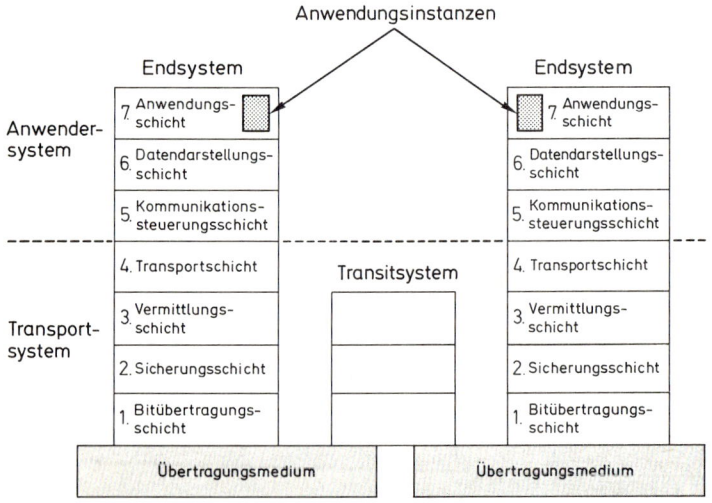

Abb. 3.3.1.5/2: Struktur des DIN/ISO-Basis-Referenzmodells

legt. Die Erbringung eines Kommunikationsdienstes durch zwei Partnerinstanzen mit Hilfe des darunterliegenden Dienstes wird durch *Protokollnormen* beschrieben. Dazu werden die Protokollinstanzen in ihren drei Interaktionskategorien gekennzeichnet, d. h. zum darüberliegenden Dienstbenutzer, zum darunterliegenden Diensterbringer und jeweils miteinander.

*Transitsysteme* dienen zur Vermittlung (= Aufbau, Aufrechterhaltung und Abbau von Verbindungen) und der reinen Datenübertragung.

End- und Transitsysteme werden in bezug auf ihre Kommunikationseigenschaften in Schichten zerlegt, die den Anwendungsinstanzen verschiedenste Kommunikationsdienste anbieten, wobei ein in der Hierarchie höherer Dienst alle niedrigeren umfaßt.

Im ISO-OSI-Referenzmodell werden *sieben Funktionsschichten* unterschieden. Vier der sieben Funktionsschichten werden dem sogenannten *Transportsystem* zugeordnet, drei dem *Anwendersystem*.

Übungsaufgabe Nr. I-200 im Arbeitsbuch ←

Funktionsschichten des Transportsystems:

> In der **Bitübertragungsschicht** (engl.: physical layer) werden alle physikalisch-technischen Eigenschaften der Übertragungsmedien zwischen den verschiedenen End- bzw. Transitsystemen festgelegt.

Dazu gehören z.B. die Darstellung der L- und 0-Zustände eines Bits durch bestimmte Spannungen oder die Zahl der pro Zeiteinheit zu übertragenden Bits.

> Die **Sicherungsschicht** (engl.: data link layer) hat die Aufgabe, die Bitübertragungsschicht gegen auf den Übertragungsteilstrecken auftretende Übertragungsfehler abzusichern, d.h. aus einem potentiell fehlerbehafteten Kommunikationskanal (z.B. wegen nicht vermeidbarer elektromagnetischer Einflüsse) einen für die Anwendungsinstanzen fehlerfreien Übertragungsweg zu erzeugen.

Dies wird z.B. durch die Berechnung und den Vergleich von Prüfziffern aus der zu übertragenden Nachricht erreicht.

Hauptaufgabe der **Vermittlungsschicht** (engl.: network layer) ist die Adressierung von Zielsystemen über mehrere Transitsysteme hinweg sowie die Wegesteuerung der Nachrichten durch das Netz. Eine weitere wichtige Aufgabe dieser Schicht ist die Flußkontrolle zwischen den End- und Transitsystemen. Damit wird die Überlastung der Übertragungswege und Rechner verhindert und eine faire Verteilung der Bandbreite sichergestellt.

Die **Transportschicht** (engl.: transport layer) stellt die mit Hilfe der unteren drei Schichten hergestellten Endsystemverbindungen den Anwendungsinstanzen zur Verfügung.

Hier erfolgt z.B. die Abbildung von seitens der Anwendungsinstanzen verwendeten logischen Namen auf die im Transportsystem verwendeten Adressen. Das heißt, ein Name, wie z.B. «Kreditorendatenbank-Zentrale», wird in die Netzadresse, z.B. eine DATEX-P-Teilnehmernummer, der EDVA, auf der die Kreditorendatenbank installiert ist, übersetzt. Es wird die vom Benutzer geforderte Transportqualität auf Grundlage der zur Verfügung stehenden Endsystemverbindungen bereitgestellt, ohne daß die spezifischen Eigenschaften eines bestimmten Transitsystems (z.B Datenpaketverbindung oder Leitungsdurchschaltung) für das Anwendungssystem irgendeine Auswirkung hat.

Die Einhaltung der in diesen vier Schichten angesiedelten Protokolle gewährleistet, daß die Nachrichten *fehlerfrei* und in der *richtigen Reihenfolge* an den Empfänger im Anwendersystem übergeben werden.

→ Übungsaufgabe Nr. I-201 im Arbeitsbuch

**Funktionsschichten des Anwendersystems:**

Die in den *drei Schichten des Anwendersystems* vereinbarten Protokolle sollen die eigentliche Anwendung in ihren kommunikationsbezogenen Teilen unterstützen.

In der **Kommunikationssteuerungsschicht** (engl.: session layer) sollen Sprachmittel zur Verfügung gestellt werden, mit deren Hilfe eine Kommunikationsbeziehung (Sitzung; engl.: session) gesteuert, d.h.

aufgebaut, nach einer durch das Transportsystem verursachten Unterbrechung wieder aufgenommen und schließlich geordnet wieder abgebaut werden kann.

Die **Datendarstellungsschicht** (engl.: presentation layer) bietet Anwendungsinstanzen die Möglichkeit, Vereinbarungen bezüglich der Datenstrukturen für den Datentransfer auszuhandeln.

Hier sind z.B. Codetransformationsfunktionen, Verschlüsselungen und Formatabstimmungen anzusiedeln. Praktisch wird die Verschlüsselung (entgegen dem OSI-Vorschlag) aus Leistungsgründen allerdings meistens auf der Sicherungsschicht (Ebene 2) durch in der Hardware ausgeführte Verschlüsselungseinheiten realisiert.

Die eigentlichen anwendungsspezifischen Funktionen einer Kommunikation werden in der obersten, sogenannten **Anwendungsschicht** (engl.: application layer) vereinbart, d.h. hier wird der inhaltsbezogene Aspekt berücksichtigt.

Zum *Beispiel*: Auf eine Kontostandsabfrage hat eine Saldomitteilung zu folgen. Solche Funktionen sind bereits sehr individuell auf die konkreten fachlichen Bedürfnisse zugeschnitten. Eine Erstellung internationaler Normen erscheint nur für einige wenige Anwendungen sinnvoll, wie etwa Textkommunikationsdienste.

Die *Kommunikation der Patentabteilung mit der Datenbank in Großbritannien* (aus unserem *Beispiel*) würde sich in einem entsprechend dem ISO-Basisreferenzmodell gestalteten Kommunikationssystem folgendermaßen darstellen:

*Endsysteme* sind der Verarbeitungsrechner des Unternehmens und der Datenbankrechner. Die Vermittlungsrechner in den DATEX-P-Netzen fungieren als *Transitsysteme*.

*Anwendungsinstanz im ersten Endsystem* ist der Leiter der Patentabteilung (in der Folge Benutzer genannt), der z.B. alle derzeit vorhandenen Patente über Radaufhängungen abrufen möchte. Der Dialogteil der Patentdatenbank, welche die relevante Information wie Patentnummer, Schutzbereich, Patentstatus, Anmelder, Kurzbezeichnung, Kurzbeschreibung usw. enthält, ist *Anwendungsinstanz im zweiten Endsystem*.

Der *Benutzer* schaltet sein Bildschirmgerät ein und meldet sich bei dem Verarbeitungsrechner seiner Firma an. Anschließend ruft er ein Programm für die Benutzung externer Informationsdienste auf. Hier kann über Bildschirmmasken eine Auswahl aus den für das Unternehmen verfügbaren externen Informationsdiensten getroffen werden. Nach der Überprüfung der Zugriffsberechtigung (Zugriffe auf Informationsdienste sind teuer und dürfen nur von entsprechend ausgebildeten Mitarbeitern durchgeführt werden) wird an den Kommunikationsserver *(= Instanz der Kommunikationssteuerungsschicht im ersten Endsystem)* der Auftrag gegeben, die Verbindung herzustellen. Die für die Terminalemulation[10] und für den Dateitransfer erforderlichen Parameter werden von der *Datendarstellungsschicht* beigestellt. Der die *Transportschicht* repräsentierende Programmteil belegt die nötigen Speicherbereiche für die Zwischenspeicherung von Nachrichten, übersetzt den logischen Namen (z.B.: «GB-Patentdatenbank») in die Adresse des Datenbank-Verarbeitungsrechners und gibt diese mit dem Auftrag, Verbindung aufzunehmen, an den Prozeß der *Vermittlungsschicht* (= X.25-Schnittstelle) weiter. Dieser stellt zunächst die Verbindung zum nächstgelegenen Vermittlungsrechner des nationalen DATEX-P-Netzes *(= 1.Transitsystem)* her, welcher alle Nachrichten an den Netzverbindungsrechner weitergibt. Dieser ist über eine Satellitenverbindung mit dem Netzverbindungsrechner in Großbritannien verbunden, der alle Nachrichten an den der Datenbank nächstgelegenen Vermittlungsrechner weiterleitet. Der gibt den Verbindungswunsch unseres Benutzers an den Datenübertragungsvorrechner der Datenbank weiter, dieser wiederum an den *Transportschichtprozeß* des Datenbankrechners. Der belegt genauso wie sein Pendant im ersten Endsystem Speicherplatz zur Pufferspeicherung und übersetzt die Netzadresse in einen logischen Namen innerhalb der Datenbank. Diese logische Adresse wird mit dem Verbindungswunsch an die *Kommunikationssteuerungsschicht* des Datenbankrechners weitergegeben.

Der Prozeß der *Kommunikationssteuerungsschicht* überprüft, ob der Benutzer zu Abfragen berechtigt ist, initialisiert die Abrechnungsfunktion, übermittelt die gewünschten *Datendarstellungsparameter* an die Datendarstellungsschicht und eröffnet eine Sitzung innerhalb der Dialogkomponente der Datenbank.

Über den oben beschriebenen Datenpfad wird eine Bestätigung der Verbindungsaufnahme samt den vereinbarten Parametern zurück an das erste Endsystem geschickt. Dort wird die Kontrolle an die *Anwendungsschicht* übergeben, wo jetzt der Benutzer Gelegenheit hat, seine Abfragen zu stellen und die ermittelten Ergebnisse auf die diversen Medien auszugeben (Magnetplatte, Bildschirm, Drucker usw.). Während des Dialoges hat der Benutzer die Möglichkeit, bei Bedarf durch Inanspruchnahme der Dienstleistungen der *Datendarstellungsschicht* die Formate zu wechseln, z.B. um Grafiken (Konstruktionszeichnungen) zu übertragen.

10 Näheres hierzu folgt im Abschnitt 3.3.2.4.

Am *Ende seiner Abfragen* meldet sich der Benutzer vom Dialogteil der Datenbank ab, worauf *Kommunikationssteuerungs- und Transportschichten* hintereinander die *Verbindung* (erstere im Anwendersystem, die zweite innerhalb des Transportsystems) *abbauen.*

Auf genau die gleiche Art und Weise kann der Leiter der Technischen Entwicklung auf das Projektplanungs- und -kontrollsystem auf den Rechnern seiner technischen Entwicklungsabteilungen zugreifen, der Marketingleiter kann die aktuellen Absatzzahlen ermitteln, die Finanzdisposition kann den Zahlungsverkehr mit der Hausbank durchführen und diverse Abteilungssekretärinnen können sowohl die interne (über elektronische Post) als auch externe (dezentrales Fernschreiben, Telefax) Korrespondenz abwikkeln. Es können dabei EDVA unterschiedlichster Bauart und unterschiedlichster Größe – von zentralen Großrechnern über Abteilungsrechner (Minirechner) bis zum Arbeitsplatzrechner (PC) – der verschiedensten Hersteller miteinander kommunizieren. Voraussetzung ist die Einhaltung der im Rahmen des DIN/ISO-Basisreferenzmodells festgelegten Dienst- und Protokollnormen.

Ein *allgemeines, normiertes Netzwerkmodell* bzw. daraus abgeleitete Übertragungsprozeduren der angebotenen Geräte *verringern die Abhängigkeit der EDV-Anwender von einzelnen Rechnerherstellern und erleichtern zwischenbetriebliche Integrationsbestrebungen.* Die Marktsituation der Vergangenheit und auch in hohem Maße der Gegenwart ist jedoch von der *Dominanz herstellerspezifischer Netzkonzepte* geprägt. Dies läßt sich z.T. durch die Absenz eines mit Hoheitsgewalt versehenen Normensetzers erklären. Außerdem waren früher die elektronischen Kommunikationsbedürfnisse inhaltlich eher begrenzt und meist nur als Insellösung innerhalb einer einzigen Organisation zu realisieren.

So hat die *Kommunikationsarchitektur der Großrechnerhersteller* in den ersten Versionen Mitte der 70er Jahre meist nur dazu gedient, an einem einzigen Zentralrechner über einen DFÜ-Vorrechner und mehrere Terminalsteuereinheiten Datenendgeräte (Bildschirme, Drucker, Lochkarten-, Lochstreifenstationen usw.) über Datenfernübertragungsleitungen zu betreiben. In solchen Konfigurationen war der Bedarf nach Verbindungen zu Fremdhardware nur in beschränktem Ausmaß gegeben. Eine Normung durch öffentlich-rechtliche Institutionen erschien nicht vordringlich und auch nicht durchsetzbar. Die jetzigen Versionen erlauben es, beliebig verbundene Konfigurationen von Zentralrechnern, Abteilungsrechnern, Arbeitsplatzrechnern, Kommunikationsrechnern, Steuereinheiten und Peripheriegeräten zu bilden (solange sich diese an die Herstellerprotokolle halten).

Solche und andere neue informationstechnologische Entwicklungen bieten Chancen für eine Automatisierung der Geschäftsbeziehungen zu Lieferanten, Banken, Speditionsbetrieben und weiteren Marktpartnern bis hin zu den Privathaushalten. Denken Sie z.B. nur an die POS-Systeme in Handel und Kreditwirtschaft. Daraus ergibt sich für den EDV-Anwender ein bedeutend *höherer Bedarf nach Kommunikation mit der Hardware anderer Hersteller.* Die Normensetzung durch unabhängige Institutionen erlangte daher beinahe zwangsläufig immer mehr Aufmerksamkeit.

Trotz der offensichtlichen Vorteile der ISO-Normen werden aller Voraussicht nach die vielen existierenden und mit bedeutenden Investitionen realisierten privaten Netze, die noch auf herstellerspezifischen Architekturen und Protokollen beruhen, auch in der weiter entfernten Zukunft fortbestehen.

Der langwierige ISO-OSI-Normungsprozeß und der folgliche Mangel an durchgängig realisierten OSI-Implementierungen hat dazu geführt, daß sich in weiten Bereichen eine andere herstellerunabhängige Kommunikationsarchitektur weltweit durchsetzen konnte. Die ursprünglich aus dem militärischen Bereich stammende *TCP/IP-Architektur* fand durch eine Realisierung im Betriebssystem UNIX weite Verbreitung. Inzwischen ist TCP/IP auf praktisch allen gängigen Plattformen erhältlich und als Kommunikationsarchitektur für die Verbindung von Rechnern verschiedener Hersteller eine betriebssichere und kostengünstige Methode.

---

**TCP/IP** ist eine gebräuchliche Abkürzung für: Transmission Control Protocol / Internet Protocol. Dabei handelt es sich um einen in vier Schichten aufgebauten Satz von herstellerneutralen, häufig verwendeten Anwendungs- und Transportprotokollen.

---

| OSI-Modell | TCP/IP | Protokoll-Implementierung | | | | |
|---|---|---|---|---|---|---|
| Anwendungsschicht | Process/Application Layer | File Transfer | E-Mail | | Terminal Emulation | Network Management |
| Darstellungsschicht | | File Transfer Protocol (FTP) | Simple Mail Transfer Protocol | | TELNET Protocol | Simple Network Management Protocol |
| Komm.st.schicht | | | | | | |
| Transportschicht | Host-to-Host Layer | Transmission Control Prot. (TCP) | | | User Datagram Prot. (UDP) | |
| Vermittlungsschicht | Internet Layer | Address Resolution | Internet Protocol | | Internet Control Message Protocol | |
| Sicherungsschicht | Network Access or | Ethernet, IEEE 802, Arcnet, X.25 | | | | |
| Bitübertragungsschicht | Local Network Layer | verdrillte Kupfer-, Koaxial- oder Glasfaserkabel | | | | |

Abb. 3.3.1.5/3: Gegenüberstellung von OSI und TCP/IP mit seinen Protokollen

656

Eine Gegenüberstellung von OSI und TCP/IP mit seinen Protokollen zeigt die Abb. 3.3.1.5/3.

Übungsaufgabe Nr. I-202 im Arbeitsbuch ←

### 3.3.1.6 Übertragungsmedien

Die in Rechnernetzen verwendeten *Übertragungsmedien* sind *ver drillte Kupferkabel, Koaxialkabel, Glasfaserkabel und Richtfunkstrek- ken*. Für kurze Entfernungen im innerbetrieblichen Bereich kommt auch die Datenübertragung mittels *Infrarotwellen* in Betracht.

| MEDIUM | Distanz | Übertragungs-geschwindigkeit |
|---|---|---|
| verdrillte Kupferkabel |  5 km | 150 kbit/s |
| Richtfunk |  10 km | 4 Mbit/s erdgebunden |
| 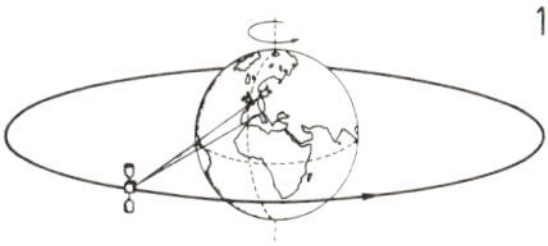 | 10 000 km | 2 Gbit/s über Satelliten |
| Koaxialkabel | 3 km | 10 Mbit/s bei Basis-bandübertragung |
| | 3 km | 300 Mbit/s bei Breit-bandübertragung |
| Glasfaserkabel |  30 km | 600 Mbit/s |

Abb. 3.3.1.6/1: Übertragungsmedien

Die *Distanz* gibt an, welche Entfernungen auf der Erde üblicherweise ohne die Verwendung von Zwischenverstärkern überbrückt werden können; die *Übertragungsgeschwindigkeit* ist ein üblicher Wert an der oberen Grenze der in der Praxis realisierten Datentransferrate. Der für verdrillte Kupferkabel genannte Wert gilt für Weitverkehrsnetze; in lokalen Netzen lassen sich mit diesem Medium inzwischen die früher nur mit Koaxialkabeln realisierbaren Übertragungsraten im Megabitbereich erreichen. Mit Glasfaserkabeln werden in Pilotprojekten schon Strecken mit mehreren Gbit/s betrieben.

Die **Übertragungsgeschwindigkeit** (engl.: data rate) wird nach der Anzahl der je Sekunde übertragenen Bits in *bit/s* (engl.: bps) gemessen.

Sie ist das Produkt aus der Schrittgeschwindigkeit und der Anzahl der Bits, die je Schritt übertragen werden können. Die *Schrittgeschwindigkeit* (Maßgröße: Baud) entspricht der Frequenz, mit der die informationstragenden Signale auf dem Übertragungskanal übermittelt werden. Sie wird durch die Zahl der Schwingungen des Trägermediums (Elektrizität, Licht) bestimmt, die in Hertz gemessen wird (1 Hz ist eine Schwingung pro Sekunde). Mit der *Bandbreite* wird angegeben, welcher Frequenzbereich für die Übertragung benötigt wird.

Wenn je Sekunde nur einige hundert oder tausend Bits übertragen werden müssen, so genügt eine geringe Bandbreite des Übertragungsmediums. Je größer aber das Volumen der zu übertragenden Information je Zeiteinheit ist, um so höher müssen die Bandbreiten der Übertragungsmedien sein. Dementsprechend sind für die Übertragung von Sprache und Bewegtbildern in Rundfunkqualität wesentlich höhere Bandbreiten erforderlich als für die Übertragung von alphanumerischen Daten und Sprache in Telefonqualität (vgl. hierzu auch den Abschnitt 2.1.2.2). High fidelity-Musikübertragung erfordert eine Bandbreite von ca. 16 kHz. Das Fernsehbild, das 25mal in der Sekunde wechselt, wird mit einer Bandbreite von etwa 5 MHz übertragen. Hingegen werden für das Telefonieren nur ca. 3 kHz benutzt.

Aus der *Bandbreite* eines Übertragungsmediums kann man *nicht* unmittelbar auf die für den EDV-Anwender verfügbare *Übertragungsgeschwindigkeit bzw. -kapazität* schließen, da diese u.a. von der Nutzungsform (z.B. Aufteilung eines breitbandigen Kanals auf viele schmalbandige Unterkanäle im Multiplexbetrieb), der Netzwerktopologie, der Netzwerksoftware sowie der Leistungsfähigkeit der Vermittlungseinrichtungen abhängt.

Zum *Beispiel* verwendet die DBP-Telekom im überregionalen Bereich fast durchweg breitbandige Medien mit sehr hohen Datentransferraten. Durch die Aufteilung auf eine große Zahl von Unterkanälen und die begrenzte Kapazität der Teilnehmeranschlußleitungen stehen dem einzelnen interessierten EDV-Anwender jedoch je nach Netz meist nur einige hundert bis einige tausend bit/s (abgesehen von der Satellitenkommunikation maximal 64 kbit/s) Kapazität auf einem Übertragungskanal zur Verfügung.

Für den Teilnehmer ist es nicht ersichtlich, welche Medien die DBP-Telekom auf den Teilstrecken ihrer öffentlichen Netze verwendet. Wir haben bereits erwähnt, daß sich hingegen ein EDV-Anwender im betriebsinternen Bereich sehr wohl Gedanken darüber machen kann und muß, welche Übertragungsmedien in welcher Konfiguration und Nutzungsform seinen Anforderungen optimal entsprechen.

## Verdrillte Kupferkabel

Die in der Telefonie verwendeten **verdrillten Kupferkabel** (engl.: twisted pair cable) sind das weitaus verbreitetste Übertragungsmedium für die Individualkommunikation. Über zwei Kupferleiter (0,6 mm Durchmesser) erfolgt die Datenübertragung auf elektrischem Wege. Die Drähte sind miteinander verdrillt, um so weit wie möglich gegenseitige Störungen benachbarter Adern innerhalb eines Kabels (sogenanntes Nebensprechen) auszuschließen.

Solche Kabel sind *billig* und einfach zu verlegen, die *Bandbreite ist jedoch gering* (schmal), die *Störanfälligkeit ist relativ hoch* (auch von außen durch elektromagnetische Wellen), und die *Abhörsicherheit ist gering*.

Im öffentlichen Fernsprechnetz und in betriebsinternen Telefonnebenstellenanlagen wird der Teilnehmeranschluß durch solche *Zweidrahtleitungen* (engl.: 2-wire circuit) realisiert. Im Ortsbereich werden i.a. 10 bis 20 isolierte Zweidrahtleitungen in Kabelbündeln mit gemeinsamer Außenisolierung zusammengefaßt. Je Doppelader wird eine Verbindung geschaltet. Im überregionalen Verkehr werden meist die nachfolgend behandelten Medien mit höherer Bandbreite verwendet.

Prinzipiell gilt bei der Datenübertragung die Forderung nach möglichst großer Leistungsfähigkeit. Trotzdem gibt es viele Fälle, in denen die vergleichsweise geringe Kapazität der Zweidrahtleitung (Grund und Signal) genügt. Der *Frequenzbereich* reicht bis etwa 150 kHz, in der Telefonie werden Frequenzen von 300 bis 3400 Hz verwendet. *Diese*

*Kapazität reicht aus, um Sprache in der Ihnen bekannten Qualität auf analoge Weise zu übertragen.* Dabei wird die Stimme über das im Telefonhörer eingebaute Mikrofon in elektrischen Strom gewandelt (Signal). Die Stärke des Signals wird im Verhältnis zum konstanten Pegel (Grund) gemessen. *Analoges Übertragen* heißt, daß die Schwingung selbst die Information darstellt. Zur Datenübertragung müssen alle Daten in binäre Signale (stark oder schwach) umgewandelt werden, werden dann analog übertragen und müssen in der Empfangsstation wieder als Folge von Nullen und Einsen interpretiert werden. Dieser Vorgang heißt *Modulation und Demodulation.* Hierfür wird – das wissen Sie schon längst – von jeder beteiligten Endeinrichtung ein Modem benötigt. Die *Obergrenze der Datenrate über analoge Telefonverbindungen* liegt bei etwa 40 000 bit/s, wegen schlechter Leitungsqualität erreichen die besten heute erhältlichen Modems oft jedoch nur die Hälfte oder ein Viertel dieses Maximalwerts. Diese Geschwindigkeit ist im Vergleich zu den anderen nachstehend beschriebenen Medien nicht hoch. Ein sehr *großer Vorteil* ist jedoch die *weite Verbreitung* dieses Mediums.

Die *analoge Übertragungs- und Vermittlungtechnik* bedingt zwei wesentliche *Schwachpunkte*: Alle Signale müssen bei der Übertragung immer wieder verstärkt werden. Analoge Signale werden genauso verstärkt, wie sie im Verstärker eintreffen – also mit Störgeräuschen und Rauschen. Somit wird die Qualität eines Analogsignals durch die Übertragung über lange Strecken immer schlechter. Die zweite Schwäche des herkömmlichen Telefonsystems resultiert aus der Vermittlungtechnik. Die Schaltung über Relais ist im Vergleich zur Übertragung sehr langsam und auch störanfällig. Deshalb dauert der Verbindungsaufbau relativ lange, und es kommt gelegentlich zu Fehlverbindungen oder Unterbrechungen.

In der *digitalen Telefonie* werden die Signale abgetastet, und der Wert der Signale wird (digital) übertragen. Es wird also nicht das analoge elektrische «Bild» der Sprache übermittelt, sondern es wird mit Zahlenwerten beschrieben, wie der Verlauf der Kurve aussieht. Dadurch kann in jedem Zwischenverstärker das Originalsignal wiederhergestellt werden. Jeder Verstärker «säubert» das Signal vom Rauschen und sendet ein klares Signal auf die nächste Teilstrecke. So ist zum Beispiel oft zu beobachten, daß Interkontinentalgespräche, die über Satelliten übertragen werden, eine weit bessere Qualität aufweisen als viele Ortsgespräche. Die *digitale Vermittlung* schließlich funktioniert vollelektronisch, somit sehr schnell, sicher und ermöglicht einen einfachen, entsprechend raschen Verbindungsaufbau.

Für das Digitalisieren wird weltweit meist die *Pulse-Code-Modulation (PCM)* verwendet. Sie haben die PCM-Technik bereits im Abschnitt 2.1.2.2 kennengelernt: Dabei werden die analogen Sprachsignale in Abständen von 125 Mikrosekunden abgetastet (Abtastfrequenz 8 kHz) und die sich ergebenden Zahlenwerte durch jeweils acht Bits codiert. Hieraus ergibt sich für digitale Fernsprechverbindungen die *Standardübertragungsgeschwindigkeit von 64 kbit/s.*

Sowohl das öffentliche Telefonnetz als auch interne Nebenstellenanlagen arbeiten heute noch überwiegend auf der Basis der analogen Telefonie. In beiden Bereichen wird jedoch zunehmend auf die Digitaltechnik umgestellt, wobei die vorhandenen Leitungen verwendet werden können (d.h. nur Umstellung der Vermittlungs- und Übertragungseinrichtungen). Weil die Investitionen in Teilnehmerleitungen 40–60% der Kosten eines Telefonnetzes ausmachen, ist dies ein wichtiger Vorteil.

Übungsaufgabe Nr. I-203 im Arbeitsbuch         ←

### Koaxialkabel

In einem **Koaxialkabel** (engl.: coaxial cable) von meist fünf bis 10 mm Durchmesser sind zwei Kupferleiter ineinanderliegend (koaxial) angeordnet. In der Achse eines hohlen Außenleiters (Grund) befindet sich der isolierte Innenleiter (Signal). Die Datenübertragung erfolgt auf elektrischem Wege.

Durch die koaxiale Anordnung wird eine außerordentlich *hohe Sicherheit gegen Störungen* durch elektrische Felder erreicht, die von außen auf das Kabel einwirken. Daher können auch weit *höhere Frequenzen (bis etwa 400 MHz)* als bei der Zweidrahtleitung übertragen werden, man spricht von *Breitbandübertragung.*

Der Begriff «**Breitband**» kennzeichnet einen relativ großen Frequenzbereich. Die DBP-Telekom nennt traditionell alle Fernmeldewege mit einer Bandbreite, die größer als die Fernsprechbandbreite (300–3400 Hz) ist, *Breitbandwege.* Im heute überwiegenden Sprachgebrauch versteht man darunter nicht ganz präzise einen *Übertragungskanal mit einer für die Bewegtbildkommunikation ausreichenden Kapazität* (mindestens 5 Mbit/s). Ebenso dient dieser Begriff zur Beschreibung eines *Übertragungsverfahrens*, bei dem durch Frequenzmultiplexbetrieb ein Übertragungsmedium in mehrere unabhängige Kanäle (Frequenzbänder) aufgeteilt wird *(= Breitbandübertragung).*

Die am weitesten verbreiteten, durch Koaxialkabel realisierten Breitbandnetze sind *CATV-Netze* (Community Antenna Television – Kabelfernsehanlagen). Damit steht auch für die Datenübertragung im betriebsinternen Bereich eine ausgereifte Hochleistungstechnologie zur Verfügung, die nicht sehr teuer ist.

Bei der Datenübertragung über Koaxialkabel wird zwischen *Basisband- und Breitbandverfahren* unterschieden.

Bei dem **Basisbandverfahren** (engl.: baseband transmission) stellen die Signale eins zu eins (nicht moduliert) die zu übertragende Information dar. Für die Übertragung wird nur ein einziger Weg (ein einziges, nicht unterteiltes Frequenzband) verwendet. Die Nachrichten mehrerer Teilnehmer müssen also echt zeitlich nacheinander übertragen werden.

Bei dem **Breitbandverfahren** (engl.: broadband transmission) wird das breite Frequenzspektrum des Mediums für mehrere parallele Kanäle verwendet. Es existiert eine Grundfrequenz, der Träger. In jedem Kanal wird die Information auf die Trägerfrequenz aufmoduliert, ohne andere Frequenzen zu stören. Das Breitband könnte also wie ein «Strang von Einzelleitungen» gesehen werden. Daher ist die gleichzeitige und unabhängige Übertragung mehrerer Nachrichten möglich.

Ein *Beispiel* für die *Breitbandübertragung* ist der *Hörfunk*: Über ein einziges Medium (die Luft) werden unterschiedliche Signale übertragen. Je nach der Einstellung am Empfangsgerät wird eine Frequenz herausgefiltert, und die anderen werden «verdeckt». Daher können Sie mit Ihrem Radioapparat gezielt ein Programm empfangen, ohne durch die gleichzeitige Übertragung anderer Sendungen gestört zu werden.

*Koaxialkabel mit Basisbandübertragung* ermöglichen üblicherweise Übertragungsgeschwindigkeiten von bis zu *10 Mbit/s*, *Koaxialkabel mit Breitbandübertragung* erreichen Gesamtdatenraten von bis zu etwa *300 Mbit/s*. Für den Einsatz in lokalen Netzen läßt sich die Faustregel aufstellen: *Basisbandtechnologie ist billiger und ausgereifter; Breitbandtechnologie ist teurer, aber dafür wesentlich leistungsfähiger.* Die *Verlegung* ist wegen der Steifigkeit der Koaxialkabel, insbesondere bei der Zusammenfassung vieler Einzelkabel in Kabelbündeln (vgl.

Abb. 3.3.1.6/3), *gelegentlich problematisch*. Im Gegensatz zu den verdrillten Kupferkabeln, bei denen Verbindungen ohne physikalische Leitungseingriffe von außen «abgehört» werden können, ist bei Koaxialkabeln eine *gute Abschirmung* möglich. Ein gewisses Abhörrisiko besteht jedoch auch hier durch die Anzapfbarkeit der Kabel. Ebenso sind *Störungen durch elektromagnetische Wellen* möglich.

Übungsaufgabe Nr. I-204 im Arbeitsbuch ⟵

### Glasfaserkabel

In **Glasfaserkabeln** (engl.: optical fiber cable) erfolgt die Informationsübertragung durch dünne Glasfasern mittels extrem kurzer Laserlichtimpulse (im Nanosekundenbereich) in hoher Impulsrate (Bandbreite bis zu mehreren GHz). Deshalb heißen sie auch *Lichtwellenleiter* oder *Lichtleiter*.

Das Licht wird in der Glasfaser durch Spiegelung und Brechung übertragen. Daher kann das Glasfaserkabel fast beliebig gekrümmt und auch verknotet werden. Die eigentliche Leitfaser (Durchmesser je nach Typ 5 bis 50 Mikrometer) ist von einem Glasmantel niedrigerer Brechzahl umschlossen. An der Übergangsfläche wird das Licht reflektiert, d.h. im Kern gefangen gehalten. Die unterschiedlichen Reflexionswege ergeben Unterschiede in der Laufzeit einzelner Lichtwellenzüge, durch die das Signal verflacht und Dämpfungsverluste entstehen. Dadurch muß man in entsprechenden Abständen *Verstärker* einschalten, die die Signale regenerieren.

Die Information wird dem Licht als Trägerwelle aufgeprägt, die *Codierung* erfolgt ähnlich wie auf herkömmlichen Kupferleitungen.

Die verschiedenen angebotenen Glasfaserarten kann man in zwei Gruppen einteilen: *Multimodefasern* können vielfache Lichtwellenty-

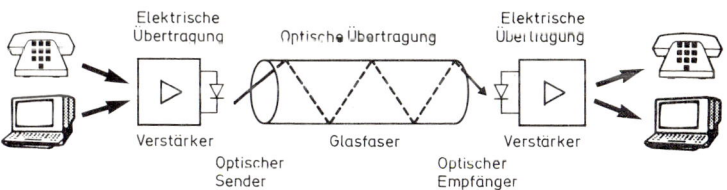

Abb. 3.3.1.6/2: Datenübertragung mit Licht über Glasfaserkabel

663

pen, *Monomodefasern* dagegen nur einen Wellentyp übertragen. Letztere haben eine geringere Dämpfung und eine höhere Übertragungskapazität. Technische *Probleme* gibt es noch mit der Kopplertechnologie (Fasern, die weit dünner sind als ein Haar, müssen paßgenau zusammengefügt werden) und den Verstärkern (Licht soll direkt in Licht weiterverstärkt werden, ohne zwischendurch in elektrischen Strom umgewandelt zu werden).

In fast allen Industriestaaten der Erde werden schon seit einigen Jahren in Fernnetzen Glasfaserkabel verwendet. Vielfach wurde entschieden, Weitverkehrsnetze nur noch mit den zukunftsträchtigen Monomodefasern auszubauen (vgl. hierzu Abschnitt 3.3.4). Dabei werden heute meist *Übertragungsgeschwindigkeiten von 100 bis 600 Mbit/s* realisiert, bis zu zehn Tbit/s (1 Terabit = 1 Billion Bits) werden langfristig für möglich gehalten. 600 Mbit/s entsprechen etwa 150000 schmalbandigen Telefonkanälen oder, je nach Qualitätsanspruch der Übertragung, etwa 60 bis 120 Fernsehkanälen. Der theoretische «Zukunftswert» erlaubt kaum noch vorstellbare Übertragungsvolumina: Über 100 Mio. parallele Datenverbindungen in der Geschwindigkeitsklasse von 64 kbit/s oder ebenso viele digitale Telefonverbindungen. Auch in lokalen Netzen werden zunehmend Glasfaserkabel verwendet.

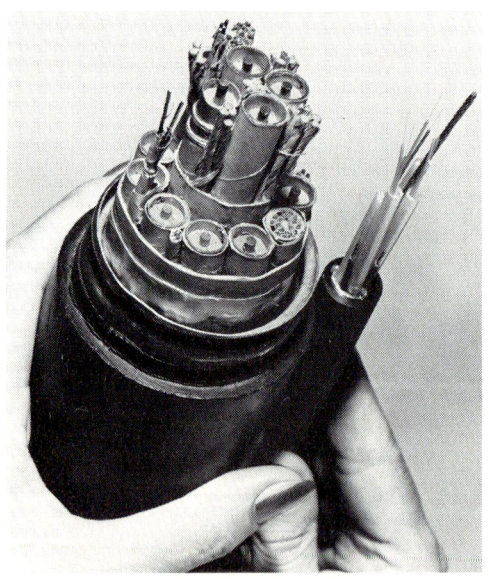

Abb. 3.3.1.6/3: Koaxial- und Glasfaserfernkabelbündel

Glasfaserkabel sind zwar *noch teurer als Koaxialkabel*, sie weisen jedoch neben der *höheren Bandbreite* eine Reihe von weiteren *Vorzügen* auf:

– Geringe Dämpfung und damit *längere Übertragungsstrecken ohne Verstärker*;
– hohe Biegsamkeit und damit *gute Verlegbarkeit*;
– *hohe Sicherheit* gegen ein «Anzapfen»;
– *Unempfindlichkeit* gegen Korrosion, Feuchtigkeit und Temperaturschwankungen;
– *keine leitende Verbindung zwischen den Stationen* (Sicherheit gegen Blitzschlag und andere elektromagnetische Einflüsse);
– geringes Gewicht und *geringer Platzbedarf*.

Den letztgenannten Vorteil veranschaulicht die Abb. 3.3.1.6/3, die für Fernstrecken verwendete Koaxial- und Glasfaserkabelbündel wiedergibt. Wie die Kupferadern sind auch die Glasfasern durch eine *Kunststoffbeschichtung* geschützt. Mehrere miteinander verdrillte Fasern werden mit *Dämm- und Schutzfolien* umwickelt und von einem Kunststoffmantel umhüllt. In einem *Glasfaserkabelbündel* können bis zu 200 Fasern zusammengelegt werden.

Übungsaufgabe Nr. I-205 im Arbeitsbuch              ←

### Drahtlose Übertragung

Eine Datenübertragung ohne Kabel kann mittels *Funk* und *Infrarotwellen* (höherer Frequenzbereich) erfolgen.

> Bei **Richtfunkverbindungen** (engl.: radio beam transmission) erfolgt die Informationsübertragung drahtlos mittels gebündelter elektromagnetischer Wellen, die von den Sendern den Empfängern zugestrahlt werden. Auf der Sende- und auf der Empfangsseite werden Richtantennen mit hoher Bündelung verwendet, wodurch auch mit Sendern kleiner Leistung eine störungsarme Übertragung erreicht und eine gewisse Sicherheit gegen Abhören gewährleistet wird.

Beim *erdgebundenen Richtfunk* werden Wellenbereiche von der Dezimeterwelle (etwa um 500 MHz) bis zu Millimeterwellen (um 500 GHz) genutzt. Wegen der geradlinigen Ausbreitung dieser Wellen *setzt die Streckenführung eine freie optische Sicht voraus*; dies bedingt *aufwendige Sendernetze*.

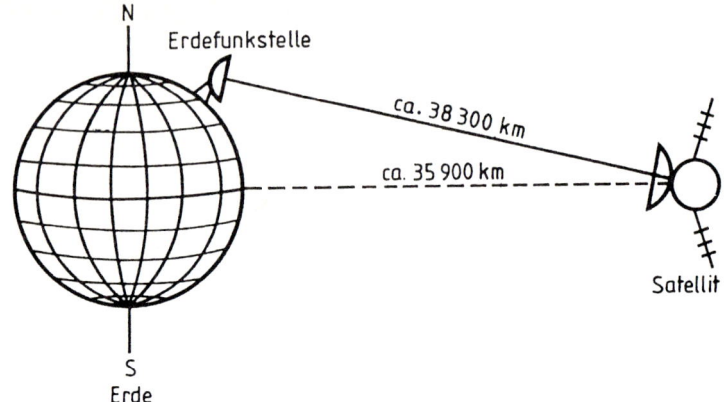

Abb. 3.3.1.6/4: Datenübertragung über geostationäre Satelliten (Quelle: P. Dondl – Elektronik 2/1985)

Die von den Postverwaltungen für Fernmeldedienste eingerichteten Richtfunkstrecken haben *Kapazitäten*, welche die Schaltung von einigen hundert Telefonverbindungen erlauben.

Für *Richtfunkverbindungen über Satelliten* werden Frequenzbänder von 6 GHz (Senden – Aufwärtsstrecke) und 4 GHz (Empfangen – Abwärtsstrecke) sowie seit Anfang bzw. Mitte der 80er Jahre auch von 14/11 GHz bzw. 14/12 GHz kommerziell genutzt. Damit können die neuesten Satellitenmodelle *gleichzeitig 30000 Telefonkanäle und drei Fernsehkanäle* oder eine entsprechende Zahl von Verbindungen für die Datenübertragung (mit 64 kbit/s oder einem Vielfachen davon bis einige Mbit/s) zur Verfügung stellen.

Die Fernmeldesatelliten kreisen mit Erdumdrehungsgeschwindigkeit in ca. 36000 km Höhe über dem Äquator, so daß sie aus Erdsicht immer am selben Ort stillzustehen scheinen.[11] Von ihrer Weltraumposition aus kann ein solcher *geostationärer Satellit* ungefähr ein Drittel der Erdoberfläche «sehen». Jede Erdefunkstelle im Ausleuchtegebiet kann über ihre auf den Satelliten gerichtete Parabolantenne mit anderen Erdefunkstellen in diesem Gebiet kommunizieren. Die Entfernung eines geostationären Satelliten zu einer Erdefunkstelle in der Bundesrepublik beträgt ca. 38300 km. Die Gesamtlänge der Funkstrecke erreicht damit fast 80000 km, was einer Laufzeit von etwa 255 ms entspricht. Bei einem über Satelliten geführten Ferngespräch merken Sie dies deutlich.

---

11 Bei einer anderen Umlaufbahn sind mehrere Satelliten nötig, die sich wie beim Staffellauf ergänzen, um stets dasselbe Gebiet versorgen zu können.

Aus dem gleichen Grund sind terrestrische Verbindungen für interaktives Arbeiten mit Bildschirmgeräten günstiger als Satellitenverbindungen.

*Anfänglich war Satellitenfunk nur mit großen, teuren Erdefunkstellen (10 bis 30 Meter Antennenspiegel)* möglich. Diese wurden und werden auch heute noch primär für den *Interkontinentalverkehr* der klassischen schmalbandigen Fernmeldedienste (Telefonie, Telex) sowie Fernsehübertragung genutzt und sind den Transitämtern der jeweiligen nationalen Postverwaltungen zugeordnet.

Neben die interkontinentale Kommunikation trat *Anfang der 80er Jahre* mit der rasanten Entwicklung der Satellitentechnik, insbesondere der plötzlichen *Verfügbarkeit kleinerer Erdefunkstellen (3 bis 7 Meter Antennenspiegel), die kontinentale und nationale Nutzung von Satelliten für Fernsehverteilung und schnelle Datenübertragung.* Die kleineren, relativ preisgünstigen Antennen können von den Postverwaltungen in größerer Zahl im nationalen Raum gestreut oder zumindest *in Ballungsgebieten installiert* und damit näher zum EDV-Anwender gebracht werden.

Seit 1990 können neben der Telekom auch private Firmen in Deutschland über sogenannte *VSAT-Netze* Satellitenübertragungsdienste anbieten. Diese sind vor allem für größere Unternehmen wie Banken, Versicherungen und Handelsketten interessant. Auch für die Kommunikation von Konzernzentralen mit Auslandstöchtern in Ländern mit schlecht ausgebauter Telekommunikationsinfrastruktur, wie z.B. in Osteuropa, ergeben sich durch diese schnell zu installierende Hochleistungsübertragungstechnik neue kostengünstige Möglichkeiten.

---

**VSAT** bietet Daten-, Text-, Sprach- und Bildkommunikationsdienste über Satellitenverbindungen mit sehr kleinen Erdefunkstellen (VSAT ist die Abkürzung für engl.: very small aperture terminal; deutsch: sehr kleine Erdefunkstelle). Ein VSAT-Netz besteht aus einer Vielzahl von solchen kleinen, billigen Parabolantennen mit 0,75 bis 2,40 Meter Durchmesser an den Teilnehmerstandorten, die über eine Satellitenfunkstrecke mit einer größeren zentralen Erdefunkstelle, der sogenannten Hub Erdefunkstelle (engl. hub = Mittelpunkt), in Verbindung stehen.

---

Im Prinzip könnte jeder interessierte Betrieb ein VSAT-Netz zur Anbindung seiner dezentralen Betriebs- und Verkaufsstätten mit einer eigenen Hub-Erdefunkstelle errichten und (mit Genehmigung der Post bzw. in Deutschland der Telekom) Übertragungskapazitäten bei Satellitenbetriebsgesellschaften einkaufen. Die Hub-Erdefunkstellen sind jedoch relativ teuer. Sie umfassen neben einer mindestens fünf Meter messenden Antenne und den zugehörigen Satellitenfunkeinrichtungen auch Prozeßrechner für das Netzmanagement, und der Betrieb einer derartigen Anlage ist nur durch entsprechend geschulte Kräfte möglich. Deshalb haben sich *private Firmen* etabliert (VSAT-Lizenznehmer), *die für interessierte Kunden bzw. deren firmeninterne VSAT-Netze die gemeinsame Nutzung von Hub-Stationen und Satellitenübertragungsdienste anbieten.*

Auf die Topologien, Übertragungsraten und Anwendungsmöglichkeiten von VSAT-Netzen gehen wir im Abschnitt 3.3.3.2 noch ausführlich ein. Dort erfahren Sie auch Näheres über die Telekom-Dienste zur Satellitenkommunikation, die technischen Kenndaten von Fernmeldesatelliten sowie über die Satellitenbetreiber.

→    Übungsaufgabe Nr. I-206 im Arbeitsbuch

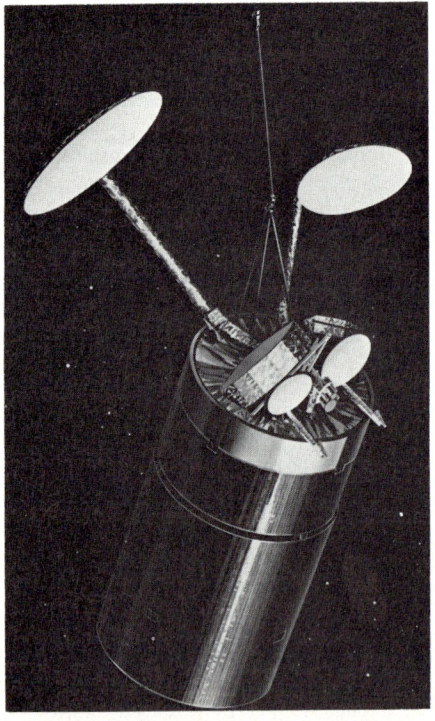

Abb. 3.3.1.6/5: Fernmeldesatellit (INTELSAT VI)

Auch für die *betriebsinterne Kommunikation im Nahbereich* lassen sich aufwendige Verkabelungen durch drahtlose Netze ersetzen. In diesem Zusammenhang ist darauf hinzuweisen, daß bei der Verkabelung die Arbeitskosten (Öffnen und Schließen von Decken, Ziehen und Anschließen der Kabel) die Materialkosten (d. h. die Kabelkosten) meist beträchtlich übersteigen.

Die drahtlose Datenübertragung in lokalen Netzen kann *mittels Infrarot- oder Radiowellen* erfolgen.

**Infrarotstrahlen** (engl.: infra-red waves) sind unsichtbare elektromagnetische Wellen mit einer Wellenlänge von 0,8 Mikrometer bis 1 Millimeter. Sie können nur von festen, reflektierenden Oberflächen weitergeleitet werden und werden vom Empfänger optisch aufgenommen. Deshalb ist ihre Reichweite begrenzt – bei optimalen Bedingungen beträgt sie bis zu 70 Meter. Die Übertragungsraten auf dem Markt angebotener Infrarot-LAN betragen zwischen 4 und 16 Mbit/s.

Demgegenüber decken *Radiowellen* – wie Sie bereits wissen – eine größere Reichweite ab, und es lassen sich Übertragungsraten bis in den Gigabitbereich erreichen. Funkchips, Mobilfunksysteme und drahtlose lokale Netze werden im Abschnitt 3.3.4 ausführlich behandelt.

Ein *Beispiel* einer innovativen *Anwendung drahtloser Netze* haben Sie im Kapitel Datenerfassung (Abschnitt 3.1.4) kennengelernt: Die auf Einkaufswagen montierten LCD-Bildschirme in SB-Märkten, die als Kundeninformations-, -werbe- und -leitsystem durch an der Decke angebrachte Sensoren gesteuert werden.

### 3.3.1.7 Kopplungseinheiten

Um Netze zu verbinden (engl.: internetworking), bedarf es spezieller *Kopplungseinheiten* (engl.: internetworking unit, abgekürzt: IWU), in deren Aufgabenbereich die Adreßumwandlung, Wegewahl (Routing), Flußkontrolle, Fragmentierung und Reassemblierung (Wiederzusammenfügen) von Datenpaketen, Zugangskontrolle und das Netzwerkmanagement fallen. Je stärker sich die zu verknüpfenden Netze unterscheiden, desto vielfältiger sind die Aufgaben der Kopplungseinheiten. *Den Funktionsumfang bestimmt die Schicht, auf der die jeweilige Kopplungseinheit operiert.* Für die folgenden Ausführungen wird das OSI-Modell als Grundlage herangezogen.

---

Die einfachste Kopplungseinheit ist eine reine Verstärkerstation, der sogenannte **Repeater** (engl.: repeater; unübliche deutsche Übersetzung: Verstärker). Wie seine Bezeichnung bereits andeutet, bestehen die Funktionen eines Repeaters im «Wiederholen», d.h. im «bloßen» Empfang, Verstärken und im Weitersenden physikalischer Signale. Da er auf der untersten Schicht, der Bitübertragungsschicht, operiert, müssen die Architekturen und Protokolle der zu verbindenden Netze völlig identisch sein.

---

Dieses Erfordernis gilt auch für die Bitübertragungsschicht, wodurch eine Kopplung von unterschiedlichen Übertragungsmedien, wie etwa Koaxial- und Glasfaserkabel, mit Hilfe von Repeatern nicht bewerkstelligt werden kann. Diese Kopplungseinheiten sind allerdings nicht beliebig oft einsetzbar (in lokalen Ethernet-Netzen etwa – Näheres im Abschnitt 3.3.3.3.3 – sind höchstens vier Repeater möglich; dies entspricht einer Gesamtlänge von maximal 2500 Metern). In Abbildung 3.3.1.7/1

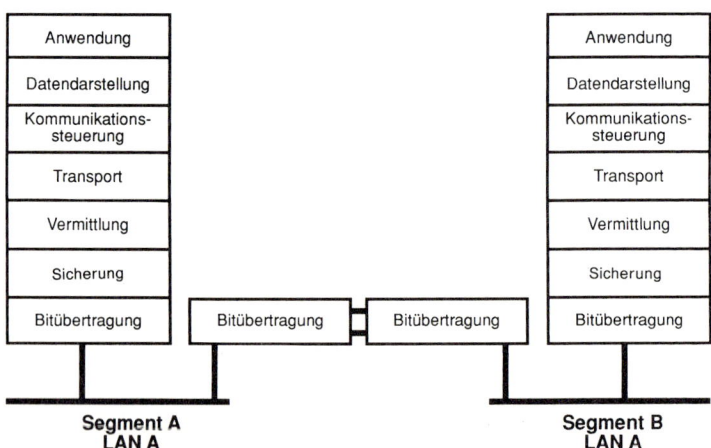

Abb. 3.3.1.7/1: Kopplung zweier Netzsegmente mittels eines Repeaters

wird der schematische Aufbau zweier mittels Repeater verknüpfter Netzsegmente grafisch dargestellt.

> Eine **Bridge** (engl.: bridge; unübliche deutsche Übersetzung: Brücke) ist eine Kopplungseinheit zur Verbindung von Netzen, die unterschiedliche Übertragungsmedien benutzen, sonst aber den gleichen Schichtaufbau aufweisen. Sie operiert folglich auf der Sicherungsschicht, wo sie anhand der im gesamten Netz eindeutigen Adressen die Datenpakete an die angeschlossenen lokalen Netze weiterleitet.

Mit Hilfe von Bridges kann somit beispielsweise ein Ethernet-Netz mit Basisbandübertragung über verdrillte Kupferkabel mit einem anderen Ethernet-Netz auf der Basis von Koaxialkabeln verknüpft werden. Anders als bei Repeatern bestehen hier keine Beschränkungen bezüglich der räumlichen Ausdehnung. Eine Bridge kann entweder aus einer an beide Netze angeschlossenen Station bestehen (sog. *lokale Bridge*) oder in Form von *Remote Bridges* (unübliche deutsche Übersetzung: Fernbrücke) ausgeführt sein, die für die Kopplung von lokalen Netzen über Weitverkehrsnetze verwendet werden und von denen ein Paar funktional identisch mit einer lokalen Bridge ist. Dabei wird je eine Remote Bridge (sog. «*Half-Bridge*») im lokalen Netz und im Weitverkehrsnetz an der Schnittstelle eingesetzt. Der Durchsatz von Remote Bridges ist

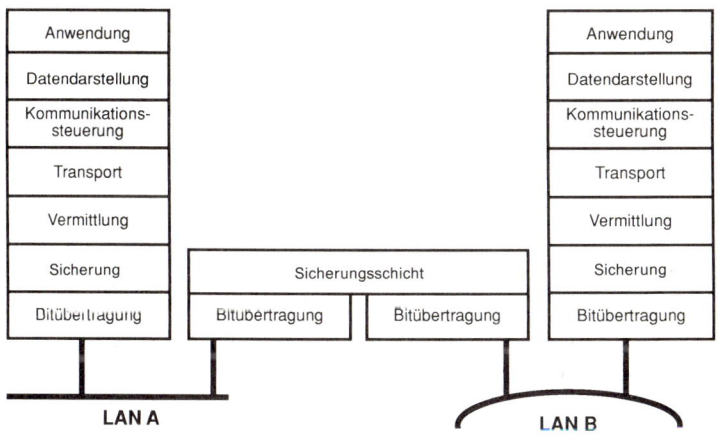

Abb. 3.3.1.7/2: Kopplung zweier Netze mittels einer Bridge

allerdings sehr stark durch die Übertragungsgeschwindigkeit bzw. die Bandbreite der Weitverkehrsverbindung zwischen den Half-Bridges limitiert. Abbildung 3.3.1.7/2 zeigt die Kopplung zweier Netze mittels einer Bridge.

Als *Argumente für den Einsatz von Bridges* können hohe Leistung und einfache Installation angeführt werden: Da Bridges kaum Protokollumsetzungen vornehmen müssen, ist der Durchsatz sehr hoch. Bridges erkennen selbständig die Anzahl und die Positionen der angeschlossenen Stationen anhand der in den Datenpaketen enthaltenen Adressen.

---

Ein **Router** (engl.: router; unübliche deutsche Übersetzung: Wegewahleinheit) ist eine Kopplungseinheit, die auf der Vermittlungsschicht operiert. Ein Router unterscheidet sich von einer Bridge vor allem dadurch, daß er die in jedem Datenpaket enthaltenen Adreßangaben zur Wegewahl (Routing) benutzt und über wohldefinierte Protokolle, die Routing-Protokolle, mit den einzelnen Stationen kommunizieren kann. Router sorgen mit Hilfe interner Adreßtabellen für den zielgerichteten Austausch von Datenpaketen zwischen den einzelnen Teilnetzen und für die Auswahl alternativer Pfade zum Zielknoten bei Leitungs- oder Stationsüberlastungen.

---

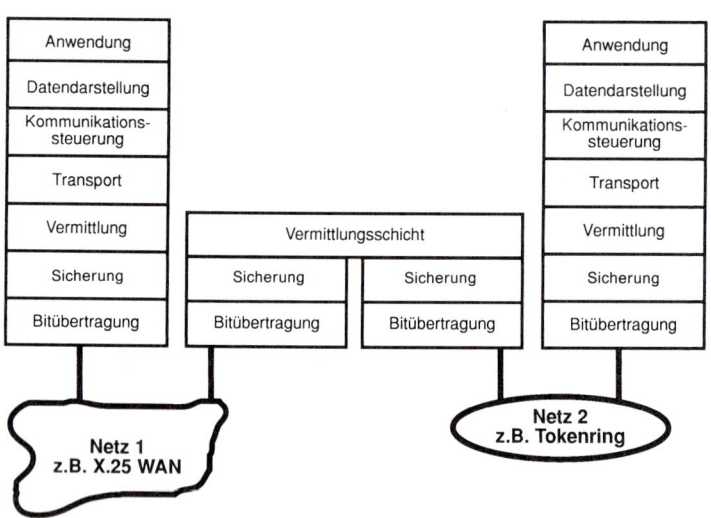

Abb. 3.3.1.7/3: Kopplung zweier Netze mittels eines Routers

Im Unterschied zu Bridges sind *Router* – wie bereits erwähnt – Schicht-3-protokollspezifisch, *funktionsreicher* und somit auch *teurer*. Die Kopplung zweier Netze mittels Router zeigt Abbildung 3.3.1.7/3.

Gemäß der soeben dargestellten Charakteristika sind in Routern Fehler-, Fluß- und Überlastkontrollmechanismen implementiert. Darüber hinaus können sie gegebenenfalls auch Datenpakete fragmentieren und wieder zusammensetzen. Router können im Gegensatz zu Bridges die falsche Reihenfolge von Paketen korrigieren (aufgrund der Protokolle der Vermittlungsschicht).

---

Ein **Bridge-Router** bzw. **Brouter** (engl.: brouter; deutsche Übersetzung ist unüblich) ist eine Kopplungseinheit, die je nach Bedarf Funktionen einer Bridge oder eines Routers verrichten kann.

---

Gerade in heterogenen Netzen kann es oft erforderlich sein, sowohl Bridges als auch Router zur Kopplung einzusetzen. In diesen Fällen empfehlen sich sog. *Bridge-Router* bzw. *Brouter*, die bei jedem Paket untersuchen, ob in seiner Quellstation ein Schicht-3-Protokoll implementiert ist. Ist dies der Fall, so agiert der Brouter für dieses Paket als Router, andernfalls führt er lediglich die Tätigkeiten einer Bridge durch.

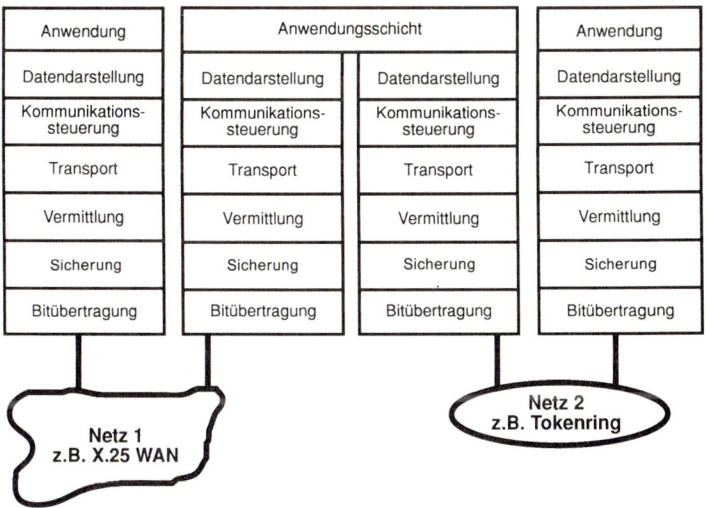

Abb. 3.3.1.7/4: Kopplung zweier Netze durch ein Gateway

Sowohl in der deutschen als auch in der angloamerikanischen Literatur wird der Begriff «Gateway» (engl.: gateway; unübliche deutsche Übersetzung: Torweg, Zugang) mit unterschiedlichem Inhalt verwendet. Während diese *Bezeichnung im weiteren Sinne* alle in den vorigen Abschnitten behandelten Kopplungseinheiten umfaßt, werden unter «Gateways» *im engeren Sinne* nur jene Einrichtungen verstanden, die zur Verknüpfung von Netzen herangezogen werden müssen, die in Schicht 3 (und höheren Schichten) eine unterschiedliche Struktur aufweisen.

Gateways im engeren Sinn müssen nicht nur die jeweiligen Paketformate und Adressierungen umwandeln, sondern auch die Protokolle höherer Schichten konvertieren und die Routing-Techniken und Fehlerkontrollmechanismen aufeinander abstimmen. Aufgrund dieser umfassenden Funktionen können zwar beliebige Netze miteinander gekoppelt werden, allerdings nur zu höheren Kosten und mit mäßigem Durchsatz. Abbildung 3.3.1.7/4 gibt einen Überblick über die Netzwerkkopplung durch ein Gateway.

→ Übungsaufgabe Nr. 1-207 im Arbeitsbuch


### 3.3.2 Netzwerktopologien

Die *Topologie* eines Netzes ergibt sich aus der Struktur der physikalischen (nicht virtuellen!) Verbindungen, die zwischen den Datenstationen und den Netzknoten bestehen. Für *Weitverkehrsnetze* kommen folgende *Grundformen* in Betracht: *Stern, Schleife, Baum und Masche.*

Bei einem **Sternnetz** (engl.: star network) gibt es einen zentralen Vermittlungsknoten, an den jeder andere Knoten direkt durch eine physikalische Verbindung angeschlossen ist.

Andere physikalische Verbindungen gibt es nicht. Daraus folgt, daß *in jeden Übertragungsvorgang der Zentralknoten eingeschaltet* ist. Als *Netzzugangsverfahren* kann z.B. *Polling* (von engl.: polling; d.h. Abrufen) verwendet werden, wobei die Zentralstation (z.B. Großrechner) alle angeschlossenen Endgeräte (z.B. Datensichtstationen) reihum abfragt, ob sie senden wollen.

Die *Vorteile* einer sternförmigen Topologie sind die relativ *einfache und kostengünstige zentrale Netzsteuerung, -kontrolle und -wartung.*

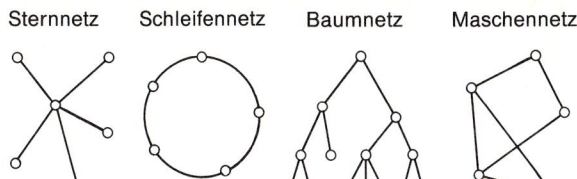

Sternnetz    Schleifennetz    Baumnetz    Maschennetz

Abb. 3.3.2/1: Grundstrukturen von Weitverkehrsnetzen

Der Ausfall eines Endgeräts oder einer Leitung betrifft die anderen Stationen nicht.

*Nachteilig* ist die *Abhängigkeit aller Endgeräte von der Funktionsfähigkeit und Belastung der Zentralstation*: Bei Ausfall sind keine Verbindungen mehr möglich, bei starker Belastung werden diese u.U. stark verzögert.

> Bei einem **Schleifennetz** (engl.: loop network) ist jeder Knoten mit genau zwei anderen Netzknoten direkt durch je eine separate physikalische Verbindung verknüpft. Jede Nachricht wird in ihrer Gesamtheit von einem Knoten des Netzes zum nächsten weitergeleitet, bis sie die Zielstation erreicht hat.

Die *Netzsteuerung* liegt i.a. *bei den einzelnen Netzknoten* und ist damit aufwendiger als eine zentrale Lösung (wie bei einem Stern). Die *Ausfallsicherheit ist relativ hoch*, da bei Ausfall einer Strecke oder eines Knotens immer noch jede Verbindung möglich ist.

> Bei einem **Baumnetz** (engl.: tree network) erfolgt die Kommunikation zwischen zwei Knoten immer über die in der Hierarchie höherliegenden Knoten bis zu dem beiden Unterbäumen gemeinsamen Knoten.

Sie können sich ein Baumnetz aus einzelnen Sternen zusammengesetzt vorstellen, die in eine hierarchische Ordnung gebracht worden sind. *Die Netzsteuerung ist auf die höherliegenden Knoten verteilt.* Bezüglich *Ausfallsicherheit und Verfügbarkeit* ergeben sich *ähnliche Nachteile wie bei einem Stern*: Der Ausfall oder die Überlastung eines höhergeordneten Knotens oder einer höhergeordneten Verbindung trifft alle nachgeordneten.

675

Ein *Beispiel* für eine solche *Baumstruktur* haben Sie bei der Beschreibung einer Kommunikationsrechnerhierarchie (Abb. 3.3.1.4/1) kennengelernt. Auch das DATEV-Netz (Abb. 3.3.1.2/5) ist baumstrukturiert.

---

Bei einem **Maschennetz** (engl.: mesh network) ist jeder Knoten mit mindestens zwei, in der Regel jedoch mit mehreren anderen Knoten direkt verbunden. Bei einem *vollständig vermaschten Netz* ist jeder Knoten mit jedem anderen unmittelbar verbunden.

---

*Vorteile eines vollständig vermaschten Netzes* sind, daß jeder Knoten mit einem beliebig anderen Knoten jederzeit parallel zu allen anderen Verbindungen kommunizieren kann und die sehr *hohe Ausfallsicherheit*. Nachteilig sind der *hohe Aufwand für die große Zahl von Verbindungen* und die *umfangreiche, von den einzelnen Knoten abzuwickelnde Übertragungssteuerung*.

In der Praxis werden für Weitverkehrsnetze *vielfach kombinierte bzw. unregelmäßige Netzstrukturen* verwendet, um die unterschiedlichen Übertragungsvolumina zwischen den einzelnen Knoten möglichst kostengünstig zu bewältigen. Diese Topologien basieren sehr häufig auf einer Baumstruktur mit zusätzlichen Verbindungen zwischen einzelnen Knoten zur Erhöhung der Übertragungskapazität. Die dadurch geschaffene Möglichkeit zur *Wegewahl* erhöht auch die Ausfallsicherheit des Netzes.

→  Übungsaufgabe Nr. I-208 im Arbeitsbuch

*Digitale Nebenstellenanlagen* sind *stets als Stern* und *herstellerspezifische EDV-Netze meist als Stern oder Baum* konfiguriert.

*Bei lokalen Netzen dominieren die Topologien Ring und Linie (= Bus).*

---

Bei einem **Ringnetz** (engl.: ring network) ist jede Station mit genau einem Vorgänger und einem Nachfolger direkt verbunden. Die Übertragung erfolgt in der vorgegebenen Senderichtung von einer Station zur nächsten, wobei die Stationen eine aktive Funktion haben: Sie entscheiden, ob eine Nachricht unverändert (d.h. nur verstärkt) oder verändert weiterzuleiten oder ob sie vom Ring zu nehmen ist.

---

Im *Unterschied zu Schleifennetzen* (bei Fernübertragung) befindet sich in einem lokalen Ringnetz i.a. *zu einem Zeitpunkt nur eine Nach-*

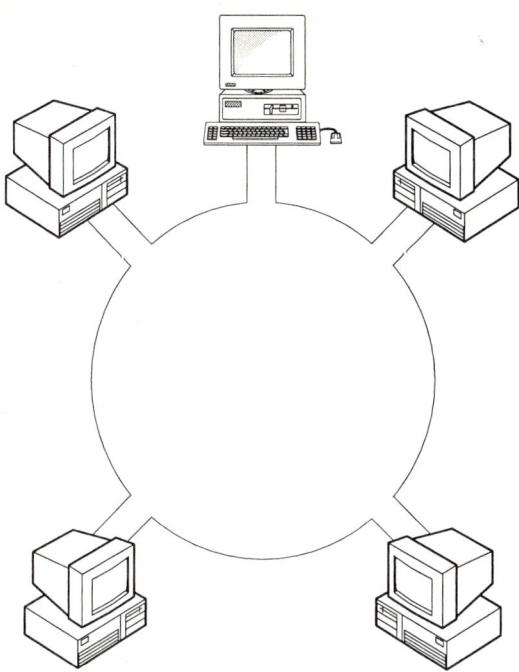

Abb. 3.3.2/2: Ringnetz

*richt auf dem Übertragungsmedium.* Die «Umlaufzeit» des gesamten Ringes ist minimal.

Der *Vorteil der Ringstruktur* besteht in dem Umstand, daß eigentlich nur Punkt-zu-Punkt-Verbindungen zwischen jeweils benachbarten Stationen geschaffen werden müssen. Daher können *Erweiterungen des Ringes sehr einfach* durchgeführt werden. Die neue Station wird einfach zwischen zwei bereits vorhandene Stationen eingefügt.

Naturgemäß hat aber der Ring auch *Nachteile*: Da die Nachrichten unidirektional von Station zu Station weitergegeben werden, führt der *Ausfall* eines einzigen Knotens zum Zusammenbruch des gesamten Netzes. Folglich muß durch *Zusatzeinrichtungen* verhindert werden, daß solche Störungen den Ring lahmlegen. Hierfür gibt es *verschiedene Möglichkeiten*.

Eine Möglichkeit ist es, defekte Netzstationen durch eine *«Umleitung»* zu umgehen (vgl. Abb. 3.3.2/3). Zu diesem Zweck wird jede

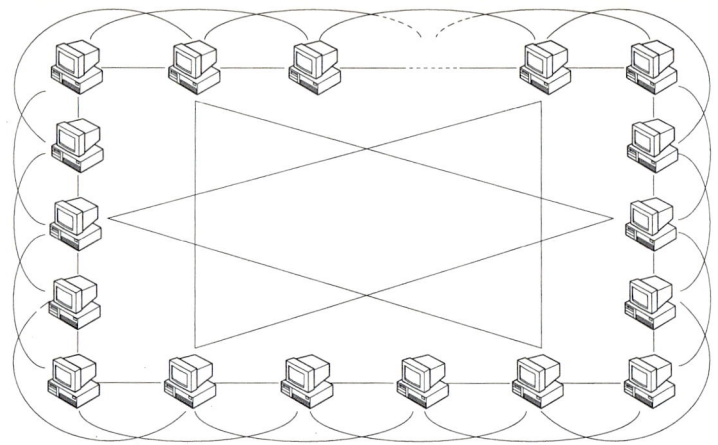

Abb. 3.3.2/3: Ring mit Sekundär- und Tertiärleitungen

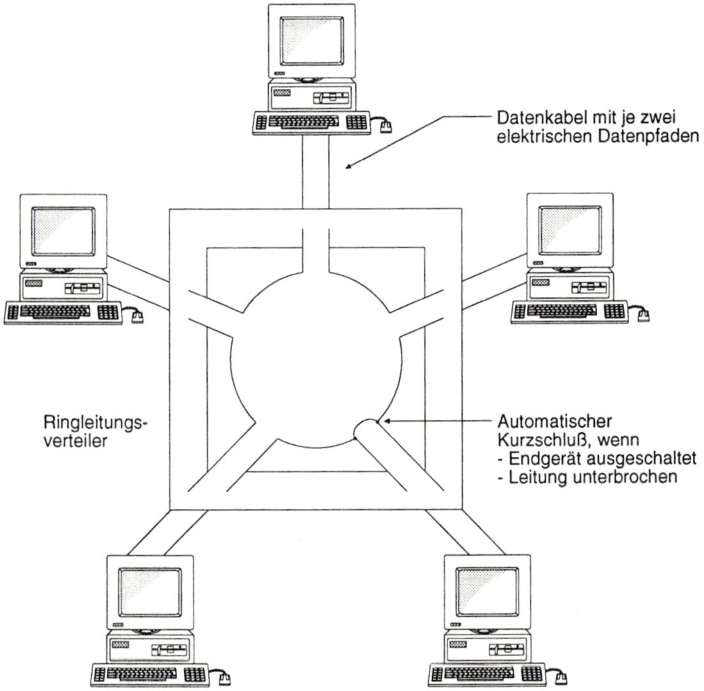

Datenkabel mit je zwei
elektrischen Datenpfaden

Ringleitungs-
verteiler

Automatischer
Kurzschluß, wenn
- Endgerät ausgeschaltet
- Leitung unterbrochen

Abb. 3.3.2/4: Ring mit sternförmiger Leitungsstruktur

Netzstation nicht nur mit ihrem direkten Nachfolger sondern auch mit der übernächsten Station verbunden. Falls nun eine Störung auftritt, schaltet die letzte funktionierende Station um und umgeht somit ihren defekten Nachfolger. Dadurch bleibt der Ring funktionsfähig. Für den Fall, daß mehrere Netzknoten ausfallen, gibt es nicht nur die Primär- und die Sekundärleitungen, sondern auch Tertiärleitungen, die ganze Gruppen von Stationen umgehen. Dadurch beeinträchtigt nicht einmal der Ausfall größerer Netzteilstücke die Funktionsweise des Ringes.

Eine weitere Möglichkeit ist, die Leitungen zwischen den angeschlossenen Stationen immer so zu führen, daß sie an einer zentralen Stelle zusammenkommen (vgl. Abb. 3.3.2/4). Die Verbindung besteht nach wie vor von jeder Netzstation zu ihrem Nachfolger, es gibt aber eine *zentrale Stelle, von der aus eine defekte Station aus dem Ring entfernt werden kann. Dazu werden einfach die Kabel «umgesteckt».* Natürlich geschieht dies nicht manuell, sondern durch Mikroprozessorsteuerung. Jede Netzstation signalisiert ihren Betriebszustand durch ein «OK-Signal» an den Mikroprozessor. Sobald eine Station ausfällt, also nicht mehr «OK» sendet, wird sie aus dem Ring genommen. Somit ist nicht nur die Sicherheit gegeben, daß der Ring bei Störungen rasch wieder betriebsfähig gemacht werden kann, auch Erweiterungen sind sehr einfach durchzuführen.

Übungsaufgabe Nr. I-209 im Arbeitsbuch ←

---

Bei einem **Busnetz** (engl.: bus network) sind alle Stationen an ein durchgehendes, gemeinsames Übertragungsmedium in Linienform ( = Bus) angeschlossen, das eine passive Nachrichtenübertragung in beide Richtungen vornimmt. Dadurch kann jede Nachricht all ihre Adressaten erreichen ohne jegliche Aktionen der nicht betroffenen Netzstationen und ohne Verzögerungszeit pro angeschlossener Station.

---

Letzteres ist ein wesentlicher Unterschied zu dem Verhalten der (aktiven) Ringnetze. Weil sich die von einem Übertragungsvorgang nicht betroffenen Netzstationen bei einem *Bus passiv* verhalten, d.h. keine Sende- oder Empfangsfunktionen haben, beeinträchtigt ihr Ausfall die Kommunikation der übrigen Netzstationen nicht. Lediglich die gestörte Station selbst oder an diese angeschlossene Endgeräte sind nicht mehr erreichbar.

Während also die *Ausfallsicherheit des Bussystems* als *Vorteil* zu werten ist, begrenzt die dadurch errichtete Mehrpunktverbindung die Größe des Netzes. Nachrichten werden im «Rundfunkverfahren»

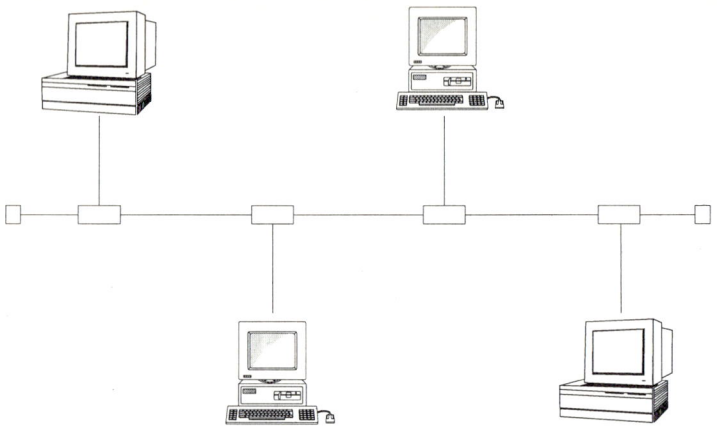

Abb. 3.3.2/5: Busnetz

(engl.: broadcast transmission) an alle angeschlossenen Stationen gesendet, müssen also die Gesamtlänge des Mediums durchlaufen. Die
Laufzeit der Signale und Übertragungsverfahren beschränken somit die
mögliche Ausdehnung. Schließlich wirkt sich ein starker Verkehr in
vermindertem Durchsatz bzw. schlechterem Antwortzeitverhalten aus
(bei jedem zusätzlichen Teilnehmer wird der Anteil der anderen an der
Gesamtübertragungsrate des gemeinsamen Mediums geringer). Daher
ist *ein Bus nach der Anzahl der Teilnehmer und der geographischen
Ausdehnung begrenzt.*

→ Übungsaufgabe Nr. I-210 im Arbeitsbuch

### 3.3.3 Übertragungswege und Dienste

In *Weitverkehrsnetzen* sind die kommunizierenden Datenstationen
über *größere Entfernungen* miteinander verbunden. Dabei kann es sich
nur um ein paar Kilometer, aber auch um einige hundert oder viele
tausend Kilometer handeln. Wie Sie wissen, sind in den europäischen
Ländern *als Übertragungswege i.a. nur die Fernmeldewege der Post*
erlaubt. In Deutschland hat die DBP-Telekom das Netzmonopol, das
Funkmonopol mit Ausnahme des Mobilfunks und das Telefondienstmonopol. Meist werden die einzelnen Rechner des Netzes über *Standverbindungen* miteinander gekoppelt, es werden aber auch *Wählverbindungen* verwendet.

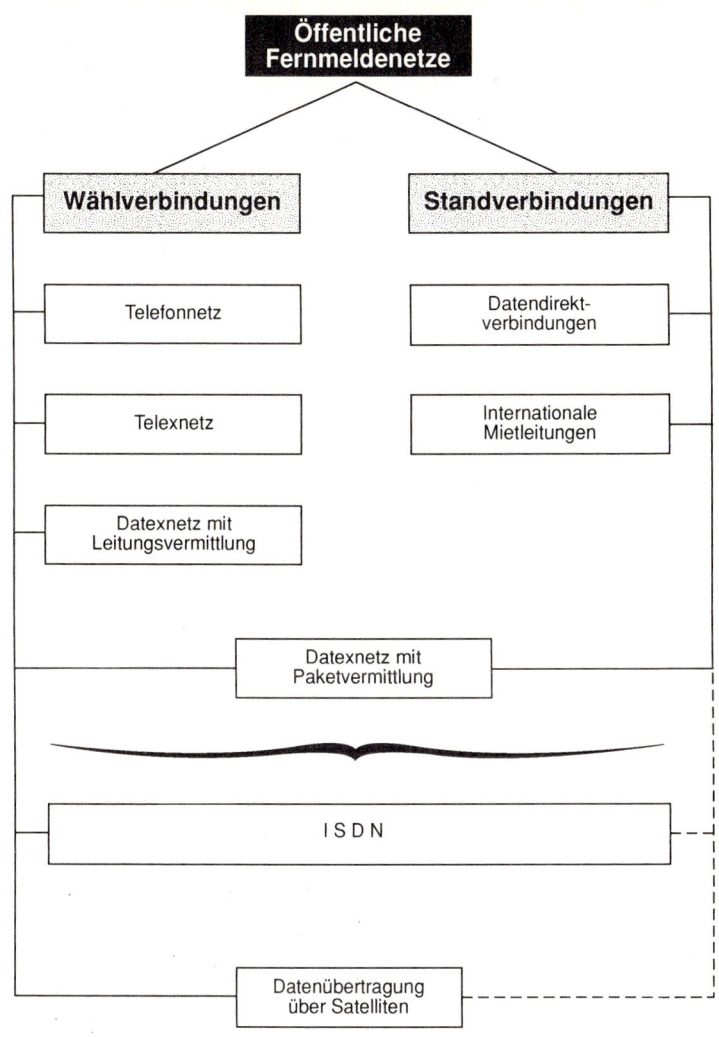

Abb. 3.3.3/1: Öffentliche Fernmeldenetze in der Bundesrepublik Deutschland

Die Abb. 3.3.3/1 gibt Ihnen einen Überblick über in Frage kommende *öffentliche Fernmeldenetze* in der Bundesrepublik Deutschland. In öffentlichen Netzen kann jeder, der bestimmte Voraussetzungen erbringt

681

– eine davon ist die Geschäftsfähigkeit – Teilnehmer werden. *Aus diesem nach Entfernung, Nutzungszeit, Übertragungsgeschwindigkeit und sonstigen Leistungsmerkmalen preisdifferenzierten Angebot der Telekom wählt der EDV-Anwender die für sein Rechnernetz optimalen Verbindungen ( = Anwenderdatennetz).*

Endgeräte, die in Deutschland an öffentliche Fernmeldenetze angeschlossen werden sollen, müssen den Normen und Standards der Telekom entsprechen. Maßgeblich hierfür sind die *ISO-Normen,* insbesondere das «*Referenzmodell für die Kommunikation offener Systeme*» (vgl. Abschnitt 3.3.1.5), sowie die *CCITT-Schnittstellenempfehlungen* zur international einheitlichen Regelung des Datentransports auf Fernmeldewegen. Die heute weithin bekannten und überwiegend verwendeten CCITT-Empfehlungen der *V-Serie* (z.B. V.24) sind für die Datenübertragung im Telefonnetz und auf analogen, festgeschalteten Leitungen vorgesehen. Für die Datenübertragung in digitalen Netzen hat der CCITT die Empfehlungen der *X-Serie* erarbeitet. Wir kommen auf diese, dem ISO-OSI-Referenzmodell entsprechenden Regelungen nochmals im Abschnitt 3.3.3.1.4 zurück. Dort werden Sie als *Beispiel* die *X.25-Schnittstelle* kennenlernen, welche die Grundlage für die weltweite Entwicklung von Paketvermittlungssystemen bildet.[12]

→  Übungsaufgabe Nr. I-211 im Arbeitsbuch

Nachstehend werden Sie zunächst die *terrestrischen Fernmeldenetze* näher kennenlernen, bei denen in Deutschland die Telekom die erwähnten weitreichenden Monopolrechte genießt. Sodann gehen wir auf *Satellitennetze* ein, bei denen der Anwender auch auf Mitbewerber der Telekom zurückgreifen kann. Im Anschluß daran behandeln wir *lokale Netze* und *Nebenstellenanlagen,* die sich ganz im Verfügungsbereich des Anwenders befinden, und bei denen sich vielfach höhere Übertragungsgeschwindigkeiten zu günstigeren Kosten als im Weitverkehrsbereich realisieren lassen. Abgeschlossen wird der Abschnitt durch eine Beschreibung *herstellerspezifischer und offener EDV-Netze,* die sich der gekennzeichneten Übertragungswege und Dienste bedienen und auf dieser Basis vielfältige Kommunikationsanwendungen realisieren.

---

12 Weitere, für den EDV-Anwender wichtige Normungsgremien und Standardisierungsorganisationen sind (neben ISO, DIN und CCITT): CEN (Europäisches Komitee für Normung), CENELEC (Europäisches Komitee für elektronische Normung), ECMA (European Computer Manufacturers Association) und IEEE (Institution of Electrical and Electronic Engineers).

### 3.3.3.1 Terrestrische Fernmeldenetze

### 3.3.3.1.1 Telefonnetz

---

Das **Telefonnetz** (Synonym: Fernsprechnetz; engl.: public switched telephone network) ist ein öffentliches Wählnetz zur Sprachübertragung, das mit Hilfe von durch das ZZF zugelassenen Zusatzeinrichtungen auch für andere Zwecke, zum Beispiel zur Übertragung von Daten, benutzt werden kann. Die Telekom bietet Modems für die serielle Datenübertragung (im asynchronen bzw. synchronen Betrieb) von 300 bit/s bis 19 200 bit/s an, mit Modems von anderen Anbietern lassen sich bei günstiger Leitungsqualität noch höhere Übertragungsgeschwindigkeiten realisieren.

---

Anfänglich, etwa zu Beginn der sechziger Jahre, verwendete man zur Datenübertragung fast ausschließlich die vorhandenen Telefonleitungen. Auch heute entfallen noch etwa 40% aller an Fernmeldewege angeschlossenen Datenstationen auf das Telefonnetz. Der größte *Vorteil ist die Flächendeckung*: Fast überall sind potentielle Anschlußpunkte bzw. Kommunikationspartner für Datenstationen gegeben, oder es kann ein Anschluß rasch und kostengünstig hergestellt werden. *Nachteilig* ist in vielen Fällen die *geringe Übertragungsgeschwindigkeit* und die relativ *schlechte Übertragungsqualität*.

Diesem Umstand wurde von den Herstellern durch die Entwicklung *fehlerkorrigierender Modems* Rechnung getragen, so daß die Datenendeinrichtung auch bei schlechten Verbindungen eine störungsfreie Verbindung «sieht».

Heute erhältliche Modems sind meist *für mehrere Übertragungsgeschwindigkeiten und Verfahren* (synchron/asynchron) geeignet und erlauben häufig auch den Betrieb über Standverbindungen. Manche Typen sind auch zum Senden und Empfangen von Fernkopien geeignet (Näheres zum Telefaxdienst folgt in Kapitel 4). Bei Wählleitungsmodems wird der automatische Wählvorgang durch die Datenendeinrichtung gesteuert. Beim gerufenen Teilnehmer wird vom Modem automatisch «abgehoben» und auf Datenbetrieb geschaltet. Der frühere notwendige Telefonapparat mit Datentaste (zum manuellen Umschalten auf Datenbetrieb) ist bei modernen Modemtypen nicht mehr erforderlich.

Die meisten Modems verwenden zur Übertragung von der *CCITT standardisierte Verfahren*. In einigen Bereichen haben sich jedoch Modems durchgesetzt, die neben den Standardverfahren auch *herstellerspezifische Modulationsverfahren* benutzen und diese Betriebsart folglich nur zwischen Modems des selben Herstellers verwenden können. Der Vorteil dieser Modems liegt in den hohen Datenraten (bis 38400 bit/s), der Betriebssicherheit und der sicheren Übertragung auch bei sehr schlechten Verbindungen, z.B. in Osteuropa.

*Die Datenübertragung über Telefonverbindungen ist bei geringen bis mittleren Datenmengen eine preiswerte Möglichkeit.* Zum Beispiel können damit Bestellungen von Außenverkäufern, Apotheken, Handelsbetrieben usw. rasch übermittelt und sofort bestätigt werden. Oder es kann damit auf elektronische Mailbox-Systeme zugegriffen werden, die sowohl im geschäftlichen als auch im privaten Bereich immer mehr an Bedeutung gewinnen (Näheres im Kapitel 4). Für Autorisationsprüfungen von Kreditkartenannahmestellen ist dies ebenfalls ein kostengünstiger, schneller Weg. In solchen und ähnlichen Fällen ist es von Bedeutung, daß der für die Datenübertragung benutzte Telefonanschluß auch alternativ zur Sprachkommunikation und für weitere Dienste (z.B. Telefax, Bildschirmtext) verwendet werden kann.

### 3.3.3.1.2 Telexnetz

> Das **Telexnetz** (engl.: public telex network) ist ein öffentliches digitales Wählnetz für die Übertragung mit 50 bit/s. Es läßt Fernschreibübertragung im internationalen Telegraphenalphabet und bei Einhaltung bestimmter Regeln die Übertragung anders codierter Daten zu (nur in 5-Bit-Codes).

Das schon seit mehr als 60 Jahren bestehende Telexnetz hat für die Textkommunikation, insbesondere im grenzüberschreitenden Verkehr, nach wie vor große Bedeutung. Wegen des beschränkten Zeichenvorrats (nur Klein- oder Großbuchstaben) und der äußerst geringen Übertragungsgeschwindigkeit ist es jedoch *für die üblichen Datenfernverarbeitungsanwendungen unbrauchbar.* Nur einige hundert Datenstationen sind in Deutschland angeschlossen. Deshalb wird hier auf eine Darstellung des Telexnetzes verzichtet. Im Prinzip bieten die leitungsvermittelten Netze ein ähnliches Angebot von Basisdienstleistungen, das nachfolgend etwas detaillierter am Beispiel des DATEX-L-Dienstes verdeutlicht wird. Im Zusammenhang mit den Textkommunikationsdiensten im Kapitel 4 wird im übrigen auch auf den Telex-Dienst eingegangen.

→ Übungsaufgabe Nr. I-212 im Arbeitsbuch

### 3.3.3.1.3 Datexnetz mit Leitungsvermittlung

Das **Datexnetz mit Leitungsvermittlung** (Synonym: **DATEX-L-Netz**; engl.: public switched datex network) ist ein öffentliches digitales Wählnetz speziell für die Datenübertragung. Es gestattet zwischen zwei DATEX-L-Hauptanschlüssen durchgeschaltete asynchrone Duplexverbindungen mit der Übertragungsgeschwindigkeit von 300 bit/s sowie synchrone Duplexverbindungen von 2400, 4800, 9600 bit/s und 64 kbit/s. Zwei oder vier 64 kbit/s-Kanäle können parallel geschaltet werden, so daß sich (mit privaten Multiplexern) über einen Anschluß eine Transferrate von 128 kbit/s oder 256 kbit/s realisieren läßt.

Verbindungen zwischen Anschlüssen unterschiedlicher Geschwindigkeitsstufen sind nicht möglich. Durch eine hochentwickelte elektronische Vermittlungstechnik und die digitale Übertragung ergibt sich in diesem Wählnetz eine *Übertragungssicherheit*, die früher nur mit Standleitungen erreicht werden konnte. Verbindungen werden rein programmtechnisch ohne mechanische Schaltelemente durch Vermittlungsrechner realisiert. Dadurch kann eine *vollduplexfähige Verbindung in Bruchteilen einer Sekunde* nach Eingabe der Rufnummer hergestellt werden; bei der Nutzung der *besonderen Leistungen* Kurzwahl bzw. Direktruf wird auch die Eingabe der Rufnummer beschleunigt bzw. diese entfällt sogar ganz.

Die sogenannten «**besonderen Leistungen**» werden von der Telekom gesondert in Rechnung gestellt (monatliche feste Zuschläge). Die besondere Leistung *Kurzwahl* bietet die Möglichkeit, bis zu 64 Langrufnummern im Vermittlungsrechner speichern zu lassen. Der Teilnehmer braucht dann nur noch eine ein- oder zweistellige Nummer zu wählen, was eine erhöhte Sicherheit gegen Fehlverbindungen und einen beschleunigten Verbindungsaufbau erlaubt. Die besondere Leistung *Direktruf* erspart das Wählen ganz, wenn Verbindungen immer zu derselben Datenendeinrichtung hergestellt werden sollen. Abgehende Wählverbindungen zu einer einmal festgelegten, in der Vermittlungsstelle gespeicherten Rufnummer werden durch Drücken der Anruftaste am Fernschaltgerät oder ein Steuersignal der Datenendeinrichtung realisiert. Durch den schnellen Verbindungsaufbau hat der Benutzer das Gefühl, eine festgeschaltete Verbindung zu benutzen. Er bezahlt aber nur Gebühren für die Zeit, während der die Verbindung tatsächlich besteht.

Die besondere Leistung *Teilnehmerbetriebsklasse* erhöht die Sicherheit gegen unbefugten Zugriff zu den Benutzerdaten. Ein jeder Datexhauptanschluß kann in der Vermittlungsstelle so gekennzeichnet werden, daß nur Verbindungen von und zu bestimmten anderen Anschlüssen möglich sind. Eine derartige Gruppe von Datexhauptanschlüssen bildet dann eine Teilnehmerbetriebsklasse. Zusätzliche Anschlüsse werden nur dann in eine bestimmte Teilnehmerbetriebsklasse aufgenommen, wenn der Verfügungsberechtigte (das ist im allgemeinen der Betreiber eines Rechenzentrums bzw. Informationsdienstes) den Zugang gestattet. Damit entsteht ein quasi privates Wählnetz, in dem jedoch alle Möglichkeiten eines öffentlichen Netzes zur Verfügung stehen.

Besondere Leistungen sind ferner die *automatische Anschlußkennung* (der Vermittlungsrechner sendet die Rufnummer der Gegenstelle vor dem Durchschalten der Verbindung – diese Identifikationsmöglichkeit kann z.B. für Banken aus Datenschutzgründen wichtig sein) und die *Gebührenübernahme durch die gerufene Datenstation* (d.h. die Verbindung ist für den Rufenden gebührenfrei). Dadurch kann z.B. ein Betrieb seine EDV-Dienstleistungen bundesweit zu einheitlichen Konditionen anbieten und den Kunden die «Angst» vor hohen Zugangskosten nehmen.

*Diese und andere besondere Leistungen sind in allen Netzen der Telekom erhältlich, bei denen die Datenübertragung auf digitaler Grundlage erfolgt.* Das sind neben dem leitungsvermittelten Datexnetz das Telexnetz, das Datexnetz mit Paketvermittlung und die Datendirektverbindungen. Die Telekom verwendet hierfür den Sammelbegriff *IDN* als Abkürzung für «*Integriertes Text- und Datennetz*». (Bitte verwechseln Sie das IDN nicht mit dem ISDN, dessen weiterentwickelte Leistungsmerkmale im Abschnitt 3.3.3.1.7 beschrieben werden!)

*Vorteile des DATEX-L-Netzes gegenüber dem ebenfalls leitungsvermittelten Telefonnetz* liegen in der wesentlich *besseren Betriebsgüte, der höheren Übertragungsgeschwindigkeit*, den beschriebenen *besonderen Leistungsmerkmalen* und insbesondere in der *kurzen Verbindungsaufbauzeit*. Dadurch wird eine wirtschaftliche Realisierung von vielen Kurzverbindungen möglich. Die *Verbindungsgebühren* liegen in der gleichen Größenordnung *wie beim Telefonnetz*. Je nach Entfernung und Übertragungsgeschwindigkeit sind die Telefon- oder die DATEX-L-Gebühren günstiger. *Im Vergleich zu Datendirektverbindungen* ist die *niedrigere Festkostenschwelle* (geringe Investitionen bei privaten Datenendeinrichtungen im DATEX-L-Netz) besonders für kleine EDV-Anwender bzw. -Anwendungen wichtig. Dadurch, daß der Teletex-Dienst (vgl. Kapitel 4) ebenfalls im DATEX-L-Netz abgewickelt wird, ist es *möglich, daß ein Teletexanschluß einen DATEX-L-Anschluß (2400 bit/s) erreichen kann.*

*Der DATEX-L-Dienst eignet sich* aufgrund seines Kosten-/Leistungsverhältnisses besonders für sehr *kurze Dialogverbindungen, für Stapelbetrieb mit begrenztem Umfang und vor allem bei weiten Entfernungen.* Typische Nutzungen sind zum *Beispiel* der Buchungsverkehr im Kreditwesen (mit Kurzverbindungen von weniger als fünf Sekunden), Auskunftssysteme von Bausparkassen und Reisebüros oder die Stapelübertragung zu günstigen Nachttarifen im Versandhandel. Es gibt Großanwender mit mehreren hundert Anschlüssen bundesweit und Anwender mit nur zwei Anschlüssen.

Übungsaufgabe Nr. I-213 und I-214 im Arbeitsbuch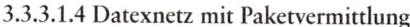

### 3.3.3.1.4 Datexnetz mit Paketvermittlung

Das **Datexnetz mit Paketvermittlung** (Synonym: **DATEX-P-Netz**; engl.: public packet switched datex network) ist ein öffentliches digitales Wählnetz speziell für die Datenübertragung. Es gestattet im Basisdienst bei synchroner Übertragung über virtuelle Verbindungen für DATEX-P-Hauptanschlüsse Übertragungsgeschwindigkeiten von 2400 bit/s bis 64 kbit/s. Es sind Verbindungen zwischen Anschlüssen mit unterschiedlicher Übertragungsgeschwindigkeit möglich. Zusätzliche Dienste erlauben auch andere Übertragungsverfahren und -geschwindigkeiten.

Seit 1980 bietet die DBP bzw. die nunmehrige Telekom mit DATEX-P einen paketvermittelten öffentlichen Übertragungsdienst an. Hierfür waren im wesentlichen folgende *Gründe* maßgebend:

1. Ergänzung der vorhandenen Palette von Datenübertragungsdienstleistungen um einen *kostengünstigen Dienst für geringe Übertragungsvolumina*, zum Beispiel dialogorientierte Anwendungen, die nur spontan innerhalb einer längeren Zeitspanne (Sitzung) den Übertragungsdienst in Anspruch nehmen.

2. Bereitstellung eines *Transportsystems für höherwertige Textkommunikationsdienste* (zum Beispiel Bildschirmtext) und DBP-interne Datenübertragungsaufgaben.

3. Schaffung der Voraussetzungen zur freizügigen *Kommunikation in offenen Systemen* (Datennetz für offene Systeme) und für Rechnerverbundsysteme.

Im DATEX-P-Netz sendet eine Datenendeinrichtung die zu übertragenden *Daten* eines Benutzers *in paketierter Form* an eine Vermittlungsstelle (= Netzknotenrechner mit gepufferten Leitungsein- und -ausgängen). Dort werden die Datenpakete zwischengespeichert und dann gegebenenfalls über andere Netzknoten und mit anderer Übertragungsgeschwindigkeit an den gewünschten Adressaten weitergeleitet. Sendende und empfangende Datenstationen sind nur mit Hilfe *virtueller*

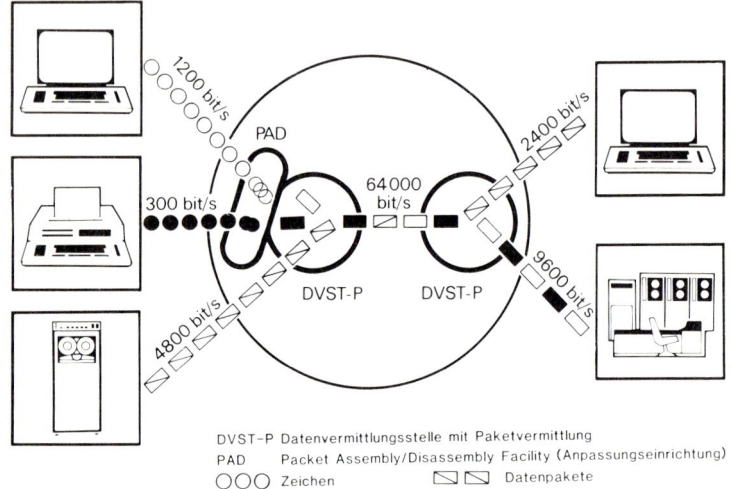

DVST-P Datenvermittlungsstelle mit Paketvermittlung
PAD      Packet Assembly/Disassembly Facility (Anpassungseinrichtung)
○○○ Zeichen              ◹◺ Datenpakete

Abb. 3.3.3.1.4/1: Datenübertragung im DATEX-P-Netz (Quelle: Telekom)

*Verbindungen* miteinander verknüpft (Verknüpfung über die Paket-adressen). Dabei können die physikalischen Verbindungen durch *zeit-liche Verschachtelung der Datenpakete verschiedener virtueller Verbin-dungen* mehrfach genutzt werden.

Das DATEX-P-Netz vermittelt und überträgt nur *genormte Datenpa-kete entsprechend der CCITT-Empfehlung X.25.* Der durch den An-wender nutzbare Teil der Datenpakete hat eine maximale Länge von 1024 Bits (128 sogenannte Oktetts à 8 Bits). Die weltweit anerkannte X.25-Empfehlung beschreibt die drei untersten Ebenen des ISO-OSI-Architekturmodells und regelt damit den Datenaustausch zwischen den Datenendeinrichtungen und dem Übertragungsnetz. Das entsprechende DATEX-P-Protokoll wird «*P10*» genannt.

In der *CCITT-Empfehlung X.25* wird auf der untersten *Schicht 1 (Bit-übertragung)* die physikalische Kopplung der Datenendeinrichtungen mit dem Netz über die Schnittstelle zwischen Datenübertragungseinrichtung und Datenendeinrichtung geregelt (Herstellung, Aufrechterhaltung und Wiederaufhebung der Verbindung sowie Art und Weise des Informations-transports). Auf der *Schicht 2 (Sicherung)* wird als Steuerungsverfahren für den Ablauf der Datenübertragung zwischen Datenübertragungseinrichtung und Datenendeinrichtung die *HDLC-Prozedur* verwendet (HDLC: High Level Data Link Control). HDLC ist ein durch die ISO festgelegtes bit-orientiertes Übertragungsverfahren, bei dem jeder übertragene Block einen einheitlichen Aufbau hat und dieser Aufbau Auskunft über die für die

688

Datenübertragung wesentlichen Größen – wie Menge, Folge, Ursprung und Bestimmung – gibt. Anfang und Ende eines Datenübertragungsblocks werden durch ein Kontrollzeichen (engl.: flag) erkannt. Zu den Funktionen des Steuerungsverfahrens gehören weiterhin die Kontrolle der Sende- und Empfangsvorgänge einschließlich Verbindungsauf- oder -abbau, die Adressierung und Flußkontrolle auf dem Übermittlungsabschnitt sowie die Fehlererkennung und -behebung. Gegenüber zeichenorientierten Steuerungsverfahren, bei denen Kontrollzeichen den Aufbau der Datenblöcke explizit beschreiben, erlauben bitorientierte Verfahren wie die HDLC-Prozedur eine effizientere Ausnutzung der Kapazität von Übertragungswegen (vgl. Sie hierzu die Ausführungen zum Synchronverfahren). Auf der *Schicht 3 (Vermittlung)* regelt X.25 den eigentlichen Ablauf auf der Paketebene, das heißt den Aufbau und Abbau von virtuellen Verbindungen, den Datenaustausch mit Flußkontrolle und Prozeduren zur Behebung von Fehlersituationen sowie die Behandlung von Unterbrechungen. Im Gegensatz zur Schicht 2 stehen hier die Regulierung und Sicherung logischer Datenströme im Vordergrund. Neben der Normung des Steuerungsverfahrens werden auf der Schicht 3 noch die Formate der zu übertragenden Pakete und wahlweise Nutzungsmöglichkeiten für den Anwender, wie zum Beispiel die Kostenübernahme durch den anderen Teilnehmer, festgelegt.

Durch die Einhaltung der CCITT-Empfehlung X.25 wurde die Möglichkeit geschaffen, daß nach diesem Protokoll arbeitende *Datenendgeräte unterschiedlicher Hersteller direkt am Datexnetz mit Paketvermittlung angeschlossen* werden können. Sie wissen aus dem Abschnitt 3.3.1.5, daß eine volle Kompatibilität zwischen den Endgeräten allerdings noch weitere Vereinbarungen oberhalb der dritten Ebene voraussetzt.

Auf dem Basisdienst DATEX-P10 baut der *Anpassungsdienst DATEX-P20* auf, der über sogenannte PAD-Einrichtungen den Anschluß von zeichenorientierten, asynchronen (fernschreibmaschinen-

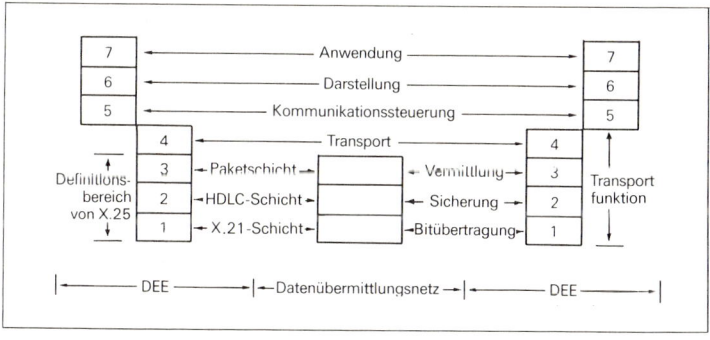

Abb. 3.3.3.1.4/2: Definitionsbereich von X.25 im ISO-OSI-Architekturmodell

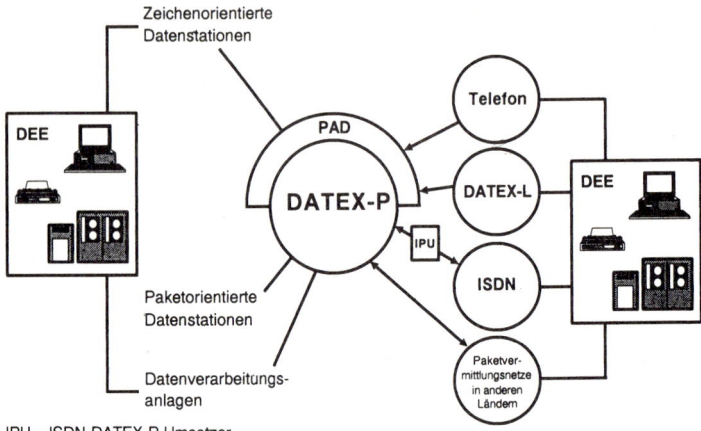

**DATEX-P-Anschlüsse**         **Andere Wählanschlüsse**

Zeichenorientierte
Datenstationen

DEE

PAD

Telefon

DATEX-P

DATEX-L

IPU

DEE

ISDN

Paketorientierte
Datenstationen

Datenverarbeitungs-
anlagen

Paketver-
mittlungsnetze
in anderen
Ländern

IPU = ISDN-DATEX-P-Umsetzer

Abb. 3.3.3.1.4/3: Zugangsmöglichkeiten zu DATEX-P (Quelle: Telekom)

ähnlichen) Endgeräten erlaubt. Eine *PAD-Einrichtung* (PAD ist die Abkürzung für engl.: packet assembly / disassembly facility) paßt das jeweilige herstellerspezifische Protokoll an den X.25-Standard an. Mittelbar kann der DATEX-P-Dienst auch durch *Verbindungsübergänge* von Telefon-, DATEX-L- und ISDN-Anschlüssen in Anspruch genommen werden. Die Verwendung international anerkannter Standards ermöglicht über DATEX-P weltweit *internationale Verkehrsbeziehungen* zu derzeit rund 190 ausländischen paketvermittelten Datennetzen in 90 Ländern.

Wesentliche *Möglichkeiten des DATEX-P-Dienstleistungskonzepts* sind:

1. *Mehrfachanschluß* (von einem Anschluß aus sind gleichzeitig bis zu 255 virtuelle Verbindungen möglich);
2. *Verbindungen zwischen Anschlüssen unterschiedlicher Übertragungsgeschwindigkeit* (durch die Zwischenspeicherung ermöglichte Geschwindigkeitsanpassung im Netz);
3. *Gebührenübernahme bei ankommenden Rufen*;
4. *geschlossene Teilnehmerbetriebsklasse* (Zusammenschluß einer beliebigen Anzahl von Anschlüssen, die untereinander kommunizieren wollen und die von berechtigten Anschlüssen erreicht werden sollen; ein Anschluß kann dabei mehreren Teilnehmerbetriebsklassen angehören, zusätzlich auch der allgemeinen Klasse im öffentlichen Netz zugeordnet werden und nur auf abgehenden oder ankommenden Verkehr beschränkt werden);

5. *feste virtuelle Verbindungen* (benötigen keine Verbindungsaufbau- und -abbauphase);
6. *Benutzerangaben im Verbindungsanforderungspaket* (z.B. Paßwort, um der Gegenstelle die Benutzungsberechtigung nachzuweisen);
7. *Subadresse* (die Rufnummer enthält eine maximal dreistellige Unteradresse, die dazu dient, die Verbindung bei der gerufenen Datenendeinrichtung intern weiterzuleiten [Durchwahl] bzw. den Ursprung der rufenden Datenstation anzuzeigen).

Die *Gebühren für* Verbindungen im DATEX-P-Netz sind *benutzungs- bzw. mengenorientiert* und *nicht entfernungsabhängig.* Aufgrund der Gebührenstruktur und der Leistungen ist der DATEX-P-Dienst vor allem für *Dialoganwendungen mit einem kleinen zu übertragenden Datenvolumen* und als *Teilsystem in großen Datenfernverarbeitungsnetzen* interessant. Diesbezügliche *Vorzüge* sind das anwendungs- und herstellerneutrale Datentransportsystem, die allgemeine Verfügbarkeit ohne hohe Vorinvestitionen, die freie Wahl der EDVA- und Terminal-

| DATEX-L | DATEX-P10 |
|---|---|
| • Einfachanschluß mit exklusiver Bereitstellung der vollen Bandbreite | • Mehrfachanschluß über einen Hauptanschluß |
| • kompatible Endgeräte notwendig | • Anpassungsdienste (Code-, Prozedur-, Geschwindigkeitswandlung) |
| • Zeittransparenz (feste Übertragungszeiten) | • lastabhängige Übertragungszeiten |
| • geringe Leitungsausnutzung im Netz (vor allem bei Dialog) | • hohe Leitungsausnutzung im Netz |
| • Anrufe im Hochlastfall werden vom Netz abgelehnt (bestehende Verbindungen behalten Übertragungskapazität) | • im Hochlastfall sinkt in der Regel die Datenübertragungsrate aller Teilnehmer; Anrufe können trotzdem entgegengenommen werden |
| • nur Wählverbindungen | • feste oder gewählte Verbindungen |
| • Gebühr primär zeitabhängig | • Gebühr primär volumenabhängig |

Abb. 3.3.3.1.4/4: Merkmale des leitungsvermittelten und des paketvermittelten Datexnetzes

Standorte (wegen der entfernungsunabhängigen Gebühren) und die Möglichkeit zum flächendeckenden Angebot von EDV-Dienstleistungen.

Zum *Beispiel* ist derzeit im DATEX-P10-Dienst bei einer externen Datenbankrecherche von 15 Minuten Dauer mit ca. 10000 übertragenen alphanumerischen Zeichen ungefähr eine Mark an die Telekom zu entrichten. Eine Reisebuchung im Dialog einschließlich der Ausgabe der Reiseunterlagen von 2 Minuten Dauer mit etwa 2500 übertragenen Zeichen kostet ca. 0,20 DM Gebühr.

In Abb. 3.3.3.1.4/4 werden nochmals die wichtigsten Merkmale des DATEX-L- und des DATEX-P-Netzes zusammengefaßt.

$\longrightarrow$ Übungsaufgaben Nr. I-215 und I-216 im Arbeitsbuch

### 3.3.3.1.5 Datendirektverbindungen

**Datendirektverbindungen** (engl.: dedicated line; dedicated connection; nonswitched line; leased line) sind spezielle festgeschaltete digitale Verbindungen im Datenübermittlungsdienst der Telekom. Umgangssprachlich werden sie häufig auch *«Standleitungen»* genannt. Sie sind grundsätzlich duplexfähig, sie können aber auch für Halbduplex-, Simplex-Empfang und Simplex-Sende-Betrieb geschaltet werden. Datendirektverbindungen bieten Übertragungsgeschwindigkeiten von 50 bit/s und 300 bit/s asynchron, 1200 bit/s bis 19,2 kbit/s synchron oder asynchron sowie 64 kbit/s und 1,92 Mbit/s synchron.

Bis 1991 wurden Datendirektverbindungen noch als *«Direktrufverbindungen»* und die Anschaltepunkte als *«Hauptanschlüsse für Direktruf»* bezeichnet. Heute spricht die Telekom – wie erwähnt – nur noch von «Datendirektverbindungen», zwischen deren «Enden» eine dauernd bereitgestellte Verbindung hergestellt wird.

Im allgemeinen haben Datendirektverbindungen *auf der Fernebene Ersatzschaltemöglichkeiten*, d.h. im Störungsfall steht dem Anwender ein zweiter Übertragungsweg als Ersatzweg automatisch zur Verfügung. Als besonderes Leistungsmerkmal bietet die Telekom zur Schnittstellenvervielfachung Knotenschaltungen für 1200 bis 9600 bit/s mit einem Eingang und beliebig vielen Ausgängen. Ferner ist die Unterteilung der Übertragungskapazität (ab 2400 bit/s) in maximal vier Kanäle möglich. Über Knoteneinrichtungen lassen sich mehrere Datendirektverbindungen zusammenschalten.

Datendirektverbindungen haben vor allem den *Vorteil der ständigen Verfügbarkeit.* Sie bieten sich dann an, wenn

- Verbindungen laufend, und zwar täglich über längere Zeit, benutzt werden sollen,
- immer die gleichen Endgeräte erreicht werden sollen (keine Wählprozeduren),
- eine hohe Übertragungsgüte und der Schutz vor Fehlverbindungen gewährleistet sein muß,
  geschlossene Benutzergruppen vorliegen und
- bestimmte Übertragungsprozeduren von Rechnernetzkonzepten verwendet werden sollen, die in Wählnetzen nicht möglich sind.

Derzeit werden etwa *40% aller Datenstationen* in den Fernmeldenetzen der Telekom *an Datendirektverbindungen* betrieben.

*Es ist denkbar, daß die Bedeutung der Datendirektverbindungen künftig durch die Bereitstellung der (vorstehend beschriebenen) besonderen Leistung «Direktruf» in Wählnetzen abnimmt. Vorteile eines Datex-Wählhauptanschlusses mit Direktruf* sind vor allem die *Ausfallsicherheit (zwischen zwei Orten steht eine Vielzahl von Leitungen zur Verfügung),* die häufig zu erwartende *Ersparnis von Übertragungsgebühren* (die Verbindungsdauer wird auf die tatsächlich für Datenübertragung benötigte Zeit beschränkt) sowie die *kurze Verbindungsaufbauzeit.* Im Vergleich zu Datendirektverbindungen ist es allerdings von *Nachteil,* daß hier wie in jedem Wählnetz *Besetztfälle* auftreten können.

Übungsaufgabe Nr. I-217 im Arbeitsbuch ←

### 3.3.3.1.6 Internationale Mietleitungen

**Internationale Mietleitungen** (engl.: international leased lines) sind Fernmeldewege, die den Benutzern von der Telekom in Zusammenarbeit mit der Gegenverwaltung oder einer dort anerkannten Betriebsgesellschaft für die grenzüberschreitende Datenübertragung vermietet werden. Es handelt sich dabei um Standleitungen zum ständigen Gebrauch. Die möglichen Übertragungsgeschwindigkeiten und -verfahren hängen von den Fernmeldediensten der verschiedenen Länder ab.

Für manche Anwendungen ist das Angebot an Wählverbindungen mit dem Ausland nicht ausreichend, es sind *Standleitungen* (entsprechend den nationalen Datendirektverbindungen) erforderlich. Insbesondere für multinationale Unternehmen und für Anbieter von Mehrwertdiensten (Näheres hierzu folgt im Kapitel 4) sind solche internationale Mietleitungen eine wichtige Geschäftsbasis.

*Die EG sieht internationale Mietleitungen als wesentlichen Bestandteil der öffentlichen Kommunikationsinfrastruktur an.* Im Zuge der Verwirklichung des europäischen Binnenmarktes für Telekommunikationsdienste soll durch *harmonisierende Grundsätze* und durch *Einführung eines offenen Netzzugangs* (engl.: open network provision; abgekürzt: ONP) ein nichtdiskriminierender und effizienter Zugang der Benutzer gewährleistet werden. Die entsprechenden Harmonisierungsrichtlinien erstrecken sich auf die Nutzungsbedingungen, die Gebührengrundsätze, die Auftragsverfahren, die Kontrolle durch die einzelstaatlichen Behörden und die Schlichtungsverfahren bei Streitfragen zwischen dem Benutzer und dem Anbieter von Mietleitungen. Dadurch sollen günstige Bedingungen für die Entwicklung europaweiter Dienstleistungsnetze geschaffen werden. Diensteanbieter der Gemeinschaft sollen an den Märkten der Drittländer verstärkt teilnehmen können.

*Bei internationalen Mietleitungen erhebt jedes Land seinen Entgeltanteil für die Datenübertragung selbst.* Deshalb, und wegen der Kursschwankungen, kann die Telekom nur ungefähre Angaben über die Gesamtkosten machen. Bemessungsgrößen sind die Art der Mietleitung (Telegrafen-, Telefonleitung usw.) und das Land. Nur bei Mietleitungen zu angrenzenden europäischen Ländern und bei Breitbandmietleitungen hat die Lage der Endstelle im Bereich der Telekom und im Ausland Einfluß auf die Höhe des Entgeltes.

→ Übungsaufgabe Nr. I-218 im Arbeitsbuch

### 3.3.3.1.7 ISDN

Seit 1989 wird in der Bundesrepublik Deutschland – wie in anderen westlichen Industriestaaten auch – schrittweise das ISDN eingeführt. Eine vollständige *Flächendeckung* soll in Westdeutschland bis Ende 1993, in den neuen deutschen Bundesländern bis 1995 erreicht sein.

Das **ISDN** (Abkürzung für engl.: Integrated Services Digital Network) ist ein universelles digitales Fernmeldenetz, welches sich aus dem digitalisierten Telefonnetz entwickelt. Es bietet eine durchgehend digitale Verbindung von Teilnehmer zu Teilnehmer und die Möglichkeit, auf einer Anschlußleitung zwei oder mehrere Nutzkanäle (Basiskanäle) gleichzeitig und unabhängig voneinander mit der

Übertragungsgeschwindigkeit von 64 kbit/s je Basiskanal verwenden zu können. Ein zusätzlicher Steuerkanal pro Anschluß mit einer Übertragungsgeschwindigkeit von 16 kbit/s dient zur Übertragung notwendiger Steuerinformation. Schon früher bestehende Dienste der Sprach-, Daten-, Text- und Bildkommunikation können damit schneller und qualitativ besser als bisher übertragen werden, neue Dienste erweitern die Anwendungsmöglichkeiten der Telekommunikation. Es sind Wähl- und Standverbindungen für die Mehrfach- und Mischkommunikation möglich.

Stellen Sie sich zum *Beispiel* ein *Hochschulinstitut* vor,

– das mit Partnern in Wirtschaft und Verwaltung, auch in den USA und Japan, jederzeit ohne Verzögerung korrespondieren möchte,

– das einen Rechner an das Bildschirmtextsystem der Post koppeln will, über den bundesweit Selbststudienkurse angeboten werden und Lehrveranstaltungsanmeldungen ermöglicht werden sollen,

– das diesen Rechner auch an ein Forschungsnetz anschließen will, das fast alle europäischen Universitäten verbindet und darüber hinaus Kommunikationsmöglichkeiten mit nordamerikanischen Forschungsstätten eröffnet,

– das häufig rasch Konstruktionszeichnungen mit drei Instituten in anderen Bundesländern austauschen muß, mit denen es an gemeinsamen Projekten arbeitet,

– dessen Mitarbeiter stets ansprechbar sein sollen und die auch selbst jederzeit Studenten, Hochschullehrerkollegen usw. anrufen können sollen.

Bevor es das ISDN gab, benötigte dieses Institut hierfür separate Hauptanschlüsse – jeweils mit einer anderen Teilnehmernummer – an folgenden Fernmeldenetzen:

– Telexnetz für Fernschreiben (Telex) oder DATEX-L-Netz für Bürofernschreiben (Teletex),

– DATEX-P-Netz für den Rechneranschluß an das öffentliche Bildschirmtextsystem,

– Datendirektverbindung für das DFN,

– Telefonnetz für Fernkopieren (Telefax),

– Telefonnetz für Fernsprechen.

Alle Ihnen noch nicht bekannten Dienste werden im 4. Kapitel behandelt. Sie sehen an der vorstehenden Aufzählung, daß *fast jeder Telekommunikationsdienst auf einem speziellen Netz basiert und meist auch spezifische Endgeräte erfordert.* Das ist nicht nur *für den Benutzer umständlich* (Gerätesammelsurium im Büro, Vielzahl von Teilnehmernummern) *und teuer* (Geräteanschaffungskosten, Anschlußgebühr, Grundgebühr, Nutzungsgebühr). Ebenso ist *für die Telekom die Entwicklung und der Betrieb vieler spezieller Netze höchst aufwendig.* Die

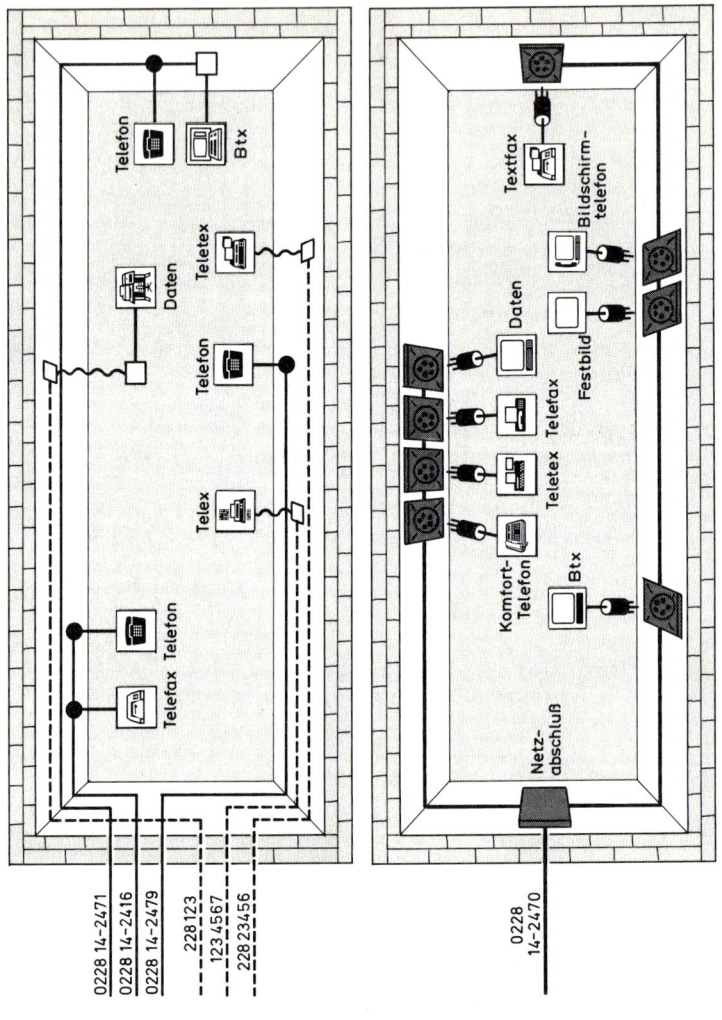

Abb. 3.3.3.1.7/1: Telekommunikation früher und mit dem ISDN (Quelle: Telekom)

Zersplitterung wirkt sich schließlich auch auf die Produktionsstückzahlen in der *Fernmeldeindustrie* und damit auf die Preise von Datenstationen negativ aus.

*Begründet sind die heutigen dienstspezifischen Netze in der histori-
schen Entwicklung*: Vorhandene Übertragungswege konnten den Anforderungen neuer Dienste nicht oder nur unzureichend gerecht werden, so daß eigene Netze geschaffen werden mußten. Wenn neue
Dienste auf vorhandenen Netzen implementiert wurden (wie z.B. die
Teilnehmeranbindung bei Bildschirmtext oder das Fernkopieren im Telefonnetz), so führte dies häufig zu großen Unzulänglichkeiten (z.B. ist
kein Telefonieren während des Bildschirmtext- und Fernkopierverkehrs
möglich, aufgrund der langsamen Übertragungsgeschwindigkeit ist die
Brauchbarkeit dieser Dienste in vielen Fällen eingeschränkt).

Die durch informationstechnologische Fortschritte eröffnete Möglichkeit, das Telefonnetz mit einem ökonomisch zu rechtfertigenden
Aufwand zu digitalisieren, erlaubt es, dieses außerordentlich dichte
Netz auch für die meisten anderen Fernmeldedienste zu nutzen. *Das
ISDN ist also nichts anderes als das digitale Fernsprechnetz, in welches
Daten- und Textübertragungsdienste integriert und hinsichtlich Zugang
und Kommunikationsabwicklung vereinheitlicht werden.* Die Verbindungen erfolgen weiterhin *leitungsvermittelt*, später ist zusätzlich eine
paketvermittelte Datenübertragung vorgesehen. *Dabei wird das bestehende Übertragungsnetz verwendet.* Als Neuerung gegenüber dem digitalen Telefonnetz wird bei ISDN jedoch auch noch die *Teilnehmeranschlußleitung digitalisiert*, d.h. die Verbindungen verlaufen von Teilnehmer zu Teilnehmer durchgehend digital.

Mit dem Übertragungsverfahren der Echokompensation kann auf
der gewöhnlichen Kupferdoppelader der Teilnehmeranschlußleitung Information mit einer *Nettobitrate von 144 kbit/s* übermittelt werden.
Damit enthält der aus einem Stromkreis (Doppelader) bestehende
*ISDN-Basisanschluß* drei eigenständige funktionale Informationskreise:
$B_1 + B_2 + D_0$ (vgl. Abb. 3.3.3.1.7/2). Mit $B_1$ und $B_2$ werden *zwei wechselseitig betriebene Basiskreise (Nutzkanäle) mit einer Bitrate von je 64
kbit/s* bezeichnet. $D_0$ stellt einen wechselseitig betriebenen *Steuerkreis
( = Steuerkanal) mit einer Bitrate von 16 kbit/s* dar. Er wird in erster
Linie dazu verwendet, um allgemeine und dienstspezifische Information
(z.B. zum Auf- und Abbau von Verbindungen oder zur Realisierung
besonderer Leistungsmerkmale) für die über die Nutzkanäle in Anspruch genommenen Dienste auszutauschen. Somit können die Basiskreise vollständig für den jeweiligen Dienst genutzt werden. Im Gegensatz zur Anschlußleitung wird die *Teilnehmerschnittstelle vierdrähtig
ausgeführt und als passiver Bus* installiert (vgl. hierzu auch Abschnitt
3.3.3.3).

Kleinere (digitale) Nebenstellenanlagen (vgl. Abschnitt 3.3.3.4) können über mehrere Basisanschlüsse mit der ISDN-Vermittlungsstelle ver-

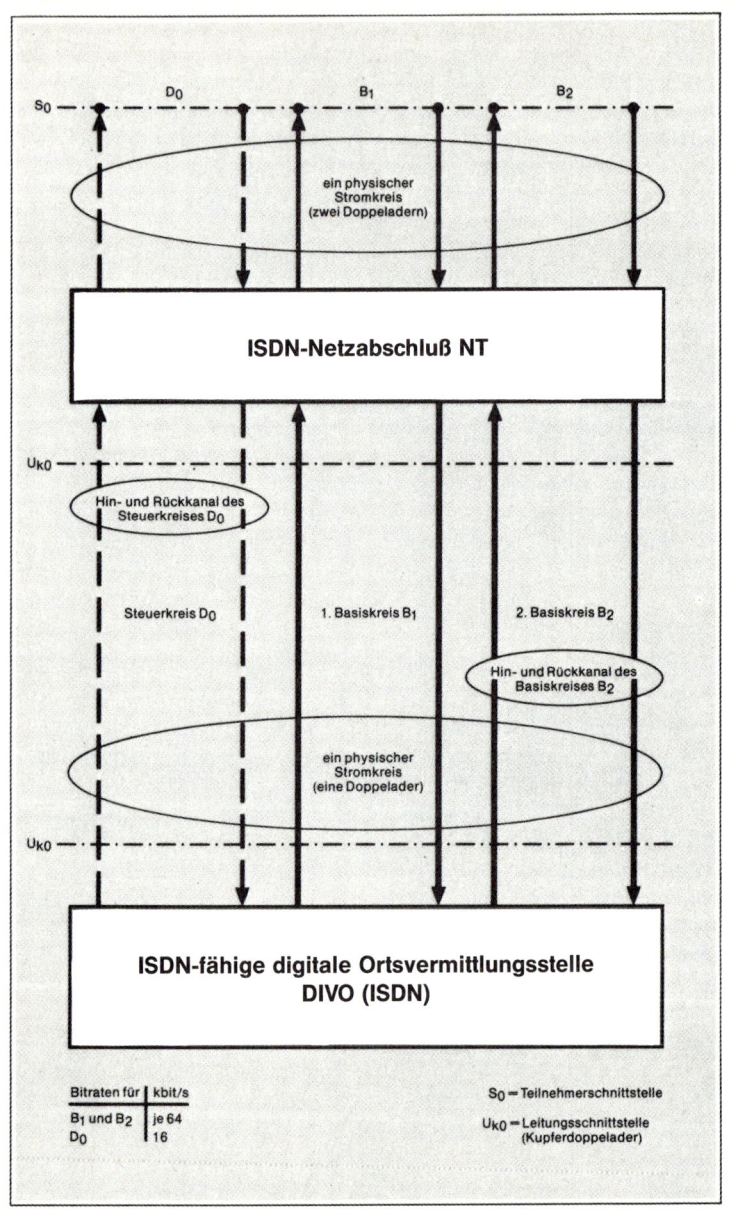

Abb. 3.3.3.1.7/2: ISDN-Basisanschluß (Quelle: Telekom)

bunden werden. *Für größere Nebenstellenanlagen* steht als spezieller Netzzugang ein sogenannter *Primärmultiplexanschluß* zur Verfügung. Dabei verknüpft bzw. verteilt ein Multiplexer *auf einer ISDN-Verbindung mit 1,92 Mbit/s bis zu 30 separate Verbindungen (Basiskreise) mit einer Bitrate von je 64 kbit/s*; für die erforderliche *Teilnehmersignalisierung* ist ein *Steuerkreis von ebenfalls 64 kbit/s* vorgesehen. Dieser Multiplexanschluß ist auch für EDVA verwendbar.

Über die beiden Nutzkanäle eines Teilnehmeranschlusses können *Verbindungen zu zwei unterschiedlichen Datenstationen* führen *(Mehrfachkommunikation)*. Dadurch ist es z. B. möglich, daß ein Teilnehmer gleichzeitig eine Sprechverbindung zu einem fernen Teilnehmer unterhält und im öffentlichen Bildschirmtextsystem Information abruft. Anstelle der Btx-Recherche kann er selbstverständlich auch seinem Gesprächspartner Kopien übersenden oder einen sonstigen Dienst verwenden. Die beiden *Nutzkanäle lassen sich auch zusammenschalten*,

Abb. 3.3.3.1.7/3: Bildschirmtexttelefon

Abb. 3.3.3.1.7/4: Bildtelefon

wodurch sich je Basisanschluß eine *Gesamtübertragungsrate von 128 kbit/s* ergibt (plus Signalisierung).

*Jeder Teilnehmer (= Basisanschluß)* erhält – unabhängig von der Anzahl und Art der beanspruchten Kommunikationsdienste – *nur eine Rufnummer, über die bis zu acht Endgeräte erreicht werden können.* Wie vorstehend erwähnt, können jedoch an einem Basisanschluß *immer nur zwei Geräte gleichzeitig* betrieben werden. Dabei ist ein jederzeitiger *Dienstwechsel* möglich *(Mischkommunikation)*.

Anstelle von mehreren, über den Bus der Teilnehmerschnittstelle zusammengefaßten «Einzeldienstgeräten» können auch *multifunktionale Endgeräte* zum Einsatz kommen, die den Zugang zu unterschiedlichen Fernmeldediensten bieten. Diese ermöglichen eine funktionale Integration der verschiedenen Kommunikationsarten in einem Gerät, tragen damit wesentlich zur Vereinheitlichung der Benutzeroberfläche bei und sind darüber hinaus raumsparend. In Abb. 3.3.3.1.7/3 wird ein Bildschirmtexttelefon wiedergegeben. Als *Mehrdienstgeräte* für die Daten- und Textkommunikation, die auch die Sprachkommunikation durch das Anwählen unterstützen können, dienen hauptsächlich *Personal-Computer mit ISDN-Adapterkarten.* Näheres hierzu erfahren Sie im Abschnitt 3.3.4.

Die verschiedenen Endgeräte werden über *genormte einheitliche Steckdosen* (siehe Abb. 3.3.3.1.7/1) an die Leitungen zur Teilnehmer-

700

schnittstelle angeschlossen («*universelle Telekommunikationssteck-dose*»). Weil die *Telekom Dienst- und Netzübergänge* vorsieht, können sie auch mit kompatiblen Endgeräten in einigen bisherigen Fernmelde-netzen (analoges Telefonnetz, DATEX-L-Netz, DATEX-P-Netz) kom-munizieren.

Die meisten *bestehenden Dienste* der Sprach-, Daten- und Textkom-munikation wurden in das ISDN übernommen. *Die «ISDN-Versionen» dieser Dienste* bieten einen schnelleren Verbindungsaufbau und eine wesentlich höhere Übertragungsgeschwindigkeit als bisher mit mehr Qualität und Komfort. *Mehr Qualität* bedeutet z.B. höhere Sprachqua-lität und größere Übertragungssicherheit. *Mehr Komfort* heißt z.B.

- automatischer Rückruf im Besetztfall,
- «Anklopfen» mit Anzeige der Rufnummer des rufenden Teilnehmers (vgl. Abb. 3.3.3.1.7/5),
- Anrufweiterschaltung,
- Aufzeichnen von Daten ankommender Gespräche (Anrufliste),
- Anrufbeantwortung durch Sprachspeicherung (Näheres hierzu im Kapitel 4),

Abb. 3.3.3.1.7/5: Anzeige von Rufnummer und Name des Teilnehmers im internen Telefonverkehr

- Gebührenübernahme,
- Konferenzverbindungen,
- geschlossene Benutzergruppe,
- Einschränken von Verbindungen («Ruhe vor dem Telefon»),
- Gebührenanzeige über Verbindungsgebühr,
- Ansage/Anzeige der geänderten Rufnummer,
- Wahlwiederholung.

Welche *Dienste im deutschen ISDN* angeboten werden, zeigt die Abb. 3.3.3.1.7/6. Der bereits integrierte *Telefondienst* soll ab 1994 durch die Erweiterung der Übertragungsbreite von 3,1 auf 7 kHz bezüglich der Qualität der Sprachübertragung deutlich verbessert werden. Das Fernkopieren, das im *Telefaxdienst* auf der Basis des Telefonnetzes 20–60 Sekunden je DIN-A4-Seite benötigt, wurde durch die im ISDN möglichen *Gruppe-4-Geräte* auf etwa 10 Sekunden pro Seite bei gleichzeitig höherer Auflösung beschleunigt. Ebenso ist bei dem ansonsten

| | 1988 | 1989 | 1990 | 1991 | 1992 | 1993 | 1994 | 1995 |
|---|---|---|---|---|---|---|---|---|
| TEMEX-Dienst (Fernwirken) | | | | | | | | |
| Telefondienst 7 kHz | | | | | | | | |
| Datenübermittlungsdienste (paketorientiert), D-, B-Kanal | | | | | | | | |
| Bildtelefondienst | | | | | | | | |
| Zugang zum DATEX-P-Dienst | | | | | | | | |
| Anschließungsmöglichkeiten vorhandener Endgeräte | | | | | | | | |
| Festverbindung, Gruppe 3 | | | | | | | | |
| Festverbindung, Gruppe 2 | | | | | | | | |
| Datenübermittlungsdienste | | | | | | | | |
| Teletexdienst | | | | | | | | |
| Bildschirmtext | | | | | | | | |
| Telefaxdienst, Gruppe 4 | | | | | | | | |
| Telefondienst | | | | | | | | |

Abb. 3.3.3.1.7/6: Dienstespektrum im ISDN und seine zeitliche Integration in das ISDN (Quelle: Telekom)

sehr langsamen *Bildschirmtextdienst* und dem *Teletexdienst* eine wesentlich schnellere Seitenübertragung möglich (Näheres im Kapitel 4).

*Wählverbindungen zur Datenübermittlung* sind bisher nur *leitungsvermittelt* möglich (mit 64 kbit/s), *ab 1993* soll ein *Paketdienst* mit volumenabhängiger Preisgestaltung angeboten werden. *Festverbindungen der Gruppe 2* sind ständig geschaltete Leitungen zwischen zwei definierten Festanschlüssen. Sie haben eine Übertragungskapazität von 64 kbit/s, die transparent in beide Richtungen (duplex) für alle Dienste (außer Bildschirmtext) genutzt werden kann. Verbindungen zu anderen Festanschlüssen sind nicht möglich. *Festverbindungen der Gruppe 3* werden auch *semipermanente Verbindungen* genannt. Sie können im Gegensatz zu den Festverbindungen der Gruppe 2 vom Teilnehmer je nach Bedarf in Betrieb genommen werden. In den übrigen Zeiten steht der Basiskanal für Wählverbindungen zur Verfügung.

---

Der **TEMEX-Dienst** (engl.: TEMEX service) ist ein Fernwirkdienst, der in Deutschland sowohl über das Telefonnetz als auch über das ISDN angeboten wird. Das Fernwirken beinhaltet die Aufgabenbereiche Fernüberwachen (von Geräten, Einrichtungen, Gebäuden) und Fernsteuern (Schalten und Einstellen).

---

Im Rahmen der *Fernüberwachung* können mittels Sensoren erfaßte Signale, z.B. Geräusche oder Rauchentwicklung, einer Zentrale gemeldet werden und dort Alarm auslösen. Oder es können differenzierte Meßwerte, wie Temperaturen, laufend aus der Ferne erfaßt werden. Durch *Fernsteuerung* lassen sich mit einfachen Befehlssignalen Maschinen ein- oder ausschalten, mit differenzierten Befehlssignalen ist auch eine exakte Ferneinstellung möglich (z.B. Regulierung eines Druckkessels).

---

Der **Bildtelefondienst** (engl.: image telephone exchange service) ergänzt beim Telefonieren die Sprachkommunikation durch die Übertragung von Bildern, zum Beispiel der Gesprächspartner. Mittels einer Kamera aufgenommene Dokumente (Vorlagen) oder sonstige Objekte können ebenfalls übermittelt werden. Für die Sprach- und Bildübertragung wird im ISDN je ein Basiskanal mit 64 kbit/s benötigt. Wegen der beschränkten Übertragungskapazität ist im ISDN nur die Übertragung von Festbildern und langsamen Bewegtbildern möglich (etwa alle vier Sekunden ein neues Farbbild).

*Voraussetzung für eine «echte» Bewegtbildkommunikation* bzw. Dienste wie z.B. Videokonferenzen oder Verteilung von Fernseh- und Hörfunkprogrammen sind *breitbandige Teilnehmeranschlußleitungen* (Koaxial- oder Glasfaserkabel). Über die diesbezügliche Langfristplanung der Post können Sie sich im Abschnitt 3.3.4 informieren.

Der *Grundpreis für einen ISDN-Basisanschluß* der Telekom beträgt 74 DM pro Monat. Darüber hinaus sind bei Wählverbindungen die normalen *Telefonverbindungsentgelte* zu bezahlen (wie bei analogen Telefonverbindungen). Die Entgelte für die semipermanenten und permanenten Verbindungen orientieren sich am Kalkulationsschema für Datendirektverbindungen (Standleitungen), d.h. sie sind lediglich entfernungsabhängig. Für *Terminaladapter* der Telekom werden *zusätzliche Entgelte* berechnet.

$\longrightarrow$ Übungsaufgabe Nr. I-219 im Arbeitsbuch

### 3.3.3.2 Satellitennetze

Bei der **Datenübertragung über Satellit** (engl.: satellite communication) sind digitale Wählverbindungen und Standverbindungen mit momentanen Übertragungsgeschwindigkeiten von 300 bit/s bis 1,92 Mbit/s möglich. Es lassen sich sowohl Punkt-zu-Punkt- als auch Punkt-zu-Mehrpunkt-Verbindungen im Simplex- und Duplexverfahren realisieren. In Deutschland konkurriert die Telekom mit ihren Satellitendiensten DASAT, NASAT und DAVID gegen eine größere Zahl von privaten VSAT-Dienstanbietern.

Das *Ausleuchtgebiet* eines Satelliten ist i.a. dort begrenzt, wo der Strahl der Satellitenantenne nur noch halb so intensiv auf die Erde auftrifft wie im Strahlungszentrum. Ein *globaler Strahl* (engl.: global beam) versorgt den ganzen Bereich der Erdoberfläche, der vom Satelliten aus sichtbar ist. Ein *hemisphärer Strahl* (engl.: hemi beam) leuchtet nur die Hälfte der sichtbaren Erdoberfläche aus. Ein *Zonenstrahl* (engl.: zonal beam) erreicht ein großes Gebiet wie z.B. Europa und Nordamerika. Und ein *Bündelstrahl* (engl.: spot beam) beschränkt sich auf ein Land oder ein kleines Gebiet mit viel Fernmeldeverkehr. Im Randbereich von Ausleuchtzonen sind bei den Bodenstationen größere Antennendurchmesser erforderlich als im Zentralbereich. Für eine interkontinentale Kommunikation oder für Ortungssysteme arbeiten mehrere Satelliten zusammen.

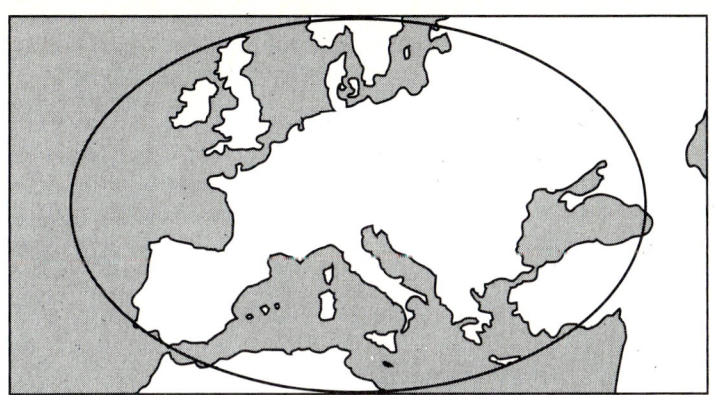

Abb. 3.3.3.2/1: Ausleuchtzone eines EUTELSAT-Satelliten

### 3.3.3.2.1 Wählverbindungen über Satellit (DASAT und NASAT)

Für die rein nationale Kommunikation steht der Telekom seit 1989 der eigene Deutsche Fernmeldesatellit (DFS) KOPERNIKUS zur Verfügung. Für die grenzüberschreitende Datenübertragung ist die Telekom Teilhaber und Nutzer des europaweiten Satellitensystems der EUTELSAT (European Communications Satellite Organization) und des weltumspannenden Satellitensystems der INTELSAT (International Telecommunications Satellite Organization). Kenndaten dieser Satellitensysteme werden im Abschnitt 3.3.4 wiedergegeben.

---

**DASAT,** die **D**atenübertragung über **Sat**ellit, ist ein Dienst der Telekom, der nationale leitungsvermittelte Wähl- und Reservierungsverbindungen – auch in die neuen Bundesländer – mit Übertragungsgeschwindigkeiten von 64 kbit/s bis 1,92 Mbit/s synchron ermöglicht. DASAT-Verbindungen mit Anschlüssen im Ausland können realisiert werden, soweit dies mit den ausländischen Fernmeldeverwaltungen oder anerkannten privaten Betriebsgesellschaften vereinbart ist.

---

Die Endgeräte der Teilnehmer werden terrestrisch (Kabel oder Richtfunk) an eine Erdefunkstelle der Telekom angebunden. Die Übertragung erfolgt auf der Erde mit derselben Geschwindigkeit wie beim Satellitenfunk (im Rahmen einer Verbindung). DASAT-Verbindungen sind nur zwischen Anschlüssen mit gleicher Übertragungsgeschwindig-

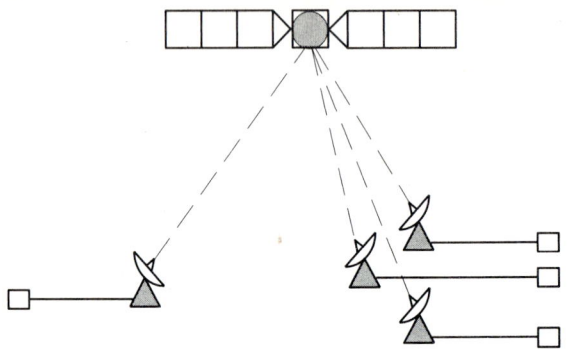

Abb. 3.3.3.2.1/1: Punkt-zu-Mehrpunkt-Satellitenverbindung (Quelle: Telekom)

keit möglich. Punkt-zu-Punkt-Verbindungen können duplex oder simplex, Punkt-zu-Mehrpunkt-Verbindungen können nur simplex mit maximal 16 Gegenstellen genutzt werden.

*Wählverbindungen* werden vom Teilnehmer selbst zur gewünschten Gegenstelle oder zu mehreren Gegenstellen hergestellt. Bei *Reservierungsverbindungen* wird dem Teilnehmer nach Anmeldung bei einer zentralen Stelle der Telekom Übertragungskapazität für einen bestimmten Zeitraum zur Verfügung gestellt. Reservierungsverbindungen werden aufgebaut, wenn der Teilnehmer im Reservierungszeitraum Verbindungswünsche signalisiert. Wann und wie oft der Teilnehmer dies tun will, kann er individuell bestimmen. Es wird zwischen einer Einzelreservierung (5 Minuten bis < 24 Stunden), einer Dauerreservierung (ab 24 Stunden) oder einer zyklischen Reservierung (täglich, werktäglich oder wöchentlich) unterschieden. Neben der Standardleistung (Datenübertragung) bietet die Telekom auf Wunsch des Teilnehmers zusätzliche Leistungen (teilweise unentgeltlich) wie Direktruf, geschlossene Benutzergruppe ohne oder mit Außenverkehr, Einzelverbindungsnachweis u.a.m.

Datenübertragung über Satellit ist dann interessant, wenn große Datenmengen schnell zu unterschiedlichen Gegenstellen – auch gleichzeitig – übertragen werden sollen. Als *typische Anwendungen* kommen in Frage:

– Computer Aided Design (CAD),
– Ganzseiten-Zeitungsübertragung,
– Rechner-zu-Rechner-Kommunikation,
– Bewegtbildübertragung, z.B. in der Medizin.

Für die Inanspruchnahme des DASAT-Dienstes wird ein *einmaliger Preis für die Installation jedes DASAT-Anschlusses* berechnet. Darüber

hinaus sind ein *monatlicher Grundpreis je Anschluß* sowie entsprechende – *entfernungsunabhängige* – *Verbindungspreise* zu entrichten.
Der Verbindungspreis ist abhängig von der Verbindungsdauer, der
Übertragungsgeschwindigkeit, der Anzahl der gewählten Ziele (Punkt-
zu-Mehrpunkt) und der Betriebsweise (duplex oder simplex). Näheres
zu den aktuellen Preisen erfahren Sie im Abschnitt 3.3.4.

NASAT (Nebenstellenanlagen-Wählverbindungen über Satellit) ist
ein Dienst der Telekom zur Verbindung durchwahlfähiger Nebenstellenanlagen mittels gewählter Verbindungen über Satellit. Der
Aufbau einer NASAT-Verbindung aus der Nebenstellenanlage geschieht wie bei normalen Telefonverbindungen in das öffentliche
Telefonnetz. Neben der Sprachübertragung – dem Telefonieren – ist
Text- und Datenkommunikation wie im öffentlichen Telefonnetz
möglich.

Dieser Dienst wurde eingeführt, um die Telekommunikationsversor-
gung in den neuen deutschen Bundesländern zu verbessern. Dadurch
wird der zur Zeit noch bestehende Engpaß bei terrestrisch geführten

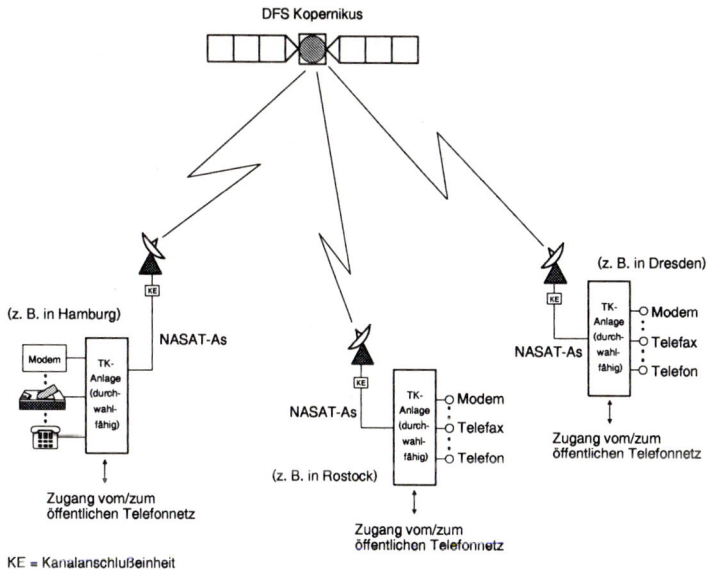

Abb. 3.3.3.2.1/2: NASAT-Dienst (Quelle: Telekom)

Telefonverbindungen verringert bzw. umgangen. Wie auch DASAT wird NASAT über das Fernmeldesatellitensystem DFS Kopernikus realisiert.

Die Nebenstellenanlage (Synonyme: Kommunikationsanlage, Telekommunikationsanlage, abgekürzt: TK-Anlage) des Teilnehmers wird zusätzlich zu dem Anschluß (bzw. den Anschlüssen) an das Telefonnetz über einen NASAT-Anschluß (oder mehrere NASAT-Anschlüsse) mit einer Erdefunkstelle des NASAT-Netzes verbunden. Die zusätzliche Anschaltung an das NASAT-Netz geschieht wie bei einer Amtsleitung, jedoch nicht an die zuständige Vermittlungsstelle, sondern an die Kanalanschlußeinheit (KE) des NASAT-Netzes. Die Kanalanschlußeinheit übernimmt die Anpassung der analogen Signale an die digitale Übertragungstechnik der Satellitenstrecke sowie die Auswertung der Wählzeichen. Näheres zu Nebenstellenanlagen erfahren Sie im Abschnitt 3.3.3.4.

### 3.3.3.2.2  VSAT-Netze

**DAVID** ist die Abkürzung für «Direkter Anschluß zur Verteilung von Nachrichten im Datensektor». Es handelt sich dabei um einen **VSAT-Dienst der Telekom,** der das Sammeln, Verteilen und Austauschen von Daten über Satellit mit kleinen Empfangs- und/oder Sendestationen bei den Teilnehmern ermöglicht. Die Übertragungsgeschwindigkeiten betragen zwischen 300 bit/s und 1,92 Mbit/s. **VSAT-Dienste privater Anbieter** bieten ähnliche Leistungsmerkmale und Anwendungsmöglichkeiten.

Wie bereits im Abschnitt 3.3.1.6 ausgeführt, eignen sich VSAT-Netze grundsätzlich zur *Übertragung von Daten, Sprache, Text und Bildern* im nationalen Raum und im grenzüberschreitenden Verkehr. Das tatsächliche *Diensteangebot unterscheidet sich* jedoch – wenn auch oft nicht wesentlich – *von Anbieter zu Anbieter.*

Die *Netztopologie* ist meist sternförmig mit einer zentralen Netzkontrolleinheit (Hub-Erdefunkstelle), an die in der Regel mehrere Anwenderdatennetze angeschlossen werden (engl.: shared hub). Selbstverständlich kann auch ein Unternehmen allein für eigene Zwecke ein privates VSAT-Netz betreiben. Die Zentralstation hat üblicherweise eine Sende- und Empfangsantenne mit einem Durchmesser zwischen fünf und neun Metern. Die Netzsynchronisation, der Netzbetrieb und die Netzverwaltung werden durch die Zentralstation gesteuert, wo-

Abb. 3.3.3.2.2/1: VSAT-Erdefunkstelle

durch an den Teilnehmerstandorten der Einsatz von kostengünstigen
Satellitenbodenstationen mit relativ kleinem Antennendurchmesser ermöglicht wird. Diese «very small aperture terminals» (VSAT), die in
manchen Ländern auch «personal earth stations»(PES) bezeichnet werden, haben als reine Empfangsstationen heute Antennendurchmesser
von 0,75 bis 1,20 Meter, als Empfangs- und Sendestationen von 1,80 bis
2,40 Meter.

Die jeweiligen *Anwendungsmöglichkeiten* hängen vom Netzmanagement (zentralisiert oder verteilt), der Übertragungsgeschwindigkeit
und den Kosten ab (Investitionskosten und Benutzungspreise). Nach
den *Betriebsarten bei der Datenübertragung* sind zu unterscheiden:
– Verteilnetze mit Einwegkommunikation,
– Netze zur bidirektionalen Kommunikation.

Eine ausschließliche *VSAT-Einwegkommunikation*, zum Beispiel
durch *Senden von Daten von der zentralen Hubstation zu einer unbeschränkten Zahl von reinen Empfangsstationen (Punkt zu Mehrpunkt)*,
ist relativ kostengünstig. In vielen Fällen genügen dabei niedrige Übertragungsgeschwindigkeiten für die Datenübertragung, zum Beispiel für
Fernwirken, Paging oder Finanz- und Börseninformationsdienste. Auch
elektronischer Postversand, die Verteilung von Wetterdaten oder die
Verteilung von firmeninternen Nachrichten eines Unternehmens mit
vielen Filialen sind mögliche Anwendungen.

Eine *preiswerte Datenübertragung* ermöglicht die *Nutzung der vertikalen Austastlücke von Satelliten-Fernsehkanälen,* die ansonsten meist zur Übermittlung von Videotext verwendet wird (Näheres im Kapitel 4). Zum *Beispiel* versendet der Münchner Privat-TV-Sender Pro 7 seit 1991 gleichzeitig mit dem Fernsehbild zu festgesetzten Zeiten Texte, Daten und Computerprogramme, die mittels eines Videorecorders aufgezeichnet und anschließend in den Rechner überspielt werden können. Die Aufzeichnung kann wie üblich vorprogrammiert werden.

Voraussetzung für den Empfang dieses sogenannten *Channel Videodat* ist ein spezieller Decoder, der als Schnittstelle zwischen Fernsehgerät und Rechner fungiert. Dieser Decoder kostet im Computereinzelhandel inklusive der Betriebssoftware weniger als 400 DM. Das Angebot von Channel Videodat reicht von Benutzungsinformation über Public-Domain-Software bis zu Shareware-Programmen für Hobbyisten (etwa Demo-Versionen neuer Computerspiele) und für professionelle PC-Benutzer. Zusätzlich zu dem allgemeinen, kostenlosen Angebot können weitere aktuelle gebührenpflichtige Dienste abonniert werden, etwa für acht DM im Monat ein Computerviren-Informationsdienst mit Virenerkennungsprogramm und Hot-Line oder für monatlich 500 DM ein Börseninformationsdienst.

Ein in den USA verbreiteter Empfangsdienst, der auch in Europa in jüngster Zeit auf zunehmendes Interesse stößt, ist «Business Television».

> Der auch im Deutschen gängige Begriff «**Business Television**» (engl.: business television; abgekürzt: BTV) bezeichnet Videoübertragungen über Satelliten, die nicht (wie Fernsehprogramme) für den Empfang durch die Öffentlichkeit bestimmt sind. Der Empfang von BTV ist vielmehr auf einzelne Personen, Firmen oder sonstige Organisationen beschränkt, die eine geschlossene Benutzergruppe bilden. Bei dieser Art von Übertragungen wird in der Regel ein den gebräuchlichen Fernsehnormen entsprechendes Fernsehsignal verwendet.

*Einsatzgebiete* sind zum Beispiel Produktpräsentationen, Trainingskurse für Mitarbeiter oder Schulungsveranstaltungen für sonstige Interessenten (etwa TV-Vorlesungen einer Fernuniversität für eingeschriebene Hörer). *Die Fernsehbildübertragung erfolgt nur in einer Richtung* (etwa von der Universität zu einer Vielzahl von im nationalen oder kontinentalen Raum verteilten Studienzentren), Rückfragen der externen Teilnehmer werden über das normale Telefonnetz abgewickelt.

Eine *Einwegkommunikation,* die in VSAT-Netzen *von der Peripherie zur Zentralstation* abläuft (Mehrpunkt zu Punkt), ist der *Datensammeldienst* (engl.: satellite news gathering; abgekürzt: SNG). Anwendungsbeispiele sind etwa die meteorologische Meßdatenerfassung, die Erfassung von Umweltmeßdaten (Schadstoffemissionen, Abwasserverschmutzungen u. a. m.), Kontrollmeßdatenerfassung für Pipelines, Sammlung von Meßdaten in erdbebengefährdeten Regionen.

Ein wesentlich breiteres Spektrum interaktiver Dienste bietet die allerdings technisch wesentlich aufwendigere *Vollduplex-Kommunikation* in VSAT-Netzen. Dabei sind Punkt-zu-Mehrpunkt-, Punkt-zu-Punkt- und Mehrpunkt-zu-Punkt-Verbindungen möglich. Grundsätzlich lassen sich alle im Abschnitt 3.3.3.1 gekennzeichneten Übertragungsdienste der Telekom für die Sprach- und Datenkommunikation auch via Satellit abwickeln – und zwar in der Regel schneller, mit besserer Qualität und bei privaten VSAT-Anbietern auch oftmals billiger als bei den öffentlichen Diensten.

Es ergeben sich jedoch manchmal noch *Einschränkungen,* weil dadurch das Netz- und Sprachmonopol der Fernmeldeverwaltungen berührt wird und dementsprechend *Fernmeldevorschriften aller im Betrieb berührten Länder zu beachten* sind. Zumindest in den EG gibt es aber einen starken Druck, durch Harmonisierung und Liberalisierung der Vorschriften für terrestrische Satellitenanlagen und durch Trennung hoheitlicher und betrieblicher Funktionen im Bereich der Satellitenkommunikation in allen Mitgliedsstaaten die Bereitstellung und Nutzung europaweiter Satellitenkommunikationsdienste zu erleichtern.

In Deutschland werden von VSAT-Anbietern Übertragungsdienste *für die Telefonie* (bzw. auf Telefonverbindungen basierende Datenübermittlung und Textkommunikation wie Telefax) mit *Übertragungsgeschwindigkeiten von 9600 bit/s bis 128 kbit/s* angeboten. Durch Datenkompressionstechniken reichen dabei 10 bis 15 kbit/s für ein Telefongespräch aus, während ein terrestrischer ISDN-B-Kanal hierfür 64 kbit/s benötigt. Höhere Übertragungsraten werden vor allem für die Daten- und Textkommunikation verwendet.

*Die Übertragungsraten für die Datenpaketvermittlung betragen 2400 bit/s bis 64 kbit/s, für Festverbindungen 64 kbit/s bis 1,92 Mbit/s, für die mobile Satellitenkommunikation 600 bit/s bis 9600 bit/s und für Videokonferenzen 64 kbit/s bis 1,92 Mbit/s.* Als Mehrwertdienste werden elektronische Post, Dateitransfer, Zugang zu externen On-line-Datenbanken u. v. a. m. angeboten. Auf diese Dienste kommen wir im Kapitel 4 zurück. Auf der Basis dieser Träger- und Mehrwertdienste können die Anwender beliebige Informationssysteme realisieren, wie zum Beispiel verteilte Auskunfts- und Reservierungssysteme, Warenwirtschaftssysteme, Kreditkartenautorisationssysteme, Back-up-Lösungen usw.

Die **mobile Satellitenkommunikation** (engl.: mobile satellite communication) ermöglicht die Daten- und Textübertragung zwischen einer Leitzentrale und mobilen Einheiten über Satellit. Solche mobilen Einheiten können zum Beispiel Schiffe, Flugzeuge, Bohrinseln, Kraftfahrzeuge und vieles andere mehr sein. Die Zwei-Wege-Kommunikation kann weltweit erfolgen, darüber hinaus können per Satellit die mobilen Einheiten geortet und Sensoren abgefragt werden. Typische Übertragungsgeschwindigkeiten sind 50 bit/s bis 9600 bit/s.

*Anfänglich* war die mobile Satellitenkommunikation eine *Domäne der Seeschiffahrt,* inzwischen gewinnt der mobile Landfunkdienst über Satelliten aber immer mehr an Bedeutung.

Abb. 3.3.3.2.2/2: VSAT-Kontrollzentrum

Die Zentrale eines *Transportunternehmens* kann damit zum *Beispiel* mit den Fahrern ihrer Lastkraftwagen kommunizieren, sie kann deren Position lokalisieren, Drehzahlen, Laderaumtemperaturen, Fahr- und Standzeiten u.ä.m. automatisch erfassen und notfalls auch – wenn ein Fahrzeug gestohlen wird – ferngesteuert die Zündung blockieren. Anbieter mobiler Satellitendienste bieten nicht nur die reine Datenübertragung, sondern auch für solche Fälle die Fuhrparkmanagementsoftware an. Ein Alarmsystem für Gefahrenguttransporte oder zum Schutz des Fahrers wird bei einem Unfall automatisch bzw. durch einen Knopfdruck des Fahrers ausgelöst und ermöglicht eine genaue Ortsangabe der Unfallstelle bzw. die Verfolgung des Fahrzeugs am Bildschirm der Zentrale.

In ähnlicher Weise lassen sich die PKW von Mietwagenfirmen überwachen und internationale Züge oder Flugzeuge verfolgen. Journalisten können mittels Satellitenfunktelefonen aus Krisengebieten berichten, und Geschäftsleute sind auch auf ihrer Hochseejacht nicht vom Unternehmensgeschehen abgeschnitten. Statusabfragen und Fernwartung von unbemannten technischen Einrichtungen, etwa Seebojen, sind ein weiteres Anwendungsbeispiel.

Zur Kommunikation zwischen der Leitzentrale und der Bodenstation (Sende-/Empfangsanlage) des Satellitensystems können die üblichen terrestrischen Fernmeldewege (Fernschreibnetz, Telefonnetz, Datexnetze) verwendet werden. Typisch sind – wie erwähnt – relativ geringe Übertragungsgeschwindigkeiten, die für die genannten Anwendungszwecke jedoch ausreichen. *In der Bundesrepublik Deutschland gibt es derzeit zwei mobile Satellitenkommunikations- und -ortungssysteme:* INMARSAT von Telekom und EUTELTRACS von SEL. Eine Reihe weiterer Firmen bieten Softwarepakete an, die auf diesen Diensten basieren.

Einige Preisbeispiele enthält der Abschnitt 3.3.4, wo wir ausführlich auf den Markt und die Entwicklungstendenzen der Satellitenkommunikation eingehen.

Übungsaufgabe Nr. I-220 im Arbeitsbuch ←

### 3.3.3.3 Lokale Netze

Erinnern Sie sich noch an unsere *Definition eines lokalen Netzes*?

---

Ein **lokales Netz** (engl.: local area network; abgekürzt: LAN) ermöglicht die Kommunikation zwischen mehreren unabhängigen Datenstationen mit hoher Übertragungsgeschwindigkeit (mehrere Mio. Bits pro Sekunde) und niedriger Fehlerrate in einem begrenzten geographischen Gebiet (in vielen Ländern wegen des Fernmeldemonopols der Post: begrenzt auf ein Grundstück; maximale Entfernung der Knotenrechner ca. 10 km).

---

### 3.3.3.3.1 Zugangsverfahren

Sie können sich ein lokales Netz wie ein großes *Förderband (Bus)* oder wie eine große *Drehscheibe (Ring)* zum *Transport von Paketen (Datenpaketen)* vorstellen. Folgende *Probleme* sind dabei zu lösen: *Wer darf wann ein Paket auf das Transportmittel (Übertragungsmedium) legen und wer entfernt es wieder?* Das Entfernen der Pakete erfolgt bei einem Förderband von selbst – es fällt hinunter. Für ein lokales *Busnetz* heißt das, daß an jedem «Ende» des Busses ein *Dämpfer* eingebaut ist, der die Signale «schluckt» – dadurch wird kein Signal reflektiert, und es entstehen keine Störungen. Von der Drehscheibe muß das Paket wieder heruntergenommen werden – bei einem *Ringnetz* erfolgt dies durch den *Sender*, sobald das Paket wieder bei ihm angelangt ist. *«Lesen»* von Nachrichten im lokalen Netz heißt also nicht, daß die Nachricht entfernt wird, sondern daß eine *Kopie des Inhalts angefertigt* wird.

*Wer darf nun wann ein Paket auf das Band bzw. die Drehscheibe legen?*

Dazu gibt es prinzipiell *zwei Möglichkeiten*:

1. Eine *strenge Vorschrift* legt exakt fest, welche Station wann senden darf, oder
2. jede Station ist sendeberechtigt, bis durch die *Sendekonkurrenz* der kommunizierenden Stationen ein *Fehler* auftritt, der dann *korrigiert* wird.

#### Strenge Zugangsregelung – Tokenverfahren

Wenn durch für alle verbindliche Bestimmungen sichergestellt wird, daß zu einem Zeitpunkt jeweils nur eine Station auf das Übertragungsmedium zugreifen darf, kann es nie zu Überschneidungen kommen. Für

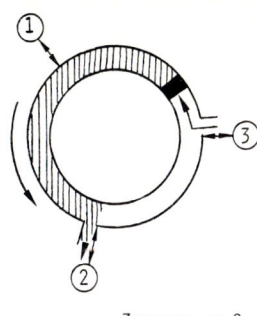

3 SENDET AN 2

■ TOKEN

Abb. 3.3.3.3.1/1: Tokenverfahren

die *strenge Zugangsregelung* hat sich das *Tokenkonzept* durchgesetzt:

*In dem Netz kursiert ein eindeutiges Zeichen in Form eines speziellen Bitmusters, das «Token» (ein «besonders gefärbtes Paket»). Jede Station, die senden will, muß auf das Token warten. Wenn es bei ihr eintrifft, kann sie es vom Netz entfernen und darf das eigene Paket senden. Spätestens nach einer vorgegebenen Zeitspanne ist die Sendung zu beenden, und als Endemarke wird das Token an die Nachricht angefügt.* Dadurch wird auch gleichzeitig die Sendeberechtigung an den nächsten Teilnehmer weitergegeben.

Um eine zufällig wie das Token aussehende Bitfolge vom «echten» Token unterscheiden zu können, wird diese nach den feststehenden Regeln des *«bit stuffing»* (deutsch: Bitfüllung) verändert. Wenn etwa das Token aus sechs Einsen besteht, muß bei allen Daten, in denen ebenfalls sechs oder mehr Einsen auftreten, nach dem Senden von fünf Einsen eine Null eingefügt werden. Der Empfänger kennt natürlich auch diese Regeln und entfernt seinerseits jede Null, die nach einer Folge von fünf Einsen empfangen wird. Dadurch sind die empfangenen Zeichen wieder korrekt decodiert. Falls nun eine Bitfolge eintrifft, die genau das Aussehen eines Tokens hat (in diesem Beispiel sechs Einsen), so kann es sich wirklich nur um das Token handeln. Es kann also nicht dazu kommen, daß ein Teil des Datensatzes irrtümlich als Token interpretiert wird und daher zwei Teilnehmer gleichzeitig senden.

Der einzige Fehlerfall kann nur mehr dann auftreten, wenn das Token «verlorengeht». In diesem Fall erzeugt eine beliebige Station ein *«Ersatztoken»*. Dieses Zeichen wird von allen Stationen gelesen. Diese

715

reagieren mit einer Meldung, ob sie das Token haben. Dadurch wird das Token entweder gefunden oder das Ersatztoken wird das neue «Originaltoken».

> In einem lokalen Netz, das mit dem **Tokenverfahren** (engl.: token passing) arbeitet, existiert ein besonderes Bitmuster, das sogenannte Token. Da nur derjenige Teilnehmer senden darf, der im Besitz des Tokens ist, wird sichergestellt, daß immer nur eine Nachricht über das Netz gesendet wird. Erst nach dem Ende der Übertragung wird das Token und damit die Sendeberechtigung weitergegeben.

→ Übungsaufgabe Nr. I-221 im Arbeitsbuch


### Wettkampfverfahren – CSMA/CD

Natürlich wird auch das *Wettkampfverfahren* nach strengen Regeln abgewickelt. Hier wird nicht das Chaos propagiert – Wettkampf (engl.: contention) heißt lediglich, daß nicht von vornherein feststeht, wer als nächster senden darf.

Das *ursprüngliche Konzept* war *«pure ALOHA»*, eine Entwicklung der Universität von Hawaii. Die einzelnen Institute sind auf viele Inseln verteilt und daher kaum mit Kabeln zu verbinden. Durch diese spezielle Lage war man gezwungen, ein *«Rundfunk-Verfahren»* (engl.: broadcast) anzuwenden: Einer sendet – die anderen hören zu. Da allerdings jede Station zugleich Sender und Empfänger ist, kann es natürlich vorkommen, daß mehrere Stationen gleichzeitig senden und daher keiner etwas versteht.

*Das Verfahren wurde durch folgende Vorschrift verbessert: Bevor eine Station sendet, muß sie sich überzeugen, daß kein anderer Teilnehmer sendet.* Nur wenn der Kanal frei ist, darf mit der Übertragung begonnen werden. Dieses Verfahren arbeitet bereits viel besser; dennoch können Fehler auftreten. Wenn zwei Stationen exakt in der gleichen Sekunde zu senden beginnen, so können sie einander noch nicht hören. Damit überschneiden sich ihre Sendungen, und es kommt zu einem «Wellensalat».

*Folglich heißt der dritte Verbesserungsschritt: Nicht nur vor, sondern auch während der Sendung ist der Übertragungskanal abzuhören.* Dadurch kann jede Kollision von allen Sendern sofort erkannt werden, und sie brechen die Übertragung umgehend ab.

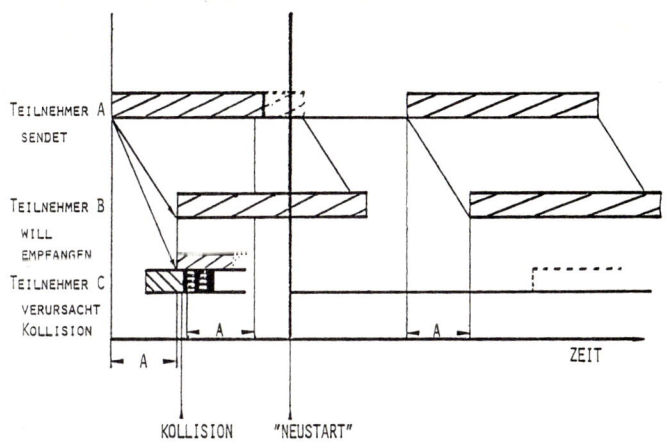

A ... AUSBREITUNGSZEIT DER SIGNALE IM ÜBERTRAGUNGSMEDIUM
= COLLISION WINDOW

Abb. 3.3.3.3.1/2: CSMA/CD

Das eben beschriebene Verfahren ist *bei Busnetzen gebräuchlich* und heißt *CSMA/CD* (Abkürzung für engl.: carrier sense multiple access with collision detection):

1. Viele beteiligte Sender: *multiple access*;
2. vor dem Senden in den Kanal hineinhorchen: *carrier sensing*;
3. auch während der Übertragung den Kanal überprüfen, um Kollisionen zu erkennen: *collision detection.*

*Der Wettkampf findet nach dem Erkennen eines Fehlers statt*: Wenn die gleichzeitig sendenden Stationen abgebrochen haben, müssen alle einen Moment warten, damit sich der Kanal wieder «beruhigt». Dann wählt jede sendewillige Station eine zufällige Zeitspanne, nach der sie ihren Sendevorgang wiederholt. Der Sender mit der kürzesten Verzögerung «gewinnt» und beginnt die Übertragung. Ab diesem Moment hören ihn die anderen und warten mit ihrem Sendeversuch. Sollten zwei Stationen zufällig genau gleich lange gewartet haben, so tritt erneut eine Kollision auf; es wird wieder abgebrochen und ein neuer Wettkampf beginnt.

Übungsaufgabe Nr. I-222 im Arbeitsbuch

In einem lokalen Netz, das mit **CSMA/CD** arbeitet, gilt folgende Vorschrift: Jene Station, die senden will, muß sich davon überzeugen, daß der Kanal frei ist. Sobald sie sendet, muß sie den Kanal weiter überwachen. Sollte eine andere Station gleichzeitig zu senden begonnen haben, so registrieren beide Stationen das fremde Signal. Daraufhin müssen beide abbrechen und dürfen erst nach einer gewissen Zeitspanne erneut zu senden versuchen.

Die *unterschiedlichen Zugangsprotokolle* können Sie sich durch *Vergleiche mit menschlichen Verhaltensweisen* gut veranschaulichen. So ist etwa das Verhalten im *Tokennetz* einem Staffellauf ähnlich, bei dem mit der Übergabe des Stabes die Berechtigung zum Laufen übergeben wird. Das Protokoll *CSMA/CD* entspricht einer Diskussion ohne Diskussionsleiter. Jeder Teilnehmer muß dem anderen zuhören, eine Gesprächspause abwarten und dann im «Wettkampf» das Wort «erobern». Allerdings gestattet die Semantik der menschlichen Sprache das Erkennen von Pausen, bei denen nicht unterbrochen werden darf, da der Gedanke noch nicht zu Ende gebracht wurde. Auf der anderen Seite kommt es in der «Diskussion der Rechner» über lokale Netze nie dazu, daß derjenige die Sendeerlaubnis bekommt oder behält, der die größte Lautstärke entwickelt.

Der *Vergleich der Zugangsprotokolle* läßt keine schlüssige Bewertung zu, welches Verfahren am besten ist. Es hängt, so wie fast alle Fragen rund um lokale Netze, von der jeweiligen betrieblichen Bedingungslage ab, welches System zu bevorzugen ist. Generell läßt sich nur sagen, daß *Bussysteme in der Praxis robuster sind als Ringe,* und daß das Tokenverfahren eine Zeitspanne garantiert, nach der die Sendeberechtigung wieder erlangt wird (Anzahl der Teilnehmer mal maximale Sendezeit). Daher ist die *Leistungsfähigkeit eines Tokennetzes im Hochlastbereich im allgemeinen besser als bei CSMA/CD,* da sich dort natürlich die Kollisionen häufen. Dafür hat CSMA/CD bei einer geringeren Zahl von Stationen und nicht so intensivem «Nachrichtenverkehr» den Vorteil, daß nicht der volle Zyklus abgewartet werden muß, den das Token benötigt. Wenn wenige Stationen senden wollen, treten wahrscheinlich kaum Kollisionen auf, und jeder Sender kommt rasch an die Reihe.

### 3.3.3.3.2 Kopplung von lokalen Netzen

Es gibt immer mehr Betriebe, in denen *mehrere lokale Netze* verwendet werden. Dies hat folgende *Ursachen*: Entsprechend den jeweiligen Notwendigkeiten installieren Abteilungen häufig zu unterschiedlichen

Zeiten verschiedene Produkte. Auch in einem Gebäude sind die Organisationseinheiten oft räumlich so verteilt, daß die Verkabelung mit nur einem lokalen Netz nicht günstig ist. Es gibt vielfach funktional begründete «Kommunikationsschwerpunktbereiche» mit vergleichsweise geringem Verkehrsaufkommen zum restlichen Betrieb. In solchen Fällen ist es nicht sinnvoll, ein betriebliches Gesamtnetz mit dieser bereichsinternen Kommunikation zu belasten. Für Durchsatz- und Antwortzeitverhalten sind hier mehrere verbundene lokale Netze besser, bei denen die Verbindungsknoten nur den nach außen gerichteten Verkehr «durchlassen». Schließlich müssen oft auch mehrere lokale Netze in räumlich entfernten Produktions- oder Verkaufsstätten über Fernmeldenetze verbunden werden.

Der *Übergang von einem lokalen Netz zu einem anderen Netz* erfordert mehrere *Überlegungen*: Jedes Netz hat *spezielle Eigenschaften auf der physikalischen Ebene*, die Umsetzung erfolgt direkt über Hardwarekomponenten. Die *Umwandlung der Protokolle* bedingt weit mehr Intelligenz (Zugriffsmethode, Paketlänge usw.).

Zur Realisierung des Netzverbunds werden spezielle *Kopplungseinheiten* verwendet, die Sie im Abschnitt 3.3.3.1.7 kennengelernt haben (Repeater, Bridges, Router, Brouter, Gateways). *Am häufigsten kommen Router zum Einsatz*, die oft über Standleitungen verbunden werden und auch eine vermaschte Topologie bilden können. Wenn nun eine

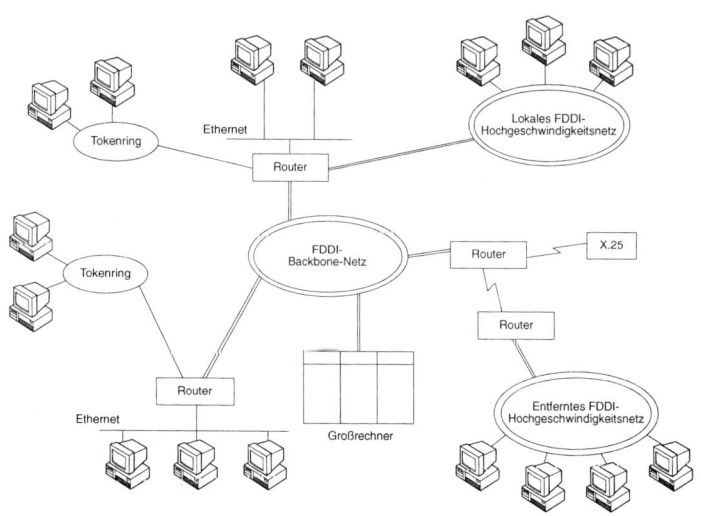

Abb. 3.3.3.3.2/1: Kopplung lokaler Netze

Station eine Nachricht an eine Station in einem anderen Netz senden will, so sendet sie diese an den Router, der die Weiterleitung übernimmt. Falls das Zielnetz nicht direkt vom Router erreichbar ist, so wird die Nachricht an den nächstgelegenen Router weitergegeben. Router müssen also die Topologie des gesamten Netzes kennen, um Nachrichten effektiv weiterleiten zu können. Normale Stationen in einem LAN brauchen nur die Adresse des Routers zu kennen.

Anstatt alle lokalen Netze in einem Betrieb oder einer übergreifenden Organisation untereinander zu verbinden, wird *aus Kostengründen häufig eine Struktur mit mehreren Ebenen* gewählt. Lokale Netze werden zu Regionalnetzen zusammengefaßt und diese wiederum mit einem leistungsfähigen *Backbone-Netz* verbunden. Diese Struktur haben Sie am *Beispiel von Internet* bereits kennengelernt (siehe Abschnitt 3.3.1.4). Welches Medium zur Verbindung der Router verwendet wird, hängt vom Benutzungsprofil und den Kosten ab. Router sind i.a. als Einschubsysteme ausgeführt, die mit Schnittstellenkarten für alle gängigen Übertragungsverfahren ausgerüstet werden können.

Sicher ist Ihnen klar, daß der menschliche Benutzer eines LAN-Endgeräts nicht das geringste mit den vorstehend beschriebenen Zugangs- und Vermittlungsverfahren im Netz bzw. zwischen Netzen zu tun hat. *Die Abwicklung der Protokolle übernimmt ein Teil seiner Arbeitsstation* (auf einer zusätzlichen Einschubkarte realisiert).

→ Übungsaufgabe Nr. I-223 im Arbeitsbuch


### 3.3.3.3.3 LAN-Standards: Ethernet, Tokenring, FDDI

Noch vor einem Jahrzehnt gab es eine Vielzahl verschiedener LAN-Systeme. Das IEEE hat mit dem *Standard IEEE 802* diese Vielzahl auf einige Grundsysteme reduziert, von denen Sie die beiden verbreitetsten bereits kennengelernt haben:

− IEEE 802.3: CSMA/CD − ein Bussystem mit CSMA/CD-Zugangsverfahren;
− IEEE 802.5: Tokenring − ein Ringsystem mit Token-Zugangsverfahren.

Neben diesen in der Praxis am häufigsten implementierten Systemen sind noch die Standards für einen Tokenbus (IEEE 802.4), ein Metropolitan Area Network (IEEE 802.6) und ein Hochgeschwindigkeitsnetz auf Glasfaserkabelbasis − FDDI (IEEE 802.8) von Bedeutung. Die ISO hat die IEEE-802-Standards als ISO-8802-Normen übernommen. Jeder dieser Standards definiert Protokolle sowohl für die Bitübertragungsschicht als auch für die Sicherungsschicht des ISO-OSI-Referenzmodells.

Der *ISO-8802-4-Standard (Tokenbus)* spielt nur im Produktionsbereich eine größere Rolle. Er bildet zum Beispiel die Basis für die *MAP-Protokolle* (engl. Abkürzung für: manufacturing automation protocol), die unter der Federführung von General Motors als Kommunikationsarchitektur für die industrielle Fertigung, insbesondere zur Vernetzung von Robotern, CNC-Maschinen usw. entstanden sind.

---

Bei einem **Tokenbus** (engl.: token bus) ist ein logischer Ring auf einem physikalischen Bus implementiert. Das heißt, die Stationen sind physikalisch durch einen Bus miteinander verbunden, als Zugangsregelung wird das Tokenverfahren verwendet.

---

Der ISO-8802-6-Standard (MAN) wird bisher erst bei einigen experimentellen Installationen erprobt. Hingegen ist der ISO-8802-8-Standard (FDDI) schon heute für die Praxis wichtig, und es wird diesem Glasfaserring eine große Zukunft vorhergesagt. Deshalb werden wir auf FDDI etwas ausführlicher eingehen. Vorher folgen aber noch einige Bemerkungen zu den heute dominierenden Standards CSMA/CD und Tokenring.

Dem *ISO-8802-3-Standard (CSMA/CD)* liegen die Anfang der 80er Jahre von Xerox gemeinsam mit DEC und Intel erarbeiteten Ethernet-Spezifikationen zugrunde. Dieser Standard ist deshalb auch heute noch besser unter dem Namen «*Ethernet*» bekannt.

---

**Ethernet** (engl.: ethernet; völlig unübliche deutsche Übersetzung: Äthernetz) ist der am weitesten verbreitete LAN-Standard. Ein Ethernet ist relativ kostengünstig und bietet eine hohe Betriebssicherheit. Es verwendet einen passiven Basisbandbus, der eine Übertragungsgeschwindigkeit von 10 Mbit/s ermöglicht. Das Zugangsprotokoll ist CSMA/CD. Die maximale Netzwerklänge beträgt 2500 m, bis zu 1024 Stationen können angeschlossen werden.

---

Der ISO-8802-3-Standard erweitert den ursprünglichen Ethernet-Standard auf eine ganze «Familie» von CSMA/CD-Systemen mit Übertragungsraten von 1 bis 20 Mbit/s, während für Ethernet nur eine Übertragungsrate von 10 Mbit/s spezifiziert war. Es gibt unter diesen Standards auch eine «Breitbandversion», die jedoch praktisch keine Rolle spielt.

Als *das Ethernet* wurde im EDV-Sprachgebrauch zunächst vor allem die 10-Mbit/s-Version auf der Basis von 50-Ohm-Koaxialkabeln verstanden, bei der die maximale Netzwerklänge 2500 m beträgt. Alle 500 m ist ein Repeater erforderlich. Neben dem etwas dicken «Yellow Cable» kann Ethernet aber auch mit anderen Medien realisiert werden. Eine gängige Methode ist die Verbindung mit dem dünnen und biegsamen Kabeltyp RG-58, was allerdings die Länge eines Segments auf 180 m und die Anzahl der Stationen auf 30 reduziert. Neben Koaxialkabeln können auch verdrillte Kupferdrähte verwendet werden, was die Integration des LANs mit der Telefonverkabelung erleichtert. Weiter sind Ethernet-Verbindungen auch über Glasfaserkabel möglich. Der Vorteil liegt, wie Sie bereits wissen, in der galvanischen Potentialtrennung (z.B. bei explosionsgefährdeten Bereichen) und der Unempfindlichkeit gegenüber elektromagnetischen Störungen.

Während die ISO-8802-3-Protokolle von sehr vielen EDV-Herstellern in ihren Netzwerkprodukten realisiert worden sind und dadurch CSMA/CD-Systeme heute den LAN-Marktstandard darstellen, hat der *Tokenring nach ISO-8802-5* vor allem dadurch Bedeutung erhalten, daß IBM von Anfang an auf dieses LAN-Konzept gesetzt hat.

---

Der **Tokenring** (engl.: token ring) ist ein von IBM favorisierter LAN-Standard, der in der ISO-8802-5-Norm definiert ist. Die Netzwerktopologie ist ein Ring, die Zugangsregelung erfolgt mittels des Tokenverfahrens. Für das Medium bestehen zwei Varianten: Verdrillte Kupferkabel erlauben Übertragungsraten von 1 bis 4 Mbit/s, bei Basisbandübertragung über Koaxialkabel sind Übertragungsraten von 4 bis 40 Mbit/s möglich.

---

Die *IBM-Tokenring-Produkte* arbeiten mit Übertragungsgeschwindigkeiten von 4 und 16 Mbit/s.

Sie erinnern sich: In einem *Tokenring* sind die Stationen nicht nur logisch sondern auch physikalisch ringförmig miteinander verbunden. Ein freies Token zirkuliert von Station zu Station (in Richtung der nächstniedrigen Adresse). Eine Station, die Nachrichten senden will, nimmt das empfangene Token vom Ring und beginnt für eine maximal vorgegebene Zeit zu senden. Dabei kann es passieren, daß die ersten gesendeten Bits schon wieder bei der sendenden Station ankommen, bevor die letzten Bits gesendet werden. Daher muß die sendende Station das Medium überwachen und die Nachricht nach einmaliger Umkreisung vom Ring nehmen, damit keine Datenkollision entsteht. Nach Abschluß der Sendung und nachdem alle gesendeten Daten vom Ring entfernt worden sind, sendet die Station wieder ein freies Token über den Ring. Eine Station, die die gesendeten Daten erhält, überprüft anhand deren Adresse, ob diese für sie bestimmt sind. Falls dies der Fall ist, kopiert sie die Daten, ansonsten agiert sie als Verstärker und schickt die Daten unverändert an die nächste Station weiter.

Eine Station fungiert als *Monitorstation*, um Fehler, wie verlorene Token, endlos kreisende Token bzw. Daten zu erkennen und zu bereinigen. Jede Station hat die Monitorfunktion implementiert. Über ein Protokoll wird die aktive Monitorstation bestimmt, während die anderen Stationen als Stand-by-Monitore im Einsatz sind, um bei einem Ausfall der Monitorstation diese zu ersetzen.

Der *Bypass-Mechanismus*, mit dem das Ausfallproblem von Ringnetzen bei Störung einer Station gelöst wird, ist im ISO-8802-5-Standard nicht näher spezifiziert. Dieser Mechanismus ist in der Praxis meist wie folgt implementiert: Bypass-Relais werden durch den Strom der angeschlossenen Datenstation versorgt und dadurch offen gehalten. Bei der durch einen Ausfall der Station bedingten Unterbrechung der Stromversorgung schließen die Relais den physikalischen Ring automatisch, wodurch die Aufrechterhaltung des restlichen Netzwerkbetriebes gewährleistet ist.

Für Nahverkehrsnetze, die mit hoher Übertragungsgeschwindigkeit arbeiten müssen, hat der FDDI-Standard ISO-8802-8 eine große Bedeutung.

Der **FDDI-Standard** (FDDI ist die Abkürzung von engl.: fiber distributed data interface; deutsch: Datenschnittstelle für verteilte Glasfasernetze) spezifiziert einen Glasfaserring mit einer maximalen Länge von 100 km für Hochgeschwindigkeitsnetze. Mit einer Übertragungsgeschwindigkeit von 100 Mbit/s wird er vorwiegend als «Backbone» für unternehmensweite Netze eingesetzt. FDDI unterstützt sowohl die synchrone als auch die asynchrone Datenübertragung und bietet Schnittstellen zu Ethernet- und Tokenring-Netzen an. Bis zu 500 Stationen können an einen FDDI-Ring angeschlossen werden, wobei die maximale Entfernung von je zwei Datenstationen 2 km beträgt.

FDDI ist als *Doppelring* (Primär- und Sekundärring) mit einer Gesamtlänge von bis zu 200 km definiert (daraus ergibt sich die maximale FDDI-Ringlänge von 100 km), wobei in den beiden Ringen gegenläufig zueinander übertragen wird. Der Sekundärring dient im normalen Betrieb als *Backup-Ring*, auf den bei Bedarf und in Notfällen automatisch umgeschaltet wird. Die Doppelring-Struktur ermöglicht ein hohes Maß

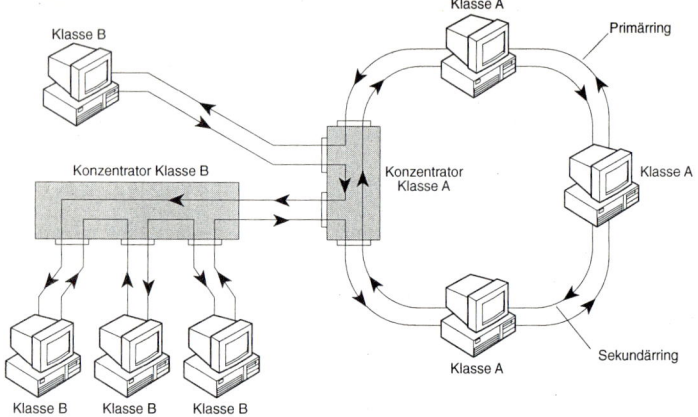

Abb. 3.3.3.3.3/1: FDDI-Topologie

an Fehlertoleranz und Ausfallsicherheit. Bei Störungen wird das Netz automatisch neu konfiguriert.

*Bezüglich des Netzanschlusses* werden *zwei Arten von Datenstationen* unterschieden: *Typ-A-Stationen* sind direkt mit dem Primär- und dem Sekundärring verbunden und enthalten folglich die Komponenten der physikalischen Schicht in doppelter Ausführung. *Typ-B-Stationen* sind nicht direkt sondern über Konzentratoren einfach an den FDDI-Ring angeschlossen. Wie in Abbildung 3.3.3.3.3/1 zu sehen ist, können an Konzentratoren weitere Konzentratoren gekoppelt und die FDDI-Topologie zu einer Baumstruktur entwickelt werden.

FDDI verwendet den *Tokenmechanismus* und garantiert damit deterministisches Antwortzeitverhalten. Im Gegensatz zum Tokenring-Protokoll sieht das FDDI-Protokoll die Erzeugung eines Frei-Tokens durch die sendende Station unmittelbar nach Abschluß ihrer Sendung vor – also bevor alle gesendeten Daten wieder vom Ring entfernt worden sind. Dadurch erlaubt FDDI die gleichzeitige Existenz mehrerer Token und somit mehrerer Nachrichten am Ring. FDDI läßt auch die Sendung mehrerer Pakete innerhalb eines Token-Besitzes und der (maximalen) Sendezeit – wiederum im Gegensatz zum Tokenring-Protokoll – zu.

In der *Basisversion* ist FDDI bzw. *FDDI I* ein rein *paketvermitteltes Netz*, das in erster Linie für die schnelle Übertragung von Daten vorgesehen ist. Die erweiterte *Version FDDI-HRC* (Hybrid Ring Control) bzw. *FDDI II* ist ein hybrides Netz, d. h. ein *paket- und leitungsvermittteltes Netz*, bei dem die vorhandene Bandbreite für die Übertragung von Daten und sonstigen Diensten aufgeteilt wird. Prinzipiell ist FDDI-HRC nicht erforderlich, da leitungsvermittelter Verkehr auch über FDDI I übertragen werden kann, allerdings nur bei einer gleichzeitigen enormen Verschwendung von Bandbreite.

### 3.3.3.4 Digitale Nebenstellenanlagen

**Nebenstellenanlagen** (abgekürzt: NStAnl) sind Vermittlungseinrichtungen auf privatem Gelände, an die mehrere Teilnehmer-Endeinrichtungen (sog. Nebenstellen) über Nebenstellenanschlußleitungen angeschlossen werden und die durch eine oder mehrere Hauptanschlußleitungen (Amtsleitungen) mit dem öffentlichen Fernmeldenetz verbunden sind. Nach der englischen Bezeichnung «Private (Automatic) Branch Exchange» werden Nebenstellenanlagen auch *PABX-* bzw. *PBX-Systeme* genannt.

*Telefonnebenstellenanlagen* gibt es seit Jahrzehnten. Mehr als die Hälfte aller Fernsprechverbindungen haben Ursprung oder Ziel in solchen Systemen, an die über ein Drittel der insgesamt installierten Sprechstellen angeschlossen sind. *Auch für andere Dienste, z.B. Telex oder Teletex, werden Nebenstellenanlagen angeboten.* Sie können in der Bundesrepublik Deutschland von der Telekom gemietet oder in privatem Besitz sein; in beiden Fällen sind *interne Verbindungen*, die nicht in das öffentliche Netz gehen, *gebührenfrei*.

*Nebenstellenanlagen stellen oft Dienst- bzw. Leistungsmerkmale bereit, die in öffentlichen Netzen nicht bzw. noch nicht verfügbar sind.* Zum Beispiel sind schon seit über einem Jahrzehnt Fernsprechnebenstellenanlagen erhältlich, welche im Haus die Nutzung der *digitalen Telefonie* erlauben (und damit bessere Sprachqualität und mehr Komfort bieten, z.B. Rufumleitung, automatischer Rückruf, Rückfrage, Umlegen usw.). 1985 wurden die ersten *ISDN-Nebenstellenanlagen* installiert; nur mit diesen wollen wir uns in der Folge näher befassen. Eine detaillierte Behandlung ist deshalb nicht nötig, weil sich eine solche sogenannte *ISDN-Kommunikationsanlage* bezüglich der Schnittstellen und Dienstmerkmale nicht von dem öffentlichen ISDN unterscheidet. Zwar sind derzeit noch viele in der Bundesrepublik Deutschland installierte Nebenstellenanlagen vom analogen Typ, den ISDN-Kommunikationsanlagen gehört jedoch eindeutig die Zukunft.

Eine ISDN-Kommunikationsanlage (abgekürzt: **K-Anlage** bzw. **TK-Anlage** für Telekommunikationsanlage) umfaßt – wie die Nebenstellenanlagen – die Vermittlungseinrichtung, die Endeinrichtungen und das Leitungsnetz im Haus. Sie ist Bestandteil des öffentlichen Netzes und entspricht in ihren Schnittstellen und Dienstmerkmalen den ISDN-Empfehlungen des CCITT. Dementsprechend werden pro Anschlußleitung zwei digitale Nutzkanäle mit einer Bitrate von 64 kbit/s und ein Steuerkanal von 16 kbit/s durchgeschaltet.

Als wichtigster *Vorteil einer K-Anlage* gilt, daß auf der Basis des vorhandenen Telefonleitungsnetzes ein *einheitlicher Zugang zu den verschiedenen Kommunikationsarten* (Sprache, Daten, Text, Festbild) ermöglicht wird. Es ist also *keine Neuverkabelung nötig* (wie z.B. bei der Einrichtung von LAN oder herstellerspezifischen EDV-Netzen). *Geräte der verschiedensten Hersteller mit ISDN-Schnittstellen* – schon allein wegen des riesigen ISDN-Weltmarktpotentials werden bald sehr viele Produzenten solche Stationen anbieten – *können an die K-Anlage angeschlossen werden:* Angesichts der derzeitigen inkompatiblen Gerätevielfalt in den Betrieben ein für den Praktiker noch beinahe unvorstellbarer Wunschtraum!

Daß der Verwirklichung dieses Wunschtraums noch einige Hemmnisse entgegenstehen, hängt u.a. mit dem schleppenden *ISDN-Normierungsprozeß* und den dadurch entstandenen nationalen ISDN-Netzen mit teilweise unterschiedlichen Spezifikationen zusammen. Im Zuge der Anpassung der nationalen Systeme an das Euro-ISDN (bis Ende 1993) müssen auch die bisher angebotenen bzw. eingesetzten K-Anlagen an den europäischen Standard angepaßt werden. In welchem Umfang bzw. mit welchen Kosten dies zu geschehen hat, hängt von dem derzeitigen, teilweise sehr unterschiedlichen Leistungsangebot der jeweiligen Systeme ab (Näheres im Abschnitt 3.3.4). Es ist auch eine Illusion zu glauben, daß durch K-Anlagen derzeit in Betrieben nebeneinander bestehende Netze (LAN, herstellerspezifische Rechnernetze) abgelöst werden können. Für eine intensive Rechner-zu-Rechner-Kommunikation, die immer stärker zunimmt, und insbesondere für die Übertragung bewegter Bilder ist die verfügbare *Übertragungsgeschwindigkeit von K-Anlagen zu gering.* Dementsprechend werden heute in der Praxis eingesetzte K-Anlagen in erster Linie zum komfortablen Telefonieren verwendet. Erst in zweiter Linie dienen sie zur Anbindung von Textkommunikationsgeräten (vorwiegend schnelle Telefax-Geräte der Gruppe 4) und Personal-Computern, die auf diesem Weg meist nur kleinere Datenmengen austauschen. Die Integration von lokalen Netzen und K-

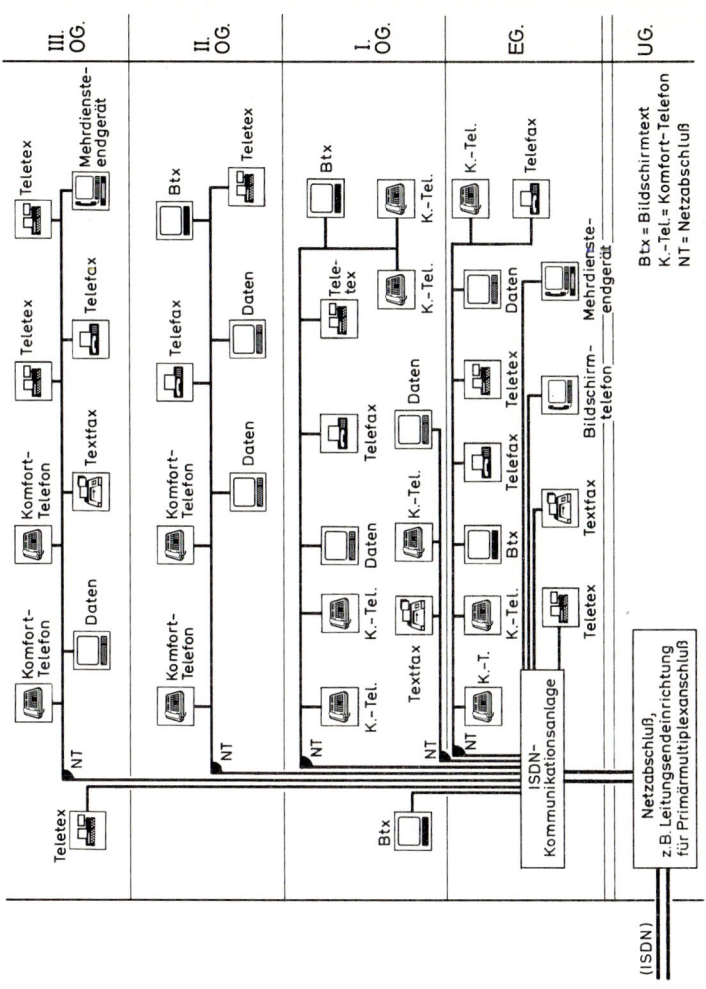

Abb. 3.3.3.4/1: ISDN-Kommunikationsanlage (Quelle: Telekom)

Anlagen wird durch die Verbreitung von LAN-Verkabelungssystemen erleichtert, die die existierende Telefonverdrahtung als Trägermedium verwenden und damit Übertragungsgeschwindigkeiten von bis zu 10 Mbit/s ermöglichen.

727

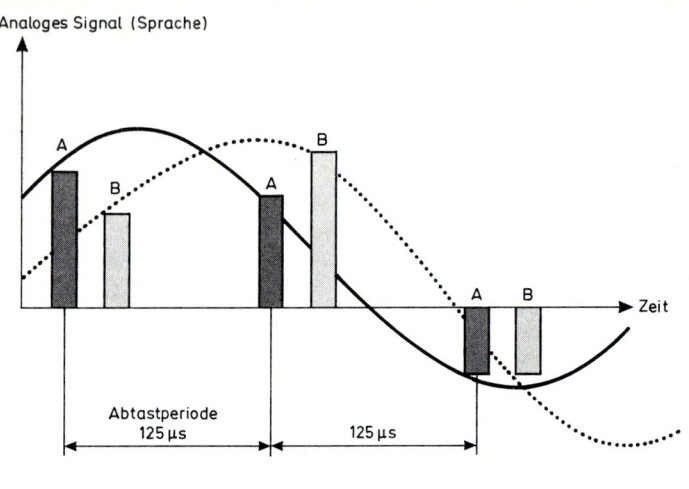

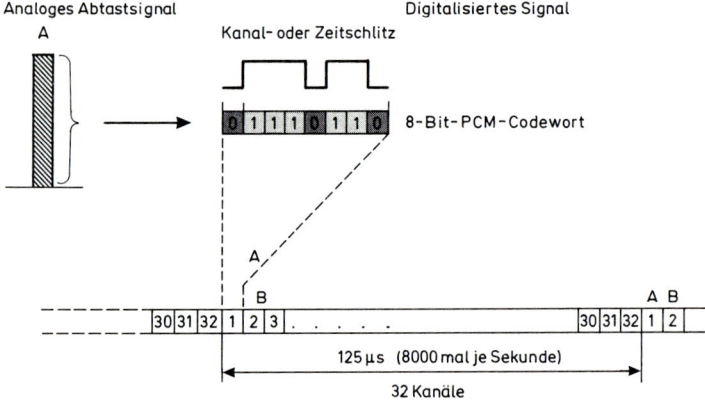

Abb. 3.3.3.4/2: Digitale Zeitmultiplex-Koppeleinrichtung (PCM32-Kanalsystem; Quelle: ITT)

Nebenstellenanlagen arbeiten nach dem *Leitungsvermittlungsprinzip*. Mit Koppeleinrichtungen werden Verbindungen zwischen ankommenden und abgehenden Leitungen durchgeschaltet. In K-Anlagen werden *digitale Zeitmultiplexkoppeleinrichtungen* verwendet. Diese arbeiten im synchronen Zeitmultiplexbetrieb, bei dem ein periodischer Zeitrahmen in Zeitschlitze unterteilt wird. Die periodische Folge eines Zeitschlitzes mit einer bestimmten Nummer entspricht einem Kanal.

Abb. 3.3.3.4/3: Vermittlungszentrale einer K-Anlage

Das in Abb. 3.3.3.4/2 dargestellte *PCM32-Kanalsystem* überträgt bei einem Zeitrahmen von 125 Mikrosekunden Dauer (8000 Abtastwerte/ s) und bei 32 Zeitschlitzen je Leitung 32 Kanäle zu je 64 kbit/s. Die Gesamtübertragungsrate einer Leitung ist 2,048 Mbit/s.

Die Durchschaltung von Verbindungen muß zwischen beliebigen Anschlüssen möglich sein. Die Koppeleinrichtung muß dementsprechend von jedem Zeitschlitz einer jeden Eingangsleitung nach jedem Zeitschlitz einer jeden Ausgangsleitung durchschalten können. Eine vollständige Verbindung benötigt zwei Kanäle, je einen für jede Übertragungsrichtung.

*Die Steuerung der Koppeleinrichtung erfolgt programmgesteuert durch einen Rechner*, der auch die Signalisierung mit den Teilnehmereinrichtungen abwickelt. Häufig kommen hierfür *fehlertolerante Systeme bzw. Doppelrechnersysteme* zum Einsatz, um eine hohe Verfügbarkeit sicherzustellen. K-Anlagen können auch als verteilte Systeme aufgebaut sein, deren Vermittlungsknoten über ein lokales Hochgeschwindigkeitsnetz verbunden sind.

K-Anlagen sind von nur wenigen bis zu einer nahezu *beliebigen Anzahl von* (bis zu ca. 20000) *Anschlüssen* ausbaufähig.

→  Übungsaufgabe Nr. I-224 im Arbeitsbuch

### 3.3.3.5 Herstellerspezifische und offene EDV-Netze

> Ein **herstellerspezifisches EDV-Netz** (engl.: proprietary computer network) ist ein Rechnernetz, dessen Kommunikationsarchitektur nicht dem ISO-OSI-Referenzmodell entspricht. Der Informationsaustausch zwischen den verbundenen Datenstationen erfolgt nach herstellereigenen Standards, die zu den Protokollen anderer Hersteller bzw. zu den ISO-Normen nicht oder nur schwach kompatibel sind.

Typische *Beispiele für proprietäre Netzwerkarchitekturen* sind:
- SNA (Systems Network Architecture) von IBM,
- TRANSDATA von Siemens,
- DNA (Digital Network Architecture) von DEC,
- DCA (Distributed Communications Architecture) von Unisys,
- DSE (Distributed Systems Environment) von Bull,
- DSN (Distributed Systems Network) von Hewlett Packard.

Wir sind auf solche herstellerspezifischen Rechnernetze und die daraus resultierenden Beschränkungen und Abhängigkeiten für den EDV-Anwender bereits in den Abschnitten 3.3.1.4 und 3.3.1.5 eingegangen. Die dort beschriebenen hierarchischen Strukturen sind typisch für die Netzarchitekturen der Großrechnerhersteller, die Mitte der 70er Jahre als einheitliche Kommunikationsbasis zur unternehmensweiten Datenverarbeitung mit den Geräten des jeweiligen Herstellers geschaffen worden sind. Auf die Tendenzen zur Dezentralisierung bzw. Verteilung der Datenverarbeitung und auf den Druck der Anwender zur Öffnung der

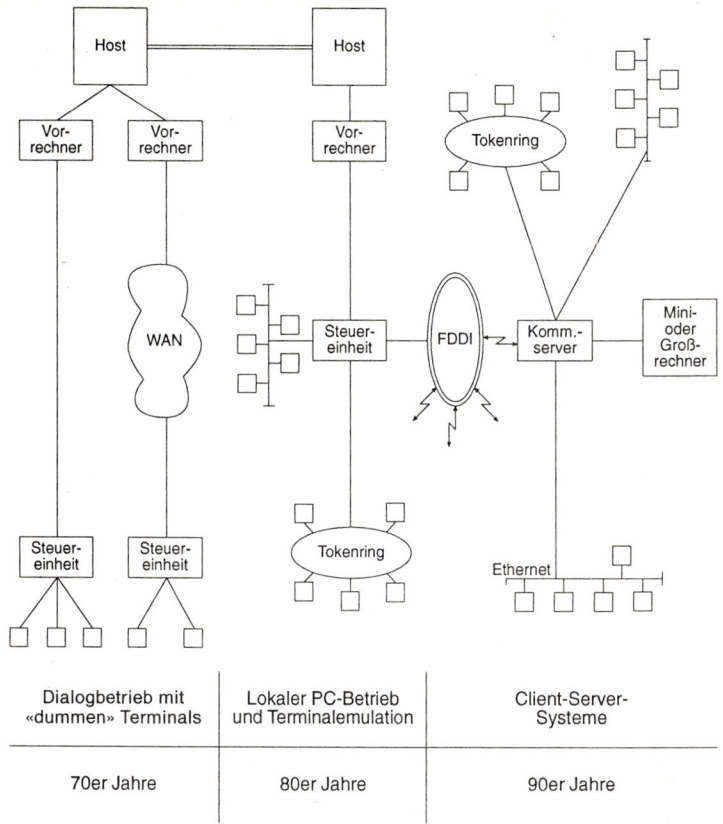

| Dialogbetrieb mit «dummen» Terminals | Lokaler PC-Betrieb und Terminalemulation | Client-Server-Systeme |
|---|---|---|
| 70er Jahre | 80er Jahre | 90er Jahre |

Abb. 3.3.3.5/1: Entwicklungsstufen von Kommunikationsarchitekturen

geschlossenen Systeme bzw. zur Einbindung von Fremdprodukten (mit einem oft besseren Preis-/Leistungsverhältnis) haben die EDV-Hersteller unterschiedlich reagiert.

1. Die in den 70er Jahren dominierende hierarchische Struktur, bei der bestimmte Knotentypen im Netz anderen untergeordnet waren, resultierte aus den damals typischen Terminalnetzen, bei denen ein leistungsstarker zentraler Großrechner (engl.: host) viele «dumme» Datenstationen zu bedienen hatte. Sie ist infolge des Minirechner- und Mikrorechner-Booms durch Funktionen ergänzt worden, durch die *Rechner aller Hierarchiestufen und Größenklassen gleichberech-*

*tigt* (engl.: peer to peer) miteinander kommunizieren können, ohne zuerst Verbindungen zu übergeordneten Knoten aufbauen zu müssen.

2. Die in den 80er Jahren aufgekommenen lokalen, offenen Netze bzw. die zunehmend verwendeten Fremdprodukte (Rechner und Peripheriegeräte) wurden in ein *unternehmensweites Netzwerkmanagementsystem* eingebunden, das weiterhin eine zentrale Steuerung und Kontrolle und den «Investitionsschutz» der bisherigen geschlossenen Lösungen gewährleistet. Multiprotokollfähige Steuereinheiten bieten sowohl für einheitliche als auch für heterogene LAN eine Anbindung an das Host-System.

3. Auf die OSI-Normierungsbestrebungen der ISO und auf die Herausbildung des herstellerübergreifenden Marktstandards TCP/IP haben alle Hersteller durch *Gateway-Produkte* reagiert und damit «ihre» Welten für die Kommunikation nach außen geöffnet. Je nach Marktmacht haben es die großen Hersteller bei diesen Zeichen des «guten Willens» belassen, neben den eigenen Protokollsäulen TCP/IP- und OSI-Protokollsäulen aufgebaut oder zumindest dahingehende Willenserklärungen abgegeben.

4. Die *Client-Server-Architektur* wird zwar überall als <u>das</u> Zukunftskonzept der Datenverarbeitung gepriesen, über die reale Ausgestaltung und die Aufgabenverteilung in solchen verteilten Datenverarbeitungssystemen gibt es aber unterschiedliche Meinungen. Für manche sind Großrechner die Superserver, die unternehmensweite Datenbanken und Kommunikationsnetze verwalten, mächtige Rechenkapazitäten bieten und für eine zentrale Koordination und Einbindung des «PC-Wildwuchses» unabdingbar erscheinen. Andere wiederum sehen darin «überteuerte Mammuts», die besser heute als morgen durch flexiblere, preisgünstigere Abteilungsrechnernetze im LAN- oder WAN-Verbund abgelöst werden sollten.

Im folgenden betrachten wir zunächst die *verteilte Datenverarbeitung im Großrechnerumfeld* am Beispiel der verbreitetsten herstellerspezifischen Netzwerkarchitektur *SNA* von IBM. Dann beschäftigen wir uns mit der Frage, wie ein *Endbenutzer seinen PC anbinden* kann, damit er Zugriff auf die Ressourcen eines Großrechners erhält. Sodann kommen wir auf *Client-Server-Systeme* zurück und kennzeichnen diese vor allem unter Kommunikationsaspekten. Schließlich gehen wir abschließend der Frage nach, ob bzw. inwieweit künftig *OSI-Systeme* herstellerspezifische Rechnernetze verdrängen werden.

## SNA von IBM

SNA (Systems Network Architecture) wurde von IBM 1974 angekündigt, um eine einheitliche Kommunikationsbasis für IBM-Rechner zu schaffen. Seither erlebte diese Netzwerkarchitektur einige bedeutende Entwicklungsstufen und wurde dadurch zu einer sehr mächtigen, aber im Vergleich zu anderen Netzwerkarchitekturen auch sehr komplexen Kommunikationsarchitektur. IBM setzte mit SNA einen de-facto-Standard, für den viele kleinere Hersteller in der Kommunikationsbranche kompatible Produkte entwickelt haben. Auch die anderen großen Computerhersteller haben in ihren Netzwerkarchitekturen SNA-Übergänge implementiert. In SNA sind – wie in OSI – ein funktionales Schichtenmodell und zugehörige Protokolle definiert, darüber hinaus sind jedoch noch zusätzlich Komponenten der physischen und logischen Struktur des Systems spezifiziert.

*Funktional* besteht SNA genauso wie das ISO-OSI-Referenzmodell aus einer *siebenschichtigen Architektur*. Jedoch entsprechen diese sieben Schichten, wie aus Abb. 3.3.3.5/2 ersichtlich, nicht ganz jenen des ISO-OSI-Refenzmodells.

*Schicht 7 – Transaction Services Layer:*

Wie bei OSI erfolgt der Zugriff des Endbenutzers auf das Netzwerk über die Schicht 7. Der Transaction Services Layer stellt für Anwendungsprozesse Transaktionsdienstleistungen, wie DIA (Document

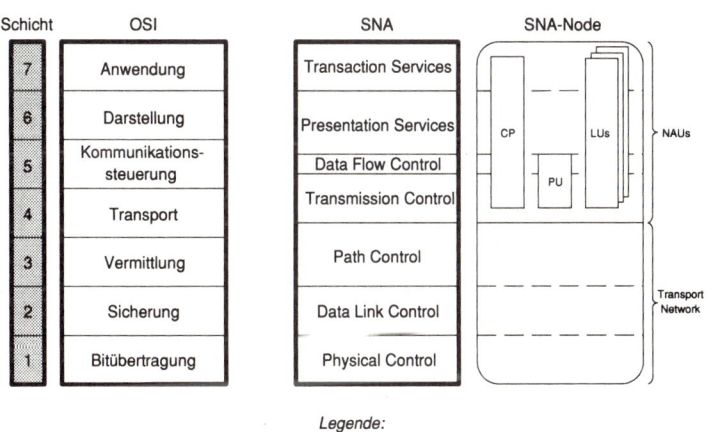

Abb. 3.3.3.5/2: Das ISO-OSI- und das SNA-Architekturmodell

Interchange Architecture) oder SNADS (SNA Distribution Service – die elektronische Post bei SNA) zur Verfügung.

*Schicht 6 – Presentation Services Layer:*
Der Presentation Services Layer ist für die Darstellung der Daten sowie die Koordination von verteilten Ressourcen (Ressource Sharing) zuständig. Er übernimmt damit ungefähr die Aufgaben der OSI-Darstellungsschicht.

*Schicht 5 – Data Flow Control Layer:*
Der Data Flow Control Layer hat nichts mit herkömmlicher Datenflußsteuerung zu tun, sondern steuert vielmehr die Synchronisierung des Nachrichtenflusses innerhalb einer logischen Verbindung (Session). Weiter faßt er zusammengehörige Nachrichten in Einheiten zusammen. In der OSI-Terminologie wäre er somit am ehesten eine Teilschicht der OSI-Kommunikationssteuerungsschicht.

*Schicht 4 – Transmission Control Layer:*
Der Transmission Control Layer benutzt die vom Path Control Layer erzeugten Virtual Routes, etabliert logische Verbindungen (Sessions) zwischen NAUs und ordnet diesen Verbindungen die Wege zu, verwaltet die aktiven Verbindungen, reguliert die Datenflußrate innerhalb der Verbindungen und bietet Ver- und Entschlüsselungsdienste an. Da er die oberen Schichten vom Transportsystem abschirmt, entspricht er am ehesten der OSI-Transportschicht.

*Schicht 3 – Path Control Layer:*
Der Path Control Layer überwacht den Datenverkehr im Netzwerk und leitet Daten durch das Netzwerk. Er definiert sowohl physikalische (Explicit Routes) als auch logische (Virtual Routes) Wege durch das Netz. Diese Schicht entspricht grob der OSI-Vermittlungsschicht, übernimmt aber auch manche Aufgaben (z.B. Gewährleistung der Zuverlässigkeit einer Ende-zu-Ende-Verbindung durch Fehlerbearbeitungsroutinen) der OSI-Transportschicht.

*Schicht 2 – Data Link Control Layer:*
Der Data Link Control Layer ist für die gesicherte Datenübertragung auf Netzwerkteilstrecken verantwortlich. Diese gesicherte Datenübertragung wird durch Erkennung und Beseitigung der Übertragungsfehler der Schicht 1 gewährleistet. Diese Schicht entspricht fast gänzlich der korrespondierenden OSI-Sicherungsschicht.

*Schicht 1 – Physical Control Layer:*
Die Physical Control Layer ist für die ungesicherte Übertragung von Bits von Knoten zu Knoten zuständig und entspricht damit der OSI-Bitübertragungsschicht.

Jede dieser Schichten nimmt – wie im ISO-OSI-Referenzmodell – Dienste der darunterliegenden Schicht in Anspruch, erbringt Dienste für die nächst höhere Schicht und kommuniziert mittels Protokollen mit den korrespondierenden Schichten in anderen SNA-Produkten.

Ein SNA-Netzwerk besteht aus einer Vielzahl von Hardware- und Softwarekomponenten, den sogenannten *Nodes* (Knoten). SNA definiert einen Knoten als Set von Hardware- und dazugehörigen Softwarekomponenten, das die Funktionen der sieben Schichten des SNA-Architekturmodells implementiert. Je nach Aufgabe der Knoten werden in SNA vier verschiedene *Knotentypen* unterschieden: Typ 5 (T5), Typ 4 (T4), Typ 2 (T2) und Typ 2.1 (T2.1).

Anfangs war SNA vorwiegend hierarchisch strukturiert, d.h. bestimmte Knotentypen waren anderen untergeordnet. Erst seit der Einführung der zusätzlichen SNA-Funktionen APPC (Advanced Program

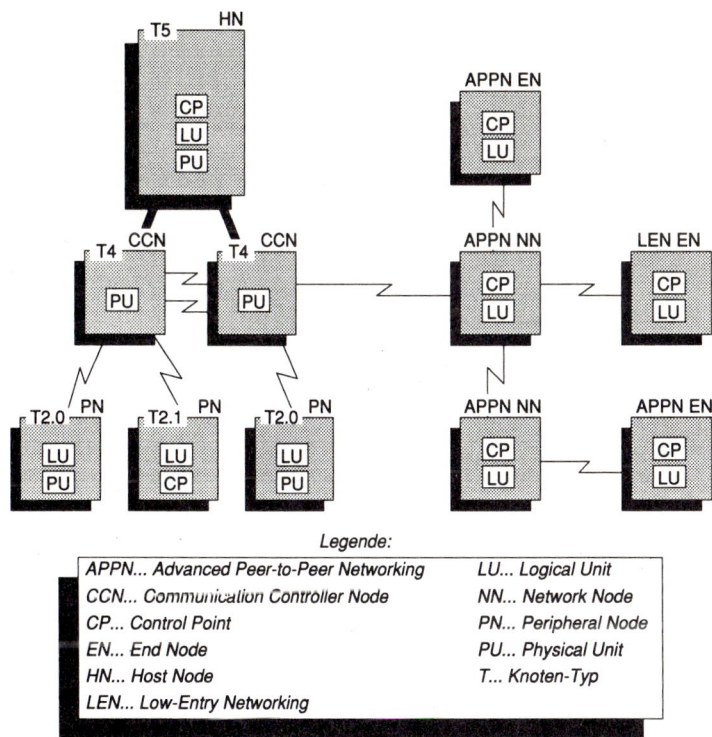

Abb. 3.3.3.5/3: Die Knotentypen und die logische Struktur in SNA

to Program Communication) und APPN (Advanced Peer to Peer Networking) existieren in SNA Knoten, die – ähnlich dem OSI-Ansatz – gleichberechtigt (peer oriented) miteinander kommunizieren können. Die unterschiedlichen Knotentypen haben folgende Funktionen:

*Subarea Nodes: T5-Knoten (Host Nodes)* sind die hierarchisch am höchsten stehenden Knoten in einem SNA-Netzwerk. Sie sind in der Regel als Großrechner (Mainframe) implementiert und stellen jene Funktionen zur Verfügung, die zur Steuerung und zum Management eines Netzwerks notwendig sind. *T4-Knoten (Communication Controller Nodes)* werden als Vorrechner direkt an den T5-Knoten angeschlossen und beinhalten die Funktionen, die den Datenfluß innerhalb eines Subarea Networks leiten und steuern.

*Peripheral Nodes: T2.0- und T2.1-Knoten* sind alle peripheren Geräte, wie Workstations, Drucker, verteilte Rechner usw. Ein *T2.1-Knoten* unterscheidet sich von einem T2.0-Knoten primär durch die Fähigkeit, mit einem anderen T2.1-Knoten kommunizieren zu können, ohne einen T5-Knoten zwischenschalten zu müssen, d.h. er besitzt Peer-Oriented-Funktionen. Zwei direkt miteinander in einem Subarea Network verbundene T2.1-Knoten werden als LEN-Nodes (Low-Entry Networking Nodes) bezeichnet.

T2.1-Knoten, die über die erweiterte Funktion des APPN verfügen, sind sogenannte *APPN-Nodes*, und ein Netzwerk, das aus solchen Knoten besteht, wird als *APPN-Netzwerk* (APPN Network) bezeichnet. Innerhalb eines APPN-Netzwerks gibt es zwei Untergruppen der APPN-Nodes: End Nodes sind periphere Knoten, die an das Netzwerk über Network Nodes, die für die Wegleitung (Routing) zuständig sind, angeschlossen sind. Bei den End Nodes unterscheidet man wiederum zwischen APPN End Nodes (diese unterstützen APPN-Protokolle) und den oben genannten LEN-Nodes.

Die physische Struktur eines SNA-Netzwerkes wird von einer *logischen Struktur* überlagert, die auf den *Network Accessible Units (NAUs)* basiert. Diese NAUs implementieren die oberen vier Schichten der SNA-Architektur in einem Knoten: die Transmission Control, die Data Flow Control, die Presentation Services sowie die Transaction Services. NAUs errichten logische Verbindungen (Sessions), um Endbenutzer- und Steuerdaten über das Netzwerk zu transportieren.

Wie aus Abb. 3.3.3.3.5/2 ersichtlich, existieren *drei Arten von NAUs:* Physical Units, Logical Units und Control Points.

*Physical Units (PUs)* existieren in T4-, T5- und T2.0-Knoten. Sie überwachen Verbindungen, bauen Wege (Virtual und Explicit Routes) auf und ab und unterstützen Control Points.

*Logical Units (LUs)* dienen als Netzwerkzutrittspunkte für die Endbenutzer. Sie senden und empfangen Endbenutzerdaten und führen den Auf- und Abbau von logischen Verbindungen durch. In SNA sind mehrere unterschiedliche LU-Typen definiert. Der im Augenblick am weitesten entwickelte LU-Typ ist LU 6.2. Er unterstützt die Kommunikation verschiedener Programme bei verteilter Datenverarbeitung (APPC und Peer-Oriented-Datenkommunikation).

*Control Points (CPs)* sind in jedem Knoten enthalten und sind für das Ressourcenmanagement sowie die Überwachung der Ressourcen und die Statusreports zuständig.

## PC-Host-Verbund

In Großbetrieben sind die meisten Arbeitsplatzrechner heute in solche SNA-, TRANSDATA- oder ähnliche übergreifende Rechnernetze eingebunden. Aber auch der Endbenutzer in Klein- und Mittelbetrieben kann mit seinem PC heute über Weitverkehrsnetze auf Datenbanken und Großrechnerressourcen zugreifen. Die Vorteile und Varianten eines solchen *Mikrorechner-Zentralrechner-Verbunds* haben Sie bereits an unserem einführenden Beispiel der DATEV (Abschnitt 3.3.1.1) kennengelernt. Der physikalische Anschluß eines Mikrorechners an das Rechnernetz wird meist über eine spezielle *Adapterkarte* realisiert, die in ein Erweiterungsfach des Mikrorechners gesteckt wird. Auch separate Adapterboxen sind erhältlich. Welche Karte (bzw. Box) benötigt wird, hängt davon ab, mit welchem Rechner bzw. welcher Steuereinheit der Mikrorechner kommunizieren soll und welches Protokoll dabei verwendet wird.

Die Abwicklung des Programms erfolgt programmgesteuert. Die dazu erforderliche Software für den Mikrorechner wird beim Kauf der Adapterkarte mitgeliefert.

Im einfachsten, preisgünstigsten Fall arbeitet der Mikrorechner als *Stapelstation*. Diese Möglichkeit bietet sich z.B. dann an, wenn im autonomen Betrieb Daten erfaßt werden, die zu einem geeigneten Zeitpunkt gesammelt zum Zentralrechner zu übertragen sind, oder wenn der Zentralrechner in einem Zug die Ausgangsdaten zur Weiterverarbeitung an den Mikrorechner liefert.

Soll der Mikrorechner auch die Hardware (hohe Prozessorleistung, Großplatten, Hochleistungsdrucker, COM-Recorder...), Programme und Datenbestände des Zentralrechners im Dialogbetrieb nutzen können, so ist eine *Terminalemulation* erforderlich. Dabei wird durch die mit der Karte mitgelieferte Software das Kommunikationsverhalten einer bestimmten «dummen» Datensichtstation nachgebildet. Emula-

Abb. 3.3.3.5/4: Adapterkarten für den Mikrorechneranschluß an Rechnernetze

tionssoftware gibt es für die verbreitetsten Terminaltypen der großen Hersteller. Probleme ergeben sich oft dadurch, daß der Mikrorechner eine andere Tastatur besitzt als das emulierte Gerät. Der Benutzer muß dann eine Schablone verwenden, welche die Originaltastenbelegung zeigt.

*Spezielle Verbundsoftware* auf dem Mikrorechner und dem Zentralrechner ermöglicht es, daß sich der Benutzer nicht nur ganze Dateien senden lassen kann, sondern daß er aus Datenbeständen Daten selektieren kann, die ihm im gewünschten Format für die Weiterverarbeitung mit der PC-Software zur Verfügung gestellt werden. Um die Codeumwandlung (von EBCDIC des Großrechners in den ASCII des Mikrorechners) oder die Datenformatkonvertierung braucht er sich nicht zu kümmern. Allerdings benötigen diese vom «Adapterrechner» übernommenen Funktionen Zeit. Deshalb bringen Programme, die auf den beiden kommunizierenden Rechnern in derselben Codierung und mit denselben Datenstrukturen arbeiten, eine wesentliche Entlastung. Ferner er-

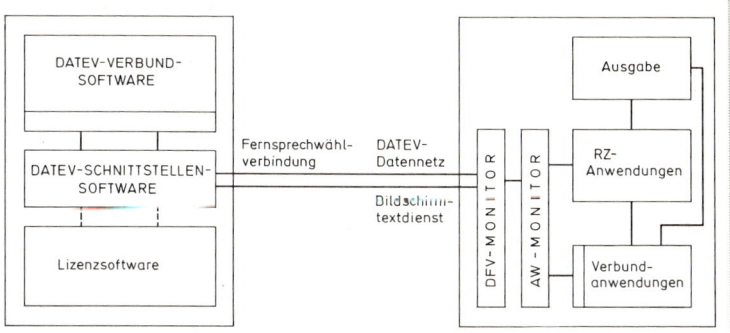

Abb. 3.3.3.5/5: Verbundsoftware (am Beispiel der DATEV)

lauben sie es, daß auf beiden Seiten dasselbe Ablagesystem verwendet wird. Auch gleichartige Softwarestrukturen und einheitliche Benutzeroberflächen der auf dem Zentralrechner und dem Mikrorechner verwendeten Programme erleichtern die Kommunikation wesentlich.

Ein *Nachteil aller Karten* ist, daß sie immer nur Zusätze, aber keine vollintegrierten Komponenten im Mikrorechner-Zentralrechner-Verbund sein können. Hieraus resultieren gewisse Beschränkungen, auf die wir hier jedoch nicht näher eingehen können.

Ein *Höchstmaß an Integration und Multifunktionalität* läßt sich realisieren, wenn ein Mikrorechner mit *Multitasking-Betriebssystem* verwendet wird. Auf einem derartigen Gerät können jeweils mehrere Zentralrechner- und Mikrorechneranwendungen parallel laufen, zwischen denen sich mittels Fenstertechnik ohne jegliche Zusatzprogrammierung Daten austauschen lassen.

*Alles, was wir vorstehend über den Mikrorechner-Großrechner-Verbund ausgeführt haben, gilt gleichermaßen für interne und externe Netze.* Im internen Bereich wird zunehmend die Möglichkeit genutzt, die Anbindung von vielen Mikrorechnern an Großrechner bzw. Minirechner über *lokale Netze* zu realisieren. Für herstellerspezifische Protokolle (wie z.B. die IBM-3270 Emulation) ausgelegte Adapterkarten werden damit überflüssig und durch Karten für offene Systeme (z.B. Ethernet oder Tokenring) ersetzt. Mit den im Abschnitt 3.3.3.4 ausgeführten Einschränkungen kommen hierfür auch *K-Anlagen* in Betracht; ihr Hauptvorteil liegt in diesem Fall in der gleichartigen Schnittstelle für die interne und die externe Kommunikation.

Übungsaufgabe Nr. I-225 und I-226 im Arbeitsbuch            ←

## Client-Server-Systeme

Einer der wichtigsten EDV-Trends der letzten Jahre ist die «*Verteilte Datenverarbeitung*», die auch unter den englischen Schlagwörtern «*Client-Server-Computing*», «*Cooperative Processing*» und «*Distributed Computing*» bekannt ist. Wir sind in diesem Buch schon ausführlich auf die Hardware und Software von Client-Server-Systemen eingegangen und wollen an dieser Stelle in erster Linie *Kommunikationsaspekte* betrachten. Solche Systeme sind heute wichtiger Bestandteil aller herstellerspezifischen und offenen Netzwerkarchitekturen.

---

Das **Client-Server-Modell** (engl.: client server model) gilt als dominierendes Konzept für die verteilte Datenverarbeitung mit über ein Kommunikationsnetz verbundenen Rechnern. Man versteht darunter eine Architektur, bei der eine EDV-Anwendung in einen benutzernahen Teil (Client, Frontend), der auf dem Endsystem des Benutzers abläuft, und einen von allen Benutzern gemeinsam genutzten Teil (Server, Backend) aufgeteilt ist.

---

Eine Client-Server-Anwendung kann quasi als «*geteilte Anwendung*» betrachtet werden, in der die Verarbeitung teilweise vom Client und zum anderen Teil vom Server vorgenommen wird. Der Server kann selbst als verteiltes System realisiert sein (Server-System), bei dem mehrere Server, die sich auch auf verschiedenen Rechnern befinden können, miteinander kommunizieren bzw. kooperieren, z.B. zur Lokalisierung von Daten (Datenbankserver). Für die funktionale Trennung der Programmlogik zwischen Client und Server innerhalb der Anwendung gibt es meist mehrere Möglichkeiten. *Grundidee* der Client-Server-Architektur ist eine möglichst *optimale Ausnutzung der Ressourcen der beteiligten Systeme*. In dem Client-Server-Modell werden die Vorzüge von Arbeitsplatzrechnern mit mehrbenutzerfähigen Verarbeitungsrechnern (Abteilungsrechnern, Zentralrechnern) integriert. Die einzelnen Funktionen einer Anwendung sollen darin von den jeweils bestgeeigneten Systemen erledigt werden, um ein Maximum an Leistung, Flexibilität und Wirtschaftlichkeit zu erreichen.

Meist werden im *Client-Teil* einer Anwendung die Benutzeroberfläche, die Eingabeprüfung, die Verarbeitung und eine Kommunikationskomponente (zur Kommunikation mit dem Serversystem) realisiert. Ein *Server* besteht aus der entsprechenden Kommunikationskomponente und – im Falle eines Datenbankservers – Komponenten zur Datenspeicherung und Datenmanipulation. Natürlich kann von Fall zu Fall auch eine andere Aufgabenverteilung zweckmäßig sein. Wie daraus ersichtlich ist, müssen die getrennten Anwendungsteile (Client und Server) durch einen Kommunikationsdienst miteinander verbunden werden.

Client-Server-Computing bedeutet also eine bestimmte *Rollenaufteilung* einer Anwendung in dienstanfordernde (Client) und diensterbringende Teile (Server). Das Serversystem stellt eine oder mehrere Funktionen zur Verfügung (z.B. als Datenbankserver, Druckerserver), die von den Clients aufgerufen werden können. Wesentlich hierbei ist, daß die Initiative des Funktionsaufrufs vom Client ausgeht. Für den Benutzer ist diese funktionale Trennung allerdings unsichtbar, die Applikation stellt sich ihm als eine einzige homogene Anwendung dar. Clients können sich auf dem selben Rechner wie der Server oder auf einem anderen Rechner befinden.

Der *Trend zur Dezentralisierung* und verteilten Verarbeitung wird vor allem durch folgende Entwicklungen gefördert:

- Steigende Leistungsfähigkeit von Arbeitsplatzrechnern,
- Verfügbarkeit von immer leistungsfähigeren und kostengünstigeren Netzverbindungen,
- zunehmendes Angebot von Kommunikationsstandards und Standardsystemplattformen,
- veränderte Unternehmensstrukturen (Organisationsformen), die durchgängige Geschäftsprozesse und eine Gliederung in tendenziell selbständig operierende, nach Märkten gegliederte Unternehmensbereiche aufweisen, und
- verstärkter Wunsch nach Integration bestehender PC-Insellösungen in die globale Unternehmensdatenverarbeitung.

*Voraussetzungen der verteilten Datenverarbeitung* sind einheitliche Kommunikationsschnittstellen, ein Kommunikationssystem zur Unterstützung der Interprogrammkommunikation, netzweite Adreßverzeichnisdienste, Dienste für die gemeinsame Nutzung teurer Ressourcen, Schutzmechanismen gegen unberechtigten Zugriff und Verwaltungsdienste für das verteilte System. Mit Hilfe der genannten elektronischen Adreßverzeichnisse können Clients ortstransparent auf Server zugreifen. «Transparent» heißt so viel wie «unsichtbar», d.h. es bleibt dem Client verborgen bzw. es ist für ihn unerheblich, wo sich der Server befindet. Gemeinsame Ressourcen sind in der Regel zentrale Datenbanken, große Speicher, Hochleistungsdrucker, lokale Netzzugänge und WAN-Anschlüsse. Dementsprechend werden z.B. Datenbankserver, Druckerserver und Kommunikationsserver unterschieden.

Unter einem **offenen System** (engl.: open system) versteht ISO ein System von einem oder mehreren Rechnern, Software, Peripherie und Übertragungsmedien, das einem Satz von Standards für den Informationsaustausch mit anderen solchen (offenen) Systemen gehorcht. Durch diese Standards wird gewährleistet, daß diese Systeme zueinander passen und damit jedes Teilsystem offen für die Kommunikation mit jedem anderen Teilsystem ist.

Wie sich die herstellerspezifischen Kommunikationsarchitekturen unter dem Einfluß der Standardisierungsbestrebungen und unter dem Druck staatlicher Stellen in Richtung offene Systeme weiter entwickeln werden, ist eine ungeklärte Frage. Dementsprechend gibt es auch über die *Geschwindigkeit der Durchsetzung des ISO-OSI-Referenzmodells* im Markt unterschiedliche Meinungen. Zwar bieten mittlerweile fast alle großen Computerhersteller als Alternative zu den herstellerspezifischen Protokollen auch eine OSI- und eine TCP/IP-Protokollsäule an und ermöglichen damit ihren Kunden die freie Protokollwahl. Kaum ein Anwender in der Privatwirtschaft macht aber bisher Gebrauch davon.

*Bisherige OSI-Anwender* kommen vielmehr *aus dem staatlichen Bereich* und verstehen sich als Schrittmacher für die Aufhebung von Herstellerabhängigkeit und die Kommunikation in heterogenen Systemen. Eine solche Vorreiterrolle hat z.B. seit jeher das US-Verteidigungsministerium übernommen, das von 1970 bis 1990 TCP/IP einsetzte und seitdem für neue Projekte OSI vorschreibt. Ähnlich ist die Verwendung von TCP/IP und OSI im Deutschen Forschungsnetz (DFN) zu sehen.

*Komplett auf OSI umgestellte Netze existieren heute noch nicht,* einerseits aufgrund der Nichtverfügbarkeit einiger Standards und entsprechender Produkte und andererseits, weil die Umstellung auf OSI sehr komplex ist. Ein weiterer Grund ist wohl auch, daß nicht nur der Marktführer IBM sondern auch viele seiner Kunden glauben, daß die proprietäre Netzwerkarchitektur *SNA wesentlich mächtiger und ausgereifter* ist als das derzeitige, keineswegs einheitliche OSI-Produktangebot. Daß hingegen kleinere EDV-Hersteller größeres Interesse an den OSI-Standards und dem für sie damit ansprechbaren erweiterten Marktpotential haben, liegt in der Natur der Sache.

Trotz des umfangreichen und oftmals verzögerten Standardisierungsprozesses der ISO wurden seit der Veröffentlichung des ISO-OSI-Referenzmodells (internationaler Standard: 1984) zahlreiche Protokolle und Dienste genormt. Für den Benutzer sind vor allem die *Dienste und Produkte der obersten Schicht des OSI-Referenzmodells, der Anwen-*

*dungsschicht (Schicht 7)*, interessant, von denen die wichtigsten im folgenden kurz beschrieben werden:

- Das *Mitteilungsübermittlungssystem* (engl.: message handling system; MHS; X.400) ist ein System für den Transport elektronischer Post (Nachrichten) zwischen Kommunikationspartnern in einer vernetzten Umgebung (nach dem «Store-and-Forward»-Prinzip).
- Mit Hilfe des *Dateitransfers* (engl.: file transfer, access, and management; FTAM) ist der Zugriff auf entfernte Dateisysteme möglich.
- Standard für den *Transport von Aufträgen* und deren Ausführung auf entfernten Rechnern ist JTM (engl.: job transfer and manipulation).
- Das *elektronische Namensverzeichnis* (engl.: directory) dient als Informationsdienst für Namen, Adressen und andere Attribute (Eigenschaften) von potentiellen Kommunikationspartnern (Personen und Anwendungen).
- ODA (engl.: office document architecture) ist eine Spezifikation für den *Austausch von (Büro-)Dokumenten.*
- MMS (engl.: manufacturing message service) ist ein Standard, der den *Austausch von Nachrichten im Produktionsbereich* standardisiert und als Teil des MAP (manufacturing automation protocol) Verwendung findet.
- EDIFACT (engl.: electronic data interchange for administration, commerce and transport) ist eine Menge internationaler Normen für die *Darstellung von Geschäfts- und Handelsdaten beim elektronischen Datenaustausch* zwischen Betrieben.
- *Virtuelles Terminal* (engl.: virtual terminal; VT) definiert die Schnittstelle zwischen einem Terminal und dem Host für den entfernten Zugriff auf eine Anwendung am Host.

### 3.3.4 Markt und Entwicklungstendenzen der Datenübertragung

*Die Telekommunikation* ist zugleich *Infrastruktur und Motor der Wirtschaft.* Sie ist heute mehr denn je entscheidend für die ökonomische Entwicklung und den Wohlstand eines Landes. Die Ausweitung von Märkten, die Internationalisierung und Dezentralisierung von Unternehmen, die Beschleunigung von Geschäftsprozessen und die Intensivierung des elektronischen Datenaustausches im Betrieb, zwischen Betrieben und im grenzüberschreitenden Bereich haben zu einer *weltweit massiven Nachfrage nach Telekommunikationsprodukten und -diensten* geführt. Rasante Fortschritte der Kommunikationstechnologie geben dieser Nachfrage zusätzliche Impulse. Es wird geschätzt, daß die Telekommunikationsumsätze auf dem Weltmarkt von rund 800 Mrd. DM im Jahr 1990 auf 2000 Mrd. DM im Jahr 2000 wachsen werden.

Diese rasante Entwicklung des Telekommunikationssektors wird von nachhaltigen *Änderungen der Rahmenbedingungen* auf den Märkten begleitet:

- Deregulierung und Liberalisierung schaffen die Voraussetzung für einen intensiveren Wettbewerb auf der Anbieterseite,
- die zunehmende Vielfalt von Netzen und Diensten, die Kopplung von heterogenen Systemen und der grenzüberschreitende Telekommunikationsverkehr führen zu einer schnelleren und umfassenderen Festlegung und Durchsetzung internationaler Standards,
- die Entwicklungsaufwendungen für neue Telekommunikationstechnologien erreichen Größenordnungen, die weltweit nur noch von wenigen Unternehmen getragen werden können.

Die «klassischen» *Fernmeldemonopole fallen* gänzlich oder werden zumindest durchlöchert. Für die Nachfrager kann sich die vor allem seitens der EG forcierte *Gleichstellung privatwirtschaftlich handelnder staatlicher Anbieter von Telekommunikationsdiensten und -geräten mit privaten Unternehmen* nur positiv auswirken. Überhöhte Gebühren mancher staatlicher Fernmeldeverwaltungen, wie z.B. in Österreich, werden unter dem Konkurrenzdruck nicht zu halten sein. Die Vielfalt an attraktiven Geräten und innovativen Diensten wird zunehmen. Die Vermarktung dieser neuen Dienste und Leistungen in öffentlichen Netzen steigert bei wettbewerbsorientierten Preisen das Kommunikationsvolumen und damit auch die Auslastung der Netze. Unwirtschaftliche Dienste werden aufgegeben werden müssen.

Die Entwicklungskosten für eine neue Netzgeneration im Weitverkehrsbereich werden heute von der Industrie mit über 3 Mrd. DM angesetzt. Derartige Entwicklungsaufwendungen können nur noch von Herstellern mit einem Jahresumsatz in dieser Technik von mehr als 10 Mrd. DM erbracht werden. Deshalb hat sich in den letzten Jahren der globale *Konzentrationsprozeß* fortgesetzt. Kleinere Firmen müssen aus dem Markt ausscheiden, Kooperationen eingehen oder Lizenzen übernehmen.

Der deutsche Hersteller *Siemens* zählt zu den großen Drei und ist einer der wenigen Hersteller, die mit einem vollständigen Produktangebot für die Telekommunikation auf dem Weltmarkt präsent sind. Für die ISDN-Vermittlungssysteme EWSD von Siemens hatten sich bis 1991 schon 120 Fernmeldeverwaltungen aus 55 Ländern entschieden.

Die Abb. 3.3.4/1 zeigt die *Weltmarktanteile der größten Hersteller von Telekommunikationssystemen.*

| Hersteller | Öff. Ver-mittlungs-systeme | Öff. Über-tragungs-systeme | Nach-richten-kabel | Geschäftl. TK-Anlagen | Gesamt |
|---|---|---|---|---|---|
| Alcatel | 17% | 17% | 13% | 11% | 13% |
| AT&T | 15% | 10% | 15% | 10% | 12% |
| Siemens | 15% | 10% | 7% | 12% | 11% |
| Northern Telecom | 14% | 5% | 6% | 6% | 8% |
| NEC | 3% | 21% | – | 4% | 7% |
| LM Ericsson | 12% | 2% | 3% | 3% | 7% |
| Sumitomo | – | – | 9% | – | – |
| Pirelli | – | – | 8% | – | – |

Abb. 3.3.4/1: Telekommunikationsweltmarktanteile der größten Hersteller im Jahr 1990 (Quelle: Alcatel Austria)

Wie die Abb. 3.3.4/2 zeigt, hat die Sprachkommunikation (Telefonieren) zwar den Hauptanteil am weltweiten Telekommunikationsverkehr, doch wachsen andere Dienste wie die Datenübertragung und das Fernkopieren (Telefax) viel schneller. Telefax und die anderen in der Abbildung genannten Textkommunikationsdienste werden Sie im Kapitel 4 noch näher kennenlernen.

### Öffentliches Telefonnetz und Mobilfunknetz

Weltweit wächst die Zahl der Telefone um etwa 4% pro Jahr. 1990 waren 820 Mio. Sprechstellen in Betrieb, davon schätzungsweise 300 Mio. in Nebenstellenanlagen. Die Dichte der Fernsprech-Hauptanschlüsse beträgt je 100 Einwohner in den USA 53,3, in Japan 43,2, in der EG 39,9 und in den osteuropäischen Staaten 11,3.

*In der Bundesrepublik Deutschland gibt es derzeit etwa 45 Mio. Telefone.* Die Telekom verzeichnete 1990 insgesamt 31,9 Mio. Anschlüsse am öffentlichen Telefonnetz, davon 1,9 Mio. in den neuen Bundesländern. Der Zuwachs lag in den beiden vorhergehenden Jahren bei 1,1 Mio. Anschlüssen pro Jahr. 1990 wurden insgesamt 36,2 Mrd. Verbindungen im öffentlichen Telefonnetz hergestellt. Der Zuwachs gegenüber dem Vorjahr lag hier bei 6,2%. Ein rasantes Wachstum

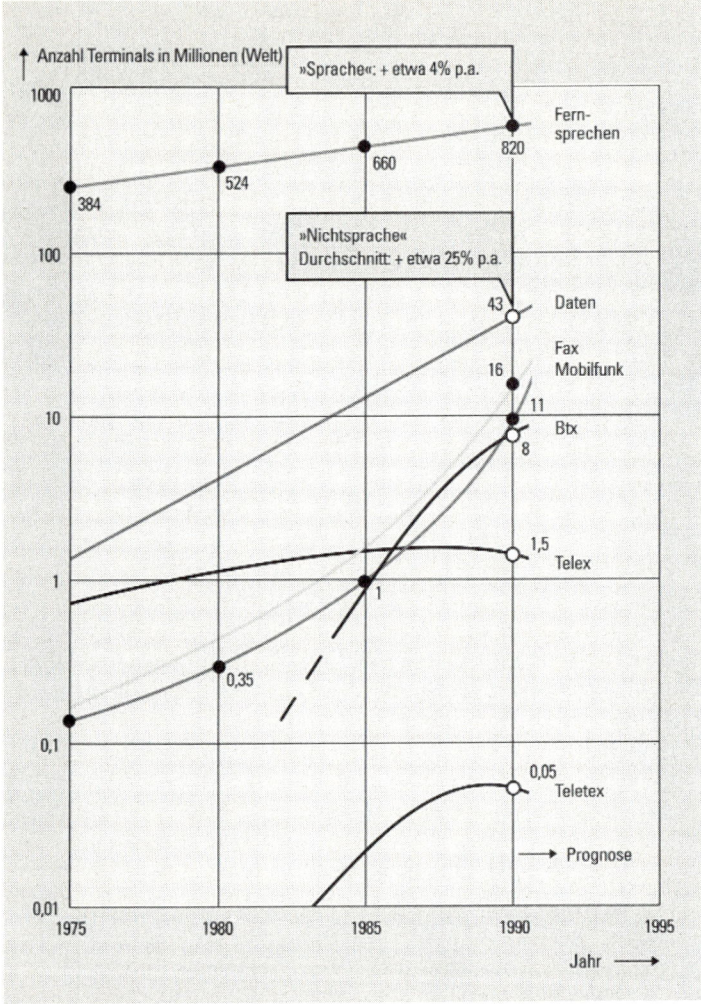

Abb. 3.3.4/2: Weltweites Wachstum der Anzahl von Endgeräten zur Sprach-, Daten-
und Texttelekommunikation (Quelle: Siemens)

weisen vor allem die öffentlichen *Mobilfunkdienste* auf. 1990 verzeichnete die Telekom 292630 Funktelefonanschlüsse, der Zuwachs gegenüber dem Vorjahr betrug 105871, das sind 36,17%. 192,4 Mio. abgehende Funktelefonverbindungen wurden registriert.

Ende 1990 waren *227772 Datenstationen an das öffentliche Telefonnetz* in Deutschland angeschlossen. Das waren 42,5 % aller Datenstationen an den Fernmeldenetzen der Telekom. Dieser relativ hohe Anteil hat sich im vergangenen Jahrzehnt nicht wesentlich verändert. Die Zuwachsrate beträgt etwa 15 bis 20 % jährlich.

*Billigmodems* ohne Postzulassung sind ab etwa 300 DM erhältlich, postzugelassene einfache Modems für niedrige Übertragungsgeschwindigkeiten (300 bit/s, 1200 bit/s, 2400 bit/s) kosten mindestens 1000 DM. Für die am häufigsten benutzte Geschwindigkeitsklasse 9600 bit/s gibt es ein breites Angebot mit Preisen zwischen 1000 DM und 3000 DM. Für ein fehlerkorrigierendes *Hochleistungsmodem* mit Datenkompression und automatischer Geschwindigkeitsanpassung bis 19200 bit/s sind bis zu 5000 DM zu bezahlen.

Für die mobile Datenerfassung bzw. für die Kommunikation von unterwegs sind postzugelassene *Akustikkoppler*, die 300, 1200 oder 2400 bit/s Übertragungsgeschwindigkeit ermöglichen und die sowohl akustisch als auch induktiv arbeiten können, ab etwa 600 DM erhältlich. Viele angebotene Geräte sind in ihrer Funktionalität jedoch beschränkter. Geräte, die rein akustisch Daten für die Übertragung umsetzen, sind meist billig, bei starken Umgebungsgeräuschen kann es jedoch leicht zu Übertragungsfehlern kommen. Geräte auf induktiver Basis, die das Streufeld des Lautsprechermagneten in der Hörkapsel des Telefonhörers für die Übertragung auswerten, bieten eine höhere Übertragungssicherheit, sind aber bei manchen älteren Telefonen nicht verwendbar.

*Mobilfunkmodems*, die in Notebooks oder Palmtops eingebaut werden können, sind eine bisher kaum genutzte, aber zukunftsträchtige Alternative. Ein solches Gerät wird z. B. in den USA vom Marktführer Motorola für ca. 300 US-$ angeboten.

Wie oben erwähnt verzeichnen die öffentlichen Mobilfunkdienste rasante Wachstumsraten. Vorhersagen sprechen von weltweit 30 bis 50 Mio. Funkteilnehmern bis zum Jahr 2000. Probleme bereiten derzeit vor allem die verschiedenen *Mobilfunksysteme*, die sich im Frequenzband, im Systemaufbau und in den Leistungsmerkmalen unterscheiden. In Europa haben fast alle Länder ihre eigenen, nicht kompatiblen Dienste eingeführt, wodurch eine großräumige Nutzung in der Regel nicht möglich ist. In der Bundesrepublik Deutschland gibt es das analoge C450-Netz und das digitale D1-Netz der Telekom sowie das digitale D2-Netz, das von einem privaten Firmenkonsortium unter Federführung von Mannesmann betrieben wird. Die genannten Mobilfunkdienste sind *Zellularsysteme*.

Ein **Zellularsystem** bzw. **zellulares Telefonsystem** (engl.: cellular telephone system) ist ein Mobilfunksystem, bei dem eine geographische Region in abgegrenzte Gebiete (Zellen) eingeteilt wird. Jede Zelle wird über eine Sende-/Empfangsstation (engl.: transceiver) versorgt, wobei durch die Verbindung dieser Stationen für die einzelnen Gebiete ein übergreifendes Kommunikationsnetz entsteht.

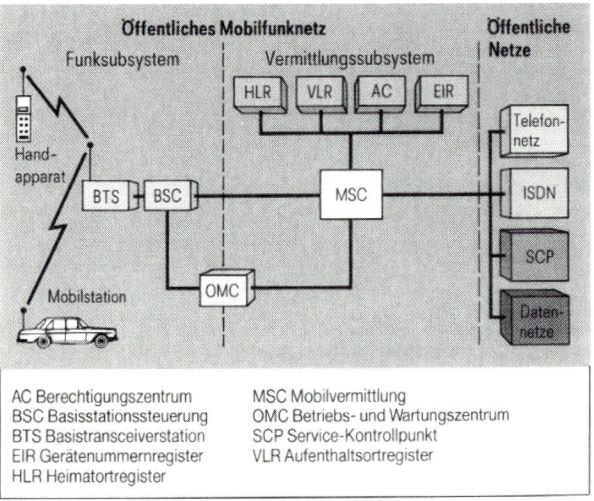

Abb. 3.3.4/3: Aufbau des europäischen Mobilfunksystems GSM (Quelle: Siemens)

Um die Kompatibilitätsprobleme zu bewältigen und damit eine grenzüberschreitende Kommunikation zu ermöglichen, haben 1987 die Fernmeldeverwaltungen von Deutschland, Frankreich, Großbritannien und Italien ein Abkommen zum Aufbau eines gemeinsamen digitalen Mobilfunknetzes unterzeichnet, dem mittlerweile die meisten europäischen Länder (nicht nur die EG-Staaten) beigetreten sind. Dieses *GSM-System* (engl.: global system for mobile communication) ermöglicht eine Teilnehmerdichte von mehr als tausend Teilnehmern je Quadratkilometer. Es bietet Übergänge zum öffentlichen Telefonnetz, den Datexnetzen und dem ISDN. Mit dem Aufbau wurde 1991 in Ballungszentren begonnen (vornehmlich in Deutschland und Großbritannien), bis 1993 sollen alle westeuropäischen Großstädte sowie die wichtigsten Flughäfen angeschlossen sein. Eine umfassende Vernetzung der wichtigsten Verkehrsrouten wird bis 1995 erwartet.

Während bisher jedem Endgerät im Telefonsystem eine Teilnehmernummer zugeordnet wurde, soll im GSM eine *personenbezogene Nummernzuordnung* erfolgen. Der Teilnehmer weist seine Identität mit einer Chipkarte (sog. SIM-Card; SIM ist die Abkürzung von engl.: subscriber identity module) nach, in der seine europaweit einheitliche Rufnummer gespeichert ist. Damit kann er jedes beliebige Endgerät (Telefon, Fernkopierer usw.) innerhalb des GSM-Netzes verwenden und muß sein (sowieso nur noch zigarettenschachtelgroßes) Mobiltelefon nicht mehr ständig mit sich führen.

Die flächendeckende Mobilkommunikation wird in der derzeit vorgesehenen Form allerdings nicht einhellig und uneingeschränkt begrüßt. *Kritiker* sehen – ähnlich wie beim ISDN – das informationelle Selbstbestimmungsrecht des einzelnen gefährdet, wenn dieser immer und überall erreicht und damit auch z.B. seitens eines Betriebs jederzeit abgerufen und überwacht werden kann. Nicht restlos geklärt ist auch, ob und inwieweit die Mobilfunkendgeräte den Benutzer gesundheitsschädlichen Strahlen aussetzen. Schließlich ist das Abhören des normalerweise unverschlüsselt fließenden Funkverkehrs in öffentlichen Netzen relativ einfach.

Das Marktforschungsunternehmen Frost & Sullivan schätzt die *Zahl der Teilnehmer an europäischen Mobilfunkdiensten* im Jahr 1991 auf 4,52 Mio. und den Umsatz der Dienstanbieter auf 10,25 Mrd. DM. Bis 1996 soll die Teilnehmerzahl auf über 10 Mio. steigen und der jährliche Umsatz der Dienstanbieter auf 24,4 Mrd. DM wachsen. Im gleichen Zeitraum soll sich die Anzahl der ausgelieferten Endgeräte von 1,35 Mio. im Jahr 1991 auf 2,04 Mio. erhöhen.

Die *Funkchips* (engl.: radio frequency chips), die die drahtlose Anbindung von Telefonhandapparaten oder tragbaren Rechnern und Datenerfassungsgeräten an solche Kommunikationsnetze ermöglichen, funktionieren wie ein Walkie-Talkie. Sie senden und empfangen Rundfunksignale über Entfernungen, die von wenigen Metern bis zu vielen tausend Kilometern reichen können. Billige Siliziumchips mit relativ niedrigen Übertragungsfrequenzen von 49 MHz sind zum Beispiel in Schnurlostelefone eingebaut, die den Aktionsradius des drahtgebundenen Heimtelefons um einige hundert Meter erweitern. Man kann damit in anderen Räumen, im Garten oder auch vom Nachbarn aus telefonieren und angerufen werden. Hingegen müssen für Zellulartelefone, die mit bis zu 40 km entfernten Basisstationen kommunizieren, wesentlich höhere Übertragungsfrequenzen um 900 MHz mit entsprechend teureren Chips realisiert werden. Bei Frequenzen über ein GHz, wie sie beispielsweise für die Satellitenkommunikation benötigt werden, müssen noch kostspieligere Chips aus Galliumarsenid verwendet werden.

Die in der Bundesrepublik Deutschland derzeit verfügbaren öffentlichen *Mobilfunkdienste* sind noch sehr *langsam* und dementsprechend für die großvolumige Datenübertragung nicht geeignet. Die derzeitige Höchstgeschwindigkeit im Modacom-Dienst der Telekom, über den man Anschluß an das DATEX-P-Netz findet, liegt bei 9600 bit/s.

### Datenübermittlungsnetze der Telekom und angeschlossene Datenstationen

*Derzeit sind mehr als 600000 Datenstationen an Fernmeldenetze der Telekom angeschlossen.* Der jährliche Zuwachs betrug in den letzten Jahren über 60000 Einheiten pro Jahr. Die letzte von der Telekom veröffentlichte Detailstatistik, die sich auf Ende 1990 bezieht, ist in Abb. 3.3.4/4 wiedergegeben.

Die große Anzahl der an das *Telefonnetz* gekoppelten Datenstationen wurde bereits vorstehend erwähnt. Ebenso viele Terminals werden an *Datendirektverbindungen* betrieben (die früher Direktrufanschlüsse genannt wurden): 227188 Geräte, das sind 42,4%. Der jährliche Zuwachs liegt bei etwa 10%.

Das am drittstärksten frequentierte Netz ist *DATEX-P* mit 54745 angeschlossenen Datenübertragungseinrichtungen ( = 10,2%) und überproportional hohen Zuwachsraten von durchschnittlich über 30% pro Jahr. X.25 hat sich zum dominierenden weltweiten Standard für die Datenübertragung in öffentlichen und privaten Weitverkehrsnetzen entwickelt. Der steigende Bedarf nach LAN-Verbindungen über weite Strecken gibt dabei der Nachfrage wesentliche Impulse. Eine Kommunikationskarte, mit der ein PC stand-alone oder als LAN-Gateway an DATEX-P- oder SDLC-Leitungen angeschaltet werden kann, kostet je nach Übertragungsrate (bis 9600 bit/s oder 64 kbit/s) zwischen 3000 DM und 5000 DM.

Hingegen scheinen die Anschlußzahlen an das *DATEX-L-Netz* zu stagnieren: 24157 Anschlüsse wurden Ende 1990 registriert ( = 4,5%), der Zuwachs gegenüber dem Vorjahr betrug nur 3,9%.

*ISDN- und Satelliten-Anschlüsse* privater Teilnehmer spielten im Jahr 1990 noch keine Rolle. Mit der Einführung des ISDN wurde in der Bundesrepublik Deutschland ein Jahr zuvor begonnen, und private VSAT-Anbieter haben damals erst ihren Betrieb aufnehmen dürfen. Wegen der zu erwartenden wachsenden Bedeutung dieser zukunftsträchtigen Telekommunikationsdienste gehen wir im folgenden detaillierter darauf ein.

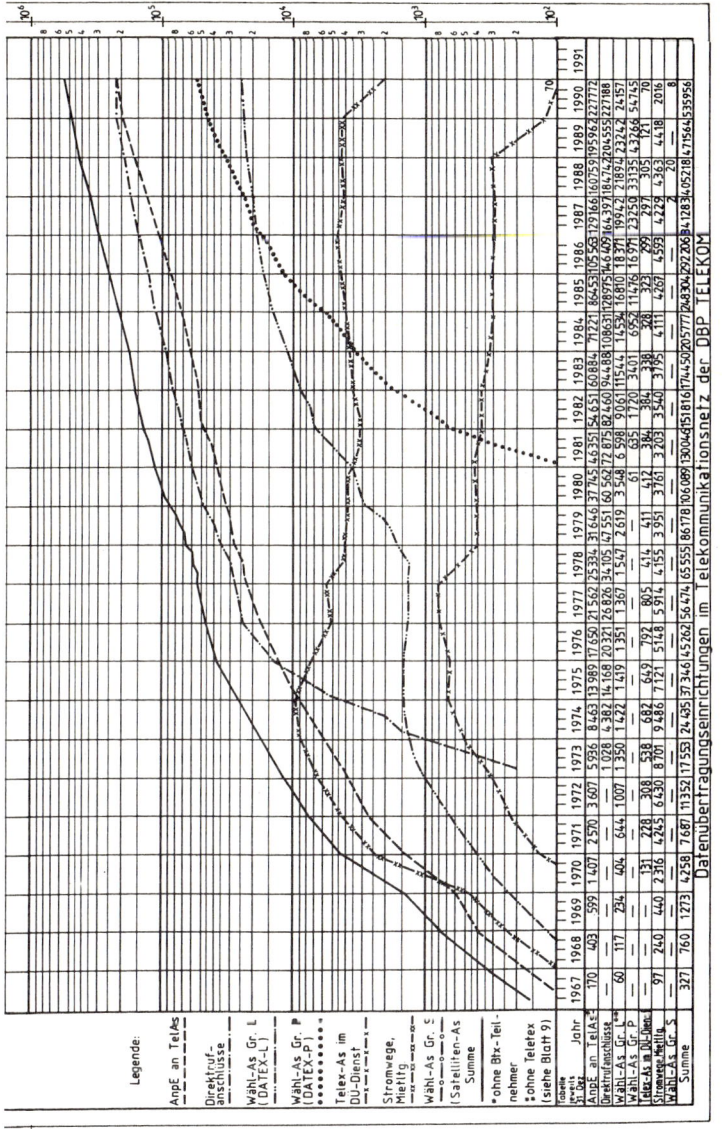

Abb. 3.3.4/4: Datenübertragungseinrichtungen in Fernmeldenetzen der Telekom (Bestandszahlen jeweils zum Jahresende; Quelle: Telekom)

751

## Auswahl von Fernmeldewegen

Für die *Auswahl der im Einzelfall günstigsten Fernmeldewege* sind im wesentlichen folgende *Bestimmungsfaktoren* maßgebend:

1. Umfang der zu übertragenden Datenmengen,
2. zeitlicher Anfall der zu übertragenden Daten,
3. Dringlichkeit der zu übertragenden Daten (d.h. zur Verfügung stehende Übertragungszeit),
4. zu überbrückende Entfernung,
5. notwendige Übertragungsgeschwindigkeit (abhängig von 3.),
6. gewünschte Übertragungssicherheit,
7. erforderliche und vorhandene Hardwareeinrichtungen, insbesondere Datenstationen und Leitungen,
8. vorgesehene Übertragungs- und Betriebsarten,
9. Übertragungskosten.

Diese *Kriterien* stehen zum größten Teil *miteinander in Beziehung.* Zum *Beispiel* wachsen die *Gesamtkosten der Datenübertragung* mit der Übertragungsgeschwindigkeit, weil dann teurere Übertragungswege, vor allem aber kostspieligere Datenendeinrichtungen und Datenübertragungseinrichtungen notwendig werden. Bezieht man die Gesamtkosten hingegen auf die zu übertragenden Zeichen, so sind die «Stückkosten» bei hohen Geschwindigkeiten wesentlich geringer als bei niedrigen. Dieser Vorteil kommt natürlich erst dann zur Geltung, wenn der Umfang und die Dringlichkeit der zu übertragenden Daten die Hardware für hohe Übertragungsgeschwindigkeiten rechtfertigen.

*Das Gebührenkriterium «Entfernung» verliert gegenüber dem Gebührenkriterium «Zeit» zunehmend an Bedeutung.* Bei den Wählnetzen wurde dies durch die Reduzierung der Fernzonen und die Einführung des Nahdienstes mit Zeitzählung im Ortsnetz berücksichtigt. Für festgeschaltete Verbindungen ist im Gegensatz zu früher ebenfalls nicht mehr nur die gebührenpflichtige Leitungslänge, sondern auch die Nutzungszeit maßgebend.

Eine *Maßgröße für die Qualität (Sicherheit) der Datenübertragung* ist die **Fehlerwahrscheinlichkeit bzw. -häufigkeit** (engl.: error probability; error rate). Man unterscheidet zwischen Bit-, Zeichen- und Blockfehlerwahrscheinlichkeit und mißt diese durch die Kennzahl «Anzahl der fehlerhaft übertragenen Einheiten zu der Gesamtzahl der betrachteten Einheiten». Zum Beispiel bedeutet die Schreibweise $5 \times 10^{-6}$: 5 fehlerhafte Einheiten auf eine Million ($10^6$) Einheiten.

Die möglichen Übertragungsgeschwindigkeiten, die Betriebsarten, die Gebühren und die garantierte Dienstgüte (Bitfehlerwahrscheinlichkeit) der einzelnen Fernmeldewege sind im Detail in den Merkblättern der «Dateldienste» beschrieben, die bei den Fernmeldeämtern erhältlich sind.

## ISDN

ISDN wurde von der Telekom im Jahr 1989 öffentlich eingeführt. Waren zunächst nur die Städte Hamburg, Hannover, Berlin, Frankfurt/ M., Düsseldorf, Nürnberg, Stuttgart und München eingeschlossen, so wurde bis Ende 1989 die Zahl auf 39 Städte erhöht. Ein Jahr später waren bereits 317 Städte mit ISDN versorgt, wodurch schon etwa 80% der potentiellen Geschäftskunden bei Interesse Anschlußteilnehmer werden konnten. 1991 waren 1140 Städte ISDN-fähig, Ende 1992 werden 1919 Städte angeschlossen sein, und im Folgejahr 1993 *wird in Westdeutschland eine vollständige Flächendeckung erreicht* sein (472 digitalisierte Fernvermittlungsstellen, 6200 Anschlußbereiche). In den neuen Bundesländern hat der reguläre Ausbau 1992 begonnen, die vollständige Flächendeckung wird bis 1995 angestrebt.

Nach anfänglich nur zögernder Nachfrage, wie sie bei neuen Telekommunikationsdiensten immer wieder beobachtet werden kann, ist die *Zahl der Anschlüsse* inzwischen stetig angestiegen. Am 30.4.1992 waren in der Bundesrepublik Deutschland 56607 Basisanschlüsse und 3559 Primärmultiplexanschlüsse in Betrieb. Eine Hemmschwelle ist zur Zeit noch das relativ *geringe Angebot an ISDN-fähigen Endgeräten,* deren *Preise teilweise noch sehr hoch sind* (um den Faktor 2−3 höher als für entsprechende analoge Endgeräte). Vor allem Geräte für neue, bisher nicht verfügbare Dienste sind noch extrem teuer: Ein Bildtelefon kostet zum Beispiel heute noch etwa 35000 DM!

Während die Zahl der installierten ISDN-Telefone stark hinter den Erwartungen der Telekom zurückblieb, waren 1991/92 *ISDN-fähige PC-Karten «der große Renner».* Mit entsprechender Software wird der PC damit zum multifunktionalen Endgerät: Er eignet sich nicht nur für die Datenübermittlung, sondern auch für die Textkommunikation (Telex, Teletex, Telefax, Bildschirmtext). Darüber hinaus unterstützen die meisten ISDN-PC-Adapterkarten das Telefonieren, z.B. durch die Wahl direkt aus einem PC-Register. Für die Datenkommunikation bieten die Karten besondere Leistungsmerkmale, beispielsweise einen PC-zu-PC-Dateitransfer mit Übertragungsgeschwindigkeiten, die der ISDN-Standardrate von 64 kbit/s nahekommen. Für solche PC-Adapterkarten haben die Hersteller gemeinsam mit der Telekom standardisierte Schnittstellen entwickelt, die inzwischen bei den meisten auf dem Markt angebotenen Karten realisiert sind. *COMMON-ISDN-API* ist eine Schnittstelle zwischen verschiedenen Anwendungsprogrammen und der ISDN-PC-Adapterkarte. Sie ermöglicht einer Anwendung den einfachen Zugriff auf ISDN-PC-Adapterkarten. Die *APPLI/COM-Schnittstelle* bietet den Anwendungsprogrammen den standardisierten Zugang zu Kommunikationsdiensten. Damit können Dokumente direkt aus einer Anwendung per Telex, Teletex oder Telefax versandt bzw. empfangen werden.

Um vorhandene Datenendgeräte mit V- oder X-Schnittstellen am ISDN-Anschluß verwenden zu können, sind verschiedene *Terminaladapter* verfügbar. Sie nehmen die Anpassung des Endgerätes an die $S_0$-Schnittstelle vor. Insbesondere sorgen sie für die Bitratenadaption zwischen Endgerät und B- oder D-Kanal und die Umsetzung der Signalisierungsinformation des Endgerätes auf die Signale des D-Kanal-Protokolls des ISDN-Anschlusses. Allerdings nutzt ein Terminaladapter i.a. nicht alle Möglichkeiten des ISDN aus.

Neben den ISDN-PC-Adapterkarten erreichen auch *Telefax-Geräte der Gruppe 4* für das schnelle Fernkopieren relativ hohe Absatzzahlen.

Daraus ist ersichtlich, daß die bisherigen *Teilnehmer fast ausschließlich aus dem geschäftlichen Bereich* kommen. Für private Teilnehmer ist der Hauptvorteil das qualitativ bessere und komfortablere Telefonieren, das offensichtlich nicht die deutlich höhere monatliche Grundgebühr (74 DM) eines ISDN-Anschlusses gegenüber dem normalen Fernsprechanschluß (24,60 DM) rechtfertigt.

Für 1995 prognostiziert die Telekom 300000 bis 500000 Basisanschlüsse und mehr als 15000 Primärmultiplexanschlüsse. Die *Installationszeit* beträgt für Basisanschlüsse in versorgten Gebieten derzeit zwei bis drei Wochen, für Primärmultiplexanschlüsse ca. drei Monate.

Die mittlere *Verbindungsaufbauzeit* für ISDN-Verbindungen beträgt ca. 1,7 Sekunden, wenn die Zielnummer en-bloc eingegeben wird. Je nach Entfernung zwischen den beteiligten Endstellen und der aktuellen Belastung des Netzes kann diese Zeit zwischen 0,8 Sekunden und 8 Sekunden variieren.

*ISDN-Verbindungen ins Ausland* sind bereits heute nach Australien, Belgien, Dänemark, Frankreich, Großbritannien, Hongkong, Italien, Japan, Niederlande, Norwegen, Schweden, Schweiz, Singapur und USA möglich. Sie ersehen daraus, daß neben der Bundesrepublik Deutschland auch viele andere Länder das ISDN eingeführt haben. In Japan gibt es sogar schon öffentliche ISDN-Zellen, ähnlich wie die öffentlichen Telefonzellen hierzulande. Österreich hat erst 1992 mit der Einführung begonnen und soll 1993 in die internationale ISDN-Zusammenschaltung einbezogen werden. Weil der internationale Normungsprozeß Ende der 80er Jahre noch nicht genügend fortgeschritten war, unterscheiden sich die heute angebotenen ISDN-Dienste teilweise in ihren Spezifikationen. Gemeinsam mit anderen europäischen Netzbetreibern beabsichtigt die Telekom bis Ende 1993 ISDN an einheitliche europäische Standards anzupassen (EURO-ISDN).

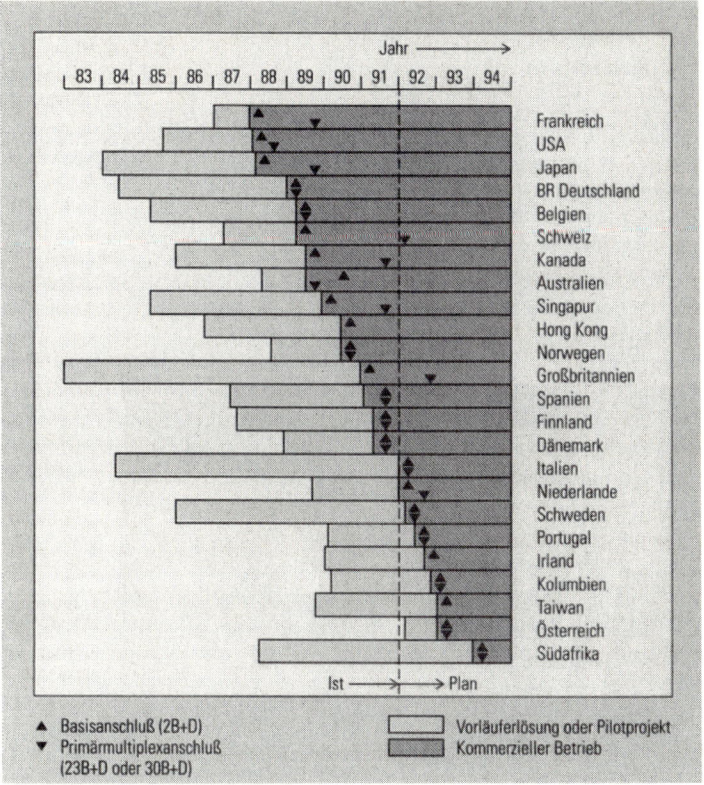

Abb. 3.3.4/5: Einführung des ISDN in verschiedenen Ländern

Das ISDN ist in der deutschen Öffentlichkeit seit seiner Einführung aus unterschiedlichen Lagern immer wieder *stark kritisiert* worden. Ein Kritikpunkt ist, daß die Milliardeninvestitionen der Telekom zum Aufbau dieses Universalnetzes nicht durch die zu erwartenden Nutzen und Teilnehmerzahlen zu rechtfertigen seien und daß sich die mangelnde Akzeptanz in der nur zögernden Nachfrage zeige. Ein Riesenflop zeichne sich ab. Aufgrund des ständig steigenden Bandbreitenbedarfes von Unternehmen wird seitens der Wirtschaft vor allem angezweifelt, ob das schmalbandige ISDN für große Geschäftskunden eine akzeptable Lösung ihrer Kommunikationsprobleme bringen kann. Einsatzmöglichkeiten werden allenfalls bei kleinen Außenstellen, Versicherungsvertretern, Bausparberatern u.ä. gesehen, wo das ISDN jedoch vorhandene

Übertragungsdienste wie DATEX-P oder Datendirektverbindungen konkurrenziert. Die Telekom hingegen verweist auf die steigende Zahl der Anschlüsse, mit der sie im internationalen Vergleich in der Spitzengruppe der ISDN-Anbieter liege.

Daß auch manche Computerhersteller den Optimismus der Telekom teilen, ersehen Sie zum Beispiel daraus, daß die Sun Microsystems Computer Corp. ihre 1992 neu angekündigten SuperSPARC-Workstations der Serie 10 (86 bis über 400 Mips) mit einem eingebauten ISDN-Adapter ausliefert.

*Datenschützer befürchten* durch die komplette Registrierung des Telekommunikationsverhaltens der ISDN-Teilnehmer *Mißbrauchsmöglichkeiten*. Die Telekom argumentiert, daß sie diese Daten für die Rechnungstellung bzw. bei aufklärungsbedürftigen Fällen für den *Einzelverbindungsnachweis* gegenüber Kunden benötigt. Auf Wunsch können die Teilnehmer auch selbst regelmäßig die detaillierte Auflistung aller von einem Anschluß hergestellten Verbindungen mit Datum, Uhrzeit, Dauer, Rufnummer des gerufenen Anschlusses und Verbindungsgebühr erhalten (als Sonderleistung gegen Entgelt).

Ebenso wird die automatische *Anzeige der Rufnummer des Anrufers* zwiespältig betrachtet. Die Telekom hat deshalb die Möglichkeit eingeräumt, daß die Rufnummernanzeige auf Teilnehmerwunsch generell unterdrückt wird. Andererseits wird gerade dieses Dienstmerkmal für viele Anwendungen als besonders wichtig angesehen. Zum Beispiel für die Identifizierung von Notrufen bei Polizei und Feuerwehr oder für die automatische Datenerfassung und Verifizierung von telefonischen Kundenaufträgen im Versandhandel («Tele-Shopping»).

Die *Gebührenpolitik* der Telekom in bezug auf das ISDN wurde und wird ebenfalls als inkonsequent und nicht marktgerecht kritisiert.

Für den durchschnittlichen Privathaushalt ist ISDN – wie oben erwähnt – zu teuer. Auch wenn der zweite Übertragungskanal gewünscht wird, ist ein Teilnehmer ohne Daten- und Textkommunikation mit einem analogen Doppelanschluß am Telefonnetz mit einer monatlichen Grundgebühr von 35,20 DM günstiger bedient.

Für Geschäftskunden mit Daten- und Textkommunikationsbedarf stellt sich die *Kostensituation* differenzierter dar. Für einen Dialogbetrieb, bei dem geringe Datenübertragungsraten genügen, sind ISDN-Wählverbindungen lediglich bei der sporadischen Nutzung (< 40 Stunden im Monat) im Orts- und Nahbereich attraktiv. Preisgünstig sind ISDN-Wählverbindungen hingegen für alle Anwendungen, bei denen über einen kurzen Zeitraum große Datenmengen zwischen zwei Orten ausgetauscht werden müssen (Dateitransfer). Auch zur Ergänzung stark belasteter Datendirektverbindungen, z.B. während Spitzenzeiten (Lastausgleich), und als Sicherung gegen Ausfälle von Standleitungen eignen sich ISDN-Wählleitungen sehr gut. Im Vergleich zu 64-kbit/s-Datendirektverbindungen sind permanente ISDN-Verbindungen fast immer günstiger. Solche ISDN-Festverbindungen können auch für den Dialogverkehr interessant sein, vor allem wenn die Übertragungskapazität durch mehrere Benutzer gemeinsam verwendet wird.

### Breitbandnetze auf Glasfaserbasis

Als einer der Schwachpunkte des ISDN wurde vorstehend erwähnt, daß die «Höchstgeschwindigkeit» für die wachsenden Datenübertragungsmengen großer EDV-Anwender und vor allem für eine hochwertige Bewegtbildübertragung nicht ausreicht. Für eine flächendeckende Versorgung ist die Telekom jedoch auf die derzeit vorhandenen Leitungssysteme angewiesen, die den Teilnehmeranschluß über verdrillte Kupferkabel realisieren und damit keine größere Bandbreite zulassen.

Der Wert der seit Beginn dieses Jahrhunderts in Deutschland verlegten Kupferkabel wird auf über 100 Mrd. DM geschätzt. *Im Fernbereich* kamen früher Koaxialkabel zum Einsatz, seit 1987 sind *bei Neu- bzw. Ersatzverlegungen Glasfaserkabel* die Regel. 1990 umfaßte das *Fernliniennetz der Telekom etwa 200000 Kabel-Kilometer* (39405 km in den neuen Bundesländern), etwa 15% davon waren in Glasfasertechnik ausgeführt. Vor allem die neuen Bundesländer sollen durch den massiven Einsatz der Glasfasertechnik eine moderne Telekommunikationsinfrastruktur erhalten. Daneben gab es über *250000 Kabel-Kilometer in Breitbandverteilnetzen.* Daß die DBP diese nur für die Übertragung einiger zusätzlicher Fernsehprogramme verwendeten Netze in Koaxialkabeltechnik ausgeführt hat und hierfür in den 80er Jahren über 10 Mrd. DM aufgewendet hat, ist wiederholt kritisiert worden. Der Postminister begründet seine damalige Entscheidung mit der seinerzeit noch zu unausgereiften Glasfasertechnik und den hohen Kosten: 1986 kostete ein Meter Glasfaser noch sechs DM, heute nur etwa 50 Pfennig.

Vor allem für den *Teilnehmeranschluß*, der z.B. im Telefonnetz 40% des Aufwandes des Gesamtnetzes ausmacht (bei Einbeziehung der Ortsvermittlungsstelle sogar 60%), war die *Glasfasertechnik bisher viel zu teuer.* Ein Meter verdrillter Kupferdraht schlägt nämlich nur mit acht Pfennig zu Buche.

Die Überlegungen der DBP in den 80er Jahren gingen zunächst in die Richtung, daß potentielle Teilnehmer von Breitbandkommunikationsnetzen für Übertragungskapazitäten im Megabitbereich und vor allem für dadurch mögliche, neuartige Breitbanddienste auch höhere Kosten in Kauf nehmen würden. Ein 1983 im Ortsnetzbereich gestarteter dahingehender Versuch zur Erprobung breitbandiger Fernmeldedienste mit ca. 350 Teilnehmern in sieben deutschen Großstädten unter dem Namen BIGFON (Breitbandiges Integriertes Glasfaser-Ortsnetz scheiterte jedoch. Infolge der *mangelnden Akzeptanz neuer Breitbanddienste* änderte die DPB bzw. die heutige Telekom ihre Strategie: *Der neue Ansatz zielt darauf ab, die Glasfasertechnik über die wirtschaftliche Nutzung bereits heute angebotener Dienste (Telefon, Datenübertragung, Hörfunk- und TV-Verteilung) im Teilnehmeranschlußbereich einzuführen.* Gleichzeitig soll die Option offengehalten werden, die neuen Glasfasersysteme zu gegebener Zeit kostengünstig auch für breitbandige Dienste hochzurüsten.

Die Absicht, eine *Glasfaserinfrastruktur bis zum Haus* (engl.: fiber to the home) einzurichten, wurde durch die erwähnten, andauernden Preisfortschritte bei den Komponenten (Kabel, Koppler) sowie durch die stärkere Ausnutzung der Multiplexmöglichkeiten der Glasfasertechnik erleichtert. Eine *Serie von Pilotprojekten*, die in den Jahren 1990 bis 1992 begonnen wurden, sollen innovative Konzepte für optische Anschlußleitungen erproben (OPAL 1 – 7). In den Projekten werden von diversen Systemlieferanten vor allem Doppelsternnetze, aber auch Bus-

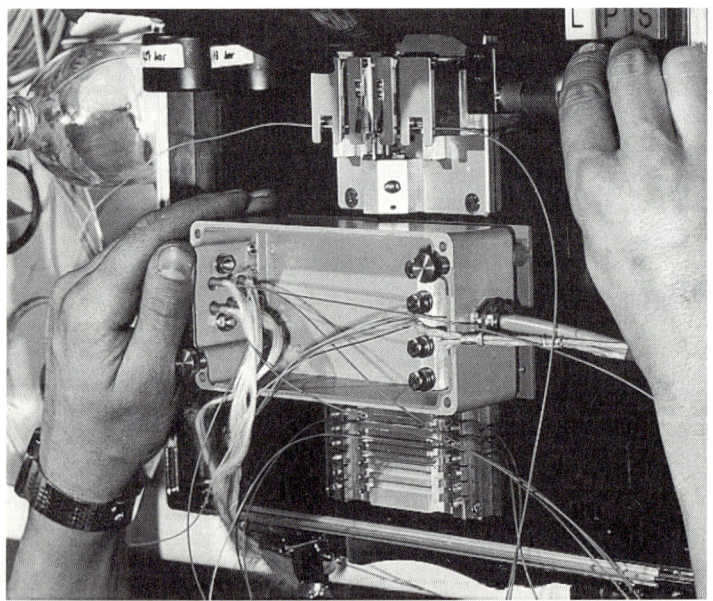

Abb. 3.3.4/6: Glasfaserspleißen

und gemischte Systeme getestet. Bei einem *Doppelsternnetz* werden von der Vermittlungsstelle sternförmig ausgehende Glasfasern unterwegs über sogenannte Splitter verzweigt, d.h. mit mehreren sternförmig zu den angeschlossenen Teilnehmern oder Teilnehmergruppen weiterführenden Glasfasern verbunden. Bei einem *Busnetz* wird eine große Zahl von Teilnehmern über wenige Glasfasern (im Extremfall nur eine) angebunden, und die Sendungen werden gleichzeitig mehreren Teilnehmern über passive Abzweigungen zugeführt. Das Ergebnis der OPAL-Projekte soll in eine unmittelbare Systementscheidung einmünden. Ob und wann die Telekom mit ihren geplanten Glasfaserverkabelungsaktivitäten bis zum Haus tatsächlich in großem Stil beginnen wird, hängt vor allem davon ab, ob und wann Kostengleichheit mit äquivalenten Kupfersystemen bei gleichen Einkaufsmengen erreicht werden kann.

In den Jahren 1986 bis 1990 hat die DBP bzw. die Telekom *in 29 großen westdeutschen Städten und in West-Berlin Glasfaser-Overlaynetze* aufgebaut. Auf der Basis dieser Overlaynetze wurde das digitale, selbstwahlfähige Vermittelnde Breitbandnetz (VBN) errichtet, das es interessierten Kunden der Telekom – quasi in Fortführung der BIGFON-Versuche – ermöglicht, mit neuen, breitbandigen Kommunikationsformen zu experimentieren und Erfahrungen zu sammeln.

Über dieses Netz können z.B. LAN verknüpft werden, Hochgeschwindigkeitsbildübertragungen für medizinische oder Multimedia-Anwendungen stattfinden oder Teilnehmer in Videostudios miteinander konferieren. 1990 hatte die Telekom bereits *40 solche öffentliche Videokonferenzräume* eingerichtet, bei Anwendern waren weitere *235 private Videokonferenzstudios* an das Netz angeschlossen.

Öffentliche Hochgeschwindigkeitsdatennetze – *Metropolitan Area Networks (MAN)* mit Übertragungsraten von zunächst 34 Mbit/s und später 140 Mbit/s – werden seit 1991 *in München und Stuttgart erprobt*. Pilotnetze auf Glasfaserbasis in anderen Ländern erreichen heute schon Datenraten bis zu 2,5 Gbit/s, bis 1995 werden durch die Steigerung der noch relativ langsamen Umsetzungsgeschwindigkeit der elektro-optischen Wandler und elektronischen Komponenten 10 Gbit/s für wahrscheinlich gehalten.

*Fernziel* der Telekom und der meisten anderen Fernmeldeverwaltungen in Industrieländern ist ein *universelles, intelligentes Breitband-ISDN*. Als Vermittlungs- und Übertragungsprinzip wird diesem Netz voraussichtlich der *Asynchrone Transfermodus (ATM)* zugrundeliegen, der alle Information – Schmal- und Breitband, Sprache, Daten und Bilder, Nutz- und Signalbits – in standardisierte Pakete mit 48 Bytes Nutz- und 5 Bytes Steuerinhalt verpackt, im «Paternosterverfahren» versendet und damit «Bitraten nach Bedarf» ermöglicht. Als zu-

Abb. 3.3.4/7: Videokonferenzstudio

kunftsträchtiges Übertragungsprotokoll für Bandbreiten bis 48 Gbit/s in Inkrementen von 51,48 Mbit/s gilt *SONET (Synchronous Optical Network)*. Die Telekom plant für Ende 1993 den Start ihres Breitband-ISDN-Pilotnetzes, das ab Ende 1994 internationale Verbindungen ermöglichen soll.

### Satellitenkommunikation

Von den *mehr als dreitausend Satelliten*, die heute die Erde umkreisen, wurden über zwei Drittel von der Sowjetunion bzw. ihren Nachfolgestaaten und über ein Viertel von den USA gestartet. Auf den Rest der Welt entfallen weniger als 5 %. Zum größten Teil handelt es sich dabei um militärische Satelliten. Die wichtigsten *internationalen Organisationen, die zivile geostationäre Fernmeldesatellitensysteme betreiben*, sind INMARSAT, EUTELSAT und INTELSAT. Bei diesen Organisationen ist die Telekom Mitglied, darüber hinaus verfügt sie über den eigenen deutschen Fernmeldesatelliten DFS Kopernikus. Bisher waren fast alle VSAT-Anbieter in Deutschland auf die Telekom angewiesen, da nur diese Vertragspartner der genannten internationalen Satellitenorganisationen war. Infolge der Liberalisierungs- und Harmonisierungsbestrebungen der EG können künftig VSAT-Netzbetreiber auch direkt bei den Satellitenorganisationen Übertragungskapazität und Dienste beziehen.

INMARSAT mit Sitz in London betreibt Satelliten mit globalem Ausleuchtgebiet für die mobile Kommunikation, in der Vergangenheit vorwiegend zur Verbindung von Küsten- und Schiffserdefunkstellen, in letzter Zeit zunehmend auch für den Landverkehr. EUTELSAT mit Sitz in Paris wurde 1977 von 17 europäischen Ländern gegründet und hat mittlerweile 28 Mitglieder. Diese Organisation verfügt über acht Satelliten mit einer Ausleuchtzone, die ganz Europa umfaßt. Die schon wesentlich ältere INTELSAT (Gründungsjahr 1964) mit Sitz in Washington, D.C., betreibt für weltumspannende Anwendungen inzwischen die sechste Generation von leistungsstarken Kommunikationssatelliten, die über dem Atlantik, dem Pazifik und dem Indischen Ozean positioniert sind. 122 Fernmeldeverwaltungen sind INTELSAT-Mitglied, ca. 180 Länder haben 320 große, internationale Erdefunkstellen an die INTELSAT-Satelliten angeschlossen. Ungefähr zwei Drittel aller interkontinentalen Telefonverbindungen und die meisten Fernsehsendungen aus Übersee werden über die derzeit 18 in Betrieb befindlichen INTELSAT-Satelliten übertragen.

| INTELSAT | I | II | III | IV | IV-A | V | V-A/B | VI | VII |
|---|---|---|---|---|---|---|---|---|---|
| Erster Start | 1965 | 1967 | 1968 | 1971 | 1975 | 1980 | 1985 | 1989 | 1993 |
| Breite (m) | 0,7 | 1,4 | 1,4 | 2,4 | 2,4 | 2 | 2 | 3,6 | 2,5 |
| Höhe (m) | 0,6 | 0,7 | 1 | 5,3 | 6,8 | 6,4 | 6,4 | 6,4 | 6,4 |
| Geplante Nutzungsdauer (Jahre) | 1,5 | 3 | 5 | 7 | 7 | 7 | 7 | 13–14 | 15 |
| Bandbreite (MHz) | 50 | 130 | 300 | 500 | 800 | 2300 | 2180 | 3680 | 2430 |
| Kapazität: | | | | | | | | | |
| Telefonkanäle (Anzahl) | 240 | 240 | 1500 | 4000 | 6000 | 12000 | 15000 | 30000 | 20000 |
| Telefonkanäle mit digitalen Kompressionseinrichtungen (Anzahl) | | | | | | | | bis zu 120000 | bis zu 80000 |
| und/oder | oder | oder | oder | und | und | und | und | und | und |
| TV-Kanäle (Anzahl) | 1 | 1 | 4 | 2 | 2 | 2 | 2 | 3 | 3 |
| Deaktiviert (d), operationell (o) oder geplant (g) | d | d | d | d | d | o | o | o | g |

Abb. 3.3.4/8: Generationen von INTELSAT-Satelliten

Das *deutsche Fernmeldesatellitensystem DFS Kopernikus* besteht aus zwei baugleichen, 1989 gestarteten Satelliten im geostationären Orbit und einem Reservesatelliten am Boden, der bei zunehmender Nutzung oder Ausfall eines der beiden in Betrieb befindlichen Satelliten gestartet werden kann. Das Gewicht eines Satelliten beträgt 645 kg, er ist 4,15 m hoch und hat eine Spannweite von 15,40 m. Die (nominale) Lebensdauer beträgt 10 Jahre, das Ausleuchtgebiet erstreckt sich auf die Bundesrepublik Deutschland. Ein Netz von Erdefunkstellen mit Parabolantennen mittlerer Größe (3,5 m bis 4,5 m) sorgt für die Anbindung des Satelliten an die terrestrischen Fernmeldewege der Telekom. Jeder Satellit besitzt 11 Kanäle in drei unterschiedlichen Frequenzbereichen, die je nach Bedarf beschaltet werden. DFS Kopernikus bietet folgende Nutzungsmöglichkeiten:

- Übertragung von sechs Fernsehprogrammen für die Verteilung in Kabelnetze,
- Übertragung von zwei Fernsehprogrammen zwischen Fernsehstudios (Programmaustauschleitungen),
- 2000 Telefon- bzw. Datenverbindungen und
- Schaltung des digitalen Datenübermittlungsnetzes für Wähl- und Reservierungsverkehr (Übertragungsrate 64 kbit/s bis 1,92 Mbit/s).

Die Telekom verwendet DFS Kopernikus für ihre Satellitendienste DASAT, NASAT und DAVID. Für DAVID wird auch auf EUTELSAT- und INTELSAT-Satelliten zurückgegriffen. Für ihre Kunden, die weltweit kommunizieren möchten, hat die Telekom ein Kompetenzzentrum in Koblenz geschaffen («Zentrum für internationale Text- und Datenkommunikation»), dessen Bereich SAVE für die Satellitenkommunikationsdienste zuständig ist.

Für die Installation jedes Anschlusses im leitungsvermittelten *DASAT-Wählnetz* verlangt die Telekom einen einmaligen *Preis* von 550 DM. Dazu ist ein nach Übertragungsgeschwindigkeiten gestaffelter monatlicher Grundpreis je Anschluß zu bezahlen, der bei 64 kbit/s 1000 DM beträgt und bis auf 3800 DM bei 1,92 Mbit/s steigt. Die Verbindungspreise fallen entfernungsunabhängig nach in Anspruch genommenen Zeiteinheiten an. Eine Zeiteinheit dauert 12 Sekunden und kostet bei 64 kbit/s den Basispreis von 0,23 DM. Die Preise bei höheren Übertragungsgeschwindigkeiten sind degressiv gestaffelt. Beispielsweise kostet eine Stunde Verbindungsdauer bei Punkt-zu-Punkt-Verbindungen mit 64 bit/s im Simplexbetrieb 48,30 DM und im Duplexbetrieb 69 DM. Bei 1,92 Mbit/s sind hierfür 724,50 (simplex) bzw. 1035 DM (duplex) zu entrichten. Für neun bis 16 gleichzeitige Punkt-zu-Mehrpunktverbindungen in der höchsten Geschwindigkeitsklasse von 1,92 Mbit/s sind pro Stunde Verbindungsdauer 326,03 DM je Verbindung zu bezahlen.

762

Der *VSAT-Markt* in der Bundesrepublik Deutschland, auf dem die Telekom mit ihrem DAVID-Dienst gegen derzeit schon mehr als 20 private Anbieter konkurriert, verzeichnet hohe Zuwachsraten. Starke Nachfrageimpulse resultieren aus Verbesserungen der Telekommunikationsinfrastruktur in den neuen Bundesländern und aus der Zunahme des grenzüberschreitenden Sprach-, Text- und Datenverkehrs, insbesondere nach Osteuropa. Teleport Europe, einer der engagiertesten privaten Dienste-Anbieter, schätzt, daß 1992 in Deutschland etwa 5000 Stationen für den interaktiven Dienst, 2500 reine Empfangsstationen, 500 mobile Satellitenterminals sowie zehn Datensammelsysteme installiert werden.

Eine *Einweg-Punkt-zu-Mehrpunkt-Bodenstation* kostet 100 bis 500 DM pro Monat, das Entgelt für eine *Zweiweg-Punkt-zu-Mehrpunkt-Station* ist etwa zehnmal so hoch. Für eine *paketvermittelte Festverbindung* mit 9600 bit/s werden von einem privaten VSAT-Anbieter nur etwa 1500 DM pro Monat in Rechnung gestellt, während für eine entsprechende DATEX-P-Verbindung der Telekom etwa doppelt so hohe Gebühren anfallen. Allerdings kommen dazu noch etwa 3000 bis 4000 DM *Installationskosten*. Für eine *feste 64-kbit/s-Verbindung* berechnet ein privater VSAT-Anbieter 12000 bis 16000 DM pro Monat. Bei volumenabhängigen Preisen wird Datenübertragung ab *75 DM pro MB* angeboten.

*Kunden der VSAT-Anbieter* sind Banken, Versicherungen, Handel, Touristikbetriebe, Stromversorgungsunternehmen, Chemiekonzerne, Nachrichtenagenturen und viele andere mehr. Die größten Anwender betreiben mehrere tausend Computerterminals über den Dienst. Der Break-even-Point, ab dem VSAT unter Einbeziehung der Investitionskosten sowie der Lizenz- und Nutzungsgebühren für ein dezentralisiertes Unternehmen günstiger ist als DATEX-P, liegt derzeit bei mindestens 150 Datenstationen und einem monatlichen DATEX-P-Verkehrsaufkommen von 120000 DM im Monat (Quelle: Funkschau 2/1992).

*Mobile Satellitenkommunikations- und -ortungssysteme* werden in Deutschland von der Telekom durch INMARSAT und darauf aufbauende Mehrwertdienste privater Firmen (z.B. Fuhrparkmanagementsysteme, Alarmsysteme) sowie von SEL durch EUTELTRACS angeboten. Die Ortung erfolgt mit einer Genauigkeit von 20 bis 100 m.

Eine *Mobileinheit für ein Fahrzeug*, die aus einer kleinen Antenne, Kommunikationsteil und Bedien-/Anzeigegerät besteht, kostet zum *Beispiel* bei EUTELTRACS 9500 DM. Die monatlichen Betriebskosten betragen im Durchschnitt 200 DM pro Einheit. Etwas über die Hälfte davon sind Fixkosten, der Rest Übertragungskosten. Pro 1 kbit beträgt der Übertragungspreis 1,28 DM, wobei es gleichgültig ist, ob von der Zentrale zum Fahrzeug gesendet wird oder umgekehrt. Für jede Meldung sind darüber hinaus 0,50 DM zu zahlen, worin die Empfangsbestätigung eingeschlossen

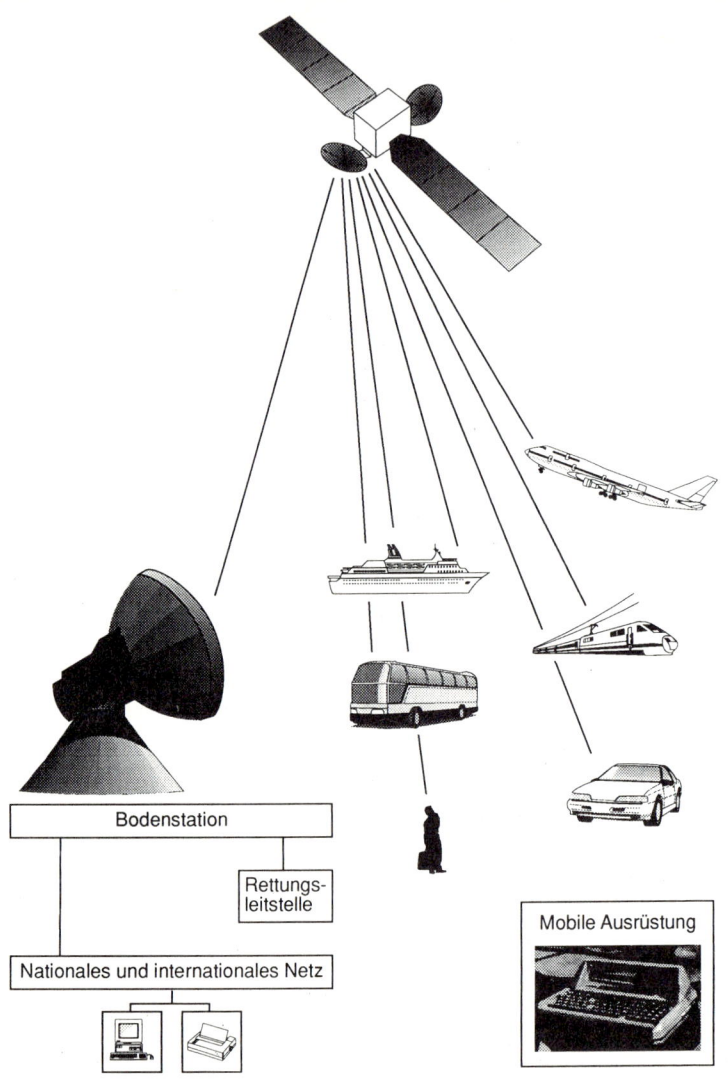

Abb. 3.3.4/9: VSAT-Netz für die mobile Satellitenkommunikation

Abb. 3.3.4/10: Mobileinheit für ein Fahrzeug zur Satellitenkommunikation

ist. Wenn die Meldung vom Fahrzeug kommt, ist darin auch die Positions-
meldung enthalten. In der Zentrale reicht ein ganz normaler PC mit
Modem, Drucker und der Software aus, die zusammen für rund 10000 DM
erhältlich sind.

### Lokale Netze

Die wichtigsten *Komponenten lokaler Netze* (LAN) sind das Verka-
belungssystem, die angeschlossenen Stationen (Clients und Server), die
Netzwerkadapterkarten zum Anschluß von Stationen, die Kopplungseinheiten für den Netzverbund (Internetworking) sowie das Netzwerkbetriebssystem. Sie können als EDV-Anwender alle diese Komponenten
inklusive der Installation aus einer Hand kaufen, Sie können aber auch
– was für Sie meist billiger ist – auf verschiedene Lieferanten zurückgreifen. Kompatibilitätsprobleme gibt es dabei nur noch selten.

Nach Einschätzung von IDC steigt die *Zahl der weltweit installierten LAN* von 1,7 Mio. im Jahr 1990 auf 2,6 Mio. im Jahr 1994. Auch die Zahl der durchschnittlich an ein LAN angeschlossenen Rechner nimmt zu: Von 12 Systemen pro LAN im Jahr 1990 auf 21 im Jahr 1994.

Aufgrund des wachsenden Bedarfs zur Anbindung von PCs, Workstations und Mehrplatzsystemen werden auch verstärkt *Adapterkarten für den LAN-Anschluß* (= Netzwerkkarten, Netzschnittstellenkarten, Kommunikationskarten) nachgefragt. Eine LAN-Adapterkarte wird in dem anzuschließenden Rechner in einen Einsteckplatz (engl.: slot) gesteckt und stellt eine Schnittstelle zwischen dem Netz und dem EA-Bus des jeweiligen Rechners bereit. Die jährliche Wachstumsrate der weltweiten Auslieferungen beträgt 16%. Das bedeutet eine Absatzsteigerung von 7,2 Mio. Karten im Jahr 1990 (Umsatz: 3,7 Mrd. DM) auf über 15 Mio. ausgelieferte Einheiten im Jahr 1995 (Umsatz: 5,7 Mrd. DM). 94% der 1990 ausgelieferten LAN-Adapterkarten waren für den PC-Anschluß ausgelegt.

*Die meisten LAN-Adapterkarten gibt es für Ethernet- und Token-ring-Netze.* Bereits drei Viertel der weltweiten Auslieferungen entfallen auf diese Standards. 1995 werden es nach IDC-Meinung 88% aller installierten und 89% aller ausgelieferten LAN-Adapterkarten sein. Die derzeit *an dritter und vierter Stelle* liegenden *Localtalk und Arcnet* werden starke Marktanteileinbußen hinnehmen müssen.

Localtalk und Arcnet sind billig und besonders für kleinere Netze geeignet. *Localtalk* ist ein Apple-Bussystem zur Kopplung von bis zu 32 Mikrorechnern, Druckern und Dateiservern. Die maximale Übertragungsgeschwindigkeit beträgt 230 kbit/s.

*Arcnet* ist zwar um den Faktor 10 schneller, erreicht aber damit trotzdem nur ein Viertel der Übertragungsleistung eines Ethernet. Arcnet ist 1977 von Datapoint entwickelt worden. Heute bieten noch ein gutes Dutzend Hersteller Arcnet-Komponenten an; früher waren es wesentlich mehr. Dieses Netz weist eine Baumtopologie auf und arbeitet mit einem Tokenbus. Zur Zeit bei Datapoint in Entwicklung befindliche Arcnet-Plus-Karten sollen künftig untereinander einen Durchsatz von 20 Mbit/s erlauben und mit älteren Karten wie bisher mit 2,5 Mbit/s kommunizieren können.

Im größten Marktsegment für *PC-Ethernet-Adapterkarten* bieten derzeit weltweit mehr als 80 Hersteller an. Solche Karten sind bereits ab 300 DM erhältlich, eine schnelle Karte kostet bis 1000 DM. Ein Marktboom ist bei der *UTP-Technik* zu verzeichnen, bei der anstelle der dickeren, weniger biegsamen und teureren Koaxialkabel nicht abgeschirmte verdrillte Kupferkabel zum Einsatz kommen (UTP ist die Abkürzung von engl.: unshielded twisted pair). Die Standardversion von

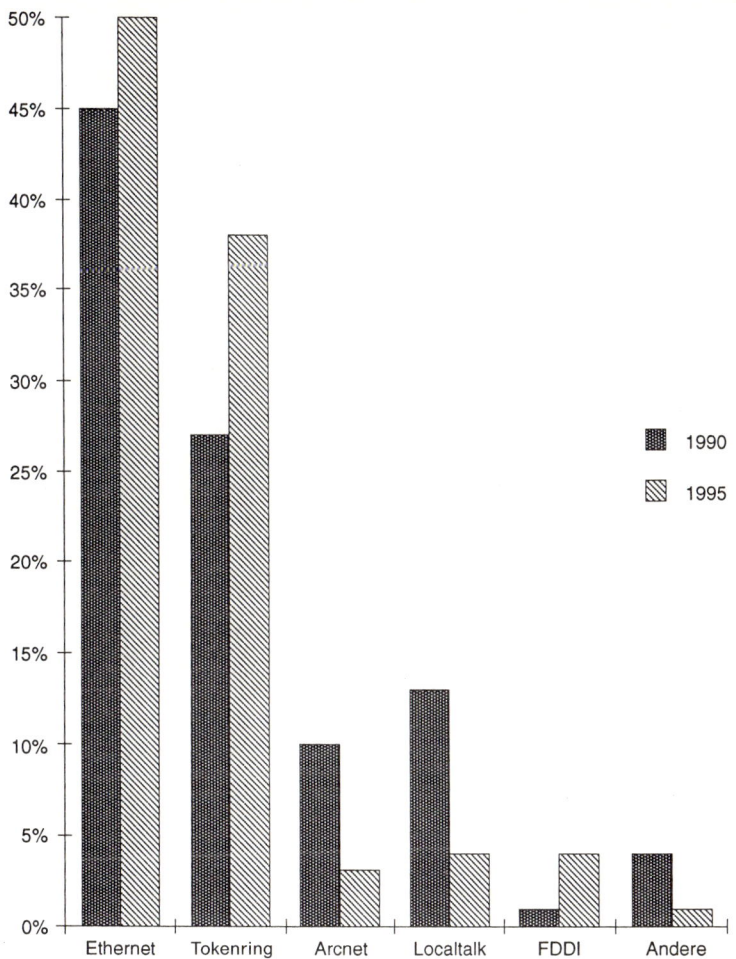

Abb. 3.3.4/11: Weltweite Auslieferung von PC-LAN-Adapterkarten 1990 und 1995 (Quelle: IDC)

Ethernet-UTP heißt *10BaseT*. Nach Schätzung von IDC dürften 1992 bereits zwei Drittel aller ausgelieferten PC-Ethernet-Karten UTP-Einheiten sein. *Führende Hersteller* sind 3Com (Weltmarktanteil 1990: 28,5%), Western Digital (22,9%), Anthem (14,7%), Racal Interlan (7,4%), Digital Equipment (5,7%), Gateway (3,7%) und Hewlett-Pakkard (3,7%).

Im von IBM dominierten *Tokenring-Markt* gibt es mehr als 30 Anbieter. Tokenring-Karten kosten derzeit 1000 DM bis 1500 DM pro Stück. Der Anteil der Karten, die sowohl mit 4 Mbit/s als auch mit 16 Mbit/s übertragen können, liegt bereits bei 90%. Fast 80% der Auslieferungen stammen von IBM, kleinere *Hersteller* sind Proteon (7,0%), Madge (4,4%), Western Digital (3,0%) und Olicom (2,0%). Auch IBM möchte künftig im Ethernet-Markt stärker Fuß fassen. Für die Zukunft ist mit weiteren Preissenkungen der angebotenen PC-LAN-Adapterkarten und einem starken Konzentrationsprozeß der Hersteller zu rechnen.

*Markttrends* sind die steigende Nachfrage nach intelligenten 16-Bit-Karten, die die herkömmlichen nicht frei programmierbaren 8-Bit-Karten ersetzen. Möglich ist auch, daß die PC-Hersteller künftig – so wie die meisten Workstation-Hersteller schon heute – zunehmend integrierte Netzwerkschnittstellen durch Controller-Chips auf den Grundplatinen von Anfang an mitliefern.

*Neue Dienste,* wie Videokonferenzen, Farbfaksimileübertragung, Telezeitungen, Hifi- und Bild-Telefonieren, hochauflösendes Fernsehen (HDTV), verteilte Datenbankverwaltung und Multimediasysteme, *stellen erhöhte Anforderungen an Netzwerke.* Auch der *Bandbreitenbedarf* für die bisherigen hostorientierten und nunmehr auf Client-Server-Architekturen umgestellten Anwendungssysteme steigt laufend weiter an. Deshalb wird *FDDI* in den 90er Jahren ein hoher Marktzuwachs vorhergesagt. FDDI-Netze werden Ethernet- und Tokenring-Netze allerdings nur langsam ablösen. Akzeptanzprobleme hinsichtlich FDDI resultieren aus den vergleichsweise höheren Kosten (z.B. für PC-FDDI-Adapterkarten und Workstation-FDDI-Karten), die zukünftig jedoch sinken werden. Derzeit liegen die Preise für einen Einfachanschluß einer Station zwischen 2500 und 6000 DM, bis 1995 ist mit einer Kostenreduktion um etwa 30% zu rechnen. IDC erwartet, daß 1995 die Anbieter fast ein Drittel der weltweit mit Netzwerkschnittstellen erzielten Umsätze über FDDI realisieren werden.

Die voraussichtliche *Entwicklung und Durchsetzung der FDDI-Technologie* läßt sich in vier *Phasen* einteilen: In der ersten Phase (1992 bis 1995) werden vorhandene Ethernet- und Tokenring-Netze durch Konzentratoren, Bridges und Routers in FDDI-Backbone-Netze integriert. In der zweiten Phase (1993 bis 1996) werden FDDI-Netze von UNIX-basierten RISC-Workstations und Hochleistungsservern gebildet. Zum Beispiel bieten die 1992 neu angekündigten Alpha-Workstations von DEC bereits eine integrierte FDDI-Schnittstelle. Die Integration gemeinsam genutzter Verarbeitungs-, Speicher- und Ausgabeeinheiten (Großrechner, Minirechner, Platten-, Band- und Druckereinheiten) durch ein Back-end-FDDI-LAN kennzeichnet die dritte Phase (1994 bis 1997). In der vierten Phase (1995 bis 2000) wird FDDI Ethernet- und Tokenring-Netze als direkte Netzanbindungsmöglichkeit für Personal-Computer ersetzen.

Eine kostengünstige Alternative zu FDDI stellt *CDDI* (Copper Distributed Data Interface) als «FDDI auf Kupferdraht» dar. Der Protokollaufbau von CDDI ist nahezu identisch mit dem von FDDI, und der Durchsatz von CDDI beträgt ebenfalls 100 Mbit/s. Der wesentlichste Unterschied zwischen CDDI und FDDI besteht darin, daß bei ersterem der maximale Abstand zwischen einem Endgerät und dem Ring nur 100 Meter beträgt (bei FDDI: 2 km), was allerdings in ungefähr 90 Prozent der Netzwerkinstallationen auch ausreicht. CDDI verwendet die *STP-Technik* (STP ist die Abkürzung für engl.: shielded twisted pair), d.h. abgeschirmte verdrillte Kupferkabel, jedoch versuchen derzeit auch schon einige Firmen das CDDI-Protokoll auf UTP zu implementieren. Die Entwicklung des CDDI-Standards betreiben Unternehmen wie AMD, Cisco Systems, Digital Equipment, Ungermann-Bass und Synoptics.

Die tatsächliche *Durchsatzleistung eines FDDI-Netzes* liegt wegen des Verwaltungsaufwands (engl.: overhead) für Protokollverarbeitung, Plattenzugriffe usw. zumeist unter 100 Mbit/s. Zukünftige Entwicklungen lassen allerdings einen höheren FDDI-Durchsatz erwarten: Die Leistungsfähigkeit von FDDI-Netzen soll bis 1997 im Weitverkehrsbereich auf 154 Mbit/s bis 1 Gbit/s und im lokalen Bereich auf 800 Mbit/s bis 1,6 Gbit/s erhöht werden.

Damit wird FDDI in Leistungsdimensionen vorstoßen, die heute nur im Back-end-Bereich mit Lösungen wie *ESCON* oder *HiPPI* realisierbar sind. Diese lokalen Netze sind aus den Kanalkonzepten für Großrechner bzw. Superrechner von IBM (ESCON) bzw. Cray (HSX → HiPPI) entstanden. Der interne Hochleistungsbus wurde dabei quasi nach außen verlängert, um die Zentralprozessoren über größere Entfernungen hinweg mit Peripherieeinheiten zu verbinden. Während ESCON auf Basis der Glasfasertechnik eine proprietäre Lösung darstellt, hat Cray die HSX-Spezifikationen veröffentlicht und die Normung in Form des *HiPPI-Standards* auf Basis einfacher Kupferkabel betrieben, um ein breiteres Marktangebot an externen Geräten für Superrechner zu bewirken. ANSI-HiPPI bietet Übertragungsgeschwindigkeiten von 800 Mbit/s bzw. in einer erweiterten Form von 1600 Mbit/s.

Es ist zu erwarten, daß schon relativ bald *Workstation-Cluster* mit Leistungen heutiger Superrechner auf den Markt kommen. Derartige eng gekoppelte UNIX-basierte RISC-Stationen werden über solche oder ähnliche Hochleistungsnetze kommunizieren. Zum Beispiel erprobt

IBM derzeit bereits RS/6000-Cluster-Prototypen, die den Fiber Channel Standard mit 1 Gbit/s verwenden. 1994/95 dürften solche Systeme die Marktreife erreichen, die Marktdurchdringung dürfte sich ähnlich wie bei FDDI über viele Jahre hinweg sukzessive vom High-end-Bereich nach unten vollziehen.

Die hauptsächlich herstellerspezifischen *Kabellösungen* von Rechner- netzen haben in vielen Gebäuden zu Mehrfachverkabelungen geführt. Volle Kabelschächte und heterogene Endgeräte an den Arbeitsplätzen waren die Folge. Im Gegensatz zu früher gibt es inzwischen aber Ange- bote, die Systemneutralität ermöglichen. *«Intelligente» LAN-Konzen- tratoren*, die in Einschubtechnik ausgeführt sind und mit Adapterkarten für alle gängigen Netzzugangsverfahren ausgerüstet werden können, ermöglichen Übergänge zwischen verschiedenen End- bzw. Transitsy- stemen mit unterschiedlichen Übertragungsmedien. Dazu gehören ver- drillte Kupferkabel (UTP und STP), dicke und dünne Koaxialkabel und Glasfaserkabel. Alle führenden Anbieter bieten solche multiprotokoll- fähigen Konzentratoren an, über die Ethernet- und Tokenring-Netze in eine *sternförmige Etagenverkabelung* integriert und über ein *Zwei-Me- dien-Verkabelungssystem* betrieben werden können. Daran lassen sich die meisten vorhandenen EDV-Systeme anschließen. Auch für FDDI gibt es schon erste Angebote. Der Medienwechsel von Kupfer auf Glas- faser erfolgt durch elektro-optische Wandler in den Konzentra- tionspunkten auf jeder Etage, die Daten werden vom zentralen Konzen- trationspunkt im Untergeschoß aus in das Geländenetz weitergeleitet. An den Konzentrationspunkten können auch unintelligente Endgeräte an die lokalen Netze angeschlossen werden (Terminal-Server).

---

**LAN-Konzentratoren** sind Hardwareeinrichtungen, die als zentrale Verteilerstellen für die Verknüpfung der an ein Netz angeschlosse- nen Knoten dienen. Diese auf der Bitübertragungsschicht operieren- den Einheiten haben die Funktion eines Repeaters, der die ankom- menden Signale von dem Rauschen säubert und regeneriert (ver- stärkt). Solche Funktionseinheiten bieten eine ausschließlich physikalische Verbindung für verschiedene Übertragungsmedien und LAN-Standards. «Intelligente» Konzentratoren unterstützen zu- sätzlich die Netzwerkverwaltung für die Bitübertragungsschicht.

---

Nach Angaben von IDC waren im Jahr 1990 *LAN-Konzentrator- Anschlüsse zu 89% über UTP*, zu 7% über STP und jeweils zu 2% über Koaxial- und Glasfaserkabel realisiert. UTP wird – wie bereits erwähnt – in den nächsten Jahren weiterhin die vorherrschende Verkabelungs- technik bleiben, aufgrund des Engagements der IBM für Tokenring-

Netze wird die zugrundeliegende STP-Technik ein Wachstum erfahren. Das zukunftsträchtigste Medium – aber auch das wissen Sie mittlerweile schon längst – ist jedoch im lokalen Bereich wie im Weitverkehrsbereich die Glasfasertechnik.

Führende *Anbieter von intelligenten Konzentratoren* sind Synoptics (Weltmarktanteil an den Auslieferungen 1990: 40%), Cabletron (14,4%) und Ungermann-Bass (13,0%). Das System 3000 von Synoptics unterstützt zum Beispiel die Bitübertragung über alle praktisch relevanten Kabelarten sowie die physikalische Verbindung zwischen Ethernet, Tokenring und FDDI. Die Tendenz bei solchen Produkten ist, daß ihre Funktionen durch die Einbeziehung weiterer LAN-Standards (z.B. Localtalk) sowie in Richtung Internetworking ausgeweitet werden.

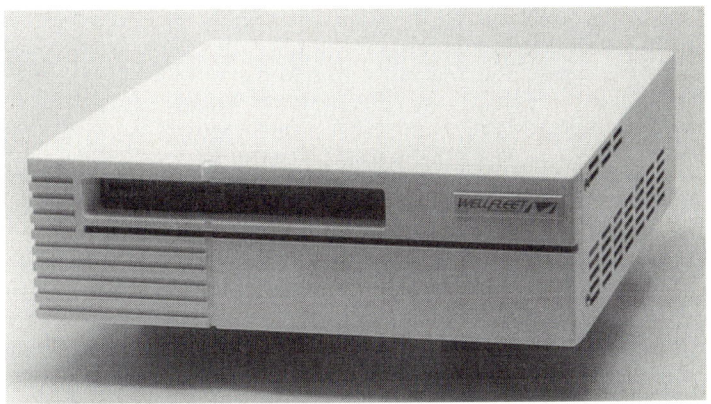

Abb. 3.3.4/12: Kommunikationsserver für Multiprotokoll-Routing und Bridge-Funktionen zur Verbindung heterogener LAN, entweder lokal oder über öffentliche Fernmeldenetze

*Produkte zur Verkehrstrennung zwischen verschiedenen lokalen Netzen* erleben einen ähnlichen *Absatzboom* wie die LAN-Konzentratoren. Derzeit entfallen etwa jeweils ein Drittel der weltweiten Auslieferungen auf *lokale Bridges,* auf *Remote Bridges* (Schnittstellen für die Übertragung über große Entfernungen hinweg) und auf *Router.*

*Führende Anbieter* sind DEC, IBM, Retix, Vitalink, BICC, 3COM, Dataco, Cisco, ICL und RND/RAD.

Besonders hohe Wachstumsraten erleben *multiprotokollfähige Router*, die gleichzeitig verschiedene Medien und Protokolle, z.B. IBM-Tokenring-Netze, Ethernets, Localtalk-Netze, TCP/IP-Netze und DECnet, überbrücken und dabei wesentliche Funktionen von traditionellen Kommunikationsrechnern übernehmen können. Für 1995 rechnet IDC mit einem Marktanteil der Router von 48% an den gesamten LAN-Internetworking-Produktauslieferungen. 28% der Auslieferungen werden 1995 bereits auf FDDI-Kopplungseinheiten entfallen. Lokale Bridges, die an einem Ort zwei LAN miteinander verbinden, und Remote Bridges haben hingegen stark fallende Absatzanteile (1995: 14% und 10%). Der Absatz auf dem deutschen LAN-Internetworking-Markt wird sich zwischen 1990 und 1995 vervierfachen (auf 110 Mio. DM im Jahr 1995).

Selbstverständlich kann auch *Mobilfunk im Inhausbereich* eingesetzt werden. Allerdings steckt diese Technik noch eher «in den Kinderschuhen», und der Sende-/Empfangsradius ist noch relativ gering.

Die *Dallas Semiconductor Corp.* bietet zum *Beispiel Schildchen* von der Größe einer Zigarettenschachtel an, die einen Radiowellenempfänger und -sender mit einem Aktionsradius von zwei Metern enthalten. Diese Schildchen können als Mitarbeiterausweise verwendet werden oder zur Identifikation von Teilen dienen, die sich auf dem Fließband einer Fertigungsstätte bewegen. Ein weiteres innovatives Beispiel haben Sie im Abschnitt 3.1.4 kennengelernt: Das mobile Kundeninformations- und -leitsystem im SB-Handel mit Einkaufswagen, die mit LCD-Bildschirmen und Sende-/Empfangseinrichtungen ausgestattet sind.

Für *drahtlose lokale Netze* bestand in Europa bisher das Hindernis, eine einheitliche Frequenz für die Datenübertragung zu bekommen. Der in den USA verwendete Frequenzbereich durfte nicht eingesetzt werden. Vor kurzem hat die CEPT nun entschieden, den Frequenzbereich von 2,4 bis 2,5 GHz ausschließlich für drahtlose LAN zu reservieren. Die technische Spezifizierung steht jedoch noch aus, und es gibt auch noch keine Erfahrungen, welche Entfernungen aufgrund der auf 100 mW beschränkten Sendeleistung überbrückt werden können.

Zum *Beispiel* können an das *WaveLAN von NCR* in den USA Stationen bis zu 240 m angebunden werden. Allerdings sind dort höhere Sendeleistungen von 250 mW für PC-AT bzw. 500 mW für Arbeitsplatzrechner mit MCA-Bus erlaubt. Über den möglichen Sende-/Empfangsradius unter europäischen Verhältnissen will NCR erst nach Abschluß eingehender Tests Aussagen machen. WaveLAN ist ein drahtloses Netz über Breitbandfunk (mit einem Frequenzbereich von 902 bis 928 MHz). Bei der verwendeten Übertragungstechnik werden die übertragenen Daten zur Erhöhung der Sicherheit mit zusätzlichen Bits versehen. WaveLAN läuft unter dem Netzwerkbetriebssystem von Novell (Novell Netware) und verhält sich wie ein herkömmliches Ethernet, wobei die Anzahl der vernetzten PCs nicht beschränkt ist. Die Datenübertragungsrate beträgt 2 Mbit/s. Zur technischen Realisierung ist eine PC-Einschubkarte, eine Antenne und die entsprechende Software erforderlich.

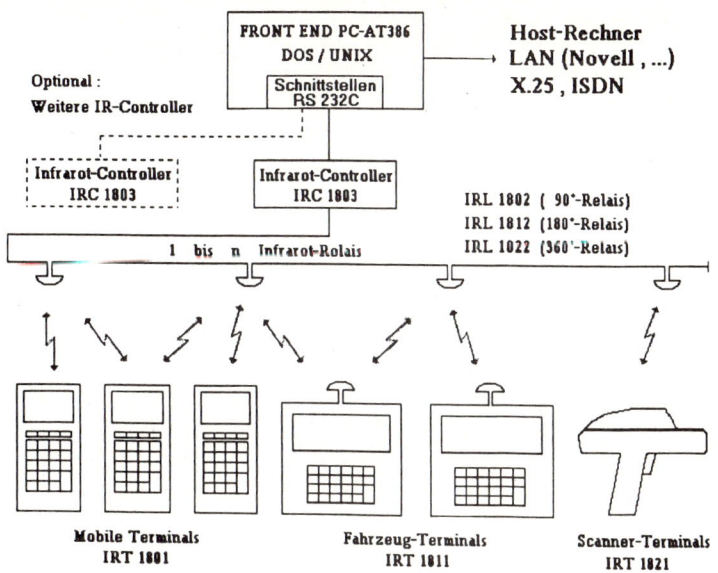

Abb. 3.3.4/13: Infrarot-LAN

Unter der Bezeichnung *WalkLAN* bietet NCR dieses Konzept auch in Verbindung mit dem NCR-Notepad an. Das Funkmodul wird am Boden des Notepads angebracht und ist derzeit noch geringfügig schwerer und höher als das Gerät selbst. Dadurch kann der tragbare PC auch dann die Verbindung zum Server halten, wenn der Benutzer in Bewegung ist.

Die Abb. 3.3.4/13 zeigt das *Beispiel* eines *mobilen Datenerfassungssystems mittels Infrarotwelle*, das allerdings nur über einen sehr beschränkten Sende-/Empfangsradius verfügt und mit geringen Übertragungsgeschwindigkeiten arbeitet. Außerhalb der Reichweite können die MDE-Geräte wie üblich off-line betrieben werden.

Daß mit Infrarot-Technik auch die Übertragungsraten von drahtgebundenen LAN erreicht werden können, zeigt das *Beispiel InfraLAN von BICC Data Networks*. Die Übertragungsgeschwindigkeit im InfraLAN, einem Tokenring nach dem ISO-8802-5-Standard, beträgt wie üblich wahlweise 4 oder 16 Mbit/s, und die maximale Entfernung zwischen Sender und Empfänger liegt bei 25 Metern. Die optischen Netzknoten müssen in einer Höhe von 2,5 Meter installiert werden, damit der infrarote LED-Strahl nicht durch sich bewegende Personen unterbrochen werden kann. Eine Ethernet-Version von InfraLAN befindet sich in Vorbereitung.

Der *Hauptvorteil von drahtlosen lokalen Netzen* liegt in der kurzen Installationszeit, den verminderten Installationskosten sowie in der hohen Flexibilität bei Umzügen und Umstrukturierungen. *Schwachpunkte* sind die noch relativ hohen Preise für Adapterkarten (ca. 1500 – 2000 DM), Transceiver und Kopplungseinheiten, fehlende Übertragungsstandards, vergleichsweise hohe Bitfehlerraten, fehlende Übergänge zu öffentlichen zellularen Mobilfunksystemen und offene Fragen hinsichtlich Datensicherheit und Gesundheitsgefährdung (Mikrowellen). Zunächst werden wohl nur vereinzelt experimentierfreudige EDV-Anwender Pilotversuche wagen, ein Durchbruch auf breiter Ebene ist bei Funk- und Infrarot-LAN nicht vor dem Ende der 90er Jahre zu erwarten.

Nach Angaben von IDC wurden 1991 über 97 % aller drahtlosen LAN-Stationen in den USA ausgeliefert. Der Absatz soll auch in Europa in den kommenden Jahren stark steigen (mit durchschnittlich 50 % Zuwachs pro Jahr), jedoch werden auch noch 1996 weniger als 5 % aller weltweit ausgelieferten LAN-Stationen für die drahtlose Anbindung vorgesehen sein. Weltweit führende Hersteller von drahtlosen LAN sind O'Neill (Weltmarktanteil 1991 nach IDC-Angaben: 29,4 %), Motorola (25,2 %), NCR (21,0 %), BICC (16,8 %) und Photonics (4,2 %).

---

Ein **Netzbetriebssystem** (engl.: network operating system; abgekürzt: NOS) steuert und überwacht die Kommunikation und Zusammenarbeit der an ein Netz angeschlossenen Rechner. Es ermöglicht die gemeinsame Verwendung von Betriebsmitteln sowie die verteilte Datenverarbeitung im Rahmen von Client-Server-Architekturen. Weitere Funktionen beinhalten die Netzwerkverwaltung, Datenschutz- und Datensicherungsfunktionen sowie Schnittstellen nach außen.

---

Bei den ersten PC-Netzen Anfang der 80er Jahre ermöglichte das Netzbetriebssystem den angeschlossenen Arbeitsplatzrechnern lediglich, neben den eigenen Ressourcen auch die Magnetplatten, Streamer und Drucker anderer Stationen mit zu benutzen. Nach dem sogenannten Peer-to-Peer-Prinzip wurden die Daten von einem Rechner zum abfragenden Rechner gesendet. Es gab viele solche herstellerspezifischen Netzbetriebssysteme, bei denen eine Kommunikation mit den Teilnehmern anderer Netze nicht vorgesehen war.

Das änderte sich, als 1984 *Novell* mit *Netware* ein leistungsfähiges Netzbetriebssystem auf den Markt brachte, das auf das Client-Server-Konzept setzte, die Verwendung aller gängigen Hardware- und Standardsoftwaresysteme ermöglichte und flexible Erweiterungen von LAN zuließ. Novell wurde mit diesem offenen System rasch marktbeherrschend, die Zahl der anderen Netzbetriebssysteme schrumpfte in den letzten Jahren beträchtlich. Netware organisiert mit hoher Geschwindigkeit Datei-, Druck-, Datenbank-, Mitteilungs-, Verwaltungs- und WAN-Routing-Services für an das Netz angeschlossene MS-DOS-, Windows-, OS/2-, Mac-OS- und UNIX-Arbeitsplatzrechner. Eine Anbindung von Großrechnern und Minirechnern ist ebenfalls möglich (IBM-VM/ESA- und MVS/ESA Systeme, DEC-VMS-Rechner und UNIX-Rechner). Netware bietet eine über Menüsteuerung leicht bedienbare Netzwerkverwaltung, Abrechnungsfunktionen, Paßwort-Schutz und mit der fehlertoleranten Netware-Version SFT eine hohe Datensicherheit durch Festplattenspiegelung, Unterstützung von Notstrom-Versorgungseinheiten u.ä.m. Durch den modularen Aufbau ist Netware weitgehend unabhängig von den Adapterkarten und Kabelsystemen einsetzbar. Das heißt, die Server-Software akzeptiert Ethernet-Karten ebenso wie Tokenring-, Arcnet- oder Localtalk-Karten. Die Anpassung an unterschiedliche Hardware erfolgt bei der Netzwerkkonfigurierung durch die entsprechende Auswahl von gerätespezifischen Steuerungsprogrammen (= Treiber), von denen eine breite Palette zur Verfügung steht. Dadurch läßt sich die Hardware unterschiedlicher Hersteller problemlos innerhalb eines LAN mixen.

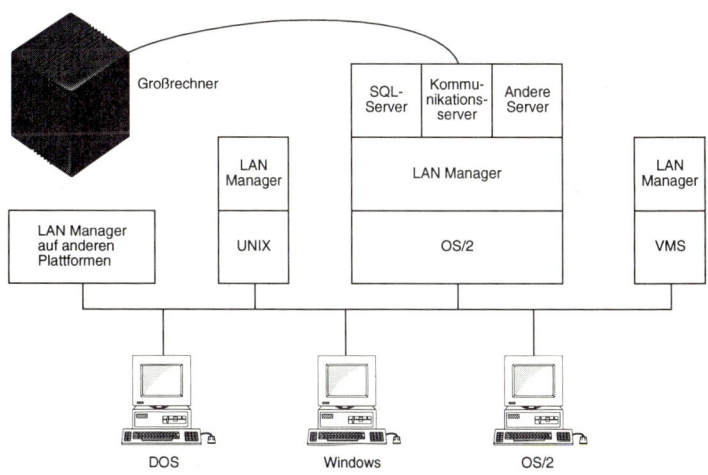

Abb. 3.3.4/14: Architektur des LAN Manager

Während Netware ein eigenständiges Betriebssystem darstellt, das einen dedizierten Server (PC mit mindestens 4 MB Arbeitsspeicher) benötigt, setzt der von *Microsoft* und *3Com* gemeinsam entwickelte *LAN Manager* auf einem Standardbetriebssystem auf und kommt ohne dedizierten Server aus. Dieses Produkt wurde ursprünglich als Netzbetriebssystem auf der Basis von OS/2 entwickelt und ab 1988 von 3Com (3 + Open Lan Manager) sowie als OEM-Produkt von Firmen wie IBM (LAN Server), Hewlett Packard (HP-LAN Manager X), Digital Equipment (Pathworks), AT&T (Star Group) und NCR vertrieben. 1990 kam dann Microsoft mit einer stark erweiterten Version (2.0) unter eigenem Namen auf den Markt, die heute auf OS/2, UNIX und VMS läuft und bald auch auf der Basis weiterer Betriebssysteme wie MVS/ESA, VM/ESA und vor allem Windows NT angeboten werden soll. Ziel ist es, Rechner aller Größenklassen und Typen als Server einsetzen zu können. Die Portierung ist deshalb relativ einfach, weil der LAN Manager von vornherein mit einer offenen Architektur konzipiert und in C geschrieben worden ist. Hinsichtlich der Funktionalität und seiner Schnittstellen entspricht der LAN Manager in etwa Netware.

Neuerdings bietet auch *Novell* mit *Netware Lite für kleine LAN* eine Netzbetriebssystemalternative ohne dedizierten Server an. Pro Rechner kostet die Netzsoftware ca. 200 DM. Der Listenpreis für das «normale» Netware beträgt für 20 Benutzer etwa 7000 DM, für 100 Benutzer etwa 14000 DM und für 250 Benutzer etwa 26000 DM.

Nach Angaben von Dataquest entfielen 1990 71,7% *des weltweiten Umsatzes für Netzbetriebssysteme auf Novell.* Danach folgten mit Weltmarktanteilen von 4 bis 7% IBM, Banyan, Siemens, 3Com und Microsoft. Banyan hat sich mit seinem Netzbetriebssystem Vines, das auf UNIX basiert, auf große LAN mit mehr als 50 Knoten und deren Einbindung in Weitverkehrsnetze spezialisiert.

### Digitale Nebenstellenanlagen

*In der Bundesrepublik Deutschland sind derzeit ca. 1,5 Mio. Telefonnebenstellenanlagen mit rund 13 Mio. Sprechstellen installiert.* Dabei handelt es sich oft noch um analoge Systeme. Seit einem Jahrzehnt werden auch digitale PBX angeboten, wobei seit 1985 die ISDN-Fähigkeit zum entscheidenden Werbeargument und Entscheidungskriterium geworden ist.

*Anbieter* von Kommunikationsanlagen mit ISDN-Merkmalen sind: DeTeWe (varix), Ericsson (MD 110), Hagenuk (ICS 100, System 8818), MITEL (SX 50, SX 2000 VS), Siemens-Nixdorf Informationssysteme (System 8818), Northern Telecom (Meridian SL-1), Philips – PKI

(INOBA, SOPHO-S), SEL (SYSTEM 12-B), Siemens (HICOM), Telefon und Technik Nebenstellenanlagen GmbH (DNA), Telecom (octopus) und Telenorma (INTEGRAL). Die in Klammern genannten Anlagenfamilien bieten meist vier bis fünf Modelle mit unterschiedlichen Ausbaugrößen.

Zum *Beispiel* besteht die *Anlagenreihe der SEL* (international: Alcatel) für das *SYSTEM 12-B* aus den Modellen 5605 bis 16 Ports (= Leitungsanschlußmöglichkeiten), 5610 bis 72 Ports, 5625 bis 292 Ports, 5630 bis 19200 Ports und Networking. Die Telecom kauft ihre octopus-Anlagen von anderen Herstellern (PKI, SNI). Bei kleinen Anlagen hat sie einen sehr hohen Marktanteil, bei großen Anlagen ist er hingegen gering. Marktführer bei Großanlagen ist Siemens. IBM hat den Vertrieb eigener TK-Anlagen 1991 eingestellt und kauft für Systemgeschäfte bei Siemens HICOM-Anlagen zu.

Infolge des intensiven Wettbewerbs sind die *Preise* seit Mitte der 80er Jahre um etwa 50% gefallen. Heute muß man bei größeren TK-Anlagen mit einem Systempreis von 750 DM bis 1000 DM pro Nebenanschluß rechnen. Dieser grobe Schätzwert basiert auf der Annahme, daß ein Viertel der Nebenanschlüsse digital und der größere Rest wie bisher analog betrieben werden. Diese Annahme entspricht ungefähr den in der Praxis meist getroffenen Konfigurationsentscheidungen.

Für die *Auswahl einer Anlage* sind neben dem Preis der Zentrale wichtige Auswahlkriterien, inwieweit ISDN-Standardschnittstellen für Nebenanschlüsse berücksichtigt sind (der Europa-Standard «E-DSS-1» steht allerdings erst 1993 zur Verfügung), in welchem Umfang die neuen ISDN-Telefondienstmerkmale realisiert sind, welche Server und vor allem welche Endgeräte zur Verfügung stehen. Bei den Endgeräten sind das Produktspektrum, die Funktionalität, die Formgestaltung, die Bedienbarkeit und vor allem die Preise entscheidende Bestimmungsfaktoren.

Während ein analoger Standardtelefonapparat mit 16 Tasten 150 DM bis 200 DM kostet, ist für ein einfaches digitales Modell mit Zeilenbildschirm das Doppelte zu bezahlen. Ein digitaler Komforttelefonapparat mit leistungsfähigen Vorzimmerfunktionen liegt im Preisbereich von 600 DM bis 1100 DM. Neu angekündigte Digitalapparate ohne Zeilendisplay nähern sich zwar dem Preisniveau analoger Telefone, es ist aber fraglich, ob sie sich durchsetzen werden, weil damit die ISDN-Leistungsmerkmale nur eingeschränkt benutzt werden können.

Die Abb. 3.3.4/15 und 16 zeigen Ihnen als *Beispiel* die *K-Anlage HICOM von Siemens*, die für eine fast unbeschränkte Zahl von Nebenstellen und Amtsleitungen ausgebaut werden kann. Alle in dem Schaubild dargestellten ISDN-Endgeräte sind bei Siemens erhältlich. Terminaladapter gibt es nicht nur für Siemens-eigene Geräte, sondern auch für verbreitete Fremdpro-

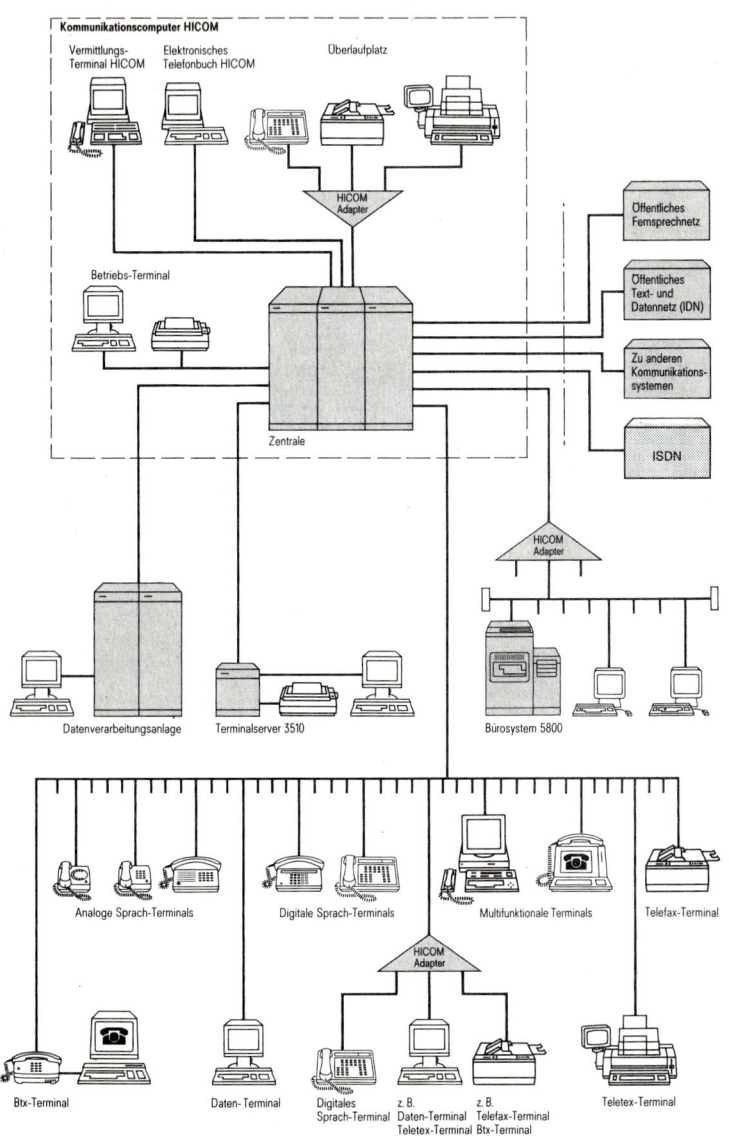

Abb. 3.3.4/15: Konfiguration der TK-Anlage HICOM (Quelle: Siemens)

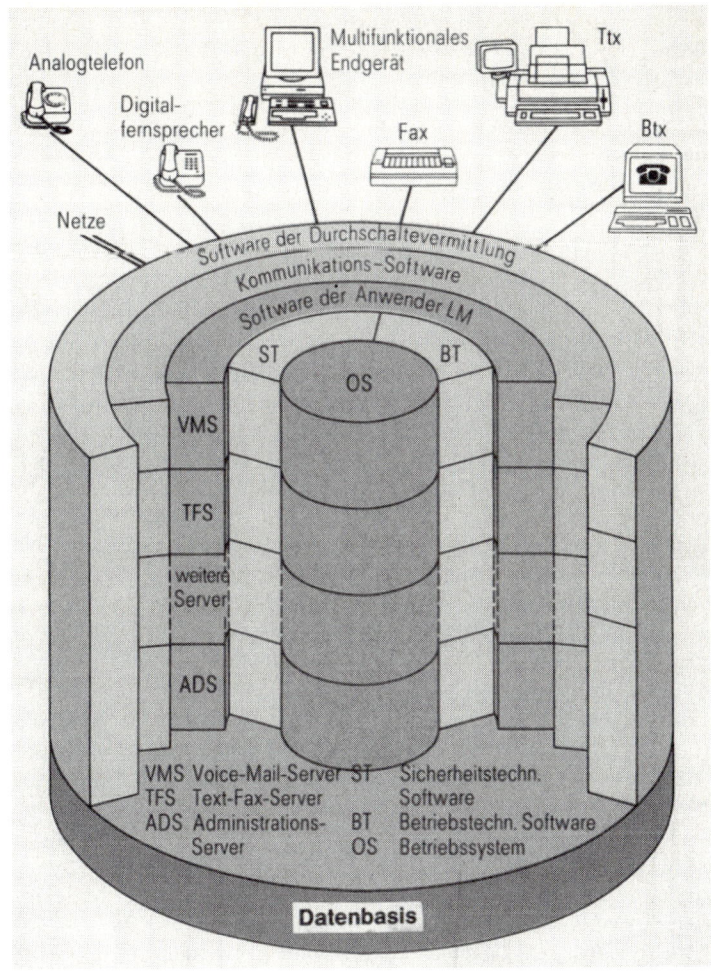

Abb. 3.3.4/16: HICOM-Softwarestruktur (Quelle: Siemens)

dukte. Schnittstellen sind zu den gängigen lokalen Netzen sowie zu allen öffentlichen Fernmeldenetzen implementiert. Neben Siemens-EDVA sind auch IBM-EDVA anschließbar. In die Zentrale sind Sprach-, Daten-, Telefax- und Bildschirmtextserver integriert. Der Entwicklungsaufwand für diese Anlagenfamilie betrug ca. 500 Mio. DM, davon flossen 80% in die

Software: 1,2 Mio. Programmzeilen wurden in der höheren «CCITT-Standardsprache» CHILL geschrieben, das entspricht ungefähr dem halben Umfang eines Großrechnerbetriebssystems.

## Herstellerspezifische und offene EDV-Netze

Im gesamten Kapitel 3.3, insbesondere aber im Abschnitt 3.3.3.5, haben wir uns bereits ausführlich mit dem derzeitigen Stand bezüglich des Einsatzes herstellerspezifischer Netze wie SNA, TRANSDATA, DNA usw., des herstellerübergreifenden Standards TCP/IP sowie des ISO-OSI-Referenzmodells befaßt.

*Bei der Vernetzung von Großrechnersystemen dominiert IBM mit weltweit mehr als 50000 SNA-Netzen mit meist vielen hundert oder mehreren tausend Knoten.* Auch bei den Kunden der anderen Großrechnerhersteller sind noch proprietäre Kommunikationsarchitekturen vorherrschend. *TCP/IP* dient eher zur Vernetzung von kleinen und mittleren Systemen (vor allem im UNIX-Bereich), für Terminalemulationen und elektronische Post. *OSI-Systeme* werden bisher fast ausschließlich im öffentlichen Bereich, von OSI-Produktentwicklern und in Forschungsnetzen eingesetzt, die staatlicherseits subventioniert werden. In der Wirtschaftspraxis dient OSI derzeit allenfalls zur Vernetzung von Systemen unterschiedlicher Hersteller, der produktive Einsatz ist unbedeutend. Die Gründe hierfür haben wir im Abschnitt 3.3.3.5 erläutert.

Der Siegeszug von OSI gegen die herstellerspezifischen Insellösungen wird sich jedoch trotz einiger derzeitiger Unzulänglichkeiten nicht aufhalten lassen. In der zweiten Hälfte der 90er Jahre dürfte es zunehmend zu einer Ablösung proprietärer Systeme kommen, und zwar zuerst bei den Kunden nicht-IBM-kompatibler Großrechner.

Eine weitere wichtige Initiative im Bereich der verteilten Datenverarbeitung ist *Distributed Computing Environment (DCE)* der herstellerübergreifenden Open Software Foundation (OSF). DCE besteht aus Basisprodukten für die Erstellung verteilter Anwendungen unter Berücksichtigung von (de-facto-)Standards. Komponenten von DCE sind der entfernte Prozeduraufruf (Remote Procedure Call, RPC), ein Namensverzeichnis bzw. elektronisches Telefonbuch, ein Sicherheitssystem zum Schutz gegen unberechtigten Zugriff und eine Komponente zur Integration von MS-DOS- und OS/2-Arbeitsplatzrechnern in die UNIX-Welt.

Die Abb. 3.3.4/17 zeigt Ihnen, wie die vorstehend erwähnten herstellerneutralen Kommunikationsarchitekturen – OSI, TCP/IP, DCE – und verbreitete LAN-Protokolle (IPX von Novell) künftig im erweiterten

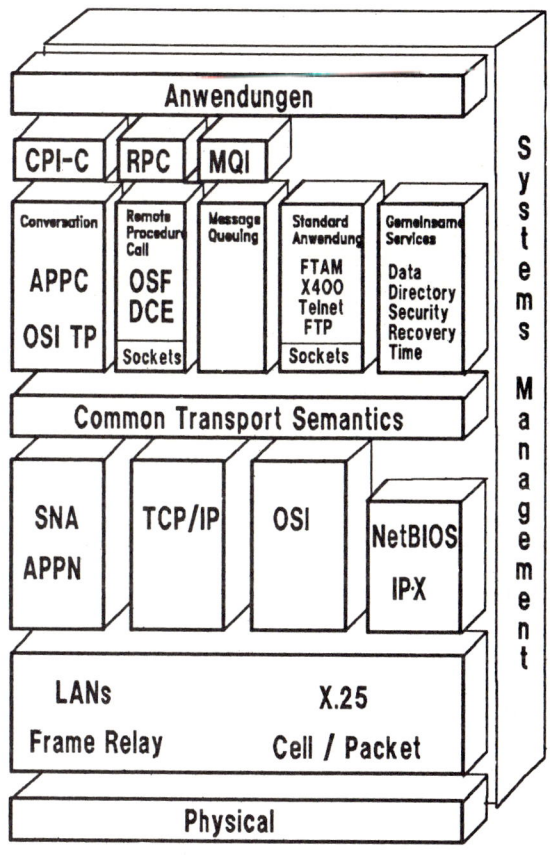

Abb. 3.3.4/17: Eine APPN-spezifische Transportschicht vermittelt zwischen Kommunikations- und Transportprotokollen von SNA, OSI und anderen Architekturen

*APPN-Konzept von IBM* berücksichtigt werden sollen. Durch eine zwischengeschaltete APPN-spezifische Transportschicht («Stellwerk») sollen OSI- und TCP/IP-Protokolle auf SNA-Basis abgewickelt werden können, und dasselbe soll auch umgekehrt funktionieren. Ob sich damit SNA langfristig halten bzw. mit APPN als Universalkommunikationsarchitektur durchsetzen kann, hängt maßgeblich davon ab, inwieweit andere wichtige Computerhersteller wie DEC, HP, SNI usw. die APPN-Protokolle implementieren und ob seitens der Softwarehäuser genügend Unterstützung durch die Entwicklung von APPN-Applikationen geleistet werden wird.

*Siemens* plant für seine Kommunikationsarchitektur *TRANSDATA* die ausnahmslose Implementierung von OSI-Standards. Entsprechende Produkte existieren derzeit jedoch im wesentlichen nur für die Schichten 1 bis 3 und 7 (elektronische Post). In der Umstellungsphase werden sowohl die TRANSDATA- als auch die OSI-Protokollsäule unterstützt.

*DNA (Digital Network Architecture)* von *DEC* mit der Produktfamilie DECnet unterstützt seit ihrer letzten Generation, der sogenannten *Phase V* (1990), die Protokollarchitekturen OSI, TCP/IP und DECnet

| Schicht | OSI | DECnet Phase IV | TCP/IP |
|---------|-----|-----------------|--------|
| 7 | Anwendung | DECnet Application | |
| 6 | Darstellung | DNA Session Control | ULP |
| 5 | Kommunikations-steuerung | | |
| 4 | Transport | NSP | TCP |
| 3 | Vermittlung | | IP |
| 2 | Sicherung | | |
| 1 | Bitübertragung | | |

Legende:

| | |
|---|---|
| *IP... Internet Protocol* | *TCP... Transmission Control Protocol* |
| *NSP... Network Services Protocol* | *ULP... Upper Layer Protocols* |

Abb. 3.3.4/18: DNA-Architektur der Phase V

Phase IV. Das bedeutet, daß DECnet Phase V einerseits über alle Schichten OSI-konform, andererseits TCP/IP-kompatibel und weiter zur Phase IV abwärtskompatibel ist. Das UNIX-Derivat ULTRIX von DEC verwendet folglich alternierend DECnet-, OSI- und TCP/IP-Protokolle, je nachdem, mit welchem Produkt welcher Protokollfamilie kommuniziert werden soll.

Als *Beispiel* eines einheitlichen Rahmenwerks als Grundlage für die verteilte Datenverarbeitung haben Sie im Kapitel «Software» die IBM System-Anwendungs-Architektur (SAA) kennengelernt (siehe Abschnitt 2.4.3.2). Die in SAA definierte *einheitliche Kommunikationsunterstützung (Common Communications Support – CCS)* wird in Abb. 3.3.4/19 wiedergegeben. Dieser Satz von SNA-Protokollen und herstellerübergreifenden Standards (OSI, TCP/IP) ermöglicht eine freizügige Kommunikation und Zusammenarbeit aller von SAA unterstützten Systeme – egal, ob es sich dabei um traditionelle hostorientierte Sternnetze oder um moderne verteilte Client-Server-Architekturen handelt. Auf die OSI-Standards für Anwendungsdienste kommen wir ausführlich im Kapitel 4 zurück.

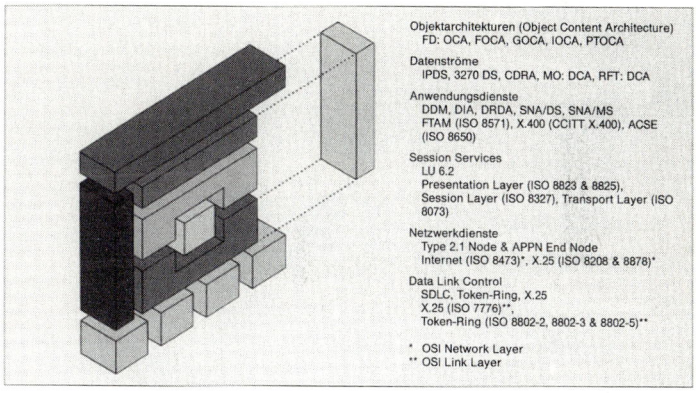

Abb. 3.3.4/19: Einheitliche Kommunikationsunterstützung (CCS) in SAA

Die *Zukunft von TCP/IP* scheint ungewiß. Von manchen wird seine Ablösung durch OSI in den nächsten fünf Jahren vorausgesagt, andere glauben wegen seiner Verbreitung in der Praxis und, weil künftig auch IBM TCP/IP unterstützt, an seinen Fortbestand.

*Client-Server-Applikationen* sind derzeit in der Praxis noch rar. Erste eigenentwickelte Systeme großer EDV-Anwender dienen vor allem zur Gewinnung von Erfahrungen. Hindernisse sind das bisher nur dürftige Angebot von «verteilter» Standardanwendungssoftware und die Unsicherheit darüber, inwieweit sich OS/2 oder Windows NT als Arbeitsplatzrechnerbetriebssysteme durchsetzen können. Ein wichtiger Schrittmacher für Client-Server-Anwendungen dürfte SAP mit dem neuentwickelten R3-System werden, dessen Bewährungsprobe allerdings noch aussteht. Positive Impulse dürften ferner von neuen SQL-Servern (z.B. von Oracle und Gupta) ausgehen.

*Personal-Computer werden jedenfalls zunehmend in Netze eingebunden.* Bei einer 1992 von Dataquest veröffentlichten Befragung von 1200 Unternehmen in Deutschland, Frankreich, Großbritannien und Italien stellte sich heraus, daß immer weniger Geräte ohne Netzanschluß («stand-alone») betrieben werden. Bereits 25% der PCs waren lokal und 8% waren über ein WAN mit einem Groß- oder Minirechner verbunden, 52% waren an LAN gekoppelt. Pro PC-Anschluß ist beim PC-Host-Verbund mit etwa 1500 bis 3000 DM für die Anschaffung der Adapterkarte und die Emulationssoftware zu rechnen.

Abb. 3.3.4/20: Notebook-PC mit eingebautem Funkmodem

# 4. Büroinformationssysteme

Ein **Büroinformationssystem** (engl.: office information system; abge-kürzt: OIS) ist ein rechnergestütztes Informationssystem zur Unter-stützung von typischen Bürotätigkeiten. Es erlaubt den in der Ver-waltung arbeitenden Mitarbeitern, die Information, die sie für ihre Aufgaben benötigen, zu erfassen, zu transformieren, zu speichern und auszutauschen.

Die Abb. 4/1 veranschaulicht die verschiedenen *Ebenen* von Büroin-formationssystemen. Sie ersehen daraus, daß sowohl technische als auch organisatorische und personale Aspekte zu berücksichtigen sind.

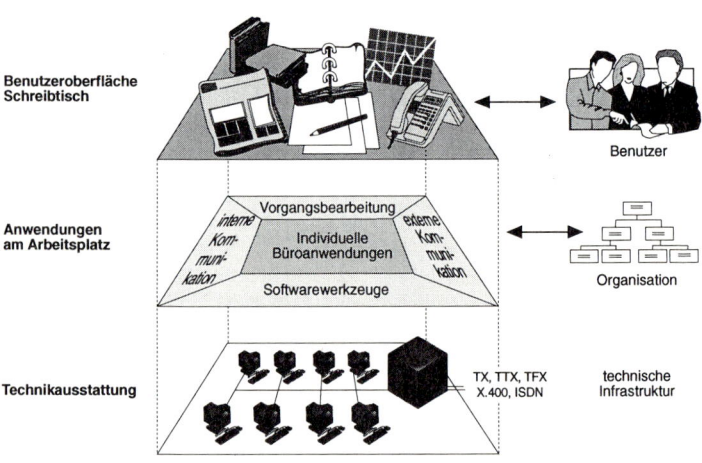

Abb. 4/1: Ebenen von Büroinformationssystemen

Büroinformationssysteme stützen sich *hardwaretechnisch* auf alle Anlagen bzw. Geräte ab, die Sie in den vorhergehenden Abschnitten dieses Buches kennengelernt haben: Personal-Computer, Workstations, Minirechner, Großrechner, Peripheriegeräte wie magnetische und opti-sche Speicher, Drucker, Scanner, Bildschirme sowie alle möglichen Netze im Nah- und im Fernbereich. *Softwaretechnisch* werden alle Arten von Betriebssystemen, Datenbankverwaltungssystemen, Benut-zeroberflächen, Netzwerkprotokollen und Verbundarchitekturen als Basiskomponenten genutzt. Zusätzlich kommen nun noch die anwen-dungsspezifischen, d.h. bürotypischen Funktionen wie Dokumenten- und Vorgangsverarbeitung mit ihren Werkzeugen und Diensten hinzu.

In den letzten beiden Jahrzehnten hat sich die Büroautomation von isolierten Textverarbeitungssystemen für Sekretariate (70er Jahre) über

786

vorwiegend heterogene (inkompatible) Systeme bzw. PC-Inseln (80er Jahre) zu *integrierten Büroinformationssystemen* der 90er Jahre weiterentwickelt, die folgende Anforderungen erfüllen:

- benutzerfreundliche, multifunktionale Computerarbeitsplätze mit grafischen Oberflächen,
- Unterstützung der Verarbeitung von Mischdokumenten (Näheres folgt),
- integrierte Vorgangsbearbeitung und elektronische Bildverarbeitung,
- verteilte Client-Server-Architekturen,
- offene, standardbasierte Lösungen,
- hoher Integrationsgrad.

Die *Palette der in der Praxis eingesetzten Systeme* umfaßt sowohl spezielle Textautomaten aus der Vergangenheit als auch moderne Installationen mit über LAN vernetzten Standard-PCs und UNIX-Rechnern oder mit Verbundsystemen über mehrere Ebenen (Arbeitsplatzrechner – Abteilungsrechner – Zentralrechner).

Die Abb. 4/2 zeigt eine moderne umfassende *Softwarearchitektur von Büroinformationssystemen nach dem Client-Server-Modell.*

Die Realisierung der benötigten Teilfunktionen – Oberfläche, Bürowerkzeuge und Dienste – auf unterschiedlicher Hardware wird im Abschnitt 4.2 gekennzeichnet. Wie aus der Abb. 4/2 zu erkennen ist, bezie-

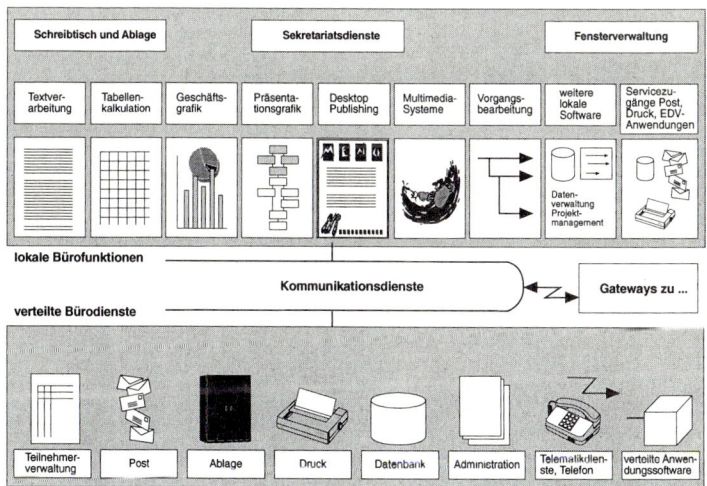

Abb. 4/2: Softwarearchitektur eines Büroinformationssystems

hen Büroinformationssysteme ihre Mächtigkeit aus der *Funktionalität* der *Softwaremodule* und dem *Integrationskonzept*. Diesem Thema ist der nächste Abschnitt gewidmet.

## 4.1 Softwarekomponenten von Büroinformationssystemen

Die nachfolgende Beschreibung der Software von Büroinformationssystemen erfolgt nach dem Strukturbild in Abb. 4/2. Natürlich müssen im Einzelfall nicht alle Komponenten vorhanden sein. Im Extremfall kann zum Beispiel nur ein Textverarbeitungspaket zum Einsatz kommen.

### 4.1.1 Der «elektronische Schreibtisch»

Wie im herkömmlichen Büro ist bei einem Büroinformationssystem der *Schreibtisch* – in diesem Fall der *Bildschirm des Arbeitsplatzrechners* (engl.: desktop) – die Arbeitsfläche zur Bearbeitung der aktuellen Büroobjekte. Aus der Sicht des Benutzers ist er *Dreh- und Angelpunkt der Büroarbeit* und daher von entscheidender Bedeutung für die Benut-

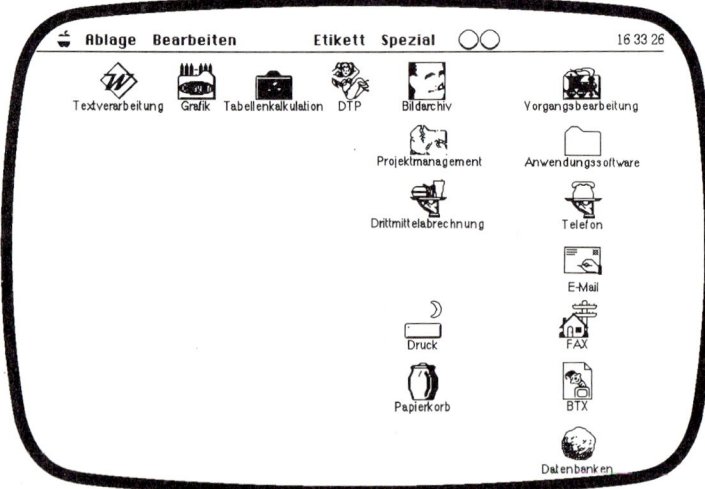

Abb. 4.1.1/1: Der «elektronische Schreibtisch» eines Bürosystems

zerakzeptanz. Die Verwendung der Werkzeuge und der Zugang zu den Diensten eines Büroinformationssystems erfolgt vom Arbeitsplatzrechner über die jeweiligen Benutzeroberflächen.

Während ältere Softwarepakete mit klassischer Menütechnik eine funktionsorientierte Arbeitsweise zur Verfügung stellen, haben die modernen Produkte sowohl bei alphanumerischen als auch bei den grafischen Oberflächen *Objektorientierung* als Grundlage, d.h. der Benutzer hantiert Objekte. Sie erinnern sich (siehe Abschnitt 2.4.4): Bei einer grafischen Benutzerschnittstelle werden die Büroobjekte, wie Aktenschrank, Ordner, Register, Dokumente unterschiedlichen Typs, durch Symbole dargestellt, ebenso Standardobjekte wie Papierkorb, Drucker, Postfächer, Archive usw. Wesentliches Merkmal der Bedientechnik ist die direkte Manipulierbarkeit der Objekte. So kann beispielsweise ein Versandvorgang durch das Ziehen eines Objektes per Maussteuerung auf das entsprechende Post-Symbol ausgelöst werden (engl.: drag and drop).

Neben der Benutzeroberfläche bietet der Arbeitsplatzrechner im Rahmen eines Büroinformationssystems meist noch folgende *Funktionen*:

– Lokale Ablage mit Objektverwaltung inklusive Attributierung,
– Integrationsmöglichkeit beliebiger Anwendungen,

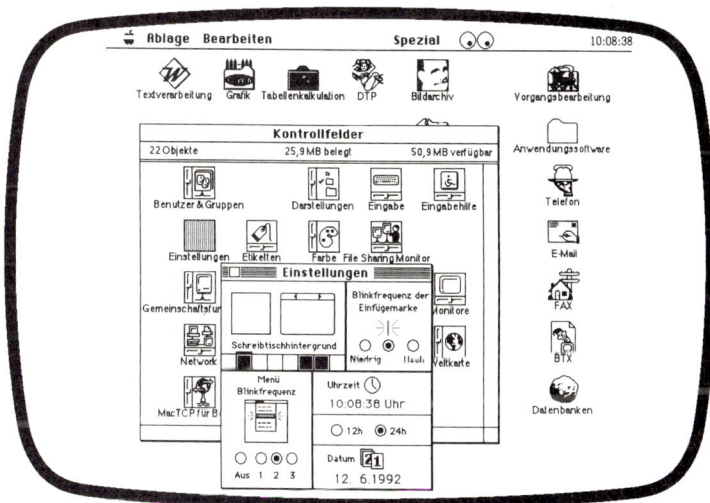

Abb. 4.1.1/2: Kontrollfeld-Einstellungen am Bildschirm

- Funktionen für Datensicherung und Löschen von Daten («Papierkorb»),
- Alarm und Wiedervorlagedienste.

In der Regel wird mit der Basissoftware auch *Schreibtischzubehör* (= Dienstprogramme) wie Uhr, Taschenrechner, Notizblock, privater Kalender usw. ausgeliefert. Über ein Auswahlmenü («Kontrollfeld») kann der Benutzer seinen Rechner auf seine persönlichen Bedürfnisse einstellen: Zum Beispiel kann er den Bildschirmhintergrund auswählen, die Blinkfrequenz des Cursors regulieren, Symbole und Farben für die Darstellung von Objekten zuordnen oder sich durch die Zuordnung von Tonsignalen auf einen bestimmten Systemstatus aufmerksam machen lassen.

### 4.1.2 Erfassung und Verarbeitung von Dokumenten (Softwarewerkzeuge)

Während noch vor einigen Jahren nur reine Texte bearbeitet wurden, haben sich mit dem rasanten Fortschritt der Mikrorechner, Peripheriegeräte sowie der grafikfähigen Software auch die *Anforderungen an die Dokumentenverarbeitung* gewandelt.

Das **Dokument** (engl.: document), im ursprünglichen Wortsinn ein Schriftstück, bildet heute die Grundlage für alle im Büro anfallende Information und muß dementsprechend Texte, formatierte Daten, Grafiken, Rasterfestbilder (engl.: image) bis hin zu Sprache und Bewegtbildern enthalten können. Aus datentechnischer Sicht handelt es sich bei einem Dokument i.d.R. um eine Datei, die auf dem «elektronischen Schreibtisch» bearbeitet werden kann.

Ein **Verbunddokument** (engl.: compound document), manchmal auch **Mischdokument** genannt, besteht aus Informationsteilen, die von verschiedenen Werkzeugen (z.B. Texteditor, Tabellenkalkulationsprogramm, Zeichenprogramm, Datenbank) geliefert werden.

Ein Dokument muß auf dem Arbeitsplatzrechner erstellt, weiterbearbeitet, gedruckt, archiviert und versendet werden können.

Für die *Speicherung und Bearbeitung von Verbunddokumenten* gibt es zwei Methoden:

- *Inhaltsorientierte Verbunddokumente, die alle Informationsteile im Dokument enthalten.*

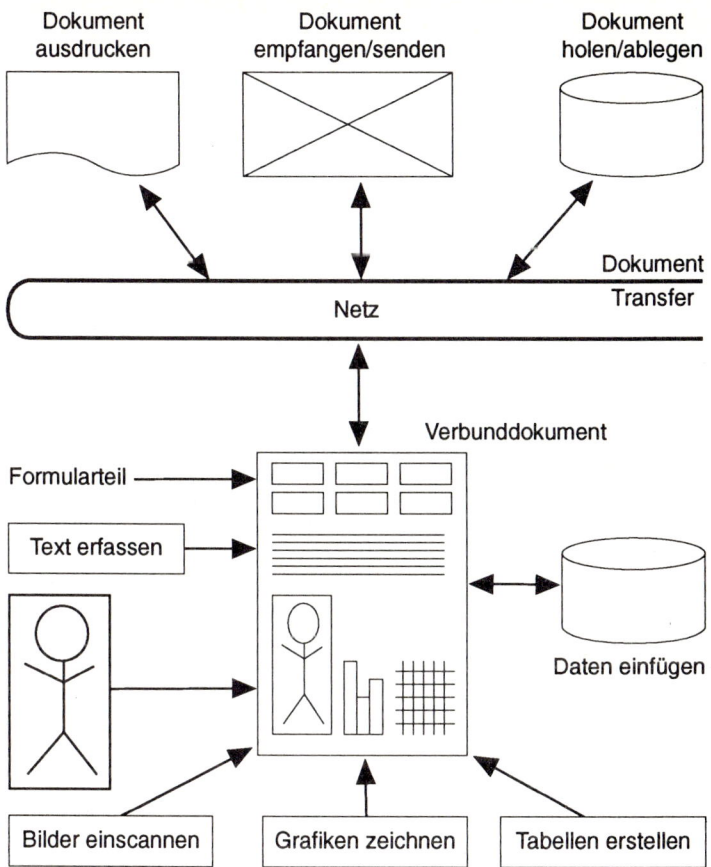

Abb. 4.1.2/1: Bearbeitung eines Verbunddokumentes

Zur Verwaltung ist entsprechende Strukturinformation zusätzlich notwendig. Die Bearbeitung dieser Verbunddokumente kann nur durch spezielle passende Editoren erfolgen, die die für sie relevanten Informationsteile aus dem Datenstrom herausfiltern können. Diese sehr komplexen Dokumentenarchitekturen werden von den großen EDV-Herstellern bevorzugt.

So wie bei den Netzwerkprotokollen (ISO-OSI, SNA) sind auch hier Normen nach ISO-OSI (ODA/ODIF) und Industriestandards (DCA/DIA von IBM und CDA von DEC) zu finden.

*– Objektorientierte Verbunddokumente*

Hier steuert ein Objekt-Manager (= Steuerprogramm) die Ausgabe der Objekte durch die einzelnen Anwendungen. Das Verbunddokument existiert nur am Bildschirm und am Drucker. Der Vorteil liegt darin, daß jede Applikation, die die Befehlsstruktur des Objekt-Managers versteht, am Verbunddokumentenaufbau teilnehmen kann und die anderen Informationsteile nicht interpretieren muß.

Beispiele dafür sind New-Wave von HP und OLE (Object Linking and Embedding) von Microsoft. Näheres hierzu folgt noch in diesem Kapitel.

Selbst wenn ein Dokument nur Daten eines Typs, z.B. nur Text, enthält, können verschiedene Texteditoren nur dann dasselbe Dokument bearbeiten, wenn sie entweder die gleiche interne Dokumentendarstellung verwenden, oder wenn sie mittels Filter vom Fremdformat zuerst in das eigene wandeln.

Die vorhin erwähnte ISO-Norm ODA/ODIF wäre eine saubere Lösung, doch gibt es derzeit noch kaum «ODA-Editoren». Auf dem PC-Markt versuchen alle Anbieter von Editoren entweder ihre Dokumentenstruktur als Quasistandard durchzusetzen oder zumindest Import- und Exportfilter zu allen anderen Editoren anzubieten, um so das eigene Überleben in einer sich rasch ändernden Softwarelandschaft zu sichern.

Für den Benutzer ist ein Umstieg auf einen anderen Editor meist mit viel Ärger und manueller Nacharbeit verbunden, da beim Konvertieren von aufwendig gestalteten Dokumenten stets Darstellungsverluste entstehen.

→ Übungsaufgabe Nr. I–227 im Arbeitsbuch

### 4.1.2.1 Textverarbeitung

Unter **Textverarbeitung** (engl.: text processing) versteht man die geistige und technische Produktion von Texten. Diese Textproduktion kann man in die Schritte Textentwurf, Textfixierung, Textumformung und Textweiterverwendung gliedern. Wir befassen uns hier nur mit der technischen Seite, der rechnerunterstützten oder **automatisierten Textverarbeitung** (engl.: word processing).

Das Ziel der automatisierten Textverarbeitung ist es, daß der Benutzer ein Schriftstück (Dokument) nach möglichst wenigen und kurzen Arbeitsschritten in der Form erstellen kann, die er sich vorstellt. Wie komfortabel dies zu bewerkstelligen ist, ist je nach Geräte- und Preisklasse verschieden.

Bei der **interaktiven Textverarbeitung** wird im Dialog «auf Knopfdruck» die Textbreite der Dokumente, der Zeilenabstand, die Seitengröße u.v.a.m. verändert. Im günstigsten Fall entspricht der auf dem Bildschirm erstellte Text dem gedrucktem Text jederzeit in Form und Aussehen.[1]

Das bedeutet, daß die Schreibkraft bereits bei der Erfassung das Layout gestalten bzw. modifizieren kann. Man kann so z.B. verhindern, daß Kapitelüberschriften an das Ende einer Seite gestellt werden. Der Text kann so lange auf dem Bildschirm umformatiert werden, bis er den optischen Anforderungen entspricht.

Auf Großrechnern ist die **stapelorientierte Textverarbeitung** vielfach verbreitet. Bei dieser wird der erfaßte Text mit Formatierungsbefehlen (meist in der Form von zwei- oder dreibuchstabigen Abkürzungen, oft in Verbindung mit Sonderzeichen) aufgefüllt und hat bezüglich seines Aussehens im unformatierten Zustand wenig mit dem fertigen Text gemein. Ist der Text vollständig erfaßt, wird ein Formatierungsprogramm aufgerufen, welches das Dokument entsprechend den im Text codierten Befehlen in seiner endgültigen Version erstellt.

Der folgende *Kriterienkatalog* erhebt keinen Anspruch auf Vollständigkeit. Er soll lediglich dazu dienen, Ihnen einen *Überblick über die wichtigsten Funktionen von Textverarbeitungssystemen* zu verschaffen. Beachten Sie aber, daß die Qualität eines Textverarbeitungssystems nicht nur von der Anzahl der Funktionen bestimmt wird, sondern auch ganz wesentlich davon abhängt, in welcher Weise bzw. mit welchem Aufwand für den Benutzer diese Funktionen eingesetzt werden können.

**1. Funktionen zur Unterstützung der Texteingabe:**
– Automatischer Zeilenumbruch,
– automatischer Seitenumbruch,
– Sofortkorrektur,

---

1 Erinnern Sie sich noch an «WYSIWYG»? – Wenn nein, so lesen Sie doch nochmals im Abschnitt 2.4.4 nach!

- Positionsanzeige (Zeile und Spalte),
- horizontales und vertikales Rollen,
- Formatspeicherung,
- Tabulatoren, Dezimaltabulatoren,
- Phrasenspeicher,
- Silbentrennung (internes Wörterbuch versus Algorithmus),
- Erkennen von orthographischen Fehlern,
- Formularbearbeitung

Erklärung:

*Automatischer Zeilen- bzw. Seitenumbruch* bedeutet, daß das System beim Erfassen oder Korrigieren eines Textes die Zeilen (Seiten) umbricht, so daß die Schreibkraft nicht darauf achten muß, ob der Text in dieser Zeile (auf dieser Seite) Platz findet. *Sofortkorrektur* heißt, daß die Bedienungskraft beim Erfassen sofort etwaige Tippfehler korrigieren kann. Die *Positionsanzeige* gibt an, in welcher Zeile bzw. Spalte der jeweiligen Seite sich der Cursor (Anzeigemarke) im Augenblick befindet. Unter *Rollen* versteht man das Verschieben eines Textes am Bildschirm. Das Stichwort *Formatspeicherung* steht für den Problemkreis, wie Formate (Zeilenbreite, Seitenlänge, Zeilenabstand usw.) dem System bekannt gegeben und von diesem verwaltet werden. Ein *Phrasenspeicher* ist ein Speicherbereich, in dem oft benötigte Redewendungen gespeichert werden, die dann «auf Knopfdruck» in den Text eingefügt werden können. Bei *Formularbearbeitung* unterscheidet man den Erstellmodus für den Organisator und den Ausfüllmodus für die Bedienkraft.

## 2. Funktionen zur Verbesserung des Schriftbildes:

- Blocksatz, mehrspaltiger Blocksatz,
- rechts- und linksbündiges Tabellieren,
- Zentrieren, Spaltenzentrieren,
- Eins-zu-eins-Darstellung eines Textes am Bildschirm,
- Unterstreichen, Fettdruck, Schattenschrift,
- unterschiedlicher Zeilenabstand,
- unterschiedliche Schriftbreite (10, 12, 15 Pitch, Proportionalschrift),
- Sonderzeichen,
- unterschiedliche Schrifttypen (in einem Dokument),
- unterschiedliche Schriftgrößen (in einem Dokument),
- Umrandungen,
- Grafik.

Erklärung:

Bei der Option *Blocksatz* wird vom System der Text gleichzeitig an den linken und an den rechten Rand angeglichen. Das Gegenteil von Blocksatz ist *Flattersatz*. *Zentrieren* ist ein Synonym für Einmitten, d.h. Textstücke in die Mitte einer Zeile, Spalte oder Seite stellen. *Pitch* ist ein gebräuchliches Maß für den Zeichenabstand und wird in Zeichen pro Zoll gemessen. *Proportionalschrift* bedeutet, daß die Zeichenbreite für die einzelnen Buchstaben verschieden ist; ein «M» ist breiter als ein «I».

### 3. Textmengenorientierte Funktionen:

- Selektieren von Zeichen, Worten, Zeilen, Absätzen, Seiten,
- Ersetzen, Umstellen, Duplizieren und Löschen von Textmengen,
- Suchen innerhalb eines Dokumentes,
- Suchen und automatisches Ersetzen (nach Rückfrage) einer Textmenge durch eine andere,
- Bausteinkorrespondenz,
- Erstellen von Serienbriefen, Mischen von Dokumenten (mit Umformatierung).

Erklärung:

Bei der Aufbereitung eines Dokumentes werden Textmengen manipuliert; d.h. die Schreibkraft ersetzt z.B. ein Wort durch ein anderes, stellt einen Absatz auf eine andere Seite usw. Das *Ansteuern der Textstellen* kann mittels Cursorsteuertasten, textmengenorientierten Funktionstasten, Sensorfeldern, Sensorbildschirmen oder mit Hilfe einer «Maus» erfolgen. Beim Suchen nach einer Textstelle in einem Dokument tritt möglicherweise das Problem auf, daß die zu suchende Stelle durch Silbentrennung oder Umbruch getrennt wurde. Viele Textverarbeitungssysteme sind heute nicht in der Lage, solche Stellen mit Hilfe der Suchfunktion selbständig zu finden. Es ist gebräuchlich, daß die Schreibkraft lange Worte (z.B. «Textverarbeitung»), die in einem Dokument oft verwendet werden, beim Erfassen durch Kürzel (z.B. «TV») ersetzt, die dann am Ende des Erfassens durch die *Funktion «Suchen und automatisches Ersetzen»* in ihren ursprünglichen Wortlaut übersetzt werden.

*Bausteinkorrespondenz* bedeutet, daß ein Dokument automatisch aus mehreren anderen Texten (= Textbausteine) zusammengefaßt wird. Verbreitete Anwendung findet diese Art der Dokumenterzeugung bei stark standardisierbaren Briefen (z.B. bei der Kundenkorrespondenz von Versicherungen). Bei *Serienbriefen* wird ein konstanter Text (z.B. Werbemitteilung) mit einem variablen Text (z.B. Adressen und Anreden) gemischt. Typische Aufgabenstellung: Einen Brief an mehrere Adressaten verschicken.

### 4. Dokumentbezogene Funktionen:

- Automatische Seitennummerierung,
- automatische Erstellung von Kopf- und Fußzeilen,
- automatische Erzeugung eines Inhaltsverzeichnisces,
- automatische Erzeugung eines Schlagwortverzeichnisses,
- automatische Erzeugung eines Abbildungsverzeichnisses,

- automatische Durchnumerierung von Überschriften, Fußnoten, Abbildungen und Listen,
- Fußnotenbehandlung,
- Behandlung von Vorwort und Anhang.

## 5. Speicherungs- und Wiedergabefunktionen:

- Archivieren,
- Löschen, Kopieren, Umbenennen von Dokumenten,
- Suchen über mehrere Dokumente.

Erklärung:

*Suchen über mehrere Dokumente* kann dann sinnvoll sein, wenn der Benutzer nicht weiß, in welchem Dokument eine gesuchte Textmenge zu finden ist.

## 6. Programmierbarkeit:

- Verfügbarkeit einer textmengenorientierten Programmiersprache,
- vom Benutzer definierbare Kommandos oder Funktionstasten für häufig vorkommende Befehlsfolgen (Makros),
- Rechenoperationen innerhalb von Textverarbeitungsdokumenten.

Erklärung:

Eine *textmengenorientierte Programmiersprache* ist eine stark auf Textverarbeitungsaufgaben ausgerichtete Programmiersprache, bei der in allgemeinen höheren Programmiersprachen gebräuchliche Funktionen (mathematische Funktionen, Dateibehandlungsbefehle, usw.) meist «verkümmert» sind. Es stehen jedoch alle logischen Strukturelemente inklusive Prozedurtechnik und Aufrufen an das Betriebssystem zur Verfügung. Mit dieser *programmierten Textverarbeitung* (Abkürzung: PTV) lassen sich zusammen mit Textbausteinen Abläufe für Sachbearbeiter hervorragend automatisieren, wie z.B. die Bescheiderstellung in Behörden. *Makros* sind Befehlsabfolgen, die mit nur einem Befehl ausgelöst werden können. Makros werden am einfachsten mit Hilfe eines Makro-Recorders aufgezeichnet. *Rechenoperationen* werden in Textverarbeitungsdokumenten oft bei Tabellen für Quer- und Längssummen gebraucht.

## 7. Integration in die Umgebung:

- Programmierte Textverarbeitung mit integriertem Zugriff auf Datenbanken, Dateien, Aufruf von beliebigen Programmen mit Übergabe von Parametern,
- Einfügen von Dateien, um Mischdokumente zu erzeugen (Naheres in Abschnitt 4.1.2.4),

– objektorientierte Behandlung durch Integration in die übergeordnete Schreibtischoberfläche.

Übungsaufgaben Nr. I-228 und I-229 im Arbeitsbuch

### 4.1.2.2 Tabellenkalkulation und Geschäftsgrafik

Tabellenkalkulationsprogramme (engl.: spreadsheet program) sind neben den Texteditoren die am häufigsten eingesetzten Bürowerkzeuge. Die prinzipielle *Funktionsweise* (Realisierung von Planungsmodellen in Matrizenform) haben Sie bereits im Abschnitt 2.4.3.3 kennengelernt.

Heutige Tabellenkalkulationsprogramme für grafikfähige Endgeräte beinhalten *zusätzlich Funktionen der Geschäftsgrafik* (engl.: business graphic). Das ist, wie Sie ebenfalls schon wissen, die Darstellung von Wertematrizen z.B. in Form von Balken-, Linien- und Tortendiagrammen. Dies ermöglicht bei Werteänderungen eine sofortige Änderung der Grafik am Bildschirm. Neben zweidimensionaler Darstellung sind auch dreidimensionale Bilder möglich.

Zum *Funktionsumfang* gehören ferner:

– leistungsstarke finanzmathematische und statistische Funktionen,
– einfache Datenverwaltungsfunktionen, z.B. zur Verwaltung von Adreßdaten,
– Verknüpfungen zwischen Tabellen,
– Mehrfenstertechnik,
– Mitschneidetechnik zum Aufzeichnen von Makros,
– leistungsstarke Makrosprachen zur Entwicklung ganzer Applikationen und eigener Benutzeroberflächen,
– Integration von Datenbankzugriffsroutinen mit SQL-Notation zur Übernahme und Abspeicherung von Datenbankinhalten,
– Integrationsfähigkeit in Textdokumente durch Unterstützung entsprechender Datenaustauschschnittstellen.

Übungsaufgabe Nr. I–230 im Arbeitsbuch

### 4.1.2.3 Präsentationsgrafik- und Layoutprogramme

Man unterscheidet bei diesen Grafikprogrammen zwischen *pixelorientierten Programmen*, die zum Freihandzeichnen oder Malen sowie zum Verändern von eingescannten Bildern dienen, und *vektororientierten Präsentationsprogrammen*, die sich aus einfachen Zeichen- und Chartprogrammen (engl.: chart = deutsch: Diagramm) zu funktionell mächtigen Universalwerkzeugen weiterentwickelt haben.

Die eingesetzte objektorientierte *Vektortechnik* bietet gegenüber einer Pixelgrafik folgende *Vorteile*:
- Grafik besteht aus vielen Einzelobjekten,
- jedes Objekt kann einzeln bezüglich Größe, Form und Farbe bearbeitet werden,
- verdeckte Elemente lassen sich wieder in den Vordergrund bringen,
- die Darstellung auf dem Bildschirm ist virtuell,
- die Grafik ist in Größe und Form beliebig veränderbar,
- die Größe des benötigten Speicherplatzes nimmt nur mit der Anzahl der Objekte zu,
- große Farbpaletten vergrößern den benötigten Speicherplatz nur unwesentlich.

Bei einer *pixelorientierten Bearbeitungstechnik* könnten zwar Punkte einzeln bearbeitet werden, aber die gesamte Grafik ist ein Objekt, sie läßt sich nur in Stufen vergrößern oder verkleinern, und die benötigte Speicherplatzgröße nimmt mit der Größe der Grafik und der Zahl der Farben stark zu. Eingescannte Bitmuster werden beim Einlesen in vektororientierte Programme vektorisiert, damit sie gleichartig behandelt werden können.

Die am Markt angebotenen Pakete überdecken sich zum Großteil im Leistungsumfang, haben aber jeweils Spezialfunktionen, um sich zu differenzieren. Der *übliche Leistungsumfang* bietet:
- Erzeugen von Geschäftsgrafiken,
- Zeichnen und Bearbeiten von Standardobjekten – Linien und geometrische Figuren,
- typografische Textbearbeitungsmöglichkeiten mit vielen Schrifttypen,
- Flächenfüllung mit Mustern,
- Farben und Paletten,
- Zoomeffekte,
- Import über Fenster-Zwischenablage und Filter,
- Unterstützung von Postscriptdruckern,
- Clip-Art-Bibliotheken (Clip-Art-Elemente sind vorgefertigte Grafiken),
- Erzeugung von Präsentationsfolien und Slide-Shows (automatischer Ablauf einer Reihe von vorgefertigten Präsentationsgrafiken).

→ Übungsaufgabe Nr. I–231 im Arbeitsbuch

### 4.1.2.4 Verbunddokumentenverarbeitung

Wie bereits zu Beginn des Abschnitts 4.1.2 dargestellt, kann ein *Verbunddokument* Anteile von Text, Grafik und Rasterbildern enthalten.

Wir wollen im folgenden die in der Welt der PC-Programme angewandten Techniken, die eher objektorientiert sind, betrachten.

Die verschiedenen Dokumentenbestandteile werden dort meist nicht durch ein, sondern durch *mehrere unterschiedliche Programme* erzeugt, z.B. Texteditor, Tabellenkalkulationsprogramm und Malprogramm. *Basis ist stets das Textdokument, in das die anderen Informationsteile eingefügt werden.* Dieser *Einfügevorgang und die Verbindung* (engl.: link) zwischen den Daten kann nun auf verschiedene Arten erfolgen:

- Durch *einfachen statischen Verweis* (engl.: cold link) auf eine Datendatei mit angegebenem Namen. Diese wird – falls möglich – am Bildschirm oder bei nicht grafikfähigen Editoren erst beim Druckvorgang eingefügt.
- Durch Einfügen von Dokumentteilen, die am Bildschirm markiert werden, über eine *Zwischenablage* (engl.: clipboard). Dies ist nur bei fensterorientierten Applikationen möglich. Die eingefügte Grafik oder Tabelle wird als Rasterbild übernommen, wird Bestandteil des Mutterdokumentes und kann mit den Mitteln des Texteditors meist nicht mehr verändert werden.
- Durch *dynamisches Verknüpfen* (engl.: live link oder hot link) mit dem Output eines zweiten Programms, wobei durch Angabe von Parametern auch nur Teile (z.B. Tabellenausschnitt) übernommen werden können. Wesentlich ist, daß jedesmal der aktuelle, durch das verbundene Programm neu erzeugte Ausschnitt eingefügt wird.
- Eine Verallgemeinerung obiger Technik ist ein *Datenaustausch* oder eine *Objektkommunikation zwischen zwei Programmen* durch Programm-Programm-Kommunikation und Programmverknüpfung mit Systemfunktionen des Betriebssystems. Beispiele dafür finden Sie in Abschnitt 4.4 unter der Überschrift DDE und OLE erläutert.

Übungsaufgabe Nr. I–232 im Arbeitsbuch ←

### 4.1.2.5 Desktop Publishing (DTP)

Unter *Publizieren* (engl.: publishing) versteht man die Veröffentlichung von Dokumenten, meist Schriftstücken mit Bildelementen. Während früher eine Vielzahl von Spezialisten und aufwendige Einzelschritte zur Erzeugung von Druckvorlagen notwendig waren, kann heute mit Hilfe eines Arbeitsplatzrechners mit Laserdrucker (und Scanner) und geeigneten Spezialprogrammen die Publikation am «elektronischen Schreibtisch» auch durch Benutzer mit Grundkenntnissen in Typographie und Seitengestaltung erzeugt werden ( = **Desktop Publishing**; abgekürzt: DTP).

*DTP am Arbeitsplatz* wird heute hauptsächlich zur Erzeugung von Formularen, Hauszeitschriften, Prospekten, Katalogen, Präsentationen und ähnlichen Druckschriften mit kleiner Auflage verwendet.

*DTP auf leistungsstärkeren Mikrorechnern mit spezialisierter Software* wird aber auch immer mehr professionell eingesetzt und hat die konventionellen Satzsysteme zur Erzeugung von Zeitschriften fast vollständig verdrängt.

---

**DTP-Software** besteht im wesentlichen aus einem Seitenmontierprogramm, mit dessen Hilfe bereits vorhandene Dateien aus Text, Grafik und Rasterbildern zu Seiten mit dem gewünschten Layout zusammengesetzt werden.

---

*Grundfunktionen eines DTP-Paketes sind:*
- Integration von Text und Grafik,
- Import von ASCII-Dateien und Texten gängiger Texteditoren mit Hilfe von Filtern,
- Import von Pixelgrafik (Scannerunterstützung),
- Import von Vektorgrafik (Filter),
- Korrektur von Text,
- Mehrspaltenverarbeitung,
- verschiedene Schriftarten (Fonts) und Größen,
- grafische Grundelemente,
- Manipulation von Pixelmustern,
- WYSIWYG,
- Kerning (d. h. Unterschneiden von Buchstabenpaaren),
- Druckformatvorlagen (Style-Sheets),
- Ausgabe auf postscriptfähigen Druckern.

*Sonderfunktionen* sind zum Beispiel:
- Unterstützung von Farbe,
- Zooming,
- automatische Seitennumerierung,
- mathematische Formeln.

Die *erforderliche Hardwareausstattung für DTP* ist ein leistungsstarker PC oder eine Workstation mit Maus, ein hochauflösender (möglichst) Ganzseitenbildschirm sowie ein Laserdrucker mit einer Auflösung von mindestens 300 dpi.

→ Übungsaufgabe Nr. I–233 im Arbeitsbuch

### 4.1.2.6 Multimedia-Systeme

Der *Begriff «Multimedia»* nimmt in jüngster Vergangenheit in der einschlägigen Presse immer mehr Raum ein. Multimedia-Systeme sollen unsere Art zu präsentieren, zu lernen und neuerdings auch unsere Freizeit zu gestalten, grundlegend verändern. Obwohl diese Euphorie den gegenwärtigen Möglichkeiten weit vorausläuft, werden dem Multimedia-Bereich dennoch enorme Zuwachsraten prognostiziert.

Die Bezeichnung «Multimedia» soll ausdrücken, daß *bei der Präsentation von Information unterschiedliche Medien gleichzeitig genutzt* werden. Herzstück eines Multimedia-Systems ist ein leistungsfähiger Rechner, der über spezielle Ein- und Ausgabegeräte verfügt, zur Verarbeitung von Text, Daten, Bild (Grafik, Foto, Video)[2] und Ton (Sprache, Musik, Geräusche) geeignet ist und der mit spezieller Software ausgestattet ist. Wichtig dabei ist, daß die Koordination und Synchronisation sämtlicher eingesetzter Medien nicht manuell, sondern rechnergesteuert abläuft.

---

**Multimedia-Systeme** (engl.: multimedia system) integrieren mehrere Ein- und/oder Ausgabemedien für Text, Daten, Bild (Grafik, Foto, Video) und Ton, wobei die Speicherung und synchronisierte Ablaufsteuerung auf einem Rechner erfolgen.

---

**Beispiel für eine einfache interaktive Multimedia-Anwendung «Verkaufsunterstützung Autohandel»**

Im Auftrag der Firma General Motors wurde eine *Multimedia-Anwendung* entwickelt, die zur *Verkaufsunterstützung von PKWs des Typs Buick* dienen soll. Der Kunde sitzt während des Verkaufsgesprächs gemeinsam mit dem Verkäufer in der Nähe eines Computers, auf dem das erwähnte Programm verfügbar ist. Die gesamte Bedienerführung des Programms erfolgt ausschließlich auf Basis einer *grafischen Benutzeroberfläche*. Alle Bildschirmseiten sind durch Grafiken oder Fotos unterlegt, einfache, schnell erfaßbare Texte bieten dem Benutzer verschiedene Auswahlmöglichkeiten.

So kann z.B. in einem eigenen Programmzweig ein *«Show-Room»* durchschritten werden, in dem sämtliche verfügbare Buick-Modelle vorgestellt werden. Für jedes Modell werden Bilder, Übersichten über die Standardausrüstung, Zusatzausrüstungen, technische Daten sowie Preis- bzw. Finanzierungsvorschläge gemacht. Als Besonderheit kann der Kunde in einem inte-

---

2 Einen Spezialfall stellen *Animationen* dar, bei denen eine Reihe von Grafiken und/ oder Fotos sowie Texten innerhalb kurzer Zeit überblendet werden und so für das menschliche Auge ein Bewegungseffekt vorgetäuscht wird (Zeichentrickfilm).

grierten *Tabellenkalkulationsprogramm* die für ihn optimale Finanzierungsform durchrechnen. Er gibt z.B. den erzielbaren Preis für seinen alten Wagen und die gewünschte Laufzeit für einen Leasingvertrag ein, und schon werden ihm (je nach gewählter Zusatzausrüstung) in vier Spalten seine monatlichen Zahlungen für vier verschiedene Varianten angezeigt.

Abschließend kann sich der Kunde auch Preise und technische Daten vergleichbarer PKWs von Ford, Honda und Toyota anzeigen lassen und diese dem betrachteten Buick-Modell gegenüberstellen.

*Für technisch interessierte Kunden* steht ein eigener Menüpunkt zur Verfügung, der aus unterschiedlichen Betrachtungswinkeln die Funktionsweise des 6-Zylinder-Motors, der Kraftübertragung oder Radaufhängung, von Air-Bag, Klimaanlage, Diebstahlsicherung und CD-HiFi-Anlage in animierter Form zeigt und akustisch untermalt. So wird z.B. in einem Querschnitt der Ablauf eines Aufpralls gezeigt: Eine angegurtete Person, die nach vorne geschleudert wird, wird von dem gleichzeitig aufgehenden Air-Bag abgefangen und in den Sitz zurückgefedert. Auf Wunsch wird der Vorgang auch aus anderen Perspektiven gezeigt oder vorgeführt, wie und wo die entsprechenden Sensoren die durch den Aufprall verursachte Verzögerung wahrnehmen.

Ein vorletzter Abschnitt enthält eine *Landkarte* der USA, die an beliebiger Stelle angeklickt werden kann. Es erscheint ein Detailplan der Umgebung mit allen größeren Orten und wichtigen Sehenswürdigkeiten. Wählt man z.B. San Francisco aus, kann man sich in der Folge einen Überblick über die

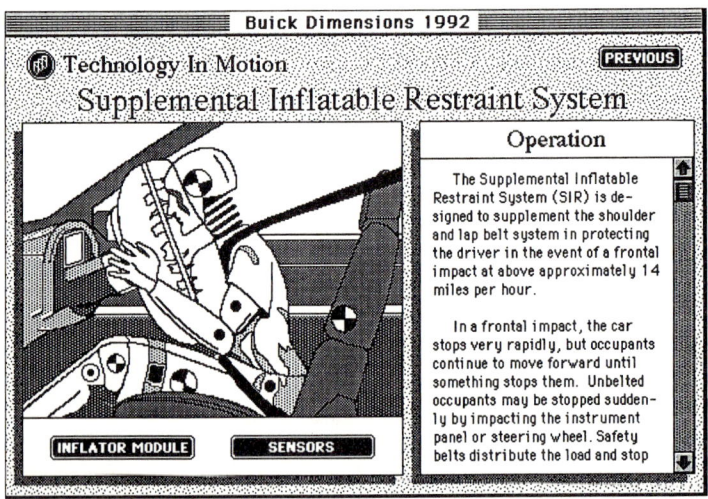

Abb. 4.1.2.6/1: Multimedia-Anwendung «Verkaufsunterstützung»

Stadt verschaffen, kann sich genauere Information über die Golden Gate Bridge, Alcatraz, Fisherman's Wharf usw. geben lassen oder sich Anschrift, Adresse und Telefonnummer des lokalen Fremdenverkehrsbüros einblenden lassen. In jeder Stadt, in jedem Bundesstaat kann man die weitere Fahrtrichtung durch Anklicken auf einer Kompaßrose wählen, und die Landkarte verschiebt sich am Bildschirm in der gewünschten Richtung.

Abgerundet wird das Programm durch ein *Quiz*, in dem in erster Linie die Geographiekenntnisse des Autofahrers von Bedeutung sind. Nachdem der Kunde sich einige Zeit mit diesem Programm beschäftigt hat, hat er das hofft wenigstens der Hersteller – Lust auf ausgedehnte Reisen mit dem Auto bekommen, ist mit den Vorzügen der Buick-Modelle im Vergleich zu Mitbewerbern vertraut und kennt auch bei der Frage der Finanzierung mindestens eine interessante Finanzierungsvariante.

Das *Beispiel* zeigt eine *relativ einfache, leicht navigierbare Anwendung mit geringem Speicherbedarf*, da wenig Audio-, keine Videodaten und auch keine hochauflösenden Grafiken verarbeitet werden. Dadurch wird zum Abspielen lediglich ein Rechner benötigt, der nur über ein MB Arbeitsspeicher und eine herkömmliche Bildschirmkarte, allerdings über entsprechende Audioausgabeeinrichtungen verfügen muß.

### Multimedia-Anwendungen und -Softwareprodukte

Multimedia-basierte Anwendungen werden künftig große Zuwachsraten verzeichnen. *Unzählige Anwendungsmöglichkeiten* sind denkbar, von denen in der Folge einige (ohne jeglichen Anspruch auf Vollständigkeit) *beispielhaft* angeführt sind:

– Wissenschaftliche Nachschlagewerke, Lexika,
– Servicehandbücher,
– City-Informationssysteme,
– Verkaufshilfen (insbesondere für physisch nicht oder nur schwer vorzeigbare Produkte oder Dienstleistungen, wie etwa Versicherungsdienste, Immobilien, Reisen, Teppiche usw.)
– Firmenpräsentationen,
– Kommunikationssysteme (sprach- und/oder video-unterstützte Groupware),
– in Anwendungsprogrammen integrierte Lernprogramme und Hilfefunktionen,
– Sprachlernprogramme,
– Musikausbildung,
– Unterhaltung, Heimvideo usw.

Übungsaufgabe Nr. I–234 im Arbeitsbuch ⟵

Die *Erstellung und der Einsatz von Multimedia-Anwendungen* bedingen oft eine *Vielzahl unterschiedlicher Softwareprodukte*, die im Idealfall miteinander kommunizieren können, zumindest aber gemeinsame Daten verwenden. Insbesondere zum Einlesen und Digitalisieren der zu verarbeitenden Daten werden oft viele verschiedene Programme (Scann-Software, Textverarbeitung, Grafikprogramme, Animationsprogramme, Audio- und Video-Schnitt-Software usw.) eingesetzt.

Die *Entwicklung der Anwendung* selbst erfolgt meist mit einem speziellen *Autorenprogramm*, das alle einzusetzenden Informationsquellen verbindet und ein interaktives Navigieren innerhalb der Informationsbasis möglich macht. Von fertigen Multimedia-Anwendungen können Laufzeitversionen erstellt werden, die mit wesentlich weniger Speicherbedarf auskommen, nicht mehr verändert werden können und die u.U. auch auf anderen Rechnerplattformen ablaufen können (z.B. Erstellung einer Präsentation auf einem Apple-Rechner und Ablauf auf DOS-Rechnern).

Der Einsatz von Multimedia-Systemen bringt zahlreiche *Vorteile und Nachteile* mit sich.

Zu den *Vorteilen* zählen:
- effizienter Informationsfluß durch die gleichzeitige Verwendung mehrerer Kanäle zur Informationswiedergabe (Text, Daten, Bild und Ton),
- die Möglichkeit, innerhalb einer Informationsbasis ohne nennenswerte Zeitverzögerung beliebig zu navigieren,
- freie Wahl von Lernrhythmus und Lerngeschwindigkeit bei Schulungssystemen,
- Zeit- und Ortsunabhängigkeit (weder die Anwesenheit eines Moderators oder Trainers, noch die Öffnungszeit eines Ausbildungszentrums ist z.B. für das Durcharbeiten eines Multimedia-Kurses für Spanisch notwendig – nur ein entsprechend leistungsfähiger Rechner),
- Kostenreduktion durch teilweisen Ersatz bestehender Dienste.

Als *Nachteile* sind zu nennen:
- lange Entwicklungszeiten und hohe Entwicklungskosten,
- erheblicher Speicherbedarf,
- Notwendigkeit leistungsfähiger und kompakter Hardware zur Wiedergabe (in der alle notwendigen Peripheriegeräte bereits eingebaut sind),
- Notwendigkeit komplexer und dennoch einfach bedienbarer Softwarepakete zur Erstellung von Multimedia-Anwendungen.

→ Übungsaufgabe Nr. I–235 im Arbeitsbuch

## Kompression von Bild und Ton

Eines der Schlüsselprobleme von Multimedia-Systemen ist die Speicherung, Übertragung und Wiedergabe großer Datenmengen (z.B. Bild- und Tonfolgen) auf Arbeitsplatzrechnern, tragbaren Rechnern und Spezialsystemen.

Eine der wichtigsten Methoden zur Reduktion der Datenmengen ist die *Kompression*. Egal, welches Medium letztendlich als Datenträger verwendet wird (z.B. magnetische oder optische Speicher), kommen zunehmend unterschiedliche Kompressionsverfahren zur Anwendung, um den notwendigen Speicherbedarf und auch die Verarbeitungszeiten zu minimieren. Eine weitere Möglichkeit zur Verringerung des Datenvolumens ist die bewußte *Reduktion der Datenqualität bei der Wiedergabe* (z.B. durch Absenken der Bildwiedergabefrequenz von 25 oder 30 Bildern auf 12 bis 15 Bilder pro Sekunde). Oft werden beide Möglichkeiten kombiniert verwendet.

Je nach Anwendungsgebiet (Text-, Ton- oder Bildkompression) bieten *unterschiedliche Kompressionsverfahren* verschiedene Vor- und Nachteile. Die einfachste Möglichkeit ist die Verdichtung identischer Zeichenfolgen. Dieses Verfahren bringt bei der Kompression von Texten kaum Nutzen, da nur selten mehrere gleiche Zeichen hintereinander vorkommen. Bei der Verarbeitung von Grafiken und Bildern, insbesondere bei Bewegtbildern, lassen sich hingegen wesentlich größere Einsparungseffekte erzielen. Während die Kompression bei Tönen nur entlang einer einzigen Dimension, der Zeit, erfolgen kann, ist dies bei Bildern entlang beider Dimensionen (Breite, Höhe) möglich. Ein in einer Grafik dargestellter Balken kann z.B. durch Angabe von Länge, Breite, Position am Bildschirm und Farbe des Rechtecks wesentlich platzsparender dargestellt werden, als durch Speicherung jedes Bildpunkts. Bewegtbilder weisen zusätzlich noch eine dritte Dimension, die Zeit, auf, wodurch die Verdichtungsmöglichkeiten weiter verbessert werden.

Bei Bildern und Tonfolgen können zusätzlich noch *statistische Glättungen* erfolgen, um weitere Einsparungen zu ermöglichen. Daß damit auch die Qualität der Wiedergabe reduziert wird, ist ein Nebeneffekt, der in vielen Fällen wegen der oft deutlich höheren Kompressionserfolge in Kauf genommen wird. Bei der Wiedergabe von Texten und Zahlen dürfen derartige Verluste jedoch nicht erfolgen.

Ein sehr effizientes, wenn auch nicht verlustfreies Verfahren zur Kompression von Audiodaten ist die *Reduktion der Samplingrate*, also der Anzahl der Schallmessungen pro Sekunde. Während z.B. auf Audio-CDs 44000 Meßwerte pro Sekunde (44 KHz) gespeichert werden, wobei für eine Minute Stereoaufnahme etwa 10 MB benötigt werden,

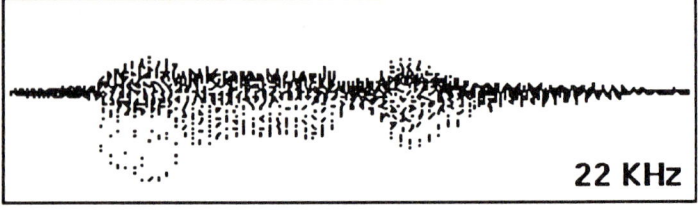

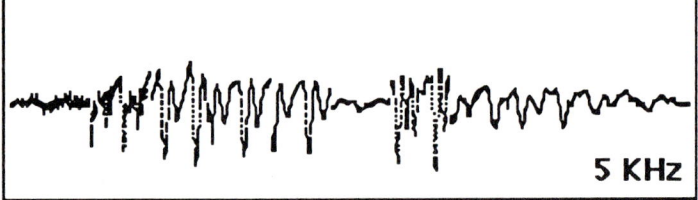

Abb. 4.1.2.6/2: Grafische Darstellung des gesprochenen Wortes «Hansen», einmal aufgenommen mit einer Samplingrate von 22 KHz (oben), ein zweites Mal mit nur 5 KHz (unten)

kann die Samplingrate bei entsprechenden Qualitätseinbußen, insbesondere im Bereich höherer Frequenzen, auf 22 KHz bzw. sogar 11 KHz reduziert werden. Dadurch wird gleichzeitig das Datenvolumen auf die Hälfte bzw. sogar ein Viertel verringert. Die erwähnte Qualitätseinbuße ist bei Sprachaufzeichnungen akzeptabel. Eine zusätzliche Reduktion der Datenvolumina kann dadurch erreicht werden, daß nicht mehr jeder einzelne Meßwert z.B. in einem Wertebereich von 256 Zeichen (durch 8 Bits) dargestellt wird, sondern nur mehr die Differenz zweier aufeinanderfolgender Werte, wofür nur vier Bits verwendet werden. Auch hier treten Qualitätseinbußen (Rauschen) im oberen Frequenzbereich auf, da schnelle Sprünge der Tonhöhe unterdrückt werden.

Dieses Verfahren, das bei vertretbarer Qualitätseinbuße eine Verdichtung um den Faktor 4 erlaubt, wird u.a. im CD-ROM-XA- und im CD-I-Standard bereits hardwaremäßig unterstützt und trägt den Namen ADPCM (Adaptive Delta Pulse Code Modulation).

Die *Kompression von Bilddaten* bringt im Normalfall noch deutlich bessere Ergebnisse als die von Audiodaten. Hier sind Kompressionsverfahren allerdings besonders wichtig, da z.B. für die digitale Speicherung eines 10 Sekunden langen Videoclips 200 MB benötigt werden. Ein Verfahren, bei dem das bereits erwähnte Prinzip der Verdichtung identischer Zeichenfolgen zur Anwendung kommt, heißt *RLE* (Run Lenght Encoding). Dabei wird Bildinformation zeilenweise abgetastet und entsprechend verdichtet gespeichert. Je nach Bildbeschaffenheit (von einer Strichgrafik bis zu einem detailreichen Foto) kann ein Verdichtungsfaktor von 1:2 bis 1:10 erreicht werden.

*JPEG*, ein anderes Verfahren, verdankt seinen Namen der Joint Photographic Experts Group, einem um entsprechende Standardisierung bemühten Komitee. JPEG, inzwischen als ISO-Standard akzeptiert, arbeitet nicht völlig verlustfrei, kann jedoch Datenmengen ungefähr um den Faktor 25 reduzieren. JPEG beruht auf zwei gleichzeitig angewandten Prinzipien. Das eine Verfahren nutzt die Schwäche des menschlichen Auges, den Farbunterschied von zwei dicht beieinander liegenden Bildpunkten gleicher Helligkeit schlecht unterscheiden zu können. Bilder werden daher in ein Helligkeits- (Luminanz-) und in ein Farbwert- (Chrominanz-)Bild zerlegt, wobei das Farbbild mit wesentlich geringerer Auflösung gespeichert wird. Das zweite Verfahren versucht, Strukturen eines Bildes zu erkennen und diese dann in komprimierter Form zu speichern (z.B. Teile eines Porträts).

Die *Dekompression* einmal verdichteter Daten muß auf oft wenig leistungsfähigen Arbeitsstationen nahezu in Echtzeit erfolgen, wenn die Anwendung «eine interaktive Navigation» zuläßt. Zusätzliche Hardwarekomponenten (z.B. Multimediaadapter), die diese Funktion übernehmen, wirken allerdings hemmend auf die Verbreitung derartiger Anwendungen, da sie einerseits zusätzliche Kosten bewirken und andererseits alle übrigen potentiellen Benutzer ausschließen, die nicht über diese Komponenten verfügen. Solche Hardware-Erweiterungen stellen bis zur Verfügbarkeit «reiner Software-Lösungen» jedoch die einzige Möglichkeit für eine Echtzeit-Dekompression dar.

Um das Problem der Dekompression von Anfang an deutlich zu entschärfen, können darüber hinaus zwei weitere «Hilfsmittel» verwendet werden. Deutliche Erleichterung bringt die *Reduktion der Bildgröße bei der Ausgabe*. Reduziert man z.B. Länge und Breite eines Bildes auf jeweils die Hälfte, wird dadurch eine Reduktion des Datenvolumens auf ein Viertel erreicht. Bei Bewegtbildern kann zusätzlich durch eine Senkung der Bildfrequenz eine weitere Einsparung bewirkt werden. Gerade noch akzeptable Werte können bei einer Frequenz von 15 Bildern pro Sekunde erzielt werden.

Übungsaufgabe Nr. I–236 im Arbeitsbuch                                    ←

### 4.1.3 Übertragung von Dokumenten (Kommunikationsdienste)

Büroinformationssysteme bieten nicht nur lokale Werkzeuge an, sondern vor allem übergreifende Unterstützung (wie elektronische Post, Ablage, Drucken), die in modernen Systemen in Form von **Diensten** (engl.: service), meist auf eigenen Serverrechnern, zur Verfügung gestellt werden. Im Rahmen des **ISO-OSI-Modells** wurden die wichtigsten dieser **Büroservices** als Anwendungen der Schicht 7 standardisiert:

- Postdienst (engl.: mail service) nach X.400,
- Verzeichnisdienst (engl.: directory service) nach X.500,
- Ablagedienst (eng.: file service) nach DFR-Standard,
- Druckdienst (engl.: print service) nach ECMA,
- Datenbankzugriffsdienst (engl.: database access service) mit RDA-Protokoll.

Weitere heute noch nicht standardisierte, aber *im Rahmen von größeren Systemen erforderliche Services* sind:

- Authentifizierungsdienst für Identitäts- und Berechtigungsprüfung,
- Organisations- und Ressourcenmanagement zur Verwaltung der Benutzer,
- Serviceadministration,
- Netz- und Systemadministration als Basisdienst.

Alle Bürosoftwarepakete, die mehr sind als eine Ansammlung von Werkzeugen, enthalten die Funktionen der genannten *Services in schwächerer oder stärkerer Ausprägung*. Sie unterscheiden sich jedoch beträchtlich in der Art der Strukturierung und der Einhaltung von Standards.

Im folgenden gehen wir zunächst auf die Kommunikationsdienste ein. Hierfür kommen *elektronische Postsysteme* und *Telematikdienste* in Betracht.

Ein **Telematikdienst** ist ein international standardisierter Fernmeldedienst, der alle Schichten des ISO-OSI-Architekturmodells in vereinbarter Weise in Anspruch nimmt. Telematikdienste der Telekom für den Bürobereich sind u.a. Telebox (Elektronischer Postdienst nach X.400), Telex (Fernschreiben), Teletex (Bürofernschreiben), Telefax (Fernkopieren) und Bildschirmtext.

Mit dem *Teleboxdienst* bietet die Telekom die Übermittlung von Mitteilungen zwischen Mitteilungssystemen (Telebox-MT) sowie von

| Dokumenten- und Datenstrukturen 7.2 | Dokumente ODA ISO 8613 | | Geschäftsdaten EDIFACT ISO 9735 | | Relationen SQL ISO 9075 | | Grafikdaten GKS, CGM, IGES ISO 7942 | |
|---|---|---|---|---|---|---|---|---|
| OSI-Services | Electronic Mail X.400 ISO 10021 | Directory X.500 ISO 9594 | FTAM ISO 8571 | MMS ISO 9506 | System-Management ISO DIS 9595 | Remote DB-ACCESS RDA ISO DP | Ablage DFR ISO DP | Print ECMA DP |
| Basis-Kommunikations-Funktionen 7.1 | Reliable Transfer Service RTSE ISO 9066 | | Remote Operation Service ROSE ISO 9072 | | Association Control ACSE ISO 8649 | | Transaction Processing TMASE ISO DP | |
| 6 | Presentation ISO 8822, ASN 1 ISO 8824 | | | | | | | |
| 5 | Session ISO 8326 | | | | | | | |
| Transport-Systeme und Netze   4  3 | Transport ISO 8072 | | | | | | | |
| 2  1 | Analoges Telefonnetz | | CSDN (DATEX-L) | | PSDN (X.25) | | ISDN | LAN |

Abb. 4.1.3/1: ISO-OSI-Anwendungen (zentrale Dienste)

Person zu Person (Telebox-IPM) und konkurriert damit gegen private Anbieter. Bei den anderen oben genannten und nachfolgend näher erläuterten Textkommunikationsdiensten hat sie hingegen im nationalen WAN-Bereich derzeit eine Monopolstellung.

Im Gegensatz zu elektronischen Postsystemen wie Telebox erfolgt bei *Telex, Teletex und Telefax* in der Regel keine rechnergestützte Weiterverarbeitung des Inhalts übersandter Dokumente – entweder, weil dies die Anwendung nicht erfordert, oder weil das verwendete Endgerät keine elektronische Kopie zur Verfügung stellt (z.B. herkömmlicher Fernschreiber oder Fernkopierer). Nur bei *Bildschirmtext* ist eine weitgehende Integration mit der betrieblichen Datenverarbeitung bzw. eine Weiterverarbeitung übermittelter Information in den EDV-Anwendungen möglich. *Stärken der genannten Dienste* sind die einfache Bedienung der Endgeräte und die Preisgünstigkeit bei geringen zu übertragenden Datenmengen. *Schwächen* sind die langsamen Übertragungsgeschwindigkeiten und der Medienbruch, falls eine EDV-technische Weiterverarbeitung notwendig ist.

Bitte beachten Sie, daß *alle diese Dienste auch im Haus mit privater Hardware und Software* und oftmals mit weitaus besseren Leistungsmerkmalen und höherer Akzeptanz als im öffentlichen Bereich realisierbar sind. Das trifft derzeit vor allem für elektronische Postsysteme zu, die in Großbetrieben weitaus größere Benutzerzahlen erreichen als die öffentlich angebotenen Dienste der Telekom.

Seit der Liberalisierung des deutschen Telekommunikationsmarkts treten neben der Telekom auch *zunehmend private Anbieter von Mehr-*

*wertdiensten* auf, die die Basisdienste (= Trägerdienste [engl.: bearer service]) der Telekom mit Mehrwert versehen. Dieser Mehrwert kann z.B. in der Geschwindigkeit der Übermittlung einer Information liegen, in der besonderen Aufbereitung (Speicherung, Konvertierung, Verwaltung) oder in einer weitreichenden Verarbeitung, z.B. in Servicerechenzentren. Die Öffnung von Anwenderdatennetzen (z.B. der großen Computerhersteller) für die Nutzung durch Dritte gehört ebenso dazu wie das Angebot von Netzwerkmanagementfunktionen, Informationsdiensten, Druckdiensten oder Wartungsdiensten. Auch alle nachfolgend gekennzeichneten Kommunikationsdienste sind solche Mehrwertdienste.

---

**Mehrwertdienste** (engl.: value added network services; abgekürzt: **VANS**) sind Dienste, die über das reine Übermitteln von Information (Basisdienst) hinausgehen. Man unterscheidet netznahe und anwendungsnahe Dienstleistungen.

---

Wenn wir uns im folgenden vor allem auf die Textkommunikationsdienste der Telekom konzentrieren, so berücksichtigen Sie also bitte stets, daß es private Alternativen gibt – eigene und von Dritten angebotene Dienste!

→ Übungsaufgabe Nr. I–237 im Arbeitsbuch

### 4.1.3.1 Elektronische Post

---

**Elektronische Post** (engl.: electronic mail; abgekürzt: **E-Mail**) bildet die Funktionen der «Gelben Post» in Rechnernetzen nach. Dabei werden alle Nachrichten elektronisch erstellt, versendet, empfangen und gespeichert. Dies ermöglicht den «papierlosen» Austausch der verschiedensten Nachrichtenarten, beispielsweise von Briefen und Grafiken. Durch die Orientierung an der herkömmlichen Post ist die Struktur eines solchen Mail-Systems vorgegeben: Jeder Teilnehmer hat in einem bestimmten Postamt sein Fach (engl.: mailbox) und läßt sich dadurch eindeutig durch seine Adresse identifizieren. Dementsprechend werden solche Systeme auch **Mailbox-Systeme** genannt. Elektronische Postsysteme unterstützen somit die zeitversetzte (asynchrone) Kommunikation zwischen den Teilnehmern, wobei zusätzlich auch Leistungen wie Zwischenspeichern und 1:n-Beziehungen (Massenversand) geboten werden.

---

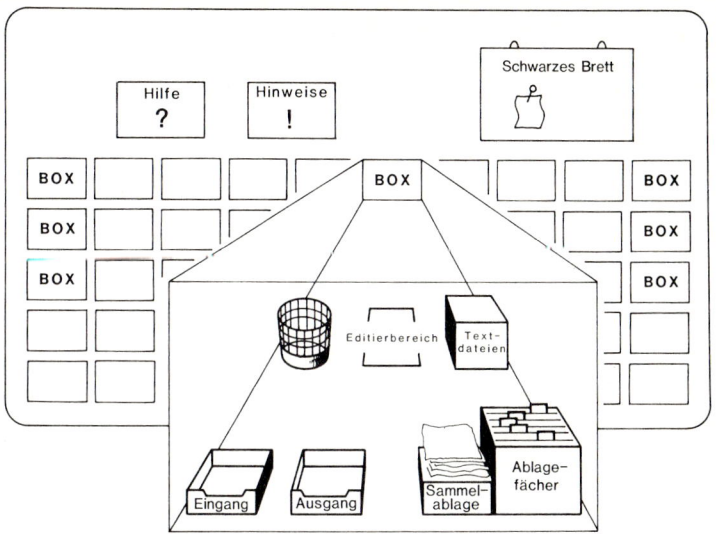

Abb. 4.1.3.1/1: Merkmale eines Mailbox-Systems aus Benutzersicht

Neben der gesicherten Transportleistung und eindeutigen Adressierung entscheiden die Benutzeroberfläche, die Einbettung in ein globales Bürosystem und die Menge der zusätzlichen Funktionsmerkmale über die *Qualität* eines entsprechenden Produkts.

Elektronische Postsysteme sind speziell in den USA seit vielen Jahren in Verwendung, in den Anfangsjahren mit spartanischer, zeilenorientierter Bildschirmführung und inkompatiblen Protokollen. In der heutigen grafikorientierten Welt wird dem Anwender eine *Integration der E-Mail-Benutzeroberfläche (Mail-Client) in den Arbeitsplatzrechner mit objektorientierter Bedienung* geboten: Zum Beispiel kann er ein Dokumentensymbol auf das Ausgangspostsymbol ziehen und dadurch den Versandvorgang einleiten; die Maske zur Eingabe der Adressaten wird aufgeblendet.

E-Mail-Systeme sind stets nach dem *Client-Server-Modell* strukturiert. Auf dem Server liegen die Postfächer der lokal angeschlossenen Benutzer, Serverprozesse übernehmen eine allenfalls erforderliche sichere Weiterleitung zu anderen Postämtern (Servern).

Folgende *Leistungsmerkmale* werden unter anderem geboten:
- Zentrale Adreßbücher,
- zusätzliche private Adreßlisten,

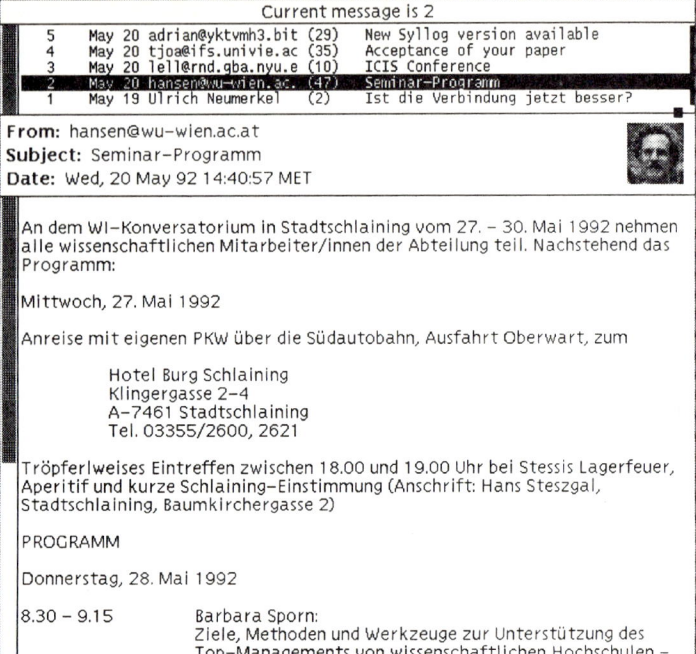

- Kurznamen (alias-Namen),
- Verteilerlisten,
- Stellvertreterdefinitionen,
- Anlagen (Dokumente) zur Nachricht,
- Unterstützung von Mischdokumenten,
- Integrationsmöglichkeit zur lokalen Ablage,
- offene Kopien und Blindkopien (bei denen für den Empfänger der Originalsendung nicht ersichtlich ist, daß Dritte eine Kopie erhalten haben),
- Zustellbestätigung,
- Einschreiben,
- Antwortanforderung,
- Weiterleiten von Mitteilungen,

- transparente Übertragung (dadurch können beliebige Binärdateien, auch Programme, übertragen werden),
- optische oder akustische Benachrichtigung bei Eintreffen einer Nachricht,
- Unterstützung von Versandprotokollen, die den Bearbeitungszustand erkennen lassen,
- Datenschutz durch Vergabe von Paßwörtern,
- gesicherter Transport,
- Gateways zu fremden E-Mail-Systemen.

Je nachdem, ob nur betriebsinterne Partner über ein lokales Netz oder auch Teilnehmer in anderen Betrieben, anderen Ländern usw. erreicht werden sollen, schwanken die Anforderungen an den Funktionsumfang, die Komplexität und vor allem die Offenheit des elektronischen Postsystems.

*Im Bereich von PC-Netzen* werden meist E-Mail-Systeme mit proprietären, einfacheren Protokollen eingesetzt, die von den Herstellern der erfolgreichsten Textverarbeitungspakete und PC-Netzwerke angeboten werden. In der UNIX-Welt des *Internet* mit den TCP/IP-Protokollen ist der Anwendungsdienst SMTP (Simple Mail Transfer Protocol) ein internationaler De-facto-Standard.

Aber erst das von ISO und CCITT gemeinsam erarbeitete und im Jahr 1984 erstmals standardisierte *X.400-Protokoll* ermöglicht die offene, herstellerunabhängige Kommunikation nach internationalen Normen. Message Handling Systeme (MHS) nach X.400 werden inzwischen von allen bedeutenden EDV-Herstellern angeboten und von den nationalen Fernmeldegesellschaften unterstützt (analog zu Teletex).

Inzwischen setzen schon viele große internationale Unternehmen Electronic Mail nach X.400 mit oft vielen tausend Teilnehmern erfolgreich ein.

---

Die **X.400-Empfehlung** von ISO-OSI beschreibt ein Modell für **Mitteilungsübermittlungssysteme** (engl.: message handling system; abgekürzt: **MHS**) sowie die dafür vorgesehenen Dienste und Protokolle. Das funktionale Modell definiert die unten aufgeführten Komponenten, welche in ihrer Gesamtheit ein räumlich verteiltes System darstellen.

---

Die *Teilnehmer* nutzen den Dienst des Message Handling System (MHS) zum Senden und Empfangen von Mitteilungen. Teilnehmer können Menschen oder Prozesse sein.

Der *User Agent (UA)* ist ein Anwendungsprozeß, der dem Teilnehmer die Dienste des Message Transfer System (MTS) zugänglich macht. Er

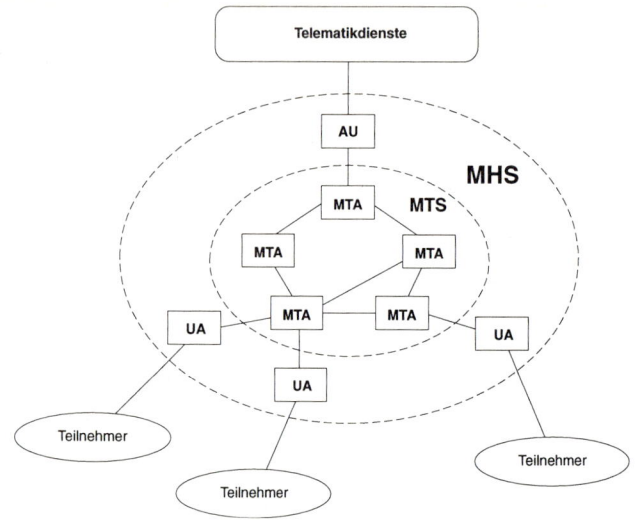

Abb. 4.1.3.1/3: MHS-Modell nach X.400
Verwendete Abkürzungen: AU: Access Unit, MTA: Message Transfer Agent, MTS: Message Transfer System, MHS: Message Handling System, UA: User Agent

stellt Hilfsmittel zum Erstellen, Absenden, Empfangen und Archivieren von Mitteilungen bereit. Jeder User Agent und damit jeder Teilnehmer ist durch seine eindeutige Adresse, in X.400 Sender-/Empfängername genannt (Orginator/Recipient Name; abgekürzt: O/R-Name), identifiziert.

Das *Message Transfer System (MTS)* stellt den Dienst zur Übermittlung von Mitteilungen zur Verfügung. Das Message Transfer System hat also die Aufgabe, Mitteilungen beliebiger Art vom Absender-UA zum Empfänger-UA zu übermitteln. Die Zwischenspeicherung in mehreren Message Transfer Agents (MTA) ist vorgesehen (Store-and-forward-Übermittlung). Das Message Transfer System ist auf asynchrone Kommunikationsformen ausgerichtet.

Der *Message Transfer Agent (MTA)* ist ein Prozeß, der empfangene Mitteilungen an den nächsten MTA oder Empfänger-UA weiterleitet.

Eine *Mitteilung*, die mit dem Message Transfer System (MTS) befördert wird, besteht aus einem *Umschlag (Envelope)* und dem *Inhalt (Content)*. Im Umschlag ist die Information für die Vermittlung und Weiterleitung von Mitteilungen durch das MTS enthalten.

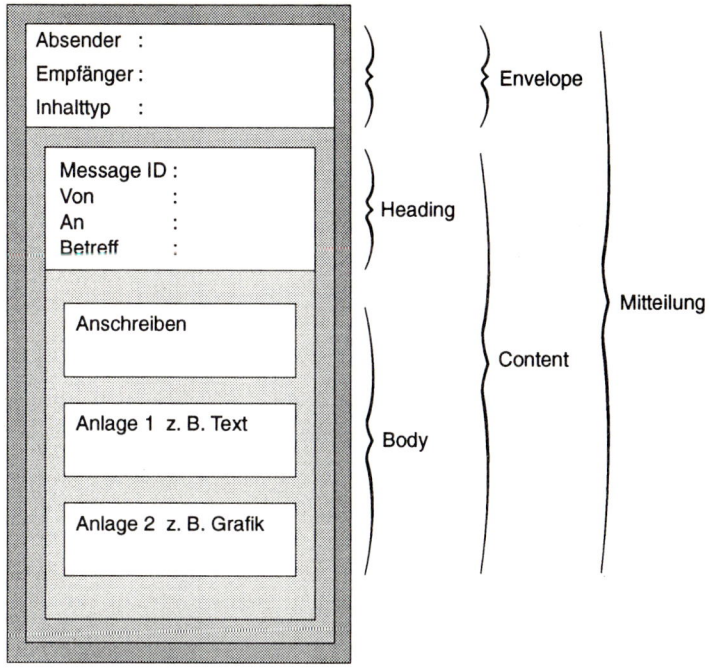

Abb.: 4.1.3.1/4: Struktur einer Mitteilung nach X.400

Der *Inhalt einer Mitteilung* besteht wieder aus zwei Teilen und zwar aus einem *Kopf (Heading)* und aus einem *Körper* mit Daten, Text usw. *(Body)*. Der Körper einer Mitteilung kann aus einem oder mehreren Teilen mit verschiedenen Formaten bestehen, z.B. Textteilen, Telefax-Dokumenten, verschlüsselter Information, Grafikteilen oder sogar Sprachsequenzen.

Empfangene Mitteilungen (Heading und Body) können mit Hinweisen/Kommentaren versehen und weitergeleitet werden. In diesem Fall wird ein zusätzlicher Kopf und ein zusätzlicher Körper für den Hinweis bzw. Kommentar erzeugt (Verschachtelung). Ein User Agent (UA) kann die Struktur von beliebig ineinander verschachtelten Mitteilungen erkennen.

Der *Umschlag (Envelope)* wird nur vom Message Transfer System (MTS) verarbeitet. Der *Kopf des Inhaltteiles* hat ausschließlich für den User Agent eine Bedeutung und wird von diesem ausgewertet. Der *inhaltliche Teil* wird von dem Message Transfer System nur als transparente Bitfolge behandelt.

Für den Teilnehmer oder die UA-Prozesse ist es interessant, *von welchem Typ oder Body Part eine Mitteilung* ist. Es wurden eine Reihe von Typen festgelegt, darunter auch DIN A5 und das Teletex-Format.

Die *Funktionen eines X.400-Systems* sind durch eine Menge von Diensten definiert. In den Empfehlungen findet sich dazu eine lange Liste von Beschreibungen der *Dienstmerkmale* (Service Elements). Im folgenden sollen nur einige Beispiele die Möglichkeiten aufzeigen:

- recipient: Empfänger O/R-Adresse.
- originator: Sender O/R-Adresse.
- authorizing users: Teilnehmer, der die Absendung der Mitteilung autorisiert hat (elektronische Unterschrift).
- copy recipients: Definiert die Empfänger von Kopien einer Mitteilung. Alle Empfänger werden informiert, wer die Mitteilung erhalten hat.
- blind copy recipients: Die anderen Empfänger erhalten keine Kenntnis vom Verteilerkreis der verdeckten Kopien.
- subject: Der Gegenstand der Mitteilung.
- sensitivity: Angaben wie persönlich, privat, vertraulich.
- important: Der Parameter «Wichtigkeit» wird gesetzt mit: tief, normal, hoch.
- reply request indication: Antwortanforderung.
- auto-forwarded indication: Automatisches Weiterleiten von Mitteilungen.
- receipt notification: Benachrichtigung des Senders über den Empfang der Nachricht.

→ Übungsaufgabe Nr. I–238 im Arbeitsbuch

Die Verwaltung eines weltumspannenden MHS ist eine Aufgabe, die nur lösbar ist, wenn das System in kleinere Teile aufgebrochen wird. Zu diesem Zweck sieht X.400 sog. *Management Domains (MD)* vor. Dies sind Bereiche, innerhalb welcher eine Verwaltungsstelle (Betreibergesellschaft) die Verantwortung für den Betrieb des Systems trägt.

Vorgesehen sind:

- *Administration Management Domains (ADMD):* Diese sind Verwaltungen vorbehalten, die der CCITT angeschlossen sind, z.B. öffentlich-rechtliche Organisationen, wie die nationalen Post- und Fernmeldegesellschaften.
- *Private Management Domains (PRMD):* Eine Organisation, wie eine Hochschule oder eine größere Firma, könnte beispielsweise eine eigene PRMD bilden.

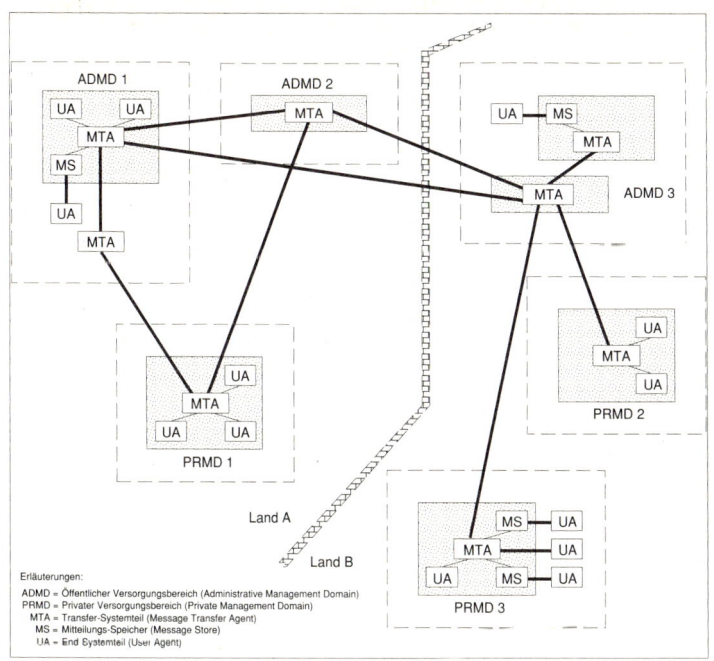

Abb. 4.1.3.1/5: X.400-Versorgungsbereiche (Quelle: Telekom)

Gemäß X.400-Empfehlung sind PRMD den ADMD untergeordnet. Eine PRMD soll keine Vermittlungsfunktion zwischen ADMD übernehmen. Verschiedene Postverwaltungen planen oder betreiben ADMD, an welche PRMD angeschlossen werden können. Einzelne Postverwaltungen bieten auch Endbenutzerdienste wie elektronische Briefkästen, sowie Übergänge zu den Telematikdiensten (siehe Folgeabschnitt) an.

Generell muß berücksichtigt werden, daß die Möglichkeit des Betriebs von PRMD von der jeweiligen *Telekommunikationsgesetzgebung* eines Landes abhängt. Restriktionen bei der Bildung von direkten Verbindungen von PRMD, sowohl national wie international, sind nicht zu erwarten. Der Anschluß von PRMDs an ADMD unterliegt den Vorschriften der nationalen Fernmeldeverwaltungen. Gemäß X.400-Empfehlung ist eine ADMD für die angeschlossenen PRMD verantwortlich. Die deutsche Telekom macht den Anschluß von PRMD von Konformitätsprüfungen abhängig.

Die X.400-Empfehlung verwendet für das Konzept einer *Adresse* den Begriff «Organisator/Recipient Name» (O/R-Name). O/R-Namen sind Mengen von Attributen (Attributtyp, Attributwert). Attributtypen sind so gewählt, daß aufgrund eines O/R-Namens der Ort, an welchem ein User Agent an das Message Transfer System angeschlossen ist, festgestellt werden kann. Somit beziehen sich O/R-Namen auf die Architektur des Message Transfer System und sind effektive Adressen. Sie enthalten mindestens den Namen der ADMD, einen PRMD-Namen, die Bezeichnung eines User Agent innerhalb einer PRMD sowie den Namen des Empfängers.

Im folgenden wird der *Aufbau eines O/R-Namens* aufgezeigt:

1. Country name: Landescode mit zwei Buchstaben gemäß ISO 3166, z.B. «de» für die Bundesrepublik Deutschland.
2. Administration domain name: Name des öffentlichen Versorgungsbereiches, z.B. «DBP» für die ADMD der deutschen Telekom.
3. Private domain name: Name des privaten Versorgungsbereiches.
4. Organisation name: Name der Organisation innerhalb des privaten Versorgungsbereiches.
5.–8. Organisational unit names: Sequenz von bis zu vier Namen von Untereinheiten der Organisation.
9.–11. Personal name: Namen des Benutzers, bestehend aus
   – Vorname,
   – Nachname,
   – Generationsangaben.

Die Message Transfer Agents können alle Attribute oder auch nur eine Untermenge davon für die Weiterleitung (Routing) verwenden.

1988 und 1992 wurden *Erweiterungen dieser internationalen Norm* verabschiedet. Diese bieten unter anderem folgende neue und verbesserte Funktionen:

– Berücksichtigung von Verteilern (Expansion im MTA),
– Sicherheitsaspekte im Message Handling System,
– Nutzung des Directory Service nach X.500 hinsichtlich Teilnehmerverwaltung und Authentifizierung,
– Unterstützung eines «Remote UA» (z.B. mobiler Teilnehmer mit Notebook-PC) durch ein Memory Store (MS-)Element,
– Integration der Telematikdienste Telex, Teletex und Telefax.

$\longrightarrow$ Übungsaufgabe Nr. I–239 im Arbeitsbuch

Von einigen Herstellern werden *Sprachspeicher- und -übermittlungssysteme* (engl.: voice message handling system; voice mailbox system) angeboten, die genauso wie die Text-Mailbox-Systeme funktionieren. Der Benutzer kann von jedem beliebigen Telefonapparat aus gesprochene Nachrichten in den Postfächern anderer Teilnehmer (bzw. in seinem eigenen Postfach) deponieren. Die Mitteilungen werden in digitaler Form auf dem Magnetplattenspeicher eines zentralen Rechners abgespeichert und beim Abruf durch den berechtigten Benutzer wieder in die gewohnte analoge Form gebracht. Eine Nachricht wird so empfangen und verstanden, als ob sie unmittelbar vom Gesprächspartner käme: Es handelt sich also um eine zeitverschobene Zweiwegkommunikation via Telefon (*«Off-line-Telefonieren»*).

Die Eingabe der Benutzerkenndaten (Name, Paßwort) und der Steuerbefehle für das Aufnehmen, Anhören, Absenden und Abrufen der gesprochenen Nachrichten erfolgt über ein der Telefontastatur zugeordnetes, international genormtes Buchstabenschema (MFV, d.h. Mehrfrequenzwahl nach CCITT). Der Teilnehmer wird dabei durch Sprachmitteilungen in der Benutzung des Systems geführt. Die Abb. 4.1.3.1/6 zeigt die verfügbaren Grundfunktionen eines derartigen Sprachspeicher- und -übermittlungssystems.

Übungsaufgabe Nr. I-240 im Arbeitsbuch ←

### 4.1.3.2 Telex und Teletex

Den Telexdienst haben Sie bereits im Abschnitt 3.3.3.1.2 kennengelernt.

> Der **Telexdienst** (engl.: telex service) ist ein international standardisierter Fernmeldedienst für das Übertragen von Fernschreibzeichen im internationalen Telegrafenalphabet Nr. 2 und, bei Einhaltung bestimmter Regeln, das Übertragen anders codierter Information im 5-Bit-Code mit einer Übertragungsgeschwindigkeit von 50 bit/s.

*Vorteile* dieses schon vor über 60 Jahren eingeführten Dienstes sind:
1. Eine hohe Teilnehmerzahl ist auf der ganzen Welt rund um die Uhr jederzeit erreichbar (der Fernschreiber ist auch ohne Bedienung jederzeit empfangsbereit).

| 1 | 2 ABC | 3 DEF |
| 4 GHI | 5 JKL | 6 MN |
| 7 PRS | 8 TUV | 9 WXY |
| ∗ | 0 OQZ | # |

## Telefon:

### Grundfunktionen:

| | |
|---|---|
| ∗ 2 | Persönliche Daten bestimmen |
| ∗ 3 | Abmelden |
| ∗ 4 | Nachricht abrufen |
| ∗ 5 | Nachricht anhören |
| ∗ 7 | Nachricht aufnehmen |
| ∗ 8 | Nachricht absenden |
| 6 | Name des Empfängers eingeben |
| | oder |
| 3 | Name des Verteilers eingeben |
| 00 | Versand abschließen |
| # | Hinweise und Hilfen |
| ∗ | Vorgang unterbrechen/warten |
| ∗ 4 | Nachricht abrufen |
| 52 | Anfang einer Nachrichtenart |
| 54 | eine Nachricht zurück |
| 55 | nächste Nachrichtenart |
| 56 | eine Nachricht vorwärts |
| 58 | letzte Nachricht |
| ∗ 5 | Nachricht anhören |
| 1...langsamer 2 normal 3...schneller | |

| | |
|---|---|
| 87...leiser 88 normal 89...lauter | |
| 52 | an den Anfang zurück |
| 54 | ... 3 Sekunden zurück |
| 55 | Stop/Start |
| 56 | ... 3 Sekunden vorwärts |
| 58 | an das Ende der Nachricht |
| 03 | Nachricht löschen |
| ∗ 7 | Nachricht aufnehmen |
| 7 | ... die letzten Sekunden anhören |
| 8 | ab hier löschen (Neuaufnahme) |
| ∗ 8 | Nachricht absenden |
| 1 | Benachrichtigungsart auswählen |
| 2 | Nachricht steuern |
| 3 | Name des Verteilers eingeben |
| 6 | Name des Empfängers eingeben |
| 7 | Antwort anfordern |
| 8 | Benachrichtigung anfordern |
| 01 | Absendebedingungen ändern |
| 00 | Versand abschließen |
| 07 | auf empfangene Nachricht antworten (während ∗ 5, ∗ 7, ∗ 8) |
| 9 | Informationen über Nachricht (während ∗ 4, ∗ 5, ∗ 8) |
| 08 | letzte Aufnahme löschen (während ∗ 5, ∗ 7) |

2. Zu Ländern (z.B. in Osteuropa, Afrika und Südamerika) mit einem schlecht ausgebauten Telefonnetz ist Telex oft die einzige einigermaßen rasche und sichere Kommunikationsmöglichkeit.
3. Die Dialogfähigkeit erlaubt es, auf Anfragen unmittelbar zu antworten. Geschäfte können damit verhandelt und rechtsverbindlich bestätigt werden (beweiskräftige Sende- und Empfangsprotokollierung).
4. Der Dienst ist kostengünstig; die Preise für die Übertragung kleinerer Textmengen (bis zu 2000 Zeichen) sind niedriger als bei allen anderen Postdiensten (ausgenommen Brief- und Telefondienst); Fernschreiber sind relativ billig, zunehmend können auch Rechner aller Größenklassen an Telex angeschlossen werden.

*Nachteile des Telex-Dienstes sind:*

1. Die langsame Übertragungsgeschwindigkeit von 50 bit/s (z.B. dauert die Übertragung einer DIN-A4-Seite mit 2000 Zeichen fünf Minuten) ist für größere Textmengen meist untragbar.
2. Der eingeschränkte Zeichenvorrat (keine Unterscheidung von Groß- und Kleinbuchstaben, keine Umlaute, keine Sonderzeichen) und das Endlospapier von Fernschreibern entsprechen in vielen Fällen nicht den Layout-Anforderungen.
3. Eine elektronische Weiterverarbeitung von Telexnachrichten ist standardmäßig nicht möglich (im Sinne einer Anwendungsintegration).

Diese Schwachpunkte wollte die DBP mit dem 1981 eingeführten Teletexdienst beheben.

---

Der **Teletexdienst** (engl.: teletex service; Abkürzung: **Ttx**) ist ein international standardisierter Fernmeldedienst für das originalgetreue Übertragen von Schreibmaschinentexten über das öffentliche Telekommunikationsnetz (BRD: DATEX-L mit 2400 bit/s), früher Bürofernschreiben genannt. Der beim Sender mit einem Textverarbeitungssystem erstellte Text wird beim Empfänger originalgetreu abgedruckt. Dabei ist der Zeichenvorrat aller Schreibmaschinen mit lateinischen Schriftzeichen (einschließlich nationaler Sonderzeichen) zulässig.

---

Die *Grundidee* für diesen Dienst geht auf die automatisierte Textverarbeitung zurück, bei der geschriebene, redigierte und korrigierte Texte im Speicher der Textverarbeitungsgeräte abgelegt werden. Anstatt einen Brief nun körperlich zu versenden, liegt es nahe, den Transport –

---

Abb. 4.1.3.1/6: Grundfunktionen eines Sprachspeicher- und -übermittlungssystems

Abb. 4.1.3.2/1: Teletex-Speicherschreibmaschine

wie bei den im Abschnitt 4.1.3.1 gekennzeichneten E-Mail-Systemen –
elektronisch abzuwickeln. Aufgrund einer vorangestellten codierten
Empfängeranschrift kann er *aus dem Speicher des Textverarbeitungsge-*
*räts automatisch über ein öffentliches Wählnetz in den Empfangsspei-*
*cher eines angeschlossenen Endgerätes* übertragen werden, das beim
Empfänger installiert ist. Dort kann der Brief, wenn das empfangende
Gerät nicht gerade mit anderen Arbeiten beschäftigt ist, sofort ausgegeben werden. Es liegt dabei im Ermessen des Empfängers, ob eine empfangene Textnachricht weiterverarbeitet, gedruckt oder anderweitig
ausgegeben (z.B. am Bildschirm angezeigt) wird. Wird eine Nachricht
ausgedruckt, so erhält der Empfänger ein *Dokument, das hinsichtlich*
*des Inhalts, des Layouts und des Formats mit dem des Senders identisch*
ist. Durch eingehende Nachrichten werden gerade laufende Schreibar-

@ 232-3222190=WUWWIT /2627-403159=TTS /86-02-07-17:34/001-001
Teletex Translation Service GmbH Werbebrief
An der Alster 26 - D 2000 Hamburg 1

Betreff: Ü B E R S E T Z U N G S - E I L D I E N S T

(Englisch + Französisch + Spanisch + Italienisch)

Sehr geehrte Damen und Herren,

wie Sie aus der obigen Firma entnehmen können, haben wir Ihre Problematik verstanden. Bislang waren Übersetzungsdienste mit der Briefzustellung eine langatmige Angelegenheit. Sehr häufig aber braucht man eine Übersetzung sofort bzw. am selben Tag. Diese neue Aufgabe läßt sich gerade mit Teletex hervorragend bewältigen. Nicht jede kleine Firma hat die Möglichkeit, auf Fachkräfte zurückzugreifen; selbst größere Firmen haben Engpässe bzw. Ausfälle. Gerade dann kann der erfolgreiche Abschluß eines Auftrages von einer schnellen Übersetzung abhängen.

Zudem erlaubt Teletex, die Arbeit mit sämtlichen Zeichen und Verarbeitungsdaten zu übertragen, sodaß Sie nur noch Ihren Briefbogen einzuspannen brauchen. Sind schnelle Änderungen einzufügen, läßt sich dies im Dialogverfahren rasch erledigen. Somit bedeutet Teletex für Sie, daß ein leistungsfähiges Fachübersetzer-Team so verfügbar ist, als stünde es ständig in Ihrem Büro ... wie das eigene Personal.

Wir können auch andere, umfangreichere Aufträge erledigen, und zwar in druckreifer Form, mit Änderungsmöglichkeiten, da wir mit modernen Textverarbeitungssystemen arbeiten. Handelt es sich um ein Original, so können Sie uns über Telefax (Gruppe 3) sekundenschnell die gewünschte Vorlage zusenden und die Übersetzung kommt natürlich unterschriftsreif blitzschnell mit Teletex zurück.

Sie können uns auf folgende Weise erreichen:

Tel.: BRD 40/24 07 81 - Fax: BRD 40/24 62 47 - Teletex: 2627/ 40 31 59

In der Hoffnung bald von Ihnen zu hören, verbleiben wir mit freundlichen Grüssen

Georges Lacroix
vereidigter Übersetzer

Abb. 4.1.3.2/2: Teletex-Werbebrief

beiten (bzw. bei einem Rechner die sonstigen laufenden Anwendungen) nicht beeinträchtigt. Auf der Lokalseite wird das kommunikationsfähige Endgerät also wie üblich mit allen Funktionen für die Textverarbeitung benutzt. Damit läßt sich der Teletexdienst stärker in die Büroarbeit integrieren, als dies beim herkömmlichen Fernschreiben je möglich war. Während sich für den Fernschreibverkehr meist betriebliche Telexzentralen entwickelt haben, ist das Teletexterminal am Arbeitsplatz in den Fachabteilungen, Vorzimmern und Sekretariaten zu finden.

Im Unterschied zu den im vorigen Abschnitt gekennzeichneten Mitteilungsübermittlungssystemen wird die elektronische *Post dem Empfänger direkt zugestellt* (d.h. kein Postserver, sondern automatische Speicher-zu-Speicher-Übermittlung). Teilnehmer kann jeder sein, der über ein entsprechendes Endgerät verfügt, das von der Telekom zugelassen wurde.

*Zwischen Teletex- und Telexendgeräten ist eine Kommunikation möglich*, wobei das Teletexendgerät allerdings nur den im Fernschreibverkehr zulässigen beschränkten Zeichenvorrat verwenden und auf einer Zeile maximal 69 Zeichen (= Telexformat) drucken kann. Einen beidseitigen Übergang gibt es auch zum Telegrammdienst der Telekom. Als Teletexterminals kommen neben Textverarbeitungsgeräten auch Nebenstellenanlagen und Rechner aller Art (auch in LAN vernetzte) in Frage.

→ Übungsaufgabe Nr. I–241 im Arbeitsbuch

Die wesentlichen *Vorteile von Teletex* gegenüber dem Telexdienst sind:

1. Höhere Übertragungsgeschwindigkeit: Die Übertragung erfolgt mit 2400 bit/s, wodurch ein normaler Geschäftsbrief (1,5 Seiten; 2000 Zeichen) in 10 bis 15 Sekunden übermittelt werden kann.
2. Möglichkeit zur unmittelbaren Weiterverarbeitung der empfangenen Texte durch die zeichenweise Übertragung.
3. Der Inhalt, das Format und das Layout der empfangenen Mitteilungen kann den für die Geschäftskorrespondenz üblichen Usancen entsprechen.

Der einzige *Nachteil von Teletex gegenüber Telex* ist, daß kein Dialogmodus möglich ist. Jedoch hat der Teletexdienst gegenüber dem Telefaxdienst und gegenüber E-Mail-Systemen auf der Basis von X.400 deutliche *Schwächen:*

1. Beschränkung auf die Übermittlung von Textnachrichten bzw. auf Semigrafik mit dem alphanumerischen Zeichenvorrat (der Grundzeichenvorrat umfaßt 309 Zeichen). Steueranweisungen, z.B. für Blocksatz, Proportional- oder Fettschrift, können nicht mitübertragen werden.
2. Relativ langsame Übertragungsgeschwindigkeit, mangelhafte Integrationsmöglichkeiten in die EDV und vergleichsweise beschränkter Teilnehmerkreis (sieht man von den Telexteilnehmern ab).
3. Im Vergleich zu Telefax kompliziertere Bedienung von teureren Endgeräten.

*Achtung: Verwechseln Sie nicht «Teletex» und «Teletext»!*

---

**Teletext** ist eine britische und österreichische Bezeichnung für einen Fernsehdienst, der Text und Grafik in der Austastlücke des Bildsignals über Fernsehsender überträgt. In Deutschland heißt dieser Dienst «Videotext». Die Bezeichnung «Videotext» kann wiederum leicht mit «Videotex» (also ohne «t» am Ende) verwechselt werden, der englischen Bezeichnung für den Dienst, der in Deutschland und Österreich «Bildschirmtext» heißt.

Wir kommen auf diesen Begriffswirrwarr der Fernmeldeverwaltungen und Fernsehanstalten gleich noch einmal zurück, wenn wir uns mit Bildschirmtext befassen.

### 4.1.3.3 Telefax

Der **Telefaxdienst** (engl.: telefax service; Abkürzung: **Fax**) ist ein international standardisierter Fernmeldedienst zum originalgetreuen Übertragen von Schrift- und Bildvorlagen über das öffentliche Telekommunikationsnetz (Fernkopieren). Die Vorlagen werden vom sendenden Gerät in Form eines Rasters optisch abgetastet, die einzelne Punkte repräsentierenden Abtastsignale werden in analoger oder digitaler Form über das Telefonnetz oder das ISDN übertragen und vom empfangenden Gerät aufgezeichnet.

Das CCITT hat Empfehlungen herausgegeben, nach denen die *Fernkopierer* (engl.: facsimile machine) entsprechend der typischen Übertragungsdauer für eine Seite DIN A4 in *vier normierte Gruppen* unterschieden werden. *Gruppe-1-Geräte* mit einer Übertragungsdauer von vier bis sechs Minuten pro DIN-A4-Blatt waren nur in den Anfängen des Fernkopierens von beschränkter Bedeutung. 1979 eröffnete die DBP als erste Fernmeldeverwaltung der Welt den Telefaxdienst für das Fernkopieren mit Gruppe-2-Geräten auf der Basis des öffentlichen Telefonnetzes. *Gruppe-2-Fernkopierer* übertragen analog mit einer Geschwindigkeit von 2400/4800 bit/s, was je nach Dokumenteninhalt und Güte der Verbindung zu einer Übertragungsdauer von zwei bis drei Minuten pro DIN-A4-Blatt führt. Großen Aufschwung nahm der Telefaxdienst, den es mittlerweile in fast allen Industriestaaten gibt, jedoch erst Mitte der 80er Jahre mit der Einführung der *Gruppe-3-Geräte*, die bei einer Übertragungsgeschwindigkeit von 4800/9600 bit/s eine Übertragungsdauer von einer Minute bis herab zu etwa 20 Sekunden pro DIN-A4-Blatt bieten.

Heute werden fast nur noch Gruppe-3-Fernkopierer verkauft, die jedoch mit den bereits installierten Gruppe-2-Geräten kommunizieren können (im langsamen Gruppe-2-Modus). Die Auflösung bei Abtastung und Aufzeichnung beträgt standardmäßig vertikal 3,85 bzw. 7,7

Abb. 4.1.3.3/1: Gruppe-3-Telekopierer (Telebriefdienst)

Zeilen/mm und horizontal 8 Punkte/mm. Der Ausdruck erfolgt meist noch auf Thermopapier, das von Rollen abgeschnitten wird.

Bei *preisgünstigen Fernkopierern im unteren Leistungsbereich* für Anwender mit einem geringen Übertragungsvolumen oder auch für Einzelpersonen (Schreibtischgeräte bzw. persönliche Fernkopierer) faßt die Papierrolle üblicherweise 30 – 50 m. Ein Papiervorratsanzeiger zeigt die Restkapazität der Rolle. Die maximale Vorlagenbreite ist DIN A4 bzw. B4, der Einzug faßt maximal fünf bis zehn Blatt. Auf Wunsch können Tagesprotokolle über die geleistete Fernkopierleistung ausgedruckt werden. Manche Modelle verfügen zusätzlich über eine Selbstwähleinrichtung sowie einen Speicher für bis zu 100 Seiten. Acht oder 16 Graustufen sind möglich. Die durchschnittliche Übertragungszeit liegt bei 30 bis 40 Sekunden pro Blatt.

*Fernkopierer im mittleren Preis-/Leistungsbereich* (Abteilungsgeräte) erreichen nach Herstellerangaben sogar Übertragungsleistungen bis zu 15 Sekunden pro Blatt. Einrichtungen für das automatische Schneiden der empfangenen Faxe von der Papierrolle und für das zeitversetzte Senden (zur Ausnutzung kostengünstiger Übertragungszeiten) gehören zur Standardausstattung. 16 oder 64 Grauwertstufen und die Superfein-Abtastung von 15,4 Linien/mm ermöglichen auch bei der Übertragung von Fotos eine erstaunliche Qualität. Der Error Correction Mode (ECM) korrigiert selbsttätig Übertragungsfehler auf den störungsanfälligen Telefonverbindungen. Der automatische Vorlageneinzug faßt üblicherweise 30 Blatt, die Papierrolle ist i.d.R. 100 m lang. Die maximale Vorlagengröße ist meist DIN A4, manchmal auch A3.

*Fernkopierer im oberen Preis-/Leistungsbereich* bieten ein Höchstmaß an Funktionalität, Leistung und Komfort (Zentralkopierer bzw. Serverkomponente in LAN). Dazu gehören neben den vorstehend genannten Leistungsmerkmalen z.B. Empfangen und Rundsenden (= Versand ein und derselben Fernkopie an mehrere Adressaten) aus einem elektronischen Speicher mit einem Fassungsvermögen von bis zu 1000 Seiten und mehr, entsprechend große Papierrollen oder – zunehmend – Einzelblattdruck in Lasertechnik auf Normalpapier, Arbeiten mit fest eingespeicherten Formularen usw. Durch Schnittstellen wie SCSI und V.24/V.28 wird ein Zugriff auf externe Geräte, wie zusätzliche Speichereinheiten oder Verschlüsselungseinrichtungen, möglich.

*Mobile Faxgeräte* von der Größe eines Aktenordners und einem Gewicht von 2 bis 3 kg haben hingegen noch kaum Bedeutung. Es werden nur wenige Gerätetypen der Gruppe 3 zum Verkauf angeboten, die Nachfrage ist gering. Die Stromversorgung erfolgt mittels Zigarettenanzünderkabel im Auto oder Ni-Cd-Akku. Der Anschluß ist mittels Akustikkoppler oder über die Zweidrahtschnittstelle an das Funktelefonnetz möglich. Die Übertragungszeit beträgt ca. 40 Sekunden pro Seite.

*Gruppe-4-Fernkopierer* übertragen digital mit 64 kbit/s über das ISDN. Die Übertragung einer Seite dauert 5 bis 10 Sekunden, die Abtastgeschwindigkeit liegt bei 15 bis 20 Seiten pro Minute. Die geringere Fehlerquote des Übertragungsweges sowie die wesentlich höhere Auflösung von bis zu 16 Punkten/mm bzw. 400 dpi ermöglichen eine wesentlich bessere Qualität der Kopien als mit Gruppe-3-Geräten. Solche Telekopierer bieten weitreichende Dokumentationsmöglichkeiten der Ko-

Abb. 4.1.3.3/2: Gruppe-4-Telekopierer

piervorgänge, Paßwortschutz (ein Dokument wird nur dann ausgegeben, wenn die Paßwörter von Absender- und Empfängergerät übereinstimmen), Wahlwiederholung im Besetztfall, Kurzwahl und die sonstigen, für hochwertige Gruppe-3-Geräte typischen Leistungsmerkmale.

→ Übungsaufgabe Nr. I–242 im Arbeitsbuch

Neben den dedizierten Telekopiergeräten gewinnen *PC-Telefax-Lösungen* zunehmend an Bedeutung. Ein Großteil der zu versendenden Dokumente wird heute auf PCs erstellt, sodaß es naheliegt, den Versand direkt aus dem PC-Speicher zu ermöglichen und nicht erst den Umweg über den Ausdruck und das Einlegen der Vorlage in das Telefaxgerät zu gehen. Für die PC-Fax-Kopplung kommen *mehrere Möglichkeiten* in Betracht:

1. *Über die V.24-Schnittstelle des PC wird ein preisgünstiger Telekopierer angeschlossen*, der weiterhin zum Senden und Empfangen von Nachrichten mit 24stündiger Betriebsbereitschaft dient. Zusätzlich kann mit der entsprechenden Software jedoch ein auf dem PC erstelltes Dokument direkt aus dem Speicher versendet werden. Ferner läßt sich durch die PC-Steuerung der Funktionsumfang des Telefaxgeräts wesentlich erhöhen (z.B. Adreßverwaltung, zeitversetztes Sen-

828

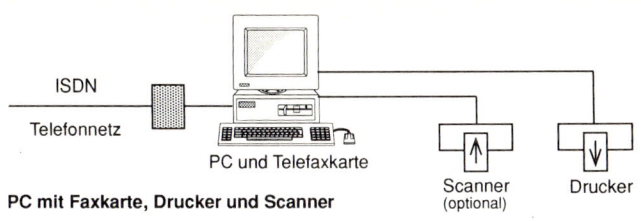

**PC mit Faxkarte, Drucker und Scanner**

ISDN

Telefonnetz

PC und Telefaxkarte

Scanner (optional)

Drucker

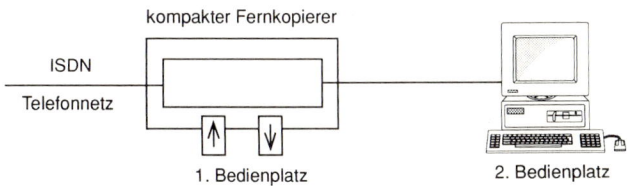

kompakter Fernkopierer

ISDN

Telefonnetz

1. Bedienplatz

2. Bedienplatz

**PC mit Faxgerät über V.24-Schnittstelle**

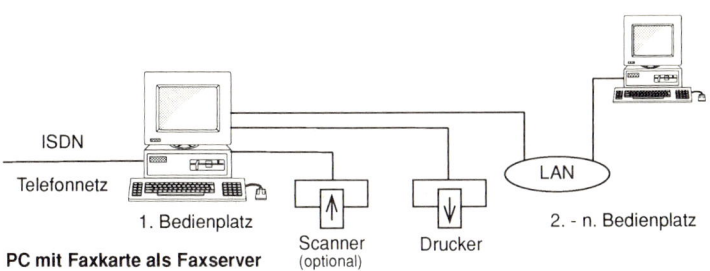

ISDN

Telefonnetz

1. Bedienplatz

LAN

2. - n. Bedienplatz

Scanner (optional)

Drucker

**PC mit Faxkarte als Faxserver**

Abb. 4.1.3.3/3: Möglichkeiten der PC-Fax-Kopplung

den, Rundsenden usw.), wodurch die Funktionalität eines Telekopierers der oberen Leistungsklasse zu wesentlich günstigeren Preisen erreicht wird.

2. *Bei Verwendung einer PC-Faxkarte ist ein dedizierter Fernkopierer nicht mehr erforderlich.* Nur wenn auf Papier vorhandene Vorlagen erfaßt werden sollen, wird ein Scanner benötigt. Der sowieso fast immer vorhandene Drucker kann zum Ausdruck eingegangener Faxe benutzt werden, falls die Schriftform gewünscht wird. Fernkopierkarten samt Software gibt es in verschiedenen Varianten, die je nach Eigenschaften unterschiedlich viel kosten:

- *Klasse-A-Karten* für PC-Fax-Lösungen mit Drucker und Scanner, die die Funktionen dedizierter Fernkopierer wie Sofortausdruck und 24-Stunden-Betrieb bieten können; *Klasse-B-Karten*, die vom Zentralamt für Zulassungen im Fernmeldewesen (ZZF) in Saarbrücken lediglich dahingehend überprüft worden sind, ob sie die Telematikprotokolle einschließlich der Teilnehmerkennung erfüllen; *Klasse-C-Karten*, die keine ZZF-Zulassung aufweisen, dementsprechend auch keine Gewähr für eine sichere Übertragung bieten und bei denen der Teilnehmer nicht in das «Amtliche Telefaxverzeichnis» eingetragen wird.
- Faxkarten, mit denen *nur Senden* möglich ist, und Karten für *Senden und Empfangen.*
- *«Dumme»* Faxkarten mit einem relativ hohen Arbeitsspeicherbedarf für die Software (bis über 200 KB) und mit einem eigenen Prozessor versehene *«intelligente»* Karten (ca. 30 KB), die i.d.R. einen größeren Funktionsumfang bieten und mehrere Kanäle gleichzeitig verarbeiten können.
- *«Vordergründige»* Karten, bei denen beim Eingang einer Telekopie das gerade laufende Programm bis zu 30 Sekunden pro Blatt für die Konvertierung des Dokumentenformats unterbrochen wird, und *«hintergründige» Karten*, bei denen die Konvertierung im Hintergrund abläuft.
- Karten mit *Konvertierungssoftware*, die sich lediglich auf das ASCII-Format beschränkt, und solche, die gängige Standardtextverarbeitungsprogramme, Standardgrafikprogramme und grafische Benutzeroberflächen unterstützen.
- Faxkarten für *Einzelplatzsysteme und für Server.* Letztere bieten durch entsprechende Software für alle am Netz angeschlossenen Stationen die Möglichkeit, Fernkopien über den Server (= Gateway zum Telefonnetz bzw. ISDN) zu versenden und eingehende Faxe beim Server abzurufen (eine Übermittlung zum einzelnen Arbeitsplatz ist oft nicht möglich).
- *Reine Faxkarten* für den Telefonanschluß mit integriertem Modem für meist maximal 9600 bit/s im Halbduplexbetrieb (= Gruppe 3), ISDN-Faxkarten für 64 kbit/s oder *multifunktionale Karten* für z.B. Datenübermittlung, Telefax in analoger und digitaler Technik sowie Telefonunterstützung.

→ Übungsaufgabe Nr. I–243 im Arbeitsbuch

---

1980 hat die DBP den **Telebriefdienst** eingeführt. Rund 600 Postämter (heute sind es ca. 1500) wurden mit Fernkopierern ausgerüstet. Dort kann jedermann Briefe als Fernkopie verschicken lassen, entweder direkt an einen Telefaxteilnehmer oder an ein anderes, mit einem Fernkopierer ausgestattetes Postamt, das die Telekopie als Eilbrief zum Empfänger befördert. Umgekehrt kann auch jeder Telefaxteilnehmer eilige Briefe an eines dieser «Fernkopier-Postämter» übermitteln, wo sie dann der Eilzusteller zur Weiterbeförderung übernimmt.

Eine weitere Möglichkeit des Versands von Telekopien bietet die Telekom seit kurzem durch einen speziellen *Dienstübergang vom Bildschirmtextdienst* (Näheres folgt). Die Übertragung dauert allerdings etwas länger als bei Fernkopierern, und es gibt auch keine Möglichkeit, Dokumente zu empfangen.

*Vorteile von Telefax* im Vergleich zu anderen Telematikdiensten sind:

1. Die Bedienung eines Fernkopierers ist außerordentlich einfach und wird von sämtlichen Büromitarbeitern ohne Einschulung beherrscht.
2. Der Preisverfall der Endgeräte (dedizierte Fernkopierer und Faxkarten) war in den letzten Jahren dramatisch. Dadurch ist Telefax in der Anschaffung und im Betrieb billiger als jeder andere öffentliche Textkommunikationsdienst.
3. Die Übertragungsgeschwindigkeit von Telefax im Telefonnetz ist höher als bei Telex, Teletex und Bildschirmtext.
4. Im Gegensatz zu Telex, Teletex und Bildschirmtext können neben schriftlicher Information auch Bilder, handschriftliche Notizen, Briefköpfe, Unterschriften usw. übermittelt werden. Die Übertragungsqualität der Vorlagen ist insbesondere im ISDN sehr gut.
5. Die Teilnehmerdichte ist weltweit schon sehr hoch und steigt weiterhin mit hohen Zuwachsraten. Grundsätzlich kann jeder Telefonanschluß, an den ein entsprechendes Endgerät angeschlossen ist, erreicht werden (auch in Ländern ohne öffentlichen Fernkopierdienst).

*Nachteile von Telefax* im Vergleich zu anderen Telematikdiensten sind:

1. Da die Übertragung nicht zeichencodiert (sondern als Rasterbild) erfolgt, ist keine direkte Weiterverarbeitung der übertragenen Daten möglich. Auch bei Verwendung bester Hilfsprogramme gibt es noch große Einschränkungen.
2. Im Gegensatz zu Bildschirmtext bietet Telefax nur eine Schwarz-Weiß-Wiedergabe. Es wurden zwar schon die ersten Farbfernkopierer vorgestellt, diese sind aber noch sehr teuer und langsam.
3. Im Gegensatz zu Bildschirmtext und vor allem zu E-Mail-Systemen ist ein Dateitransfer oder ein Datenbankzugriff nicht (oder nur in sehr eingeschränkter Form) möglich.

Übungsaufgabe Nr. I–244 im Arbeitsbuch ←

Der **Bildschirmtextdienst** (engl.: interactive videotex service; Abkürzungen: **Btx, BTX**) ist ein Fernmeldedienst der Telekom für die individuelle Textkommunikation, bei dem Nachrichten als Text und Grafik über das öffentliche Telekommunikationsnetz übermittelt und auf dem Bildschirm des Teilnehmerendgeräts (Fernsehempfänger, PC oder dgl.) wiedergegeben werden. Die Btx-Benutzer können Information abrufen, die in Bildschirmtextzentralen der Telekom oder in angeschlossenen externen Rechnern von Betrieben oder Privatpersonen (= Btx-Informationsanbieter) angeboten wird. Sie haben ferner die Möglichkeit, über Mitteilungs- oder Antwortseiten anderen Btx-Teilnehmern Mitteilungen (Briefe, Bestellungen usw.) zu übermitteln. Die Btx-Benutzer kommunizieren über das Telefonnetz mit der nächstgelegenen Bildschirmtextzentrale. Die Bildschirmtextzentralen sind untereinander und mit den externen Rechnern über DATEX-P-Wählverbindungen gekoppelt.

Der 1983 eingeführte Fernmeldedienst *Btx* und der Fernsehdienst *Videotext*, der Textnachrichten über die Sender des ARD und ZDF im «Huckepackverfahren» mit dem Fernsehbild übermittelt,[3] haben gemeinsam, daß der Benutzer die Information mit Hilfe seines um einen Decoder erweiterten Fernsehgeräts abrufen kann. Bei beiden Verfahren wird die Information in 24 Zeilen mit jeweils 40 Zeichen pro Bildschirmseite farbig dargestellt und bleibt als Festbild solange auf dem Bildschirm stehen, wie dies der Benutzer wünscht.

*Videotext* ist jedoch ausschließlich ein Einweg-(Rundfunk-)Dienst, der in Breite und Tiefe des Informationsangebots beschränkt ist und deshalb nur für programmbegleitende Angaben (Untertitel, Programmhinweise) sowie für allgemein interessierende Nachrichten, Wetterberichte, Sportergebnisse u.ä.m. verwendet wird. Grundsätzlich könnten

---

3 Hierzu wird die sogenannte *Austastlücke* benutzt. Das sind für den Zuschauer unsichtbare Bildzeilen am Fernsehschirm, die bei der Ausstrahlung des üblichen Fernsehbildes frei bleiben müssen, weil der Elektronenstrahl, der den Bildschirm zeilenweise abtastet, jeweils eine Leerzeile braucht, um vom Ende einer abgetasteten Seite an den Anfang einer neuen zu springen. Die Videotextseiten, die dementsprechend nur dann empfangen werden können, wenn auch ein normales Fernsehprogramm läuft, werden fortlaufend ausgesendet und zyklisch wiederholt. Die *Seitenwahl* wird vom Zuschauer unter Zuhilfenahme des ebenfalls ausgestrahlten Inhaltsverzeichnisses mittels der Fernbedienung vorgenommen. Die *Zugriffszeit* auf eine Textseite dauert durchschnittlich einige Sekunden (je nach Umfang des Seitenangebots, das üblicherweise einige hundert Seiten umfaßt).

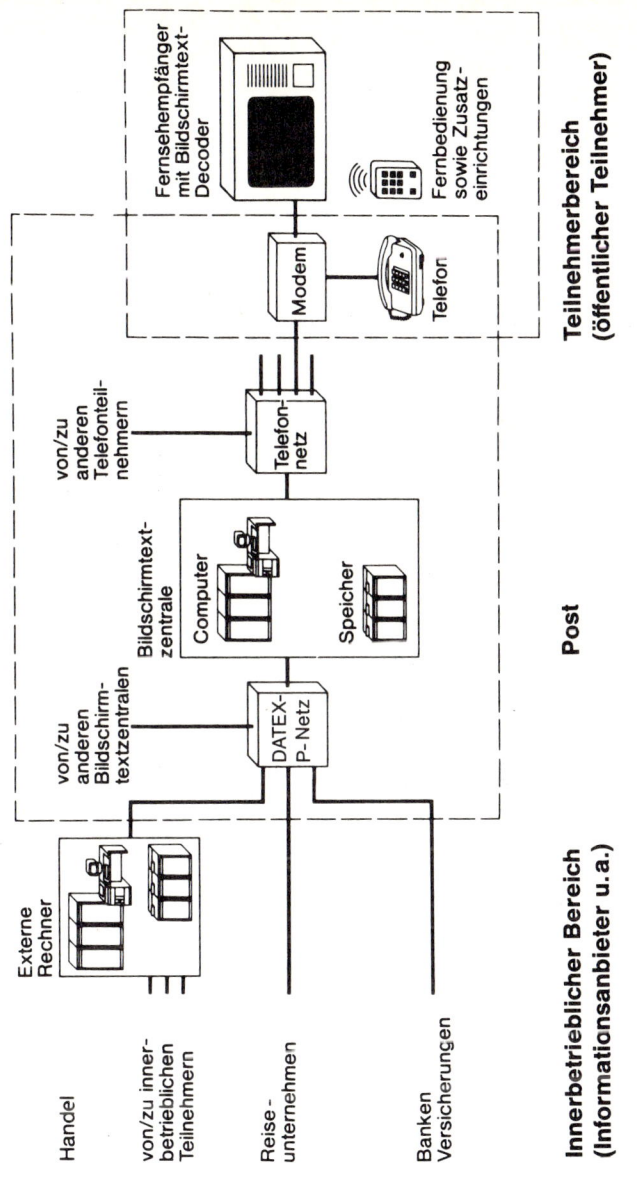

Abb. 4.1.3.4/1: Die technischen Komponenten des Bildschirmtextsystems

auf diesem Wege aber auch sonstige größere Datenbestände oder Programme ausgesandt werden. Ein dahingehendes Beispiel eines anderen Fernsehsenders (Pro7) haben Sie im Kapitel 3 kennengelernt. Eine unmittelbare Interaktion zwischen Sender und Empfänger ist jedoch bei Videotext (oder den entsprechenden Diensten anderer Fernsehgesellschaften) nicht möglich.

*Btx* unterscheidet sich von Videotext nicht nur durch die Art der Nachrichtenübertragung sondern vor allem durch ein *weit größeres, universelles Informationsangebot*, durch wesentlich umfangreichere Nutzungsmöglichkeiten (Mitteilungs- und Dialogfunktionen, Datenbankzugriff) und durch die Integrationsmöglichkeit von Btx-Anwendungen in die EDV-Organisation.

Die *technischen Komponenten des Btx-Systems* sind in der Abb. 4.1.3.4/1 dargestellt.

Abb. 4.1.3.4/2: Multifunktionales Telefon-/Btx-Gerät

Als «*Btx-Endgerät für zu Hause*» ist dabei ein mit einem Decoder versehenes Fernsehempfangsgerät wiedergegeben, das über eine Fernbedienung gesteuert wird. Es wird mit Hilfe einer sogenannten Anpassungseinrichtung an das öffentliche Telefonnetz angeschlossen. Diese Anpassungseinrichtung stellt automatisch die Verbindung zur Btx-Zentrale her und sendet die Identifikation des Anschlusses. Außerdem enthält sie den Modem. Einige Fernsehgeräte werden vom Hersteller auf Wunsch bereits mit einem eingebauten Btx-Decoder angeboten. In den meisten Fällen kommt aber nur der Anschluß eines externen Decoders über die Euro-AV-/Scart-Buchse in Betracht. Besonders vorteilhaft ist eine Infrarotfernbedienung, die auch eine Buchstabentastatur enthält.

Neben dieser preisgünstigen Lösung durch Mitbenutzung des Fernsehapparates im Heimbereich gibt es *spezielle Btx-Geräte für den Schreibtisch*, zum Beispiel multifunktionale Telefon-/Btx-Geräte mit Monochrom- und Farbbildschirm, die beim Telefonieren und Btx-Betrieb besonderen Komfort bieten. Dazu gehören das Abspeichern von Btx-Nummern und Btx-Seiten, die Eingabe von Befehlsfolgen für den Btx-Betrieb bis hin zur automatischen Einwahl in die angeschlossenen Rechner, unterstützende Funktionen im Mitteilungsdienst usw. Ähnliche Funktionen bieten Btx-Zusatzgeräte zum vorhandenen Telefonapparat. Erwähnenswert ist an dieser Stelle auch ein dedizierter Btx-8-Bit-Mikrorechner namens Mupid, der an der Technischen Universität Graz entwickelt wurde. Dieses Gerät kann an herkömmliche Farbfernsehgeräte oder Farbmonitore angeschlossen werden. Durch im PROM fest abgespeicherte Programme und durch Teleprogramme, die von der Btx-Zentrale in den RAM-Speicher geladen werden können, bietet dieses Gerät eine unübertroffene Funktionalität für den Btx-Dienst.

Großen Aufschwung hat Btx in den letzten Jahren durch *Btx-Decoder* für Personal-Computer erhalten, die entweder als *Hardware-Decoder* in Form von Einsteckkarten oder als reine *Software-Decoder* zum Einsatz kommen. Der PC bietet sich als Btx-Endgerät vor allem dann an, wenn abgerufene Daten weiterverarbeitet und gespeichert werden müssen. Die Btx-Steckkarten sind vergleichsweise teuer, sie bieten aber oft noch eine höhere Verarbeitungsgeschwindigkeit und benötigen weniger Speicherplatz für die Software (i.d.R. weniger als 80 KB). Bei den Btx-Software-Decodern gibt es in Preis und Leistung erhebliche Unterschiede. Ihr Bedarf an Arbeitsspeicher liegt bei 300 KB und mehr. Ansonsten gibt es hinsichtlich der Funktionalität zwischen Hardware- und Software-Decodern keinen Unterschied. Weil letztere wesentlich preisgünstiger erhältlich sind, zum Teil sogar schon als kostenlose Public-Domain-Software, gehört ihnen die Zukunft.

Übungsaufgabe Nr. I–245 im Arbeitsbuch ←

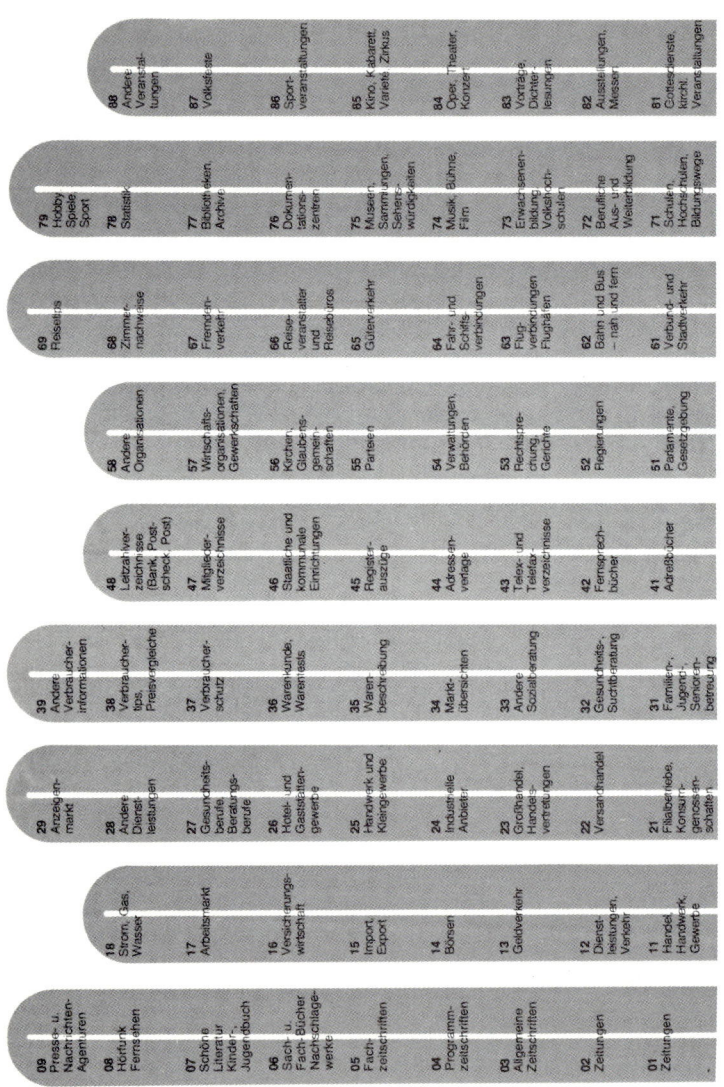

Abb. 4.1.3.4/3: Suchbaum für Bildschirmtext

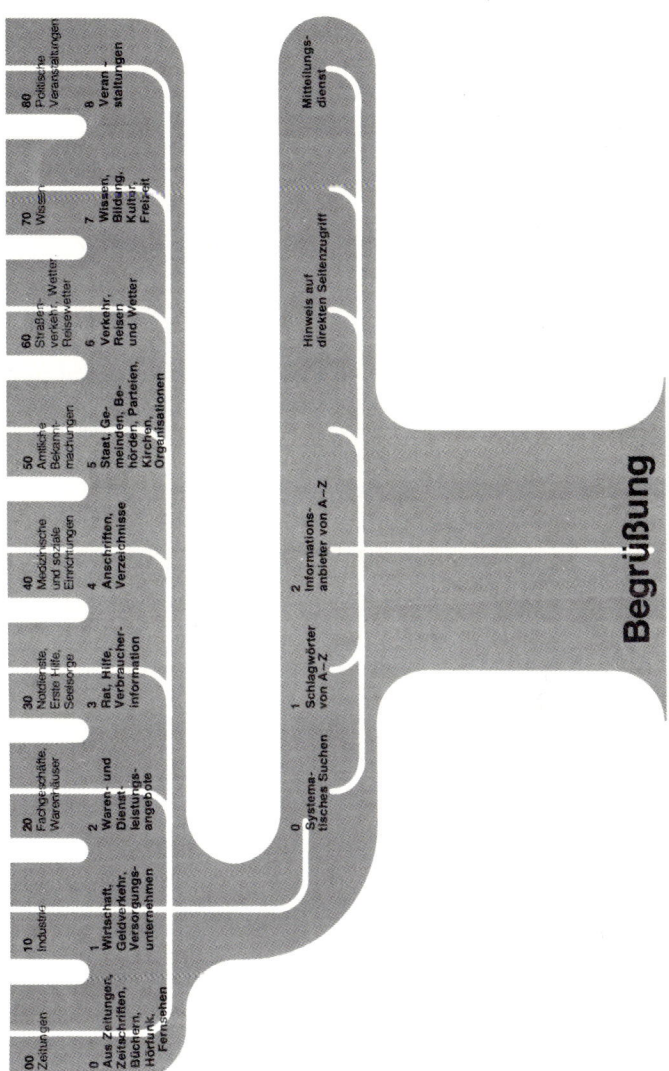

**Begrüßung**

00 Zeitungen

0 Aus Zeitungen, Zeitschriften, Büchern, Hörfunk, Fernsehen

10 Industrie

1 Wirtschaft, Geldverkehr, Versorgungsunternehmen

20 Fachgeschäfte, Warenhäuser

2 Waren- und Dienstleistungsangebote

30 Notdienste, Erste Hilfe, Seelsorge

3 Rat, Hilfe, Verbraucherinformation

40 Medizinische und soziale Einrichtungen

4 Anschriften, Verzeichnisse

50 Amtliche Bekanntmachungen

5 Staat, Gemeinden, Behörden, Parteien, Kirchen, Organisationen

60 Straßenverkehr, Wetter, Reisewetter

6 Verkehr, Reisen und Wetter

70 Wissen

7 Wissen, Bildung, Kultur, Freizeit

80 Politische Veranstaltungen

8 Veranstaltungen

0 Systematisches Suchen

1 Schlagwörter von A–Z

2 Informationsanbieter von A–Z

Hinweis auf direkten Seitenzugriff

Mitteilungsdienst

Die von der Telekom errichteten und betriebenen *Btx-Zentralen* verrichten Verwaltungs-, Vermittlungs- und Speicherungsfunktionen für Btx-Benutzer und Informationsanbieter. Letztere haben die Möglichkeit, ihre eigenen EDVA, die sogenannten externen Rechner, samt Datenbanken und Anwendungsprogrammen zum Angebot von Information und Diensten an das Btx-System zu koppeln. Die Anbindung an den Btx-Vermittlungsrechner erfolgt, wie erwähnt, über einen DATEX-P-Wählanschluß mit einer Übertragungsgeschwindigkeit von bis zu 64 kbit/s. Dadurch werden gleichzeitig mehrere (bis 255) virtuelle Verbindungen zu den Btx-Benutzern ermöglicht.

Die *Standardübertragungsgeschwindigkeit* von der Btx-Zentrale zum Btx-Benutzer beträgt 1200 bit/s, vom Btx-Benutzer zur Zentrale sind nur 75 bit/s möglich. Zugänge mit 1200/1200 bit/s stehen in 40 großen Orten und Zugänge mit 2400/2400 bit/s in den acht Großstädten mit Zentralvermittlungsstellen des Telefonnetzes zur Verfügung. Zusätzlich ist Btx auch über das ISDN nutzbar. Gegenüber dem normalen Telefonnetz verkürzt sich dabei der Verbindungsaufbau auf drei Sekunden, und die Übertragungsgeschwindigkeit ist mit 64 kbit/s 50mal schneller als beim Standardanschluß. Durch eine Verbindung zum Telexdienst können Btx-Benutzer Fernschreiben an alle Telexteilnehmer weltweit verschicken und von diesen empfangen. Wie im vorhergehenden Abschnitt 4.1.3.3 erwähnt, gibt es auch einen Übergang zum Telefaxdienst, der den Versand von Telekopien erlaubt.

Die in den Bildschirmtextzentralen installierten *Telekom-Rechner* identifizieren den Benutzer bei Inanspruchnahme des Dienstes, sie führen Berechtigungsprüfungen durch und speichern die für die Gebührenabrechnung relevanten Daten der Teilnehmer ihres Anschlußgebietes. Der Btx-Benutzer zahlt eine einmalige *Gebühr* für die Zugangsberechtigung, eine geringfügige monatliche Gebühr und für die Anschlußzeiten an die Bildschirmtextzentrale die üblichen Verbindungsgebühren im Telefon-Ortsnetztarif (bei der Standardgeschwindigkeit 1200/75 bit/s). Das Absenden einer Mitteilung oder eines Btx-Telex wird gesondert berechnet. Der größte Teil der angebotenen Textinformation und Dienste ist gratis. Auf kostenpflichtige Information bzw. Leistungen wird stets besonders hingewiesen. Ferner steuern die Btx-Zentralen den Dialogbetrieb, und sie übermitteln Anfragen bzw. Aufträge der Benutzer an externe Rechner oder an andere Btx-Zentralen, wenn die gewünschte Information oder eine Dienstleistung nicht in der betreffenden Btx-Zentrale verfügbar ist. Die Entscheidung, was in welcher Btx-Zentrale gespeichert werden soll, fällt der Informationsanbieter, der auch die Einspeicherung der Information selbst durchführt.

Der Btx-Benutzer sucht aus den dort gespeicherten, in der Kapazität praktisch nicht beschränkten Datenbanken die gewünschte Information «seitenweise» mit Hilfe der Tastatur seines Btx-Endgeräts aus. Wenn er über Drittquellen (z.B. aus der Werbung) oder aus seiner eigenen Erfahrung weiß, unter welcher *Leitseitennummer* die gewünschte Information verfügbar ist, kann er diese *direkt anwählen*. Unter einer Leitseitennummer können viele hundert Textseiten eines Informationsanbieters, z.B. ein Versandhaus- oder ein Reisekatalog, abgespeichert sein. Kennt der Benutzer die Seitennummer nicht, so kann die *Informationsauswahl logisch fortschreitend mit Hilfe eines Suchbaums* (vgl. Abb. 4.1.3.4/3) im Dialog erfolgen. Dabei bekommt der Benutzer auf dem Bildschirm ein immer detaillierteres «Inhaltsverzeichnis» angeboten und wird durch leichtverständliche Hinweise unterstützt *(Menütechnik)*. Das interessierende Thema wird dabei ähnlich wie eine Adresse in einem Branchenverzeichnis «eingekreist».

Der Benutzer kann bei seiner Informationssuche ferner auf ein alphabetisch sortiertes *Verzeichnis von Schlagworten* zurückgreifen, die von den Informationsanbietern zusammengetragen wurden. Zu den einzelnen Schlagworten gelangt er über alphabetische Sortierschritte. Je Schlagwort existieren eine oder mehrere Seiten, auf denen die Informationsanbieter alphabetisch sortiert aufgeführt und mit Nummern versehen sind. Nach dem Eintasten einer derartigen Nummer wird ein Sprung zu der Textseite durchgeführt, die der Informationsanbieter mit einem Schlagwort verbunden haben möchte.

Der Abruf einzelner Textseiten oder von Informationsbereichen kann technisch auf bestimmte, vom Informationsanbieter vorgegebene Benutzer beschränkt werden *(«geschlossene Benutzergruppen»)*. Die Abb. 4.1.3.4/4 zeigt typische *Anwendungsbeispiele* von *Abrufinformation* für alle Benutzer und für bestimmte Benutzergruppen. Aus dieser Abbildung sind als weitere Anwendungsmöglichkeiten von Bildschirmtext ersichtlich:

– *Mitteilungen* eines Teilnehmers an einen anderen Teilnehmer oder eine Teilnehmergruppe;
– *Benutzung von allgemeinen Datenverarbeitungsprogrammen.*

Übungsaufgabe Nr. I-246 im Arbeitsbuch

| ANWENDUNGS-KATEGORIEN | ANWENDUNGSBEISPIELE |
|---|---|
| **1. Abrufinformation** | |
| 1.1 Abrufinformation für alle Teilnehmer | Aktuelle Übersichtsinformation |
| | – Nachrichten, Sport, Wirtschaft, Lokales, Notdienste, Lotto/Totto |
| | Information von Behörden |

|  |  |
|---|---|
| | – Besuchszeiten, Sitzungstermine von kommunalen Parlamenten, lokale Verordnungen, Verzeichnisse (Adressen, Tarife und Gebühren) |
| | Information über Reisen und Verkehr |
| | – Zimmernachweis, Urlaubsvorschläge, Fahrplanauskünfte |
| | Information über kulturelle und sonstige Veranstaltungen |
| | – Theater- und Konzertprogramme, Filmprogramme, lokaler Veranstaltungskalender, Bestseller und Neuveröffentlichungen |
| | Information für die Wirtschaft |
| | – Branchenverzeichnisse, Konditionen, Kurse (Devisen, Wertpapiere, Rohstoffe) |
| | Information für Haushalte |
| | – Hobby, Rezepte, Kleinanzeigen, Verkaufsangebote, Immobilien, Stellenangebote |
| 1.2 Abrufinformation für Teilnehmergruppen (i.a. geschlossene Benutzergruppen) | Information für gewerbliche Verbraucher |
| | – Hersteller-, Bezugsquellenverzeichnis, interne Telefonauskunft |
| | Information für Freiberufe |
| | – Ärzte (Medikamentenverzeichnis, Kurmöglichkeiten), Apotheken, Rechtsanwälte (Rechtsauskünfte), Steuerberatung |
| | Information für Mitglieder in Vereinen, Clubs |
| | – Veranstaltungshinweise, Wahlergebnisse, Satzungsänderungen |
| 1.3 Abrufinformation persönlicher Art | Kontostand, persönlicher Terminkalender |

| | |
|---|---|
| **2. Mitteilungen (Btx-Mitteilungsdienst)** | |
| 2.1 Mitteilungen an mehrere Teilnehmer | Hinweise |
| | – Geschäftseröffnungen, Mitgliederversammlungen, Zahlungstermine, Mahnungen, Mitteilungen an Klienten und Patienten |
| 2.2 Mitteilungen von mehreren Teilnehmern | Warenbestellungen, Reservierungen, Buchungen, Schadensmeldungen, Beschwerden, Verbesserungsvorschläge |
| 2.3 Individuelle Mitteilungen | Geschäftskorrespondenz, Privatkorrespondenz, Glückwunsch- und Grußkarten, Verabredungen mit Partnern |

| | |
|---|---|
| **3. Rechnerdialog**<br>**(Dialogprogramme)** | |
| 3.1 Rechendienstleistungen | Datenbankrecherchen, programmgeführte Berechnungen (Kalkulationen, Renten, Finanzierungen, Steuererklärungen), Lehrveranstaltungsanmeldungen, Warenbestellungen («Teleselling»), Banküberweisungen («Homebanking») |
| 3.2 Aus- und Weiterbildung, Tests | Heimkurse, Schulaufgaben, Erwachsenenbildung, IQ-Tests, Eignungstests |
| 3.3 Computerspiele | Unternehmensplanspiele, Labyrinth, Roulette, Mastermind, Schach, Black Jack |

Abb. 4.1.3.4/4: Typische Anwendungen von Bildschirmtext

Btx-Benutzer können über die Tastatur *Mitteilungen* für einen anderen unter Angabe einer Teilnehmernummer an die Btx-Zentrale übermitteln. Eine derartige Mitteilung steht dann nur dem Adressaten zur Verfügung, der – wenn er sich an den Btx-Dienst anschaltet – durch eine Bildschirmmeldung davon unterrichtet wird, daß auf dem für ihn reservierten Speicherplatz eine Nachricht vorliegt. Er kann die Mitteilung dann durch Tastendruck abrufen, nach dem Lesen löschen oder weiterhin gespeichert lassen. Die Mitteilungen können *frei formulierte oder vorformulierte Texte* sein, die individuell «ausgefüllt» werden (z.B. im Rahmen des Glückwunschdienstes der Post).

Von kommerzieller Bedeutung ist vor allem die Möglichkeit zur *Übermittlung von Nachrichten an Informationsanbieter, die eigene EDVA an das Btx-System angeschlossen haben (externe Rechner)*. Die Mitteilungen haben hier den Charakter von *Eingabedaten, die in den privaten Rechnern weiterverarbeitet werden* (z.B. Bestandsabfragen, Bestellungen, Reservierungen, Buchungsvorgänge). Wirtschaftsbereiche, die hiervon Gebrauch machen, sind vor allem

– Geld- und Versicherungswirtschaft (Banken, Bausparkassen, Versicherungen),
– Touristik und Verkehrswirtschaft (Reiseveranstalter und -vermittler, Hotelketten, Transportbetriebe, Automobilclubs) und
– Handel (hier vor allem der Versandhandel, aber ebenso Kaufhausketten und Einzelhandelsfilialunternehmen).

Btx wird von beteiligten Betrieben dieser Wirtschaftsbereiche als eine Möglichkeit gesehen, *Datenfernverarbeitungsanwendungen bis zum*

*Kunden, Mitglied oder Interessenten hin* auszudehnen. Eine derartige Verwendung von *Btx als «Datenstraße»* scheint einer der Hauptaspekte in der Weiterentwicklung dieses Mediums zu sein.

Zunehmend wird Btx *auch zwischen- und innerbetrieblich* für den Austausch von Textinformation, für Auskunftssysteme (etwa für Bestandsabrufe in der Materialwirtschaft, im Finanz- und Rechnungswesen) und insbesondere für die Datenübertragung in Datenverarbeitungsprozessen verwendet. *Einsatzmöglichkeiten* werden hier *in räumlich dezentralisierten Organisationen* gesehen, die Btx – wie oben erwähnt – darüber hinaus als Mittel zur Auftragserlangung und -erledigung (rechtsverbindliche Kaufabwicklung) ansehen.

*Von Btx unterstützte Vertriebs- bzw. Kommunikationsketten* mit abnehmendem Organisationsgrad können zum *Beispiel* sein:

1. Bankzentrale – Filialen – Konteninhaber – potentielle Kunden;
2. Versicherungsgesellschaft – regionale Außenstellen – freiberufliche Versicherungsvertreter – Versicherte – potentielle Kunden;
3. Versandhauszentrale – Bezirksstellen – Sammelbesteller – Stammkunden – Interessenten;
4. Buchclubzentrale – regionale Buchclubs – Abonnentenwerber – Clubmitglieder;
5. Gewerkschaft – Landes- bzw. Bezirksleitungen – Betriebsräte – Mitglieder – Arbeitnehmer;
6. Kirchenverwaltung – Diözesen, Dekanate – Kirchengemeinden – Kirchenmitglieder – Informationsinteressierte.

Über den Informationsabruf und den Mitteilungsdienst hinaus bietet Btx den Teilnehmern noch die Möglichkeit zur *Benutzung von allgemeinen Standardprogrammen*, die von den Betreibern der externen Rechner bereitgestellt werden. Solche Programme können z.B. für Wirtschaftlichkeitsanalysen, die zeichnerische Darstellung mathematischer Funktionen, Netzpläne, Steuerberechnungen und die Aus- und Weiterbildung (Computerunterstützter Unterricht; abgekürzt: CUU) verwendet werden oder sie können der Freizeitgestaltung dienen (Computerspiele).

→ Übungsaufgabe Nr. I-247 im Arbeitsbuch

Die *Telekom tritt nicht als Anbieter von Information* oder von allgemeinen Datenverarbeitungsprogrammen auf. Für Datenverarbeitungsanwendungen übernimmt das Btx-System ausschließlich Übertragungs- und Konzentratorfunktionen zwischen dem Btx-Terminal des Benutzers und den am paketvermittelten Datexnetz angeschlossenen externen Rechnern.

*Informationsanbieter* kann bei Btx *jedermann* sein, der am Dienst teilnahmeberechtigt ist. Die Anbieter müssen für in die Btx-Zentralen eingegebene Information Gebühren an die Telekom entrichten. Nur Informationsdienste, deren eigentliches Geschäft der Verkauf von Information ist, lassen sich den Informationsabruf bezahlen. Die meisten Teilnehmer liefern jedoch ihre Angebote frei Haus, in der Hoffnung, damit ihren Absatz zu fördern.

Übungsaufgabe Nr. I-248 im Arbeitsbuch ←

Die Verwendung eines Personal-Computers als Btx-Endgerät bietet die Möglichkeit zur Verwendung von sogenannten *Teleprogrammen*: Anstatt «normaler» Information speichert der Anbieter auf Btx-Seiten Computerprogramme in der Btx-Zentrale oder im externen Rechner. Beim Abruf einer derartigen «Btx-Seite» wird dann nicht die übliche «Nutzinformation» auf dem Bildschirm dargestellt, sondern es wird das gespeicherte Programm vom Btx-Rechner in das intelligente Endgerät «heruntergeladen». Für die Programmausführung kann vom Benutzer die Telefonverbindung unterbrochen werden. Dies ist dann sinnvoll, wenn mit dem Programm länger gearbeitet wird und die Telefonkosten gering gehalten werden sollen (z.B. Computerspiele, Programme für finanzmathematische Berechnungen, Btx-unterstützter Unterricht).

Abb. 4.1.3.4/5: Beispiel für die betriebliche Btx-Nutzung

Nach der Programmausführung kann die unterbrochene Verbindung zur Btx-Zentrale wieder hergestellt und im Btx-Suchbaum weitergesucht werden. Auf diese Art und Weise kann Btx als riesige Programmbibliothek genutzt werden.

### 4.1.3.5 Elektronischer Datenaustausch (EDI)

> Unter **EDI** (Abkürzung für engl.: electronic data interchange) versteht man den elektronischen Datenaustausch über Geschäftstransaktionen (Bestellungen, Rechnungen, Überweisungen, Warenerklärungen usw.) zwischen Betrieben. Die Daten werden in Form von strukturierten, nach vereinbarten Regeln formatierten Nachrichten übertragen. Dadurch ist es dem Empfänger möglich, die Daten direkt in seinen Anwendungsprogrammen weiterzuverarbeiten (Durchgängigkeit der Daten).

Ganz am Anfang dieses Buches haben Sie bereits ein *EDI-Beispiel* kennengelernt: Einen modernen Lebensmittelfilialbetrieb, dessen Zentrale mit den Filialen elektronisch Daten austauscht. In den Märkten werden die Verkaufsdaten mit Scannerkassen erfaßt und an die Zentrale gesandt. Aufgrund dieser Daten über die Warenabgänge werden im Zentrallager die Nachlieferungen für die Filialen zusammengestellt. Wenn dieser elektronische Datenaustausch in Richtung Lieferanten und Banken ausgeweitet wird, ergibt sich das folgende Bild (Abb. 4.1.3.5/1):

Das Lagerverwaltungssystem der Zentrale erstellt bei Unterschreiten der Mindestbestände aufgrund der Lagerabgänge automatisch Bestellvorschläge. Diese können nach kritischer Prüfung durch die Warendisponenten in EDI-Auftragsnachrichten umgewandelt und an die jeweiligen Lieferanten gesendet werden. Anhand dieser Daten stellt der Lieferant die bestellten Waren zusammen und übermittelt gleichzeitig eine elektronische Versandanzeige an die Zentrale des Lebensmittelfilialbetriebs. Die ebenfalls papierlos übertragene Rechnung dient der Zentrale als Grundlage für einen Zahlungsauftrag, der elektronisch an die Bank gesandt wird. Nach Anweisungen im internen Bankverkehr erhält der jeweilige Lieferant eine elektronische Zahlungsbestätigung von seiner Bank.

Angaben zu eingehenden Waren, wie Artikelnummern, Mengen und Preise, müssen im Lagerverwaltungssystem des Lebensmittelsupermarktes nicht noch einmal erfaßt werden, da sie aufgrund der vorangegangenen EDI-Nachrichten bereits im System verfügbar sind. Mittels elektronischen Datenaustausches können aktuelle Angebote von Lieferanten bezüglich neuer Produkte, Preise und Lieferbedingungen ebenfalls papierlos eingeholt

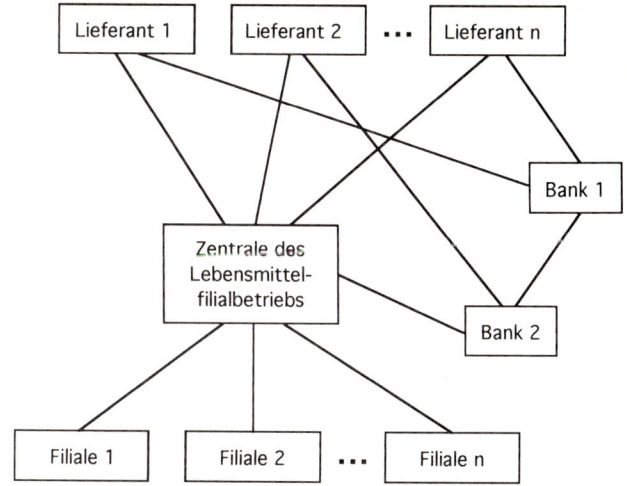

Abb. 4.1.3.5/1: Kommunikationsverbindungen eines Lebensmittelfilialbetriebs

werden. Entsprechend der Art der in der Zentrale eingehenden Nachrichten werden diese an die jeweiligen Anwendungsprogramme übermittelt, von denen sie direkt weiterverarbeitet werden können.

EDI ermöglicht einen rascheren und verläßlicheren Informationsfluß, wodurch der Zeitaufwand für Geschäftsvorfälle reduziert werden kann (Verkürzung des Lieferzyklus, schnellere Zahlungsabwicklung, Beschleunigung der Zollabfertigung von Waren). Damit kann eine engere Verbindung zwischen Kunden und Lieferanten und als Folge ein erweiterter Kundendienst geschaffen werden. Durch EDI können «Just-in-Time»-Bestandssysteme realisiert werden, die eine Reduktion der Lagerbestände erlauben. EDI ermöglicht ein schnelleres Reagieren am Markt, es senkt die Verwaltungs- und Manipulationskosten und fördert letztendlich die Konkurrenzfähigkeit. Wie unser Beispiel gezeigt hat, müssen dieselben Daten nur ein einziges Mal erfaßt werden, wodurch die Fehlerwahrscheinlichkeit verringert werden kann.

Der Einsatz von EDI in einem Betrieb führt meist zu starken Veränderungen in der Logistik, in den Informationsströmen, den Arbeitsabläufen und den eingesetzten Programmen. Wesentlich für einen erfolgreichen EDI-Einsatz sind deshalb vorausgehende Organisations-, Technik- und Personalanalysen sowie daraus abgeleitete Reorganisationsmaßnahmen.

Dem unbeschränkten EDI-Einsatz stehen immer noch einige *Hemmnisse, ungeklärte Fragen und Probleme* entgegen. Gesetzliche Rahmen-

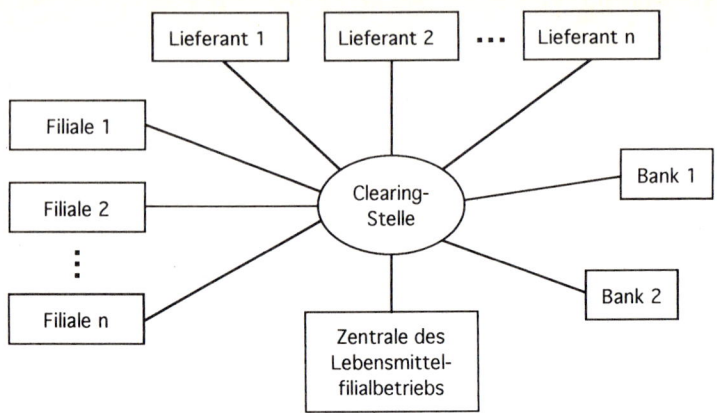

Abb. 4.1.3.5/2: Kommunikationsverbindungen eines Lebensmittelfilialbetriebs mit seinen Lieferanten, Banken und Filialen unter Inanspruchnahme eines Mehrwertdienstes (Clearing-Stelle)

bedingungen müssen für einen effektiven EDI-Einsatz überdacht und adaptiert werden, z.B. Beweismittel im Zoll- und Steuerrecht, Erfordernis einer (manuellen) Unterschrift, Haftung für Richtigkeit, rechtliche Wirksamkeit einer Willenserklärung und Dokumentengeschäft ohne physische Dokumente.

In der Bundesrepublik Deutschland muß zum Beispiel zusätzlich zur elektronischen Übertragung von Rechnungen mindestens einmal pro Periode (Monat) vom Aussteller ein Sammelnachweis der Rechnungen in Papierform erstellt werden, versehen mit der Firmenanschrift und der eigenhändigen Unterschrift eines Bevollmächtigten.

Anbieter von Telekommunikationsnetzen müssen für die Verfügbarkeit von genügend Verbindungen und deren Leistungsfähigkeit für EDI-Verfahren sorgen. Postgenehmigungen, insbesondere für grenzüberschreitenden Datenverkehr, müssen rascher erteilt werden können.

Bezüglich der Art der Datenübermittlung wird zwischen *direkten Kommunikationsverbindungen* von Betrieben und Verbindungen durch *Zwischenschaltung der neutralen Vermittlungsstelle (Clearing-Stelle) eines EDI-Mehrwertdienstes* unterschieden. Bei Inanspruchnahme eines Mehrwertdienstes genügt ein einziger Verbindungsaufbau des EDI-Anwenders zur Clearing-Stelle, um mehrere Nachrichten an verschiedene Geschäftspartner zu senden und alle seit dem letzten Verbindungsaufbau in der Clearing-Stelle eingetroffenen Nachrichten an den EDI-Anwender abzuholen. Die Verwendung eines EDI-Mehrwertdienstes bedeuter auch, daß Daten zeitunabhängig gesendet und empfangen werden können. Die Infrastruktur eines Clearing-Systems unterstützt jeweils eine Reihe von Übertragungsprotokollen. Clearing-Stellen verfügen über genügend Netzzugänge, um auch zu Stoßzeiten eine problemlose Datenübertragung gewährleisten zu können. Ein weiterer Vorteil einer derartigen Vermittlungsstelle ist die verfügbare Unterstützungsfunktion in Form eines Hilfesystems. Wesentliche Bedeutung in Clearing-Systemen erlangen darüber hinaus Informationsdienste (Datenbanken über EDI-Produkte, potentielle Kunden und Lieferanten, Abwicklung von Geschäftstransaktionen, Zollformalitäten usw.).

EDI-Nachrichten sind nach ganz bestimmten *Strukturen und Formaten* aufgebaut, um von den Anwendungsprogrammen des Empfängers automatisch weiterbearbeitet werden zu können. Um aufwendige bilaterale Anpassungen bei der Verbindung von EDI-Insellösungen mit branchen- oder bereichsspezifischen Regeln für den Aufbau von EDI-Nachrichten zu vermeiden, benötigt EDI einheitliche Normen für den Inhalt und die Syntax von elektronisch zu übertragenden Daten. Seit Anfang der 80er Jahre arbeiten deshalb internationale Gremien an einer Vereinheitlichung der EDI-Verfahren, an ihrer Spitze die UNO. Ergebnis dieser Bestrebungen sind die EDIFACT-Standards.

---

**EDIFACT** (engl.: electronic data interchange for administration, commerce and transport; elektronischer Datenaustausch für Verwaltung, Handel und Transport) ist eine Menge internationaler Normen für die Darstellung von Geschäfts- und Handelsdaten beim elektronischen Datenaustausch zwischen Betrieben.

---

Im allgemeinen ist elektronische Datenübermittlung sicherer als der körperliche Dokumentenversand. Trotzdem sind für den Einsatz von EDI umfangreiche *Sicherheitsmaßnahmen* zur Verhinderung unbefugter Kenntnisnahme und der Unterdrückung oder Verfälschung von Nachrichten erforderlich. EDI-Benutzer brauchen z.B. eine Gewähr dafür, daß Nachrichten echt sind und wirklich von den angegebenen Absendern stammen. Ferner muß für die Unbestreitbarkeit von Nachrichten gesorgt werden, d.h. es muß verhindert werden, daß der Absender oder Empfänger einer Nachricht leugnen kann, diese überhaupt jemals abgeschickt oder erhalten zu haben. Fragen der Verantwortung und Haftung (für Irrtümer, Softwarefehler, Datenmißbrauch usw.) sind ebenfalls von Bedeutung. Bezüglich der Sicherheit ist es wesentlich, die allgemein in der Geschäftswelt üblichen Sicherheitsvorkehrungen durch rechnergestützte Systeme nicht zu gefährden.

Neben einfachen Prozeduren zur Überprüfung der Identität von Absender und Empfänger mittels Name und Paßwort werden u.a. Verschlüsselungsverfahren zur Erhöhung der Sicherheit bei der Datenübertragung eingesetzt.

→ Übungsaufgabe Nr. I–249 im Arbeitsbuch

### 4.1.4 Speicherung von Dokumenten (Datenverwaltungsdienste)

Zu den Datenverwaltungsfunktionen in einem Büroinformationssystem gehören die Ablage und Archivierung von Dokumenten in Dateien bzw. Datenbanken sowie der interne und externe Datenbankzugriff.

#### 4.1.4.1 Ablage und Archivierung

Dokumente werden erzeugt, bearbeitet und abgelegt bzw. auf Sekundärspeichern archiviert. Üblicherweise sind *Dokumente als Dateien abgelegt.* Die Dateisysteme in den verbreiteten Betriebssystemen (MS-DOS, OS/2 oder UNIX) sind baumartig strukturiert und erlauben über den Dateinamen ein rasches Wiederfinden. Durch Einsatz von verteilten Dateisystemen (NFS) oder mit Netzwerkbetriebssystemen (wie Novell Netware und LAN Manager) ist dadurch auch eine zentrale, gemeinschaftliche Dokumentenspeicherung möglich.

Damit sind die wichtigsten Anforderungen abgedeckt. Oft jedoch bestehen darüber hinausgehende Forderungen, wie Vergabe von Attributen, Wiederfinden der Dokumente nach diesen Attributen oder individueller Zugriffsschutz.

Diese Anforderungen erfüllt z.B. die Implementierung eines *Ablagedienstes* nach dem ISO-Standardisierungsvorschlag für *Document Filing and Retrieval (DFR)* mit folgenden *Leistungsmerkmalen:*

– Architektur nach dem Client-Server-Modell.
– Ablage und Wiedergewinnung von Dokumenten in zentralen, hierarchisch organisierten Ablagen nach dem Schrank-Mappe-Dokument-Prinzip.
– Unterstützung von Attributen (Eigenschaften), die auf die Bedürfnisse der Dokumentenverwaltung abgestimmt sind (unabhängig von den betriebssystemabhängigen Dateieigenschaften).
– Komfortable Such- und Retrievalmöglichkeiten über diese Attribute zur Wiedergewinnung von Objekten.
– Gleichzeitiger Zugriff für viele Benutzer inklusive einer Sperrverwaltung für entliehene Dokumente.

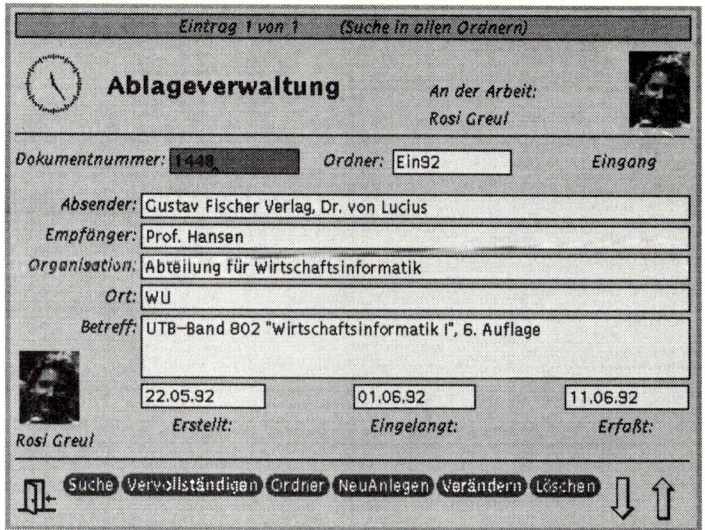

Abb. 4.1.4.1/1: Ablageverwaltung in einem Client-Server-System

- Der Inhalt der Dokumente ist ein für den Ablagedienst transparenter Datenstrom; er kann aus Text, Grafik, Bildern usw. bestehen.
- Differenzierte individuelle Zugriffsrechte für Objekte (Lesen, erweitertes Lesen, Ändern, Löschen, Eigentümer).
- Schnittstellen zu Subsystemen wie Langzeitarchivierung (z.B. auf optischen Medien) oder Volltextretrieval.

Unter **Archivierung** versteht man die Auslagerung von Dokumenten auf externe Datenträger wie Magnetband, Mikrofilm oder optische Speicher. Verglichen mit der Ablage (engl.: file) hat ein Archiv (engl.: archive) Langfristcharakter und unterstützt ein Exportieren von Objekten, die zwar zur Zeit nicht benötigt werden, aber einen späteren Zugriff nicht ausschließen lassen.

*Volltextretrievalsysteme* erlauben das Suchen nach Wörtern in Texten und Zusammenfassungen von diesen in Kollektionen. Dazu wird beim Abspeichern aus allen Worten, die nicht bedeutungslos sind (sogenannte Stoppworte), ein Eintrag in zusätzlichen Indexdateien durchgeführt. Über diese können dann sehr schnell durch Anwendung hochoptimierter Suchalgorithmen alle Dokumentenstellen mit den gesuchten Worten gefunden werden.

*Moderne Systeme* besitzen folgende *Merkmale:*

– Client-Server-Architektur,
– modularer Aufbau, Kombinierbarkeit mit anderen Bürosoftwaremodulen,
– Verarbeitung von strukturierten und unstrukturierten Daten,
– zusätzlich optionale Vergabe von freien Deskriptoren,
– Unterstützung mehrerer Plattformen und Programmierschnittstellen.

→ Übungsaufgabe Nr. I–250 im Arbeitsbuch

### 4.1.4.2 Hypertext

Ein *Hypertext-System* können Sie als *«Informationsorganisator»*, als *Datenverwaltungssystem* oder als *«Dokumentenwerkzeugkasten»* sehen. Das Ziel von Hypertext-Systemen ist es, dem Benutzer größtmögliche Freiheit bei der Entwicklung seiner Ideen und Gedanken durch die freie Verknüpfbarkeit von Daten und das Suchen auf eine «nicht-lineare» Weise zu bieten. Hypertext-Systeme bieten auf der systemnahen, anwendungsneutralen Ebene einfache, benutzerfreundliche Funktionen und Werkzeuge für das Anlegen und die Verknüpfung von Dokumenten für spezielle Applikationen. Sie ermöglichen – ähnlich wie beim menschlichen Gehirn – einen schnellen, intuitiven Zugriff auf die gesuchte Information durch Assoziation.

---

Bei **Hypertext** (engl.: hypertext) werden Dokumente in einem Fenster mit Objekten in einer Datenbank verknüpft, wobei die Beziehungen auf dem Bildschirm durch besonders hervorgehobene Markierungen ( = Verbindungssymbole; engl.: labelled token, button, link icon) und in der Datenbank durch Zeiger (engl.: pointer) gekennzeichnet werden.

---

Eine Hypertext-Anwendung kann als *Netz* gesehen werden, dessen *Knoten* (engl.: node) Dokumente (bzw. Karten, Rahmen, Fenster) darstellen. *Verbindungen* (engl.: link) kennzeichnen die Beziehungen zwischen den Knoten und werden von der Systemsoftware verwaltet. Die möglichen Verbindungen werden im Dokument (Fenster) an den entsprechenden Stellen (ähnlich wie Verweise in einem Lexikon) gekennzeichnet. Beim Anklicken einer solchen *Markierung* wird ein Dokument (Fenster) geöffnet, das die zugehörige Information enthält (z.B. Folgeseite, Erläuterungen, Hilfe) und das weitere Verbindungen ermöglichen kann. Das Anklicken bewirkt, daß das System die interne Repräsentation der Beziehung sucht, die durch das markierte Symbol bezeichnet wird. Der Knoten am Ende dieser Verbindung bezeichnet das aufgerufene Dokument, das am Bildschirm angezeigt wird. Der Benutzer kann auf diese Weise, d.h. durch *Anklicken von Markierungen im Dokument*, oder durch Weiterblättern oder Rückspringen zu einem früheren

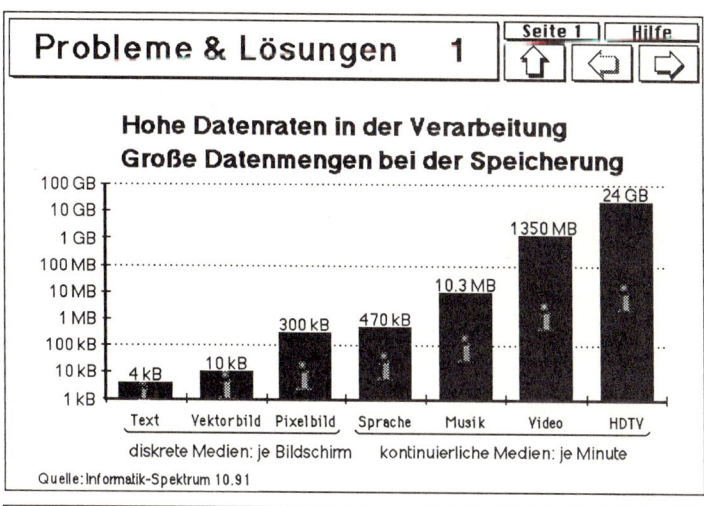

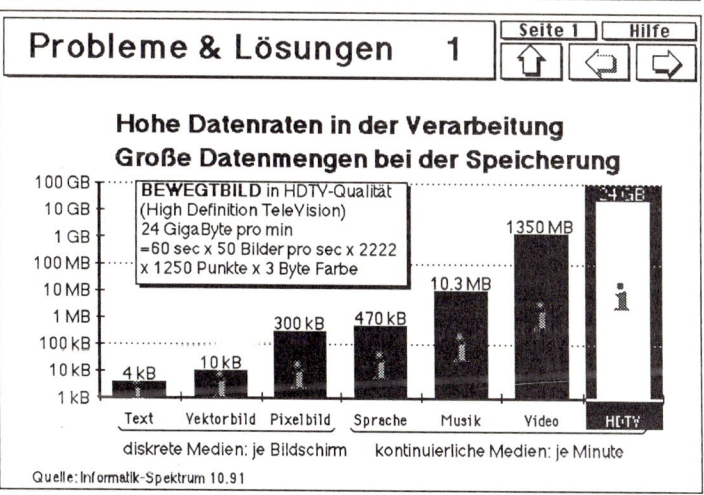

Abb. 4.1.4.2/1: Hypertext-Beispiel

Knoten bei seiner Informationssuche fortfahren, solange er will. Die Hypertext-Software unterstützt ihn bei seiner Navigation durch das Netz und bei der Anzeige der gewünschten Dokumente, bei der Suche nach bestimmten Dokumenten sowie bei dem Erzeugen, Ändern und Löschen von Knoten, Beziehungen und ihren Attributen. An den Endpunkten von Beziehungen können Prozeduren implementiert sein, die aktiviert werden, wenn die entsprechenden Markierungen angeklickt werden. Diese Prozeduren bestimmen typischerweise, wie bestimmte Knoten angezeigt werden.

Ein *Beispiel* sehen Sie in Abb. 4.1.4.2/1. Dabei handelt es sich um einen Ausschnitt aus einem Hypertext-Kurs für das Selbststudium über Multimedia-Systeme. Das obere Bild zeigt ein Diagramm, dessen Balken den Speicherbedarf unterschiedlicher Medien repräsentieren. Jeder Balken enthält eine Markierung «i» (= Information), durch deren Anklicken ein erläuterndes Fenster eingeblendet wird. Ferner kann zum Ausgangsknoten (durch Anklicken der «Seite 1» = Hauptmenü) zurückgesprungen werden, die Folgeseite gewählt werden oder eine Hilfe-Funktion aufgerufen werden. Das untere Bild zeigt, was passiert, wenn der Benutzer die i-Markierung im Balken HDTV anklickt. («HDTV» ist die auch im deutschen Sprachraum gebräuchliche Abkürzung für engl.: high definition television, d.h. hochauflösendes Fernsehen.)

Das wohl verbreitetste Hypertext-System ist *Hypercard* für Macintosh- und Quadra-Rechner von Apple. Es ist ein Werkzeug für die persönliche Organisation von Datenbeständen und ein einfaches Datenbankverwaltungssystem.

In einem Hypertext-System enthalten die Knoten Textdokumente (= Schriftstücke). Das **Hypermedia**-Konzept (engl.: hypermedia concept) erweitert Hypertext um andere Knotentypen, wie Bild und Ton. Damit lassen sich Multimedia-Systeme verwalten.

$\longrightarrow$ Übungsaufgabe Nr. I–251 im Arbeitsbuch

### 4.1.4.3 Interne Datenbanken

*Datenbanken* sind eine *wichtige Komponente in Büroinformationssystemen*, sei es, daß sie für spezielle Anwendungen genutzt werden oder «nur» für die Adressenverwaltung zur Generierung von Serienbriefen. Die Integration von Text und formatierten Daten, d.h. *Zugriff mittels SQL* aus einem Texteditor oder einer Tabellenkalkulation auf eine Datenbank (lokal oder entfernt), gehört zu den Standardanforderungen.

Zum Einsatz kommen *PC-Datenbanken* oder *Datenbanken, die die Client-Server-Architektur unterstützen.* Speziell erwähnenswert im Rahmen von Büroservices ist der *herstellerneutrale Datenbankzugriffsservice (DBA)* nach ISO-OSI. Dieser Dienst bietet in homogenen und heterogenen Datenbanksystemumgebungen den einheitlichen, lokalen, entfernten und verteilten Zugriff auf Daten, die in SQL-fähigen, vorrangig relationalen Datenbanken gehalten werden. Zwischen Client (mit Zugriffsschnittstelle) und Server wird dabei das RDA (remote data access-)Protokoll nach ISO-OSI eingesetzt.

Übungsaufgabe Nr. I–252 im Arbeitsbuch                    ←

### 4.1.4.4 Externe Datenbanken

Seit dem Anfang der 70er Jahre bemüht man sich in vielen Ländern, aber auch auf internationaler Ebene, darum, über Fernmeldewege zugängliche *Informationsdienste* aufzubauen, die den *Zugriff auf externe Datenbanken* ermöglichen. Die Initiative ging hierzu einerseits von privaten Unternehmen aus, die durch das Angebot von Information erwerbswirtschaftliche Ziele verfolgen. Andererseits wollen damit Verbände, staatliche bzw. öffentliche und internationale Einrichtungen die Informationsinfrastruktur in bestimmten Branchen, im nationalen und internationalen Bereich, verbessern. Gerade für mittlere und kleinere Betriebe kann die erschwingliche Benutzung von – sonst häufig kaum zugänglichen – Informationsquellen wesentlich zur Erhaltung der Wettbewerbsfähigkeit beitragen.

Ein **rechnergestützter Informationsdienst** (engl.: computer based information service) bietet Teilnehmern gegen Entgelt die Benutzung von On-line-Datenbanken über Fernmeldewege an. Dabei kann es sich um bibliographische Datenbanken, Volltextdatenbanken und Faktendatenbanken, wie numerische Datenbanken, textlich-numerische Datenbanken und Verzeichnisse, handeln.

### Datenbankarten

In den Datenbanken wird *vielfältigste Information* angeboten: Von chemischen Strukturformeln bis zu volkswirtschaftlichen Statistiken, von Firmenangaben (z.B. Handelsregister) bis zu Meßdaten, von Nachweisen zu wissenschaftlicher Literatur bis zum vollen Text von Zeitungen und Zeitschriften aber auch von Gesetzen oder Patentschriften (mit Abbildungen), von Ausschreibungen oder Kooperationsangeboten bis zu Forschungsberichten.

Knapp 50% der weltweit öffentlich angebotenen Datenbanken sind heute *Volltextdatenbanken.* Die Volltextdatenbanken sind ein Ergebnis der heute üblichen elektronischen Herstellung von Publikationen und damit ein Nebenprodukt der Zeitungsherstellung oder der Veröffentlichung vom Gesetzgeber vorgesehener Schriften wie Gesetzestexten, Patentschriften u.a.m. Da es sich dabei zum Großteil um Tageszeitungen oder Magazine handelt, haben viele dieser Datenbanken eher regionale oder lokale Bedeutung. Da die Herstellung dieser Datenbanken relativ einfach und kostengünstig ist und auf der anderen Seite auch für den Benutzer Vorteile bietet, wie Aktualität der Information und Verfügbarkeit des Textes, wird die Anzahl der Volltextdatenbanken auch in Zukunft weiter zunehmen.

Ein Datenbanktyp, der in den letzten Jahren vermehrt angeboten wurde und sicher weiter expandieren wird, wird mit «*Nachweise/Verzeichnisse*» bezeichnet und beinhaltet Information, die man früher unter dem Titel «Verzeichnis», «Adreßbuch» oder «Directory» in gedruckter Form konsultierte, wie z.B. jene von Hoppenstedt, Herold, Compass, mit Firmenadressen und Zusatzangaben zu diesen Firmen wie Beschäftigtenzahl, leitende Angestellte, Umsätze und Produkte. Auch elektronische Telefonverzeichnisse gehören zu dieser Kategorie.

*Numerische Datenbanken* enthalten Statistiken, wie volkswirtschaftliche Zeitreihen oder Kennzahlen, Indikatoren usw. Hier können in der Regel nicht nur Tabellen abgefragt werden, sondern auch mit einer speziellen, hierzu angebotenen Software Berechnungen angestellt oder Grafiken erzeugt werden.

*Bibliographische Datenbanken* bieten Referenzangaben zu wissenschaftlicher Literatur, insbesondere aus Fachzeitschriften, mit zusammenfassenden Darstellungen (engl.: abstracts). Bei der unübersehbaren Fülle von Publikationen – jährlich erscheinen weltweit ca. 5 Mio. wissenschaftliche Beiträge – ist es kaum möglich, ohne bibliographische Datenbanken die Literatur zu einem bestimmten Gebiet zu überblicken. Die Publikationen selbst muß der Benutzer sich dann aus einer Bibliothek (ggf. über die Fernleihe) oder über einen Literaturdienst (on-line und über Fax) beschaffen.

Künftig dürften auch zunehmend *Softwaredatenbanken* an Bedeutung gewinnen, aus denen Benutzer Telesoftware auf ihren Mikrorechner herunterladen können (so wie bei Bildschirmtext beschrieben). Softwarekataloge auf Datenbankbasis werden schon seit längerer Zeit an-

geboten; diese gehören zur Kategorie der bibliographischen Datenbanken.

Übungsaufgabe Nr. I–253 im Arbeitsbuch ←

Abgesehen von den meisten Volltextdatenbanken, in die für eine
Publikation vorgesehene Texte einfach übernommen werden, werden
die Daten für eine Datenbank vom *Datenbankhersteller* aufbereitet.
Das heißt, es werden Standardisierungen vorgenommen, Schlagworte
und/oder Klassifikationen zugeordnet, Abstracts verfaßt, Codes (z.B.
SIC; Näheres folgt) vergeben, die nachher eine gezielte Suche in der
Datenbank erlauben. In den meisten Fällen übergibt der Datenbankhersteller einem oder mehreren Datenbankanbietern (Host) die Datenbank
zum Vertrieb. Der *Datenbankanbieter* ist für Marketing, Betrieb und
Kundenbetreuung (Seminare, Help-Desk, Informationsmaterial) verantwortlich.

## Branchendienste und allgemeine Informationsdienste

> Nach der inhaltlichen Orientierung bzw. Spezialisierung der ange-
> botenen Datenbanken unterscheiden wir **Branchendienste** und **allge-
> meine Informationsdienste.**

*Die größten Umsätze tätigen die Branchendienste im Finanz- und
Bankensektor.* Ihr Informationsangebot umfaßt

– aktuelle Börseninformation aller Art, z.B. Wertpapierkurse der Bör-
  sen auf der ganzen Welt, Devisen- und Valutenkurse, stattgefundene
  Emissionen usw.;
– firmenspezifische Hintergrunddaten für Tausende von Unternehmen,
  z.B. über die Führungskräfte, Marktanteile, Beschäftigten- und Um-
  satzzahlen, Bilanzpositionen;
– Zeitreihen aus allen Bereichen der Wirtschaft.

Die *Finanz- und Bankendienste* ermöglichen ihren Teilnehmern nicht
nur die reine Abfragemöglichkeit auf On-line-Datenbanken, sondern
manche vertreiben auch die Endgeräte (vielfach muß der Teilnehmer
das Terminal beim Informationsanbieter mieten bzw. kaufen) und bieten teilweise die Möglichkeit, Börsengeschäfte vom Terminal aus abzuwickeln. Beispielsweise gibt es bei dem größten Bankendienst als Zu-
satzleistung ein Dialogprogramm für Devisenhändler, mit dem diese
Devisentransaktionen durchführen können.

*Andere Branchendienste* sind auf Luft- und Raumfahrt, Bauwesen,

Gesundheitswesen, Land- und Forstwirtschaft, Chemie und viele andere Bereiche spezialisiert.

*Allgemeine Informationsdienste* bieten hingegen den Zugang zu Datenbanken aller Art.

Als «the world's largest and most comprehensive computer storehouse of information» bezeichnet sich die *DIALOG Information Services, Inc.* im kalifornischen Palo Alto mit ihrem Angebot von über 400 Datenbanken. Der Zugang ist über eines der drei großen paketvermittelten Datennetze Tymnet, Telenet und Uninet möglich.

Die gespeicherten Daten betreffen infolge der verfolgten «Warenhaus»-Politik alle möglichen Fachgebiete und sollen zu einer allumfassenden Informationsquelle ausgebaut werden. Wirtschaftsorientierte Datenbanken sind z.B. die PTS TIME SERIES und PTS FORECASTS, die historische Daten ab 1957 über die Marktentwicklung verschiedener Branchen und Prognosewerte bis Ende der 90er Jahre enthalten, oder PTS F&S Index mit Angaben über die Kapazitäten, den Absatz, den Einsatz akquisitorischer Potentiale, neue Produkte usw. aus den verschiedenen Branchen. Der ECONOMIC LITERATURE INDEX beinhaltet Zeitschriftenliteratur auf dem Gebiet der Volkswirtschaft, und die ABI/INFORM und MANAGEMENT CONTENTS eignen sich zur Informationsunterstützung betrieblicher Führungs- und Verwaltungsaufgaben. Für viele Wirtschaftszweige gibt es spezielle Datenbanken, etwa für die Papierindustrie (PIRA), die Textilbranche (WORLD TEXTILES), die Nahrungsmittelbranche (FOODS ADLIBRA und FOOD SCIENCE AND TECHNOLOGY ABSTRACTS), die Landwirtschaft (AGRICOLA, CAB , BIOSIS und CRIS/USDA) usw. Auch für Studierende und für Wissenschaftler interessant sind die Datenbanken DISSERTATION ABSTRACTS ONLINE, die 99% aller seit 1861 geschriebenen US-amerikanischen Dissertationen enthält, und der CONFERENCE PAPERS INDEX, der Beiträge zu wissenschaftlichen Tagungen auf den Gebieten Technik, Naturwissenschaften und Medizin nachweist.

Besonders stark ausgebaut hat DIALOG in der letzten Zeit den Bereich der Volltextdatenbanken, und zwar mit Magazinen, Tages- und Wochenzeitungen, wie Washington Post, Christian Science Monitor oder Financial Times.

→ Übungsaufgaben Nr. I–254 und I–255 im Arbeitsbuch

### Zugangsmöglichkeiten

Zu diesen und anderen internationalen Informationsdiensten ist von der Bundesrepublik Deutschland aus der *Zugang* über das öffentliche Telefonnetz und das paketvermittelte Datexnetz, DATEX-P, möglich. Auch beim DATEX-L-Netz sind Übergänge in die wichtigsten internationalen Datennetze und damit Zugangsmöglichkeiten zu den darauf basierenden Informationsdiensten vorhanden.

Die Informationsdienste mit Sitz in der Bundesrepublik sind auf unterschiedlichen Wegen erreichbar. In Einzelfällen können wahlweise alle von der Telekom angebotenen Übertragungsdienste genutzt werden. Vor allem der Ausbau des ISDN wird die Zugangsmöglichkeiten wesentlich verbessern.

In vielen Fällen setzt heute die Verwendung der angebotenen Online-Datenbanken noch die Kenntnis einer *Abfragesprache* voraus, die sich von Datenbankanbieter zu Datenbankanbieter unterscheidet.

Immer mehr Datenbankanbieter (Hosts) sind in den letzten Jahren jedoch dazu übergegangen, eine *menügesteuerte Abfrage* in den Datenbanken zusätzlich zu der kommandogesteuerten zu ermöglichen. Außerdem werden Kommunikationsprogramme angeboten, mit denen man über eine einheitliche Schnittstelle benutzerfreundlich und menügesteuert in den Datenbanken der verschiedensten Datenbankanbieter suchen kann. Nachteil der menügesteuerten Abfrage ist ein Verlust an Komplexität bei der Formulierung einer Suchfrage, da die Menüs auf die «normale» Suchfrage ausgerichtet sind. Das Prinzip bei einer Abfrage ist immer – ob kommandogesteuert oder menügesteuert – die Verknüpfung von mehreren Suchbegriffen nach der Boole'schen Logik mit «und», «oder», «und nicht», wobei definiert werden kann, in welchem Feld der Datenbank dieser Suchbegriff stehen soll: Namensfeld, Schlagwortfeld, Feld für einen Code (z.B. SIC – Standard Industry Code) usw. In formatierten Feldern kann auch nach einem Bereich gesucht werden: z.B. Erscheinungsjahre von ... bis ... oder Firmen mit einer Beschäftigtenzahl von über 20.

## Informationsvermittlungsstellen

Eine einfache Abfragesprache oder die Menütechnik erleichtern zwar den Datenbankzugriff, trotzdem braucht der gelegentliche Benutzer in vielen Fällen eine zusätzliche Hilfestellung. Er weiß nämlich oft nicht, in welchen der vielen angebotenen Datenbanken zu recherchieren ist, um die gewünschte Information zu erhalten. Fast nie genügt es, nur eine Datenbank zu durchsuchen, insbesondere dann nicht, wenn ein umfassender Überblick über ein Thema nötig ist. Auch ist der gelegentliche Benutzer mit den jeweils bestgeeigneten Suchstrategien selten so vertraut, daß seine Recherchen optimale, d.h. möglichst vollständige und kostengünstige Ergebnisse bringen.

Zur Betreuung von Benutzern mit einem nur sporadischen Informationsbedarf sind in vielen Großbetrieben sogenannte *Informationsvermittlungsstellen* (oft im «Information Center»; vgl. Abschnitt 2.4.1.4) eingerichtet worden. Die dort tätigen Experten können auch die Informationswünsche solcher Benutzer erfüllen, die an ihrem Arbeitsplatz nicht über die nötigen technischen Voraussetzungen zur Nutzung externer Datenbanken verfügen (Netzanschluß, Abfragestation – hierfür kommen fast alle Datensichtstationen und Mikrorechner in Frage).

*Für kleine und mittlere Betriebe* gibt es ebenfalls Informationsvermittlungsstellen bei privaten Maklern, Information Brokern und öffentlich-rechtlichen Einrichtungen wie Innovationsberatungs- und Technologietransferstellen bei Industrie- und Handelskammern, regionalen Wirtschaftsförderungsinstitutionen und Bibliotheken (Näheres im Abschnitt 4.4).

→  Übungsaufgabe Nr. I–256 im Arbeitsbuch

### 4.1.5 Vorgangsbearbeitung und «Workgroup Computing»

Die **Vorgangsbearbeitung** (engl.: workflow management) nimmt in der Bürowelt eine zentrale Stelle ein. Das Funktionsspektrum des einzelnen Arbeitsplatzes wird um die Möglichkeit der Zusammenarbeit zwischen mehreren Beteiligten nach festgelegten Regeln und Methoden erweitert. Diese arbeitsteilige Bearbeitung von Vorgängen wird mit der Vorgangsbearbeitung realisiert.

Ein *Vorgang* besteht aus einer Folge von Tätigkeiten und dem Laufweg des Vorgangs über mehrere Arbeitsplätze. Aufgrund einrichtbarer Entscheidungen können auch Verzweigungen (alternative und nebenläufige Bearbeitungswege) realisiert werden. Eine *Tätigkeit* umfaßt die Arbeitsschritte, die zusammengehören und kontinuierlich auf dem Schreibtisch ablaufen.

Ebenso wichtig wie die Ablauforganisation (Vorgänge) ist die Aufbauorganisation eines Betriebs. Die Zuordnung von Vorgängen zu Bearbeitern geschieht über die Stelle, die organisatorisch für die Arbeitsschritte zuständig ist. Einer Stelle werden die Kompetenzen und Rollen des Stelleninhabers zugeordnet.

Innerhalb der *Vorgangsbearbeitung* unterscheidet man *drei Ebenen*:
– Die *Objektbearbeitungsebene* (auf unterster Ebene innerhalb eines Bürowerkzeuges) nutzt bestehende Makrosprachen von Anwendun-

gen und bietet Funktionen zur programmierten Textverarbeitung und Text-/Datenintegration.

- Die *Tätigkeitsebene* unterstützt die Definition und Durchführung der Methodenaufrufe, die im Rahmen einer Tätigkeit zusammenhängend an einem Arbeitsplatz ablaufen. Sie dient zur Integration von Anwendungen. Technisch baut sie auf Mechanismen wie DDE unter einer grafischen Benutzeroberfläche (siehe Abschnitt 4.4) oder ähnliche Mechanismen der Objektkommunikation in anderen Betriebssystemen auf.

- Die *Steuerungsebene* beschreibt und steuert den Tätigkeitswechsel am Arbeitsplatz sowie die Verlagerung zwischen den Plätzen. Hier werden alle Attribute einer Tätigkeit ausgewählt, wie Verzichtbarkeit der Bearbeitung, maximale Bearbeitungszeit, Stelle, Rolle, Kompetenz des Bearbeiters.

*Softwaresysteme zur Unterstützung der automatisierten Vorgangsbearbeitung* müssen folgende *Grundfunktionen* enthalten:

- (Grafischer) Editor zur Vorgangsbeschreibung. Es werden sämtliche im Verlauf einer Vorgangsbearbeitung möglichen Tätigkeiten sowie die von den Vorgangsdaten abhängigen Durchlaufmöglichkeiten gekennzeichnet.

- Laufwegsteuerung mit gleichzeitiger Protokollierung aller Abläufe (Status, Verweilort).

- Vorgangsverteilungssystem zwischen den Arbeitsplätzen, z.B. durch elektronische Post.

- Vorgangsverwaltungssystem, integriertes Ablage- und Archivsystem zur Speicherung der Vorgangsobjekte und des Protokolls (revisionsfähig).

- Mitzeichnungs- und Abzeichnungsverfahren.

- Koppelung mit einem Rollen- und Berechtigungssystem, das durch Nutzung der gespeicherten Aufbauorganisation die kompetenzgerechte Zuordnung von Vorgängen zu Bearbeitern ermöglicht.

- Einbettung in den Arbeitsplatzrechner. Gleiche Benutzeroberfläche wie die übrigen Komponenten des integrierten Bürokommunikationssystems.

Bisherige Realisierungen von Vorgangsbearbeitungssystemen waren *meist Eigenentwicklungen* von großen Anwendern (Kommunale Stellen, Ministerien, usw.). Produkte von EDV-Herstellern oder Softwarehäusern sind angekündigt und kommen langsam auf den Markt.

Der hauptsächliche Einsatz erfolgt im Verwaltungsbereich von Behörden (Aktensysteme, Schriftgutverwaltungssysteme, Kanzleiinformationssysteme) und bei Versicherungen.

Übungsaufgabe Nr. I–257 im Arbeitsbuch ← ←

Bei dem in letzter Zeit in den USA entstandenen Begriff «**Workgroup Computing**» (abgekürzt: WGC) geht es darum – aus Sicht einer Arbeitsgruppe – gemeinsam mit Information umzugehen, sie zu erzeugen, zu sammeln, zu kommentieren, zu strukturieren und zu verteilen, kurz, sie vielfältig für die täglichen Aufgaben einzusetzen. Softwaresysteme, die diesen Prozeß möglichst einfach und weitreichend unterstützen, ohne die Dynamik und die Flexibilität dieser ablaufenden Gruppenarbeitsprozesse in die Zwangsjacke starr vorgegebener Funktionalität zu pressen, bezeichnet man als **Groupware**.

*Workgroup Computing* charakterisiert eine neue Form des rechnerunterstützten Zusammenwirkens von unterschiedlichen Spezialisten bzw. Arbeitsgruppen. Es erfordert endbenutzernahe Softwarewerkzeuge, die es den Arbeitsgruppen ermöglicht, ihre individuelle Arbeitsumgebung schnell und flexibel den rasch wachsenden Anforderungen anzupassen.

Damit unterscheidet sich Workgroup Computing ganz wesentlich von der im vorigen Abschnitt besprochenen Vorgangsbearbeitung (engl.: workflow automation), bei der stark strukturierte verkettete Büroarbeitsprozesse mit Wiederholungscharakter automatisiert werden.

Aktuelle leistungsfähige *Groupware-Systeme* basieren auf LAN und bieten moderne objektorientierte Fensteroberflächen, Unterstützung von Verbunddokumentverarbeitung, elektronische Post, Aufgaben- und Vorgangsverwaltung und eine gemeinsame Datenhaltung auch über mehrere Standorte hinweg. Zusätzlich beinhalten sie sehr effektive Werkzeugkästen, mit deren Hilfe die Entwicklung einer individuellen Arbeits- und Informationsumgebung schneller als mit Sprachen der 4. Generation möglich ist.

Groupware geht damit funktionell wesentlich über den gemeinsamen Zugriff auf schwach strukturierte Informationsbestände in *Bulletin-Board-Systemen* (Schwarzes Brett) hinaus. Diese seit vielen Jahren – mit zeilenorientierter Benutzeroberfläche – in den USA weit verbreiteten Systeme sind quasi Vorläufer der heutigen Groupware.

Groupware unterstützt die gemeinsame Verwaltung und Bereitstellung von wichtiger Information an alle Mitglieder auch großer Projekt-

Abb. 4.1.5/1: Groupware (Lotus Notes/Teamworks; Quelle: Haus Weilgut, Computer Conception GmbH, Karlsruhe / Lotuswelt 2/92)

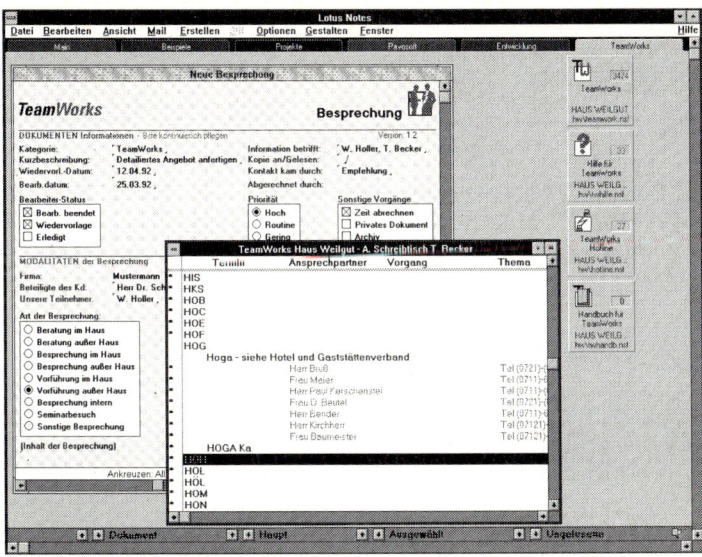

Im persönlichen Schreibtisch und Karteikasten sind alle Ansprechpartner und Tätigkeiten wie die Besprechungsnotizen übersichtlich dargestellt

Wesentlicher Bestandteil von Teamworks ist die Serienbriefschreibung über das Aktionsstammblatt sowie eine Gruppenterminverwaltung

teams und verhindert so das Anlegen von «privaten» Informationsbeständen, die einen schnellen Projektfortschritt aufgrund unterschiedlicher Kenntnisstände hemmen.

Der Einsatz von Groupware in Europa befindet sich erst im Anfangsstadium. Erste Pilotprojekte laufen jedoch bereits.

→ Übungsaufgabe Nr. I–258 im Arbeitsbuch

### 4.1.6 Elektronische Bildverarbeitung und optische Archivsysteme

> Elektronische **Bildverarbeitung** (engl.: image processing) beschäftigt sich mit der Bearbeitung von Rasterbildinformation, sog. nicht codierter Information (engl.: non-coded information; abgekürzt: NCI), die nur aus Bildpunkten besteht – im Gegensatz zur Textverarbeitung, die codierte Information (engl.: coded information; abgekürzt: CI) bearbeitet.

Die *Rasterbilder (Images)* entstehen durch *Einscannen* von Dokumenten (Papier), zur Anzeige werden *große hochauflösende Bildschirme* verwendet. Je nach Anwendungsfall erfolgt noch eine Nachbearbeitung durch *Imageeditoren* oder nicht (Archivierung von Originalbelegen). Da durch Scanner selbst bei Kompression – siehe Abschnitt 4.1.2.6 – riesige Datenmengen entstehen – bietet sich die *Archivierung auf optischen Speicherplatten* mit ihrem großen Fassungsvermögen an. Abb. 4.1.6/1 zeigt einen üblichen Datenfluß.

Diese Basistechnologie kann nun im Bürobereich *für die verschiedensten Anwendungsfälle* eingesetzt werden – Schlagwort: papierloses Büro:

– Ablösung von Mikrofilm und Mikrofiche,
– Auskunftssysteme,
– Belegarchivierung und -verarbeitung,
– Dokumentenmanagementsysteme (auch elektronische Schriftgutmanagementsysteme), die eine Integration mit Systemen der Vorgangssteuerung beinhalten,
– Archivierung, Verwaltung und Verteilung technischer Dokumente,
– Integration mit klassischen Bürokommunikationssystemen, sodaß Rasterbilder und Text-/Grafik-Dokumente gleichermaßen die diversen Bürodienste nutzen können.

Zur Unterstützung der notwendigen Suchvorgänge beim *Zugriff auf das Archiv* werden *Datenbanken* oder *Information-Retrieval-Systeme* (Volltextrecherche) durch die integrierten Anwendungen genutzt. Bei der Dokumentenerfassung werden meist manuell Schlagworte vergeben

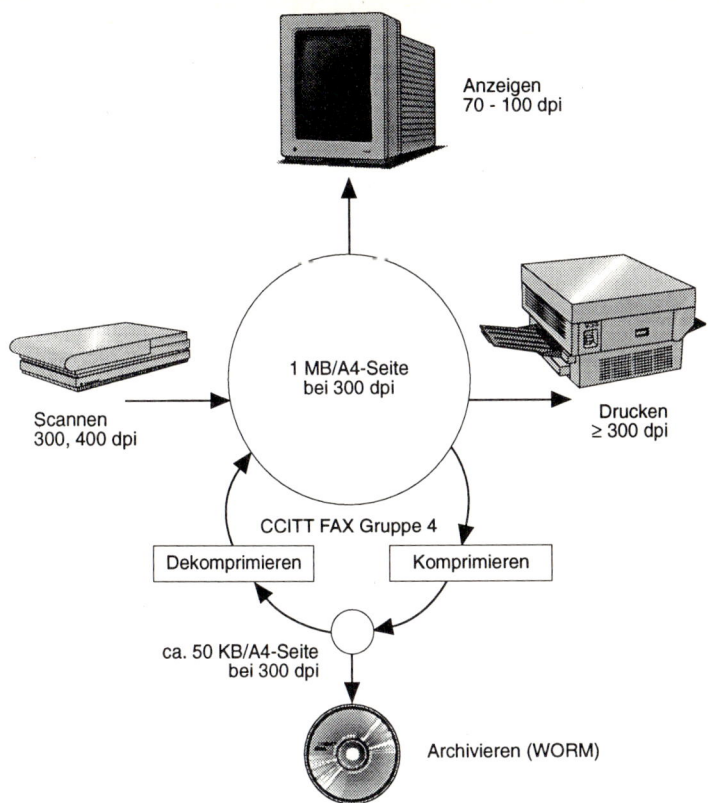

Abb. 4.1.6/1: Datenfluß bei der Bildverarbeitung

(Deskribierung, Indexierung), die als Schlüssel in der Datenbank hinterlegt werden und auf das Originaldokument auf der optischen Speicherplatte (oder einem sonstigen Medium) weiterverweisen.

Die *Bandbreite der Einsatzfälle* reicht von Pressearchiven bei Behörden, über Aktenverwaltung in Krankenhäusern bis zu Schadensbearbeitung in Versicherungen und Kanzleiinformationssystemen bei Behörden. Speziell Banken, Bausparkassen und Versicherungen sind die finanzstarken Vorreiter beim Einsatz dieser neuen Technologien, die noch teuer sind.

Während in den 80er Jahren nur proprietäre Bildverarbeitungssysteme zu extrem hohen Preisen erhältlich waren, basiert die neue Generation auf verbreiteten Standardbetriebssystemen (MS-DOS, OS/2,

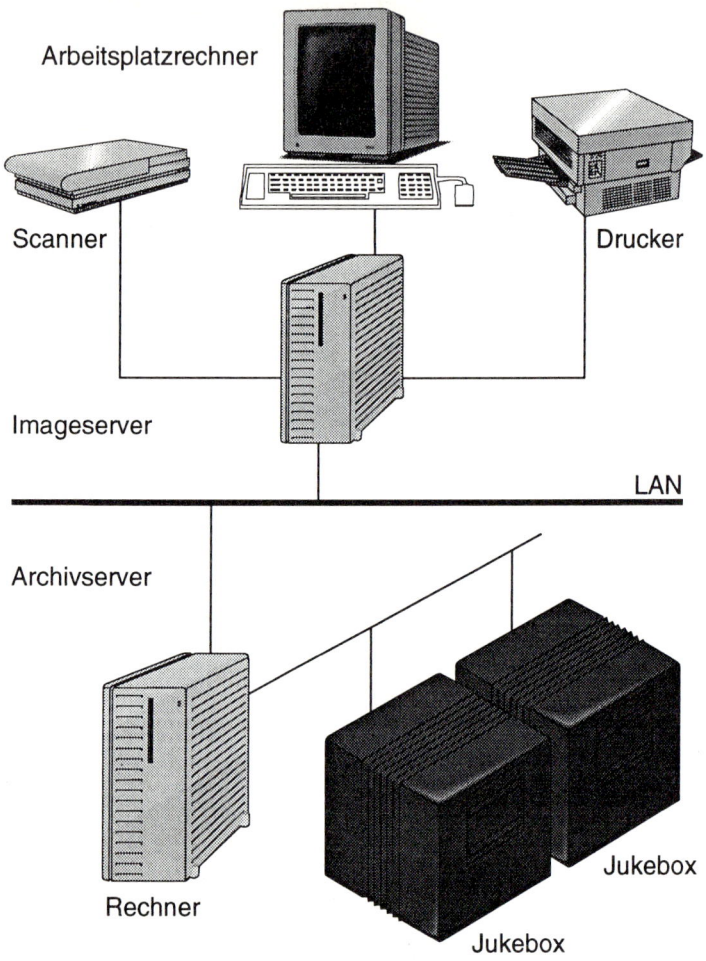

Abb. 4.1.6/2: Konfiguration eines Bildverarbeitungssystems

UNIX) und Client-Server-Architekturen. Heutige Installationen reichen von Einplatzsystemen (PC mit Scanner, Drucker und einem WORM-Laufwerk) bis hin zur Vollausstattung großer Bürohäuser. Abb. 4.1.6/2 zeigt eine typische Konfiguration mittlerer Größe.

→ Übungsaufgabe Nr. I–259 im Arbeitsbuch

## 4.1.7 Zentrale Systemadministration (Verzeichnisdienste)

Für die Administration der Servicekomponenten, Rechner und Netze sowie für die zentrale Benutzerverwaltung eines Büroinformationssystems sind eigene Systemmodule erforderlich.

Die *Administration der Betriebssysteme und der eingesetzten Netzwerke* erfolgt durch stets vorhandene Basisdienste, auf denen die bürospezifische Serviceadministration und die Benutzerverwaltung aufsetzen.

Die Strukturierung und Realisierung von verteilten Systemen, wie es komplexe Büroinformationssysteme mit Client-Server-Architektur sind, sind ein noch neues Gebiet der Softwaretechnologie. Trotzdem haben die *Standardisierungen der ISO* mit dem *OSI-Standard X.500 für einen verteilten Verzeichnisdienst (Directory Service)* und die Arbeitsergebnisse der OSF (Open Software Foundation) mit den *DCE (Distributed Computing Environment-)Komponenten* die Basis für eine offene, standardbasierte Entwicklung gelegt. Abb. 4.1.7/1 zeigt die *Struktur von OSF/DCE* mit seinen Service-Komponenten.

Die Identitäts- und Berechtigungsprüfung von Benutzern und Client-Zugriffen auf Services sollte durch einen *zentralen Authentifizierungsdienst* durchgeführt werden. Dazu bietet sich für die Zukunft der Security Service von OSF/DCE an. Aus Sicht des Benutzers ist ein sog. «single logon» erwünscht, d.h. daß sich der Benutzer nur einmal durch Namen und Paßwort ausweisen muß, auch wenn er die Dienste mehrerer Services mit eigenen Autorisierungsverwaltungen in Anspruch nimmt.

Basisdienst und Voraussetzung für die Nutzung von verteilten Services ist der «*Naming Service*», der ein verteiltes Adreßverzeichnis bietet und u.a. den Zugriff auf Ressourcen über Namen ermöglicht.

---

Der OSI- und CCITT-Standard **X.500** beschreibt die Struktur eines baumartig aufgebauten Adreß- und Namensverzeichnisses und die Funktionen eines verteilten **Verzeichnisdienstes**. Der Einsatz des **Directory Service** macht es möglich, die immer komplexer werdenden Netzwerke sinnvoll zu administrieren. Es existiert nur eine einzige Adreßdatenbasis im System.

---

Am bekanntesten ist der *Directory Service* in seiner Eigenschaft als *elektronisches Teilnehmerverzeichnis*, das mit den weißen und gelben Seiten des Telefonbuchs verglichen werden kann. Doch es können nicht nur die Daten von Personen, sondern *von allen Objekten* mit jeweils

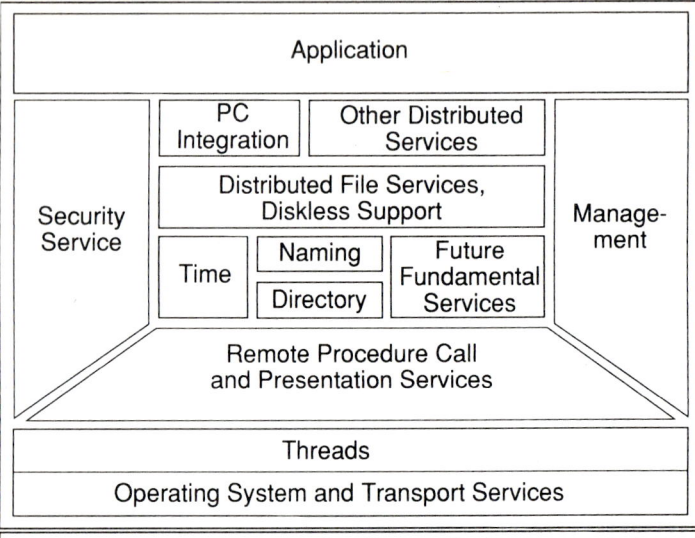

| | Application | | |
|---|---|---|---|
| Security Service | PC Integration | Other Distributed Services | Management |
| | Distributed File Services, Diskless Support | | |
| | Time | Naming / Directory | Future Fundamental Services |
| | Remote Procedure Call and Presentation Services | | |

Threads

Operating System and Transport Services

- OSF/DCE ist <u>der</u> Standard für die verteilte Datenverarbeitung auf der Basis von Client-Server-Architekturen
- **Threads Service**
  Parallele Verarbeitung innerhalb einer Anwendung und transparentes Multiprocessing
- **Naming Service**
  Zugriff auf Ressourcen über logische Namen
- **Directory Service**
  Im Netz verteiltes Adreßverzeichnis
- **Time Service**
  Synchronisation aller Zeit- und Taktgeber
- **Security Service**
  Authentifizierung und Autorisierung
- **Distributed File Service**
  Im Netz verteilte Ablagedateien
- **Diskless Support**
  Für Arbeitsplatzrechner ohne eigene Magnetplatte
- **PCI Service**
  PC-Integration auf Basis LAN Manager-(LM/X) und PC/NFS-Server-Software

Abb. 4.1.7/1: OSF/DCE-Komponenten

**ohne Directory-Service:**

n Adreßverzeichnisse
auf jedem Rechner lokal und getrennt zu administrieren

**mit Directory-Service:**

1 Adreßverzeichnis (im Netzwerk verteilt)
gemeinsam für Benutzer und Administrator

Abb. 4.1.7/2: Adreßdatenverwaltung mit und ohne Directory Service

passend strukturierten «Entries» (= Sammlung von Attributen) im Directory abgelegt werden.

Alle Objekte (z.B. Benutzernamen oder Dienste) im Directory werden über einen *eindeutigen Namen* (Distinguished Name) angesprochen. Jedem Objekt können beliebige Attribute wie Telefonnummern, E-Mailadressen, organisatorische Bezeichnungen usw. zugeordnet werden, nach denen auch gesucht werden kann. *Ein Directory kann somit Angaben über Benutzer, Geräte, Ressourcen, Konfigurationen usw. enthalten.* Der Directory Service ist ein Basisdienst, mit dessen Hilfe andere verteilte Services und zentrale Dienste ihre Leistungen erbringen können (siehe Abb. 4.1.7/3).

Bei Büroinformationssystemen ist eine *zentrale Benutzerverwaltung* besonders wichtig. Speziell die Bearbeitung von Vorgängen macht es notwendig, daß nicht nur Namen, sondern auch *Rollen und Kompetenzen von Personen* verwaltet werden. Dies sollte durch einen Baustein, hier ORG genannt, geleistet werden, der die netzweite Erfassung und Verwaltung von Benutzern ermöglicht. Alle bei ORG angemeldeten Services werden über Neueinträge und Änderungen von Benutzerdaten informiert. ORG setzt seinerseits wieder auf den Basisdiensten eines Directory Service auf (siehe Abb. 4.1.7/4).

867

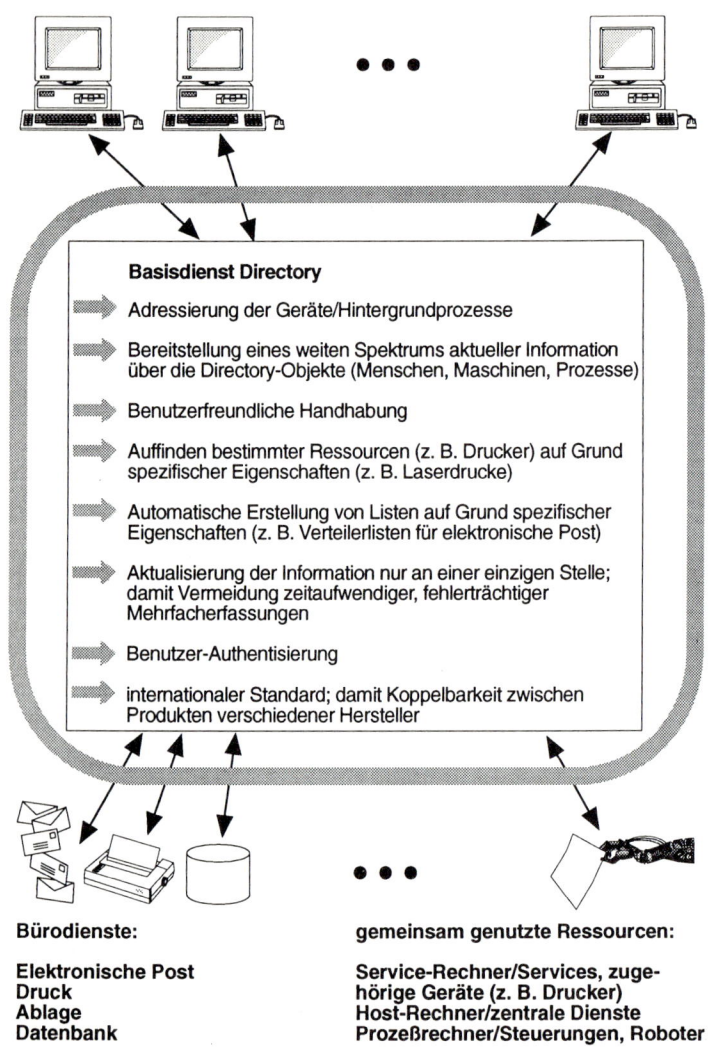

**Anwender/Applikationen/Administration**

● ● ●

**Basisdienst Directory**

➡ Adressierung der Geräte/Hintergrundprozesse

➡ Bereitstellung eines weiten Spektrums aktueller Information über die Directory-Objekte (Menschen, Maschinen, Prozesse)

➡ Benutzerfreundliche Handhabung

➡ Auffinden bestimmter Ressourcen (z. B. Drucker) auf Grund spezifischer Eigenschaften (z. B. Laserdrucke)

➡ Automatische Erstellung von Listen auf Grund spezifischer Eigenschaften (z. B. Verteilerlisten für elektronische Post)

➡ Aktualisierung der Information nur an einer einzigen Stelle; damit Vermeidung zeitaufwendiger, fehlerträchtiger Mehrfacherfassungen

➡ Benutzer-Authentisierung

➡ internationaler Standard; damit Koppelbarkeit zwischen Produkten verschiedener Hersteller

● ● ●

**Bürodienste:**

**Elektronische Post**
**Druck**
**Ablage**
**Datenbank**
...

**gemeinsam genutzte Ressourcen:**

**Service-Rechner/Services, zuge-**
**hörige Geräte (z. B. Drucker)**
**Host-Rechner/zentrale Dienste**
**Prozeßrechner/Steuerungen, Roboter**

Abb. 4.1.7/3: Directory Service als Basisdienst

## Benutzereintrag mit systemweiter Gültigkeit

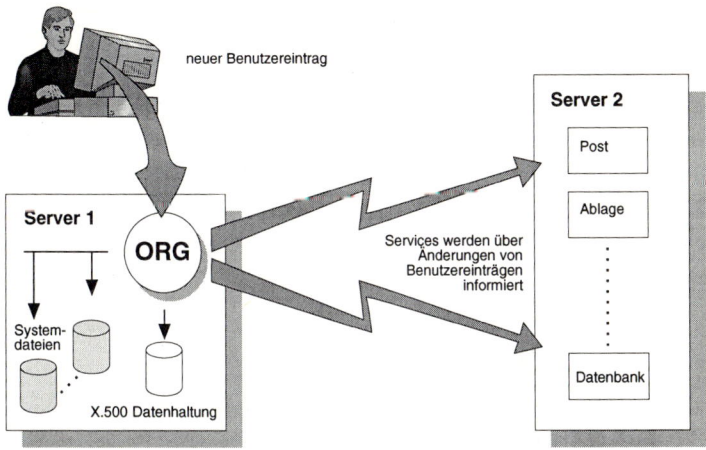

Abb. 4.1.7/4: Zentraler Benutzereintrag mit Hilfe eines ORG-Service (Quelle: SNI)

ORG leistet ein *zentrales Organisations- und Ressourcenmanagement* und ist somit Drehscheibe für alle höheren Dienste und Anwendungen eines strukturierten Büroinformationssystems.

Übungsaufgabe Nr. I–260 im Arbeitsbuch

## 4.2 Hardwarekomponenten von Büroinformationssystemen

Hardware und Software bilden bei bürotechnischen Systemen natürlich ein Ganzes. Unsere Gliederung in Softwarekomponenten (Abschnitt 4.1) und Hardwarekomponenten (Abschnitt 4.2) zeigt nur einen unterschiedlichen Betrachtungswinkel. Nachfolgend stehen also die Anlagen bzw. Geräte im Vordergrund.

Auf dem Markt wird eine kaum überblickbare *Vielfalt von Systemen für Bürozwecke* angeboten. Sowohl bezüglich der verfügbaren Funktionen, der Benutzerfreundlichkeit, der Integrationsfähigkeit und Offenheit als auch bezüglich der Preise gibt es große Unterschiede. Die Spannweite reicht von billigen «schwachen» 16-Bit-PCs mit einfachen Textverarbeitungspaketen über PC-Netze und Abteilungsrechner bis zu verteilten Systemen mit Hostanbindung und Integration von sonstigen EDV-Anwendungen.

Die *Auswahl* eines Bürosystems setzt – wie in anderen Anwendungsbereichen auch – eine sorgfältige Istaufnahme (Arbeitsplatzanalyse) und eine daraus abgeleitete Spezifikation der jeweiligen Anforderungen voraus. Nur auf dieser Basis ist eine «vernünftige» Beurteilung der angebotenen Produkte möglich.

### 4.2.1 Einzel- und Mehrplatztextverarbeitungssysteme

Diese auch als *Textautomaten* bezeichneten dedizierten, d.h. speziell für die Textverarbeitung ausgelegten, Geräte sind zwar noch oft in Sekretariaten und Schreibbüros anzutreffen, entsprechen aber nicht dem heutigen Trend zur integrierten Sachbearbeitung und der Erzeugung von Mischdokumenten. Sie werden nicht mehr erneuert und laufend durch PCs oder UNIX-basierte Systeme ersetzt.

Obwohl diese Geräte in der Vergangenheit gute Dienste geleistet haben und zum Teil heute noch tun, haben sie gegen die Leistungsfähigkeit moderner Textverarbeitungsprogramme auf PCs keine Chance und sind auch im Preis-/Leistungsvergleich nicht konkurrenzfähig. Sie werden von vielen Herstellern auch nicht mehr vermarktet.

*Große Mehrplatztextsysteme* sind mit Zentraleinheit, Magnetplatten, aufwendiger Peripherie und zusätzlich oft Teletexanschluß und Terminalemulationen ausgestattet. Sie besitzen jedoch stets ein ganz spezielles, proprietäres Betriebssystem und machen den Anwender völlig von seinem Lieferanten abhängig. Trotz der zum Teil sehr guten

Funktionen stehen sie im Widerspruch zum heutigen Trend nach offenen Systemen und werden daher aussterben.

Übungsaufgabe Nr. I–261 im Arbeitsbuch ←

### 4.2.2 Dokumentenverarbeitung auf PCs und in PC-Netzwerken

*Auf PCs* steht heute eine *Fülle von sehr guten ausgereiften Textverarbeitungsprogrammen* zur Verfügung. Für den gelegentlichen Benutzer reicht oft ein einfaches Paket und ein preisgünstiger PC, z.B. mit 80386SX-Prozessor. Ansonsten unterscheidet man Textverarbeitungsprogramme ohne Grafik, die nur MS-DOS voraussetzen, und solche unter fensterorientierten Oberflächen. Letztere breiten sich immer mehr aus und stehen unter Windows, OS/2, Mac-OS und UNIX/MOTIF zur Auswahl. Allerdings ist der Hardware-Bedarf für ein flottes Arbeiten doch höher.

Ferner gibt es eine *Fülle von Tabellenkalkulationspaketen, Grafikprogrammen, DTP-Programmen, Datenbankverwaltungssystemen* und vieles mehr – kein Wunsch bleibt unerfüllt. Sehen Sie sich zur Information über die derzeitigen Bestseller den Abschnitt 4.4 an. Jedes der dort genannten Produkte ist hervorragend! Und informieren Sie sich im Detail über die Funktionsvielfalt des sich laufend erweiternden Softwareangebots in den PC-Magazinen, die Sie in Fülle an jedem Kiosk bekommen und die immer wieder für die wichtigsten Anwendungsbereiche Produktvergleiche bringen. Für die kleinere Brieftasche werden auch integrierte Pakete mit eingeschränktem Leistungsumfang der Einzelfunktionen aber identischer Bedienung und optimaler Integration angeboten.

Wenn Sie mehrere *Applikationen unter Windows* gleichzeitig betreiben wollen, so sollten Sie mindestens über einen 80386-PC mit 4 MB Arbeitsspeicher verfügen. Bei anderen PC-Betriebssystemen (OS/2, Mac-OS) ist der Arbeitsspeicherbedarf für ein zügiges Arbeiten sogar noch höher (Näheres im Abschnitt 2.4.5).

Übungsaufgabe Nr. I–262 im Arbeitsbuch ←

Bei der *in Multimedia-Systemen eingesetzten Hardware* muß zwischen Geräten unterschieden werden, die zur Entwicklung von Multimedia-Anwendungen verwendet werden, und solchen, die zur Wiedergabe dieser Anwendungen eingesetzt werden.

Die *Entwicklung von Multimedia-Anwendungen* kann effizient nur auf besonders leistungsfähigen Rechnern erfolgen. Dabei handelt es sich derzeit fast ausschließlich um *CISC-basierte PCs*, die mit Intel- oder

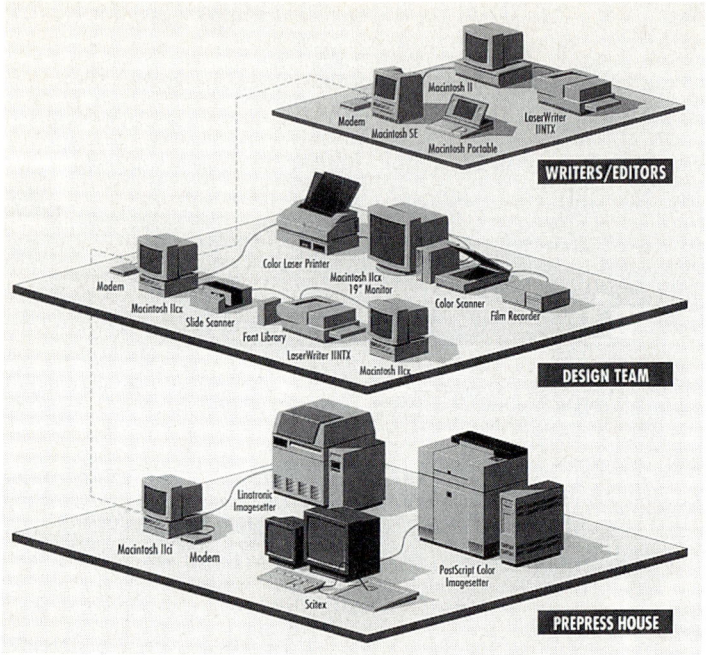

Abb. 4.2.2/1: Maschinenkonfiguration für Desktop-Publishing (Quelle: Apple)

Motorola-Prozessoren sowie größtmöglichem Arbeits- und Plattenspeicher ausgestattet sind. An diese Rechner sind zum Einlesen und Digitalisieren extern verfügbarer Daten (Fotos, Videos, Musik usw.) traditionelle *Peripheriegeräte* wie

- externe Festplatten,
- Scanner (zum Einlesen von Dokumenten und Fotos),
- CD-ROM-Laufwerke (zum Einlesen von Musik und/oder Software),
- Bildplattenspieler und CamCorder (zum Einlesen und Digitalisieren von Bewegt- und/oder Standbildern)

angeschlossen. Zur Anbindung externer Signalquellen, zur Digitalisierung und Kompression von Audio- und Videoinformation müssen diese Rechner oft auch mit leistungsfähigen und sehr kostspieligen *Zusatzkarten* ausgestattet sein. Ideal ist es, wenn derartige Karten einen flexiblen Einsatz ermöglichen und z.B. unterschiedliche Fernsehnormen wie PAL, NTSC usw. verarbeiten können.

Die zur *Wiedergabe von Multimedia-Applikationen* verwendete Hardware sollte idealerweise kompakt, kostengünstig, ohne großen technischen Aufwand installierbar und einfach bedienbar sein. Insbesondere sollten diese Rechner über eingebaute Einrichtungen sowohl zum Einlesen von Anwendungen (herkömmliche oder drahtlose Netzwerkanbindung, CD-ROM-Laufwerk o.ä.) als auch zum Navigieren in diesen Anwendungen (z.B. berührungssensitive Bildschirme oder Vorrichtungen für Spracheingabe) verfügen. Ferner sollten auf diesen Systemen Multimedia-Anwendungen ohne zusätzliche Hardware (z.B. teure Multimedia-Adapter usw.) abgespielt werden können, und sie sollten auch universell einsetzbar (klassische PC-Funktionen) sein.

PCs sind heute das am weitesten verbreitete Endgerät im Bürobereich. Sollen mehrere Benutzer auf gemeinsame Datenbestände zugreifen, gemeinsame Druckerperipherie nutzen und Nachrichten austauschen, so bieten die gängigen *PC-Netzwerke mit Ablage- und Druckservice* Ausbaumöglichkeiten von wenigen bis zu über 100 Endgeräten. Auch elektronische Postdienste können integriert werden.

Diese PCs und die genannten Endbenutzerwerkzeuge bzw. PC-Netze mit Servern werden *primär von PC-Händlern bzw. Systemintegrations-*

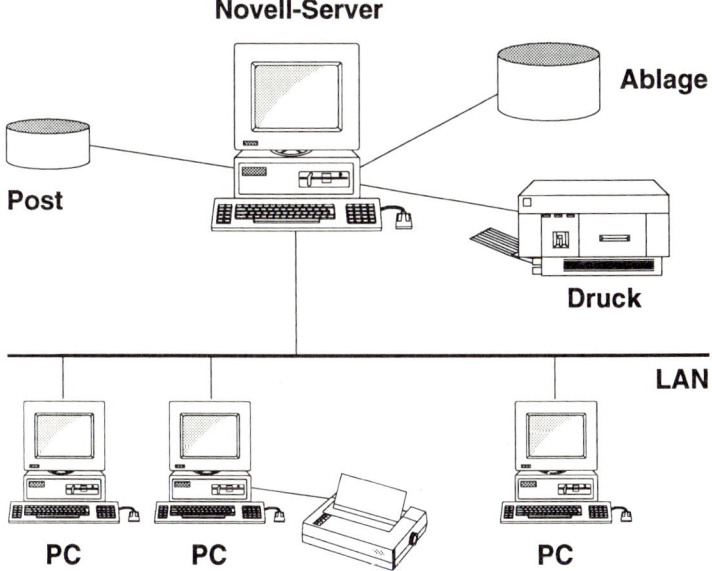

Abb. 4.2.2/2: Typische Hardware- und Software-Konfiguration eines PC-LAN für Büroanwendungen

*firmen* vertrieben. Sie bieten dem Kunden den Vorteil der lokalen Nähe bei Bedarf an Wartung oder Beratung. Wobei Sie – aber das wissen Sie ja schon – von Discounthändlern, die besonders preiswerte No-name-PCs vertreiben, nicht oder nur in sehr eingeschränktem Umfang zusätzliche Dienstleistungen wie Installationshilfe, Beratung usw. erwarten dürfen. Große EDV-Hersteller haben sich im reinen PC-Markt auf Großprojekte mit entsprechender Stückzahl zurückgezogen. Wahrscheinlich werden auch in Europa der Einkauf über Katalog und die Bestellung per Telefon Verbreitung finden. Die Installation eines lokalen Netzes erfordert allerdings doch technisches Spezialwissen und bleibt dem Händler überlassen.

Die Abb. 4.2.2/2 zeigt beispielhaft eine *typische Konfiguration*, wie sie heute in Büroumgebungen in der Praxis vorherrscht.

→ Übungsaufgabe Nr. I–263 im Arbeitsbuch

### 4.2.3 Dokumentenverarbeitung auf Minirechnern

In diesem Abschnitt wollen wir *Bürosysteme in klassischer Mehrplatztechnologie* betrachten: das heißt, einen modernen Minirechner mit UNIX als Betriebssystem mit sternförmig angeschlossenen Terminals als technische Basis für eine darauf implementierte Bürosoftware.

Während bei PCs Einzelsoftwareprodukte eingesetzt werden, dominieren bei Minirechnern «integrierte Bürosysteme», die alle benötigten Teilfunktionen enthalten und die angeschlossenen Benutzer gleichzeitig bedienen. Neben Textverarbeitung und Tabellenkalkulation werden Geschäftsgrafik, Terminkalender, Notizbuch, Telefonverzeichnis, Wiedervorlage, Tischrechner und Ablage geboten. Elektronische Post auf Basis von in UNIX enthaltenen Postdiensten (SMTP), sowie elegante Anbindungen an UNIX-Datenbanken erweitern das Funktionsspektrum. Mittels Softwarewerkzeugen zur Erstellung anwenderspezifischer Programme im Bürobereich können die Benutzer die Menüs um eigene ergänzen.

Der *Vorteil dieses Ansatzes* liegt in der optimalen Integration und einheitlichen Benutzeroberfläche der einzelnen Module. Der Nachteil ist, daß Standardsoftware des übrigen Marktes nicht (gut) integriert werden kann.

Diese *integrierten Büropakete* werden von den meist amerikanischen Herstellern weltweit vertrieben, *auf alle gängigen UNIX-Rechner aller Hersteller portiert* und ermöglichen damit dem Anwender, selbst bei Wechsel seines Hardwarelieferanten, sein Büropaket weiter einzusetzen bzw. gemischte Hardwarekonfigurationen zu betreiben. Bei Verwendung spezieller Terminals mit Vektorgrafikeigenschaften kann auch Geschäftsgrafik am Bildschirm dargestellt werden.

Durch die Weiterentwicklung von UNIX in Richtung Grafik (X-Window) mit Darstellung auf X-Terminals enthalten die neuesten Versionen dieser Büropakete auch Module zur Ausgabe auf X-Endgeräten. Teilweise wurde auch die konventionelle, menüorientierte Benutzeroberfläche auf neue objektorientierte Techniken umgestellt.

Wesentlich ist, daß *kein Client-Server-Ansatz*, sondern der klassische UNIX-Mehrprogrammbetrieb verwendet wird. PCs können zwar angeschlossen, aber nicht gut integriert werden.

Die Abb. 4.2.3/1 zeigt eine *typische Konfiguration* mit gleichzeitigem, gemischtem Betrieb von konventionellen und X-Terminals.

Selbstverständlich gibt es solche «integrierten Bürosysteme» auch für *Minirechner mit proprietären Betriebssystemen.* Funktional gibt es zu den Systemen auf UNIX-Basis keinen wesentlichen Unterschied. Nachteilig sind jedoch die dadurch bewirkte Lieferantenabhängigkeit sowie die schwierige Integration mit Produkten anderer Hersteller.

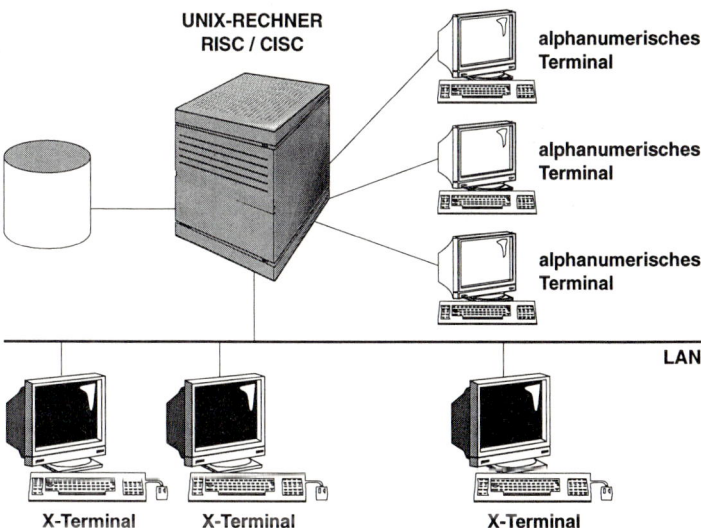

Abb. 4.2.3/1: Konfiguration eines UNIX-Bürorechners mit alphanumerischen und grafikfähigen Terminals

Übungsaufgabe Nr. I–264 im Arbeitsbuch ←

### 4.2.4 Dokumentenverarbeitung in verteilten Systemen mit Client-Server-Architektur

Bei dieser modernen Architektur wird die Funktionalität eines Bürosystems in *lokale Bürofunktionen*, einschließlich Servicezugängen (Clients), und den «elektronischen Schreibtisch» sowie *verteilbare Bürofunktionen (Services)* zerlegt. Eine genauere Beschreibung haben Sie zu Beginn von Kapitel 4 unter dem Stichwort «Architektur von Büroinformationssystemen» kennengelernt.

Die *Abbildung dieser Bürofunktionen auf konkrete Hardwaresysteme* mit bestimmten Betriebssystemen kann nun *ganz unterschiedlich* erfolgen. Ein seltener Extremfall liegt vor, wenn alle Funktionen auf einem Rechner durch eine entsprechende Menge von Prozessen, die über Interprozeßkommunikation miteinander verkehren, realisiert werden.

Üblicherweise werden die *lokalen Funktionen und die Clients auf Arbeitsplatzrechner* (Windows, OS/2, UNIX) gelegt und die *Dienste auf einen oder mehrere im lokalen Netz verstreute Serverrechner* (mit UNIX oder herstellerspezifischem Betriebssystem).

Auf einem Rechner können verschiedene Dienste gleichzeitig betrieben werden. Ein Service (z.B. Postdienst) kann auf mehrere Serverrechner (Postämter) verteilt sein.

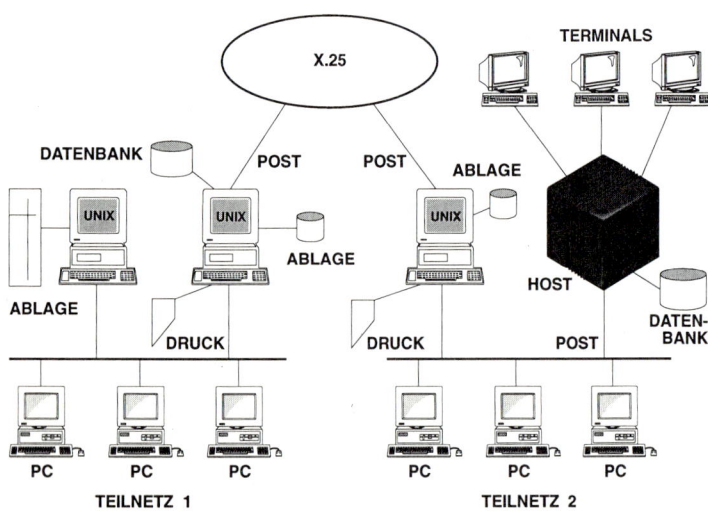

Abb. 4.2.4/1: Konfiguration eines verteilten Bürosystems

Die Abb. 4.2.4/1 zeigt eine *mögliche Konfiguration eines verteilten Bürosystems* mit mehreren Teilnetzen unter Einbeziehung eines Großrechners.

Im *Teilnetz 1* wurde der Ablagedienst auf einen eigenen Rechner gelegt (er steuert u.a. eine Jukebox mit optischen Speicherplatten). Der zweite UNIX-Rechner liefert Datenbankservice, Druckservice und Postservice. Im *zweiten Teilnetz* sind die Dienste Drucken, Post und Ablage auf einem UNIX-Rechner konfiguriert, ein direkt am LAN angeschlossener Großrechner bietet Datenbank- und Postservice. Auch Teilnehmer mit Hostterminals können am Postverbund teilhaben. Die Endbenutzer an den PCs in Teilnetz 2 können gleichzeitig die Ablagedienste des UNIX-Rechners und des Hosts nutzen. Weiters können sie über Terminalemulation die Großrechneranwendungen bedienen. Die Postserver sind untereinander über ein DATEX-P-Netz bzw. über das lokale Netz verbunden.

Übungsaufgabe Nr. I–265 im Arbeitsbuch          ←

## 4.2.5 Dokumentenverarbeitung auf Großrechnern

*Auf Großrechnern* mit ihren blockorientierten Terminals kann *Textverarbeitung für Sekretariate nicht sinnvoll* durchgeführt werden, da keine sofortige Rechnerreaktion auf die Eingabe einzelner Zeichen möglich ist. Großrechner werden daher im Rahmen von Büroinformationssystemen *nur für spezielle Einsatzfälle* genutzt:

– Als *Träger von Ablage-, Post-, Druck- und Datenbankdiensten* im Rahmen von Client-Server-Architekturen. Hier können die Vorzüge großer Speichermedien, schneller Drucksysteme und mächtiger Datenbanksysteme eingesetzt werden.

– *Bei einem hohen Anteil von Standardtexten (Serienbriefe, Bausteinkorrespondenz),* z.B. im Versicherungsbereich, ist auch Textverarbeitung am Großrechner sinnvoll. Dies geschieht jedoch immer in enger Verbindung (Text-/Datenintegration) zu großen Datenbeständen, z.B. den Stammdaten der Versicherten. Durch Integration mit betriebswirtschaftlichen, transaktionsorientierten Applikationen wird die Bedienerführung, z.B. der Rechnungsschreibung und Kundenkorrespondenz in Versandhäusern, automatisiert.

– Als Rechner mit sehr hoher Rechenleistung für den Ablauf von speziellen *Satzsystemen.* Bei diesen sind Editier- und Formatierungsfunktionen getrennt und werden sequentiell hintereinander ausgeführt, wodurch der Großrechner sinnvoll eingesetzt werden kann.

# 4.3 Organisatorische Komponenten von Büroinformationssystemen

Büroarbeit besteht aus Erfassung, Transformation, Speicherung und Weitergabe (Kommunikation) von Information durch Menschen innerhalb eines Betriebes. Büroinformationssysteme unterstützen diese Prozesse durch moderne Hardware und Software, die Sie in den Abschnitten 4.1 und 4.2 kennengelernt haben.

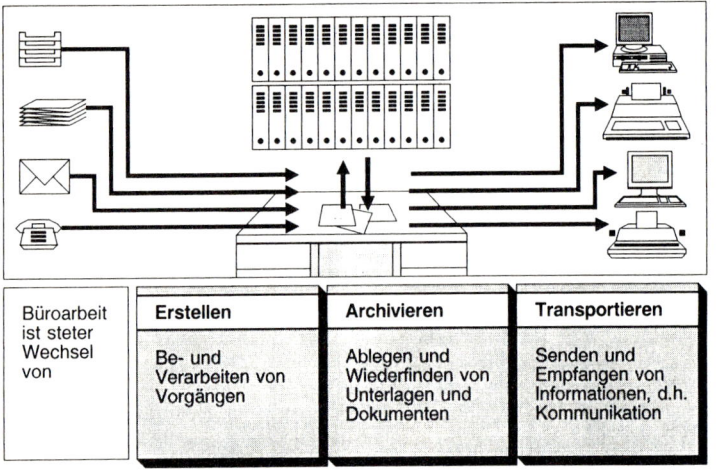

| Büroarbeit ist steter Wechsel von | Erstellen | Archivieren | Transportieren |
|---|---|---|---|
| | Be- und Verarbeiten von Vorgängen | Ablegen und Wiederfinden von Unterlagen und Dokumenten | Senden und Empfangen von Informationen, d.h. Kommunikation |

Abb.: 4.3/1: Haupttätigkeiten der Büroarbeit (Quelle: SNI)

Der Erfolg einer Einführung von Bürosystemen ist jedoch nicht nur von der Technik abhängig. *Büroautomation ist primär eine organisatorische Aufgabe*, die aber nur bei voller Akzeptanz durch die Endbenutzer ihr Ziel erreicht.

## 4.3.1 Ursachen und Zielsetzung der Büroautomation

Der Bürobereich mit seinen wachsenden Personalzahlen und -kosten steht unter steigendem Rationalisierungsdruck. Im Vergleich zum Produktionsbereich ist in der Verwaltung in der Regel nur ein geringer Automatisierungsgrad gegeben. Erste Bemühungen zur Bürorationalisierung in den 70er Jahren orientierten sich an den Vorbildern der arbeitswissenschaftlichen Verfahren für Industriebetriebe (REFA-Verfahren). Sie erwiesen sich jedoch nur für einen sehr kleinen Teil von standardisierbaren, sich wiederholenden Aufgaben als anwendbar und brachten nicht die erhofften Rationalisierungsvorteile. Zu weit getriebene Arbeitsteilung erwies sich sogar als außerordentlich produktivitätshemmend.

## Arbeitsteilung im Büro als Ursache leistungshemmender Faktoren

- Fehlende Transparenz der Leistungskette

- Wiederkehrende "geistige Rüstzeiten"

- Nichterreichbarkeit von Partnern

- Mehrfacherfassung von Information (Doppelarbeit)

- Umsetzung von Information und Träger/Formate (Medienbrüche)

- Uneinheitliche Informationsbasis

- Zeitaufwendige Übertragungswege

Abb. 4.3.1/1: Schwachstellen der Büroarbeit (Quelle: R. Reichwald)

Heute ist die *Zielsetzung* daher neben der *Eindämmung von Personalkosten* vor allem die *Verbesserung der Informationsqualität* im weitesten Sinne. Durch den Einsatz modernster Technologie sind neue, effizientere Formen der Arbeitsorganisation und Aufgabenintegration im Büro möglich.

Die autonome und ganzheitliche Sachbearbeitung kann folgende *Nutzeffekte* bewirken:

- Erhöhung des Integrationsgrades der Informationsverarbeitung und dadurch Abbau von Mehrfacharbeit und Verminderung von Medienbrüchen.
- Erhöhung der Geschwindigkeit der Informationsweitergabe und dadurch Verkürzung von Durchlaufzeiten und Verbesserung der Aktualität.

– Erhöhung der Informationsmenge
und dadurch Erweiterung der Entscheidungsbasis, des Leistungsangebotes und Steigerung des Outputs.
– Erhöhung der Qualität des Inhalts der Information
und dadurch Verbesserung von Entscheidungen, Ausweitung von Kapazität und Kompetenz.
– Erhöhung der Qualität der Informationsdarstellung
und dadurch mehr Transparenz und bessere Außenwirkung.
– Erhöhung der Motivation und Kreativität der im Büro tätigen Mitarbeiter durch mehr Selbständigkeit, erweiterten Aktionsraum und verbesserte fachliche Qualifikation.

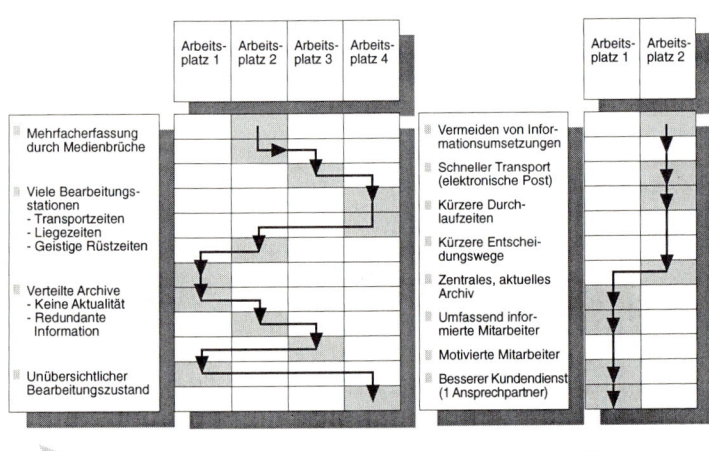

Abb. 4.3.1/2: Mehr Effektivität durch ganzheitliche Vorgangsbearbeitung (Quelle: SNI)

*Beispiele:*

– Die Qualität des Kundendienstes einer Versicherung wird daran gemessen, inwieweit bei telefonischen Anfragen zu einem Fall sofortige Auskunftsfähigkeit über alle Daten geboten wird. Dies kann durch Direktzugriff auf in optischen Archiven abgelegte Akten erreicht werden.
– Bei Ausschreibungen von EDV-Systemen müssen die Anbieterfirmen oft innerhalb kurzer Zeit mit den Angeboten reagieren. Nur durch ein integriertes Büroinformationssystem, das heißt EDV-Zugriff auf alle Daten (Produkte, Preise, usw.), kurze Durchlaufzeiten, Erreichbarkeit aller Spezialisten, Verwendung von vorgefertigten Textpassagen und Einsatz

von Desktop Publishing für ein attraktives Layout des Lösungsvorschlages kann die Firma mit vertretbarem Kostenaufwand das Angebot in der gewünschten Zeit und Qualität erstellen.

Übungsaufgabe Nr. I–266 im Arbeitsbuch

### 4.3.2 Organisationsgestaltung im Büro

Die «typische Büroarbeit» gibt es genau so wenig wie den typischen in einem Büro arbeitenden Menschen. Ausgangspunkt der Bürorationalisierung ist deshalb zunächst einmal eine *Erhebung und Analyse von Bürotätigkeiten*.

| Merkmale der Aufgabenerfüllung / Aufgabentyp | Problemstellung | Informationsbedarf | Kooperationspartner | Lösungsweg |
|---|---|---|---|---|
| **Typ 1 Einzelfall** (nicht formalisierbar) | hohe Komplexität, niedrige Planbarkeit | unbestimmt | wechselnd, nicht festgelegt | offen |
| **Typ 2 sachbezogener Fall** (teilweise formalisierbar) | mittlere Komplexität, mittlere Planbarkeit | problemabhängig (un)bestimmt | wechselnd, festgelegt | geregelt bis offen |
| **Typ 3 Routinefall** (vollständig formalisierbar) | niedrige Komplexität, hohe Planbarkeit | bestimmt | gleichbleibend, festgelegt | festgelegt |

Abb. 4.3.2/1: Typisierung von Büroaufgaben (Quelle: A. Picot / R. Reichwald)

Wie aus Abb. 4.3.2/1 erkennbar, lassen sich *drei Typen von Büroarbeit* unterscheiden. Diese Aufgabentypen werden von den im Büro Tätigen in unterschiedlicher Häufigkeit und Gewichtung durchgeführt. Die Abb. 4.3.2/2 zeigt eine Zuordnung zwischen diesen Aufgaben und Stelleninhabern.

Das *Rationalisierungspotential* besteht in der *Verbesserung der Ablauforganisation*. Dazu ist eine Analyse der Abläufe erforderlich. Man unterscheidet:

– vorgangsspezifische Abläufe,
  bei denen Teilvorgänge zu komplexeren Abläufen zusammengefügt werden;

| Aufgaben-<br>typen<br><br>Stellen-<br>typen | Aufgabentyp 1<br>Einzelfall-<br>orientiert<br>nicht<br>formalisierbar | Aufgabentyp 2<br>Sachfall-<br>orientiert<br>teilweise<br>formalisierbar | Aufgabentyp 3<br>Routinefall-<br>orientiert<br>vollständig<br>formalisierbar |
|---|---|---|---|
| Führungskräfte | X | x | x |
| Fachkräfte | x | X | x |
| Sachbearbeiter | x | x | X |
| Unterstützungskräfte | x - X | x - X | x - X |
| **X** = Schwerpunktarbeiten; **x** = ergänzende Arbeiten | | | |

Abb. 4.3.2/2: Beziehungen zwischen Stellen- und Aufgabentypen (Quelle: R. Reichwald)

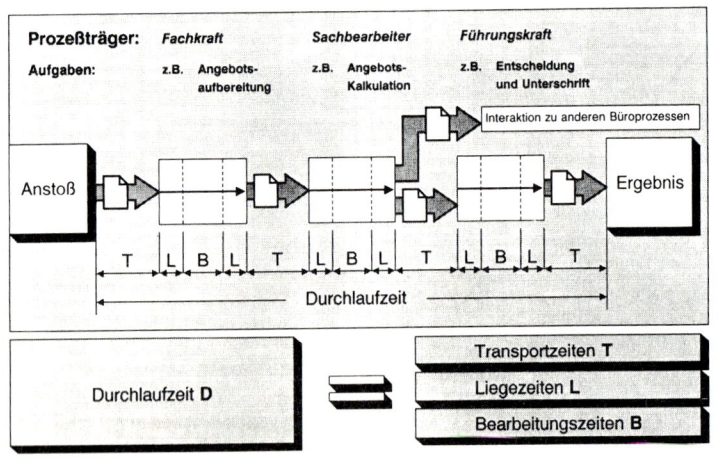

Abb. 4.3.2/3: Einfaches Durchlaufzeitenmodell (Quelle: SNI)

– stellenspezifische Abläufe
sind Vorgänge, die im Zeitverlauf an einer Stelle vorgenommen werden;
– prozeßspezifische Abläufe
beziehen sich auf ein Arbeitsergebnis, bei dem die Vorgänge auf mehrere Stellen verteilt sind.

Ziel ist es stets, Büroprozesse zu optimieren, d.h. Durchlaufzeiten, die bei allen Ablauftypen entstehen, zu minimieren.

Dies geschieht durch *Übergang von der arbeitsteiligen Bearbeitung eines Vorgangs zur ganzheitlichen «integrierten» Vorgangsbearbeitung*, ermöglicht durch Ausnutzung der technischen Funktionen moderner Bürosysteme wie multifunktionale intelligente Endgeräte, elektronische Post usw.

Übungsaufgabe Nr. I–267 im Arbeitsbuch ←

### 4.3.3 Entwicklung von Büroinformationssystemen

Die *Tätigkeitsschwerpunkte bei der Entwicklung von Informationssystemen* haben Sie in den Abschnitten 1.3.2 und 3.2.1 kennengelernt. Im Bürobereich spielen bei der Anforderungsdefinition die *Kommunikations- und Prozeßanalyse* eine besonders wichtige Rolle. Im Projektteam arbeiten Spezialisten der Abteilung EDV/Organisation mit Mitarbeitern aller betroffenen Fachbereiche zusammen. Berater und Lieferanten von Hardware-/Softwarekomponenten können ebenfalls hinzugezogen werden – letztere allerdings zweckmäßigerweise erst in der Implementierungs- und Einführungsphase.

In Abb. 4.3.3/1 wird unser im Abschnitt 3.2.2.1 vorgestelltes *Phasenschema für die Entwicklung von Büroinformationssystemen* spezifiziert. Der Planungsprozeß ist modular angelegt und erlaubt den Einstieg an vielen Punkten, ebenso wie punktuelle Erprobungen mit Pilotsystemen. *EDV-gestützte Methoden und Werkzeuge* erleichtern das Erheben und Analysieren der Istsituation und das Gestalten der Sollkonzepte.

Die Auswahl technischer und organisatorischer Alternativen basiert auf *Wirtschaftlichkeitsbetrachtungen*. Dazu gehören Kostenvergleichsrechnungen und Aufwands-/Ertragsvergleiche für solche Größen, die sich in Geldwerten ausdrücken lassen. Qualitative Kriterien können im Rahmen von Nutzwertanalysen (= Punktbewertungsverfahren) einbezogen werden. Die Bewertung der Nutzeffekte von Büroinformationssystemen ist zwar schwierig, aber dennoch erforderlich.

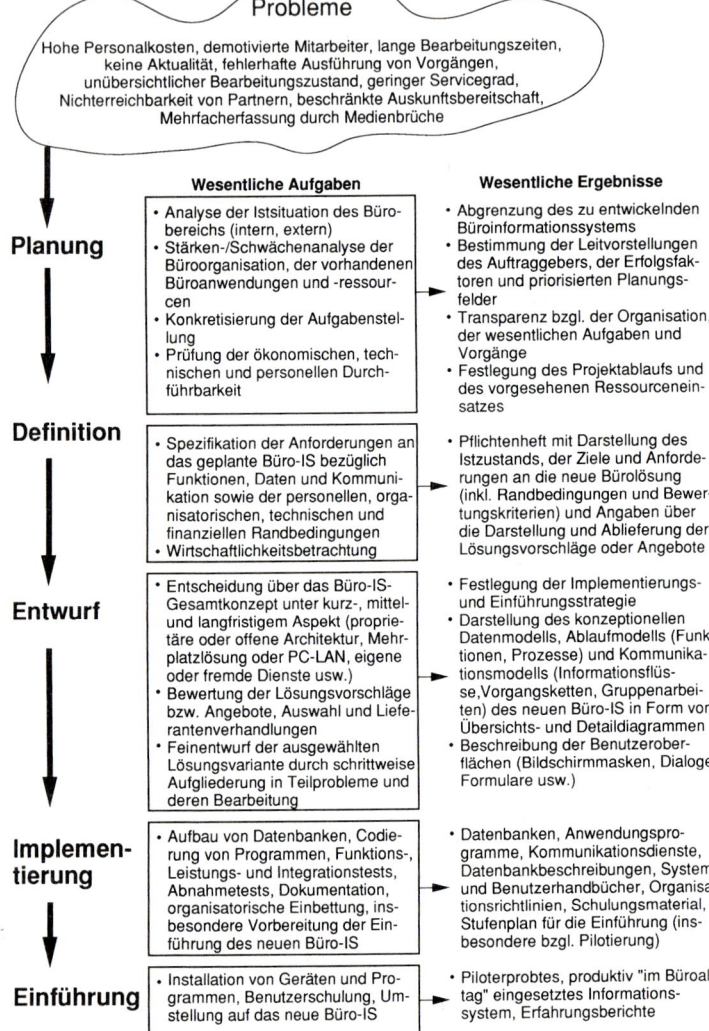

**Probleme**

Hohe Personalkosten, demotivierte Mitarbeiter, lange Bearbeitungszeiten, keine Aktualität, fehlerhafte Ausführung von Vorgängen, unübersichtlicher Bearbeitungszustand, geringer Servicegrad, Nichterreichbarkeit von Partnern, beschränkte Auskunftsbereitschaft, Mehrfacherfassung durch Medienbrüche

| | **Wesentliche Aufgaben** | **Wesentliche Ergebnisse** |
|---|---|---|
| **Planung** | • Analyse der Istsituation des Bürobereichs (intern, extern)<br>• Stärken-/Schwächenanalyse der Büroorganisation, der vorhandenen Büroanwendungen und -ressourcen<br>• Konkretisierung der Aufgabenstellung<br>• Prüfung der ökonomischen, technischen und personellen Durchführbarkeit | • Abgrenzung des zu entwickelnden Büroinformationssystems<br>• Bestimmung der Leitvorstellungen des Auftraggebers, der Erfolgsfaktoren und priorisierten Planungsfelder<br>• Transparenz bzgl. der Organisation, der wesentlichen Aufgaben und Vorgänge<br>• Festlegung des Projektablaufs und des vorgesehenen Ressourceneinsatzes |
| **Definition** | • Spezifikation der Anforderungen an das geplante Büro-IS bezüglich Funktionen, Daten und Kommunikation sowie der personellen, organisatorischen, technischen und finanziellen Randbedingungen<br>• Wirtschaftlichkeitsbetrachtung | • Pflichtenheft mit Darstellung des Istzustands, der Ziele und Anforderungen an die neue Bürolösung (inkl. Randbedingungen und Bewertungskriterien) und Angaben über die Darstellung und Ablieferung der Lösungsvorschläge oder Angebote |
| **Entwurf** | • Entscheidung über das Büro-IS-Gesamtkonzept unter kurz-, mittel- und langfristigem Aspekt (proprietäre oder offene Architektur, Mehrplatzlösung oder PC-LAN, eigene oder fremde Dienste usw.)<br>• Bewertung der Lösungsvorschläge bzw. Angebote, Auswahl und Lieferantenverhandlungen<br>• Feinentwurf der ausgewählten Lösungsvariante durch schrittweise Aufgliederung in Teilprobleme und deren Bearbeitung | • Festlegung der Implementierungs- und Einführungsstrategie<br>• Darstellung des konzeptionellen Datenmodells, Ablaufmodells (Funktionen, Prozesse) und Kommunikationsmodells (Informationsflüsse, Vorgangsketten, Gruppenarbeiten) des neuen Büro-IS in Form von Übersichts- und Detaildiagrammen<br>• Beschreibung der Benutzeroberflächen (Bildschirmmasken, Dialoge, Formulare usw.) |
| **Implementierung** | • Aufbau von Datenbanken, Codierung von Programmen, Funktions-, Leistungs- und Integrationstests, Abnahmetests, Dokumentation, organisatorische Einbettung, insbesondere Vorbereitung der Einführung des neuen Büro-IS | • Datenbanken, Anwendungsprogramme, Kommunikationsdienste, Datenbankbeschreibungen, System- und Benutzerhandbücher, Organisationsrichtlinien, Schulungsmaterial, Stufenplan für die Einführung (insbesondere bzgl. Pilotierung) |
| **Einführung** | • Installation von Geräten und Programmen, Benutzerschulung, Umstellung auf das neue Büro-IS | • Piloterprobtes, produktiv "im Büroalltag" eingesetztes Informationssystem, Erfahrungsberichte |

Abb.: 4.3.3/1: Phasenschema für die Entwicklung eines Büroinformationssystems

| MOSAIK-Erhebungsblatt-Bürokommunikation | | | |
|---|---|---|---|
| Name: | Tel: | Abt.: | Standort: |

**Interne Kommunikation** (innerhalb des Unternehmens/Behörde)

| Benennen Sie bitte die intensivsten internen Kommunikationspartner, mit denen Sie im Rahmen Ihrer laufenden Aufgaben am häufigsten dauerhafte Kommunikationsbeziehungen unterhalten! | | Schätzen Sie bitte für jeden dieser Partner die durchschnittliche Anzahl der Kommunikationsvorgänge je Monat und tragen Sie diese Schätzung (Telefon, Schriftgut, Besprechung) bitte in die dafür vorgesehenen Felder ein! | | | | | |
|---|---|---|---|---|---|---|---|
| **Abteilung/Dienststelle** | **Standort** | **Telefon** | | **Schriftgut** | | **Besprechungen** | |
| | | An | Ab | An | Ab | Anzahl | Ort |
| | | | | | | | |
| | | | | | | | |
| | | | | | | | |
| | | | | | | | |

Abb. 4.3.3/2: Auszug aus einem Erhebungsblatt für die Kommunikationsanalyse (Quelle: SNI)

Übungsaufgabe Nr. 1–268 im Arbeitsbuch ←

Auch hier gibt es Methoden und Werkzeuge, die bei Erhebung, Erfassung, Auswertung und Darstellung unterstützen.

Die *Auswahl der Hardware-/Softwarekomponenten* eines Büroinformationssystems setzt voraus, daß durch die interne Voruntersuchung die Anforderungen bezüglich der gewünschten Funktionen und der zu verarbeitenden Mengengerüste definiert sind, und daß der vorgesehene Budgetrahmen fixiert ist. Bitte sehen Sie sich hierzu nochmals die allgemeinen Ausführungen zur Softwareauswahl im Abschnitt 2.4.3.2 an. Die *Vorgehensweise* hängt stark von der Größe des Betriebes und den Integrationsanforderungen an andere EDV-Bereiche ab.

– *Kleinbetriebe* werden heute wohl meist zu einer *vernetzten PC-Lösung* greifen. Büroanwendungen des PC-Marktes bieten zusammen mit Ablage- und Druckserver die erforderliche Minimalfunktionalität. Als Lieferant wird in der Regel ein lokaler PC-Händler, der auch Unterstützung bieten kann, gewählt.

– *Mittleren und großen Betrieben* bietet sich eine *breite Palette von unterschiedlichen Lösungsansätzen und Produkten* diverser Hersteller an.

*Grundsatzentscheidungen sind:*

- Wird ein Subsystem speziell für Sekretariatsplätze gesucht oder ein durchgehendes System für alle Arbeitsplätze?
- Wird eine UNIX-Mehrplatzlösung, eine proprietäre Abteilungsrechnerlösung oder werden PC-Arbeitsplätze bevorzugt?
- Wird die benötigte Bürofunktionalität eher isoliert betrachtet, oder ist eine Integration in die bestehende EDV-Organisation erforderlich?
- Wie sind die Anforderungen bezüglich Anbindung an Großrechner und Minirechner (eigene, fremde)? Müssen Außenstellen integriert werden?
- Wird eine eher kurzfristige Lösung gesucht, oder wird eine langjährige kompatible Systempolitik verfolgt?
- Welche Bedeutung wird der Einhaltung von internationalen Standards beigemessen?
- Wird ein Anbieter gesucht, der die Generalunternehmerschaft (d.h. Unterstützung bei Analyse, Entwurf, Implementierung und Einführung) anbieten kann? Oder besitzt der Betrieb gut ausgebildetes eigenes Personal, das selbst alles erledigen will, eine i.d.R. kostengünstigere Einkaufspolitik bei unterschiedlichen Herstellern bevorzugt und die Risiken der Systemintegration selbst tragen kann?

→ Übungsaufgabe Nr. I–269 im Arbeitsbuch

So vielfältig, wie diese Grundsatzentscheidungen getroffen werden können, sind auch die *Anbieterfirmen:*

- Spezialanbieter mit Teilleistungen, wie Geräte, Softwareleistungen (Standardprogramme und Individualprogrammierung) oder Netzwerksysteme.
- Anbieter, die PC-basierte Bürolösungen entweder isoliert offerieren oder in eine bestehende Infrastruktur einbinden.
- Hersteller, die Globallösungen im Bereich Bürokommunikation anbieten, mit abgerundeter Funktionalität, Mehrebenenkonzept und einer modularen Baukastenstruktur auf Basis offener Schnittstellen.
- Große EDV-Hersteller, die nicht nur Büroprodukte, sondern Hardware und Software für alle Gebiete der Informationsverarbeitung anbieten. Neben den reinen Büroanwendungen werden auch mit anderen EDV-Anwendungen integrierte Lösungen auf Basis definierter Plattformprodukte geboten.

Bei größeren Projekten und Einsatz neuer Technologien und Verfahren haben sich *Pilotphasen* bewährt. Zusammen mit einer besonders positiv motivierten Abteilung werden die Abläufe entwickelt und in der Anwendung erprobt, bevor die betriebsweite Einführung begonnen wird.

Möglichst frühzeitig, vor allem aber begleitend mit der flächendeckenden Einführung, ist die *Schulung der Endbenutzer* vorzunehmen. Hier zu sparen, ist höchst problematisch. Zu geringe Schulung führt zu Ablehnung oder nur teilweiser Verwendung oft sehr teurer Geräte – der Mißerfolg ist programmiert. Die Akzeptanz des neuen Büroinformationssystems ist genauso wichtig wie seine Funktionalität.

Meistens sind auch *Benutzerängste* abzubauen. Von der Schreibmaschine zum PC mit Maus ist der Technologiesprung hoch. Bewährt hat sich die Internschulung durch ein Schulungsteam aus speziell ausgewählten Mitarbeitern verschiedener Bereiche, die zeitlich vorgezogen einer besonders intensiven Ausbildung unterzogen worden sind und eventuell auch die projektspezifische Benutzerdokumentation erstellt haben. Sie wirken dann als Multiplikatoren bei der Ausbreitung.

Oft führt die Einführung eines umfassenden Büroinformationssystems auch zu umfassenden *ablauforganisatorischen Änderungen*, um die Rationalisierungspotentiale nutzen zu können. Die damit verbundenen psychologischen Probleme erfordern taktisch richtiges Vorgehen. Bei konsequenter Durchführung erfolgt vielfach eine Abflachung der Hierarchiestufen, durch die Ausdehnung der Tätigkeitsfelder ein Ansteigen der Kompetenz und damit der Motivation und Zufriedenheit der Benutzer.

Übungsaufgabe Nr. I–270 im Arbeitsbuch                    ←

## 4.4 Markt und Entwicklungstendenzen von Büroinformationssystemen

*Der Markt und die Verbreitung von Bürosystemen hat sich in den letzten Jahren stark gewandelt.* Während 1985 in Deutschland noch ca. 70% der Textverarbeitung mit (elektrischen) Schreibmaschinen und nur 30% EDV-unterstützt durchgeführt wurde, haben Befragungen im Jahre 1992 ergeben, daß 95% der Firmen mit mehr als 500 Mitarbeitern heute rechnergestützte Bürosysteme einsetzen.

Heute kauft fast keine Firma mehr teure Schreibmaschinen. Die *Frage bei Neuanschaffungen* reduziert sich meist auf: PC oder UNIX-basierte Lösung oder beides in Client-Server-Architektur. Bei der Auswahl ist die Hardware weniger entscheidend. Der Preis von PCs hängt davon ab, ob man «No-names» oder Marken-PCs haben will. Funktionieren werden beide, die PCs mit gutem Namen sind wahrscheinlich hübscher, leiser und der Service ist garantiert. UNIX-Rechner mit ähnlicher Leistungsfähigkeit und Ausstattung liegen bei den bekannten EDV-Herstellern, die eine komplette Softwarepalette anbieten können, in der gleichen Größenordnung. Entsprechend der Ausrichtung und Komplexität der eigenen Anforderungen ist die Auswahl der Software jedoch von entscheidender Bedeutung.

### Proprietäre, dedizierte Text- und Bürosysteme

In Verwendung sind derzeit noch Systeme von IBM, Philips und Wang (Wang vor allem bei größeren Mehrplatztextsystemen). Nur Wang kann mit den VS-Rechnern sein Marktsegment noch verteidigen.

### Bürosoftwarepakete auf Arbeitsplatzrechnern (PCs)

Dem Anwender bietet sich eine große Vielfalt leistungsfähiger und preisgünstiger (für 500 – 2000 DM) Pakete für alle Aufgabengebiete an. Die meistverwendeten Produkte sind:

*Benutzeroberflächen:* Windows (Microsoft), ComfoDesk (SNI), Concerto (Philips), HP NewWave (HP), OfficeVision Desktop (IBM).

*Textverarbeitung:*

Zeichenorientierte Editoren: PC Text 5 (IBM), MS-Word (Microsoft), WordPerfect (WordPerfect), WordStar (WordStar).

Grafikorientierte Editoren: AmiPro (Lotus), Legacy (NBI), WinWord

(Microsoft), WordPerfect for Windows (WordPerfect), WordStar for Windows (WordStar).

Editoren unter UNIX: WordPerfect, HIT (Fa. InterFace und SNI), Frame-Maker, DECwrite, Word (SCO) sowie Q-ONE und der UNIPLEX Editor.

Die Funktionalität aller Editoren ist sehr groß, die neuesten Entwicklungen gehen in Richtung Toolboxen (Bedienelement) und Integrationsfähigkeit (OLE).

Als *leistungsfähigste PC-Textverarbeitungsprogramme* gelten derzeit (1992) *AmiPro*, Version 2.0, von Lotus, *Microsoft Word for Windows*, Version 2.0 (Winword) und *WordPerfect 5.1 for Windows*. Sie setzen mindestens einen 80386-Prozessor und 2 MB (besser 4 MB) Arbeitsspeicher voraus. Der Listenpreis ist für alle drei genannten Pakete der gleiche: 495 US-$ in den USA und ca. 1600 DM in Deutschland.

*AmiPro 2.0* beeindruckt durch seine Benutzeroberfläche (auf der Basis von Windows), seine Flexibilität und seinen Funktionsreichtum, der für Schreibkräfte im Betrieb und für den privaten Gebrauch keinen Wunsch offenläßt. Durch Zusätze für die integrierte Verarbeitung von Grafik, Tabellen, mathematischen Formeln und Rasterbildern erreicht AmiPro die Funktionalität mancher DTP-Pakete. Es verfügt über eine mächtige Makrosprache und über Schnittstellen zu dem verbreitetsten PC-E-Mail-Paket CC:Mail und der bisher einzigen «echten» Groupware namens Notes (beide ebenfalls von Lotus; Näheres folgt).

*Word for Windows 2.0* ist etwas schneller als AmiPro und bietet die besten Textverarbeitungsfunktionen aller grafikorientierten Editoren. Es ist komfortabel im Gebrauch und besticht durch seine Serienbrieffunktion und den Umschlagdruck. Durch die OLE-Funktion (Näheres folgt) können von Miniapplikationen erzeugte Strichgrafiken, Rasterbilder und mathematische Gleichungen in die geschriebenen Texte eingefügt werden. Ein Schwachpunkt ist die Verbunddokumentenverarbeitung.

*WordPerfect 5.1 for Windows* reicht bezüglich des Funktionsumfangs, der Leistung und der Benutzerfreundlichkeit nicht ganz an AmiPro und Winword heran. Es ist jedoch das bestgeeignetste Paket für die Erstellung umfangreicher Dokumente, und sein Dateiverwaltungssystem übertrifft das aller anderen PC-Textverarbeitungsprogramme.

*Tabellenkalkulation und Geschäftsgrafik:*

Lotus 1-2-3 (Lotus), Excel (Microsoft), Multiplan (Microsoft), Quattro Pro (Borland) und WingZ (Informix), das für DOS, OS/2, Mac OS und UNIX verfügbar ist.

*Grafik- und Layoutprogramme:*

Harvard Graphics, CorelDRAW (Corel Systems), Designer (Micrografix), PowerPoint (Microsoft), Charisma (Micrografix).

*Desktop Publishing:*

PageMaker (Aldus), Ventura Publisher, Arts & Letters (Computer Support Corp.), XPress (Quark) für Apple-Computer. FrameMaker und Interleaf sind UNIX-basiert.

*Integrierte Pakete:*

FrameWork, Open Access, Smartware (Informix), Works for Windows (Microsoft).

*Datenbankverwaltungssysteme für PCs und PC-Netzwerke:*

dBase, Oracle, ComfoBase (SNI), Informix, OS/2 EE Database Manager (IBM), Paradox (Borland), SQLBase (Gupta), SQL Server (Microsoft), Superbase.

Als *Trend* ist zu beobachten, daß die Anbieter von erfolgreichen Texteditoren um diese herum kleine Bürosoftwarepakete zu vermarkten trachten: Microsoft Office, WordPerfect Office usw. Bei Einsatz in PC-Netzwerken (Novell, LAN Manager und Banyan Vines) stehen zusätzlich die Datei- und Druck-Services dieser Netzwerkbetriebssysteme zur Verfügung.

### Integrierte Bürosysteme für PC-Netze

*Beispiele* sind hier ComfoWare von SNI, NewWave Office von HP und Cooperation von NCR.

*Gemeinsame Merkmale sind:*

- Arbeitsplätze auf der Basis von MS-Windows,
- objektorientierte Benutzeroberfläche,
- Client-Server-Architektur,
- Post-, Ablage- und Datenbankdienste,
- horizontale Integration der Komponenten,
- mächtige Makrosprachen für Ablaufautomatisierung.

*Spezielle Leistungsmerkmale sind jeweils:*

*ComfoWare:*

- integrierte Lösung auf der Basis von Industriestandards,
- besondere Beachtung des deutschsprachigen Raums (Symbole entsprechen der deutschen Bürokultur, alle Module und Handbücher in Deutsch),
- verfolgt die klassische Microsoft-Linie mit LAN-Manager, DDE, OLE, Services unter OS/2,
- Einbindbarkeit aller Windows-Anwendungen,
- Weiterentwicklung mit UNIX-Servern: OCIS/PC.

890

*HP NewWave Office:*
- HP-Eigenentwicklung NewWave als Anwendungsumgebung mit Objektmanagementfunktion zur Erzeugung von Verbunddokumenten und Hotlinks,
- Automatisierung von Routinetätigkeiten durch den «Agenten»,
- Marktprodukte müssen an NewWave angepaßt werden, um die erweiterte Funktionalität zu unterstützen.

*Cooperation:*
- setzt auf NewWave auf,
- mächtige Entwicklungsumgebung für Softwarehäuser,
- auch für UNIX angekündigt,
- enthält auch Bürowerkzeuge wie Volltextrecherche und Gruppenkalender.

Die folgende Abb. 4.4/1 zeigt stellvertretend für diese Gruppe die Modulstruktur von ComfoWare.

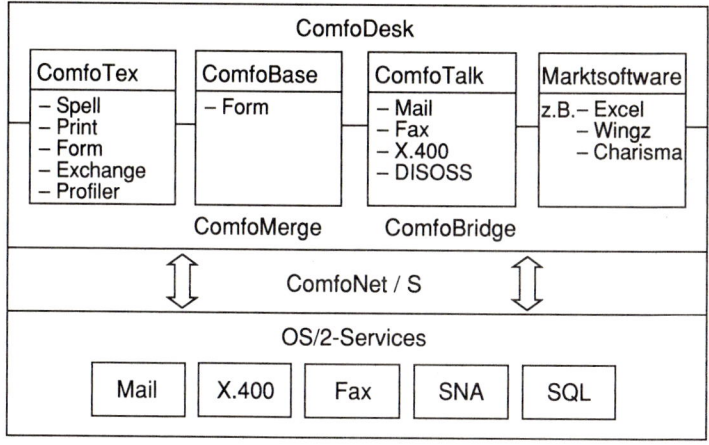

Abb. 4.4/1: «Baukasten» für die Büroautomation (Quelle: SNI)

### Integrierte UNIX-basierte Bürolösungen von Softwarehäusern

In diesem Marktseqment ist weltweit *UNIPLEX führend* mit einem Marktanteil von größer als 50% vor Q-Office (Nachfolgesystem: CLIQ) von Quadraton. Die Stärken liegen in der guten Integration der Module und der einheitlichen Bedienoberfläche.

Diese Pakete von internationalen Softwarehäusern sind *auf alle marktgängigen UNIX-Rechner und UNIX-Versionen portiert*, wodurch

891

ihre große Verbreitung begünstigt wird. Die Ausrichtung ist primär auf Mehrplatzsysteme mit den preisgünstigen alphanumerischen Terminals gerichtet. Neuere Versionen unterstützen auch X-Terminals und UNIX-Workstations mit X-Window-Oberflächen.

*Schwächen* sind die fehlende Objektorientierung und die fehlenden Bürodienste. Daher plant auch UNIPLEX mit der nächsten Version ein Redesign in diese Richtung mit Client-Server-Architektur.

Erwähnenswert ist noch das Produkt ALIS, das auf grafischen Bildschirmen Mischdokumentenverarbeitung ermöglicht, allerdings mit einer proprietären Fensteroberfläche und einer geschlossenen Modulstruktur.

### Bürosystemkonzepte für heterogene Systemwelten

Die Vertreter in dieser Gruppe sind Wang (mit der erfolgreichsten Vergangenheit) sowie DEC, IBM und SNI als klassische EDV-Hersteller mit Systemen auf allen Ebenen.

*Wang:*

– Wang ist seit über einem Jahrzehnt Spezialist für Bürosysteme mit einer besonders breiten Palette von Produkten für alle Gebiete inklusive Bildverarbeitung, SNA-Anbindung mit DISOSS-Anschluß, Postdienste und Handschriftunterstützung (Freestyle).
– Ein großer Teil der guten Funktionalität steht aber nur auf den proprietären VS-Systemen zur Verfügung, die jetzt sukzessive durch die offenen UNIX-Rechner abgelöst werden.
– Das neue Konzept betont daher stärker die Unterstützung von Standards wie Windows, UNIX, PC-Netze und OSI-Standards.

*DEC:*

– Hat mit ALL-IN-1 auf VMS-Rechnern eine erfolgreiche proprietäre Bürosoftware der zweiten Generation.
– Die neue Gesamtstrategie ALL-IN-1 Phase II versucht mit Client-Server-Architektur eine Vereinigung verschiedener Welten:
PCs, UNIX- und VMS-Workstations, Apple-Macintosh-Rechner als Clients mit VAX-Servern und DECnet und NAS als Kommunikationsschiene.
– Unterstützung von Standards wie OSI (Decnet), SNA, SQL-Datenbanken, UNIX, X.400 und X.500.
– Die DEC-eigene Dokumentenarchitektur CDA (Compound Document Architecture) basiert auf dem ODA/ODIF-Standard (Näheres folgt). Mit DECwrite bietet DEC einen CDA-konformen Editor unter UNIX an.

*IBM:*

– Die integrierte Bürolösung für die Plattformen MVS/ESA, VM/ESA, AS400 und OS/2-LAN heißt OfficeVision (OV) mit Produkten für die jeweiligen Systemebenen.

- IBM verbindet bewährte Systeme wie DISOSS (Ablage und Postdienste auf MVS/ESA) mit neueren Services wie Kalender und Ablage auf AS400 und einer objektorientierten Oberfläche auf PS/2-Geräten unter OS/2 mit Presentation Manager.
- Office Vision ist ein Vertreter der SAA-Philosophie, die Produkte in verschiedenen IBM-Betriebssystemen über SNA-Protokolle und Dienste (DCA/DIA) verbindet.
- Office Vision ist ein Ansatz für die reine IBM-Welt. UNIX wird nicht unterstützt. Derzeit stehen noch nicht alle angekündigten Services zur Verfügung.
- In der offenen Welt der PC-Netze verfolgt IBM durch den Vertrieb des Produktes Lotus Notes eine andere Strategie.

*SNI (Siemens Nixdorf):*

- Das Bürokonzept der SNI unter Zugrundelegung einer 3-Ebenen-Architektur heißt OCIS (Office Communication & Information Systems). Auf Basis einer systemübergreifenden Client-Server-Architektur integriert OCIS Werkzeuge, Clients und Services mit vergleichbarer Funktionalität auf den SNI-Plattformen MS-DOS, OS/2, UNIX und BS2000.

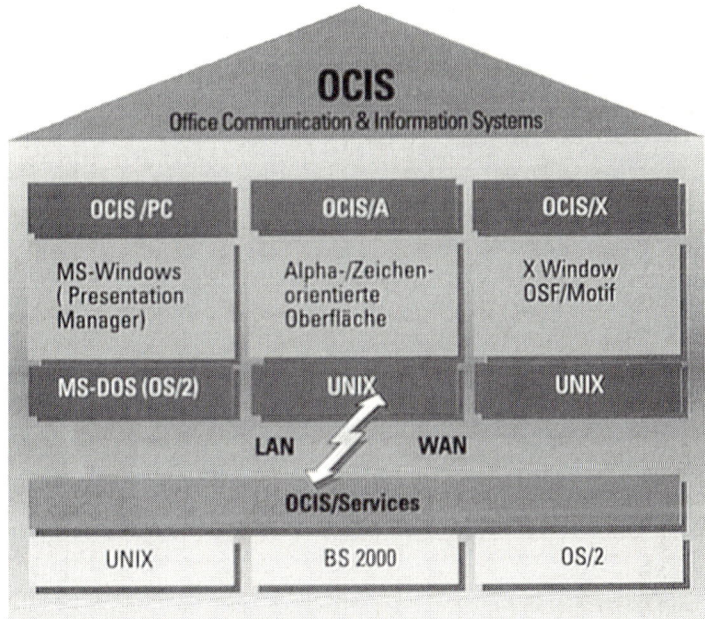

Abb. 4.4/2: OCIS-Dachkonzept (Quelle: SNI)

- Drei Client-Systemlinien in Abhängigkeit vom eingesetzten Endgerät werden bereitgestellt: OCIS/A, OCIS/X und OCIS/PC.
  Die OCIS-Services (primär auf UNIX-Rechnern) sind für alle drei Linien identisch und ermöglichen eine globale Zusammenarbeit auch zwischen den Linien.
- Folgende verteilbare Büroservices nach OSI-Standards werden angeboten:

  Postdienst nach X.400 mit Unterstützung von LAN- und WAN-Netzen und Zugang zu allen Telematikdiensten inklusive Teletex, Telex und Telefax;

  + Verzeichnisdienst nach X.500, der von allen anderen Services als zentrale Adreßverwaltung genutzt wird;
  + Ablagedienst nach dem DFR (Document Filing and Retrieval-)Standard;
  + Datenbankdienst mit dem RDA (Remote Data Access-)Protokoll;
  + Druckdienst nach der DPA-Norm (ISO Print Service Access Protocol);
  + Organisations- und Ressourcenmanagement als zentrale Benutzerverwaltung mit Speicherung von Kompetenzen und Rollen;
  + zentrale Administration nach CMIP-Standard.

Die folgende Abb. 4.4/3 zeigt beispielhaft das detaillierte Architekturkonzept von OCIS/X.

## OCIS / X - Übersicht

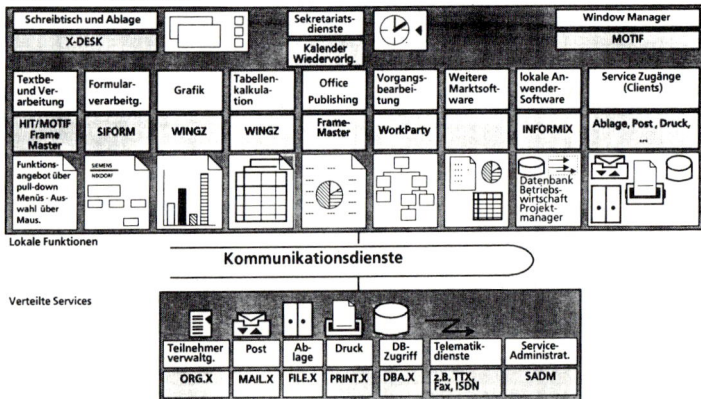

Abb. 4.4/3: Softwarearchitektur von OCIS/X (Quelle: SNI)

## DDE und OLE

*Dynamischer Datenaustausch DDE* (engl.: dynamic data exchange) ist ein Mechanismus, der von den Benutzeroberflächen Windows und Presentation Manager unterstützt wird. Dadurch – das wissen Sie bereits aus dem Abschnitt 2.4 – können zwei Anwendungsprogramme miteinander «kommunizieren», indem fortwährend Daten ausgetauscht werden. Dabei wird zwischen dem Client-Programm (beginnt die Konversation) und dem Server-Programm (liefert Dienste und sendet Antworten) unterschieden. Mittels DDE werden auch die «live links» zwischen Anwendungsprogrammen realisiert. Alle guten Windows- und Presentation Manager-Programme bieten DDE-Schnittstellen und erlauben so die Realisierung übergeordneter Ablaufsteuerungen. Beispiele dafür sind die WinBasic-Makrosprache (Microsoft) oder ComfoMerge (SNI).

*OLE* (engl.: object linking and embedding) ist eine ab der Windows-Version 3.1 zur Verfügung stehende Funktionalität (Protokoll und Bibliotheksschnittstellen) zum Datenaustausch zwischen Anwendungen. OLE ist eine Weiterentwicklung des Datenaustausches über Zwischenablage oder DDE. Daten werden als Objekte behandelt, die Information in einer speziell definierten Form repräsentieren. OLE-fähige Applikationen tauschen Objekte aus. Eine Client-Anwendung nimmt die Objekte von mehreren Server-Anwendungen entgegen und erzeugt und editiert damit Verbunddokumente. Eine Server-Anwendung erzeugt und editiert die Objekte, die in einem Verbunddokument einer Client-Anwendung gespeichert werden. Es wird zwischen Verknüpfen (engl.: link) eines Objektes (Datei) und Einbetten (engl.: embedding) der Bitmap-Grafik unterschieden. Mittels OLE wird von Microsoft eine ähnliche Funktionalität geboten, wie sie von HP in NewWave realisiert worden war. Microsoft dürfte damit wohl wieder einmal den Marktstandard definiert haben.

### Multimedia-Architekturen und -Anwendungen

Die im Abschnitt 4.1.2.6 beschriebenen Basistechnologien dienen als Grundlage für *unterschiedliche Multimedia-Architekturen.* Zu den beiden bedeutendsten Vertretern zählen QuickTime von Apple und Multimedia-Windows von Microsoft. Während Multimedia-Windows ausschließlich für Mikrorechner mit Prozessoren der Intel-80X86-Familie konzipiert ist, soll Quicktime sowohl für Apple-Rechner, als auch für Rechner mit Intel-Prozessoren verfügbar gemacht werden. Wesentlichste Eigenschaft beider Architekturen ist die Möglichkeit des Austauschs von Text, Daten, Bild und Ton zwischen unterschiedlichen

Applikationen, wobei insbesondere eine gleichmäßige, von der jeweiligen Prozessorleistung unabhängige Wiedergabe wichtig ist. Grundbaustein dieser Architekturen sind einheitliche, von den Entwicklern einzuhaltende Richtlinien für die Nutzung von Ton- und Bildsequenzen in Computeranwendungen, insbesondere im Hinblick auf die Benutzeroberfläche.

Das von Microsoft propagierte *Multimedia-Windows* besteht aus folgenden drei Hauptkomponenten:

- der Definition einer Minimalkonfiguration eines Windows-Multimedia-Rechners,
- RIFF (Ressource Interchange File Format), einer Beschreibung eines Dateiformats zur Speicherung von Tonfolgen, Animationen und Bildern, sowie
- MCI (Media Control Interface), einem Protokoll zur Steuerung interner und externer Zusatzgeräte.

Apples Multimedia-Architektur *QuickTime* ist speziell für die zeitsynchronisierte Verarbeitung von Daten entwickelt worden und enthält darüber hinaus neben einer Reihe von Komprimierungs- und Dekomprimierungsroutinen auch Protokolle zur Steuerung externer Videogeräte sowie Richtlinien für Entwickler von Hardware- und Softwareprodukten. Mit QuickTime ist es möglich, Videosequenzen in beliebige Anwendungen einzubinden und diese in Echtzeit softwarebasiert zu dekomprimieren. Dabei kommen die im Abschnitt 4.1.2.6 erwähnten Reduktionen von Bildgröße und Bildfrequenz zur Anwendung. Entwickler von Zusatzhardwarebausteinen können diese Softwarebausteine problemlos durch eigene Lösungen ersetzen. Einmal erstellte Quick Time-basierte Anwendungen sollen als Laufzeitversionen auch der Welt der IBM-kompatiblen Rechner verfügbar gemacht werden.

Die wichtigsten Anwendungsgebiete sind Abfrage- und Auskunftssysteme, Verkaufs- und Präsentationssysteme sowie Aus- und Weiterbildungssysteme. Als großer Wachstumsmarkt wird ferner der private Haushaltsbereich angesehen.

Es gibt sowohl interaktiv bedienbare Abfrage- oder Lernsysteme, die von Präsentatoren, von interessierten Kunden bzw. von Schulungsteilnehmern bedient werden, als auch reine «Selbstläufer», die bei Messen oder sonstigen Veranstaltungen permanent laufen und dem Betrachter selten oder nie Auswahlmöglichkeiten bieten.

Im *Ausbildungswesen* sind Anwendungen ohne Einschränkung des Fachgebiets denkbar. Eine Vorreiterrolle nimmt hier der *medizinische Bereich* ein, wo bereits mit dem Aufkommen des Begriffs Multimedia die ersten einsetzbaren Anwendungen entstanden. So gibt es etwa Systeme, die den Aufbau des menschlichen Körpers oder die Funktion einzelner Organe darstellen. Diese meist auf Bildplatten gespeicherten

Kurse enthalten entweder Videosequenzen oder Standbilder mit mehrstufigen Vergrößerungsmöglichkeiten. Beispielsweise kann das Medizinstudium neuerdings durch eine Multimedia-Anwendung unterstützt werden, wobei mit einer Geschwindigkeit von fünf Bildern pro Sekunde eine «Reise durch das Auge» in beliebiger Richtung erfolgen kann (bei insgesamt 3000 Bildern je Richtung).

Neuartige Lernmöglichkeiten ergeben sich z.B. auch im Bereich der *Musikausbildung*. Digitalisierte und mit speziellen Indizes versehene Musikstücke können vom Lernenden auf unterschiedlichste Weise erforscht werden. Dabei ist es möglich, entweder den Einstiegspunkt in ein Werk zu wählen oder aber bestimmte Instrumente auszuwählen (z.B. Piccolo) und diese auch unmittelbar darauf zu hören. Angaben über die Zeit, in der der Künstler lebte, können ebenso abgefragt werden, wie die Anekdoten über die Entstehung des Werks. In den meisten Fällen können zur gespielten Musik auch die Noten angezeigt werden (Beispiele: Beethovens Neunte, Zauberflöte usw.).

In der *Kunstausbildung* entstehen laufend neue bildplattenbasierte Führer von Galerien und Museen (z.B. National Gallery, Louvre) oder bestimmter Maler (z.B. van Gogh).

In der *Sprachausbildung* werden interaktiv steuerbare Kurse in verschiedenen Sprachen mit der Möglichkeit der Sprachausgabe in Stereoqualität traditionelle Sprachlabors ablösen. Der große Vorteil liegt in

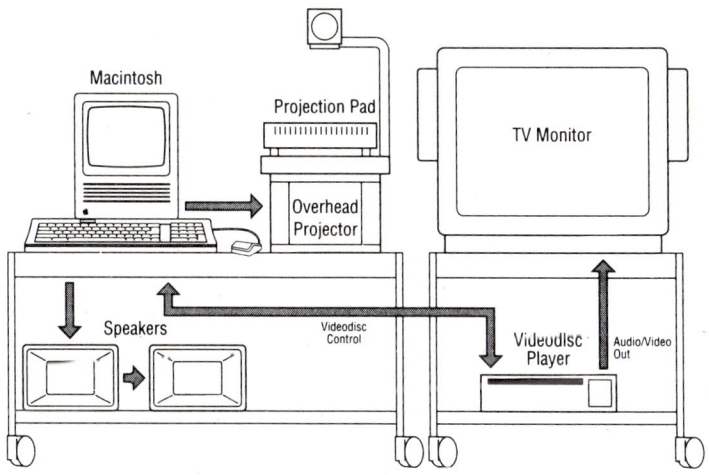

Abb. 4.4/4: Maschinenkonfiguration für interaktive Multimedia-Präsentationen (Quelle: Apple)

der Möglichkeit, direkt auf bestimmte Teile eines Kurses zuzugreifen, sowie in der gleichzeitigen Unterstützung durch Grafiken, Animationen, Stand- und Videobilder.

*Ähnliche Einsatzmöglichkeiten* ergeben sich in allen Aus- und Weiterbildungsbereichen wie etwa Umwelterziehung, Technik, Physik, Chemie, Wirtschaft, Biologie und Informatik.

Inbesondere *für Benutzer von Rechnern* sind *im Schulungsbereich* äußerst hilfreiche und effiziente Verbesserungen zu erwarten. Lernwillige EDV-Benutzer sehen sich heute immer wieder mit teuren und oft nicht den Erwartungen entsprechenden Kursen, schlechten Handbüchern und nichtssagenden Fehlermeldungen in den einzelnen Anwendungsprogrammen konfrontiert. Hier werden künftig multimedial unterstützte Kurse und Hilfefunktionen Abhilfe schaffen. Denkbar sind etwa im Fehlerfall eingespielte kurze Videosequenzen, in denen ein sympatischer Lehrer dem Benutzer erklärt, was er falsch gemacht hat. Bereits verfügbar sind durch Animationen unterstützte Beispiele, die etwa die Wirkung bestimmter Tabellenkalkulationsfunktionen vor Augen führen (z.B. Kopieren von Formeln, Tabellenverknüpfungen u.ä.m.).

Im Bereich der *Informationsvermittlung* sind multimedial aufbereitete (z.B. CD-basierte) Lexika, wissenschaftliche Nachschlagewerke, Servicehandbücher oder Stadtführer als Beispiele zu nennen.

Besondere Erwartungen werden an Multimedia-Systeme in der *Verkaufsunterstützung* geknüpft. Klassische, imagebildende Anwendungen wie etwa Firmenpräsentationen oder computergestützte Produkteinführungen werden künftig in perfektionierter Form zum Standard. Neuartige Verkaufshilfen entstehen z.B. im Dienstleistungssektor und im Handel. Architekten, Versicherungen und Banken werden ihre Produkte künftig ebenso multimedial unterstützt vermarkten, wie etwa Handelssparten, in denen die physische Vorführbarkeit der Ware bisher nicht oder nur ungenügend möglich war (z.B. Reisebüros, Teppiche, Immobilien).

Multimedia-Systeme gibt es in Ansätzen bereits auch im *Kommunikationssektor*. So etwa können in Sprach- und Video-Postsystemen digitalisierte Ton- oder Videoaufnahmen gemeinsam mit herkömmlicher elektronischer Post versandt werden. Der Empfänger sieht das Dokument am Bildschirm und kann zusätzlich Stimme und/oder Video auswählen. Voraussetzung hierfür sind allerdings neben geeigneten Hardwarevorrichtungen zum Aufnehmen und Abspielen entsprechend schnelle Hochleistungsnetze.

Im *Heimbereich* werden vor allem auf dem Gebiet der Unterhaltung neuartige Spiele (CD-basiert) und digitale TV-Schnittsysteme Einzug halten. Letztere ermöglichen die einfache Erstellung eigener Produktionen, und im Gegensatz zu herkömmlichen Heimstudios wird dann auch die Einbindung von Animationen, Texten und Computergrafiken möglich sein.

IDC gibt den im Jahr 1990 auf dem deutschen *Multimedia-Markt (professioneller Einsatz)* erzielten Umsatz mit insgesamt rund 3 Mio. DM an. Für das Jahr 1995 werden hingegen schon fast 650 Mio. DM erwartet. Für 1996 prognostiziert IDC einen Umsatzsprung auf über 1,3 Mrd. DM, wobei mehr als eine Mrd. DM allein auf Hardware-Verkäufe (in erster Linie CD-Laufwerke) entfällt.

## Dokumentenarchitektur

Die in den letzten Jahren stark angewachsene elektronische Textkommunikation unter Integration von formatierten Daten, Festbildern und Sprache hat zunehmend das *Bedürfnis nach Verträglichkeit der Dokumente* geweckt, die zwischen unterschiedlichen Hardware- und Softwaresystemen ausgetauscht werden.

---

Ziel einer **Dokumentenarchitektur** (engl.: document architecture) ist eine allgemeingültige, von speziellen Geräten, Editoren und Formatierern unabhängige Beschreibung des Aufbaus und der Austauschformate von Dokumenten, damit diese in Rechnernetzen übertragen, vom Empfänger in gleicher Weise wie vom Absender interpretiert und damit möglichst einfach und komfortabel weiterverarbeitet werden können.

---

Vorhandene, aber erst am Anfang ihrer Entwicklung stehende Dokumentenarchitekturen basieren teils auf *herstellerspezifischen Konzepten*, wie z.B. bei IBM DCA für die Beschreibung des Aufbaus und DIA für die Beschreibung des Austauschformats von Dokumenten in SNA-Netzen, teils orientieren sie sich an den *Vorschlägen der internationalen Normungs- und Standardisierungsgremien*, wie z.B. die «Siemens Netzarchitektur für Büro-Automatisierung» (SBA). Der *ODA/ODIF-Standard* wurde 1985 von der ECMA und 1986 von der ISO als internationaler Standard verabschiedet und wird seitdem weiterentwickelt.

---

Das **Dokumentenarchitekturmodell ODA** (Office Document Architecture) beschreibt die logische und die Layout-Struktur von Dokumenten in hierarchischer Form.

---

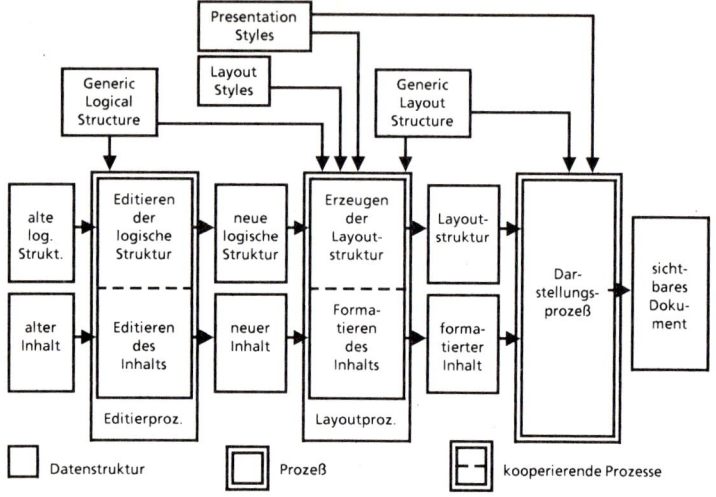

Abb. 4.4/5: ODA-Dokumentenbearbeitungsmodell (Quelle: G. Krönert, Informatik-Spektrum)

Die *logische Struktur* kennzeichnet die Beziehungen zwischen sogenannten logischen Objekten und ihren Attributen, die vom Benutzer frei wählbar sind (z.B. bei einem Text: Kapitel, Überschriften, Fußnoten usw.). Die *Layout-Struktur* kann nur aus den Objekten Dokument, Seitengruppe, Seite, Rahmen und Block bestehen, in die die logische Struktur durch einen Formatierer abgebildet wird. Durch die *Definition von Dokumentenklassen*, die gemeinsame logische und Layout-Strukturen aufweisen, wird die Erstellung der Dokumente der jeweiligen Klasse allgemeingültig festgelegt. *Die Klassenzugehörigkeit eines Dokuments unterstützt seine Bearbeitung beim Empfänger*, z.B. kann der Editierprozeß bei der Weiterbearbeitung darauf abgestimmt werden, die Formatierung kann automatisch hersteller- und geräteunabhängig erfolgen, und die Ablage kann vereinfacht werden.

Das **Dokumentenaustauschformat ODIF** (Office Document Interchange Format) legt die Reihenfolge und die Codierung fest, mit der die ODA-Beschreibung von Dokumenten übermittelt wird.

900

## Elektronische Post

Während in den USA elektronische Postsysteme schon seit langem intensiv genutzt werden, beschränkt sich der *Einsatz in der Bundesrepublik Deutschland* hauptsächlich auf den Wissenschaftsbereich und wenige hochtechnisierte Branchen (Elektronikindustrie, Transportwirtschaft, Versicherungswirtschaft, Banken und Kreditwirtschaft, Verlagswesen). Der Einsatzschwerpunkt liegt dabei bei Großorganisationen (z.B. Fluggesellschaften).

Die *Teilnehmerzahl* von privaten E-Mail-Systemen im Bereich der Wirtschaft und der öffentlichen Verwaltung dürfte jedoch auch in der Bundesrepublik Deutschland sechsstellige Zahlen erreichen. Firmen wie z.B. AEG, Ford, IBM, SEL oder Siemens haben heute schon jeweils mehrere tausend Teilnehmer, die über interne elektronische Postsysteme kommunizieren. Integrierte Bürosoftwarepakete aller Hersteller für hostorientierte Lösungen und für Client-Server-Lösungen beinhalten stets auch eine E-Mail-Komponente. X.400 ist zwar von den meisten großen Computer- und Telekommunikationsherstellern in ihren Produkten implementiert worden, jedoch beruhen die wenigsten bisher eingerichteten privaten elektronischen Postsysteme auf diesem Standard. X.400 wird aber zunehmend als offene Backbone-Lösung zur Verbindung proprietärer privater und öffentlicher E-Mail-Dienste verwendet.

Die *Durchsetzung von firmeninternen elektronischen Postsystemen* wird vor allem durch die starke Verbreitung lokaler Netze gefördert. Marktführer sind hier die E-Mail-Pakete *Lotus CC:Mail* und *Microsoft Mail*. Lotus gibt an, daß weltweit 2 Mio. Benutzer CC:Mail verwenden, Microsoft nennt 1,6 Mio. Benutzer seines Produkts (Mitte 1992). Der «Electronic Mail and Micro Systems Newsletter» schätzte Anfang 1992 die Zahl der Lotus CC:Mail-Benutzer auf weltweit 1,6 Mio. und die der Microsoft Mail-Benutzer auf 750 000.

Die Zahl der E-Mail-Benutzer im *Internet* wird auf rund 10 Mio. geschätzt. Den News-Service, über den Artikel zu den verschiedensten Interessengebieten versandt werden, nehmen allein etwa 2,5 Mio. Teilnehmer in Anspruch. Pro Tag werden durch diesen Neuigkeitendienst an jeden News-Server durchschnittlich etwa 14 000 Mitteilungen mit einem Gesamtvolumen von 35 MB versandt. Ein News-Server bedient durchschnittlich ca. 50 Benutzer, die den Absendern natürlich auch jeweils antworten können. Wofür sich diese hauptsächlich interessieren, können Sie unschwer aus den Kurzbezeichnungen der in Abb. 4.4/6 wiedergegebenen, am meisten nachgefragten Rubriken ablesen (88 von insgesamt über 1800).

*Mailbox-Systeme für die Nutzung durch jedermann* bieten auf dem deutschen Markt derzeit etwa 20 Betreiber an. Die drei größten Anbieter von solchen Mehrwertdiensten sind *GeoNet* aus Haunetal mit ca. 6000 Benut-

From: reid@decwrl.DEC.COM (Brian Reid)
Newsgroups: news.lists
Subject: USENET Readership report for May 92
Date: Tue, 2 Jun 92 17:15:27 GMT

This is the full set of data from the USENET readership report for May 92.
Explanations of the figures are in a companion posting.

```
          +-- Estimated total number of people who read the group, worldwide.
          |   +-- Actual number of readers in sampled population
          |   |    +-- Propagation: how many sites receive this group at all
          |   |    |    +-- Recent traffic (messages per month)
          |   |    |    |    +-- Recent traffic (kilobytes per month)
          |   |    |    |    |    +-- Crossposting percentage
          |   |    |    |    |    |    +-- Cost ratio: $US/month/rdr
          |   |    |    |    |    |    |    +-- Share: % of newsrders
          |   |    |    |    |    |    |    |   who read this group.
          V   V    V    V       V       V    V    V
   1 260000 5598  68%  2185  5748.2   25%  0.04  11.3%  alt.sex
   2 250000 5471  83%   984  2004.1   15%  0.02  11.0%  misc.jobs.offered
   3 230000 4890  88%     8   130.8  100%  0.00   9.9%  news.announce.newuser
s
   4 230000 4880  83%  1309  1671.8   35%  0.01   9.8%  misc.forsale
   5 220000 4743  81%    64   110.8    0%  0.00   9.6%  rec.humor.funny
   6 190000 4051  71%    46  1183.9    2%  0.01   8.2%  rec.arts.erotica
   7 170000 3770  81%  2441  4602.4   11%  0.05   7.6%  rec.humor
   8 150000 3271  80%     7   170.5   57%  0.00   6.6%  news.answers
   9 150000 3222  89%  1452  2907.9   17%  0.04   6.5%  news.groups
  10 140000 3048  88%    96   777.4  100%  0.01   6.1%  news.announce.newgrou
ps
  11 140000 3034  81%  1947  2254.8   18%  0.03   6.1%  misc.forsale.computer
s
  12 140000 3003  64%  1412  3755.0    4%  0.04   6.1%  alt.sex.bondage
  13 140000 2983  86%  1092  2070.7   17%  0.03   6.0%  comp.lang.c
  14 130000 2789  85%   572  1067.4   13%  0.02   5.6%  comp.graphics
  15 130000 2783  51%  1162 49129.7    8%  0.47   5.6%  alt.binaries.pictures
.erotica
  16 130000 2753  81%   423   881.4   10%  0.01   5.6%  misc.jobs.misc
  17 130000 2750  86%  1161  2481.7   10%  0.04   5.5%  comp.windows.x
  18 130000 2734  89%   366   940.0   30%  0.02   5.5%  news.admin
  19 130000 2722  85%  1070  2790.9    9%  0.04   5.5%  comp.lang.c++
  20 130000 2706  78%   151  4117.4   10%  0.06   5.5%  alt.sources
  21 120000 2695  84%     0     0.0    0%  0.00   5.4%  news.announce.importa
nt
  22 120000 2662  73%  2100  3039.6   18%  0.05   5.4%  talk.bizarre
  23 120000 2646  83%   101  4693.8    0%  0.08   5.3%  comp.binaries.ibm.pc
  24 120000 2582  75%  2888  6702.3   11%  0.10   5.2%  soc.culture.indian
  25 120000 2576  85%     7    48.1    0%  0.00   5.2%  news.announce.confere
nces
  26 120000 2575  80%   437   447.8   31%  0.01   5.2%  misc.wanted
  27 120000 2529  85%    42  2130.2    0%  0.01   5.1%  comp.sources.unix
  28 120000 2523  85%   222   565.0   24%  0.01   5.1%  comp.misc
  29 120000 2504  88%   272   497.7    6%  0.01   5.0%  news.newusers.questio
ns
  30 110000 2444  83%  1633  2393.2   12%  0.04   4.9%  comp.sys.ibm.pc.hardw
are
  31 110000 2427  87%   723  1081.5   16%  0.02   4.9%  comp.unix.questions
  32 110000 2412  85%    82  4156.6    1%  0.08   4.9%  comp.sources.misc
  33 110000 2371  78%  2482  5900.5   11%  0.10   4.8%  rec.arts.movies
  34 110000 2328  78%  1230  2123.7   16%  0.04   4.7%  rec.travel
```

Abb. 4.4/6: Leseranalyse des Neuigkeitendienstes im INTERNET im Mai 1992

| | | | | | | | | | |
|---|---|---|---|---|---|---|---|---|---|
| 35 | 100000 | 2231 | 86% | 1511 | 2107.8 | 8% | 0.04 | 4.5% | comp.windows.ms |
| 36 | 100000 | 2202 | 82% | 1261 | 1933.6 | 9% | 0.04 | 4.4% | sci.electronics |
| 37 | 100000 | 2168 | 80% | 1062 | 1921.0 | 22% | 0.04 | 4.4% | misc.consumers |
| 38 | 99000 | 2149 | 83% | 610 | 844.7 | 19% | 0.02 | 4.3% | comp.sys.ibm.pc.misc |
| 39 | 98000 | 2123 | 81% | 436 | 2261.8 | 6% | 0.05 | 4.3% | misc.jobs.resumes |
| 40 | 98000 | 2109 | 68% | 757 | 3039.2 | 68% | 0.05 | 4.3% | alt.activism |
| 41 | 96000 | 2072 | 77% | 229 | 460.9 | 29% | 0.01 | 4.2% | misc.jobs.contract |
| 42 | 95000 | 2057 | 84% | 1028 | 2121.2 | 15% | 0.05 | 4.1% | comp.arch |
| 43 | 95000 | 2055 | 85% | 412 | 626.6 | 19% | 0.01 | 4.1% | comp.databases |
| 44 | 94000 | 2042 | 74% | 2445 | 4287.4 | 15% | 0.08 | 4.1% | soc.singles |
| 45 | 94000 | 2023 | 82% | 834 | 1744.8 | 13% | 0.04 | 4.1% | sci.space |
| 46 | 94000 | 2022 | 84% | 308 | 580.2 | 8% | 0.01 | 4.1% | comp.binaries.ibm.pc.d |
| 47 | 92000 | 1991 | 83% | 198 | 526.3 | 29% | 0.01 | 4.0% | comp.ai |
| 48 | 92000 | 1989 | 85% | 201 | 344.2 | 13% | 0.01 | 4.0% | comp.unix.wizards |
| 49 | 92000 | 1981 | 82% | 1055 | 1632.8 | 12% | 0.04 | 4.0% | comp.sys.mac.misc |
| 50 | 91000 | 1957 | 88% | 130 | 234.9 | 66% | 0.01 | 3.9% | news.misc |
| 51 | 90000 | 1946 | 72% | 2721 | 7542.6 | 66% | 0.15 | 3.9% | talk.politics.misc |
| 52 | 90000 | 1945 | 64% | 1420 | 1886.3 | 5% | 0.03 | 3.9% | alt.personals |
| 53 | 89000 | 1930 | 81% | 109 | 5146.7 | 0% | 0.11 | 3.9% | comp.binaries.mac |
| 54 | 89000 | 1916 | 80% | 5 | 26.1 | 0% | 0.00 | 3.9% | comp.sys.mac.announce |
| 55 | 88000 | 1898 | 85% | 241 | 426.6 | 38% | 0.01 | 3.8% | comp.unix.admin |
| 56 | 87000 | 1887 | 87% | 36 | 528.9 | 47% | 0.01 | 3.8% | news.lists |
| 57 | 87000 | 1883 | 85% | 258 | 330.0 | 22% | 0.01 | 3.8% | comp.sources.wanted |
| 58 | 86000 | 1851 | 78% | 1719 | 2986.8 | 14% | 0.07 | 3.7% | rec.autos |
| 59 | 85000 | 1846 | 81% | 297 | 443.6 | 27% | 0.01 | 3.7% | comp.os.msdos.misc |
| 60 | 85000 | 1840 | 78% | 1297 | 1801.1 | 6% | 0.04 | 3.7% | rec.games.misc |
| 61 | 85000 | 1840 | 77% | 334 | 790.0 | 10% | 0.02 | 3.7% | comp.binaries.ibm.pc.archives |
| 62 | 85000 | 1833 | 79% | 1061 | 1466.9 | 19% | 0.03 | 3.7% | rec.music.misc |
| 63 | 84000 | 1826 | 81% | 526 | 879.3 | 18% | 0.02 | 3.7% | comp.os.msdos.programmer |
| 64 | 83000 | 1793 | 82% | 3 | 83.9 | 0% | 0.00 | 3.6% | comp.sources.games |
| 65 | 83000 | 1790 | 79% | 1371 | 3191.7 | 49% | 0.07 | 3.6% | misc.legal |
| 66 | 82000 | 1766 | 78% | 1310 | 2523.7 | 7% | 0.06 | 3.6% | rec.arts.books |
| 67 | 82000 | 1763 | 81% | 295 | 522.2 | 25% | 0.01 | 3.6% | comp.os.msdos.apps |
| 68 | 80000 | 1731 | 77% | 34 | 168.0 | 22% | 0.00 | 3.5% | rec.arts.movies.reviews |
| 69 | 80000 | 1726 | 86% | 1073 | 1871.6 | 13% | 0.05 | 3.5% | comp.dcom.modems |
| 70 | 80000 | 1726 | 53% | 687 | 29759.2 | 1% | 0.48 | 3.5% | alt.binaries.pictures.misc |
| 71 | 80000 | 1723 | 83% | 1369 | 1992.3 | 16% | 0.05 | 3.5% | comp.sys.mac.hardware |
| 72 | 79000 | 1714 | 81% | 892 | 1851.1 | 12% | 0.05 | 3.5% | sci.math |
| 73 | 79000 | 1713 | 52% | 316 | 491.6 | 4% | 0.01 | 3.5% | alt.sex.movies |
| 74 | 79000 | 1705 | 68% | 730 | 1064.5 | 13% | 0.02 | 3.4% | alt.rock-n-roll |
| 75 | 79000 | 1705 | 52% | 647 | 1226.9 | 1% | 0.02 | 3.4% | alt.binaries.pictures.erotica.d |
| 76 | 78000 | 1696 | 75% | 624 | 1374.4 | 30% | 0.03 | 3.4% | soc.women |
| 77 | 78000 | 1686 | 86% | 998 | 1758.7 | 30% | 0.05 | 3.4% | comp.unix.sysv386 |
| 78 | 78000 | 1686 | 76% | 356 | 593.5 | 0% | 0.01 | 3.4% | rec.nude |
| 79 | 78000 | 1683 | 83% | 219 | 751.9 | 0% | 0.02 | 3.4% | comp.archives |
| 80 | 77000 | 1670 | 87% | 48 | 82.2 | 29% | 0.00 | 3.4% | news.sysadmin |
| 81 | 77000 | 1665 | 83% | 210 | 720.2 | 8% | 0.02 | 3.4% | comp.software-eng |
| 82 | 77000 | 1661 | 85% | 70 | 125.3 | 35% | 0.00 | 3.3% | comp.sources.d |
| 83 | 77000 | 1661 | 81% | 857 | 2424.9 | 12% | 0.06 | 3.3% | sci.astro |
| 84 | 76000 | 1637 | 76% | 522 | 635.9 | 7% | 0.02 | 3.3% | comp.binaries.ibm.pc.wanted |
| 85 | 75000 | 1625 | 78% | 1542 | 2536.5 | 4% | 0.06 | 3.3% | rec.food.cooking |
| 86 | 75000 | 1621 | 77% | 1796 | 3355.8 | 8% | 0.08 | 3.3% | rec.arts.tv |
| 87 | 75000 | 1617 | 84% | 361 | 610.9 | 14% | 0.02 | 3.3% | comp.unix.programmer |
| 88 | 74000 | 1605 | 81% | 1382 | 2317.0 | 8% | 0.06 | 3.2% | comp.sys.mac.apps |

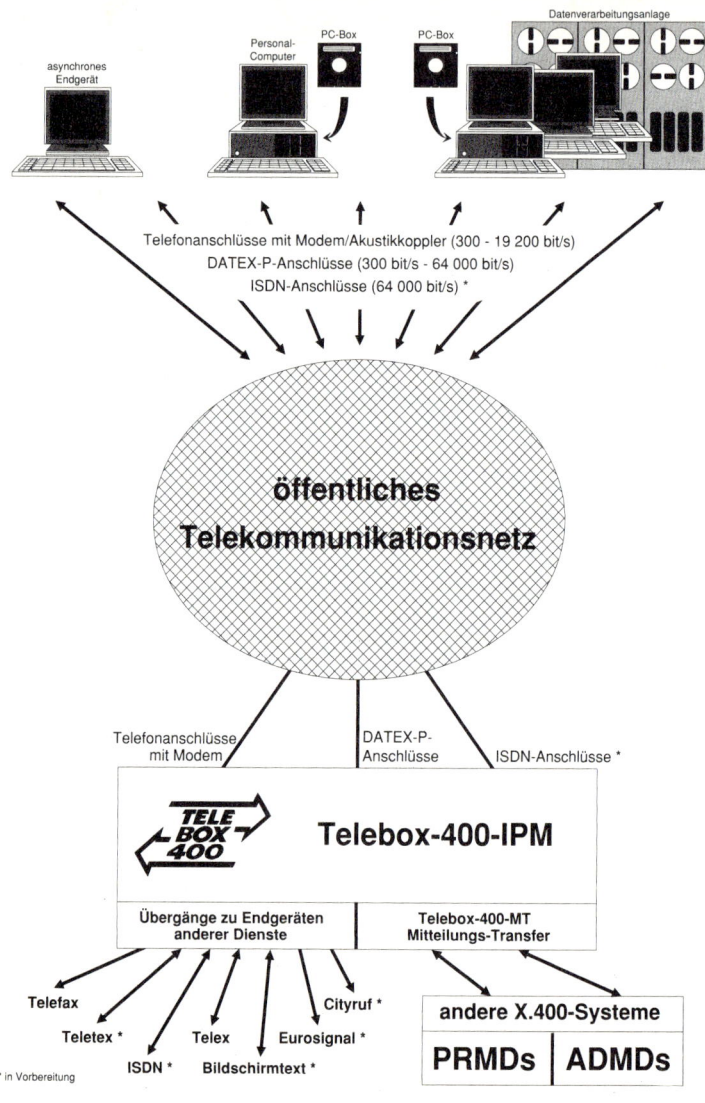

Abb. 4.4/7: Kommunikationsmöglichkeiten mit Telebox-400-IPM (Quelle: Telekom)

zern, *Telebox-400-IPM der Telekom* mit ca. 2500 Kunden und *Deutsche Mailbox* aus Hamburg mit ca. 2000 Benutzern. Die restlichen Anbieter dürften zusammen höchstens noch einmal soviele Teilnehmer haben, sodaß sich die Gesamtzahl der Benutzer in Deutschland auf etwa 20000 beläuft. Bei den größten Diensten betragen die Einrichtungsgebühren für ein elektronisches Postfach (Box) zwischen 65 und 100 DM und die monatliche Grundgebühr 40 DM. Bei der Übermittlung von zehn langen und zehn kurzen Mitteilungen pro Monat fallen durchschnittlich etwa 200 DM Nutzungsgebühren an.

Die Abb. 4.4/7 zeigt Ihnen die Kommunikationsmöglichkeiten mit dem von der Telekom auf der Basis der CCITT-Empfehlungen X.400 ff. angebotenen Dienst *Telebox-400-IPM.* «IPM» steht für «Interpersonal Messaging»: Dieser Dienst dient also für die Kommunikation zwischen einzelnen Personen oder Anwendungsprozessen (auch unterschiedlicher Mitteilungsübermittlungssysteme).

Ferner bietet die Telekom den Dienst *Telebox-400-MT* an, der die Anbindung von privaten X.400-Systemen an den öffentlichen Versorgungsbereich der Telekom, die ADMD mit dem Namen «DBP», erlaubt. «MT» steht für «Message Transfer». Damit läßt sich der Verbund für den anwendungsunabhängigen Austausch von Mitteilungen zwischen unterschiedlichen öffentlichen und privaten Mitteilungssystemen bzw. Versorgungsbereichen realisieren.

### Sprachspeicher- und -übermittlungssysteme

IDC schätzt den weltweiten *Umsatz der Hersteller von Voice-Mail-Produkten* für 1992 auf ca. 3,2 Mrd. DM und die jährliche Zuwachsrate auf ca. 30%. Der größte Teil der derzeit eingesetzten Sprachspeicher- und -übermittlungssysteme stammt von unabhängigen Anbietern wie VMX und Octel, den Herstellern von digitalen Nebenstellenanlagen (integrierte Server) und den Anbietern von integrierten Bürosystemen. In vielen Fällen, wie z.B. bei Wang oder Xerox, werden von den letztgenannten Anbietern Systeme vertrieben, die per OEM-Abkommen von einem unabhängigen Hersteller bezogen worden sind oder die auf Komponenten von Drittanbietern basieren. Relativ neu sind Angebote für PC-basierte Sprachspeicher- und -übermittlungssysteme auf Client-Server-Basis, für die ergänzende Karten und Softwarepakete vornehmlich für Kleinanwender von PC-Netzen erhältlich sind. Schließlich gibt es auch noch Anbieter von Mehrwertdiensten für die Sprachspeicherung und -übermittlung.

Eine *PC-Serverkarte samt Software für Voice-Mail* für einen Telefonanschluß, die die im Abschnitt 4.1.3.3 beschriebenen Funktionen für ein bis ca. 20 an das Netz angeschlossene Benutzer bietet, kostet zwischen 300 DM und 600 DM. Eine Karte für zwei bis vier Telefonanschlüsse und bis zu mehr als hundert Benutzer kostet samt Serversoftware etwa zehn- bis zwanzigmal so viel. Die Angebote unterscheiden sich sowohl hinsichtlich der Konfiguration (z.B. integrierte Modem- und Faxeinrichtung, Vorder- oder Hintergrundverarbeitung, externe Lautsprecherverbindung usw.) als auch des Funktionsumfangs für die Anrufbeantwortung, die Anzahl und Verwaltung der Postfächer, die Speicherungs- und Mitteilungsübermittlungsfunktionen sowie die Unterstützung des Benutzers beim Diktieren, Telefonieren, Telemarketing usw.

Während *Voice-Mail-Anwendungen in den USA schon fast alltäglich* sind – über die Hälfte der ausgelieferten Nebenstellenanlagen enthalten dort heute diese Funktionen – ist die Anzahl der Einsätze im deutschsprachigen Raum noch deutlich geringer. Die Steigerungsraten liegen jedoch auch hier – wie oben erwähnt – bei jährlich ca. 30%. *Trends sind:*

– die zunehmende Vernetzung von Voice-Mail-Systemen über mehrere Standorte und Ländergrenzen hinweg,
– die sich langsam durchsetzende Normierung für Voice-Mail-Standards (AMIS – Audio Messaging Interchange Specification), die dafür sorgt, daß die Sprachübermittlung auch zwischen Systemen unterschiedlicher Hersteller funktioniert,
– Integration von PBX- und Rechneranwendungen. Dazu gehören z.B. die automatische Anwahl von Anschlüssen aus einer EDV-Anwendung heraus oder die Übermittlung wichtiger Kundeninformation auf den Bildschirm eines Mitarbeiters, während das Telefon mit dem Kundenanruf noch klingelt.


### Übersicht über die Telematikdienste

Der *rasante Aufschwung von Telefax* hat seit Mitte der 80er Jahre zu einer *Stagnation der Teilnehmerzahlen bei Telex und Teletex* geführt. Inzwischen sinkt sogar der Bestand an Telexgeräten weltweit und dürfte derzeit bei ca. 1,7 Mio. liegen. Dieser älteste verfügbare Telematikdienst erfüllt heute nur noch dort eine wichtige Funktion, wo es zwingend erforderlich ist, die Textkommunikation im Dialogmodus abzuwickeln, oder wo es keine andere Möglichkeit gibt, mit Partnern sicher zu kommunizieren (z.B. nach Afrika oder Südamerika). Die Abb. 4.4/8 zeigt Ihnen die Entwicklung der *Teilnehmerzahlen der verschiedenen Telematikdienste in der Bundesrepublik Deutschland.* Telex und Teletex verzeichnen auch dort Rückgänge. Wegen der mangelnden

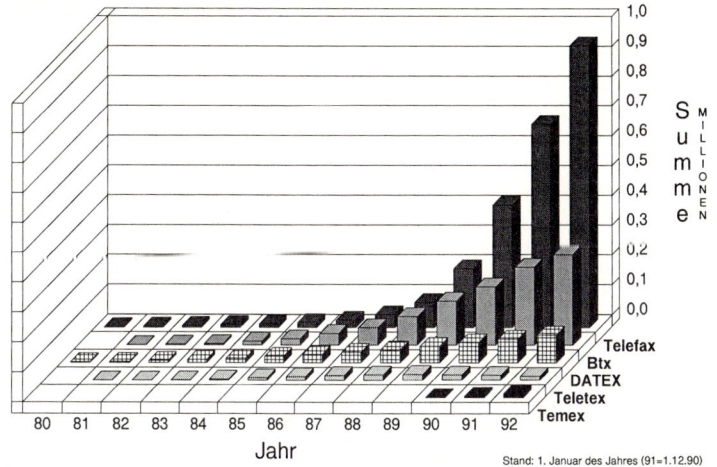

Abb. 4.4/8: Entwicklung der Anschlußzahlen im Telekommunikationsnetz der deutschen Telekom (Quelle: Telekom)

Akzeptanz plant die Telekom, den Teletexdienst in der Bundesrepublik Deutschland einzustellen. Aus demselben Grund soll auch der Temexdienst (= Dienst für das Fernwirken) aufgelassen werden.

## Telefax

Die *Zahl der offiziellen Telefaxteilnehmer*, die mit postzugelassenen Geräten arbeiten, hat 1992 in der Bundesrepublik Deutschland die Millionengrenze überschritten. Hinzu kommen noch etwa 100 000 bis 200 000 «wilde» Teilnehmer, die mit nicht ZZF-zugelassenen Faxkarten bzw. Billigfernkopierern aus Fernost arbeiten. Ähnlich verläuft die Entwicklung in den anderen Industriestaaten. Auch für die Zukunft wird ein weiteres Wachstum der Teilnehmerzahlen vorausgesagt. Nach einer von der Telekom veröffentlichten Prognose wird 1993 mit weltweit über 20 Mio. Teilnehmern am Telefaxdienst gerechnet.

Die *Gerätevielfalt* ist groß und wird weiter zunehmen. Ein kompakter Tischfernkopierer der unteren Preis-/Leistungsklasse ist heute schon für weniger als 1000 DM erhältlich. Mittelklassegeräte kosten 2000 bis 5000 DM, und Hochleistungsfernkopierer mit Laserdruck auf Normalpapier bewegen sich in der Preisspanne von 5000 bis 10000 DM. Führende Hersteller sind Alcatel (in der BRD: SEL), Canon, Infotec, Konica, Minolta, Murata, NEC, OKI, Olivetti, Panasonic, Philips, Pitney Bowes, Rank Xerox, Ricoh, Sharp, Siemens, Thomson und Toshiba.

Ebenso groß ist das *Angebot an Faxeinschubkarten für Mikrorechner* – etwa 80 Karten sind heute schon von der ZZF zugelassen. Die billigsten Karten für Einzelplatzlösungen, die allerdings nur zum Versand von Telekopien geeignet sind, werden derzeit um ca. 300 DM angeboten. Eine hochwertige Gruppe-3- oder Gruppe-4-Karte ist inklusive Software ab etwa 800 DM zu bekommen. Eine Kombination aus einer solchen Karte und einem Billigfaxgerät bietet für ca. 2000 DM etwa dieselbe Funktionalität, für die bei einem guten Fernkopierer mindestens 6000 DM zu bezahlen ist. Eine Faxkarte für eine Serverlösung kostet je nach Anzahl der zu bedienenden Stationen zwischen 3000 und 7000 DM.

Folgende *Entwicklung des Telefaxdienstes* ist absehbar:

1. Die Teilnehmerzahlen werden weiterhin stark steigen, eine Marktsättigung ist bis auf weiteres nicht zu erwarten.
2. Die Gerätevielfalt und PC-Faxkartenvielfalt wird weiter zunehmen, die Preise werden weiter sinken. Einen wesentlichen Anteil werden dabei die Mehrdienstendgeräte – z.B. Fernkopierer kombiniert mit Komforttelefon – bzw. die Multifunktionskarten haben.
3. Bei den Fernkopierern wird für die Gruppe der persönlichen Kopierer ( = Tischgeräte am Arbeitsplatz) das größte Wachstum erwartet. Der Ausdruck auf Normalpapier verdrängt zunehmend den kostspieligeren, sich im Laufe der Zeit meist verändernden (und damit unlesbar werdenden) Thermopapierausdruck.
4. Fernkopieren in Farbe wird sich wegen der derzeit noch sehr hohen Preise und der langen Übertragungsdauer erst langfristig durchsetzen. Das erste 1990 auf der CeBIT von Sharp vorgestellte Vollvierfarbfaxgerät arbeitet mit einer Auflösung von 400 dpi, überträgt 64 Farbnuancen und braucht für die Übertragung einer Farbseite rund drei Minuten.
5. Der Bedienkomfort der Telefaxgeräte und Faxkarten wird weiter zunehmen.
6. Servergestützte Telefaxsysteme (Kategorie-B-Geräte) werden an Bedeutung gewinnen.
7. Mit dem neuen Dienst *Textfax* wird es in absehbarer Zeit im ISDN möglich sein, Mischdokumente in einem Vorgang je nach ihren Teilen zeichen- oder pixelcodiert zu übertragen, wodurch die rechnergestützte Weiterverarbeitung wesentlich verbessert wird.

## Bildschirmtext

Bildschirmtext (Btx) wird in Deutschland, ebenso wie in vielen anderen Ländern, von vielen als *Flop* gesehen, weil das ursprünglich prognostizierte schnelle Wachstum zu einem Massenmedium für private Nutzer nicht eingetreten ist. Aus informationstechnischer Sicht war dieser 1983 eingeführte Dienst von Anfang an veraltet. Vor allem die extrem langsame Standardübertragungsgeschwindigkeit von 1200/75 bit/s ist für viele mögliche Anwendungen fast untragbar. Obwohl dem Dienst in den letzten Jahren oftmals ein baldiges Ende prophezeit worden ist, ist die *Teilnehmerzahl* stetig gewachsen. Allerdings liegt der *Nutzungsschwerpunkt eindeutig im geschäftlichen Bereich*. Für Bestellsysteme, Platzbuchungssysteme usw. von stark dezentralisierten Organisationen mit vielen Außenstellen, Händlern, Vertretern usw. sind vor allem die niedrigen Verbindungsgebühren zum Telefon-Ortstarif und die geringen Anschaffungskosten der Endgeräte attraktiv. 50 % der Btx-Anschlüsse werden heute rein geschäftlich, weitere 20 % zumindest teilweise geschäftlich genutzt.

Ein bekanntes *Beispiel* aus der deutschen Wirtschaft ist der Automobilhersteller *BMW*, bei dem rund 1000 Händler ihre Ersatzteilbestellungen und Neuwagendisposition über Btx abwickeln.

Ein *Beispiel* für die erfolgreiche Btx-Nutzung durch eine Non-profit-Organisation bietet die *Wirtschaftsuniversität Wien*. Dort können sich die über 20000 Studierenden und sonstige interessierte Dritte durch ein Btx-Inhaus-System, das auch österreichweit und international zugänglich ist, über die ca. 1700 Lehrveranstaltungen, die Forschungsleistungen, die Mitarbeiter, die Öffnungszeiten usw. aller Institute und sonstigen Universitätseinrichtungen (Rechenzentrum, Bibliothek usw.) informieren. Sie können sich rund um die Uhr durch auf dem Campus installierte Btx-Terminals, durch in den österreichischen Postämtern aufgestellte öffentliche Btx-Terminals und durch private Endgeräte zu Übungen, Seminaren und Prüfungen anmelden, Prüfungsergebnisse abrufen, Mitteilungen versenden und vieles andere mehr. In einem Semestermonat finden bis zu 40000 Lehrveranstaltungsanmeldungen statt, von denen eine durchschnittlich nur 1,5 Minuten dauert.

Sie können sich übrigens in dieses System auch über das deutsche Btx-System einwählen (Leitseite: *3240 #). Weitere *Zugangsmöglichkeiten* gibt es vom deutschen Btx-Dienst derzeit zu den Nachbarsystemen in Frankreich, Luxemburg, den Niederlanden und der Schweiz. Für 1993 plant die Telekom den Verbund zu weiteren Ländern.

Wesentliche Wachstumsimpulse hat Btx in Deutschland durch die 1989 erfolgte Lockerung der Zulassungsbestimmungen für *Softwaredecoder* erhalten, durch die Personal-Computer preisgünstig zu Btx-End-

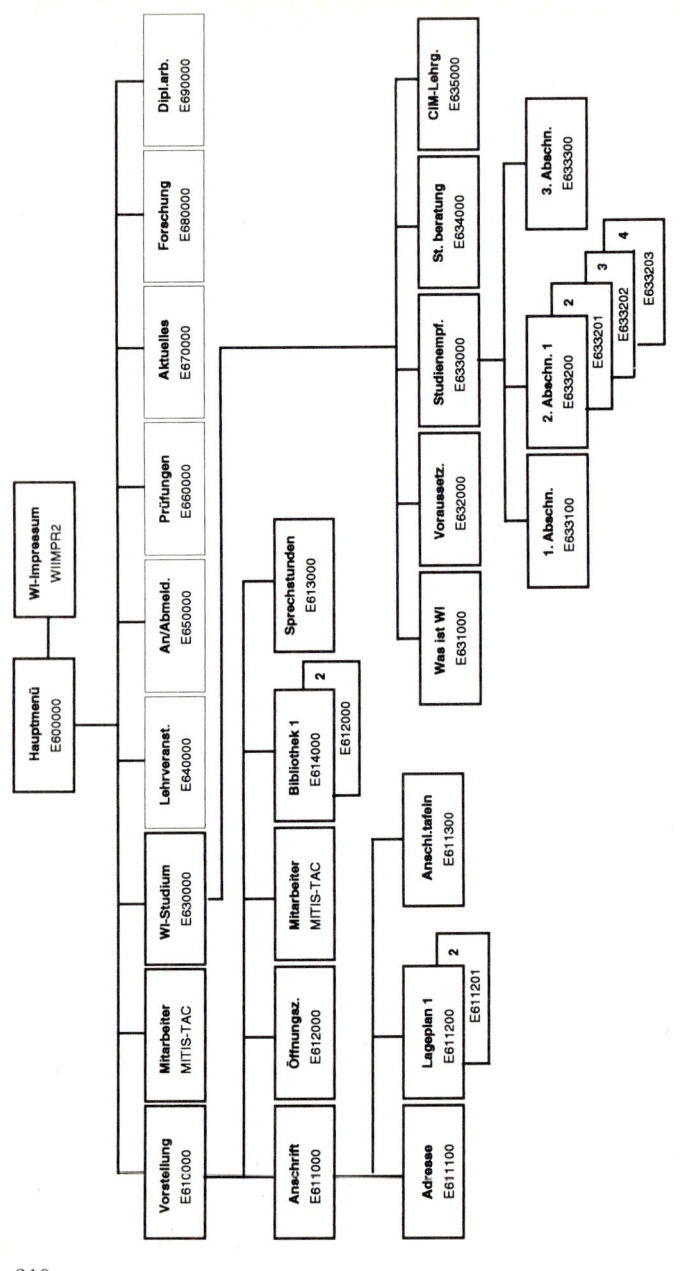

910

geräten gemacht werden können. Inzwischen verschaffen sich 80% aller neuen Btx-Benutzer in dieser Form Zugang zum Btx-Dienst.

Mit 320000 Anschlüssen (Mitte 1992) ist *der deutsche Btx-Dienst* nach Frankreichs Teletel (6 Mio. vorwiegend private Anschlüsse) der weltweit größte Videotex-Dienst. Die monatliche Zuwachsrate liegt derzeit bei 3000 Neuanschlüssen. Die Zahl der Informationsanbieter stagniert bei knapp 3000, über die Hälfte sind mit einem externen Rechner an das Netz angeschlossen. Ungefähr 800000 Btx-Seiten werden derzeit angeboten. Pro Monat werden etwa 7 Mio. Anrufe getätigt. Die durchschnittliche Nutzungszeit pro Anschluß liegt bei über 300 Minuten im Monat. Über die Hälfte der gesamten Nutzungszeit des Btx-Dienstes der Telekom entfällt auf Verbindungen zu externen Rechnern.

Die Btx-Nutzung ist wie erwähnt sehr kostengünstig. Die *Preise* für Softwaredecoder betragen je nach Funktionalität zwar bis zu 1000 DM, die meisten sind jedoch in der Preisklasse um 300 DM angesiedelt. Manche Produkte, wie z.B. der in Österreich im Auftrag der Post von der TU Graz entwickelte Softwaredecoder «Decodix», sind sogar kostenlos oder zu minimalen Preisen erhältlich (Public-Domain-Software). Als Monatsgebühr einschließlich der Anpassungseinrichtung (Modem) stellt die deutsche Telekom 8 DM in Rechnung, der flächendeckende Zugang in der Standardübertragungsgeschwindigkeit 1200/75 bit/s erfolgt zum Telefon-Ortstarif. In den meisten Fällen sind damit bereits alle Kosten für den Teilnehmer abgegolten. Mehr muß er nur dann bezahlen, wenn entfernte Btx-Zugänge mit höheren Geschwindigkeiten angewählt werden, für besondere Angebote Vergütungen an den Anbieter zu entrichten sind oder wenn besondere Leistungen – etwa das Absenden oder Speichern von Btx-Mitteilungen oder der Versand von Telex-Mitteilungen – in Anspruch genommen werden. Für Anbieter liegen die monatlichen Gebühren für ein regionales Btx-Angebot mit 100 Seiten bei 150 DM, für ein bundesweites Angebot bei 700 DM. Für den Anschluß eines externen Rechners fallen zusätzliche Kosten an, unter anderem die DATEX-P-Gebühren im Rechnerverbund. Weit mehr ist meist für die Entwicklung und Wartung eines guten Informationsangebots und die in diesem Zusammenhang eingesetzten Programme aufzuwenden.

Derzeit wird der *Btx-Dienst der Telekom einer vollständigen Neuerung unterzogen.* Ein wesentlicher Bestandteil davon ist ein Netzkon-

---

Abb. 4.4/9: Informationsangebot (Auszug des Menübaums) der Abteilung für Wirtschaftsinformatik (WI) im Btx-System der Wirtschaftsuniversität Wien (WU) zept, das unter dem Namen *DATEX-J* (Netz für Jedermann) angeboten werden soll. Für das Gros der Btx-Benutzer mit Telefonanschluß ändert sich dadurch allerdings nichts. Zusammen mit dem Axel Springer Verlag will die Telekom künftig Btx-Anwendungen professionell vermarkten. Zu diesem Zweck wurde das Gemeinschaftsunternehmen Videotel GmbH & Co. KG gegründet.

## Informationsdienste (externe On-line-Datenbanken)

Weltweit werden *heute rund 5000 on-line abfragbare Datenbanken* angeboten. 56 % dieser Datenbanken werden in den USA unterhalten. Von den 27 %, die auf Datenbanken in der EG entfallen, stammen 5 % aus der Bundesrepublik Deutschland.

Etwas mehr als *die Hälfte* der international angebotenen Datenbanken enthalten *Wirtschaftsinformation* und 22 % Information zu Patenten, Technik und Naturwissenschaften.

| Sachgebiet | Anzahl der Datenbanken | | | | |
|---|---|---|---|---|---|
| | Bestand Anfang 1986 | Veränderung | | Bestand Anfang 1991 | Netto- zuwachs |
| | | minus | plus | | |
| Wirtschaftsinfor- mation, Wirt- schaftswissenschaf- ten, Naturwissen- schaft, Technik | 1385 | 727 | 1919 | 2577 | 1192 |
| Patente | 599 | 154 | 661 | 1106 | 507 |
| Rechtsinformation | 253 | 49 | 423 | 627 | 374 |
| Geisteswissen- schaften, Sozial- wissenschaften (ohne Wirtschafts- und Rechtswissen- schaften) | 157 | 30 | 115 | 242 | 85 |
| Nachrichten, Zei- tungen | 79 | 28 | 177 | 228 | 149 |
| Multidisziplinär | 159 | 25 | 98 | 232 | 73 |
| Sonstiges | 16 | 8 | 17 | 25 | 9 |
| Gesamt | 2648 | 1021 | 3410 | 5037 | 2389 |

Abb. 4.4/10: Weltmarktangebot an Datenbanken nach Sachgebieten (Quelle: Scientific Consulting Dr. Schulte-Hillen / Handbuch der Wirtschaftsdatenbanken '91)

| Datenbanktyp | Anzahl der Datenbanken | | | | |
|---|---|---|---|---|---|
| | Bestand Anfang 1986 | Veränderung minus | plus | Bestand Anfang 1991 | Netto-zuwachs |
| Volltext | 186 | 163 | 527 | 550 | 364 |
| Numerische Daten | 555 | 216 | 240 | 579 | 24 |
| Text-/numerische Information | 168 | 59 | 179 | 288 | 120 |
| Nachweise/Ver-zeichnisse | 209 | 149 | 523 | 583 | 374 |
| Bibliographische Hinweise | 97 | 38 | 171 | 230 | 133 |
| Mischformen, Son-stige | 170 | 102 | 279 | 347 | 177 |
| Gesamt | 1385 | 727 | 1919 | 2577 | 1192 |

Abb. 4.4/11: Weltmarktangebot an Datenbanken nach Datenbanktyp (Quelle: Scientific Consulting Dr. Schulte-Hillen / Handbuch der Wirtschaftsdatenbanken '91)

Der *führende Anbieter für Finanz- und Wirtschaftsdaten* in der Bundesrepublik Deutschland ist der Monitor-Service von Reuters. Große, in Deutschland tätige Anbieter von Wirtschaftsdatenbanken sind ferner Bertelsmann, Dun & Bradstreet, GENIOS (Handelsblatt) und GBI (Gesellschaft für betriebswirtschaftliche Information). Auch fast alle Großbanken und eine Reihe weiterer Unternehmen treten als Datenbankanbieter auf. Zum Beispiel bietet die IBM Deutschland ihren Kunden Zugriff auf einen Teil der eigenen Datenbanken mit Produktbeschreibungen, Fachliteratur und EDV-Ausbildungsprogrammen.

Der von der Verlagsgruppe Handelsblatt 1985 gegündete *GENIOS-Wirtschaftsdatenbankenpool* ist der erste deutsche Informationsdienst, der über alle zur Zeit verfügbaren Datenübertragungswege erreichbar ist (Telefondirektwahl, DATEX-P, DATEX-L, ISDN und Bildschirmtext). Kern sind die Wirtschaftspublikationen Handelsblatt und Wirtschaftswoche, die beide im Volltext gespeichert und tages- bzw. wochenaktuell fortgeschrieben werden. Weiterhin sind im GENIOS-Pool vertreten: Die Creditreform-Datenbank mit Firmenprofilen von über 500000 deutschen Kapital- und Personengesellschaften. Die Datenbank BUSINESS ist darauf ausgerichtet, Geschäftsverbindungen weltweit zu vermitteln. Sie erfaßt branchen- und länderübergreifende Angebote und Gesuche, Information und Kontakte. Das Betriebswirtschaftliche Literatursuchsystem BLISS liefert Artikelzusammenfassungen aus deutscher und internationaler Fachliteratur über betriebswirtschaftliche Themen. Seit 1989 hat GENIOS das Datenbankangebot hinsichtlich der neuen Bundesländer erweitert mit OSTF (Firmenprofile Ostdeutschland) oder NBLR (USUMA: Fakten, Daten und Trends in den neuen Bundesländern) aber auch hinsichtlich ganz Osteuropa z.B. mit OSTM (Märkte in Osteuropa) oder Firmeninformation zu Polen (POLF) und der CSFR (OSTC). Auch ohne eigenes Datenendgerät können Recherchen in Auftrag gegeben werden. Die Ergebnisse werden per Briefpost, über Nacht oder per Telefax und in besonders dringenden Fällen sogar per Telefon übermittelt. Informationsabonnements, die den Kunden über sein gewünschtes Wissensgebiet permanent auf dem laufenden halten, sind on-line wie off-line möglich.

Die *Kosten* für die Nutzung der von Informationsdiensten angebotenen Datenbanken liegen bei etwa 250 bis 300 DM pro Stunde. In einer Stunde kann man normalerweise drei bis vier Anfragen bearbeiten.

Zum *Beispiel* kostet bei GENIOS eine Anschaltminute 4 DM. Hinzu kommen Dokumentengebühren von ca. 0,80 DM je Dokument, das auf Wunsch des Benutzers auf dem Bildschirm angezeigt oder als Papierkopie ausgedruckt wird, sowie die Übertragungsgebühren.

Die deutsche Bundesregierung hat seit Mitte der 70er Jahre zunächst im IuD-Programm und dann in den 80er und 90er Jahren im sogenannten Fachinformationsprogramm das Informationswesen und auch die Einrichtung öffentlicher Informationsdienste gefördert. In den letzten Jahren war ein Schwerpunkt dieses Fachinformationsprogrammes die Förderung von Klein- und Mittelbetrieben im Zugang zu Informationsdiensten (Modellversuch Informationsvermittlung).

### Datenbanken auf CD-ROM

Datenbanken werden nicht nur on-line, sondern auch auf anderen Datenträgern zur Nutzung angeboten: auf Magnetbändern, Disketten und auf CD-ROM. *CD-ROM als Datenträger für Datenbanken, die bis vor kurzem nur on-line angeboten wurden, hat sich in den letzten fünf Jahren stark durchgesetzt* (in «The CD-ROM Directory 1991» sind 152 CD-ROM verzeichnet). Ursprünglich waren CD-ROM für Einzelarbeitsplätze konzipiert, inzwischen ist es aber möglich, über einen CD-ROM-Server auf CD-ROM in einem Netz zuzugreifen.

Die *Abfrage der Datenbanken auf CD-ROM* ist menügesteuert und benutzerfreundlicher als der On-line-Zugriff auf externe Datenbanken; die Ergebnisse können ausgedruckt oder in eine Datei geschrieben werden. Die Anschaffung einer Datenbank auf CD-ROM lohnt sich allerdings nur, wenn viel mit dieser Datenbank gearbeitet wird, da ein jährlicher Subskriptionspreis (von ca. 3000–7000 DM) zu bezahlen ist, der gegen die Kosten einer On-line-Suche über Fernmeldewege abgewo-

Abb. 4.4/12: ISIS-Softwarekataloge auf Papier, als externe On-line-Datenbank oder auf CD-ROM

gen werden muß (diese setzen sich aus Anschaltzeit, Datenbankkosten sowie Kosten pro Information zusammen und betragen im Durchschnitt für eine 10minütige Suche mit dem Ausdruck von ca. 50 Literaturzitaten 100 DM).

Ein *Verzeichnis der öffentlichen und kommerziellen Informationsvermittler* findet sich in der Broschüre «Informationsvermittlungsstellen 1992» des Hoppenstedt Verlages in Darmstadt. Österreichische öffentliche Informationsvermittlungsstellen findet man in der vom Bundesministerium für Wissenschaft und Forschung herausgegebenen Publikation «Infodoc – Bibliotheken, Informations- und Dokumentationseinrichtungen in Österreich» oder jeweils auf der letzten Seite der Zeitschrift «Fakten, Daten, Zitate». Von den vielen Datenbankverzeichnissen, die am Markt sind, seien hier zwei genannt: Josef L. Staud: Das Angebot an On-line-Datenbanken: Themen, Anbieter und Produzenten, Frankfurt/Main: Verlag Peter Lang 1991 und Handbuch der Wirtschaftsdatenbanken 1991: Inhalte und Anbieter – weltweit, hrsg. von Scientific Consulting Dr. Schulte-Hillen BDU, Darmstadt: Hoppenstedt 1991.

### Elektronische Bildverarbeitung und optische Archivsysteme

Obwohl seit Mitte der 80er Jahre angeboten, befinden sich bis heute relativ *wenige Bildverarbeitungssysteme im praktischen Einsatz.* Nach einer Untersuchung von IDC waren 1990 weltweit 3105 Systeme installiert. Diebold gibt den Installationsbestand in der Bundesrepublik Deutschland für Anfang 1991 mit etwa 220 Systemen an, von denen nur ein Fünftel die zentrale Vorgangsbearbeitung schwerpunktmäßig unterstützen. Diebold schätzt jedoch, daß sich diese Zahl bis Ende 1995 auf ca. 2000 erhöhen wird. Das Marktvolumen wächst damit von 35 Mio. DM 1990 auf 430 Mio. DM 1996. Dabei wird ein neuer Teilmarkt der «Persönlichen Archive» entstehen. Das sind im Gegensatz zu den heute dominierenden zentralen unternehmensweiten Lösungen kleine Dokumentenmanagementsysteme für einzelne Sachbearbeiter oder Arbeitsgruppen.

Heute bieten alle großen EDV-Hersteller, aber auch kleinere spezialisierte Firmen integrierte Hardware- und Softwarelösungen für optische Archiv- und Recherchesysteme an. Die Bandbreite reicht von preisgünstigen PC- und PC-Netzwerk-Lösungen (Hyparchiv, Archiv-light) kleinerer Softwarehäuser über Client-Server-Systeme mit UNIX-Servern von Systemhäusern

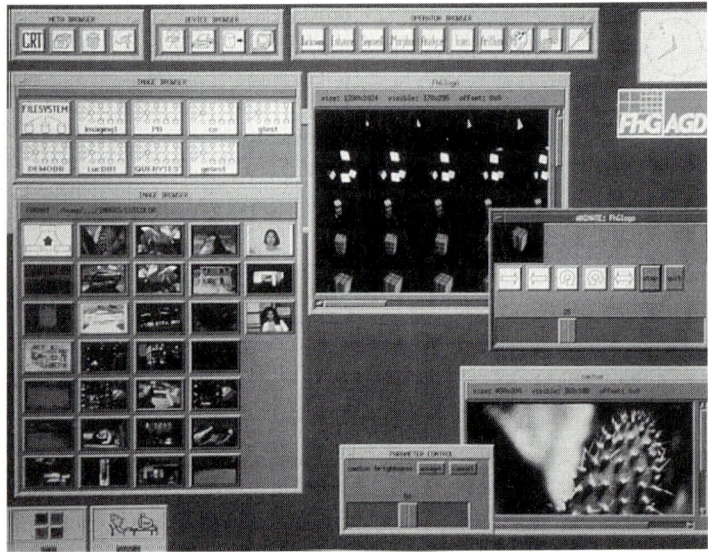

Abb. 4.4/13: Benutzeroberfläche des Bildverarbeitungssystems Apart (Quelle: FhG-IGD)

(Dr. Materna: Hyperdoc, ABK) bis zu den Komplettangeboten der großen EDV-Anbieter sowie des Spezialanbieters FileNet: ImagePlus (IBM), DEC-image (DEC), WIIS (Wang), Megadoc (Philips), ARCIS (SNI), FileNet (Fa. FileNet).

FileNet sticht durch seine integrierte Vorgangsverarbeitung hervor, ist jedoch ein proprietäres System. Megadoc und WIIS sind ältere Systeme mit zum Teil erfolgreicher Vergangenheit, werden jedoch durch neuere, UNIX-basierte Konzepte ersetzt. ImagePlus von IBM ist stark hostorientiert.

Die besten Erfolgschancen haben wohl Systeme, die den heutigen Anforderungen genügen: Offene Schnittstellen, Unterstützung von Standards (UNIX, Windows, LAN, Standarddatenbanken), Client-Ser-ver-Architektur. Durch geeignete Modularisierung der Basiskomponen-ten werden projektspezifische Lösungen erleichtert. Branchenspezifi-sche Standardapplikationen ermöglichen zusätzlich den sofortigen Ein-satz, z.B. bei Versicherungen, im Handel und bei Dokumentationsar-chiven.

Der *Preis* für solche Systeme hängt von den Leistungsmerkmalen der einzelnen Systemkomponenten (z.B. Diagonale und Auflösung des Bild-schirms, Anzahl der WORM-Platten usw.) und der Größe des Systems (Anzahl der Arbeitsplätze, Vernetzung usw.) ab und liegt für Einplatz-systeme im Bereich zwischen 50000 und 100000 DM.

## Vorgangsbearbeitung

Die Rechnerunterstützung der Vorgangsbearbeitung ist komplex und übergreifend. Bis jetzt ist nur die Vorgangsbearbeitung zur Bearbeitung von Bilddokumenten innerhalb des Systems FileNet als Produkt am Markt eingeführt. Mehrere Hersteller haben jedoch Komponenten zur Unterstützung der Vorgangsbearbeitung innerhalb ihrer Büroproduktli-nien für die nächste Zukunft angekündigt.

So bietet z.B. *SNI* das Produkt *WorkParty* innerhalb der OCIS-Familie an. WorkParty besteht aus den Teilen:

– Organisator- und Administratorwerkzeuge mit grafischem Vorgangs-und Tätigkeitseditor;
– Sachbearbeitermodul zur Vorgangsbearbeitung, sowie die Protokollie-rung und Vorgangsmappenverwaltung;
– Dienste zur Vorgangsverteilung, Archivierung und Abbildung der Auf-bauorganisation mit Stellen, Rollen und Kompetenzen.

Das Produkt steht für Windows- und UNIX-basierte Endgeräte zur Ver-fügung. Die folgende Abb. 4.4/14 zeigt die Systemarchitektur der einzelnen Komponenten und Dienste mit ihrem Zusammenspiel.

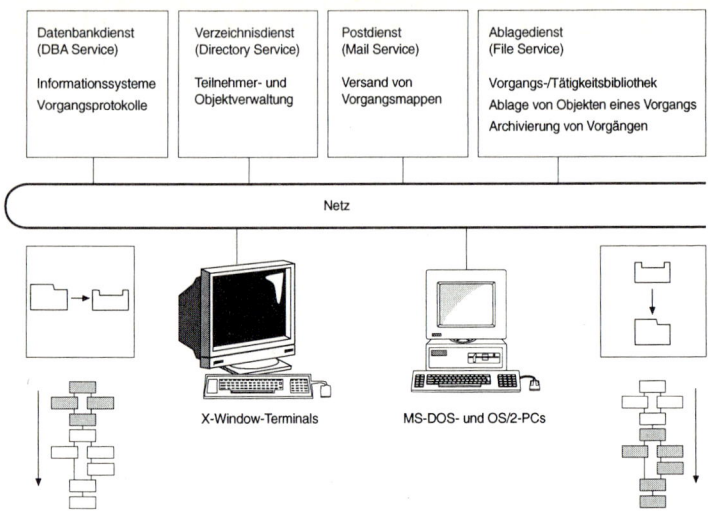

| Datenbankdienst<br>(DBA Service)<br><br>Informationssysteme<br>Vorgangsprotokolle | Verzeichnisdienst<br>(Directory Service)<br><br>Teilnehmer- und<br>Objektverwaltung | Postdienst<br>(Mail Service)<br><br>Versand von<br>Vorgangsmappen | Ablagedienst<br>(File Service)<br><br>Vorgangs-/Tätigkeitsbibliothek<br>Ablage von Objekten eines Vorgangs<br>Archivierung von Vorgängen |

Abb. 4.4/14: Vorgangsbearbeitung im Systemverbund

### Groupware

Der *Begriff der Groupware* ist noch recht *unscharf* definiert und steht stellvertretend für alle Produkte, die die Gruppenzusammenarbeit von auch örtlich entfernten Teammitgliedern unterstützen, um die Produktivität zu steigern.

Erste Produkte dieser Art waren daher Mailboxsysteme in den USA bzw. das PC-Programm Coordinator. Zwischenprodukte, die die notwendigen Basisfunktionen wie E-Mail, Transfer von Mischdokumenten, Serverfunktionen, koordinierende Gruppenkalender und Bürosoftwarewerkzeuge bereitstellen, sind NewWave Office von HP, Cooperation von NCR und OCIS von SNI.

Das einzige bisher funktionell komplette und auch weltweit erfolgreich eingesetzte Produkt ist *Lotus Notes*. Es läuft auf Windows- und OS/2-Arbeitsplatzrechnern und mit OS/2-Servern. Clients sollten mindestens 80386-Prozessoren und ein MB (Windows) bzw. vier MB (OS/2) Arbeitsspeicher aufweisen. Der OS/2-Server benötigt mindestens fünf MB Arbeitsspeicher. Die verbreitetsten Netzwerkbetriebssysteme (von Novell, 3 COM, IBM und Banyan VINES) werden unterstützt.

Die wichtigsten *Notes-Funktionen* sind:

– Dokumentendatenbank, die eine Sammlung strukturierter, gemischter Dokumente enthalten kann. Ein Dokument besteht aus Datenbankfel-

918

dern und «Freitext»-Feldern, die beliebige Objekte und Verweise auf andere Objekte enthalten können;
- Verbunddokumenteneditor mit DDE- und OLE-Funktionen, Formulargenerator und Texteditor;
- Volltextsuche;
- E-Mail-Integration – Dokumente können von jeder Datenbank zu jedem Benutzer gesandt werden;
- View- und Filterfunktionen;
- Programmierschnittstellen;
- Datenbankreplikation in lokalen und globalen Netzwerken;
- E-Mail mit Routingfunktionen, Domain-Adressierung, Weiterleitung, Zustelloptionen, Gateways;
- Systemsicherheit durch Paßwort, Datenverschlüsselung und Postverschlüsselung;
- Netzwerkverwaltung mit Benutzerkontrolle, Client-Server-Architektur, Logging und Modem-Unterstützung (z.B. für den Einsatz tragbarer Rechner).

Seit Beginn der Auslieferung im Jahr 1989 bis Mitte 1992 konnte Lotus über 100000 Notes-Lizenzen verkaufen. Pro Arbeitsplatz beträgt der Listenpreis (ohne Umsatzsteuer) zwischen ca. 600 und 900 DM, gestaffelt nach der Menge der Arbeitsplätze (bei einer Mindestabnahme von 50 Arbeitsplätzen). Viele Lizenznehmer haben mehrere hundert oder mehrere tausend Benutzer. Schon bald ist mit der Ankündigung einer Reihe ähnlicher Produkte von anderen Anbietern (z.B. von Borland und Microsoft) zu rechnen.

### Trends der nächsten Jahre

Bei der Entwicklung erfolgreicher Büroinformationssysteme werden in den nächsten Jahren folgende *Architekturprinzipien und Schwerpunkte* verfolgt werden:

- Client-Server-Architektur;
- verstärkte Nutzung von Standardsoftwaremoduln oberhalb des Betriebssystems (engl.: middle ware); darunter versteht man SQL-Datenbanken, OSI-Services wie X.400, X.500 und speziell die Komponenten von OSF/DCE.
- Bereitstellung «intelligenter» Applikationen, die den Endbenutzer besser verstehen und ihm assistieren (KI-Ansätze).
- einheitliche objektorientierte grafische Benutzeroberflächen (auch dreidimensional);
- komfortable Mischdokumentenbearbeitung und Endbenutzerprogrammierwerkzeuge;

- Dokumentenverwaltungssysteme, die Verbunddokumente verteilt speichern können und für das Wiederauffinden der Information Volltextretrievalfunktionen bieten;
- elektronische Bildverarbeitung;
- Vorgangssteuerung und weitreichende Unterstützung von Gruppenarbeitsprozessen;
- zunehmende Integration mit anderen EDV-Anwendungen und mit internen und externen Kommunikationssystemen aller Art.

Zusätzlich werden die in den nächsten Jahren zur Produktreife und Verbreitung gelangenden *Technologien rund um die Mikrorechner* auch die Bürosysteme stark beeinflussen. Bürosysteme der Zukunft werden die kommenden Technologien wie 64-Bit-Prozessoren, hochauflösende Großbildschirme, Arrayspeicher, Farblaserdrucker, optische Medien aller Art, Unterstützung von Ton und Bewegtbild, Handschrifterkennung (Pen-Computing) und Spracherkennung nutzen und integrieren. *Handliche Kleinstrechner*, die fest eingebaute persönliche Dokumentenverarbeitungsfunktionen beschränkten Umfangs bieten (engl.: personal digital assistants) und herkömmliche Notebook-PCs werden *drahtlos eingebunden* oder verwenden *Adapterkarten im PCMCIA-Standard*. Hochleistungs-PCs und Workstations werden zunehmend mit *ISDN-, Ethernet- und FDDI-Chips auf der Hauptplatine* ausgeliefert. *Groupware- und Multimedia-Server* werden die Kommunikation und Teamarbeit erleichtern und verbessern. ISDN, Breitbandwege und Mehrwertdienste werden hierfür eine wesentlich *bessere Telekommunikationsinfrastruktur* bieten als bisher.

# Literatur

Für die Durcharbeitung dieses Kurses müssen Sie sich *keine zusätzliche Literatur* beschaffen. Dementsprechend ist die Lektüre der nachfolgend angegebenen Titel nicht obligatorisch, sie *empfiehlt sich* jedoch dann, *wenn Sie bei diesem Lehrtext Verständnisschwierigkeiten haben* bzw. wenn Sie Ihr Wissen vertiefen wollen.

Aus der großen Fülle der Literatur werden hier nur einige wenige *besonders empfehlenswerte Titel für jeden Abschnitt* der vorstehenden Ausführungen genannt und in Stichworten charakterisiert.

## zu 1.1 und 1.2:

*DIN Deutsches Institut für Normung e. V. (Hrsg.):*
Begriffe der Informationstechnik, Beuth Verlag, 7. Aufl., Berlin – Köln 1989.
Software-Entwicklung, Programmierung, Dokumentation, Beuth Verlag, 3. Aufl., Berlin – Köln 1989.
Diese und die nachfolgend genannten DIN-Taschenbücher enthalten Normen für die Datenverarbeitung durch Menschen und Maschinen, insbesondere Computer. Die wichtigsten Begriffsbestimmungen dieses Lehrbuches sind derartige DIN-Normen; darüber hinaus sind in den DIN-Veröffentlichungen vor allem technische Spezifikationen von EDV-Geräten und -Werkstoffen genormt, um einen reibungslosen und rationellen Informationsaustausch zwischen Rechnern zu sichern.

*Schneider, H.-J.(Hrsg.):* Lexikon der Informatik und Datenverarbeitung, R. Oldenbourg Verlag, 3. Aufl., München – Wien 1991.
Bestes Nachschlagewerk auf dem Gebiet der Informatik; über 8300 deutsche Begriffe werden in alphabetischer Reihenfolge erläutert; meist ist auch die englische Übersetzung der definierten Begriffe angegeben; ebenso sind eventuelle Synonyme, Siehe-auch-Verweise und Abkürzungen vermerkt.

*Mertens, P. u.a. (Hrsg.):* Lexikon der Wirtschaftsinformatik, Springer-Verlag, 2. Aufl., Berlin – Heidelberg u.a. 1990.
Die wichtigsten Begriffe der Wirtschaftsinformatik werden in alphabetischer Reihenfolge gekennzeichnet; dabei werden auch die neuesten informa-

tionstechnologischen Entwicklungen berücksichtigt; anwendungsbezogene, praxisnahe Darstellung durch Experten aus Wirtschaft und Wissenschaft.

*Kurbel, K., Strunz, H. (Hrsg.):* Handbuch Wirtschaftsinformatik, C.E. Poeschel Verlag, Stuttgart 1990.

In diesem umfangreichen Sammelwerk erfolgt eine umfassende Darstellung der Wirtschaftsinformatik durch einzelne, aufeinander abgestimmte, in sich geschlossene Beiträge von Autoren aus dem Hochschulbereich und aus der betrieblichen Praxis.

*IBM Deutschland GmbH (Hrsg.):* Elektronisches Fachwörterbuch der Informationstechnik. Englisch–Deutsch, Deutsch–Englisch, Dienstprogramm auf 3,5-Zoll-Diskette für MS-DOS- bzw. OS/2-Rechner, IBM-Selbstverlag, Stuttgart 1992 mit jährlichen Aktualisierungslieferungen (IBM Form SR12-3781-0).

Dieses elektronische Fachwörterbuch ist wie ein Anwendungsprogramm zu laden. Als speicherresidentes Programm steht es per Knopfdruck, z.B. auch beim Editieren im Textsystem, zur Verfügung. Es bietet neben Übersetzungshilfen auch prägnante Begriffsbestimmungen der im EDV-Bereich gängigen Fachausdrücke, oft ergänzt durch Erläuterungen über die Eingliederung der behandelten Begriffe in den jeweiligen Kontext. Das Vokabular ist vorwiegend am IBM-Sprachgebrauch orientiert. Mit den jährlichen Aktualisierungslieferungen kann das Fachwörterbuch immer auf dem neuesten Stand gehalten werden.

## zu 1.3:

*Zentes, J. (Hrsg.):* Moderne Warenwirtschaftssysteme im Handel, Springer-Verlag, Berlin – Heidelberg u.a. 1985.

Dieses Sammelwerk enthält die Beiträge zu einer internationalen Fachtagung über rechnergestützte Warenwirtschaftssysteme. Nach einer einführenden Übersicht über die Entwicklungstendenzen von Warenwirtschaftssystemen werden 16 Fallbeispiele aus unterschiedlichen Branchen und Ländern vorgestellt. Das Buch ist sehr gut geeignet, unsere exemplarische Darstellung in den Abschnitten 1.1.3 und 1.3.2. zu ergänzen, zu vertiefen und Sie mit den Chancen und Problemen von Informationssystemen in einem ausgewählten Anwendungsbereich vertraut zu machen.

*Scheer, A.W.:* EDV-orientierte Betriebswirtschaftslehre. Grundlagen für ein effizientes Informationsmanagement, Springer-Verlag, 4. Aufl., Berlin – Heidelberg – New York – Tokyo 1990.

Der Autor beschreibt die Veränderungen betrieblicher Problemlösungen in verschiedenen Funktionsbereichen durch den Einsatz von Datenbanksystemen, durch Dialogverarbeitung und durch Vernetzung von Techniksystemen; er weist auf das innovatorische Potential von Standardanwendungssoftware hin und kennzeichnet die aus der künftigen informationstechnologischen Entwicklung erwachsenen Herausforderungen an Betriebe und damit auch an die Betriebswirtschaftslehre. Das Buch ist durch die Vertiefung des betriebswirtschaftlichen Bezugs der Wirtschaftsinformatik eine gute Ergänzung zu dem vorliegenden, eher technikorientierten Band.

*Kubicek, H., Berger, P.:* Was bringt uns die Telekommunikation? ISDN – 66 kritische Antworten, Campus Verlag, Frankfurt – New York 1990.

Aus der Fülle von Spezialliteratur zur gesellschaftlichen Problematik der Informationstechnologie haben wir dieses Taschenbuch als ein aktuelles Beispiel herausgegriffen, um zu zeigen, womit sich die Technikfolgenabschätzung und die «sozialverträgliche Technikgestaltung» befassen. «Mit Investitionen in Milliardenhöhe rüstet die Bundespost das herkömmliche Telefonnetz um zu einem Integrierten Sprach- und Datennetz (ISDN). ... Die Autoren unterziehen die ständig wiederholten Werbesprüche und den Hochglanzoptimismus der Betreiber einer fundiert kritischen Überprüfung.» (Innentitelseite)

*Schumann, M.:* Betriebliche Nutzeffekte und Strategiebeiträge der großintegrierten Informationsverarbeitung, Springer-Verlag, Berlin – Heidelberg u.a. 1992.

In dieser theoretisch fundierten Veröffentlichung werden die Wirkungen beim Einsatz großer integrierter EDV-Anwendungssysteme beschrieben. Darauf aufbauend werden Vorgangsweisen dargestellt, mit denen sich eine umfassende Beurteilung von Informationssystemen durchführen läßt. Der Schwerpunkt liegt auf Verfahren zum Abschätzen von quantitativen Wirkungen. Diese Ansätze dienen als Basis für die Auswahl von IS-Projekten und dem Zusammenstellen von IS-Projektportfolios. Zum Abschluß werden rechnergestützte Hilfsmittel vorgestellt, mit denen sich eine umfassende Beurteilung von EDV-Anwendungen unterstützen läßt.

## zu 2.1:

*Kent, W.:* Data and Reality, North-Holland, 3. Nachdruck, Amsterdam 1983.

In dem leicht lesbaren Buch wird der Abbildungsprozeß der realen Welt in ein konzeptionelles Modell und der Weg bis zur Darstellung auf Anwendungsprogrammebene beschrieben.

*Vetter, M.:* Aufbau betrieblicher Informationssysteme mittels konzeptioneller Datenmodellierung, B.G. Teubner, 7.Aufl., Stuttgart 1991.

Dieses inhaltlich wie didaktisch sehr gut gestaltete Standardlehrbuch beschreibt eine systematische datenorientierte Vorgehensweise zum Aufbau betrieblicher Informationssysteme, die von der Ermittlung eines Grobkonzepts auf dem Weg über applikationsorientierte und globale (d.h. applikationsüberspannende) zu unternehmensweiten konzeptionellen Datenmodellen führt. Basis ist das Relationenmodell.

## zu 2.2:

*DIN (Hrsg.):* Datenträger; Magnetband, Beuth Verlag, 3. Aufl., Berlin – Köln 1986.

*DIN (Hrsg.):* Datenträger; Diskette, Magnetbandkassette, Beuth Verlag, Berlin – Köln 1986.

*DIN (Hrsg.):* Datenträger; Lochkarte, Lochstreifen, Magnetplatte, Mikrofilm, Identifikationskarte, Beuth Verlag, Berlin – Köln 1986.

*DIN (Hrsg.):* Zeichenvorräte und Codierung für den Text- und Datenaustausch; Maschinelle Zeichenerkennung, Beuth Verlag, Berlin – Köln 1986.

Siehe hierzu den vorstehenden Kommentar zu 1.1 und 1.2

Aktuelle Information über die Leistungen und Kapazitäten von Datenträgern und externen Speichern erhalten Sie am besten direkt bei den in Abschnitt 2.2.5 genannten Anbietern. Ferner berichten laufend die einschlägigen Fachzeitschriften (Näheres folgt) über Neuheiten.

## zu 2.3:

*Tanenbaum, A.S.:* Structured Computer Organization, Prentice-Hall International, 3.Aufl., London 1990.

In dem Lehrbuch wird ein Rechner als eine Hierarchie von Schichten betrachtet, von denen jede wohldefinierte Funktionen wahrnimmt. Als solche Schichten werden die digitale Logikebene (Schaltalgebra), die Mikroprogrammierungsebene, die maschinelle Ebene, die Betriebssystemebene und die Assemblerebene betrachtet. Als durchlaufende Beispiele dienen die Prozessorfamilien Intel 80X86 und Motorola M68000. RISC-Maschinen werden am Beispiel von SPARC und MIPS gekennzeichnet und mit CISC-Rechnern verglichen. Ein abschließender Abschnitt ist Parallelrechnerstrukturen gewidmet.

*Patterson, D.A., Hennessy, J.L.:* Computer Architecture: A Quantitative Approach, Morgan Kaufman Publishers, San Mateo, Cal. 1990.

In dem Buch erläutern die beiden praxiserfahrenen Professoren der «In-

924

formatik-Hochburgen» Berkeley und Stanford die grundlegenden Konzepte der Rechnerarchitektur, die in jeder neuen Maschine ihren Niederschlag finden. Die Brauchbarkeit von Architekturprinzipien wird unter Kosten-/Leistungsaspekten beurteilt. Ausschlaggebend für die Auswahl der dargestellten Grundideen war, daß diese ausgereift genug sind, um sich in quantitativer Form darstellen zu lassen. Lassen Sie sich bitte dadurch jedoch nicht abschrecken: Die mathematischen Voraussetzungen für das Verständnis des Inhalts sind nicht allzu hoch. Das Buch besticht durch seine Klarheit und Prägnanz. Pipelining, Vektorprozessoren, Speicherhierarchien und viele andere Begriffe und Konstruktionsprinzipien von Rechnern bekommen Sie nirgends so gut erklärt, wie in diesem Standardwerk.

*Intel Corporation (Hrsg.):* Microprocessors, Intel-Bestell-Nr. 230843 (bei Intel Literature Sales, P.O.Box 7641, Mt. Prospect, ll 60056-7641, USA), 1992.

In dem Handbuch erfolgt eine detaillierte Beschreibung der meistverbreiteten Microprozessoren. Entsprechende Handbücher desselben Herstellers gibt es auch für «Memory Products» (vor allem Flash-Speicherkarten), Bestell-Nr. 210830, «Multimedia & Supercomputer Processors», Bestell-Nr. 272084, «Peripheral Components», Bestell-Nr. 296467, und viele andere Produkte.

Ein umfassendes, aktuelles, empfehlenswertes Buch über Ein- und Ausgabegeräte, das wesentlich über unsere Ausführungen im Abschnitt 2.3.2. hinausgeht, gibt es nicht. Ausführliche Gerätebeschreibungen erhalten Sie am besten – wie für Intel beispielhaft beschrieben – direkt bei den in Abschnitt 2.3.3. genannten Anbietern. Ferner berichten laufend die einschlägigen Fachzeitschriften (Näheres folgt) über Funktionen und Leistungen neu angekündigter Produkte und bieten vergleichende Übersichten. Der Verlag «Markt & Technik» vertreibt eine Vielzahl von Einzeltiteln nach dem Muster: «Alles über Produkt...» bzw. «Produkt... – Einsatz leichtgemacht». Die DIN-Normen für Bildschirmarbeitsplätze finden Sie in den beiden folgenden Taschenbüchern:

*DIN (Hrsg.):* Bildschirmarbeitsplätze 1: Arbeitsplatz und Lichttechnik, Beuth Verlag, 3. Aufl., Berlin – Köln 1990.

*DIN (Hrsg.):* Bildschirmarbeitsplätze 2: Arbeitsumgebung und Ergonomie, Beuth Verlag, Berlin – Köln 1990.

## zu 2.4:

*Ludewig, J.:* Sprachen für die Programmierung. Eine Übersicht, Bibliographisches Institut, Mannheim – Wien – Zürich 1985.

Dieses Buch vermittelt einen Überblick über die bekanntesten konventionellen und einige nichtkonventionelle Programmiersprachen, die jeweils anhand ihrer wesentlichen Merkmale und durch kleine Beispiele vorgestellt werden. Dabei werden die Wechselwirkungen zwischen Sprachen und Programmiertechniken hervorgehoben und Themen wie Softwarefehler oder graphische Darstellung von Programmen einbezogen. Auch die Klassifikation und Definition formaler Sprachen werden behandelt.

*Tanenbaum, A.S.:* Betriebssysteme – Entwurf und Realisierung, 2 Teile (Bände), Carl Hanser Verlag, München – Wien 1990.

Der in Lehre und Entwicklung von Betriebssystemen (PDP-11, M68000, IBM PC) gleichermaßen erfahrene Autor erläutert am Beispiel eines extra von ihm konzipierten, UNIX-ähnlichen «Lehrsystems» (MINIX) die Grundfunktionen eines Betriebssystems. Nach einem einführenden Kapitel werden Prozesse, Eingabe-/Ausgabeverwaltung, Speicherverwaltung und Dateiverwaltung beschrieben. Eine Leseliste und eine umfangreiche Bibliographie komplettieren das Werk. Teil 1 enthält das Lehrbuch, Teil 2 den MINIX-Leitfaden und kommentierten Programmtext.

*Wettstein, H.:* Architektur von Betriebssystemen, Carl Hanser Verlag, 3. Aufl., München – Wien 1987.

Dieses umfassende, theoretisch fundierte Werk ist auf dem Betriebsmittelbegriff aufgebaut. Es werden die Betriebssystemkomponenten zur Verwaltung von Prozessoren, Zentralspeicher, Ein-/Ausgabegeräten, Daten und Programmen beschrieben. Dabei wird auf kein bestimmtes Betriebssystem Bezug genommen, sondern es werden die einzelnen Komponenten in ihren verschiedenen Erscheinungsformen betrachtet. PASCAL-Algorithmen unterstützen die Erläuterung der Verfahren und der ihnen zugrundeliegenden Problemstellungen.

*Deitel, H.M., Kogan, M.S.:* The Design of OS/2, Addison-Wesley Publishing Company, Reading, Mss. u.a. 1992.

Die Autoren beschreiben die Entwicklung von PC-Betriebssystemen von der Frühzeit des MS-DOS und seinen verschiedenen Versionen bis hin zur Entwicklung von OS/2 in der 16-Bit- und 32-Bit-Version. Sie diskutieren Mikroprozessorarchitekturen, Hardwaresystemarchitekturen und Betriebssystemarchitekturen von IBM-kompatiblen PCs und gehen im Detail auf die Grundfunktionen von OS/2 ein. Weitere Kapitel behandeln die Verwaltung der Benutzeroberfläche, die Kompatibilitätsproblematik, die Kommunikation mit den verbreitetsten Protokollen und einen Ausblick auf die Zukunft. Ein durch seine Praxisnähe, leichte Verständlichkeit trotz hohen Niveaus und Aktualität besonders hervorragendes Buch!

*Nomina Information Services (Hrsg.):* ISIS Reports, München.

Nomina veröffentlicht halbjährlich Softwarekataloge, die einen umfassenden Überblick über die auf dem deutschsprachigen Markt (BRD, Österreich, Schweiz) angebotene Standardsoftware erlauben. Der ISIS Software

Report beschreibt kommerzielle Programme, Branchenprogramme und Systemprogramme für Mini- und Großrechner. Der ISIS Engineering Report enthält Angaben über technisch-wissenschaftliche Programme (CAE/CAD/CAM) für alle Rechnergrößenklassen. Der ISIS Personal Computer Report bietet Programmbeschreibungen für kommerziell einsatzfähige Mikrorechner. Der ISIS UNIX Report beschreibt das aktuelle Angebot von Programmen, die auf UNIX-Systemen laufen. Die einzelnen Pakete werden auf maximal einer halben DIN-A4-Druckseite in bezug auf Funktionen, Betriebsart, Vertriebsgebiet, erforderliche Anlagenkonfiguration, Programmiersprache, Installationsdaten, Anbieter, Preise, Programmdokumentation und Serviceleistungen charakterisiert. Außerdem bietet jeder Report ein Verzeichnis der Softwareanbieter sowie ein Register der eingetragenen Softwareprodukte, geordnet nach Anbieter- bzw. Programmnamen. Der ergänzende ISIS Firmen Report enthält eine ausführliche Darstellung aller Anbieter auf dem Softwaremarkt (jeweils eine bis drei DIN-A4-Druckseiten über die einzelnen Rechnerhersteller, System- und Softwarehäuser). Die Angaben der erwähnten ISIS Reports werden auch in einer On-line-Datenbank vom FIZ Technik in Frankfurt/M. angeboten.

*Vetter, M.:* Strategie der Anwendungssoftware-Entwicklung, B.G. Teubner, 2. Aufl., Stuttgart 1990.

Das Buch bietet eine ideale Ergänzung zu der oben beschriebenen Publikation des Autors zur Datenmodellierung durch die Beschreibung einer methodischen Anwendungssoftwareentwicklung aus planungs- und funktionsorientierter Sicht.

## zu 2.5:

*Bischoff, R.:* Wirtschaftsinformatik an Fachhochschulen – Studium, Angewandte Forschung und Transfer, Springer-Verlag, 2. Aufl., Berlin – Heidelberg u.a. 1992.

Der Autor diskutiert Ziele und Gegenstände einer Wirtschaftsinformatikausbildung und dokumentiert präzise das Lehrangebot der deutschen Fachhochschulen, die einen Studiengang Wirtschaftsinformatik anbieten. Ebenso werden die Professoren genannt, sowie die Rechnerausstattung und sonstige Infrastruktur beschrieben. Damit eignet sich das Buch hervorragend als Entscheidungshilfe bei der Auswahl des Studienortes.

*Mertens, P., Ehrenberg, D., Griese, J., Heinrich, L.J., Kurbel, K., Stahlknecht, P. (Hrsg.):* Studien- und Forschungsführer Wirtschaftsinformatik, 4. Aufl., Springer-Verlag, Berlin – Heidelberg u.a. 1992.

Der Studien- und Forschungsführer enthält die Anschriften der Institute, die Namen der Professoren sowie Angaben über den Studienaufbau, Lehrveranstaltungen und Forschungsaktivitäten der Wirtschaftsinformatik an

Universitäten und wissenschaftlichen Hochschulen in der Bundesrepublik Deutschland (inklusive neue Bundesländer), in Österreich und in der Schweiz.

*Brauer, W., Haacke, W., Münch, S.:* Studien- und Forschungsführer Informatik, Springer-Verlag, 2. Aufl., Berlin – Heidelberg u.a. 1989.

Umfassender Überblick über Studium und Forschungsschwerpunkte der Informatik in der BRD; das Taschenbuch enthält auch Wissenswertes über das Hochschulwesen und das Ausländerstudium an deutschen Universitäten und Fachhochschulen. Für die einschlägigen Hochschulen sind die Adressen, Professoren und Lehrpläne, für die außeruniversitären Forschungsstätten die Adressen, Informatikprojekte und Forschungsleiter angegeben.

*Twiehaus, H.J., Dostal, W.:* Computerberufe – Berufe und Bildung in der Datenverarbeitung, Droemersche Verlagsanstalt Th. Knaur Nachf., 2. Aufl., München 1990.

Es handelt sich um eine didaktisch sehr gut aufbereitete Beschreibung von Berufsbildern, Ausbildungswegen, Fortbildungs- bzw. Umschulungsmöglichkeiten und Arbeitsmarktperspektiven von EDV-Fachkräften.

*Alkier, L.:* Zukunftsweisende Konzepte für die EDV-Ausbildung, Physica-Verlag, Heidelberg 1992.

Die Autorin stellt einen Gestaltungsrahmen für die wirtschaftswissenschaftliche EDV-Grundausbildung vor. Damit sollen einerseits breite Kenntnisse auf dem Gebiet der Informationsverarbeitung und deren Anwendungsmöglichkeiten in Studium und Beruf sichergestellt werden. Andererseits soll aber den Studierenden auch praktische Erfahrung im Einsatz von Endbenutzerwerkzeugen auf modernen Arbeitsplatzrechnern vermittelt werden. Ausgangspunkt dabei ist die spezifische Situation an der Wirtschaftsuniversität Wien. Es werden aber auch externe Einflußfaktoren, wie z.B. die Forderungen der Wirtschaft bezüglich einer verstärkten Praxisorientierung der universitären Lehre oder die Entwicklung der Studentenzahlen, in die Betrachtung miteinbezogen. Weitere Schwerpunkte sind die verschiedenen Einsatzformen der EDV im Rahmen der universitären Ausbildung sowie die Darstellung ausgewählter Ausbildungskonzepte im Ausland.

*Mambrey, P., Oppermann, R. (Hrsg.):* Beteiligung von Betroffenen bei der Entwicklung von Informationssystemen, Campus Verlag, Frankfurt – New York 1983.

In diesem Sammelband werden Grundlagen und Perspektiven der Benutzerbeteiligung aus der Sicht unterschiedlicher Disziplinen diskutiert. Es werden Begründungen für die Benutzerbeteiligung gegeben sowie praktische und theoretische Probleme des Beteiligungsansatzes diskutiert. Ferner werden verschiedene Konzeptionen der Benutzerbeteiligung vorgestellt. Weitere Beiträge setzen sich mit Werkzeugen der Benutzerbeteiligung auseinander. Der Band wird abgerundet durch Aufsätze, die den Interessensbezug der Benutzer erläutern.

**zu 3.1:**

*Krauß, M., Kutschbach, E., Woschni, E.G.:* Handbuch Datenerfassung, VEB Verlag Technik, Berlin 1984.

In diesem inhaltlich und didaktisch hervorragenden Werk werden theoretische Grundlagen, Organisation und Geräte der Datenerfassung umfassend behandelt. Weitere Kapitel befassen sich mit Datenträgern, Ein- und Ausgabeeinheiten, Steuereinheiten, Leistungsbestimmung, Zuverlässigkeit und Fehlersicherheit sowie Anwendung und Praxis der Datenerfassung. Zahlreiche Grafiken erleichtern das Verständnis.

Neuere, umfassende Bücher zum Thema Datenerfassung gibt es nicht. Interessante, moderne Erfassungskonzepte werden immer wieder im Rahmen von Fallstudien einzelner EDV-Anwender beschrieben, die vor allem in den Kundenzeitschriften der großen Computerhersteller wiedergegeben werden.

**zu 3.2:**

*Schlageter, G., Stucky, W.:* Datenbanksysteme: Konzepte und Modelle, B.G. Teubner Verlag, 2. Aufl., Stuttgart 1983.

Dieses Lehrbuch bietet eine Einführung in das Gebiet der Datenbanksysteme mit besonderer Betonung der grundlegenden Überlegungen und der im vorliegenden Lehrtext nur oberflächlich skizzierten Datenmodelle. Die beiden abschließenden Kapitel sind Integritäts- und Datenschutzproblemen gewidmet. Das Buch ist zur Vertiefung der Ausführungen im Abschnitt 3.2.2. bestens geeignet.

*Wedekind, H.:* Datenbanksysteme l. Eine konstruktive Einführung in die Datenverarbeitung in Wirtschaft und Verwaltung, Bibliographisches Institut, 2. Aufl., Mannheim – Wien – Zürich 1985.

«Wenn man Datenmodelle nicht als bloßen Datenverarbeitungsformalismus mißverstehen will, so ist es geboten, einen schrittweisen und zirkelfreien Aufbau, und zwar aus den Fachabteilungen der Anwender heraus zu betreiben, und diesen Aufbau den Datenmodellen mit ihren tiefgreifenden Konsequenzen für die Systemsoftware methodisch voranzustellen.» So beschreibt Wedekind im Vorwort das Anliegen seines Buches, für das keine über den vorliegenden Lehrtext hinausgehenden Vorkenntnisse notwendig sind.

*Vossen, G.:* Datenmodelle, Datenbanksprachen und Datenbankmanagement-Systeme, Addison-Wesley Verlag, Bonn 1987.

Dieses Buch beschäftigt sich mit der Problematik des Datenbankentwurfs, sowie dem relationalen Datenmodell und seinen Anwendungen. Weitere Kapitel sind den Bereichen Datenbanksprachen, mit einer erweiterten Einführung in SQL, Datenbankdiensten und Datenstrukturen gewidmet. Das erste Kapitel enthält eine Einführung für Leser ohne Vorkenntnisse; alle weiteren Abschnitte sind zur Vertiefung der Inhalte im Kapitel 3.2 des vorliegenden Buches sehr gut geeignet.

## zu 3.3:

*Tanenbaum, A.S.:* Computer-Netzwerke, Wolfram's Fachverlag, 2. Aufl., Attenkirchen 1990.

Im einführenden Kapitel wird das ISO-OSI-Referenzmodell beschrieben, die nachfolgenden Kapitel behandeln jeweils die Funktionen einer Schicht dieses Modells (von unten nach oben). Zahlreiche Beispiele (öffentliche Netze, ARPANET, MAP und TOP, USENET) veranschaulichen durchgängig die theoretisch fundierten Ausführungen. Zusammenfassungen und Fragenlisten am Ende jedes Kapitels sowie ein umfassendes Verzeichnis weiterführender Literatur runden dieses umfassende, didaktisch gut gemachte Lehrbuch ab.

*Albensöder, A. (Hrsg.):* Netze und Dienste der Deutschen Bundespost TELEKOM, R. v. Decker's Verlag, G. Schenck, 2. Aufl., Heidelberg 1990.

Das kompakte und übersichtliche Werk beschreibt die derzeitigen Netze und das aktuelle Diensteangebot der Telekom. Insbesondere werden der Einsatz von Glasfaser und Satelliten, Breitbandverteilnetze und die Weiterentwicklung der digitalen Vermittlungstechnik im ISDN erläutert.

*Kauffels, F.J.:* Personalcomputer und lokale Netzwerke, Verlag Markt & Technik, 5. Aufl., Haar bei München 1991.

Das Buch bietet vor allem für jene Personen Unterstützung, die für LAN verantwortlich sind. Der erste Teil gibt einen Überblick über Aufgaben und Arten von Rechnernetzen, beschreibt das ISO-OSI-Referenzmodell und führt in die wichtigsten Netzwerkkonzepte ein. Auf dieser Basis werden sodann die Grundlagen der PC-Vernetzung aus Sicht der Anwendung beschrieben und die relevanten Techniken für die unteren Schichten des OSI-Modells dargestellt. Der dritte Teil enthält praxisrelevante Information über verfügbare Hardware und Software der LAN-Konzepte (Ethernet und Tokenring, Verkabelungsstrategien, LAN-Betriebssysteme). Weitere Themen sind «LAN im Test», das technische Umfeld von LAN, Internetworking und Datenschutzfragen.

*Sillescu, D.:* Das Telekommunikation Buch, SYBEX-Verlag, Düsseldorf 1991.

Wenn Sie Ihren PC für die Dienste «Telefon», «Telefax», «Datenfernübertragung» und «Bildschirmtext» (so die Kapitelüberschriften) nutzen wollen, so gibt es keine bessere Beschreibung der praktischen Möglichkeiten und Probleme. Das durch zahlreiche Fotos, Stichworte am Rand und eine klare Strukturierung des Inhalts gut aufgemachte, leicht lesbare Handbuch enthält unzählige Tips und Tricks für die Praxis. Übersichten, Erfahrungsberichte, Preisangaben, Checklisten, worauf beim Gerätekauf zu achten ist, die Behandlung von Rechts- und Steuerfragen und vieles andere mehr machen das Buch zu einer Fundgrube praktisch relevanter Information. Die Kurzbeschreibung von 50 deutschen Mailboxen und der wichtigsten Btx-Seitennummern sowie auf Diskette im Buchdeckel mitgelieferte Software – ein Btx-Decoder, die DFÜ-Software Unicomm und ein Gebührenzählprogramm – sind weitere Pluspunkte dieses umfassenden, preisgünstigen Werkes.

*DIN (Hrsg.):* Schnittstellen zwischen Datenendeinrichtungen und Datenübertragungseinrichtungen, Beuth Verlag, 2. Aufl., Berlin – Köln 1991.

Siehe hierzu die obigen Anmerkungen zu 1.1 und 1.2.

**zu 4:**

*Kattler, Th.:* Office Automation, Datacom-Verlag, Bergheim 1991.

Bei der genannten Veröffentlichung handelt es sich um das derzeit aktuellste, umfassende deutschsprachige Buch über Büroautomation. Es werden alle Aspekte – Technologie, Vernetzung, Hardware- und Softwareprodukte, Hersteller, Wirtschaftlichkeit und Trends – besprochen.

*Preßmar, D.B. (Schriftleiter):* Büroautomation, Verlag Dr. Th. Gabler, Wiesbaden 1990.

Der Sammelband behandelt Probleme der Büroautomation aus betriebswirtschaftlicher Sicht. Die Einzelbeiträge befassen sich mit strategischen Aspekten der Unternehmenskommunikation, den Entwicklungen der Büroautomation in den USA, Wirtschaftlichkeitsbetrachtungen, Rationalisierungsfolgen im Büro aus Gewerkschaftsperspektive, Desktop Publishing und Planungsmethoden für das Informationsmanagement.

*DIN (Hrsg.):* Bürokommunikation; Endgeräte, Textverarbeitende Systeme, Schreibmaschinen, Beuth Verlag, 2. Aufl., Berlin – Köln 1991.

*DIN (Hrsg.):* Büromaschinen, Beuth Verlag, 3. Aufl., Berlin – Köln 1991.

Siehe hierzu die obigen Anmerkungen zu 1.1 und 1.2.

## zu den Abschnitten über «Markt- und Entwicklungstendenzen»:

Infolge des raschen technologischen Wandels auf dem Datenverarbeitungsmarkt empfehlen wir Ihnen zur Ergänzung, Vertiefung und laufenden Aktualisierung der Ausführungen über «Markt- und Entwicklungstendenzen» (am Ende fast jedes Hauptabschnitts) die *Lektüre von EDV-Fachzeitungen und -Fachzeitschriften.* Darin finden Sie laufend Artikel über die Weiterentwicklung von Datenträgern, Geräte- und Programmneuheiten sowie über Einsatzerfahrungen. Auch über berufliche Aspekte und gesellschaftspolitische Fragen im Zusammenhang mit der EDV wird dort berichtet. Aus der Fülle der einschlägigen Periodika sind besonders zu empfehlen:

COMPUTERWOCHE
(CW-Publikationen Verlags-GmbH, Friedrichstr. 31, D-8000 München 40).

Diese aktuelle Wochenzeitung berichtet laufend über neu angekündigte Produkte und bietet in Schwerpunktthemen Produktvergleiche, Vorberichte auf Messen, Hinweise auf Methoden und Werkzeuge in bestimmten EDV-Anwendungsbereichen usw. Die Berichterstattung ist herstellerneutral, am deutschen Markt orientiert und verfolgt überwiegend Anwenderinteressen.

CHIP
(Vogel-Verlag, Postfach 6740, D-8700 Würzburg; Redaktion: Schillerstr. 23a, D-8000 München 2)

Dieses monatlich erscheinende, bunt bebilderte Microcomputer-Magazin bietet einen umfassenden herstellerneutralen Überblick über PC-Hardware- und Software-Neuheiten auf dem deutschen Markt, Anwendungen, Tips und Tricks, Produktvergleiche und Tests.

PC MAGAZINE
(Ziff-Davis Publishing Co., One Park Avenue, New York, NY 10016, USA)

«The Independent Guide to Personal Computing» ist der Untertitel dieser größten und international wichtigsten PC-Zeitschrift. Mit Ausnahme von Juli und August erscheint das bunt bebilderte Magazin vierzehntägig, die einzelnen Hefte sind bis zu 500 Seiten stark (allerdings mit einem hohen Anteil von Werbeanzeigen). Trotz betonter Markt- und Endbenutzerorientierung haben die Beiträge ein hohes Niveau und bieten fundierte Information über Marktneuheiten (detaillierte Produktbeschreibungen und -vergleiche), zu erwartende Produkte und Trends. Berichte über Anwendungslösungen, Programmierung und Meinungsbeiträge runden das Heft ab. Weil die US-amerikanischen Versionen von PC-Produkten häufig Monate vor den europäischen Versionen angekündigt werden, lohnt sich die Lektüre auf jeden Fall. Auch Ihr «Computer-Englisch» können Sie damit nebenbei verbessern.

## DATAMATION
(Technical Publishing Company, 875 Third Ave., New York, NY 10022, USA).

Auch dieses farbig bebilderte EDV-Monatsmagazin bietet einen guten Überblick über in den USA neu angekündigte EDV-Produkte, die häufig erst später auf dem deutschen Markt angeboten werden. Es behandelt vorwiegend die Probleme großer EDV-Anwender und hat einen Schwerpunkt in der IBM-Großrechnerwelt. Ausgezeichnete Marktanalysen und -prognosen erleichtern dem EDV-Anwender die Übersicht über die teilweise kaum noch überschaubare Produktpalette. Die Beiträge gehen oft wesentlich mehr in die Tiefe, als dies bei Artikeln in einer EDV-Wochenzeitung oder in den PC-Magazinen möglich ist.

## INFORMATIK-SPEKTRUM
(Springer-Verlag, Kurfürstendamm 237, D-1000 Berlin 15)

Diese eher wissenschaftlich orientierte, zweimonatlich erscheinende Zeitschrift hat sich die Weiterbildung von Informatikern durch Veröffentlichung aktueller, praktisch verwertbarer Information über technische und wissenschaftliche Fortschritte aus allen Bereichen der Informatik zum Ziel gesetzt. Dies wird erreicht durch die Veröffentlichung von Übersichtsartikeln und einführenden Darstellungen, sowie Berichten über Projekte und Fallstudien, die zukünftige Trends aufzeigen. Die Beiträge sind theoretisch fundiert, aber nichtsdestoweniger gut verständlich und durchweg lesenswert.

## WIRTSCHAFTSINFORMATIK
(Verlag Vieweg, Faulbrunnenstr. 13, D-6200 Wiesbaden)

Dieses Pendant zum INFORMATIK-SPEKTRUM erscheint ebenfalls jährlich mit sechs Heften. Gegenstand sind Forschungsergebnisse im Bereich der Wirtschaftsinformatik und Praxisbeispiele von fortschrittlichen betrieblichen Anwendungen. Konkrete Lösungen für EDV-Anwendungssysteme werden nur dann publiziert, wenn sie Modellcharakter auch für andere Anwendungen haben. Wichtige Randgebiete werden ebenfalls abgedeckt, wie z.B. die Wirkungen der Informatik auf Wirtschaft, Individuum und Gesellschaft, Fragen der Aus- und Weiterbildung usw. Schwerpunkthefte zu Themen wie objektorientierte IS-Entwicklung, Reengineering u.ä.m. sowie «State of the Art»-Beiträge auf hohem Niveau über aktuelle Problemstellungen machen diese Fachzeitschrift außerordentlich lesenswert.

Über **EDV-Anwendungen in Wirtschaft und Verwaltung** ist in den letzten Jahren eine Vielzahl von Spezialveröffentlichungen erschienen. Als Einstiegslektüre eignen sich besonders die beiden folgenden, breit angelegten Bände:

*Mertens, P.:* Integrierte Informationsverarbeitung 1: Administrations- und Dispositionssysteme in der Industrie, 8. Aufl., Betriebswirtschaftlicher Verlag Dr. Th. Gabler, Wiesbaden 1991.

*Mertens, P., Griese, J.:* Integrierte Informationsverarbeitung 2: Planungs- und Kontrollsysteme in der Industrie, 6. Aufl., Betriebswirtschaftlicher Verlag Dr. Th. Gabler, Wiesbaden 1984.

# Sachregister

941

951

# Arbeitsbuch Wirtschaftsinformatik I

## EDV-Begriffe und Aufgaben

Von Prof. Dr. Hans Robert Hansen, Wien
3., völlig neubearb. u. stark erw. Aufl. 1987. 543 S.,
kt. DM 19,80 (UTB 1281)

Dieses völlig neu gefaßte Arbeitsbuch dient zur Einübung von grundlegendem Wissen der betrieblichen Datenverarbeitung. Der behandelte Stoff stimmt im wesentlichen mit dem Lehrangebot überein, das an den meisten Hochschulen im Rahmen der EDV-Einführungsveranstaltungen vermittelt wird.

In einem einführenden kleinen Lexikon werden die wichtigsten Grundbegriffe der Wirtschaftsinformatik gekennzeichnet. Mehr als 900 der in der EDV-Praxis gebräuchlichsten Wörter werden in alphabetischer Reihenfolge erläutert. Im zweiten Teil sind die 250 Übungsaufgaben samt Musterlösungen enthalten, auf die in dem oben erwähnten Lehrtext hingewiesen wird und die zur selbständigen Lernerfolgskontrolle dienen. Der dritte Teil besteht aus fünf neunzigminütigen Klausurarbeiten mit jeweils 50 bis 60 Multiple-Choice-Fragen. Mit Hilfe der angegebenen Bewertungsmaßstäbe und Lösungen, die auf die Klausurarbeiten folgen, kann der Leser diese selbst korrigieren.

SEMPER BONIS ARTIBUS

**GUSTAV FISCHER**

## Aktuelle Buchtips

# Wirtschaftsinformatik II
## Strukturierte Programmierung in COBOL
Von Dr. Hans Rudolf Göpfrich, Wien
4., durchges. Aufl. 1991. 443 S., 127 Abb., kt. DM 19,80 (UTB 803)

Im ersten Teil des Buches wird anhand eines umfassenden Beispiels gezeigt, wie moderne Programmentwurfsmethoden (z. B. Nassi-Shneiderman-Methode) sinnvoll eingesetzt werden können. Es wird die Bedeutung der Strukturierten Programmierung aufgezeigt und die gesamte Programmentwicklung – von einer Problemstellung ausgehend über einen Programmentwurf bis hin zum fertigen COBOL-Programm – dargestellt. Im zweiten Teil werden die Grundlagen der COBOL-Programmierung behandelt, dieses Kapitel enthält eine Einführung in die COBOL-Syntax. Anhand zahlreicher Beispiele werden darin die elementaren COBOL-Klauseln und -Anweisungen dargestellt. Der dritte Teil beschäftigt sich mit der Verarbeitung sequentiell organisierter Datenbestände, während der vierte Teil die Tabellenverarbeitung in COBOL erörtert. Die Verarbeitung von nicht-sequentiellen Dateien (relative Dateien, indizierte Dateien) ist im Kapitel 5 zusammengefaßt. Teil 6 widmet sich der Verwendung von COBOL-Programmbibliotheken, Teil 7 beschreibt die Kommunikation zwischen Objektprogrammen (Unterprogrammtechnik). Im achten Kapitel ist ein zusammenfassendes Schlußbeispiel dargestellt.

Ziel des Buchs ist es, eine leicht verständliche, dabei aber umfassende und allgemeingültige Einführung in die Programmierung in COBOL zu bieten, wobei die fundamentale Bedeutung der Strukturierten Programmierung und die Notwendigkeit der Verwendung moderner Programmentwurfsmethoden besonders hervorgehoben wird. Didaktisch ist der Kurs so gestaltet, daß er ein selbständiges Studium ermöglicht, insbesondere im Zusammenhang mit dem

# Arbeitsbuch
# Wirtschaftsinformatik II
## COBOL-Begriffe und Aufgaben
Von Dr. Hans Rudolf Göpfrich, Wien
3., völlig neubearb. u. erw. Aufl. 1988. 245 S., 120 Abb., kt. DM 16,80
(UTB 1283)

SEMPER BONIS ARTIBUS

GUSTAV
**FISCHER**

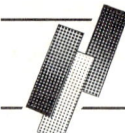

# Aktuelle Buchtips

Bea/Dichtl/Schweitzer
**Allgemeine
Betriebswirtschaftslehre**
**Band 1 · Grundfragen**
5. Aufl. 1990. XVI, 425 S., 57 Abb.,
11 Tab., kt. DM 27,80 (UTB 10 81)
**Band 2 · Führung**
5. Aufl. 1991. XVI, 603 S., 117 Abb.,
8 Tab., kt. DM 29,80 (UTB 1082)
**Band 3 · Leistungsprozeß**
5. Aufl. 1991. XVI, 427 S., 73 Abb.,
27 Tab., kt. DM 27,80 (UTB 1083)

Ritter
**PC-Graphik-Programme
in der Statistik**
Vergleichende Gegenüberstellung mit
Anwendungsbeispielen
1991. 231 S., 90 Abb., 10 Tab.,
kt. DM 39,–

**Handbuch computerunter-
stützter Datenanalyse**
**Band 1 · Wittenberg · Grundlagen
computerunterstützter Datenanalyse**
1991. XIV, 223 S., 25 Abb., 12 Tab.,
11 Übersichten, kt. DM 36,80 (inkl.
Begleitdiskette 3,5'') (UTB 1603)
**Band 2 · Wittenberg/Cramer · Daten-
analyse mit SPSS**
1992. XII, 200 S., kt. DM 24,80
(UTB 1602)
**Band 3 · Küffner/Gogolok · Daten-
analyse mit P-STAT**
1992. Etwa 170 S., zahlr. Abb. u. Tab.,
kt. etwa DM 19,80 (UTB 1628)
**Band 4 · Gogolok/Küffner · Daten-
analyse mit SAS**
1992. Etwa 170 S., zahlr. Abb. u. Tab.,
kt. etwa DM 19,80 (UTB 1601)

Krotz
**Statistik-Einstieg am PC**
Einführung in die deskriptive Statistik
anhand von Tabellenkalkulationsprogrammen
1991. VIII, 216 S., 13 Abb., 53 Tab.,
kt. DM 22,80

v. d. Lippe
**Deskriptive Statistik**
1992. Etwa 480 S., etwa 60 Abb.,
kt. etwa DM 44,80 (UTB 1632)

Zöfel
**Statistik in der Praxis**
2. Aufl. 1988. XII, 426 S., 48 Abb.,
118 Tab., 22 Taf., kt. DM 32,80
(UTB 1293)

Zöfel
**Univariate Varianzanalysen**
Achtzehn komplette Designs
1992. XII, 299 S., 4 Abb., 7 Taf.,
kt. DM 29,80 (UTB 1663)

Göttsche
**Einführung in das SAS-System**
für den PC
1990. XII, 298 S., kt. DM 49,–

Göttsche
**SAS kompakt**
Für die Version 6
1992. IV, 192 S., Ringheftung DM 49,–

Preisänderungen vorbehalten.

SEMPER BONIS ARTIBUS

**GUSTAV
FISCHER**

## Bestellkarte

Ich bestelle über meine Buchhandlung: ..................................................

40176 ........ Expl. Hansen, **Arbeitsbuch Wirtschaftsinformatik I** (UTB 1281)
3. Aufl., DM 19,80

........ Expl. ..........................................................................

........ Expl. ..........................................................................

........ Expl. ..........................................................................

........ Expl. ..........................................................................

........ Expl. ..........................................................................

..................................................

Datum/Unterschrift

Absender
(Studenten bitte Heimatanschrift angeben)

........................................

........................................

........................................

........................................

☐ **Teilverzeichnis Wirtschaftswissenschaften/
Datenverarbeitung/Statistik (kostenlos)**

Falls keine Buchhandlung bekannt, bitte einsenden an:
Uni-Taschenbuch GmbH.
Postfach 80 11 24, D-W-7000 Stuttgart 80

Hansen, Wirtsch.Inf. I, 6, A., 1. ND., UTB 802
II, 93, 22,5, nn. Printed in Germany. Preisänderungen
vorbehalten.

Werbeantwort/Postkarte
An die Buchhandlung